1 MONTH OF
FREE
READING

at

www.ForgottenBooks.com

By purchasing this book you are eligible for one month membership to ForgottenBooks.com, giving you unlimited access to our entire collection of over 1,000,000 titles via our web site and mobile apps.

To claim your free month visit:

www.forgottenbooks.com/free918249

ISBN 978-0-265-97625-8
PIBN 10918249

REVUE GÉNÉRALE

DE

Droit International

Public

TOME VIII. — 1901.

REVUE GÉNÉRALE

DE

Droit International Public

DROIT DES GENS — HISTOIRE DIPLOMATIQUE
DROIT PÉNAL — DROIT FISCAL — DROIT ADMINISTRATIF

PUBLIÉE PAR

Antoine PILLET
PROFESSEUR A LA FACULTÉ DE DROIT DE PARIS
LAURÉAT DE L'INSTITUT DE FRANCE

Paul FAUCHILLE
AVOCAT, DOCTEUR EN DROIT
LAURÉAT DE L'INSTITUT DE FRANCE

ASSOCIÉS DE L'INSTITUT DE DROIT INTERNATIONAL

SOUS LE PATRONAGE DE MM.

E. CLUNET
Avocat à la Cour d'appel
de Paris.

Ch⁰ʳ E. DESCAMPS
Secrétaire général
de l'Institut de droit international.

L. FÉRAUD-GIRAUD
Président honoraire à la Cour de cassation de France.

T. FUNCK-BRENTANO
Professeur à l'Ecole des sciences
politiques.

G. GRIOLET
Maître des requêtes honoraire
au Conseil d'Etat.

G. HANOTAUX
de l'Académie française
Ancien ministre des aff.étr.de France.

H. LAMMASCH
Professeur à l'Université
de Vienne.

E. LEHR
Secrétaire perpétuel hon. de l'Institut
de droit international.

C. LYON-CAEN
Membre de l'Institut de France
Professeur à la Faculté de droit de Paris

F. DE MARTENS
Professeur à l'Université
de Saint-Pétersbourg.

P. PRADIER-FODÉRÉ
Conseiller honoraire à la Cour d'appel
de Lyon.

L. RENAULT
Professeur à la Faculté de droit
de Paris.

A. SOREL
de l'Académie française
Prof. à l'Ecole des sciences politiques.

F. STOERK
Professeur à l'Université
de Greifswald.

A. VANDAL
de l'Académie française
Prof.à l'Ecole des sciences politiques

SECRÉTAIRES DE LA RÉDACTION
P. AVRIL, Docteur en droit ; — **L. BONZOM**, Docteur en droit.
N. POLITIS, Docteur en droit ; — **L. ROLLAND**, Docteur en droit.

TOME VIII. — 1901.

PARIS

A. PEDONE, Libraire-Éditeur
13, rue Soufflot, 13

A. ASHER et Cⁱᵉ	BELINFANTE Frères	BRIQUIET et Cⁱᵉ	GEROLD et Cⁱᵉ	TETSUGAKU SHOIN	A. ZINZERLING
Berlin.	La Haye.	Rio de Janeiro.	Vienne.	Tokio.	St-Pétersbourg.

Droits de traduction et de reproduction réservés.

387282

LA CONVENTION DE LA HAYE DU 29 JUILLET 1899

CONCERNANT

LES LOIS ET COUTUMES DE LA GUERRE SUR TERRE

ET L'ATTITUDE DE LA SUISSE.

Il ne s'agit nullement d'étudier ici dans son ensemble la convention de la Haye concernant les lois et coutumes de la guerre sur terre, qui a fait l'objet dans cette *Revue* même d'un examen *critique* détaillé (1), mais seulement d'apprécier l'attitude particulière et isolée qu'a prise la Suisse par rapport à cette convention. On sait que trois conventions ont été signées à la Haye à la suite de la Conférence dite *de la Paix* : la Suisse en a signé deux, celle qui concerne le règlement pacifique des litiges internationaux, ce qui est bien naturel de la part d'un État neutre, et celle qui étend à la guerre maritime les principes de la convention de Genève, ce qui se comprend moins de la part d'un État aussi peu maritime. Mais la Suisse a refusé de signer la convention relative à la guerre sur terre qui semblait devoir l'intéresser davantage et un seul État, parmi tous ceux qui étaient représentés à la Haye, l'a accompagnée dans son abstention. Cet État, c'est la Chine. On peut s'étonner que les deux pays aient pu adopter la même ligne de conduite et se séparer ainsi de tous les États européens, des États-Unis d'Amérique et de certains États asiatiques comme la Perse, le Siam et le Japon. Nous laissons de côté la Chine qui, à un autre point de vue, s'est singularisée en signant la convention qui étend à la guerre maritime les principes de la convention de Genève, alors qu'elle n'a pas pris la peine d'adhérer à la convention de Genève elle-même. Il ne sera question ici que de la Suisse dont l'attitude va être appréciée en toute franchise : la grande sympathie que nous éprouvons pour un pays ne doit pas nous empêcher

(1) De Lapradelle, *La Conférence de la Paix*, dans cette *Revue*, t. VI (1899), p. 725 et suiv.

de l'avertir respectueusement quand nous croyons qu'il se trompe.

Pour qu'on se rende compte des motifs qui ont inspiré la conduite de la Suisse, nous allons analyser sommairement, d'après le *Journal de Genève*, la discussion qui a eu lieu, au *Conseil national*, dans sa séance du 10 décembre 1900. M. Hilty, le savant professeur de l'Université de Berne, qui jouit d'une autorité méritée en matière de droit public, y a fait un rapport en allemand sur les déclarations et conventions signées à la Haye, l'autorisation de l'Assemblée fédérale étant nécessaire pour la ratification. Le rapporteur expose les motifs qui ont empêché le Conseil fédéral de signer la convention relative aux lois de la guerre sur terre. Il lit les articles 1 et 2 de cette convention qui déterminent les conditions auxquelles est reconnue la qualité de belligérants. L'article 1er exige que les belligérants aient à leur tête une personne responsable, qu'ils aient un signe distinctif et reconnaissable, qu'ils portent les armes ouvertement et se conforment aux lois et coutumes de la guerre. L'article 2 dit que la population d'un territoire *non occupé* qui, à l'approche de l'ennemi, prend spontanément les armes, sera considérée comme belligérante, si elle respecte les lois et coutumes de la guerre. Cet article exclut implicitement la levée en masse de la population d'un territoire occupé par l'ennemi. Le Conseil fédéral a jugé ces articles inacceptables. Le Conseil national doit-il le désavouer ? L'orateur ne le pense pas. Il critique les articles qu'il trouve élastiques et mal définis, spécialement l'article 2. Il fait observer que la Suisse sera toujours à temps de signer cette convention si elle le juge à propos, tandis qu'une fois qu'elle l'aura signée, elle ne pourra plus s'en retirer. Le fait que la Suisse ne signe pas ne l'empêchera pas, le cas échéant, d'être au bénéfice du droit des gens.

M. Rossel rapporte en français sur les conventions de la Haye. Après avoir dit que le Conseil fédéral a pensé que la Confédération suisse ne pouvait pas condamner la levée en masse, il exprime l'opinion que la Confédération aurait pu signer la convention. Toutefois il reconnaît qu'en ne signant pas, le Conseil fédéral a respecté le sentiment général du peuple suisse. En tout cas, M. Rossel ajoute qu'après avoir refusé de signer la plus importante des conventions de la Haye, la Suisse est mal placée pour donner aux autres pays des leçons d'arbitrage et d'internationalisme.

M. Gobat estime qu'il faut en finir avec les légendes. C'est une légende de prétendre que la levée en masse a été pratiquée une fois en Suisse en 1798. Dans l'état actuel des choses, surtout depuis l'organisation du landsturm, les articles 1 et 2 de la convention critiquée n'offrent pour la Suisse aucun danger et aucun inconvénient. M. Gobat ne fait pas de proposition, mais il exprime l'espoir que le Conseil fédéral examinera encore de plus près la convention et se décidera à la signer.

M. Secretan partage l'opinion de M. Gobat sur la convention des lois et usages de la guerre. Il ne veut rien dire qui puisse affaiblir la confiance du peuple suisse dans la levée en masse ; celle-ci est un très beau spectacle, mais le droit de se lever en masse n'est pas diminué par la convention. Le Conseil fédéral motive son refus par le fait qu'une proposition de l'Angleterre tendant à réserver le droit de la levée en masse n'a pas été admise. Mais il n'y a pas là un motif suffisant. La convention réalise, en effet, un progrès considérable. Elle circonscrit autant que possible le droit de l'occupant en pays ennemi ; elle réduit les horreurs de la guerre au strict minimum. M. Secretan regrette donc que la signature de la Suisse ne figure pas sur cette convention. Le Conseil fédéral a obéi à des scrupules très patriotiques, très honorables. mais excessifs ; probablement, en cas de guerre, il proposerait lui-même d'adhérer à cette convention.

M. Decurtins conteste que la levée en masse soit une légende. En 1798, l'Oberland grison s'est levé en masse contre les Français. M. Hilty ajoute, en répondant à M. Gobat, qu'avec ses traditions nationales, la Suisse ne peut condamner la levée en masse.

M. Hauser, Président de la Confédération, expose le point de vue du Conseil fédéral. Celui-ci se place sur le même terrain que lors de la Conférence de Bruxelles en 1874. La Suisse ne fera jamais de guerre offensive ; elle ne se prépare que pour une guerre défensive. Elle doit réserver toutes ses forces pour une guerre de ce genre et ne se laisser priver d'aucun moyen de défense. Le landsturm armé dont on a parlé ne comprend que 50.000 hommes, tandis que, par la levée en masse, le pays pourrait disposer de 300.000 fusils en dehors des troupes régulières. C'est là un moyen de défense auquel la Suisse ne peut renoncer. M. Hauser constate, du reste, qu'aucune contre-proposition n'a été déposée, de sorte que le Conseil fédéral ne se sentira pas engagé à modifier son attitude dans un avenir rapproché.

M. Secretan maintient que la convention de la Haye n'interdit pas la levée en masse, autrement il ne demanderait pas au Conseil fédéral de la signer. Il insiste sur la distinction très nettement faite par la convention entre un territoire occupé et un territoire non occupé, le droit à la levée en masse étant reconnu dans celui-ci.

M. Curti approuve entièrement l'attitude du Conseil fédéral : il estime que l'on affaiblirait le peuple suisse et que l'on diminuerait ses forces morales en condamnant la levée en masse. Le peuple ne doit pas avoir l'impression que la guerre populaire est condamnée et que la seule guerre possible est une guerre d'armée à armée.

M. Künzli conteste que la convention de la Haye circonscrive d'une manière aussi précise que l'a dit M. Secretan le territoire occupé et le territoire non occupé. Ce seront les généraux des armées envahissantes qui définiront, le cas échéant, le territoire occupé. La Suisse ne peut condamner la levée en masse. Du reste, en ne signant pas la convention, elle ne court aucun risque.

La discussion est close. Aucune contre-proposition n'ayant été faite, le Conseil national approuve sans opposition les conventions signées par le Conseil fédéral. — Au *Conseil des Etats*, la discussion a été sensiblement la même qu'au Conseil national.

Le 6 septembre précédent, M. le Conseiller d'État Berthoud, souhaitant au nom du gouvernement de la République et du canton de Neuchâtel la bienvenue à l'Institut de droit international réuni pour sa session ordinaire, s'était, dans un remarquable discours, prononcé au sujet de la convention de la Haye et avait exprimé l'espoir que le Conseil fédéral ne s'était pas définitivement prononcé. Cet espoir, comme on le voit, a été trompé ; mais on lira avec intérêt le passage suivant de son discours :

« Il faut se garder de pousser à la lutte la population du territoire envahi. Les quelques hommes valides qui ne font partie ni de l'élite, ni de la landwehr, ni du landsturm et dont la résistance ne peut être que d'un bien mince secours à leur pays, ne doivent pas se bercer de l'illusion dangereuse que le refus de la Suisse d'adhérer à la convention concernant les lois et coutumes de la guerre sur terre leur permet de prendre impunément les armes contre l'envahisseur sur le territoire occupé par lui. Il faut s'attendre à ce que les actes contraires à la convention seront réprimés avec une sévérité toute particulière lorsqu'ils seront commis par des ressortissants d'un pays qui aura refusé de la signer. Nous avons donc tout intérêt à mettre nos compatriotes au bénéfice de la convention de La Haye. Les Suisses ont la réputation méritée d'être des gens pratiques. Ils seraient exposés à perdre ce bon renom, si les autorités de la Confédération leur refusaient les avantages de cette convention » (1).

Comme on le voit, les prévisions de M. Berthoud ne se sont malheureusement pas réalisées ; l'attitude du Conseil fédéral ne s'est pas modifiée et le Conseil national dans son ensemble l'a approuvée. A en juger par la seule analyse des débats que nous ayons eu à notre disposition, il ne semble pas que la discussion ait été bien approfondie de part et d'autre. Le résultat n'était probablement pas douteux et on s'est borné réciproquement à des affirmations.

(1) Le discours est rapporté en entier dans l'*Annuaire de l'Institut de droit international*, t. XVIII, p. 122.

Ce sont ces affirmations qui vont être sommairement examinées.

M. Hilty critique seulement les articles 1 et 2 de la convention qui déterminent les conditions auxquelles la qualité de *belligérants* sera reconnue aux combattants. D'après l'article 1er, les corps de volontaires doivent : 1° avoir à leur tête une personne responsable pour ses subordonnés ; 2° avoir un signe distinctif fixe et reconnaissable à distance ; 3° porter les armes ouvertement ; 4° se conformer dans leurs opérations aux lois et coutumes de la guerre. On peut critiquer tel ou tel détail de rédaction, mais ces conditions ne paraissent pas exagérées, et l'on peut, trop facilement hélas ! se rappeler une grande guerre dans laquelle l'application d'une pareille disposition aurait été un bienfait pour de nombreux volontaires. Mais les critiques de M. Hilty s'adressent surtout à l'article 2 qui a cependant eu pour but d'étendre dans la mesure du possible la faculté, pour la population non incorporée dans l'armée ou dans les corps de volontaires, de participer à la défense du pays. Voici cet article 2 : « La population d'un *territoire non occupé* qui, à l'approche de l'ennemi, prend spontanément les armes pour combattre les troupes d'invasion sans avoir eu le temps de s'organiser conformément à l'article 1er, sera considérée comme belligérante si elle respecte les lois et coutumes de la guerre ». On peut s'étonner qu'une pareille disposition soit critiquée au nom de la défense du pays envahi, alors qu'elle a été acceptée avec peine par certains délégués militaires qui pensaient que l'article 1er suffisait pleinement et qu'il n'y avait pas lieu de donner de nouvelles facilités à la population du pays envahi, facilités pleines d'inconvénients pour cette population elle-même. La vérité est que M. Hilty ne critique pas à proprement parler l'article 2 pour ce qu'il dit relativement à l'hypothèse prévue, mais pour ce qu'il ne dit pas. La levée en masse est licite en territoire non occupé, elle ne l'est donc pas en territoire occupé. D'où indignation patriotique, rappel de souvenirs historiques, d'une levée en masse dans les Grisons contre les Français en 1798. Peut-être y a-t-il là plus de phraséologie que de raisonnement et d'esprit pratique.

En réalité, la Conférence de la Haye n'a pas réglé le cas d'une levée en masse ou d'une insurrection en territoire occupé. Comme elle le dit dans le préambule même de la convention, « il n'a pas été possible de concerter dès maintenant des stipulations s'étendant à toutes les circonstances qui se présentent dans la pratique ». Est-ce à dire qu'elle a pensé qu'en dehors des stipulations positives sur lesquelles on était parvenu à s'accorder, il n'y avait plus de règle à observer et que les belligérants pouvaient tout se permettre ? Pas le moins du monde, et la suite du préambule le dit nettement : « Il ne pouvait entrer dans les intentions des Hautes Parties Contractantes que les cas non prévus fussent, faute de stipulations écrites, laissés à l'appréciation arbitraire de ceux qui dirigent les armées. En attendant qu'un code plus complet des lois de la guerre puisse être édicté, les Hautes Parties Contractantes jugent opportun de constater que, dans les cas non compris dans les dispositions réglementaires adoptées par elles, les populations et les belligérants restent sous la sauvegarde et sous l'empire des principes du droit des gens, tels qu'ils résultent des usages établis entre nations civilisées, des lois de l'humanité et des exigences de la conscience publique. *Elles déclarent que c'est dans ce sens que doivent s'entendre notamment les articles 1 et 2 du Règlement adopté* ».

La question de la levée en masse ou de l'insurrection en territoire occupé, non réglée par une disposition précise du Règlement adopté à la Haye, doit donc être résolue conformément aux principes généraux du droit des gens auxquels le préambule renvoie en termes élevés. On peut trouver que les principes sur la matière manquent de précision et ne donnent pas aux intéressés une garantie aussi solide que celle que donneraient des dispositions précises. Nous n'y contredisons pas. Mais un pareil argument manque de force dans la bouche de M. Hilty. Que dit-il, en effet, pour prouver qu'il n'y a pas d'inconvénient pour la Suisse à ne pas adopter les lois et coutumes de la guerre sur terre : « le fait que nous ne signons pas ne nous empêchera pas, le cas échéant, d'être au bénéfice du droit des gens ». Donc il s'accommode du vague et de l'incertitude des règles pour toute la matière de la guerre, tandis que les signataires de la convention ont restreint le domaine où on en est réduit à accepter ce vague et cette incertitude. M. Hilty se serait contenté à la rigueur des dispositions prévues en tant qu'elles s'appliquent à un territoire simplement envahi. Mais si, par malheur, le territoire de la Suisse venait à être envahi, si la résistance s'organisait dans les conditions prévues par les articles 1 et 2 du Règlement, est-il sûr que l'envahisseur tiendrait compte de ces dispositions, quoique la Suisse ne les ait pas signées? Nullement et M. Berthoud n'a pas manqué de donner à ses compatriotes un avertissement utile à ce sujet. L'envahisseur se conduirait vraisemblablement comme les belligérants se conduisaient dans les guerres antérieures, et l'exemple de la guerre de 1870 est là pour montrer l'attitude du belligérant à l'égard de la résistance de la population. La Suisse se plaint que, dans un cas donné, il y ait trop d'arbitraire, et le remède qu'elle trouve à ce mal consiste à laisser subsister l'arbitraire dans tous les cas. C'est le système du *tout ou rien* qui est rarement bon, mais qui semble ici particulièrement dangereux pour celui qui le pratique. Quelquefois on peut hésiter à signer une convention parce qu'elle entraine à la fois des avantages et des inconvénients, qu'il peut être délicat de mettre en balance les uns et les autres. On peut alors préférer le *statu quo*. Mais tel ne semble pas le cas ici. Quel avantage la Suisse peut-elle retirer de son abstention ? Sur quel point sa situation sera-t-elle meilleure que si elle avait signé le Règlement ? Il est impossible de le dire. Souvent on a pu penser, dans le domaine du droit privé, que mieux valait l'absence de réglementation législative pour certaines matières spéciales qu'une réglementation qui pourrait être défectueuse. Le fonctionnement de la machine législative en divers pays n'est pas en effet encourageant. Mais alors on a des tribunaux dont la jurisprudence peut combler les lacunes de la loi positive, qui tiennent compte des principes généraux et savent les adapter aux nécessités de la pratique. C'est une garantie qui, dans la matière actuelle, fait absolument défaut. Des règles précises, acceptées d'avance dans un engagement formel, seront-elles toujours exactement observées dans la pratique au milieu des passions et des intérêts que met en jeu et que surexcite l'état de guerre ? Nous devons le vouloir, le désirer et l'espérer, sans nous faire trop d'illusion à cet égard. Mais que faut-il dire des règles qui résultent d'usages plus ou moins établis, des doctrines plus ou moins flottantes des jurisconsultes ? Evidemment il y a beaucoup moins de chances pour qu'elles soient reconnues et observées.

Ce n'est pas seulement sur la question des belligérants que la Suisse fait ainsi un *saut dans les ténèbres* ; c'est sur toutes les questions auxquelles peut donner lieu l'état de guerre. Il suffira de donner un autre exemple emprunté à l'article 50 du Règlement ainsi conçu : « Aucune peine collective, pécuniaire ou autre, ne pourra être édictée contre les populations à raison de faits individuels dont elles ne pourraient être considérées comme solidairement responsables ». Voilà un progrès certain du droit positif sur le droit coutumier : les cas sont nombreux dans lesquels des communes envahies ou occupées ont été déclarées responsables de faits purement individuels commis sur leur territoire. La Suisse, si le malheur voulait que son sol fût envahi, ne bénéficierait pas de ce progrès qui ne s'impose que dans les rapports entre les contractants. Ses communes devraient s'en remettre à la générosité et à la bienveillance du vainqueur. L'expérience prouve-t-elle qu'il y a là des garanties aussi efficaces que celles qui résultent d'un engagement positif ?

M. Hilty a dit encore : nous serons toujours à temps de signer cette convention si nous le jugeons à propos, tandis que, une fois que nous l'aurons signée, nous ne pourrons plus nous en retirer. Cette dernière affirmation est un peu absolue. Les signataires de la convention n'ont pas pris un engagement perpétuel dont ils ne pourraient se dégager que violemment. L'article 5 règle précisément l'exercice de la faculté de dénonciation que les parties se sont réservée. Sur le premier point, n'est-il

pas permis de se demander si le Conseil fédéral ne songerait pas à
signer la convention dans le cas bien improbable où une guerre menacerait la Confédération. Au fond, il penserait que la convention donne de
sérieuses garanties aux populations envahies, mais il y aurait dans le
refus de signer une manifestation pour l'opinion publique, manifestation
que l'on suppose sans danger. Est-ce bien digne d'un gouvernement ?
Que, dans les réunions publiques et dans les journaux, on dise que la
levée en masse peut opérer des merveilles, qu'elle sera en droit plus
libre et moins exposée aux représailles, si la Suisse n'a signé aucune
convention ; que cela soit admis comme démontré par les masses ! Cela
peut se comprendre. Mais que cela soit exprimé par des hommes politiques et des jurisconsultes comme ceux dont s'honore la Suisse, cela
est plus surprenant.

L'impression qui se dégage des explications échangées à Berne est
que la Suisse a voulu, en 1900, maintenir l'attitude qu'elle avait prise en
1874 lors de la Conférence de Bruxelles. M. Welti avait estimé alors que
la Suisse ne devait pas adhérer au projet de la Conférence ; M. Hauser,
plein de déférence pour l'opinion d'un homme d'État justement considéré, estime également que la Suisse ne doit pas adhérer à la convention de la Haye de 1899 qui s'est approprié, dans ses traits essentiels, le
projet de 1874.

Je ne comparerai pas le texte de 1874 et celui de 1899 ; il serait facile de
montrer que, sur divers points de quelque importance, le second a réalisé de notables améliorations. Mais cette discussion technique est ici
négligeable. Ce que l'on peut reprocher aux hommes politiques actuels
de la Suisse, c'est de ne pas tenir compte de la différence saisissante
qui existe dans la situation extérieure et intérieure de la Suisse si on
l'envisage aux deux époques.

En 1874, la Suisse n'était pas seule dans sa résistance au Règlement
projeté ; elle avait avec elle tous les petits États et l'Angleterre qui prit
l'initiative d'un refus formel opposé à la demande de la Russie pour la
réunion d'une Conférence à Saint-Pétersbourg qui aurait transformé en
convention le projet de Bruxelles. Dans son importante dépêche du 20
janvier 1875, le Comte Derby signalait dans le projet de nombreuses innovations dont la nécessité pratique n'était pas démontrée et dont l'adoption éventuelle aurait grandement tourné à l'avantage des puissances qui
entretiennent de fortes armées, toujours prêtes à la guerre, et possédant
des systèmes de service militaire universel et obligatoire. Or, à la Haye,
d'une part, les petits États qui avaient témoigné le plus de répugnance

en 1874, se sont ralliés aux nouvelles dispositions qu'ils avaient contribué à amender (on peut signaler notamment l'influence considérable de
M. Beernaert, le premier délégué de la Belgique) et, d'autre part, l'Angleterre, dont le délégué avait semblé d'abord ne vouloir accepter les dispositions arrêtées que comme des recommandations dont chaque gouvernement tiendrait tel compte que de raison, a finalement signé la convention. On voit combien la situation extérieure de la Suisse à ce point de
vue a changé, et il est permis de s'étonner qu'une aussi profonde modification n'ait pas influé davantage sur les déterminations des hommes
d'État de la Suisse. Il est très beau de conserver son indépendance absolue, de dire : *etiamsi omnes, ego non* ; il s'agit de savoir si c'est toujours
très politique, très pratique. La Suisse qui, à certains points de vue, est
le centre du mouvement juridique international, qui est l'asile de divers
Bureaux des Unions internationales, est-elle bien venue à s'isoler et à
se mettre en opposition avec l'*unanimité* des États européens? C'est ce
qu'a laissé entendre un des orateurs du Conseil national.

L'embarras qui peut résulter pour la Suisse de cette attitude isolée se
manifeste déjà dans une circonstance qui est de nature à appeler l'attention en Suisse et ailleurs.

Depuis longtemps, on demande la revision de la convention de Genève. La Conférence de la Haye n'a pas cru qu'elle rentrât dans son programme, mais *à l'unanimité* elle a émis le vœu suivant : « La Conférence, prenant en considération les démarches préliminaires faites par le
gouvernement fédéral suisse pour la revision de la convention de Genève, émet le vœu qu'il soit procédé *à bref délai* à la réunion d'une Conférence spéciale ayant pour objet la revision de cette convention ». Dès
1897, le Conseil fédéral suisse avait fait savoir officiellement qu'il songeait à provoquer la réunion d'une Conférence pour opérer cette revision ;
c'est à cela que fait allusion la Résolution de la Conférence de la Haye.
On pouvait donc supposer que son initiative suivrait de près la fin des
travaux de la Conférence. Elle ne s'est cependant pas encore produite.
Est-il téméraire de supposer que le Conseil fédéral peut être légèrement
embarrassé pour prendre une initiative qu'il doit cependant avoir à cœur
d'exercer.

Ce n'est pas seulement la situation extérieure de la Suisse qui n'est
plus en 1901 ce qu'elle était en 1874, c'est aussi sa situation intérieure
qui a été profondément modifiée et le changement qu'elle a éprouvé
rend encore moins explicable l'attitude du Conseil fédéral. Je fais allusion à la nouvelle organisation militaire que la Suisse s'est donnée
depuis 1874 et j'emprunte mes renseignements à un travail fort remar-

quable consacré à *l'armée suisse* par le colonel Secretan (1) (qui est le membre du Conseil national s'étant prononcé pour l'acceptation de la convention de la Haye). Voici ce qu'il dit : « Tout Suisse valide est tenu au service. Les exemptions sont peu nombreuses et motivées exclusivement par les besoins de certains services publics en temps de guerre. L'obligation de servir prend le jeune homme dans sa vingtième année. Le Suisse sert dans l'élite jusqu'à 32 ans, dans la réserve (landwehr 1er ban) jusqu'à 39 ans, dans la landwehr 2e ban jusqu'à 45 ans. L'élite et la réserve forment l'armée de campagne. La landwehr 2e ban et le landsturm, destinés un jour ou l'autre à être fondus, fournissent le service territorial et sont affectés à certaines destinations spéciales. Le service dans le landsturm dure jusqu'à la fin de la cinquantième année. » Et ailleurs : « L'armée suisse compte, aux évaluations de feu le colonel Feiss (1896), 117.000 hommes d'élite, 34.000 hommes de réserve et 86.000 hommes de landwehr de 2e ban et de landsturm, effectivement disponibles et armés pour la mobilisation, soit un total de 337.000 hommes. En outre, environ 177.000 hommes de landsturm non armés ». Ces chiffres ne concordent pas tout à fait avec ceux qu'a donnés M. Hauser dans la discussion du Conseil national. Il ne m'appartient pas naturellement de faire un choix. Mais je demande, en présence de pareilles constatations, si l'on ne peut pas dire que l'armée suisse, dont le colonel Secretan parle avec un légitime orgueil, ne comprend pas toutes les forces vives de la nation et si, en dehors d'elle, il y a place pour une résistance ayant des chances sérieuses. Que les patriotes suisses songent aux paroles que M. Berthoud, avec son esprit pratique et son grand bon sens, adressait à l'Institut de droit international et qui ont été reproduites plus haut. Ils y verront que c'est une illusion dangereuse que de compter sur les résultats utiles d'une levée en masse.

J'ai dit en toute sincérité ce que je pense de la résolution prise par la Suisse ; je veux espérer qu'elle n'est pas irrévocable et que l'opinion publique mieux éclairée comprendra le danger qu'elle présente. Je désire qu'on ne voie dans mes observations que l'expression du vœu sincère d'un changement que j'estime avantageux pour un pays qui joue en Europe un rôle si utile et si important.

LOUIS RENAULT,
Professeur de droit international à la Faculté de droit de l'Université de Paris et à l'École des sciences politiques.

(1) Ce travail est dans le 1er volume d'un intéressant ouvrage publié en 1899 sous ce titre : *La Suisse au XIXe siècle.*

LA GUERRE DU TRANSVAAL

ET LA CONFÉRENCE DE LA PAIX

Les événements qui ont fait éclater la guerre de la Grande-Bretagne et du Transvaal ont été ici même l'objet d'une étude impartiale et attentive : il serait inutile de prétendre y ajouter un mot (1). Mais on ne peut assister au douloureux spectacle de la lutte acharnée dont l'Afrique du Sud est depuis dix-huit mois le théâtre sans que la pensée se reporte d'elle-même à un autre grand événement contemporain, à cette Conférence de la Haye qui fermait ses portes peu de mois avant que le conflit Sud africain entrât dans sa phase la plus aiguë et laissait au monde attentif, avec des paroles de paix et d'espérance, une charte de justice destinée dans la pensée de ses rédacteurs à prévenir, à arrêter au besoin les luttes déplorables qui ne cessent de décimer les nations.

C'est une étape mémorable dans l'histoire du genre humain que la conclusion de cette convention écrite en vue d'assurer le règlement pacifique des différends internationaux. L'idée à la vérité n'était pas nouvelle. Sans compter les fondateurs de Républiques idéales mues par le seul ressort de l'amour de la justice et de la paix, il s'est rencontré à toutes les époques des hommes généreux qui, frappés de ce que la guerre présente d'irrationnel et d'inhumain, se sont voués à l'étude de ce problème et ont dépensé leur génie à l'élaboration de plans divers ayant pour objet commun l'avènement d'une paix perpétuelle. Les plus illustres et les meilleurs s'y sont essayés et leurs constructions, miracles d'équilibre, n'ont exercé aucune influence visible sur les destinées de l'humanité. Les plans élaborés par les Souverains eux-mêmes n'ont pas eu un sort meilleur. A la vérité on a obtenu l'insertion dans quelques traités de clauses promettant une médiation, convenant d'un arbitrage, clauses fort anciennes, un peu plus fréquentes peut-être de nos jours qu'autrefois. Ces clauses n'ont pas empêché le scandale de guerres sans motifs ou inspirées par des motifs de nature telle que notre âge paraît plus éloigné que tout autre du règne toujours rêvé de la justice dans les relations internationales.

L'œuvre accomplie à la Haye laisse bien loin derrière elle ces timides tentatives. Par le nombre des puissances qui y ont pris part, par leur volonté nettement accusée de substituer dans les conflits les solutions pacifiques aux solutions violentes, par la modestie même d'une entreprise

---

(1) V. les chroniques de M. Despagnet dans cette *Revue*, t. VII (1900), p. 84, 276 655 et 764.

qui sait qu'elle ne peut pas refaire le monde mais pense seulement à l'améliorer, la Conférence a justifié les espérances que sa convocation avait fait naître et donné les gages les plus sérieux à l'attente des amateurs de la paix.

Cette œuvre est aujourd'hui complète. Les nations représentées à la Haye ont, à peu d'exceptions près, ratifié l'œuvre de leurs mandataires : il ne reste plus qu'à passer de la décision à l'action. Le conflit anglo-transvaalien ne fournit-il pas aux puissances une occasion opportune de franchir ce dernier pas ?

Nous avons vu récemment le vénérable Président de la République Sud africaine, abandonnant sa patrie aux horreurs d'une guerre d'extermination, entreprendre en Europe un voyage qui emprunte aux circonstances présentes une grande signification. On peut, sans connaître le vieil homme d'État et sans avoir été instruit de ses desseins, deviner les motifs qui l'ont amené parmi nous. Le Président Krüger a pensé qu'au lendemain de ces assises de la Haye il était impossible que l'Europe assistât d'un œil indifférent à la guerre Sud africaine. Il est venu rappeler aux Souverains leurs résolutions d'hier et leur dire qu'au Sud de l'Afrique un petit peuple luttait héroïquement pour son existence, pour son indépendance, attendant anxieux que les promesses faites il y a moins de deux ans fussent tenues et que de la semence jetée à la Haye sortit cette moisson de paix solennellement annoncée au monde. Les peuples l'ont compris ainsi et leurs acclamations ont été, en même temps qu'un hommage rendu à cette poignée d'hommes qui défend si vaillamment ses foyers, un cri d'appel à cette justice espérée, à cette justice promise dont la conscience populaire supporte impatiemment le retard.

Nous joindrons notre voix à ces millions de voix dont l'écho ne s'est pas encore complètement éteint. Demandons-nous à notre tour pourquoi l'Europe n'intervient pas, pourquoi dans les conseils de ces gouvernements si empressés, il y a deux ans, à procurer à tous les peuples le bienfait de la paix, personne ou presque personne ne paraît se préoccuper de dégager la parole donnée et d'assurer à ces promesses leur effet. Et, puisque nous faisons profession d'étudier le droit international, nous parlerons en juriste, résolu à une stricte impartialité et revendiquant en retour la liberté de tout dire avec le seul souci du respect de la justice et du droit.

La convention de la Haye est-elle applicable au différend du Transvaal et de l'Angleterre ? C'est la seule question qui doive nous occuper ici. Nous n'avons pas à décider lequel des deux adversaires a raison, lequel a tort. Le Transvaal a-t-il méconnu les termes du contrat qui l'unissait à l'Angleterre, a-t-il véritablement mésusé de ses pouvoirs à l'égard de ces

Uitlanders dont les réclamations répétées trouvaient naguère dans notre presse française un si large accueil, nous ne le rechercherons pas. La Conférence de la Haye a précisément organisé d'excellents moyens de dire le droit dans les litiges de ce genre. Nous nous demanderons seulement si ces moyens doivent être mis à contribution dans le cas présent ou si quelque obstacle existe qui s'oppose malheureusement à leur application. On pensera peut-être que le temps n'est pas venu de se livrer à cet examen, que c'est aller trop vite que de prétendre résoudre une question qui n'est pas officiellement posée. Nous ne sommes pas de cet avis. Dans l'intérêt de la paix générale il est bon d'aller au-devant de certaines objections, lorsqu'on a des raisons de craindre qu'elles ne soient mises en avant pour pallier une conduite que l'on aurait honte d'avouer ouvertement.

La diplomatie européenne du XIXᵉ siècle nous a habitués à voir ses déclarations démenties par les faits. Aucun temps n'a été plus fertile en grandes promesses, aucun plus stérile en grandes conséquences. Et cela est surtout vrai de ces principes qui semblaient annoncer au monde un régime de droit plus libéral et plus sûr, une vie plus digne, un sort meilleur. On a aboli la traite des noirs et la traite a depuis 1815 presque dépeuplé un continent, on a proclamé le principe de non intervention et ce principe a servi de prétexte à une intervention constante au profit d'un État et au détriment de ses voisins, on a promis maintes fois protection aux sujets chrétiens de la Porte et les puissances mêmes qui se sont fait payer à beaux deniers comptants cette garantie n'ont pas su empêcher un seul des massacres périodiques de ces populations infortunées. L'image la plus fidèle d'une politique semblable est cette fameuse garantie de l'intégrité de l'Empire ottoman, garantie que l'on s'empresse de renouveler solennellement chaque fois que l'on juge à propos de dépouiller le Sultan de quelques-unes de ses provinces.

Tout est à craindre après de tels exemples. Il est à craindre surtout que, le moment venu d'agir, les puissances ne trouvent quelque raison excellente de décliner les requêtes à elles adressées et de soutenir que les promesses de la Haye n'ont rien à faire avec le conflit anglo-boër. Cela est d'autant plus à redouter qu'il est fort dans l'habitude des hommes d'État, même les plus qualifiés, d'invoquer des raisons de droit à l'appui de leurs volontés lorsque celles-ci paraissent tout à fait en désaccord avec la notion commune de la justice. Les diplomates montrent en général peu de considération pour la science du droit : si parfois ils dérogent à cette règle de leur ministère, c'est pour engager le droit dans de fâcheuses aventures où il ne peut que se compromettre. Nous accusera-t-on de calomnier ? On n'a pas oublié cependant les théories de lord Palmerston sur les traités de garantie, les discussions du Prince de Bismarck avec les représentants du gouvernement de la Défense nationale, et les arguments opposés un peu auparavant aux habitants du Sleswig lorsqu'ils réclamaient le plébiscite que le traité de Prague leur avait promis ; on n'a pas oublié davantage les occupations entreprises pour rétablir l'ordre et cet arsenal de baux, de remises de possession et autres mots empruntés à la terminologie du droit privé pour servir de manteau aux ambitions les plus récentes. Un esprit chagrin dirait volontiers : l'on ne parle jamais tant de droit en diplomatie que quand on médite un mauvais coup.

Le silence gardé par les chancelleries depuis l'arrivée du Président Krüger peut faire craindre que l'on n'oppose à sa demande de prétendues raisons de droit. De là découle pour nous le devoir d'étudier au point de vue du présent conflit l'Acte de la Haye et de prévoir les objections que l'on pourra faire à son application dans la guerre actuelle.

Un point d'abord que personne ne révoquera en doute, c'est que, si la convention de la Haye peut être appliquée au différend du Transvaal et de l'Angleterre, il faut qu'elle le soit. On ne concevrait pas, dans une matière d'une importance telle et après des promesses aussi formelles, que les signataires de l'Acte se fussent réservé le droit de le mettre à exécution ou de le laisser sans application à leur gré. La cause de la paix est de celles qui ne peuvent en aucun cas rester indifférentes. Il est possible que l'on se trouve dans un cas où rien d'utile ne peut être fait pour elle (et les rédacteurs de l'Acte de la Haye l'ont fort sagement prévu) ; mais, s'il en est autrement, on ne peut s'abstenir sans manquer à la fois à sa parole et à son devoir essentiel envers l'humanité (1).

Divers doutes peuvent naître quant à la possibilité de l'application de l'Acte de la Haye au cas du Transvaal. Nous allons les passer en revue.

On se demandera peut-être si l'on est en présence d'une véritable guerre, si ce n'est pas d'un conflit particulier à un État qu'il s'agit ici, et s'il n'est pas plus conforme aux traditions et au respect que l'on doit professer pour l'indépendance d'une nation étrangère de ne point intervenir,

_____

(1) Il n'est pas inutile de reproduire ici une partie du préambule de la convention pour le règlement pacifique des conflits internationaux :

« S. M. l'Empereur d'Allemagne, Roi de Prusse, etc. etc.... ; — animés de la ferme volonté de concourir au maintien de la paix générale ; — résolus à favoriser de tous leurs efforts le règlement amiable des conflits internationaux ; — reconnaissant la solidarité qui unit les membres de la société des nations civilisées ; — voulant étendre l'empire du droit et fortifier le sentiment de la justice internationale... ; — désirant conclure une convention à cet effet, etc. »

fût-ce dans un esprit d'humanité, dans une pensée d'apaisement. On devine ce qui peut causer ce scrupule ou légitimer ce prétexte. Le Transvaal et l'Angleterre ne sont point deux nations complètement séparées l'une de l'autre. Du traité de Pretoria du 3 août 1881 au traité de Londres du 21 février 1884, l'Angleterre a été sans aucun doute une suzeraine et le Transvaal un vassal. En vertu de ce dernier accord la République subit encore dans ses droits de souveraineté une diminution, elle ne peut conclure de traité, sinon avec l'État libre d'Orange, sans l'assentiment de l'Angleterre. On peut déduire de là que l'ancien lien de suzeraineté subsiste, personne n'en doute en Angleterre ; on en profitera alors pour dire que l'Acte de la Haye n'est d'aucun usage en la matière, cet Acte ayant été fait, comme le dit expressément son article 1er, pour aplanir les différends entre nations.

Cette façon de raisonner pécherait à notre avis par deux endroits. On oublie, lorsqu'on fait cette objection, que l'existence prétendue de ce lien de suzeraineté est précisément l'une des causes qui ont mis les armes aux mains des deux adversaires. C'est un point contesté entre eux, un de ceux que les arbitres auront à trancher, si jamais la Cour permanente d'arbitrage organisée à la Haye est, comme le désire l'opinion de l'Europe, saisie du litige : il serait contraire à toute logique d'appuyer sur une base aussi incertaine le refus opposé à la demande du Transvaal. Une question de même nature, venant elle aussi des termes douteux d'un traité, avait occasionné, il y a quelques années, le conflit italo-abyssin : ce conflit n'a-t-il pas été considéré pourtant comme une guerre véritable, en tout semblable à celles qui mettent aux prises des nations dont l'indépendance respective n'est pas douteuse ? Au reste, à l'Angleterre on pourrait ici opposer l'Angleterre elle-même. Le gouvernement de Londres, dans sa correspondance avec les neutres, a formellement reconnu aux insurgés la qualité de belligérants (1). Comment prétendre après cela qu'ils ne sont que des sujets révoltés ?

Et puis, ce serait mal juger l'œuvre de la Conférence de la Haye que de soutenir qu'elle ait pu admettre une distinction de cette espèce. Les puissances qui se sont associées à la généreuse initiative du Tsar Nicolas ont voulu donner la paix au monde. On ne conçoit à un pareil dessein ni restriction ni distinction sans l'affaiblir et le défigurer. Les guerres civiles sont-elles moins funestes que les guerres internationales pour qu'on puisse les négliger dans un projet de pacification ? Elles sont les plus longues, les plus sanglantes, les plus détestables de toutes. Le respect

(1) Cette déclaration a été faite par l'Angleterre à la France à l'occasion de la visite du *Cordoba* par la *Magicienne*, puis peu de temps après elle fut l'objet d'une communication officielle aux neutres (V. Despagnet, *loc. cit.*, p. 281 et suiv.)

dû à l'indépendance d'une nation ira-t-il jusqu'à ne rien faire pour l'empêcher de s'entre déchirer ? Ce serait se moquer que de le dire et l'abstention en pareil cas aurait d'autant moins de raison que les divers remèdes consacrés par les délibérations de la Haye sont autant d'offices
purement amicaux auxquels il est véritablement impossible de prêter la
moindre signification indiscrète ou hostile.

Dira-t-on que, lorsqu'une guerre est engagée depuis longtemps, lorsque des flots de sang versé, des ruines sans nombre accumulées ont témoigné de la volonté des belligérants de tout sacrifier à la défense de
leurs droits, il faut se retirer à l'écart et laisser la fortune des armes décider entre eux. On peut le dire, mais alors on se met en contradiction
avec les termes mêmes de la convention de la Haye, car il a été stipulé
que les tentatives de pacification seraient toujours faites même après
l'entrée des armées en campagne (1). Et n'est-ce pas justement lorsque
deux adversaires se sont imposés à l'admiration du monde, l'un par l'héroïsme d'une lutte poursuivie dans des conditions inégales, l'autre par
la constance inflexible d'une politique prête aux plus durs sacrifices,
qu'il importe davantage de prononcer des paroles de paix et de faire
cesser un carnage devenu une souffrance pour l'humanité entière ? C'est
bien alors qu'un ami peut faire sentir le poids de son amitié, alors qu'il
peut rendre les services les plus éclatants, ceux que l'on attend de lui,
ceux qu'il a promis de prêter à la première occasion.

On peut craindre une autre objection plus spécieuse, plus dangereuse
aussi. Il est à prévoir que l'on opposera aux vœux du Transvaal cette
raison qu'il n'a pas été partie contractante aux Actes de la Haye, qu'il
est mal venu par suite à en réclamer l'exécution. On lui dira, en latin
peut-être, que ce qui est convenu par les uns ne peut ni nuire, ni profiter aux autres. L'objection paraît sérieuse ; voyons quelle est au juste
sa valeur. Sur ce point il faut reconnaître que les politiques trouveront
facilement des alliés parmi les jurisconsultes. On dit volontiers, on répète trop à l'école que les traités n'ont d'effet qu'entre les nations qui
les ont conclus. Cela n'est pas vrai, ou du moins cela n'est pas toujours
vrai, et l'on peut citer de nombreux exemples de traités qui faits par certaines puissances seulement ont été acceptés par toutes les autres
comme ayant force et valeur à leur égard. L'exemple a été donné par
le Congrès de Vienne de 1815. Les vainqueurs de Napoléon ont refait la carte de l'Europe ; leurs décisions ont été reçues comme autant de

---

(1) « Art. 3, § 2. Le droit d'offrir les bons offices ou la médiation appartient aux
puissances étrangères au conflit même pendant le cours des hostilités. — § 3. L'exercice de ce droit ne peut jamais être considéré par l'une ou l'autre des parties en litige
comme un acte peu amical ». (Comp. le Rapport de M. le Chevalier Descamps, p. 104).

lois générales. Et lorsque, dans la même circonstance, les grandes puissances condamnaient la traite des noirs, ouvraient au commerce et à la navigation les fleuves internationaux, déclaraient la neutralité de la Suisse, réglaient le rang des ambassadeurs, il n'est venu à l'esprit de personne qu'elles parlaient pour elles seules. Leurs déclarations ont été considérées comme des principes généraux, absolus, et cependant ces déclarations n'avaient d'autre origine qu'une convention. S'il faut des exemples plus récents, nous les emprunterons aux stipulations relatives à la liberté commerciale du bassin du Congo, au régime juridique du canal de Suez (1) : ce sont encore des traités qui ont produit des effets généraux. Comment concilier ces grands faits avec le principe de l'effet relatif des conventions ? La vérité est que ce principe ne doit pas toujours recevoir son application. Faute d'un législateur suprême dont la volonté s'impose aux nations, les puissances supérieures par leurs forces et leur civilisation s'érigent parfois en représentantes des intérêts du monde entier et lui dictent les lois sous lesquelles il vivra dorénavant. Ce sont les Congrès qui fournissent l'occasion de ces déclarations générales, et l'on peut dire que pour elles la règle est inverse de celle que reconnaît le droit privé. Leur effet est en principe général : il ne devient relatif et limité que lorsqu'il est formellement convenu qu'il en sera ainsi, comme cela a eu lieu lors de la déclaration de neutralité armée de 1780 ou lors de le déclaration maritime émise à l'occasion du Congrès de Paris en 1856 (2).

Le Transvaal n'a donc pas à craindre une objection de cette espèce. Il est d'autant mieux armé pour y répondre qu'un incident survenu au sein de la Commission chargée de la préparation du projet de convention en

(1) V. les articles 1 à 5 de l'Acte général de Berlin du 26 février 1885 : « le commerce de *toutes* les nations jouira d'une entière liberté, etc. », et dans le traité de Constantinople du 29 octobre 1888 l'article 1ᵉʳ : « le canal de Suez sera toujours ouvert en temps de guerre comme en temps de paix à tout navire de commerce ou de guerre, sans distinction de pavillon ». On nous objectera peut-être la réserve faite dans ces deux conventions de l'adhésion des puissances tierces non signataires (conv. de 1885, art. 37; conv. de 1888, art. 16) ; mais cette réserve n'empêche pas que les Parties n'aient expressément stipulé pour tout le monde et non pas seulement pour elles-mêmes. De plus, il ne faut pas s'exagérer la portée d'une semblable réserve. Cette faculté d'adhésion complètement ouverte aux tiers et sans condition d'aucune sorte est une pure formalité, elle démontre que la convention a été faite pour les tiers aussi bien que pour les Parties Contractantes, elle n'enlève rien à la portée générale de ses dispositions. La seule signification particulière qu'on puisse lui prêter est l'expression de cette idée que les tiers ne sont admis à invoquer le bénéfice de la convention qu'à charge de supporter le poids des obligations qu'elle comporte.

(2) « La présente déclaration n'est et ne sera obligatoire qu'entre les puissances qui y ont ou y auront accédé » (décl. du 16 avril 1856, *in fine*). Quant à la neutralité armée, elle a été établie sous la forme d'une déclaration unilatérale à laquelle les puissances ont accédé par voie de conventions particulières.

a pleinement dégagé l'esprit. Le texte primitif de l'article 1ᵉʳ de ce projet attestait la volonté des puissances d'employer tous leurs efforts à amener la solution pacifique des différends qui pourraient surgir *entre elles*. Ces derniers mots étaient fort dangereux : dans le cas présent ils auraient fourni une fin de non-recevoir absolue contre la demande d'un État qui n'avait pas été admis à participer aux délibérations de la Conférence. Et cependant telle n'était pas l'intention des puissances représentées. M.ᵉ le Comte de Macedo, premier délégué du Portugal, apercevant le péril, fit remarquer qu'un article ainsi rédigé pourrait laisser croire que les signataires entendaient limiter à leurs contestations réciproques l'emploi des voies pacifiques qu'ils allaient ouvrir, qu'il fallait dissiper cette équivoque. On suspendit le vote et à la séance suivante l'article fut présenté à nouveau avec une rédaction générale sur la portée de laquelle aucun doute ne pouvait plus subsister (1).

Il n'est donc pas besoin d'avoir été présent à la Haye pour réclamer le bénéfice de la convention sur le règlement pacifique des conflits internationaux. Les puissances ont cette fois encore fait œuvre de législation générale, et l'on est forcé de reconnaître que si leur prétention à une magistrature suprême a jamais été fondée, c'est bien le jour où elles ont travaillé à diminuer les occasions de guerre et à donner une solution pacifique aux conflits internationaux. Limiter à elles seules le bienfait des dispositions nouvelles qu'elles adoptaient eut été d'un égoïsme répréhensible. Elles n'ont pas voulu qu'un doute existât sur ce point et en ce faisant elles ont véritablement agi en grandes puissances.

Aucune objection de principe ne peut donc être faite à l'application de la convention de la Haye à la nation du Transvaal. Mais la question de droit par nous envisagée n'est pas entièrement résolue par là. Il faut encore que nous nous demandions si cette guerre est de telle nature qu'elle puisse se prêter à l'emploi des moyens pacifiques de solution des litiges internationaux.

Les plénipotentiaires assemblés à la Haye n'ont pas pensé que tout différend pût être aplani par les voies amiables qu'ils préparaient. Aussi remarque-t-on dans leur texte des réserves nombreuses tendant à limiter l'emploi de la procédure qu'ils organisent aux cas dans lesquels son succès parait probable, possible au moins (2). Bien que ces réserves

(1) V. *Actes de la Conférence de la Haye*, 3ᵉ Commission, 3ᵉ séance (5 juin 1899), p. 9 et 4ᵉ séance (7 juin 1899), p. 12, et séances plénières, 7ᵉ séance (25 juillet 1899), Annexe au procès-verbal, p. 101.

(2) « Autant que possible » (art. 1ᵉʳ) ; « en tant que les circonstances le permettront » (art. 2) ; « dans les circonstances qui le permettent » (art. 8) ; « en vue d'étendre l'arbitrage obligatoire à tous les cas qu'elles jugeront possible de lui soumettre » (art. 19), etc,

affaiblissent un peu la portée de l'œuvre entreprise, il faut les approuver, et les rédacteurs de la convention se sont montrés des politiques avisés en les faisant figurer dans son texte. Il naît parfois de peuple à peuple des questions sur lesquelles toute transaction est impossible, ce qui condamne par avance l'intervention du mieux intentionné des médiateurs, sur lesquelles un gouvernement ne pourrait sans manquer à son devoir s'en rapporter au jugement d'autrui, ce qui rend illusoire toute tentative d'arbitrage. Tels sont les litiges qui concernent l'existence d'un peuple ou son honneur; tels sont encore ceux qui excitent des sentiments si profondément ancrés dans la conscience populaire qu'ils la rendent inaccessible à l'influence de la parole d'un ami.

Les causes de la guerre présente sont-elles donc au nombre de ces questions désespérées, et les tiers spectateurs de la lutte en sont-ils réduits à dire : nous le regrettons mais nous n'y pouvons rien. Le litige actuel appartient-il à la classe de ces cas réservés auxquels il nous a paru impossible d'étendre l'action pacifique de notre intervention ?

Les causes de la guerre du Transvaal sont de plusieurs catégories. Il en est qui sont restées secrètes ou du moins que les belligérants n'ont pas avouées. La presse politique en a fait un grand étalage. Nous ne croyons pas devoir nous y arrêter ici. Rien ne nous en garantit l'authenticité et, fussent-elles hors de doute, que le soin pris par les intéressés de ne pas les produire au grand jour suffirait à démontrer qu'elles ne sont pas avouables et que par conséquent elles ne méritent aucune considération dans un débat placé sur le terrain de la justice et du droit.

Deux griefs principaux ont été allégués par l'Angleterre : une interprétation abusive du traité de Londres de 1884 et les mauvais traitements infligés aux *Uitlanders*. Attaquons d'abord celui-ci. Nous le connaissons de longue date car, si les Uitlanders ont souffert, ils n'ont certainement pas souffert en silence. Leurs réclamations les plus vives portent sur deux points, l'énormité des charges financières que le gouvernement du Transvaal leur imposait, le refus par lui opposé à leurs demandes de concession des droits politiques exercés par les citoyens. Ces plaintes sont-elles ou ne sont-elles pas fondées, nous l'ignorons. Nous n'avons ni les moyens de nous en informer, ni le désir de le décider. Mais ce que nous voulons retenir et affirmer avec la dernière énergie, c'est que des questions semblables sont précisément celles qui se prêtent à une médiation et dans lesquelles un arbitrage peut être utilement employé. De quoi s'agit-il en somme ? de décider d'un point concernant la condition d'étrangers fixés en grand nombre sur un territoire dont ils exploitent les richesses naturelles. Si une question internationale a jamais mérité la qualification de question juridique, voire de question classique, c'est bien celle-là. Refuser ici l'application du droit commun des nations, c'est dire que l'on ne se résignera jamais à en supporter l'empire.

Mais il existe une autre difficulté, moins cuisante peut-être, plus grave en réalité, celle qui concerne l'existence de ce lien de suzeraineté que mentionnait le traité de 1881 et dont le traité de 1884 ne parle plus. Les Boërs affirment que cette omission a été intentionnelle et se disent prêts à prouver que c'est dans le but de leur assurer leur pleine indépendance, sous la seule réserve ci-dessus mentionnée du droit de conclure des traités, qu'elle a été commise. Le gouvernement anglais défend avec une égale énergie la thèse contraire. Ce n'est pas après dix-huit mois de lutte que l'on peut s'attendre à voir les deux adversaires tomber d'accord sur le sens des actes qui les unissaient l'un à l'autre.

Mais ce qu'ils ne sauraient faire eux-mêmes d'autres peuvent le faire à leur place. N'est-ce pas dans des circonstances semblables que l'intervention d'un ami commun a son plus haut prix ? C'est une simple question d'interprétation de traité dont il s'agit ici, et ces questions se rencontrent tous les jours dans la vie des nations. Pourquoi un tiers désintéressé ne leur exposerait-il pas ses vues sur le différend qui les divise, pourquoi n'insisterait-il pas pour qu'un débat qui a si profondément envenimé les rapports de deux nations leur soit soustrait et remis à un juge équitable qui le trancherait suivant les règles de la justice et du droit (1) ?

Et même, si l'une des deux parties pouvait avoir des répugnances à accepter l'emploi de cette procédure pacifique, c'est de la part du Transvaal seul que ces répugnances paraîtraient fondées. Le Transvaal joue en ce moment une suprême partie ; il s'agit pour lui de la perte de son indépendance, de la fin de son existence. On comprendrait qu'en présence d'une question aussi grave il repoussât toute intervention d'un tiers, mais loin de la repousser, cette intervention, il l'accepte d'avance, il la sollicite. Pourquoi alors tarder tant à la proposer ?

L'abstention des puissances est d'autant moins excusable qu'il ne s'agit pas d'imposer aux belligérants une solution pacifique mais seulement de la leur proposer. Tel est, en effet, le sens bien net de la convention de la Haye. Ses auteurs, en esprits prudents et modérés, n'ont point

---

(1) « Art. 16. Dans les questions *d'ordre juridique* et, en premier lieu, dans les questions *d'interprétation ou d'application des conventions internationales*, l'arbitrage est reconnu par les puissances signataires comme le moyen le plus efficace et en même temps le plus équitable de régler les litiges qui n'ont pas été résolus par les voies diplomatiques ».

voulu imposer les vues qu'ils entendaient faire prévaloir. D'obligations on n'en aperçoit qu'une dans leur charte, celle qu'ils ont eux-mêmes assumée lorsqu'ils ont promis d'employer tous leurs efforts à la décision amiable des conflits internationaux. Pour les tiers auxquels s'adressent leurs bons offices, on les invite à la paix, on ne les y oblige point (1). Ce n'est pas d'une médiation armée qu'il s'agit, mais d'une intervention purement officieuse qui peut être déclinée si les propositions ne paraissent point acceptables. L'Angleterre qui naguère soumettait aux États-Unis le projet d'un traité général d'arbitrage, qui à la Haye affirmait hautement sa sympathie pour l'œuvre entreprise, l'Angleterre devrait moins que toute autre s'étonner que des ouvertures lui fussent faites : à coup sûr elle saurait se rappeler à temps qu'elle s'est engagée à ne jamais les considérer comme un acte peu amical (2).

.*.

Cependant voici plusieurs semaines que le monde attend avec anxiété l'issue de la mission du Président Krüger et aucun indice sérieux ne vient montrer que sa voix ait rencontré jusqu'ici le moindre écho. Ces hésitations sont déplorables. Si même, ce qu'à Dieu ne plaise, on doit y voir les prodromes d'un échec déjà certain, elles sont désastreuses.

Déjà le spectacle de cette guerre acharnée est profondément démoralisateur. Nous ne sommes plus au temps où les guerres, affaires particulières aux soldats de profession, pouvaient laisser indifférent l'habitant dont elles ne dévastaient pas le champ, dont elles ne brûlaient pas la chaumière. Les luttes d'aujourd'hui, pareilles aux grandes invasions d'autrefois, jettent des peuples entiers sur les champs de bataille. Quel exemple est à cet égard plus frappant que celui que nous offre cette campagne de l'Afrique du Sud ? Pour des causes en somme assez futiles, un petit peuple se voit menacé de perdre à jamais cette indépendance qu'il a achetée depuis un siècle au prix des plus lourds sacrifices, et une grande nation, la plus grande peut-être par ses richesses, la plus

(1) « Art. 6. Les bons offices et la médiation, soit sur le recours des parties en conflit, soit sur l'initiative des puissances étrangères au conflit, ont exclusivement le caractère de conseil et n'ont jamais force obligatoire ».

(2) « Art. 3, § 3. L'exercice de ce droit (celui d'offrir les bons offices ou la médiation) ne peut jamais être considéré par l'une ou l'autre des parties en litige comme un acte peu amical ».

« Art. 27. Les puissances signataires considèrent comme un devoir, dans le cas où un conflit aigu menacerait d'éclater entre deux ou plusieurs d'entre elles, de rappeler à celles-ci que la Cour permanente leur est ouverte. En conséquence, elles déclarent que le fait de rappeler aux parties en conflit les dispositions de la présente convention, et le conseil donné, dans l'intérêt supérieur de la paix, de s'adresser à la Cour permanente, ne peuvent être considérés que comme actes de bons offices ».

grande incontestablement par son esprit politique, se trouve gravement atteinte dans ses intérêts matériels, gravement menacée dans son prestige. Que l'on abandonne à eux-mêmes les belligérants, que cette malheureuse guerre soit poussée jusqu'au bout, il est impossible de ne pas voir qu'il n'en peut résulter pour le monde que de fâcheuses conséquences. Une victoire anglaise aussi chèrement achetée ne peut que donner de nouvelles forces à cet Impérialisme déjà menaçant et qui ne saurait tarder à dégénérer en prétention à une suprématie universelle. C'est l'aurore fatale de nouveaux combats. Une défaite anglaise entraînerait avec elle la ruine de cet équilibre si péniblement entretenu et au maintien duquel la conservation de la puissance anglaise est nécessaire. Nul ne sait ce qui en résulterait, sinon et bien sûrement encore de nouveaux combats. Les deux alternatives en présence sont également mauvaises pour la paix du monde : seule une solution amiable du conflit permettrait de conjurer le péril.

Est-il besoin d'ajouter à cela que l'intérêt ne doit pas être seul à élever la voix dans une semblable occurrence : la politique actuelle se pique d'humanité, le moment est venu de montrer si ce sentiment est chez elle tout de surface ou s'il ne peut pas lui inspirer une initiative, une action. De part et d'autre, de cruelles souffrances sont courageusement supportées. Les sympathies vont plus vite aux Boërs parce qu'ils offrent le magnifique spectacle d'un tout petit peuple résolu à verser pour la cause de son indépendance jusqu'à la dernière goutte de son sang, elles ne sauraient manquer non plus aux combattants anglais dont la constance ne s'est point démentie durant cette cruelle expédition et qui sont sûrs, eux au moins, d'inscrire une date honorable de plus sur les plis de leurs drapeaux. Les sympathies des Souverains leur feront-elles défaut ? On aurait pu penser au début qu'il en serait autrement. Mais le temps passe et rien ne vient confirmer ces premières espérances. Les gouvernements qui gardent un silence si obstiné se rendent-ils compte au moins des dangers de leur inaction et les embarras du présent ne leur cachent-ils pas les embarras plus grands que leur réserve l'avenir ?

Il est impossible de ne pas voir que le conflit anglo-boër met en péril l'œuvre tout entière de la Conférence de la Haye. Déjà, au moment où cette grande assemblée s'est réunie, beaucoup doutaient de l'efficacité de la généreuse entreprise de l'Empereur Nicolas. Un premier événement a paru leur donner raison : on sait que le programme proposé a dû être réduit de beaucoup et que, pour lui donner des chances de succès, il a fallu le modifier presque complètement. Cependant les représentants des puissances ont affirmé solennellement leur intention de procéder de la façon la plus sérieuse aux réformes qu'ils jugeaient possibles. Ils ont été très modérés, et, si cette modération a pu sembler voisine de la timidité, du moins se recommande-t-elle de la nécessité d'agir prudemment si l'on veut faire œuvre efficace. Mais le tout n'est pas de délibérer et le moment d'agir est venu. On ne comprendrait pas qu'à l'instant où l'humanité tout entière demande que l'on décharge sa poitrine du poids qui l'oppresse, les conducteurs de peuples, oublieux de leurs promesses d'hier, détournent les yeux et laissent la guerre la plus sanglante et la plus injuste dévaster un continent récemment conquis à la civilisation. On ne comprendrait pas qu'après s'être formellement obligés à intervenir pour arrêter l'inutile effusion du sang, ils cèdent à je ne sais quelle crainte, obéissent à je ne sais quels calculs obscurs, négligeant tout d'un coup ces grands devoirs d'humanité qu'ils proclamaient naguère si hautement. On ne comprendrait pas qu'un si grand appareil ait été déployé, tant de félicitations échangées, une telle confiance dans le succès étalée au grand jour, si l'on n'était pas résolu à faire faire un pas à la cause de la paix et si les voies pacifiques ouvertes avec un tel bruit devaient être réservées comme par le passé aux différends sans importance, aux causes minuscules qui n'amènent point la guerre parce qu'elles ne valent pas les embarras et les frais d'une mobilisation. Et l'on dirait peut-être que cette grande Conférence n'a été qu'une grande comédie, le vain étalage de beaux sentiments destinés à céder au premier moment à l'influence de l'intérêt personnel, aux calculs d'un égoïsme étroit et insensible. Comment espérer en effet que les résolutions de la Haye servent de préventif aux grands conflits que l'on redoute, si leur faiblesse est telle qu'elles ne puissent rien pour arrêter une guerre engagée pour des motifs futiles et dont les vicissitudes ont entraîné des maux sans proportion avec l'intérêt qu'elle présente.

Il ne faut pas que l'on puisse dire ces choses-là. Parmi les grands maux dont souffre notre époque le plus grave peut-être est la profonde défiance qui sépare les gouvernants des gouvernés. Les peuples n'ont plus foi en ceux qu'ils ont appelés eux-mêmes à les conduire, et les fauteurs de troubles s'empressent de favoriser ce sentiment qu'ils considèrent avec raison comme l'un des facteurs qui contribueront le plus efficacement à ces révolutions chimériques dont ils escomptent le succès. Au moins que les Souverains ne fassent rien pour justifier ce préjugé. Ce serait de leur part la plus lourde des fautes que de violer des promesses aussi récentes, aussi formelles. Ces promesses, les peuples les ont entendues car ils prêtaient une oreille anxieuse aux paroles de paix que laissaient échapper les portes de la Maison du Bois. Comment les auraient-ils oubliées ? Les peuples ne décident pas de la paix et de la

guerre, mais ils versent le meilleur de leur sang sur les champs de bataille. C'est un sort auquel il est difficile de se résigner sans murmure
et, si la résignation est nécessaire, encore ne faut-il pas la rendre plus
dure en faisant briller aux yeux l'espérance d'un avenir meilleur que
l'on n'est pas résolu à réaliser. La question présente intéresse au plus
haut point toutes les puissances signataires des Actes de la Haye. A la
conduite qu'elles tiendront on jugera de la rectitude de leurs intentions,
et, dans un temps où le sujet ne craint pas de juger celui qui le gouverne,
il est périlleux de le mettre à même de porter contre son maître une
juste condamnation.

Ces réflexions paraîtront peut-être l'œuvre d'un naïf qui n'entend rien
aux finesses de la politique. Je l'avoue volontiers en effet, mais je crois
qu'il est bon parfois d'être naïf et que la suprême habileté peut être de
céder aux suggestions de la justice, aux prescriptions du droit.

A. PILLET.

ORIGINES ET LES CAUSES DE LA CRISE CHINOISE

Lorsque parut le célèbre édit du 15 mars 1899 sur la liberté du culte
catholique en Chine, personne ne prévoyait, en Europe et dans le monde
des chancelleries, l'horrible tempête qui vient de passer sur les provinces septentrionales du Céleste-Empire. Les sévérités de certains journaux pour une diplomatie qui n'avait pas su deviner l'orage dont les
premières manifestations auraient dû éveiller l'attention depuis deux
ans au moins, sont exagérées. A qui est au courant des questions orientales la bienveillance est commandée, car on n'en saurait raisonner,
comme on le ferait des problèmes qui se posent entre nations chrétiennes. On oublie trop souvent que l'on se trouve en présence de peuples
païens ayant une tout autre civilisation que la nôtre, par conséquent
une conception différente de la morale publique ou privée, de populations ne possédant pas le sentiment de l'honneur tel que nous le com-
prenons, et pour lesquelles la duplicité n'est qu'une forme de l'habileté,
le mensonge un moyen de gouvernement, la cruauté une sorte de manifestation de la force.

De révoltes partielles, prenant naissance tantôt ici et tantôt là, organisées par des gens sans aveu, qualifiés de rebelles, à une révolution

violente s'appuyant sur le pouvoir lui-même, il y avait loin. Les perpétuelles agitations dont nous eûmes le spectacle dans ces dernières années sont, pour ainsi dire, normales dans l'immense Empire qu'est la
Chine, et nous entendons encore un de nos plus éminents compatriotes,
mandarin à globule rouge de premier rang, nous dire que rien de sérieux ne serait à redouter tant que l'Impératrice-mère, nouvelle Cathe-
rine II, serait l'âme de la politique chinoise.

Hélas ! les espoirs ont été trompés et les plus robustes optimismes ont
dû s'incliner devant les réalités sanglantes.A la sagesse d'un gouvernement qui semblait s'orienter vers le progrès ont succédé les procédés
sanguinaires d'une barbarie organisée. La protection officielle accordée
aux Chrétiens a été remplacée par les massacres officiels. Dans ces vastes
régions de l'Extrême-Orient où les éléments sont dans un perpétuel
contraste, où les chaleurs les plus intenses succèdent aux rigueurs
d'une température glaciale, où d'effroyables typhons hurlent après les
calmes, les passions humaines ont des soubresauts inattendus ; des
foules, agenouillées devant leurs tyrans divinisés, imposent, un jour,
leur volonté à ces tyrans eux-mêmes, et les événements les plus impré-
vus surgissent à l'heure où ils semblaient très éloignés. C'est la pierre
qui roule du haut des montagnes et qui, dans sa chute, se grossissant
de toutes les parcelles de neige qu'elle rencontre sur son chemin, devient l'avalanche redoutable entrainant ou brisant, dans sa course dé-
sordonnée, toute chose lui faisant obstacle.

* *

Au commencement de l'année 1900, cependant, quelques inquiétudes
commençaient à poindre dans les légations. Les Sociétés secrètes s'agi-
taient et quelques avertissements, donnés depuis un certain temps déjà,
pouvaient revenir à la mémoire. Il semble résulter de deux documents
insérés dans le dernier *Livre jaune* que, dès le mois de mai 1899, un mouvement était à redouter ; mais quelle devait en être l'importance et fallait-il
lui attribuer plus de gravité qu'à tous ceux dont on souffrait d'une façon
en quelque sorte endémique ?

Un chef mongol, le Roi de Djoungar, qui a l'hégémonie sur les sept
hordes se disant issues des armées de Gengis-Khan, avait fait savoir à
M. Bonin, vice-Résident de France, chargé d'une mission dans l'Asie
centrale, « qu'en raison des troubles prochains qu'il prévoyait, il lui serait difficile, malgré sa bonne volonté, d'assurer la protection et d'empêcher la destruction des stations catholiques établies sur son territoire
pour cette année (1899) et l'an prochain, et qu'il demandait, le cas échéant,
à ce qu'on ne le rendît pas responsable ». M. Bonin, en adressant cette

communication à l'ambassadeur de France à Pékin, M. Pichon, le 20 mai 1899, l'avait accompagnée de l'observation suivante : « Je ne le (cet avis) crois pas négligeable, en raison de la situation de celui qui le donne, de ses relations avec la dynastie mandchoue, et de la façon dont il est renseigné sur la marche des événements par les journaux de Pékin et de Shang-haï qu'il reçoit régulièrement au fond du désert. Cet avertissement coïncide avec les bruits de soulèvement général et prochain contre les Européens et les Chrétiens que j'ai recueillis à l'autre extrémité de la Chine et dont les troubles du Sse-tch'ouan, sans parler des attentats personnels que j'ai eu à subir, ont été les prodromes » (1). Les bruits alarmants dont M. Bonin s'était, avec raison, fait l'écho, n'avaient pas reçu confirmation à la légation de France à la fin de juillet 1899 (2), ainsi que le constatait notre ministre.

En octobre 1899, l'agent français à Tchong-King, M. Bons d'Anty, regardait « les nombreuses difficultés survenues au Sse-tch'ouan entre les indigènes et les stations catholiques, comme se rattachant à un mouvement général contre les Chrétiens » (3).

Au Yun-Nan des placards invitaient la population à un massacre général des Européens ; mais nous n'avons ici l'intention que de nous occuper des troubles survenus dans les provinces du Nord. Les événements du Yun-Nan se rattachent à un autre ordre de faits et ont des origines très complexes qui pourraient faire l'objet d'une étude spéciale.

Le 4 janvier 1900, un décret publié par la *Gazette de Pékin* annonçait, d'après un télégramme de Yuan-che-k'ai, gouverneur intérimaire du Chan-Tong, le meurtre d'un missionnaire anglais et prescrivait la recherche des mandarins coupables de négligence et des assassins. Le 11 janvier, un autre décret visant les Sociétés si nombreuses dans cette province s'exprimait ainsi : « Cela nous amène à penser que, parmi les Sociétés, il y a une distinction à faire. Ceux-là qui, gens agités, vont chercher dans une association le groupement qui leur permettra de fomenter des troubles, ceux-là ne peuvent, à la vérité, échapper au châtiment. Ceux qui, gens de bien, et respectueux de leur devoir, s'exercent au maniement des armes afin d'être en mesure de défendre leur personne ou leur famille, ou encore qui groupent plusieurs villages pour leur permettre de défendre mutuellement leur territoire, n'agissent, cependant, à la vérité que dans une pensée de protection mutuelle » (4). Les *Boxers*

(1) Livre jaune (1899-1900), Annexe à la pièce n° 1.
(2) *Ibid.*, n° 1.
(3) *Ibid.*, n° 3.
(4) *Ibid.*, n° 6.

considérèrent ce décret, à cause du vague de ses termes à double entente, comme un encouragement à leurs manœuvres.

Le 27 janvier, nous apprend le *Livre jaune*, les ministres de France,
d'Angleterre, d'Allemagne, des Etats-Unis, et aussi, d'après le *Blue Book*,
celui d'Italie, réclamèrent la publication d'un édit prononçant la dissolution des Sociétés secrètes dont le développement, au Chan-Tong et au
Tche-li, constituait « des menaces sérieuses pour les missions religieuses
et éventuellement pour les étrangers ». Le décret fut rendu ; mais, ayant
été reconnu insuffisant par les représentants des nations chrétiennes,
deux nouvelles démarches furent tentées par eux. Ces démarches n'a-
boutissant pas, les divers Etats furent amenés à discuter l'opportunité
d'une démonstration navale dans les eaux chinoises. Divers bâtiments
de guerre, battant pavillons américain ou européens, se montrèrent devant les côtes, et, à la date du 20 avril, M. Pichon écrivait à M. Delcassé :
« En somme, l'état général semble s'être amélioré, mais on ne peut le
considérer comme rassurant. L'aveugle hostilité du gouvernement de
l'Impératrice contre tous les étrangers est manifeste. La Souveraine est
entourée des mandarins qui sont, en général, choisis parmi les plus igno-
rants des choses du dehors et les plus passionnés contre tout ce qui sort
des traditions chinoises. Sa faveur est acquise à ceux qui poussent à
tout refuser aux représentants des puissances. Elle vient encore d'accorder une haute dignité à Kang-Yi, au conseiller principal qui est un des
plus acharnés contre les Européens et qu'elle a mis à la tête du plus important des six ministères de l'Empire. Les Sociétés secrètes n'ignorent
pas ces dispositions, et celles d'entre elles qui ne rêvent que bouleversements sont toutes prêtes à en profiter. Elles peuvent, à un moment donné,
provoquer des émeutes sanglantes » (1).

Le 14 mai, M. Pichon signalait « l'hostilité déclarée du gouvernement
de l'Impératrice contre tous les étrangers », la continuation des désordres
du Tche-li et l'affichage, pour la première fois depuis longtemps, de placards menaçants, dans la capitale même de l'Empire, contre les étrangers. La situation commençait à devenir critique. Mgr Favier déclarait
que les plus grands malheurs étaient imminents. Les ministres étrangers, il y a lieu de le remarquer, furent, toutefois, si surpris par la rapidité des opérations des *Boxers*, qu'ils n'eurent pas le temps de mettre
leurs familles à l'abri d'une attaque à main armée.

A quelles causes convient-il d'attribuer le revirement qui s'est produit
.dans cette Chine dont le gouvernement, il y a deux ans à peine, paraissait encore si éloigné des fureurs du dernier été ? Les témoignages de

(1) Livre jaune, n° 22.

sympathie donnés aux Européens et à leurs œuvres par la dynastie mandchoue étaient-ils sincères? N'est-ce pas plutôt une véritable révolution qui a éclaté dans le Nord de la Chine, et le gouvernement, qui avait signé le décret du 15 mars 1899, n'a-t-il pas été la première victime d'un parti réactionnaire soutenu par des sectes puissantes et arrivé au pouvoir par le jeu des institutions chinoises?

I

Des écrivains mal informés, ou bien animés d'intentions hostiles, ont voulu rendre les missionnaires responsables des événements récents, englobant dans une même condamnation les ministres des diverses confessions chrétiennes. Hélas, ces missionnaires ont été, avec leurs Chrétiens, les principales et premières victimes des compétitions européennes !

Nous éprouverions quelque embarras à défendre les missionnaires protestants des imputations dirigées contre eux ; ils appartiennent à des nations qui savent les faire respecter, et nous ne sommes pas assez documenté, en ce qui les touche, pour pouvoir mettre le doigt sur les erreurs que les publicistes peuvent commettre à leur endroit. Sans nul doute, s'il y a parmi les pasteurs anglais, américains et autres, des imprudents ou des hommes qui vont en Extrême-Orient soit dans un but politique, soit dans des vues de spéculation, il y en a que sollicitent des pensées plus hautes et le désir d'apporter à des païens une civilisation supérieure.

En ce qui concerne les missionnaires catholiques dont beaucoup sont français et dont la plupart des autres sont protégés français, nous nous trouvons plus à l'aise, et lorsque nous rencontrons des erreurs matérielles comme celles que nous vîmes dans certain journal du matin et dans certaine Revue parisienne ne manquant pas de quelque notoriété, nous regrettons amèrement que des écrivains si mal renseignés puissent ainsi tromper l'opinion. Il est, d'ailleurs, odieux de lancer des insinuations malveillantes, injurieuses et, certainement, injustes, contre un corps si respectable, même au seul point de vue humain, qui, dans les dernières catastrophes, a versé, pour la cause de la civilisation chrétienne, le plus pur de son sang. Il n'y a aucun « déclassé au passé triste » parmi les missionnaires, ainsi qu'on a osé l'écrire ; il n'y a aucun « paresseux cherchant un présent paisible et lucratif » ; il n'y a aucun « ambitieux à la poursuite d'un avenir brillant » ; mais il y a des hommes qui ont tout abandonné, fortune, famille et patrie, dans une sublime folie, la folie de la Croix, allant vivre de la vie des pauvres, n'ayant parfois qu'une pierre pour reposer leur tête, et manquant souvent de l'écuelle de riz nécessaire à leur existence ; il y a des hommes qui savent souffrir et mourir. Au mandarin qui leur proposait l'apostasie, NN. SS. Grassi et Fogolla, évêques au Chan-Si septentrional, répondirent qu'ils n'étaient pas venus d'Europe pour obtempérer à de tels ordres et qu'ils n'étaient nullement émus du sort qui les attendait (1). Quand Mgr Hamer sut qu'une bande d'énergumènes faisait irruption chez lui menaçant de tout massacrer, « de ce ton solennel et impérieux que l'Église sait prendre aux heures décisives, invoquant les droits de l'autorité, au nom de l'obéissance sacerdotale, il ordonna à ses prêtres de quitter la maison et de pourvoir à leur sûreté ; puis il alla offrir son corps à l'ennemi, afin que les missionnaires eussent le temps d'opérer leur retraite pendant que les assassins s'acharneraient sur sa personne. Il fut déchiqueté lentement, démembré articulation par articulation, avec un raffinement de férocité et de barbarie qui eût peut-être épouvanté Néron » (2). On dit que les religieuses franciscaines missionnaires de Marie entonnèrent le *Te Deum* quand elles entendirent prononcer la sentence qui les condamnait à mort (3). Nous pourrions multiplier les exemples d'héroïsme, mais il faut nous borner.

Le bilan des pertes subies par l'apostolat catholique ne peut être encore établi avec certitude ; mais, dès à présent, on connaît le massacre de 5 évêques, d'une trentaine de missionnaires et de 9 religieuses européennes. Nous ne parlons pas des prêtres indigènes et des milliers de Chrétiens qui ont été massacrés. On évalue à 2 0/0 seulement les apostasies de ces malheureuses victimes que des Français aveuglés, dignes émules des lettrés chinois, n'ont pas craint de représenter aux lecteurs blasés des boulevards parisiens comme « des gens d'une moralité plus que douteuse », entraînés dans leur conversion par « l'appât des gains de ce monde ». Nous avons vu comment est mort Mgr Hamer, vicaire apostolique hollandais de la Mongolie Sud-Ouest. Mgr Fantosati, vicaire apostolique italien du Hou-Nan méridional, a eu les yeux crevés et a été assommé à coups de bâton après avoir été empalé. NN. SS. Grassi et Fogolla, Italiens eux aussi, ont été décapités. Mgr Guillon, vicaire apostolique français de la Mandchourie méridionale, a péri dans la cathédrale de Moukden où étaient réunis un missionnaire, un prêtre indigène, deux religieuses et plusieurs centaines de Chrétiens. « La seule chose certaine, écrivait le P. Lamasse, dans son journal, à la date du 3 juillet 1900, c'est que tous sont morts et que la tête de Monseigneur est actuellement

---

(1) *Les Missions catholiques*, Bulletin hebd. illustré de l'Œuvre de la propagation de la Foi, numéro du 30 novembre 1900.

(2) Discours de Mgr Keesen, au Sénat belge, cité par *l'Univers et le Monde*, numéro du 10 décembre 1900.

(3) *Les Missions catholiques*, loc. cit.

plantée sur un mât devant une des principales pagodes de la ville ».

Les établissements qui ont été rasés, incendiés, pillés, étaient des églises, des écoles, des hôpitaux, des orphelinats, des dispensaires, des maisons de bienfaisance de toute sorte. Des milliers de malades et d'orphelins qu'abritait la charité catholique sont morts de misère et d'abandon, ou se trouvent aujourd'hui sans abri et sans soins. Dans le seul vicariat apostolique de Pékin et Tché-ly Nord, il y avait,en 1899,577 stations de mission, 46.894 Catholiques, 31 églises à l'européenne, 216 églises de dimensions moindres, 272 oratoires chinois, un grand séminaire avec 23 élèves et un petit avec 88 enfants, 6 collèges et 389 écoles ; il y avait 130 vieillards dans les hospices, 6.303 malades dans les hôpitaux, 135.975 malades soignés aux dispensaires, 3 collèges franco-chinois, etc. Or, à la date du 16 août 1900, Mgr Favier écrivait au supérieur général de la congrégation des Lazaristes à Paris : « A Pékin, tout est brûlé moins le Pé-Tang (1) qui a fait une défense héroïque défendu par 40 marins ». Ce Pé-Tang a reçu 2.400 obus ou boulets, et l'église est à refaire. Le vénérable et vaillant vicaire apostolique de Pékin évalue à 15.000 le nombre des victimes : « 15.000 victimes,écrivait-il au mois de septembre dernier, mortes brûlées, coupées en morceaux, jetées dans les fleuves, sans vouloir faire une simple prostration idolâtrique qui les aurait sauvées ». Les 577 chrétientés du vicariat avaient, presque toutes, leur chapelle ; c'est à peine s'il en reste un quart. Les maisons des Chrétiens dans la capitale ont eu le même sort que les établissements de la mission, elles ont été rasées.

Dans le vicariat apostolique du Tché-ly Sud-Est on ne rencontre que des ruines. Une lettre datée de Tien-Tsin du 7 août, et signée du procureur de la mission, annonçait que 6 Pères, — délivrés à la fin d'octobre, — étaient à Tchao-Kia-Tchang, avec des vivres pour deux mois, que 3 religieux se trouvaient bloqués et cernés avec 2.000 Chrétiens, que 7 autres chrétientés se défendaient contre les *Boxers*, que ces chrétientés avaient pu donner asile à 18.000 néophytes sur 48.000 Chrétiens et que toutes les autres avaient été pillées, dévastées,incendiées (2).; or ce vica-

____

(1) L'église de Pé-Tang, criblée d'obus, qui reste seule debout a, au point de vue diplomatique, toute une intéressante histoire racontée en détail par Mgr Favier dans son ouvrage sur *Péking*. La construction de la cathédrale du Saint-Sauveur fut l'objet de longues négociations entre la Cour de Rome, la légation de France dont M. Constans était, à cette époque, le titulaire, et le gouvernement chinois. A l'inauguration, ce dernier fut représenté par le Prince Soun qui, au banquet servi après la fête religieuse, dit en termes formels « qu'il était là par ordre de l'Empereur, afin d'exprimer sa satisfaction pour tout ce qui avait été fait, et donner aux missionnaires les meilleures assurances du bon vouloir de Sa Majesté ».

(2) *Les Missions catholiques*, numéro du 5 octobre 1900. Chiffre exact des Chrétiens: 48.921.

riat comptait, en 1899, 1 évêque, 51 missionnaires, 16 prêtres indigènes, 21 étudiants ecclésiastiques, 709 catéchistes, 678 églises ou chapelles, 420 écoles, 6 collèges, et une population scolaire de 5.242 élèves. Le nombre des Chrétiens et des catéchumènes augmentant suivant des proportions inusitées, il avait fallu ouvrir 38 postes nouveaux.

La Mandchourie avait, au 1er janvier 1900, 2 évêques, 37 missionnaires européens, 12 prêtres indigènes, 3 séminaires, 69 étudiants ecclésiastiques, 147 catéchistes, 72 églises ou chapelles, 219 écoles, 4.976 élèves avec 27.442 Catholiques. Aujourd'hui les postes de 14 districts au moins ont disparu dans la Mandchourie méridionale, et, dans la partie septentrionale de la province, toutes les chrétientés de l'Amour sont anéanties (1). Quand les missionnaires dispersés rentreront en Mandchourie, ils trouveront le désert où ils possédaient des stations florissantes.

La Mongolie a été, elle aussi, le théâtre des fureurs païennes. Du vicariat apostolique du Hou-Nan méridional il ne reste, pour ainsi dire, plus rien. En quelques jours, au mois de juillet, tout a disparu ; des 6 prêtres européens encore vivants, aux dernières nouvelles, aucun n'était dans le vicariat ; quant au clergé indigène, il se cachait usant de mille précautions pour ne pas être découvert. Le Chan-Si a été fort atteint et, dans sa partie méridionale, a eu les martyrs dont nous venons de rappeler l'héroïsme. Du Hou-Nan, la persécution a passé au Hou-Pé. Le 10 juillet, le préfet de Siang-yang-fou a donné le signal des destructions, la résidence des missionnaires de cette ville a été saccagée. Le 14 juillet, l'église et la résidence de Pe-Xan ont été démolies, toutes les maisons des familles chrétiennes pillées et incendiées. Du 15 au 31 juillet, les actes de brigandage se sont poursuivis méthodiquement. Dans les vicariats du Kiang-Si, il ne reste ni églises, ni résidences, ni chrétientés (2). Au Tché-Kiang, plusieurs districts ont été mis à feu et à sang, de nombreux Chrétiens ont été mutilés, martyrisés de mille manières tandis que d'autres ont pu fuir dans les montagnes, livrés à une inénarrable misère. Les deux évêques du Yiun-Nan et 7 missionnaires ont dû se réfugier au Tonkin avec le consul de France, M. François, tandis que nos prêtres de l'Ouest de la province ont dû s'éloigner et chercher un refuge en Birmane

Servant la cause de l'humanité dont ils sont parmi les représentants les plus dignes, les missionnaires catholiques, par leurs œuvres de bienfaisance et par l'élévation de leur doctrine, font bénir des pauvres, des

(1) *Les Missions catholiques*, numéro du 14 septembre 1900 et *passim*.
(2) *Les Missions catholiques*, numéro du 19 octobre 1900.

orphelins, des âmes de bonne volonté rencontrées sur leur route, l'Europe en général et la France en particulier, leur principale protectrice, mais ils ne travaillent pas pour la conquête matérielle. Lorsque la guerre éclata, il y a quinze ans, entre la France et la Chine et que l'amiral Courbet fit entendre aux Célestes le fracas des canons français, les missions ne furent pas inquiétées. S. S. le Pape Léon XIII avait adressé à la date du 1ᵉʳ février 1885 à l'Empereur Kouang-Su, par l'entremise du R. P. Giulianelli, administrateur d'une nouvelle mission établie au Chen-Si, une lettre (1) dans laquelle le Pontife disait : « Nous avons su qu'au début de la guerre, Votre autorité a décrété que les Chrétiens devaient être respectés, et qu'on ne fît aucun mal, même aux missionnaires de la nation française... L'œuvre de ceux qui travaillent au nom de l'Évangile est très salutaire même aux choses publiques. Ils doivent s'abstenir des affaires politiques et se donner tout entiers à la propagation et à la sauvegarde de la doctrine de Jésus-Christ. Or les principaux préceptes de la religion chrétienne sont : craindre Dieu, conserver en toute chose entièrement et inviolablement la justice, d'où cette conséquence qu'il faut se soumettre aux magistrats, honorer le Roi non seulement par crainte de sa colère, mais surtout par conscience. Rien, certes, n'est plus propre que ces vertus à tenir la multitude dans le devoir et à conserver la sécurité publique... ». La réponse du gouvernement chinois avait été favorable.

Le 19 septembre de la même année, le *Tsong-ly-Yamen* avait adressé à M. Patenôtre, ministre de France en Chine, une dépêche portant son sceau, promettant de lancer des proclamations dans toutes les localités où des missions étaient établies, « afin de faire savoir au peuple que les missions catholiques ont pour but d'exhorter les hommes à faire le bien et ne se mêlent pas d'autre chose : que les gens qui professent cette religion n'en restent pas moins des Chinois, et que les uns et les autres doivent faire tranquillement leur devoir, sans conserver entre eux de défiance ou de haine ».

Pendant la guerre sino-japonaise, l'attitude des belligérants vis-à-vis des missionnaires et des établissements religieux fut toujours courtoise. Un édit impérial ordonna aux autorités chinoises de protéger les institutions et les prêtres européens; en Mandchourie, où se passa le dernier acte de la lutte entre la Chine et le Japon, les autorités locales veillèrent constamment sur eux ; il en fut ainsi partout, excepté au Sse-tch'ouan ; peut-être voulait-on se ménager, pour le moment où il faudrait traiter, les sympathies de l'Europe. Quoi qu'il en soit, les Chinois parurent reconnaissants

(1) *Les Missions catholiques*, numéros des 3 avril et 3 juillet 1885.

aux missionnaires catholiques de leur conduite pendant la guerre sino-japonaise, et plusieurs de ces derniers virent même, dans l'édit du 15 mars 1899, une marque de leur reconnaissance.

Il semble en effet que, pour un peuple sceptique comme le sont les Célestes, la propagation de la doctrine évangélique ne devrait pas avoir grande importance ; ses savants, d'ailleurs, doivent reconnaître que,dans nos livres de religion, se trouvent des préceptes de morale dont les leurs pourraient profiter. Nombreux sont les édits des Empereurs qui parlent avec honneur de la religion chrétienne et lui rendent hommage. Pourquoi donc, tandis que les Musulmans et tant de sectateurs de divinités diverses jouissent de la paix, les missions chrétiennes sont-elles si souvent menacées et subissent-elles parfois d'épouvantables orages ? Ne serait-ce pas que, derrière le missionnaire, la Chine voit l'Europe, que dans les missionnaires elle aperçoit l'avant-garde des armées européennes prêtes à la détruire ?

*
* *

Ici se pose la question de savoir si le protectorat politique est, pour les missions catholiques, une chose désirable.

Il est d'abord certain que le pays auquel est confié ce protectorat religieux trouve un grand avantage à l'exercer. Il est avantageux pour la France d'avoir dans l'immense Empire qu'est la Chine la clientèle nombreuse que lui donnent les missions ; la meilleure preuve en est que les peuples rivaux cherchent à l'attirer à eux. La protection des intérêts religieux est souvent une cause de soucis ; mais, comme on l'a dit avec raison (1), « l'influence n'est pas une force qui s'use par l'emploi que l'on en fait : elle a besoin, au contraire, de s'exercer pour s'accroître et même pour se conserver. Un agent diplomatique ne l'acquiert qu'au prix d'une action constamment renouvelée; s'il n'a souvent l'occasion de faire apprécier son intelligence et sa fermeté, fût-il le représentant d'une puissance considérable, on ne s'habituera pas à compter avec lui, et il n'acquerra ni l'autorité personnelle, ni l'expérience qui lui seront utiles, le jour où une difficulté sérieuse se produira. A ce point de vue, les affaires religieuses, loin d'avoir nui à la France, me semblent, au contraire, lui avoir servi. Les autres puissances ne protègent que leurs nationaux, la France protège aussi des étrangers qui viennent spontanément solliciter son appui ».

Si l'on voit bien l'intérêt de la puissance civile à exercer le protectorat religieux, celui qu'a l'Église d'en profiter apparaît-il aussi clairement? Les opinions sont divisées. Nous ne croyons pas, quant à nous, avoir à

(1) *Revue des Deux-Mondes,* année 1887, p. 797.

prendre parti sur une question si délicate, lorsque ceux qu'elle vise directement sont partagés à son sujet.

Les uns considèrent qu'en donnant à la diffusion de l'idée l'appui de la force on nuit à cette diffusion. On a reproché aux missionnaires de n'opérer de conversions que dans les classes inférieures. Du moment où seule la plèbe va au Christianisme, c'est qu'il ne mérite pas de monter plus haut ! Il est certain que la conversion d'un lettré, et, à plus forte raison, d'un mandarin est chose difficile, mais la qualité des missionnaires n'est absolument pour rien dans cette difficulté. Il fut un temps, au contraire, où de brillantes conquêtes eurent lieu parmi les hauts personnages de l'Empire. A cette époque le niveau moral de la caste lettrée était, peut-être, plus élevé qu'aujourd'hui, mais, à cette époque aussi, le gouvernement chinois ne redoutait pas l'immixtion des Européens dans ses affaires. Les missionnaires ne travaillaient pas sous la protection des baïonnettes et des canons étrangers. On peut craindre ces canons et ces baïonnettes dans les sphères officielles, mais il parait difficile qu'on puisse les y aimer. Comment faire comprendre aux Orientaux que des hommes appuyés par des forces navales et militaires ne sont pas les agents de leurs pays respectifs, que le prêtre cherche à étendre le règne de Dieu et préfère, pour atteindre ce but, à l'existence heureuse ou simplement tranquille dont il aurait joui dans sa patrie, les jours tourmentés que l'on trouve sur une terre hostile ? Tout naturellement une confusion doit s'opérer, dans l'esprit des Infidèles, entre l'action apostolique et les raisons de l'immixtion politique lorsque celle-ci a l'occasion de se manifester. Quant aux indigènes convertis, on est naturellement amené à voir en eux des amis de l'envahisseur, par conséquent des traîtres à leur pays. Raisonnerions-nous autrement ? Les premiers apôtres convertirent le monde sans l'appui des armées romaines. L'empressement même que les diverses nations mettent à s'emparer du protectorat religieux dont la France a été chargée jusqu'ici, n'indique-t-il pas le parti qu'elles prétendent tirer de leurs missionnaires, et n'est-il pas de nature, en ouvrant les yeux sur les intentions des puissances, à mettre l'apostolat lui-même en suspicion ?

D'autres, au contraire, pensant que la propagation de la religion chrétienne au milieu d'un peuple qui s'incline seulement devant la manifestation de la force matérielle, se heurterait à d'insurmontables obstacles, croient que le régime de la protection est préférable à tout autre. Ceux-ci se rappellent les entraves sans nombre que l'évangélisation rencontra dans le passé, les continuelles persécutions que l'on dut subir avec leur longue suite de maux. On avait, d'une façon permanente, les soucis qui, maintenant, se manifestent à certaines heures seulement.

Si l'on compare les 60 premières années du XIX⁰ siècle aux 40 dernières,
les avantages du protectorat religieux apparaissent clairement ; on
constate la multiplication du nombre des missions, des Chrétiens, des
œuvres, au lieu des luttes constantes, de la difficulté d'atteindre les
âmes, des perpétuels recommencements. C'est une loi de l'histoire que
la diffusion du Christianisme marche de pair avec les conquêtes de la
civilisation occidentale (1), et pouvons-nous douter que cette dernière ne
soit pas destinée à s'emparer du monde entier ? Le protectorat religieux
devient donc un fait historique appelé à porter ses fruits, car il arrive à
son heure, à l'heure où les peuples occidentaux et ceux qui tiennent
d'eux leurs origines travaillent à imposer leurs usages, leurs découvertes, leur conception de la vie, à l'univers tout entier.

Les nouvelles concernant les Protestants étant moins centralisées que
celles des missions catholiques, par suite du défaut même d'unité de leur
religion, du grand nombre de sectes indépendantes les unes des autres,
il serait malaisé d'établir, dès à présent, le bilan des pertes des dissidents. Les Protestants, d'ailleurs, sont moins nombreux en Chine que
les Catholiques. Depuis longtemps fixés dans Kouang-Tong et dans les
stations du littoral, ils s'établirent en 1878 à Tchong-Kin et de là rayon-
nèrent aux alentours. Ils se sont, depuis cette époque, répandus dans les
autres provinces de l'intérieur, mais leurs succès ont été peu appréciables. Quoi qu'il en soit, et *positis ponendis*, nous pouvons dire que, de
ce côté encore, il y a eu des larmes, de la misère et des supplices.

Dès le 24 mai, les journaux du Tonkin racontaient les tortures infligées par les *Boxers* à Chao, évangéliste de la mission de Londres et à
Lin-Ching-Youn, enquêteur de la même mission. Le malheureux évangéliste eut, d'après les dépêches, les bras coupés, les entrailles arrachées,
la tête tranchée ; son corps coupé en morceaux fut ensuite jeté dans la
rivière Tsé-tsun.

Le 7 juillet, on télégraphiait de Ché-fou que la mission danoise de
Hsin-yung était cernée par les *Boxers*, et qu'un détachement de cosaques marchait à son secours avec le consul anglais et les résidents étrangers.

Dans sa lettre aux *Missions catholiques*, racontant la mort des sœurs
franciscaines missionnaires de Marie, au Chan-si, le R. P. Léonard d'Es-
taire, Franciscain commissaire de Terre-Sainte à Paris, dit que beau-

---

(1) *Les origines chrétiennes*, par l'abbé Duchesne, cité par M. Launay dans son *Histoire générale des Missions étrangères*.

coup de Protestants furent exécutés en même temps que les religieuses.

Un télégramme de Canton, daté du 15 août, annonça que 3 missions protestantes avaient été complètement détruites par les *Boxers*.

De Shang-hai on fit connaître, le 9 novembre, comme chose certaine, que 13 pasteurs américains, 1 anglais et 2 danois avaient été massacrés, au mois de juillet, dans la province du Tche-ly.

*
**

Si, laissant de côté le personnel des missions, les églises, chapelles, établissements hospitaliers et charitables de toute sorte répandus sur toute la partie septentrionale de l'Empire du Milieu, nous considérions les travaux industriels, les chemins de fer notamment, nous pourrions dresser une longue liste des ponts coupés, des routes détruites, des gares incendiées, des rails arrachés, des dégâts de toute sorte qui sont l'inévitable conséquence des soulèvements populaires et l'accessoire obligé de la guerre.

*
**

Par l'esquisse mise sous leurs yeux, nos lecteurs peuvent se rendre compte de l'étendue du désastre ; il nous faut maintenant rechercher les causes de la catastrophe et nous demander pourquoi c'est contre l'Église surtout qu'a sévi la rage infernale des sectes soulevées, et, comme on a pu le voir, celle du gouvernement chinois leur complice. Dégager ces causes n'est peut-être pas chose très aisée, car nous n'avons, pour juger des faits, que l'un des éléments de la question. Nous savons bien ce qui s'est passé dans les relations de la Chine avec les gouvernements européens, nous connaissons les événements par leur côté apparent, nous ignorons les délibérations qui ont eu lieu dans les Conseils du gouvernement chinois, les intrigues de Palais si fréquentes autour des trônes de l'Orient : il y a là des mystères que l'on ne perce pas. Quoi qu'il en soit, par les données que nous possédons, nous sommes en mesure, en procédant par induction, d'arriver à des conclusions d'une très grande probabilité ; de plus, les révélations des diplomates, les correspondances de Chine, les lettres de Mgr Favier et de plusieurs missionnaires, ont nettement indiqué le point de départ de la révolution de Pékin que le digne vicaire apostolique du Tché-Ly septentrional a comparée à une « Commune » qui aurait eu un Prince à sa tête. Le soulèvement, toutefois, n'aurait pas eu tant d'extension et d'intensité si la « Commune » n'avait pas trouvé un terrain favorable.

II

Les causes que nous allons étudier sont de trois sortes : les unes sont d'ordre purement psychologique et doivent être recherchées dans l'âme chinoise elle-même ; les secondes relèvent de l'action des puissances européennes ; les troisièmes, qui donnent la raison immédiate du soulèvement et du caractère qu'il a pris, rentrent dans la pure politique intérieure chinoise.

⁎⁎

C'est en quelque sorte un axiôme qu'une haine latente existe toujours au cœur des Célestes contre les étrangers. La race jaune est essentiellement orgueilleuse, très fière de sa grandeur et de la supériorité qu'elle s'attribue sur les nations étrangères. Comment en serait-il autrement quand on possède des Annales qui remontent à l'antiquité la plus reculée, quand on était civilisé alors que les autres hommes étaient barbares, lorsqu'on peut se glorifier d'une longue suite de philosophes, de moralistes, de littérateurs et de savants illustres, que dans la lignée indéfinie de ses monarques on compte des Souverains éminents dans les arts de la paix et dans la pratique de la guerre, lorsqu'on n'a connu autour de soi que des nations vassales. Nous voudrions voir les Chinois se pâmer devant nos coutumes et les nouveautés dont nous tenons à les doter. Sommes-nous certains d'avoir raison en tout point. D'autre part, les échantillons, avouons-le, que nous leur donnons, dans les villes où nous sommes largement représentés, de nos habitudes, de notre honnêteté, de notre politesse et de notre moralité, ne sont pas toujours de nature à leur faire concevoir une très haute idée de la supériorité morale des Européens. Beaucoup de ces gens auxquels nous voulons en imposer nous donneraient l'exemple de la décence et de la dignité personnelle. Le Céleste-Empire, d'ailleurs, dernier survivant des grands États de l'Antiquité, gouverné en quelque sorte par les morts, immobilisé dans son passé, a conservé bien des traits de caractère des civilisations dont il est le contemporain. Les nations antiques professaient, en général, pour l'étranger le plus profond mépris ; païenne comme elles, la Chine éprouve le même sentiment, et comme il y a dans la race jaune des passions violentes qu'aucune idée supérieure ne domine, que, trop souvent, la misère surexcite, il arrive que les peuples chrétiens assistent, de temps en temps, avec stupeur, à des explosions de colère se traduisant par des actes d'une atroce sauvagerie. L'histoire des massacres de Tien-Tsin est encore présente à toutes les mémoires. Généralement, toutefois, la haine de l'étranger sert de prétexte aux actes de brigandage et aux déprédations, comme cela s'est produit, il y a deux ans à peu près, dans la province du Sse-tch'ouan. Les

bandes de Yu-Mantze parcouraient villes et villages en portant des bannières sur lesquelles on lisait cette inscription : « Mort aux étrangers !
sauvons la dynastie ! ». Y avait-il là un des prodromes des événements
que nous voyons se dérouler depuis quelques mois ? Il serait difficile de
l'affirmer, mais il est certain que Yu-Mantze, condamné à mort plusieurs
années auparavant, revenu dans son pays d'origine et dénoncé par des
Chrétiens, vengeait une injure personnelle. Quand il écrit sur un éten-
dard : « Mort aux étrangers ! sauvons la dynastie ! », un bandit, quel
qu'il soit, trouve toujours d'autres bandits pour le comprendre, des lettrés pour l'encourager, et des mandarins pour le protéger, suivant les
circonstances, ouvertement ou de façon détournée. Cette année l'agitation
du bas-fond est montée à la surface ; l'on a pu voir l'armée régulière
elle-même, sous l'impulsion de très hauts personnages devenus les maîtres du gouvernement, travailler à détruire les éléments européens, avec
lesquels ce gouvernement composait depuis quarante ans, et si à Pékin
les légations avec le Pe-Tang ont pu résister pendant plus de deux mois
aux forces combinées qui les assiégeaient, c'est que, vraisemblablement, les généraux n'ont pas obéi à tous les ordres reçus.

Depuis quelques années on ne cessait de répéter au peuple le plus or-
gueilleux de la terre que l'on voulait dépecer son pays. Les journaux
étaient remplis de projets, de combinaisons possibles ou probables, et
discutaient la question du partage sans éprouver d'embarras. Telle Chambre de commerce européenne, en Chine même, étudiait les diverses solutions. Les uns tenaient pour la politique de la porte ouverte ; d'autres
pour celle de la sphère d'influence, attribuant, dans un prochain partage
de ces sphères d'influence, la Mongolie et la Mandchourie à la Russie, la
Chine septentrionale proprement dite à l'Allemagne, la vallée du Yang-
tse, la rivière de l'Ouest et le Thibet à l'Angleterre, Hainan, les portions
des trois provinces du Sud en dehors de la vallée du Yang-tse-Kiang et
de la rivière de l'Ouest à la France, une partie du Fokien et du Tché-Kiang
au Japon. Certains organes britanniques traitaient de l'*Égyptianisation*
de la Chine. On se disait que le régime appliqué à l'Égypte pourrait bien
l'être à la Chine. « Nous devons, écrivait-on, organiser et administrer
la vallée du Yan-tsé comme nous avons organisé et comme nous adminis-
trons la vallée du Nil et les Indes ». Toutes les puissances devaient être
ainsi satisfaites excepté, peut-être, la plus intéressée d'entre elles à
l'être, c'est-à-dire la Chine. Les États passaient entre eux des conventions dont l'Empire du Milieu faisait les frais. L'Angleterre reconnaissait, en avril 1899, à la Russie, une sphère d'influence industrielle

dans toute la Mandchourie au Nord de la grande muraille et réciproquement la Russie à l'Angleterre une influence semblable dans la
vallée du Yang-tsé. De là à craindre une conquête de territoire il n'y avait
pas loin. Notre colonie du Tonkin ne pouvait-elle pas inquiéter aussi
par les aspirations de ses hauts fonctionnaires la province du Yun-Nan ?

De toutes parts on annonçait l'imminence d'un démembrement. Depuis
la guerre sino-japonaise, des conquêtes successives, acquisitions faites
sous divers prétextes mais dont le but était facile à découvrir, dont les
conséquences devaient, par la force des choses, s'imposer avec le temps,
ont montré que les théories étaient susceptibles de recevoir, dans la
pratique, d'inquiétantes applications. Il y avait, autrefois, un homme
malade sur les bords du Bosphore ; il y en eut un plus éloigné mais plus
malade encore, près des rivages que baignent les mers de l'Extrême-
Orient. Tous ceux qui se considèrent comme les héritiers du prétendu
moribond étaient là prêts à partager l'héritage, et les velléités de tous
se faisaient jour, et, de toutes parts, on accourait à la curée.

Après le traité de Simonosaki l'Allemagne avait obtenu deux concessions : l'une à Tien-Tsin, l'autre à Han-Kow, mais elle avait besoin d'un
grand port dans les mers orientales. Depuis longtemps elle visait Kiao-
Tcheou et n'attendait que l'occasion lui permettant de mettre à exécution
une idée lancée dès 1870. Cette occasion se manifesta sous la forme du
massacre de deux missionnaires du séminaire de Steyl, les PP. Nies, de
Rehringhausen en Westphalie et Henle, de Stellen, localité du grand-
Duché de Bade, massacrés le jour de la Toussaint, 1er novembre 1897,
dans la ville de Yen-tcheou-fou. Depuis quelques années, à la suite de
démarches de Mgr Anzer, vicaire apostolique du Chan-Tong méridional,
prélat bavarois, s'étant réclamé, antérieurement à ce double meurtre, de
la protection allemande, celle-ci était toute préparée à s'exercer. Le ministère des affaires étrangères de l'Empire d'Allemagne fut saisi de l'affaire, et, dès le 14 novembre, trois navires se montrèrent dans la baie de
Kiao-Tcheou ; la citadelle de Tsin-Tau fut prise, et, le 6 mars 1898, effrayée
par l'arrivée de l'escadre que commandait le Prince Henri de Prusse, la
Chine traita. Par la convention du 6 mars 1898, elle donnait pour 99 ans
à l'Allemagne le périmètre de la baie de Kiao-Tcheou jusqu'à la limite
des plus hautes marées, avec les deux presqu'îles de l'entrée et les îles ;
sur une superficie de 7. 100 kilomètres carrés qui était neutralisée, elle
s'engageait à ne rien innover sans le consentement des Allemands ; enfin elle concédait à ces derniers le droit d'exploiter les mines et les chemins de fer dans le Chan-Tong (1). Tant que l'on n'avait pas touché à

(1) *Revue des questions diplomatiques et coloniales*, numéro du 15 novembre 1899.

l'une des 18 provinces qui forment le vrai sol de laChine,il avait été possible de supporter des dépossessions ; mais il n'en n'était plus ainsi, maintenant ; on osait s'emparer de la terre sacrée des ancêtres.L'occupation du territoire de Kiao-Tcheou, et cette sorte de main-mise sur une grande et belle province, irrita profondément les Célestes. De cette irritation naquit la secte des *Boxers* qui devait devenir si redoutable,s'étendre de proche en proche sur toutes les provinces septentrionales, s'emparer de la Capitale elle-même,et, renforcée par les membres d'autres Sociétés comme celle des *Jeuneurs* en Mandchourie, mettre tout à feu et à sang (1).

Au mois de février 1899, les mandarins favorables aux Chrétiens,dans le Chan-Tong, furent remplacés par des fonctionnaires hostiles. Le nouveau vice-Roi Yu-hien, très animé contre les Allemands,imputait aux missionnaires et aux Chrétiens la prise de possession de la baie et du territoire de Kiao-Tcheou. Mgr Anzer vit ses chapelles incendiées, les maisons de ses Chrétiens pillées et brûlées, plusieurs des Catholiques de son vicariat massacrés ; or, il y a lieu d'observer qu'à la même époque, dans le vicariat français du Chan-Tong oriental, on jouissait d'une assez grande tranquillité, le missionnaire était reçu avec déférence même par les païens et l'on pouvait inscrire sur les listes des néophytes de nombreuses conversions. Quoique les rapports officiels attribuent à des circonstances purement fortuites l'assassinat du Baron de Ketteler,n'est-il pas étrange que le seul ministre massacré ait été precisément celui dont le gouvernement s'était emparé d'une portion de la province où les *Boxers* se sont organisés?

L'occupation sur le golfe de Pe-Tchely de Port-Arthur, ou Lioui-Choun-Kou, destiné à être relié au Transsibérien et à permettre à la Russie de défier la Chine en menaçant Pékin, l'occupation de Wei-ha-Wei par les Anglais, celle de la baie de Kouang-Tcheou-Ouan avec ses îles, obtenue par les Français comme compensation des points stratégiques accordés à d'autres puissances, les prétentions de l'Italie sur San-Moun ne purent que confirmer les Célestes dans leur méfiance au sujet des intentions étrangères. Les bons offices rendus lors de la conclusion de la paix avec le Japon devaient-ils être récompensés par la mise en coupe réglée des territoires du Fils du Ciel? On n'a pas oublié, en France, les mouvements hostiles qui eurent lieu lors de l'affaire de Kouang-Tcheou-Ouan. Le 9 octobre 1899, une de nos reconnaissances fut attaquée aux environs de notre poste voisin de Tse-Kam par une milice que le sous-préfet de

(1) *Les Missions catholiques*, numéro du 20 juillet 1900. Lettre de M. Chavanne, missionnaire lazariste mort d'une blessure et de la petite vérole pendant le siège.Cette lettre renferme des détails très curieux sur la secte des *Boxers*.

Soui-Kai réunissait depuis le mois de juillet (1). Le vice-Roi menaçait de soulever le pays contre nous (2). On se rappelle l'assassinat, le 3 novembre suivant, des deux enseignes de vaisseau Gourlaouen et Koun qui tenaient garnison dans le poste de Montao, la veille de la convention de délimitation de la possession française. Devant l'exigence de l'Italie qu'aucun intérêt direct ne paraissait pousser vers l'Extrême-Orient, le Tsong-ly-Yamen se révolta ouvertement pour recommencer à négocier ensuite, mais la démarche de notre voisine fut jugée, sur les terres lointaines baignées par le Pacifique, comme la meilleure preuve que l'heure du véritable démembrement de la Chine n'allait pas tarder à sonner. Les journaux japonais demandèrent que le gouvernement de leur pays ne se contentât pas de rester simple spectateur et réclamât sa part de butin.

Dans les Européens, les Chinois paraissent donc bien venus à voir des pillards voulant s'enrichir de leurs dépouilles. Si aux spoliations plus ou moins légitimes et déguisées, si aux désirs immodérés d'attirer vers l'Occident les richesses de l'Orient, nous ajoutons l'exagération des menaces devant certains méfaits sans grande portée, les violations parfois voulues de l'étiquette chinoise, les exigences pour les concessions de lignes de chemins de fer, les intérêts lésés par l'industrie européenne, le trouble apporté aux habitudes chinoises dans un pays sur lequel, il y a 30 ans à peine, on n'aurait pas osé faire passer un fil télégraphique, serons-nous surpris de voir ce peuple s'indigner, et chercher à détruire, le jour où il se croit assez fort, « ces diables étrangers » qui sont venus l'arracher à des coutumes séculaires et lui ravir son territoire. Nous causions, il y a quelques semaines, avec un évêque qui habite le centre du Céleste-Empire depuis de longues années, des derniers événements. Ce prélat, parmi les causes qui avaient assuré, dans le public éclairé, des sympathies au parti vieux-chinois, nous citait la modification que le gouvernement voulut faire subir, il y a peu d'années, aux programmes des examens, en y introduisant des questions sur des sciences européennes absolument inconnues aux candidats ; les lettrés en furent fort irrités. Les examens ont, en effet, une très grande importance dans un pays où tous les fonctionnaires sont choisis parmi les hommes ayant pris leurs grades dans les concours publics. Ces concours sont si suivis que l'on voit, non seulement des jeunes gens, mais des hommes mûrs et des vieillards se soumettre aux épreuves. Dans le même examen on rencontre parfois le fils, le père et le grand-père. On attache une telle importance à ce que tout se passe régulièrement, que les précautions les plus mi-

(1) Livre jaune, Annexe à la pièce n° 24.
(2) Livre jaune, Annexe à la pièce n° 33.

nutieuses sont prises pour éviter la corruption, et que la fraude peut entrainer jusqu'à la peine capitale, dans le cas de haut examen.

Lors de la guerre contre le Japon, les Tartares avaient encore des flèches et des fusils à mèche. On montait et on fourbissait sur les murs de Pékin de vieux canons en fer rouillé. Le 4 décembre 1894, le Prince Kong passait en revue la garde impériale, deux ou trois mille hommes armés de flèches. On incorporait dans l'armée de pauvres gens n'ayant fait aucun exercice militaire et que l'on armait de fusils à répétition ou d'espingoles. Les quelques armes de fabrication moderne, vendues aux Chinois, étaient inutiles entre leurs mains faute d'instruction nécessaire (1). Les relations du dernier siège nous ont parlé de fusils Mauser, à chargeur et du dernier modèle, de canons Krupp maniés par les Tartares. Les Européens se sont chargés de fournir à leurs ennemis des armes dont ils devaient user contre eux et leur ont appris à s'en servir : que de lourdes fautes ont été commises dont des innocents portent aujourd'hui la peine ! Les Chinois munis de bons fusils et de quelques canons perfectionnés, se trouvant en présence de nations dont les compétitions et les rivalités leur étaient bien connues, ont cru que le moment était venu de secouer le joug ; ils se sont trop hâtés et, par leurs procédés, ont montré qu'ils méritaient le pire traitement.

* *

Nous avons dit que la Société des « Poings fermés », appelée par les Anglais *Boxers*, a surgi dans le Chan-Tong au lendemain du jour où les Allemands s'étaient emparés de Kiao-Tcheou. Se livrant à toutes sortes d'excès, s'adonnant à des pratiques de suggestion et d'hypnotisme, se réunissant dans les ruelles des villes, dans les pagodes, sur les places des villages pour faire des incantations, des contorsions et des passes magnétiques, prétendant que leurs adeptes devenaient invulnérables ou ressuscitaient dans un laps de temps déterminé (2), les *Boxers* qui se recrutaient d'abord dans les classes inférieures trouvèrent des adeptes nombreux même dans des milieux plus élevés où l'on comprit que l'on pourrait se servir d'eux. Ils se firent d'abord la main dans la province du Chan-Tong, passèrent ensuite au Tché-ly, se répandirent partout et partout annoncèrent leur passage par les deuils qu'ils semaient. Le samedi 12 mai, plus de 80 personnes furent massacrées dans le village de Kao-lo. Les jours suivants, plusieurs villages furent brûlés et les Chrétiens se réfugièrent où ils purent trouver un asile. La ligne du chemin de fer

(1) *Les Missions catholiques*, année 1895. Lettres de Mgr Favier *passim*.
(2) Lettre de M. Chavanne, *loc. cit.*

Han-Kow-Pékin fut détruite sur une longueur de 150 kilomètres environ avec le matériel, les gares et les magasins. On sait le reste.

Quand les *Boxers* arrivèrent à Pékin, ils trouvèrent dans les hautes régions officielles des hommes capables de les comprendre, de les conduire au carnage de ces Européens détestés qui s'enrichissaient de leurs dépouilles, voulaient leur imposer chemins de fer, bateaux à vapeur, télégraphe, toute la série des inventions modernes, de les conduire aussi au massacre des Chrétiens indigènes qu'ils désignaient sous le titre d'étrangers de 2° catégorie. Une sorte de Révolution légale s'était opérée dans le Palais impérial. Aux amis des étrangers, aux hommes qui avaient contribué à gouverner la Chine depuis 1860 et l'avaient orientée vers le progrès, succédèrent les rétrogrades, un Prince, Toan, pour qui les événements de 40 années ne comptaient pas, et ces événements ne comptaient point parce qu'il avait vécu loin de la Cour, à Moukden, dévorant dans la lointaine Mandchourie l'amertume d'un double déni de justice, une exclusion de la régence qu'avait subie son père, et une exclusion du trône. Or, un jour, il advint qu'un fils de Toan fut donné pour héritier présomptif à l'Empereur Kouang-Su qui n'en avait point. Dès ce jour, l'influence revint à Toan qui regagna Pékin (1). Tous les mécontents, tous ceux qui se prétendaient lésés par les nouveautés étrangères, les membres des Sociétes secrètes se groupèrent autour de ce Prince qui revenait avec son ignorance et sa haine. L'Impératrice subit l'ascendant de ce haut personnage et parut combattue par deux tendances contraires, qui expliquent ses édits contradictoires, ses hésitations et ses retours, sa politique hypocrite et si cauteleuse : d'un côté, elle devait craindre les Européens ; de l'autre, elle devait trembler devant un parti soutenu par des hordes aussi audacieuses que nombreuses, animé d'un fanatisme farouche et d'une énergie férocement réactionnaire. Les dépêches anglaises ont souvent représenté, dans ces dernières années, l'Impératrice Si-taé-heou, comme une rétrograde, mais quelle foi peut-

---

(1) V. dans les *Missions catholiques*, numéro de juillet 1900, une lettre de Mgr Favier, datée du 18 mai, et reproduite dans les *Annales de la propagation de la Foi*, numéro du mois de septembre. — V. dans le Livre jaune de 1899-1900 le rapport de M. Pichon sur le siège des légations : « Le moment n'est pas venu, écrit M. Pichon, de fixer les responabilités dans ce drame horrible que couvrent encore tant d'obscurités. Ce qu'on peut dire, dès maintenant, c'est que le rôle principal y a été joué par trois personnages dont les noms sont à retenir et dont le châtiment ne saurait être trop sévère : le Prince Tuan, père de l'héritier présomptif du trône, le général Tong-fou-Liang, commandant des troupes du Kan-Sou, connu par une hostilité sauvage contre tout homme civilisé et le gran secrétaire d'État Kang-Yi ». Les comparses d'un rang moins élevé que dési gne M. Pichon sont Li-ping-hen, ancien gouverneur du Chan-Toung, le Prince Lan, frère de Tuan, et le Prince Tchouang « qui avait été désigné pour enrôler et diriger les Boxers ».

on accorder à des informations si intéressées ? Nous sommes plus disposés à penser que l'Impératrice et l'Empereur ont été tout simplement les premiers prisonniers du Prince Toan et du parti des violents, dès le début de la tempête.

..

Que va-t-il advenir des événements auxquels nous assistons et quelles en seront les conséquences ? Il n'est pas possible de donner, en présence de toutes les incertitudes de l'avenir, de l'état même actuel des choses, la solution d'un si grave problème. Des plus grands maux, le bien sort quelquefois, et nous lisions, ces jours derniers, la lettre d'un évêque écrite au milieu même de la tourmente, qui contenait des paroles d'espérance. Avant tout soyons sages, rendons-nous compte du possible, ne courons pas après la chimère de partages irréalisables ; ne cherchons point à poursuivre des spoliations souvent illégitimes, toujours dangereuses ; gardons-nous des esprits aventureux dont les imprudences peuvent nous pousser vers des catastrophes. Si nous voulons profiter des ressources que renferme le Céleste-Empire, nous le pouvons en nous montrant désintéressés. Le jour où, la paix étant faite, les Célestes ne craindront plus les démembrements dont nous les menaçons, nous verront respecter leurs usages, et se rendront compte que la civilisation occidentale est susceptible de leur apporter une somme de bonheur dont ils n'ont pas conscience aujourd'hui, ils seront sourds aux excitations du parti vieux-chinois ; leurs mandarins, leurs lettrés n'auront aucune raison d'appuyer, de leur autorité ou de leur influence, les prétentions de grossiers réactionnaires et de se montrer favorables à des mesures de violence capables de plonger leur pays dans des calamités sans fin.

ALEXANDRE GUASCO.

CHRONIQUE DES FAITS INTERNATIONAUX

BRÉSIL ET FRANCE. — *Contesté de la Guyane.* — *Règlement de frontières.* — *Sentence arbitrale du 1ᵉʳ décembre* 1900. — Le 10 avril 1897, le gouvernement de la République française et le gouvernement de la République des États-Unis du Brésil signaient à Rio de Janeiro un traité (1) par lequel les deux États chargeaient le Conseil fédéral suisse de fixer

(1) V. le texte de ce traité dans cette *Revue*, t. IV (1897), Documents, p. 1.

définitivement, par décision arbitrale, les frontières du Brésil et de la Guyane française. Il s'agissait pour le gouvernement de la Confédération helvétique de mettre fin à un litige qui durait depuis de longues années entre les deux pays (1).

Le 11 avril 1713, à Utrecht, la France et le Portugal (aux droits duquel a succédé plus tard le Brésil) avaient, pour terminer un désaccord datant de la seconde moitie du XVII° siècle, passé un traité dont l'article 8 stipulait que le Roi de France se désistait en faveur de la Couronne de Portugal de tous droits et prétentions qu'il pouvait ou pourrait prétendre sur la propriété des terres appelées du cap Nord et situées entre la rivière des Amazones et celle « de Japoc ou de Vincent Pinson ». Mais, presque aussitôt, une difficulté survenait entre les parties au sujet de cette stipulation. Quelle était exactement la rivière dénommée « Japoc ou Vincent Pinson » qui devait ainsi constituer la frontière? Le Portugal, puis le Brésil, soutenait que le « Japoc ou Vincent Pinson » n'était autre que l' « Oyapoc » ; la France au contraire prétendait qu'il était l' « Araguary ». Tel était le premier point que le Conseil fédéral avait pour mission de résoudre aux termes du traité d'arbitrage du 10 avril 1897. L'article 1er de ce traité était en effet ainsi conçu : « La République du Brésil prétend que, conformément au sens précis de l'article 8 du traité d'Utrecht, le rio Japoc ou Vincent Pinson est l'Oyapoc, qui se jette dans l'Océan à l'Ouest du cap d'Orange et qui, par son thalweg, doit former la ligne frontière. La République française prétend que, conformément au sens précis de l'article 8 du traité d'Utrecht, la rivière Japoc ou Vincent Pinson est la rivière Araguary (Araouary) qui se jette dans l'Océan au Sud du cap Nord et qui, par son thalweg, doit former la ligne frontière. L'arbitre se prononcera définitivement sur les prétentions des deux parties, adoptant dans sa sentence, qui sera obligatoire et sans appel, l'une des deux rivières énoncées ou, à son choix, l'une de celles qui sont comprises entre elles ».

Un second problème s'imposait encore à l'arbitre. La rivière « Japoc ou Vincent Pinson », dont s'était occupé le traité d'Utrecht, ne déterminait en définitive que la frontière *extérieure* ou *maritime* entre le Brésil et la Guyane française ; elle n'avait point trait à la limite *intérieure* de ces deux pays. Or, à ce sujet, les gouvernements brésilien et français étaient également en discussion. Le premier alléguait que cette limite intérieure, « dont une partie avait été reconnue provisoirement par une convention du 28 août 1817 », devait être « sur le parallèle de 2° 24, qui, partant de l'Oyapoc, va se terminer à la frontière de la Guyane hollandaise »;

· (1) Sur l'historique du litige, V. Rouard de Card, *Le différend franco-brésilien relatif à la délimitation des Guyanes*, dans cette *Revue*, t. IV (1897), p. 277 et suiv.

le second soutenait qu'elle devait consister dans « la ligne qui, partant
de la source principale du bras principal de l'Araguary, continue par
l'Ouest parallèlement à la rivière des Amazones, jusqu'à la rencontre de
la rive gauche du rio Branco et suit cette rive jusqu'à la rencontre du parallèle qui passe par le point extrême des montagnes de Acaray ». L'article 2 de la convention d'arbitrage du 10 avril 1897 donna donc pouvoir
aussi au Conseil fédéral de se prononcer entre ces deux prétentions. Mais,
prévoyant qu'il pourrait ne s'arrêter à aucune d'entre elles, il l'autorisa
dans les termes suivants à admettre une troisième solution intermédiaire :
« L'arbitre résoudra définitivement quelle est la limite intérieure, adoptant dans sa sentence, qui sera obligatoire et sans appel, une des lignes
revendiquées par les deux parties, ou choisissant comme solution intermédiaire, à partir de la source principale de la rivière adoptée comme
étant le Japoc ou Vincent Pinson jusqu'à la frontière hollandaise, la ligne de partage des eaux du bassin des Amazones, qui, dans cette région,
est constituée dans sa presque totalité par la ligne de faîte des monts
Tumuc-Humac ».

Les pouvoirs de l'arbitre étaient ainsi déterminés. L'étaient-ils d'une
manière suffisamment précise ? On peut dire que sur un point ils
auraient pu être plus nettement délimités. C'est en ce qui concerne la
rivière qu'à son choix l'arbitre pouvait désigner dans l'espace compris
entre l'Oyapoc et l'Araguary. Ne devait-il choisir une rivière dans cet
intervalle qu'autant qu'il estimerait que cette rivière était le Japoc ou
Vincent Pinson ? Avait-il au contraire le droit d'en choisir une dans cet
intervalle qu'il saurait ne pas être ce cours d'eau ? A s'en tenir à la lettre
de l'article 1er de la convention, on serait tenté de croire que tel eût
été son droit. Cependant une pareille faculté eût été, semble-t-il, contraire à l'esprit de l'accord ; on peut même dire qu'elle était repoussée
par les termes de l'article 2 du traité. C'est effectivement ce que dans
leurs Mémoires le Brésil et la France ont tous deux reconnu. « L'arbitre,
déclarait le Brésil dans son premier Mémoire, est libre d'adopter comme
frontières des cours d'eau intermédiaires *pourvu que le cours d'eau choisi
soit, selon lui, le Japoc ou Vincent Pinson* de l'article 8 du traité d'U-
trecht » (1). Et, dans sa réplique, la France observait de même : « Nous
convenons avec le Brésil que l'arbitre, devant statuer conformément aux
stipulations d'Utrecht, ne pourra prendre comme frontière que le cours
d'eau qui lui paraîtra représenter le plus exactement le Japoc ou Vincent Pinson prévu par ce traité ; mais c'est à lui seul à désigner librement
la rivière qu'il adopte comme telle dans la pleine souveraineté de sa cons-

(1) Mémoire du Brésil, t. I, p. 8.

cience » (1). La convention d'arbitrage de 1897 et les deux parties tenaient ainsi pour acquis que la rivière Japoc ou Vincent Pinson n'était qu'une seule et même rivière. Mais quelle eût été la situation de l'arbitre, s'il s'était vu obligé d'admettre que le Japoc et le Vincent Pinson constituaient deux fleuves différents et que, par conséquent, les rédacteurs du traité d'Utrecht avaient commis une erreur lors de la conclusion de cet acte ? En présence des termes mêmes du traité d'arbitrage, le Conseil fédéral suisse eût été, en pareil cas, dans l'impossibilité de rendre une sentence fixant la frontière.

Quelque simples qu'étaient les dispositions déterminant les pouvoirs de l'arbitre, elles donnèrent lieu cependant à un désaccord assez grave entre les parties. La France, dans son premier Mémoire (2), soutint « que les pouvoirs du gouvernement de la Confédération suisse, aux termes du traité d'arbitrage, n'étaient pas bornés à l'appréciation de formules irréductibles et invariables ; qu'il pouvait soit dire le droit tel qu'il lui paraissait découler des textes, soit arbitrer *ex æquo et bono* telle décision transactionnelle qui lui semblerait justifiée ; qu'il avait les moyens de décider, sans appel et sans restriction, soit sur le terrain du droit, soit sur celui de la convenance et de l'équité ». Le Brésil s'éleva très vivement contre cette manière de voir, qui donnait à l'arbitre le droit de baser sa sentence sur des motifs tirés de la convenance ou de l'équité : en effet, déclara-t-il dans sa réplique (3), « les parties ont voulu s'en remettre non pas à un médiateur, mais à un véritable arbitre appelé seulement à dire le droit ». Et, il faut le dire, le système du Brésil était le seul qui fût exact. Ni la lettre, ni l'esprit, ni la genèse du traité d'arbitrage n'autorisaient l'interprétation présentée par la France : celle-ci, en janvier et en mars 1896, avait soumis au gouvernement du Brésil des projets du traité d'arbitrage qui permettaient à l'arbitre de statuer en équité, mais à la date du 25 mars ce gouvernement déclara expressément ne point accepter cette idée et vouloir obliger l'arbitre à fixer la limite maritime exclusivement selon le sens précis de l'article 8 du traité d'Utrecht (4) ; et c'est effectivement de la sorte que fut rédigé le texte définitif de la convention d'arbitrage. C'est, au surplus, dans le sens brésilien que se prononça le Conseil fédéral suisse : « Pour ce qui concerne la limite maritime, dit-il dans les motifs de sa sentence, le compromis arbitral oblige l'arbitre à rechercher et à fixer le sens précis de l'article 8 du traité d'Utrecht. Il s'agit donc d'interpréter le traité et, pour résoudre

---

(1) Réplique de la France, p. 7.
(2) Premier Mémoire français, p. 369.
(3) Réplique du Brésil, t. I, p. 2 et suiv.
(4) V. Réplique du Brésil, t. III, p. 345, 346 et 350.

le problème, il lui faudra recourir aux données scientifiques que lui fournissent l'histoire et la géographie. La nature des choses exclut toute interprétation du traité d'Utrecht tirée de motifs d'équité ou de convenance ; on ne saurait en effet déduire de considérants de cet ordre que telle fut, lors de la signature du traité, l'intention de ses auteurs ». Il en devait être toutefois autrement, comme l'a remarqué le Conseil fédéral lui-même, en ce qui touche la détermination de la frontière intérieure : « Sur ce point, l'arbitre ne peut que choisir entre les prétentions des parties et une solution intermédiaire que prévoit la convention ; il n'est pas lié par une convention invoquée par des parties, et qu'il aurait à interpréter ; il lui est en conséquence loisible de tenir compte de motifs d'équité » (1).

Quelle a été, sur les deux points qui lui étaient soumis, la décision du tribunal arbitral ? Le Conseil fédéral suisse, qui avait le 8 septembre 1898 accepté la mission que lui confiait la convention du 10 avril 1897, a rendu sa sentence arbitrale à la date du 1er décembre 1900.

En ce qui concerne la détermination de la rivière qui, sous le nom de « Japoc ou Vincent Pinson », doit servir de frontière extérieure ou maritime au Brésil et à la Guyane française, le tribunal arbitral a donné pleinement raison aux prétentions brésiliennes : « Conformément au sens précis de l'article 8 du traité d'Utrecht, dit l'article 1er de la sentence, la rivière Japoc ou Vincent Pinson est l'Oyapoc qui se jette dans l'Océan immédiatement à l'Ouest du cap d'Orange et qui par son thalweg forme la ligne frontière ». C'est sur les négociations et les débats qui ont précédé le traité d'Utrecht que le gouvernement helvétique a cru devoir surtout s'appuyer pour statuer de la sorte ; un de ses principaux arguments a été le traité provisionnel du 4 mars 1700 entre la France et le Portugal, dont l'importance a été extrême lors de la discussion du traité d'Utrecht et qui parlait de la « rivière d'Oyapoc dite de Vincent Pinson » (Rio de Oiapoc ou de Vincente Pinson).

En ce qui touche la fixation de la frontière intérieure, le Conseil fédéral n'a pas au contraire admis les allégations du Brésil. « Le seul argument que le Brésil invoque, remarquait-il, est tiré de la convention de Paris du 28 août 1817 ; mais ce moyen, de l'aveu général, n'est pas définitif, il n'est que provisoire ; or, comme il s'agit en l'espèce de la revendication d'une frontière définitive, la convention de Paris doit être écartée

(1) Sentence du Conseil fédéral suisse dans la question des frontières de la Guyane française et du Brésil, du 1er décembre 1900. Extrait contenant les chapitres A, I et II, D et E, p. 15. — Cet extrait forme la partie finale et le résumé de l'exposé des motifs de la sentence. L'exposé des motifs dans son texte complet constitue un volume de 800 pages d'impression, accompagné d'un autre volume de cartes ; ces volumes ont été publiés à la fois en allemand et en français.

du débat. D'autre part, une ligne frontière déterminée d'après un parallèle, comme celui dont se prévaut le Brésil, constitue une limite artificielle, que l'arbitre ne saurait adopter si elle ne peut pas se fonder sur
un titre » (1). Mais il n'a pas davantage accepté la prétention de la
France. La ligne parallèle au cours de l'Amazone jusqu'au rio Branco,
que le gouvernement de la République revendiquait, lui a semblé manquer de base juridique : elle ne reposait à ses yeux ni sur une convention,
ni sur quelque autre acte incontestable, et c'est en vain, selon lui, qu'en
sa faveur la France se prévaudrait de l'article 10 du traité d'Utrecht. Repoussant tout à la fois l'interprétation du Brésil et celle de la France,
l'arbitre s'est ainsi trouvé dans la nécessité d'adopter la solution intermédiaire que l'article 2 de la convention d'arbitrage lui permettait de consacrer : « A partir de la source principale de cette rivière Oyapoc jusqu'à
la frontière hollandaise, a dit la sentence du 1er décembre 1900, la ligne
de partage des eaux du bassin des Amazones qui, dans cette région, est
constituée dans sa presque totalité par la ligne de faîte des monts Tumuc-Humac, forme la limite intérieure ».

ÉTATS-UNIS D'AMÉRIQUE.— *Bateaux affectés à la pêche côtière. — Exemption de prise en cas de guerre. — Affaires des bateaux espagnols le Paquete Habana et le Lola.* — A la date des 25 et 26 avril 1898, quelques
jours après l'ouverture de la guerre entre l'Espagne et les États-Unis,
deux bateaux affectés à la pêche côtière, portant pavillon espagnol et
montés par des Espagnols et des Cubains, le *Paquete Habana* et le *Lola*,
étaient capturés près de la Havane par un bâtiment de la flotte américaine : ils avaient, tous deux, quitté l'île de Cuba avant le commencement
de la guerre, l'un le 25 mars, l'autre le 11 avril. Ils ne contenaient que
du poisson frais, ils n'avaient à bord ni armes ni munitions de guerre et
ils n'avaient point tenté de violer un blocus ; ils n'opposèrent d'ailleurs
aucune résistance à la saisie.

Déférés au District Court of the United States for the Southern District
of Florida, ces bateaux furent déclarés de bonne prise, attendu qu'il n'était pas établi que des bâtiments de cette espèce, appartenant à l'ennemi,
fussent de droit exempts de la saisie dans le cas où il n'existait en ce
sens aucun traité, ordonnance ou proclamation. Ils furent en conséquence vendus aux enchères publiques pour les sommes respectives de
490 et de 800 dollars.

Mais appel de cette décision fut interjeté devant la Cour suprême des
États-Unis. Celle-ci, à la date du 8 janvier 1900, annula la sentence des
premiers juges et ordonna la restitution aux réclamants, avec domma

(1) Sentence du Conseil fédéral suisse, *Extrait*, p. 48 et 49.

ges-intérêts et dépens, du produit de la vente des bâtiments et de leurs cargaisons. Pour statuer ainsi, la Cour suprême a déclaré qu'actuellement, du consentement général des États civilisés, et en l'absence de tout traité exprès ou de tout autre acte public, c'était une règle établie du droit international, fondée sur des considérations d'humanité envers une classe de gens pauvres et industrieux et sur l'avantage réciproque des États belligérants, que les vaisseaux affectés à la pêche côtière ne pussent faire l'objet d'aucune prise de guerre, pas plus que leurs agrès, leurs cargaisons et leur équipage, lorsque celui-ci n'est pas armé et qu'il exerce honnêtement la profession pacifique de la pêche et de l'introduction du poisson frais. Une pareille règle doit, d'ailleurs, a dit la Cour, être restreinte aux seuls bâtiments consacrés à la pêche côtière : les navires employés en haute mer à la prise des baleines, phoques, morues ou autres poissons qui ne sont pas apportés frais sur le marché, mais qui sont salés ou autrement conservés, et forment l'objet d'un commerce régulier, sont au contraire susceptibles de capture.

Toutefois, d'après la Cour suprême, il est deux cas dans lesquels l'exemption de toute prise ne devrait pas s'appliquer aux pêcheurs côtiers et à leurs bateaux : 1. lorsqu'ils sont employés dans un but de guerre ou en vue de fournir aide et information à l'ennemi ; 2° lorsque les opérations de la guerre sur terre et sur mer créent une nécessité devant laquelle tous les intérêts privés doivent céder.

Tels sont les principes juridiques qu'a posés la décision de la Cour suprême des États-Unis. Mais, il faut l'observer, ce n'est pas à l'unanimité de ses membres qu'une semblable décision a été rendue : trois d'entre eux, le chief justice Fuller et les juges Harlan et Mac Kenna auraient voulu maintenir le jugement dont était appel.

En statuant comme elle l'a fait, la Cour suprême s'est-elle véritablement conformée à la pratique et à la théorie du droit international? L'examen des précédents et des autorités conduit à dire que l'immunité des pêcheurs côtiers peut être considérée aujourd'hui comme une règle arrêtée par le droit des gens.

La France, dans ses actes publics comme dans ses guerres sur mer, a en général exempté de capture les barques et les bateaux employés exclusivement à la pêche. Les édits sur le fait de l'Amirauté de 1543 (art. 49) et de 1584 (art. 79) ont stipulé cette exemption (1). Elle était spécifiée déjà dans un traité du 2 octobre 1521 entre François Ier, Roi de France et l'Empereur Charles V, conclu à Calais, alors terre anglaise, à l'instigation du Roi d'Angleterre Henri VIII (2). Et elle a été consacrée

---

(1) V. Cleirac, *Us et coutumes de la mer*, 1661, p. 544.
(2) Dumont, *Corps diplomatique*, t. IV, 1re partie, p. 352.

également dans un accord signé en 1675 par Louis XIV et les États généraux de Hollande (1). Louis XIV, par suite de la conduite des Anglais vis-à-vis des pêcheurs français, se vit cependant contraint de renoncer à une pareille exemption. L'ordonnance sur la marine de 1681 ne reproduisit pas la disposition des édits de 1543 et de 1584, et l'ordonnance du 1er octobre 1692 déclara en principe les bâtiments pêcheurs de bonne prise (2). Mais, avec Louis XVI, les anciennes règles, plus douces, apparurent de nouveau. Dans une lettre du 5 juin 1779 à l'Amiral, le Roi ordonna de ne point inquiéter les pêcheurs anglais et de ne point arrêter leurs bâtiments, non plus que ceux qui seraient chargés de poisson frais, quand même ce poisson n'aurait pas été pêché à bord de ces bâtiments, pourvu qu'ils ne soient armés d'aucunes armes défensives et qu'ils ne soient pas convaincus d'avoir donné quelques signaux qui annonceraient une intelligence suspecte avec les bâtiments de guerre ennemis. C'est la même règle que consacra l'ordonnance royale en Conseil du 6 novembre 1780 (3). Mais un nouveau recul se produisit dans les premiers temps de la Révolution. L'Angleterre ayant autorisé la capture des pêcheurs français, un décret de la Convention nationale du 2 octobre 1793 enjoignit au pouvoir exécutif d'exercer des représailles. Néanmoins, en juillet 1796, le Comité de salut public ordonna de relâcher les pêcheurs anglais. Et le 27 mars 1800, en dépit des pratiques de la Grande-Bretagne, le gouvernement français remit en vigueur les dispositions libérales édictées par Louis XVI. D'autre part, le 10 février 1801, le premier consul prescrivit au Commissaire français à Londres de revenir en France, après avoir déclaré « que le gouvernement français ayant toujours eu pour maxime d'alléger autant que possible les maux de la guerre, il ne pouvait songer à rendre de malheureux pêcheurs victimes de la prolongation des hostilités et qu'il s'abstiendrait de toutes représailles ». En 1801, une décision du Conseil des prises français ordonna de même la mise en liberté d'un bateau pêcheur portugais, la *Nostra Segnora de la Piedad y Animas*, qui avait été capturé par le corsaire français la *Carmagnole* (4). Pendant les guerres de l'Empire français, la liberté de la pêche côtière fut encore maintenue, et la France l'a affirmée de nouveau pendant la guerrre de Crimée de 1854 (Instructions du 31 mars 1854, art. 2), dans la guerre d'Italie en 1859 et dans la guerre de 1870 avec l'Allemagne (Instructions du 25 juillet 1870, art. 2).

L'Angleterre, jusqu'à la fin du XVIIe siècle, admit, elle aussi, l'immu-

(1) D'Hauterive et de Cussy, *Traités de commerce*, t. II, p. 278.
(2) Valin, *Traité des prises*, 1763, t. II, p. 30.
(3) *Code des prises*, 1784, t. II, p. 721, 901 et 903.
(4) Pistoye et Duverdy, *Traité des prises maritimes*, t. I, p. 331 et suiv.

nité des pêcheurs. Semblable règle se rencontrait dans les ordonnances britanniques du 26 octobre 1403 et du 5 octobre 1406. Mais elle abandonna ces errements lors des guerres qu'elle eut à soutenir contre Louis XIV. Au contraire, pendant la guerre d'indépendance des États-Unis, elle s'abstint d'importuner les bateaux de pêche. Elle autorisa de nouveau leur capture au début de ses luttes avec la France à l'époque de la Révolution. A ce propos il faut signaler l'order in Council du 24 janvier 1798 qui prescrivit aux commandants de navigation de saisir les pêcheurs français et hollandais avec leurs bateaux (1). Cet acte fut toutefois révoqué deux ans plus tard, le 30 mai 1800. Cette révocation ne fut pas de longue durée : l'ordre de 1798 était remis en vigueur dès le 21 janvier 1801. Cependant, peu après, le 16 mars 1801, cette dernière mesure fut elle-même révoquée ; mais, en la révoquant, le gouvernement anglais fit la réserve « que la liberté de la pêche n'était fondée que sur une simple concession de sa part, concession qui serait toujours subordonnée à la convenance du moment, et que cette concession n'avait jamais porté sur la grande pêche, ni sur le commerce d'huitres ou de poisson ». Durant les guerres de l'Empire, les pêcheurs furent respectés par l'Angleterre : on doit signaler à cet égard les ordonnances anglaises du 23 mai 1806 (2) et du 2 mai 1810 (3). Lors de la guerre de Crimée, en 1854, malgré son alliance avec la France, la Grande-Bretagne a au contraire saisi les bateaux de pêche de l'ennemi (4).

Dans les traités modernes on ne trouve guère de dispositions qui soient relatives au sort des bâtiments pêcheurs en cas de guerre. Les seules conventions qu'on puisse citer sont celles conclues en 1785 (art. 23), en 1799 et en 1828 par les États-Unis avec la Prusse : elles défendaient de molester les pêcheurs. Les États-Unis, dans leur guerre de 1846 avec le Mexique, admirent aussi l'exemption des bateaux de pêche (5).

C'est encore la même règle que le Japon a adoptée au mois d'août 1894, lors de sa guerre avec la Chine : il déclara que les navires employés à la pêche côtière seraient exempts de la saisie (Prize Law of Japan, chapitre 1, art. 3) (6).

---

(1) V. Affaire *The Young Jacob and Johanna* (décision du 13 novembre 1798, C. Rob., t. I, p. 20) ; affaire *The Noydt Gedacht* (décision du 23 août 1799, C. Rob., t. II, p. 137, note).

(2) C. Rob., t. V, p. 408.

(3) Edw. Adm., App. L.

(4) V. cependant United Service Journal of 1855, 3° part., p. 108.

(5) Lettre du 14 mai 1846 du commodore Conner, commandant l'escadre américaine, à M. Bancroft, secrétaire de la marine, dont les dispositions furent approuvées par celui-ci le 10 juin 1846 ; affaires *Jones C. United States* et *Underhill C. Hernandez* (U. S., t. 137, p. 202 et t. 168, p. 250).

(6) V. Takahashi, *Cases on international law during the chino japanese war*, p. 178.

On peut donc dire qu'en général l'immunité des pêcheurs est admise par la pratique des nations. Cette solution est aussi celle qui domine dans les écrits des jurisconsultes. Comme auteurs français, il faut citer en ce sens : Pistoye et Duverdy, *Traité des prises maritimes*, 1855, t. I, p. 314 ; de Cussy, *Phases et causes célèbres du droit maritime des nations*, 1856, t. I, p. 291 et t. II, p. 164 ; Ortolan, *Règles internationales et diplomatie de la mer*, 4ᵉ édit., 1864, t. II, p. 51 ; de Boeck, *De la propriété privée ennemie sous pavillon ennemi*, 1882, § 191 ; Bonfils-Fauchille, *Manuel de droit international public*, 3ᵉ édit., 1901, n° 1350 ; Piédelièvre, *Précis de droit international public*, 1895, t. II, p. 451 ; Despagnet, *Cours de droit international public*, 2ᵉ édit., 1899, p. 672 ; Dupuis, *Le droit de la guerre maritime d'après les doctrines anglaises contemporaines*, 1899, n° 153 ; — comme auteurs anglais : Hall, *International law*, § 148 ; T.J. Lawrence, *Principles of international law*, § 206 (ces auteurs hésitent toutefois à reconnaître que l'exemption en faveur des bateaux pêcheurs est devenue une règle de droit international) ; — comme auteurs allemands : Heffter-Geffcken, *Le droit international de l'Europe*, § 137 ; Bluntschli, *Le droit international codifié*, art. 667 ; Perels, *Manuel de droit maritime international*, 1884, p. 232 ; — comme auteur autrichien : de Neumann, *Eléments du droit des gens moderne*, édit. de Riedmatten, p. 195 ; — comme auteur espagnol : Negrin, *Tratado elemental de derecho internacional maritimo*, 2ᵉ édit., 1884 ; — comme auteur portugais : Testa, *Droit public international*, 1886, p. 152 ; — comme auteur italien : Fiore, *Droit public international*, 1885-1886, t. III, § 1421 ; — comme auteur suisse : Rivier, *Principes du droit des gens*, 1896, t. II, p. 338 ; — comme auteur argentin : Calvo, *Le droit international théorique et pratique*, 5ᵉ édit., t. IV, § 2368.

L'Institut de droit international a statué en ces termes dans son Règlement des prises voté à Heidelberg le 8 septembre 1887 : « § 110. Aucun navire marchand, ni aucune cargaison appartenant à un particulier, ennemi ou neutre, aucun navire naufragé, échoué ou abandonné, ni aucun bâtiment de pêche ne peuvent être objets de prise et condamnés qu'en vertu d'un jugement des tribunaux de prises et pour des actes prohibés par le présent Règlement » (1).

ÉTATS-UNIS D'AMÉRIQUE ET VÉNÉZUÉLA. — *Protection des nationaux à l'étranger.* — *Affaire de la Société américaine The New-York and Bermudez Company, concessionnaire de mines d'asphalte au Vénézuéla.* — En 1883, une Société américaine *The New-York and Bermudez Company* avait obtenu du gouvernement vénézuélien une concession de mines d'as-

---

(1) *Annuaire de l'Institut de droit international*, t. IX, p. 240.

phalte dans l'ancien État de Bermudez. Cette concession avait une grande importance : les mines d'asphalte découvertes au Vénézuéla étaient en effet destinées à faire concurrence aux gisements de l'île de la Trinité qui fournissaient jusqu'ici les deux tiers de l'asphalte employé dans le monde entier. Mais, en 1897, les sieurs C. M. Varner et P.R. Quilan découvrirent de nouveaux gisements dans la même région de Bermudez, et ils obtinrent du Vénézuéla l'obtention de titres de propriété sur ces mines qui reçurent le nom de *Felicidad*. Il en fut de même pour des gisements découverts par les sieurs Figuera, A. Vincentelli, Santelli et Capecchi : ceux-ci appelèrent leur mine *Vénézuéla*.

Ces événements étaient de nature à nuire sérieusement aux intérêts de la *New-York and Bermudez Company*. Aussi, cette Société, estimant que les nouveaux gisements étaient situés dans le périmètre de sa concession, adressa immédiatement au gouvernement vénézuélien une protestation contre les droits qu'il avait reconnus aux inventeurs des mines *Felicidad* et *Vénézuéla*. Des ingénieurs furent alors désignés par le ministère du Fomento pour dresser des plans et émettre un avis sur la prétention de la Compagnie américaine. Leur décision ayant été contraire à cette prétention, le gouvernement de Caracas répondit à la Société américaine que ses réclamations ne reposaient sur aucun fondement, et dès lors qu'elle n'avait aucun droit à revendiquer l'exploitation des deux mines litigieuses.

Cela étant, au mois de janvier 1901, le ministre des États-Unis à Caracas a estimé qu'il devait protéger ses compatriotes par les moyens autorisés par le droit international. Il a en conséquence protesté contre la décision du gouvernement vénézuélien, et a fait appuyer ses démarches par un navire de guerre, le *Scorpion*, qui est allé s'embosser à la Guaïra.

FRANCE. — *Extradition.* — *Mineur belge acquitté à raison de son âge, susceptible de remise à ses parents ou de détention dans une maison de correction.* — *Refuge en France.* — *Remise par le gouvernement français au gouvernement belge.* — *Affaire Sipido.* — Le 4 avril 1900, à Bruxelles, un jeune homme, nommé Sipido, tirait un coup de revolver sur le Prince de Galles (1). Traduit pour ce fait devant la Cour d'assises de Bruxelles, il fut, le 5 juillet, acquitté comme mineur de 16 ans ayant agi sans discernement. Mais, dans ces circonstances, l'acquitté tombait sous le coup de l'article 72 du code pénal belge et pouvait, aux termes de cette disposition, être remis à ses parents ou conduit dans une maison de correction

---

(1) V. le *Temps* des 5 au 13 avril, des 2 au 14 juillet 1900 ; le *Journal des Débats* du 12 novembre 1900.

pour y être détenu, au maximum, jusqu'à l'époque de sa majorité. La Cour d'assises décida que Sipido serait interné dans une maison de correction jusqu'à l'expiration de sa vingtième année. Mais, trompant la surveillance dont il était l'objet, il s'échappa et se réfugia en France.

Acquitté et mis seulement à la disposition du gouvernement belge, Sipido pouvait se croire en sûreté sur le territoire français. Il n'en fut rien cependant. Quelques semaines plus tard, les autorités belges demandèrent et obtinrent son extradition.

Cet événement a provoqué, le 8 novembre 1900, une interpellation de M. Marcel Sembat devant la Chambre française des députés. Et, malgré la réponse du garde des sceaux, M. Monis, qui démontra la régularité de l'extradition, la Chambre se déclara scandalisée : elle blâma le ministre de la mesure qu'il avait prise. Mais ce n'était là sans doute qu'un mouvement d'humeur de sa part, car, un instant après, procédant à un nouveau vote, elle approuva la politique du ministère et, par là même, l'extradition de Sipido (1).

I. Cette extradition était-elle vraiment répréhensible au point de vue du droit ?

Devant la Chambre, une double critique a été dirigée contre elle. On a prétendu d'abord qu'elle avait un caractère politique. On a soutenu encore qu'elle était irrégulière comme s'appliquant à un acquitté. Aux termes du traité d'extradition franco-belge du 15 août 1874, a-t-on dit, les individus accusés ou prévenus et les condamnés peuvent seuls être soumis à l'extradition ; or Sipido ne rentrait dans aucune de ces catégories. Sans doute, une nouvelle convention a été conclue en avril 1898 par les gouvernements français et belge, qui les autorisait à se livrer les mineurs acquittés échappés de leurs colonies pénitentiaires ; mais cet accord, n'ayant pas été soumis au vote du Parlement, n'était pas de nature à modifier le traité de 1874.

Cette argumentation n'était pas sans réplique.

En réalité, l'extradition de Sipido ne pouvait être sérieusement quali-, fiée de politique. Si le critérium du délit politique est, le plus souvent, difficile à déterminer, il est un cas du moins où aucune difficulté ne saurait naître : c'est celui où il s'agit d'un assassinat ou d'une tentative d'assassinat contre la personne du chef d'un gouvernement étranger ou contre celle d'un membre de sa famille. Pareille infraction est depuis longtemps considérée comme un délit de droit commun, faisant obstacle à l'asile politique (2). Or, précisément, telle était l'infraction

(1) *Journal officiel français* du 9 novembre 1900. Chambre des députés, Documents parlementaires, p. 1989-1993.

(2) La loi belge du 22 mars 1856, promulguée après l'attentat de Jacquin contre Napo-

dont Sipido s'était rendu coupable. Cette infraction était même textuellement prévue par le traité franco-belge du 15 août 1874 comme
pouvant entraîner l'extradition.

Cependant une circonstance spéciale existait ici qui devait faire exclure l'application du traité de 1874. Sipido, au moment où il s'était réfugié en France, n'était pas en effet, comme le suppose ce traité, un individu *condamné* pour une tentative d'assassinat ou *accusé* simplement de
ce fait ; poursuivi à cet égard il avait été *acquitté* par les tribunaux belges. Mais s'il était acquitté, il n'avait pas pour cela, d'après les lois de
son pays, recouvré entièrement sa liberté : mis par la justice à la « disposition du gouvernement belge », il pouvait être interné jusqu'à sa
majorité dans une maison de correction. Ne tombait-il pas alors sous
le coup de l'accord passé en 1898, entre la France et la Belgique, pour
la remise des mineurs placés dans une maison de correction ? C'était
là en définitive la véritable question en litige.

Pour écarter l'application de cet accord, l'interpellateur à la Chambre
des députés en a contesté la légalité sous un double rapport : au point
de vue du droit constitutionnel français et à celui du droit international.

Au point de vue du droit constitutionnel, a dit d'abord M. Marcel
Sembat, les traités d'extradition ne sont valables que s'ils ont été approuvés par les Chambres. Or l'acte de 1898 n'a même pas été communiqué au Parlement. Il ne saurait donc être obligatoire.

Mais cette thèse de droit est inexacte. Les traités d'extradition n'ont nul
besoin, d'après le droit français moderne, de l'approbation législative (1).

Que dit en effet le texte qui réglemente la matière, l'article 8 de la loi
constitutionnelle des 16-18 juillet 1875 ? Il s'exprime en ces termes : « Le
Président de la République négocie et ratifie les traités. Il en donne
connaissance aux Chambres aussitôt que l'intérêt et la sûreté de l'État
le permettent. Les traités de paix, de commerce, les traités qui engagent les finances de l'État, ceux qui sont relatifs à l'état des personnes
et au droit de propriété des Français à l'étranger, ne sont définitifs
qu'après avoir été votés par les deux Chambres ».

Le Président de la République a ainsi en principe le droit de conclure
seul, indépendamment des Chambres, les conventions internationales

___

léon III, porte que : « Ne sera pas réputé délit politique ni fait connexe à un semblable
délit, l'attentat contre la personne du chef d'un gouvernement étranger ou contre un
membre de sa famille, lorsque cet attentat constitue le fait soit de meurtre, soit d'assassinat, soit d'empoisonnement ». Et cette clause a passé dans la plupart des traités conclus par les puissances. V. Lammasch, *Auslieferungspflicht und Asybrrecht*, p. 309 et
suiv.

(1) V. Beauchet, *Traité de l'extradition*, nᵒˢ 29 et suiv.

quel que soit leur objet. Ce n'est que dans certains cas exceptionnels, strictement limités, que le Parlement doit intervenir. Or, au nombre des exceptions, indiquées par l'article 8, ne figurent pas les traités d'extradition. Sans doute, en 1875, le rapporteur de la loi, M. Laboulaye, a compris ces traités parmi ceux qui sont relatifs à l'état des personnes ; mais c'était de sa part une erreur juridique qui a été, depuis lors, bien des fois réfutée (1). Et on ne saurait, pour l'interprétation d'une loi, avoir égard à une opinion erronée, émanât-elle du rapporteur. Sans doute aussi, dans la pratique, tous les « traités » d'extradition ont été, depuis 1875, soumis au Parlement. Mais, si l'on a agi de la sorte, c'est par « déférence » (2), ou plutôt par habitude prise, car, de 1871 à 1875, l'Assemblée nationale, étant souveraine, devait nécessairement approuver toutes les conventions internationales.

Il faut donc dire que si le gouvernement omettait aujourd'hui de présenter aux Chambres un traité d'extradition, ce traité n'en serait pas moins absolument régulier, non seulement au point de vue international, mais encore en ce qui touche le droit public interne.

Mais il y a plus. Si les « traités » proprement dits forment incontestablement la partie principale du droit écrit de l'extradition, il faut se garder d'y voir la forme unique que peuvent recevoir les engagements internationaux en cette matière. D'après la pratique courante de la plupart des chancelleries, ces engagements peuvent résulter non seulement de conventions principales, réglant d'une façon complète le droit matériel et la procédure d'extradition entre deux États, mais encore de déclarations accessoires ou même d'un simple échange de notes entre les gouvernements intéressés (3).

(1) V. en ce sens Robinet de Cléry, dans le *Journal du droit intern. privé*, t. III (1876), p. 343 et suiv. ; Garraud, *Traité de droit pénal français*, t. I, n° 168, note 4 ; Seruzier, dans la *Revue critique*, 1880, p. 659 et suiv. ; Renault, dans la *Revue de droit intern. et de lég. comparée*, t. XIV (1882), p. 309 ; Herbaux, dans le *Journal du droit intern. privé*, t. XX (1893), p. 1045 ; Hoffmann, *Questions préjudicielles*, t. II, p. 398 ; Lammasch, *op. cit.*, p. 88. — *Contrà* : Clunet, *Du défaut de validité de plusieurs traités diplomatiques conclus entre la France et les puissances étrangères*, Paris, 1880.

(2) Bomboy et Gilbrin, *Traité pratique de l'extradition*, p. 15.

(3) Les déclarations interviennent en général à propos d'une demande d'extradition, lorsque l'infraction reprochée au réfugié n'est pas prévue au traité ou lorsqu'il n'existe aucun traité. En pareil cas, l'État qui demande l'extradition s'engage réciproquement à l'accorder dans la même hypothèse : d'où le nom de déclaration de réciprocité (V. Herbaux, dans le *Journal du droit intern. privé*, t. XX (1893), p. 1034 ; Beauchet, *op. cit.*, n° 34 et suiv.). Il faut se garder de croire, du reste, que ces déclarations aient pour effet de . créer le droit d'extrader ; ce droit, on le sait, est indépendant de toute convention : le seul effet juridique de la déclaration est la naissance d'une obligation. A ce point de vue, on doit critiquer l'idée courante d'après laquelle les déclarations s'appliquent rétroactivement au réfugié au sujet duquel elles sont intervenues (Beauchet, *op. cit.*,

Or les accords internationaux sur l'extradition, quand ils interviennent dans ces formes, ne sont jamais soumis au Parlement : ils ne le sont pas en fait sous prétexte de déférence ou par habitude, comme le sont les « traités » proprement dits, et évidemment, pas plus que ceux-ci, ils ne le sont en droit, puisque l'article 8 de la loi des 16-18 juillet 1875,qui ne vise que des « traités » et ne s'applique même pas aux traités d'extradition, est inapplicable, *a fortiori,* aux déclarations ou échanges de notes, qui ne sont pas des traités.

Ainsi, au point de vue du droit public français, l'accord de 1898 ne saurait être critiqué sous prétexte que l'approbation parlementaire lui a fait défaut. Le droit du gouvernement français d'accorder l'extradition de Sipido était donc, à cet égard, absolument fondé.

Mais, dira-t-on, en admettant que le gouvernement français ait le droit de conclure seul des conventions d'extradition, lui est-il permis, en exerçant ce droit, de modifier des traités antérieurs qui avaient été votés par les Chambres ? Et, dès lors, ne faut-il pas admettre qu'il ne peut conclure seul des accords concernant l'extradition qu'avec des États non encore liés avec la France par des traités législativement approuvés ? L'autoriser à retrancher ou à ajouter à la liste des délits prévue dans le traité, ne serait-ce pas l'autoriser à modifier un acte législatif, ne serait-ce pas lui permettre de méconnaître la règle que les listes des traités d'extradition sont limitatives ?

Mais, d'abord, cette dernière affirmation est tout à fait erronée : elle résulte d'une confusion sur le sens des traités d'extradition. Ces traités, en effet, ont pour conséquence unique de faire naître, à la charge des États qui les contractent, l'*obligation* d'extrader dans des cas déterminés ; mais ils sont, en général, sans influence sur le *droit* d'extrader et ne sauraient par conséquent prétendre à le limiter. On a beaucoup discuté, en France, sur le fondement du *droit* d'extrader les étrangers réfugiés ; il fut même une époque où ce droit a été contesté au gouvernement. En réalité, le droit d'extrader n'a pas, en France, d'autre fondement que la

nos 34 et suiv.). Cette idée de rétroactivité est inutile et même erronée,car l'État de refuge a le droit de livrer avant toute déclaration de l'État requérant et, sur ce droit, la déclaration n'exerce aucune influence, puisqu'elle a uniquement pour objet l'*obligation* d'extrader. — Les déclarations de réciprocité sont publiées depuis quelques années au *Bulletin officiel du ministère de la justice* (V. Herbaux, *op. et loc. cit.*).Toutefois, lorsqu'il n'y a eu qu'un simple échange de notes entre les deux gouvernements, cet échange, s'il n'a pas encore produit son effet, ne peut être connu qu'officieusement, et tel était précisément le cas pour l'accord franco-belge de 1898 relatif à l'extradition des jeunes gens évadés des colonies pénitentiaires. Comp. sur l'accord intervenu en 1879 sur le même objet entre la France et la Suisse, Bomboy et Gilbrin, *op. cit.*, p. 178. V. aussi Billot, *Traité de l'extradition*, p. 501 et 552.

coutume, et les textes qu'on invoque parfois pour l'établir s'adaptent aussi mal que possible à l'hypothèse : le premier, le décret du 23 octobre 1811, ne prévoit que l'extradition des nationaux et n'a jamais été appliqué ; l'autre, la loi des 3-11 décembre 1849 (art. 7), a trait à l'expulsion, qui est quelque chose de très différent de l'extradition. Quoi qu'il en soit sur ce point, il est certain, au point de vue logique, que l'origine du droit d'extrader ne saurait être une convention internationale. Si les États n'avaient pas déjà avant de contracter le droit d'extrader, comment une convention pourrait-elle le leur faire acquérir ? Tout l'effet qu'une convention peut avoir, c'est de faire naître à la charge des contractants une obligation passive et à leur profit le droit qui lui correspond. Par convention, les États peuvent ainsi assumer l'obligation d'extrader et acquérir le droit d'obtenir une extradition ; mais on ne peut concevoir qu'ils puissent acquérir par cette voie le droit d'extrader s'ils ne l'avaient pas auparavant : *Nemo alicui plus juris transferre potest quam ipse habet.*

C'est donc un non-sens de prétendre que les listes de délits contenues dans les traités d'extradition ont pour effet de restreindre la faculté d'extrader. Il n'en serait autrement que dans des cas spéciaux : 1° lorsque, dans le traité d'extradition intervenu entre deux États, il existe une clause défendant de réclamer l'extradition pour infraction non prévue au traité (1) ; 2° lorsque, dans l'État requis, une loi organique de l'extradition défend de livrer les réfugiés à raison de délits non prévus par la loi elle-même ou par les traités internationaux. Or, de ces deux conditions, la seconde n'est pas réalisée aujourd'hui par le droit public français et la première ne l'est pas davantage dans le traité franco-belge de 1874. Il est, par suite, évident que la liste de délits insérée dans ce traité ne pouvait être considérée comme une limite au droit d'extrader du gouvernement français ; et ainsi, à ce point de vue encore, il n'y avait dans nos lois aucun obstacle à la conclusion d'un accord comme celui de 1898, qui a ajouté aux délits prévus dans le traité de 1874 une cause nouvelle d'extradition.

Il faut même aller plus loin. Non seulement le gouvernement pouvait conclure, en dehors du traité de 1874, une convention accessoire ; mais il aurait eu, incontestablement, le droit de livrer Sipido même en l'absence soit de tout accord, soit d'un accord concernant spécialement l'extradition des mineurs détenus correctionnellement. En pareil cas, sans doute, aucune obligation internationale n'aurait pesé sur l'État français,

_____

(1) V. par exemple, le traité conclu avec la ville de Brême; en date du 10 juillet 1847 (art. 8), dans Billot, *Traité de l'extradition*, p. 494.

et la Belgique n'aurait pu que risquer une demande sans se prévaloir d'un droit contractuel ; mais le gouvernement français aurait eu certainement le droit d'extrader, pour ce double motif qu'au point de vue international ce droit appartient à l'État en dehors de toute convention et qu'en ce qui concerne le droit public français, aucune disposition ni écrite, ni coutumière n'interdit la livraison d'un mineur étranger évadé d'une maison de correction et réfugié en France.

II. Les développements qui précèdent permettent d'établir qu'en accordant l'extradition de Sipido, l'État français n'a fait que se conformer exactement à ses obligations internationales. La question a toutefois une autre face. Si le gouvernement français pouvait valablement conclure un accord accessoire d'extradition sans recourir à l'approbation parlementaire, le gouvernement belge avait-il le même droit ? Il est permis d'en douter. En France, une circulaire du garde des sceaux en date du 30 juillet 1872 compte, en effet, la Belgique au nombre des États qui, eu égard à leur législation intérieure, ne peuvent pas compléter par simple déclaration et en dehors de la voie législative leurs traités existants avec des pays étrangers (Herbaux, *loc. cit.*, p. 1038). Et si, depuis lors, à la date du 15 mars 1874, une loi nouvelle sur les extraditions est intervenue en Belgique, cette loi a simplement disposé que le gouvernement pourrait livrer aux gouvernements des pays étrangers, à charge de réciprocité, tout étranger poursuivi — ou condamné — pour l'un des faits énumérés dans son article 1ᵉʳ : or la liste contenue dans cet article 1ᵉʳ ne prévoit pas l'évasion des mineurs acquittés soumis à l'internement. Il semble donc qu'il était impossible au gouvernement belge de s'engager à livrer des mineurs qui, évadés de France, se seraient réfugiés sur son territoire. Et pourtant, si le gouvernement français s'est obligé, en 1898, à livrer les mineurs évadés de Belgique, c'est évidemment qu'il avait obtenu l'engagement réciproque du gouvernement belge.

Mais nous ne voulons pas insister sur ce point de législation étrangère. Au surplus, au point de vue international, il importe peu, en définitive, que l'accord de 1898 soit ou non régulier en ce qui concerne le droit public belge.

C'est en effet un principe incontesté du droit des gens que la validité des obligations internationales des États est indépendante de l'observation des formes exigées par le droit public de ces États : l'exemple célèbre du traité franco-américain du 4 juillet 1831 est démonstratif à cet égard. Par conséquent, même au cas où l'accord de 1898 aurait été irrégulier d'après la loi belge, il n'en obligeait pas moins la Belgique et, réciproquement, lui donnait le droit d'exiger de la France l'exécution de l'obligation assumée par celle-ci.

Tel est le jeu combiné des règles du droit international et du droit public français en matière d'extradition. On a critiqué parfois (1) certains détails de cette organisation, par exemple le défaut de publicité des déclarations ou échanges de notes qui interviennent en dehors des « traités » proprement dits. Ce reproche cependant n'est pas entièrement justifié. Il faut d'abord remarquer que, depuis plusieurs années, les déclarations de réciprocité, tout au moins, sont publiées, en France, au *Bulletin officiel du ministère de la justice* (2). D'un autre côté, il est permis de douter qu'il y ait véritablement un avantage social à organiser une semblable publicité : pourquoi indiquer aux fugitifs les lieux où une lacune législative leur permettra de narguer la justice de leur pays ? Sans doute les « traités» d'extradition votés par les Chambres reçoivent, à raison même de leur forme, une publicité égale à celle des lois. Mais, s'il en est ainsi, ce n'est nullement par faveur pour les délinquants fugitifs. Ces traités ne sont nullement conclus dans leur intérêt : s'ils leur profitent à l'occasion, ce n'est qu'indirectement, par voie réflexe et, en France du moins, la jurisprudence refuse aux inculpés le droit de s'en prévaloir. Juridiquement le défaut de publicité des actes d'extradition ne porte donc atteinte à aucun droit des réfugiés et, en législation, la nécessité de prendre des mesures pour assurer cette publicité est loin d'être démontrée. Cependant, d'après le projet de loi sur l'extradition présenté au Sénat le 7 décembre 1900 par le gouvernement français, et qui constitue l'épilogue de l'affaire Sipido, *toutes* les conventions d'extradition devraient être portées à la connaissance du public comme les lois elles-mêmes (3).

(1) V. Beauchet, *op. cit.*,n° 36.
(2) V. *suprà*, p. 62, note.
(3) Déjà, en 1878, le Sénat français avait discuté et adopté un projet de loi sur l'extradition qui fut déposé, en 1892 seulement, sur le bureau de la Chambre des députés. Le projet actuel est un remaniement du précédent « dans un sens libéral plus large » ; il vise spécialement le cas des mineurs non condamnés et réclamés par leurs parents ou tuteurs légaux (art. 2).
Voici le texte du nouveau projet, avec l'exposé des motifs qui le précède :
« En 1878 et en 1892, le gouvernement a déposé des projets de loi relatifs à l'extradition et qui n'ont pu aboutir. Le gouvernement estime cependant que les avantages d'une loi sur l'extradition ne sauraient être discutés. D'une part, elle fixe pour le gouvernement, ainsi lié par une loi intérieure, les règles qui lui sont imposées pour la conclusion des traités d'extradition et facilite les accords diplomatiques ; d'autre part, elle donne à ceux qui se réfugient sur le territoire des garanties dont ils peuvent à l'avance mesurer la portée. Le gouvernement, s'inspirant de ces considérations et estimant que le projet primitif devait être remanié et amélioré dans un sens libéral plus large, a décidé qu'il convenait de vous soumettre à nouveau la question et de vous proposer un texte modifié sur plusieurs points importants. — D'abord, le projet pose le principe que les traités d'extradition ne pourront être conclus que dans les conditions prévues par la loi. L'ac-

III. L'extradition de Sipido doit être envisagée maintenant au point de vue doctrinal.

tion gouvernementale se trouvera donc désormais parfaitement délimitée par la loi que vous aurez votée. — La remise des mineurs non condamnés, ou acquittés à raison de leur âge, ne pourra être faite qu'après que les intéressés auront saisi de leur demande la juridiction civile, laquelle statuera souverainement. Ce sont, en effet, des mesures qu'on ne saurait assimiler aux cas d'extradition et qui doivent se solutionner conformément aux règles relatives à la puissance paternelle. — Nous avons pensé que l'avis de la chambre des mises en accusation, appelée à examiner les demandes d'extradition, devait être décisif. Désormais, lorsque cet avis sera favorable à l'individu soumis à une demande d'extradition, il entraînera pour le gouvernement l'obligation de ne pas livrer cet individu. — La procédure a été modifiée lorsque l'individu qui est l'objet d'une demande d'extradition déclare formellement consentir à être livré ; ce consentement devra être reçu par la chambre des mises en accusation. — Enfin, nous avons voulu que les conventions de toute nature relatives à l'extradition fussent portées à la connaissance de tous par une publicité égale à celle qui est donnée aux lois. — En conséquence, nous vous proposons de voter le projet de loi suivant :

TITRE Iᵉʳ. — *Des conditions et des effets de l'extradition.*

Article 1ᵉʳ. — Ne pourront à l'avenir avoir d'effet en France et dans les colonies françaises que les traités d'extradition conformes aux règles établies par la présente loi.

Art. 2. — Aucune remise ne pourra être faite à un gouvernement étranger de personnes non condamnées ni poursuivies pour les infractions prévues par la présente loi. — La remise des mineurs non coupables ou déclarés tels, à leurs parents ou à leurs tuteurs légaux, sera demandée aux tribunaux civils et ne pourra être accordée que par eux.

Art. 3. — Le gouvernement pourra, sous condition de réciprocité, dans les cas et suivant les formes prévues par la présente loi, livrer aux gouvernements étrangers, sur leur demande, tout individu non Français poursuivi, mis en prévention ou accusation par une autorité compétente, ou condamné par les tribunaux de la puissance requérante pour avoir commis sur le territoire de cette puissance l'une des infractions ci-dessous indiquées et qui serait trouvé sur le territoire de la République et de ses possessions coloniales. — Le gouvernement pourra également donner suite aux demandes d'extradition motivées par les infractions commises sur le territoire d'une puissance tierce par un individu non Français, mais pour les cas seulement où la législation française autorise la poursuite en France des mêmes infractions commises par un étranger hors du territoire de la République.

Art. 4. — Les faits qui pourront donner lieu à l'extradition, qu'il s'agisse de la demander ou de l'accorder, sont les suivants ; — 1° Tous les faits punis de peines criminelles par les lois françaises ; — 2° Les faits punis de peines correctionnelles par les lois françaises, lorsque le minimum de la peine est de deux ans et au-dessus. La peine applicable pour les inculpés, la peine appliquée pour les condamnés détermine les cas dans lesquels l'extradition peut être réclamée ou accordée. — Sont comprises dans les dispositions qui précèdent, en matière de crimes, la tentative et la complicité ; de même en matière de délits, lorsqu'elles sont punissables d'après les lois françaises. — Ces dispositions comprennent aussi les infractions de droit commun commises par des militaires, marins ou assimilés.

Art. 5. — L'extradition ne sera pas accordée : — 1° Lorsque les inculpés seront réfugiés sur le territoire de la puissance dont ils sont les nationaux ; — 2° Lorsque les crimes ou délits auront un caractère politique ; — 3° Lorsque les crimes ou délits à raison desquels elle est requise auront été commis en France ; — 4° Lorsque, aux termes soit des lois françaises, soit des lois de la puissance requérante ou requise, la

D'après la doctrine courante, l'extradition implique nécessairement l'existence d'une peine, prononcée ou encourue : toutes les définitions données par les auteurs font apparaître cet élément. Il semble dès lors

prescription de l'action se sera trouvée acquise antérieurement à la demande d'extradition ou la prescription de la peine antérieurement à l'arrestation de l'individu réclamé. — Elle ne sera pas accordée : — 1° Lorsque les crimes ou délits à raison desquels elle est réclamée auront été commis en France ; — 2° Lorsque les crimes ou délits, quoique commis hors de France, y auront été poursuivis ou jugés définitivement.

Art. 6. — L'extradition ne sera demandée ou accordée qu'à la condition que l'individu extradé ne sera ni poursuivi, ni puni pour une infraction autre que celle ayant motivé l'extradition, à moins d'un consentement spécial donné dans les conditions de la loi par le gouvernement requis. — Sera considéré comme soumis, sans réserve, à l'application des lois de la nation requérante, à raison d'un fait quelconque antérieur à l'extradition et différent de l'infraction qui a motivé cette mesure, l'individu livré qui aura eu, pendant un mois depuis son élargissement définitif, la faculté de quitter le territoire de cette nation.

Art. 7. — L'extradition obtenue par le gouvernement français est nulle si elle est intervenue contrairement aux dispositions de la présente loi. La nullité est prononcée par les tribunaux saisis de la prévention ou de l'accusation.

Art. 8. — Les mêmes tribunaux sont juges de la qualification donnée aux faits motivant la demande d'extradition.

Art. 9. — Dans le cas où l'extradition est annulée, le prévenu ou l'accusé, s'il n'est pas réclamé par le gouvernement requis, est mis en liberté et ne peut être repris que si dans les trente jours qui suivent cette liberté, il est arrêté sur le territoire français.

Art. 10. — Dans le cas où un étranger sera poursuivi ou aura été condamné en France et où son extradition sera demandée au gouvernement français à raison d'une infraction différente, la remise ne sera effectuée qu'après que la poursuite sera terminée ou, en cas de condamnation, après que la peine aura été exécutée. — Toutefois, cette disposition ne fera pas obstacle à ce que l'étranger puisse être renvoyé temporairement pour comparaître devant les tribunaux du pays requérant, sous la condition qu'il sera renvoyé dès que la justice étrangère aura statué. — Sera régi par les dispositions du présent article le cas où l'étranger est soumis à la contrainte par corps par application des lois du 22 juillet 1867 et du 19 décembre 1871.

Art. 11. — Dans le cas où, l'extradition d'un étranger ayant été obtenue par le gouvernement français, le gouvernement d'un pays tiers solliciterait à son tour du gouvernement français l'extradition du même individu, à raison d'un fait autre que celui jugé en France, ou non connexe à ce fait, le gouvernement ne déférera, s'il y a lieu, à cette requête, qu'après s'être assuré du consentement du pays par lequel l'extradition a été accordée. — Toutefois cette réserve n'aura pas lieu d'être appliquée lorsque l'individu extradé aura eu, pendant le délai fixé par l'article 4, la faculté de quitter le territoire de la République.

TITRE II. — De la procédure d'extradition.

Art. 12. — Toute demande d'extradition sera adressée au gouvernement français par voie diplomatique et sera accompagnée, soit d'un jugement ou d'un arrêt de condamnation, même par défaut ou par contumace, notifié dans ces derniers cas suivant les formes qui seraient prescrites par la législation du pays requérant, soit d'un acte de procédure criminelle décrétant formellement ou opérant de plein droit le renvoi de l'inculpé ou de l'accusé devant la juridiction répressive, soit d'un mandat d'arrêt ou de tout autre acte ayant la même force et décerné par l'autorité judiciaire pourvu que ces derniers actes renferment l'indication précise du fait pour lequel ils sont délivrés et la date de ce fait. — Les pièces ci-dessus mentionnées devront être produites en original

qu'un individu ne peut pas être extradé s'il n'a été l'objet, dans le pays qui le réclame, d'aucune condamnation pour une infraction commise. Tel a été effectivement le système soutenu par M. Marcel Sembat au sujet de l'affaire Sipido. L'extradition, a-t-il dit, suppose un délit et une peine : or ici aucun délit ne subsistait puisque Sipido a été acquitté et,

ou en expédition authentique. — Le gouvernement requérant devra produire en même temps la copie des textes de loi applicables au fait incriminé.

Art. 13. — La demande d'extradition sera, après examen, transmise, avec les pièces à l'appui, par le ministre des affaires étrangères au ministre de la justice, qui vérifiera la régularité de la requête et adressera, s'il y a lieu, les pièces au ministre de l'intérieur, lequel prendra aussitôt les mesures nécessaires pour faire opérer l'arrestation.

Art. 14. — L'étranger sera transféré dans le plus bref délai et écroué à la maison d'arrêt du chef-lieu de la cour d'appel, dans le ressort de laquelle il aura été arrêté.

Art. 15. — Les pièces produites à l'appui de la demande d'extradition seront en même temps adressées par l'autorité administrative au procureur général. Dans les vingt-quatre heures de leur réception, le titre, en vertu duquel l'arrestation aura eu lieu, sera notifié à l'étranger. — Le procureur général procédera, dans le même délai, à un interrogatoire dont il sera dressé procès-verbal. Cet interrogatoire aura pour objet de constater l'identité de l'étranger.

Art. 16. — La chambre des mises en accusation sera saisie sur le champ de ce procès-verbal et des documents étrangers. Il sera, en cette chambre et en audience publique, à moins que le détenu ne réclame le huis-clos, procédé à un nouvel interrogatoire dont le procès-verbal est également dressé. Le ministère public et l'étranger seront entendus ; celui-ci pourra se faire assister d'un conseil.

Art. 17. — Si lors de cette première comparution l'étranger déclare renoncer au bénéfice de la présente loi et consent formellement à être livré aux autorités du pays requérant, il lui sera donné acte par la cour de cette déclaration. — Copie de cette décision sera transmise sans retard par les soins du procureur général au ministre de la justice et un décret autorisant l'extradition sera sur le champ proposé à la signature du Président de la République.

Art. 18. — Dans le cas contraire, la chambre des mises en accusation donnera son avis motivé sur la demande d'extradition. — Le dossier devra être envoyé au ministre de la justice dans la huitaine, à dater de l'écrou à la maison d'arrêt ou de la réception des pièces au parquet, si cette réception est postérieure à l'écrou.

Art. 19. — Si l'avis motivé de la chambre des mises en accusation repousse la demande d'extradition, cet avis est définitif et l'extradition ne peut être accordée.

Art. 20. — Le ministre de la justice proposera, s'il y a lieu, à la signature du Président de la République, un décret autorisant l'extradition.

Art. 21. — Dans le cas où le gouvernement requérant demandera pour une infraction antérieure à l'extradition, mais découverte postérieurement, l'autorisation de poursuivre l'individu déjà livré, l'avis de la chambre des mises en accusation, devant laquelle l'inculpé avait comparu, pourra être formulé sur la seule production des pièces transmises à l'appui de la nouvelle demande. — Seront également transmises par le gouvernement étranger, et soumises à la chambre des mises en accusation, les pièces contenant les observations de l'individu livré ou la déclaration qu'il n'entend en présenter aucune.

Art. 22. — En cas d'urgence et sur la demande directe des autorités judiciaires du pays requérant, les procureurs de la République pourront, sur un simple avis transmis soit par la poste, soit par le télégraphe, de l'existence de l'une des pièces indiquées par l'article 7, ordonner l'arrestation provisoire de l'étranger. — Un avis régulier de la demande devra être transmis, en même temps, par voie diplomatique, par la poste ou par le télégraphe, au ministre des affaires étrangères. — Les procureurs de la

d'autre part, il n'est pas question de peine, puisque l'internement correctionnel des mineurs n'en est pas une. cette argumentation fait surgir deux questions : l'une pratique, celle de savoir si l'extradition de Sipido était régulière d'après la législation existante ; nous l'avons discutée dans les deux premières parties de cet exposé et résolue par l'affirmative ; mais alors c'est une seconde question, purement théorique, qui se pose :

République devront donner avis de cette arrestation au ministre de la justice et au procureur général. ,

Art. 23. — L'étranger arrêté provisoirement dans les conditions prévues par l'article 16 sera, à moins qu'il n'y ait lieu de lui faire application des articles 7, 8 et 9 de la loi du 3 décembre 1849, mis en liberté si, dans le délai de vingt jours à dater de son arrestation, lorsqu'elle aura été opérée à la demande du gouvernement du pays limitrophe, le gouvernement français ne reçoit l'un des documents mentionnés à l'article 12. — Ce délai pourra être porté à un mois si le territoire du pays requérant est non limitrophe, et jusqu'à trois mois si ce territoire est hors d'Europe. — Sur requête adressée à la chambre des mises en accusation, l'étranger pourra obtenir sa mise en liberté provisoire dans les mêmes conditions que si la poursuite était exercée en France.

Art. 24. — Le transit sur le territoire français d'un étranger extradé pourra être autorisé par le ministre de la justice, sur la simple production par la voie diplomatique de l'un des actes de procédure mentionnés en l'article 12. — Cette autorisation ne saurait être donnée qu'aux puissances qui accorderaient, sur leur territoire, la même faculté au gouvernement français.

Art. 25. — La chambre des mises en accusation décidera s'il y a lieu ou non de transmettre, en tout ou en partie, les papiers et autres objets saisis au gouvernement qui demande l'extradition. — Elle ordonnera la restitution des papiers et autres objets qui ne se rattacheraient pas directement au fait imputé à l'étranger, et statuera, le cas échéant, sur les réclamations des tiers détenteurs ou autres ayants droit.

Art. 26. — En matière pénale non politique, les commissions rogatoires émanées de l'autorité étrangère seront reçues par la voie diplomatique et transmises, s'il y a lieu, aux autorités françaises, qui devront en donner avis au ministre de la justice. Les commissions rogatoires seront exécutées sans délai, à moins que la loi française ne s'y oppose.

Art. 27. — Les citations, dans une cause pénale non politique suivie à l'étranger, de témoins domiciliés ou résidant en France, ne seront reçues en France et signifiées que sous la condition que ces témoins ne pourront être poursuivis ou détenus pour des faits ou des condamnations antérieurs, ni comme complices des faits de l'accusation.

Art. 28. — L'envoi des malfaiteurs détenus en vue d'une confrontation et la communication de pièces de conviction ou documents judiciaires pourront être autorisés par le gouvernement d'un pays a un autre. — La demande sera fournie par voie diplomatique ; il y sera donné suite, à moins que des considérations particulières ne s'y opposent, sous la condition de renvoyer le detenu ou les pièces dans le plus bref délai.

Art. 29. — Les gouverneurs des colonies françaises pourront, sous leur responsabilité et à charge d'en rendre compte à bref délai au ministre de la marine, statuer sur les demandes d'extradition qui leur seraient adressées soit par des gouvernements étrangers, soit par les gouverneurs des colonies étrangères. Ils pourront en outre exercer les droits conférés par les articles 24, 26, 27, 28. — Cette faculté n'aura lieu que sous condition de réciprocité, et si le fait à raison duquel l'extradition est demandée est prévu par le traité en vigueur entre les métropoles.

Art. 30. — Toutes les conventions relatives à l'extradition et applicables à raison des dispositions de la présente loi seront portées à la connaissance du public comme les lois elles-mêmes ».

comment doit être qualifiée juridiquement la remise des jeunes détenus prévue par l'accord franco-belge de 1898 ? (1) Pour le motif que nous venons d'indiquer, c'est-à-dire parce qu'elle ne comportait ni peine ni délit, on a prétendu que ce n'était pas une extradition (2). Mais qu'est-ce donc alors ? Un rapatriement, disait en 1879 le ministre français des affaires étrangères, « destiné à replacer les mineurs étrangers dans l'état et sous la surveillance qui résultent des lois de leurs pays ». Mais cet euphémisme diplomatique ne résout pas la question : et sans même relever l'imperceptible ironie qui s'en dégage, on a le droit de le critiquer au point de vue de la simple logique. En quoi un rapatriement ainsi opéré peut-il être distingué d'une extradition ? Il est impossible d'apercevoir entre les deux hypothèses une véritable différence de nature ; la seule différence porte sur un élément, la peine, qu'on a introduit arbitrairement dans la définition de l'extradition et qui est, sans raison, présenté comme essentiel, tandis qu'il ne correspond en réalité qu'au « plerumque fit ». Pour s'en rendre compte, il suffit de considérer le principe et le but de l'institution de l'extradition. Celle-ci est, essentiellement, le moyen d'opérer une conciliation aujourd'hui nécessaire entre deux effets antagonistes d'un même principe qui s'impose à la société des États, le principe de la souveraineté territoriale. D'après ce principe, c'est, d'une part, une fonction essentielle de l'État d'entretenir chez lui la vie sociale, par conséquent d'assurer l'ordre et la paix sur son territoire. Pour atteindre ce but, l'État procède, d'une manière générale, en donnant des ordres aux habitants du territoire, ordres qui, pour être efficaces, exigent une sanction. Cette sanction, la force publique nationale l'assure sans obstacle quand le contrevenant est saisi sur le territoire de l'État. Quand il a quitté ce territoire, au contraire, le même principe de souveraineté territoriale a pour effet de rendre impuissante la force publique nationale. La sanction ne peut plus alors être assurée que par la coopération de l'État de refuge. Là est toute la raison d'être de l'extradition.

Mais, s'il en est ainsi, on constate que l'élément qui se manifeste, au point de vue qui nous occupe, dans la théorie de l'extradition, ce n'est nullement l'idée stricte de *peine*, au sens technique du mot, mais au contraire la notion large et générale de *sanction*. Si donc il apparait que l'État, pour

(1) Ces remises sont pratiquées d'une manière courante, et celle de Sipido ne doit sans doute qu'aux circonstances d'avoir soulevé une certaine émotion. V. le cas analogue d'un jeune Allemand, Otto Tuellam, enrôlé par des racoleurs anglais pour l'Afrique du Sud et arrêté à Anvers sur la demande de ses parents : l'extradition avait ici pour cause le droit de puissance paternelle (V. le *Temps* du 30 avril 1900).

(2) V. par exemple le *Journal des Débats* du 12 novembre 1900, et l'exposé des motifs du projet de loi sur l'extradition, *suprà*, p. 65, note.

assurer le développement de la vie sociale, adresse parfois aux habitants du territoire qu'il gouverne des ordres assurés par des sanctions qui ne sont pas de vraies peines, il sera par là même constaté que l'extradition peut, à l'occasion, intervenir dans cette hypothèse, en d'autres termes que la remise du fugitif en pareil cas n'est pas autre chose qu'une extradition.

Or il n'est nullement douteux que, dans certaines circonstances, rares sans doute aujourd'hui, l'État n'ait recours, pour assurer l'obéissance à ses ordres, à des sanctions non pénales. La suppression de la contrainte par corps en France ne date que de 1867, et l'internement des mineurs sur la plainte du père de famille est toujours autorisé par les articles 375 et suivants du code civil ; de même, l'internement dans une maison de correction du mineur acquitté est admis en France comme en Belgique, et, en Italie, la pratique du « domicilio coatto » est un autre exemple de sanction administrative qui n'est pas une peine proprement dite. Dans toutes ces hypothèses, tout aussi bien que s'il était question de peines, l'application des sanctions peut être empêchée par la fuite de l'individu menacé ; dans toutes ces hypothèses, par conséquent, l'État lésé peut avoir à recourir à l'extradition, et cette nécessité est si bien ressentie que souvent des accords sont conclus à cet effet par les États.

Les développements qui précèdent permettent de constater le développement toujours croissant de l'extradition. Non seulement le nombre des infractions qui la motivent augmente, mais les États reconnaissent la nécessité d'en user parfois même en dehors des hypothèses où il y a condamnation pénale. D'où enfin cette conclusion qu'il y a lieu d'étendre les termes de la définition courante de l'extradition, en supprimant l'idée restrictive qui se rattache au terme *peine*. Cette modification dans la terminologie n'importe pas seulement au point de vue théorique : la critique qu'on a faite, à la Chambre française des députés, de l'extradition de Sipido montre, au contraire, quel rôle capital peut jouer, en ces matières, une définition.

GRANDE-BRETAGNE ET VÉNÉZUÉLA. — *Contesté de la Guyane.* — *Règlement de frontières.* — *Sentence arbitrale du* 3 octobre 1899. — 1. Le conflit pendant entre la Grande-Bretagne et le Vénézuéla au sujet du règlement de leurs frontières a pris fin par la sentence arbitrale rendue à Paris le 3 octobre 1899. On se rappelle que les États-Unis y intervinrent en 1895, au moment où la Grande-Bretagne prétendait imposer sa solution, et qu'un traité d'arbitrage fut signé à Washington, le 2 février 1897, entre les deux parties. Aux termes de ce traité, un tribunal arbitral devait être constitué pour établir la ligne frontière entre la colonie de la Guyane anglaise et le Vénézuéla ; il devait comprendre cinq membres, deux nommés par le gouvernement britannique, un nommé par le Président de la République vénézuélienne, un nommé par la Cour suprême de justice des États-Unis, et le cinquième nommé par les quatre autres.

Le traité introduisait donc un arbitre américain dans un différend où les États-Unis n'étaient pas intéressés. C'était un effet de ce droit de protection suprême que la grande République s'arroge volontiers sur ses cadettes des deux Amériques, mais cette nomination était parfaitement normale, puisqu'elle était acceptée par les deux parties en cause. En fait le tribunal arbitral a compris deux Américains, le Président du Vénézuéla ayant désigné un membre de la Cour suprême des États-Unis. Il s'est réuni à Paris le 15 juin 1899, ainsi composé : pour l'Angleterre, lord Charles Russell, chief-justice, et le lord-justice Tollins ; pour le Vénézuéla, le juge Fuller et le juge Brower, membres de la Cour suprême des États-Unis ; arbitre nommé par les précédents : le professeur F. de Martens, membre du Conseil de Sa Majesté l'Empereur de Russie.

La sentence du 3 octobre 1899, rendue à l'unanimité, est ainsi conçue :

« Nous, arbitres, soussignés, par les présentes, rendons et publions notre décision, détermination et jugement touchant et concernant les questions qui nous ont été soumises par ledit traité d'arbitrage et, conformément audit traité d'arbitrage, par les présentes, nous décidons et arrêtons définitivement que la ligne frontière entre la colonie de la Guyane britannique et les États-Unis du Vénézuéla est la suivante : — Partant de la côte de la pointe Playa, la ligne frontière suivra une ligne droite jusqu'au confluent de la rivière Barima avec la rivière Mourourouma, ensuite le thalweg de cette dernière rivière jusqu'à sa source ; de ce point, elle ira jusqu'au confluent de la rivière Haiowa avec l'Amakourou ; de là, elle suivra le thalweg de l'Amakourou jusqu'à sa source, dans la chaine de l'Imataka ; de là, vers le Sud-Ouest, la crête la plus élevée de l'éperon des monts Imataka jusqu'au point le plus élevé de la chaine desdits monts Imataka, en face de la source du Barima ; de là, la chaine principale des monts Imataka et se dirigeant vers le Sud-Est jusqu'à la source de l'Acarabisi ; ensuite, le thalweg de l'Acarabisi jusqu'au Couyouni ; ensuite, la rive septentrionale de la rivière Couyouni, vers l'Ouest, jusqu'à son confluent avec le Wenamou ; ensuite, le thalweg du Wenamou jusqu'à sa source la plus occidentale ; de là, une ligne droite jusqu'au sommet du mont Roraima ; du mont Roraima, elle ira jusqu'à la source du Cutinga et suivra le thalweg de cette rivière jusqu'à son confluent avec le Takoutou ; ensuite, le thalweg du Takoutou jusqu'à sa source ; de là, une ligne droite jusqu'au point le plus occidental des monts Akarai ; ensuite, la ligne de faite des monts Akarai jusqu'à la source du Corentin, appelée rivière Cutaro. — Étant entendu que la ligne de délimitation déterminée par ce tribunal réserve et ne préjuge pas les questions actuellement existantes ou qui pourront surgir pour être résolues entre le gouvernement de Sa Majesté britannique et la République du Brésil ou entre cette dernière République et les États-Unis de Vénézuéla. — En fixant la délimitation ci-dessus, les arbitres considèrent et décident qu'en temps de paix les rivières Amakourou et Barima seront ouvertes à la navigation des navires marchands de toutes les nations sous réserve de tous règlements équitables et du payement des droits de phare et autres semblables, à condition que les droits imposés par la République du Vénézuéla et le gouvernement de la colonie de la Guyane britannique sur le passage des navires le long des parties de ces rivières possédées respectivement par elles seront imposés suivant le même tarif aux navires vénézuéliens et anglais, ces tarifs n'excédant pas ceux qui frappent ceux de tous autres pays ; à condition également que la République du Vénézuéla ou la colonie de la Guyane britannique ne frappent d'aucun droit de douane les marchandises voyageant à bord de vaisseaux, navires ou embarcations passant sur ces rivières ; mais les droits de douane ne pourront frapper que les marchandises débarquées sur le territoire du Vénézuéla ou de la Grande-Bretagne respectivement ».

L'incertitude de la frontière avait déjà, au XVIIIe siècle, provoqué des difficultés entre l'Espagne et la Hollande, cette dernière ayant acquis par traité, en 1674, les établissements anglais de la Guyane, contre cession à l'Angleterre des établissements hollandais dans l'Amérique du Nord. En 1781 et 1796 les troupes anglaises occupèrent momentanément les établissements hollandais de la Guyane ; en 1803 elles s'emparèrent d'Essequibo, de Berbice et de Demerrara. Par le traité de paix de 1814, l'Angleterre restitua à la Hollande toutes ses colonies, sauf ces trois établissements. C'est l'origine des droits de la Grande-Bretagne en Guyane.

Quelle était la limite de ces établissements ? On peut dire qu'elle variait incessamment, suivant que les gouverneurs réussissaient à étendre leur autorité plus ou moins loin. Actuellement encore, l'administration de ces régions est élémentaire ; leur étendue, les obstacles qu'elles présentent à la pénétration se prêtent mal à l'organisation administrative moderne ; il y a un siècle, on pouvait les assimiler à ces grands espaces africains dont les frontières sont parfois tracées, entre les nations, avant que leurs possesseurs aient parcouru tout le terrain qu'elles embrassent.

Dans ces conditions, les Anglais cherchèrent à s'étendre et leurs voisins, voyant leur avance, se plaignirent qu'ils empiétaient sur leurs propres droits. En 1822, la Colombie, alors voisine des établissements anglais, dénonça ces usurpations et chargea son agent à Londres de fixer par traité les frontières.

En 1836, sir R. Ker Porter, agent diplomatique de la Grande-Bretagne à Caracas, requit le gouvernement vénézuélien d'établir des poteaux frontières en divers points de l'estuaire de l'Orénoque. En 1840, le consul anglais Schomburgk reçut une mission de son gouvernement à l'effet de rechercher sur le terrain la ligne frontière et proposa un tracé assez sémblable à celui adopté par le tribunal arbitral.

En 1850, les deux gouvernements signèrent une convention en vertu de laquelle ils s'engageaient à ne pas pénétrer dans le territoire en litige, alors inoccupé. Au dire de chacune des deux parties, cet engagement n'aurait pas été respecté ; le Vénézuéla s'est plaint, notamment, que l'Angleterre ait pris possession de la pointe de Barima et fortifié Avracura en 1886.

A maintes reprises, des projets d'arrangement intervinrent, soit à Caracas, soit à Londres. En 1883, le Vénézuela proposa de recourir à l'arbitrage. Lord Granville, en 1884, puis une seconde fois en 1885, repoussa cette solution.

A la suite de l'occupation par les autorités britanniques d'Avracura, Barima, Aruca, Cuabana, Guaramuri, ainsi que de la région aurifère comprise entre les rivière Cuyuni, Mazaruni et Puruni, le Vénézuéla rompit ses relations diplomatiques avec l'Angleterre, le 20 janvier 1887. Pendant les années suivantes, il ne cessa de protester contre divers actes tendant à assurer la juridiction anglaise sur ces points ou dans ces régions. En même temps, il invoquait l'appui matériel des États-Unis et l'assistance morale des autres Républiques américaines contre une nation plus puissante que lui. Tel fut le sens d'un Mémoire remis le 31 mars 1894 par le chargé d'affaires vénézuélien à Washington à M. Gresham, secrétaire d'État.

Au mois de juin 1894, le Président Crespo sollicita même les bons offices du Saint-Siège, qui consentit à tenter un accommodement ; le légat apostolique à Caracas, Mgr Tonti, fut envoyé à Londres et négocia avec le Foreign Office. Au mois de décembre 1894, le cardinal Rampolla informa le gouvernement vénézuélien que ces négociations n'avaient pas abouti.

Ce gouvernement trouva à Washington la même bonne volonté et un appui plus puissant ; l'ambassadeur américain à Londres, M. Bayard, fut chargé de saisir le Foreign Office de la question, et, dans son Message du 3 décembre 1894, le Président Cleveland disait : « Notre politique bien établie étant d'écarter de cet hémisphère toute cause de conflit avec les puissances d'outre-mer, je renouvellerai mes efforts précédents pour rétablir les relations diplomatiques entre les parties et pour les déterminer à recourir à l'arbitrage, mode de procéder que la Grande-Bretagne a toujours approuvé en principe et respecté en pratique, et qui est instamment réclamé par son adversaire plus faible ».

Le gouvernement vénézuélien exprima toute sa gratitude de ce Message, « noble preuve du soin que les États-Unis prenaient de sa tranquillité et de son honneur ».

Le 10 janvier 1895, le Sénat et la Chambre des représentants adoptèrent une résolution qui « recommandait très sérieusement à l'examen favorable des deux parties la proposition de recourir à l'arbitrage ».

Le gouvernement anglais repoussait cette solution, ou du moins il considérait que, certains territoires étant, à son avis, nettement britanniques, l'arbitrage ne devait pas porter sur l'ensemble des régions dont le Vénézuéla lui contestait la propriété. Il ne voulait, en un mot, que d'un arbitrage partiel, et c'était la difficulté.

M. Cleveland et son secrétaire d'État, M. Olney, se montrèrent particulièrement pressants et, comme la Grande-Bretagne persévérait dans sa manière de voir, ils mirent leur propre pays directement en cause. Dans une Note du 20 juillet 1895, remise à lord Salisbury, M. Olney déclara que les États-Unis avaient intérêt au maintien de l'intégrité du territoire vénézuélien et rappela le fameux Message du Président Monroe (2 décembre 1823), aux termes duquel « les États-Unis devaient considérer comme l'expression d'une disposition anti-amicale à leur égard tout acte d'une puissance européenne tendant à opprimer ou à dominer une des Républiques indépendantes des deux hémisphères ».

Et, pour affirmer cette position prise dans le conflit, le Message du 2 décembre 1895 reproduisit le sens de cette Note, en ajoutant qu'on n'avait pas encore reçu la réponse du gouvernement britannique.

Cette réponse dut arriver à Washington presque aussitôt, car elle est datée du 26 novembre 1895 ; le Président Cleveland devait en connaitre la teneur, lorsqu'il avait rédigé son Message.

Lord Salisbury faisait remarquer que la doctrine de Monroe avait pour but d'empêcher la constitution, sur le continent américain, de colonies européennes et de consolider l'indépendance, alors récente, des colonies espagnoles ; que cette doctrine ne pouvait avoir pour effet d'imposer l'arbitrage à une puissance européenne ayant une difficulté de frontière avec un État américain ; que les États-Unis avaient le droit, comme toute autre nation, d'intervenir dans tout différend où ils pouvaient juger que leurs intérêts étaient en jeu, mais ce droit ne dérivait pas du fait que le différend affectait un territoire américain.

M. Cleveland communiqua cette réponse au Congrès dans un Message

spécial (17 décembre 1895). « La doctrine de Monroe, dit-il, trouve sa reconnaissance dans les principes du droit des gens basés sur la théorie
que chaque nation doit protéger ses droits et voir accueillir ses justes
demandes... Nous avons le droit de savoir si la Grande-Bretagne a cherché à étendre indûment ses possessions sur ce continent, et c'est pourquoi nous avons demandé l'arbitrage. Puisqu'elle s'y refuse, il nous faut
prendre des mesures pour déterminer quelle est la véritable frontière
entre la Guyane et le Vénézuéla ».

En conséquence, M. Cleveland proposait au Congrès la nomination
d'une Commission d'enquête. Quand celle-ci aurait déposé son rapport,
les États-Unis auraient le devoir, disait le Président, de repousser par
tous les moyens, comme contraire à leurs droits et à leurs intérêts, la
main-mise par l'Angleterre et sa juridiction sur les territoires que la Commission aurait reconnu appartenir au Vénézuéla.

Le 21 décembre 1895, le Congrès vota les crédits nécessaires au fonctionnement de cette Commission, qui fut nommée par M. Cleveland le
1er janvier 1896.

Si les deux gouvernements avaient permis aux événements de se dérouler suivant des conséquences logiques, la guerre eût été inévitable.
Elle apparut comme possible pendant les premières semaines qui suivirent le Message ; un courant favorable à la guerre se dessina même
parmi les jingoes américains. Mais les États-Unis n'y avaient pas d'intérêt, et la Grande-Bretagne pouvait, sans déchoir, trouver une autre
solution. Elle avait accepté en principe l'arbitrage partiel, portant sur
une zone définie. On lui demandait d'en étendre l'effet à toute la région
contestée par le Vénézuéla. Sa dignité n'était pas en cause, et son amour-
propre ne l'eût pas été sans la forme comminatoire que M. Cleveland
avait donnée à sa requête.

Il est à croire que les intentions conciliantes qu'elle put témoigner
furent accueillies avec empressement à Washington ; le gouvernement
américain avait, sans doute, confiance dans ses forces, mais l'issue de la
lutte devait lui paraître au moins douteuse et le point contesté ne méritait vraiment pas que les deux nations partissent en guerre. On négocia
près d'une année, ce qui prouve qu'on désirait s'entendre, et l'Angleterre, acceptant les bons offices des États-Unis, finit par consentir à ce
que tous les territoires litigieux fussent soumis à l'arbitrage.

Il n'y eut pas, d'ailleurs, d'arrangement formel entre les deux pays,
peut-être pour échapper à la nécessité d'une ratification par le Sénat
américain, mais seulement une entente amiable entre le secrétaire d'É-
tat, M. Olney, et l'ambassadeur britannique à Washington, sir Julian
Pauncefote (novembre 1896). C'est en vertu de cette entente que le

traité d'arbitrage fut signé dans cette ville, entre la Grande-Bretagne et le Vénézuéla, le 2 février 1897.

II. Comment faut-il apprécier l'attitude prise par les États-Unis ? L'intervention n'est pas un droit, c'est un fait. Ce fait est légitime lorsque l'intervention a pour but de protéger des intérêts majeurs ; nous dirions volontiers qu'elle est légitime quand elle a pour objet de faire cesser des actes barbares ou de défendre un État faible contre une agression motivée par un désir de conquête.

Dans le premier cas, la puissance qui intervient défend ses intérêts ; dans le second cas, elle défend la morale internationale.

Les États-Unis se trouvaient-ils dans le second cas ? Non, puisque l'Angleterre n'avait pas commis d'agression contre le Vénézuéla et ne s'était pas emparée par la force d'un territoire lui appartenant sans aucun doute possible, faisant partie intégrante de cette République.

Mais avaient-ils, pour intervenir, la raison que leurs intérêts se trouvaient lésés par la situation existante entre les deux parties ? La question est plus délicate, et on pourrait répondre que les États-Unis étaient seuls juges de leurs intérêts et du tort éprouvé par eux. Essayons du moins de définir ces intérêts. Ils ne sauraient, dans l'espèce, être matériels ; c'étaient donc des intérêts moraux. Les États-Unis ont estimé qu'ils avaient avantage à s'ériger en protecteurs d'une nation, parce qu'elle était américaine.

Que, sollicités par le Vénézuéla, ils aient offert leurs bons offices, rien de plus naturel ; mais que, ces bons offices ayant échoué, ils aient pris en main sa cause, en aient fait leur affaire propre et aient, en quelque sorte, imposé leur solution, c'est bien la manifestation d'un droit ou d'un devoir de protection, ou, pour mieux dire, de patronage accepté de part et d'autre.

D'après la théorie de M. Cleveland, ce devoir résulterait de la solidarité des États américains, affirmée par le Président Monroe en 1823. Nous ne savons pourquoi M. Cleveland ou son ministre ont cru nécessaire de remonter si loin et de rattacher leurs actes à une manifestation inspirée par des événements ou des contingences entièrement différents de ceux de 1895. Le Vénézuéla réclamait protection, les États-Unis la lui accordaient ; le principe de tutelle primordiale était par cela même si bien attesté qu'il n'était pas besoin de chercher à établir un lien de droit entre ce fait et la doctrine de Monroe.

A notre avis, en effet, ce lien de droit n'existe pas, et nous partageons la manière de voir de lord Salisbury, exposée dans sa lettre précitée du 26 novembre 1895. Le Message de Monroe vise les conquêtes de l'Europe, les agressions qu'elle pourrait commettre contre l'indépendance des nations américaines. Il ne signifie pas et ne peut pas signifier que les États-Unis devront intervenir dans toute contestation entre une de ces nations et une puissance européenne. Sinon, quelle serait la limite ? Si ces deux parties ne peuvent tomber d'accord sur les termes d'une convention commerciale, vont-ils s'entremettre pour imposer à l'État européen les clauses les plus favorables à l'autre partie ? S'il y a divergence sur la portée d'un acte international déjà conclu, vont-ils faire prédominer leur solution ?

On tomberait vite dans l'absurde. Autant dire que les États-Unis représenteront toutes les nations américaines dans leurs relations extérieures, pour peu qu'une difficulté se présente. Et, dans le conflit anglo-vénézuélien, le gouvernement américain, s'il doit venger tous les griefs de ces nations, aurait dû imposer par la force la ligne frontière réclamée par le Vénézuéla.

On le voit, la doctrine de Monroe ne comprend pas tant de choses. Les États-Unis peuvent s'en réclamer, à leurs risques et périls, soit pour intervenir dans une guerre, soit pour en provoquer une, mais ils auraient le même droit si Monroe n'avait pas publié son fameux Message. Qu'ils s'en inspirent comme d'une ligne de conduite traditionnelle, libre à eux encore ; mais, tradition ou non, cela n'a rien à voir avec le droit international.

Et si, comme nous venons de le voir, ils invoquent cette doctrine pour intervenir dans d'autres cas que ceux d'agression contre une nation américaine, nous estimons que c'est à tort et d'ailleurs que c'est inutile.

Considérons l'intervention des États-Unis sous un autre point de vue celui de la morale internationale, que tout acte pacifique tend à consolider, et dont la guerre est la négation. Que voyons-nous dans le différend qui nous occupe ? Deux puissances inégales, dont l'une peut imposer sa volonté. La plus faible réclame l'arbitrage ; la plus forte s'y refuse et porte ainsi atteinte à cette morale. Les États-Unis prennent parti pour la plus faible, pour telle ou telle raison ; c'est parfaitement licite. Mais, leurs premières avances repoussées, ils déclarent qu'ils vont juger eux-mêmes, en nommant une Commission d'enquête, et que si leur solution n'est pas acceptée, ils la soutiendront par les armes.

Cela revient à dire qu'ils veulent imposer leur arbitrage ; mais cette solution ne s'impose pas, c'est contraire à son essence même ; une telle manière de procéder ne pouvait pas être admise un instant par l'Angleterre, et si un conflit armé s'était produit, M. Cleveland en aurait porté la responsabilité.

Fort heureusement, il n'en a pas été ainsi et le dénouement pacifique qui est intervenu justifie l'intervention américaine. Elle aura servi la morale internationale, en réglant un conflit séculaire par une voie chère au droit des gens. Mais si la Providence se sert de moyens détournés pour arriver à ses fins, on peut dire que M. Cleveland a pris exemple sur elle. Son cœur, au reste, était peut-être plus pacifique que ses paroles, et c'est tout à son honneur.

III. La sentence arbitrale accorde à la Grande-Bretagne la ligne frontière réclamée par lord Granville en 1881, ou à peu près, mais les prétentions de ce pays avaient sensiblement augmenté depuis cette date. Un document vénézuélien résume comme suit l'histoire des revendications du gouvernement britannique :

En 1814, l'Angleterre a acquis aux Hollandais 20.000 milles carrés en Guyane. En 1841, d'après une carte dressée par son agent Schomburgk, elle prétend en posséder 60.000. En 1885, elle revendique 76.000 milles carrés ; en 1886, ce chiffre s'élève à 109.000 milles carrés. La sentence arbitrale lui en a attribué 90.000 environ.

La région aurifère du Yuruari est restée au Vénézuéla, qui a reçu une autre satisfaction. En effet, la ligne frontière ne part pas de l'embouchure principale de l'Orénoque, mais de celle du Guaima, à 50 milles à l'Est du grand fleuve.

La solution adoptée par le tribunal arbitral parait avoir satisfait les deux parties. Le Vénézuéla, en effet, voyait les prétentions anglaises réduites et l'Angleterre obtenait la consécration de ses droits sur un territoire fort vaste.

Une particularité très curieuse de la sentence arbitrale, c'est qu'elle a non seulement tracé la ligne de frontière anglo-vénézuélienne, mais proposé une limite entre les possessions britanniques et le Brésil. Le tracé qu'elle a adopté se prolonge, en effet, très au Sud du territoire vénézuélien.

En agissant ainsi, le tribunal arbitral a certainement étendu sa mission, puisque le Brésil n'était pas partie à la convention d'arbitrage du 2 février 1897, qu'il n'était pas représenté dans le tribunal et ne lui avait pas donné mandat de statuer sur une question qui l'intéressait.

La partie de la sentence qui concerne le Brésil n'a donc que la valeur d'une indication. Les arbitres l'ont reconnu eux-mêmes, en déclarant que « la ligne de délimitation déterminée par le tribunal réserve et ne préjuge pas les questions existantes ou qui pourront surgir pour être résolues entre le gouvernement de Sa Majesté britannique et la République du Brésil, ou entre cette dernière République et les États-Unis du Vénézuéla ».

Dans ces conditions, on peut se demander pourquoi le tribunal a spontanément élargi son mandat. Au Brésil on a prétendu que les arbitres anglais ont saisi l'occasion de préjuger une question pendante dans un sens favorable aux intérêts de leur pays. Mais nous ne pouvons suspecter leur impartialité. Il nous semble d'ailleurs que les arbitres américains ne se fussent pas prêtés à un mode de procéder contraire au principe même qui motivait leur présence au sein du tribunal, celui de la défense des droits des Républiques américaines.

Nous croyons plus volontiers que le tribunal, ayant rencontré au cours de ses travaux les éléments d'appréciation nécessaires pour proposer une limite équitable entre les possessions du Brésil et celles de la Grande-Bretagne, a indiqué cette limite dans l'espoir que les parties intéressées se rallieraient à sa proposition. Dire qu'il a préjugé la question, ce serait nier l'indépendance de l'arbitre qui aurait ultérieurement à en connaître. Il a dépassé son mandat, mais dans une intention louable. Chargé d'apaiser un conflit actuel, il a voulu prévenir un conflit possible. Bien étroite serait la doctrine qui lui en ferait un crime.

BULLETIN BIBLIOGRAPHIQUE

I. — LIVRES.

La paix et la guerre (La Conférence de Bruxelles de 1894. Droits et devoirs des belligérants : leur application pendant la guerre d'Orient, 1874-1878. La Conférence de la Haye, 1899), par M. F. DE MARTENS, ancien Président du tribunal d'arbitrage entre la Grande-Bretagne et le Vénézuéla (traduit du russe par M. le Comte N. de Sancé), 1 vol. in-8, Paris, 1901, A. Rousseau, édit. — En 1878, M. F. de M. avait publié en russe un important ouvrage intitulé *La Conférence de Bruxelles et la guerre d'Orient*, 1874-1878. Mais la langue russe était malheureusement trop peu répandue pour que les publicistes des divers pays de l'Europe pussent profiter du savant travail de l'éminent professeur. Aussi, est-ce une pensée des plus heureuses que M. F. de M. a eue, au lendemain de la Conférence de la Haye, de faire traduire son étude en langue française. Il convient au surplus de remarquer que l'auteur, dans la nouvelle édition de son livre, ne s'est pas borné à reproduire purement et simplement le texte de 1878, il l'a complété par un chapitre nouveau consacré à la Conférence de la Haye de 1899 dans sa partie relative au droit de la guerre.

Une Introduction magistrale sur la guerre, le droit et la loi ouvre le volume. Dans cette Introduction, l'auteur indique la nécessité où sont les peuples de réglementer la guerre et d'y apporter tous les adoucissements compatibles avec son existence. C'est cette idée qui a donné naissance à la Conférence de Bruxelles de 1874 et aussi à celle de la Haye de 1899. Mais quelle a été l'origine de ces Conférences ; quels en ont été les travaux ? C'est à l'étude de ces questions attachantes que sont consacrés les premiers chapitres du livre. On y trouve des renseignements fort intéressants, et la plupart inédits, sur la genèse de la Conférence de Bruxelles : c'est aux intentions généreuses et désintéressées de l'Empereur de Russie, Alexandre II, qu'il faut en attribuer l'origine. Après avoir ainsi examiné au point de vue spéculatif et au point de vue conventionnel le droit de la guerre, M. F. de M. l'étudie au point de vue de la pratique, en prenant comme exemple la guerre de 1877 entre la Russie et la Turquie. Cette partie du livre, qui en est la plus importante, en est aussi la plus intéressante. On y rencontre en effet quantité de renseignements qu'à raison de sa qualité M. F. de M. pouvait seul connaître et qui, jusqu'ici, étaient demeurés ignorés des publicistes de l'Europe. Dans un chapitre, intitulé d'une façon très suggestive : de la paix à la guerre, l'éminent professeur nous initie d'abord aux négociations diplomatiques, passablement compliquées, qui précédèrent l'ouverture des hostilités ; on y voit se dessiner tour à tour la politique de la Russie, de l'Autriche-Hongrie et de l'Angleterre. Malheureusement, quelque longues que furent ces négociations, elles ne purent empêcher la guerre. Celle-ci éclatait le 12 avril 1877. La Russie et la Turquie étaient dès lors en présence comme puissances belligérantes. Quelle fut leur conduite respective à l'égard des lois et des usages de la guerre ? Appliquèrent-elles les règles décidées à Bruxelles en 1874 ; consacrèrent-elles par avance les principes posés à la Haye en 1899 ? M. F. de M. passe en revue toutes les questions que la guerre peut faire naître, et il les examine dans tous leurs détails en s'aidant des documents mêmes. C'est ainsi qu'il se demande tout d'abord si la Russie a, comme on l'en a accusé, commencé les hostilités sans déclaration préalable. Il n'a pas de peine à démontrer qu'une semblable accusation est inexacte. Comment furent traités les sujets ennemis dans le territoire de chacun des belligérants ? Quelles ont été les dispositions des nations en guerre vis-à-vis du commerce maritime ? De quelle façon leurs armées agirent-elles sur le champ de bataille et en territoire occupé ? La convention de Genève du 22 août 1864 sur la situation des malades et des blessés a-t-elle été convenablement observée ? Quel traitement fut appliqué aux prisonniers de guerre russes en Turquie et aux prisonniers de guerre turcs en Russie ? Telles sont les principales questions dont M. F. de M. s'est particulièrement occupé. Mais il ne suffisait pas de traiter des États belligérants dans leurs rapports réciproques ; il fallait encore envisager leurs relations avec les États neutres. Un chapitre entier, le dernier de l'ouvrage, est réservé à cette étude. L'auteur y examine comment les belligérants comprirent leurs droits vis-à-vis des neutres, et comment ces derniers comprirent leurs devoirs vis-à-vis des deux belligérants. La présence d'officiers étrangers dans les armées ennemies, l'admission par les belligérants de médecins neutres, l'usage de torpilles dans la guerre maritime, les difficultés relatives au blocus et à la contrebande de guerre, sont les points les plus importants qui s'y trouvent traités. L'œuvre de M. F. de M. est, on peut le dire, l'étude la plus complète qui, au point de vue juridique, ait été écrite jusqu'à ce jour sur la guerre turco-russe de 1877. Aussi sera-t-elle consultée avec un grand profit par tous ceux qui s'intéressent au développement du droit international en temps de guerre.

Le traité de Berlin de 1885 et l'État indépendant du Congo (traduction française), par RICARDO PIERANTONI, avocat à Rome, 1 vol. in-8, Paris, 1901, A. Rousseau, édit. — Fils de l'éminent internationaliste M. Auguste Pierantoni, sénateur et professeur à l'Université de Rome, et petit-fils de l'illustre Mancini, réformateur du droit international, M. R. P. devait nécessairement consacrer au droit des gens sa première œuvre importante. Il ne pouvait choisir un sujet plus attachant que celui de la Conférence de Berlin de 1885, dont l'importance a été si grande pour le développement du droit international, et de l'État indépendant du Congo, dont la création et la vie sont curieuses à tant de titres. Ce sont ces deux questions qui en définitive forment les deux parties du livre. Mais, avant de les étudier, l'auteur a cru devoir, avec raison, donner un aperçu historique et géographique du Congo et du Niger et indiquer les causes immédiates qui conduisirent à la réunion d'une Conférence à Berlin. Venant à l'examen du traité de Berlin, M. R. P. lui a consacré des chapitres distincts traitant des diverses questions dont cet acte s'est occupé : liberté du commerce, esclavage et traite des noirs, neutralité des territoires compris dans le bassin du Congo, actes de navigation du Congo et du Niger, conditions relatives aux occupations de territoires. Le savant avocat a ensuite passé à l'étude de l'État indépendant du Congo. Et à son sujet il traite successivement de sa formation et de sa reconnaissance, de la forme de son gouvernement et de son administration. A ce dernier point de vue, il donne des renseignements très complets et fort intéressants. Comment s'administre la justice au Congo ? Quelle est la législation pénale, civile, commerciale et maritime de ce pays ? Quel en est le régime foncier ? Quel est son système financier ? Comment sont organisées son armée et sa marine ? De quelle façon fonctionnent le service sanitaire et les œuvres de charité ? Les indigènes y sont-ils protégés d'une manière suffisante ? On voit par ces quelques indications combien de problèmes M. R. P. soulève dans son ouvrage. Un dernier chapitre traite des relations internationales du Congo et de son avenir : ici sont examinées les questions des consulats, des traités et conventions, de l'extradition, de la cession de l'État indépendant à la Belgique ; à ce dernier égard, l'auteur aurait pu s'étendre davantage : au lieu de se borner à rappeler les faits, il eût fallu étudier les nombreux problèmes juridiques que la difficulté soulève. Nous ferons encore à M. R. P. un autre reproche : son livre n'est peut-être pas suffisamment au courant des études, cependant nombreuses, qui ont été écrites dans ces dernières années sur le Congo. L'édition italienne du livre de M. P. datait de 1898 , mais, depuis cette époque, l'activité législative et administrative de l'État indépendant a pris un grand essor : le savant publiciste a, très utilement, indiqué, en appendice, dans l'édition française de son ouvrage, les changements intervenus et les progrès accomplis jusqu'en 1901 ; ainsi on peut se rendre un compte absolu de la situation actuelle de l'État du Congo.

Der deutsche Seehandel und das Seekriegs-und Neutralitætsreoht (Le commerce allemand et le droit de la guerre et de la neutralité maritimes), par le Dᵣ EMMANUEL ULLMANN, 1 br. in-4º, Munich, 1900, Wolf et fils, édit. — Dans le discours prononcé à l'Université Louis-Maximilien de Munich, le 24 novembre 1900, à l'occasion de son installation au Rectorat, M. U. montre après tant d'autres combien il est urgent de reviser le droit de la neutralité dans la guerre maritime. Les récents conflits ont mis en évidence la situation précaire des neutres et le danger auquel est exposé leur commerce sur mer. Nous vivons toujours sous l'empire de l'ancienne idée de la subordination des neutres aux belligérants, alors que le développement du commerce maritime et la solidarité de plus en plus grande qui en résulte entre les nations exigent impérieusement que la liberté des neutres soit définitivement assurée. Le savant professeur de Munich applaudit aux idées généreuses de MM. Descamps et Kleen, mais il observe, avec grande raison, que le seul moyen pratique d'obtenir la réforme du droit de la neutralité est la reconstitution de la Ligue des neutres.   **N. P.**

Du rôle des Chambres en matière de traités internationaux, par ALBERT DAUZAT, licencié ès lettres, docteur en droit, 1 vol. in-8º, Paris, 1899, Félix Alcan, édit. — En raison, la confection des traités internationaux doit-elle être remise au pouvoir législatif ; le pouvoir exécutif ne doit-il pas plutôt avoir un rôle prépondérant ? Quel est le système suivi à cet égard par les principaux pays du monde ? Telle est la double question que M. D. s'est proposé d'examiner. Et il l'a étudiée sous les diverses faces qu'elle peut présenter. Dans une première partie intitulée : Questions doctrinales, il s'est demandé dans quelle mesure et de quelle manière le Parlement doit intervenir aux différents stades que parcourt une convention avant de produire ses effets juridiques : négociations, ratification, approbation et exécution. Dans les autres parties de son ouvrage, l'auteur passe en revue les principes admis, aux diverses époques, par l'Angleterre, la France, les États-Unis de l'Amérique du Nord, l'Espagne, l'Italie et l'Allemagne. Cette étude de droit constitutionnel et de droit international ne laisse pas que de présenter un réel intérêt.

Lendemains d'unité : Rome, Royaume de Naples, par GEORGES GOYAU, 1 vol. in-16, Paris, 1900, Perrin, édit. — « Pourquoi l'unité italienne n'est pas encore faite » :

tel est le titre qui, définissant assez bien la matière de ce livre, eût pu lui être donné, si l'auteur ne redoutait pas « les titres bruyants qui font violence à la curiosité du public et lui ménagent souvent une assez médiocre récompense ». Dénommé comme il l'est « *Lendemains d'unité* », il a les qualités des solides et pénétrants travaux antérieurement publiés par M. G. et pour lesquels l'on ne sait guère ce qu'il convient le plus de louer, la souplesse et la lucidité d'esprit dont ils témoignent, la perfection de la forme toujours expressive et parfois poignante, la finesse des analyses et la largeur des jugements, ou bien encore l'irréprochable sûreté et l'extraordinaire étendue d'information originale. Écrit pour définir dans ses causes la crise dont l'Italie contemporaine souffre jusqu'à en être paralysée dans sa vie normale, il est consacré : d'une part, à la *question romaine*, apparue à l'heure même où s'achevait l'unité dynastique, signalée sans relâche par Pie IX, persistante sous le pontificat de Léon XIII, ayant eu enfin ce résultat de rendre impossible aux fidèles du Pape toute collaboration à la vie publique du pays ; d'autre part, à la *question du Midi*, suscitée par la répartition nouvelle de la propriété et la conception des droits du propriétaire admise depuis le commencement du XIX° siècle, provoquée par la fréquente indifférence du pouvoir central à l'endroit de l'état intellectuel et moral des populations méridionales, aggravée par la longue négligence qu'il a mise à développer parmi elles les conditions propices à la formation d'un esprit public, perpétuée enfin par leur incompétence dès qu'il s'agit de votations politiques. — Dans ses trois derniers chapitres (le régime de la grande propriété dans les Calabres, p. 117 ; l'émigration dans l'Italie méridionale, p. 183 ; l'unité italienne et l'Italie du Sud-Est, p. 281), il demeure à peu étranger à l'ordre des travaux de cette *Revue* spécialisée ; il y rentre, au contraire, avec les deux premiers (le 20 septembre à Rome, p. 1-57 ; la Conférence de la Haye et le Saint-Siège, p. 59-115) : l'un et l'autre sont remarquables par leurs qualités intrinsèques ; le second est particulièrement intéressant au point de vue international ; il méritait donc une mention toute spéciale.

Dans la Conférence internationale de la Paix, Léon XIII a été tenu à l'écart : les 30 août 1898 et 16 janvier 1899, le cardinal Rampolla, secrétaire d'État de Sa Sainteté, avait reçu des mains de M. Tcharykoff, ministre résident de Russie auprès du Saint-Siège, les deux circulaires du Comte Mouravieff. Ainsi le Pape, exclu presque des Conseils européens depuis le traité de Westphalie, avait eu « le droit de se considérer comme interrogé sur la situation de l'Europe » ; il fit à cette communication « la réponse qu'il eût faite plusieurs siècles avant cette paix », mettant même « une sorte de coquetterie grandiose à expliquer qu'en parlant de la sorte il prétendait simplement se répéter » (p. 68). Cependant la Curie ne reçut point la circulaire d'invitation adressée aux puissances, le 6 avril 1899, par M. de Beaufort, ministre des affaires étrangères du Royaume des Pays-Bas. L'Italie, s'opposant aux remontrances plus ou moins nettes des autres gouvernements de la Chrétienté, ne s'était point tenue pour rassurée par l'affirmation solennelle des ministres du Tsar que les résultats des traités ne seraient point discutés : les juristes de la Consulta avaient offert de la loi des garanties une interprétation qui, contredisant à celle proposée à l'opinion européenne depuis trente années, pourrait bien, tôt ou tard, être, comme la plus autorisée des exégèses, invoquée par le Vatican contre l'esprit même de cette loi ; le ministre des affaires étrangères, amiral Canevaro, n'avait accepté l'invitation de la Reine Wilhelmine que sous la condition expresse de l'éloignement du Pape, comme si la présence éventuelle à la Conférence d'un représentant du Souverain Pontife eût été, pour l'édifice unitaire de la péninsule, le plus grave des périls. Aussi bien, « lorsque les fidèles dans les nations catholiques, lorsque les curieux dans les nations protestantes, ont interrogé leurs gouvernements sur les raisons de cette exclusion, les gouvernements ont répondu, avec des ambages qui trahissaient quelque contrariété : C'est parce que la question romaine existe » (p. 113).

Le récit de cette victoire, tant désirée et si mal gagnée par l'Italie (V. l'opinion de MM. de Olivart, Despagnet et Brusa dans cette *Revue*, t. VI (1899), p. 858, 864 et 889) sur le Saint-Siège et par surcroît sur d'autres puissances (p. 101), a pris sous la plume de

M. G. le relief saisissant qu'à toutes les questions de politique ou d'histoire contemporaine sait donner l'ardente et sereine combativité de son talent de tout premier ordre. C'est pourquoi il ne saurait être question de rien ajouter à l'article écrit par M. G. plusieurs semaines avant la réunion des plénipotentiaires à la Haye : d'ailleurs, ici même l'appréciation juridique a été faite des exigences successives auxquelles l'Italie donna constamment un « aspect d'ultimatum », d'autant plus regrettable que le Pape tenait de son indéniable personnalité internationale et de sa qualité de Souverain, le droit de participer aux travaux du Congrès, non pas seulement à titre consultatif, comme certains l'ont trop dangereusement concédé (Chrétien, dans cette *Revue*, t. VI (1899), p. 289), mais bien avec voix délibérative. Enfin, le Souverain Pontife, nécessairement indifférent aux questions d'ordre purement technique,aurait pu et dû,quoi qu'on en ait dit (Bompard, *Ibid.*, t.VII (1900), p. 379 et suiv.), être ultérieurement associé à l'exécution de toutes les mesures destinées à prévenir, par l'usage des bons offices, de la médiation et de l'arbitrage facultatif, les conflits armés entre nations. — Au demeurant, la Conférence qui ne tenait et même n'avait point à statuer sur la question de principe, l'a elle-même bien senti lorsqu'il s'est agi de trancher la question de savoir si la convention sur le règlement pacifique des conflits internationaux serait ou non fermée (V. le récit de la pénible rédaction de l'article 60 dans cette *Revue*, t. VII (1900), p. 377). Aussi bien, la lecture donnée, à la dernière séance, de la correspondance échangée en mai, c'est-à-dire postérieurement à l'envoi des invitations aux puissances, entre la Reine Wilhelmine et S. S. Léon XIII (V.le texte dans cette *Revue*, t. VI (1899), p. 840, note 4), fut-elle, au dire de l'un des membres de la Conférence (M. Renault, à son *Cours de droit international public*, année 1900-1901, 3ᵉ leçon), une surprise, « une espèce de coup de théâtre inattendu », tant apparaissait grave le contraste entre la courtoisie sincère de la Reine des Pays-Bas et l'ombrageux acharnement de la Consulta italienne, déniant et entravant le rôle d'arbitre ou de médiateur qui, suivant l'heureuse formule de M. G. (p. 62), apparaît au Saint-Père « non point comme un passe-temps de Souverain déchu, mais comme la suite logique, indiscutable de sa mission ».

                                                        JOSEPH DELPECH,
                        Chargé de conférences à la Faculté de droit de Paris.

La théorie de l'Équilibre. Étude d'histoire diplomatique et de droit international, par LÉONCE DONNADIEU, docteur ès-sciences politiques et économiques, 1 vol. in-8°, Paris, 1900, A. Rousseau, édit.— Ayant le droit de vivre, les États ont la faculté d'améliorer leur sort : augmenter leur population, étendre leurs possessions, développer leur commerce et, par voie de conséquence, accroître leur puissance militaire. Mais, comme en toute autre matière, leur liberté à cet égard n'est pas sans limites : l'extension par trop grande d'un État constituera un danger pour les autres États. Dans ce conflit entre le droit de perfectionnement de l'un et le droit de conservation des autres, il n'est pas douteux que c'est le droit de conservation qui devra prévaloir. Mais il faut qu'il y ait réellement conflit entre les prétentions réciproques des États en présence. Dès lors, toute la difficulté consiste à déterminer le moment précis où l'exercice du droit de perfectionnement d'un État devient vraiment dangereux pour les autres. A ce grave problème, la pratique des nations a depuis longtemps répondu par l'établissement d'un système de répartition de puissance entre les membres de la communauté internationale. C'est ce qu'on appelle le système de l'Équilibre. Montrer le caractère nécessaire de ce système, son évolution historique à travers les siècles et les étapes qu'il a successivement parcourues jusqu'au moment où il finit par devenir un des principes les mieux établis de la diplomatie, tel est l'objet de l'excellente monographie que nous analysons.

Après avoir indiqué les bases scientifiques de la théorie, M. D. étudie l'évolution historique du système de l'Équilibre depuis l'antiquité jusqu'à nos jours. D'abord inconsciente et appliquée de façon empirique, l'idée de l'Équilibre devient une maxime de la diplomatie à partir de la paix de Westphalie. Les applications qui en ont été faites, soit à cette occasion, soit aux Congrès d'Utrecht et de Vienne, sont étudiées d'après les sources. Les développements remarquables qui y sont consacrés dénotent chez M. D. un sens historique précis et une connaissance complète de l'histoire diplomatique moderne. Il poursuit ensuite l'évolution de l'Équilibre dans son terme actuel et montre fort bien la conciliation du système avec la théorie des nationalités au XIX° siècle et l'extension que la politique contemporaine a donnée à l'Équilibre, en en faisant un principe non plus européen, mais essentiellement mondial. Répondant enfin aux critiques qui ont été formulées dans la doctrine contre l'Équilibre, M. D. établit nettement que ces critiques, et spécialement celles qui visent la pratique des compensations et des partages, n'ont pas la portée qu'on leur a attribuée. Loin d'être, comme on l'a parfois prétendu, une création arbitraire de la diplomatie, le système de l'Équilibre n'est en somme que l'expression de la loi naturelle de la légitime défense. Cette loi naturelle entrant de plus en plus dans la conscience des nations a trouvé de nos jours un organe, destiné à en assurer l'application systématique et raisonnée, dans le Concert européen.

On ne peut faire à cet intéressant travail, dont nous approuvons entièrement les conclusions, que quelques légères critiques. C'est ainsi que, dans la partie historique, nous aurions souhaité voir exposer un peu plus nettement le lien qui rattache les faits rapportés à l'idée du développement du système de l'Équilibre. C'est ainsi encore qu'en ce qui concerne spécialement l'étude des traités d'Utrecht, nous aurions désiré voir notre auteur insister davantage sur le trait caractéristique de cette paix qui fut de faire passer de l'Autriche à l'Angleterre la qualité de puissance rivale de la France. La transformation qui s'est opérée alors fut féconde en conséquences. Par les acquisitions importantes que l'Angleterre réalisa en 1714 hors d'Europe, le centre de gravité du système politique s'est trouvé déplacé et le système de l'équilibre cessa, dès cette époque, d'être purement européen. Mably faisait remarquer au XVIII° siècle que « c'est pour ne s'être pas aperçus de la révolution que la paix d'Utrecht a faite dans l'Europe, que la plupart des Princes ont mal connu leurs intérêts, pris des fausses mesures, fait des négociations inutiles et répandu sans fruit beaucoup de sang » (*Le droit public de l'Europe*, édit. de Genève, 1776, t. II, p. 110). De même, enfin, tout en admettant avec M. D. que l'idée de l'Équilibre a cessé, à partir du XVII° siècle, d'être appliquée de façon empirique pour devenir un système et plus tard encore une théorie constamment suivie par la diplomatie, nous serions tenté de lui reprocher de s'être contenté de constater cette transformation sans avoir cherché à l'expliquer scientifiquement. A notre avis, l'idée raisonnée de l'Équilibre suppose, d'une part, l'existence d'une société d'États entretenant des relations suivies et, d'autre part, la coexistence d'États indépendants et juridiquement égaux. Or, plus ces deux notions se sont développées au cours des siècles, plus l'idée de l'Équilibre a trouvé un terrain propice pour son application. Cela étant, M. D. s'écarte quelque peu de la vérité historique, lorsqu'il affirme (p. 237-238) que l'idée de l'Équilibre n'est devenue un principe directeur de la politique que parce que « les hommes d'État se sont trouvés satisfaits, à l'essai, des résultats qu'elle donnait ». Il nous semble, au contraire, que ce n'est pas par son utilité, mais par son caractère de loi nécessaire et inéluctable que l'idée de l'Équilibre s'est imposée aux hommes d'État. Le seul mérite de ces derniers a été (M. D. le dit lui-même en passant p. 292) de bien se convaincre d'abord qu'on ne peut se passer d'un certain équilibre dans la vie des nations, de chercher ensuite, grâce aux enseignements du passé, à trouver, sans trop de secousses, la solution qui s'impose par la force même des choses dans le conflit signalé au début de cet exposé. Une fois cette solution trouvée, le rôle de la diplomatie consiste à écarter les obstacles qui viendraient à en entraver momentanément et sans profit l'application définitive. Il eût été intéressant de montrer, dans cet ordre d'idées, que telle fut la préoccupation constante de la diplomatie depuis le XVIII° siècle et que, plus d'une fois, sans une connaissance suffisante du principe de l'Équilibre, on eût abouti à des désordres beaucoup plus graves que ceux qu'on a pu éprouver à la suite en certains accords diplomatiques. L'exemple du traité de Vienne et mieux encore celui des traités de Paris (1856) et de Berlin (1878) auraient pu être cités à cet égard comme des exemples classiques.

Malgré ces légers reproches, l'ouvrage de M. D. mérite d'être favorablement accueilli ; modeste thèse en doctorat, il ne peut pas avoir la prétention d'être le travail définitif de cette délicate matière. Tel qu'il est, il montre suffisamment à tout esprit impartial que l'Équilibre n'est pas la panacée universelle, mais simplement la manifestation de cette loi naturelle, commune à tous les êtres, qu'ils s'appellent États ou individus, qu'on se défend ou on s'organise pour se défendre contre un danger qui nous menace ou peut nous menacer.   N. P.

El derecho publico contemporaneo (Le droit public contemporain), par M. RAFAEL DE LABRA, 1 vol. in-8°, Madrid, 1901, Alonso, édit. — Dans ce volume qui contient les cours professés par lui en 1900, à l'Athénée de Madrid, M. de L. s'est proposé d'étudier l'évolution du droit public de la Neutralité armée de 1780 à la Conférence de la Haye de 1899. Mais, à vrai dire, ce qui a surtout attiré l'attention du savant professeur, ce sont les faits tout récents dont sa patrie a si rigoureusement souffert et qui ont amené pour elle la perte des vestiges encore superbes de son ancien domaine colonial. En dépit des épreuves auxquelles l'Espagne a été soumise, l'auteur n'est pas de ceux qui contestent l'existence des principes du droit international parce que trop souvent la guerre vient régler les différends des hommes ; il estime aussi que son pays ne peut se désintéresser du spectacle du monde, bien que n'étant plus la grande puissance européenne et américaine d'autrefois : l'Espagne, dit-il, « a mieux à faire que de se resserrer dans ses frontières et à cultiver son jardin ».

M. de L. donne d'intéressants détails sur l'origine du conflit hispano-américain de 1898, il fait un récit complet de la tension des rapports entre l'Espagne et les États-Unis qui aboutit à la guerre et au traité de Paris. Il examine ensuite la façon dont le gouvernement de Washington entend gouverner ses nouvelles acquisitions et les difficultés qu'il rencontre dans cette administration. L'auteur se demande si la neutralité de Cuba ou mieux de toutes les Antilles ne devrait pas être sollicitée d'un Congrès international, comme il a été fait pour la Suisse et pour la Belgique. Mais y-a-il quelque analogie entre ces divers pays ? Dans le chapitre X, le professeur de l'Athénée passe à l'étude de la question africaine et de celle du Maroc. Il termine son travail par une série d'intéressantes considérations générales sur l'enseignement des sciences politiques et la nécessité d'une éducation politique de l'Espagne.

La question finlandaise au point de vue juridique, par FRANTZ DESPAGNET, professeur à l'Université de Bordeaux. Avec l'adhésion de MM. J. Aubry, Louis Barde, Eugène Barrême, Ludovic Beauchet, R. Beudant, Léon Duguit, A. Gairal, Ch. de Lujudie, H. Moulin, M. Moye, P. Pic, F. Surville, J. Timbal, professeurs de droit international et de droit constitutionnel, 1 broch. in-8, Paris, 1901, Larose, édit. — L'incorporation de la Finlande à l'Empire russe a suscité des protestations en faveur de la nationalité anéantie et ouvert entre les jurisconsultes une discussion fort intéressante. Après avoir rappelé les faits qui avaient déterminé la condition juridique spéciale de la Finlande, M. D. examine l'acte de la politique russe au point de vue du droit international et du droit public interne de l'Empire. Dans les relations internationales, la Finlande n'était sans doute qu'une partie de l'Empire, mais dans ses rapports avec la Russie elle avait la qualité d'État distinct. A ce point de vue, le retrait des franchises paraît contraire au droit. En outre, remarque M. D., il y avait des promesses jurées par les Empereurs de Russie et ces promesses avaient certainement fondé les droits dont la Finlande a été privée.

Le droit romain dans l'histoire des doctrines du droit international.— Éléments de droit international dans les œuvres des légistes du XII° au XIV° siècle (en russe), par V. E. HRABAR, professeur à l'Université de Youriev (Dorpat), 1 vol. in-8°, Youriev, 1901, K. Mattisen, édit. — On avait jusqu'ici assez peu étudié l'influence que la réception du droit romain au moyen-âge avait pu exercer sur le droit international public. Le récent ouvrage de M. H. vient combler cette lacune. L'auteur montre que dès le XII° siècle on s'ingénie à appliquer le droit romain au règlement des rapports internationaux, en substituant aux maximes tirées de l'Écriture sainte des principes empruntés au *Corpus juris civilis*. Les juristes de l'École de Bologne et les glossateurs remplacent les théologiens dans le Conseil des Princes. Il n'existe pas alors de distinction bien nette entre les rapports de droit privé et ceux de droit public ; la Glose d'Accurse et le Décret de Gratien contiennent en germe certaines théories de droit international public.

Ce même rôle de conseillers dans les affaires politiques est joué par les post-glossateurs ou commentateurs du XIIIe et du XIVe siècles. Ils étudient à l'aide du droit romain l'indépendance et la souveraineté des États, les conflits de statuts, la juridiction sur mer, les représailles. C'est aussi à l'aide du *Corpus juris civilis* que s'appuie la curieuse consultation à l'aide de laquelle Édouard III d'Angleterre s'efforce de faire prévaloir ses prétentions au trône de France (1).

On voit par cette rapide analyse combien la savante étude de M. H. contient de renseignements nouveaux et intéressants. C'est une précieuse contribution à l'étude du droit international. Écrite sous une forme très concise, elle est accompagnée de notes nombreuses qui témoignent d'une profonde érudition. Les documents les plus importants sont reproduits en appendice à la fin du volume. Il serait à souhaiter que cet ouvrage pût être traduit du russe dans une langue plus accessible.

J. P.

II. — PUBLICATIONS PÉRIODIQUES.

FRANCE. = **Annales des sciences politiques (anciennement Annales de l'École libre des sciences politiques).** — 1901. N° 1. LÉONARDON. L'Espagne et la question du Mexique (1861-1862).

Archives diplomatiques. — 1899. *Avril.* GRANDE-BRETAGNE ET RUSSIE. Échange de Notes relativement à leurs intérêts respectifs en matière de chemins de fer en Chine. — CONFÉRENCE SANITAIRE INTERNATIONALE DE PARIS. Procès-verbaux des séances. — BELGIQUE ET GRANDE-BRETAGNE. Arbitrage Ben-Tillet : documents. = *Mai-Juin.* CONFÉRENCE INTERNATIONALE DE LA PAIX. Séances du 18 mai au 20 juin 1899. — CONFÉRENCE SANITAIRE INTERNATIONALE DE PARIS. Procès-verbaux des séances générales et des séances des Commissions. — FRANCE. Rapport sur l'application pendant l'année 1898 des dispositions légales relatives à la nationalité. = *Juillet-Août.* CONFÉRENCE INTERNATIONALE DE LA PAIX. Procès-verbaux des séances. — SUISSE. Rapport du Conseil fédéral sur sa gestion en 1898.

Bulletin du Comité de l'Afrique française. — 1900. *Décembre.* M. Millet en Tunisie. — Les missions du lac Tchad. — La mission Hortains-d'Ollone. — Le rachat de la Franco-Algérienne. — Algérie. — Tunisie. — Afrique occidentale française. — Congo français. — Madagascar. — Côte française des Somalis. — Maroc. — Égypte. — État indépendant du Congo. — Transvaal. — Éthiopie. — Possessions britanniques, allemandes, ottomanes et italiennes. — DELAFOSSE. Un État nègre : la République de Libéria. — La Guinée française en 1899. = 1901. *Janvier.* Vers Fachoda. — La convention franco-espagnole du 27 juin 1900. — La mission Foureau-Lamy. — Algérie. — Tunisie. — Afrique occidentale française. — Dahomey. — Congo français. — Territoires du Tchad. — Madagascar. — Côte française des Somalis. — Maroc. — Égypte. — Éthiopie. — Libéria. — Transvaal. — État indépendant du Congo. — Possessions britanniques, allemandes et portugaises. — La mission saharienne. — La campagne contre Rabah. = *Février.* La Reine Victoria et l'Empire. — Le chemin de fer d'Éthiopie. — Algérie. — Tunisie. — Afrique occidentale française. — Côte d'Ivoire. — Congo français — Territoires du Tchad. — Madagascar. — Maroc. — Egypte. — Libéria. —

---

(1) Cette consultation qui a été signalée par M. P. Viollet à M. Hrabar avait déjà été publiée par le Baron Kervyn de Lettenhove dans son édition des Œuvres de Froissart (*Chroniques*, t. XVIII, Pièces justificatives, Bruxelles, 1874), mais sous une forme très défectueuse. On saura gré à M. Hrabar de l'avoir publiée *in extenso*. Appendice II, pp. 242-262.

État indépendant du Congo. — Transvaal. — Éthiopie. — Possessions britanniques, allemandes et italiennes. — La crise économique du Congo français.—Le pays Zaberma.
Correspondant. — 1900. 25 *décembre.* LEFÉBURE. Une visite aux prisonniers boërs à Sainte-Hélène, d'après un témoignage anglais. = 1901. 10 *janvier.* Lettre de S. S. le Pape Léon XIII à S. E. le cardinal Richard, archevêque de Paris. — CARRY. Le centenaire du Concordat d'après des documents nouveaux et inédits. — LACOUR-GAYET. Les projets de débarquement en Angleterre à la fin du règne de Louis XV. Le projet du Comte de Broglie. = 25. DE VOGÜÉ. Le Duc de Broglie. — DE LANZAC DE LABORIE. La Reine Victoria et l'ère victorienne.

Économiste français. — 1900. 10 *novembre.* La politique douanière de l'Allemagne. — L'élection présidentielle aux États-Unis et ses conséquences intérieures et extérieures. — Les finances espagnoles. — Le canal de Kiel en 1899-1900. — Le Honduras. = 17. L'Amérique latine. = 24. Les élections canadiennes et la question des races. — Le Mexique. = 1er *décembre.* La colonisation française. — L'Égypte depuis vingt ans. — L'union des porteurs français de mines d'or et de valeurs du Transvaal et la menace de faire contribuer les mines aux frais de la guerre. — Le Nicaragua. = 8. Le commerce extérieur de la France et de l'Angleterre pendant les dix premiers mois de l'année 1900. — Le mouvement de la population française en 1898 et 1899. — L'Abyssinie. = 15. Lettre d'Angleterre. — Le commerce extérieur de l'Indo-Chine dans le premier semestre de 1900. := 22. La colonisation française. — Le commerce extérieur de la France pendant les onze premiers mois de 1900. — Le canal interocéanique. — La Russie à la fin du XIXe siècle. — L'Est africain britannique. = 29. Lettre d'Angleterre. — Les îles Fidji. — La colonisation française. — Le commerce extérieur de la France et de l'Angleterre pendant les onze premiers mois de 1900. = 1901. 5 *janvier.* Les conditions de la mise en valeur de notre Empire africain. — Le commerce extérieur de l'Espagne en 1900. — Sierra-Leone. = 12. L'utilité d'une démarche d'un pays neutre pour mettre fin à la guerre d'extermination dans l'Afrique du Sud. — L'organisation des îles Sandwich ou Hawaï. — La République dominicaine. = 19. Lettres du Japon. — Les établissements des Détroits. = 26. Le commerce extérieur de la France pendant l'année 1900. — Cuba sous le régime américain. — Les îles de la Trinité et de Tabago.

Études religieuses, philosophiques, historiques et littéraires. — 1900. 5 *novembre.* Les Boxeurs dans le Tché-Li Sud-Est. = 20 *décembre.* BURNICHON. Un peuple qui ne veut pas mourir. = 1901. 20 *janvier.* Lettre de N. S. P. le Pape Léon XIII au cardinal Richard.

Grande Revue. — 1901. *Janvier.* BUISSON. Le Transvaal.

Journal des économistes. — 1900. *Décembre.* RÉVEILLÈRE. Concert méditerranéen. — CASTELOT. L'union douanière austro-allemande. = 1901. *Janvier.* ROUXEL. La politique coloniale américaine.

Journal des savants. — 1900. *Décembre.* SOREL. L'odyssée d'un ambassadeur : les voyages du Marquis de Nointel. = 1901. *Janvier.* DARBOUX. L'Association internationale des Académies. — GIRARD. L'épopée byzantine à la fin du Xe siècle.

Journal du droit international privé. — 1900. Nos XI-XII. BASDEVANT. Du droit d'arrêter en haute mer les individus qui voyagent à destination d'un pays belligérant. — DIENA. De la rétroactivité des dispositions législatives de droit international privé. — BERNARD. Étude sur la convention franco-belge du 8 juillet 1899 relative à la compétence judiciaire et à l'exécution des jugements. = JURISPRUDENCE (France : Agents diplomatiques, immunité de juridiction, dette commerciale [Paris, 8 août 1900] ; Compétence, époux étrangers [Montpellier, 19 fév. 1900] ; Consul, exterritorialité [Rouen, 11 mai 1900] ; Expulsion, nationalité douteuse [Trib. corr. Bayonne, 15 mai 1900] ; Mariage, Anglais et Français, consul anglais [Cass. 30 juillet 1900] ; Navire de commerce, non-exterritorialité, protectorat, eaux territoriales, désertion [Conseil de revision d'Alger, 5 juillet 1900]. — Allemagne : Extradition, traité germano-anglais [Reichsgericht, 30 nov. 1899]. — Belgique : Assurance maritime, risque de guerre, navire belligérant, séjour prolongé dans un port afin d'éviter la prise, marchandises appartenant à des neutres [sentences arbitrales Anvers, 23 oct. et 11 déc. 1899]. — Société étrangère, personne morale [Bruxelles, 29 fév. 1896]. — États-Unis d'Amérique : Nationalité, individus nés aux États-Unis, Chinois [Cour suprême, 28 mars 1898] ; Naufrage, navire français en haute mer [Circuit Court of Appeals, 23 mars 1900] ; Prises maritimes, bateaux pécheurs [Cour suprême, 8 janv. 1900]). — BIBLIOGRAPHIE DU DROIT INTERNATIONAL POUR 1900. — DOCUMENTS (Conférence de la Paix : Tableau des actes de ratification ; Nomination des membres de la Cour permanente d'arbitrage par les puissances ; Délibérations du Conseil suisse des États relativement aux traités de la Haye). — FAITS ET INFORMATIONS (Suisse : Expulsion. — Tableau des Unions et accords internationaux existant au 1er juin 1900).

Monde économique. — 1900. 8 *décembre*. L'Allemagne et le Transvaal.

Nouvelle Revue. — 1900. 15 *décembre*. GILBERT. La guerre Sud africaine. = 1901. 1er *janvier*. B. P. Le contesté brésilien. — GILBERT. La guerre Sud africaine. = 15. JACOT. L'Impérialisme anglais.

Nouvelle Revue historique de droit français et étranger. — 1900. *Septembre-Octobre*. ESMEIN. La théorie de l'intervention internationale chez quelques publicistes français du XVIe siècle.

Nouvelle Revue internationale. — 1900. 30 *novembre*. SIEFERT. Les Chinois dans le bassin du Yang-Tsé.

Quinzaine. — 1900. 1er *décembre*. UN DIPLOMATE. Le nouveau règne en Italie. = 1901. 1er *janvier*. CHARMETANT. La politique extérieure et la loi sur les associations. — DE GRANDMAISON. Un diplomate français enlevé par les Russes (1806-1807) = 16. THIRION. Problèmes chinois et rivalité de puissances.

Révolution française. — 1901. *Janvier*. BLOSSIER. L'application du Concordat à Bazoches-sur-Hoëne.

Revue bleue. — 1900. 24 *novembre*. DORYS. Abdul Hamid II. — MOIREAU. La Chine et les puissances. = 8 *décembre*. MOIREAU. Les Allemands en Chine.

Revue britannique. — 1900. *Novembre*. La domination européenne en Extrême-Orient. — La juridiction française aux colonies.

Revue catholique des institutions et du droit. — 1900. *Novembre* et 1901. *Janvier*. OLIVI. De la misison des grandes puissances en droit international. — DE VAREILLES. Les personnes morales.

Revue critique de législation et de jurisprudence. — 1900. *Décembre*. DE VAREILLES-SOMMIÈRES. Un conflit sur les conflits.

Revue de géographie. — 1900. *Décembre*. HARISSÉ. Découverte et évolution cartographique de Terre-Neuve et des pays circonvoisins (1497, 1500, 1769). = 1901. *Janvier*. ZIMMERMANN. Le début de l'Impérialisme britannique. — BARMÉ. Les chemins de fer asiatiques.

Revue de la jeunesse catholique. — 1900. *Décembre*. DUVAL. Protectorat et congrégations.

Revue de Paris. — 1901. 1er *janvier*. VAN HAMEL. Le Président Krüger en France. = 15. LOISEAU. La renaissance économique de l'Italie. = 1er *février*. CAPITAINE BERNARD. L'Indo-Chine. — DE REISET. La Cour de Gand (28 mai-19 juin 1815). — LOISEAU. La renaissance économique de l'Italie. = 15. CAPITAINE BERNARD. L'Indo-Chine. — DE BRAY. Mémoire sur la France en 1803. — BEAUMONT. La situation politique en Autriche.

Revue des Deux-Mondes. — 1901. 1er *janvier*. DE GABRIAC. Souvenirs d'une ambassade auprès du Pape Léon XIII (1878-1880). — COURANT. Étrangers et Chinois. = 15. DE GABRIAC. Souvenirs d'une ambassade auprès du Pape Léon XIII (1878-1880). — RAPHAEL-GEORGES LÉVY. Ce que coûte une guerre impériale anglaise. = 1er *février*. DE VOGUÉ. Cosmopolitisme et nationalisme. — Le Duc de Broglie. = 15. ANDRÉ LEBON. Un conflit de races : Américains et Philippins.

Revue des questions historiques. — 1901. *Janvier*. TORREILLES. Le rôle politique de Marca et de Serroni pendant les guerres de Catalogne (1644-1660). — DE GRAND-MAISON. M. de Norvins et les Princes d'Espagne à Rome (1811-1813).

Revue du monde catholique. — 1900. 15 *novembre.* PICHON. Le siège des légations de Pékin, du 19 juin au 15 août 1900 ; la délivrance de Pei-Tang et l'occupation des jardins du Palais impérial. — CHAMARD. Un missionnaire poitevin en Chine. = 1ᵉʳ *décembre.* CHAMARD. Un missionnaire poitevin en Chine. = 15. SPECTATOR. Le Président Krüger en Europe. = 1901. 15 *janvier.* Léon XIII. Les congrégations religieuses en France : lettre au Cardinal Richard. — SAVAETE. Soirées franco-russes, Boërs et Africanders.

Revue encyclopédique Larousse. — 1900. 1ᵉʳ *décembre.* ZABOROWSKI. Les peuples des possessions françaises (Afrique occidentale). = 15. ZABOROWSKI. Les peuples des possessions françaises (Afrique occidentale). NED NOLL. La mission Roulet. = 29. ZABOROWSKI. Les peuples des possessions françaises (Afrique occidentale).

Revue française de l'étranger et des colonies. — 1900. *Novembre.* Le siège des légations de Pékin. — Le peuple de l'Orient classique. — La guerre au Transvaal. = *Décembre.* PICHON. Le siège des légations à Pékin. — La délivrance de Coumassie. = 1901. *Janvier.* FOUREAU. De l'Algérie au Tchad. — FAUVEL. Un nouveau port chinois. — La guerre au Transvaal.

Revue générale des sciences pures et appliquées. — 1900. 15 *décembre.* COURTELLEMONT. La rénovation de l'Asie.

Revue générale du droit, de la législation et de la jurisprudence. — 1900. *Septembre-Octobre.* BOUCHARDON. Les consuls au moyen âge.

Revue historique. — 1900. *Novembre-Décembre.* PERRENS. Le premier abbé Dubois. Épisode d'histoire religieuse et diplomatique. — LÉONARDON. Prim et la candidature Hohenzollern. — HANSER. Correspondance d'un agent genevois en France sous François Iᵉʳ (1546). = 1901. *Janvier-Février.* PERRENS. Le premier abbé Dubois. Épisode d'histoire religieuse et diplomatique. — STERN. La mission secrète du Marquis de Bellune, agent du Prince de Polignac, à Lisbonne (1830). — SAYOUS. Les placements financiers de la République de Berne au XVIIIᵉ siècle.

Revue politique et parlementaire. — 1900. T. XXVII, Nᵒ 79. *Janvier.* René HENRY. L'accord anglo-allemand. Hypothèse diplomatique. — BAILLEU. L'Europe et le canal interocéanique. Un conflit possible entre les États-Unis et l'Angleterre. — EBRAY. La politique extérieure du mois. = T. XXVII. Nᵒ 80. *Février.* X. Le rapprochement des races latine et slave et l'Autriche-Hongrie. — PRNSA. Revue des questions coloniales. — EBRAY. La politique extérieure du mois.

Revue scientifique. — 1900. *Novembre.* D'ENJOY. Créanciers et débiteurs en France, à Rome, en Chine. = 17. DE BLOCH. L'état présent de la question chinoise. = 8 *décembre.* NIMIER. Les pertes en hommes dans les dernières guerres navales.

Science sociale. — 1900. *Novembre.* D'AZAMBUJA. Les protectorats et leurs succédanés.

Université catholique. — 1900. *Octobre.* GRABINSKI. La Triple alliance. = *Novembre.* GAIRAL. Question d'Extrême-Orient. = *Décembre.* Lettre encyclique de N. T. S. P. Léon XIII. — RAZEY. La situation religieuse en Angleterre. — GRABINSKI. La Triple alliance. = 1901. *Janvier.* FLORIDY. Le sac de Yong-Tchéou.

ALLEMAGNE. = **Deutsche Rundschau.** — 1901. *Janvier.* BAILLEU. Sur la fête du couronnement. = *Février.* VERDY DU VERNOIS. La guerre et ses principes fondamentaux.

Historisch-Politische Blætter. — 1900. 16 *décembre.* Les missions en Chine. = 1901. 1ᵉʳ *janvier.* VON BISCHOFFSHAUSEN. Le mouvement de séparation d'avec Rome en Autriche. — K. Église et Papauté au tournant du siècle.

Internationale Revue über die gesammten armeen und flotten. — 1901. *Janvier.* La France et l'Angleterre dans la Méditerranée.

Nouveau recueil général de traités (G.-F. de Martens continué par F. Stoerk). — 2ᵉ série. T. XXV, 1900. Nᵒ 1. — RUSSIE ET AUTRICHE-HONGRIE. Arrangement sur le trafic-frontière en temps d'épidémie, du 20 avril 1896. — BELGIQUE. Loi sur le mariage, du 30 avril 1896. — LUXEMBOURG ET ALLEMAGNE. Arrangement sur le commerce des eaux-de-vie, du 22 mai 1896. — BELGIQUE ET JAPON. Traité de commerce et de navigation du 22 juin 1896. — AUTRICHE-HONGRIE ET ITALIE. Convention pour l'assistance gratuite des malades, du 25 juin 1896. — ALLEMAGNE. Loi sur le service militaire dans les colonies allemandes, du 18 juillet 1896. — FRANCE ET JAPON. Traité de commerce, du 4 août 1896. — AUTRICHE-HONGRIE. Ordonnance du 6 août 1896 sur la communication des actes de l'état civil. — AUTRICHE-HONGRIE ET URUGUAY. Traité d'extradition, du 29 août 1896. — ALLEMAGNE ET PAYS-BAS. Traité sur l'entretien des phares et bouées dans la mer côtière et dans les embouchures de l'Ems, du 16 octobre 1896.— ETHIOPIE ET ITALIE. Traité de paix, du 26 octobre 1896 ; convention sur la reddition des prisonniers de guerre, du 26 octobre 1896. — COLOMBIE ET COSTA-RICA. Convention d'arbitrage pour la délimitation des frontières, du 4 novembre 1896.— DANEMARK ET ITALIE. Déclaration sur les certificats de jaugeage, du 12 novembre 1896. — SUISSE ET ESPAGNE. Traité sur l'exécution des jugements, du 19 novembre 1896.— AUTRICHE. Loi sur l'établissement et le domicile, du 5 décembre 1896. — ALLEMAGNE ET SUISSE. Traité sur le service des douanes à la frontière, du 5 décembre 1896.— SUISSE ET GRÈCE. Déclaration sur les données recueillies lors des recensements périodiques de la population, du 8 décembre 1896.— SUISSE. Correspondance sur la démission de M. Rappaz, consul de Suisse à Montévidéo, du 17 décembre 1896. — AUTRICHE-HONGRIE ET BULGARIE. Convention de commerce, du 9/21 décembre 1896. — GRANDE-BRETAGNE. Correspondance sur les moyens d'assistance diplomatique et consulaire pour le développement du commerce anglais, du 6 janvier 1896 au 31 mars 1897. — SERBIE, BELGIQUE, DANEMARK, SUÈDE, NORVÈGE, PORTUGAL, ESPAGNE, PAYS-BAS, FRANCE, AUTRICHE-HONGRIE, GRÈCE, ITALIE, RUSSIE ET ALLEMAGNE. Correspondance et rapports sur la législation en matière de responsabilité des propriétaires ou armateurs pour dommages en cas de pertes ou accidents de navires, du 7 septembre 1896 au 7 janvier 1897. — ALLEMAGNE, AUTRICHE-HONGRIE, BELGIQUE, ESPAGNE, FRANCE, ITALIE, LUXEMBOURG, PAYS-BAS, PORTUGAL, SUÈDE, NORVÈGE ET SUISSE. Union internationale pour l'établissement de règles communes sur plusieurs matières de droit international privé du 14 novembre 1896 et protocole additionnel du 22 mai 1897. — AUTRICHE. Loi sur les brevets d'invention, du 11 janvier 1897.= T. XXV, 1900. N° 2. CONGO. Rapport sur l'état du pays, du 25 janvier 1897. — JAPON ET PORTUGAL. Traité de commerce et de navigation, du 26 janvier 1897. — GRANDE-BRETAGNE ET CHINE. Arrangement modifiant la convention du 1er mars 1894 sur Barmah et Thibet, du 4 février 1897.— FRANCE. Décret appliquant aux colonies la législation sur la nationalité, du 7 février 1897. — BULGARIE ET SERBIE. Traité de commerce, du 16 février 1897.— FRANCE. Décret promulguant le règlement sur les abordages en mer, du 21 février 1897.— BELGIQUE ET FRANCE. Convention sur les caisses d'épargne, du 4 mars 1897.— RÉPUBLIQUE SUD AFRICAINE ET ÉTAT LIBRE D'ORANGE. Traité d'alliance, du 17 mars 1897. — ALLEMAGNE, ESPAGNE ET GRANDE-BRETAGNE. Arrangement sur la défense d'importer des armes à feu et des alcools dans l'archipel de Salu, du 30 mars 1897. — GRANDE-BRETAGNE ET MEXIQUE. Traité de délimitation, du 8 juillet 1893 et article additionnel, du 7 avril 1897.— PÉROU. Décret sur la frappe et l'importation de la monnaie d'argent au Pérou, du 9 avril 1897. — FRANCE ET BRÉSIL. Traité pour soumettre à un arbitrage le contesté de la Guyane, du 10 avril 1897. — ALLEMAGNE ET BELGIQUE. Traité relatif aux droits respectifs sur la ligne d'Aix-la-Chapelle à Maestricht, du 15 avril 1897.— ALLEMAGNE ET ÉTAT LIBRE D'ORANGE. Traité d'amitié et de commerce, du 28 avril 1897.— RUSSIE. Règlement sur les relations commerciales de l'Empire avec la Finlande, du 28 avril 1897.— LUXEMBOURG. Loi sur le domicile de secours, du 28 mai 1897. — ALLEMAGNE. Loi sur l'émigration, du 9 juin 1897.— PAYS-BAS ET BULGARIE. Notes établissant le régime de la nation la plus favorisée, du 12/24 juin 1897. — BULGARIE ET RUSSIE. Convention de commerce, du 2 juillet 1897. — SUISSE ET BADE. Arrangement sur la pêche dans les eaux limitrophes, du 3 juillet 1897. — FRANCE ET ALLEMAGNE. Convention de délimitation au Dahomey, au Soudan et au Togo, du 9 juillet 1897. — GRANDE-BRETAGNE ET BULGARIE. Traité de commerce, du

12/24 juillet 1897. — Vénézuéla. Décret sur les étrangers intervenant dans les luttes électorales, du 30 juillet 1897. — Autriche-Hongrie. Ordonnances sur la juridiction consulaire, du 30 juillet 1897.— Suisse et France. Arrangement sur le mouvement des boissons, du 30 juillet/18 août 1897.— Grande-Bretagne. Prohibition d'importer des marchandises fabriquées dans les prisons, 6 août 1897. — Norvège. Loi sur le tarif général des douanes, du 7 août 1897.— Grande-Bretagne, France et Tunisie. Traité sur les rapports de la France et de la Grande-Bretagne en Tunisie, du 18 septembre 1897.— Espagne. Ordonnances sur le certificat d'origine, des 25 septembre et 28 décembre 1897. — Allemagne et Russie. Arrangement dispensant de toute caution les étrangers plaidant, du 30 septembre 1897. — Grande-Bretagne et Japon. Arrangement sur les brevets d'invention et les marques de fabrique et de commerce, du 20 octobre 1897. — Belgique, France, Grèce, Italie et Suisse. Convention d'union monétaire, du 29 octobre 1897. — Allemagne. Ordonnance sur la propriété littéraire et artistique, du 29 novembre 1897. — Portugal et Danemark. Déclaration commerciale du 14 décembre 1896. — Grèce. Projet de loi de contrôle international, du 31 décembre 1897/12 janvier 1898.— Allemagne. Ordonnance sur l'importation des plantes américaines, du 5 février 1898 ; ordonnances sur la réglementation de l'émigration, du 14 mars 1898. = T. XXV, 1900. N° 3. Allemagne, Belgique, Espagne, Congo, France, Grande-Bretagne, Italie, Pays-Bas, Portugal, Russie, Suède, Norvège et Turquie. Actes et protocoles de la Conférence sur le régime des spiritueux en Afrique, du 20 avril au 8 juin 1899.

Preussische Jahrbücher. — 1900. *Novembre.* Riess. La politique en Chine.

BELGIQUE. = **Bulletin de l'Académie royale de Belgique.** — 1900. N°s 9-10. Descamps. La fondation Nobel et les institutions auxiliaires qu'elle comporte.

Revue de droit international et de législation comparée. — 1900. N° 6. Nys. Notes sur la neutralité. — Nerincx. La constitution de la République fédérative des colonies anglaises en Océanie. — De l'unité de la faillite en droit international. = 1901. N° 1. Whitley. Les traités Clayton-Bulwer et Hay-Pauncefote. — Nys. Notes sur la neutralité. — La Belgique et la garantie des cinq puissances. — Rivières et fleuves frontières ; la ligne médiane et le thalweg ; un aperçu historique. — Peritch. De la condition juridique des Bosniaques et des Herzégoviniens en pays étranger.

Revue générale. — 1900. *Décembre.* Nerincx. L'élection présidentielle aux États-Unis.= 1901. *Janvier.* Steenackers. L'état social de la Chine et la solution de la crise.

ESPAGNE. = **Ciudad de Dios.** — 1900. *20 novembre.* Nations catholiques et nations protestantes. = 5 *décembre.* Tonna-Barthet. Crispi et Léon XIII. = 1901. *20 janvier.* del Valle Ruiz. La guerre du Transvaal.

Estudios militares. — 1900. *20 octobre, 5 novembre, 5 et 20 décembre.* Efele. La guerre contre les États-Unis.

Revista contemporanea. — 1900. *30 octobre.* Llopis. Le chemin de fer transsibérien. = 15 *novembre.* García Acuña. L'Angleterre et les États-Unis. = 1901. 15 *janvier.* Amador. Problèmes internationaux.

ÉTATS-UNIS DE L'AMÉRIQUE DU NORD. = **Catholic World.** — 1900. *Décembre.* Moynihan. Pouvoir temporel du Pape. — Sullivan. Le mouvement missionnaire dans l'Église anglicane. — Penman. Pourquoi les missionnaires protestants sont détestés dans le Far-East. = 1901. *Janvier.* Message de Léon XIII. = *Février.* Cortright. L'Église catholique et l'avenir.

Nation. — 1900. *25 octobre.* Méfiance de Cuba. = 1er *novembre.* Les Philippines. — Les guerres comme moyen de paix. = 22. Guerre et Christianisme. — La question impérialiste à New-York. = 29. L'Espagne après la guerre. = 6 *décembre.* Le Message du Président. — Ultimatum de Krüger. = 13. Cuba. — La politique étrangère de l'Angleterre. = 20. Progrès du sentiment républicain aux Philippines. = 1901. 10 *janvier.* Les véritables difficultés en Chine. — Les Philippines.

LES PRATIQUES ANGLAISES

DANS LA GUERRE TERRESTRE

On a beaucoup écrit au sujet de la guerre anglo-transvaalienne ; mais à côté de quelques publicistes qui ont vainement essayé, surtout en Angleterre, de la justifier au point de vue du droit international, la plupart des juristes ont été unanimes à la déclarer contraire à la justice, au droit des peuples et à la conscience universelle. Tout a été dit à cet égard, et ce n'est point dans le but d'apporter un témoignage nouveau en faveur du Transvaal que nous écrivons ces lignes. Nous nous sommes proposé de mettre en lumière la façon dont la Grande-Bretagne a compris et appliqué les principes du droit international dans la lutte Sud africaine. Une pareille recherche sera des plus instructives et constituera une contribution, qui n'est point à négliger, à l'étude du droit des gens sur terre. Déjà on a constaté que le droit de la guerre maritime n'était point celui des autres peuples, dans les doctrines anglaises contemporaines. M. Dupuis, qui en a fait un examen spécial, arrive à cette conclusion qu'elles sont, en France, l'objet d'un jugement sévère, peut-être parce qu'elles ne sont pas toujours l'objet d'un jugement attentif(1). En tout cas, telle ne sera point sûrement, au sujet de celles de ces doctrines concernant la guerre terrestre, la pensée de ceux qui méditeront attentivement les développements qui vont suivre. Si optimiste soit-on, il paraîtra bien difficile de souscrire aux pratiques des chefs anglais dans l'Afrique australe, et d'accepter les raisonnements spécieux grâce auxquels certains juristes ont voulu les justifier.

Par une ironie singulière, c'était au moment où la Conférence de la Haye venait de voter le *Règlement sur les lois et coutumes de la guerre sur terre*, que la Grande-Bretagne, signataire de ce *Règlement*, lui donnait un formel démenti et se mettait, comme on va le voir, en opposition absolue avec les opinions exprimées par ses représentants les plus autorisés. On avait fait à Londres, de l'exclusion des Républiques Sud africaines, une condition *sine qua non* de la participation aux travaux de la Conférence de la Paix. Le but visé était évidemment d'empêcher le gouvernement transvaalien d'en appeler, en qualité de partie contractante, à la procédure d'arbitrage et à la Cour arbitrale constituées par la *convention pour le*

(1) *Le droit de la guerre maritime d'après les doctrines anglaises contemporaines.* Paris, 1899, Préface, p. IX.

règlement pacifique des conflits internationaux ; personne ne s'y est trompé (1). Et on a eu, en outre, la possibilité également d'oublier à son égard les principales dispositions du *Règlement sur les lois et coutumes de la guerre sur terre*, sans qu'il pût objecter qu'il avait apposé sa signature à côté de celles des diplomates anglais. Mais tous les esprits vraiment impartiaux proclameront que les règles du droit des gens général s'imposent, même en l'absence de conventions formelles, à tous les peuples civilisés. Et l'histoire inscrira sa protestation à la suite de celle que l'opinion publique a déjà fait entendre partout, soit contre le principe même de la guerre Sud africaine, soit contre la façon dont les opérations militaires y ont été conduites. Nous allons reprendre les principaux points sujets à critique dans ces opérations et placer, en face des pratiques des généraux anglais,les données de la justice immanente et du droit international contemporain, telles notamment qu'elles ont été proclamées par la Conférence de la Haye.

Durant les premières opérations de la guerre Sud africaine, les Anglais avaient traité le Transvaal comme il devait l'être, c'est-à-dire comme un État usant du droit de légitime défense, possédant un gouvernement, une armée régulière,dont, par suite, les membres devaient être considérés comme des combattants jouissant des privilèges attachés à cette qualité. Puis, quand l'Angleterre eut fait cet effort gigantesque grâce auquel deux cent mille hommes purent être opposés aux *commandos* boërs, on crut que tout allait être fini en quelques jours et que la conquête des Républiques était prochaine. Mais les choses trainant en longueur et l'opinion publique anglaise réclamant impérieusement le prix des énormes sacrifices consentis par les contribuables, on s'avisa de déclarer purement et simplement que la guerre était finie ; qu'il n'y avait plus de Républiques du Transvaal et de l'Orange, plus d'armée régulière, de gouvernement, de force publique, et que, dès lors, les Anglais n'avaient devant eux qu'un ramassis de rebelles contre lesquels toutes les mesures de répression étaient autorisées.

Sur ces données, le généralissime lord Roberts télégraphie de Belfast le 1ᵉʳ septembre 1900 : « Conformément aux termes du rescrit royal, en date du 4 juillet 1900, j'ai, aujourd'hui, au quartier général de l'armée, à Belfast, lancé une proclamation déclarant que le Transvaal fera, à partir de ce jour, partie des possessions de Sa Majesté ». D'autre part, à la même date, il lance une proclamation déclarant que la guerre régulière

(1) V. notre ouvrage intitulé : *La Conférence de la Paix*, Paris, 1900, p. 13 et 35.

est terminée et que désormais il ne peut se produire que des opérations irrégulières, auxquelles, dans l'intérêt de la pacification du pays,
il importe de mettre fin rapidement et par tous les moyens possibles.
Ainsi tous ceux qui continueront à participer à ces opérations ne constitueront plus des combattants, seront considérés comme s'étant mis en
dehors des lois de la guerre et devront être traités comme des insurgés
isolés pris les armes à la main. Tout au plus, le chef anglais faisait-il une
exception pour les Boërs en armes qui se trouvaient sous le commandement direct et immédiat du général Louis Botha.

La première question qui se pose au sujet de ces proclamations, est
celle de savoir si le procédé suivi pour opérer l'annexion était conforme
à la pratique constitutionnelle anglaise. C'est, en règle ordinaire, par
un acte du pouvoir législatif que les annexions de territoires doivent
être autorisées dans les pays où existe le régime constitutionnel. Et notamment il en est ainsi quant à la France, aux termes de l'article 8 de la
loi du 16 juillet 1875, en exécution duquel le traité du 10 août 1877,
visant la rétrocession, par la Suède, de l'île Saint-Barthélémy, a été approuvé par une loi du 2 mars 1878. Les formalités ont été les mêmes relativement au protectorat français sur les îles Comores (loi du 21 décembre 1886). Telle n'est pas la règle en Angleterre : le consentement du
Parlement n'y est pas nécessaire quand il s'agit d'acquérir des territoires des puissances étrangères, pourvu que l'acquisition ne se réalise
point par une vente (1). Dès lors, puisque le généralissime visait un rescrit royal du 4 juillet 1900, il pouvait se considérer comme l'intermédiaire de la Couronne à l'égard des populations transvaaliennes ; et le
procédé, peut-être un peu singulier en la forme, était, au fond, dans les
règles de la constitutionnalité. On remarquera, dans le même sens, que
par une commission émanée de la Reine d'Angleterre, en date du 5 octobre 1876, sir Shepstone fut chargé d'annexer la portion de territoires
voisins de la colonie britannique de l'Afrique méridionale, jugée nécessaire pour la sécurité des possessions anglaises ; et que, par sa proclamation du 12 avril 1877, il annexa arbitrairement le territoire du
Transvaal, annexion qui fut ratifiée et approuvée par diverses décisions
royales (2).

Mais, bien que constitutionnelle, l'annexion du Transvaal a été désap-
prouvée par tous ceux qui estiment, conformément aux données de la
justice internationale la plus élémentaire, que toute annexion doit être
ratifiée par la volonté des habitants. C'est la théorie du *plébiscite inter-*

(1) Todd, *Le gouvernement parlementaire en Angleterre*, t. I, p. 213 et 214.
(2) On les trouvera dans l'*Annuaire de législation étrangère*, t. IX, année 1880, p.963
et suiv.

national, critiquée par quelques juristes, admise, au contraire, par la majorité, et qui a eu, dans le siècle dernier, un certain nombre d'applications dans lesquelles on relève précisément le nom de la Grande-Bretagne. C'est ainsi qu'avant l'incorporation des iles Ioniennes au Royaume de Grèce, les populations furent consultées, afin de savoir si elles agréaient leur nouvelle condition (1). « Disposer des peuples par l'annexion ou par la conquête, au mépris de leur consentement et en faisant violence à leurs sentiments, à leurs intérêts, à leurs traditions et même à leur conscience, c'est, dit avec raison M. Lucas, ce qu'on doit appeler la traite des blancs qui fait pendant à la traite des noirs » (2).

En somme, la prise de possession des Anglais au Transvaal n'aurait pu être basée que sur la conquête. Or si, au point de vue du droit, la conquête peut être considérée, bien que la question soit très discutable, comme un titre suffisant pour fonder la propriété (3), peut-on dire qu'au point de vue des faits le pays était suffisamment soumis par les Anglais pour qu'ils fussent autorisés à s'en considérer comme maitres réels et effectifs ? Sur ce point, des doutes très sérieux viennent à l'esprit. Pour les généraux anglais, le départ du Président Krüger pour l'Europe équivalait à la disparition de tout organisme gouvernemental au Transvaal, en sorte que le pays n'avait désormais plus de maitre et était livré au premier occupant. Cette thèse est absolument contraire au droit et aux précédents historiques. La disparition d'un régime n'enlève nullement son existence et son organisation au pays. Qu'aurait-on dit si les Prussiens, se basant, en 1870, sur l'effondrement du régime impérial, avaient affirmé que la France leur appartenait par droit de conquête, parce que son gouvernement avait disparu ? Le gouvernement de la Défense nationale avait pris la succession de l'Empire ; et il en aurait été ainsi probablement au Transvaal, le cas échéant. Mais la chose était inutile, comme cela résulte d'une circulaire adressée, en réponse à la proclamation de lord Roberts, par le général Botha aux officiers et aux Burghers transvaaliens. « Étant donné, dit ce document, que les Anglais répandent, parmi les Boërs, toute espèce de bruits mensongers en ce qui concerne le gouvernement de la République Sud africaine et ma propre personne, j'invite tous les officiers et fonctionnaires de la République à faire connaitre au public ce qui suit : D'accord avec le Président Steijn, le Conseil exécutif

(1) F. de Martens, *Traité de droit international*, t. I, p. 470.

(2) *Le droit de légitime défense dans la pénalité et dans la guerre*, p. 153. Comp. sur ces points notre *Traité théorique et pratique de l'arbitrage international*, p. 505 et suiv. et les notes.

(3) Comp. sur ce point les développements donnés dans notre article intitulé : *La paix hispano-américaine*, dans la *Revue du droit public et de la science politique en France et à l'etranger*, numéros de mars et avril 1899.

a jugé bon de donner au Président Krüger un congé de six mois, afin qu'il se rende en Europe dans l'intérêt de notre cause. M. Schalk-Burger, vice-Président, a été assermenté comme faisant fonction de Président d'État. Il est assisté du secrétaire d'État et de deux membres du Conseil exécutif, M. Lucas Meyer et moi-même. En un mot, notre gouvernement existe aujourd'hui comme auparavant. Il siège dans mon voisinage immédiat et est en constante communication avec moi. Le bruit répandu par les Anglais que j'avais résigné mes fonctions est absolument faux. Je suis arrivé aujourd'hui à Roos-Senekal et j'ai l'intention d'aller inspecter personnellement tous les commandos ».

Le Transvaal possédait donc un gouvernement régulier ; il avait des généraux, des troupes, un pouvoir exécutif, en un mot tous les organes d'un État. Quant aux Anglais, ils occupaient seulement les points stratégiques, les villes et les lignes de communication établies grâce aux voies ferrées desquelles ils ne s'écartaient point ; tout le reste était sillonné par les *commandos* boërs. On avouera qu'avec la meilleure volonté du monde, il était difficile de voir là les éléments nécessaires à la prise de possession par la conquête.

Ainsi, ne pouvant invoquer ni un traité de cession, ni le consentement des habitants, ni la conquête, la Grande-Bretagne n'avait aucun titre valable pour établir son empire sur les Républiques. Et toute déclaration émanée d'elle en ce sens, même régulière en la forme constitutionnelle, n'était qu'un acte unilatéral, dont les autres puissances n'avaient nullement à tenir compte, et qui, au point de vue international, n'enchainait en rien leur liberté d'action. D'autant plus que les Anglais eux-mêmes avaient, dans leur intérêt, reconnu aux Républiques Sud africaines la qualité de belligérantes, en sorte que la soumission complète du pays pouvait seule faire évanouir les résultats de cette reconnaissance, dont les neutres avaient tiré ou pouvaient avoir tiré telles conséquences par eux jugées convenables.

C'est probablement cet état de choses qui explique le titre donné au Roi Édouard VII dans la proclamation lue, le 28 janvier 1901, aux habitants de Prétoria. Le nouveau monarque anglais qui, au Canada, en Australie, au Cap, à Blœmfontein même, avait été proclamé, comme partout, Roi de Grande-Bretagne et d'Irlande et Empereur des Indes, a été appelé « *seigneur suprême* DU ET SUR *le Transvaal* ». Voici l'explication de ce titre telle que la donne, dans un numéro du *Times* de la fin de janvier 1901, sir H. Drummond-Wolff : « C'est une mesure sage et bienfaisante. Il est probable que ce titre, mieux qu'aucun autre, peut conduire à la pacification ; il établit la suprématie du Souverain anglais ; il reconnaît le Transvaal comme une entité morale, il le laisse séparé de l'Empire ;

mais il place ses lois, ses coutumes, ses traditions, sa religion et sa propriété privée sous le gouvernement et sous la protection suprême et directe du Roi ». Il serait difficile de mieux mettre en lumière cette idée qu'en réalité l'Angleterre ne comptait pas le Transvaal dans ses possessions proprement dites ; que, par suite, c'est mal à propos qu'il avait été parlé d'annexion par lord Roberts. Tandis qu'à Malte, où l'on a voulu établir une différence avec le reste de l'Empire, le Roi de la Grande-Bretagne a été appelé « seigneur et souverain de l'ile et de ses dépendances », pour le Transvaal on a supprimé le titre de *souverain*, et l'on a établi par là une remarquable distinction entre le pays des Boërs et le reste de l'Empire britannique. Le Transvaal aurait été ainsi à peu près replacé sous la suzeraineté de la Grande-Bretagne, telle qu'elle était établie par la convention de 1881, à laquelle la convention de 1884 avait substitué l'indépendance complète, sauf une réserve concernant les traités internationaux. Ce n'est donc pas, à coup sûr, l'annexion avec le résultat essentiel qu'elle produit, c'est-à-dire la fusion complète de la partie annexée dans le pays qui l'annexe. Il est probable, au surplus, que le retour à la suzeraineté de 1881 n'était point dans la pensée réelle des hommes d'État britanniques, et qu'ils ne se montreraient point aussi larges le jour où le pays serait réellement aux mains de l'Angleterre. On méditera à cet égard, avec fruit, la constitution qui avait été établie pour le Transvaal par les lettres patentes du 1er novembre 1879 (1), à la suite de l'injuste annexion décrétée par sir Shepstone dont il a été parlé ci-dessus, et on apercevra facilement, par l'exemple du passé, ce que serait la future organisation des Républiques, en présence du triomphe définitif du Royaume-Uni.

II

Arrivons maintenant à la lutte elle-même et voyons comment les Anglais ont compris l'attitude à tenir à l'égard de leurs adversaires. Ici nous ne pouvons mieux faire que de suivre point par point les principales règles édictées par la Conférence de la Haye, que consacrait déjà le droit commun international, et de les appliquer à la guerre Sud africaine.

L'article 2 du *Règlement* de cette Conférence sur les lois et coutumes de la guerre sur terre, relatif à la levée en masse, a donné lieu à des discussions très vives. A Bruxelles, en 1874, les grands États étaient en opposition avec les petits : munis, par le système de la mobilisation générale, de forces considérables, ils inclinaient à imposer à la levée en masse des conditions restrictives auxquelles résistaient les petites puis-

---

(1) *Annuaire de législation étrangère, loc. cit.*

sances qui, finalement, obtinrent la rédaction de l'article 10 du projet leur donnant satisfaction. A la Haye, la même opposition s'est reproduite ; et c'est le délégué anglais, général sir John Ardagh, qui se fit le porte-parole des aspirations des petits États, demandant qu'on ajoutât au texte proposé par la Commission un article additionnel ainsi conçu : « Rien dans ce chapitre ne doit être considéré comme tendant à amoindrir ou à supprimer le droit qui appartient à la population d'un pays envahi de remplir son devoir d'opposer aux envahisseurs, par tous les moyens licites, la résistance patriotique la plus énergique ». La proposition du délégué anglais avait en vue de combler une lacune existant dans l'article 2 du projet de la Commission, devenu le texte définitif, qui ne parle que de la population d'un territoire *non occupé*. Si, en effet, la levée en masse est légitime dans un territoire non occupé, pourquoi ne le serait-elle point dans un territoire occupé, puisque l'occupation militaire ne fait point passer le pays sous la souveraineté de l'envahisseur ? « Sans doute, les moyens employés par l'occupant pourront être aggravés par le fait de la levée en masse, qui deviendra pour lui une menace permanente et considérable. Mais la population doit être seule juge du point de savoir s'il lui convient d'y recourir en en acceptant toutes les conséquences ; et, en lui-même, le fait ne saurait passer pour illicite à raison des suites qu'il peut comporter » (1). Dans le sens des observations du délégué anglais, M. F. de Martens, délégué russe, Président de la seconde Commission, avait précédemment donné lecture d'une déclaration dans laquelle il était précisé que, « dans les cas non compris dans l'arrangement de ce jour, les populations et les belligérants resteront sous la sauvegarde et sous l'empire des principes du droit des gens, tels qu'ils résultent des usages établis entre les nations civilisées, des lois de l'humanité et des exigences de la conscience publique ». Ce document a été accepté comme faisant corps avec le *Règlement sur les lois et coutumes de la guerre sur terre*. Il a donc une autorité officielle, et tous les délégués ont été d'avis que la déclaration reconnaît expressément le droit à la levée en masse dans les pays occupés, en vertu des principes généraux du droit des gens, pourvu que la population qui prend spontanément les armes respecte les lois et coutumes de la guerre (2).

Dans ses proclamations, lord Roberts déclare qu'il ne peut traiter en

(1) V. conf. sur ce point notre ouvrage intitulé : *La Conférence internationale de la Paix. Etude historique, exégétique et critique des travaux et des résolutions de la Conférence de la Haye de* 1899, p. 180, Paris, 1900.

(2) V. sur tous ces points les procès-verbaux de la Conférence de la Paix publiés par les soins du ministère néerlandais des affaires étrangères, troisième partie, p. 152, 143, 158, 154 et première partie, p. 195. V. notre ouvrage précité : *La Conférence de la Paix*, p. 180 et suiv.

combattants réguliers que les Boërs se trouvant sous les ordres du général Botha. Ce dernier a énergiquement protesté, et avec raison,contre
une semblable prétention, en faisant remarquer que les *commandos* autres que ceux réunis sous son commandement, continuaient à être organisés et administrés dans les mêmes conditions qu'au commencement
de la guerre et conformément aux lois du pays. Donc les hommes que
visait le généralissime étaient tout simplement des soldats ayant déjà
guerroyé contre les Anglais, traités par eux jusque-là en belligérants.
qui, soit en vertu d'une tactique connue et acceptée, soit à la suite
d'échecs, allaient se reformer en des lieux plus propices, pour revenir
ensuite à la charge. Ainsi une grande partie des régiments français qui
prirent part à la lutte de 1870, étaient composés de soldats échappés aux
premiers revers et qui venaient reconstituer des unités nouvelles. Telle
a été la manière d'agir dans toutes les guerres anciennes, et telle elle
sera fatalement dans les guerres futures. Les Anglais aussi avaient recours au même procédé au Transvaal, et personne ne songeait à les en
blâmer. Dès lors, les Boërs, en agissant de même, étaient parfaitement
en règle avec l'article 1er du *Règlement de la Haye* qui exige, pour que
les armées, milices et corps de volontaires soient traités comme belligérants, qu'ils aient à leur tête une personne responsable ; qu'ils soient
munis d'un signe distinctif fixe et reconnaissable à distance ; qu'ils
portent ouvertement les armes et se conforment aux lois et coutumes de
la guerre (1). Et que penser de l'attitude de la Grande-Bretagne défendant énergiquement, à la Haye, le droit sacré à la levée en masse et se
refusant, au Transvaal, à considérer comme belligérants les débris des
armées régulières, des *commandos* battus et dispersés ? A tout prendre,
ces Boërs étaient tout au moins en conformité avec l'article 2 du Règlement de la Haye et les déclarations de sir John Ardagh, puisque, suivant les expressions mêmes du délégué anglais, « ils opposaient aux envahisseurs, par tous les moyens licites, la résistance la plus énergique ! »

La thèse de lord Roberts, au sujet des combattants isolés, avait été
déjà exposée bien avant que l'on pût songer à considérer la guerre
comme terminée, même du côté des Anglais. Le général Prœttiman,
gouverneur de Blœmfontein, avait adressé, en mars 1900, aux habitants de l'État libre une proclamation ordonnant à tous ceux qui avaient
lutté jusque-là de faire leur soumission et de déposer les armes, sous
peine de voir leurs biens confisqués. « Jamais, est-il dit dans le journal
français *Les Débats politiques et littéraires*, depuis que certaines lois
sont admises dans la guerre entre belligérants jouissant des droits qu'im-

(1) *Conférence de la Paix*, p. 177.

plique cette qualité, pareille condition ne fut imposée avant qu'un traité de paix ne fût venu mettre fin à la guerre » (1). Tous ces faits accusent chez les généraux anglais la volonté bien arrêtée de ne point se conformer à la distinction essentielle du droit des gens moderne entre les combattants et les non combattants, et d'englober dans la même répression les actes d'hostilité, qu''ils émanent des uns ou des autres. Et pourtant cette distinction des combattants et des non combattants est considérée aujourd'hui, avec raison, comme l'une des données fondamentales du droit de la guerre, car, sans elle, on en revient aux excès et aux atrocités des invasions anciennes (2). C'est donc à bon droit que la *Gazette universelle de Munich* reprochait, au début de septembre 1900, aux Anglais d'avoir absolument foulé aux pieds les stipulations de la Haye concernant les lois de la guerre sur terre.

Lord Roberts est allé encore plus loin dans la voie qu'il s'était tracée, en fixant lui-même, d'une manière absolument arbitraire, le nombre de soldats que doit contenir une troupe armée pour être traitée comme belligérante. Parlant constamment d'*arrestations* toutes les fois qu'il fait prisonniers quelques Boërs, et de *meurtre* quand des Anglais isolés tombent sous les coups de leurs ennemis, il avait décrété que les partis boërs composés de moins de *vingt personnes* ne constitueraient point des belligérants réguliers ; que chacun d'eux, en cas de prise, serait passible d'un emprisonnement d'au moins vingt années et de la peine du meurtre en cas de mort de soldats anglais. Jamais aucun État du continent n'aurait, semble-t-il, osé prendre la responsabilité de pareilles lois martiales, en opposition absolue avec les règles essentielles du droit des gens et spécialement avec les articles 1 et 2 du *Règlement de la Haye* (3).

III

Les articles 4 à 20 du *Règlement sur les lois et coutumes de la guerre* voté à la Haye sont relatifs aux *prisonniers de guerre*. Le premier de ces tex-

(1) Numéro du 19 mars 1900.
(2) *Conférence de la Paix*, p. 176 et 177.
(3) « Les Anglais, disaient le général de Wet et le Président Steijn, dans une proclamation lancée le 14 janvier 1901, informent le monde que les Républiques sont conquises, que la guerre est finie, qu'il n'y a plus, çà et là, que quelques bandes de maraudeurs pour la continuation de la lutte d'une manière irresponsable. C'est un mensonge ! Non, les Républiques ne sont pas encore conquises, la guerre n'est pas encore terminée, et les troupes des deux Républiques sont toujours, comme au commencement de la guerre, conduites par des chefs responsables, sous la surveillance des deux gouvernements. Ce ne sont pas les affirmations de Roberts et de Kitchener qui peuvent transformer en bandes de maraudeurs les troupes des Boërs, et ce n'est pas non plus la déclaration que la guerre est terminée qui termine la guerre, alors que les engagements continuent » (V. le *Temps* du 15 janvier 1901).

tes énonce spécialement qu'ils doivent être traités avec humanité ; que
leur salaire, s'ils sont employés à des travaux, contribuera à adoucir
leur position et que le surplus leur sera compté d'une manière équitable au moment de leur libération. Suivant l'article 7, le gouvernement
au pouvoir duquel se trouvent les prisonniers de guerre est chargé de
leur entretien ; et, à défaut d'une entente spéciale entre les belligérants,
ils seront, pour la nourriture, le couchage et l'habillement, sur le même
pied que les troupes du gouvernement qui les aura capturés. Ces textes sont l'expression du droit commun admis d'un accord unanime par
tous les peuples civilisés. Ils figuraient déjà dans les dispositions cor-
respondantes des articles 23, 25 et 27 du projet de Bruxelles, dans les
diverses codifications du droit de la guerre, spécialement dans celles de
l'Institut de droit international, et dans les manuels et règlements
nationaux ; on peut donc dire qu'ils rendent très exactement la physionomie du droit international contemporain sur ce point.

Il n'en a point été toujours ainsi et tous les juristes ont repoussé les
déportations en Sibérie, ou l'internement sur les pontons anglais et l'envoi dans des climats meurtriers tels que celui de Sainte-Hélène. Or la
Grande-Bretagne, dans la guerre du Transvaal, a voulu, semble-t-il,
ressusciter ces tristes souvenirs. Voici un récit émouvant que fait de la
captivité de Sainte-Hélène le Prince Bagration-Moukhranski, sujet russe,
qui s'était engagé dans les rangs des Boërs comme aide de camp du
général de Villebois-Mareuil et fut fait prisonnier dans le combat au
cours duquel son chef trouva la mort. « Le général Cronje, dit-il, habite,
avec sa femme, son neveu, un aide de camp et un secrétaire, une vieille
petite maison très inconfortable. La nourriture qu'on lui donne est à
peine suffisante : une livre de viande et deux livres de pain. Les repas
ont lieu sur une planche sans nappe ; le sel est en petit tas sur la table
ou sur quelque débris de vaisselle. Le linge, les vêtements et les chaussures tombent en pièces et ne sont pas renouvelés. Les Anglais traitent
mieux à cet égard les soldats que les officiers et ceux-ci sont souvent
obligés de se procurer auprès de leurs hommes les choses les plus
nécessaires ». Personnellement, le Prince Bagration-Moukhranski n'eut
pas à se plaindre. On l'installa dans une tente séparée, près de laquelle
veillait une sentinelle. Mais les autres prisonniers étaient très entassés.
Dans une tente à deux places on mettait quatre officiers ou douze soldats. Les prisonniers n'avaient pas la ressource d'améliorer eux-mêmes
leur sort : on ne pouvait rien se procurer dans l'île ; en outre, le gouverneur ne leur remettait que par petites sommes et après maintes formalités l'argent qui leur était destiné. Le Prince Bagration-Moukhranski
ne cachait pas ses craintes au sujet de Cronje. Il lui paraissait pos-

sible que, même après la fin de la guerre, les Anglais refusassent de lui rendre sa liberté : ils lui en voulaient tout particulièrement d'avoir été, dès le début de la guerre, leur principal ennemi ; car c'est lui qui, le premier, fit feu et tua le premier Anglais. Le Comité russe-hollandais s'est ému de la situation présentement faite à Cronje : il s'est occupé activement de lui faire parvenir ce dont il avait le plus besoin (1).

Il résulte, d'autre part, d'une correspondance particulière publiée par le *Rotterdamsche Courant*, le 29 novembre 1899, que les prisonniers boërs étaient enfermés au Cap dans une sorte de bateau prison où la lecture des journaux leur était interdite et où, pieds nus, ils ne pouvaient recevoir des visites que moyennant un prix fort élevé. Contrairement à la prescription formelle du dernier paragraphe de l'article 4 du *Règlement de la Haye*, on leur prenait tout ce qui leur appartenait : montres, argent, clefs, canifs, mouchoirs. Et des noms propres sont prononcés dans cette correspondance, notamment ceux de M. Bylevelt, professeur au lycée de Prétoria, du commandant Kock, du docteur Costar, de M. Mantel, etc., etc. Pendant ce temps, ajoute l'auteur de la correspondance, les prisonniers anglais à Prétoria jouaient au football, sur un gazon préparé à cet effet. Citons un dernier trait. A la bataille d'Elandslaagte, ce qui resta de quatre-vingt-dix Boërs décimés préalablement fut interné à Ladysmith dans des « *trous à Cafres* ». Puis, les prisonniers, transportés à Durban, furent enfermés dans la cale d'un transport ayant contenu des chevaux et qui ne fut même pas nettoyée, bien que pleine de vermine. Ils n'y avaient pour toute nourriture que de la viande salée et du biscuit ; suivant la remarque d'un officier anglais, les esclaves ne sont pas plus mal traités à bord des navires négriers (2).

Les prisonniers de guerre ne peuvent comprendre que des combattants tombés au pouvoir du gouvernement ennemi. En aucun cas, les particuliers inoffensifs ne doivent être privés de leur liberté et internés. Le traitement de prisonniers de guerre ne saurait leur être appliqué, sans méconnaitre cette loi fondamentale de la guerre moderne que notre collègue M. Pillet précise fort bien comme suit : « La distinction des combattants et des non combattants tend à faire deux parts dans la population des États belligérants : l'une appelée à porter les armes est destinée aussi à subir l'effet direct des violences qui sont la conséquence inévitable de l'état de guerre ; l'autre, composée des habitants paisibles et personnellement étrangers aux hostilités, sera exempte des violences de la lutte » (3).

(1) V. le *Journal des Débats* du 20 novembre 1900.
(2) V. le *Journal des Débats* et le *Temps*, *loc. cit.*
(3) *Les lois actuelles de la guerre*, p. 36.

Cette séparation entre ces deux fractions de la population d'un pays était méconnue autrefois ; et, jusqu'au XVI⁰ siècle, on ne fit aucune différence entre les ennemis armés et ceux qui ne l'étaient point. Ces pratiques barbares, contre lesquelles des esprits généreux avaient vainement protesté, ont été rendues impossibles par la constitution des grandes armées permanentes, qui a séparé nettement les combattants et les non combattants. Ces derniers, s'ils prennent part à la lutte, sont justiciables des rigueurs de la loi martiale et le plus souvent encourent la peine capitale. Mais, s'ils restent absolument à l'écart des opérations militaires, ils échappent à toute violence de la part de l'envahisseur et ont droit à sa protection contre les vexations et les mauvais traitements qui ne seraient point commandés par les nécessités de la guerre. Ainsi, les habitants paisibles et spécialement les vieillards, les femmes et les enfants ne sauraient, en aucun cas, être considérés et traités comme prisonniers de guerre, car, ou bien ils violent la prohibition les concernant de ne point se mêler à la lutte, auquel cas ils sont punis avec la plus extrême rigueur, ou bien ils la respectent et doivent alors être à l'abri de tout acte hostile. Peuvent donc être faits prisonniers seulement tous ceux qui participent d'une manière directe aux hostilités (1).

Les Anglais n'ont nullement tenu compte de ces prescriptions du droit commun international. Sans distinction, ils ont interné les combattants et les non combattants comme prisonniers de guerre. Les familles des Boërs ont été successivement déportées dans des endroits déterminés, avec leurs bestiaux, leurs grains et leurs fourrages. La proclamation précitée du 14 janvier émanée de de Wet et de Steijn protestait énergiquement contre ces faits, disant que les Anglais « avaient occasionné ainsi la mort d'un grand nombre de femmes maltraitées, insultées même, quand leur état de vieillesse, de maladie ou de grossesse aurait dû les soustraire aux mauvais traitements » (2).

Lord Kitchener inaugurait ainsi la tactique des *reconcentrados* qui ne réussit point au général Weyler à Cuba. Le gouverneur général de la perle des Antilles avait imaginé de transporter les paysans avec leurs familles dans les centres populeux, afin de faire le désert dans les campagnes où s'approvisionnaient les insurgés. L'Espagne dut bientôt renoncer à cette mesure qui devint l'une des causes de l'intervention des États-Unis dans les affaires cubaines (3). A Jagersfontein, à Aliwal-North,

---

(1) Despagnet, *Cours de droit international public*, 2⁰ édition, p. 579, § 546.

(2) Journal le *Temps* du 27 mars 1901.

(3) V. notre article intitulé : *L'autonomie cubaine et le conflit hispano-américain*, dans la *Revue du droit public et de la science politique en France et à l'étranger*, numéro de mars-avril 1898.

à Standerton, ont été formés des baraquements et des camps dans lesquels les vieillards, les femmes et les enfants sont sous la surveillance des autorités militaires. La ville de Johannesburg a été, dans le même ordre d'idées, entourée de fils de fer barbelés ne laissant que cinq portes de sortie, pour éviter qu'on ne puisse porter des provisions aux *commandos*. Toute la population des districts environnants se trouve enfermée dans les champs de course. A Kimberley, on a interné les femmes et enfants des environs, avec tous les vivres et le bétail qu'on a pu trouver dans les campagnes environnantes.Enfin, Blœmfontein ressemblait à une ville assiégée sans communications avec le dehors.Les autorités militaires y ont fait l'inventaire de tout ce qui se trouvait dans les maisons de commerce et ont fixé des prix élevés, inabordables pour la masse. Les femmes boërs qui ont été exceptionnellement autorisées à résider dans les fermes des environs, ne pouvaient rien emporter chez elles, pas même du café. C'était donc pour elles la famine à courte échéance (1). Combien cette manière d'agir est en opposition avec les procédés philanthropiques et généreux partout à l'ordre du jour chez les puissances européennes, et qui se sont traduits notamment, à la Haye, par l'adoption des sept textes nouveaux insérés dans le *Règlement sur les lois et coutumes de la guerre sur terre*, les articles 14 à 20, instituant un Bureau de renseignements pour les prisonniers de guerre et apportant ainsi à leur sort une amélioration des plus notables (2). Combien encore les Anglais ont été en désaccord, en ces circonstances, avec l'élan impérieux donné partout par les Sociétés de secours aux prisonniers, groupant les initiatives privées dans la plus louable et la plus féconde des collaborations ! Dans un appel adressé, vers la fin de 1900, aux Afrikanders, en faveur de leurs frères d'origine, par M. Prétorius, membre influent du Parlement transvaalien, on lisait ces mots : « J'étais capitaine pendant la guerre des Basoutos, et jamais, je tiens à le déclarer, nous n'avons traité les femmes et les enfants des noirs comme les Anglais traitent aujourd'hui les femmes et les enfants des Boërs ! »

Arrivons maintenant aux malades et aux blessés. Sur ce point, l'article 21 du *Règlement de la Haye* renvoie à la convention de Genève, du 22 août 1864, pour l'amélioration du sort des militaires blessés dans les armées en campagne. Dans ses dix articles, la convention sur le service hospitalier pose des règles qui ont pu être,dans les points de détail, l'objet de critiques diverses, mais qui, dans leur ensemble, constituent la loi commune des peuples civilisés. On ne saurait notamment ne pas

(1) V. sur tous les détails qui précèdent le *Temps* des 11, 20 et 21 novembre 1900 et 11 janvier 1901 et le *Journal des Débats* du 29 décembre 1900 et du 5 janvier 1901.
(2) *Conférence de la Paix*, § 11 et suiv.

souscrire aux dispositions concernant l'inviolabilité des hôpitaux et ambulances et du personnel qui les dessert, les égards et les soins dus aux
malades et blessés des deux belligérants, le respect qui doit entourer
les insignes de la Croix-Rouge. Or, dans la proclamation précitée du
14 janvier, le général de Wet et le Président Steijn protestaient contre
les procédés des Anglais qui n'avaient point hésité, contrairement à la
convention de Genève,« à s'emparer des ambulances, à faire prisonniers
les médecins et à les déporter, afin de priver les blessés boërs des secours médicaux ». Et voici, à l'appui de cette protestation, une série de
faits consignés dans un document officiel, un rapport du général Joubert à son gouvernement, du 25 novembre 1899, communiqué par celui-
ci à tous les consuls présents à Prétoria : 1° A Elandslaagte, les troupes britanniques ont tiré le premier coup de fusil sur la Croix-Rouge.
2° Un docteur, en train de panser un blessé, a été chargé par un lancier
et son cheval fut tué sous lui. 3° Treize Boërs, faits prisonniers, ont
été attachés ensemble avec une corde devant un canon Maxim, qu'ils
ont dû trainer, deux de ces Burghers étant légèrement blessés. 4° Des
troupes anglaises venant de Dundee passaient sous la protection du drapeau blanc, mais ont rejoint ensuite celles combattant les Boërs de
l'État libre. 5° Un drapeau blanc a été arboré par les soldats anglais
occupant un train blindé, afin de pouvoir le réparer vivement et s'en
retourner avant que les Boërs eussent le temps d'en prendre possession (1).

A cette protestation officielle, émanée de l'un des chefs les plus autorisés du Transvaal, l'on pourrait joindre des quantités de protestations
individuelles. Nous ne les rapporterons point et nous bornerons à en
citer une qui nous parait des plus probantes, à raison du nom de celui
qui en a été l'objet. Le *Temps* du 21 décembre 1900 rapporte, d'après
le *Manchester Guardian*, l'anecdote suivante appuyée, parait-il, sur des
certificats authentiques : « Un frère du Président Steijn de l'Orange,
que des infirmités et une corpulence maladive empêchaient de combattre, fut déporté, par ordre, dans la colonie du Cap. Arrivé à la station
du chemin de fer de Blœmfontein, il demanda vainement à obtenir un
délai pour cause de santé. Un médecin anglais présent par hasard à la
gare, le docteur Savage, certifia que lui faire continuer le voyage, c'était
l'exposer à mourir subitement d'une maladie de cœur. On le fit continuer : il mourut quelques heures plus tard pendant le trajet ».

(1) Correspondance de Johannesburg du 25 novembre 1899.

IV

Les articles 22 à 56 du *Règlement de la Haye sur les lois et coutumes de la guerre sur terre* ont trait aux hostilités en général et aux droits de l'autorité militaire sur le territoire de l'État envahi. Spécialement, les articles 22, 23 et 24 visent les moyens de nuire à l'ennemi et les articles 44 à 52 la conduite à tenir à l'égard des personnes et des biens dans le pays occupé. Voici le résumé des dispositions de ces textes, qui, ici encore, consacrent le droit commun international antérieur, tel qu'il est accepté par les juristes, par les codifications internationales et par le projet de Bruxelles de 1874. L'ennemi n'a pas un droit illimité quant au choix des moyens de nuire à son adversaire. Il lui est interdit, entre autres choses, d'employer des armes, des projectiles ou des matières propres à causer des maux superflus ; d'user indûment du pavillon parlementaire, du pavillon national et des signes distinctifs de la convention de Genève ; de détruire ou de saisir les propriétés privées, sauf en cas de nécessité absolue de guerre. L'occupant prendra toutes les mesures qui dépendent de lui, en vue d'assurer, autant qu'il est possible, la vie des habitants et l'ordre public. Il est interdit de forcer la population d'un territoire occupé à prendre part aux opérations militaires contre son propre pays, ou à prêter serment à la puissance ennemie. L'honneur et les droits de la famille, la vie des individus et la propriété privée doivent être respectés, et la confiscation est rigoureusement interdite, ainsi que le pillage. Les contributions en argent prélevées en dehors des impôts ne pourront servir que pour les besoins de l'armée et l'administration du territoire occupé. Aucune peine collective, pécuniaire ou autre, ne saurait être édictée contre les populations, à raison de faits individuels dont elles ne pourraient être considérées comme solidairement responsables (1). Enfin, il est universellement admis, soit qu'on ne doit point adjoindre aux troupes régulières des auxiliaires sauvages incapables de comprendre et d'appliquer les lois de la guerre, desquels il faut craindre toutes les atrocités et tous les excès (2), soit que les représailles, quelles que soient les fautes de l'adversaire, ne pourront pas consister en actes de barbarie réprouvés par le droit commun de la guerre (3).

Rapprochons de ces données les pratiques anglaises dans la guerre

(1) *Conférence de la Paix*, Annexes, 2ᵉ partie, p. 442 et suiv.

(2) Pillet, *Les lois actuelles de la guerre*, § 18 ; Calvo, *Le droit intern. théorique et pratique*, t. IV, p. 139 ; Bonfils-Fauchille, *Manuel de droit intern. public*, 2ᵉ édit., 1898, p. 551, nᵒ 1070, note 2 et 3ᵉ édit., 1901, p. 604, nᵒ 1070, notes 3 et 4 ; Guelle, *Précis des lois de la guerre*, t. I, p. 99.

(3) Despagnet, *Cours de droit intern. public*, § 544, p. 577.

transvaalienne. Nous avons vu plus haut que le général Joubert, dans son rapport du 25 novembre 1899, s'était plaint de l'abus du pavillon parlementaire. Il est vrai que, de leur côté, les chefs anglais ont porté la même accusation contre les Boërs ; mais ceux-ci ont énergiquement repoussé cette accusation (1). Un grief plus grave a été articulé contre les troupes britanniques, dans l'ordre d'idées qui concerne les engins prohibés. Il s'agit des célèbres balles *Dum-Dum*, ainsi appelées du nom d'un arsenal voisin de Calcutta aux Indes où elles ont été fabriquées pour la première fois. Voici les détails que nous avons donnés, à cet égard, au § 39 de notre ouvrage déjà cité sur *la Conférence de la Paix*. Ils feront parfaitement saisir le but de la balle en question et les motifs qui doivent la faire proscrire. « Les balles des fusils modernes, disions-nous, au lieu d'être exclusivement composées de plomb, sont revêtues, sur leur noyau seul en plomb, d'une sorte de cuirasse qui leur a fait quelquefois donner le nom de balles cuirassées. Cette modification dans la contexture ancienne de la balle permet de conserver pour sa fabrication l'usage du plomb, avantageux à raison de sa densité et de son prix peu élevé, sans avoir à craindre les déformations et l'obstruction des rayures du fusil, que ce métal employé seul pourrait produire à raison de la force de projection nouvelle des poudres sans fumée. La chemise recouvrant ainsi la balle est en général composée de nickel, de maillechort ou d'acier ; elle habille d'habitude le projectile tout entier, sauf dans le fusil anglais le *Lee Metford* modifié. Pour celui-ci, la chemise en maillechort « s'amincit depuis le culot jusqu'au sommet du projectile où le plomb est laissé à nu » (2). Cette modification constitue la caractéristique de la balle *Dum-Dum*, qui a ainsi ceci de particulier que son enveloppe de métal laisse au sommet le plomb apparaître et diminue d'épaisseur à partir du culot jusqu'à l'extrémité. Dès lors, elle s'écrase sur un obstacle qui lui résiste, ce qui lui donne une grande force meurtrière et lui fait produire des blessures épouvantables. En effet, en pénétrant dans le corps humain, elle s'aplatit, s'épanouit en des formes irrégulières, écrasant, broyant et oblitérant les tissus ; ou bien elle s'éclate et se divise et ses éclats ou fragments augmentent les chances de mort et d'infection des plaies (3). Au contraire, la balle à enveloppe dure complète peut bien subir un aplatissement, se tordre ou s'infléchir ; mais elle traverse facilement les parties molles et les os spongieux, en opérant une ouverture nettement sectionnée, et partant laisse plus de place à la guérison des blessés et moins de danger d'infection. Pourquoi

---

(1) Proclamation précitée de de Wet et Steijn du 14 janvier 1901.
(2) Nimier et Laval, *Les projectiles des armes de guerre*, p. 16.
(3) Ouvrage précité, p. 60. V. conf. Vasco, *Balles humanitaires anglaises*, dans la *Revue française de l'étranger et des colonies*, t. XXIII (1898), p. 229 et suiv.

les Anglais se sont-ils servis de la balle *Dum-Dum* ? C'est, disent-ils, parce qu'elle était indispensable contre des adversaires fanatiques et sauvages, tels que les Afridis ou les Derviches, qui méprisent la mort et vont au combat sous l'empire d'une surexcitation religieuse que rien ne saurait contenir. La puissance de la balle ordinaire ne pouvait donc suffire vis-à-vis de pareils ennemis, et il était nécessaire de recourir à un agent qui, au prix de blessures horribles, pût les arrêter immédiatement dans leur élan. On voit par là que l'emploi de la balle *Dum-Dum* ne se justifierait point contre une armée civilisée. Et, d'ailleurs, elle mettrait ceux qui s'en serviraient contre cette dernière, dans un état évident d'infériorité, pour le cas où il faudrait atteindre un adversaire dissimulé derrière des retranchements quelconques, qu'elle traverserait plus difficilement que la balle à enveloppe métallique complète ».

Après de vives discussions à la Conférence de la Haye, dans lesquelles le délégué anglais, sir John Ardagh, s'est absolument opposé à toute résolution concernant les *Dum-Dum* (1), les délégués ont voté la déclaration suivante contenue dans l'*Acte final* du 29 juillet 1899 : « Les puissances contractantes s'interdisent l'emploi de balles qui s'épanouissent ou s'aplatissent facilement dans le corps humain, telles que les balles à enveloppe dure dont l'enveloppe ne couvrirait pas entièrement le noyau ou serait pourvue d'incisions » (2). Il est bien vrai que cette déclaration n'est obligatoire, suivant ses termes, que « pour les puissances contractantes, en cas de guerre entre deux ou plusieurs d'entre elles ». Mais on a pu soutenir que les dites balles étaient déjà prohibées par la déclaration de Saint-Pétersbourg, du 11 décembre 1868, relative à l'interdiction des balles explosibles d'un poids inférieur à quatre cents grammes (3), qui, suivant l'avis d'un profond penseur, « exprime le sentiment de l'univers civilisé » (4). Et, d'ailleurs, le projectile incriminé avait tellement contre lui l'opinion publique, que les Anglais ont formellement nié son emploi au Transvaal. A la fin de mars 1900, M. Wyndham, secrétaire parlementaire pour la guerre, a affirmé que le *War Office* en avait interdit l'usage aux troupes engagées dans la guerre Sud africaine. Préalablement, en juin et juillet 1899, à la Chambre des communes, sur une interpellation des députés irlandais Dillon et Davitt, MM. Hamilton et Balfour, après avoir essayé vainement de justifier la balle *Dum-Dum*, avaient affirmé qu'on allait chercher un autre type de projectile. D'au-

(1) V. la déclaration lue par sir John Ardagh dans la séance de la première Commission du 22 juin et les discussions que cette déclaration a soulevées, dans *Conférence de la Paix*, 2ᵉ partie, p. 5 et suiv. Comp. notre ouvrage sur la *Conférence de la Paix*, § 40 in fine.
(2) Ouvrage précité, Annexes, 2ᵉ partie, p. 446 et suiv.
(3) Ouvrage précité, p. 86 et les citations.
(4) Sumner Maine, *Le droit international. La guerre*, p. 178.

tre part, les généraux Roberts et Methuen ont protesté contre l'accusation d'avoir utilisé la balle en question et ont, à leur tour, accusé les Boërs de s'en servir, ce que ces derniers ont formellement dénié (1).

En ce qui concerne l'emploi de troupes sauvages, les Anglais ont également nié qu'ils eussent eu recours à ce moyen interdit par les usages de la guerre. Et pourtant, ici encore, des documents dignes de foi leur ont donné un démenti. L'*Illustrated London News*, organe d'origine anglaise, a reproduit, le 27 janvier 1900, des photographies reçues de Rhodesia, dont une représente des Cafres armés, avec la légende : « un groupe des mille soldats entrainés, fournis par le chef Kama et combattant maintenant avec nous ». Le même fait est rapporté dans la proclamation précitée, du 14 janvier, de de Wet et Steijn. Le *Times* publiait, le 28 décembre 1900, un télégramme de Wellington annonçant que cent Maoris figureraient dans le sixième contingent de la Nouvelle-Zélande, pour la guerre Sud africaine, aux frais du gouvernement anglais. M. W. P. Reeves, agent général de la Nouvelle-Zélande, a donné la justification suivante dans une conversation avec un reporter anglais : « En laissant, a-t-il dit, de côté le principe de l'emploi de soldats de couleur dans une guerre entre blancs, problème qui ne me regarde pas, je dois cependant faire remarquer que les Maoris ne sont pas des sauvages. C'est une race civilisée ; beaucoup ont reçu une bonne instruction, et ceux qui iront en Afrique sont pour la plupart dans une situation aisée. Il faut se rappeler aussi qu'ils sont des citoyens libres et que, par conséquent, ils ne peuvent être placés sur le même pied que des races sujettes. Ils sont humains, charitables, sédentaires, en tout point les égaux des blancs. Je me porte garant que leur conduite sur le champ de bataille ne donnera pas lieu à la plus légère objection ». Le *Star* n'avait pas été précisément du même avis et qualifiait nettement le procédé employé de « faute stupide », surtout après le refus de l'emploi des troupes indiennes (2).

On ne se sent pas très rassuré quand on constate que M. Elisée Reclus, après avoir fait un grand éloge des Cafres, *principalement de ceux qui sont tatoués*, est obligé pourtant de reconnaitre qu'au moment de leur lutte contre les Anglais commandés par le général Cameron, ils se livraient encore à des « pratiques féroces, entre autres l'anthropophagie, et mangeaient le cœur et les yeux de leurs ennemis tombés dans le combat, afin d'acquérir leur sagacité et leur courage ». Bien que, depuis cette époque, suivant l'illustre géographe, les Maoris soient *déchus*, bien qu'ils méritent peut-être les flatteuses appréciations de M. W. P. Reeves,

(1) Comp. sur tous les points indiqués au texte, notre ouvrage sur la *Conférence de la Paix*, § 41 et les citations des pages 85 et 86.

(2) V. pour ces citations le journal le *.Temps* du 30 décembre 1900.

on peut se demander s'il était prudent de les faire à nouveau combattre contre des blancs, vis-à-vis desquels leur férocité ancienne pouvait parfaitement reprendre le dessus par l'excitation de la lutte et la vue du sang (1).

Au surplus, tous les hommes éclairés ont fortement conseillé aux deux belligérants dans l'Afrique australe de bien se garder, dans leur intérêt réciproque, de mêler à leur lutte déjà si meurtrière des forces autres que celles empruntées à la race blanche. Ils devaient en exclure surtout les noirs, dont le soulèvement général aurait pu constituer, pour les Boërs et les Anglais à la fois, le péril le plus formidable ! Mais comment les Anglais auraient-ils pu suivre ce sage conseil, quand, parmi leurs propres troupes, recrutées au hasard et partout en l'absence de conscription régulière et de service militaire obligatoire,ils comptaient les éléments les plus dangereux et les plus indisciplinés. En voici un exemple. Les troupes du général Brabant, appelées les *Brabant-horses*, composées de volontaires anglais du Cap, avaient été licenciées pour les faits les plus graves de pillage, de brutalité et d'indiscipline. Lord Kitchener, partisan des mesures extrêmes, les a reconstituées et le *Star* a pu affirmer qu'elles se conduisaient de telle sorte « qu'elles étaient la terreur des amis comme des ennemis et qu'on les appelait populairement des *Brabandites* » (2).

V

Il reste enfin à parler du traitement infligé par les généraux anglais aux personnes et aux propriétés privées. Voici quelles ont été les mesures draconiennes édictées par lord Roberts à cet égard. D'après une publication parue à Prétoria à la date du 25 juin 1900 sous le titre de « Government Gazette Extraordinary, VI, nº 7 », le feld-maréchal a lancé deux proclamations aux habitants de la République Sud africaine. La première de ces proclamations, datée de Johannesburg, au 31 mai 1900, dit, dans son paragraphe 2, « que tous les citoyens n'ayant pas rempli un rôle prépondérant dans la politique qui a conduit à la guerre entre Sa Majesté et la République Sud africaine, qui déposeront immédiatement les armes et s'engageront sous serment à ne plus prendre part aux hostilités, ne seront pas traités en prisonniers de guerre et qu'ils seront autorisés, après la prestation du serment, à retourner dans leurs demeures ». La seconde proclamation, datée de Prétoria, au 6 juin 1900, énonce que « les citoyens qui auront reçu le permis de rentrer chez

(1) **Elisée Reclus**, *Nouvelle géographie universelle*, t. XIV, Océan et terres océaniques p. 847 et suiv.
(2) **Citation du** *Temps* du 18 décembre 1900.

eux dans les conditions énoncées dans le paragraphe 2 mentionné plus haut, seront autorisés à conserver leur bétail et que, dans le cas où les troupes de Sa Majesté jugeraient nécessaire de réquisitionner une partie de ce bétail, la valeur marchande leur en sera payée en argent comptant ». Deux autres preclamations, du 16 juin, portant les numéros A 1 et A 2, rendent responsables, collectivement et individuellement, les principaux habitants des villages et des districts où l'on endommagerait les lignes télégraphiques et les voies ferrées. Elles décrètent, en outre, que les régions où des faits de ce genre seraient constatés seront frappées d'une forte amende et que rien n'y sera payé pour les marchandises livrées ; que les fermes ou les maisons voisines du lieu où les détériorations se commettraient seront détruites et qu'un ou plusieurs habitants pourront être placés comme otages sur les trains militaires.

Lord Kitchener a suivi les errements qui lui avaient été indiqués par son prédécesseur ; et les généraux placés sous ses ordres se sont naturellement inspirés des mêmes idées. C'est ainsi que le *Star* de Londres a pu reproduire la proclamation suivante du 1er novembre 1900 émanée du major général Bruce Hamilton, en la faisant suivre de ce bref et significatif commentaire : « Ceci n'est pas une proclamation turque, c'est une proclamation anglaise » : « *Avis.* — La ville de Ventersburg a été dépouillée de ses provisions et brulée en partie, les fermes du voisinage ont été détruites à cause des attaques fréquentes faites dans les environs contre le chemin de fer ; les femmes et les enfants boërs abandonnés devront demander des aliments aux commandants boërs, qui les nourriront s'ils ne veulent pas les laisser mourir de faim. Aucun approvisionnement ne sera envoyé du chemin de fer à la ville. — Signé : Bruce Hamilton, major général » (1).

Comme on pouvait s'y attendre, les protestations n'ont pas manqué contre les doctrines et les faits exposés dans les proclamations et ordres du jour qui précèdent. M. William Meyerbach Caserta, aide de camp du Président Steijn, envoyé en mission en Europe, dans les déclarations auxquelles nous avons déjà fait allusion s'est exprimé ainsi, caractérisant la façon de procéder en général des armées anglaises (2) : « Les atrocités commises par les soldats anglais, les violences exercées sur les femmes ont exaspéré le sentiment public. Les abominations commises sont inconcevables. Personnellement, j'ai dû, à la tête de mon détachement, réprimer impitoyablement certains actes révoltants dont je fus témoin. J'ai dû, en juillet, près de la ferme de Coroua, punir sans pitié des Anglais qui violentaient nos femmes... Oui, le Président Krü-

(1) *Journal des Débats* du 21 décembre 1900.
(2) *Journal des Débats* du 11 décembre 1900.

ger l'a dit en débarquant à Marseille et l'on ne doit pas se lasser de
le répéter à la face de l'Europe civilisée, oui, la guerre que nous font
les Anglais est une guerre de barbares, une guerre atroce : ils brûlent
nos fermes, ravagent nos plantations et, reculant les bornes de l'infamie,
ils entassent nos femmes par centaines à Johannesburg, où elles deviennent les jouets de leurs soldats ! »

Voici maintenant les protestations officielles. La première est contenue dans la proclamation dont nous avons déjà parlé ci-dessus, émanée
de de Wet et de Steijn, en date du 14 janvier. « Les soldats anglais,
par ordre de leurs officiers, y est-il dit, ont non seulement maltraité les
femmes et les enfants en bas âge, mais ils les ont insultés. Des femmes
âgées, des mères de famille, des enfants même ont été violés. Les Anglais n'ont pas respecté les propriétés des morts et des prisonniers. Dans un grand nombre de pays, ils ont emmené de leurs maisons
le père, la mère et ont tout laissé à la merci des sauvages. Les Anglais
ont déclaré mensongèrement au monde qu'ils agissaient ainsi parce que
les Boërs faisaient sauter les voies ferrées, coupaient les communications télégraphiques et abusaient du drapeau blanc. Mais presque toutes les maisons des deux Républiques, qu'elles se trouvassent ou non
dans le voisinage des voies ferrées, ont été détruites ».

En septembre 1900, le docteur Leyds et les délégués du Transvaal
ont envoyé à lord Salisbury la protestation suivante : « Les soussignés,
au nom du gouvernement de l'État libre d'Orange et de celui de la République Sud africaine, se voient obligés de protester avec la plus grande énergie contre le contenu et la tendance de ces deux proclamations (Il s'agit des deux premières proclamations de lord Roberts). Il
en résulte en effet que la conservation de la propriété privée des citoyens est subordonnée à la prestation du serment mentionnée dans
le paragraphe 2 de la première proclamation. La déclaration de lord
Roberts dans la proclamation du 6 juin ne peut en vérité s'expliquer
que si le feld-maréchal juge que les biens des citoyens qui ont pris
une part prééminente dans la guerre et les événements politiques
qui l'ont précédée, pourraient leur être enlevés par lui, en raison
même de l'état de guerre existant entre l'Angleterre et la République
Sud africaine. Cette manière de voir est en contradiction flagrante avec
les principes séculaires du droit des gens, qui, dans la guerre terrestre,
veulent que la propriété privée, à l'exception de la contrebande de guerre,
soit respectée. Ces principes, d'ailleurs, ont été formellement reconnus
par l'article 46 (3ᵉ section) de la déclaration annexée à la convention
concernant les lois et coutumes de la guerre sur terre, en date du 27 juillet 1899, à la Haye, à laquelle le gouvernement de Sa Majesté britanni-

que a souscrit. Cet article est conçu comme suit : « L'honneur et les droits de la famille, la vie des individus et la propriété privée, ainsi que les convictions religieuses et l'exercice des cultes doivent être respectés. La propriété privée ne peut être confisquée ». Bien que la République Sud africaine ne se trouve pas parmi les puissances contractantes, les principes énoncés dans ledit article n'en peuvent pas moins être invoqués par elle, puisque l'article ne fait que formuler ce qui, depuis des siècles, est de droit commun dans les guerres entre les nations civilisées ». Arrivant ensuite aux deux autres proclamations de lord Roberts du 16 juin, les délégués ajoutent : « Ces proclamations punissent des actes que tout belligérant est en droit de commettre. Elles édictent même des peines dans le cas où la culpabilité n'est pas prouvée. La propriété privée est confisquée et détruite ; et on soulève les citoyens les uns contre les autres » (1).

· Enfin, le 1ᵉʳ décembre 1900, à Stellenbosch, une réunion de 300 délégués, représentant l'immense majorité de la population blanche du Cap non récemment immigrée, ayant envoyé à MM. Merriman et Sauer une Adresse pour les remercier des services rendus au Bond afrikander et protester contre les idées jingoïstes, M. Merriman a répondu : « Par cette guerre, l'Angleterre a perdu pour toujours la force morale qu'elle possédait comme champion de la liberté ; et c'est là, à nos yeux, le fait le plus attristant de cette déplorable affaire. La proclamation du général Bruce Hamilton est indigne d'un général anglais ; elle évoque plutôt le souvenir de Tilly et de Wallenstein. Les méthodes suivies par les Anglais dans les hostilités seront fatales à la paix à venir du pays, parce qu'elles encouragent les pires éléments des deux partis. La loyauté des Hollandais du Cap n'a pas été reconnue comme elle aurait dû l'être ; car, malgré toutes les tentations, ils sont restés fidèles alors qu'ils auraient pu conduire l'Angleterre à un irréparable désastre ».

On remarquera que les faits contre lesquels sont dirigées les protestations qui précèdent, ont un caractère général. Les informations les plus sûres établissent que près des deux tiers des fermes de l'Orange et plus des cinq dixièmes de celles du Transvaal, sur les lignes de marche ou d'opération de l'armée d'invasion, ont été brûlées. C'était donc un plan de conduite bien arrêté, le système de la dévastation et de la terreur partout à l'ordre du jour. Et, par là, on voit combien fallacieux et inacceptables apparaissent les faux-fuyants auxquels on a eu recours pour pallier l'immense émotion produite en Europe par les procédés employés dans le Sud africain. Ce serait, disait-on, à titre de *représailles* que les

---

(1) V. le *Temps* du 6 septembre 1900.

faits incriminés auraient été commis. Et, quand des témoins oculaires, tels que M. Roberston parlant dans une Conférence donnée, en décembre 1900, aux membres libéraux du Parlement, sont venus affirmer que la moitié au moins des fermes des Républiques avait été pillée et incendiée, que l'on risquait ainsi non seulement de compromettre étrangement l'honneur anglais, mais encore de déchainer une famine horrible, d'exaspérer les populations et de rendre impossible le rétablissement de l'ordre et de la paix dans un pays désert, les ministres ont télégraphié à lord Kitchener en lui suggérant la réponse. Ils lui demandaient si, « en fait, l'ordre général qui avait prescrit l'incendie des fermes dans un rayon de seize kilomètres d'un point où une attaque se serait produite et où le chemin de fer avait été inquiété, n'avait pas visé uniquement les fermes où un acte de complicité aurait été commis ». Le but était double, dit le journaliste qui rapporte le fait : sauver les apparences tout en restreignant pour l'avenir la rigueur draconienne d'un ordre monstrueux. Lord Kitchener a compris à demi-mot. Il a affirmé que tel était bien le sens de ce commandement; en d'autres termes, il a promis de l'interpréter désormais ainsi (1).

A supposer que les Anglais eussent agi à titre de représailles, les actes effectués à ce titre, s'ils avaient été autorisés par les lois de la guerre, ce qui ne nous parait nullement établi, se seraient limités à des faits isolés ; et, par la force même des choses, les Républiques n'offriraient point le spectacle de pays systématiquement ravagés et dévastés, qui réjouissait le correspondant du *Times* attaché au colonel Pilcher, dont il racontait les exploits en ces termes lyriques : « Nous avions appris quelle vaste région de l'État libre avait été parcourue par les braves coloniaux du colonel Pilcher, et nous avons eu le plaisir de la preuve oculaire de leurs incessantes incursions sur la frontière, où, avant leur arrivée, tous les mouvements avaient été faits par les Boërs à notre détriment. Partout les maisons étaient désertes et les femmes silencieuses et inoccupées ; le bétail même avait disparu. Les Cafres seuls étaient restés dans leurs humbles cahutes, nous répondant avec un plaisir non dissimulé ». En même temps que le colonel Pilcher, le général Babington opérait lui aussi toujours d'après les mêmes données qui excluent toute idée de représailles. « L'importance de l'expédition de Babington, disait le même correspondant du *Times*, consiste entièrement dans le fait qu'elle est la première démonstration considérable faite dans le pays de l'ennemi et que, en détruisant les maisons et en dévastant une grande région de fermes, nous avons causé un dom-

(1) Citation du *Temps* du 11 décembre 1900.

mage que les Boërs apprécient et qu'ils regardent comme plus sérieux que la perte de beaucoup d'hommes sur le champ de bataille ».

Etait-il étonnant, en présence d'un pareil système, que les Boërs, d'abord si doux, si humains pour leurs adversaires, répondissent par des procédés analogues. Et encore de Wet et Steijn, dans leur Manifeste précité du 14 janvier, s'ils n'étaient pas en conformité absolue avec les lois de la guerre qui interdisent de répondre par des actes illégaux à d'autres actes illégaux, même à titre de représailles, dépassaient-ils presque les bornes de la patience humaine, quand, après s'être amèrement plaints des continuelles infractions des Anglais au droit des gens, ils ajoutaient comme conclusion : « En conséquence, nous avons envoyé de nouveau une partie de nos troupes dans la colonie du Cap, non seulement pour faire la guerre, mais aussi afin qu'elles soient en mesure d'exercer des représailles, comme elles l'ont déjà fait dans le cas des ambulances. Nous prévenons donc les officiers anglais que, s'ils ne cessent pas de détruire les propriétés privées dans les deux Républiques, nous nous vengerons en détruisant les propriétés des sujets anglais du Cap qui sont mal disposés à notre égard. Mais, pour éviter tout malentendu, *nous déclarons ici, ouvertement, que nous ne poursuivrons jamais les femmes et les enfants, en dépit de ce que les troupes anglaises ont fait aux nôtres*. Nous ne demandons rien à nos frères de la colonie du Cap : nous faisons appel à eux et au monde civilisé pour qu'ils nous aident, au nom de la civilisation et du Christianisme, à faire cesser les procédés barbares employés par les Anglais pour faire la guerre ».

Que penser maintenant de la réponse de lord Roberts aux plaintes des Présidents de l'Orange et du Transvaal, où il affirmait que ce ne sont point les Anglais mais bien les Boërs qui ont agi contrairement au droit des gens, en pillant et en brûlant les propriétés privées ? Les journaux anglais, qui ont déclaré écrasante cette réponse du généralissime, ne sont vraiment pas difficiles, et il convient de les renvoyer au commentaire dont le plus important d'entre eux, le *Times*, accompagnait le récit des exploits de Babington et de Pilcher : « La destruction de la propriété privée en temps de guerre est toujours regrettable ; mais elle est une mesure parfaitement légitime quand elle est prise pour des raisons militaires ; et, dans une lutte comme celle-ci, *quand l'ennemi a peu de propriétés publiques, elle peut être singulièrement efficace* ». Ces dernières paroles indiquent bien dans quel esprit essentiellement opposé aux résolutions de la Conférence de la Haye, les généraux anglais ont compris la guerre Sud africaine. Pour eux, la violence, la dévastation, le pillage des propriétés privées et les pires excès ne sont point des

exceptions malheureuses qu'entraînent l'ardeur de la lutte, la sauvagerie de quelques combattants ou le zèle de quelques chefs que l'on essaye
quelquefois de justifier sous le nom de représailles, mais l'application
d'un système d'intimidation destiné à venir à bout d'un pays qu'on n'a pu
réduire par la force des armes, et à terminer une guerre qui menace de
devenir ruineuse pour l'envahisseur. A celui-ci, en effet, elle avait déjà
coûté, d'après les statistiques officielles, en quinze mois, à la fin de 1900,
près de 2 milliards et demi de francs, 10.000 hommes tués et 30.000 qui,
malades ou blessés, ont dû rentrer en Angleterre.

VI

En résumé, ayant signé et ratifié la *convention sur les lois et coutumes de la guerre sur terre* votée à la Haye le 29 juillet 1899, la Grande-
Bretagne, dans sa lutte avec le Transvaal, a agi absolument comme si -
elle avait refusé d'accepter cette convention, ainsi qu'elle l'a fait à propos de la déclaration concernant l'emploi des balles expansives. Elle a
donc violé, non point, si on le veut, la convention en question, puisque
le Transvaal n'y avait point figuré et qu'ainsi qu'on l'a vu, aux termes
de l'article 2 de ce document, les dispositions qu'il contient ne sont obligatoires que pour les puissances contractantes, mais, ce qui revient au
même, l'ensemble des règles du droit commun international dont la
Conférence de la Haye a opéré la codification pour la guerre terrestre.
Ses pratiques dans la guerre sur terre seraient, dès lors, on ne peut plus
dangereuses pour les États européens qui auraient par hasard à entrer
en lutte avec elle, si elle les maintenait à leur égard. Elles deviendraient,
en effet, en ce cas, fatalement la source de représailles épouvantables
qui rappelleraient les horreurs des anciennes guerres d'extermination
et feraient un véritable désert du pays théâtre de la lutte. Il est vrai que
l'Europe, dont les puissances ont, presque sans exception, signé la convention de la Haye, aurait à espérer de l'Angleterre le respect des engagements pris ; mais nul ne peut répondre qu'en présence du succès, même
au mépris de la parole donnée, on ne verrait point se reproduire les procédés dont on a fait usage au Transvaal contre des adversaires qui doivent en somme être assimilés aux races européennes les plus civilisées.

Il paraît donc intéressant de rechercher, comme conclusion de cette
étude, à quels mobiles la Grande-Bretagne a pu obéir au Transvaal, pour
persister, malgré les protestations unanimes de l'Europe et le grandiose
mouvement de sympathie qui s'y est dessiné en faveur des Boërs, dans
une ligne de conduite qui, en définitive, semble avoir produit à son égard
plus de mal que de bien. Incontestablement la pensée de mettre fin à la
guerre par tous les moyens, de calmer, par la soumission du pays, l'o-

pinion affolée a été la cause principale et la plus apparente de sa manière d'agir. Mais il en est d'autres plus latentes, quoique non moins déci- sives peut-être, que nous allons mettre en relief.

Les Anglais, jusqu'ici, se sont surtout trouvés engagés dans des expé- ditions coloniales dirigées contre des adversaires n'ayant aucune notion du droit international. Peuplades farouches, sauvages et fanatiques, ces adversaires allaient à la mort sans hésiter, sous l'excitation du sentiment religieux ; tels ont été, par exemple, les Afridis et les Derviches, contre lesquels on a considéré comme légitime, on l'a vu, l'emploi de la balle *Dum-Dum*. C'est ce qui explique que les généraux britanniques aient cru avoir le droit de mettre en pratique un excès de rigueur que seul pouvait atténuer la nécessité d'en finir promptement, soit avec les dépenses rui- neuses des expéditions lointaines, soit avec les pires dangers auxquels étaient exposées leurs troupes n'ayant aucun quartier à espérer. Ainsi furent probablement amenés les actes regrettables commis par exemple au Soudan, parmi lesquels l'histoire conservera la mémoire de la viola- tion du tombeau du Mahdi. Le tort de la Grande-Bretagne a été d'assi- miler à ces peuplades sauvages les Boërs, nation civilisée, policée, reli- gieuse, pratiquant des institutions politiques régulières, ayant à sa tête des chefs d'État autorisés comme les Présidents Krüger et Steijn, des diplomates habiles comme M. Reitz et le Dr Leyds, des généraux coura- geux et expérimentés comme Joubert, de Villebois-Mareuil, Botha et de Wet. Les Anglais combattant dans l'Afrique du Sud auraient dû tenir compte non point de la situation géographique du théâtre des hostilités, mais de la condition ethnique et sociale de leurs adversaires.

Et c'est précisément parce qu'ils n'ont point d'ordinaire abordé la lutte sur terre avec des rivaux de forces et ressources égales, qu'ils ont échappé jusqu'ici à la conscription générale, au service militaire obliga- toire qui pèse si lourdement aujourd'hui sur les autres peuples eu- ropéens. Dans les guerres anciennes, ils ont donné leur or là où les peuples plus pauvres fournissaient les hommes. Mais, de nos jours, la situation a changé. Les chefs d'État modernes, ayant à compter avec l'opi- nion publique qui n'accepte le service militaire que pour la défense du territoire ou des intérêts nationaux, devant, du reste, songer aux périls incessants qui les menacent eux-mêmes et contre lesquels toutes leurs forces réunies sont à peine suffisantes, ne peuvent plus suivre l'exemple des monarques des siècles passés. Et l'Angleterre, n'ayant plus comme autre- fois de pourvoyeurs d'hommes, a été obligée d'aller recruter elle-même des soldats un peu partout et dans toutes les conditions. On devine ce que pouvaient être les recrues ainsi réunies de façon à compléter l'écart énorme séparant le chiffre des troupes anglaises véritables du total des

deux cent mille hommes envoyés dans l'Afrique du Sud. Elles ont naturellement renouvelé au Transvaal les exploits qui avaient illustré les
bandes du moyen âge !

L'opinion publique anglaise, d'autre part, n'a pu se rendre compte
de l'émotion douloureuse causée en Europe par les excès commis au
Transvaal, car l'Angleterre, protégée par sa position insulaire, n'a jamais
connu l'invasion dont les peuples européens ont eu tous plus ou moins
à souffrir dans les guerres antérieures. Défendue par sa formidable marine, elle a pu jusqu'ici résister à tous les projets de débarquement et
aller porter chez les autres le fléau dont sa ceinture maritime la garantissait. Si, par malheur pour elle, elle subissait un jour l'invasion véritable, avec son cortège de ruines et d'atrocités, il est probable qu'elle trouverait que les stipulations de la Haye ont du bon et qu'il convient d'en
tenir compte vis-à-vis des autres, pour qu'ils en tiennent compte aussi,
le cas échéant, à leur tour.

Enfin, à toutes ces causes il faut ajouter l'optimisme naturel du peuple anglais, toutes les fois que ses intérêts sont en jeu. Et, si l'on joint
à cet optimisme l'incroyable esprit de solidarité qui anime la race anglo-
saxonne, on se rendra parfaitement compte que ceux-là même qui n'ont
point approuvé les pratiques suivies au Transvaal aient fermé les yeux
pour ne pas créer d'obstacle à un gouvernement que pourtant ils blâmaient
secrètement. On a de cet état d'esprit en ce moment un remarquable exemple. Tant que la République Sud africaine a été libre et autonome, l'Angleterre a refusé absolument de consentir à toute indemnité à raison du
raid Jameson, qui constitue une des atteintes les plus graves au droit
des gens dans le siècle dernier. Aujourd'hui qu'ils se croient maitres du
Transvaal, les Anglais se disposent à demander de ce chef des dommages-intérêts au Cap. Et sir Michael Hics Beach, parlant récemment sur ce
point à la Chambre des communes, a annoncé qu'il a soumis au jugement de légistes la question de savoir si le préjudice indirect causé au
Transvaal du fait du raid Jameson peut faire l'objet d'une indemnité à
payer par la colonie du Cap au gouvernement de la colonie du Transvaal
comme successeur du gouvernement de la République Sud africaine ; dès
que les légistes auront fait connaitre leur opinion, il étudiera la question
tout entière. Il a ajouté qu'il était enchanté à la pensée qu'il y a quelque chance d'obtenir une indemnité sur laquelle il ne comptait pas (1).

Tels sont les motifs d'ordre divers pour lesquels la Grande-Bretagne
n'a tenu aucun compte, au Transvaal, des obligations qu'impose le droit

(1) Il est vrai qu'au commencement de mars dernier, M. Chamberlain a cru devoir
solennellement déclarer aux Communes que l'avis des gens de loi était contraire à
cette prétention (V. le *Journal des Débats* du 3 mars 1901).

commun international et qui ont été précisées dans le *Règlement sur les lois et coutumes de la guerre sur terre* voté à la Haye, signé et ratifié par elle-même. Mais, si ces motifs expliquent la conduite des Anglais, ils ne la justifient point, et l'on ne saurait s'élever trop énergiquement contre les procédés dont nous venons d'indiquer les lignes principales. Voilà pourquoi une bonne partie de l'opinion publique anglaise proteste avec les autres peuples. Elle a trouvé au Parlement un digne interprète en la personne du leader du parti libéral, sir Henry Campbell-Bannerman, dont les critiques ont porté surtout sur les mesures prises à l'égard des non-combattants, l'incendie des fermes, la déportation des femmes et des enfants. A sa suite, une minorité courageuse de l'opposition, qui compte des impérialistes purs à côté de libéraux convaincus, s'est fait l'écho de la conscience publique qui semble se réveiller. Longtemps le peuple anglais a été tenu systématiquement dans l'ignorance de ce qui se passait au Transvaal ; et c'est sur cette ignorance que les dernières élections ont eu lieu. Mais peu à peu la vérité se fait jour, principalement grâce aux révélations des officiers et des soldats de retour du théâtre des hostilités, qui condamnent hautement les mesures pratiquées à l'égard des non-combattants. Le sentiment public commence à se demander si la conduite tenue dans l'Afrique du Sud est bien en harmonie avec les traditions véritables de l'Angleterre. « On a cité, dit un journal français des plus autorisés, un admirable ordre du jour de sir Charles Napier, alors qu'il commandait au Pendjab, flétrissant l'acte d'un de ses subordonnés qui avait cru pouvoir détruire un village indigène, et répudiant avec indignation l'idée de faire la guerre aux femmes et aux enfants. On a rappelé que, pendant la révolte des Cipayes, alors que l'Empire britannique lui-même était en jeu et que la cruauté de Nana Sahib et d'autres s'était exercée contre les femmes et les enfants des résidants anglais aux Indes, lord Clyde, ce soldat sans peur et sans reproche, tint la main à ce qu'il n'y eût pas un seul acte de représailles dirigé contre des non-combattants » (1).

Les généraux britanniques ne suivent plus aujourd'hui les mêmes errements, et il faut le déplorer pour l'honneur de l'Angleterre. Mais, en même temps, il convient que la protestation unanime des nations fasse comprendre à celle-ci que, dans son intérêt même, elle doit revenir aux pratiques glorieuses qui ont contribué à sa grandeur dans le passé. Elle semble, en effet, au moment de se voir dotée du service militaire obligatoire devant remplacer, par l'armée nationale, les engagements volontaires qui ont si mal réussi. Or une armée régulière,

(1) V. le *Temps* du 11 décembre 1900.

s'inspirant des traditions de la guerre du Transvaal, deviendrait, en cas de conflit, un danger pour tous les peuples qui seraient forcés de se coaliser pour imposer l'application des principes du droit de la guerre. Si, en effet, l'Europe a pu rester indifférente au spectacle douloureux dont elle a été témoin dans ce duel inégal entre deux Républiques infimes et l'un des plus puissants Empires du monde, rien ne dit qu'elle tiendrait la même conduite dans le cas où l'un des États prépondérants qui la composent serait menacé de se voir appliquer les procédés usités dans l'Afrique du Sud. Déjà l'absolutisme britannique sur mer, appuyé par une flotte d'une puissance incomparable, a produit bien des rancunes qui sommeillent et que le moindre incident pourrait réveiller. Il serait périlleux pour l'Angleterre de pratiquer le même absolutisme sur terre, car elle ne pourrait guère l'appuyer aussi utilement que dans le domaine maritime.

Nous avons écrit les lignes qui précèdent avec la plus grande modération et sans aucune espèce de parti pris, en faisant uniquement appel, soit aux documents officiels, soit aux informations émanées de personnages autorisés ou des grands organes de la presse. Et nous nous sommes borné à mettre le résultat obtenu en regard des données du droit des gens général et des décisions de la Conférence de la Haye. Puisse le peuple anglais profiter de la leçon qui se dégage de cette comparaison et revenir aux glorieuses traditions des Napier et des Clyde qui ont fait sa grandeur dans le passé et que ses véritables amis ont déploré de voir momentanément abandonnées.

A. Mérignhac,
Professeur de droit international à la Faculté de Toulouse,
Président du Comité régional du Midi pour
l'indépendance des Boërs.

LA CONDITION INTERNATIONALE
DES NOUVELLES-HÉBRIDES (1)

Entre la Nouvelle-Calédonie et ses dépendances, les îles Salomon et les îles Fidji, on trouve, dans la partie occidentale de l'Océan Pacifique, un grand nombre d'îles dont la condition internationale est assez mal connue. Ces îles, qui s'étagent presque en ligne droite entre le 8° et le 21° lati-

(1) Bibliographie. — 1° *Documents* : Livre jaune, documents diplomatiques, *Affaires des*

tude sud,forment quatre principaux groupes : au Nord,les îles *Santa-Cruz* ou de la Reine Charlotte, plus loin les îles *Torrès* et les îles *Banks* et, immédiatement après, le groupe important des *Nouvelles-Hébrides*. En réalité,les deux petits groupes intermédiaires peuvent être considérés comme l'accessoire de ce dernier. Ils peuvent d'autant plus être confondus avec lui qu'ils sont soumis au même régime international, alors que les îles Santa-Cruz sont devenues, depuis environ trois ans, possessions britanniques. Sauf à indiquer ultérieurement à la suite de quelles circonstances l'Angleterre a pu procéder à cette annexion, nous n'insisterons ici que sur la condition internationale des Nouvelles-Hébrides, en employant cette dénomination pour désigner, à moins d'indication contraire, l'archipel néo-hébridais avec les deux petits groupes voisins des îles Torrès et Banks.

Les Nouvelles-Hébrides font partie de la Mélanésie et comprennent une quarantaine d'îles et îlots. Les principales, en allant du Nord au Sud, sont : Espiritu-Santo, Mallicolo, Ambrym, Api, Vaté (ou Sandwich), Erromango, Tanna, et Anatom (1). Aperçues pour la première fois par Queiros en 1606, visitées ensuite par Torrès au XVIIe et par Bougainville au XVIIIe siècle, les Nouvelles-Hébrides furent explorées par Cook (1774)

Nouvelles-Hébrides et des îles Sous-le-Vent de Tahiti,1887.—Blue Book,France.n° 1 (1888). *Agreement between the British and French Governments relative to the New-Hebrides, 1887 and 1888.* — The Pacific Order in Council, 1893 (Darling and Son,n° 2137). — Loi du 30 juillet 1900 (*Journal officiel* du 3 août 1900) ; Décret du 28 février 1901 (*Journal officiel* du 25 mars 1901).

2° *Ouvrages, monographies et articles.* Outre les travaux antérieurs à 1887 dont les principaux sont cités p. 189-190 de l'ouvrage de M. Paul Deschanel, *Les intérêts français dans l'Océan Pacifique*, Paris,1888, et cet ouvrage lui-même,on peut consulter : Comte de Varigny, *L'Océan Pacifique*, Paris, 1888 ; H. Le Chartier et Ch. Legrand, *Guide de France en Océanie et d'Océanie en France*,Paris, 1889, 163-187 ; Imhauss, *Les Nouvelles-Hébrides*, Paris, 1890 ; Spéder, *Aux îles Hébrides et aux îles Salomon*, dans le *Bulletin de la Société de géographie commerciale de Paris*, t. XIV (1892),p. 50 ; Dr François, *Les Nouvelles-Hébrides*,ibid.,p. 385 ; le P. de Salinis S. J.,*Marins et Missionnaires*, Paris 1892 ; Gaston Beaune, *La terre australe inconnue* (11 croisières aux Nouvelles-Hébrides), Lyon, 1894 ; Dr Hagen, *Études sur les Nouvelles-Hébrides,* Nancy, 1893 ; Dr E. Davillé, *Sur les Nouvelles-Hébrides,* dans les *Archives de médecine navale,* t. LXII (1894) ; du même, *La colonisation française aux Nouvelles-Hébrides,* Paris, 1895 ; du même, *Guide du colon aux Nouvelles-Hébrides*, Paris, 1899 ; Augustin Bernard, *L'archipel de la Nouvelle-Calédonie*, Paris, 1895 (Thèse de la Faculté des lettres) ; Jean Carol, *Une question franco-anglaise,* dans la *Revue de Paris,* 1900, t. I, p. 242 ; du même, *Enquêtes coloniales* (Nouvelle-Calédonie), Le complément, dans le *Temps* du 15 mai 1900 ; René Pinon, *La France des antipodes,* dans la *Revue des Deux-Mondes,* 1900, t. II, p.779 ; Paul Lavagne,*La question des Nouvelles-Hébrides,* dans les *Annales des sciences politiques,* t. XV (1900), p. 704 ; Poubaix et Plas, *Recueil des Sociétés coloniales,* Paris et Bruxelles, 1900.

(1) On trouvera des renseignements géographiques, ethnographiques et autres sur chacune de ces îles dans l'excellent ouvrage de M. Paul Deschanel, *Les intérêts français dans l'Océan Pacifique,* p. 203 et suiv.

qui leur donna, en souvenir des îles écossaises, le nom qu'elles portent. Après lui, d'Entrecasteaux, en 1793, Dumont d'Urville, en 1827, et d'autres encore sont venus faire mieux connaître au monde européen la situation géographique et l'importance des richesses de l'archipel néo-hébridais (1). La superficie de ces îles serait, d'après les études les plus récentes, de 16.000 kilomètres carrés. Quant à leur population, elle atteindrait 95.000 habitants (2), appartenant pour la plupart à la race Papoue ; mais dans certaines îles, des migrations polynésiennes sont venues modifier la race primitive. Les Néo-Hébridais, divisés en plusieurs tribus par île, sont belliqueux et de mœurs barbares ; anthropophages à l'occasion, ils paraissent réfractaires à la civilisation européenne (3). Pauvres en faune, les Nouvelles-Hébrides sont très riches en flore : à côté du bananier, de l'igname, de la canne à sucre, on y trouve l'arbre à pain, le taro et surtout le cocotier (4). Il y a des forêts considérables de cocotiers dont l'exploitation alimente le commerce le plus actif de l'archipel et constitue une source intarissable de richesse (5). Enfin le climat de ces îles, sans être toutefois aussi salubre que celui de la Nouvelle-Calédonie, se rapproche beaucoup de lui (6).

A la différence des îles Santa-Cruz, les Nouvelles-Hébrides ne font encore partie d'aucun domaine colonial européen. Aucune puissance civilisée ne peut actuellement les compter au nombre de ses colonies. Ce point est absolument certain malgré les affirmations fausses et contradictoires qu'on est stupéfait de rencontrer souvent dans des documents officiels ou officieux français où les Nouvelles-Hébrides sont indiquées

(1) V. à ce sujet Elisée Reclus, *Nouvelle géographie universelle*, Paris, 1889, t. XIV, p. 673 et suiv.

(2) La population des Nouvelles-Hébrides est évaluée diversement par les différents géographes. Alors que M. Elisée Reclus (*op. cit*,. p. 683) la fixe à 57.000 environ, M. Paul Pelet (*Atlas des colonies françaises, dressé par ordre du ministère des colonies*, Paris, 1900, Introduction) la porte à 95.000 habitants. Si nous nous en tenons à ce dernier chiffre c'est qu'il est confirmé par les voyageurs et les missionnaires qui ont visité les Nouvelles-Hébrides. C'est ainsi que récemment le P. Pionnier faisant une communication à la Société de géographie de Paris (séance du 22 février 1901) sur les Nouvelles-Hébrides, où il est resté pendant 30 ans, évaluait à 100.000 habitants la population de l'archipel entier.

(3) Paul Deschanel, *op. cit.*, p. 226 et suiv.

(4) Paul Deschanel, *op. cit.*, p. 195 et suiv.

(5) L'amande sèche du coco s'appelle coprah. De grandes quantités de coprah sont expédiées des Nouvelles-Hébrides en Australie et en Amérique. Du coprah on tire une huile qui est utilisée dans l'industrie pour le graissage des machines, on en fabrique aussi, en Nouvelle-Calédonie, du savon de qualité inférieure (Spéder, *Aux îles Hébrides et aux îles Salomon*, dans le *Bulletin de la Société de géographie commerciale de Paris*, t. XIV (1892), p. 53).

(6) Imbaus, *Les Nouvelles-Hébrides*, p. 13 ; Augustin Bernard, *L'archipel de la Nouvelle-Calédonie*, p. 337-338.

tantôt comme « colonies anglaises» (1) et tantôt comme « colonies françaises » (2). Mais si ces îles n'appartiennent exclusivement à aucun État, elles ne sont pas non plus territoire vacant et sans maître. Leur condition a été plus ou moins bien réglée par un certain nombre d'arrangements diplomatiques desquels il résulte que la France et l'Angleterre y ont des droits limités mais communs. On parle souvent pour indiquer cette situation de territoire neutralisé (3) et de condominium franco-anglais (4). Ce sont des expressions impropres qui ne donnent pas une idée très exacte de la situation qu'elle servent à indiquer. La condition de l'archipel néohébridais est, en réalité, assez compliquée et soulève des questions de droit international fort délicates.

Pour la comprendre, il convient de remonter à l'origine de l'expansion coloniale des États européens dans la partie occidentale du Pacifique, de montrer la naissance et le développement des intérêts divers des États colonisateurs dans cette région et d'indiquer les arrangements diplomatiques qui en sont résultés et la solution finale que réclame la situation actuelle.

L'expansion coloniale des grands États modernes s'est produite et continue à se poursuivre dans tous les continents où des territoires vacants ou mal exploités peuvent fournir un aliment au besoin constant de trouver de nouveaux débouchés. En Océanie, comme en Afrique et en Asie, elle a abouti à une politique de partage et provoqué l'éclosion d'institutions nouvelles en la forme. Il y a aujourd'hui un « partage du Pacifique », comme il y a un partage de l'Afrique et un partage de l'Asie. Les puissances copartageantes sont l'Angleterre, l'Allemagne, les États-Unis et la France. Au fur et à mesure que l'extension du commerce international a atteint les différents archipels océaniens, ceux-ci entrèrent, soit d'une façon définitive, soit d'une manière simplement éventuelle, dans le domaine colonial de l'une des puissances copartageantes. Des conventions furent conclues pour régler l'attribution respective des îles du Pacifique, ces accords furent multipliés pendant le dernier quart du XIXe siècle et aujourd'hui on peut dire qu'il n'y a presque pas d'île de quelque importance dont le sort n'ait pas fait l'objet d'une entente diplomatique. Là, comme ailleurs, l'attribution des territoires vacants n'a pas

(1) Il en est ainsi dans le tableau du service des Postes.

(2) *Atlas des colonies françaises, dressé par ordre du ministère des colonies,* par Paul Pelet. Dans le tableau des colonies françaises de l'Océanie, donné dans l'Introduction de cet ouvrage, d'ailleurs très remarquable, les Nouvelles-Hébrides figurent à côté de la Nouvelle-Calédonie et dépendances et des Wallis !

(3) Grande Encyclopédie, Vᵒ *Nouvelles-Hébrides,* article de M. Delavaud.

(4) Jean Carol, *Une question franco-anglaise,* dans la *Revue de Paris,* 1900, t. I, p. 264 et suiv.

toujours eu lieu sans difficulté et les opérations de partage n'ont pas pu,
dans tous les cas, être définitives. Si le plus souvent l'accord a pu s'établir pour faire tomber tel archipel convoité dans le lot de l'un des copartageants, parfois aussi le défaut d'entente en vue d'une attribution
immédiate a imposé aux intéressés l'obligation d'avoir recours à des
mesures provisoires, réservant l'avenir.Ces mesures sont de deux sortes :
la clause de neutralisation et l'établissement d'un condominium. Nées
des conflits inévitables que produit l'expansion concurrente des États
colonisateurs, elles ne sont pas d'une application particulière en Océanie.
On les retrouve également en Afrique et en Asie (1). Entre leurs différentes applications dans chacun de ces continents, on ne peut guère relever que des nuances et des différences de détail. La clause de neutralisation, appelée aussi parfois convention d'indépendance, constitue la
mesure la plus simple et signifie que les États contractants s'engagent
réciproquement à laisser pour le moment en dehors de leur expansion
coloniale le territoire visé dans leur convention. Désormais aucun d'eux
ne pourra s'annexer ce territoire sans le consentement de l'autre. Application de cette clause fut faite, dans les rapports de la France et de
l'Angleterre, en 1847, aux îles Sous-le-Vent de Tahiti. Il fallut le consentement de l'Angleterre pour abroger cette clause et permettre à la
France de s'annexer les dites îles (2). L'autre mesure, le condominium,
consiste à laisser le territoire qu'on ne veut pas partager dans l'indivi-
sion. Les contractants se reconnaissent sur lui des droits communs.Leur
autorité, plus ou moins étendue, s'y exercera concurremment jusqu'au
jour où une convention de partage pourra être conclue par les États
intéressés. Cette mesure fut appliquée aux îles Samoa par le traité de
Berlin du 14 juin 1889 conclu par l'Allemagne, l'Angleterre et les États-
Unis (3). Ce condominium dura jusqu'à la fin de 1899. Le traité du 2 décembre de cette année attribua définitivement la plupart de ces îles à
l'Allemagne et le reste aux États-Unis. Quant à l'Angleterre, elle reçut
des compensations ailleurs, en Afrique et aux îles Salomon (4).

Si dans les deux exemples que nous venons de citer les mesures pro-

(1) De Pouvourville, *Les fictions internationales en Extrême-Orient*, dans cette *Revue*,
t. VI (1899), p. 113 et suiv.

(2) Convention du 16 novembre 1887, art. 1er et 5 (De Clercq, *Recueil des traités de la
France*, t. XVII, p. 494). A la suite de cet accord,les îles *Sous-le-Vent* ont été annexées à la
France en mars 1888. Elles forment avec le groupe des îles *du Vent* de Tahiti, ancien
protectorat français transformé en colonie française depuis la fin de 1880, les îles *de la
Société* (Rouard de Card,*Un protectorat disparu. L'annexion de Tahiti et ses dépendances*,
dans cette *Revue*, t. I (1894), p.330 et suiv.).

(3) Moye, *La question des îles Samoa*, dans cette *Revue*, t. VI (1899), p. 125.

(4) Lefébure, *Le partage des Samoa*, dans les *Annales des sciences politiques*, t. XV
(1900), p. 116 et suiv. ; Moye, *Chronique*, dans cette *Revue*, t. VII (1900), p. 292 et suiv.

visoires primitivement adoptées ont fini par être remplacées par un
partage définitif, il en est autrement pour ce qui concerne les Nouvelles-
Hébrides. Là, l'évolution a été plus lente et n'a pas encore abouti à son
terme final. Les deux États intéressés, la France et l'Angleterre, se sont
d'abord entendus, en 1878, pour réserver l'attribution de ces iles par
une déclaration d'indépendance. Puis, en 1887, une nouvelle entente est
venue établir une sorte de condominium franco-anglais très vague.
C'est sous l'empire de cette convention que se trouve encore de nos
jours l'archipel néo-hébridais. Mais la situation de fait s'est depuis
beaucoup modifiée et l'on verra que le moment est venu de fixer définitivement le sort de ces iles par leur attribution à l'État qui y a la plus
grande somme d'intérêts. On se demandera sans doute pourquoi l'évolution a été ici plus lente que dans l'exemple des Samoa. On en trouvera
l'explication dans ce fait que la question des Nouvelles-Hébrides, due à
son origine à une maladresse diplomatique, a soulevé par la suite des
difficultés toutes locales. Sa solution en faveur de la France rencontra
de bonne heure un sérieux obstacle dans les ambitions et les susceptibilités en partie légitimes d'une grande colonie voisine en passe de devenir une importante fédération, nous avons nommé les États-Unis
d'Australie.

L'histoire diplomatique des Nouvelles-Hébrides peut ainsi se diviser
en trois périodes : la première va jusqu'à la déclaration d'indépendance
de 1878 ; la seconde part de cette date et va jusqu'à la convention de
1887 ; la troisième enfin comprend les événements divers qui se sont
produits depuis la conclusion de cet acte diplomatique jusqu'à nos jours,
mettant en lumière à la fois les inconvénients et l'insuffisance de la
mesure nécessairement provisoire de 1887. C'est cette division que nous
suivrons dans la présente étude.

I

Les voyages des navigateurs pendant le premier quart du XIX⁰ siècle
avaient fait connaitre les richesses des iles du Pacifique et avaient ainsi
préparé l'expansion coloniale de la France et de l'Angleterre dans les
mers du Sud. C'est en 1839 que le gouvernement français essaie pour la
première fois d'étendre sa domination dans ces régions. Il songe d'abord
à la Nouvelle-Zélande, mais il y est devancé par l'Angleterre. Obligé de
chercher ailleurs, il fait occuper, en 1842, les Marquises par l'amiral
Dupetit-Thouars et, bientôt après, il arrive à placer sous son protectorat les iles du Vent de Tahiti, les Gambier et les Wallis. Mais ce n'étaient
là que des stations et la France convoitait des colonies plus importantes dans l'Ouest du Pacifique. La Société des maristes se chargea de

préparer le terrain, en y étendant l'influence française. Son effort fut
porté sur la Nouvelle-Calédonie dont le gouvernement de Napoléon III
finit par s'emparer en 1853. La prise de possession de cette île par le
contre-amiral Febvrier-Despointes eut lieu avec prudence et rapidité de
peur qu'on ne fût, comme quelques années auparavant en Nouvelle-
Zélande, devancé par les Anglais (1).

Le désir d'arrêter l'expansion des Anglais dans ces contrées ne fut
pas le seul mobile de cette prise de possession. Elle avait surtout pour
but, d'après la déclaration même du gouvernement français, « d'assurer à la France dans le Pacifique la position que réclamaient les intérêts
de la marine militaire et commerciale, et les vues du gouvernement sur
le régime pénitentiaire ; position que ne lui donnait ni l'occupation du
petit archipel des Marquises, ni le protectorat des îles de la Société » (2).

Dans l'intention des marins et des missionnaires qui avaient préparé
l'action du gouvernement français, l'acquisition de la Nouvelle-Calédonie impliquait celle des iles voisines, des Loyalty et des Nouvelles-Hébrides, qui, au double point de vue géographique et commercial, sont
l'accessoire et le complément de la grande île Canaque. Les Nouvelles-
Hébrides avaient déjà commencé, depuis environ 1840, à être visitées et
exploitées et, dès le début, on avait fait de Nouméa l'entrepôt des produits qu'on tirait de l'archipel néo-hébridais (3). On s'attendait donc à ce
que la domination de la France fût immédiatement étendue sur toutes
ces îles. Il en fut pourtant autrement. Le procès-verbal de la prise de
possession de là Nouvelle-Calédonie se contentait de comprendre les
« dépendances » de l'île, mais sans les indiquer d'une manière précise (4). Et si plus tard, en 1864, le gouvernement crut devoir utiliser
la réserve contenue dans l'expression précitée, en occupant effectivement les Loyalty, il préféra garder vis-à-vis des Nouvelles-Hébrides l'attitude expectante du début. S'il eût été à cette époque mieux renseigné
sur la valeur de ces îles et en état de prévoir les complications qui
allaient bientôt se produire, il n'eût certes pas manqué d'agir autrement
qu'il ne le fit. Il lui sembla, au contraire, plus opportun de laisser pour
le moment l'archipel néo-hébridais en dehors de son domaine colonial. Quelle que fût la valeur des raisons qui lui dictèrent cette attitude,
il n'est pas sans intérêt pour la compréhension de ce qui va suivre de les
indiquer ici. Ces raisons semblent avoir été les deux suivantes : 1° le

(1) A. Bernard, op. cit., p. 319-326 ; René Pinon, La France des antipodes, dans la
Revue des Deux-Mondes, 1900, t. II, p. 779-781.
(2) Moniteur officiel du 14 février 1854.
(3) Higginson, lettre adressée à sir Charles Dilke, dans l'ouvrage précité de M. Paul
Deschanel, Appendice, p. 368.
(4) A. Bernard, op. cit., p. 328.

défaut d'intérêt d'une occupation immédiate ; 2° la possibilité d'une prise de possession ultérieure. D'une part, en effet, les Nouvelles-Hébrides commençaient alors à peine à intéresser le commerce. Sans doute, depuis environ 1840 quelques hardis négociants, dont le capitaine James Paddon, y avaient entrepris l'exploitation du bois de santal et du caprah ; leurs navires transportaient en grande quantité ces précieuses marchandises à la Nouvelle-Calédonie d'où elles étaient ensuite expédiées à Sydney ou en Chine (1).Mais ce commerce n'était ni assez stable ni assez important pour décider le gouvernement à assumer les charges et la responsabilité de la possession d'un archipel où il n'y avait pas alors un seul colon (2). Du reste, en intervenant dans l'Ouest du Pacifique et en prenant possession de la Nouvelle-Calédonie, la France avait bien moins l'intention d'y fonder une colonie de rapport et d'exploitation que d'y réaliser en grand une expérience de transportation pénale. On venait de discuter au Parlement sur l'emplacement à choisir dans ce but et le *Moniteur officiel* indiqua nettement, par la déclaration citée plus haut, que l'occupation de la Nouvelle-Calédonie avait eu lieu surtout en vue d'un établissement pénitentiaire. Dans ces conditions, le gouvernement de Napoléon III n'avait que faire des Nouvelles-Hébrides. D'autre part, il estima qu'il pouvait retarder une prise de possession dont l'utilité ne se faisait pas encore sentir. L'occupation de la Nouvelle-Calédonie n'était-elle pas un titre suffisant pour la possession ultérieure de ce que tout le monde considérait comme une dépendance géographique de la grande île ? Comment l'Angleterre, la seule rivale à craindre, pourrait-elle de bonne foi contester la légitimité de cette possession alors qu'elle ne s'était pas opposée à l'établissement du titre en vertu duquel elle aurait lieu ? Ce raisonnement fut longtemps celui du gouvernement français (3). Il était possible à une époque où la France pouvait, par la possession de la Nouvelle-Calédonie, se dire plus voisine des Nouvelles-Hébrides que ne l'était l'Angleterre par ses colonies australiennes. Mais il risquait de perdre sa valeur le jour où la Grande-Bretagne se serait rapprochée de l'archipel néo-hébridais par l'occupation des Fidji à l'Est ou des Salomon au Nord-Ouest. Cette éventualité n'était pas la seule qu'aurait dû prévoir le gouvernement français. Les progrès de la colonisation en Australie présageaient dès cette époque le développement futur des colonies britanniques. Le gouvernement, averti par des esprits

(1) Paul Deschanel, *op. cit.*, p. 245.
(2) Jean Carol, *article cité*, p. 264.
(3) V. la lettre précitée de M. Higginson dans l'ouvrage de M. Paul Deschanel, p. 369.

clairvoyants (1), aurait pu prévoir les difficultés auxquelles l'exposerait son attitude expectante le jour où les intérêts australiens s'étendraient sur la plupart des archipels du Pacifique.

Il est sans doute facile de faire après coup la critique d'un acte dont les événements ultérieurs ont montré la fausseté ; aussi n'est-il pas dans notre intention d'imputer à faute au gouvernement de 1853 de n'avoir pas procédé à l'occupation des Nouvelles-Hébrides qui eût, à coup sûr, été un acte de prudence très louable. Mais il nous est permis de regretter qu'on ait cru devoir persister dans la même attitude réservée depuis que, les circonstances ayant changé, les raisons analysées ci-dessus ne pouvaient plus être invoquées.

La situation ne tarda pas, en effet, à se modifier. En 1853, l'archipel néo-hébridais ne comptait pas de colons et n'offrait pas un grand intérêt commercial. Bientôt il en fut autrement. Le besoin de travailleurs, soit dans le Queensland, soit à la Nouvelle-Calédonie, donna l'idée d'aller recruter des Néo-Hébridais. Ce recrutement dégénéra rapidement en une véritable traite scandaleuse dont des abus motivèrent l'intervention des autorités des colonies précitées qui avaient recours à la main-d'œuvre canaque. Un arrêté du gouverneur de la Nouvelle-Calédonie, pris à la date du 10 août 1865, prescrivait que l'emploi de tout immigrant des Nouvelles-Hébrides devrait donner lieu à la passation d'un contrat d'engagement de travail devant le greffier du tribunal (2). De son côté, la législature de Queensland émettait en mars 1868 le *Polynesian Labourers Act* ayant pour but de surveiller les engagements des travailleurs, leur entretien convenable et leur rapatriement à l'expiration de leur contrat (3). Cette utilisation des Nouvelles-Hébrides ne fut pas la seule. L'attention du monde ayant été attirée sur les richesses de ces îles, des colons français et surtout anglais vinrent s'y fixer, notamment à Tanna et à Vaté (ou Sandwich). Dans l'une, on commença à exploiter une mine de soufre admirable, qui passe pour être une des plus belles du monde (4). Dans l'autre, on entreprit le commerce du coprah et quelques travaux agricoles. Vaté, ayant une végétation très riche, une population d'un commerce plutôt facile et deux ports excellents (Havannah et Vila), devint vite le centre commercial de l'archipel.

(1) Il est à remarquer, en effet, que le rapport de Bérard, envoyé en 1850 sur l'*Alcmène* pour étudier les ressources de la Nouvelle-Calédonie, prédisait que « sans doute, l'Australie deviendrait un Empire libre » (Bérard, *Campagne de l'Alcmène*, p. 182, cité par A. Bernard, *op. cit.*, p. 326).

(2) *La main-d'œuvre aux colonies*, Documents officiels, *Bibliothèque coloniale internationale*, t. III, p. 265.

(3) Paul Deschanel, *op. cit.*, p. 247.

(4) Paul Deschanel, *op. cit.*, p. 207-208.

Mais le commerce naissant dans ces régions avait besoin pour se développer d'une protection efficace. Aucune autorité indigène ne pouvant sérieusement assumer cette tâche (1), les colons dirigent leurs regards au dehors et, tout naturellement, ils réclament la protection de la France. L'influence française avait été habilement entretenue dans tout l'archipel grâce aux efforts d'un négociant de Nouméa, d'origine irlandaise, M. Higginson, dont le nom occupe une place importante dans toute l'histoire diplomatique des Nouvelles-Hébrides (2).Ce sont les résidents anglais de Tanna qui, les premiers, s'adressent, en février 1875, au gouverneur de la Nouvelle-Calédonie pour le « supplier de prendre la dite ile Tanna sous la protection du pavillon français en l'annexant à la Nouvelle-Calédonie ». « Toute espèce de gouvernement faisant défaut, disaient-ils dans leur Adresse, personne ne se sent disposé à risquer les grands capitaux que réclame la culture de la canne à sucre ». Et ils ajoutaient : « Les naturels sont divisés en un si grand nombre de petites tribus, toujours en guerre les unes avec les autres, qu'ils accepteraient avec plaisir toute intervention étrangère qui rétablirait la paix ». L'année suivante, en mai 1876, les planteurs et résidents de Vaté tentaient une démarche analogue. Ils se fondaient pour demander le protectorat de la France sur ce que l'ile qu'ils habitaient était l'annexe géographique et commerciale de la Nouvelle-Calédonie et sur ce qu'elle était encore vacante et sans maitre (3).

Ainsi, on ne pouvait plus dire en France que la possession des Nouvelles-Hébrides ne présentait aucun caractère d'utilité. Le développement de l'exploitation commerciale de l'archipel et les réclamations des colons intéressés prouvaient maintenant le contraire. Il y avait plus. La Nouvelle-Calédonie avait été choisie par le décret du 2 septembre 1863 comme lieu de transportation pénale, à titre d'essai. On commença à y transporter les condamnés aux travaux forcés. Et l'on sait qu'aux termes de l'article 6 de la loi des 30 mai-1er juin 1854 « tout individu condamné à moins de 8 ans de travaux forcés est tenu, à l'expiration de sa peine, de résider dans la colonie pendant un temps égal à la durée de sa

(1) Comme nous l'avons dit plus haut dans chaque île, les Néo-Hébridais sont divisés en plusieurs tribus, ayant chacune son chef absolu et indépendant des chefs des tribus voisines (Capitaine Polliart, dans le *Bulletin de la Société de géographie commerciale de Paris*, t. IX (1886-1887), p. 422).

(2) M. Higginson s'établit a Nouméa en 1859. Très actif et très entreprenant, il a participé activement à toutes les affaires calédoniennes et prépara, comme on le verra plus tard, l'annexion des Nouvelles-Hébrides à la France (Paul Deschanel, *op. cit.*, p. 253-254).

(3) V. le texte entier de ces Adresses, dans Paul Deschanel, *op. cit.*, p. 249-252. V. aussi Dr Davillé, *La colonisation française aux Nouvelles-Hébrides*, p. 94.

condamnation ; si la peine est de 8 années, il est tenu d'y résider toute sa vie ». Cette disposition allait bientôt exposer la Nouvelle-Calédonie à de très graves embarras. Le nombre des libérés très faible au début devint au bout de quelques années considérable : d'une quinzaine en 1870 il passe à 1089 en 1875 (1). La colonie avait déjà peine à leur assurer des moyens d'existence. On commença dès lors à se préoccuper de trouver un lieu propre à déverser le trop-plein de la transportation. Les Nouvelles-Hébrides parurent de suite devoir être utilisées à cet effet. Leur annexion paraissait d'autant plus urgente que la Nouvelle-Calédonie, déjà trop chargée de forçats et de libérés, était en ce moment menacée de l'arrivée des 1750 forçats et libérés de la Guyane que la métropole projetait d'envoyer à Nouméa après l'évacuation du pénitencier de Maroni. L'exécution de ce projet alors imminente eut effectivement lieu l'année suivante, en 1877.

Néanmoins les supplications des colons calédoniens et néo-hébridais restèrent sans effet. Le gouvernement français n'en tint absolument aucun compte et continua, comme par le passé, à rester dans l'inaction. Pouvait-il au moins invoquer encore la seconde de ses anciennes raisons et croire qu'on ne risquait rien d'attendre ? Pas davantage, car l'expansion anglaise et le développement des colonies australiennes avaient de puis vingt ans fait des progrès considérables. Depuis 1871 environ, il s'était manifesté en Australie un mouvement d'opinion sérieux en faveur d'une politique de conquêtes dans le Pacifique. On sentait la naissance future d'un grand « Empire australien » et l'on désirait préparer sa domination sur les mers du Sud en accaparant tous les territoires encore vacants dans ces régions. La métropole, après avoir d'abord hésité à suivre son ambitieuse colonie, finit par adopter sa façon de voir et entra résolument dans la voie des conquêtes. Tour à tour les Fidji, la Nouvelle-Guinée et autres îles furent, en tout ou partie, occupées par l'Angleterre. Ainsi, la marche conquérante contourna l'archipel néo-hébridais sans l'atteindre directement. Les droits de la France y étaient tellement évidents qu'ils s'imposaient alors même à la puissance la moins soucieuse des droits d'autrui. Il paraît donc établi que si, se rendant à la prière des colons de Tanna, de Vaté et de la Nouvelle-Calédonie, la France avait, en 1875-1876, pris possession des Nouvelles-Hébrides, son action n'aurait soulevé aucune difficulté diplomatique. L'Angleterre aurait pu d'autant moins s'en plaindre que l'annexion des Nouvelles-Hébrides eût été de la part de la France une réplique à l'occupation des Fidji (2).

Au point où en étaient arrivées les choses dans l'Ouest du Pacifique, le

(1) A. Bernard, *op. cit.*, p. 403 et 426.
(2) Jean Carol, *article précité*, p. 247.

refus de prendre possession des Nouvelles-Hébrides n'était plus, comme
en 1853, un acte d'imprudence, mais une faute grave qui allait être
habilement exploitée par les ambitieux rivaux de la France. Les Nouvelle s-Hébrides avaient été jusque-là respectées par le mouvement annexionniste anglo-australien, parce qu'on croyait que le gouvernement
français était prêt à revendiquer ses droits à la moindre alerte. N'était-
il pas permis, en présence de son attitude passive, de penser qu'il se
désintéressait du sort de l'archipel? On pouvait donc maintenant élever
soi-même des prétentions et les affirmer avec une hardiesse égale à la
timidité dont la France faisait preuve. Telle fut la tactique que résolu-
rent de suivre les missionnaires presbytériens, les plus actifs agents de
l'influence australienne dans le Pacifique (1). Installés de longue date
aux Nouvelles-Hébrides, ces missionnaires étaient bien placés pour connaître la situation, l'attitude des colons et celle du gouvernement français. Aussitôt avertis des Adresses envoyées au gouverneur de la Nouvelle-Calédonie et de leur insuccès, ils entrèrent en scène, préparant
les manifestations qui allaient avoir lieu en Australie. Un grand meeting
fut tenu en septembre 1877 à Melbourne dans lequel le R. Paton et
quelques autres orateurs demandèrent l'annexion de l'archipel néo-
hébridais à l'Angleterre. Bientôt après, les principaux organes de la
presse australienne formulaient nettement les revendications de la
grande colonie. Ils contestaient tout d'abord les droits de la France en
s'appuyant sur ce que « si les Nouvelles-Hébrides sont voisines de la
Nouvelle-Calédonie, elles le sont aussi des Fidji ». Ils réclamaient ensuite l'annexion de l'archipel au nom des intérêts supérieurs de l'Australie. Il est curieux de constater que dès cette époque on formule le
principe d'une politique générale d'annexion. S'abritant derrière l'opinion de M. Berry, secrétaire en chef du gouvernement local de Victoria,
un journal de Melbourne disait à ce propos que, pour écarter toutes
complications ultérieures, « il faudrait établir en principe *une sorte de
doctrine de Monroe* », d'après laquelle « toutes les contrées de cette partie
du monde devraient être occupées par la race anglo-saxonne ou lui
appartenir (2) ». Et un journal de Sydney ajoutait dans le même sens :

---

(1) Ces missionnaires appartiennent presque tous à la secte fondée par Wesley. Ils
se trouvent placés, dans une certaine mesure, sous l'influence de la Société wesleyenne
méthodiste d'Australie, qui a son siège à Sydney (*Australian weslyan methodist Society*). C'est elle qui fournit les fonds, exerce sur les missionnaires une sorte de contrôle et reçoit d'eux des rapports réguliers qui, publiés par ses soins, tiennent les
associés et le monde australien au courant des vicissitudes de l'œuvre (Baron de Hübner,
A travers l'Empire britannique, Paris, 1886, t. II, p. 445. V. aussi, Paul Deschanel,
op. cit., p. 204 et 245).

(2) L'*Argus* du 10 octobre 1877, cité par Paul Deschanel, *op. cit.*, p. 304.

« Il est presque certain que le progrès que nous avons déjà fait dans le Pacifique entrainera la nécessité d'en faire encore d'autres » (1). Pour appliquer immédiatement cette politique générale aux Nouvelles-Hébrides, la presse australienne trouvait un argument pratique — dont la diplomatie allait plus tard tirer grand profit — dans les réclamations des colons calédoniens tendant à choisir les Nouvelles-Hébrides comme déversoir du trop-plein de la transportation pénale. « Les colonies australiennes, écrivait le 9 octobre 1877 le journal précité de Sydney, ont fait, il y a quelques années, une longue et dure guerre pour débarrasser ces mers des condamnés de la Grande-Bretagne ; elles ne peuvent voir avec indifférence les iles du Pacifique devenir des établissements pénitentiaires français ». Le gouvernement de Victoria, sollicité d'intervenir auprès du gouvernement métropolitain, appuya ce mouvement d'opinion auprès du Cabinet de Londres. Mais celui-ci, soit qu'il craignît des difficultés diplomatiques, soit surtout qu'il voulût éviter les dépenses qu'entrainerait la mesure réclamée et que les colonies australiennes ne paraissaient pas disposées à vouloir prendre à leur charge, répondit que l'annexion des Nouvelles-Hébrides n'était pas encore possible (2).

La campagne entreprise en Australie aboutissait ainsi à un échec. Les arguments mis en avant à cette occasion, soit par les orateurs, soit par la presse, étaient facilement réfutables, et spécialement celui qui visait l'extension de la colonisation pénale n'était au fond qu'un prétexte, et les négociations qui aboutirent à l'accord de 1887 devaient nettement le prouver. Mais, quelque faibles qu'ils fussent, ils étaient l'indice d'une situation toute nouvelle. Nés du reste de l'attitude passive de la France, ils risquaient de devenir à la longue décisifs s'ils n'étaient immédiatement écartés. L'occasion paraissait excellente pour demander au Cabinet anglais des explications sur un mouvement d'opinion que la France pouvait considérer comme contraire à ses droits acquis en Océanie. Une attitude énergique pouvait maintenant racheter l'imprudence de 1853 et la faute de 1875-1876. Tel ne fut pas malheureusement l'avis du gouvernement français. S'il s'empressa de demander à Londres des explications sur le mouvement d'opinion australien, il crut devoir s'engager à respecter l'indépendance des Nouvelles-Hébrides.

Le 15 janvier 1878, le Marquis d'Harcourt était chargé de dire au Comte Derby que « sans attacher une très grande importance » au mouvement d'opinion produit en Australie, le gouvernement français tenait toutefois à déclarer que, pour ce qui le concernait, il n'avait pas « leprojet de porter atteinte à l'indépendance des Nouvelles-Hébrides » et qu' « il

(1) Le *Morning Herald* du 9 octobre 1877, *ibid.*, p. 307.
(2) Paul Deschanel, *op. cit.*, p. 300, 303 et 307.

serait heureux de savoir que, de son côté, le gouvernement de Sa Majesté était également disposé à la respecter » (1). En réponse à cette Note, le Comte Derby fit savoir à l'ambassadeur français, à la date du 26 février suivant, « qu'il n'est pas dans les intentions du gouvernement de Sa Majesté de proposer au Parlement des mesures qui seraient de nature à modifier la situation indépendante où se trouvent actuellement les Nouvelles-Hébrides » (2).

A partir de ce moment, et par la volonté de la France, la question des Nouvelles-Hébrides devint une « question diplomatique » (3). La France renonçait à une partie de ses droits, puisqu'elle prenait un engagement vis-à-vis de la Grande-Bretagne. Sans doute, cette dernière aussi se trouvait engagée, mais de sa part il n'y avait pas renonciation à des droits acquis. Désormais le sort de l'archipel néo-hébridais dépendait de l'accord commun des deux nations rivales, aucune d'elles ne pouvait se l'annexer sans le consentement de l'autre. Tel est incontestablement le sens des lettres échangées entre l'ambassadeur français et le ministre britannique. Pour n'avoir pas le caractère solennel que présentait la déclaration d'indépendance de 1847, relative aux îles Sous-le-Vent de Tahiti, l'entente de 1878 n'en avait pas moins la même force obligatoire. Toutefois la différence de forme qui séparait ces deux accords permit plus tard au Cabinet anglais de faire semblant de croire que l'arrangement de 1878 n'était qu'une simple proposition, sans caractère obligatoire, le laissant libre d'agir à son gré.

En tout cas, loin de résoudre le conflit naissant entre la France et l'Australie, l'accord de 1878 ne faisait qu'en constater officiellement l'existence. Il prouvait, en effet, que les deux parties intéressées étaient sur un pied d'égalité dans la question des Nouvelles-Hébrides. Il était dès lors naturel que, dorénavant, chacune d'elles cherchât, par un redoublement d'activité, à rompre cette égalité à son profit et à se procurer de nouveaux titres en vue de l'acquisition exclusive de l'archipel contesté.

II

La lutte curieuse d'influence et d'intérêts qui, de part et d'autre, remplit toute cette seconde période de la question néo-hébridaise —

(1) Livre jaune, *Affaires des Nouvelles-Hébrides et des îles Sous-le-Vent de Tahiti,* n° 2.
(2) Livre jaune précité, n° 3.
(3) M. Paul Deschanel (*op. cit.*, p. 309) fait remarquer qu'il est véritablement singulier que, au moment même où le Cabinet français se voyait dans la nécessité de négocier pour détruire les funestes effets de la convention de 1847, relative aux îles Sous-le-Vent de Tahiti, il ait provoqué un arrangement analogue en Mélanésie.

de 1878 à 1887 — est bien connue (1), et nous ne comptons pas la décrire dans tous ses détails. Nous nous contenterons d'en rappeler les principaux incidents qui ont fini par occasionner les négociations diplomatiques ultérieures.

Du côté français, comme du côté anglo-australien, il s'agissait d'arriver à créer aux Nouvelles-Hébrides le plus grand nombre d'intérêts nationaux, prévenir l'action de son concurrent, enfin se mettre le premier en situation de pouvoir invoquer à son profit la maxime, qui, d'après sir Charles Dilke, est le principe essentiel de toute politique coloniale (2) : « là où sont les intérêts, là doit être la domination ».

Constamment suivi par l'Angleterre, ce principe fut naturellement appliqué par elle sans retard en l'espèce. Il y avait déjà des intérêts anglais assez considérables dans l'archipel. Nous avons vu, en effet, que plusieurs sujets britanniques étaient installés dans les principales iles : ils y possédaient de grandes étendues de terre et y faisaient un commerce actif. Nous avons vu aussi que des missionnaires presbytériens répandaient depuis longtemps l'influence anglaise dans ces contrées : ils y avaient bâti des églises, fondé des écoles et essayé d'apprendre leur langue aux indigènes. Le gouvernement anglais n'avait tout d'abord qu'à organiser la protection efficace de tous ces intérêts. C'est dans ce but que le Parlement britannique avait déjà voté les lois de 1872 et de 1875 sur la protection des habitants des iles du Pacifique (*Pacific Islanders Protection Acts*), autorisant le gouvernement à exercer son autorité et sa juridiction sur les sujets britanniques établis dans les iles du Pacifique ne relevant de la souveraineté d'aucune puissance civilisée. Par application de ces lois, le Conseil privé de la Reine avait pris les ordonnances de 1877, de 1879 et de 1880 sur l'Ouest du Pacifique (*The Western Pacific Orders in council of 1877, 1879 and 1880*), créant l'emploi de Haut-Commissaire de Sa Majesté pour l'Ouest du Pacifique (*Her Britannic Majesty's High Commissionner for the Western Pacific*) et réglementant les pouvoirs de ce haut fonctionnaire sur les sujets anglais établis dans les iles visées par les lois précitées. Le titre de Haut-Commissaire fut conféré au gouverneur des Fidji, sir Arthur Gordon, qui s'empressa d'user de ses nouveaux pouvoirs. Par une circulaire de 1881, il informa tous les colons anglais établis dans iles les encore indépendantes de l'Océanie qu'ils eussent à faire enregistrer leurs titres de propriété en Australie ou aux Fidji, s'ils voulaient que ces titres fussent par la suite reconnus et respectés. Il prévenait, en outre, les colons que tout gou-

(1) Deschanel, *op. cit.*, p. 253 et suiv. et 310 et suiv. ; Jean Carol, *article cité*, p. 251 et suiv.

(2) Charles Dilke, *L'Europe en 1887*, Londres, 1887.

verneur des colonies australiennes ou des Fidji était autorisé à leur
délivrer des permissions spéciales pour le recrutement dans ces îles des
travailleurs indigènes. A partir de ce moment un navire de guerre anglais stationna dans les eaux de l'archipel néo-hébridais pour rendre
absolument effective la protection organisée par les dispositions précédentes ; les officiers anglais intervinrent dans toutes les transactions,
assurèrent le respect des contrats entre leurs nationaux et les indigènes. Ainsi, la protection que les colons anglais des Nouvelles-Hébrides
demandaient en 1875-1876 au gouvernement français, ils l'obtenaient
maintenant en fait des autorités de leur pays. La liberté d'action que
laissait aux parties intéressées la déclaration d'indépendance de 1878
était, dans les quatre années qui suivirent cet accord, largement mise
à profit par la Grande-Bretagne et la situation commençait à être fortement compromise pour la France.

. Mais, à défaut du gouvernement, les colons français de la Nouvelle-Calédonie veillaient. Grâce à l'intelligente initiative de M. Higginson, ils
parvenaient à fonder, en 1882, la *Compagnie calédonienne des Nouvelles-
Hébrides* au capital de 500.000 francs, destinée à assurer la prépondérance des intérêts français dans l'archipel. Dans ce but, elle devait chercher à y acquérir le plus grand nombre de terrains, en particulier ceux
appartenant à des Anglais, et obtenir, pour le travail des mines calédoniennes, le rétablissement de l'immigration néo-hébridaise, qui venait
d'être suspendue provisoirement le 30 juin 1882 afin de donner de l'ouvrage aux libérés. Ce programme fut exécuté avec une rapidité remarquable. Quelques mois à peine après sa constitution, la Compagnie avait
acquis environ 150.000 hectares de terre appartenant aux Anglais et près
de 200.000 hectares appartenant à des indigènes. En même temps, elle
concluait avec les chefs de tribus, pour l'acquisition de nouveaux territoires, des transactions qui furent sanctionnées par les officiers des bâtiments de guerre français. Des colons furent envoyés par elle de Nouméa aux Nouvelles-Hébrides pour la culture des terres et, dès 1883, on
commençait des exportations de coprah, de maïs et de café. Bientôt on
multipliait les magasins, on traçait des routes, on essayait de nouvelles
cultures. Pendant les cinq années qui suivirent sa fondation, la Compagnie calédonienne ne cessa de prospérer. A la fin de 1886, elle possédait environ 700.000 hectares de terre, les principaux ports, des fermes
et plusieurs stations commerciales. Elle avait créé un courrier mensuel
à vapeur entre Nouméa, les Loyalty et les Nouvelles-Hébrides. Enfin,
secondée par la Société française de colonisation de Paris, elle avait obtenu l'arrivée et l'établissement d'un grand nombre de colons français
sur plusieurs points de l'archipel, notamment à l'île Vaté (1).

(1) Jean Carol, *Enquête coloniale*, dans le *Temps* du 15 mai 1900.

L'activité et les succès de la Compagnie calédonienne émurent les Australiens. Leur influence dans l'archipel risquait d'être compromise. Il fallait agir, soit en imitant l'exemple des rivaux, soit en reprenant là campagne qui, quelques années auparavant, avait réussi à intimider le gouvernement français. De ces deux partis, le premier, essayé un instant, n'aboutit qu'à renforcer l'influence de la Compagnie calédonienne. On songea en effet à opposer à cette Société une Compagnie anglo-australienne, au capital de 25 millions, destinée à l'exploitation commerciale des Nouvelles-Hébrides, ayant comme centre d'opérations l'île de Mallicolo. A la fin d'octôbre 1884, le Parlement de la Nouvelle-Zélande était saisi d'une demande de garantie d'intérêts pour le capital nécessaire. L'activité de la Compagnie française réussit à déjouer ces calculs. M. Higginson s'embarqua aussitôt avec des négociants, des marins et un capitaine d'infanterie de marine sur un vapeur, le *Néoblie*, affrété à la hâte, et arriva trente-six heures après à Port-Havannah (île Vaté), siège de la Compagnie calédonienne, et, le 9 novembre, à Sandwich (île de Mallicolo). Le lendemain, il fit signer aux chefs des tribus voisines de ce port une convention aux termes de laquelle Mallicolo était placée « sous la protection des Français »(1). Battus sur le terrain de la lutte commerciale et patriotique, les Australiens portèrent alors tous leurs efforts sur le terrain diplomatique.

Comme en 1877, cette fois encore les missions wesleyennes prirent l'initiative de la campagne. Sous prétexte d'obtenir la suppression des abus produits par la traite des Néo-Hébridais, le 8 février 1883, une députation de missionnaires se présenta au Foreign-Office sollicitant du gouvernement de la Reine « une protection efficace pour les habitants des Nouvelles-Hébrides ». Lord Derby, secrétaire d'État aux colonies, répondit qu'il convenait d'écarter pour le moment « tout projet de protectorat britannique sur ces îles » afin de ne pas exciter les susceptibilités de la France. Il ajouta qu'on n'avait pas à redouter l'action de ce pays, en général peu disposé à coloniser, mais qu'on pourrait s'entendre avec lui pour conclure une convention assurant l'indépendance de l'archipel. « Une proposition tendant à ce but, disait-il, avait déjà été examinée, il y a environ six ans, et je ne vois pas pourquoi la question ne pourrait pas être soumise à un nouvel examen et résolue à la satisfaction des deux parties intéressées ». Ce langage était inquiétant, il prouvait que le gouvernement britannique ne se considérait pas comme lié par l'accord de 1878 et jugeait l'annexion des Nouvelles-Hébrides à l'Angleterre parfaitement possible, mais actuellement inopportune. Notre gouvernement,

(1) Jean Carol, *Une question franco-anglaise*, dans la *Revue de Paris*, 1900, t. I, p. 254-255.

justement ému, chargea son représentant à Londres de demander des explications à ce sujet au Cabinet anglais. La réponse de lord Granville ne fut pas très rassurante. Le chef du Foreign-Office se contenta de déclarer, en termes vagues, qu'il ne croyait pas que son gouvernement prît possession des Nouvelles-Hébrides (1). Le gouvernement français ne pouvait pas se contenter d'assurances aussi peu précises en la forme et aussi peu conformes, quant au fond, au sens de la déclaration de 1878. La persistance des menées australiennes allait bientôt lui permettre de revenir à la charge.

Le langage de lord Derby ne pouvait qu'encourager la propagande annexionniste poursuivie en Australie. Le projet du gouvernement français sur la relégation des récidivistes, adopté déjà par la Chambre des députés, fournit le prétexte d'une nouvelle campagne. On a vu que les colons et les administrateurs de la Nouvelle-Calédonie se plaignaient depuis longtemps du grand nombre de forçats et de libérés qui encombraient la colonie. Leur émotion fut grande à l'annonce de la nouvelle que le gouvernement comptait y expédier aussi les récidivistes. Le gouverneur de la colonie, M. Pallu de La Barrière, se faisant l'interprète de la population entière, s'empressa d'exposer, dans un rapport adressé au ministre de la marine (2), les raisons diverses qui s'opposaient à l'envoi des récidivistes à la Nouvelle-Calédonie ou aux Loyalty. Dans ces conditions, le désir déjà ancien des colons de choisir les Nouvelles-Hébrides comme déversoir du trop-plein de la transportation était maintenant repris et exprimé avec plus de force : du moment qu'il n'y avait plus de place en Nouvelle-Calédonie pour les libérés, à plus forte raison devait-il en être de même pour les récidivistes; pour ceux-ci comme pour ceux-là, il fallait choisir un autre endroit, tel que l'archipel néo-hébridais. Le bruit courut dès lors que le gouvernement français avait l'intention d'établir un dépôt de récidivistes aux Nouvelles-Hébrides. Il fut habilement exploité en Australie.

En avril 1883, le gouvernement de la colonie de Victoria était interpellé à ce sujet par un des membres de l'Assemblée législative. L'orateur, M. Campbell, réclamait une prompte intervention des autorités coloniales pour empêcher la réalisation « d'une mesure qui aurait des résultats aussi désastreux pour toute l'Australie que pour les Nouvelles-Hébrides elles-mêmes ». M. Anderson, secrétaire d'État pour la justice, répondit que le gouvernement de la colonie comptait réclamer de la métropole soit l'établissement du protectorat anglais, soit des mesures pour prévenir les fâcheuses conséquences d'une occupation française. De leur côté,

(1) Paul Deschanel, *op. cit.*, p. 310 et suiv.
(2) V. cet intéressant rapport dans Paul Deschanel, *op. cit.*, p. 273-282.

les journaux de Melbourne et les pasteurs protestants demandèrent à grands cris l'annexion de tous les archipels du Pacifique non encore soumis à la domination d'une puissance européenne. Sollicité par eux de prendre l'affaire en main, le premier ministre de la colonie de Victoria, M. James Service, convoqua ses collègues et le Cabinet résolut d'inviter les autres gouvernements australiens à se joindre à lui pour faire une démarche commune à Londres. Tous les gouvernements coloniaux approuvèrent l'initiative prise par la colonie de Victoria et M. James Service informa lord Derby, par l'intermédiaire du gouverneur anglais à Melbourne, du vœu émis par les colonies. Il annonçait, en même temps, à l'agent général de Victoria à Londres que les colonies australiennes étaient disposées à payer leur part des dépenses qu'occasionnerait la prise de possession des Nouvelles-Hébrides par la métropole (1). Les colonies écartaient ainsi d'avance la principale objection que le gouvernement de la Reine aurait pu être tenté de formuler contre leurs réclamations et qui, on s'en souvient, avait paru décisive en 1877 (2).

Ce sont ces démarches graves qui décidèrent le gouvernement français à demander au Cabinet de Londres de nouvelles assurances sur le maintien de l'accord de 1878. Le 10 juillet 1883, le Comte d'Aunay, chargé d'affaires de France à Londres, remit à lord Granville une Note très nette dans laquelle il était dit que « le gouvernement de la République avait le devoir de s'assurer si les déclarations de 1878 avaient, pour le gouvernement de la Reine, comme pour lui, conservé toute leur valeur, et d'insister, s'il y avait lieu, pour le maintien de l'état de choses actuel ». Le gouvernement français tient, ajoutait cette Note, « à être fixé à bref délai sur la manière dont la question est envisagée par le gouvernement de Sa Majesté britannique » (3). Mis en demeure, d'une manière si énergi-

(1) V., pour plus de détails, Paul Deschanel, *op. cit.*, p. 314 et suiv.

(2) V. *suprà*, p. 133.

(3) Il est assez curieux de ne trouver aucune trace de ces négociations dans le Livre jaune sur les Nouvelles-Hébrides. Nous empruntons le texte de la Note du 10 juillet 1883, que nous croyons devoir reproduire ici, à l'ouvrage précité de M. Paul Deschanel, p. 319-321 :

« Vers la fin du mois dernier, le représentant de la France à Londres a entretenu le principal secrétaire d'État de la Reine de la démarche faite récemment par les colonies australiennes en vue de provoquer la réunion à la Couronne de divers groupes d'îles du Pacifique, et notamment des Nouvelles-Hébrides.

« En ce qui concerne les Nouvelles-Hébrides, la question avait été, dès 1878, posée dans les mêmes termes, elle avait alors fourni l'occasion d'un échange de Notes dans lesquelles chacun des deux gouvernements avait déclaré qu'en ce qui le concernait, il n'avait pas l'intention de porter atteinte à l'indépendance de l'archipel.

« Il n'est survenu depuis lors aucun incident qui parût de nature à modifier cet accord de vues. Le fait même que lord Lyons a cru devoir, au mois de mars dernier, remettre sous les yeux du ministre des affaires étrangères, à Paris, le texte des Notes

que, d'avoir à déclarer que l'accord de 1878 restait toujours debout, le Cabinet anglais dut répondre qu'il se considérait comme engagé à respecter l'indépendance de l'archipel néo-hébridais.

Sur ces entrefaites, les agents généraux de la Nouvelle-Galles du Sud, de la Nouvelle-Zélande, du Queensland et de la province de Victoria avaient remis au Bureau des colonies, à la date du 21 juillet 1883, une lettre par laquelle les colonies susvisées réclamaient du gouvernement anglais l'annexion de toutes les iles du Pacifique encore vacantes et des mesures contre l'extension des établissements pénitentiaires français. Les assurances que lord Granville venait de donner à la France obligeaient lord Derby, secrétaire d'État aux colonies, à se montrer très réservé dans sa réponse à la lettre des agents australiens. Aussi leur répondit-il, le 31 août suivant, que si le gouvernement de la Reine ne désapprouvait pas l'annexion de la Nouvelle-Guinée, il s'opposait à celle de certaines iles dont le sort avait été réglé par des conventions internationales, telles que les Samoa, les Tonga et les Nouvelles-Hébrides. Mais, tout en s'y opposant, il laissait entrevoir aux Australiens une lueur d'espoir pour l'avenir : « Les droits et les intérêts des puissances étrangères, disait-il, constituent un très sérieux empêchement à ce que l'Angleterre *s'attribue dès maintenant une juridiction complète* sur les iles du Pacifique $_{occidental}$ ». Lord Derby ajoutait enfin qu'il avait pris en sérieuse considération les observations des agents coloniaux sur les inconvénients que présenterait de la part de la France un développement

susmentionnées attestait qu'à ce moment encore le gouvernement de Sa Majesté britannique y attachait la même valeur et persistait dans les mêmes dispositions.

« Cependant, dans le récent entretien dont la démarche des colonies australiennes a fait le sujet, le principal secrétaire d'État s'est borné à dire que le gouvernement anglais « n'avait encore pris aucune décision relativement à la réponse qui leur serait faite ». Les autres membres du gouvernement qui ont eu depuis à traiter de la question au Parlement se sont même montrés plus réservés et n'ont fait aucune mention des déclarations de 1878.

« Dès cette époque, le gouvernement français avait fait connaître le prix qu'il attachait, en raison des rapports établis entre ses établissements de la Nouvelle-Calédonie et les Nouvelles-Hébrides, à ce qu'aucun changement ne fût apporté à la situation politique de ce dernier groupe d'iles. Loin de diminuer, l'importance de ces rapports n'a depuis cessé de s'accroître, ils présentent aujourd'hui pour notre colonie un intérêt de premier ordre. Le gouvernement de la République a, par suite, le devoir de s'assurer si les déclarations de 1878 ont, pour le gouvernement de la Reine, comme pour lui, conservé toute leur valeur, et d'insister, s'il y a lieu, pour le maintien de l'état de choses actuel.

« Le Cabinet de Londres ne sera pas surpris qu'en présence du mouvement d'opinion auquel la démarche des colonies australiennes a donné lieu et des manifestations qui pourraient en résulter inopinément de part et d'autre, le gouvernement français tienne à être fixé à bref délai sur la manière dont la question est envisagée par le gouvernement de Sa Majesté britannique ».

continu des établissements pénitentiaires en Nouvelle-Calédonie et dans les îles adjacentes et qu'il était entré à ce sujet en communication avec le Foreign-Office (1).

Cette réponse n'était pas de nature à satisfaire, en tous points, l'ambition croissante des colonies australiennes. Toutefois le fait que le gouvernement anglais désapprouvait les projets français sur la relégation permettait de continuer la campagne une fois de plus sur ce terrain. Le 6 novembre 1883, le gouverneur de Victoria, le Marquis de Normanby, disait, dans un discours retentissant, que l'envoi des récidivistes français dans le Pacifique occidental serait pour l'Australie « un affront » et « une calamité » et qu'il fallait l'éviter en annexant toutes les îles vacantes de l'Océanie. Quelques semaines plus tard, le 5 décembre 1883, se réunissait à Sydney le Congrès des colonies australiennes pour examiner la question de la fédération et celle de la colonisation pénale française. Le Congrès protesta énergiquement contre le projet de la France de transporter dans ses possessions du Pacifique des récidivistes et invita le gouvernement de la Reine « à faire à ce sujet de très sérieuses représentations au gouvernement français ». Il exprima en outre l'espoir que la métropole saisirait la première occasion pour négocier avec la France en vue d'obtenir le contrôle des Nouvelles-Hébrides. Ces opinions furent constamment reproduites dans la presse australienne et affirmées de nouveau avec violence dans deux grands meetings tenus à la fin de 1884, à Melbourne et à Ballaarat (2). L'opinion publique en Australie devenait de plus en plus menaçante en présence des progrès réalisés par la Compagnie calédonienne des Nouvelles-Hébrides et des annexions que l'Allemagne venait de faire dans le Pacifique occidental.

Toutes ces manifestations ne manquèrent pas de produire leur effet en Angleterre. Le gouvernement britannique comprit qu'il fallait donner en partie au moins satisfaction aux vœux des colonies australiennes qui étaient à ménager à cause de leurs velléités d'indépendance et du coup qui allait être porté à leur ambition par l'accord qui se préparait avec l'Allemagne (3). Un seul parmi ces vœux pouvait sans grand inconvénient être adopté par la métropole : celui qui visait la non-extension de la

(1) V. le texte de la lettre de lord Derby, dans Paul Deschanel, op. cit., p. 322-325.

(2) V., pour plus de détails, Paul Deschanel, op. cit., p. 325 et suiv.

(3) En Océanie, comme en Afrique, l'Angleterre se voyait désormais forcée de compter avec l'Allemagne. Le 6 avril 1886, elle finissait par conclure avec elle une déclaration fixant les sphères d'influence de chacune des deux puissances dans la partie occidentale de l'Océan Pacifique (G. F. de Martens, Nouveau recueil général de traités, 2e série, t. XI, p. 505 et suiv.). La doctrine de Monroë australienne, si hardiment proclamée par l'opinion publique dans les colonies anglaises de l'Océanie, subissait ainsi un notable échec.

colonisation pénale française. C'est sur ce point que le gouvernement anglais porta tous ses efforts et qu'il ouvrit de nouvelles négociations avec la France.

Saisissant l'occasion de l'affluence, dans les colonies anglaises de l'Océanie, de criminels évadés des pénitenciers français, le Cabinet de Londres invita, le 18 mars 1885, le gouvernement français à conclure avec lui un accord tendant à ce que, aussi bien dans l'intérêt des colonies australiennes que pour assurer le maintien de la paix et de l'ordre dans le Pacifique, la Nouvelle-Calédonie ne soit pas choisie comme lieu de relégation, en vertu de la loi sur les récidivistes (1). Le gouvernement français ne pouvait pas entrer dans ces vues sans une compensation qui lui serait offerte par l'Angleterre. L'occasion était excellente pour obtenir, en guise de compensation, l'annexion des Nouvelles-Hébrides. Il est probable que la proposition en fut faite au gouvernement anglais en réponse de sa Note du mois de mars. Il est probable aussi que le Cabinet de Londres accepta en principe cette proposition mais demanda, en *échange* des Nouvelles-Hébrides, la cession de l'île de Rapa (2). Le Livre jaune ne fait aucune mention de ces négociations (3), mais leur existence est établie par une délibération du Conseil d'Amirauté de France (4). Ce Conseil fut, en effet, consulté sur la question suivante : « Convient-il de céder en toute souveraineté l'île de Rapa à l'Angleterre contre l'engagement de sa part de donner son assentiment à la prise de possession, sous une forme quelconque, de l'archipel des Nouvelles-Hébrides ? » La réponse, donnée le 28 mai 1885, fut négative. La possession de l'île de Rapa parut au Conseil d'Amirauté trop précieuse pour l'abandonner à l'Angleterre, même au prix des Nouvelles-Hébrides. Il valait mieux attendre, disait-il, pour l'acquisition de ces îles, « une occasion plus avantageuse que celle qui nous est offerte par la combinaison proposée ».

La combinaison proposée par l'Angleterre fut donc repoussée par le gouvernement français. Il était impossible qu'il en fût autrement, car c'eût été payer bien cher la renonciation de la Grande-Bretagne à ses droits purement théoriques sur les Nouvelles-Hébrides par la cession

(1) Note remise par lord Lyons à M. de Freycinet, le 18 mars 1885, dans le Livre jaune, précité, n° 13.

(2) L'île de Rapa, qui se trouve au Sud-Sud-Est de Tahiti, a été placée sous le protectorat de la France en avril 1844 et est devenue colonie française depuis février 1882.

(3) La Note précitée du 18 mars 1885 est immédiatement suivie, dans cette publication, d'une dépêche de M. de Freycinet, en date du 7 juillet suivant, dont il sera question plus loin. Il est certain que toutes les pièces se rapportant aux mois d'avril, mai et juin, ont été volontairement omises.

(4) Rapportée en grande partie dans Paul Deschanel, *op. cit.*, p. 337 et suiv.

d'une colonie française dont la possession intéresse au plus haut point, comme le fit remarquer le Conseil d'Amirauté, la sécurité de l'archipel de la Société. Mais, tout en repoussant un marché inacceptable et pour témoigner de ses intentions conciliantes, notre gouvernement proposa de souder la question des Nouvelles-Hébrides à celles des iles Sous-le-Vent et de Terre-Neuve, sur lesquelles des négociations étaient pendantes depuis 1879 (1), et d'en poursuivre le règlement parallèle. Le 7 juillet 1885, notre ministre des affaires étrangères, M. de Freycinet, en indiquait les bases dans les termes suivants : 1° laisser toute liberté d'action à la France dans les iles Sous-le-Vent, contre des concessions à Terre-Neuve ; 2° lui laisser également pleine liberté dans les Nouvelles-Hébrides, contre l'engagement de ne pas envoyer des relégués dans ces parages (2). Le Cabinet anglais parut disposé à accepter cette combinaison (3). Toutefois si la question du protectorat des iles Sous-le-Vent, combinée avec les affaires de Terre-Neuve, put aboutir rapidement à un accord, du reste provisoire (4), les négociations relatives aux Nouvelles-Hébrides ne furent pas poussées en ce moment plus loin. Lorsqu'elles furent reprises, en janvier 1886, le Cabinet conservateur n'était plus au pouvoir et lord Rosebery avait succédé à lord Salisbury au Foreign-Office. Entre temps, en prévision d'un règlement favorable de la question des Nouvelles-Hébrides avec l'Angleterre, la France négocia avec l'Allemagne pour enlever de ce côté aussi tout obstacle à l'annexion qu'elle projetait. Ces négociations aboutirent au protocole du 24 décembre 1885 aux termes duquel (art. 4) le gouvernement allemand s'engagea à ne rien entreprendre qui pût entraver une prise de possession éventuelle par la France des iles et ilots formant le groupe dit des iles Sous-le-Vent et l'archipel des Nouvelles-Hébrides, « situé à proximité de la Nouvelle-Calédonie » (5), le gouvernement français s'engageant de son côté à respecter les droits acquis des sujets allemands dans ces régions, notamment en ce qui concerne le recrutement des travailleurs indigènes (6). Il ne restait plus qu'à s'entendre avec l'Angleterre. Malheureusement, de ce côté, les négociations n'allaient pas aboutir à un résultat aussi satisfai-

(1) Livre jaune, n⁰ˢ 4 à 12.
(2) Dépêche de M. de Freycinet à M. Waddington, ambassadeur de la République française à Londres, Livre jaune, n° 14.
(3) Livre jaune, n⁰ˢ 15 et 16.
(4) Une convention fut signée sur ces points le 14 novembre 1885, mais elle ne fut pas ratifiée, à cause de l'opposition du Parlement terre-neuvien (V. infrà, p.147, note 6).
(5) Il est probable que cette dernière phrase avait, dans l'intention des négociateurs, un sens restrictif, limitant l'engagement pris par l'Allemagne aux Nouvelles-Hébrides proprement dites et laissant, par conséquent, en dehors de l'entente intervenue les Torrès et les Banks.
(6) G. F. de Martens, *Nouveau recueil général de traités*, 2ᵉ série, t. XI, p. 497.

sant. Le renouvellement des propositions de M. de Freycinet trouva, en effet, à Londres, un accueil très réservé. Lord Rosebery répondit que la question était délicate et que sa solution ne manquerait de rencontrer des obstacles sérieux, notamment dans l'engagement pris quelques années auparavant par lord Derby de ne pas modifier le *statu quo* en Océanie sans consulter les colonies australiennes (1). En réalité, c'était un refus d'entente motivé par une raison qui n'était qu'un prétexte sans fondement. Outre que lord Derby n'avait formellement pris aucun engagement de la nature dont parlait le chef du Foreign-Office, celui-ci était mal venu à invoquer la nécessité de consulter les colonies australiennes pour la modification du *statu quo* en Océanie alors qu'il était sur le point de signer avec l'Allemagne la déclaration du 6 avril 1886 sur la démarcation des sphères d'influence des deux pays dans la partie occidentale de l'Océan Pacifique, sans se préoccuper du consentement des colonies. Ce qu'il estimait pouvoir faire librement avec l'Allemagne, il était en droit de le faire aussi, dans les mêmes conditions, avec la France. Ce qui le prouve bien, c'est que dès que les négociations engagées par le Cabinet de Paris furent connues en Australie, l'annexion des Nouvelles-Hébrides à la France fut considérée comme imminente. L'opinion publique, si emportée quelque temps auparavant, s'inclinait maintenant devant le fait accompli, estimant que l'engagement de la France de ne plus envoyer de relégués dans ces régions était une satisfaction suffisante donnée aux réclamations des colonies (2). Les revendications australiennes furent dès l'origine, on s'en souvient (3), fondées sur un argument de principe : la nécessité d'établir une doctrine de Monroe océanienne, et sur un argument de fait : la non-extension de la colonisation pénale française. De ces deux arguments, le second était maintenant supprimé par l'engagement que la France proposait de prendre. Quant à l'autre, les colonies n'osaient plus l'invoquer depuis que la métropole permit à l'Allemagne de venir faire des conquêtes dans l'Océan Pacifique, si près de l'Australie. Dans ces conditions, grande fut la surprise des colonies lorsqu'elles apprirent que lord Rosebery croyait devoir les consulter dans la question des Nouvelles-Hébrides. Elles n'eurent pas

(1) Dépêche de M. Waddington à M. de Freycinet à la date du 9 février 1886, Livre jaune, n° 17.

(2) La presse locale enregistra nettement cet état de l'opinion publique en Australie au début de 1886 : « L'opinion publique, disait notamment le *Sidney Morning Herald* du 24 mars, consent à faire cette concession à la France, sous la réserve qu'elle n'y enverra pas de récidivistes. De cette manière, nous pouvons admettre l'annexion. Nous devons reconnaître que tôt ou tard elle était inévitable. Franchement, nous ne dirons pas que nous sommes satisfaits de cette solution ; mais *il nous faut accepter les faits accomplis* ».

(3) V. *suprà*, p. 132.

de peine à comprendre que ce qu'on leur demandait était une attitude hostile qui permit au gouvernement anglais de repousser les proposi- tions de la France. Aussi s'empressèrent-elles de se prononcer contre l'arrangement projeté. Encore, parmi les colonies consultées, la Nouvelle- Galles du Sud et la Nouvelle-Zélande furent-elles d'un avis opposé. A quoi bon, pensèrent-elles, entraver la cession d'un petit archipel, deman- dée moyennant un engagement précieux pour l'Australie, alors qu'on permettait à l'Allemagne de s'annexer, sans compensation suffisante, des territoires beaucoup plus importants ! Le 30 avril 1886, lord Rose- bery faisait savoir à notre gouvernement que, la consultation des colo- nies ayant été négative, il n'y avait plus à songer à une entente sur les bases proposés (1). Derrière un très mauvais prétexte se cachait un refus catégorique. Les convenances diplomatiques ne permettaient pas d'insister davantage. Les négociations échouaient donc une fois de plus par le mauvais vouloir de l'Angleterre.

L'échec de la combinaison française laissait les Nouvelles-Hébrides sous l'empire de la déclaration d'indépendance de 1878. Les inconvénients de cet accord, qui imposait une égale abstention aux deux pays intéres- sés, ne s'étaient pas fait sentir pendant les premières années qui suivi- rent sa conclusion. Il en fut autrement à partir du moment où, grâce aux efforts de la Compagnie calédonienne, une exploitation active des richesses des îles attira un grand nombre de commerçants et de colons sur plusieurs points de l'archipel. Si la France avait refusé la protection que lui réclamaient les premiers émigrants dès 1875, l'Angleterre avait, nous l'avons vu, conféré à partir de 1880 au gouverneur des Fidji des pouvoirs étendus pour assurer cette protection aux colons anglais. Mais les mesures prises n'étaient pas suffisantes. Aucune autorité n'existait dans les îles chargée de maintenir l'ordre et la sécurité. Les relations maintenant fréquentes entre colons et indigènes soulevaient des con- flits, et l'absence d'une autorité assurait l'impunité aux auteurs de crimes et de délits. Exposés aux attaques des indigènes, les colons européens étaient sans défense au grand détriment de la sécurité de leurs person- nes et de leurs établissements commerciaux. A différentes reprises on eut à déplorer des assassinats commis par des indigènes sur des Français et sur des employés de la Compagnie calédonienne (2). La situation

(1) Livre jaune, n° 18. Le 8 juillet suivant, le refus officiel du gouvernement anglais était consigné dans une Note remise à M. Waddington. Lord Rosebery reconnaissait dans ce document que les propositions de notre gouvernement avaient un caractère amical et conciliant et exprimait le regret que les dispositions des colonies australien- nes dans cette question ne lui eussent pas permis d'y donner suite. V. le texte de cette Note dans le Livre jaune, n° 24.

(2) V. dans le Livre jaune, n° 27, une liste des personnes assassinées, blessées ou atta- quées par des indigènes dans les années 1882 à 1886.

devenait intolérable et tous les intéressés réclamaient l'établissement dans l'archipel d'une autorité. La diplomatie s'était montrée incapable de résoudre d'une manière définitive la question de la possession des Nouvelles-Hébrides. Mais les faits prouvèrent qu'il était impossible de maintenir plus longtemps le régime d'abstention établi par l'accord de 1878.

De nouveaux crimes commis par les indigènes contre des Français (1), en avril 1886, décidèrent notre gouvernement à intervenir dans l'archipel pour infliger aux coupables une juste punition. Le 30 mai, un premier détachement, commandé par le lieutenant de vaisseau Legrand, partit de Nouméa à destination de Port-Havannah (île de Vaté). Le surlendemain un second détachement, fort de 200 hommes de l'infanterie de marine et de 60 artilleurs, sous les ordres du capitaine Polliart, se rendit à Port-Sandwich (île de Mallicolo) (2). Le débarquement des troupes françaises ne donna lieu à aucun conflit. Mais il fut diversement interprété par les intéressés. En Nouvelle-Calédonie, il excita un vif enthousiasme et le Conseil général de la colonie, réuni en session extraordinaire, demanda au ministre de la marine « l'annexion immédiate et sans conditions » de l'archipel néo-hébridais (3). En revanche, le doyen des missionnaires presbytériens, le R. Paton, adressa une violente protestation aux autorités de la colonie de Victoria (4).

Quelle conséquence allait avoir cette occupation au point de vue diplomatique ? Il était impossible au gouvernement français de suivre le conseil irréfléchi qu'on lui donna de toute part, en France et en Nouvelle-Calédonie : de mettre l'Angleterre devant un fait accompli, en proclamant l'annexion de l'archipel. Après la confirmation officielle donnée en juillet 1883 à l'accord de 1878, après le récent refus de la Grande-Bretagne de laisser à la France toute liberté d'action dans les Nouvelles-Hebrides, — refus accepté par le Cabinet de Paris sans observations, — une telle attitude eût été très incorrecte et d'une grande gravité (5). Or, des incorrections de cette nature, contraires au respect dû à la parole donnée, n'entrent pas dans les habitudes du gouvernement français. Aussi M. de Freycinet s'empressa-t-il de faire savoir à Londres que le seul but de

(1) V. des détails sur ce point dans Paul Deschanel, *op. cit.*, p. 342 et 343 et dans Catat, *L'occupation française aux Nouvelles-Hébrides*, dans le *Bulletin de la Société de géographie commerciale de Paris*, t. IX (1886-87), p. 77.

(2) Catat, *article cité*, p. 75. Un troisième poste fut ensuite établi à Port-Vila, dans l'île de Vaté (Paul Lavague, *La question des Nouvelles-Hébrides*, dans les *Annales des sciences politiques*, t. XV (1900), p. 716).

(3) Catat, *article cité*, p. 78.

(4) Paul Deschanel, *op. cit.*, p. 345.

(5) V. Jean Carol, *article cité*, p. 261-262.

l'occupation de Sandwich et de Mallicolo était le rétablissement de l'ordre et qu'il n'était aucunement question d'une prise de possession, ni d'un protectorat (1). De son côté, le ministre de la marine, le vice-amiral Aube, câbla au gouverneur de la Nouvelle-Calédonie qu'il convenait d'éviter toute manifestation pouvant faire croire à une prise de possession des Nouvelles-Hébrides ou à l'établissement d'un protectorat(2). Mais la continuation de l'occupation française commença bientôt à inquiéter les colonies australiennes (3), et le gouvernement anglais,se faisant l'interprète de ces inquiétudes, exprima à notre ambassadeur à Londres quelque étonnement au sujet du maintien des postes militaires dans l'archipel (4). Toujours très conciliant, le gouvernement français proposa alors qu'on établit, par une entente commune, un système de surveillance ou de police pouvant garantir la sécurité de tous les Européens fixés dans les Nouvelles-Hébrides (5), moyennant quoi il se déclarait prêt à retirer ses troupes d'occupation. Entrant dans ces vues, le nouveau Cabinet Salisbury, qui venait d'arriver en ce moment au pouvoir, suggéra de nommer une Commission navale mixte destinée à préparer le *modus vivendi* demandé et de joindre à cette question celle des iles Sous-le-Vent de Tahiti qui, malgré l'accord intervenu l'année précédente et auquel il a été fait allusion plus haut, restait encore pendante (6). Ces proposi-

(1) Dépêche de M. de Freycinet à M. Waddington, à la date du 9 juin 1886, dans le Livre jaune, n° 19.V. aussi *ibid.*, n°ˢ 21 et 22.
(2) Dépêche du 13 juin 1886, dans le Livre jaune, n° 20.
(3) V. quelques détails sur la campagne entreprise en Australie, toujours par l'initiative des missionnaires wesleyens,contre l'occupation française, dans Paul Lavagne, *article cité*, p. 717.
(4) Livre jaune, n° 23.
(5) Dépêche de M. de Freycinet à M. Waddington, à la date du 15 juillet 1886, dans le Livre jaune, n° 25.
(6) Livre jaune, n°ˢ 28 à 34 et surtout 35. — On a vu plus haut que dès 1879 le Cabinet de Paris avait demandé à celui de Londres de consentir à l'abrogation de la déclaration du 19 juin 1847 qui, stipulant l'indépendance des iles Sous-le-Vent, s'opposait à l'annexion des dites iles à la France. Le gouvernement anglais parut disposé à entrer dans l'examen de cette question, mais il exprima le désir de la rattacher à celle de Terre-Neuve, afin que toutes deux fussent traitées simultanément. Dans le courant de l'année 1880, les événements obligèrent la France à escompter d'avance le résultat des négociation engagées, en plaçant provisoirement sous son protectorat les iles susvisées. En octobre de la même année, lord Granville consentit au maintien de ce protectorat provisoire pour une « période strictement limitée ». L'arrangement conclu à cet effet fut renouvelé tous les six mois jusqu'au moment des nouvelles négociations de 1886. La convention relative aux pêcheries de Terre-Neuve, qui devait avoir pour résultat de rendre définitif le protectorat de la France sur les iles Sous-le Vent, fut signée à Paris le 14 novembre 1885, mais avec la réserve que l'approbation définitive du gouvernement britannique ne serait donnée qu'après acceptation de la convention par la législature de Terre-Neuve. Or, cette acceptation n'eut pas lieu, le Parlement de la colonie ayant estimé que l'article 17 de l'arrangement, aux termes duquel les pêcheurs français avaient

tions furent acceptées par le gouvernement français, sous la réserve que l'occupation militaire de l'archipel serait maintenue jusqu'à l'établissement du régime qu'aurait organisé la Commission mixte, de façon que la police passât sans interruption de nos postes aux agents de surveillance qui devaient leur être substitués (1).

C'est sur ces bases que furent poursuivies les négociations (2) qui aboutirent à la convention de Paris du 16 novembre 1887 (3).

la faculté de s'approvisionner de « boëtte » dans les eaux terre-neuviennes, était contraire aux intérêts du pays. Il alla même, comme on sait, plus loin en votant le célèbre *Bait-Bill*, sanctionné au cours de l'année 1887 par le gouvernement de la Reine. La convention de 1885 ne pouvait plus, dès lors, être exécutée. Était-elle radicalement supprimée ou bien était-elle simplement suspendue dans son exécution ? Le Cabinet de Londres se déclara partisan de la première de ces deux interprétations, mais le Cabinet de Paris soutint la seconde. La question avait particulièrement de l'intérêt au point de vue du protectorat français sur les îles Sous-le-Vent. Avec la thèse anglaise, la convention de 1885, qui devait rendre ce protectorat définitif, ayant disparu, il y avait de nouveau lieu de négocier l'abrogation de la déclaration de 1847. Avec la thèse française il en était tout autrement : la convention de 1885 étant simplement suspendue dans son exécution relativement aux pêcheries de Terre-Neuve, ses stipulations relatives au protectorat français restaient acquises. En définitive, au moment des négociations pour les Nouvelles-Hébrides, le gouvernement anglais reconnut qu'il était désormais impossible de faire cesser le protectorat français, qui durait depuis bientôt sept ans, pour le remplacer par l'administration indigène. Il consentit en conséquence, tant pour ce motif qu'en raison des circonstances particulières dans lesquelles s'était produit l'échec de la convention de 1885, à renouveler, dans la convention sur les Nouvelles-Hébrides, la stipulation abolitive de l'accord de 1847 (Livre jaune, n° 46 *in fine*). C'est ainsi que la question des îles Sous-le-Vent s'est trouvée rattachée à celle des Nouvelles-Hébrides et résolue en même temps qu'elle par la convention de 1887. Quant à celle des pêcheries de Terre-Neuve, elle ne fut pas touchée par cette convention. Les projets présentés de part et d'autre contenaient, il est vrai, un article 1er visant la question. Mais les deux gouvernements n'arrivèrent pas à se mettre d'accord sur la rédaction à adopter. Tandis que le gouvernement anglais voulait dire : « il est convenu que cet arrangement (la convention de 1885) restera en suspens... ». le gouvernement français tenait pour la formule suivante : « il est convenu que l'exécution de cet arrangement est suspendue ». Par là, l'un voulait affirmer que la convention du 14 novembre 1885 était « morte » et l'autre qu'elle n'était que « endormie ». Finalement, sur la proposition de lord Salisbury, cet article fut supprimé (Livre jaune, n° 44 annexe).

(1) Dépêche de M. de Freycinet au Comte d'Aubigny, chargé d'affaires de France à Londres, à la date du 12 septembre 1886, dans le Livre jaune, n° 36.

(2) En même temps que ces négociations, les deux Cabinets poursuivirent à cette époque les pourparlers qui préparèrent la convention de Constantinople du 29 octobre 1888, sur le canal de Suez (V. Livre jaune, *Négociations relatives au règlement international pour le libre usage du canal de Suez*, 1886-1887, spécialement les n°s 24 34, 44 et 52).

(3) Voici le texte de cette convention, qui est donnée à tort par certains auteurs à la date du 24 octobre (Livre jaune, n° 48 et de Clercq, *Recueil des traités de la France*, t. XVII, p. 494) :

Convention relative aux Nouvelles-Hébrides et aux îles Sous-le-Vent de Tahiti.

Le gouvernement de la République française et le gouvernement de Sa Majesté la Reine du Royaume-Uni de la Grande-Bretagne et d'Irlande, désirant abroger la déclaration

Cette convention, fruit de si longs efforts, résolvait à la fois la question des Nouvelles-Hébrides et celle des îles Sous-le-Vent de Tahiti.

Relativement aux Nouvelles-Hébrides, elle décidait : 1° qu'une Commission navale mixte, composée d'officiers de marine appartenant aux stations française et anglaise du Pacifique, serait immédiatement constituée, avec la mission de maintenir l'ordre et de protéger les personnes et les biens des ressortissants des deux pays dans lesdites îles (art. 2) ; 2° qu'une déclaration ultérieure des deux gouvernements indiquerait la composition précise de cette Commission (art. 3) ; 3° que les règlements destinés à guider la Commission devraient être élaborés et approuvés dans un délai maximum de quatre mois (art. 4) ; et 4° qu'au plus tard à l'expiration de ce même délai, l'archipel serait évacué par les postes militaires français (art. 5) (1).

du 19 juin 1847, relative aux îles Sous-le-Vent de Tahiti, et assurer, en même temps, pour l'avenir, la protection des personnes et des biens aux Nouvelles-Hébrides, sont convenus des articles suivants :

Article 1er. — Le gouvernement de Sa Majesté britannique consent à procéder à l'abrogation de la déclaration de 1847 relative au groupe des îles Sous-le-Vent de Tahiti, aussitôt qu'aura été mis à exécution l'accord ci-après formulé pour la protection, à l'avenir, des personnes et des biens aux-Nouvelles-Hébrides, au moyen d'une Commission mixte.

Art. 2. — Une Commission navale mixte, composée d'officiers de marine appartenant aux stations française et anglaise du Pacifique, sera immédiatement constituée ; elle sera chargée de maintenir l'ordre et de protéger les personnes et les biens des citoyens français et des sujets britanniques dans les Nouvelles-Hébrides.

Art. 3. — Une déclaration à cet effet sera signée par les deux gouvernements.

Art. 4. — Les règlements destinés à guider la Commission seront élaborés par les deux gouvernements, approuvés par eux et transmis aux commandants français et anglais des bâtiments de la station navale du Pacifique, dans un délai qui n'excédera pas quatre mois à partir de la signature de la présente convention, s'il n'est pas possible de le faire plus tôt.

Art. 5. — Dès que ces règlements auront été approuvés par les deux gouvernements et que les postes militaires français auront pu, par suite, être retirés des Nouvelles-Hébrides, le gouvernement de Sa Majesté britannique procédera à l'abrogation de la déclaration de 1847. Il est entendu que les assurances, relatives au commerce et aux condamnés, qui sont contenues dans la Note verbale du 24 octobre 1885, communiquée par M. de Freycinet à lord Lyons, demeureront en pleine vigueur (a).

En foi de quoi, les soussignés, dûment autorisés à cet effet, ont signé la présente convention et y ont apposé leurs cachets.

Fait en double, à Paris, le 16 novembre 1887.　　　　*Signé* : FLOURENS.
　　　　　　　　　　　　　　　　　　　　　　　　　　　　EGERTON.

(1) Conformément au désir du gouvernement britannique, une lettre de M. Flourens à M. Egerton, ministre de la Grande-Bretagne à Paris, en date du 5 novembre 1887, donna, avant la signature de la convention, l'assurance que le retrait des troupes françaises aurait lieu immédiatement après l'approbation des règlements par les deux gouvernements (V. le texte de cette lettre dans le Livre jaune, n° 47 et dans de Clercq, *op. cit.*, t. XVII, p. 500).

(a) V. le texte de cette Note verbale dans le Livre jaune, n° 49, et dans de Clercq, *op. cit.*, t. XVII, p. 495.

Quant aux îles Sous-le-Vent de Tahiti, il était dit que la déclaration de 1847 cesserait de valoir aussitôt après le départ des troupes françaises des Nouvelles-Hébrides.

La déclaration et les règlements prévus par la convention du 16 novembre 1887 intervinrent dans le délai stipulé. Ils furent signés à Paris, le 26 janvier 1888 (1). Nous aurons à examiner plus loin la composition et les pouvoirs qu'ils donnent à la Commission mixte.

(1) Voici le texte de ces actes (De Clercq, *op. cit.*, t. XVII, p. 500) :

Déclaration, signée à Paris, le 26 janvier 1888, entre le gouvernement français et le gouvernement britannique, conformément à l'article 3 de la convention du 16 novembre 1887, relative aux Nouvelles-Hébrides :

1 Une Commission navale mixte composée d'officiers de marine appartenant aux stations française et anglaise du Pacifique sera immédiatement constituée. Elle sera chargée de maintenir l'ordre et de protéger les biens et les personnes des citoyens français et des sujets britanniques dans les Nouvelles-Hébrides.

2. La dite Commission sera composée d'un président, de deux officiers de marine français et de deux officiers de marine anglais, les dits officiers de marine seront nommés par toute personne ayant reçu mandat à cet effet du gouvernement français et du gouvernement britannique respectivement. A partir de la date de la nomination de la première Commission, la présidence de la Commission appartiendra alternativement, pour un mois, à l'officier commandant les forces navales françaises et à l'officier commandant les forces navales britanniques présentes dans le groupe. Il sera décidé par la voie du sort lequel de ces deux officiers remplira le premier les fonctions de président. La Commission se réunira à la requête de l'un ou de l'autre des deux officiers commandant. En l'absence de l'officier commandant, président pour la période courante, l'autre officier commandant présidera, et la Commission aura pouvoir d'agir si deux autres de ses membres, l'un français, l'autre anglais, sont présents.

3. La Commission remplira son mandat en se conformant aux règlements qui sont annexés à cette déclaration, et aux autres règlements ultérieurs qui pourront être successivement admis d'un commun accord par les deux gouvernements.

En foi de quoi, les soussignés, dûment autorisés à cet effet par leurs gouvernements respectifs, ont signé la présente déclaration et ont apposé ci-dessous le sceau de leurs armes.

Fait à Paris, en double expédition, le 26e jour du mois de janvier 1888.

(L. S.) FLOURENS.   (L. S.) LYTTON.

Annexe.

Règlements pour servir d'instructions à la Commission navale mixte.

1. Dans le cas où la tranquillité et le bon ordre seraient troublés en un point quelconque des Nouvelles-Hébrides où seraient établis des citoyens français ou des sujets britanniques ; ou encore, dans le cas où un danger menacerait les biens ou les personnes, la Commission se réunira sur le champ, et prendra telles mesures qu'elle jugera préférables eu égard aux circonstances pour la répression des troubles ou la protection des intérêts en péril.

2. Aucun commandant de bâtiment, soit français, soit anglais, ne pourra engager une action indépendante ou isolée, excepté dans les conditions mentionnées ci-après.

3. On n'aura recours à l'emploi de la force militaire que si la Commission juge cet emploi indispensable.

4. En cas de débarquement de forces militaires ou navales, ces forces ne resteront pas plus longtemps qu'il sera jugé nécessaire par la Commission.

5. Dans le cas où les circonstances ne comporteraient aucun retard, et où il y aurait

Conformément à l'article 5 de la convention, l'évacuation des Nouvelles-Hébrides par les troupes françaises suivit aussitôt, le 15 mars,
et, le 30 mai suivant, une nouvelle déclaration fut signée à Paris stipulant qu'à la date du 15 mars 1888 la déclaration du 19 juin 1847 concernant les îles Sous-le-Vent de Tahiti avait cessé d'exister et qu'elle de-
meurait dorénavant nulle et non avenue (1).

La question des Nouvelles-Hébrides entrait désormais dans une phase
nouvelle. L'accord en vue d'une attribution exclusive au profit de l'un
des deux États intéressés ou d'un partage entre eux n'ayant pu s'établir (2), on était allé au plus pressé : à l'établissement d'une sorte de
condominium destiné à assurer la protection des personnes et des
biens. Mais cette mesure ne résolvait pas définitivement la question.
La lutte d'influence et d'intérêts entre l'élément français et l'élément
anglo-australien, qu'avait facilitée le régime d'abstention inauguré par
l'accord de 1878, loin de cesser depuis la convention de 1887, allait,
comme l'a prédit un auteur (3), « se poursuivre plus âpre que jamais ».
Jusque-là, les conflits n'avaient éclaté qu'entre initiatives privées, rivales et concurrentes ; ils pouvaient dorénavant se produire également
entre deux autorités qui prenaient pied aux Nouvelles-Hébrides. Jusque-
là, la lutte avait été poursuivie en vue de l'acquisition d'une supériorité
commerciale et industrielle ; elle était désormais rendue possible en
vue d'une prépondérance administrative et politique. A cet égard il

urgence à agir immédiatement sans attendre la réunion de la Commission, les commandants français et anglais qui se trouveront le plus rapprochés du théâtre des événements
prendront les mesures nécessaires pour la protection des intérêts en péril, de concert si
cela est possible, ou séparément s'il y a des empêchements à ce qu'ils se concertent. Ils
adresseront aussitôt à leurs commandants de station respectifs un rapport sur les mesures prises, et ils attendront les ordres ultérieurs de la Commission. Les commandants
de station se communiqueront l'un à l'autre ce rapport, dès qu'ils le recevront.

6. La Commission n'aura pas de pouvoirs ni autres ni plus étendus que ceux qui lui
sont expressément délégués par ces règlements. Elle n'interviendra pas dans les différends relatifs à la propriété des terres et ne dépossédera de ses terres aucune personne
quelle qu'elle soit, indigène ou étrangère.

Fait à Paris, en double expédition. le 26ᵉ jour du mois de janvier 1888.

Signé : FLOURENS
LYTTON.

(1) V. le texte de la déclaration du 30 mai 1888, dans de Clercq, *op. cit.*, p. 501.

(2) Il aurait été question un instant, paraît-il, de procéder à un partage de l'archipel
entre les deux pays (Jean Carol, *article cité*, p. 262) ; mais il n'en est pas fait mention
dans les documents diplomatiques. M. Higginson (lettre à sir Charles Dilke, citée par
Paul Deschanel, *op. cit.*, p. 379) proposait à cette époque d'offrir à l'Angleterre les
Santa-Cruz et les Banks comme prix de l'annexion des Nouvelles-Hébrides. Il repoussait
avec force la mesure du condominium qu'il appelait une erreur diplomatique.

(3) Paul Deschanel, *op. cit.*, p. 340. — M. Étienne, dans une lettre adressée à M. Paul
Deschanel, et publiée dans le *Matin* du 30 décembre 1887, disait de son côté que le régime du condominium était impraticable.

était donc à craindre que la situation ne se trouvât par la suite notablement aggravée. Etait-il au moins permis d'espérer que le but immédiatement poursuivi par la diplomatie — la protection des personnes et des
biens, l'établissement de l'ordre et de la sécurité dans une contrée ha-
bitée par des sauvages — allait pouvoir être atteint grâce à l'intervention de la Commission mixte qu'on venait de créer? C'est ce que nous
rechercherons maintenant en étudiant les détails de l'organisation de
1887 et les résultats pratiques auxquels elle a abouti.

(*A continuer.*) Nicolas Politis,
*Chargé des cours de droit international public
à l'Université d'Aix-Marseille.*

LES COMMISSIONS ÉTRANGÈRES

AUX EXPOSITIONS UNIVERSELLES

Le siècle finissant a compté, parmi les plus importantes manifestations
de son activité industrielle, les expositions internationales. Celles-ci
sont dénommées universelles ou spéciales, suivant qu'elles concentrent
les œuvres et les fabrications des deux mondes ou qu'elles se spéciali-
sent à certains produits ; les unes sont solennelles jusqu'à dégénérer
parfois en de fastueuses kermesses, les autres peut-être plus suggestives
et fécondes en véritables progrès (1).

A leur sujet, les tribunaux ont été saisis de questions intéressantes,
relatives notamment au caractère des locaux et des personnes. Certaines
relèvent plus spécialement du droit civil ou de la procédure, par exemple
celle de la nature du contrat intervenant entre l'exposant et l'État, la ville
ou la Compagnie qui organise l'exposition, ou celle de la validité des
saisies-arrêts que pourraient être tentés de pratiquer sur les objets exposés les créanciers de quelques industriels ; elles ont suscité les meilleures monographies (2). Aussi la présente étude n'a pour objet que
l'examen d'une autre difficulté, ressortissant au domaine du droit international public, celle de la condition juridique des Commissions étran-

(1) V. F. Lacointa, *Les expositions internationales universelles ou spécialisées*, Paris,
1896.
(2) V. Ch. Lyon-Caen, *De la saisie-arrêt des objets figurant à une exposition internationale d'après la jurisprudence autrichienne*, et Clunet, *De la saisie en cours de voyage
et dans l'enceinte de l'exposition des objets appartenant à des exposants français et
étrangers*, dans le *Journal du droit international privé*, t. V (1878), p. 446-481, 197 et suiv.

gères : les agents, chargés officiellement par leur gouvernement ou pri-
vativement par certains de leurs compatriotes, commerçants ou industriels, de préparer l'organisation et de gérer les affaires de la section
nationale à une exposition ouverte en pays étranger, peuvent-ils, le cas
échéant, à l'encontre de certaines actions dirigées contre eux, réclamer
le bénéfice des immunités diplomatiques ? C'est là une pure question de
droit international public. A la vérité, les solutions de droit interne exercent sur elle une certaine influence, particulièrement celles qui font la
distinction (1) entre les simples employés qui ne sont pas chargés d'un
service public, et les agents auxquels l'État a délégué tout ou partie de
ses attributions pour faire en son nom des actes d'administration proprement dits et qu'il a investis d'un caractère public en même temps qu'il les
investissait du droit de prendre en son nom des décisions. Mais, on
l'aperçoit aisément, cette influence se réduit à une délimitation des
termes du problème : la question des immunités diplomatiques ne peut
se poser que pour la seconde catégorie des fonctionnaires. A leur égard,
comment la résoudre ?

Elle ne ferait guère difficulté si l'on pouvait, à l'aide de la prétendue
« fiction d'exterritorialité », considérer l'emplacement occupé par les exposants étrangers comme soustrait à la juridiction de l'État qui a organisé l'installation ou autorisé l'ouverture de l'exposition : les sections étrangères et leurs membres seraient soustraits au régime du droit commun
applicable aux étrangers et ne ressortiraient, quant à leurs personnes
et à leurs biens, à aucune juridiction locale, ainsi qu'il est accoutumé
pour des navires de guerre arrêtés ou séjournant dans les eaux territoriales d'un État étranger. — Rien ne serait plus faux que de raisonner
ainsi.

Invoquer, pour l'étendre, l'inviolabilité absolue et la complète immunité de juridiction des navires de guerre étrangers, ce serait méconnaître
de la plus grave manière les raisons pour lesquelles la coutume internationale tolère cette dérogation au principe de la souveraineté territoriale. La
différence est extrême entre la condition nécessaire d'un navire de guerre
et celle de la section étrangère d'une exposition : pour celle-ci, en effet,
on ne peut dire, comme du bâtiment militaire, qu'elle est affectée, en
dehors de tout intérêt privé, au service public d'un État et que, fraction
de la force publique de cet État, représentant essentiellement cette souveraineté, elle ne peut, pour ce motif et non plus que cette souveraineté

(1) Cette distinction est faite, au moins implicitement, dans les décisions suivantes :
Cass., 31 janvier 1877, Guyot-Montpayroux, Sirey, *Rec. pér.*, 78.1.171 ; Dalloz, *Rec. pér.*,
78.1.58 ; Cass., 13 décembre 1877, même affaire, Sirey, *Rec. pér.*, 78.1.186 ; Trib. correct. Seine (9e chambre), 21 juin 1900, *Gazette des tribunaux* (Chronique), 22 juin 1900.

elle-même, se soumettre, d'une manière quelconque, à l'autorité d'une puissance étrangère ou à la juridiction d'une souveraineté égale. Tout au contraire. Ainsi tout rapprochement est faux qui serait tenté de ce chef.

Par ailleurs, il n'est point de texte pour légitimer ce que les principes condamnent: aucune convention internationale (1) du genre de celles qui, en substance, assurent aux paquebots-poste dans les ports des puissances contractantes le traitement et les immunités des navires de guerre, n'est venue relever de la sujétion aux lois territoriales les locaux occupés dans l'enceinte d'une exposition par les sections étrangères.

Aussi bien n'y a-t-il pas lieu de s'arrêter à une objection tirée de la législation fiscale, qui, assez naturellement, pourrait se présenter à l'esprit. En France notamment, le pouvoir exécutif tient d'une loi du 27 février 1832 le droit de créer des *entrepôts réels* aux frontières et dans l'intérieur de certaines villes, c'est-à-dire d'accorder la franchise d'impôts à des objets importés qui devraient normalement être soumis aux droits et aux formalités douanières à leur entrée sur le territoire français (2). Il en a usé, d'une manière constante jusqu'ici, au profit des produits envoyés de l'étranger pour figurer aux expositions universelles ; et son administration des douanes, pour définir la condition de ces marchandises voyageant à l'état de transit, s'est décidée, par impuissance, à trouver une meilleure explication, à les « considérer comme continuant à résider à l'étranger ». Ainsi, au lieu de chercher, peut-être judicieusement, les raisons du phénomène dans les nécessités bien comprises du commerce international, on s'en est vite référé à cette fiction d'exterritorialité, généralement insuffisante, souvent dérisoire, toujours inutile, qui « se prête complaisamment à toutes les arguties, sans pouvoir jamais servir à fonder un droit » (3). Cette promptitude est, à mon avis, très regrettable. On ne saurait voir dans le texte en question qu'une impropriété de langage ; or, comme un auteur l'a justement fait remarquer en un autre domaine, on est tenu de se conformer aux ordres du législateur, non d'accepter ses analyses doctrinales. Au surplus, dût-elle être admise, la « fiction d'exterritorialité » devrait être strictement limitée aux effets de l'entrepôt réel, et à ce qui en est la conséquence

---

(1) Une décision du ministre des finances, en date du 27 juillet 1877, dit très justement : « Les expositions universelles n'ont jamais été l'objet d'une convention diplomatique ; il n'y a eu qu'un échange de correspondance avec les gouvernements étrangers ».

(2) V., sur cette matière, le *Tarif général des douanes*, Observat. prélim., nᵒˢ 8 et 137, t. I, p. XV et L, et le mot *Douanes*, nᵒˢ 295-328, dans le *Répertoire général alphabét. du dr. franç.*, t. XIX (1899), p. 266-269.

(3) Piétri, *Étude critique sur la fiction d'exterritorialité*, Paris, 1895, p. 389.

nécessaire, le voyage en transit : hors de là, il faudrait sans réserve maintenir cette idée que les marchandises étrangères admises à une exposition relèvent absolument, quant à leur état légal, des lois intérieures du gouvernement qui admet sur son territoire la constitution des Commissions étrangères (1) .

Le tribunal de la Seine, sans le pouvoir expressément définir, a bien senti quel serait le vice de la méthode contraire : aussi il s'est nettement refusé à accueillir l'exception qu'un fabricant étranger opposait à la poursuite en contrefaçon de dessins industriels dirigée contre lui, en alléguant que le local où la saisie était effectuée était « la prolongation du territoire autrichien ». Il ne donne qu'une affirmation : « Les différentes parties du Palais de l'exposition affectées aux produits étrangers (n'ont) jamais cessé d'être soumises aux lois françaises » (2) ; mais cette affirmation est exacte ; sa justification ressort des considérations que j'ai formulées jusqu'ici. Il reste donc que les sections étrangères d'une exposition n'ont pas une inviolabilité intrinsèque, couvrant les produits qu'elles renferment et aussi faisant bénéficier les agents qui les dirigent des immunités diplomatiques. Cependant les Commissaires ne tiendraient-ils pas ce privilège de leur qualité même, le possédant comme en vertu d'un droit propre ?

La question s'est plusieurs fois présentée en pratique. Les juridictions saisies, française et belge, se sont accordées, soit pour rejeter le déclinatoire d'incompétence qui leur était offert (3), soit pour réformer les décisions de juridictions inférieures qui avaient accordé aux Commissaires étrangers l'immunité de juridiction exclusivement réservée aux

---

(1) Dans un ordre d'idées analogue à celui qui fait l'objet de cette étude, s'agissant de l'apposition de fausses marques de fabrique ou de la répression de contrefaçons, la Cour de cassation de France a, sans hésitation, donné la portée la plus restrictive à l'immunité douanière.— « Attendu,— dit un arrêt,— qu'il n'y a pas lieu de s'arrêter à l'objection tirée de ce que les marchandises dont il s'agit se trouvaient au Havre en transit ;... — Attendu que la fiction légale, en vertu de laquelle les marchandises transportées en transit sont réputées voyager en dehors des frontières de l'État, n'a d'effet que par rapport aux droits de douane qui seraient perçus sur ces marchandises si elles étaient destinées à la consommation intérieure, mais que cette fiction ne saurait être opposée aux particuliers qui peuvent avoir des droits et actions à exercer sur les marchandises entrées en transit ». Rouen, 12 février 1874, Teschen et Maugne, Sirey, Rec. pér., 74.2.281. Comp. Cass., 7 décembre 1854, Morin, Sirey, Rec. pér., 54.1.820 ; Dalloz, Rec. pér., 55.1.348.

(2) Trib. correct. Seine, 30 août 1867, cité par Calvo, Le droit intern. théor. et prat., t. III (1888), n° 1565, p. 344.

(3) Trib. civ. Seine, 29 janvier 1868, ibid. : « Attendu que, relativement à la concession d'exploitations commerciales ou industrielles, la Commission anglaise ne pouvait être considérée comme faisant partie du gouvernement anglais, et ne constituait, comme la Commission française, qu'une collection d'intérêts privés ». Comp. Trib. correct. Seine, 10 octobre 1900, Negreros, Le Droit (Chronique), 12 octobre 1900.

agents diplomatiques, représentants officiels des gouvernements étrangers (1).

Cette solution est judicieuse. Quelles que soient, en effet, les faveurs dont un État ait entouré la constitution par un groupe de ses ressortissants d'une section artistique ou industrielle dans une exposition étrangère (2), eût-il lui-même désigné le Commissaire général ou effectivement approuvé le choix de l'agent élu par ses nationaux et par eux présenté à son agrément, même dans ces hypothèses favorables entre toutes, il faut, à mon sens, ne voir dans les membres des Commissions étrangères que les gardiens d'intérêts purement privés, et partant ne les traiter, au point de vue juridique, que comme de simples particuliers : il y a entre les diplomates et eux toute la différence qui sépare des fonctionnaires chargés d'appliquer ou de décider des mesures d'ordre purement matérielles et des organes investis de la mission de parler au nom de leurs souverains et pour ceux-ci de contracter avec les autres États, de puissance à puissance, conformément au droit des gens et aux traités publics. De ces derniers seuls l'on peut dire que derrière leur personnalité apparaît et existe celle de l'État qu'ils représentent, cette seconde personnalité absorbant la première.

Les immunités diplomatiques ne se conçoivent que pour les agents revêtus d'un caractère représentatif (3), car elles procèdent uniquement de la nécessité toujours et partout existante d'assurer l'exercice discrétionnaire du commerce international. — Les étendre et les généraliser, ce serait, d'une part, sans motif plausible, réduire l'empire du droit commun, créer de fâcheuses dérogations au principe de la souveraineté et par là même contredire à la vraie notion de l'État, puisque la

---

(1) Cour de cass. belge, 23 mai 1898 (cassant Bruxelles, 25 juin 1897, Taco Mesdag, Pand. périod., 1897, n° 956), rapporté dans le Journal du dr. intern. privé, t. XXVI (1899), p. 619 : « La Cour... casse, dans l'intérêt de la loi, l'arrêt dénoncé... en tant que : 1° il étend le bénéfice de l'immunité diplomatique en matière judiciaire à un agent non revêtu d'un caractère représentatif... »

(2) Très judicieusement, l'arrêt précité, Cass., 31 janvier 1877, Guyot-Montpayroux, dit dans ses motifs : « Considérant... qu'il est établi, il est vrai, que l'administration a accordé à cette Commission un précieux concours, soit en faisant annoncer, dans la partie non officielle du Journal officiel, sa constitution et l'élection par ses membres de M. Muzet comme Président et comme Commissaire général de la section française, soit en notifiant cette élection au gouvernement belge par l'entremise de la légation française à Bruxelles, soit en faisant insérer cette notification dans la partie officielle du Journal officiel, soit enfin en lui accordant une subvention ; mais qu'on ne saurait voir dans tous ces faits qu'un témoignage de haute sollicitude destiné à favoriser l'œuvre entreprise par cette Commission, qui n'a pas moins affecté la forme d'une société civile et à faciliter ses rapports... et nullement sa consécration officielle... »

(3) V. sur l'explication et la limitation utile des privilèges à reconnaître aux ambassadeurs étrangers, Pillet, Recherches sur les droits fondamentaux des États, Paris, 1899, n° 29, p. 60.

souveraineté réside précisément pour les États dans le droit de commander à tous les individus ou groupes d'individus qui se trouvent sur leur territoire et dans leur indépendance vis-à-vis de tout autre pouvoir. — D'autre part, au point de vue pratique, semblable méthode risquerait d'engendrer de déplorables résultats : trop d'étrangers pourraient, en excipant d'une fonction quelconque exercée au titre étranger, prétendre se soustraire aux tribunaux locaux. L'immunité de la juridiction territoriale est exceptionnelle ; à ce titre elle ne saurait être facilement admise. Il y a, d'ailleurs, d'autant plus lieu de tenir fermement à ce principe qu'une tendance contraire à étendre les immunités diplomatiques paraît de plus en plus s'établir dans la jurisprudence (1). Cet élargissement de situations privilégiées me semble théoriquement faux et pratiquement susceptible de conduire aux conséquences les plus funestes.

Joseph Delpech,
Chargé de conférences à la Faculté de droit de Paris.

CHRONIQUE DES FAITS INTERNATIONAUX

Grande-Bretagne. — *Rhodesia du Sud.* — *Protectorat du Bechuanaland.* — *Union postale.* — *Traité de Washington.* — *Adhésion.* — Par un office du 21 mars 1901, le Conseil fédéral suisse a fait savoir au gouvernement de la République française que, par Note du 16 février 1901, le représentant de la Grande-Bretagne à Berne lui a notifié que le gouvernement britannique a déclaré adhérer, à dater du 1er mars 1901, pour ce qui concerne la colonie britannique de la Rhodesia du Sud et le protectorat du Bechuanaland, aux dispositions de la convention principale de l'Union postale universelle, signée à Washington le 15 juin 1897. Cette adhésion pour les deux colonies ne s'étend pas provisoirement aux stipulations du protocole final.

Grande-Bretagne, République Sud africaine ou du Transvaal et État libre d'Orange. — *Guerre.* — *Conduite des hostilités entre les belligérants et dans les rapports des belligérants et des neutres* (2). — II. Deuxième période. — *Invasion des deux Républiques par les Anglais.* — Un rapide

---

(1) Comp. un arrêt de la Cour de Paris du 8 août 1900, Breilh, dans le *Journal du droit international privé*, t. XXVII (1900), p. 953, et *ibid.*, t. XXVI (1899), p. 783 et XXVII (1900), p. 140, un arrêt de la Cour de Limoges, du 12 mai 1899, accompagné d'une consultation de M. Renault.

(2) Communication de M. Frantz Despagnet, professeur de droit international à la

coup d'œil sur les événements militaires de la première période des hostilités (1) permet de mieux préciser le point de départ de la seconde dont nous nous proposons d'étudier les faits saillants au point de vue du droit international, comme nous l'avons fait pour la précédente.

Dès le début de la guerre, les Boërs envahirent la Natalie au Sud et, à l'Ouest, investirent Mafeking et Kimberley. Le général White, commandant des forces anglaises du Natal, après deux victoires indécises et chèrement payées à Glencoë et à Elandsgaagte,se retira dans Ladysmith dont les Boërs commencèrent le siège le 30 octobre 1899. Ceux-ci remportèrent un brillant succès en repoussant une sortie de la garnison à Nicholson-Neck, s'emparèrent de Colenso,entre Ladysmith et Durban,et, au 1er décembre, étaient maitres de la partie Nord de la colonie du Cap ainsi que de la moitié de la Natalie où ils assiégeaient le général Hildyard dans la ville d'Escourt. Cependant, avec des forces cinq fois supérieures à celles des Boërs, lord Methuen parvint à triompher à Belmont et à Graspan, au prix des plus grands sacrifices, et à délivrer Escourt dont le commandant, général Hildyard, put s'avancer jusqu'à Colenso.De son côté, le généralissime sir Redvers Buller divisait ses forces en trois colonnes : la première, sous lord Methuen, marchait sur Kimberley ; mais elle subit deux graves échecs, le 28 novembre sur la Modder et le 11 décembre à Maggersfontein ; la seconde,général Gatacre,avait pour mission d'envahir l'État d'Orange par le Sud : elle était vaincue à Stormberg ; enfin, sir Redvers Buller, de concert avec le général Cléry, se proposait de délivrer Ladysmith avec la troisième colonne : mais il était complètement battu à Colenso, le 15 décembre.Le gouvernement britannique décida alors de confier la conduite des opérations à lord Roberts. En attendant l'arrivée de ce dernier, sir Redvers Buller franchit la Tugela le 17 janvier et, le 24, son lieutenant, le général Waren, s'emparait de la forte position de Spion Kopje. Mais,la nuit suivante, les Boërs reprirent ce poste dans un sanglant combat où périt, criblé de balles, le général Woodgate, et toute l'armée anglaise repassa la Tugela.

Dès son arrivée, le nouveau généralissime, lord Roberts, changea de tactique : disposant de forces de beaucoup supérieures en nombre à celles de ses adversaires, il se garda bien de les diviser à l'excès comme son prédécesseur et agit par attaques en fortes masses. Par ses ordres, le général French délivre Kimberley le 15 février ; puis, tandis que lord Methuen réoccupe cette ville, les généraux French, Kelly-Kenny et Mac-

---

Faculté de droit de Bordeaux. — V.les précédentes chroniques dans cette *Revue*, t. VII (1900), p. 84, 276, 655 et 764.

(1) V. pour les détails : *La guerre Sud africaine*, par le capitaine Gilbert, dans la *Nouvelle Revue* de 1900 et 1901.

Donald cernent Kronje et ses Boërs qui, auparavant, entouraient la place assiégée. Après une lutte héroïque de dix jours, avec 4.000 hommes contre 40.000 de troupes anglaises, Kronje dut capituler à Paardeberg le 27 février. Sitôt après, les Boërs évacuent le territoire britannique du Cap et du Natal et lèvent le siège de Ladysmith où le général Redvers Buller entre le 28 février.

Désormais, les forces républicaines doivent songer à protéger leur propre territoire, et c'est la seconde période des hostilités qui commence. Le 13 mars, les Anglais occupèrent Bloemfontein, capitale de l'État d'Orange : lord Roberts y reste un mois inactif, harcelé de tous côtés par l'ennemi avec lequel il dut engager de sanglants et stériles combats autour de la ville, notamment aux Réservoirs et à Reddenburgh. Après avoir inutilement essayé, dans le courant d'avril, de cerner les Boërs, il occupa, le 12 mai, Kroonstadt où le gouvernement de l'État d'Orange s'était établi après l'occupation de Bloemfontein, et, le 17, il faisait délivrer Mafeking par une colonne de secours. A partir de ce moment, les commandos boërs, particulièrement sous la direction de de Wet, poursuivent une lutte de guérillas, traquant les forces britanniques par d'incessantes escarmouches, ne disputant jamais le terrain, mais reparaissant au point d'où on les a chassés sitôt que leur adversaire s'est transporté ailleurs, en un mot ne laissant l'armée anglaise véritablement maitresse que du pays qu'elle occupe matériellement à un moment donné.

Mais un fait d'une importance capitale vint ensuite donner aux hostilités un caractère particulier : c'est l'annexion proclamée par l'Angleterre, le 28 mai 1900, pour l'État d'Orange, et au commencement de septembre, pour le Transvaal. Nous apprécierons plus tard la valeur juridique de ces annexions et des conséquences que l'Angleterre a prétendu en tirer : pour le moment, nous les considérons comme une phase nouvelle qui met fin à la seconde partie des hostilités.

Pour cette deuxième partie de la guerre, qui va ainsi de la fin de février 1900 à la fin du mois de mai pour l'État d'Orange, et à la fin d'août pour le Transvaal, nous examinerons successivement, ainsi que nous l'avons fait pour la première période, les rapports des belligérants entre eux et ceux des belligérants avec les neutres.

A. *Relations entre les belligérants.* — Sans revenir sur l'exposé des règles du droit international que nous avons présenté à propos des faits relatifs à la première période des hostilités, il nous suffira de nous y référer en signalant les principaux incidents de cette deuxième période. On remarquera, d'ailleurs, que l'annexion du Transvaal n'ayant été prononcée par l'Angleterre qu'au commencement de septembre, tandis que celle de l'État d'Orange date de la fin mai, certains faits sont indiqués comme rentrant dans cette deuxième période en tant qu'ils intéressent la première République, bien qu'ils soient postérieurs à l'annexion de la seconde.

1° *Violations des lois de la guerre.* — La question de l'emploi des sauvages indigènes comme auxiliaires armés a été encore soulevée à propos de la défaite du régiment de Lincolnshire pris par les Boërs dans une embuscade, à la passe de Magalesberg, le 10 juillet 1900. Le rapport de source anglaise sur cet événement affirme que des indigènes armés sommèrent des soldats et des officiers britanniques de se rendre (*Journal des Débats* du 14 juillet 1900).

En ce qui concerne l'usage des balles *dum-dum*, lord Roberts télégraphiait de Prétoria, le 4 août : « Dix-sept Boërs capturés le 2 août ont déclaré qu'ils recevaient seulement des balles *dum-dum*. C'est ce qui explique la gravité des blessures de nos hommes. Je fais des représentations à ce propos au général Botha ». En supposant le fait exact, l'Angleterre oubliait toujours qu'elle avait introduit l'usage de ces balles et qu'elle avait revendiqué le droit de s'en servir malgré la protestation de toutes les puissances, sauf les États-Unis et le Portugal, à la Conférence de la Haye.

Les accusations contre les Boërs au sujet de l'emploi abusif du drapeau blanc comme garantie des parlementaires ou signe de soumission furent renouvelées par les Anglais, notamment dans les deux circonstances suivantes relatées dans deux dépêches de lord Roberts : « Kroonstad, 16 mai, 9 h. du soir. Deux officiers et six hommes fourrageaient hier, à quelques milles de Kroonstad ; ils s'étaient d'abord rendus dans une ferme, sur laquelle flottait le drapeau blanc et dont le propriétaire avait effectué sa soumission et rendu ses armes et ses munitions. Le détachement s'approcha aussi d'une autre ferme qui portait aussi le pavillon blanc. En arrivant à 40 yards de cette ferme, les officiers et les hommes essuyèrent le feu de 15 ou 16 Boërs qui se trouvaient derrière le mur de la ferme. Deux hommes furent tués, un lieutenant blessé ; l'autre officier et deux hommes furent faits prisonniers. Le propriétaire de la ferme a déclaré que les Boërs l'avaient menacé de le fusiller s'il protestait contre l'usage qu'ils voulaient faire du drapeau blanc ». — « Prétoria, 2 août. Smith Dorrien annonce que, le 31 juillet dans la matinée, alors qu'il se trouvait campé près de Frederikstad, un Boër envoyé par le commandant Liebeberg entra dans le camp sous la protection du drapeau parlementaire et demanda la reddition de la colonne anglaise sous peine pour elle d'être attaquée dans les trente minutes. Avant qu'une réponse quelconque ait pu être faite à l'envoyé boër, un feu violent était dirigé contre les avant-postes anglais de la direction de Potchefstroom ; mais Smith Dorrien n'eut aucune peine à repousser les Boërs avant l'arrivée de Methuen, à qui il avait signalé de se porter à son aide ».

En ce qui concerne l'enrôlement forcé des étrangers dans les troupes des Boërs, nous avons déjà signalé les bruits qui avaient couru, au mois de janvier 1900, au sujet d'une circulaire du Président Steijn qui aurait imposé le service militaire aux étrangers de tous pays habitant le territoire de l'État d'Orange, même aux Anglais (1). Le 5 avril, M. Chamberlain déclarait, à la Chambre des communes, que rien n'était venu encore confirmer ce fait. Depuis lors, on n'a eu sur ce point que des indications vagues et sans autorité : le 1er mai, une interview du secrétaire d'État du Transvaal par le secrétaire du Comité de secours aux réfugiés à Johannesburg, et, le 13 mai, la nouvelle, de source privée, venue de Laurenço-Marquez, que le Raad du Transvaal, en séance secrète, aurait formellement prononcé l'expulsion de tout étranger qui ne prendrait pas les armes pour la République.

Le 6 août 1900, les journaux de Bruxelles publiaient une interview du lieutenant russe Gonetsky, de retour du Transvaal, de laquelle résultait une grave accusation contre les soldats anglais quant à la manière dont aurait péri le colonel de Villebois-Mareuil : suivant cet officier russe, le colonel aurait été achevé une fois blessé, dans le combat de Boshof, par un soldat de l'armée britannique que le général Methuen aurait fait fusiller pour cette violation des lois de la guerre. Mais cette allégation fut démentie, dans le *Matin* du 8 août 1900, par le Baron van Dedern, ancien officier de cavalerie, qui invoquait les témoignages les plus variés et les plus autorisés pour établir que le colonel de Villebois-Mareuil avait déjà succombé à sa blessure quand les Anglais s'emparèrent de la troupe dont il faisait partie. Ce point paraît confirmé par le récit du combat de Boshof donné dans le *Journal* du 1er octobre par un légionnaire hollandais témoin oculaire de ce qui s'était passé. Nous donnons en note ce récit qui fournit des indications précieuses au sujet des erreurs commises dans l'emploi du drapeau blanc, erreurs qui ont provoqué les accusations déjà signalées des Anglais (2).

(1) V. cette *Revue*, t. VII (1900), p. 697 et 698.
(2) « De plus en plus, l'ennemi resserrait son cercle de fer, et nos hommes se retirèrent de rocher en rocher, tout en se battant avec fureur. « Mort aux Anglais ! », hurlaient les Français, et les Hollandais, silencieux, tiraient. Un capitaine anglais s'approche de de Villebois, et lui crie : « Hands up ! ». Pour toute réponse le général, qui se tenait, un genou à terre, derrière une anfractuosité du rocher, tire son revolver, et il abat l'Anglais d'un coup de feu en plein cœur. Aussitôt, un soldat vise le général, et fait feu ; il tire une deuxième, une troisième fois. Au troisième coup, la tête de Villebois-Mareuil tombe sur sa poitrine. Il était mort. C'est là le récit authentique de la mort du général. A ce moment, un des éclaireurs afrikanders arbora le drapeau blanc, dont l'apparition fit pousser aux Anglais des hourras frénétiques. Plusieurs des nôtres, quelques-uns

2° *Abus des droits de l'occupant*. — Avant même d'avoir proclamé l'annexion des deux Républiques, dans les conditions d'ailleurs irrégulières
que nous apprécierons plus loin, la Grande-Bretagne affecta de traiter
les territoires simplement occupés par elle comme étant définitivement
assujettis à sa souveraineté. Déjà, en annonçant l'occupation de Bloem-
fonteim, le 18 mars, lord Roberts qualifiait M. Steijn *d'ex-Président* (*the
late President*), comme si la retraite d'un chef d'État avec les forces de
son pays impliquait la perte de l'indépendance pour celui-ci. Nous avons,
d'autre part, déjà signalé et critiqué la proclamation de sir Milner relativement à l'annulation des actes d'aliénation ou de concessions minières passés avec les gouvernements de l'Orange ou du Transvaal (1).

parce qu'ils n'avaient pas vu le drapeau blanc, et d'autres parce qu'ils ne voulaient pas
se rendre, continuèrent le combat. Jamais l'ordre ne fut donné d'arborer le drapeau
blanc. Les soldats anglais firent preuve en cette occurrence d'une férocité bestiale, et
c'est contre des blessés qu'ils la manifestèrent. Klaas de Jonge, un Hollandais, âgé de
quarante-cinq ans, était étendu, grièvement blessé, derrière un rocher. Un soldat anglais
l'y découvre, et lui enfonce sa baïonnette dans la poitrine. Weiss, un légionnaire du
corps français, et qui avait reçu cinq coups de feu, fut également percé d'un coup de
baïonnette. Arrêtés, la plupart des nôtres furent dépouillés de tout ce qui avait quelque
valeur : bagues, bourses, montres, canifs, médailles ; tout devint la proie de l'ennemi.
La bataille était radicalement perdue. Les forces de l'ennemi avaient été trop écrasantes ;
au nombre de cinquante-trois, nous avions tenu tête à au moins quinze cents Anglais
pourvus, eux, de six canons et de deux Maxim ».

(1) V. cette *Revue*, t. VII (1900), p. 695 et 696. — Voici le texte de cette proclamation
du 19 mars 1900, d'après la *Government Gazette* du 15 juin : « Avis est donné par les
présentes que le gouvernement de Sa Majesté la Reine ne reconnaîtra pas comme valides et efficaces les aliénations de propriétés, de terrains, chemins de fer, mines ou droits
miniers dans les territoires de la République Sud africaine ou de l'État libre d'Orange,
ou les intérêts et charges, de quelque sorte que ce soit, sur les propriétés ou intérêts
susdits, effectués, déclarés, imposés ou faits par les gouvernements de la République
Sud africaine ou de l'État libre d'Orange postérieurement à la date de cette proclamation, ou toute autre concession accordée par l'un ou l'autre desdits gouvernements postérieurement a cette date ».

A cette proclamation nous en rattachons une autre qui fut publiée dans le *Times* du
10 septembre 1900 et dont voici le passage essentiel : « Le gouvernement de Sa Majesté
se réserve le droit de modifier ou de refuser de reconnaître toute concession que la République pourrait ne pas avoir eu le droit d'accorder, d'après les conventions passées
entre elle et l'Angleterre, ou bien qu'elle aurait accordée sans avoir l'autorité nécessaire
à cet effet et contrairement à la loi, ou bien encore qu'elle aurait accordée à des conditions qui n'auraient pas été remplies ou qui seraient préjudiciables aux intérêts du public. Les Commissaires désignés pour poursuivre cette enquête annoncent qu'ils vont la
commencer sur toutes les concessions donnant un monopole de manufacture ou d'importation, sur toutes les concessions accordées à des banques et sur toutes les concessions
de chemins de fer, de tramways, d'eau et d'éclairage. La première séance de la Commission se tiendra le 1er octobre ». Cette nouvelle proclamation de sir Milner était, il est
vrai, postérieure à la déclaration d'annexion du Transvaal ; mais cette annexion étant
sans valeur juridique, comme nous l'établirons plus loin, elle n'était pas plus acceptable que la précédente. En la reproduisant, le *Times* s'empressait d'ajouter : « Les actionnaires étrangers peuvent être tranquilles ; ils ne seront pas injustement dépouillés

Mais le gouvernement britannique ne s'en tint pas là : il entendit, avant toute annexion et en vertu de la seule occupation du territoire envahi par ses armées, astreindre tous les habitants au devoir de fidélité envers lui. C'était une prétention insoutenable en présence des principes les plus élémentaires du droit des gens tels que les a rappelés la Conférence de la Haye dans le règlement de la guerre sur terre signé par la Grande-Bretagne elle-même (section III, art. 42 à 46) (1).

Le 19 mars, le général Prettyman, gouverneur militaire de Bloemfontein depuis l'occupation, lançait une proclamation aux termes de laquelle tout Burgher qui ne déposerait par les armes et ne ferait pas sa soumission verrait ses biens confisqués. C'est à cette proclamation que repondit, comme nous l'avons vu, le Président Steijn, le 20 mars, en notifiant que tout Burgher qui refuserait de combattre les Anglais serait réputé traitre et fusillé (2). Les menaces du général britannique n'auraient pu se comprendre qu'à l'égard de rebelles auxquels on aurait appliqué les lois pénales de l'État contre l'autorité duquel ils se seraient soulevés. Adressées aux citoyens du Transvaal, elles n'étaient même pas admissibles malgré les prétentions déjà réfutées de la Grande-Bretagne à la suzeraineté sur ce pays. Mais elles étaient encore plus insoutenables à l'égard des nationaux de l'État d'Orange qui n'avaient jamais été rattachés à l'Angleterre par un lien quelconque, pas même celui de la plus vague vassalité. D'ailleurs, comme on l'a vu, l'Angleterre avait nettement reconnu aux uns et aux autres le caractère de belligérants réguliers et avoué qu'elle entreprenait une guerre d'un caractère international comme entre États indépendants l'un de l'autre (3). Or, tout le monde sait que les belligérants réguliers ne peuvent encourir d'autres sanctions que celles qui résultent des lois de la guerre universellement acceptées par les peuples civilisés, c'est-à-dire être frappés dans les combats ou retenus comme prisonniers s'ils sont capturés. La confis-

de leurs droits ». L'émotion n'en fut pas moins très vive dans les pays dont les nationaux ont de gros intérêts engagés au Transvaal : la *Gazette de Cologne*, en particulier, protesta énergiquement contre ce qu'on appelait une confiscation détournée, et, dans les cercles financiers de Berlin, on comptait que lord Salisbury annulerait la décision du Haut-Commissaire britannique dans l'Afrique du Sud. On estimait, d'ailleurs, que ce dernier avait simplement voulu empêcher le gouvernement de Prétoria de vendre des actions de chemins de fer comme il avait paru vouloir le faire récemment sur le marché de Berlin. Mais, même dans cette mesure restreinte, la proclamation de sir Milner n'aurait pu se justifier que si le gouvernement transvaalien avait perdu la souveraineté avec l'existence, ce qui était loin d'être le cas, même après la prétendue annexion déclarée par les autorités britanniques.

(1) V. ce qui a été déjà dit au sujet des annexions prématurées proclamées par les Boërs, dans cette *Revue*, t. VII (1900), p. 698 et 699.

(2) V. cette *Revue*, t. VII (1900), p. 670.

(3) V. cette *Revue*, t. VII (1900), p. 659 et suiv.

cation de leurs biens était donc une de ces mesures barbares et antijuri-
diques que le droit des gens se refuse même à discuter, comme le montre l'article 46 du Règlement de la guerre signé à la Haye par l'Angleterre :
« La propriété privée ne peut pas être confisquée ».

Mais l'acte du général Prettyman n'était pas un fait isolé : ce n'était
que l'application, dans un rayon de dix milles autour de Bloemfontein,
des décisions du généralissime lord Roberts. Celui-ci, espérant arriver
à justifier les mesures les plus rigoureuses contre les Boërs, entendit
leur imposer le serment de fidélité envers la Grande-Bretagne, de façon
à les traiter comme parjures s'ils continuaient leur résistance (1). C'était
par trop légèrement oublier ce principe élémentaire de droit international qu'il n'est point permis d'imposer le serment de fidélité aux habitants
des pays occupés, avant l'annexion régulière : comment, en effet. mettre
ces habitants dans l'alternative d'être traités en parjures par le vainqueur, s'ils violent ce serment, ou en traîtres par leur patrie, s'ils le
prêtent ? Cette mesure était d'autant plus étrange que, quelques mois
auparavant, l'Angleterre avait signé à la Haye le Règlement de la guerre
sur terre dont l'article 45 est ainsi conçu : « Il est interdit de contraindre
la population d'un territoire occupé à prêter serment à la puissance
ennemie ».

On pourrait essayer de soutenir que le serment demandé aux Burghers
à la suite de l'occupation du territoire habité par eux équivalait, comme
résultat, à la liberté sur parole conférée aux prisonniers sous la condition de ne plus combattre pendant la durée des hostilités. Mais il faut
remarquer que le serment dont il s'agit était prescrit sous les sanctions
rigoureuses qui seront indiquées plus loin d'après les proclamations de
lord Roberts ; or, un prisonnier de guerre ne peut être contraint d'accepter sa liberté sur parole (Règlement de la Haye, art. 11). D'autre part, et
surtout, le serment dont il s'agit n'était pas seulement la rançon exigée

(1) Formule du serment imposé, d'après la *Government Gazette* du 25 juin 1900 : « Je
soussigné, de... district de... jure et déclare solennellement par les présentes que j'ai
remis toutes les armes et munitions à moi demandées par les autorités britanniques,
c'est-à-dire tous les fusils et munitions pour fusils, de quelque sorte que ce soit. Et je
jure solennellement qu'il ne me reste ni fusil ni munitions pour fusils et que je n'ai
connaissance de personne en cachant ou en détenant (*appel à la délation*). Et je jure,
en outre, que je ne prendrai plus les armes contre le gouvernement britannique pendant
la présente guerre et que je ne fournirai jamais à aucun membre des forces républicaines assistance d'aucune sorte, ou informations relatives au nombre, aux mouvements
ou à d'autres particularités des forces britanniques qui pourraient parvenir à ma connaissance. Je promets en outre et je jure de rester tranquillement chez moi jusqu'à la
fin de la guerre. Je sais que si mes déclarations ci-dessus sont fausses ou que si je viole
mon serment ou ma promesse, tels que je viens de les prêter, je m'exposerai à être
sévèrement et sommairement puni par les autorités britanniques. Je fais solennellement
la déclaration ci-dessus, la croyant vraie. Que Dieu m'aide. Signature. »

des prisonniers ni même de ceux qui résidaient, au moment de l'invasion, sur les territoires occupés par les Anglais : il était imposé à tous ceux qui continuaient à combattre, parfois dans un lieu fort éloigné, et qui étaient ainsi menacés des peines les plus sévères s'ils ne venaient pas faire leur soumission dès que les forces britanniques arrivaient dans la localité où ils avaient leur résidence normale. L'Angleterre, en un mot, les réputait ses sujets et exigeait d'eux la soumission par le fait seul de l'occupation de leurs habitations. Jamais, que nous sachions, dans une guerre internationale, on n'était allé jusqu'à cette conception antijuridique et inique que les soldats ennemis peuvent être traités en prisonniers et même en annexés par la prise de possession de leur domicile !

Mais, une fois pénétrée de cette idée que, malgré ses déclarations solennelles du début, elle n'avait plus affaire qu'à des rebelles contre lesquels tous les moyens sont bons, l'Angleterre ne tint plus aucun compte des préceptes les plus essentiels du droit de la guerre dont elle venait de signer le code à la Haye. On eût dit qu'elle voulait systématiquement consacrer les pratiques des Allemands en 1870, pratiques que la Conférence de Bruxelles en 1874 et celle de la Haye en 1899 eurent précisément pour but de condamner. Sous l'impression des abus commis par les troupes allemandes pendant leur invasion du territoire français, les puissances réunies à la Conférence de Bruxelles, en 1874, prirent soin de condamner expressément : les actes de pression ayant pour but de forcer les habitants à coopérer à l'action militaire contre leur propre pays ; les peines collectives, pécuniaires ou corporelles, appliquées aux habitants à raison de faits accomplis par les troupes de leur patrie et dont ils ne peuvent être déclarés solidairement responsables ; enfin les mesures cruelles contre les otages, par exemple celle qui consiste à obliger des notables à monter dans les trains militaires quand l'ennemi menace de les faire dérailler ou sauter, pratique qui, comme on le sait, a été fort en usage dans l'invasion de 1870-1871, ainsi que celle de l'exécution de certains habitants d'une localité où une attaque réputée irrégulière a été faite par les forces ennemies (Règlement de Bruxelles en 1874, art. 36 à 39). Les Résolutions de Bruxelles n'ayant pu être ratifiées, la Conférence de la Haye les a reprises et précisées, notamment dans les articles suivants de son Règlement de la guerre sur terre : « Art. 44. Il est interdit de forcer la population d'un territoire occupé à prendre part aux opérations militaires contre son propre pays. — Art. 50. Aucune peine collective, pécuniaire ou autre, ne pourra être édictée contre les populations à raison de faits individuels dont elles ne pourraient être considérées comme solidairement responsables ».

. Or, les proclamations du général Roberts, dont nous donnons le texte
officiel (1), semblent prendre point par point chacune de ces interdic-

(1) « Quartier général, Prétoria, 19 juin 1900. — M'en référant à une proclamation datée
de Prétoria du 16 juin 1900, je, Frédéric Sleigh, Baron Roberts de Kandahar et Waterfard,
commandant en chef des troupes de Sa Majesté dans le Sud de l'Afrique, déclare
par ces présentes proclamer et faire connaître que, si un dommage est causé à l'une
des lignes de chemins de fer, à l'un des ponts, tunnels ou bâtiments de chemin de fer,
à une ligne de télégraphe, ou à une autre propriété des chemins de fer ou publique,
dans la *colonie* de la Rivière d'Orange, ou dans la portion de la République Sud africaine actuellement dans la sphère de mes opérations militaires, la punition suivante
sera infligée : 1º Les principaux résidants des villes et du district seront tenus solidairement et individuellement responsables du montant du dommage causé dans leur
district. 2º En outre du payement du dommage ci-dessus mentionné, une pénalité
dépendant des circonstances de chaque cas, mais qui ne sera jamais inférieure à une
somme de 2 shillings 6 deniers, par *morgen* sur la superficie de chaque ferme, sera levée
et recouvrée sur chaque Burgher du district dans lequel le dommage sera causé, en rapport
avec le terrain possédé en propriété ou occupé par lui dans ce district. De plus, tous
les reçus de marchandises réquisitionnées dans ce district en faveur des autorités militaires seront annulés et ils ne donneront lieu à aucun payement. 3º Par mesure de précaution, le directeur des chemins de fer militaires a été autorisé à ordonner qu'un ou
plusieurs des résidants qu'il choisira dans chaque district accompagneront personnellement, de temps en temps, les trains qui traverseront leur district. 4º Les maisons et
fermes *voisines* de l'endroit où le dommage sera causé seront détruites et les résidants
du *voisinage* seront juges conformément à la loi martiale. 5º Les autorités militaires
donneront toutes facilités aux principaux résidants pour leur permettre de communiquer
la teneur de cette proclamation aux autres résidants de leur district, afin que tous
aient pleine connaissance de la responsabilité qu'ils encourent. — Signé : Roberts ».
    Gazette du gouvernement, 22 août 1900. — Proclamation nº 1 de 1900 aux habitants de
la République Sud africaine. — « Considérant que les forces de Sa Majesté la Reine
sous mes ordres ont pénétré sur le territoire de la République Sud africaine, et que des
rapports faux et malicieux sont repandus au dehors relativement au traitement que les
habitants peuvent attendre des troupes de Sa Majesté, Je,... Baron Roberts, etc... suis autorisé par le gouvernement de Sa Majesté à faire connaître et fais, par les présentes, connaître ce qui suit : 1º Suivant les termes et dispositions de cette proclamation, la sécurité personnelle et l'exemption de toute molestation sont garanties à la population non
combattante. 2º Tous les Burghers qui n'ont pas pris une part importante a la politique
qui a amené la guerre entre Sa Majesté et la République Sud africaine, ou commandé des
forces de la République, ou ordonné ou employé la violence contre des sujets britanniques, ou commis des actes contraires aux usages de la guerre civilisée, et qui sont disposés
à mettre bas les armes immédiatement pour s'engager par serment à s'abstenir de toute
nouvelle participation à la guerre, recevront des passes les autorisant à retourner dans
leurs domiciles et ils ne seront pas faits prisonniers de guerre. 3º Le gouvernement
de Sa Majesté a l'intention de respecter toute propriété privée des habitants de la République Sud africaine, dans la mesure compatible avec les opérations de guerre, pourvu
que les habitants, de leur côte, s'abstiennent de dommages inutiles aux propriétés.
4º Si cependant semblables dommages sont causés, non seulement leurs propres auteurs
et tous ceux qui y seront directement ou indirectement impliqués seront exposés à la
punition la plus sévère dans leurs personnes et dans leurs biens, mais les biens de
tout s les personnes, autorités ou autres, qui auront permis ou n'auront pas fait leur
possible pour empêcher ces dommages seront passibles de confiscation ou de destruction.
5º Tous sont donc exhortés dans leur propre intérêt à empêcher les dommages inutiles. — Donné à Johannesburg, le 31 mai 1900. — Signé : Roberts ».
    Proclamation aux habitants de la République Sud africaine, nº 12 de 1900. — «Attendu

tions pour en affirmer solennellement la violation et le mépris : elles ruinent ou punissent matériellement les habitants rendus responsables de la résistance des forces régulières de leur pays ; elles les forcent à contribuer, soit par la délation, soit par l'opposition aux actes de belligérancé de ces forces, au succès des troupes anglaises ; elles les exposent comme otages à périr dans les opérations de guerre dirigées contre les chemins de fer. Comment ces proclamations, où toutes les conquêtes de la civilisation sont effacées d'un trait de plume, ont été appliqués, nous le verrons dans la suite, en exposant la conduite des armées britanniques après la prétendue annexion des deux Républiques : il suffit, pour le moment, d'en signaler la teneur et de les flétrir au nom du droit des gens et même de la plus vulgaire humanité. En vain essayera-t-on de dire que la convention signée par l'Angleterre à la Haye ne l'oblige pas à adopter intégralement le Règlement qui y est annexé et qu'elle peut le modifier par ses décisions personnelles en l'adaptant aux circonstances. L'article 1er de cette convention est ainsi conçu : « Les Hautes Parties Contractantes

que, par proclamation n° 1 de 1900, les Burghers qui n'avaient pas pris une part importante aux hostilités étaient autorisés, après serment, à regagner leurs domiciles et n'étaient pas traités en prisonniers de guerre, et attendu que par proclamation n° 2 de 1900 les Burghers auxquels des passes et permis avaient été accordés pourraient garder leurs provisions ou les transporter au Weld d'hiver, et attendu que beaucoup de Burghers ont prêté ledit serment mais ont néanmoins pris les armes contre les forces de Sa Majesté la Reine, et attendu que beaucoup de Burghers ont prêté ledit serment, mais ont aidé et favorisé l'ennemi en arrêtant des trains et en détruisant des propriétés appartenant aux forces de Sa Majesté la Reine, ou agi comme espions pour l'ennemi, et attendu que le gouvernement de la République Sud africaine considère ce serment comme immoral et a publié un avis détournant les Burghers de prêter ledit serment, et attendu qu'il est manifeste que la douceur qui a été témoignée aux Burghers de la République Sud africaine n'est pas appréciée par eux, mais au contraire est utilisée comme un prétexte pour continuer leur résistance contre les forces de Sa Majesté la Reine, et attendu qu'il n'y a aucun moyen de distinguer la partie combattante de la population de la partie non combattante, — pour ces motifs, Je......, Baron Roberts, etc... proclame par les présentes et fais connaître ce qui suit : 1° A partir de et après cette date, les sections 1 et 2 de la proclamation n° 1 de 1900 sont rapportées, sauf en ce qui concerne les Burghers qui ont déjà prêté ledit serment. 2° La proclamation n° 2 de 1900 est rapportée. 3° Toutes les personnes qui ont prêté ledit serment et qui l'ont violé en quelque façon seront punies de mort, d'emprisonnement ou d'amende. 4° Tous les Burghers des districts occupés par les forces de Sa Majesté, sauf ceux ayant déjà prêté ledit serment, seront regardés comme prisonniers de guerre et *seront transportés ou traités autrement de la façon que je fixerai.* 5° Tous les bâtiments et constructions des fermes où les éclaireurs ou autres forces de l'ennemi recevront asile seront exposés à être rasés jusqu'au sol. 6° L'amende mentionnée dans la proclamation n° 6 de 1900, section 2, sera rigoureusement exigée là où un dommage sera causé au chemin de fer, et les habitants sont avertis par les présentes d'avoir à faire connaître aux forces de Sa Majesté la présence de l'ennemi dans leurs fermes ; s'ils y manquent, ils seront regardés comme aidant et favorisant l'ennemi. — Donné à Prétoria le 14 août 1900. — Roberts. — Relativement au paragraphe 6, l'amende y mentionnée ne sera en aucun cas inférieure à la somme de 2 s. 6 d. par *morgen* sur la superficie de chaque ferme ».

donneront à leurs forces armées de terre des *Instructions conformes* au *Règlement concernant les lois et coutumes de la guerre sur terre*, annexe à la présente convention » (1). Quelque latitude que cette clause puisse laisser pour la forme et le détail de la réglementation de la guerre dans chaque pays, on conviendra que les Instructions du généralissime anglais ne peuvent être considérées comme *conformes* à un Règlement dont elles violent ouvertement les dispositions les plus essentielles.

On pourrait, semble-t-il, tirer une grave objection en faveur de l'Angleterre de ce que l'article 2 de la Conférence de la Haye ne déclare le Règlement de la guerre sur terre obligatoire qu'entre les puissances contractantes ; or les Républiques de l'Afrique du Sud n'ont point participé à la Conférence de la Haye. Mais on ne saurait méconnaître que, pour les points les plus importants, spécialement pour tous ceux sur lesquels nous insistons, le Règlement de la Haye n'a fait que préciser les dispositions déjà admises par tous les peuples civilisés sans contestation aucune. On verra, d'ailleurs, que c'est en invoquant d'une manière implicite le caractère obligatoire de ces dispositions pour tout peuple civilisé que les Anglais eux-mêmes ont parfois reproché aux Boërs de les avoir méconnues, bien qu'ils ne soient pas positivement liés par la Conférence de la Haye.

En somme, les décisions brutales et odieuses du généralissime anglais ne pourraient s'expliquer que de deux façons.

Ou bien on les fonderait sur le droit d'un pays d'employer les moyens les plus rigoureux pour ramener des rebelles à l'obéissance : mais on sait que les Boërs étaient, de l'aveu de la Grande-Bretagne, et tout au moins, d'après elle-même, avant la prétendue annexion de leur pays, des belligérants réguliers que l'on ne pouvait pas traiter comme des insurgés. Au surplus, même à l'égard de révoltés, il est des mesures que la morale, à défaut du droit international qui n'a pas d'application en pareil cas, réprouve absolument : notamment celle qui rend des innocents responsables d'actes qu'ils n'ont pu ni prévoir ni empêcher.

Ou bien les autorités militaires britanniques ont-elles cédé à l'influence de cette idée, trop facilement acceptée par les gens de guerre, que l'envahisseur peut recourir à tous les procédés de nature à faciliter la soumission de l'ennemi, en un mot que la *loi martiale* à appliquer aux habitants d'un pays occupé consiste simplement dans l'ensemble des mesures de rigueur arbitrairement prises par le chef de l'armée d'occupation ? Cette manière de voir est d'ailleurs dans les traditions anglaises.

(1) Ainsi se trouvait écartée la proposition bien moins rigoureuse faite le 10 juin par le délégué britannique, sir J. Ardagh : qu'il ne fût établi que des principes généraux dont les gouvernements s'inspireraient *dans la mesure qu'ils jugeraient convenable.*

Wellington l'exposait en 1814 dans une lettre fameuse qu'il adressait au Parlement. On peut se demander seulement comment les Anglais concilient ce prétendu droit de l'envahisseur d'amener la soumission des habitants par les rigueurs les plus cruelles et les plus iniques avec le droit qu'ils reconnaissent, comme nous l'avons vu, à ces mêmes habitants, d'être traités en belligérants réguliers quand ils combattent pour la défense de leur sol, même sans faire partie de troupes officielles et à la seule condition de respecter les lois de la guerre. La vérité, c'est que ce que l'on appelle la *loi martiale* en pays occupé « n'est que l'exercice de l'autorité militaire *conformément aux lois et usages de la guerre* », suivant les justes expressions de Lieber dans l'article 4 de ses *Instructions pour les armées des États-Unis*. Au delà de ces lois de la guerre et surtout contre elles, spécialement en tant que l'Angleterre les a acceptées à la Conférence de la Haye, les ordres du général Roberts n'étaient plus que l'arbitraire odieux d'un soldat affolé par la résistance de l'adversaire, en même temps que l'exaspération maladroite d'un chef perdant son sang-froid, puisque le seul résultat de ces ordres devait être inévitablement de surexciter encore la haine irréconciliable des Boërs contre leur envahisseur.

On peut encore hésiter entre deux suppositions : ou bien les mœurs militaires de l'armée britannique se sont corrompues dans une série de luttes exclusivement dirigées contre des peuples sauvages vis-à-vis desquels on ne se soucie guère du droit des gens ; ou bien ses chefs ont dû faire plier leur honneur de soldat devant les injonctions inhumaines que leur adressaient de Londres des politiciens sans scrupules, instigateurs et véritables directeurs peut-être de cette lutte néfaste.

3° *Traitement des prisonniers et blessés.* — En ce qui concerne le traitement des prisonniers, l'impression générale, qui se dégage des communications officielles ou privées, c'est que, malgré une ou deux réclamations auxquelles il semble qu'il ait été répondu d'une manière satisfaisante, les Boërs ne se sont pas départis, pendant la deuxième période des hostilités, de leurs habitudes de modération et d'humanité. Le 30 avril, les journaux de Londres signalaient une lettre du général Buller au général boër Lucas Meyer contenant des protestations contre les mauvais traitements infligés aux prisonniers anglais. Le général Lucas Meyer répondit que seuls les prisonniers qui tentaient de s'échapper étaient mis en prison, sans d'ailleurs être confondus avec les criminels, tandis que les prisonniers boërs étaient emprisonnés à Pietermaritzburg pêle-mêle avec les détenus indigènes. Cette réponse correspondait bien à l'article 24 *in fine* du Règlement adopté à la Haye, d'après lequel « les prisonniers ne peuvent être enfermés que par mesure de sûreté indispensable » : ce qui est bien le cas quand ils tentent de s'évader. Malgré les réserves qu'il crut devoir faire contre le droit cependant certain de prendre des précautions exceptionnelles à l'égard des prisonniers qui cherchent à fuir, lord Roberts reconnut implicitement que le gouvernement de la République Sud africaine respectait le droit des gens dans le traitement des prisonniers anglais. Voici, en effet, la dépêche qu'il adressait de Kroonstadt, le 13 mai, au ministre de la guerre à Londres : « J'ai informé le Président de la République Sud africaine que j'avais appris que les prisonniers de guerre des troupes coloniales étaient traités comme des criminels, et enfermés dans la prison de Prétoria ; que la fièvre entérique sévissait parmi eux, et que le confort et les soins médicaux étaient insuffisants. J'ai déclaré aussi que nous traitions sur le même pied nos prisonniers, qu'ils fussent Burghers ou étrangers. J'ai reçu le 20 avril une réponse déclarant que le Transvaal ne faisait aucune distinction entre les prisonniers coloniaux et les autres, mais qu'un petit nombre de prisonniers, qui avaient enfreint les lois militaires comme espions ou autrement, et qui attendaient de passer en conseil de guerre, ou bien qui avaient essayé de s'échapper, ou bien manifestaient l'intention d'essayer de s'échapper, avaient été pour plus de sûreté internés dans la prison ordinaire, mais dans une section à part des prisonniers de droit commun, et qu'ils étaient traités comme les autres prisonniers de guerre. Quant aux prisonniers malades, la fièvre entérique régnait aussi bien parmi les prisonniers que parmi la population civile. On a fait tous les efforts pour enrayer la propagation de la maladie et on y a réussi dans une large mesure. J'ai répondu le 22 avril que j'étais heureux des assurances qui m'étaient données, mais en même temps j'ai fait remarquer que nous ne faisions pas de différence de traitement pour les prisonniers de guerre légitimement soupçonnés de vouloir s'évader et que de pareilles exceptions ouvraient la porte à des abus de la part des subalternes, sans que les autorités en sussent rien ».

Il télégraphiait encore de Prétoria, le 3 juillet, en annonçant la délivrance de prisonniers anglais à Frankfort par le général Hunter : « Ces prisonniers avaient été très bien traités par les Boërs ». Le même renseignement était fourni de Lourenço-Marquez, le 11 juin, en ce qui concerne 900 soldats et 10 officiers anglais détenus à Noortgedacht. Enfin, le 2 mai, le correspondant du *New-York Herald* écrivait : « J'ai obtenu l'autorisation de voir les officiers anglais qui sont prisonniers de guerre ici. Je les ai trouvés en bonne santé. Ils étaient en train de jouer au cricket, et se montraient fort aises du nouveau régime auquel ils sont soumis, régime comprenant l'usage de la bière. Leurs principales doléances portent sur les retards dans la transmission de la correspondance qui leur est adressée. Ils parlent en termes reconnaissants des services que leur rend le consul américain, M. Adalbert Hay. Ils sont, par contre, très montés contre M. Winston Churchill, qu'ils désapprouvent fort d'avoir divulgué les moyens employés par lui pour s'évader ».

Du côté de la Grande-Bretagne, en s'en tenant aux seuls témoignages venant des Anglais eux-mêmes, les lois de la guerre relatives au traitement des prisonniers furent beaucoup moins bien observées. Nous nous sommes déjà expliqué sur l'internement des prisonniers boërs dans les navires ancrés à la baie de Simonstown (Symonsbay) (1) : par suite des conditions déplorables de leur installation que nous avons déjà signalées et qui ne furent pas améliorées dans la suite, les prisonniers continuèrent à être décimés par les maladies, spécialement par la fièvre typhoïde. La négligence coupable des autorités britanniques fut telle que, suivant une nouvelle communiquée de Londres au *Temps* le 3 avril 1900, le directeur de la Croix-Rouge fit adresser des observations au gouvernement au sujet du traitement inhumain des prisonniers à bord des pontons de Simonstown. Le 5 avril, M. Bryn Robert insista à la Chambre des communes pour que l'on mît fin à cet état de choses, en ajoutant que les Boërs, supérieurs aux Anglais sur les champs de bataille, avaient fait preuve de plus de magnanimité à l'égard de leurs prisonniers.

D'autre part, c'est à partir des mois de mars et d'avril que le transport des Boërs capturés à Sainte-Hélène et à Ceylan fut opéré en grand et comme système régulier d'internement. Nous avons également dit ce qu'il faut penser de cette mesure, justifiable seulement en tant qu'elle était commandée par les nécessités militaires et de bonne garde des prisonniers (2). Or, des déclarations ultérieures des autorités britanniques permettent d'émettre des doutes sérieux sur la valeur, dans la circonstance, de cette justification. Voici, en effet, le résumé de quelques observations échangées à ce sujet dans la Chambre des communes le 2 avril 1900 : « Répondant à une question, M. Balfour dit qu'il est exact que M. Schreiner a élevé des objections contre le transfert des prisonniers de guerre à Sainte-Hélène. Ces objections ont été communiquées au gouvernement de la Reine, qui a consacré toute son attention à la

(1) V. cette *Revue*, t. VII (1900), p. 684-685.
(2) V. cette *Revue*, t. VII (1900), p. 682. — L'application de ces mesures concernait également les étrangers, notamment les Allemands, faits prisonniers comme soldats dans les troupes boërs : au Reichstag, le 21 novembre 1900, le ministre de la guerre, général von Gossler, reconnut que les étrangers étaient, en pareil cas, soumis aux lois de sûreté édictées par le parti adverse, notamment en ce qui concerne l'état de siège (V. le *Times* du 22 novembre 1900).

question, mais sans trouver la possibilité de modifier la décision prescrivant l'envoi d'un certain nombre de prisonniers à Sainte-Hélène.
— M. Flynn. Est-ce pour assurer la garde des prisonniers ? — M. Balfour. Cette mesure a été *en partie* dictée par des considérations
d'ordre militaire ». Ainsi, de l'aveu de M. Balfour, ce n'était pas *uniquement* des considérations d'ordre militaire qui déterminaient la relégation des prisonniers. De quelle nature étaient donc les autres ? Que
l'on se reporte à la proclamation lancée par lord Roberts le 14 août 1900
et citée plus haut : on y lira, sous le n° 4, que *les Burghers prisonniers
seront transportés ou traités autrement de la façon que le généralissime
fixera.* C'est donc que l'exil, ou *toute autre mesure de rigueur* contre les
prisonniers, est prévu à l'avance à titre de peine devant être appliquée
aux captifs, en vue de briser la résistance par la menace d'un dur traitement pour ceux qui la continueront. C'est là une manière de voir et
d'agir absolument incompatible avec les usages des peuples civilisés
fixés par le Règlement de la Conférence de la Haye ; les prisonniers
doivent être traités avec humanité (art. 4 du Règlement) et le pouvoir de
l'État capteur se borne à prendre les mesures nécessaires pour empêcher
leur évasion : tout ce qui dépasse ce but, spécialement toute mesure de
rigueur ayant le caractère de *peine générale*, afin d'intimider les combattants par la perspective de ce qui les attend une fois capturés, doit
être sévèrement condamné (1).

Pour les soins à donner aux blessés, lord Roberts lui-même était obligé
de rendre un nouveau témoignage à l'humanité des Boërs dans sa dépêche datée de Bloemfontein, 24 mars, à propos des incidents d'un combat près du camp de Modder-River. Mais, d'autre part, dans sa séance
du 9 mai 1900, le Volksraad adressait une nouvelle protestation aux puissances neutres contre les violations par la Grande-Bretagne de la convention de Genève. C'était toujours à l'incroyable incurie de l'administration britannique qu'il fallait imputer le défaut des soins les plus essentiels
pour les malades et blessés faits prisonniers. Les révélations faites dans
le *Times*, à la fin de juin 1900, par M. Burdett Coutts sur l'état des hôpitaux
de Bloemfontein plus d'un mois après l'occupation anglaise produisirent
une profonde et pénible émotion. M. Burdett Coutts reproduisit ses accusations contre l'administration anglaise à la Chambre des communes le
29 juin : les divers ministres qui lui répondirent ne purent que plaider
les circonstances atténuantes en invoquant les difficultés de la campagne
dans l'Afrique du Sud. Cependant, sur la proposition de sir H. Campbell

(1) Sur le traitement rigoureux des prisonniers à Sainte-Hélène, V. le témoignage
d'une Anglaise, Mme Green, rapporté par M. Lefébure dans le *Correspondant* du 25 décembre 1900.

Bannerman, une enquête fut ordonnée. Le rapport de la Commission d'enquête a été publié dans le *Blue-Book* du 24 janvier 1901 : il conclut à l'augmentation du nombre insuffisant des médecins. Nous avons déjà signalé, à ce propos, le témoignage accablant de Madame Chamberlain, la belle-sœur du secrétaire d'État au Colonial Office, qui avait passé sept mois au Cap pour s'y consacrer au service des hôpitaux et ambulances militaires (1). Ses accusations portaient principalement sur la saleté sordide des locaux affectés au traitement des malades et blessés et sur le développement effrayant des maladies contagieuses qui en était la conséquence ; sur l'insuffisance du personnel hospitalier qui ne comptait qu'une infirmière pour 175 hommes ; sur le refus systématique d'accepter le concours des sœurs de charité de Johannesburg ; sur l'ignorance et les habitudes d'ivrognerie des médecins militaires. Malgré ses récriminations et bien que les malades ou blessés anglais souffrissent de cet état de choses autant que les prisonniers boërs, elle ne put rien obtenir du service sanitaire de l'armée britannique (*Journal des Débats* du 20 août 1900).

4° *Expulsion des nationaux ennemis ou étrangers.* — Sans procéder à une expulsion absolue qui était dans leur droit strict mais dont l'application sans nécessité rigoureuse eût été trop dure (2), les gouvernements de Prétoria et de Bloemfontein ne forcèrent les Anglais à quitter leur territoire qu'au fur et à mesure que les circonstances rendaient cette mesure indispensable : notamment le 30 avril, à la suite de l'explosion de la poudrière de Johannesburg qui fit un grand nombre de victimes et que la population surexcitée attribuait aux résidants anglais. Du reste, des exceptions furent toujours accordées pour les nationaux britanniques dont l'attitude était régulière et qui pouvaient offrir la garantie de sérieuses cautions. C'est ce qui ressort de la communication suivante du Président Krüger, publiée dans les journaux de Londres le 2 mai 1900 : « Comme un grand nombre de Burghers insistent pour que les sujets anglais soient conduits au delà de la frontière, et que le gouvernement est désireux de faire droit à leur désir et à celui de ceux qui sont favorables à la République, nous, Stephanus-Johannès-Paulus Krüger, déclarons par la présente que tous les sujets anglais résidant dans le district ou ville de Prétoria, ou dans les champs d'or du Wittwaters-Rand, devront quitter l'État dans les trente-six heures, à compter du 30 avril, à midi, à l'exception de ceux d'entre eux qui pourraient être autorisés par le gouvernement à continuer à résider dans le pays, sur la recommandation des différents commandos locaux ».

(1) V. cette *Revue*, t. VII (1900), p. 684, note.
(2) V. cette *Revue*, t. VII (1900), p. 698.

De son côté, le gouvernement britannique dut, quelquefois, procéder à l'expulsion d'étrangers dont la présence dans les territoires occupés par lui pouvait lui paraître dangereuse. Ce droit d'expulsion, reconnu partout comme une mesure de police nécessaire, ne peut donner lieu à des réclamations que lorsqu'il est appliqué d'une manière injustifiée. Les principes à cet égard ont été exactement rappelés au Reichstag allemand le 23 novembre 1900. Répondant à une interpellation d'un député, M. Hasse, qui se plaignait que les Allemands expulsés du Transvaal eussent été laissés sans protection, le sous-secrétaire d'État aux affaires étrangères, le Baron de Richtofen, s'exprima comme suit : « Nous sommes obligés de considérer comme conforme au droit des gens la mesure que le gouvernement anglais a prise en éloignant du théâtre de la guerre les étrangers dont certains faits justifiaient l'expulsion ; mais nous avons pris énergiquement la défense de ceux qui étaient expulsés sans motif suffisant ou avec une dureté que les circonstances n'exigeaient pas. Nous avons demandé des indemnités au gouvernement anglais, il nous a répondu qu'il était disposé à en accorder aux personnes qui avaient été expulsées d'une façon non justifiée. Des négociations ont lieu actuellement entre les deux gouvernements en vue de la fixation de ces indemnités. Nous maintiendrons aussi les intérêts de ceux de nos nationaux qui ne peuvent pas appuyer leurs demandes d'indemnité sur des preuves ; mais, dans ce cas, la fixation de l'indemnité sera naturellement plus difficile ». D'autre part, suivant le *Daily Telegraph* du 18 septembre 1900, le gouvernement autrichien se préoccupait des expulsions brutales et injustifiées dont ses nationaux avaient été également victimes ; la presse viennoise était unanime à demander réparation pour cette violation des règles du droit des gens.

5° *Respect des propriétés privées.* — Une intéressante correspondance fut échangée à ce sujet, au commencement de février, entre les Présidents Krüger et Steijn, d'une part, et le général Roberts, d'autre part.

Le 3, les Présidents écrivaient en ces termes au généralissime britannique : « Nous apprenons de divers côtés que les troupes anglaises, contrairement aux usages reconnus de la guerre, se sont rendues coupables de destructions, brûlant et faisant sauter à la dynamite des fermes, et dévastant d'autres propriétés, et que, de ce fait, des femmes et des enfants sans protection ont été souvent privés d'abri et de nourriture. Ces faits se produisent, non seulement dans des endroits où des barbares sont encouragés par des officiers anglais, mais même dans la colonie du Cap et dans ce pays (l'État libre), où des brigands blancs viennent du théâtre de la guerre, dans l'intention évidente de porter la dévastation générale, sans aucune raison reconnue par les coutumes de la guerre, et sans qu'ils prennent part aux opérations. Nous désirons vivement protester contre de tels actes ».

Le 5, le général Roberts répondit que les accusations dirigées contre ses troupes étaient vagues et dépourvues de preuves ; qu'au surplus, les actes imputés aux soldats anglais étaient en opposition avec les traditions de la Grande-Bretagne. Voici le passage le plus saillant de cette réplique : « Je regrette que Vos Honneurs aient jugé bon de renouveler la déclaration fausse que des barbares aient été encouragés par des officiers anglais à commettre des déprédations. Dans le seul cas où un raid a été commis par des indigènes sujets de la Reine, cela a été contrairement aux instructions de l'officier anglais le plus rapproché de l'endroit, et cet acte a entièrement troublé ses opérations. Les femmes et les enfants faits prisonniers par les indigènes ont été reconduits dans leurs foyers par l'intermédiaire de l'officier anglais en question. Je regrette de dire que ce sont les troupes républicaines qui, dans quelques cas, se sont rendues coupables de conduire la guerre d'une façon contraire aux usages du monde civilisé. Je veux principalement parler de l'expulsion de leurs demeures de sujets loyaux dans le district Nord, parce qu'ils refusaient de se laisser réquisitionner par les envahisseurs. C'est un acte barbare que celui d'obliger des hommes à prendre parti contre leur patrie suzeraine au moyen de menaces, de spoliations et d'expulsions ».

Nous nous sommes déjà expliqué au sujet des décisions des autorités boërs ayant pour but de contraindre les résidants anglais à prendre les armes pour la défense des deux Républiques (1) : mais il était, en vérité, bien surprenant que le général Roberts invoquât les traditions et les habitudes des armées britanniques quant au respect des propriétés privées. Dès le 15 janvier, en effet, le *Times* parlait, non sans complaisance, de l'effet terrifiant que devaient produire les dévastations des propriétés privées par la troupe du colonel Pilcher et par celle du général Babington, même dans des parties de l'État d'Orange éloignées du théâtre des hostilités. Dans ce numéro du grand journal de la Cité, nous relevons les passages suivants qui en disent plus long que tout commentaire : « Le général Babington a parcouru le pays qu'il a trouvé absolument déserté par les Boërs. Il est arrivé au camp abandonné du commando de Randen. Il a trouvé et détruit trois grandes et importantes fermes appartenant à un homme nommé Lubbe, commandant du district de Jacobsdal, et à deux de ses fils..... L'importance de l'expédition (celle de Babington) consiste entièrement dans le fait qu'elle est la première démonstration considérable faite dans le pays de l'ennemi et que, en dé-

---

(1) V. cette *Revue*, t. VII (1900), p. 697.

truisant les maisons et en dévastant une grande région de fermes, nous avons causé un dommage que les Boërs apprécient et qu'ils regardent comme plus sérieux que la perte de beaucoup d'hommes sur le champ de bataille ». Dans un article de fond, le même jour, le *Times* disait : « Des fermes qui avaient servi de campement à l'ennemi ont été détruites et cette mesure est de nature à affecter les Burghers plus que la perte de plusieurs hommes. La destruction de la propriété privée en temps de guerre est toujours regrettable ; mais elle est une mesure parfaitement légitime quand elle est prise pour des raisons militaires ; et, dans une lutte comme celle-ci, quand *l'ennemi a peu de propriétés publiques, elle peut être singulièrement efficace* ».

On peut signaler encore les faits suivants : par ordre du général Pole Carew, tous les chevaux furent confisqués dans les fermes dont les habitants mâles étaient absents (Bloemfontein, 27 avril) ; les Boërs du campement de Ficksburg furent prévenus que, s'ils ne se rendaient pas le 15 juin, leurs fermes et toutes leurs propriétés seraient confisquées (Maseru, 14 juin 1900).

Au surplus, la discussion devient quelque peu superflue en présence des proclamations du général Roberts que nous avons citées : si l'on peut en discuter la portée en tant qu'elles devaient s'appliquer après l'annexion prononcée par l'Angleterre, ce que nous examinerons dans la suite, il est au moins certain que, pour la période antérieure, elles étaient la méconnaissance officielle du principe d'après lequel la propriété privée, même celle des combattants, est inviolable, sauf dans le cas de stricte nécessité militaire. Or, si ces proclamations sont postérieures à l'annexion de l'État d'Orange, elles ont précédé celle de la République Sud africaine qui n'a eu lieu qu'au commencement de septembre 1900 : cela n'a pas empêché de les appliquer aux propriétés privées du Transvaal avant cette dernière date.

A propos du respect de la propriété privée, la question des mines d'or se posa avec plus d'acuité encore dans la deuxième période des hostilités que dans la première, comme nous l'avons déjà dit (1). L'émoi fut très grand parmi les porteurs de titres des mines d'or quand on apprit que, à propos d'une question soulevée par M. Paul Leroy-Beaulieu, le représentant du Transvaal, M. Leyds, avait répondu : « Si, contre toute attente et toute prévision, la défense nationale exigeait des Boërs le sacrifice pénible de la destruction partielle ou totale des mines, ce ne serait que poussés par les circonstances de force majeure qu'ils s'y résigneraient » (2). Ces paroles un peu vagues pouvaient s'entendre en ce

---

(1) V. cette *Revue*, t. VII (1900), p. 695.
(2) Voici le texte des lettres échangées entre M. Paul Leroy-Beaulieu, agissant comme

sens que les Boërs pourraient être contraints de détruire les mines d'or par nécessité militaire : dans ce cas, sauf à apprécier la manière dont cette nécessité serait comprise, il n'y avait qu'à reconnaitre le droit de tout belligérant de détruire les propriétés privées quand cela lui est absolument indispensable pour ses opérations de guerre, spécialement pour sa défense. Mais ces paroles pouvaient signifier aussi que les Boërs en viendraient peut-être à une pareille extrémité pour effrayer l'envahisseur et l'arrêter par la perspective d'une calamité devant atteindre nombre de ses nationaux : alors, la menace eût été injustifiable, parce qu'elle visait directement les intérêts privés, non seulement des nationaux ennemis, ce qui était déjà contraire aux lois de la guerre, mais même des nationaux des pays neutres ayant une part très considérable dans les

Président de l'Union des porteurs français des mines d'or et de valeurs du Transvaal, et M. Leyds :

« Paris, le 21 mars 1900. — Monsieur le ministre. Vous avez bien voulu nous donner des réponses aux questions ou observations que nous avions pris la liberté de vous soumettre. Depuis notre dernière lettre du 14 février, un nouveau sujet d'alarme a surgi qui émeut vivement les porteurs français de mines d'or du Transvaal, et sur lequel nous devons attirer l'attention de Votre Excellence. Des bruits se sont répandus que le gouvernement transvaalien, si la guerre se poursuivait, pourrait être amené à détruire ou à endommager les mines. Nous ne voulons ajouter aucune foi à ces bruits. Rien, jusqu'ici, dans l'attitude du gouvernement du Transvaal, n'autorise à croire qu'ils soient fondés. Les porteurs français de mines d'or qui n'ont jamais commis aucun acte d'hostilité contre le Transvaal et qui se sont toujours scrupuleusement tenus à l'écart de toute manifestation politique doivent compter que le gouvernement transvaalien respectera leurs droits. Nous serions heureux, Monsieur le ministre, que vous voulussiez bien en donner l'assurance, afin que nous puissions dissiper l'inquiétude des porteurs français de mines d'or et de valeurs du Transvaal. Veuillez agréer, Monsieur le ministre, l'hommage de nos sentiments de haute considération. — Le Président de l'Union des porteurs français de mines d'or et de valeurs du Transvaal. Paul Leroy-Beaulieu ».

Légation de la République Sud africaine. Bruxelles, le 11 avril 1900. — Monsieur le Président. Contraint par les circonstances à des déplacements assez fréquents et plus ou moins longs, je n'ai pu répondre plus tôt à votre très honorée lettre du 21 mars dernier : aussi je vous prie de vouloir bien m'excuser de ce retard. Vous me communiquez, dans vos estimables lettres, l'inquiétude qui préoccupe les porteurs français de valeurs transvaaliennes au sujet de l'avenir réservé aux mines d'or ; cependant, quoique le grand drame qui se déroule dans l'Afrique du Sud prête à ces inquiétudes, je crois sincèrement qu'on aurait tort de les exagérer, se basant seulement sur un bruit qui court et de vagues conjectures, après tant de preuves de probité et d'équité fournies à l'histoire par ce même peuple dont on craint à présent la justifiable exaspération. Il n'est certainement pas du caractère du peuple boër, l'instinct de destruction, de vandalisme, loin de là, et je puis, au contraire, même dire que le respect de la propriété et du bien d'autrui est une de ses qualités. Mais si, contre toute attente et toute prévision, la défense nationale exige d'eux le sacrifice pénible de la destruction partielle ou totale des mines, ce ne sera que poussés par des circonstances de force majeure que les Boërs s'y résigneront. Dans tous les cas, j'espère volontiers que le cours des événements se dessinera tel que jamais ce peuple ne se voie obligé ni poussé à de telles extrémités. Veuillez agréer, Monsieur le Président, l'assurance de ma considération très distinguée. — Le ministre de la République Sud africaine. Dr Leyds ».

exploitations minières. D'un autre côté, le bruit courut dans la presse, au commencement de mai, que les puissances avaient remis une Note collective au Président Krüger pour le rendre *personnellement* responsable de la destruction des mines. Il est possible que, comme on le donnait à entendre dans certains milieux politiques, des observations eussent été présentées au gouvernement de Prétoria sur la gravité et même l'illégitimité de la mesure que l'on craignait lui voir prendre : mais la prétendue Note collective fut formellement démentie à Berlin et à Washington. Malgré l'usage plus que contestable qui en a été fait en Chine, le procédé qui consiste à rendre des Souverains ou fonctionnaires d'un pays personnellement responsables des actes contraires au droit des gens est incompatible avec la nature même des rapports internationaux. Chaque État assume la responsabilité des actes de ses fonctionnaires vis-à-vis des autres puissances, et celles-ci n'ont affaire qu'à lui, non aux auteurs mêmes des actes incriminés, surtout quand il s'agit, comme c'était le cas en Chine, comme ce l'eût été aussi au Transvaal, de mesures prises au nom de l'État lui-même et avec le concours de ses autorités agissant dans les limites de leurs attributions. S'en prendre directement aux agents de l'État, c'est sortir du domaine des rapports internationaux réguliers pour entrer dans celui de l'intervention quant aux questions intérieures de cet État, par la substitution de la loi répressive des pays intervenants à la loi interne qui, dans cet État, doit régler la responsabilité du Souverain et des fonctionnaires. On peut ainsi juger la valeur de la proclamation lancée par M. Chamberlain le 21 mars 1900 pour rendre le gouvernement boër *personnellement* responsable de la destruction des mines. Du reste, dès le 29 septembre 1899, il avait télégraghié à sir Milner : « Si le gouvernement de la République Sud africaine commence les hostilités, il serait peut-être bon que vous préveniez immédiatement le Président Krüger que nous comptons sur lui et sur son gouvernement pour protéger les vies et les biens de toutes personnes non belligérantes, qu'elles soient anglaises ou étrangères, et que nous les tiendrons *personnellement responsables* de tout acte commis contrairement aux usages des nations civilisées ».

Les Anglais étaient d'ailleurs beaucoup plus émus de la perspective d'une intervention des puissances pour empêcher la destruction des mines que par la crainte de cette destruction même. A propos d'une prétendue entrevue qui aurait eu lieu à ce sujet entre le secrétaire d'État des États-Unis, M. Hay, et l'ambassadeur d'Allemagne à Washington, le *Times* disait, le 20 mars 1900 : « Nous ne pouvons nous faire à l'idée qu'un homme d'État allemand ou un diplomate ait la moindre intention de proposer au gouvernement des États-Unis d'intervenir pour forcer l'Empire britannique à limiter les droits ordinaires dont il jouit comme belligérant. D'ailleurs, les Anglais sont les plus intéressés à la conservation des mines ».

La vérité,c'est que rien ne pouvait faire supposer, de la part du Transvaal, l'intention d'anéantir les exploitations minières. Tout, au contraire, devait le détourner d'un pareil projet : d'une part, il n'aurait pu qu'y perdre les sympathies des pays neutres dont les intérêts engagés dans les mines sont, dans leur ensemble, aussi importants peut-être que ceux des Anglais ; d'autre part, comme le remarquait justement M. Edmond Dollfus dans le *New-York Herald* du 26 mars 1900,la destruction n'aurait pu porter que sur le matériel d'exploitation, d'une valeur relativement insignifiante par rapport à celle des gisements aurifères qui seraient toujours restés la propriété des actionnaires.

Au surplus, l'événement montra que toutes les alarmes étaient chimériques : le matériel des compagnies minières fut respecté (1) ; quand ils arrivèrent à Johannesburg, les Anglais trouvèrent affichée une proclamation du Président Krüger interdisant de l'endommager.

B. *Relations entre les belligérants et les neutres*. — 1° *L'opinion publique en Angleterre*. — Comme nous l'avons fait pour la première période des hostilités, nous allons, pour la seconde, donner un aperçu de l'état de l'esprit public dans la Grande-Bretagne, afin d'expliquer par là même l'attitude du gouvernement britannique à l'égard des puissances, spécialement en ce qui concerne les démarches qui auraient pu être faites pour la paix (2). On a déjà vu que les Anglais s'étaient montrés intransigeants à ce sujet pendant la première partie de la guerre : allaient-ils être plus conciliants quand la victoire succédait pour eux aux défaites,et pourrait-on dire d'eux ce que Montesquieu disait des Romains dont ils rappellent à bien des égards les traditions de politique extérieure, à savoir qu'ils étaient plus intraitables vaincus que vainqueurs ? Leur amour-propre étant sauvé par leurs récents succès militaires et l'invasion des deux Républiques succédant à celle de leurs propres colonies, les Anglais se laisseraient-ils impressionner, conformément à leur sens pratique bien connu, par les pertes qu'entraînait la prolongation de la campagne ? Ces pertes étaient énormes : au 1er janvier 1901, d'après le relevé officiel communiqué par le War Office, elles s'élevaient à 51.687 hommes, sans compter les malades et blessés en traitement dans les hôpitaux de l'Afrique du Sud (3). En vain essayait-on d'atténuer la portée

(1) V. lettre de sir Milner au Colonial Office du 9 mai 1900, dans le *Blue-Book, South-Africa*, Cd. 261. V. le *Times* du 19 juillet 1900.

(2) V. *L'opinion en Angleterre*, par Le Foyer, 2e article, dans la *Revue bleue* du 17 mars 1900.

(3) D'autres renseignements portent les pertes, au 1er novembre, à 96.000 hommes.

de ces chiffres en exagérant les pertes des Boërs : au milieu de décembre 1900, suivant le journal hollandais du Cap le *Zuidwesten* (Sud-Ouest),
les Burghers, depuis le début de la guerre, n'auraient eu qu'un millier
de tués, ce qui s'expliquerait par leur manière de combattre presque
toujours à l'abri.

Le 28 juillet 1900, à la Chambre des communes, le gouvernement
fixait à 233.500 le chiffre des hommes déjà envoyés dans l'Afrique du
Sud (1), et demandait un supplément de crédit de 11 millions et demi de
livres, ce qui portait à 63 millions de livres les sommes déjà votées pour
l'expédition (2). Au mois d'octobre suivant, l'*Économiste français*, réca-
pitulant les sommes déjà dépensées et dont le total s'élevait à deux milliards et demi de francs, les comparait au rendement total des mines d'or
du Wittwattersrand qui, depuis leur exploitation de 1887 à 1899, n'avait
atteint qu'un milliard et demi. Mais, compter sur l'influence des calculs
économiques qui ont si souvent déterminé les plus graves résolutions
de la politique anglaise, c'eût été oublier combien la passion impérialiste
avait complètement modifié les mœurs de la nation et l'esprit de ses hommes d'État.

Tout d'abord, le peuple anglais n'accueillit qu'avec impatience les
avertissements de ceux qui lui dénonçaient encore plus le péril que l'i-
niquité de l'entreprise dans laquelle le gouvernement l'avait lancé. Il
en fut notamment ainsi pour le grand discours prononcé à Forfar, le 25
janvier 1900, dans lequel M. Morley attaqua la politique avide et astu-
cieuse de M. Chamberlain contre le Transvaal et prédit qu'il ne sortirait de
cette aventure rien de bon ni pour les Afrikanders, ni pour l'Afrique du
Sud, ni pour l'Angleterre. Trop de gens, au surplus, et de ceux auxquels leur situation donnait une grande influence sur l'opinion publique, étaient intéressés à la guerre à outrance qui devait les enrichir,
pour que l'on pût espérer que les sages conseils fussent écoutés. Le
4 mars, en effet, le journal *Reynold's* publiait la liste des actionnaires de
la Chartered attachés à la fortune de Cecil Rhodes et, par conséquent, à
toutes ses entreprises contre le Transvaal : on y voyait figurer un gendre
de la Reine, un gendre du Prince de Galles, de nombreuses personnes
de la maison de la Reine et du Prince héritier, quantité de hauts fonctionnaires, trois cent cinquante officiers supérieurs, enfin une bonne part
de membres de la Chambre des communes et de la Chambre des lords.

_____

(1) Au 1er décembre, le chiffre officiel des envois communiqué aux Communes s'élevait
à 267.311 hommes ; l'effectif présent, déduction faite des pertes et rapatriements, était
de 210.293 hommes.

(2) Raphaël Georges Lévy, *Ce que coûte une guerre impériale anglaise*, dans la *Revue
des Deux-Mondes* du 15 janvier 1901.

Habilement préparée par les grandes influences politiques et par la presse à leur dévotion, la foule fit à la Reine, lors de son arrivée à Londres, le 9 mars, une ovation d'autant plus enthousiaste qu'elle voyait dans les récents succès de lord Roberts le début d'un triomphe prompt et définitif. Il ne s'agissait même plus de traiter avec des vaincus, mais de constater l'écrasement de rebelles. Oubliant complètement que l'Angleterre avait solennellement averti les puissances qu'elle engageait une guerre internationale pour laquelle elle demandait l'application des règles de la neutralité, le *Times* écrivait au même moment : « Il ne s'agit pas même d'annexer le Transvaal et l'Orange, car on ne peut pas annexer à l'Empire des territoires qui ont toujours été considérés comme en faisant partie et comme étant soumis à la suzeraineté de la Reine, quoique jouissant d'une large autonomie à des conditions qu'ils ont totalement méconnues ». Cette affirmation, absolument fausse pour le Transvaal comme nous l'avons établi, était vraiment stupéfiante en ce qui concerne l'État d'Orange qu'aucun semblant de vassalité n'a jamais rattaché à la Grande-Bretagne.

C'est au milieu de cet élan général de l'Impérialisme que se perdaient les quelques protestations des libéraux : notamment la résolution par laquelle, le 17 mars, à la suite du refus de lord Salisbury d'accepter les propositions de paix des Présidents Krüger et Steijn, la *Commission exécutive du mouvement d'opposition à la guerre* flétrit l'entreprise de l'Angleterre comme un crime « qui n'a pas de parallèle dans l'histoire depuis le partage de la Pologne ». Par un fatal concours de circonstances, un événement malheureux vint encore aviver l'exaltation populaire dans la Grande-Bretagne : le 4 avril, dans la gare du Nord, à Bruxelles, le Prince de Galles était l'objet d'un attentat de la part d'un exalté de seize ans, nommé Sipido, qui s'avoua anarchiste et expliqua son acte par le désir de frapper un Prince « qui faisait tuer des milliers d'hommes en Afrique ». Il n'en fallait pas davantage pour donner au gouvernement britannique un regain de sympathie auprès des masses populaires qui n'hésitèrent plus à confondre avec les pires criminels tous ceux qui, à l'étranger, blâmaient la campagne contre les Boërs. Du coup, comme il arrive souvent en Angleterre pour les entreprises le moins en harmonie avec les préceptes du Christianisme, la guerre prit un caractère religieux. Avec une componction bien faite pour surprendre quiconque connaît les dessous de la guerre Sud africaine, mais qui ne doit pas étonner ceux qui ont un peu pénétré l'esprit britannique, le *Times* écrivait, le 13 avril 1900 : « Les réflexions inséparables du vendredi saint ne sauraient nous dispenser du devoir de discuter le sujet dont est occupé l'esprit de tous les Anglais. Nous sommes engagés dans une guerre que nous croyons nécessaire et juste, et nous la menons dans un esprit d'humanité et de merci, en dépit de provocations blessantes. Des guerres ainsi conduites n'ont jamais été considérées comme incompatibles avec les lois chrétiennes. Des conflits armés sont inévitables dans ce monde imparfait, et tout ce que peuvent faire ceux qui s'y trouvent engagés, est de mitiger les maux qui en sont inséparables » (1).

Cependant une sérieuse inquiétude se manifestait jusque chez les ministres de la Grande-Bretagne en présence de l'antipathie générale que celle-ci inspirait aux peuples neutres (2), antipathie insuffisamment compensée par la correction d'attitude de leurs gouvernements. Lord Salisbury lui-même exprima ce sentiment au Albert Hall, le 9 mai, dans la manifestation annuelle de la *Primrose League* fondée par Disraëli pour la propagation de l'Impérialisme. Le discours du chef du Cabinet britannique, plus menaçant encore que mélancolique en constatant l'isolement moral de l'Angleterre, eut un profond retentissement que l'on comprend en en lisant les passages les plus saillants que nous reproduisons en note (3).

(1) Cependant les protestations contre la politique de l'Impérialisme acquirent un puissant organe à partir du 11 janvier 1901 : acheté par un riche industriel de la secte des Quakers et, par conséquent, ennemi de la guerre, M. Cadbury, l'ancien journal de la politique libérale, le *Daily News*, se prononça avec vigueur contre toute entreprise de conquête par la force dans l'Afrique du Sud ou ailleurs.— Quant aux meetings en faveur des Boërs, l'intolérance de la majorité du public anglais avait fini par les rendre impossibles ; aussi, à titre de protestation, 3.000 femmes, sous la présidence de Mme Courtney, votèrent une motion en faveur de l'indépendance des Républiques de l'Afrique du Sud, au Queen's Hall de Londres, le 13 juin 1900.

(2) Sur le continent, un seul journal quotidien, le *Siècle* de Paris, une seule Revue, la *Bibliothèque universelle et Revue suisse* de Lausanne, se sont prononcés pour la Grande-Bretagne contre les Boërs.

(3) « Si vous regardez autour de vous, vous constaterez que les éléments et les causes de menaces et de dangers s'accumulent lentement, et le moment peut venir où il faudra les efforts les plus actifs pour les repousser. — Je ne me sens pas à l'aise en employant ces paroles : je ne voudrais pas qu'on y trouvât une allusion à quoi que ce soit de connu du Foreign Office, ou une indication quelconque d'un danger qu'on ait des raisons d'appréhender : je déclare très catégoriquement que je n'ai aucune idée de cette nature. — Autant que je le sache, la situation en ce qui concerne les gouvernements est pacifique : on ne saurait parler en termes trop élevés de la neutralité méticuleuse et correcte observée par tous les gouvernements du monde. Rien ne met mieux en lumière leur détermination de se conformer aux principes de la justice et du droit que le fait que, dans une certaine section des nationaux de ces gouvernements, section très bruyante sinon très profonde, les grands préjugés actuels contre l'Angleterre ne reculent devant aucune invention ni devant aucune exaspération pour porter atteinte à notre position à l'égard du monde. Toutefois, en dépit de cette attitude de trop de nations, si ce n'est pas de toutes, les gouvernements n'ont pas cessé de se laisser guider toujours par des considérations de paix, de légalité et de justice. — Il ne s'ensuit pas que l'Angleterre n'ait pas de précautions à prendre : les gouvernements peuvent passer, les sentiments peuvent changer d'une année à l'autre, mais l'amertume contre l'Angleterre, que je ne puis pas du tout m'ex-

Peu de jours après, le 13 mai, devant l'Association libérale unioniste de Birmingham, M. Chamberlain, après avoir réédité une fois de plus ses

pliquer, peut provenir d'un simple caprice destiné à satisfaire seulement les exigences des journalistes de l'époque, ou bien encore elle peut naître d'un sentiment profond avec lequel nous aurons plus tard à compter. — Nous ne pouvons avoir aucune sécurité, aucune confiance dans les sympathies ou les bons sentiments des autres nations ; malgré tout l'honneur que nous pouvons leur faire, malgré toute la reconnaissance que nous pouvons avoir pour les sympathies qu'elles nous ont manifestées, nous ne pouvons avoir aucune sécurité autre que l'efficacité de notre propre défense et la force de notre bras droit. — Un de ces étranges courants qui balaient l'océan de la politique internationale pourrait unir toutes les puissances offensives qui s'accroissent chaque jour, et les lancer comme une grande vague contre nos rivages. Je ne veux pas peindre l'avenir sous de sombres couleurs, je ne conseille pas le désespoir, je ne conseille pas même d'idées sombres sur l'avenir, mais j'insiste sur la nécessité de prendre ses précautions à temps. — Il se peut que ces précautions soient, comme je l'espère, entièrement inutiles ; mais les pertes que vous pouvez subir en les prenant sont si infimes quand on les compare à celles que vous subiriez en ne les prenant pas, que vous ne les mettrez pas un instant en balance. — Ce n'est pas là tant une question de sentiment ; c'est le spectacle de l'accroissement graduel de la puissance agressive de toutes les grandes nations qu'il faut envisager. Il ne faut pas fermer les yeux à la nature du danger dont vous êtes constamment menacés. — Comme grande puissance maritime, l'Angleterre occupe une situation spéciale. Les grandes puissances militaires du continent, disposant d'un vaste territoire, ont subi les vicissitudes de la guerre ; l'ennemi a souvent débarqué dans leur pays, et cependant elles sont restées fortes et même plus fortes après leurs épreuves. Êtes-vous bien sûrs qu'il en serait ainsi si jamais Londres était le théâtre de pareilles vicissitudes ? — Rappelez-vous ce qui est arrivé à la Hollande, à l'Espagne, à Venise ; ce qui est arrivé, dans l'antiquité, à Carthage et à Tyr. Ce n'est pas les désastres dans les provinces ou dans les colonies éloignées qui ont paralysé ou tué ces grandes puissances maritimes : c'est chaque fois le coup qui leur a été porté au cœur. — Voilà la leçon que l'Angleterre ne doit pas oublier. Tant qu'on ne nous aura pas frappés au cœur, nous pouvons regarder avec une certaine indifférence les résultats de n'importe quelle guerre. Si des provinces éloignées nous étaient enlevées, nous pourrions les reconquérir ; mais un coup porté au cœur, ce serait fini de l'histoire de l'Angleterre. — Sans doute, nous avons notre marine qui nous suffira pour nous défendre ; mais, étant donné les intérêts énormes et prodigieux que nous avons à sauvegarder, ne faut-il pas que nous pensions aussi à la défense du territoire national proprement dit ? La difficulté, ici, c'est que nous ne pouvons pas avoir recours à la conscription : les Anglais, certainement, ne l'accepteraient pas. Ce ne sont pas les hommes qui nous manquent ; on voit dans le Sud de l'Afrique comment les Anglais savent se battre : aucun soldat ne vaut le soldat anglais ; mais, en cas de besoin, il nous faut avoir des hommes en nombre suffisant pour repousser toute agression. — La question est de savoir comment la population mâle du pays pourrait être employée à la protection de l'Empire. La question est de persuader à cette population d'apprendre ce qui est nécessaire pour défendre ses foyers à l'heure du danger. Je sais bien qu'on fera tous les efforts pour développer nos troupes auxiliaires ; mais je crains que des troupes desquelles on exige de quitter leurs foyers ne puissent s'obtenir dans notre pays qu'en nombre limité. — Si vous parvenez à faire comprendre que le devoir de tout Anglais est de se mettre en mesure de repousser une invasion ; si vous parvenez à lui faire comprendre que la défense du pays n'est pas l'affaire du ministère de la guerre et du gouvernement, mais que c'est l'affaire des Anglais eux-mêmes, qui doivent apprendre dans leurs paroisses le maniement du fusil de guerre et l'habileté au tir, nous aurons alors une force défensive telle qu'on n'osera pas nous attaquer. — C'est là la sécurité pour notre prospérité actuelle, pour la tran-

accusations contre les Boërs qui avaient méconnu les droits et repoussé
les conseils *de leur suzeraine*,fixait pour la première fois la condition qui
leur serait faite après leur complète soumission. Elle se résumait comme
suit : 1° suppression de l'indépendance des deux Républiques qui seraient
incorporées à l'Empire britannique ; 2° sauvegarde des libertés individuelles ; 3° occupation militaire jusqu'à ce que les circonstances permettent de donner aux nouvelles colonies une certaine autonomie ; 4° la plus
grande clémence *possible* pour les *rebelles*.On arrivait ainsi à ce bizarre résultat de qualifier de rebelles et de traiter comme tels les nationaux d'un
pays dont on supprimait l'*indépendance*,sans prendre garde que cela impliquait l'existence antérieure de cette indépendance,donc une contradiction avec la qualification de *rebelles* donnée aux Boërs. D'autre part,on pouvait objecter au gouvernement britannique ses déclarations du début de
la guerre,d'après lesquelles il répudiait toute idée de conquête et ne prétendait obtenir du Transvaal que les réformes exigées pour l'amélioration du sort des Uitlanders. Le 30 mai, dans un discours prononcé devant
l'Association conservatrice de la cité de Londres, lord Salisbury crut devoir écarter cette objection par une palinodie vraiment peu digne d'un
homme d'État tel que lui.Voici le passage saillant de son discours : « On a
prétendu que j'avais promis qu'il n'y aurait aucune annexion de territoire, aucune annexion de mines d'or, parce que j'avais dit : « Nous ne
désirons ni mines d'or ni territoires ». Quand on cite ces paroles, il faut
en connaître aussi le contexte. Je n'ai jamais fait de promesses. Je n'ai
jamais eu l'intention d'en faire ; je n'ai jamais rien dit qu'on pût raisonnablement interpréter comme une promesse ; j'ai exposé un simple fait
historique. On nous a accusés d'être partis en guerre pour des territoires,
pour des mines d'or. C'est une de ces abominables calomnies qui, sous
l'influence bienfaisante du docteur Leyds, s'est répandue dans la presse
de l'Europe. Il était juste de repousser cette calomnie. Rien ne pouvait
être plus mensonger. Nous ne sommes pas partis en guerre avec le désir d'obtenir des territoires ; nous sommes partis en guerre parce que
nous voulions faire diminuer l'oppression dont les Anglais étaient victimes au Transvaal ; parce que nos remontrances à cet égard ont reçu
pour réponse un ultimatum insultant qui aurait mis un terme à la puissance britannique à travers le monde si l'Angleterre s'y était soumise.
Voilà la cause de la guerre. Ce sont nos adversaires qui nous ont obligés,
par leur attitude, à faire la guerre. *Mais venir dire que nous nous étions*

quillité de l'avenir et pour le maintien de l'Empire. — C'est à la population elle-même
à y pourvoir, c'est à la Ligue d'entreprendre une croisade pour lui faire comprendre
qu'il faut que nous soyons une nation armée et préparée, comme l'est par exemple la
nation suisse ».

engagés à ne pas annexer de territoires,parce que nous avions déclaré que ce n'étaient pas des appétits territoriaux qui nous avaient amenés à cette guerre, c'est commettre une erreur d'interprétation qui frise le ridicule. Je puis vous dire que je viens ici, ce soir,sans l'intention d'aller à Brighton, et cela peut être parfaitement vrai ; mais je ne m'engage pas, pour tout l'avenir, à ne pas aller à Brighton » (Rires et applaudissements).

A cette pitoyable équivoque sur l'intention de faire la guerre pour conquérir ou de conquérir tout en faisant la guerre pour un autre motif, on aurait encore préféré, quelque brutale et juridiquement fausse qu'elle soit, la doctrine de certains publicistes qui estiment que le but de la guerre peut se modifier et s'agrandir avec les succès mêmes du vainqueur (1) : l'Angleterre aurait dit alors, comme tant d'autres peuples en des circonstances semblables, que la satisfaction de ses premières réclamations ne lui suffisait plus et qu'elle demandait, en outre, l'annexion des vaincus puisque son triomphe lui donnait le pouvoir de l'exiger.

Du reste, l'annexion des deux Républiques n'était plus même discutée par ce qui restait du parti libéral : à Glasgow, le 7 juin 1900, sir H. Campbell Bannerman l'acceptait, en demandant seulement l'attribution d'une certaine autonomie pour les colonies nouvelles (2). Le 19, dans un meeting de femmes unionistes tenu à Londres sous la présidence du Duc de Devonshire, M. Chamberlain s'empressait de dire que,sur ce point, il consacrerait la manière de voir du *leader* du parti libéral (3). Cependant, quelques assauts furent encore livrés au ministère. Aux Communes, le 25 juillet, M. Wilfried Lawson montra comment, en se jetant inconsidérément dans la guerre de l'Afrique australe, le gouvernement s'était mis dans l'impossibilité de soutenir les intérêts anglais dans les

(1) Bluntschli, *Le droit intern. codifié*, trad. Lardy, art. 536, note. — V. notre *Cours de droit intern. public*, 2° édit., p. 542.

(2) A la même époque, la *Saturday Review* faisait cet aveu précieux à retenir que la question qui se poserait, après l'annexion du Transvaal, serait celle des Uitlanders qui « sont loin d'être ce que l'on peut appeler des citoyens modèles » et contre lesquels il faudrait protéger les Boërs ! C'était reconnaître un peu tard la valeur de ceux dont l'Angleterre s'était faite le champion intéressé.

(3) Le 17, il avait dit aux Communes, répondant à une question d'un député, que l'indemnité due par la Chartered à la suite de l'incursion Jameson continuait à apparte-nir au gouvernement du Transvaal et ne passait pas à celui de l'Angleterre par voie de conquête (V. cette *Revue*, t. VII (1900), p. 165 et la note). Cependant, l'indemnité étant due par la Chartered et non par le gouvernement anglais, elle ne se serait pas éteinte par confusion à la suite de l'annexion du Transvaal à la Grande-Bretagne. D'autre part, s'il y avait eu conquête complète et effective, l'Etat annexant aurait succédé à l'État annexé quant à la créance contre la Chartered : M. Chamberlain reconnaissait donc que la prétendue conquête du Transvaal n'était pas aussi définitive qu'il le prétendait, puisqu'elle ne produisait pas, de son propre aveu, un des effets naturels de toute annexion totale d'un pays.

complications survenues en Chine. « M. Chamberlain, dit-il, s'est élevé sur la tête et les épaules de ses collègues, on pourrait dire de ses complices, afin de faire prévaloir cette politique odieuse et anti-anglaise ». Le chef du Colonial Office se borna à répondre que les Républiques des Boërs seraient annexées et que, si la guerre se prolongeait, c'était uniquement parce que les ennemis de l'Angleterre comptaient sur une réaction dans sa politique et sur une intervention étrangère.

Pour appuyer sa politique d'annexion, M. Chamberlain fit distribuer un nouveau Livre bleu (1) dans lequel étaient habilement mis en relief des documents de nature à frapper l'opinion. C'était d'abord une lettre de l'archevêque de Cape Town à sir A. Milner, « expression officielle de l'opinion des membres de l'Eglise anglicane », dans laquelle était affirmée la nécessité de soumettre les deux Républiques à la souveraineté britannique pour assurer la paix et le progrès dans l'Afrique du Sud. C'était ensuite une dépêche de sir A. Milner du 25 avril 1900, où étaient exposées avec force les tentatives des Boërs pour annexer le Cap et le Natal, notamment les diverses proclamations consacrant l'incorporation aux Républiques boërs des districts anglais occupés par leurs commandos. Nous avons déjà condamné ces annexions irrégulières (2) : il faut dire, cependant, à la décharge des Boërs, que, dans une interview du 14 janvier 1901, le correspondant du *Daily Telegraph* aurait reçu de MM. Leyds et Fischer l'affirmation que ces annexions n'émanaient que de chefs de commandos isolés et sans mandat. S'il en est ainsi, les prétendues annexions des territoires anglais occupés par les Boërs n'auraient plus aucune importance au point de vue de la responsabilité des gouvernements de Prétoria et de Bloemfontein.

Le 8 août, la session du Parlement fut close par la lecture du discours de la Reine où l'annexion des deux Républiques était notifiée aux deux Chambres, et annoncée comme l'ère d'une union pacifique entre les races de l'Afrique australe.

Les élections à la Chambre des communes qui eurent lieu le 28 septembre, sans grossir d'une manière appréciable le chiffre de la majorité dont disposait déjà le gouvernement, furent cependant un triomphe pour lui. Ce fut surtout le triomphe des électeurs ouvriers dans les grands centres industriels ou commerciaux ; toutes les grandes villes d'Angleterre, y compris Manchester, l'ancienne citadelle du libéralisme, votèrent comme Londres, c'est-à-dire pour l'Impérialisme : les doctrines de Gladstone ne furent maintenues que dans les campagnes, en Ecosse et dans le pays de Galles. Ce fut même le triomphe de la populace : au

(1) *Blue-Book, South-Africa*, Cd, 261. V. le *Times* du 19 juillet 1900.
(2) V. cette *Revue*, t. VII (1900), p. 699-700.

retour des *Volontaires de la Cité*, les rues de Londres furent envahies par la lie de gens sans aveu, si nombreux dans la capitale britannique ; pendant quelque temps, toutes les personnes respectables furent en proie à la brutalité des *hooligans* (voyous) et aux larcins des pikpokets. De l'aveu des journaux dévoués au gouvernement, il y avait là un indice grave des dangers de l'Impérialisme qui, à force de flatter.les bas instincts de la foule, pouvait bien un jour avoir à compter avec la démagogie.

Dans l'enivrement de son succès électoral, M. Chamberlain prononça à Londres, le 24 octobre, un discours qui est, par son impertinence à l'égard de l'opinion publique chez les puissances neutres, le plus curieux document de ce que l'on peut appeler le délire de l'Impérialisme (1).

(1) Voici les passages marquants de ce discours : « Nous sommes, dit-il, des Impéria-listes, et nous avons enfin fait taire la peur d'être grands, cette peur si lâche qui est la honte du temps passé. Aujourd'hui, enfin, la démocratie anglaise se rend compte de la nature, de l'étendue et aussi des perspectives du grand Empire qui nous appartient. Pensez-y, Messieurs. Il s'agit d'un Empire comme la terre n'en a encore jamais vu. Pensez à sa superficie : elle couvre une grande portion du globe. Pensez à sa popula-tion : elle embrasse 400 millions d'âmes, appartenant à presque toutes les races existant sous le soleil. Pensez à l'infinie variété de ses productions : il n'y a rien de nécessaire, ou d'utile, ou d'agréable à l'homme qui ne se produise à l'ombre du drapeau anglais. — A toutes ces races sujettes nous avons à donner ce que nous avons déjà donné à tous les nationaux anglais à l'extérieur, j'ai dit : la liberté, la justice, la civilisation et la paix. Tous ces peuples différents ne forment maintenant qu'une famille ; leur bien, c'est notre bien, et notre force c'est leur force, leurs intérêts sont nos intérêts. — Que serions-nous sans notre Empire ? Deux petites îles avec une très grande population. Que serait notre Empire sans nous ? Il se composerait de nations sans cohésion, à qui il serait impossible de regarder le monde en face. Outre les intérêts matériels, nous nous trouvons liés avec toutes les parties de l'Empire par la communauté de sentiments, d'idéal et d'aspirations. Cela ne signifie pas que nous soyons hostiles aux autres na-tions ; au contraire, nous désirons leur amitié, nous serions heureux d'avoir leur appro-bation, pourvu que ce ne soit pas au prix d'objets plus essentiels. Nous espérons qu'elles nous payeront de retour et qu'elles éprouveront pour nous les sentiments d'ami-tié que nous exprimons et que nous éprouvons pour elles ; mais s'il n'en est pas ainsi, nous nous soumettrons humblement à notre destinée et tâcherons de nous en passer (Rires et applaudissements). — Si nous ne pouvons pas les convaincre, eh bien ! nous resterons isolés ; mais si, même à ce moment, nous sommes entourés et étayés par les groupes de nations sœurs qui constituent l'Empire, je le répète, en me servant des paroles d'un homme d'État canadien, notre isolement sera un isolement splendide (Applaudissements.) — Il n'y a dans ce que je dis aucun esprit d'ostentation vulgaire ; nous avons le réconfort de savoir que si même les pires désastres atteignaient l'Angle-terre, s'il arrivait, comme le prophétisent nos critiques à l'étranger, que nous devins-sions un État déchu ; si même nous étions engloutis dans la mer comme ces îles volca-niques sur lesquelles nous régnons depuis si longtemps, nous laisserions toujours derrière nous des hommes de même race de l'autre côté de l'Atlantique et dans la mer Pacifique, et ils porteraient jusqu'aux lointains avenirs, à des hauteurs inconnues, le sceptre de notre grand Empire. — Mais ce sont là des hypothèses qui ne doivent pas nous troubler ce soir : nous n'apercevons aucun symptôme de cette transformation. Pour nous, au moins, les signes de la décadence sont invisibles. Ce n'est pas à un

Le 9 novembre, au banquet du lord maire, lord Salisbury glorifia aussi
le triomphe de l'Impérialisme en insistant surtout sur ce que la guerre
Sud africaine avait montré l'union intime de la métropole et des colonies
qui lui avaient donné spontanément leur concours militaire. Bien que
modéré à côté du discours précédent de M. Chamberlain, celui du premier ministre contenait un rapprochement entre la Chine et le Transvaal
dont le tact et surtout la justesse n'étaient guère à louer. « Il est parfaitement vrai, dit-il, que deux nations, le Transvaal et la Chine, deux personnes,
l'Impératrice de Chine et le Président du Transvaal, se sont plongés soudainement et d'eux-mêmes dans une guerre en nous adressant un défi
que nous ne pouvions pas méconnaître : le Président Krüger, en nous
adressant un ultimatum dont nous ne pouvions pas refuser de tenir
compte, et l'Impératrice de Chine ayant menacé et attaqué notre ambassadeur. Ces événements ne coïncident nullement avec les espérances exprimées à la Conférence de la Paix tenue à la Haye il y a deux ans. Je ne
sais pas si cette explosion d'ignorance qui a menacé la paix promise au
monde a mis un terme final aux espérances de paix dans lesquelles l'Empereur de Russie et tant d'autres Souverains se complaisent. La seule
chose qui nous intéresse, c'est de voir comment ces événements affectent
notre politique future ». Non content d'avoir assimilé aux bandits chinois
massacrant les Européens en pleine paix les Boërs défendant leur pays en
soldats loyaux, lord Salisbury crut devoir donner à entendre que, dans
d'autres États, la prépondérance des classes populaires pourrait également vicier la politique extérieure et (c'était sa pensée) provoquer une
intervention pour paralyser l'action internationale de la Grande-Bretagne. « Nous ne pouvons pas être certains, dit-il, qu'un gouvernement
quelconque ne livrera pas ses pouvoirs aux classes les moins instruites
et les moins intelligentes, qui, de plus en plus, gouvernent beaucoup de
pays dans le monde. La morale de cela, c'est que nous devons rester
sur nos gardes, quelque lourde et pénible que soit cette tâche. Nous
devons étudier la défense du pays, examiner avec attention son fonctionnement, et nous donner la certitude, autant que cela est humainement

---

État déchu, ce n'est pas à une civilisation épuisée et stérile que je rappelle les observations de l'unité. Non, l'Angleterre continue à avoir le sceptre des mers et elle continuera à le tenir, n'en déplaise à la Ligue navale. Et même sur terre, nous avons fait,
dans une guerre sans parallèle, ce qu'aucune autre nation du monde n'aurait pu faire :
nous avons donné des preuves de notre vitalité, de notre force réelle, de nos ressources
virtuelles ; nous avons envoyé dans le Sud de l'Afrique une armée au moins cinq fois
plus grande que celle que nous envoyâmes gagner la bataille de Waterloo ; nous avons
envoyé une fraction de l'armée régulière plus importante que notre système actuel ne
pouvait le permettre, et nous y avons ajouté la milice, les volontaires, la yeomanry, et
cela a composé un tout dont chaque Anglais peut être fier ».

possible, que nous ne sommes pas exposés au danger d'une interruption soudaine de cette paix dont notre prospérité dépend ». Cela était dit au lendemain des élections dans lesquelles l'Impérialisme anglais avait triomphé grâce à l'appoint des électeurs ouvriers, égarés et grisés par les excitations de la presse et des discours ministériels (1).

Signalons, pour achever cet aperçu de l'état de l'opinion publique en Angleterre pendant la deuxième période des hostilités, un incident des plus caractéristiques. A la Chambre des communes, le 3 août 1900, M.Chamberlain annonça que,parmi les documents privés découverts dans les archives gouvernementales à Bloemfontein et à Prétoria, on avait trouvé des lettres écrites par des membres du Parlement britannique avant la guerre. Sans constituer des actes de trahison, disait-il,ces lettres n'étaient pas telles que pussent les écrire des sujets anglais,et il ajoutait que des explications seraient demandées à leurs auteurs. La tactique du ministre, en s'abstenant d'explications plus précises, était évidemment de laisser planer le soupçon sur tous les membres du parti de l'opposi-tion,sauf à publier les lettres au moment opportun, c'est-à-dire au milieu de la période électorale qui allait s'ouvrir,et à déconsidérer ainsi ses adver-saires aux yeux des électeurs. M. Labouchère déjoua ce calcul en pu-bliant dans son journal,le *Truth*,numéro du 22 août, les deux lettres écri-tes par lui les 2 et 14 août 1899, à M. Montagu White,consul du Transvaal. Il en résultait que, tout en critiquant vivement la politique de M. Cham-berlain, M. Labouchère se bornait à conseiller à M. Krüger d'accorder la franchise électorale telle que le demandait le gouvernement britannique, afin de gagner ainsi du temps et d'éviter les hostilités. M. Chamberlain dut alors publier, le 23 août, dans un Livre bleu spécial, toute la corres-pondance incriminée par lui. En plus des lettres de M. Labouchère qui étaient à l'abri de toute critique au point de vue du loyalisme,on y trouvait des missives émanant de sujets anglais du Cap,MM. John de Villers,Merri-man, M. de Water ; or, loin de faire cause commune avec les Boërs con-tre l'Angleterre, tous ces hommes politiques de la colonie britannique

(1) Voici, du reste, en quels termes lord Rosebery jugeait les procédés électoraux du gouvernement, à la Chambre des lords, à propos de la discussion de l'Adresse en ré-ponse au discours du trône, au mois de décembre : « Quelle est donc la façon dont les représentants autorisés du gouvernement de Sa Majesté ont conduit cette élection ? Ils l'ont conduite en disant que chaque homme qui votait pour l'opposition était un ami des Boërs et un ennemi de son pays. Vous pouvez désavouer ces méthodes, mais vous savez qu'on s'en est servi et ce ne sont pas seulement des candidats obscurs qui s'en sont ser-vis, mais c'est le Président du Board of Trade lui-même qui, dans son affiche imprimée en gros caractère, disait à ses électeurs : « Rappelez-vous que voter pour un libéral, c'est voter pour les Boërs ». Eh bien ! je dis qu'il y a une Némésis pour châtier un gouvernement, lorsque, pour triompher, il a recours à des procédés de cette sorte ».

insistaient pour que M. Krüger fît des concessions et évitât un conflit : c'était là un démenti formel aux assertions répétées de M. Chamberlain qu'il existait entre les Boërs et les Afrikanders un complot pour supplanter la Grande-Bretagne dans l'Afrique du Sud. Seul, le docteur Clarke, ancien consul du Transvaal en Angleterre et membre de la Chambre des communes, paraissait s'être un peu compromis en écrivant au Président Krüger, le 29 septembre 1899, à la veille de la déclaration des hostilités, pour lui donner des conseils au sujet de l'occupation des passes conduisant au territoire britannique et pour lui dire qu'il resterait en rapports avec lui par l'intermédiaire du docteur Leyds. Aussi, quand il se présenta en Écosse devant ses électeurs, M. Clarke faillit être mis en pièces par la foule (1).

2° *Attitude générale des neutres.* — La question du respect de la neutralité s'est fréquemment posée pendant la seconde partie de la guerre Sud africaine au sujet de fournitures militaires faites à la Grande-Bretagne : mais, partout, il a été établi que ces fournitures étaient faites par des particuliers et non par l'État, ce qui, dans la doctrine générale du droit international, n'est pas contraire à la neutralité. C'est en ce sens, notamment, que le ministre de la guerre d'Autriche répondit à une interpellation qui lui était adressée le 12 mars 1900 au sujet d'achats de chevaux faits en Hongrie pour le compte du gouvernement britannique. Toutefois, suivant le journal de Trieste *Avanti*, du 11 février 1900, le gouvernement austro-hongrois, par scrupule de neutralité, aurait interdit le transport de ces chevaux par les navires des Compagnies de navigation recevant une subvention de l'État et ayant ainsi, dans une certaine mesure, un caractère officiel. Au Sénat espagnol, le 19 février 1900, M. Silvela répondit à une question de M. Davila que des armes et munitions avaient été achetées à la fabrique d'État de Placentia par des négociants étrangers, non par le gouvernement anglais, et qu'il veillerait à ce que, par une voie détournée, on n'en vint pas à violer les obligations de l'Espagne comme pays neutre.

Suivant les journaux de Londres du 14 février, le Japon et d'autres puissances auraient cédé à la Grande-Bretagne les canons fabriqués pour eux et non encore livrés par les maisons Armstrong et Maxim. Cette cession des marchés acquis par eux aurait équivalu, de la part des États neutres, à une vente directe faite à l'Angleterre, et constitué une violation flagrante de la neutralité : mais l'affirmation de la presse anglaise fut démentie plus tard.

Quant aux subsides venant de l'initiative privée, ils purent être li-

_____

(1) V. des extraits de toute cette correspondance, dans le *Journal des Débats* des 24 et 25 août 1900.

brement recueillis en pays neutres : il en fut ainsi notamment en France pour les fonds versés au *Comité pour l'indépendance des Boërs*. Aux États-Unis, au contraire, le secrétaire d'État, M. Hay, ne se chargea de faire parvenir au Président Krüger les fonds venant de la souscription de la presse, qu'à la condition qu'ils seraient uniquement affectés au soulagement des familles nécessiteuses du Transvaal : cette restriction pouvait s'expliquer par l'intervention, même comme intermédiaire seulement, d'un membre du gouvernement d'un pays neutre.

Pour les manifestations d'antipathie à l'égard de l'Angleterre, elles continuèrent à se produire très vives dans les États neutres, et quelques-unes provoquèrent même des incidents parlementaires ou diplomatiques.

A propos de la correspondance échangée au sujet de la capture des navires allemands par les croiseurs britanniques, le *Times* (1) se plaignit avec amertume du ton impérieux qu'avait pris la chancellerie allemande dans ses réclamations, et de son attitude générale qui tendait à présenter les réparations accordées par l'Angleterre comme une humiliante capitulation. Il affectait d'y voir une tactique du Cabinet de Berlin pour flatter les passions populaires devant le Reichstag ; il saisissait cette occasion pour critiquer la tolérance abusive du gouvernement allemand à l'égard des publications et caricatures qui attaquaient grossièrement la Grande-Bretagne et sa Souveraine, ainsi qu'à l'égard des manifestations populaires, comme celle de Dresde où des hommes et des dames de nationalité anglaise avaient été insultés.

Aux États-Unis, un propos attribué au consul britannique à la Nouvelle-Orléans, qui aurait dit que l'attitude des Américains favorables aux Boërs et spécialement de certains sénateurs *n'inspirait que du dégoût au peuple anglais,* amena une violente diatribe de M. Mason au Sénat : il affirma que 95 0/0 des Américains étaient pour les Boërs et que l'Angleterre n'avait attaqué ceux-ci que pour les dépouiller de leurs mines d'or (29 février 1900).

La Hollande, surtout depuis l'offre qu'elle avait faite au Président Krüger de mettre à sa disposition un de ses vaisseaux pour le transporter en Europe, était particulièrement prise à partie par la presse anglaise qui l'accusait d'avoir poussé le Transvaal à la guerre. Pour couper court à ces accusations en tant qu'elles visaient la correction d'attitude du gouvernement même des Pays-Bas, abstraction faite de l'opinion publique du peuple néerlandais dont le sentiment était bien connu mais dont il n'était pas responsable, le Cabinet de la Haye communiqua

(1) V. la traduction de cet article dans le *Journal des Débats* du 16 mars 1900.

à la Chambre des représentants, à la fin d'octobre 1900, trois dépêches confidentielles adressées au Président Krüger par le ministre des affaires étrangères de Hollande les 13 mai, 4 et 15 août 1899 : or, ces trois dépêches établissaient d'une façon très nette que le gouvernement de Prétoria n'avait reçu de la Haye que des conseils de modération et de concessions pour éviter un conflit à main armée (1).

Chez nous, l'ambassadeur britannique, sir Edmund Monson, quitta Paris au commencement du mois de février et se rendit dans le Sud de la France : on interpréta ce déplacement comme une protestation contre les manifestations du public et de la presse toutes favorables aux Boërs et hostiles à l'Angleterre. Nos voisins d'Outre-Manche paraissaient surtout affectés des moqueries, souvent déplacées d'ailleurs, de nos caricaturistes : la décoration, peut-être inopportune, qui venait d'être accordée à l'un de ceux qui avaient le plus piqué l'amour-propre britannique n'était pas faite pour calmer leur irritation.

Du reste, le voyage de M. Monson pouvait s'expliquer par ce fait qu'il se rendait en Italie où, du moins dans les milieux officiels, l'Angleterre avait de chaudes sympathies. Au Sénat italien, le 12 février, le Marquis Vitelleschi alla jusqu'à proposer un projet d'alliance qui unirait la Grande-Bretagne à la Triplice par l'intermédiaire de l'Italie. Mais, tout en protestant de l'amitié étroite qui unissait l'Angleterre à l'Italie, le ministre

(1) Voici le résumé de ces dépêches et des réponses qu'y fit M. Krüger : Le 13 mai 1899, le ministre fait savoir que les nouvelles qu'il a reçues des différentes capitales lui donnent lieu de supposer qu'un danger est imminent et il exprime ses craintes au sujet de la possibilité d'une solution violente des événements en Afrique. Comme ami fidèle, il conseille au Président Krüger, dans l'intérêt vital de la République, de se montrer aussi conciliant et modéré que possible, et il ajoute qu'il sait de source certaine que le gouvernement allemand partage entièrement cette manière de voir. Le Président Krüger répondit qu'il avait toujours été conciliant et qu'il ne désirait pas la guerre, mais qu'il ne pouvait pas sacrifier l'indépendance de la République. Il pouvait bien accorder le droit de suffrage, mais il ne pouvait pas tolérer que les Anglais restassent sujets de la Reine d'Angleterre, tout en recevant le droit de suffrage dans la République. Dans une seconde dépêche datée du 4 août 1899, le ministre des affaires étrangères néerlandais conseille au Président Krüger, dans l'intérêt de son pays, de ne pas refuser péremptoirement la proposition anglaise, concernant la Commission internationale. Le Président Krüger répond que cette Commission n'aura pas un caractère international, mais qu'elle sera une Commission anglo-transvaalienne. Il ajoute qu'il demandera des informations ultérieures à l'Angleterre, quant à la signification de ladite proposition, et qu'il n'opposera pas un refus décisif. Enfin, le ministère néerlandais, dans une dépêche du 15 août 1899, constate que le gouvernement allemand partage entièrement l'opinion de ne pas repousser la proposition de l'Angleterre, en ajoutant que le gouvernement allemand est convaincu comme lui que toute demande faite auprès d'une grande puissance à ce moment critique n'aurait aucun résultat et serait très dangereuse pour la République. La réponse du Président Krüger fut que la proposition anglaise aurait pour résultat une immixtion très directe des Anglais dans les affaires intérieures de la République. Le Président Krüger ajoutait qu'il n'avait pas l'intention de faire appel à la médiation d'une grande puissance.

des affaires étrangères, M. Visconti-Venosta, éluda cette proposition.
3° *Violation de la neutralité par le Portugal : passage des troupes anglaises par le territoire de Mozambique* (1). — Dès le mois de décembre
1899, on se préoccupait du sort qui serait fait aux possessions portugaises
de l'Afrique orientale d'après le traité anglo-allemand de 1898 dont les
clauses étaient tenues secrètes,mais dont l'existence n'était pas contestée.
Malgré les démentis de l'officieuse *Gazette de l'Allemagne du Nord* et ceux
que le gouvernement portugais communiquait de son côté à la presse,
des journaux allemands affirmaient que le Mozambique serait l'objet d'un
partage entre l'Angleterre et l'Allemagne. Mais comment contraindre le
Portugal à se laisser dépouiller sans employer la force ou la menace,
comme le fit vis-à-vis de lui la Grande-Bretagne en 1890 ? La combinaison, disait-on, était la suivante : on escomptait la condamnation qui allait être prononcée contre le Portugal par le tribunal d'arbitrage siégeant
à Berne au sujet de l'affaire du chemin de fer de Delagoa que nous exposons plus bas ; le Portugal ne pouvant pas payer les cinquante millions d'indemnité environ que l'on estimait devoir être fixés par les arbitres, l'Angleterre et l'Allemagne lui fourniraient cette somme en retour
de laquelle il leur abandonnerait sa colonie. Cependant, le gouvernement portugais déclarait aux Cortès, le 5 janvier, qu'il entendait faire
observer à Lourenço-Marquez une scrupuleuse neutralité ; qu'au surplus,
il était absolument étranger à l'accord secret entre l'Angleterre et l'Allemagne qui, chacune de son côté, lui avaient donné les assurances les
plus formelles quant au respect de sa souveraineté. Mais une Note officieuse émanant du Cabinet de Lisbonne et publiée par l'Agence Reuter
le 8 janvier, loin de rassurer l'opinion en Portugal, était plutôt de nature à confirmer les machinations anglo-allemandes indiquées plus haut.
Elle était, en effet, ainsi conçue : « Les gouvernements anglais et allemand, s'étant au préalable entendus entre eux, ont informé le Portugal
que, dans le cas où il voudrait contracter un emprunt en vue de réorganiser ses finances, les deux gouvernements seraient disposés à garantir
le succès de cette opération. En même temps, les gouvernements de
Grande-Bretagne et d'Allemagne ont donné l'assurance au Portugal que
la base de leur arrangement était la reconnaissance de l'intégrité des
possessions coloniales du Portugal et la légitimité de la souveraineté
portugaise sur les possessions portugaises. En outre, les deux gouvernements ont suggéré que, si le Portugal acceptait ces propositions con-

---

(1) V. von Bar, *Der Transport englischer Truppen durch portugiesisches Gebiet und
eine andere völkerrechtliche Frage im Burenkriege*, dans *Die Nation* du 14 avril 1900,
p. 385 ; Féraud-Giraud, *Causerie sur une question de neutralité*, dans le *Journal du droit
intern. privé*, t. XXVII (1900), p. 225.

cernant un emprunt, cet emprunt serait garanti par les revenus des douanes coloniales. Le Portugal a déclaré alors qu'il n'avait pas besoin d'un tel emprunt, et, d'après nos informations, il n'en a pas besoin non plus actuéllement ».

D'autre p art, le 18 ja nvier et le 14 février, les ministres des affaires étrangères et de la marine déclaraient énergiquement aux Cortès que ja mais le gouvernement portugais ne consentirait à rien vendre, céder, ou même donner à bail de son domaine colonial, et qu'il l'avait déjà af firmé dans ses rapports diplomatiques.

Pendant ce temps, l'instance ouverte devant le tribunal arbitral siégeant à Berne au sujet de l'affaire du chemin de fer de Delagoa suivait son cours. Voici ce dont il s'agissait. En 1883, le Portugal avait donné la concession de la ligne de Lourenço-Marquez au Transvaal à un Américain qui rétrocéda son droit à une Compagnie anglaise. Plus tard, le Portugal, modifiant arbitrairement le cahier des charges, exigea le prolongement de la ligne jusqu'à Komati Poort dans le délai de huit mois. La Compagnie n'ayant pu satisfaire cette exigence, le Portugal annula la concession et s'empara de la ligne. Sur les réclamations de l'Angleterre et des États-Unis, le gouvernement portu gais, reconnaissant ses torts, consentit à payer l'indemnité qui serait fixée par un tribunal arbitral siégeant à Berne , avec cette clause qu'il serait libéré par le reçu des gouvernements anglais et américain, sans avoir à répondre aux réclamations individuelles des particuliers intéressés dans l'affaire. Le tribunal d'arbitrage envoya un expert pour évaluer la concession : l'expert l'estima à quarante-cinq millions en décembre 1890. Enfin la sentence fut rendue le 29 mars 1900, condamnant le Portugal à verser à l'Angleterre et aux États-Unis une indemnité de 15.314.000 francs en sus des 28.000 livres sterling déjà payées en 1890 (1).

(1) Voici, dans sa partie essentielle, le texte de cette sentence :

« Vu les diverses requêtes des parties, le tribunal décrète ce qui suit :—1° Le tribunal écarte toute demande tendant à un complément d'enquête et refuse, de même, de disjoin dre le jugement sur l'objet principal du litige et celui sur l'indemnité due pour les ter rains.—2° Il décide, en revanche, de rendre, séance tenante, sa sentence définitive sur le fond et de communiquer aux parties l'expédition authentique du dispositif, la communi cation de la sentence complète avec l'exposé des motifs de fait et de droit devant suivre à bref délai.

Sur ce, le tribunal a rendu à l'unanimité la sentence finale :

1° Le gouvernement du Portugal est condamné à payer aux gouvernements des États-Unis et de la Grande-Bretagne ensemble, en plus des 28,000 livres versées en acompte en 1890, la somme de quinze millions trois cent quatorze mille francs (15,314,000) en monnaie légale suisse, avec, en plus, les intérêts simples de cette somme, au taux de 5 0/0, du 25 juin 1889 jusqu'au jour du payement.

2° Cette somme, après déduction de ce qui est nécessaire pour couvrir les frais de l'arbitrage incombant aux parties demanderesses, et, de plus, le reliquat des 28,000 li-

Les journaux anglais se montrèrent fort désappointés de ce jugement : ils s'attendaient à une condamnation beaucoup plus élevée qui aurait mis le Portugal à la merci de la Grande-Bretagne, tandis qu'il pouvait se procurer par lui-même l'indemnité exigée de lui : on signalait même de New-York, le 24 mars, qu'un riche Américain, ami des Boërs, mettait six millions de dollars à la disposition du gouvernement de Lisbonne pour écarter la mainmise redoutée des Anglais sur le Mozambique (1).

Mais c'est par un autre moyen, autrement brutal, que l'Angleterre devait utiliser le territoire portugais pour favoriser son action militaire contre les Boërs. Le 2 avril 1900, le ministre des affaires étrangères du Portugal faisait aux Cortès une déclaration dont chaque proposition était de nature à surprendre quiconque a quelque notion des règles du droit international en matière de neutralité. L'Angleterre, dit-il, avait demandé à faire passer un corps de troupes par le chemin de fer de Beira à Umtali, en vertu du droit qui lui est reconnu par d'anciens traités ratifiés avant la guerre actuelle et que cette guerre n'avait pu abroger. Le Portugal, ajoutait-il, avait fait bon accueil à cette demande et avait loyalement communiqué sa résolution au Transvaal, en affirmant son intention de respecter scrupuleusement la neutralité. Il terminait en se félicitant de l'occasion solennelle qui lui était offerte de constater les rapports de cordiale amitié qui existent entre le Portugal et la Grande-Bretagne.

Pour justifier la mesure dont il s'agit, on mit d'abord en avant la convention anglo-portugaise du 11 juin 1891 dont l'article 12 est ainsi conçu : « La navigation du Zambèze et du Chiré, sans excepter aucune de leurs branches et de leurs embouchures, sera ouverte aux bâtiments de toutes

---

vres versées en acompte en 1890, seront affectés au payement des créanciers obligataires et autres, s'il y a lieu, de Delagoa-Bay-Company, selon leur rang. Les parties demanderesses dresseront à cet effet un état de distribution. Le gouvernement du Portugal aura à verser entre les mains du gouvernement des États-Unis la somme qui, suivant ledit état, reviendra à Mme Mac-Murdo, représentée par ce dernier gouvernement en sa qualité de créancière obligataire en 1er et 2e rang ; il versera le surplus au gouvernement de la Grande-Bretagne pour compte de tous les autres ayants droit.

3° Le délai de six mois, fixé par l'article 4 du compromis arbitral, courra à partir de ce jour.

4° Quant aux frais et dépens des parties, ils sont compensés ; les frais de l'arbitrage, suivant état à fournir en conformité de l'article 5 du compromis, seront supportés par parts égales par les trois parties en cause, soit pour tiers par chacune d'elles, etc.

Ainsi délibéré en séance du tribunal arbitral et expédié.

Berne, le 29 mars 1900 ».

(1) Le gouvernement portugais refusa l'avance que lui proposa le Transvaal pour payer l'indemnité à laquelle il avait été condamné. L'indemnité fut versée le 21 novembre à la Banque d'Angleterre : M. Langley, chef de service au Foreign Office, en délivra quittance pour l'Angleterre, et M. White, secrétaire de l'ambassade des États-Unis à Londres, pour le gouvernement de Washington.

les nations. Le gouvernement portugais s'engage à permettre et à faciliter le transit de toutes personnes et des marchandises de toute espèce
par les cours d'eau du Zambèze, du Chiré, du Pongwé, du Bonsi, du
Limpopo et du Sabi, et leurs tributaires, et aussi sur les voies de terre
qui servent de moyens de communication là où ces cours d'eau ne sont
pas navigables ». Or, la convention de 1891 était intervenue à la suite
des difficultés qui avaient surgi entre l'Angleterre et le Portugal au
sujet de la délimitation de leurs possessions respectives en Afrique,
difficultés qui se terminèrent, on le sait, par l'attribution à la Grande-
Bretagne des immenses territoires situés entre les possessions portugaises de la côte occidentale et de la côte orientale, en vertu d'un traité
signé en 1890 et que le Portugal dut accepter devant la menace d'une
démonstration de la flotte britannique. Ensuite, il fallut préciser les
frontières nouvellement établies : ce fut l'objet des six premiers articles
de la convention de 1891. D'autre part, l'Angleterre voulut régler le
transit des personnes et des marchandises depuis le littoral jusqu'à ses
possessions de l'intérieur à travers le territoire portugais : ce qui fut
spécialement fixé par les articles 11 et 12 de la convention du 11 juin
1891. L'article 11 stipule que « les matériaux pour la construction des
routes, chemins de fer, ponts et télégraphes, seront exemptés des droits
dont toutes les autres marchandises sont frappées ». L'article 12, en ne
visant, il faut le remarquer, que les voies de communication entre la
colonie portugaise et les possessions britanniques de l'intérieur, assure
la liberté de passage pour les *personnes* et les *marchandises*. Il ne s'agit
donc que d'une convention d'un caractère économique qui ne saurait
être invoquée pour le transport de troupes en vue de combattre une
nation en guerre avec l'une des parties contractantes (1). Tout au plus
pouvait-on admettre que, ayant voulu s'assurer la liberté de communication avec ses possessions de l'intérieur, l'Angleterre s'était également
réservé le transport des forces nécessaires au maintien du bon ordre et
de la sécurité dans sa colonie séparée de la mer par le Mozambique. De
toutes façons, il ne pouvait être question que d'un traité relatif aux rapports de voisinage entre les deux États contractants, sans que l'on pût
en tirer parti en faveur de l'un d'eux contre une tierce puissance en lutte
avec lui. En un mot, la convention du 11 juin 1891 était conclue pour le
service spécial de la Rhodesia britannique, et non pour permettre à la
Grande-Bretagne d'employer les voies de communication en territoire

---

(1) Quand M. Schreiner invoquait le traité de commerce entre la colonie du Cap et le
Transvaal pour justifier l'expédition des armes dans ce dernier pays, sir Sprigg sut
bien lui répondre que, en cas de guerre, un traité de commerce ne pouvait pas être
transformé en traité d'alliance (V. *suprà* cette *Revue*, t. VII (1900), p. 286).

portugais pour tel autre but à sa convenance, notamment pour mieux attaquer ses adversaires (1).

· D'autre part, la question se compliquait de ce que le passage des forces anglaises devait avoir lieu par Beira, ville comprise dans une concession donnée à une Compagnie à charte composée de Français, d'Anglais et de Portugais : le Président du Comité de Paris de cette Société, dite Compagnie du Mozambique, était M. Bartissol, ancien député de l'Aude. De Beira, le corps anglais devait suivre la ligne ferrée allant à la Rhodesia et qui est la propriété de la Chartered britannique dont M. Cecil Rhodes est le Président. En donnant aux Anglais le droit de débarquer à Beira, le gouvernement portugais, malgré la souveraineté conservée par lui sur ce port, semblait donc méconnaitre la concession exclusive d'exploitation accordée par lui à la Compagnie dont les actionnaires étrangers, notamment français, auraient pu demander l'intervention de leur gouvernement. Malgré tout, le passage n'en fut pas moins accordé à un corps anglais de 5.000 hommes qui, sous les ordres du général Carrington, devait rejoindre, en débarquant à Beira, le camp du général Plummer et coopérer à la délivrance de Mafeking.

Les protestations ne manquèrent pas, dans la presse des différents pays, quelques-unes même comminatoires, notamment en Russie. Mais on apprenait, d'autre part, que le gouvernement allemand, comme celui des autres puissances, d'ailleurs, se désintéressait de la question, entendant laisser toute liberté aux Anglais de méconnaitre la neutralité du Portugal, comme aux Boërs de traiter ce dernier en allié de leurs ennemis.

La question se réduisait ainsi aux rapports du Transvaal et du Portugal. Ce dernier, sentant la faiblesse de l'argumentation tirée de la convention du 11 juin 1891 dont le caractère et le but étaient d'ordre exclusivement économique, se rabattit sur des engagements secrets pris par lui envers la Grande-Bretagne à l'occasion de cette convention, engagements qui continuaient à le lier malgré la guerre survenue depuis entre l'Angleterre et le Transvaal. Il maintenait, malgré tout, l'étrange prétention de rester fidèle au devoir de neutralité et même de garder des relations amicales avec le gouvernement de Prétoria. Tel fut le sens de la lettre adressée le 8 mars 1900 par M. Demetrio Cinatti, consul général et chargé d'affaires du Portugal à Prétoria (2).

(1) V. en ce sens : *International Law in South Africa*, par T. Baty, Londres, 1900.
(2) Lettre de M. Cinatti : « Le gouvernement portugais vient d'être informé que, d'après des déclarations réciproques échangées par des Notes à l'occasion du traité de 1891, sur le droit de passage de troupes et matériel de guerre par le territoire portugais de l'Afrique orientale vers l'hinterland dans la sphère d'influence anglaise et réciproquement, le gouvernement britannique va lui faire la demande formelle de lui accorder des facilités au passage du personnel et du matériel de guerre par Beira vers l'hinterland

Les raisons données par le Portugal pour expliquer sa conduite n'étaient pas sérieusement soutenables. S'il est un point indiscuté et indiscutable aujourd'hui, non seulement dans la doctrine, mais aussi dans la pratique internationale, c'est qu'un État neutre ne doit jamais autoriser sur son territoire le passage des troupes ou du matériel de guerre de l'un des belligérants, ni même des deux à la fois (1). A part la fourniture directe d'hommes ou de munitions qui, si elle est faite à titre gratuit, est une alliance avec l'une des parties plutôt qu'une violation simplement de la neutralité, il n'est pas de concours plus efficace que l'on puisse donner à un État engagé dans une guerre que de lui faciliter la concentration de ses troupes ou l'accès des positions de l'ennemi en empruntant le territoire d'une puissance tierce. Aussi les pays neutres veillent-ils avec soin à ce que leur sol ne puisse pas être utilisé ainsi par les belligérants : en 1870, la Suisse défendit même le passage à travers son territoire aux Badois et aux Alsaciens qui, sans être encore incorporés, se rendaient à l'armée allemande ou à l'armée française pour répondre à l'appel de leur pays.

Les anciens publicistes, notamment de Vattel (2), se montraient plus tolérants quand les secours donnés à un belligérant, par exemple sous la forme du droit de passage pour les troupes, étaient la conséquence d'un traité passé antérieurement aux hostilités et non en prévision de ces dernières (3). C'est, semble-t-il, la manière de voir à laquelle se rattachait le Portugal dans la circonstance que nous examinons. Mais il n'est plus personne aujourd'hui pour l'admettre. Sans doute, l'allié de l'ennemi n'est pas réputé ennemi par le fait seul de l'alliance, pas plus que l'État qui, par convention antérieure, a accordé au pays ennemi un

anglais. Le gouvernement portugais ne pouvant pas nier ce droit, en l'accordant, ne fait plus qu'accomplir une convention réciproque conclue longtemps avant que l'actuelle guerre pût être prévue ; cet accomplissement ne peut donc être envisagé comme une assistance indispensable donnée à un des belligérants ni, partant, violation des devoirs imposés par la neutralité, outre qu'il ne signifie pas quelque sorte d'atteinte aux bonnes relations d'amitié que le gouvernement portugais désire toujours continuer à maintenir avec le gouvernement de la République Sud-Africaine ».

(1) V. Heilborn, *Rechte und Pflichten der neutralen Staaten in Bezug auf die während des Krieges*, etc. (V. *Revue de droit intern. et de législ. comparée*, t. XXI (1889), p. 130).

(2) V. surtout liv. III, chap. VII, § 119 et 127.

(3) C'était la notion de la neutralité dite *imparfaite* que l'Angleterre elle-même a répudiée en 1871, en acceptant les Règles dites de Washington précisées par l'Institut de droit international à la Haye en 1875 .(*Annuaire de l'Institut de dr. intern.*, t. 1, p. 33, 108 et 139). En ce qui concerne spécialement le passage des troupes des belligérants en territoire neutre, la première résolution de l'Institut décide : « L'État neutre..... a le devoir de veiller à ce que son territoire ne serve pas de centre d'organisation ou de *point de départ* à des expéditions hostiles contre l'un (des belligérants) ou contre tous les deux ».

droit pouvant constituer un avantage militaire : mais si, la guerre survenant, l'allié exécute son alliance en fournissant le concours promis par
lui, ou si l'État qui a accordé à l'un des belligérants la faculté constituant
un avantage militaire lui en permet l'exercice, le pays adversaire de ce
belligérant sera autorisé à traiter comme son propre ennemi cet État
oublieux de la neutralité. Tout traité, comme tout contrat, n'a qu'une
portée relative aux contractants et est étranger aux tiers : si donc un
traité accorde le droit de passage des troupes, par exemple comme l'ont
eu les troupes badoises a travers les cantons de Bâle et de Schaffhouse
jusqu'en 1867, cet accord n'est pas opposable à une puissance entrant en
lutte avec l'un des pays contractants ; pour cette puissance, les rapports
de droit international avec l'État qui accorde le passage sont réglés, non
par un traité auquel elle n'a pas participé, mais par les principes généraux
de la neutralité : or, il n'est pas douteux que ces principes sont violés
vis-à-vis d'elle par le passage même accordé à son ennemi.

En vertu de ces considérations de droit élémentaires et indiscutables,
le Transvaal aurait pu transporter les hostilités sur le territoire portugais qui servait de base d'opération militaire à son adversaire. C'est ainsi
que, malgré les objections particulières qui devaient être tirées en pareil
cas de la garantie collective des puissances pour la neutralité perpétuelle du Luxembourg, M. de Bismarck, dans sa dépêche du 3 décembre
1870, menaça d'envahir le grand-Duché si, comme il le prétendait, les
troupes françaises continuaient à le traverser pour favoriser leur retraite.
Mais le Transvaal ne jugea pas à propos d'aller jusque là : il craignit peut-
être de trop disperser son action militaire. Sans doute, il estima aussi
que les ports de Mozambique pouvaient lui permettre de conserver des
relations avec le dehors tant qu'ils restaient en possession du Portugal,
tandis que, occupés par les Boërs, ils auraient été étroitement bloqués
par les escadres britanniques. Il est vrai que la question de savoir s'il est
permis de bloquer les ports d'un pays neutre occupé par l'ennemi est
discutée : la difficulté s'est présentée à propos du décret russe du 15 mars
1806 qui établit le blocus des ports de l'Adriatique n'appartenant pas à
la France mais occupés par les troupes françaises. Mais le Portugal pouvait-il encore prétendre à la situation de pays neutre après sa concession à la Grande-Bretagne, et n'était-il pas plutôt devenu, en fait, l'allié de
celle-ci ? Or, nul ne doute qu'un État ne puisse bloquer ses ports ou ceux
de ses alliés pour en interdire l'accès quand ils sont occupés par l'ennemi : c'est ce que fit la France en 1871 pour les ports de Rouen, Dieppe
et Fécamp quand les Allemands y eurent pénétré.

Quoi qu'il en soit, c'est à une simple protestation diplomatique que
s'en tint le Transvaal par la lettre de son secrétaire d'État, M. Reitz,

écrite le jour même où fut reçue celle de M. D. Cinatti, c'est-à-dire le 8 mars (1).

Quant au Portugal, il était assurément plus à plaindre qu'à blâmer : livré sans défense à la domination britannique, après s'être vu arracher en 1890 la plus grande partie de son Empire colonial en Afrique, il ne lui était même plus permis de garder la plénitude de sa souveraineté comme puissance neutre dans ce que l'Angleterre lui en avait laissé. Peut-être cependant eût-il été plus profitable, au point de vue de l'appui éventuel dont il pourra avoir besoin de la part d'autres puissances, comme au point de vue de l'avenir de la dynastie qui règne à Lisbonne, de faire preuve de plus de dignité et de ne paraître céder que devant la force. Les flagorneries presque serviles des autorités portugaises à l'égard de la Grande-Bretagne ont péniblement impressionné tous ceux qui étaient disposés à trouver dans la faiblesse l'excuse des violations du droit. Voici, notamment, en quels termes le gouverneur de Beira accueillit le général Carrington et ses officiers : « Amis de l'Angleterre comme nous l'avons toujours été, nous n'aurions jamais pu nous rendre compte de

(1) Lettre de M. Reitz : « Le gouvernement de la République Sud africaine a appris avec infiniment de peine que le gouvernement portugais avait jugé bon d'accorder au gouvernement britannique, sur sa demande, l'autorisation de faire passer des troupes et du matériel de guerre par Beira et l'hinterland, dans la sphère d'influence anglaise : — Le gouvernement portugais a cru devoir commettre cette violation de la neutralité, qu'il a toujours observée jusqu'ici, parce qu'il s'y est cru obligé par certaines déclarations échangées, lors de la signature du traité de 1891. — Le gouvernement de Prétoria désire insister sur ce point que cet échange de déclarations n'avait pas été livré à la publicité, et qu'avant l'explosion de la guerre, à laquelle le Transvaal a été forcé par la Grande-Bretagne, on ne lui avait pas donné communication de conventions de cette espèce. — Ces conventions ne peuvent pas être mises en vigueur pendant la durée d'une guerre dans laquelle le Portugal a déclaré vouloir rester neutre. Si, en effet, une convention de ce genre a été conclue, elle ne peut pas être exécutée par l'État neutre, aux dépens d'une tierce partie, pendant que l'état de guerre existe entre la République Sud africaine et la Grande-Bretagne et l'Irlande. — La neutralité suspend l'effet d'une telle convention, absolument de la même manière qu'elle a mis hors vigueur l'article 6 du traité entre la République Sud africaine et le Portugal, traité qui a été rendu public et approuvé par le gouvernement britannique. — La République Sud africaine s'est vue, contre sa volonté, impliquée dans une guerre avec la Grande-Bretagne et l'Irlande, et le passage de troupes anglaises par le territoire portugais ne peut se faire qu'aux dépens des armées républicaines et ne pourrait constituer, de la part du Portugal, qu'une violation de la neutralité qui, — le gouvernement de Prétoria le reconnaît bien volontiers, — jusqu'à l'heure actuelle, a été loyalement observée par le Portugal. — La République Sud africaine n'a cessé d'estimer très haut les rapports amicaux qui ont si heureusement existé jusqu'ici en vertu de traités et d'arrangements amiables avec le Portugal et regrette vivement de voir le Royaume de Portugal tout d'un coup faciliter l'arrivée de troupes ennemies et de le voir se transformer de puissance neutre en alliée de nos ennemis. — La République Sud africaine juge qu'il est de son devoir de protester, ainsi qu'elle le fait par la présente, contre ce passage de troupes et de matériel de guerre. — Je prie Votre Excellence de donner connaissance de ma lettre à votre gouvernement. — Signé : F.-V. Reitz, secrétaire d'État ».

l'union splendide de la race anglo-saxonne sans une semblable leçon de choses. Pénétré de cette vérité, le Portugal non seulement félicite son ancienne alliée, mais se réjouit·avec elle ; car la grandeur d'un ami implique la grandeur de soi-même ». Une résignation silencieuse devant l'inévitable eût mieux valu : peut-être même aurait-elle calmé l'effervescence des journaux portugais qui,à l'exemple du *Commercio* du 23 avril, attaquaient avec violence comme contraire au droit des gens et à l'article 15 § 9 de la Constitution portugaise la concession faite à l'Angleterre, ainsi que l'indignation du parti républicain qui, dans un meeting imposant tenu à Porto, flétrissait la conduite du gouvernement.

4° *Attitude des Afrikanders.*— Les craintes de soulèvement général des colons hollandais du Cap devinrent moins vives pour les Anglais quand l'invasion de Boërs fut repoussée. Cependant les Afrikanders, en général, et sauf ceux qui, à titre individuel, allaient combattre dans les rangs des Républicains du Transvaal et de l'Orange, persistaient dans leur attitude de neutralité malveillante vis-à-vis de l'Angleterre (1).Pour les ménager, lord Roberts fit adresser par le général Kitchener à ses officiers un ordre du jour leur enjoignant de se montrer modérés et équitables dans l'exercice du droit de réquisition (23 janvier 1900). Mais la grande difficulté était dans l'application des peines encourues par les Afrikanders qui s'étaient joints aux ennemis de la Grande-Bretagne,leur souveraine. Suivant le *Nev-York Herald* du 20 mars 1900, le Président Krüger aurait déclaré, dans une interview, qu'il userait de représailles sur les prisonniers anglais au cas où les Afrikanders capturés les armes à la main seraient frappés. Si ce propos a été tenu, ce qui est fort douteux, on ne pourrait que le blâmer : les Afrikanders convaincus d'avoir combattu les forces britanniques pouvaient légitimement être considérés commé traitres et punis en conséquence. Mais les autorités britanniques étaient fort gênées dans l'exercice de leur droit strict à ce point de vue par la perspective de l'effet produit sur l'ensemble des Afrikanders : une rigueur trop grande contre les coupables de défection risquait d'entrainer un soulèvement général.

L'opinion publique des colons de race hollandaise se montrait fort menaçante à ce sujet, par l'organe de leur puissante association connue sous le nom de : *Afrikander Bond*. Les Anglais accusaient formellement cette association d'avoir pour but la formation d'une vaste confédération de l'Afrique australe en vue d'en exclure complètement la puissance britannique. C'est ce que le *Times*, en particulier, s'efforça de démontrer dans ses numéros des 9 et 10 avril 1900, en reproduisant un

(1) Au sujet de cette *neutralité* de sujets anglais, V. cette *Revue*, t. VII (1900), p. 286 et 787.

pamphlet publié au Cap sous le titre : « La naissance du Bond », et qui
n'était que la reproduction d'articles parus en 1882 dans le *Patriote*, organe du parti hollandais dans la colonie. Ces articles, violents d'ailleurs,
se référaient à une époque où les agissements de l'Angleterre étaient
fort menaçants pour les Afrikanders, comme pour la République du Transvaal ; mais, bien qu'ils continssent un énergique appel à la résistance
contre les abus de pouvoir du gouvernement de Londres, il était difficile
d'y voir la manifestation du prétendu complot ayant pour objet de chasser
l'Angleterre de sa colonie du Cap. Cependant, le journal de la Cité, qui
avait déjà reproduit les incroyables excitations à la vengeance contre les
Afrikanders du poète Rudyard Kipling, se plaignait de « l'incorrigible
clémence de l'Angleterre » et dénonçait « la folie criminelle » dont elle
se rendait coupable en usant d'indulgence envers les colons manquant au
devoir de loyalisme (1). C'était fort maladroitement reconnaître combien
l'autorité effective et morale de la Grande-Bretagne était précaire dans
sa colonie du Cap après un siècle environ de possession.

Aux attaques dont il était l'objet, le *Bond* répondit en multipliant les
Congrès où furent votées d'enthousiasme des résolutions blâmant la politique anglaise dans l'Afrique du Sud, réclamant le maintien de l'indépendance des Républiques boërs et contenant, d'ailleurs, les affirmations les
plus catégoriques de loyalisme des colons hollandais du Cap. Telles furent
notamment les conclusions du Congrès de Paarl, au mois de mars, et de
celui de Graaf Reinet le 31 mai. Ainsi, par la faute de l'Angleterre et de
sa politique brutale, l'*Afrikander Bond*, dont M. Cecil Rhodes avait été
un des fondateurs et qui avait pour but, à l'origine, une union des forces
pour le développement économique de l'Afrique du Sud sans préoccupation de divergences de races, devenait un redoutable instrument d'opposition contre la souveraineté britannique elle-même. Le 8 juin, le
journal afrikander *Ons Land*, sous le titre : « Pas de demi-mesures », exigeait impérieusement l'indépendance des deux Républiques et dénonçait
le premier ministre, M. Schreiner, comme coupable de complaisances
pour la politique d'annexion du gouvernement de Londres. La difficulté
devint aiguë quand fut mis en discussion le projet de loi relatif au traitement à infliger aux Afrikanders qui avaient pris parti pour les Boërs.

---

(1) Les visées de l'*Afrikander Bond* contre la domination britannique ont été dénon-
cées également par M. Westlake dans un article de la *Revue de droit international et
de législation comparée*, t. II (deuxième série) (1900), p.515 et suiv. et t. III (deuxième
série) (1901), p. 140 et suiv.) : *L'Angleterre et les Républiques boërs*. Mais, tout en soutenant cette thèse discutable, l'éminent jurisconsulte, avec la haute impartialité qui ca-
ractérise ses œuvres, renouvelle ses déclarations sur l'injustice de certaines spoliations
commises au préjudice des Boërs et sur l'interprétation injustifiable faite par M. Chamberlain de la convention de 1884 avec le Transvaal.

M. Schreiner demandait qu'ils fussent jugés par un tribunal spécial qui appliquerait aux meneurs l'emprisonnement et la privation à perpétuité des droits politiques, et aux autres la privation de ces mêmes droits pour un temps déterminé ; la grande majorité du parti afrikander écartait, au contraire, toute juridiction d'exception et voulait que les meneurs seuls fussent jugés par le jury, une amnistie générale devant être appliquée à ceux qui n'avaient fait que suivre le mouvement de défection sans le provoquer. Cette dernière mesure était considérée comme la condition nécessaire de l'apaisement dans l'Afrique du Sud qui, sans cela, serait un foyer permanent de révolte comme l'Irlande.

Devant la puissance de l'opposition, M. Schreiner dut remettre sa démission à sir Milner, le 11 juin, et sir Gordon Sprigg, chef du parti anglais, fut chargé de constituer un nouveau ministère. En même temps, le *Bond* ouvrait un nouveau Congrès à Paarl (15 juin) : la discussion y fut calme et digne et les affirmations de loyalisme envers la Grande-Bretagne y furent renouvelées. Mais les orateurs y protestèrent avec indignation contre l'accusation lancée par certains membres du parti anglais que le *Bond* avait reçu des subventions du Transvaal. Le 19 juin, le Congrès terminait ses délibérations par l'ordre du jour suivant : « Le Congrès afrikander désire exprimer la désapprobation la plus absolue de la politique du gouvernement impérial qui a mené une guerre sanguinaire et injuste, et qui a montré si peu de considération pour les sentiments de la majorité constitutionnelle de la colonie du Cap en revenant sur sa propre proposition pour une enquête conjointe sur le fonctionnement de la loi électorale au Transvaal, après que le Transvaal avait accepté cette proposition, et en refusant l'arbitrage alors que l'Angleterre avait accepté et fortement défendu le principe de l'arbitrage à la Conférence de la Haye ».

Cette attitude des Afrikanders ne pouvait que s'accentuer à la suite des mesures de barbare rigueur que prirent les autorités britanniques après la proclamation de l'annexion des deux Républiques. Le pillage et l'incendie des fermes, la déportation des femmes et des enfants, l'annexion même des pays boërs furent flétris dans le Congrès des femmes afrikanders tenu à Paarl le 8 septembre. A Londres, on interprétait ces manifestations comme une preuve de la complicité des colons hollandais dans le prétendu complot contre la puissance britannique. Le 6 décembre 1900, M. Chamberlain faisait publier un *Livre bleu* contenant les documents du 3 janvier au 27 octobre et tendant à établir que les Afrikanders de la frontière faisaient cause commune avec les Boërs. On y relevait particulièrement la réponse faite le 25 juillet par le secrétaire d'État aux colonies à une demande d'amnistie présentée par le ministre du Cap : écartant le précédent relatif aux rebelles du Canada en 1837, M. Chamberlain disait qu'il était impossible de pardonner à des ennemis qui tenaient encore la campagne contre les forces britanniques.

Tandis que ces documents rétrospectifs étaient publiés en Angleterre, le même jour, 6 décembre, un nouveau Congrès afrikander délibérait à Worcester sous la surveillance de quinze cents hommes de troupes canadiennes et australiennes appuyés par dix canons. Après avoir applaudi un discours des plus violents de M. Schreiner, frère de l'ancien premier ministre du Cap, contre le]gouvernement britannique et son agent sir A. Milner, après avoir reçu un télégramme de sympathie de la femme même de cet ancien ministre, après avoir entendu le rapport de la délégation envoyée en Angleterre, le Congrès adopta une résolution dont voici la partie essentielle en ce qui concerne la guerre contre les Boërs : « Nous, hommes et femmes du Sud de l'Afrique assemblés ici ; — Vu le rapport de la délégation du peuple d'Angleterre ; — Considérant la déplorable situation du peuple de l'Afrique du Sud, le grave danger menaçant notre civilisation ; — Exprimons solennellement la conviction que les intérêts vitaux du pays réclament : 1° la fin de la guerre actuellement poursuivie au milieu d'une indicible misère, des incendies, des maisons dévastées, de l'extermination des blancs, des traitements infligés aux femmes et aux enfants, qui laisseront un héritage d'amertume et de haine, mettront en péril la civilisation du Sud de l'Afrique, qui sera livré à la barbarie ; 2° la conservation de leur indépendance par les deux Républiques, seul moyen d'assurer la paix dans le Sud Afrique ».

Le 11 décembre, la délégation nommée par le Congrès de Worcester présentait les résolutions votées à sir A. Milner pour qu'il les communiquât au gouvernement de la Reine. Le Haut-Commissaire britannique consentit à se charger de cette mission, mais en faisant ses réserves et en opposant même ses dénégations au sujet des blâmes du Congrès contre les mesures prises par les autorités britanniques pour briser la résistance des Boërs. Comme si les proclamations des généraux anglais n'existaient pas ou n'avaient jamais été appliquées, sir Milner termina ainsi sa réponse à la délégation du Congrès : « Cette guerre du Transvaal est une des plus humaines qui aient jamais été faites de part et d'autre, quoiqu'il y ait eu des deux côtés des actes nombreux qui méritent d'être condamnés. Il n'est pas moralement justifiable de continuer une résistance qui entraine la mort de tant d'hommes, la destruction de tant de biens, alors que cette résistance ne peut absolument pas aboutir. On peut trouver des excuses pour les hommes qui combattent encore, mais il est difficile de défendre la conduite de ceux qui les mènent et qui les

trompent. La majorité des combattants est stimulée par de fausses espérances entretenues à l'aide de mensonges au sujet de leurs chances
de succès et des intentions de l'Angleterre au cas où ils capituleraient.
Il est donc d'autant plus regrettable qu'on dise quoi que ce soit et qu'on
fasse quoi que ce soit ici qui ait pour effet de continuer à tromper les
Boërs, de continuer à encourager leur résistance et à créer ainsi les
malheurs mêmes auxquels les Boërs cherchent à échapper en combattant. Je considère, en conséquence, qu'il est de mon devoir, en transmettant vos ordres du jour au gouvernement, d'y joindre l'expression
de ma vive désapprobation personnelle ».

5° *Propositions de paix de la part des deux Républiques : accueil qui
leur est fait en Angleterre et chez les puissances neutres.* — Quand ils
purent croire que l'Angleterre serait moins intraitable et ne se buterait
plus à une question d'amour-propre après avoir réparé ses échecs de la
première partie de la campagne, les Présidents Krüger et Steijn jugèrent
le moment opportun pour faire des propositions de paix. Le 6 mars 1900,
lord Salisbury recevait la dépêche des Présidents dans laquelle était
exprimée la volonté des deux Républiques de conclure la paix aux
deux seules conditions suivantes : indépendance complète des deux
Républiques et garantie qu'il ne serait pas exercé de représailles contre
les sujets anglais ayant pris fait et cause pour elles. La réponse de
lord Salisbury ne tarda guère : le 11, il notifiait aux deux Présidents que
l'Angleterre était résolue à supprimer l'indépendance du Transvaal et
de l'État d'Orange (1). Les deux documents furent lus, le 13, à la Cham-

(1) Dépêche du Président de l'État libre d'Orange et du Président de la République
Sud africaine au Marquis de Salisbury, reçue le 6 mars :
                                                   « Bloemfontein, 5 mars 1900.
Le sang répandu, les larmes des milliers de personnes qui ont souffert par cette
guerre,et la perspective de la ruine morale et économique dont l'Afrique du Sud est
actuellement menacée, ont imposé aux deux belligérants le devoir de se demander, sans
passion et devant le Dieu en trois personnes,dans quel but ils se battent, et si ce but est
une justification suffisante pour toute cette misère et cette dévastation. — Plusieurs
hommes d'État britanniques ayant prétendu que cette guerre a été entamée et est poursuivie dans l'intention définitive d'ébranler l'autorité de Sa Majesté et de fonder un gouvernement Sud africain indépendant du gouvernement de Sa Majesté, nous croyons
devoir déclarer solennellement que cette guerre a été entreprise exclusivement comme
une mesure de défense dans le but de protéger l'indépendance menacée de la République Sud africaine ; qu'elle n'est continuée que pour sauvegarder l'indépendance incontestable des deux Républiques comme États souverains internationaux, ainsi que pour
acquérir l'assurance que des représailles ne seraient pas exercées contre la personne
et la propriété de ceux parmi les sujets de Sa Majesté qui ont pris fait et cause pour
nous dans cette guerre. — Dans ces conditions, et dans ces conditions seules, nous
sommes désireux, ainsi que par le passé, de voir le rétablissement de la paix et la fin
des maux qui sévissent sur l'Afrique du Sud. — Tant que le gouvernement de Sa Majesté aura l'intention d'anéantir l'indépendance des deux Républiques, il ne nous reste,

bre des lords et à la Chambre des communes : la réponse de lord Salisbury fut approuvée à une forte majorité. Il y avait cependant beaucoup

ainsi qu'à nos peuples, qu'à persévérer dans la voie que nous nous sommes déjà tracée,
convaincus que, malgré la prééminence écrasante de l'Empire britannique, le Dieu qui
a fait naître l'esprit de liberté dans nos cœurs et dans ceux de nos frères ne nous abandonnera pas, et qu'il tiendra à parfaire son œuvre pour nous et pour nos descendants.
— Nous avons hésité à faire plus tôt cette déclaration parce que tant que l'avantage était
constamment de notre côté et tant que nos forces se maintenaient dans des positions
défensives, loin de la frontière des colonies de Sa Majesté, une telle déclaration aurait
pu froisser les sentiments et l'amour-propre du peuple britannique. — A présent, lorsque le prestige de l'Empire britannique peut être considéré comme assuré par la prise
de l'une de nos forces armées par les troupes de Sa Majesté, ce qui nous a obligés d'é-
vacuer d'autres positions occupées par nos troupes, cette difficulté n'existe plus, et nous
ne pouvons avoir aucune hésitation à déclarer ouvertement à votre gouvernement et à
votre peuple, devant le monde civilisé, pourquoi nous nous battons et à quelles conditions nous sommes prêts à faire la paix ».
    Réponse du Marquis de Salisbury :
    « Aux Présidents de la République Sud africaine et de l'État libre d'Orange. —
Foreign-Office, 11 mars 1900. — J'ai l'honneur d'accuser réception du télégramme de
Vos Honneurs portant la date de Bloemfontein 5 mars, dont le but est principalement
de demander que le gouvernement de Sa Majesté reconnaisse « l'incontestable indépendance de la République de l'Afrique du Sud et de l'Etat libre d'Orange comme
États jouissant d'une souveraineté internationale » et de nous offrir dans ces conditions de mettre fin à la guerre. — Au mois d'octobre dernier, la paix existait entre
Sa Majesté et les deux Républiques, sur la base des conventions en vigueur. Une
discussion s'était poursuivie pendant plusieurs mois entre le gouvernement de Sa
Majesté et la République de l'Afrique du Sud ; son but était d'obtenir le redressement
de certains griefs, très sérieux, dont souffraient les résidants anglais dans l'Afrique
du Sud. — Au cours de ces négociations, la République de l'Afrique du Sud avait
fait, au su du gouvernement de Sa Majesté, des armements considérables, et ce dernier
avait en conséquence pris des mesures pour donner aux garnisons anglaises du Cap et
du Natal des renforts correspondants. Aucune infraction aux droits garantis par les
conventions n'avait eu lieu jusqu'à ce moment du côté anglais. — Soudainement, la
République de l'Afrique du Sud, après avoir lancé un ultimatum insultant, a déclaré la
guerre à Sa Majesté, et l'État libre d'Orange, avec lequel il n'y avait même pas eu la
moindre discussion, agit de même. Les territoires de Sa Majesté ont été immédiatement
envahis par les deux Républiques ; le siège a été mis devant trois villes à l'intérieur
des frontières britanniques ; une large portion des deux colonies a été ravagée ; une
grande destruction d'existences et de propriétés s'en est suivie, et les Républiques ont
voulu traiter les habitants de parties considérables des territoires de Sa Majesté comme
si ces territoires avaient été annexés à l'une ou à l'autre d'elles. — En prévision des
opérations, la République de l'Afrique du Sud avait accumulé, pendant un grand nombre d'années, du matériel de guerre sur une échelle énorme, et ce matériel par son caractère ne pouvait être destiné qu'à servir contre la Grande-Bretagne. — Vos Honneurs
font quelques observations d'un caractère négatif sur le but dans lequel ces préparatifs
ont été faits. Je ne crois pas nécessaire de discuter les questions que vous avez soulevées, mais le résultat de ces préparatifs, effectués dans le plus grand secret, a été que
l'Empire britannique s'est vu obligé de faire face à une invasion, et que cela a entraîné
pour l'Empire une guerre coûteuse et la perte de milliers d'existences précieuses. Cette
grande calamité a été la pénalité que la Grande-Bretagne a eu à supporter pour avoir
dans les dernières années acquiescé à l'existence des deux Républiques. — En présence
de l'usage que les deux Républiques ont fait de la situation qui leur avait été accordée,
et des calamités que leur attaque non provoquée a infligées aux territoires de Sa Ma-

à dire à ce sujet. D'une part, après avoir prétendu ne vouloir obtenir du Transvàal que l'amélioration du sort des Uitlanders,la Grande-Bretagne, sans même s'occuper désormais de cette question, exigeait l'annexion de ce pays et même de l'État d'Orange : c'était donc bien la conquête que l'on poursuivait de parti pris. D'autre part, lord Salisbury prétendait fonder l'annexion des deux Républiques sur le droit du gouvernement britannique de leur *reprendre* l'indépendance qu'il leur avait conférée et dont elles avaient fait un mauvais usage contre lui. Or, nous l'avons amplement établi, l'indépendance du Transvaal avait été *reconnue* par l'Angleterre, mais n'avait jamais fait de sa part l'objet d'une concession unilatérale et subordonnée à certaines conditions ; quant à l'État d'Orange, il n'avait même jamais été rattaché à l'Angleterre par un lien quelconque de subordination qui pût donner un semblant d'apparence à la thèse britannique.

A la réponse de lord Salisbury le secrétaire d'État du Transvaal, M. Reitz, riposta par une proclamation qui ne fut pas communiquée au gouvernement de Londres, mais qui fut publiée dans les deux Républiques. Elle rappelait les prétentions inadmissibles de la Grande-Bretagne à s'immiscer dans l'administration intérieure du pays contrairement à la convention de 1884, la nécessité où les Burghers s'étaient trouvés de recourir aux armes pour prévenir l'attaque des forces anglaises concentrées à leur frontière et le refus de sir Milner de s'expliquer au sujet de cette accumulation menaçante des troupes britanniques. Au sujet des préparatifs militaires faits par les deux Républiques et que lord Salisbury leur reprochait, M. Reitz s'expliquait en ces termes (13 mars) : « Nous avons acheté en Angleterre, en Europe : le Haut-Commissaire se vantait, à Bloemfontein, d'être parfaitement au courant de nos achats. Une description complète de ces armements fut d'ailleurs trouvée parmi les papiers d'un officier. Les préparatifs de guerre et l'ultimatum étaient des mesures de précaution nécessitées par le raid Jameson et la découverte que les ministres de la Reine étaient impliqués dans un complot dont le but était la suppression de l'indépendance des Républiques. La dépêche de lord Salisbury a levé tous les doutes : les Burghers doivent combattre pour leur existence nationale dans l'espoir que Dieu défendra le droit ».

Le 9 mai, le Volksraad était réuni par le Président Krüger qui, dans un discours énergique et digne à la fois, après avoir rappelé les prétentions et les attaques injustifiées de l'Angleterre, adressa un suprême

jesté, le gouvernement de Sa Majesté ne peut que répondre au télégramme de Vos Honneurs en disant qu'il n'est pas disposé à consentir à l'indépendance soit de la République du Sud de l'Afrique, soit de l'État libre d'Orange ».

appel aux Burghers pour défendre leur indépendance jusqu'à la mort.
L'Assemblée, avant de se séparer, vota des résolutions pour exprimer
son regret que la Grande-Bretagne n'eût pas accepté les propositions de
paix, pour envoyer aux puissances neutres des remerciements au sujet
de leurs manifestations de sympathie à l'égard du Transvaal et pour
leur transmettre une nouvelle protestation contre les violations de la
convention de Genève par les autorités britanniques.

Il est intéressant de savoir comment les puissances neutres accueillirent les demandes que leur adressèrent les Républiques boërs pour
qu'elles offrissent leur médiation, puisque l'Angleterre se refusait à
toute entente directe avec elles. S'il en avait fallu croire la *Novoïé Vre-
mia,* considérée comme journal officieux du gouvernement russe, et
une correspondance envoyée de Saint-Pétersbourg au *Berliner Tageblatt* (1), les grandes puissances auraient été résolues à arrêter l'Angleterre dans ses entreprises de conquête contre le Transvaal et l'Orange ;
le Tsar Nicolas II, d'accord avec l'Allemagne et la France, aurait été
même disposé à faire franchir la frontière de l'Afghanistan par cent vingt
mille hommes et à menacer l'Inde, si le gouvernement de Londres ne
renonçait pas à ses inqualifiables prétentions contre les Boërs. On va
voir que le journal berlinois avait raison de ne pas attacher à ces informations d'autre importance que celle de la preuve de l'état de l'opinion
en Russie, en dehors des résolutions du gouvernement moscovite.

C'est sur les États-Unis que les Boërs comptaient le plus au point de
vue de l'efficacité d'une offre de médiation : or, M. Allen ayant demandé
au Sénat de Washington, le 12 mars, si le gouvernement avait été saisi
d'une demande des autorités de Prétoria à ce sujet, le Cabinet se refusa
d'abord à répondre. Mais on sut bientôt que les États-Unis s'étaient
bornés à transmettre à la Grande-Bretagne la demande de médiation
communiquée par le gouvernement du Transvaal à M. Adalbert Hay,
consul américain à Prétoria, sans manifester la moindre intention d'insister eux-mêmes pour remplir le rôle de médiateurs. Cette démarche
fut d'ailleurs communiquée à la Chambre des communes, avec la réponse
du gouvernement britannique, le 15 mars (2).

(1) V. le *Journal des Débats* du 21 avril 1900.
(2) Chambre des communes. — M. Balfour annonce que, le 13 courant, le chargé
d'affaires américain a communiqué à lord Salisbury le télégramme suivant de M. Hay :
« A titre de bons offices amicaux, j'informe le ministre anglais des affaires étrangères que j'ai reçu aujourd'hui un télégramme du consul américain à Prétoria, annonçant que les gouvernements des deux Républiques prient M. Mac Kinley d'intervenir
dans le but de faire cesser les hostilités. Une demande analogue avait été adressée aux
représentants des puissances européennes. En communiquant cette requête, je suis
chargé par M. Mac Kinley d'exprimer l'espoir qu'on trouvera les moyens de conclure

Partout ailleurs on s'abstint même de transmettre une communication quelconque à la Grande-Bretagne comme l'avaient fait les États-Ûnis : la médiation fut rejetée *a priori*, soit parce qu'elle était inutile, l'Angleterre la refusant d'une façon absolue, soit parce qu'elle pouvait paraitre suspecte comme émanant de pays ayant de grands intérêts dans le Sud de l'Afrique. Tel fut le sens de la réponse faite à la requête des deux Républiques par l'Allemagne (14 mars) (1), par la Russie, par l'Autriche (24 mars), par la Suisse (21 mars), par les Pays-Bas (22 mars). Dans ce dernier pays, à la séance de la deuxième Chambre du 3 avril 1900, plusieurs députés proposèrent de ne pas ratifier la convention d'arbitrage conclue à la Conférence de la Paix à la Haye, puisqu'elle était inutile pour arrêter la guerre dans le Sud de l'Afrique. Mais le ministre des affaires étrangères, M. de Beaufort, déclara qu'il lui était impossible de donner des explications sur les négociations antérieures à la Conférence qui avaient fait exclure de celle-ci les Républiques boërs : la convention d'arbitrage fut alors votée par 65 voix contre 20.

A la Chambre italienne, le 24 mars, M. Visconti-Venosta, répondant à M. Pais, affirma l'impossibilité pour l'Italie d'offrir sa médiation quand l'Angleterre, maintenant victorieuse, la repoussait d'avance. Au Sénat de Belgique, le 27 mars, après un discours de Mgr Kessen qui constata l'avortement de la Conférence de la Paix prouvé par l'impossibilité de mettre fin à la guerre Sud africaine, le ministre des affaires étrangères, M. de Favereau, déclara que la Belgique n'avait pas à se mêler de ce conflit : il exprima d'ailleurs le regret que la presse oubliât trop dans ses attaques contre la Grande-Bretagne la dette de reconnaissance contractée envers elle par le Royaume belge.

la paix et de dire que le Président serait heureux de pouvoir concourir d'une manière amicale à amener le résultat désiré ». — Lord Salisbury a prié le chargé d'affaires américain de transmettre au gouvernement des États-Unis les sincères remerciements du gouvernement anglais pour le ton amical de cette communication et de dire que le gouvernement anglais ne se propose pas d'accepter l'intervention d'une puissance quelconque dans le Sud de l'Afrique (Agence Havas. V. le *Journal officiel français* du 17 mars 1900, p. 1644).

(1) Réponse du gouvernement allemand : « Le gouvernement de l'Empereur d'Allemagne sera heureux de coopérer à une médiation amicale, dès que les conditions essentielles de cette médiation seront remplies, c'est-à-dire lorsqu'il sera démontré que les deux belligérants désirent cette médiation. Les Républicains peuvent s'adresser directement à Londres ou employer les bons offices d'un gouvernement tiers qui n'a pas d'intérêts importants dans le Sud de l'Afrique, pour savoir si ce désir existe du côté de l'Angleterre, si certaines nations de l'Europe et hors de l'Europe sont dans cette situation. Mais ce n'est pas le cas de l'Allemagne. Toute démarche de cette nature de la part du gouvernement allemand pourrait faire croire que ce gouvernement est inspiré par des mobiles qui ne sont pas seulement humanitaires et pourrait augmenter la méfiance ; ce qui aurait pour effet de retarder un règlement amical, plutôt que de le faire

Quant à la France, son attitude fut expliquée par le ministre des affaires étrangères, M. Delcassé, à la suite d'une question posée par M. Chaumié, au Sénat, le 15 mars 1900. Le discours du ministre exposait toutes les raisons qui mettaient notre pays dans l'impossibilité de faire une démarche efficace et de remplir, comme il l'avait fait entre l'Espagne et les États-Unis, le rôle bienfaisant de médiateur : nous ne pouvons que renvoyer à son texte que nous reproduisons en note (1). Disons seulement qu'aux raisons données par M. Delcassé on en pouvait joindre une

naître. Le gouvernement allemand, se rendant à la demande des Républiques, a transmis immédiatement l'appel de médiation aux gouvernements autrichien et suisse dont les intérêts sont confiés au consulat allemand de Prétoria » (*Journal officiel français* du 18 mars 1900, p. 1731).

(1) Discours de M. Delcassé (*Journal officiel* du 16 mars 1900, Sénat, p. 141) : « Messieurs, vous avez entendu la question de l'honorable M. Chaumié. J'espère que je pourrai y répondre avec la réserve qui convient, mais aussi avec la netteté désirable. L'honorable M. Chaumié a demandé : Est-il vrai que les Présidents des deux Républiques Sud africaines se soient adressés aux puissances pour obtenir leur intervention ? Et, dans ce cas, qu'a fait, que compte faire le gouvernement français ? Il est vrai, Messieurs, qu'un télégramme de notre consul à Prétoria nous a fait connaître que les Présidents des deux Républiques sollicitent l'intervention des puissances pour amener une paix acceptable pour les deux parties, et la base essentielle de cette paix, dans la pensée des deux Présidents, est la reconnaissance de l'indépendance des Républiques. Mais cette demande était à peine parvenue aux puissances, que le gouvernement de la Grande-Bretagne qui avait été le premier saisi des propositions de paix, rendait publique sa réponse. Cette réponse est que le gouvernement de la Reine n'est pas disposé à consentir à l'indépendance des deux Républiques. Ainsi, Messieurs, l'un des belligérants déclarant ne pouvoir faire la paix qu'à une condition à laquelle l'autre affirme n'être pas disposé à souscrire, il est manifeste que toute intervention sur de pareilles bases devenait superflue. Pouvait-elle se produire auparavant ? Je rappellerai tout d'abord au Sénat que, dès le 3 novembre, un mois à peine après le commencement des hostilités, le premier ministre anglais, dans son discours au banquet du lord maire, faisant allusion à des propositions d'arbitrage ou de conciliation, les avait d'avance nettement déclinées. Sans doute, postérieurement à cette date, l'Angleterre a apposé sa signature à la convention de la Haye qui recommande le recours aux bons offices et qui déclare que l'offre des bons offices ne peut jamais être considérée comme un acte non amical. Mais, outre que les dispositions de la Conférence de la Haye n'ont et ne peuvent avoir aucun caractère obligatoire, il est à peine besoin de faire remarquer qu'on ne doit les invoquer que dans des conditions qui permettent de supposer que les belligérants n'y seront point insensibles. C'est dans ces conditions que se produisit la médiation de la France pendant la dernière guerre hispano-américaine. Ses relations avec les deux belligérants étaient absolument confiantes, absolument cordiales. Aucun intérêt français n'était directement engagé dans le conflit ; aucun nuage ne s'était élevé entre elle et les belligérants dont ils pussent appréhender que le souvenir pèserait sur son attitude. De plus, j'avais lieu de penser que Washington écouterait des ouvertures que je me chargerais de lui transmettre, et c'est pourquoi, fidèle aux meilleures traditions de la France, qui ne me paraissaient pas inconciliables avec ses intérêts essentiels, lesquels resteront supérieurs, à mes yeux, à toute autre considération, j'acceptai, pour délicat, et difficile qu'il fût, le mandat qui m'était offert. J'en viens de dire assez pour que le Sénat ait déjà pleinement saisi toute la différence des situations. Mais on me dit : Soit. Vous ne pouviez utilement prendre aucune initiative ; mais ne pouviez-vous au moins

autre que le ministre ne devait évidemment pas signaler, mais que M. d'Estournelles de Constant a exactement mise en relief dans un article de la *Revue de Paris* ayant pour titre : *le Transvaal et l'Europe divisée* : « En tous cas, cette initiative (en faveur des Républiques) ne saurait venir de la France. Bien loin de voir en nous des médiateurs possibles, nos voisins d'outre-Manche nous considèrent présentement comme des adversaires. Un sentiment d'aigreur croissante, pour ne pas dire d'hostilité, règne entre les deux pays, à tel point que l'ambassadeur de la Reine s'absente de Paris en donnant à son voyage la signification que l'on sait ; la Reine renonce à son séjour annuel en France, et ses sujets, par milliers, suivront son exemple. Tout cela, — et la tension des rapports même entre particuliers, les tracasseries, les polémiques et les injures de la presse, les actes de boycottage et de représailles qui sont en train d'altérer gravement les relations sociales, politiques et économiques des deux pays, — tout cela ne nous permet pas de songer à jouer entre Londres et Prétoria le noble rôle de conciliateurs. Après avoir manifesté assez clairement nos sympathies pour les faibles, nous n'avons plus qu'à nous recueillir, et à nous armer, comme tout le monde, en attendant le désarmement ».

Dans son discours au Volksraad, le 9 mai, le Président Krüger avait insisté sur ses tendances pacifiques attestées par la mission confiée à

vous concerter avec vos amis, avec les autres puissances, pour une démarche collective et amicale, et faut-il croire le bruit qui circule que, prié de vous prêter à un échange de vues, vous vous y êtes refusé ? Je réponds catégoriquement, avec le regret de couper court à une légende que des patriotes de bon coin ont forgée, il y a cinq mois, et qu'ils s'épuisent à consolider. Il est complètement inexact qu'à aucun moment de cette guerre le gouvernement français ait refusé de s'associer à une démarche qui, sans violer la neutralité, aurait constitué une effort amical et désintéressé vers la cessation des hostilités. Il est tout aussi inexact qu'à aucun moment un mot ou un geste soit échappé au gouvernement, qui permette à quiconque de dire que, voulant donner suite à une pensée de médiation inspirée par la seule humanité, il en a été découragé (*Très bien* !). Il n'est pas moins inexact qu'à aucun moment, sur ce sujet comme sur n'importe quel autre, l'ombre même d'une divergence ait apparu dans les vues de la France et de la Russie, dont l'accord persiste chaque jour plus étroit, plus confiant, plus actif, défiant toutes les insinuations, toutes les suspicions de la malveillance (*Très bien* ! *très bien* ! — *Applaudissements*). La France, Messieurs, n'a pas cessé d'être la nation généreuse que le monde a connue, admirée et parfois abandonnée (*Très bien* !). Mais, après tant de dures expériences et de si profondes modifications dans l'équilibre des forces européennes, elle ne peut plus admettre que ses devoirs envers le monde, auxquels elle ne manquera jamais, lui fassent oublier ses obligations envers elle-même (*Très bien* ! *très bien* !). Elle n'a rien perdu des nobles enthousiasmes par où elle s'est tant de fois signalée ; mais un sûr instinct l'avertit qu'elle ne peut plus s'y livrer inconsidérément (*Très bien* !) et elle a assez sacrifié à la solidarité internationale et humaine pour avoir le droit de regarder à son tour, sans envie, les initiatives d'autrui qu'elle demeure prête à seconder, et pour applaudir sincèrement à leurs succès (*Vifs applaudissements sur un grand nombre de bancs*) ».

des délégués des deux Républiques chargés d'obtenir des puissances
neutres leur médiation et leur actionen faveur de l'arbitrage. La délégation, composée de MM. Wesels, Fischer et Wolmarans, débarqua à
Naples et se dirigea directement vers la Haye où elle fut chaleureusement accueillie par la population, le 15 avril 1900. Le 2 mai, elle se rendit à Rotterdam afin de s'embarquer pour les États-Unis où elle devait
commencer ses démarches.Elle paraissait d'ailleurs beaucoup plus compter sur l'appui de l'opinion publique du peuple américain que sur l'action directe de son gouvernement, ce qui était peut-être une faute au
point de vue de l'accueil qui lui serait fait par ce même gouvernement,
lequel pouvait être froissé que l'on escomptât la pression exercée sur lui
par les manifestations populaires. Bien que les autorités de Washington
fussent résolues à ne pas insister davantage auprès de l'Angleterre dans
le sens de la médiation, il semble cependant que la tactique maladroite
de la délégation boër n'a pas été sans influence sur la réserve avec
laquelle elle fut reçue par le ministre des États-Unis. Avant de s'embarquer à Rotterdam, les délégués des deux Républiques adressèrent,
en effet, une déclaration, non pas au gouvernement, mais au peuple des
États-Unis, le 3 mai : le 13 mai, ils la renouvelaient en ajoutant que le
peuple américain pourrait imposer l'arbitrage à l'Angleterre comme il
l'avait forcée à l'accepter pour la question du Vénézuéla, alors qu'elle
l'avait déclaré impossible (1).

(1) Adresse de la délégation boër au peuple des États-Unis : « Nous avons appris que
beaucoup de choses erronées ont été dites au sujet de l'objet de notre mission ; maintenant que nous sommes sur le point de traverser l'Atlantique, nous croyons que le moment de parler est arrivé. Nous allons en Amérique pour demander au gouvernement
et au peuple des États-Unis leur assistance en vue de rétablir la paix dans l'Afrique du
Sud. Jusqu'à l'heure actuelle,'notre premier¸et unique appel s'est adressé aux Pays-Bas'
auxquels nous sommes étroitement¸unis par des liens du sang. D'autre part, c'est aux
Pays-Bas qu'a été adopté le principe du maintien et du rétablissement de la paix parmi
les nations au moyen de la médiation ou de l'arbitrage. Le but que nous poursuivons
est d'amener les nations à appliquer les principes énoncés à la Conférence de la Haye.
Ayant terminé notre visite ici, où nous avons été reçus avec une cordialité familiale et
des assurances de coopération plus chaleureuses en vue du rétablissement de la paix,
nous avons pensé que ce que nous pourrions faire de mieux était de nous diriger immédiatement vers le peuple qui, il y a un siècle, a traversé les épreuves que nous tra-
versons aujourd'hui. Les Américains luttèrent pour la défense de leur juste droit et
pour obtenir leur liberté, et cela seul est le but que nous poursuivons. Là où la calomnie et le mensonge nous ont précédés, nous allons, avec l'intention de faire connaître
la vérité, confiants que notre appel à un peuple libre et à la grande République sœur
ne sera pas fait en vain. Ce n'est pas à un parti ou à un autre que nous nous adres-
sons ; nous allons au peuple américain dans son vaste ensemble, qui constitue de nos
jours le plus grand facteur de la paix dans le monde. Le monde n'attend que son signal
pour déclarer unanimement que ce carnage sans utilité doit cesser. Nous allons demander à la nation américaine de nous aider à arrêter ce massacre cruel et sans but
de ceux qui lui sont le plus proches et le plus chers, car des citoyens américains sont

Sur la terre américaine, les délégués boërs furent l'objet d'enthousiastes ovations populaires, mais ils se heurtèrent au parti pris d'abstention du gouvernement. Le 18 mai, le Cabinet décidait qu'il écarterait
toute demande nouvelle de médiation ; le 21, le Sénat refusa, par 36 voix
contre 21, de recevoir officiellement la délégation ; le même jour, M. Hay,
secrétaire d'État aux affaires étrangères, recevait les délégués *à titre
officieux* et leur exprimait le désir de son gouvernement de ne pas
renouveler sa démarche auprès de la Grande-Bretagne, l'attitude intransigeante de celle-ci ne permettant pas d'invoquer l'article 3 de la convention de la Haye. Le 23, le Président Mac Kinley, en les recevant également à titre officieux, leur tenait le même langage.

Après ces démarches infructueuses, les envoyés des Républiques boërs
prirent le chemin de la France. Au Havre où ils débarquèrent le 6 juillet,
à Paris où ils se rendirent immédiatement, la population les salua d'acclamations chaleureuses. Le 10, le Conseil municipal de la capitale les
reçut solennellement et, le 25, ils étaient présentés, *en audience privée*,
par M. Leyds au Président Loubet.

Le 20 août, on annonçait leur départ pour la Russie ; mais la presse de
ce pays avait reçu l'ordre de garder le silence au sujet de leur venue, le
gouvernement n'entendant pas les recevoir officiellement.

tombés dans nos rangs en luttant pour la liberté. Nous allons en Amérique pour demander à la nation de mettre fin à une guerre qui est, en réalité, une guerre fratricide
dont les résultats, quels qu'ils soient, ne seront jamais en rapport avec les sacrifices
qu'ils exigent. Des solutions équitables peuvent être facilement trouvées par une demi-
douzaine d'hommes raisonnables discutant pacifiquement la matière, pourvu, seulement, que ce soient des hommes honnêtes et de bonne foi. Nous allons dire au peuple
américain que nous sommes disposés à soumettre le cas à leur arbitrage, tellement
nous sommes convaincus que nous ne demandons rien qu'une nation impartiale et ché-
rissant la liberté ne veuille accorder. La presse anglaise répand à foison des choses
fausses au moyen desquelles elle cherche à jeter de la poudre aux yeux du peuple
américain ; nous sommes prêts à affronter ces faussetés en demandant aux États-Unis
de juger entre les calomniateurs et nous. Mais l'Angleterre y consentira-t-elle ? En
tout cas, nous sommes convaincus que les Américains ne seront pas trompés; ils com-
prendront que l'Angleterre cherche à anéantir notre indépendance de même qu'elle a
cherché, sans succès, Dieu merci, à anéantir l'indépendance américaine au siècle dernier. Ceux qui attribuent d'autres buts à notre mission, ceux qui nous accusent d'avoir
provoqué cette guerre sont les mêmes qui y ont poussé ; et si l'on veut croire que ceux-
là n'ont pas été matériellement les instigateurs de la guerre, en vue de satisfaire leurs
ambitions politiques et financières, ils ont du moins été induits en erreur par les véritables auteurs de la guerre. Chaque jour, ont paru des interviews qui nous attribuent
des déclarations que nous n'avons jamais faites, des interviews qui n'ont jamais eu
lieu, et dont le but était de provoquer une rectification de notre part et de nous amo-
ner à révéler l'objet de notre mission. Jusqu'ici nous avons gardé le silence, parce que
c'était nécessaire. Mais, au moment de notre départ pour l'Amérique, nous nous
croyons autorisés à envoyer cette franche déclaration au peuple américain, à détruire
les allégations fausses, à lui demander de nous prêter une oreille bienveillante lorsque
nous lui exposerons loyalement la situation présente de notre peuple ».

En somme, la mission des délégués boërs, insuffisamment caractéri-
sée au point de vue diplomatique, n'eut et ne pouvait avoir aucun
résultat appréciable. Tout au plus préparait-elle les populations et les
gouvernements des pays neutres à recevoir le Président Krüger qui,
devant arriver bientôt avec un rôle officiellement défini, allait essayer
d'obtenir ce qu'elle était impuissante à se faire promettre : la médiation
des puissances en faveur d'un arrangement direct entre les belligérants
ou d'un arbitrage.

6° *Manifestations de l'opinion publique pour la paix et l'arbitrage.* —
On ne peut songer même à signaler simplement les innombrables manifestations, d'un caractère individuel ou collectif, faites par l'initiative
privée en vue d'obtenir de l'Angleterre qu'elle consentît à accepter l'arbitrage ou de déterminer les puissances neutres à offrir leur médiation.
Il en est deux cependant qui doivent retenir l'attention, parce qu'elles
sont d'une importance exceptionnelle et parce qu'elles émanent d'associations qui sont les deux plus grandes synthèses des tendances pacifiques dans le monde : il s'agit du *Congrès universel de la paix* et de la
Conférence interparlementaire de la paix.

On sait que les Congrès universels de la paix sont formés des délégués des nombreuses Sociétés de la paix organisées dans les différents
pays, ainsi que des représentants de toutes les institutions publiques,
des autorités constituées ou même des Sociétés quelconques n'ayant pas
spécialement pour objet le maintien de la paix qui veulent s'associer à
leurs travaux. Depuis le premier Congrès tenu à Paris en 1889, celui qui
s'ouvrit dans cette même capitale le 30 septembre 1900 était le neuvième :
il était présidé par M. Frédéric Passy et fut inauguré par M. Millerand,
ministre du commerce. Dès le 19 mai, la *Commission du Bureau international de la paix*, élément permanent des Congrès qui siège à Berne,
avait adressé un appel aux puissances signataires de la convention
d'arbitrage conclue à la Haye : dans cet appel, il était démontré que le
principe de la médiation et de l'arbitrage est applicable même dans les
relations avec les puissances non signataires de la convention et, par
conséquent, dans les rapports de l'Angleterre et des Républiques de
l'Afrique du Sud, bien que ces dernières n'aient pas pu participer à la
Conférence de la Haye. Le Bureau international de Berne demandait
donc aux États signataires de proposer leur médiation conformément à
l'article 3 de la convention acceptée par eux. Au Congrès de Paris,
M. Elie Ducommun, secrétaire général honoraire du Bureau de Berne,
dans un rapport sur les événements de 1899-1900 ayant trait à la guerre
et à la paix, rappela les démarches faites, soit auprès de l'Angleterre,
soit auprès du Transvaal, pour amener la fin des hostilités : il constata

le bon vouloir toujours manifesté par les Républiques boërs pour se soumettre à un arbitrage et blâma le refus systématique du gouvernement de Londres de se prêter à toute solution pacifique. Ensuite, le *groupe anglais* du Congrès proposa, à l'unanimité, la résolution suivante : « Le Congrès international de la paix, ayant reçu le rapport du Bureau international de Berne, prend note de ce que : 1° le gouvernement britannique a refusé décidément toutes les propositions tendant à soumettre à l'arbitrage le différend survenu dans l'Afrique du Sud ; 2° que les gouvernements des Républiques Sud africaines ont accepté avec empressement l'arbitrage et ont continué à le solliciter. Pour ces raisons, le Congrès international de la paix se voit obligé de formuler le jugement suivant : 1° La responsabilité de la guerre actuelle dans l'Afrique du Sud incombe à celle des parties intéressées qui a refusé l'arbitrage, c'est-à-dire au gouvernement britannique. 2° L'appel aux armes, tant que la voie de l'arbitrage n'est pas fermée, constitue un crime contre la civilisation et l'humanité. 3° L'action du gouvernement britannique, en dédaignant les recommandations de la convention de la Haye et en insistant sur l'emploi de la force brutale pour terminer le différend avec la République Sud africaine, est et doit toujours être condamnée comme étant un outrage à la conscience humaine et une trahison de la cause du progrès humanitaire ». Enfin, le 2 octobre (1), la Commission présidée par M. Novicow proposa le texte d'une motion qui, après avoir reçu des atténuations pour ménager la susceptibilité de la Grande-Bretagne, fut adoptée à l'unanimité moins une voix dans le texte suivant : « Le 9ᵉ Congrès de la paix, après avoir entendu le rapport sur les événements de l'année, présenté par le Bureau de Berne, sans prétendre s'arroger le droit de s'immiscer dans les affaires d'une nation amie autrement que pour affirmer à haute voix les principes immuables de la justice internationale, déclare : 1° La responsabilité de la guerre qui dévaste actuellement l'Afrique du Sud incombe à celle des deux parties qui, à diverses reprises, a refusé l'arbitrage, c'est-à-dire au gouvernement britannique. 2° Le gouvernement britannique méconnaissant les principes du droit et de la justice qui ont fait la gloire de la grande nation britannique, c'est-à-dire en refusant tout arbitrage, et en se livrant à des menaces qui devaient fatalement amener la guerre dans un différend qui pouvait être tranché par des moyens juridiques, a commis un attentat

(1) Dans la séance du 1ᵉʳ octobre, M. Yves Guyot essaya de justifier la conduite de l'Angleterre et de rejeter tous les torts sur les Boërs ; mais ses appréciations furent énergiquement réfutées par le Dʳ Clark, membre de la Chambre des communes, qui reconnut loyalement tous les torts de son pays (V. les comptes rendus dans la *Paix par le droit*, janvier 1901, p. 1 et suiv.).

aux droits des peuples, de nature à retarder l'évolution pacifique de l'humanité. 3° Le Congrès ne regrette pas moins que la plupart des gouvernements représentés à la Conférence de la Haye n'aient tenté aucune démarche pour amener des résolutions qui constituaient pour elles un engagement d'honneur. 4° Le Congrès croit utile d'adresser un appel à l'opinion publique au sujet du Transvaal, dont lecture sera donnée subséquemment. 5° Le Congrès exprime à ses membres anglais sa profonde sympathie et son admiration pour la déclaration courageuse qu'ils viennent de faire, et exprime le vœu que les autres nations agissent de même dans des cas analogues » (1).

Plus importantes encore sont les résolutions adoptées par l'*Union interparlementaire de la paix* : elles viennent, en effet, d'hommes qui, quoique réunis dans une association purement officieuse, n'en ont pas moins dans leur pays un caractère public comme membres du Parlement et assument, comme tels, une responsabilité morale et politique qui donne d'autant plus de poids à leurs votes, même dans une assemblée sans caractère officiel.

En 1900, la *Conférence interparlementaire de la paix*, très nombreuse, s'ouvrit le 1ᵉʳ août, à Paris, sous la présidence de M. Fallières, Président du Sénat français : elle fut officiellement saluée, au nom du gouvernement, par le garde des Sceaux, M. Monis. En ce qui concerne la guerre Sud africaine, les délibérations de la Conférence furent particulièrement animées. Dans un langage très vif que dut modérer plusieurs fois le Président de la séance, le Comte Apponyi, M. Lorand, député belge, déplora que la convention de la Haye sur l'arbitrage eût été fermée pour les Républiques de l'Afrique australe, ce qui n'avait pas permis d'empêcher la « guerre injuste et odieuse » provoquée par l'Angleterre. Malgré les rappels répétés du Président à la modération, ces paroles furent saluées par de vifs applaudissements. Même les représentants anglais, par l'organe de M. Stanhope, ne firent pas d'opposition aux critiques dirigées contre leur gouvernement dont ils flétrissaient, eux aussi, la conduite : par un sentiment de dignité bien naturel, ils se bornèrent à s'abstenir dans le vote des résolutions relatives à la guerre du Transvaal et à dire qu'ils ne pourraient pas continuer à siéger si les appréciations émises dépassaient les limites des généralités et mettaient directement en cause leur pays. On tint compte de cette légitime susceptibilité et l'amendement Lorand, conçu en termes généraux, fut adopté : « Le Congrès a le ferme espoir que les puissances ne négligeront plus à l'avenir de se servir des

(1) Le Comité permanent du Bureau international de la paix, à Berne, adressa un nouvel appel au Roi Edouard VII, sitôt après son avènement, pour l'inviter à inaugurer une ère de paix.

moyens mis à leur disposition pour tenter l'apaisement, et regrette qu'elles ne l'aient pas fait dans le conflit actuel entre l'Angleterre et les Républiques Sud africaines » (1). Cependant, sur la proposition de M. Bernaert, ce texte fut modifié par la substitution à ces mots : *qu'elles ne
l'aient pas fait*, de ceux-ci : *qu'elles ne l'aient pu faire.*

Cette substitution donna lieu à un incident assez vif. Dans la séance du
lendemain, 3 août, M. Lorand releva avec sévérité l'assertion émise par
M. Yves Guyot, membre de la Conférence interparlementaire, dans son
journal le *Siècle*, que la Conférence avait reconnu la suzeraineté de l'Angleterre sur le Transvaal, et que, pour cela, les puissances *n'avaient pas
pu* invoquer la convention de la Haye. Le Comte Apponyi, Président de
la séance de la veille, déclara que cette question n'avait même pas été
abordée, et que, comme directeur des débats, il n'aurait pas permis qu'on
la soulevât. M. Bernaert, à son tour, expliqua (ce que tout le monde
avait bien compris) que ces mots : *qu'elles n'aient pu le faire* faisaient
simplement allusion au caractère *fermé* de la convention de la Haye dont
les Républiques Sud africaines étaient exclues, ce qui n'avait pas permis
aux puissances neutres d'appliquer directement l'article 3 de cette convention relatif à la médiation. Il ajoutait, d'ailleurs, aux applaudissements
de toute l'Assemblée, « qu'il était regrettable que l'on n'eût pas compris
que le droit des gens permettait ce que le traité de la Haye ne permettait pas ».

BULLETIN BIBLIOGRAPHIQUE

I. — LIVRES.

L'expédition d'Égypte (1798-1801), par C. DE LA JONQUIÈRE, capitaine d'artillerie breveté, t. I et II, 2 vol. gr. in-8°, Paris, Charles-Lavauzelle, édit. — L'expédition d'Egypte, dont l'histoire n'avait pas encore été faite en l'appuyant sur les documents mêmes des archives, est parmi toutes les campagnes de la Révolution l'une de
celles qui ont excité davantage l'imagination populaire, le mieux montré le génie de
Bonaparte et le plus servi, malgré qu'elle n'ait point eu le succès désiré, l'influence internationale de la France : la brusque apparition des Français sur la terre des Pharaons a eu dans tout l'Orient, un retentissement qui n'est point oublié après un siècle,
et a confirmé la situation acquise depuis si longtemps à la France et qui lui vaut de
personnifier, aux yeux de l'Islam, la civilisation occidentale. C'est, comme nous l'avons
dit, au moyen des documents originaux, que M. de la J. a essayé de reconstituer les

(1) Cet amendement était joint à la motion suivante de M. Bernaert, qui fut votée
à l'unanimité : « La dixième Conférence de l'Union parlementaire, prenant acte des résolutions de la Haye, adresse l'expression de sa reconnaissance à tous ceux qui ont contribué à ces résultats ».

événements et d'en envisager les causes : les archives de la guerre, celles des Comités de l'artillerie et du génie, celles de la marine et des affaires étrangères ainsi que les archives nationales ont été compulsées avec le soin le plus méticuleux. Si bien qu'on peut dire qu'après le travail du savant capitaine il ne saurait plus y avoir vraiment place pour une nouvelle étude sur l'expédition d'Égypte. Le sujet a été réellement épuisé. Et ce n'est pas d'ailleurs la campagne même de 1799 qui a été ainsi étudiée, ce sont toutes les entreprises qui de près ou de loin s'y rapportaient : les relations de la France avec le Levant à la fin du XVIII⁰ et au commencement du XIX⁰ siècle, la question de Malte, les projets de descente en Angleterre. En parcourant les deux importants volumes de M. de la J. on voit revivre toute une époque. Fidèle à une méthode historique fort en honneur à la fin du siècle dernier, l'auteur a, aussi souvent qu'il l'a pu, reproduit le texte même des documents : de la sorte, il a conservé aux événements leur véritable physionomie.

Le premier des deux volumes actuellement publiés comprend la période qui s'étend depuis la signature du traité de Campo-Formio (17 octobre 1797) jusqu'à la prise de Malte (12 juin 1798). Il comprend ainsi les préliminaires de l'expédition : le projet de descente en Angleterre et le projet d'expédition en Égypte ; les préparatifs de l'expédition : armements de Toulon, de Marseille, de la Corse et de l'Italie ; enfin le départ de Toulon et la prise de Malte. Dans le second volume, M. de la J. nous montre Bonaparte en route pour l'Égypte et il étudie toute la première période de la conquête : les Pyramides et Aboukir. Il convient, dans ce volume, de mentionner tout particulièrement le chapitre relatif aux mesures administratives et militaires que prit Bonaparte après l'occupation du Caire : on y trouve une foule de renseignements intéressants et peu connus dont l'importance est grande pour la théorie de l'occupation militaire au point de vue du droit international. Il faut aussi citer l'annexe consacrée aux relations diplomatiques de la France et de la Porte : mettant à profit les documents des archives du ministère des affaires étrangères, M. de la J. a reconstitué, de la façon la plus heureuse, le rôle de notre diplomatie à Constantinople en vue de favoriser l'entreprise militaire de la France sur les bords du Nil.

Chacun des deux volumes est accompagné de nombreuses cartes ou croquis qui permettent de suivre dans leurs moindres détails les phases diverses des opérations militaires et maritimes. Ces cartes et ces croquis, empruntés aux documents contemporains de l'expédition, outre qu'ils sont une véritable curiosité historique, offrent les meilleures garanties de sincérité et placent en quelque sorte le lecteur dans la situation d'un témoin.

Le travail de M. de la J. lui fait le plus grand honneur : l'auteur s'y révèle tour à tour stratégiste, quand il raconte les opérations militaires des Français sur la terre des Pharaons et historien sagace lorsqu'il analyse les événements et en marque l'enchaînement logique. Le plaisir qu'on trouve à le lire fait vivement désirer que la fin de l'ouvrage ne se fasse pas trop longtemps attendre.   P. F.

De la correspondance postale et télégraphique dans les relations internationales, par Louis ROLLAND, docteur en droit, 1 vol. in-8⁰, Paris, 1901, Pedone, édit. — Le service des postes et des télégraphes présente à l'époque actuelle, dans les rapports internationaux, une importance considérable en temps de paix et en temps de guerre. Cependant jusqu'ici on ne l'avait guère à ce point de vue étudié dans son ensemble. On doit donc savoir gré à M. R. de s'être livré à un semblable travail. L'auteur s'est d'ailleurs parfaitement acquitté de sa tâche ; il a prévu et résolu toutes les questions qu'un sujet aussi vaste pouvait soulever. Après avoir, dans une Introduction générale, indiqué les caractères que doit présenter un service de transport des correspondances pour avoir dans les relations internationales des effets efficaces, il expose, dans la première partie de l'ouvrage, qui constitue comme l'historique de la question, la naissance et le développement des deux modes de transport de correspondances, la poste et le télégraphe : à ce sujet, il consacre de longs développements à la constitution de l'Union postale universelle et de l'Union télégraphique, étudiant comment ces Unions se sont constituées, les tentatives qui les ont précédées, et les modifications qu'elles ont subies. Ayant fait ainsi l'historique de la correspondance internationale, M. R. recherche quels sont les principes qu'elle met en jeu et comment ils sont appliqués : c'est l'objet de la seconde partie du livre. Et, à ce sujet, il distingue trois situations distinctes régies par des règles spéciales, auxquelles il affecte trois chapitres différents. Il s'occupe d'abord des principes qu'implique la constitution des Unions postale et télégraphique : il étudie ainsi successivement l'existence d'une société internationale, l'organisation des Conférences et Congrès, les Bureaux internationaux, l'arbitrage comme règlement des difficultés dans la mise à exécution des conventions. Il traite ensuite du fonctionnement des services en temps normal, c'est-à-dire en temps de paix : les droits de chaque État sur la correspondance en cas de correspondance terrestre, les règles particulières à la correspondance postale par voie maritime et à la correspondance télégraphique par voie maritime (les câbles sous-marins), les obligations des administrations à l'égard des particuliers constituent les principales divisions du second chapitre. Enfin, dans un troisième et dernier chapitre, M. R. s'occupe du fonctionnement des services postal et télégraphique en temps anormal. Ce n'est pas le moins intéressant de l'ouvrage. L'état de guerre doit, sur terre aussi bien que sur mer, produire des effets importants en ce qui touche la mise en œuvre de ces services. Quelle sera, sur terre, la situation faite à la correspondance entre les deux pays en lutte ? Quelle sera celle des agents chargés du transport de la correspondance ? Comment se fera la correspondance entre les belligérants eux-mêmes, de quelle manière devront être traités les parlementaires ? Les correspondances postales par voie maritime entre pays belligérants subissent nécessairement aussi le contre-coup de l'état de guerre : à cet égard M. R. donne d'intéressants détails sur la situation des paquebots-poste et des câbles sous-marins. Mais la guerre peut entraîner un état de choses particulier : un des belligérants ayant triomphé de toute résistance sur une partie du territoire envahi l'occupe et s'y installe ; que deviendront dans ce cas les services postaux et télégraphiques ? Dans quelle mesure l'occupant pourra-t-il étendre sur eux son action ? Pourra-t-il en réglementer le fonctionnement ? Quels seront ses droits sur la correspondance elle-même ? Autant de questions auxquelles l'auteur s'est efforcé de répondre. L'ouvrage eût été toutefois incomplet si M. R. s'en était tenu aux développements qui précèdent. La guerre n'atteint pas seulement les belligérants, elle affecte encore dans une certaine mesure les États qui n'y participent pas et sont demeurés neutres. Et il en est ainsi notamment en ce qui concerne les correspondances qui les intéressent. De nombreuses difficultés se posent à cet égard. Quels sont les droits et les devoirs des neutres en ce qui concerne les correspondances privées ou les correspondances officielles ? Que deviennent les câbles sous-marins réunissant un pays belligérant et un pays neutre ou deux pays neutres ? Qu'adviendra-t-il si l'un des belligérants bloque par mer une place que son adversaire, quels seront ses droits sur la correspondance des neutres ? L'examen de ces difficultés complète heureusement l'ouvrage, qui est digne d'attirer l'attention de tous ceux qui s'intéressent au droit des gens.

La convention de la Haye du 14 novembre 1896 relative à la procédure civile, par T. M. C. Asser, membre du Conseil d'État des Pays-Bas, etc., 1 vol. in-8o, Harlem, la Haye, Bruxelles et Londres, 1901, Héritiers Bohn, Belinfante frères, Marchal et Billard, Rousseau, Bruylant, et Sampson Low, Marston et Cie, édit. — La codification du droit international privé a depuis quelques années fait des progrès importants. Des Conférences diplomatiques se sont tenues dans ce but à la Haye en 1893, en 1894 et en 1900, et il en est sorti des conventions du plus haut intérêt destinées à régler plusieurs matières relatives à la procédure civile, au mariage, au divorce et à la séparation de corps, aux successions et à la tutelle. C'est à la convention du 14 novembre 1896, concernant la procédure civile, qu'est consacrée l'étude de M. A. L'éminent jurisconsulte, qui, en qualité de Président, a pris une part prépondérante à ces Conférences, a donné de l'acte de 1896 un commentaire des plus utiles, où l'on trouve à chaque page la trace de son esprit fin et aiguisé. Il a, d'autre part, rapporté, dans leur texte intégral, tous les mémoires, les rapports et les débats qui ont préparé la convention. Les jurisconsultes et les hommes d'État auront ainsi sous la main tous les éléments nécessaires pour étudier dans leurs moindres détails les dispositions du traité. En faisant un pareil travail, M. A. a rendu à la science un véritable service.

Les territoires africains et les conventions franco-anglaises, par M. Rouard de Card, professeur de droit civil à l'Université de Toulouse, associé de l'Institut de droit international (ouvrage accompagné de sept cartes), 1 vol. in-8°, Paris, 1901, Pedone, édit. — Poursuivant l'étude du droit conventionnel de la France en Afrique, M. R. de C., après avoir examiné dans ses volumes précédents les traités de protectorat de la France et les traités conclus entre cette puissance et le Maroc, s'occupe aujourd'hui des rapports de la France et de l'Angleterre au point de vue de leurs territoires africains. Comme valeur scientifique et comme intérêt, ce nouvel ouvrage du savant professeur ne le cède en rien aux précédents. La France et l'Angleterre se touchent sur de nombreux points en Afrique. Aussi, à plusieurs reprises, des difficultés se sont-elles produites entre les deux États et il a fallu procéder à la conclusion de traités de cession et de délimitation. Ce sont ces difficultés et ces conventions dont M. R. de C. s'est proposé de retracer l'histoire. Et, pour apporter quelque clarté dans cet examen, il a cru devoir étudier séparément les diverses possessions et sphères d'influence des deux nations. C'est ainsi que, dans sept chapitres distincts, il s'est occupé successivement du Sénégal et de la Gambie française, de la Guinée française et de la colonie anglaise de Sierra-Leone, des possessions françaises de la Côte d'Ivoire et de la colonie anglaise de la Côte d'Or, des possessions françaises du Dahomey et de la colonie anglaise du Lagos, des sphères d'influence française et anglaise entre le Niger et le lac Tchad, des zones d'influence française et anglaise entre le lac Tchad et le Nil, des protectorats français et anglais de la côte Somali. La clarté et la précision qui caractérisent tous les ouvrages du savant professeur de l'Université de Toulouse se retrouvent dans ce livre, qui sera utile non seulement aux jurisconsultes, mais encore aux géographes et à tous ceux qui s'occupent des questions coloniales. Des cartes nombreuses et bien faites illustrent et complètent cette publication. Il serait à souhaiter que M. R. de C. fît suivre le présent volume d'autres études qui, rédigées sur le même plan, nous feraient connaître le règlement des rapports et la délimitation des frontières de la France en Afrique avec les puissances européennes autres que la Grande-Bretagne.

Études de droit international et de droit politique (deuxième série), par Ernest Nys, professeur à l'Université de Bruxelles, etc., 1 vol. in-8°, Bruxelles et Paris, 1901, Castaigne et Fontemoing, édit. — Dans ce volume, qui fait suite à celui paru en 1896, M. N. a réuni les études qu'il a publiées en ces dernières années dans diverses Revues. Toutes ces études se rattachent au droit international et au droit politique : les unes ont trait à des individualités intéressantes au point de vue de la science du droit public, telles que Georges Buchanan, Thomas Campanella, Jérémie Bentham ; les autres s'occupent de points déterminés de l'histoire littéraire, comme celles relatives à l'histoire du droit international en Belgique au moyen âge ou aux manuscrits de Julius Cæsar ; d'autres enfin traitent de questions purement juridiques. Celles-ci sont les plus importantes. C'est d'abord un aperçu juridique et politique du rôle de la mer dans l'histoire de l'humanité. C'est en second lieu une étude critique sur le concert européen et la notion du droit international : M. N. y montre que les grandes puissances ont souvent foulé aux pieds les droits les plus sacrés des États secondaires et n'ont pas toujours respecté la liberté des communautés politiques. La plus importante et la plus intéressante des monographies contenues dans le livre de M. N. est celle intitulée : Notes sur la neutralité. La neutralité volontaire et la neutralité conventionnelle y sont l'objet de développements du plus haut intérêt et qui renferment à plusieurs égards des aperçus nouveaux. M. N., au sujet de la neutralité de la

Belgique, y soutient une théorie qui mérite d'attirer l'attention des savants et des hommes politiques.

II. — PUBLICATIONS PÉRIODIQUES.

FRANCE. = **Annales des sciences politiques (anciennement Annales de l'École libre des sciences politiques).** — 1901. N° 2. ARAGON. La Compagnie d'Ostende.

Association catholique. — 1901. *Février*. DE SÉGUR-LAMOIGNON. Discours sur la politique extérieure de la France (1861).

Bulletin de la Société de géographie commerciale de Paris.—1901. N°s 1 et 2. FOUREAU. De l'Algérie au Congo français par l'Air et le Tchad, avec itinéraire de la mission Foureau-Lamy (1898-1900).

Bulletin de la Société de législation comparée. — 1901. *Février*. D'ANETHAN. Note sur une convention concernant l'échange des bulletins judiciaires entre la Belgique et le Luxembourg.

Bulletin du Comité de l'Afrique française. — 1901. *Mars*. Le retour de M. Gentil. — L'interpellation sur la Tunisie. — La question d'Éthiopie. — Le commerce de la France avec ses colonies. — Les sociétés concessionnaires du Congo. — Algérie. — Afrique occidentale française. — Côte d'Ivoire. — Dahomey. — Congo français. — Territoires militaires du Tchad. — Madagascar. — Côte française des Somalis. — Cheikh-Saïd. — Maroc. — Libéria. — État indépendant du Congo. — Transvaal. — Éthiopie. — Possessions britanniques, allemandes, italiennes et portugaises. — La suppression des prestations à Madagascar.

Correspondant. — 1901. 10 *février*. CARRY. Le centenaire du concordat. = 25. DE LA GORCE. La France après Sadowa.

Économiste français. — 1901. 2 *février*. Le commerce extérieur de la France et de l'Angleterre en 1900. = 9. Les exportations et la situation financière des colonies allemandes. = 16. Le commerce extérieur de la France pendant le mois de janvier 1901. — L'évolution des pêches maritimes et ses conséquences. — Les Compagnies du Congo belge. = 23. La situation en Tunisie. — Lettre d'Angleterre. = 2 *mars*. Le commerce extérieur de la France pendant le premier mois de l'année 1901. — Les pertes par les mines du Transvaal du fait de la guerre. = 16. Le commerce extérieur de la France pendant les deux premiers mois de 1901. — Lettres de Chine.

Études religieuses, philosophiques, historiques et littéraires. — 1901. 5 *février*. TOBAR. Un coin de la politique chinoise du 15 août au 15 novembre 1900. = 2) FORBES. Les colonies françaises et la colonisation par les Français.

Journal des économistes. — 1901. *Mars*. L'intervention gouvernementale en faveur des créanciers du Portugal.

Nouvelle Revue. — 1901. 15 *février*. CHEVALLEY. La Reine Victoria et Napoléon III. — GILBERT. La guerre Sud africaine. — CASE. La guerre.

Questions diplomatiques et coloniales (anciennement Revue diplomatique et coloniale). — 1900. 15 *novembre*. GUY. Les conditions actuelles du commerce extérieur. — FRANKLIN. Les câbles sous-marins et le rapport de M. Maurice Ordinaire. = 1er *décembre*. LORIN. Les origines du Vénézuéla contemporain. — DE LA PEYRE. Le Livre jaune sur les affaires de Chine. = 15. MARILLIER. L'arbitrage international et la guerre du Transvaal. — D'ESPAGNAT. Le Congrès ibéro-américain. = 1901. 1er *janvier*. BERNARD. Le contesté franco-brésilien. — HALOT. Un article de sir Robert Hart sur la Chine. = 15. HAUSER. Études sur les colonies portugaises. = 1er *février*. D'AVRIL. Le golfe Persique, route de l'Inde et de la Chine. — HEAWOOD. Les ressources commerciales de l'Afrique tropicale. = 15. CHARLES MICHEL. L'Éthiopie : les intérêts anglais et français. — ZIMMERMANN. La pénétration de la Chine méridionale. = 1er *mars*. ZIMMERMANN. La pénétration de la Chine méridionale. — PELS. La Belgique et l'État du Congo. — BERNARD. Vers Fachoda. = 15. BEAUMONT. Le nouveau Parlement et la situation politique en Autriche. — FAR-EAST. La politique extérieure du Japon.

Quinzaine. — 1901. 1ᵉʳ *février*. Eᴄʀᴇᴍᴏɴᴛ. Le règne de Victoria. = 16. Bᴇʀɴᴀʀᴅ. La France hors de France.

Réforme sociale. — 1901. 1ᵉʳ *février*. ʟᴇ Rᴏʏ. Le rôle social des missions. = 1ᵉʳ *mars*. ᴅᴇs Rᴏᴛᴏᴜʀs. Le Congrès international d'assistance publique.

Revue bleue. — 1901. 26 *janvier*. L'alliance des États neutres. = 16 *février*. Dᴇᴘᴀssᴇ. Vienne, Rome, Madrid. — Tʜᴇ́ʀᴏɴ. Récit d'un expulsé du Transvaal. = 23. Sᴇᴠɪɴ-Dᴇsᴘʟᴀᴄᴇs. Le canal de Nicaragua.

Revue britannique. — 1901. *Février*. La Finlande et les Tsars.

Revue critique de législation et de jurisprudence. — 1901. *Février*. ᴅᴇ Vᴀʀᴇɪʟʟᴇs-Sᴏᴍᴍɪᴇ̀ʀᴇs. Un conflit sur les conflits. = *Mars*. Sᴜʀᴠɪʟʟᴇ. Jurisprudence française en matière de droit international.

Revue de géographie. — 1901. *Février*. Xᴇ́ɴᴏᴘᴏʟ. L'action plutonique en Orient. — Bᴀʀʀᴇ́. Les chemins de fer asiatiques.

Revue de Paris. — 1901. 1ᵉʳ *mars*. ᴅᴇ Bʀᴀʏ. Mémoires sur la France en 1803. — Cᴀᴘɪᴛᴀɪɴᴇ Bᴇʀɴᴀʀᴅ. L'Indo-Chine. = 1ᵉʳ *avril*. Bɪʟʟᴏᴛ. La Triple Alliance. — Pɪɴɢᴀᴜᴅ. Les dernières années de Bernadotte.

Revue des Deux-Mondes. — 1901. 1ᵉʳ *mars*. Pɪɴᴏɴ. La colonie du Mozambique et l'alliance anglo-portugaise. = 15. ᴅᴇ Mᴏᴜʏ. Souvenirs d'un diplomate. Le blocus d'Athènes en 1886. — Bᴀɴᴇᴛ-Rɪᴠᴇᴛ. La navigation aérienne et son avenir. = 1ᵉʳ *avril*. ᴅᴇ Sᴇ́ɢᴜʀ. Un allié de Louis XIV.— Pɪɴᴏɴ. La résurrection d'un État africain. L'Éthiopie.

Revue d'Europe. — 1901. *Janvier*. V. ᴅᴇ G. L'orientation de l'alliance franco-russe. — Gʀɪʟʟᴏɴ. Les Musulmans en Bosnie-Herzégovine. = *Février*. Cʜᴇᴠᴀʟʟɪᴇʀ. M. Walmande Szell et la nouvelle politique hongroise. — ᴅᴇ Vᴇɴᴢɪɴᴏғғ. Les relations russo-chinoises depuis leurs origines jusqu'à nos jours.

Revue d'histoire diplomatique. — 1901. Nᵒ 1. Bᴏᴜᴛʀʏ. L'abbé de Tencin, chargé d'affaires à Rome de 1721 à 1724. — Dʀɪᴀᴜʟᴛ. La question d'Orient en 1807. — ᴅ'Aᴠʀɪʟ. La protection des Chrétiens dans le Levant. — Bᴀᴊᴇʀ. L'arbitrage dit Butterfield.

Revue du monde catholique. — 1901. 1ᵉʳ *février*. Sᴀᴠᴀᴇᴛᴇ. Boërs et Afrikanders. Avant la guerre. = 15. Eʀᴍᴏɪɴ. Les premières origines de l'Égypte.

Revue française de l'étranger et des colonies. — 1901. *Février*. Mᴏɴᴛᴇʟʟ. L'expansion coloniale sous Victoria Iʳᵉ. — Vᴀsᴄᴏ. L'arbitrage du contesté franco-brésilien. — Le siège de Pei-Tang. — L'explorateur portugais Serpa Pinto. — La guerre au Transwaal.

Revue générale du droit, de la législation et de la jurisprudence. — 1901. *Janvier-Février*. Bᴏɴᴏʟɪs. Les assurances sur la vie en droit international privé.

Revue politique et parlementaire. — 1901. *T.* XXVII. Nᵒ 81. *Mars*. Mᴀᴛʜɪᴇ-sᴇɴ. Le Sleswig du Nord sous le gouvernement prussien. — Aʟᴄɪᴅᴇ Eʙʀᴀʏ. La politique extérieure du mois.

Revue socialiste. — 1901. *Février*. Bᴇʀᴛʀᴀɴᴅ. Le Livre rouge. = *Mars*. Bᴇʀᴛʀᴀɴᴅ. Le Livre rouge.

Revue universelle (anciennement Revue encyclopédique Larousse). — 1901. 12 *janvier*. Aʟᴄɪᴅᴇ Eʙʀᴀʏ. Revue politique : Portugal (1890-1900). = 19. Mᴀᴜʀʏ. Le Groënland. — Rᴇɢᴇʟsᴘᴇʀɢᴇʀ. La mission Foureau-Lamy. = 2 *février*. Aʟ-ᴄɪᴅᴇ Eʙʀᴀʏ. Revue politique : Espagne. = 9. Lᴇғᴏʀᴛ. Le Duc de Broglie. = 16. Aʟᴄɪᴅᴇ Eʙʀᴀʏ. La Reine Victoria et son règne. = Bʀᴜɴᴏ. Historique des familles régnantes d'Angleterre. = 2 *mars*. Bʀᴇssᴏɴ. Le mariage de la Reine Wilhelmine.

ALLEMAGNE. = **Archiv für öffentliches Recht.** — 1900. *T.* XV. Nᵒ 1. ᴠᴏɴ Bᴀʀ. Nouveaux principes et méthodes du droit international privé. = Nᵒ 2. Sᴛᴇɴɢᴇʟ ᴇᴛ Kᴀʀʟ. La Conférence de la Paix à la Haye et le droit international. = Nᵒ 3. ᴠᴏɴ Bᴀʀ. Le droit des câbles sous-marins en cas de guerre. — Oᴘᴘᴇɴʜᴇɪᴍ, ᴅᴇ Lᴏᴜᴛᴇʀ ᴇᴛ ᴅᴇ Hᴀʀ-ᴛᴏɢ. La question finlandaise. = Nᵒ 4. Jɪᴛᴛᴀ. Ancienne et nouvelle méthode du droit international privé.= 1901. *T.* XVI. Nᵒ 1. Kᴇɪᴅᴇʟ. La naissance et le séjour comme élé-ments de la dépendance vis-à-vis d'un État.— Wᴇʏʟ. Testaments des soldats en Chine.

Deutsche Rundschau. — 1901. *Mars.* Yung. La Confédération des colonies australiennes. — X. Les derniers jours de l'Ordre de Malte (1798).

Gegenwart. — 1901. *9 février.* Semmler. Du premier et dernier Congrès des religions. = 16. Pannonicus. L'Allemagne en Hongrie. = 23. Driesmans. La question des races dans la Grande-Bretagne et l'Irlande. = 9 *mars.* Jung. Angleterre, Allemagne et Amérique en concurrence. — Driesmans. Le mouvement celtique.

Nation. — 1901. 2 *février.* Guttmann. Un homme d'État hanséatique (Karl Friedrich Petersen). = 9 *mars.* Barth. Le Comte Bülow. — Holzner. Travail allemand en Bohème.

Preussische Jahrbücher. — 1901. *Janvier.* Wolfstieg. Le Roi Jérôme. = *Février.* Rosenberg. La nature juridique de l'Empire allemand.

Staatsarchiv. — 1900. *T.* LXIV. *Nos* 3 et 4. La Conférence de la Paix à la Haye.— Grande-Bretagne et Allemagne. Négociations au sujet de la saisie de navires allemands (1899-1900). — Documents pour l'histoire de la guerre dans le Sud de l'Afrique.

BELGIQUE. = **Revue de Belgique.** — 1901. *Février.* Carlier. Les idées d'Émile Banning sur la neutralité et la défense du pays.

Revue de droit international et de législation comparée. — 1901. *N°* 2. Westlake. L'Angleterre et les Républiques boërs. — Sakuyé-Takahashi. Le droit international dans l'histoire du Japon. — Sixième concours de la fondation Bluntschli.

Revue générale. — 1901. *Février.* Harmant. Quelques renseignements pratiques pour les Belges qui vont en Russie.

ESPAGNE. = **Ciudad de Dios.** — 1901. 5 *février.* Nations catholiques et nations protestantes. — del Valle Ruiz. La guerre du Transvaal.

ÉTATS-UNIS DE L'AMÉRIQUE DU NORD. = **American historical Review.**—1901. *Janvier.* Angell. Les Capitulations de la Turquie.

Catholic university Bulletin. — 1901. *Janvier.* Shahan. Léon XIII et la Conférence de la Paix à la Haye.

Nation. — 1901. 24 *janvier.* Massacres par les Chrétiens en Chine. = 31. Plus de royauté à l'égard des Philippines. — L'acte international de la propriété littéraire. — Les difficultés du nouveau Roi d'Angleterre.

North American Review.— 1901.*Janvier.*Harrison.Les territoires annexés et la liberté de leurs habitants. — de Blowitz. Les événements passés et les problèmes futurs. — Robert Hart. La Chine et son commerce étranger. — d'Argyll. La situation politique de la Grande-Bretagne.— Lusk. La nouvelle puissance dans le Sud Pacifique. = *Février.* Crozier. Les troupes américaines dans l'expédition de Pékin. — Un observateur continental. Ce que fait l'Angleterre. — Jeune. Victoria et son règne.

Political science Quarterly. — 1900. *Décembre.* Sloane. Bismarck, créateur de l'Empire. — Robinson. Guerre et économistes.

GRANDE-BRETAGNE. = **Asiatic Quarterly Review.** — 1901. *Janvier.* Taw Sein Ko. Le problème chinois et sa solution.

Contemporary Review. — 1900. *Novembre.* Shaw. L'élection présidentielle américaine. — Brooks. Bryanisme. — White. Les colons de l'Afrique du Sud. — Nash. Un Empire en dérive. = *Décembre.* Ross. Politique étrangère chinoise. — Un publiciste russe. Politique étrangère de la Russie. — Hogarth. L'exploration de la Crète. — Clarke. L'avenir social de l'Angleterre. — Brown. Missionnaires et gouvernements. — Schidrowitz. La question d'Autriche. Un rêve. = 1901. *Janvier.* Dillon. Le loup chinois et l'agneau européen. — Novicow. Angleterre et Russie. = *Février.* Townsend. L'influence de l'Europe en Asie. — Un publiciste russe. La Russie et la « porte ouverte ». = *Mars.* Cape-Town. La situation dans l'Afrique du Sud. — Macdonnel. Pillage en Chine.

Edinburgh Review. — 1901. *Janvier.* Les causes de la guerre civile américaine. — Sur la guerre Sud africaine.

Monthly Review. — 1901. *Janvier*. GUNNER. Les Boërs comme ils sont. = *Mars.* KINLOCH. Le commerce et le chemin de fer sibérien. — BIGELOW. L'évolution du Boër. **Nineteenth Century.** — 1900. *Décembre*. RICHARD GREEN. Une visite aux prisonniers boërs à Sainte-Hélène. — MACDONELL. Les usages de la guerre dans le Sud africain. = 1901. *Janvier*. BROMLEY. La question du canal de Nicaragua. — AHMAD. Les sources de l'Islam. = *Février*. MARKHAM. La question économique dans le Transvaal. MACDONELL. Races indigènes de l'Afrique du Sud. **Quarterly Review.** — 1901. *Janvier*. Le canal de Nicaragua. **Tablet.** — 1900. 15 *décembre*. Politique et progrès du Japon. = 22. La vérité sur le traité Hay-Pauncefote. = 1901. 5 *janvier*. Le Pape et le gouvernement français. — Les missions des Lazaristes à Tcheng-Sing-Fu. = 12. Les races en conflit dans l'Europe orientale. = 19. Un diplomate français et le Vatican. = 26. Le Duc de Norfolk et le Vatican. = 2 *février*. Les funérailles de la Reine. — Union catholique de la Grande-Bretagne. = 9. Les missions en Chine. — Statistiques catholiques d'Europe.

ITALIE. = **Civilta cattolica.** — 1900. 3 *novembre*. La question du tribunal international. — Le concordat (1801). = 1er *décembre*. Les missionnaires catholiques et les désordres en Chine. = 1901. 5 *janvier*. Paris et Rome depuis la signature du Concordat. = 19. Le Pape et les associations religieuses en France. = 2 *février*. Ratification officielle du Concordat. **Economista.** — 1900. 4 *novembre*. Le commerce italien en 1899. = 2 *décembre*. Sur l'émigration. — L'Angleterre en Égypte. — Marseille, Gênes et Trieste. = 13 *janvier*. Le commerce international. — La Russie à la fin du siècle. — GABBA. La récente Conférence internationale de Bruxelles pour la protection de la propriété industrielle. — L'émigration italienne dans le 1er semestre 1900. = 10 *février*. L'expansion économique des États-Unis. = 17. La crise industrielle de l'Allemagne. — Le commerce de l'Angleterre en 1900. — Le commerce de l'Argentine en 1900. = 24. Notre exportation agricole aux États-Unis. **Nuova Antologia.** — 1900. 1er *décembre*. PALADINI. La vie politique de Chamberlain. = 16. BOSELLI. Le Roi Humbert et son règne. = 1901. 1er *février*. VICTOR. Édouard VII. = 16. CADOLINI. Guerre défensive. **Rassegna nazionale.** — 1900. 6 *novembre*. MANFRONI. L'équilibre de l'Adriatique. = 16. DE REVEL. La politique de Krüger. = 16 *décembre*. La nouvelle loi sur l'émigration devant le Sénat. — CAPECELATRO. Ce que sera l'Italie au XXe siècle. = 1901. 16 *février*. MARCHI. Les lignes d'accès au Simplon et le port de Gênes. — GRABINSKI. Le Duc de Broglie. = 1er *mars*. RIZZETTO. L'émigration et l'agriculture nationale. **Rivista politica e litteraria.** — 1900. 15 *novembre*. CANSERA. Intérêts italiens en Chine. — PATERNOSTRO. Le Japon dans le monde. — PAGANI. Le premier apôtre de la Triple alliance. = 15 *décembre*. PAGANI. Le premier apôtre de la Triple alliance. = 1901. 15 *janvier*. RICCHIARDI. La légion italienne dans la guerre anglo-boër. = 15 *février*. BARATIERI. La traite des esclaves. — Victoria, Édouard et l'Italie. — Revue politique internationale.

RUSSIE. = **Journal du ministère de l'instruction publique.** — 1900. *Novembre*. STCHEPKINE. L'alliance austro-russe pendant la guerre de Sept ans. = *Décembre*. OULIANITSKI. Occupatio bellica, par Dovel. = 1901. *Janvier*. STCHEPKINE. L'alliance austro-russe pendant la guerre de Sept ans. — FRANTZEV. Nouvelle carte ethnographique de la Bohême.

SUISSE. = **Bibliothèque universelle et Revue suisse.** — 1900. *Novembre*. VILLARAIS. Les Boërs de l'Afrique australe. — TALLICHET. L'Europe en Chine. = *Décembre*. ROSSIER. L'Université de Cracovie et la Pologne. — SIBIRIAKOV. Russes et Chinois. = 1901. *Janvier*. DELINES. Les Cosaques chez le Négus. = *Février et Mars.* KEBEDGY. Le relèvement de la Grèce.

LA CROIX-ROUGE

DANS LES GUERRES MARITIMES FUTURES

La solution que la Conférence de la Haye de 1899 a donnée au problème de la Croix-Rouge maritime par l'adaptation à la guerre sur mer des principes de la convention de Genève du 22 août 1864, ne saurait être définitive. Non seulement la suppression de l'important article 10 de la convention signée à la Haye, consentie par les puissances postérieurement à sa signature, a amené une lacune qu'il faudra combler tôt ou tard, mais le vœu de la revision de la convention de Genève que la Conférence a émis, après avoir elle-même adopté les principes de cette convention, a montré que, de son propre aveu, une situation meilleure devait être cherchée pour la protection des blessés et des malades militaires. Il est à supposer que la Conférence qui aura à s'occuper de cette œuvre devra s'inquiéter aussi du rôle à donner à la Croix-Rouge en temps de guerre maritime.

A cet égard, des solutions diverses ont déjà été présentées par les publicistes. Et, parmi celles-ci, il en est une qui attirera sans doute particulièrement l'attention de la nouvelle Conférence : c'est celle qu'a proposée M. Paul Fauchille dans un excellent article paru, dans cette *Revue* même, à la veille de l'ouverture de la Conférence de la Haye, trop tard, semble-t-il, pour que celle-ci ait pu la prendre sérieusement en considération (1). Nous adressant aux lecteurs d'une *Revue* dont M. Paul Fauchille est l'un des distingués directeurs, nous croyons inutile de rappeler ici l'idée qu'il y a soutenue. Nous ne pensons pas non plus avoir besoin de reproduire la critique que M. de Lapradelle a faite, dans la même *Revue*, de l'ingénieuse conception de M. Paul Fauchille. M. A. Mérignhac, professeur à l'Université de Toulouse, a de son côté présenté la critique de cette critique dans son remarquable ouvrage sur la *Conférence internationale de la Paix*. Notre but, en écrivant cette étude, n'est point de nous faire l'arbitre entre les opinions divergentes de ces auteurs ; nous voudrions seulement exposer à notre tour quelques idées sur les meilleurs moyens d'assurer à la Croix-Rouge son activité en temps de guerre maritime.

(1) Paul Fauchille, *Les secours aux blessés, malades et naufragés dans les guerres maritimes*, dans cette *Revue*, t. VI (1899), p. 291 et suiv. Comp. de Lapradelle, *La Conférence de la Paix*, dans la même *Revue*, t. VI (1899), p. 707-709 ; Mériguhac, *La Conférence internationale de la Paix*, Paris, 1900, p. 117-123.

Une vie parlementaire d'à peu près un quart de siècle nous a donné
la conviction que, si l'on veut faire à ce sujet quelque chose de pratique, il ne faut pas agir d'une manière brusque et absolue, mais lentement et progressivement. Il en est ici comme quand on désire absolument traverser une chambre mal éclairée : on arrive plus vite au but
si l'on parcourt la chambre dans l'obscurité à petits pas et en tâton-
nant, que si l'on attend qu'elle soit devenue parfaitement éclairée, ce
qui peut-être n'arrivera jamais. En définitive, c'est la pratique qui engendre la théorie. « La vraie théorie n'est pas la mère, mais la fille
de la pratique », ainsi que nous l'avons dit ailleurs (1). C'est en nous
inspirant de cette pensée que nous allons indiquer nos idées sur la
Croix-Rouge maritime.

Au mois de décembre 1899, l'Union des femmes de France prenait
une initiative des plus intéressantes (2). Projetant la fondation de ba-
teaux-transports pour les marins blessés en mer, elle demandait au ministre de la marine, M. de Lanessan, l'autorisation d'aménager un navire
devant recueillir les blessés des combats navals et les débarquer à terre,
après qu'on leur aurait donné les soins urgents. Le ministre a pleinement
adhéré à la demande de l'Union des femmes, et institué une Commission
technique pour étudier dans quelles conditions l'Union pourrait entreprendre l'organisation de la formation sanitaire projetée. Quelque résultat
qu'elle doive avoir en France, cette initiative serait digne d'être imitée
dans la plupart des pays civilisés. L'institution du « Council of women »,
répandue dans les deux mondes, trouverait là un grand et noble objet
pour ses efforts. Mais pourquoi laisser aux femmes l'honneur d'une pareille œuvre ? Toutes les Sociétés privées de secours aux blessés devraient dans chaque pays suivre leur exemple. On parviendrait alors à former comme une flotte internationale de la Croix-Rouge, toute prête à fonctionner le jour où une guerre éclaterait, et qui en temps de paix pourrait
faire chaque année, sous le pavillon de la Croix-Rouge, des exercices
en commun. Seulement une semblable organisation serait fort dispen-
dieuse. Et on ne voit pas que des Sociétés privées soient partout assez
riches pour se procurer et aménager les navires nécessaires, acheter le
matériel sanitaire et les médicaments qui leur seraient utiles, enfin
donner une solde à leur personnel médical et hospitalier. Il n'est pas
toutefois téméraire de penser que, le jour où apparaîtrait d'une manière

---

(1) *Le système scandinave de neutralité pendant la guerre de Crimée et son origine
historique*, dans la *Revue d'histoire diplomatique*, 1900, p. 259.

(2) V. le *Temps* du 12 décembre 1899. V. aussi Mérignhac, *op. cit.*, p. 120-121, note.

ostensible l'utilité de cette flotte internationale, les États accorderaient volontiers aux Sociétés privées des subventions pour son développement, sa mobilisation et ses exercices annuels. Petite au début, elle ne tarderait pas ainsi à grandir.

C'est qu'en effet une flotte de cette nature pourrait rendre de très grands services à l'humanité non seulement en temps de guerre mais encore en temps de paix. Il paraît qu'aux États-Unis d'Amérique des navires sont affrétés pendant l'été pour servir d'hôpitaux aux malades atteints de phtisie ou d'anémie. Et ces malades retirent le plus grand profit de ce traitement : l'air pur de la mer est pour eux le meilleur des remèdes. Pourquoi les navires des Sociétés de secours ne seraient-ils pas durant la paix employés à cet usage ? Les malades qu'ils transporteraient constitueraient, lors des exercices de mobilisation, leurs « blessés ». leurs « malades » et leurs « naufragés » ! On ne saurait évidemment supposer à aucun État civilisé la pensée d'effectuer des manœuvres maritimes où on imiterait la guerre à ce point que les bâtiments hospitaliers auraient l'occasion de recueillir de vrais blessés et de véritables naufragés : ce serait une « vivisection » par trop cruelle.

En partant de cette idée, il ne serait pas impossible d'imaginer chaque année, à une date fixe, par exemple le 1er juin, la réunion, dans quelque grand port norvégien, des navires appartenant aux Sociétés de secours des différents pays, qui auraient uniquement à leur bord des phtisiques et le personnel sanitaire nécessaire à leur service. Ces navires, portant le pavillon de la Croix-Rouge à côté de leur pavillon national, se livreraient à des exercices communs sous la direction d'un commandant élu par leurs chefs respectifs. Il ne leur serait pas difficile d'imiter approximativement le rôle joué par les vaisseaux pendant une bataille navale. Certains simuleraient les combattants, s'établissant sur deux lignes qui seraient les lignes de « combat » ; et, à quelque distance derrière ces lignes, d'autres se placeraient pour faire office, durant la « bataille », de bâtiments-hôpitaux. Aussi longtemps que dureraient les hostilités fictives, des bâtiments, formant une flottille volante, transporteraient sans cesse les blessés — c'est-à-dire les voyageurs phtisiques — des lignes « combattantes » sur les navires hospitaliers. A la fin des exercices, ces voyageurs seraient conduits sur les navires mêmes de leur patrie, qui pourraient ainsi les ramener directement dans leur pays, et le chef de l'escadre internationale remettrait son commandement aux chefs des différents bâtiments. Pendant tout le temps des exercices communs, l'internationalisme le plus complet devrait régner dans l'escadre. A ce point de vue, la flotte sanitaire internationale pourrait même se contenter de hisser le pavillon de la Croix-Rouge sans arborer le pavillon national. Seulement les navires de cette flotte devraient toujours, avant comme après les exercices, avoir à leur mât le drapeau de leur nationalité. Le plus difficile dans cette combinaison sera peut-être le côté financier. Comment distribuer les dépenses pendant la durée des exercices? La chose ne serait pas trop malaisée si une convention internationale était signée à cet égard par les États : on pourrait faire supporter les frais des exercices de la flotte sanitaire internationale par les puissances signataires dans la proportion établie pour le Bureau international de l'Union postale universelle. Les frais se trouveraient au surplus considérablement réduits si, au lieu d'employer des bâtiments construits par les Sociétés privées, on utilisait le matériel et le personnel mêmes des États.

Sans nul doute, des exercices comme ceux dont on vient d'esquisser l'idée, en se répétant tous les ans, hâteraient singulièrement la solution du grand problème de l'organisation des secours aux blessés, malades et naufragés dans les guerres maritimes.

II

C'est le premier pas qui coûte, a-t-on coutume de dire. Mais le premier pas proposé ici ne coûterait pas beaucoup. Et, infailliblement, il mènerait aux suivants, jusqu'à la réalisation définitive de la belle idée de M. Paul Fauchille, que les expériences faites successivement modifieraient peut-être sur quelques points accessoires.

M. de Lapradelle a considéré l'idée de M. Paul Fauchille comme irréalisable, « parce qu'elle supposerait une fédération universelle des Sociétés de la Croix-Rouge ». Cette objection ne saurait nous toucher. Pour faire le premier pas dont il s'agit ici, les Sociétés de la Croix-Rouge n'auraient nul besoin de se fédérer. Il suffirait que le Comité international de ces Sociétés désignât un ou plusieurs Commissaires pour aller à bord des navires hospitaliers des différentes puissances prenant part aux exercices annuels de la flotte internationale — ou « innationale », selon l'expression de l'initiateur de l'idée, M. Paul Fauchille. L'unique mission de ces Commissaires serait de veiller à la stricte observation des règles de la Croix-Rouge. Ce n'est point à la Croix-Rouge qu'appartiendrait la direction des exercices de la flotte. Le chef supérieur des manœuvres serait un haut officier de la marine, connaissant à fond le but et l'organisation de la Croix-Rouge, ainsi que les parties du droit international dont l'application pourrait être possible. Comme cet officier serait investi d'une grande autorité, il conviendrait qu'il fût entouré d'experts dont il aurait à prendre les avis en cas de doute. Ces experts devraient être désignés, abstraction faite de leur nationalité, en tenant compte seulement de leur capacité.

Il faudra aussi organiser soigneusement cet « État idéal » dont parle M. Paul Fauchille, et qui se trouverait constitué tant que dureront les exercices de la flotte. A ce sujet un point importe, c'est de déterminer avec précision le moment où commence et celui où se termine la constitution de cet État idéal. Entre ces deux moments, tous les navires de la flotte hospitalière seront réputés ne plus appartenir à leurs États respectifs, mais uniquement à l'État idéal de la Croix-Rouge. On sera bien obligé d'obéir au dernier paragraphe de l'article 5 de la convention de la Haye du 29 juillet 1899, d'après lequel « tous les bâtiments hospitaliers se feront reconnaître en hissant, *avec leur pavillon national*, le pavillon blanc à croix rouge prévu par la convention de Genève ». Mais ne pourrait-on pas hisser le pavillon de Genève *au-dessus* du pavillon national entre les deux moments dont il a été parlé et *au-dessous* de celui-ci en dehors de ces deux moments ?

M. de Lapradelle a fait une seconde objection au système de M. Paul Fauchille. Il a dit que ce système était irréalisable « parce qu'en dénationalisant les navires il méconnaissait ce grand principe d'ordre public qu'à tout vaisseau, pour la police du bord, doit correspondre un pavillon, c'est-à-dire une nationalité ». Cette objection n'est pas plus que la précédente irréfragable. Le pavillon de la Croix-Rouge n'est-il pas le pavillon « national » de l'État idéal dont il s'agit ? Cet État est une petite République flottant sur la mer, qui n'existe qu'entre les deux moments que nous considérons. Cependant, il faut l'avouer, la dénationalisation temporaire des navires n'est pas ici complète. Les différents bâtiments de la flotte hospitalière sont comme les cantons de la Confédération suisse, qui — dans la Constitution fédérale — sont appelés « souverains » : chaque canton garde pour ainsi dire sa nationalité sous le pavillon commun de tous les cantons. L'analogie avec le droit fédéral et les droits cantonaux suisses serait, dans bien des cas, à appliquer, si quelque difficulté venait à se produire pendant les exercices de la flotte.

III

Supposons maintenant qu'il ne s'agisse plus de simples exercices, mais de la mobilisation sérieuse, à l'approche d'une guerre maritime, de la flotte « innationale » ou de ses différentes escadres, composées originairement des navires des États neutres aussi bien que des États belligérants.

Le jour où seraient constituées la flotte « innationale » et ses escadres, et où un réel progrès aurait été ainsi réalisé, il serait nécessaire

d'ajouter des articles additionnels à la convention de la Haye. Alors
les mêmes règles devraient être appliquées aux trois catégories de bâtiments que la convention a prévues dans ses articles 1 à 5 : tous ces
bâtiments devraient être traités comme les plus favorisés par la convention, puisqu'il n'y aurait plus aucun motif de distinguer entre des
navires militaires et des navires non militaires, entre des navires
neutres et des navires belligérants. D'autre part, le seul fait que le
pavillon de la Croix-Rouge aurait été hissé sur un bâtiment *au-dessus*
du pavillon national — en admettant qu'il ne soit pas possible de supprimer le pavillon national pendant la guerre — devrait le rendre
exempt de capture. Il n'y aurait à coup sûr nul inconvénient à témoigner
une aussi grande confiance aux navires qui ont le droit d'arborer le
pavillon de la Croix-Rouge. Mais n'est-il pas à craindre que des navires
arborent ce pavillon sans y être autorisés ? Il sera toujours facile de
découvrir une semblable violation du droit conventionnel, et en la
punissant sévèrement on empêchera qu'elle ne soit répétée. S'il fallait
renoncer aux innovations parce qu'elles peuvent entraîner des abus,
aussi invraisemblables qu'ils soient, il n'y aurait plus en définitive de
progrès possible !

C'est en vain — comme le voudrait M. de Lapradelle — que, pour
assurer les secours aux blessés des guerres maritimes, on proposerait
« le respect, sur mer comme sur terre, de la propriété privée ennemie ».
Les Anglais s'opposeront malheureusement à la réalisation de ce grand
progrès. Le jour où celui-ci sera possible est encore si lointain, que
l'humanité souffrante serait en vérité imprudente de se croiser les bras
en attendant qu'il paraisse. Il vaut mieux se contenter de plus petits
progrès qui successivement conduiront à de plus grands.

FREDRIK BAJER,
Conseiller interparlementaire (Copenhague).

LA CONDITION INTERNATIONALE
DES NOUVELLES-HÉBRIDES (1)

III

La Commission navale mixte instituée par la convention de Paris du
16 novembre 1887 est composée d'un président, qui est alternativement,

(1) V. le commencement de cette étude dans cette *Revue*, t. VIII (1901), p. 121 et suiv.

pour un mois, le commandant des forces navales françaises et le commandant des forces navales anglaises du Pacifique, et de quatre membres : deux officiers de marine français et deux officiers de marine anglais. La Commission se réunit à la requête de l'un ou de l'autre des deux commandants. En l'absence de celui qui remplit pour la période courante les fonctions de président, l'autre commandant le remplace à la présidence. Enfin la Commission ne peut exercer les pouvoirs qui lui sont confiés que si deux au moins de ses membres, un français et un anglais, sont présents (1).

Ainsi composée, la Commission est compétente pour intervenir : 1° dans le cas où la tranquillité et le bon ordre sont troublés en un point quelconque des Nouvelles-Hébrides où sont établis des colons français ou anglais et 2° dans le cas où un danger menace les biens ou les personnes. Dans l'un ou l'autre de ces cas, elle peut prendre toutes les mesures nécessaires pour la répression des troubles ou la protection des intérêts en péril. Elle décide si on aura recours à la force et fixe, dans le cas de débarquement de forces navales ou militaires, la durée de l'occupation (2).

Bien que l'objectif principal de cette organisation fût d'écarter toute action indépendante ou isolée de la part des bâtiments de l'une ou de l'autre des deux parties, on a été forcé de l'admettre dans le cas où les circonstances ne comporteraient aucun retard. Dans ce cas, les commandants des navires français ou anglais les plus rapprochés du théâtre des événements sont autorisés à prendre d'urgence, soit de concert, soit séparément s'il y a des empêchements à ce qu'ils se concertent, les mesures les plus indispensables. Mais ils doivent adresser aussitôt à leurs commandants de station respectifs un rapport sur les mesures prises et attendre les ordres ultérieurs de la Commission. De leur côté, les commandants sont tenus de se communiquer le rapport qu'ils ont reçu des officiers de leur nation (3).

Une expérience de plus de treize ans permet aujourd'hui d'apprécier la valeur du régime inauguré en 1887. Créé pour réprimer les troubles et pour maintenir l'ordre dans l'archipel, il s'est montré tout à fait impuissant à atteindre ce double but. Cela tient à ce qu'il présente deux principaux défauts.

Le premier est que la surveillance exercée par la Commission mixte est toute extérieure et d'un caractère uniquement répressif. N'ayant aucun représentant dans les îles mêmes, n'étant elle-même présente dans

(1) Article 2 de la Déclaration du 26 janvier 1888, *suprà*, p. 150 note.
(2) Articles 1, 3 et 4 du Règlement du 26 janvier 1888, *suprà*, p. 150.
(3) Articles 2 et 5 du Règlement précité.

les eaux de l'archipel que par intervalles, la Commission mixte n'y exerce pas un véritable droit de police de nature à prévenir les troubles. Son rôle se limite à intervenir, une fois que des désordres se seront produits, pour rétablir la tranquillité. Mais son intervention n'est jamais prompte. De plus, elle est rarement efficace.

Pendant toute la saison des cyclones, de décembre à avril, les navires français et anglais sont loin des Nouvelles-Hébrides, à Nouméa ou à Sydney. Or, si pendant cette période un crime est commis dans quelque île de l'archipel par des indigènes contre des colons, il faut attendre que la nouvelle du crime soit parvenue en Calédonie ou en Australie. Ce n'est que plusieurs semaines après qu'un navire de guerre arrivera sur les lieux. Mais, aussitôt aperçu, les Canaques de la tribu du coupable évacuent leurs cases et se retirent dans l'intérieur de l'île où il n'est pas facile d'aller les chercher. Le navire se contente alors « de bombarder les massifs de cocotiers » (1). Dans les rares cas où l'on arrive à mettre la main sur les coupables ou sur les prétendus tels, la répression est souvent trop sévère et n'a pas le caractère d'un acte de justice (2). Ainsi, les colons sont insuffisamment garantis contre les indigènes. Les assassinats n'ont guère diminué depuis l'établissement de la Commission mixte. Et tous ceux qui ont séjourné dans l'archipel reconnaissent que, si les colons réunis par groupes peuvent faire eux-mêmes la police et se défendre seuls, les colons isolés, comme les coprahmakers, sont privés de toute protection (3).

L'accord franco-anglais présente un second défaut, en ce qu'il ne donne à la Commission mixte qu'une compétence très limitée. D'une part, en effet, la Commission ne peut pas intervenir dans la répression des crimes ou délits commis par les colons contre les indigènes ou contre des colons d'une autre nationalité (4). Les coupables relèvent uniquement de l'autorité de leur pays. Mais tandis que l'Angleterre a pris de bonne heure des mesures pour organiser une autorité chargée de la répression des faits délictueux commis par ses ressortissants, la France s'est pendant longtemps désintéressée de la conduite de ses nationaux résidant dans les Nouvelles-Hébrides. De sorte que les colons français pouvaient

(1) Dr E. Davillé, *La colonisation française aux Nouvelles-Hébrides*, p. 102-103.

(2) V., à titre d'exemple, la répression de l'assassinat du négociant français Rossi, survenu en 1895, dans le *Journal des Débats* du 1er février 1896. V. aussi l'*Illustration*, 1896, t. I, p. 93.

(3) Dr E. Davillé, *op. cit.*, p. 103.

(4) Jean Carol, *article précité*, p. 266. — Cette solution résulte de l'ensemble des dispositions du Règlement du 26 janvier 1888, qui suppose que la Commission n'intervient que pour protéger les colons contre les indigènes et ajoute (art. 6) que « la Commission n'aura pas de pouvoirs ni autres ni plus étendus que ceux qui lui sont *expressément* délégués ».

jusqu'ici compter sur une impunité à peu près entière. Cet état de choses déplorable a heureusement pris fin dans le courant de cette année. — D'autre part, la Commission mixte ne peut pas davantage intervenir dans les différends relatifs à la propriété des terres (1). Or, ces différends sont la principale cause des difficultés qui existent fréquemment entre colons et indigènes et la source de tous les désordres (2). Cela surtout dans le cas où les colons intéressés sont des Français, car on verra plus loin que, dans cette hypothèse, il n'y a aucune autorité compétente pour connaître du différend (3).

Le but poursuivi par la diplomatie peut donc être considéré comme absolument manqué. L'organe international créé par la convention de 1887 n'a contribué ni à l'établissement de l'ordre ni à l'amélioration de la condition des colons. On peut même dire que, loin de disparaître, les anciennes difficultés n'ont fait qu'augmenter depuis cette époque. Réduit à ses propres moyens pour assurer la protection de ses ressortissants, chacun des deux États rivaux a dû, cédant à la force même des choses, intervenir tous les jours davantage dans l'archipel, en y établissant des autorités administratives et judiciaires nationales. Il en est résulté une situation bizarre et compliquée qui mérite d'attirer notre attention.

IV

L'Angleterre, toujours prompte à entourer ses nationaux d'une large protection partout où ils résident ou ont des intérêts, n'avait pas attendu l'échec du contrôle anglo-français pour organiser cette protection dans l'archipel néo-hébridais. Nous avons vu, en effet, que, par application des lois de 1872 et de 1875, les *Western Pacific Orders in Council* avaient conféré au gouverneur des Fidji le titre de Haut-Commissaire de Sa Majesté pour l'Ouest du Pacifique et des pouvoirs suffisants pour assurer la protection des sujets britanniques dans différentes îles et notamment dans les Nouvelles-Hébrides. Des mesures furent prises aussitôt relativement à l'enregistrement des titres de propriété et au recrutement de travailleurs indigènes (4). Mais, ainsi que nous l'avons déjà fait remarquer, ces mesures n'étaient pas suffisantes. Ce que les colons réclamaient avant tout, c'était l'établissement d'une autorité dans l'archipel

(1) Cela est dit formellement dans l'article 6 du Règlement du 26 janvier 1888. Cela a été du reste reconnu en fait encore récemment par lord Cranborne à la Chambre des communes, à propos d'un conflit qui se serait élevé entre un Français et un pasteur anglais relativement à la possession d'une terre dans l'île Api (V. le *Journal des Débats* du 15 décembre 1900).

(2) V. la *Quinzaine coloniale*, t. IX (janvier-juin 1901), p. 120.

(3) V. *infra*, p. 258.

(4) *Suprà*, p. 135.

même, chargée de maintenir l'ordre et la tranquillité, de constituer un service d'actes de l'état civil et surtout de rendre la justice. La loi de 1875 autorisait, il est vrai, le gouvernement de la Reine à exercer sa juridiction sur les sujets anglais résidant dans les îles qui n'étaient soumis au pouvoir d'aucune puissance civilisée (art.6) et à créer, à cet effet, des tribunaux civils ou criminels partout où s'étendait l'autorité du Haut-Commissaire pour l'Ouest du Pacifique (art.7). Mais, soit qu'il eût estimé que la condition internationale des Nouvelles-Hébrides s'y opposait, soit que le nombre des résidants anglais ne fût pas encore assez important, le gouvernement anglais ne profita pas de cette autorisation pour installer une autorité nationale dans l'archipel. Les troubles qui eurent lieu dans plusieurs îles, de 1882 à 1886, prouvèrent qu'il était urgent d'agir autrement. Après la convention du 16 novembre 1887, on pouvait espérer que la création de la Commission mixte donnerait suffisamment satisfaction aux desiderata des colons. Le gouvernement anglais ne se fit cependant pas longtemps illusion et, dans le courant de l'année 1888, il se décida à installer à Port-Vila (île de Vaté) un agent avec le titre de consul.

Cette nomination souleva, paraît-il, des protestations. On a dit qu'il y avait là un acte contraire aux arrangements diplomatiques conclus avec la France (1). Tel n'est pas notre avis. Sans doute, il est exagéré de donner la qualification de « consul » au représentant d'un État sur un territoire sur lequel il n'y a aucune organisation politique, puisque, par définition, un consul est le représentant d'un État sur le territoire d'un autre État, chargé de la gestion de certains intérêts du consentement exprès des deux pays. Mais, au fond, c'est une querelle de mots et il n'y a aucune raison qui empêche un État d'établir une autorité nationale là où il n'y a pas de gouvernement régulier. Cette dernière circonstance, loin de constituer un obstacle, offre, au contraire, une facilité plus grande à l'établissement d'une autorité étrangère, facilité qui consiste, d'abord, en ce qu'on n'a pas à obtenir l'agrément du gouvernement local qui, en fait, n'existe pas et, ensuite, en ce que le représentant étranger peut être muni de pouvoirs plus larges que les consuls proprement dits même dans les pays de Capitulations. Sa compétence sera évidemment purement personnelle, c'est-à-dire restreinte aux rapports de l'agent avec ses nationaux, mais, d'un autre côté, elle sera aussi étendue que celle de l'autorité qui fonctionne sur le territoire de l'État représenté. Cela se comprend aisément. Si dans les pays civilisés

(1) Dr E. Davillé, *op. cit.*, p. 100. Comp. Jean Carol, *article précité*, p. 264; Dr François, *Les Nouvelles-Hébrides*, dans le *Bulletin de la Société de géographie commerciale de Paris*, t. XIV (1892), p. 390.

les consuls n'ont que des pouvoirs limités, c'est que l'autorité locale garantit suffisamment aux étrangers la protection à laquelle ils
ont droit. Là, au contraire, où l'autorité locale se montre impuissante à
accomplir sa mission, les pouvoirs des consuls des autres pays deviennent aussitôt plus étendus vis-à-vis de leurs nationaux. C'est ce qui
explique pourquoi dans les pays où la justice indigène laisse à désirer,
comme dans les pays à Capitulations, les étrangers sont dans une large
mesure soustraits à la compétence des tribunaux locaux et soumis, par
contre, à celle de leurs consuls. Il est dès lors logique et nécessaire de
décider que là où il n'y a aucune autorité locale, les représentants des
États étrangers doivent avoir sur leurs nationaux tous les pouvoirs utiles pour les protéger. Cette solution générale rencontrait-elle dans l'espèce quelque obstacle du chef des conventions franco-anglaises ? Pas le
moins du monde. Ce que les arrangements diplomatiques avaient pro-
hibé et prohibent encore, c'est seulement l'occupation de tout ou partie
de l'archipel par l'un ou l'autre des contractants en vue d'acquérir la
souveraineté ou bien l'accomplissement d'un acte qui impliquerait chez
son auteur la qualité de souverain territorial. C'est ainsi que tomberait
sous le coup de l'interdiction, comme contraire à l'indépendance des
Nouvelles-Hébrides, le fait d'y installer une autorité ayant un droit de juridiction aussi bien sur les étrangers et les indigènes que sur les nationaux. Mais il en est tout autrement de la nomination d'un agent dont
la compétence est restreinte à ses compatriotes, parce que le pouvoir
qu'exerce ainsi l'État représenté ne résulte en aucune manière d'un
droit de souveraineté de cet État sur le territoire habité par ses sujets,
mais uniquement du lien national qui unit cès derniers à leur pays. En
d'autres termes, nous pouvons dire, en empruntant un langage familier
aux juristes, que ce pouvoir n'existe pas *ratione loci*, mais simplement
ratione personæ. Ce droit appartient à tous les États sur leurs ressortissants qui résideraient aux Nouvelles-Hébrides. Rien n'empêcherait par
exemple l'Allemagne d'y installer une autorité nationale, chargée de juger
les litiges entre Allemands. Or, il serait illogique que ce qui peut être fait
par un État tiers fût interdit à la France ou à l'Angleterre qui ont des
intérêts plus considérables dans l'archipel. Ainsi, la nomination de l'a-
gent anglais, en 1888, à Port-Vila, n'avait rien d'incorrect, soit au point
de vue des principes généraux du droit international, soit même au point
de vue du régime particulier des Nouvelles-Hébrides. Néanmoins, le gouvernement anglais résolut au début de 1890 de retirer son consul (1), se
réservant de pourvoir autrement à la protection de ses ressortissants, en

(1) V. le *Temps* du 20 février 1890.

vertu des nouveaux pouvoirs que le Parlement allait lui conférer par le *Foreign jurisdiction Act* de 1890.

Conformément aux principes rappelés plus haut, l'Act de 1890 reconnaît en termes très larges au gouvernement le droit d'exercer sa juridiction sur les sujets anglais résidant ou ayant des intérêts dans tout pays étranger qui ne possède pas un gouvernement capable d'assurer entièrement la charge de rendre la justice (1). Il lui accorde, en outre, le droit d'y étendre, en les complétant ou en les modifiant, les Ordonnances antérieures relatives à l'exercice de la juridiction (2). C'est en exécution de ces dispositions que fut rendu le *Pacific Order in Council* du 15 mars 1893. Cette Ordonnance, qui comprend 146 articles et 113 règles de procédure accompagnées d'un grand nombre de formules et de modèles d'actes, est un véritable code administratif et de procédure pour les autorités anglaises dans l'Océan Pacifique. La réglementation minutieuse qu'elle contient prouve le soin avec lequel le gouvernement britannique organise la protection de ses ressortissants dans les contrées les plus éloignées et les moins hospitalières. En armant ses autorités de pouvoirs étendus et bien réglementés, en prévoyant toutes les difficultés possibles, non seulement il rend cette protection sûre et efficace, mais il étend son influence et prépare sa domination partout où il y a un intérêt anglais. On ne comprend assez toute la valeur de l'Ordonnance de 1893 que quand on la compare aux réglementations insuffisantes et timides que se contente de prendre, dans les mêmes occasions, le gouvernement français. Il y aurait grand profit à étudier l'Ordonnance anglaise dans tous ses détails. Mais ce serait sortir du cadre restreint de la présente monographie. Il nous suffira de montrer les grandes lignes du système et d'insister sur son application particulière dans l'archipel néo-hébridais.

D'une façon générale, l'Ordonnance de 1893 s'applique à toutes les îles de l'Ouest du Pacifique (3) qui ne sont ni colonies anglaises ni sous la domination ou le protectorat d'un gouvernement civilisé (art. 4 et 6). Dans ces limites, elle régit la personne, les propriétés et les droits et obligations non seulement des sujets britanniques, mais encore de tous

(1) Article 2 : « Where a foreign country is not subject to any government from whom Her Majesty the Queen might obtain jurisdiction in the manner recited by this Act, Her Majesty shall by virtue of this Act have jurisdiction over Her Majesty's subjects for the time being resident in or resorting to that country, and that jurisdiction shall be jurisdiction of Her Majesty in a foreign country within the meaning of the other provisions of this Act ».

(2) Article 5, al. 1 et 2.

(3) Par ces expressions il faut entendre toute la région comprise entre le 140°, 30' longitude ouest, le 140° longitude est, le 12° latitude nord et le 30° latitude sud (art. 6, al. 2).

étrangers ou indigènes qui pourraient être tenus d'un devoir de fidélité
vis-à-vis de S. M. britannique, à raison de leur présence actuelle ou de
leur séjour passé à bord d'un navire anglais ou *autrement* (art. 5) (1).

A cet effet, des pouvoirs étendus sont accordés au Haut-Commissaire,
qui n'est autre que le gouverneur des Fidji, et à un certain nombre de
fonctionnaires. En cas d'absence ou d'empêchement, le Haut-Commissaire est suppléé, à défaut de désignation spéciale, par le *Chief justice* des
Fidji. De plus, le gouvernement peut déléguer, d'une manière permanente
ou temporaire, les pouvoirs du Haut-Commissaire pour tout ou partie de
l'Ouest du Pacifique à un Commissaire spécial. De son côté, le Haut-Commissaire peut déléguer l'exercice d'une partie de ses pouvoirs à un Commissaire judiciaire (*Judicial Commissioner*) ou à un ou plusieurs Commissaires-adjoints (*Deputy Commissioner*) (art. 7). Le Chief justice et tout
membre de la Cour suprême des Fidji ont, de plein droit et en vertu de
leurs fonctions, la qualité de Commissaire judiciaire pour l'Ouest du Pacifique. Ce n'est que dans le cas où ces magistrats ne pourraient pas sans
inconvénient remplir ces fonctions complémentaires que le Haut-Commissaire peut nommer pour des affaires déterminées et temporairement
un Commissaire judiciaire. Quant aux Commissaires-adjoints, leur nombre est fixé par le secrétaire d'État. Ils sont nommés par le Haut-Commissaire, qui peut aussi nommer à temps et pour une affaire ou un
district déterminés un Commissaire-adjoint spécial (art. 8 et 9).

Le Haut-Commissaire et les Commissaires judiciaires et adjoints réunis forment la Cour d'enregistrement et de justice pour l'Ouest du Pacifique. Mais cette Cour peut fonctionner malgré l'absence d'un ou de plusieurs de ses membres. La juridiction entière peut, en outre, être exercée,
sur un point quelconque de la circonscription de l'Ordonnance de 1893,
soit par le Haut-Commissaire, soit par un Commissaire-adjoint dûment
autorisé. Aussi le Haut-Commissaire reçoit-il la faculté de déterminer, de
temps à autre, conformément aux instructions du secrétaire d'État, des
districts, îles ou endroits où la Cour tiendra ses audiences et de désigner
un Commissaire-adjoint qui en remplira les fonctions. De plus, tout Commissaire-adjoint nommé dans un endroit déterminé y exerce, en règle
générale, de plein droit, les attributions de la Cour de district (art. 12 à
14).

(1) Voici le texte de cette importante disposition : « In islands and places which are
not British settlements, or under the protection of Her Majesty, jurisdiction under this
Order shall be exercised (except only as in this Order otherwise expressly provided) only
over Her Majesty's subjects, *and any foreigners or natives, in so far as by reason of
being, or having been, on board a British ship or otherwise they have come under a
duty of allegiance to Her Majesty,* and their property and personal and proprietary
rights and obligations ». V. pour le commentaire de ce texte *infrà* p. 243 et suiv.

Cette compétence n'exclut pas celle de la Cour suprême des Fidji qui peut évoquer toute affaire civile ou criminelle régie par notre Ordonnance. Elle joue en outre le rôle de Cour d'appel vis-à-vis des jugements de la Cour du Haut-Commissaire et des fonctionnaires chargés dans la région dont il s'agit de l'administration de la justice (art. 15). Contre les arrêts de la Cour suprême on réserve, conformément au droit commun, une dernière voie de recours devant la Reine (aujourd'hui le Roi) en son Conseil (art. 88, in fine).

Dans cette organisation, le Haut-Commissaire apparaît comme le pivot du système. C'est sur sa tête que sont réunis les différents pouvoirs accordés par cette Ordonnance et dont la plupart sont exercés soit directement par lui, soit par ses délégués. Ces pouvoirs peuvent être divisés en trois catégories : 1° pouvoirs de réglementation ; 2° pouvoirs relatifs à la tenue des actes de l'état civil et 3° pouvoirs de juridiction.

1° *Pouvoirs réglementaires.* — Le Haut-Commissaire a le droit de faire, sous le titre de Règlements de la Reine (aujourd'hui du Roi), des Règlements sur les matières suivantes (art. 108) :

a) Pour assurer sur un point quelconque de l'Ouest du Pacifique l'observation des traités internationaux et des lois ou coutumes indigènes ou locales concernant l'industrie, le commerce, les revenus ou tout autre objet ;

b) Pour maintenir la paix, l'ordre et le bon gouvernement des personnes soumises à la juridiction de la Cour relativement aux matières non prévues par l'Ordonnance, y compris l'interdiction et la répression des actes tendant à troubler la paix entre les chefs, les tribus et les populations indigènes ;

c) Pour prescrire la tenue d'états déterminant la nature, la quantité et la valeur des marchandises qui sont exportées d'une île ou place de la région ou qui y sont importées par un sujet ou navire anglais ;

d) Pour l'administration, l'inspection et la tenue des prisons ;

e) Pour l'immatriculation des sujets britanniques conformément aux prescriptions de l'Ordonnance et la désignation de la Cour devant laquelle l'immatriculation doit avoir lieu (1).

(1) L'immatriculation n'est obligatoire que dans les îles et places désignées sous le nom de « registration district » par les Règlements du Haut-Commissaire. Tout sujet anglais majeur y résidant est tenu de se faire immatriculer tous les ans, au mois de janvier, devant la Cour à ce indiquée. La même obligation pèse sur tout sujet anglais dans le mois de son arrivée dans une des îles ou places précitées. La Cour délivre un certificat d'immatriculation pour lequel on doit payer 2 shillings 6 d. L'obligation de se faire immatriculer est sanctionnée très sévèrement : celui qui, sans excuse valable, ne s'y est pas conformé est passible d'une amende n'excédant pas 5 liv. st. et peut, en outre, se voir refuser par toute Cour ou autorité de son pays la qualité de sujet britannique.

Ces différents Règlements deviennent obligatoires un mois après leur publication, à moins qu'ils n'aient été annulés par le secrétaire d'État. Ils sont sanctionnés comme les dispositions de l'Ordonnance.

2° *Pouvoirs relatifs à la tenue des actes de l'état civil.* — A cet égard, les prescriptions de l'Ordonnance ont pour but de permettre aux colons anglais résidant dans l'Ouest du Pacifique de suppléer au défaut d'autorité locale pour faire constater valablement dans leurs familles les naissances, les mariages et les décès, afin d'avoir droit à l'application régulière des lois de leur pays. Spécialement en ce qui concerne la célébration du mariage, elles ont pour objet de réglementer les formalités nécessaires pour contracter facilement des unions régulières.

L'Ordonnance, s'occupant d'abord des mariages contractés antérieurement à sa promulgation, décide que tout mariage entre deux personnes pouvant se marier légalement en Angleterre et dont l'une d'elles est sujet britannique, célébré par un ministre d'une religion chrétienne, régulièrement nommé ou ordonné ou réputé tel, est aussi solide en droit que s'il avait été célébré sur territoire anglais avec toutes les formalités requises par la loi. Le certificat délivré par le ministre du culte qui a célébré le mariage fait preuve de l'union (art. 115 et 116) (1). Quant aux mariages postérieurs à la promulgation de l'Ordonnance, ceux entre personnes capables de se marier d'après les lois anglaises et dont l'une au moins est sujet anglais sont valables s'ils ont été célébrés par un ministre du culte, régulièrement nommé, de nationalité anglaise et inscrit avec ses noms, qualité et résidence sur un registre spécial tenu par le Haut-Commissaire (2). Les futurs époux sont tenus de déclarer au ministre du culte devant lequel ils se présentent qu'il n'y a aucun empêchement à la célébration de leur union. L'Ordonnance exige enfin la présence d'au moins deux témoins et la rédaction d'un acte de célébration en double exemplaire signé du ministre du culte, des parties et des témoins (3). De ces deux exemplaires, l'un doit être remis aux parties et l'autre transmis,

ce qui revient à dire qu'il peut être privé de la protection des autorités nationales (art. 113 et 114).

(1) Conformément à l'article 117 il a dû être enregistré par le Haut-Commissaire dans les deux ans après la promulgation de l'Ordonnance de 1893.

(2) Afin que les intéressés puissent connaître les ministres du culte devant lesquels ils peuvent valablement célébrer leur union, l'Ordonnance prescrit que le Haut-Commissaire doit périodiquement annoncer par le *Journal officiel* du gouvernement des Fidji (*Fiji Government Gazette*) ou autrement toute inscription de ministre du culte sur son registre ainsi que toute radiation (art. 123). C'est ainsi que, pour les Nouvelles-Hébrides, on désigne les pasteurs wesleyens compétents pour célébrer les mariages des Anglais.

(3) Les articles 124 et 128 donnent le modèle de la déclaration que les parties doivent faire au ministre du culte et celui de l'acte qui doit être rédigé après la célébration du mariage.

dans le mois, par le ministre du culte au Haut-Commissaire (art. 118-129).

Le Haut-Commissaire doit tenir des registres spéciaux pour l'inscription des naissances, mariages et décès des sujets britanniques survenus dans l'étendue de la circonscription de l'Ordonnance. Les déclarations de naissance et de décès, comme celles de mariage, doivent toutes être faites au Haut-Commissaire : pour les naissances, par l'un des parents, dans le délai de soixante jours ; pour les décès, par l'occupant (*occupier*) de la maison où a eu lieu le décès, dans un délai de trente jours. La déclaration de décès doit indiquer, en outre des noms, âge, profession, etc. du défunt, la date et l'endroit de l'enterrement, certifiés, si possible, par la signature de deux témoins (art. 130 et 134 à 136).

Les registres de l'état civil sont publics. Toute personne peut y faire des recherches et obtenir l'extrait d'un acte moyennant le payement, dans le premier cas, d'une somme de cinq shillings et, dans le second, d'une somme de deux shillings et six pence (art. 132 et 133).

3° *Pouvoirs de juridiction.* — Le Haut-Commissaire et ses délégués, constitués en autorités judiciaires, comme il a été expliqué plus haut, ont compétence pour juger les affaires civiles se rapportant par quelque côté aux îles et places de l'Ouest du Pacifique et les crimes ou délits qui y sont commis ; pour statuer en matière de faillite et de banqueroute, en matière d'interdiction judiciaire et de divorce, enfin en matière de liquidation de successions (art. 20 à 97). Dans toutes ces matières, dans le détail desquelles il est impossible d'entrer ici, l'autorité compétente statue avec ou sans assesseurs suivant l'importance de l'affaire. En matière pénale, la présence des assesseurs est nécessaire toutes les fois que le délit qui fait l'objet de la poursuite peut être puni d'un emprisonnement de 12 mois ou d'une peine supérieure ; dans le cas contraire, elle est facultative pour le tribunal (art. 68 et 69). De même, en matière civile, la présence de 2 à 4 assesseurs n'est obligatoire que dans les litiges dont l'importance dépasse 300 liv. st. (art. 98 et 99).

Ce qui est plus important dans cette étude c'est de constater comment cette large compétence juridictionnelle peut pratiquement s'appliquer aux Nouvelles-Hébrides. Par quelles autorités et sur quels justiciables y est-elle exercée ?

a) Au point de vue des autorités, on n'a, grâce à la souplesse du système de l'Ordonnance, que l'embarras du choix. D'abord, la Cour du Haut-Commissaire, siégeant aux Fidji, si voisines de notre archipel, peut être saisie des affaires civiles, commerciales ou criminelles intéressant des colons anglais. On peut songer ensuite à une Cour de district qui pourrait être formée sur place par un Commissaire judiciaire ou un Commissaire-adjoint, spécialement délégué aux Nouvelles-Hébrides. Nous

savons, en effet, que le Haut-Commissaire a toute latitude pour nommer
un tel délégué dans une partie déterminée de l'Ouest du Pacifique. Il
peut conférer la qualité et les fonctions de Commissaire judiciaire à toute
personne versée dans la science et dans la pratique du droit (art. 8, al. 2)
et celles de Commissaire-adjoint à un officier royal ou à toute autre personne (art. 9, al. 3). Un tel délégué pourrait être choisi soit parmi les
fonctionnaires ou colons des Fidji, soit parmi les officiers de l'escadre
anglaise, soit même parmi les résidants britanniques dans les Nouvelles-
Hébrides. Mais jusqu'ici ni le nombre ni l'importance des affaires n'ont
paru nécessiter une nomination de cette nature. Installer sur place un
représentant chargé, de façon plus ou moins permanente, de rendre la
justice, ce serait renouveler sous une autre forme la mesure prise en
1888, qui, malgré sa légitimité, avait soulevé, comme on l'a vu, bien des
difficultés et à laquelle on avait dû renoncer. Or, non seulement cette
mesure n'est pas actuellement indispensable, mais elle est parfaitement
inutile, puisque l'Ordonnance permet de pourvoir aux besoins de la situation par un autre moyen beaucoup plus commode. Pour obtenir la solution rapide des conflits et pour éviter en même temps la nomination d'un
Commissaire-adjoint ou judiciaire là où les intérêts anglais ne sont pas
trop importants, elle investit, en effet, de pouvoirs propres assez larges
les officiers de la marine royale.

Aux termes de l'article 18, tout commandant d'un navire de Sa Majesté
ou tout officier de marine, autorisé par écrit par le commandant du
navire à bord duquel il se trouve, est de plein droit investi des attributions suivantes : 1° en matière pénale, exercer les pouvoirs d'un Commissaire-adjoint à l'effet d'obtenir la comparution ou l'arrestation de
toute personne accusée d'avoir commis un délit et de procéder à un
examen préliminaire et au renvoi de l'accusé devant un tribunal ; 2° juger
de même l'affaire sommairement, dans le cas où l'intéressé y donne son
consentement par écrit et qu'il s'agit d'un délit pouvant être jugé sans
assesseurs (1) ; 3° recevoir, dans tous les cas, des dépositions sur serment
et les transmettre à une Cour compétente, avec faculté pour celle-ci d'ordonner sur la foi de ces dépositions la comparution ou l'arrestation de
la personne inculpée ; 4° arrêter et faire conduire devant une Cour compétente toute personne contre laquelle il a été pris par une Cour compétente un mandat d'amener et ce alors même qu'il n'est pas en possession
de ce mandat ; 5° autoriser quiconque sous son commandement à l'aider
et à l'assister dans l'exercice des pouvoirs ci-dessus en sa présence ou
autrement ; 6° enfin, en matière civile, exercer, avec le consentement

(1) C'est-à-dire d'un délit passible d'une peine inférieure à un emprisonnement de
12 mois (suprà, p 240).

par écrit des parties intéressées, les pouvoirs d'un Commissaire-adjoint, pour trancher le litige soit en qualité de conciliateur ou d'arbitre, soit en qualité de juge.

L'exercice de tous ces pouvoirs est accompagné de l'obligation pour l'officier de marine d'adresser aussitôt que possible un rapport détaillé de l'affaire avec les pièces de la procédure, signées, à la Cour la plus proche ou au Haut-Commissaire. Cette formalité est nécessaire pour permettre, le cas échéant, au Haut-Commissaire de modifier ou de révoquer les ordres ou les décisions de l'officier et de soumettre l'affaire, s'il l'estime convenable, à un nouvel examen devant sa Cour de justice (art. 18, avant-dernier alinéa).

Malgré cette restriction, du reste nécessaire pour remédier à l'inexpérience des officiers de marine en matière judiciaire, les pouvoirs que l'Ordonnance accorde à ces derniers sont assez larges et en tout cas suffisants pour parer aux besoins les plus urgents. Car, si les officiers de l'escadre n'ont, tant au civil qu'au criminel, qu'une juridiction volontaire, en ce sens qu'elle dépend du consentement exprès des intéressés, ils ont en revanche de plein droit les pouvoirs les plus étendus d'un juge d'instruction. La fréquence des visites et des croisières faites par les nombreux et rapides navires de l'escadre anglaise du Pacifique dans l'archipel néo-hébridais rend l'exercice de ces pouvoirs éminemment pratique.

b) Demandons-nous maintenant vis-à-vis de quelles personnes les autorités dont nous venons de parler peuvent exercer leur compétence juridictionnelle.

La première catégorie de justiciables, de beaucoup la plus ordinaire et la plus large, comprend les sujets britanniques résidant dans l'archipel ou y ayant des intérêts. C'est la compétence personnelle dont nous avons précédemment parlé. Elle s'applique de la façon la plus étendue tant en matière pénale qu'en matière civile. Le principe général est posé par l'article 23 de l'Ordonnance, aux termes duquel les autorités précitées peuvent connaitre des crimes, délits, dommages, violations de contrats commis par les sujets britanniques à l'encontre des personnes, des propriétés ou des droits des indigènes ou des étrangers, absolument comme s'ils avaient été commis à l'encontre de la personne ou des droits d'un national (1). En matière pénale, la compétence existe vis-

_____

(1) Voici le texte de cet article 23 : « Crimes, offences, wrongs, and breaches of contract against or affecting the person, property, or rights of natives or foreigners, committed by persons subject to this Order, are, subject to the provisions of this Order, punishable or otherwise cognizable, in the same manner as if they were committed against or affected the person, property, or rights of British subjects ».

à-vis des sujets anglais pour tous faits délictueux, quelle que soit la nationalité de la victime, soit lorsque ces faits ont été commis dans un endroit quelconque de l'archipel, soit lorsqu'ayant été commis ailleurs leur auteur s'y trouve actuellement. En matière civile, la compétence existe vis-à-vis de tout défendeur, sujet anglais, soit à raison de la situation des objets du litige, soit à raison du lieu de la conclusion ou de la violation du contrat, soit enfin à raison de la résidence ou d'un établissement commercial du défendeur dans l'archipel (art. 25), et ce sans avoir égard à la nationalité du demandeur. Mais on va voir que, si la compétence existe de plein droit et sans aucune difficulté lorsque les deux parties sont sujets anglais, elle est, au contraire, purement volontaire dans le cas où l'une d'elles est de nationalité étrangère

En dehors des sujets britanniques, les indigènes et les étrangers peuvent, dans un certain nombre de cas, être justiciables des autorités anglaises. Cela a d'abord lieu dans l'hypothèse commune aux étrangers et aux indigènes prévue par l'article 5 et indiquée déjà plus haut (1). Il s'agit des cas où ces personnes seraient tenues d'un devoir de fidélité vis-à-vis de Sa Majesté britannique. Quels sont ces cas ? Le texte prévoit expressément celui de la présence actuelle ou du séjour passé à bord d'un navire anglais.

On peut supposer, en premier lieu, qu'il s'agit de faits passés à bord d'un navire anglais. La compétence a alors non plus un caractère personnel, mais un caractère territorial, en ce sens qu'elle résulte uniquement de la circonstance que les faits qui motivent l'action judiciaire se sont passés sur un navire anglais, considéré comme prolongement du territoire national. Il importe peu du reste que le navire se soit trouvé en pleine mer ou dans les eaux territoriales et même dans les ports des Nouvelles-Hébrides. C'est que dans un pays comme celui-ci, qui n'est soumis à aucune souveraineté, il n'y a pas lieu de distinguer les différentes portions de la mer. Cette extension de compétence n'a rien que de bien conforme aux principes généraux du droit. En matière pénale, elle s'explique par l'idée de la territorialité des lois répressives. L'individu qui a commis un crime ou un délit à bord d'un navire anglais est, conformément au droit commun, justiciable des tribunaux anglais et soumis aux lois de l'Angleterre. Et il en est ainsi alors même que l'inculpé a débarqué quelque part dans l'archipel. On pourrait croire que le droit commun s'oppose à l'adoption de cette solution, en ce que, d'après lui, lorsqu'un individu, après avoir commis un crime sur le territoire d'un État, s'est réfugié sur le territoire d'un autre État, les tribu-

---

(1) *Suprà*, p. 237 et, en note, le texte de l'article 5.

naux du premier ne peuvent connaitre de l'affaire qu'après avoir obtenu des autorités du second l'extradition de l'inculpé. Mais on doit remarquer que cette procédure est ici impossible, puisqu'il n'y a pas dans l'archipel néo-hébridais d'autorité locale pouvant être saisie d'une demande d'extradition. Dans l'espèce, l'individu qui s'est réfugié aux Nouvelles-Hébrides ne peut pas être considéré comme ayant débarqué sur le territoire d'un État étranger. L'extension de compétence se comprend de même aisément en matière civile, par exemple pour les obligations contractées par un indigène ou un étranger à bord d'un navire anglais. Ces obligations peuvent être considérées comme ayant été contractées sur territoire britannique. Or, cette circonstance autorise la Grande-Bretagne à attribuer compétence à ses autorités nationales pour connaitre des difficultés que pourrait soulever l'exécution de ces obligations. Ce n'est certes pas la France qui pourrait critiquer cette solution, puisqu'elle est encore moins sévère que celle de l'article 14 de notre code civil, qui rend l'étranger justiciable des tribunaux français non seulement à raison des obligations contractées par lui en France, mais encore pour celles qu'il a contractées en pays étranger envers des Français.

On peut supposer, en second lieu, qu'il s'agit de faits commis en dehors des possessions britanniques et ailleurs qu'à bord d'un navire anglais, par exemple dans une place de l'archipel, mais par le capitaine ou les gens de l'équipage d'un navire anglais. Si les auteurs des faits incriminés sont des sujets britanniques, cela n'a rien de particulier et nous retombons dans la première catégorie de justiciables. Mais il peut se faire que les délinquants soient des étrangers, soit qu'ils l'aient toujours été, soit qu'ils aient cessé d'être sujets anglais. Néanmoins si, au moment de l'infraction ou dans les trois mois précédents, ils étaient employés sur un navire britannique, ce fait seul constitue un lien suffisant entre eux et la Grande-Bretagne pour l'attribution de compétence aux autorités anglaises. Cette solution, admise déjà par le *Merchant Schipping Act* de 1854 (17 et 18 Victor., ch. 104, n° 267), est reproduite en termes formels par l'article 689 du *Merchant Schipping Act* de 1894 (57 et 58 Victor., ch. 60) (1). Il y a là un cas possible d'application du devoir de fidélité, *à raison d'un séjour passé à bord d'un navire anglais.* Le seul engagement des gens de mer sur un tel navire établit un certain lien d'allégeance entre les engagés et le Roi d'Angleterre, lien dont les effets se prolongent, dans une certaine mesure, au delà du terme même de l'engagement pendant un délai de trois mois. Par exemple, le crime commis aux Nouvelles-Hébrides par un ancien sujet anglais devenu étranger est de la compé-

(1) V. le texte de cette disposition dans H. Fromageot, *Code maritime britannique*, Paris, Pedone, 1896, p. 350.

tence des autorités anglaises dans le cas où cet étranger aurait trois mois avant l'infraction servi à bord d'un navire britannique.

La présence actuelle ou le séjour passé à bord d'un navire anglais ne sont pas les seules circonstances faisant naître le devoir de fidélité. L'article 5 ne cite ces circonstances qu'à titre d'exemples. Il admet en outre que le devoir de fidélité peut exister dans d'autres cas (*otherwise*). Ici encore on peut imaginer plusieurs hypothèses.

Pour les étrangers, on peut songer aux deux cas suivants :

En premier lieu, le *Naturalisation Act* de 1870 (33 et 34 Victor., ch. 14) donne dans son article 16 aux colonies anglaises le pouvoir de faire des lois ayant pour but « de conférer les privilèges ou partie des privilèges de la naturalisation à un étranger, pour que celui-ci en jouisse *dans les limites* de la dite possession » (1). Or, d'après la jurisprudence de notre Cour de cassation (2), la naturalisation accordée ainsi dans une colonie anglaise, ne valant que dans les limites de cette colonie et n'y ayant du reste que des effets limités, n'est pas une véritable naturalisation faisant perdre à celui qui l'a obtenue son ancienne nationalité. Spécialement, le Français qui s'est fait naturaliser en Australie conserve néanmoins sa qualité de Français. Si l'on admet cette façon de voir, du reste contestée en Angleterre, les individus naturalisés Australiens sont en dehors de l'Australie, par exemple aux Nouvelles-Hébrides, considérés, il est vrai, comme des étrangers mais comme des étrangers tenus d'un devoir de fidélité vis-à-vis de Sa Majesté britannique.

En second lieu, on peut supposer que les ressortissants d'une nation étrangère, ne possédant aucun représentant dans l'Ouest du Pacifique, ont été placés, soit de leur propre initiative, soit à la suite d'un accord entre leur gouvernement et celui de la Grande-Bretagne, sous la protection des autorités anglaises. Des accords de ce genre interviennent quelquefois, on le sait, pour obtenir que dans un pays déterminé les agents diplomatiques ou consulaires d'un État protègent en même temps que leurs nationaux les sujets d'un autre État qui n'y est pas représenté. Dans ce cas, les ressortissants étrangers qui ont été placés sous la protection des autorités britanniques sont assimilés, à notre point de vue, aux sujets anglais.

Quant aux indigènes, on voit difficilement pour eux la possibilité d'être tenus d'un devoir de fidélité vis-à-vis du Roi d'Angleterre. Peut-être cependant peut-on supposer ici quelque chose d'analogue à ce qui se passe dans les pays musulmans, où, par suite d'un abus courant, un

---

(1) *Annuaire de législation étrangère*, t. I (1871), p. 11.

(2) Cass. crim., 14 février 1890, aff. Gelez, Dalloz, *Rec. pér.*, 1891.1. 281, avec une note de M. Cohendy. V. aussi *Journal du dr. intern. privé*, t. XVII (1890), p. 116.

grand nombre d'indigènes se trouvent être placés sous la protection du consul d'une nation étrangère. Sans doute, le défaut d'une autorité consulaire ou d'une autorité équivalente dans l'archipel néo-hébridais y rend ce procédé d'une application difficile. Mais les colons anglais pourraient faire considérer les indigènes qu'ils emploient dans leurs établissements comme des protégés britanniques. Et pour arriver à ce résultat point ne serait nécessaire de faire immatriculer ces indigènes sur les registres dont la tenue est prescrite par le Haut-Commissaire (1); le seul fait de leur emploi chez des colons anglais pourrait être un titre suffisant pour leur soumission aux autorités anglaises (2).

Dans ces conditions encore, l'extension de compétence sur certaines catégories d'étrangers et d'indigènes n'a rien de contraire au droit international et aux arrangements diplomatiques qui régissent les Nouvelles-Hébrides. Elle est, en effet, basée sur « un devoir de fidélité », c'est-à-dire sur un lien personnel entre les justiciables et le gouvernement anglais. Ce devoir est peut-être la plupart du temps purement fictif, ce lien personnel est excessivement lâche, cependant ils permettent à l'Angleterre d'étendre son influence tout en restant fidèle à ses obligations, puisque, la compétence accordée à ses autorités ne procédant pas d'un droit de souveraineté sur le territoire, « l'indépendance des Nouvelles-Hébrides » est respectée.

Toutefois, en matière pénale et vis-à-vis des indigènes, l'extension de compétence dont nous venons de parler doit être limitée par les pouvoirs qui appartiennent à la Commission navale mixte. Nous avons vu (*suprà*, p. 232) que, d'après le Règlement de 1888, cette Commission seule peut intervenir pour réprimer les troubles causés par les indigènes. Aucun commandant de navire, soit français, soit anglais, ne peut, dans ce cas, engager une action indépendante ou isolée (art. 2). Il n'en est autrement qu'en cas d'urgence. Mais, dans ce cas encore, le commandant qui agit isolément doit se borner aux mesures nécessaires pour la protection des intérêts en péril ; il n'a aucun droit de juridiction. Celui-ci ne peut appartenir qu'à la Commission mixte. Dès lors, les officiers de marine anglais, qui, en fait, sont, dans l'archipel néo-hébridais, les autorités anglaises investies des pouvoirs conférés par l'Ordonnance, ne peuvent ni juger les indigènes coupables de crimes ou de délits, ni les arrêter et les conduire devant un tribunal du Pacifique, alors même qu'il s'agirait d'indigènes tenus « d'un devoir de fidélité » vis-à-vis du Roi d'Angleterre.

(1) V. *suprà*, p. 238, texte et note 1.

(2) M. J. Westlake, l'éminent professeur à l'Université de Cambridge, a bien voulu nous fournir l'appui de sa science pour le commentaire de l'importante disposition de l'article 5 de l'Ordonnance anglaise. Nous lui en exprimons ici toute notre respectueuse reconnaissance.

Il nous paraît, en effet, impossible d'admettre que, sous prétexte de « devoir de fidélité », on puisse assimiler des indigènes à des sujets britanniques, à l'effet de les soustraire à la juridiction de la Commission mixte.

Les hypothèses prévues par l'article 5 ne sont pas les seuls cas dans lesquels des étrangers et des indigènes peuvent être justiciables des autorités anglaises. Dans ces différentes hypothèses, l'extension de compétence est générale, elle a lieu (réserve faite de ce qui vient d'être dit relativement aux pouvoirs de la Commission mixte) aussi bien en matière pénale qu'en matière civile, exactement comme s'il s'agissait de sujets britanniques. Nous allons voir maintenant qu'en matière civile, il est un autre cas dans lequel les étrangers et les indigènes peuvent être justiciables des autorités anglaises. C'est le cas de soumission volontaire.

Aux termes de l'article 109 de l'Ordonnance, en matière civile, les étrangers peuvent valablement actionner les Anglais, et réciproquement être actionnés par eux, devant une Cour de la région (1), moyennant les conditions suivantes : 1° l'étranger, demandeur ou défendeur, doit fournir par écrit son consentement à se soumettre à la juridiction de la Cour saisie ; 2° il doit, en outre, si la Cour l'exige, fournir un certificat émanant d'une autorité compétente de son pays, constatant que son gouvernement n'élève aucune objection contre la juridiction de la Cour dans le cas particulier qui lui a été soumis ; 3° il doit, enfin, si la Cour l'exige, déposer une somme pour garantir le payement des frais, dépens et dommages-intérêts auxquels il peut être condamné. — De ces trois conditions, les deux dernières sont facultatives pour la Cour, mais la première, relative au consentement du plaideur étranger, est, au contraire, obligatoire. Il est donc vrai de dire que dans les procès civils entre Anglais et étrangers, la juridiction des autorités britanniques est purement volontaire. Il ne pouvait pas en être autrement, car ici aucun lien, ni territorial, ni personnel, ne permettait à l'Angleterrre d'imposer sa juridiction à des étrangers. Mais ces derniers sont libres de poursuivre leurs débiteurs anglais; conformément à la règle « actor sequitur forum rei », devant les autorités britanniques ou de ne pas décliner la compétence de ces autorités dans le cas où ils sont poursuivis devant elles, parce qu'on a toujours le droit de choisir ses juges ou d'accepter ceux proposés par l'adversaire. Leur consentement résultant dans le premier cas du fait même de leur action et dans le second cas du fait de leur silence, un consentement exprès et par écrit était, à la rigueur, inutile ; en l'exigeant,

(1) Le terme *Cour* est pris ici, comme dans la plupart des dispositions de l'Ordonnance, dans son sens le plus large, c'est-à-dire dans le sens d'une autorité compétente. En conséquence, conformément à ce qui a été dit plus haut (p. 241), les actions entre Anglais et étrangers, dans l'hypothèse de l'article 109, peuvent être portées aux Nouvelles-Hébrides devant un officier de marine anglais.

l'Ordonnance de 1893 va au delà de ce que lui imposait le droit commun, mais se montre d'une prudence louable.

Aussi, comme l'article 109 ne s'explique que sur le cas des étrangers, est-il permis de décider que, vis-à-vis des indigènes demandeurs ou défendeurs dans un procès civil avec des Anglais, la formalité du consentement par écrit n'est pas nécessaire ; le droit commun seul recevra application. L'indigène qui actionne un Anglais devant les autorités de ce dernier accepte par là même la juridiction de ces autorités. Quant à l'indigène défendeur, il reste libre de décliner la compétence du tribunal devant lequel il est cité, mais s'il garde le silence, le tribunal saisi peut valablement connaitre de l'action exercée devant lui.

En résumé, la compétence juridictionnelle des autorités anglaises s'exerce dans des Nouvelles-Hébrides : 1° en toute matière, sur les sujets britanniques et sur les étrangers et les indigènes dans les différentes hypothèses prévues par l'article 5 ; 2° en matière civile seulement, sur les étrangers et les indigènes, en procès avec des Anglais, moyennant le consentement exprès des premiers et le consentement tacite des seconds.

Tel est, dans ses grandes lignes, le système de protection, à la fois souple et pratique, qu'a organisé le *Pacific Order in Council* du 15 mars 1893. Grâce à lui, les colons anglais des Nouvelles-Hébrides ont obtenu les satisfactions qu'ils réclamaient depuis longtemps. Ils sont assurés aujourd'hui de voir leurs personnes et leurs biens protégés, leur état civil légalement constaté et la plupart de leurs différends rapidement tranchés par une autorité nationale.

En est-il de même des colons français? La France a-t-elle obéi aux mêmes besoins qui ont déterminé l'action de l'Angleterre ou a-t-elle au moins cherché à imiter l'exemple de sa rivale?

Pendant longtemps les colons français ont été abandonnés à eux-mêmes. Aucune autorité n'existait dans l'archipel pour réprimer les crimes ou délits qu'ils pouvaient commettre (1), pour trancher leurs différends, pour constater leur état civil. A ce dernier point de vue, le défaut d'une autorité établie leur était particulièrement sensible, puisque, ne pouvant pas faire constater dans leurs familles les mariages, les naissances et les décès, ils étaient en quelque sorte hors la loi : dans l'impossibilité de contracter une union régulière et d'avoir *légalement* des enfants même naturels (2). Pour se marier valablement, ils étaient forcés

_____

(1) V. *suprà*, p. 232-233.
(2) Les enfants nés dans l'archipel néo-hébridais de parents français qui s'y étaient mariés étaient des enfants naturels. Mais leur filiation ne pouvait être ni établie par

de se transporter en Nouvelle-Calédonie (1), ce qui était toujours gênant et parfois impossible. On comprend sans peine que cet état de choses ait provoqué des plaintes nombreuses de la part des colons français. Mais, n'obtenant pas du gouvernement la protection qu'ils réclamaient, ils songèrent un instant à y suppléer par leurs propres moyens. C'est ainsi qu'ils eurent l'idée de créer à Port-Vila (île Vaté), qu'ils s'empressèrent de baptiser Franceville (2), un groupement indépendant dont les agents seraient investis vis-à-vis des habitants de tous les pouvoirs administratifs et judiciaires nécessaires pour l'existence d'une collectivité. On nomma un Conseil municipal et un maire (3) qui entrèrent en fonctions le 9 août 1889. On commença aussitôt à tenir des registres d'actes de l'état civil, à constituer un tribunal et même à faire des travaux publics (4). Mais cette curieuse organisation fut de courte durée. Quelques mois après sa constitution, elle reçut du commandant Bigaud, qui représentait alors la France dans la Commission mixte, l'ordre formel de se dissoudre (5). Le représentant français trouva, avec raison à notre avis, que la constitution de la municipalité de Franceville était une violation de l'entente anglo-française. L'organisation d'un groupement territorial était inconciliable avec l'indépendance des Nouvelles-Hébrides qui s'oppose, comme nous l'avons déjà dit (6), à toute occupation de la part de l'un des contractants en vue d'y acquérir la souveraineté. Or, bien que les fondateurs de la municipalité de Franceville agissent en leur qualité privée, il n'en était pas moins certain que le succès de leur initiative eût indirectement accordé à la France des droits privatifs sur une partie de l'archipel. Mais en supposant même que la France ne dût en tirer aucun profit et en admettant, en droit, que la municipalité pût exister en tant que groupement indépendant et souverain — ce qui, en thèse générale, nous parait parfaitement possible (7) — l'entreprise était cependant encore irrégulière.

un acte de reconnaissance, impossible à rédiger, ni prouvée par témoins vis-à-vis du père, puisque la recherche de la paternité est interdite (art. 340 code civil).

(1) Les enfants issus de cette union étaient légitimes et pouvaient, conformément à l'article 46 du code civil, établir leur filiation même par témoins.

(2) C'est sur ce point qu'étaient venus se fixer la plupart des colons envoyés dans l'archipel par les soins de la Société française de colonisation de Paris (suprà, p. 136).

(3) Ce maire fut M. Chevillard.

(4) D' E. Davillé, op. cit., p. 100-101. C'est à cette municipalité éphémère qu'on doit à Vaté une petite route le long de la mer.

(5) Jean Carol, article précité, p. 265.

(6) Suprà, p. 235.

(7) Cette façon de voir n'est pas partagée par tout le monde (V. l'état des opinions à cet égard, dans Salomon, De l'occupation des territoires sans maître, thèse. Paris 1889, p. 128 et suiv., et dans Jèze, Etude théorique et pratique sur l'occupation, Paris, 1896, p. 174 et suiv.). Une partie de la doctrine n'admet pas que des simples particuliers ou une association privée puissent occuper, pour leur propre compte et à titre souverain,

C'est que, depuis la déclaration d'indépendance de 1878 et surtout depuis la convention de 1887, les Nouvelles-Hébrides ont cessé d'être des territoires vacants et sans maitre. Chacune des parties contractantes est fondée à s'opposer à ce que l'autre ou un tiers quelconque en prenne possession. On objecterait à tort que les contractants n'y ayant pas établi, en fait, leur domination, leur entente n'a qu'un caractère personnel et n'est pas, par conséquent, opposable aux tiers. Le principe de la relativité des effets des contrats ne s'applique pas en droit international public aussi rigoureusement qu'en droit privé. Les tiers ne peuvent pas sans inconvénient pour eux méconnaître la situation qui résulte pour un État de la convention qu'il a conclue avec un autre État. En matière d'acquisition de territoire, cela est couramment admis, en fait, en présence d'une simple délimitation des sphères d'influence de deux États (1);

un territoire vacant et sans maitre. Seuls les États auraient ce droit. Cette doctrine, conséquence de l'idée, à notre avis erronée, que seuls les États ont la personnalité internationale, est démentie par les faits. Il suffit de citer l'exemple de l'Association antiesclavagiste fondée à Washington en 1816, qui acheta des terres sur la côte occidentale de l'Afrique, fonda en 1822 la ville de Monrovia avec des esclaves affranchis et finit par former depuis 1847 l'État de Libéria, et celui de l'Association internationale du Congo fondée en 1876 sous le patronage du Roi Léopold II, qui acquit des territoires dans le bassin du Congo, s'organisa en communauté autonome et finit également par former depuis 1885 l'État indépendant du Congo. Dans ces deux exemples, l'acquisition de territoires eut lieu dès le début à titre souverain et la personnalité internationale appartint aux deux Associations avant même leur reconnaissance comme États. Il est curieux de voir que ces résultats sont constatés par ceux-mêmes qui dénient aux associations privées la personnalité internationale (A. Chrétien, *Principes de droit international public*, nos 79 et 80 ; F. Despagnet, *Cours de droit international public*, 2e édit., p. 431. — Ce dernier auteur est toutefois forcé d'avouer (*ibid.*, p. 432) : « qu'on a une tendance très marquée aujourd'hui, même en doctrine, à reconnaitre aux Compagnies privées de colonisation le droit d'occupation avec acquisition, non seulement de la propriété du sol, mais encore de la souveraineté ». Au surplus, les auteurs qui, comme MM. Salomon et Jèze, ont traité la question avec ampleur, après avoir affirmé que les particuliers et les Compagnies sont incapables d'acquérir des droits de souveraineté, concluent en disant que « lorsqu'une personne privée ou une Compagnie s'établissent dans un pays désert ou barbare, aucun principe juridique n'empêche qu'à la longue ils acquièrent des droits de souveraineté » (Salomon, *op. cit.*, p. 188. V. aussi Jèze, *op. cit.*, p. 201-205). Ce qui semble infirmer indirectement leur affirmation de principe.

(1) Par la convention fixant les sphères d'influence ou d'intérêts de deux États dans une région déterminée, chacune des parties contractantes reconnait d'avance la souveraineté de l'autre dans la zone qui lui a été attribuée, sous la condition suspensive d'une occupation effective ultérieure. Le droit de préférence qui en résulte pour chacune d'elles est opposable même aux tiers, en ce sens que l'occupation par ceux-ci de tout ou partie des territoires rentrant dans la sphère d'influence de l'un des contractants serait considérée comme un acte contraire aux convenances diplomatiques. La pratique est fixée dans ce sens même en Afrique, où pourtant, en vertu de l'article 35 de l'Acte de Berlin du 26 février 1885, les territoires le long des côtes doivent, en droit, être considérés comme vacants et sans maitre, et partant susceptibles d'occupation, tant qu'un État civilisé n'en a pas pris effectivement possession. Il semblerait donc que des territoires compris dans la sphère d'influence d'un État ne perdent pas, par cela même, leur caractère de territoires vacants et peuvent, comme par le passé, être acquis par

il doit en être de même dans le cas d'une déclaration d'indépendance et, à plus forte raison, dans le cas d'un condominium, fût-il aussi atténué que celui qui résulte de l'accord de 1887.

Après l'échec du système imaginé en 1889, les colons français cherchèrent une seconde fois à remédier aux inconvénients de leur condition précaire, en organisant, en 1895, d'eux-mêmes, une espèce de tribunal d'arbitrage, chargé de juger les différends s'élevant entre colons français et que les deux parties consentiraient à lui soumettre (1). Mais le remède n'était pas bien sérieux, car, outre le caractère purement facultatif de ce tribunal arbitral, les sentences qui en émanaient ne pouvaient avoir qu'une valeur morale. Leur exécution dépendait du bon vouloir de la partie condamnée, puisque, pour donner à une sentence arbitrale la force exécutoire, il faut l'intervention d'un magistrat qui en la visant lui accorde la valeur d'un jugement (2) et celle des agents de la force publique qui en assurent l'exécution. Or, ni l'un ni les autres n'existaient aux Nouvelles-Hébrides. Dans ces conditions, les colons français étaient réduits à l'impuissance et n'avaient qu'à attendre que le gouvernement français consentît à écouter leurs doléances. Jusque-là, ils n'avaient qu'une seule ressource : c'était de rechercher la protection de la puissance rivale, soit en se faisant naturaliser Anglais, soit simplement en déclarant se soumettre à la législation anglaise, ce qui les engageait au « devoir de fidélité » dont nous avons parlé plus haut, et les faisait profiter des avantages qui y sont attachés.

Ainsi, par son inaction traditionnelle, la France contribuait elle-même à l'extension de l'influence de l'Angleterre aux Nouvelles-Hébrides. Quelques années de ce régime eussent suffi à rendre fondée l'opinion erronée de ceux qui, comme notre administration des Postes (3), se fiant aux apparences, considéraient déjà ces îles comme « colonies anglaises ». Heureusement le danger fut aperçu à temps et, dans le courant de l'an-

le premier occupant. Néanmoins, il est admis que la sphère d'influence d'un État doit être respectée non seulement par le contractant de cet État, mais aussi par les États tiers. Il est intéressant de remarquer que, par ce procédé, on arrive à conserver l'ancienne pratique des occupations fictives que l'Acte de Berlin a eu justement pour but de condamner dans le partage de l'Afrique. C'est ce qu'une partie de la doctrine reproche aux conventions portant délimitation de sphères d'influence (Comp. E. Nys, *Notices diverses*, dans la *Revue de droit international et de législation comparée*, t.I (2ᵉ série) 1899, p.184). Mais ces critiques sont absolument vaines. Les conventions dont il s'agit sont définitivement entrées dans la pratique des nations. La fréquence de leur conclusion prouve d'ailleurs qu'elles répondent à un besoin : celui d'éviter autant que possible les heurts et les conflits entre les copartageants, par la détermination préalable de la sphère dans laquelle chacun d'eux pourra chercher à asseoir sa domination.

(1) Jean Carol, *article précité*, p. 261.

(2) V. par exemple l'article 1020 du code de procédure français.

(3) V. *suprà*, p. 124.

née 1900, le gouvernement français se décida à prendre enfin des mesures pour faire cesser aux Nouvelles-Hébrides un état de choses qui avait
pour effet d'obliger ses ressortissants « à chercher refuge auprès des
institutions d'une autre nation » (1). Encouragé par l'exemple de l'Angleterre et convaincu de l'utilité des mesures adoptées par ce pays, notre
gouvernement pensa qu'il pouvait, sans inconvénient, se départir de la
timidité et de l'indifférence dont il avait jusque là fait preuve vis-à-vis
des colons français. En conséquence, le 9 juin 1900, il demanda au Parlement de mettre le Président de la République à même de prendre, par
voie de décret, des dispositions analogues à celles qui avaient été édictées par les *Pacific Orders in Council* (2). Ces dispositions devaient être
de deux sortes : d'ordre administratif et judiciaire et d'ordre douanier.
Elles devaient s'appliquer spécialement aux Nouvelles-Hébrides et d'une
façon plus générale dans toute terre de l'Océan Pacifique ne relevant
d'aucune puissance civilisée où pourraient se trouver des colons français (3). Le projet du gouvernement, adopté sans débats par les deux

(1) Exposé des motifs du projet de loi cité ci-après.

(2) Projet de loi autorisant le Président de la République à prendre, par voie de décret, les mesures d'ordre administratif, douanier et judiciaire nécessaires pour assurer
la protection et garantir l'état et les droits des citoyens français établis dans les îles et
terres de l'Océan Pacifique ne faisant pas partie du domaine colonial de la France et
non soumises à la juridiction d'une puissance civilisée, présenté, au nom de M. Emile
Loubet, Président de la République française, par M. Delcassé, ministre des affaires
étrangères, par M. J. Caillaux, ministre des finances, par M. A. Millerand, ministre du
commerce, de l'industrie, des postes et des télégraphes, et par M. Decrais, ministre des
colonies. V.pour l'Exposé des motifs, *Journal officiel*, Documents parlementaires, Chambre,1900, p.1216,annexe n° 1697, et pour le Rapport présenté au nom de la Commission
des colonies à la séance de la Chambre du 15 juin 1900, par M.Etienne, député (Rapport
qui reproduit presque textuellement l'Exposé des motifs), *ibid*.,p. 1323, annexe n° 1719.

(3) Au point de vue du droit constitutionnel, la réglementation à laquelle voulait procéder le gouvernement soulevait une double question. En premier lieu, l'intervention
du Parlement était-elle nécessaire ? Le Président de la République avait-il besoin de l'autorisation législative pour prendre les décrets que le gouvernement estimait nécessaires
pour assurer la protection des colons français ? La question revenait à se demander si
le droit qu'a le pouvoir exécutif, en vertu de l'article 18 du sénatus-consulte du 3 mai
1854, de régir toutes les colonies, à l'exception de la Martinique, de la Guadeloupe et
de la Réunion, par de simples décrets était applicable aux Nouvelles-Hébrides. Sans
doute, aurait-on pu dire dans le sens de l'affirmative, ces îles ne font pas encore partie du domaine colonial français, mais elles ne sont pas non plus vis-à-vis de la France
un territoire étranger proprement dit,puisque depuis 1887 elles sont soumises à une espèce de condominium auquel participe notre pays.De plus, la réglementation du sort
des colons français établis dans l'archipel est, en définitive, une question coloniale qui,
à ce titre, rentre dans les attributions réglementaires du pouvoir exécutif. A notre
avis, ces raisons n'eussent pas été sérieuses, car, malgré tout, les Nouvelles-Hébrides
ne sont pas une colonie française et le pouvoir législatif dont le Président de la République est exceptionnellement investi ne peut être exercé qu'à l'égard des colonies
proprement dites. C'est donc avec raison que le gouvernement crut devoir demander
l'autorisation du Parlement. Ce qui semble avoir déterminé sa conduite, c'est la pro-

cédure suivie en pareille occasion en Angleterre où, comme on l'a vu, les *Pacific Orders in Council* furent pris en exécution d'*Acts* antérieurs du Parlement. Cet exemple,il est vrai, n'était pas absolument probant parce qu'en principe le gouvernement anglais n'a pas des pouvoirs réglementaires aussi étendus que le gouvernement français (V.A.V.Dicey,*Introduction to the study of the Law of the Constitution*, 5° édit., p. 48-52, et A. Todd, *Le gouvernement parlementaire en Angleterre*, traduction française Boucard et Jèze, t. II, p. 256-258). Quoi qu'il en soit, en demandant pour l'un et l'autre des deux décrets projetés l'autorisation du Parlement, on tranchait notre première question par l'affirmative. — Aussitôt se posait une seconde question. Quelle était la nature de l'autorisation qu'on demandait aux Chambres ? Etait-ce une délégation législative ordinaire ? Dans ce cas, les décrets auraient été des règlements d'administration publique dans l'élaboration desquels le Conseil d'État aurait dû nécessairement intervenir. N'était-ce plutôt une autorisation habilitant une fois pour toutes le Président de la République à user des pouvoirs que lui confère l'article 18 du sénatus-consulte de 1854 en dehors des prévisions de ce texte et pour le cas particulier des terres du Pacifique n'appartenant à aucune puissance civilisée ? Dans ce cas, les décrets auraient été des décrets-lois dont l'un au moins aurait pu être pris sans l'intervention du Conseil d'Etat. La question était très délicate au point de vue des principes. On peut soutenir que l'autorisation qu'on demandait au Parlement ne pouvait être qu'une délégation ordinaire, parce que toute extension du sénatus-consulte de 1854 serait inconstitutionnelle (Esmein, *Eléments de droit constitutionnel*, 2° édit., p. 355, note 4). Ce n'est pourtant pas cette façon de voir qu'a suivie le gouvernement. Il résulte nettement de l'Exposé des motifs de son projet de loi que ce qu'il demandait aux Chambres était purement et simplement une extension du sénatus-consulte de 1854 (a). La difficulté n'a même pas été aperçue au Parlement et la loi du 30 juillet 1900 a été votée sans débats.L'article 1er de cette loi autorise le Président de la République à prendre « par voie *de décret* » des mesures d'ordre administratif et judiciaire.On n'eût pas manqué de dire « par décret portant règlement d'administration publique » si, au lieu d'une extension du régime des décrets, il se fût agi d'un renvoi régulier au pouvoir réglementaire du Président de la République. Aussi le décret relatif aux mesures administratives et judiciaires (décret du 28 février 1901) a-t-il été pris sans consulter le Conseil d'État.De sorte que ou bien le décret vaut comme décret-loi et alors la loi du 30 juillet 1900 peut être taxée d'inconstitutionnalité,ou bien cette loi a entendu faire une application du droit commun en matière de réglementation et alors le décret du 28 février 1901 est nul en la forme comme n'ayant pas été délibéré en Conseil d'État et son application risque de rencontrer des difficultés dans la pratique (Laferrière,*Traité de la juridiction administrative*, 2°édit., t. II, p. 11). La question est beaucoup plus simple pour le second décret, celui qui concerne les mesures douanières et qui est actuellement en préparation.Car, dans tous les cas, que le Président de la République agisse en vertu de ses pouvoirs ordinaires ou en vertu des pouvoirs exceptionnels que lui accorde le sénatus-consulte de 1854, tout décret établissant des tarifs de douane doit être pris en Conseil d'État. Cette obligation résulte de l'article 3 de la loi du 7 mai 1881 (Comp. Laferrière, *op.cit.*,p.6, texte et note 1).Quel que fût donc le sens de l'autorisation demandée au Parlement,la loi devait prévoir pour les mesures douanières des décrets pris en Conseil d'État. Tel est le sens de l'article 2 de la loi du 30 juillet 1900 qui prévoit des décrets « rendus dans la forme des règlements d'administration publique ». Il eût été, toutefois, plus correct de

(a)« La délégation que nous vous proposons de confier au Président de la République, disait le gouvernement aux Chambres dans l'Exposé des motifs de son projet de loi, n'a d'ailleurs rien d'incompatible avec notre législation.A l'exception de la Martinique, de la Guadeloupe et de la Réunion, dont la constitution a été réglée par le sénatus-consulte du 3 mai 1854,l'ensemble de notre domaine colonial est placé,conformément à l'article 18 de cet acte, sous le régime des décrets. *On croit pouvoir dès lors procéder dans des conditions analogues* pour des terres qui ne font pas partie de nos établissements, mais sur lesquelles, à un moment donné, notre autorité peut être appelée à s'étendre ».

Chambres,devint la loi du 30 juillet 1900 (1).Usant de l'autorisation qui lui en a été donnée par cette loi, le gouvernement arrêta, par décret du 28 février 1901, les mesures administratives et judiciaires pour assurer la protection des colons français et prépare actuellement un autre décret sur le régime douanier auquel seront soumis en France et dans les colonies françaises certains produits originaires des Nouvelles-Hébrides (2). Il ne sera question pour le moment que du décret du 28 février 1901 (3).

dire : décrets portant règlement d'administration publique (Comp. Laferrière, *op.cit.*, p.10).

(1) Voici le texte de cette loi (*Journal officiel* du 3 août 1900) :

Loi autorisant le Président de la République à assurer, par décret, la protection des citoyens français établis dans certaines îles et terres de l'Océan Pacifique.

Le Sénat et la Chambre des députés ont adopté,

Le Président de la République promulgue la loi dont la teneur suit :

Article 1er. — Le Président de la République est autorisé à prendre par voie de décret les mesures d'ordre administratif et judiciaire nécessaires pour assurer la protection et garantir l'état et les droits des citoyens français établis dans îles les et terres de l'Océan Pacifique ne faisant pas partie du domaine colonial de la France et n'appartenant à aucune autre puissance civilisée.

Art. 2. — Le Président de la République est également autorisé à établir par décrets, rendus dans la forme des règlements d'administration publique, le régime douanier auquel sont assujettis, en France et dans les colonies françaises, les produits originaires des îles et terres ci-dessus désignées, récoltés ou fabriqués par les établissements commerciaux ou agricoles possédés ou exploités par des Français ou par des sociétés civiles ou commerciales françaises.

La présente loi, délibérée et adoptée par le Sénat et par la Chambre des députés sera exécutée comme loi de l'État.

Fait à Paris, le 30 juillet 1900.

EMILE LOUBET.

Par le Président de la République,
Le ministre des affaires étrangères,
DELCASSÉ.

Le ministre des finances,
J. CAILLAUX.

Le ministre du commerce, de l'industrie,
des postes et des télégraphes,
A. MILLERAND.

Le ministre des colonies,
ALBERT DECRAIS.

(2) V. *infrà* p. 264 et suiv.

(3) Voici le texte de ce décret (*Journal officiel* du 25 mars 1901) :

Le Président de la République française,

Sur le rapport du ministre des colonies, du garde des sceaux, ministre de la justice, des ministres des affaires étrangères et de la marine,

Vu la loi du 30 juillet 1900, autorisant le Président de la République à assurer, par décret, la protection des citoyens français dans certaines îles et terres de l'océan Pacifique,

Décrète :

TITRE Ier

ORGANISATION ADMINISTRATIVE.

Article 1er.— Le gouverneur de la Nouvelle-Calédonie et dépendances exerce les fonc-

Le système établi par ce décret est bien simple. Le gouverneur de la Nouvelle-Calédonie est nommé Commissaire général de la République française dans l'Océan Pacifique (art 1er). Il reçoit le pouvoir de désigner, pour chaque île ou groupe d'iles n'appartenant à aucune puissance civilisée, un Commissaire délégué chargé des fonctions judiciaires (art.3) et une ou plusieurs personnes chargées de remplir les fonctions d'officier

tions de Commissaire général de la République française dans l'Océan Pacifique.

Il est chargé en cette qualité de protéger les Français qui résident ou trafiquent dans les îles de l'Océan Pacifique ne faisant pas partie du domaine colonial de la France et n'appartenant à aucune autre puissance civilisée.

Art. 2. — En cas d'absence, il est remplacé dans ses fonctions par le fonctionnaire qui exerce l'intérim du gouvernement de la Nouvelle-Calédonie.

Art. 3. — Le Commissaire général peut désigner, pour chaque île ou groupe d'iles, un commissaire à qui il délègue tout ou partie de ses pouvoirs.

Art. 4. — En l'absence sur les lieux du délégué du Commissaire général, et en cas d'urgence, tout officier commandant un navire de l'Etat pourra exercer les pouvoirs conférés audit délégué.

Il devra, dans tous les cas, établir aussitôt que possible un rapport des faits qu'il adressera au Commissaire général. Celui-ci pourra toujours, après examen d'une de ces affaires, modifier ou révoquer les mesures prises par l'officier de marine en tant que cela sera possible.

TITRE II

ORGANISATION JUDICIAIRE.

Art. 5. — Le Commissaire général peut déléguer aux Commissaires prévus à l'article 3 des pouvoirs qui n'excéderont pas ceux d'un juge de paix à compétence étendue.

Ces pouvoirs s'exercent, en se conformant autant que possible à la loi française telle qu'elle est promulguée en Nouvelle-Calédonie, dans toutes les contestations entre Français.

Les appels formés contre les jugements en premier ressort sont portés devant la cour de Nouméa.

Art. 6. — En matière répressive, le Commissaire délégué connaît : 1° en se conformant à la loi française telle qu'elle est promulguée en Nouvelle-Calédonie, de tous les délits correctionnels commis par des Français ; ses jugements sont susceptibles d'appel devant la Cour de Nouméa ; 2° en matière de simple police et statuant en premier et dernier ressort, des contraventions aux arrêtés de police pris par le Commissaire général.

Art. 7. — Les crimes commis par des Français sont jugés par la Cour d'assises de Nouméa. L'instruction en est faite par le Commissaire délégué.

Art. 8. — Lorsque le délégué sera absent, tout officier commandant un navire de l'Etat pourra, s'il y a urgence, remplir momentanément les fonctions judiciaires dévolues au Commissaire du gouvernement.

Art. 9. — Des arrêtés du Commissaire général règlent tout ce qui est relatif à la tenue des audiences, aux formes de la procédure et de l'exécution des jugements, qui devront être aussi simplifiées que possible.

Art. 10.— Le Commissaire général désigne les personnes qui, dans chaque île ou groupe d'iles, remplissent les fonctions d'officier de l'état civil à l'égard des Français qui y sont établis.

Art. 11. — Ces personnes se conforment, pour l'établissement des actes et pour la célébration des mariages, aux dispositions de la loi française en vigueur en Nouvelle-Calédonie.

Art. 12. — Lorsqu'un Français ou sujet français décède sans laisser d'héritiers conde l'état civil (art. 10). De plus, en l'absence sur les lieux du Commissaire délégué, et en cas d'urgence, ses pouvoirs peuvent être exercés par tout officier commandant un navire de l'État. Mais, dans ce cas, l'officier de marine doit adresser aussitôt un rapport des faits au gouverneur de la Nouvelle-Calédonie pour permettre à celui-ci de modifier ou de révoquer, le cas échéant, les mesures prises (art. 4).

Voilà pour les autorités. Quant à leurs pouvoirs, le Commissaire général a, en outre du droit de nommer les autorités subalternes dont il vient d'être question, des pouvoirs réglementaires. Il est chargé, d'une façon générale, de la protection des Français qui résident ou trafiquent dans les iles visées par le décret (art. 1er, al. 2). Il a le droit de prendre des arrêtés de police applicables aux dits Français (art. 6,*in fine*) et de régler tout ce qui est relatif à la tenue des audiences et aux formes de la procédure et de l'exécution des jugements , qui doivent être aussi simplifiées que possible (art. 9).

Les personnes désignées pour remplir les fonctions d'officier de l'état civil n'ont compétence que pour les actes des colons français. Elles doivent se conformer, tant pour l'établissement des actes que pour la célébration des mariages, aux dispositions de la loi française en vigueur en Nouvelle-Calédonie (art. 10 et 11).

Enfin les fonctions judiciaires sont confiées aux Commissaires délégués et, à leur défaut, aux officiers de marine (art. 8). Leurs pouvoirs ne peuvent pas excéder ceux d'un juge de paix à compétence étendue et doivent également être exercés autant que possible conformément à la loi française telle qu'elle est promulguée en Nouvelle-Calédonie (art. 5, al. 1 et 2).

En matière civile, ils connaissent de *toutes* les contestations entre *Français seulement*. Et l'appel formé contre leurs jugements est porté, s'il y a lieu, devant la Cour de Nouméa (art. 5, al. 2 et 3).

En matière répressive, ils interviennent, toujours à l'égard des seuls

nus et présents, il est pourvu par les soins du Commissaire délégué à l'administration de ses biens, jusqu'au jour où ils peuvent être remis aux ayants droit.

Disposition générale.

Art. 13. — Le Commissaire général est chargé de régler par des arrêtés particuliers les mesures d'exécution du présent décret.

Art. 14. — Les ministres des colonies, de la justice, des affaires étrangères et de la marine sont chargés, chacun en ce qui le concerne, de l'exécution du présent décret.

Fait à Paris, le 28 février 1901.

EMILE LOUBET.

Par le Président de la République :
Le ministre des colonies,
ALBERT DECRAIS.

Français, mais quelles que soient les personnes lésées, tantôt comme
magistrats de jugement, tantôt comme juges d'instruction. Ils statuent
en premier et dernier ressort sur toutes les contraventions commises par
des Français aux arrêtés de police pris par le Commissaire général. Ils
connaissent, en premier ressort seulement et sauf appel devant la
Cour de Nouméa, de tous les délits correctionnels commis par des Français (art.6). Ils procèdent enfin à l'instruction des crimes commis par des
Français et renvoient pour le jugement devant la Cour d'assises de Nouméa (art. 7).

Ils pourvoient en outre à l'administration des biens laissés par un
Français ou sujet français décédé sans laisser d'héritiers connus et présents, jusqu'au jour où ces biens peuvent être remis aux ayants droit
(art. 12).

Disons enfin que, d'après les termes de la loi de 1900 et du décret de
1901, toutes les mesures arrêtées sont applicables « dans les îles et
terres de l'Océan Pacifique ne faisant pas partie du domaine colonial de
la France et n'appartenant à aucune autre puissance civilisée ». Il y a
là une formule qui a été inspirée par la discrétion extraordinaire dont le
gouvernement français fait preuve en toute cette matière, mais qui vise
exclusivement les Nouvelles-Hébrides. Il est vrai que l'Exposé des motifs
de la loi de 1900 disait « qu'il avait paru nécessaire de mettre également
le gouvernement français à même de protéger ceux de nos nationaux
*qui ont pu déjà s'établir ou qui viendraient à s'établir dans d'autres terres
de l'Océan Pacifique ne relevant d'aucune puissance civilisée* ». Mais il
faudra attendre pour l'application de cette réserve la naissance ou la
découverte de nouvelles îles, car, en dehors des Nouvelles-Hébrides, il
n'y en a pas qui, susceptibles de colonisation, ne relèvent cependant
d'aucune nation civilisée.

Il suffit maintenant de comparer le décret français à l'Ordonnance anglaise pour saisir toute la différence qui les sépare. On peut la résumer
en disant que, tandis que le gouvernement britannique, tout en assurant
à ses ressortissants une protection prompte et efficace, a cherché, dans
la limite du droit et de ses engagements, à étendre son influence et à
préparer sa domination sur les territoires où il y a des intérêts anglais,
le gouvernement français, au contraire, n'a visé qu'au premier de ces
buts et semble avoir, de propos délibéré, abandonné le second. En effet,
on a vu que l'Ordonnance de 1893 permet, soit au moyen du « devoir de
fidélité », soit surtout au moyen de la soumission volontaire, l'extension
de la compétence des autorités anglaises du Pacifique, dans un grand
nombre de cas, sur des étrangers et sur des indigènes. Au contraire, le

décret de 1901 ne s'applique qu'aux seuls Français. Dans aucun cas la juridiction du Commissaire délégué ne peut s'étendre sur des étrangers ou sur des indigènes. Dans aucun cas, pas même dans celui de soumission volontaire, ce Commissaire délégué ne peut connaitre d'un différend entre Français et non Français. Cela est fait vraiment pour étonner. On se demande en vain à quels scrupules a pu obéir notre gouvernement pour s'imposer une telle réserve. Loin de les découvrir, nous apercevons bon nombre d'excellentes raisons nous faisant croire que l'extension de la compétence du Commissaire délégué était non seulement possible, mais nécessaire. Tout d'abord, nous l'avons dit plus haut (1), l'extension de compétence en cas de soumission volontaire n'a rien que de bien conforme au droit commun. En second lieu, cette extension risquait d'autant moins de soulever des difficultés diplomatiques que l'adopter c'eût été suivre l'exemple donné par l'Angleterre elle-même (art. 109 de l'Ordonnance de 1893) (2). Enfin cette mesure n'était que le complément indispensable de la protection qu'on voulait accorder aux nationaux. Car il ne suffit pas de leur donner un juge pour trancher les différends qui s'élèvent dans leurs rapports réciproques, il faut leur permettre aussi de faire juger les difficultés qui surgissent entre eux et les étrangers ou les indigènes. Pour les procès entre Français et étrangers, la chose est bien simple : si ces derniers sont des sujets anglais (ce qui sera le cas le plus fréquent) ou des étrangers soumis au « devoir de fidélité » vis-à-vis de la Grande-Bretagne, les plaideurs auront toujours la ressource de se soumettre volontairement à la juridiction anglaise. Voilà donc un cas où des Français seront, même après le décret de 1901, dans l'obligation de « chercher refuge auprès des autorites d'une autre nation » (3). Or, si l'on se rappelle que c'est précisément ce que notre gouvernement a voulu éviter, on conviendra que le but poursuivi par le décret de 1901 n'est pas entièrement atteint. La situation sera pire si des Français sont en litige avec des indigènes. Dans ce cas, les plaideurs n'auront absolument aucune ressource. On sait que malheureusement ce n'est pas une hypothèse gratuite. Les différends entre colons français et indigènes relativement à la propriété des terres non seulement sont fréquents, mais constituent la source la plus abondante des désordres qui surviennent périodiquement dans l'archipel néo-hébridais. L'incompétence de la Commission navale mixte (4) a montré depuis longtemps combien dangereuse était l'absence de toute autorité chargée de régler ces difficultés. On était

(1) *Suprà*, p. 247 et 248.
(2) *Suprà*, p. 247 et suiv.
(3) *Suprà*, p. 252.
(4) *Suprà*, p. 233.

donc prévenu et il y avait lieu d'espérer que le gouvernement français
fournirait à ses ressortissants un moyen de sortir d'embarras, cela d'autant plus que le gouvernement fédéral des États-Unis d'Australie insinue
depuis quelque temps qu'il serait nécessaire de créer un tribunal international pour régler les différends relatifs à la propriété foncière (1).
Notre gouvernement n'a pas cru pouvoir accorder aux colons français
une protection complète et on ne peut que le regretter.

Ainsi, la réglementation française présente, à notre avis, un double
défaut. Elle établit une protection insuffisante. Elle ne contribue pas à
l'extension de l'influence de la France aux Nouvelles-Hébrides. Par là, elle
place nos colons et nos autorités dans un état d'infériorité vis-à-vis des
colons et des autorités de l'Angleterre, au grand détriment des intérêts
français et, partant, au grand avantage des intérêts anglais. Nous sou-
haiterions sa révision si nous n'étions convaincu que la situation actuelle
ne saurait durer plus longtemps.

L'établissement d'autorités si diverses sur un même territoire crée une
situation bien singulière qui est pleine de dangers.

Aux Nouvelles-Hébrides on est ou on peut être en présence de quatre
catégories d'autorités : 1° Une autorité indigène tout à fait rudimentaire,
qui est celle du chef de tribu sur les personnes qui font partie de cette
dernière (2) ; 2° Une autorité internationale, celle de la Commission navale mixte, compétente pour réprimer les crimes et délits commis par
les indigènes et pour prendre des mesures générales de police et d'ordre
dans l'archipel ; 3° Des autorités administratives et judiciaires anglaises
n'ayant, *en principe*, qu'une compétence personnelle sur les sujets anglais ; 4° Des autorités similaires françaises avec une compétence *exclusivement* personnelle sur les sujets français. Les autorités des deux
dernières catégories agissent d'après leur loi nationale. D'autres États
pourraient également y installer, comme nous l'avons déjà dit (3), des autorités nationales investies de pouvoirs assez larges sur leurs ressortissants.

Cet état de choses rappelle de loin le système de la personnalité des
lois en vigueur dans les établissements des Barbares en Gaule, en ce
que les indigènes et les étrangers sont respectivement soumis aux lois
et coutumes de leur pays. Mais il y a pourtant cette différence que dans
les anciens Royaumes barbares, il n'y avait pas une organisation judiciaire

(1) V. le *Times* du 13 février 1901.
(2) V. *suprà*, p. 130, note 1.
(3) *Suprà*, p. 235. — Il y a dans l'archipel, en outre des Français et des Anglais, une
vingtaine d'autres étrangers. V. *Grande Encyclopédie*, v° *Nouvelles-Hébrides*.

distincte pour chacune des races en présence (1). L'analogie est peut-
être plus grande avec l'institution des consulats au moyen-âge, en ce
que, même dans les États occidentaux, le consul, représentant officiel
de son pays, avait le droit de police et de juridiction sur ses nationaux.
Mais ici encore il y a des différences importantes. D'abord, il y avait
toujours à côté des consuls une autorité locale prête à revendiquer compétence toutes les fois que celle du consul n'était pas nettement établie.
Ensuite, la compétence du consul n'était pas exclusivement personnelle :
son droit de police s'étendait sur tout le quartier assigné à la résidence
de ses ressortissants ; son droit de juridiction s'exerçait souvent dans
les procès intentés contre ses nationaux par des étrangers ou même par
des indigènes (2).

Ce qu'il y a de vraiment particulier ici, c'est le défaut d'une autorité
locale assez développée pour revendiquer une compétence territoriale,
en d'autres termes pour servir de support à la souveraineté. Ce défaut
constitue en quelque sorte une solution de continuité entre les différentes autorités que nous venons d'énumérer. La seule autorité qui puisse
intervenir *ratione loci* est la Commission mixte anglo-française. Mais
nous savons que sa compétence est limitée aux mesures générales de
police et que son action est intermittente. Il n'y a pas d'autorité chargée
d'administrer l'archipel, d'y maintenir d'une façon régulière et permanente l'ordre et la tranquillité,d'y réglementer le commerce d'importation
ou d'exportation, ou même d'intervenir *de plein droit*, en matière civile,
entre colons de nationalité différente ou entre colons et indigènes. Et
cet état de choses a dans la pratique, comme on le verra plus loin, des
inconvénients considérables. C'est pour cela qu'on ne peut pas correcte-
ment appeler le système établi par la convention de 1887 un *condominium*. Il y aurait condominium s'il y avait aux Nouvelles-Hébrides partage de souveraineté entre la France et l'Angleterre, ou s'il y avait,
comme jadis aux Samoa, une autorité locale exerçant la souveraineté
sous le protectorat collectif des deux États intéressés (3). Mais il n'en est
pas ainsi. Non seulement l'archipel néo-hébridais n'est soumis à aucune
souveraineté, mais il est dans l'impossibilité de l'être tant que la convention de 1887 reste en vigueur.

---

(1) Esmein, *Cours élémentaire d'histoire du droit français*, 3ᵉ édit., p. 54.

(2) Comp. sur tous ces points l'intéressant ouvrage de G. Salles, *L'institution des
consulats, son origine, ses développements au moyen-âge chez les différents peuples*,
Paris, 1898, p. 66 et suiv.

(3) Comp. sur le partage de souveraineté aux Samoa entre le gouvernement samoan
et les trois puissances co-protectrices résultant du traité de Berlin du 14 juin 1889.
Moye, *article précité*, dans cette *Revue*, t. VI (1899), p. 133-137.

Déjà le véritable condominium est considéré en doctrine (1) et en pratique (2) comme un système très défectueux, parce qu'il aboutit nécessairement à des conflits insolubles. Combien plus dangereux est l'état
de choses anormal que nous constatons aux Nouvelles-Hébrides. A la
vérité, ses dangers ne se sont pas encore manifestés. D'une part, parce
que le gouvernement anglais n'y a jusqu'ici nommé ni Commissaire judiciaire ni Commissaire-adjoint ; il s'est contenté de faire exercer les
pouvoirs déterminés par l'Ordonnance de 1893 par ses officiers de marine.
Et, d'autre part, parce que le décret français de 1901 vient à peine d'être
promulgué et que les autorités qu'il institue n'ont pas eu le temps de
commencer à exercer leurs fonctions, Mais il en sera sans doute autrement le jour où le système arrêté de part et d'autre recevra son entière
application. Qu'on suppose, par exemple, un Commissaire délégué du
gouverneur de la Nouvelle-Calédonie et un Commissaire judiciaire ou
adjoint anglais installés dans la même île, fonctionnant côte à côte, les
conflits ne tarderont pas à naître, les tiraillements et les compétitions à
se faire jour. Ces conflits et ces froissements se sont produits autrefois
aux Samoa, alors que le système était organisé par un traité international assez détaillé, déterminant avec quelque précision les pouvoirs des
différents États co-protecteurs (3). Ils se produiront plus facilement aux
Nouvelles-Hébrides, puisque les autorités en présence auront à agir d'une
façon indépendante les unes vis-à-vis des autres et en vertu de pouvoirs
qu'elles tiendront exclusivement de leur pays. Sans doute ces pouvoirs
sont théoriquement assez bien délimités pour que les conflits puissent
être évités. Mais, en fait, la tentation de les dépasser sera grande et,
somme toute, excusable. Du reste, même dans les limites des règlements
analysés ci-dessus, des difficultés nombreuses sont possibles. Comment
concilier les mesures d'ordre et de police que, respectivement, peuvent
prendre la Commission mixte, les autorités françaises et les autorités anglaises ? Quelle cause permanente d'embarras que la différence de régime

(1) La condamnation doctrinale du condominium est basée sur le caractère d indivi-
sibilité de la souveraineté. Elle a été formulée encore récemment par MM. L. Michoud et
A. de Lapradelle, dans leur belle étude sur la *Question finlandaise* (Paris,1901, p.39),dans
les termes suivants : « Le partage de la souveraineté entre deux puissances sur un territoire déterminé est politiquement impossible, parce que, si l'une des deux puissances
ne domine pas l'autre de manière à posséder à elle seule la souveraineté, on aboutit à
des conflits qui ne peuvent être qu'insolubles ».

(2) La condamnation pratique du condominium a été prononcée par les intéressés
dans le cas des Samoa. On lit, en effet, dans le Blue Book sur la question des Samoa :
« Les Commissaires des trois puissances co-protectrices des Samoa condamnent le système du condominium et expriment l'opinion que le seul gouvernement capable d'assurer la prospérité permanente et la tranquillité de l'archipel serait celui d'une seule
puissance » (cité par Jean Carol, *article précité*, p. 274).

(3) Comp. Moye, *article précité*, dans cette *Revue*, t. VI (1899), p. 137 et suiv.

foncier applicable aux colons suivant leur nationalité ! Quel obstacle enfin au développement du commerce que cette diversité de lois et de juridictions !

Cette situation compliquée est le résultat forcé de la combinaison adoptée en 1887, qui, sous l'apparence trompeuse de la création d'une autorité internationale, empêche l'établissement d'une autorité souveraine
dans l'archipel. Elle ne saurait cependant convenir à un pays habité par
une population importante d'hommes actifs, laborieux et conscients de
leur personnalité. Tout territoire qui se trouve dans ces conditions a,
au contraire, besoin d'être gouverné par une autorité forte, capable d'assurer le maintien de l'ordre et la prospérité des habitants. Il y a là une
loi générale et inéluctable. Tout ce qui entrave son application constitue
un obstacle qui est fatalement destiné à disparaître. Or, aux Nouvelles-
Hébrides, on a systématiquement voulu échapper à cette loi. L'institution de la Commission navale mixte n'était qu'un expédient. Après
comme avant son établissement, l'archipel s'est trouvé sans autorité souveraine et, partant, dans l'anarchie la plus complète. La création d'autorités nationales pare aux principaux inconvénients de la situation, mais
elle n'est à son tour qu'un expédient que nous venons de voir plein
de dangers. Tôt ou tard il faudra lever l'obstacle qui empêche l'archipel
d'entrer dans le droit commun. C'est un résultat qui se produira de gré
ou de force. Le rôle de la diplomatie étant d'aplanir les difficultés, il est à
souhaiter qu'elle n'attende pas de nouveaux conflits pour faire prévaloir
la solution qui s'impose, c'est-à-dire la suppression du régime de 1887
et l'attribution de l'archipel néo-hébridais en toute souveraineté à l'un des
deux États intéressés. Quel doit être cet État ? Il n'y a, pour le savoir,
qu'à connaître la situation actuelle de fait et à comparer les différents
intérêts en présence. Ce sera l'objet de notre dernier paragraphe et la
conclusion de toute cette étude.

v

L'ancienne lutte d'influence et d'intérêts entre l'élément français et
l'élément anglo-australien, qui avait été engagée dans l'archipel dans
les années qui ont précédé la convention de 1887 (1), a été poursuivie
avec plus d'ardeur que jamais depuis cette date. Mais, devenue bientôt
impossible sur le terrain commercial, à la suite de la prépondérance
incontestable acquise par l'élément français, elle a tendu à revêtir un
caractère d'intrigue purement confessionnelle.

Nous avons retracé plus haut les progrès rapides réalisés par la colonisation française de 1882 à 1886, grâce à l'activité de la Compagnie

(1) *Suprà*, p. 134 et suiv.

calédonienne des Nouvelles-Hébrides. Ces progrès restèrent acquis et furent même complétés par d'autres encore dans ces quinze dernières années.

La Compagnie calédonienne, après s'être reconstituée, en 1894, sur des bases nouvelles sous le nom de *Compagnie française des Nouvelles-Hébrides*, obtint une subvention annuelle du gouvernement (1) et continua avec succès ses opérations. Elle a acheté de nouvelles étendues de terrains et possède actuellement plus de 800.000 hectares consacrés à des pâturages et à la culture du café. Elle a des stations importantes à Port-Vila (île Vaté), à Port-Havannah (même île) et à Port-Sandwich (île Mallicolo) (2). Elle fait enfin le commerce d'exportation du coprah (3).

Deux autres Sociétés françaises, de constitution récente, sont venues activer ou compléter l'œuvre de leur devancière. L'une, la *Société générale de l'Océanie française*, a pour objet l'exploitation commerciale, industrielle et agricole des possessions françaises de l'Océanie et des archipels voisins (4). L'autre, d'un caractère plus spécial, la *Société française des soufrières de Vanua-Lava*, se propose d'exploiter les soufrières des Nouvelles-Hébrides (5).

Ce développement de la colonisation eut pour résultat d'établir un fort courant d'émigration. Ce courant est favorisé par la Société de colonisation de Paris, qui accorde des renseignements sur les ressources des différentes îles et sur les facilités qu'on a d'y trouver du travail ; par la Compagnie des Nouvelles-Hébrides, qui donne aux immigrants, sur la justification de la possession d'un capital de 4.000 francs, des concessions de terrain d'environ 25 hectares ; enfin par cette même Compagnie et le ministère des colonies, qui offrent des facilités pour le voyage (6). Depuis

(1) Cette subvention est de 36.000 francs. Elle a toujours été votée depuis 1894 par les Chambres malgré les protestations maladroites formulées parfois par certains députés (V. à cet égard la discussion qui eut lieu à la Chambre des députés, le 13 mars 1900, sur l'article 21 du budget des colonies pour l'exercice de 1900, dans le *Journal officiel*, Débats parlementaires, Chambre, p. 867 et suiv.). La Compagnie française des Nouvelles-Hébrides a son siège à Paris et un bureau à Nouméa. Son président est M. Mercet et son Conseil d'administration compte parmi ses membres M. Chailley-Bert.

(2) *Dictionnaire du commerce et de l'industrie*, 2e édit., Paris, 1901, vo *Nouvelles-Hébrides*. V. aussi Dr François, *op. cit.*, p. 389.

(3) Jusque dans ces dernières années, elle exportait annuellement 400 tonnes de coprah. La valeur moyenne d'une tonne de coprah est de 200 francs (Spéder, *op. cit.*, p. 54).

(4) Elle a été constituée à la fin de 1899 au capital de 2.250.000 francs (Poubaix et Plas, *Recueil des Sociétés coloniales*, p. 248).

(5) Elle a été constituée en 1900 au capital d'un million de francs divisé en 2.000 actions de 500 francs (Poubaix et Plas, *op. cit.*, p. 249).

(6) Le ministère des colonies offre à tous ceux qui justifient de la possession d'un capital de 4.000 francs, et à leur famille, la gratuité du passage, en 4e classe, de Marseille à Nouméa. Il accorde en outre à ceux qui sont aptes à exercer la profession de cultiva-

1886, le nombre des Français venant s'établir dans l'archipel est allé constamment en augmentant. Il était,en 1894, de 157 ; il est aujourd'hui de 350 environ (1). Les colons et les établissements de la Compagnie française emploient et font vivre environ 400 travailleurs indigènes (2). En parlant de la colonisation française aux Nouvelles-Hébrides, il est juste de ne pas oublier les missionnaires maristes, qui, par leur dévouement et leur charité, contribuent puissamment à l'extension de l'influence française et à l'éducation civilisatrice des Canaques (3). L'organisation des services charitables vient d'être tout récemment complétée par l'envoi à Port-Vila (île Vaté) d'un médecin de 1re classe détaché du corps de santé des colonies et de quatre sœurs, préposées à la direction d'une école pour les enfants des colons et aux soins à donner aux malades dans un hôpital que fait actuellement construire la Compagnie des Nouvelles-Hébrides (4).

On doit aussi à l'activité française l'établissement de communications fréquentes soit entre les différentes îles de l'archipel, soit entre ces îles et la Nouvelle-Calédonie. D'une part, la Compagnie française possède un petit vapeur qui dessert les stations locales pour y recueillir les provisions de produits. D'autre part, un service mensuel subventionné relie, en trente heures environ, Port-Vila à Nouméa (5). De plus, l'administration étudie depuis quelques mois la possibilité d'établir une ligne française de navigation entre Nouméa et Tahiti (6). Il est probable que les paquebots qui feront ce service, dont le besoin se fait sentir, traverseront à l'aller et au retour l'archipel néo-hébridais, en faisant escale à Port-Vila.

Il est enfin une dernière mesure qui va permettre à la colonisation française de prendre un nouveau développement. Il s'agit des facilités douanières qui seront à bref délai accordées aux principaux produits de l'archipel pour leur importation en France et dans les colonies françaises. Par là encore, on améliorera la condition précaire qu'ont eue jusqu'ici les colons français. Juste au moment où l'exploitation de l'archipel

teur la gratuité du voyage de Paris à Marseille. Quant au transport de Nouméa aux Nouvelles-Hébrides, il a lieu par les soins et aux frais de la Compagnie française (*Dictionnaire du commerce et de l'industrie*, 2e édit., Paris, 1901, v° *Nouvelles-Hébrides*).

(1-2) Ces renseignements nous ont été fournis par un missionnaire français revenu récemment des Nouvelles-Hébrides où il est établi depuis de longues années.

(3) Au début de 1901, il y avait aux Nouvelles-Hébrides dix missions catholiques. Dans trois d'entre elles on a installé des écoles fréquentées par des indigènes qui y sont en outre logés et nourris par la mission. Six nouveaux missionnaires viennent d'être installés sur divers points de l'archipel.

(4) V. la *Quinzaine coloniale*, t. IX (janvier-juin 1901), p. 200 et 220.

(5) V. *Dictionnaire du commerce et de l'industrie*, v° cit. et la *Quinzaine coloniale*, t. VII (janvier-février 1900), p. 73.

(6) La *Quinzaine coloniale*, t. VIII (juillet-décembre 1900), p.559.

commençait à se développer, le régime économique adopté par la France en 1892 vint lui porter un coup très grave. Jusqu'en 1892, les ports de la Nouvelle-Calédonie étant francs, les produits des établissements français des Nouvelles-Hébrides y entraient sans payer d'autres droits que ceux de navigation et de pilotage. Ils trouvaient, par conséquent, à Nouméa, un débouché facile et abondant. Il en fut autrement après 1892. Le décret du 26 novembre 1892 rendit, en principe, applicable en Nouvelle-Calédonie le tarif général fixé par la loi du 11 janvier de la même année (1). Dès lors, l'archipel néo-hébridais étant considéré comme territoire étranger avec lequel, bien entendu, nous n'avions pas de traité, les produits en provenant ne pouvaient plus entrer en Nouvelle-Calédonie qu'en payant les droits du tarif général. Il en résulta qu'ils ne passaient plus à Nouméa qu'en transit et avaient avantage à s'en aller à Sydney, au grand détriment des intérêts calédoniens (2). C'est afin de faire cesser un état de choses si fâcheux que l'article 2 de la loi du 30 juillet 1900 autorisa le Président de la République à établir le régime douanier auquel seront assujettis, en France et dans les colonies françaises, les produits originaires des iles de l'archipel (3), récoltés ou fabriqués par des établissements commerciaux ou agricoles possédés ou exploités par des Français ou par des sociétés civiles ou commerciales françaises. Le gouvernement prépare actuellement en Conseil d'État le décret qui sera pris en exécution de la loi. Nous croyons savoir que le nouveau régime ne vise que trois catégories de produits néo-hébridais : le café, le cacao et la vanille. Ces produits seront admis dans les colonies françaises en complète franchise, quelle qu'en soit la quantité importée. Ils seront admis dans les ports métropolitains avec une forte réduction de droits (4), mais pour des quantités qui seront annuellement fixées par décret (5). Et, pour éviter que ce ré-

(1) V.Rochette, *Etude sur les rapports commerciaux de la France et de ses colonies*, (Thèse), Paris, 1897, p. 149-150.

(2) Le commerce extérieur de la Nouvelle-Calédonie, qui se chiffrait en 1892 par 20 millions 600.000 francs, tomba, au bout de quatre ans, à 14 millions 700.000 francs. Ce résultat est sans doute dû en grande partie au détournement du commerce néo-hébridais (Jean Carol, *article précité*, p. 263-264).

(3) Ici encore la loi emploie la formule discrète « iles et terres de l'Océan Pacifique ne faisant pas partie du domaine colonial de la France et n'appartenant à aucune autre puissance civilisée » qui, comme nous l'avons dit plus haut (p. 257), vise exclusivement les Nouvelles-Hébrides.

(4) La réduction des droits aura lieu dans les limites que voici : le café payera le droit du tarif minimum métropolitain diminué de 78 francs ; le cacao et la vanille ne payeront que la moitié du tarif minimum métropolitain.

(5) Dans la limite des décrets annuels, le Commissaire général de la République dans l'Océan Pacifique (le gouverneur de la Nouvelle-Calédonie) aura à déterminer les produits et les quantités de produits que chaque producteur ou établissement producteur pourra importer en France au régime de faveur.

gime de faveur profite à des produits autres que ceux des Nouvelles-
Hébrides ou à des personnes autres que les colons français, on exigera
que les marchandises soient accompagnées d'un certificat d'origine délivré par le Commissaire délégué aux Nouvelles-Hébrides au nom du
producteur ou de l'établissement producteur. Ce régime, qui ne tardera
sans doute pas à entrer en vigueur, rendra aux établissements français
de l'archipel néo-hébridais leur débouché naturel de la Nouvelle-Calédonie et leur permettra d'acquérir un nouveau développement. Les produits des Nouvelles-Hébrides cesseront ainsi de prendre la route de
Sydney. Cela se produira d'autant plus rapidement que les États australiens semblent devoir entrer dans la voie du protectionnisme (1).

Telle est la somme des intérêts français dans l'archipel. Voyons
quelle est la situation de fait que peut invoquer en sa faveur l'élément
anglo-australien.

A la veille de la convention de 1887, les intérêts anglo-australiens
étaient déjà en décroissance. Le projet de constitution d'une Compagnie concurrente de la Compagnie française des Nouvelles-Hébrides
venait d'échouer (2) et la plupart des terres occupées par des colons britanniques venaient d'être achetées par des Français (3). Depuis, la situation ne s'est guère améliorée. Le nombre des colons n'a augmenté
que dans de bien faibles proportions : il était de 60 en 1894, il atteint à
peine une centaine à l'heure actuelle. Les établissements anglais n'ont ni
l'activité ni l'importance des établissements français. Enfin, malgré le
service de navigation australien de Sydney aux Fidji qui relâche aux
Nouvelles-Hébrides (4), malgré surtout l'avantage énorme qui est résulté
pour l'Australie du régime douanier de 1892 (5), il ne s'est pas établi un
courant commercial très considérable entre l'archipel et l'Australie ou
les colonies anglaises voisines.

Le seul facteur de l'influence anglo-australienne qui s'est développé est
le corps des missionnaires protestants. Nous l'avons trouvé, dans les
différentes périodes de l'histoire diplomatique des Nouvelles-Hébrides,
à la tête du mouvement anti-français. Il a persisté dans ces quinze dernières années dans les mêmes errements. Il a même pris à tâche de combattre l'élément français par tous les moyens et avec d'autant plus
d'acharnement que notre colonisation ne cessait de progresser et de sur-

---

(1) V. L'*Economiste français* du 23 mars 1901, p.381-382 et Picard, *La République fédérale d'Australie*, dans la *Revue politique et parlementaire* du 10 mai 1901, p. 368-369.

(2) *Suprà*, p. 137.

(3) *Suprà*, p. 136.

(4) V. *Dictionnaire du commerce et de l'industrie*, v° *Nouvelles-Hébrides* ; le *Journal
des Débats* du 1er octobre 1900.

(5) *Suprà*, p. 265.

passer tous les jours davantage la colonisation anglo-australienne. Ce missionnaires reprochent aux colons français, aux agents de la Compagnie française des Nouvelles-Hébrides, voire aux missionnaires catholiques, de maltraiter les indigènes et de les spolier de leurs biens. A diverses reprises, ces récriminations ont donné lieu à des enquêtes par la Commission mixte anglo-française, mais elles ont toujours été reconnues non fondées (1). Cela n'a pas empêché les missionnaires de protester auprès des ministres des États australiens et de provoquer dans ces pays une campagne de presse pour demander que, dans l'intérêt de l'humanité et de la civilisation, l'Angleterre prenne définitivement possession des Nouvelles-Hébrides (2). Passant des paroles aux actes et des menaces aux voies de fait, ils sont souvent intervenus pour entraver de force le recrutement des travailleurs néo-hébridais par nos colons et pour susciter des difficultés de toute sorte entre les indigènes et les Français (3).

Ces récriminations et ces intrigues ne méritent pas d'arrêter autrement l'attention. Si nous les avons mentionnées ce n'est pas seulement par souci de présenter un tableau complet de la situation de fait actuelle, c'est surtout parce que nous croyons y voir la preuve de ce que peut la passion de gens aux abois, qui sentent la partie irrémédiablement perdue.

Si telle est la situation de part et d'autre, il n'y a plus qu'à comparer les progrès de notre colonisation aux faibles intérêts anglais pour être convaincu que les Nouvelles-Hébrides sont déjà *en fait* une colonie française. Malgré les maladresses et les fautes de la diplomatie, les faits se sont chargés de rétablir dans l'espace de vingt ans la situation imposée par la nature qui veut qu'au point de vue commercial comme au point de vue géographique l'archipel néo-hébridais ne soit qu'une dépendance et qu'un complément de la Nouvelle-Calédonie. S'il en est ainsi, il faut qu'il y ait également entre eux unité politique, que la France, maitresse de l'une, le soit aussi de l'autre. L'admettre c'est purement et simplement appliquer le principe, si souvent pratiqué par l'Angleterre, qui consiste à dire : « là où sont les intérêts, là doit être la domination ».

Il ne reste donc qu'à transformer la situation de fait que nous venons de constater en situation de droit. Or, cette transformation, indispensa-

---

(1) V. le *Journal des Débats* du 20 novembre 1900 (lettre d'Australie).
(2) V. le *Journal des Débats* des 1er octobre et 20 novembre 1900.
(3) V. des détails à cet égard dans la *Politique coloniale* des 21 décembre 1900 et 12 et 20 janvier 1901, et dans le *Journal des Débats* du 28 mai 1901. V. aussi Paul Lavagne, *article précité*, p. 721-722 et Jean Carol, *article précité*, p. 244.

ble au point de vue français, est, au point de vue diplomatique, parfaitement possible.

L'établissement de la domination française sur l'archipel néo-hébridais s'impose, en effet, par des considérations puissantes. Il s'impose d'abord pour que la Nouvelle-Calédonie puisse prospérer. Colonie avant tout industrielle, la grande île canaque a besoin d'être unie politiquement avec les Nouvelles-Hébrides pour en tirer des ressources agricoles et pour s'y procurer la main-d'œuvre nécessaire pour l'exploitation de ses mines. La Nouvelle-Calédonie manque de bras. Elle est forcée de recruter des travailleurs au dehors, parmi les ouvriers javanais ou japonais, les coolies tonkinois et les indigènes des Nouvelles-Hébrides. Ces derniers, quoique peu nombreux, sont des travailleurs dociles et faciles à domestiquer. Leur appoint de travail est donc précieux. Leur recrutement, suspendu à diverses reprises, a été de nouveau repris depuis quelques années (1). Mais il ne peut être assuré qu'à la condition que l'archipel néo-hébridais devienne en droit une colonie française. Il serait au contraire interdit, comme il l'a été aux îles Fidji et en Nouvelle-Guinée (2), du jour où cet archipel appartiendrait à un autre État. — L'annexion des Nouvelles-Hébrides à la France s'impose ensuite comme condition de la sécurité même de la Nouvelle-Calédonie. Cette île est, en effet, entourée de toutes parts de colonies anglaises. Elle ne peut communiquer librement soit avec la métropole, soit avec nos colonies d'Extrême-Orient, que par le Nord, par la route qui traverse l'archipel néo-hébridais. Cette route serait interdite au cas où une nation étrangère s'emparerait de l'archipel. La Nouvelle-Calédonie serait alors enfermée dans un cercle de possessions britanniques et ne tarderait pas à tomber entre les mains de l'Angleterre (3).

(1) L'immigration néo-hébridaise, réglementée en 1865 (*suprà*, p. 129), suspendue previsoirement en 1882 (*suprà*, p. 136), autorisée de nouveau en 1883 (Paul Deschanel, *op. cit.*, p. 262-264), suspendue encore en 1885 (arrêté du gouverneur de la Nouvelle-Calédonie du 23 mars 1885, dans *La main-d'œuvre aux colonies*, Documents officiels, *Bibliothèque coloniale internationale*, t. III, p. 320), fut définitivement rétablie par arrêté du gouverneur de la Nouvelle-Calédonie du 20 mars 1890 (*La main d'œuvre aux colonies*, t. III, p. 321) et réglementée par décret du 11 juillet 1893 (*Journal officiel* du 23 juillet 1893). Elle fournit annuellement à la Nouvelle-Calédonie plusieurs centaines d'ouvriers et un grand nombre de femmes qui font, paraît-il, d'excellentes domestiques et bonnes d'enfants (V. sur les conditions des engagements la *Quinzaine coloniale*, t. VIII (juillet-décembre 1900), p. 752).

(2) Dr François, *article précité*, p. 393. V. aussi Jean Carol, *article précité*, p. 244.

(3) V. Charles Lemire, *De France en Australie*, Paris, 1884, p. 112 ; Dr François, *article précité*, p. 393 ; la *Quinzaine coloniale*, t. IX (janvier-juin 1901), p. 200. — Sentant toute la portée des considérations exposées au texte, le Conseil général de la Nouvelle-Calédonie a, à diverses reprises et tout récemment encore, le 9 décembre 1899, émis le vœu de l'annexion des Nouvelles-Hébrides à la France (V. la *Quinzaine coloniale*, t. VII (janvier-juin 1899), p. 95).

Ainsi, la prospérité commerciale et la conservation de la Nouvelle-Calédonie dépendent de l'annexion des Nouvelles-Hébrides.

Cette annexion la France peut l'obtenir non seulement en invoquant la situation de fait qu'elle s'est créée dans l'archipel, mais aussi en se fondant sur les avantages territoriaux que l'Angleterre a, depuis la signature de la convention de 1887, acquis dans l'Ouest du Pacifique. L'Angleterre s'est de sa propre autorité emparée, il y a trois ans, des îles Santa-Cruz (ou de la Reine Charlotte) qu'on pouvait cependant considérer comme une dépendance des Nouvelles-Hébrides. Et, plus récemment, par la convention du 14 novembre 1899 avec l'Allemagne et par celle du 2 décembre 1899 avec ce même État et les États-Unis, elle obtint les îles Tonga (ou de l'Amitié). La France n'a élevé, que nous sachions, aucune protestation, elle n'a formulé aucune réserve au sujet de cette double annexion. Elle conserve néanmoins le droit de l'invoquer pour réclamer, à titre de compensation, l'acquisition des Nouvelles-Hébrides. La négociation de cette affaire, combinée avec celle d'autres questions pendantes entre les deux pays, ne semble pas devoir rencontrer une bien grande opposition de la part de l'Angleterre. Celle-ci a intérêt à ménager la France et se garderait de lui disputer la possession d'un archipel dans lequel les intérêts anglais sont si faiblement représentés, au risque de compromettre la solution d'autres difficultés qui lui importe davantage. Ce sont des considérations analogues qui l'ont décidée à régler récemment avec l'Allemagne et les États-Unis la question des Samoa. Il y a là un précédent dont le gouvernement français pourrait utilement s'inspirer. Que s'il fallait absolument payer dans l'Ouest du Pacifique même le consentement de la Grande-Bretagne, nécessaire pour l'abrogation de la convention de 1887, la France pourrait faire le sacrifice des îles Torrès, peut-être même celui des îles Banks, pour ne conserver que les Nouvelles-Hébrides proprement dites (1).

Mais l'Angleterre est-elle absolument libre d'entrer dans ces vues ? N'y a-t-il pas à compter aussi avec le nouvel État fédéral australien ? On se rappelle que c'est en grande partie à l'attitude des colonies australiennes que l'on doit la naissance de la question diplomatique des Nouvelles-Hébrides. On se rappelle aussi que c'est sur leur opposition que l'Angleterre s'est basée, en 1886, pour repousser l'annexion de l'archipel

(1) V. à cet égard l'opinion exprimée récemment par M. Paul Leroy-Beaulieu (*La question de Terre-Neuve et les compensations éventuelles*, dans *l'Economiste français* du 1er juin 1901), d'après laquelle l'annexion des Nouvelles-Hébrides pourrait être acceptée à titre de compensation de la renonciation que ferait la France à ses droits sur Terre-Neuve. A notre avis, ce serait payer beaucoup trop cher l'abandon par l'Angleterre de ses droits nominaux sur l'archipel néo-hébridais. Il faudrait ajouter à ce prix d'autres compensations plus importantes, telles que des cessions territoriales en Afrique.

à la France. On peut se demander si, aujourd'hui encore, l'Angleterre ne serait pas forcée de tenir compte de l'état d'esprit des États australiens et si elle ne rencontrerait pas chez eux, le cas échéant, une opposition contre les projets de la France. A première vue, la situation semble à l'heure actuelle plus difficile qu'il y a quinze ans. Les colonies sont constituées en État fédéral et l'article 51 (n°ˢ 29 et 30) de la nouvelle Constitution place au nombre des attributions du Parlement fédéral « les affaires extérieures » et les « relations de la Fédération avec les iles du Pacifique » (1). Il paraît dès lors certain que la Grande-Bretagne ne saurait consentir à l'abrogation de l'accord de 1887 sans un vote formel du Parlement fédéral australien. Mais, à notre avis, ce vote elle pourrait facilement l'obtenir. Non seulement parce que, décidée à s'entendre avec la France, elle aurait en définitive la possibilité d'imposer sa volonté aux États australiens, mais aussi parce que ces derniers ne semblent plus être à notre égard dans les mêmes sentiments que jadis. Naguère encore, au début de l'année 1900, les premiers ministres australiens, réunis à Sidney, informaient, il est vrai, le Colonial Office que leurs pays s'opposeraient aussi énergiquement que jamais à l'annexion des Nouvelles-Hébrides par la France (2). Mais, à la fin de la même année, le premier ministre de la Nouvelle-Zélande, sir Seddon, et celui de la Nouvelle-Galles du Sud, sir Lyne, envisageaient la possibilité d'un règlement diplomatique de la question, reconnaissant par là que la France a des droits sur l'archipel néo-hébridais (3). Nous y voyons l'indice certain d'un changement d'attitude. Les Australiens sentent aujourd'hui que leur ancienne opposition n'a aucune raison d'être. Ils ne peuvent plus reprocher à la France de vouloir coloniser dans le Pacifique pour y envoyer ses forçats : la transportation en Calédonie est supprimée depuis 1897 (4) et ne serait sans doute pas reprise aux Nouvelles-Hébrides, devenues colonie française. Ils ne peuvent pas davantage lui opposer « *leur* doctrine de Mon-

(1) V. le texte de cet article 51 dans l'article précité de M. Picard, dans la *Revue politique et parlementaire* du 10 mai 1901, p. 376.

(2) V. la *Quinzaine coloniale*, t. VII (janvier-juin 1900), p. 73 et 95.

(3) V. la *Quinzaine coloniale*, t. VIII (juillet-décembre 1900), p. 531 et 532.

(4) Depuis 1897, on a cessé de diriger sur la Nouvelle-Calédonie les relégués et les condamnés aux travaux forcés. La colonie ne sera pourtant purgée de sa population pénale que peu à peu, par extinction ou achèvement de la peine. Le nombre des relégués est tombé de 3263 à 2832 dans l'espace de trois ans, de la fin de 1896 à la fin de 1899 (V. *Annuaire de la législation française*, 1899, p. 424, et *Journal officiel* du 15 novembre 1900). D'autre part, en exécution du décret du 6 octobre 1897, relatif à la désaffectation de certains territoires de l'île attribués à la transportation, près de 43.000 hectares furent déclarés devoir cesser, au fur et à mesure des nécessité du service, d'être réservés pour les besoins de la transportation pour être, par arrêtés du gouverneur de la Nouvelle-Calédonie en Conseil privé, affectés à la colonisation libre (V. la *Quinzaine coloniale*, t. VII (janvier-juin 1900), p. 29).

roe »,car, depuis que l'Angleterre a admis l'Allemagne et les États-Unis au partage du Pacifique, l'idée d'une Océanie exclusivement australienne est devenue pour longtemps irréalisable. Les Australiens comprennent, au contraire, qu'en attendant des jours meilleurs, ils ont intérêt à renoncer à leur ambition des conquêtes, pour étendre pacifiquement, par la voie du commerce, leur influence sur tout l'Océan Pacifique. Dans ces conditions, nous ne serions pas éloigné de croire avec un auteur (1) que, moyennant : 1° la promesse que la colonisation pénale ne serait plus reprise et 2° la concession de la liberté de commerce (2) et de propagande religieuse dans l'archipel néo-hébridais, les États australiens ne s'opposeraient pas à l'annexion de cet archipel par la France.

En résumé, l'établissement de la domination française aux Nouvelles-Hébrides — nécessaire pour prévenir les conflits graves pouvant résulter du maintien de la situation anormale créée par la convention de 1887 — réclamé impérieusement par les faits et par l'intérêt supérieur de la France — est au point de vue diplomatique parfaitement réalisable. Nous pouvons donc conclure en disant, avec la Commission des colonies de la Chambre des députés, chargée d'examiner le projet du gouvernement devenu la loi du 30 juillet 1900 (3), que « nous avons l'espoir que dans un avenir prochain la France pourra faire prévaloir ses droits déjà gagés par des intérêts de tous ordres sur les Nouvelles-Hébrides, et que, de même que tout récemment d'autres grandes puissances ont su établir leur influence sur les Samoa et les îles Tonga, nous pourrons équitablement faire rentrer sous le rayon d'action de la France l'archipel néohébridais qui est le complément indispensable non seulement au développement, mais aussi à la sécurité de notre Nouvelle-Calédonie ».

NICOLAS POLITIS,
*Chargé des cours de droit international public
à l'Université d'Aix-Marseille.*

(1) Jean Carol, *article précité*, p. 270.

(2) L'application du régime protectionniste aux colonies commence à être très critiquée. Les partisans les plus convaincus du système de la protection reconnaissent aujourd'hui « que la nécessité d'une réforme complète de notre législation douanière coloniale est un besoin inéluctable à échéance sans doute assez rapprochée » (Exposé des motifs du projet de loi présenté par MM. Méline, Henry Boucher, Camille Krantz et autres sur le régime douanier des colonies, reproduit par la *Quinzaine coloniale*, t. VIII (juillet-décembre 1900), p. 727). On peut donc penser que la France n'aurait pas de difficulté à promettre aux États australiens l'abolition des taxes douanières pour ses possessions actuelles ou futures dans l'Ouest du Pacifique.

(3) Rapport de M. Étienne, député (*Journal officiel*, Documents parlementaires, Chambre, 1900, p.313).

LA QUESTION CHINOISE

INTRODUCTION

DE LA QUESTION D'ORIENT A LA QUESTION D'EXTRÊME-ORIENT (1).

SOMMAIRE.

I. Place de la question d'Extrême-Orient dans la politique générale : substitution à la Méditerranée de l'Atlantique, puis du Pacifique ; transformation de la politique européenne en politique mondiale ; recul de la question d'Orient devant la question d'Extrême-Orient. — II. Sous un certain nombre de rapports, la question d'Extrême-Orient n'est qu'une question d'Orient élargie : même caractère général, mêmes rivalités, même champ d'intrigues, mêmes méthodes et mêmes théories ; à l'*homme malade* correspond l'*homme très malade* : même diagnostic, mêmes remèdes. — III. La symétrie n'est qu'à la surface : antithèse du Chinois et du Turc. Le Turc est militaire, agressif, fanatisé par l'Islam ; le Chinois est anti-militaire, pacifique, attaché au sol, éclectique, sinon sceptique, en matière religieuse.— IV.Tandis que le Turc a été pour l'Europe un péril militaire, le Chinois n'est et ne sera de longtemps, ni un péril militaire, ni même un péril économique. L'*illusion jaune* doit être substituée au *péril jaune*. — V. Loin d'être parallèle à la question turque, la question chinoise en est au contraire l'antithèse. De même que les Turcs se sont jetés sur l'Europe par convoitise, de même l'Europe se jette aujourd'hui sur la Chine. L'Empire chinois est, par plus d'un trait, comparable à l'Empire grec ; les Européens en sont les Turcs ; la question d'Extrême-Orient n'est qu'une question d'Orient renversée. Dans l'une, c'est l'Asie qui se montre agressive vis-à-vis de l'Europe ; dans l'autre, c'est l'Europe qui se montre agressive vis-à-vis de l'Asie. — VI. Explication : se replier sur soi-même, c'est encore être agressif. La lésion peut venir, non pas seulement de l'expansion au dehors, mais de la concentration au dedans, non pas seulement de l'action (question turque), mais de l'abstention (question chinoise). Longtemps on a cru que le droit exigeait simplement le respect de l'*indépendance* des États. N'y a-t-il pas lieu de respecter aussi l'*interdependance* des États ? De ce côté, la question chinoise ouvre au droit des horizons nouveaux.

(1) BIBLIOGRAPHIE GÉNÉRALE ET TRÈS SOMMAIRE :

A) SUR LA PLACE ET LE RÔLE DE LA QUESTION D'EXTRÊME-ORIENT DANS LA POLITIQUE GÉNÉRALE : Capitaine Mahan, *The problem of Asia and its effect upon international policies*, Boston, 1900 : P. S. Reinsch, *World Politics at the End of the nineteenth century as influenced by the oriental situation*, New-York, 1900 ; Dilke, *Problems of Greater Britain*, 4ᵉ édit., 1900.

B) SUR L'HISTOIRE DE LA CHINE ET L'ENSEMBLE DU PROBLÈME CHINOIS : Boulger, *Short history of China*, 2ᵉ édit., 2 vol.,London, 1898 ; Beresford, *The break-up of China*, London, 1899 ; von Brandt, *Die Zukunft Ostasiens*, Leipzig, 1895 ; *Drei Iahre Ostasiatischeri Politik*, Leipzig, 1897 ; *Ostasiatische Fragen*, Leipzig, 1900 ; Brenier, *La mission lyonnaise d'exploration commerciale en Chine* (1895-1897),publication de la Chambre de commerce de Lyon, 1898 ; Chirol, *The Far Eastern question*, London, 1896 ; Colquhoun, *China*

I

« Nous n'avons aucune maison en Europe, a dit spirituellement Voltaire(1), dont l'antiquité soit aussi bien prouvée que celle de l'Empire de Chine ». Antérieure à l'ère chrétienne de trois mille ans, suivant l'Hérodote chinois Sze-ma-tien, de vingt-trois siècles,suivant le livre classique des Annales, le *Chou-King*,de onze siècles suivant le livre de la poésie nationale, le *Chi-King*, de neuf siècles au moins, suivant les lettrés, qui considèrent toute la période antérieure comme *ouei-ki* ou « en dehors de l'histoire » (2), la Chine est dans le monde l'aïeule des nations et l'ancêtre des Empires. C'est, dans l'humanité, comme une vénérable et très vieille grand'mère,dont personne, pas même elle, ne sait plus l'âge. Immobile dans les usages d'une très ancienne civilisation, gouvernée par ses souvenirs et par son culte des morts, elle fuit l'agitation de la vie

in *transformation*, London, 1898 ; Cordier, *Bibliotheca sinica* (Bibliographie des ouvrages relatifs à l'Empire chinois), Paris, 1881-1895 ; Cordier, *La France en Chine au XVIII*e *siècle*, Paris, 1883 ; Cordier, *Histoire des relations de la Chine avec les puissances occidentales*, 1860-1900, t. I (seul paru), 1861-1875, Paris, 1901 ; Curzon, *Problems of the Far East*, 2e édit., London, 1896 ; d'Escayrac de Lauture, *Mémoires sur la Chine*, Paris, 1865 ; Gundry, *China past and present*, London, 1895 ; Gutzlaff, *China opened*, 2 vol.,London, 1838 ; Robert Hart, *These from the land of Sinim*, London, 1901 (ouvrage formé d'une réunion d'articles parus dans la *Fortnightly Review*, *passim* et la *North American Review*, en 1900-1901 ; nous citerons d'après les articles) ; Huc, *L'Empire chinois*, 2 vol. 4e édit., Paris, 1862 ; Krausse, *China in decay*, London, 1898 ; Mac Gowan, *History of China*, London, 1897 ; H. Norman, *The peoples and politics of the Far East*, London, 1895 ; Pauthier, *Chine moderne*, Paris, 1853 ; R. Pinon et P. de Marcillac, *La Chine qui s'ouvre*, Paris, 1900 ; von Richthofen, *China, Ergebnisse eigener Reisen und darauf gegründeter Studien*, 4 vol.(3 seuls parus), Berlin, 1877-1885, et *Shantung und Kiautchou*, Berlin,1898 ; Williams, *Middle Kingdom* ; Yule, *Cathay and the way-thiter*, 2 vol., London, 1876.

Les Livres bleus (Angleterre), jaunes (France) et blancs (Allemagne) et les articles de revue ou journaux, parmi lesquels nous nommerons seuls pour l'instant le *Journal asiatique*, l'*Asiatical Quarterly Review* et le *North China Herald* (comme plus particulièrement spéciaux), seront indiqués et cités en note, dans le cours de ce travail, à mesure que l'occasion s'en présentera.

C) Sur la littérature, la langue, les religions, les mœurs des Chinois : Ball, *Things chinese*, 2e édit., London, 1894 ; Bard,*Les Chinois chez eux*, Paris, 1900 ; von Brandt,*Die Chinesische Philosophie und der Staatsconfucianismus*, Leipzig, 1898 ; Brouillon, *Mémoire sur l'état actuel de la mission du Kiang-nan (1842-1845)*, Paris, 1855 ; Douglas, *Confucianism and Taoism*, London, 1893, et *Society in China*, London, 2e édit., 1900 ; Giles, *History of chinese literature*, New-York, 1901 ; de Groot, *La religion populaire des Chinois, les fêtes annuelles à Emouy* (Amoy), dans les *Annales du musée Guimet*, t. XI et XII, 2 vol. (trad.Chavannes) ; Legge, *Religions of China* ; Matignon, *Superstition, crime et misère en Chine*, Lyon et Paris, 1900 ; Pearson, *National Life and Character: a forecast*, London, 1893; Smith, *Chinese Characteristics*, 2e édit., London, 1899 ; Tcheng-ki-Tong, *Les Chinois peints par un Chinois*, Paris, 1884 ; Younghusband, *Among the Celestials*, London, 1898.

(1) *Dictionnaire philosophique*, vo *Chine*, éd. Beuchot, t. III, p. 37.

(2) Metchnikoff,*La civilisation et les grands fleuves historiques*,Paris,1889,p. 322 et suiv.

moderne, et, repliée sur elle-même, reste plongée dans la contempla-
tion d'un passé fossile. Pour la civilisation occidentale, vivre, c'est évo-
luer ; pour la Chine au contraire, vivre, c'est se souvenir et s'immobiliser.
perdue par l'origine dans le lointain des âges, enfermée par la superstition du passé dans la singularité de sa vieille civilisation, qui fut pré-
coce à son heure, mais qui est retardataire aujourd'hui, la Chine n'a pas
seulement, parmi les nations, l'âge, mais le costume et la physionomie
d'une aïeule. Elle donne dans la vie contemporaine l'impression singulière d'une ressuscitée ; « la rencontre d'un brenn gaulois aux Champs-
Elysées ou la vue d'un plésiosaure prenant ses ébats au milieu des cy-
gnes du Léman », suivant la pittoresque observation de Metchnikoff (1),
ne nous paraitrait pas plus étonnante. Ancienne, étrange, curieuse, la
Chine est comme une pièce de musée vivante, qu'on peut voir dans la
vie réelle en merveilleux état de conservation : pièce d'archéologie et
d'histoire, bien faite pour attirer et retenir l'attention des amateurs et
des savants. Mais que cet objet de curiosité soit devenu l'un des nœuds
de la politique moderne, mais que la Chine, qui s'enfonce dans la nuit
des âges, se retrouve à l'aurore du XXᵉ siècle dans toute la force et la
puissance de l'actualité, c'est un contraste auquel, il y a peu d'années
encore, peu d'esprits étaient préparés.

Il y a quelque trente ans, alors qu'il esquissait au dernier chapitre de
son livre *La France nouvelle* un tableau qui aurait pu s'appeler *Le monde
nouveau*, Prévost-Paradol n'oubliait pas la Chine dans le long regard par
lequel il essayait de percer la brume des temps à venir. Cet esprit perspicace, qui montrait à la France l'Allemagne près de l'unité et à l'Europe
les États-Unis près d'un prodigieux développement, se trompait cependant quand, jetant les yeux sur l'Asie, il entrevoyait dans deux siècles
l'ouverture d'une question de Chine entre les États-Unis agrandis et l'Australie émancipée (2). Ce n'est pas dans deux siècles, c'est dès maintenant
qu'il existe une question chinoise ; ce n'est pas entre Washington et Melbourne, c'est entre Londres, Saint-Pétersbourg, Paris, Berlin, Vienne, Rome
et Washington, que cette question s'élève. Pendant longtemps, la politique s'est hypnotisée sur l'Europe : « quand la question d'Orient sera résolue, pensait-on, c'est la question d'Autriche qui se posera » (3). La question d'Orient n'est pas tranchée, la question d'Autriche n'est pas née, et

---

(1) Metchnikoff, *op. cit.*, p. 330.

(2) Prévost-Paradol, *La France nouvelle*, Paris, 1868, liv. III, ch. 3 : *De l'avenir*,
p. 403.

(3) « Voilà un siècle que l'on travaille à résoudre la question d'Orient. Le jour où
l'on croira l'avoir résolue, l'Europe verra se poser inévitablement la question d'Autriche. » (Albert Sorel, *La question d'Orient au XVIIIᵉ siècle*, Paris, 1878, p. 309).

voici qu'entre elles se glisse, plus pressante et peut-être plus grave, — en tout cas plus large, — la question d'Extrême-Orient.

Le développement des États-Unis d'Amérique, l'ouverture du *Canadian Pacific Railway* (1886), le projet d'un canal interocéanique par le Nicaragua ou par toute autre voie, la construction du Transsibérien, la guerre hispano-américaine et l'annexion des Philippines par les États-Unis (1898), l'acquisition des îles Samoa par l'Allemagne (1899), tels sont les événements qui, peu à peu, font tourner de l'Europe vers l'Extrême-Orient la route de l'histoire. Les conflagrations politiques s'écartent de nous. La remarque en a été faite : « on ne se bat plus comme au temps de Charles-Quint en Lombardie, ni comme au siècle de Louis XIV en Flandre, ni comme sous Napoléon dans la Basse-Autriche ; les grandes querelles européennes semblent s'être closes avec la campagne de Bohème, la campagne de France et celle des Balkans » (1). En devenant économique, la guerre est devenue lointaine, car c'est hors de la vieille Europe, en Afrique, en Asie, en Océanie, en Amérique que se trouve le trésor des produits exotiques et que réside la clientèle des manufactures d'Europe ou des États-Unis, la masse des peuples arriérés, demi-civilisés ou quasi-barbares, capables d'apprécier notre industrie, incapables encore de lui faire concurrence. Ainsi le commerce s'élance vers les lointaines régions de la terre ; mais la guerre suit le commerce. Jadis on luttait pour le sol, aujourd'hui pour les marchés (2). Il ne s'agit plus d'arrondir les États, mais d'étendre les clientèles. En même temps que les débouchés s'éloignent, la guerre s'écarte. — L'Europe, qui la perfectionne chaque jour, se félicite de ce mouvement qui s'accorde avec ses propres désirs. Effrayée par l'arme qu'elle forge, elle aime la voir tourner vers les terres lointaines afin d'épargner les terres proches. C'est, pour son épouvante de la guerre, une précieuse consolation que la distance où les événements, de plus en plus, la reculent. — Enfin la navigation à vapeur et les chemins de fer, qui ont élargi l'ancienne aire du monde connu, ont fait justice de cette vieille fiction politique que l'Europe constitue la quasi-totalité du globe : ils ont remis l'Europe à sa place et rendu à l'univers ses dimensions.

Nécessité de nouveaux débouchés économiques, désir d'éloigner la

---

(1) Paul Louis, *Sur les événements de Chine*, dans la *Revue socialiste*, 1900, II, p. 192.

(2) Cet aspect moderne de la guerre est très bien noté, tant par von Stengel, *Der ewige Friede*, Munchen, 1899, qui cite en l'approuvant ce mot de Paul Dehn « *Das man früher um die Länder kämpfte, heute um die Märkte* », que par Robinson, dans une récente et remarquable étude, *War and Economics*, dans la *Political Science Quarterly*, t.XV (1900), p. 618 (*It is precisely for the conquest of commercial routes that wars are now chiefly waged*).

guerre, restitution à la terre de sa véritable étendue, ces trois causes ont ce résultat que l'axe politique se déplace.

Après la période de la Méditerranée, puis de l'Atlantique, voici qu'une nouvelle période s'ouvre dans l'histoire de la civilisation : celle du Pacifique (1). « Comparé à ce vaste espace d'eau bleue, dit un Américain enthousiaste, l'Océan Atlantique n'est qu'un lac » (2), et, si cette première comparaison n'est pas excessive, on peut la continuer en disant que la Méditerranée n'est qu'un étang. Il est le plus large des Océans, entre les plus grandes masses de terre du globe. Les pays qui le bordent ont une population de 878 (3) millions d'âmes, ce qui représente plus de la moitié de la population totale du monde ; il a sur ses bords toutes les richesses, tous les produits, tous les climats. C'est autour de lui que s'étend la zone inexplorée, mal connue ou retardataire, qui se prête aux découvertes, aux conquêtes, à l'essor. Vers lui l'avenir se tourne. C'est le rendez-vous de la politique mondiale et le champ-clos futur des impérialismes naissants (4). Sa puissance d'attraction économique est telle que la navigation des États-Unis sur l'Atlantique baisse chaque année tandis qu'elle augmente de plus en plus sur l'autre rivage (5). « Comme il y a quatre siècles, avec le mouvement qui suivit la découverte de l'Amérique et du cap de Bonne-Espérance, l'Atlantique a succédé à la position centrale de la Méditerranée, ainsi, dans la seconde moitié du XIXe siècle, le Pacifique a reçu des événements sa révélation ; il existait auparavant comme l'Amérique avant Colomb, mais comme elle sans être encore, ni connu, ni apprécié ». C'est en ces termes que le premier historien maritime de notre temps, le capitaine américain Mahan (6), apprécie le changement produit par les récents événements. « L'avenir est au Pacifique », telle est en 1897 la prédiction de G. N. Curzon, dans ses *Problems of the far East* (7). Et c'est peut-être même trop tarder, que de lui faire encore attendre l'avenir, quand il a déjà le présent. Le conquérant, dont l'ambition jamais lassée laissait échapper la boutade « *Cette vieille Europe m'ennuie* », serait heureux maintenant. C'est loin de la classique et monotone Europe, aux rives extrêmes de

(1) Nys, *Un chapitre de l'histoire de la mer*, dans *Etudes de droit international*, 2ᵉ série, p. 166.

(2) W. E. Griffis, *America in the East*, p. 203.

(3) V. pour calcul et détails. W. E. Griffis, *ibid.*, p. 207.

(4) D'Estournelles de Constant, *Discours à la Chambre des députés*, 8 décembre 1899, *Journal officiel*, Chambre, 1899, p. 2117.

(5) W. E. Griffis, *America in the East*, p. 211. « Dans l'espace de dix ans, dit-il, de 1884 à 1894, la navigation sur la côte de l'Atlantique a décru d'environ 180.000 tonnes, tandis que celle du Pacifique croissait de 125.000 tonnes ».

(6) Mahan, *The problem of Asia*, p. 192.

(7) *Problems of the Far East*, p. 393.

l'Asie que s'accomplit l'œuvre des ambitions modernes et que se prépare le conflit des impérialismes.

A la guerre pour le kilomètre carré, se substitue la guerre pour le commerce, c'est-à-dire pour la conquête des centres d'exploitation et des marchés. A l'ancien monde politique artificiel d'Europe se substitue un monde politique nouveau, qui coïncide avec la réalité géographique et économique de la terre. A l'étroite mer de la navigation à voile, la Méditerranée, se substitue la mer de la navigation à vapeur, du télégraphe et des câbles sous-marins, la large étendue, maintenant facile et familière, du Pacifique. De tous ces changements, qui sont solidaires, une dernière conséquence surgit. Reinsch, dans une remarquable étude, *World-Politics*, l'a magistralement notée (1). Devant le problème du Pacifique, des questions comme celles de l'Alsace-Lorraine, des Balkans, de Trieste ou d'Autriche pâlissent et reculent. A la politique européenne, qui s'efface devant la politique mondiale, correspond la question d'Orient, qui s'efface devant la question d'Extrême-Orient. Déjà l'on se demande avec M. Marcel Monnier : « Qui sait si cette question d'Extrême-Orient, substituée désormais (dans nos préoccupations) à la question d'Orient, sur laquelle ont vécu nos pères, n'est pas entre tous les problèmes internationaux de l'heure présente le plus grave, celui dont la solution intéresse au premier chef les relations des États civilisés et la paix du monde ? » (2). Et plus d'un, sans doute, est déjà tenté d'ajouter : au fond, qu'est-ce donc que la Question d'Extrême-Orient, sinon une Question d'Orient élargie ?

II

Dans les deux cas, la civilisation occidentale, qui est mouvement et progrès, se heurte à la civilisation orientale, trop contemplative pour ne pas être lenteur, trop fataliste pour ne pas être routine. Placées aux deux pôles de la vie sociale, elles ne peuvent pas plus se pénétrer qu'elles ne peuvent se comprendre. L'Occident s'agite d'un mouvement rapide ; l'Orient se drape de lenteur. L'Européen essaie vainement de convertir à la supériorité de ses mœurs, de ses lois, de ses usages, l'Asiatique qui reste superbement réfractaire. Le Turc méprise le Chrétien, le *raja* ; le Chinois traite l'Européen de barbare. L'Orient contemple l'Europe du haut de la vraie religion ; l'Extrême-Orient la contemple du haut de la plus ancienne civilisation. Orient ou Extrême-Orient, c'est toujours, ici ou là, le même problème, la même question de *Gog* et de *Magog*, le même heurt

(1) Reinsch, *World-Politics*, p. 231.
(2) Monnier, Préface de J. Matignon, *Crime, misère et superstition en Chine*, avant-propos, p. X.

continu de deux civilisations opposées, celle du mouvement et celle
du repos, celle de l'avenir et celle du passé.

Mais, où la ressemblance s'accuse, c'est du côté de l'Europe. Dans ce
duel où l'Asie change ses représentants, l'Europe garde toujours les
mêmes champions. Le groupe des six puissances, qui préside aux affaires
d'Orient, maintient en Extrême-Orient sa compétence, avec l'appoint de
deux recrues nouvelles : les États-Unis, venus d'Amérique en voisins,
avec un remords d'observer si peu la doctrine de Monroe ; le Japon,
poussé par l'ambition au rôle de transfuge, dont sa mauvaise situation
économique et financière ne lui permet pas de retirer le bénéfice qu'il
avait espéré. Ce n'est donc pas d'Amérique, encore moins d'Asie, mais
d'Europe toujours que vient la direction. Autour de la Chine s'agitent et
rôdent les mêmes convoitises qu'autour des Balkans. Au sein de ce
groupement sans harmonie que l'ironie des mots seule appelle un
concert, ce sont les mêmes rivalités qui se dessinent, les mêmes oppositions de puissances qui se manifestent, les mêmes concurrences politiques, enfin, qui, de l'extrémité de l'Europe à celle de l'Asie, se poursuivent sans trêve ni fin.

La Russie, toute de continent, palais immense, mais sans fenêtres,
cherche, pour s'éclairer, des vues et des ouvertures sur la mer. « Vaste
corps sans pieds, ou plutôt immense palais sans fenêtres, dit d'elle un
écrivain russe (1), par où regarder vers l'horizon ? Les mers qu'elle possède sont fermées, soit par le froid, soit par d'autres obstacles. » Puissance européenne, elle tente de prendre jour sur la Méditerranée par
la mer Noire et les détroits ; puissance asiatique, elle cherche l'accès
du Pacifique. D'un côté, le glacier russe glisse lentement du Nord au Sud,
et sa descente insensible vers Constantinople inquiète l'Europe ; de l'autre, la poussée russe traverse l'Asie de l'Ouest à l'Est vers le Pacifique.
Le sens géographique du mouvement se transforme : de vertical, dans la
question d'Orient, il devient horizontal dans la question d'Extrême-
Orient ; mais, quelle que soit la direction suivie, c'est toujours, au terme,
le même but, qui est la mer : ici, la mer ancienne, qui est la Méditerranée,
là-bas, la mer nouvelle qui est le Pacifique : partout le libre passage à
l'activité économique et à l'expansion commerciale. Un même motif,
l'atteinte de la mer, dirige la Russie vers Constantinople au Sud et vers
Pékin à l'Est : la même raison, qui fait de la question d'Orient une question russe, fait de même, plus loin, de la question d'Extrême-Orient.

Mais partout la Russie rencontre la même rivale : celle dont Tennyson a dit : « Imposante mère d'œuvres majestueuses, — de son île-

(1) Nicolas Notovitch, *L'Empereur Nicolas II et la politique russe*, Paris, 1895,
p. 104.

autel elle regarde au loin, — où, comme un Dieu, elle plantera la fourche à trois dents, — où, comme un Roi, elle ceindra la couronne »(1). Héritière de l'antique Neptune, l'Angleterre garde le sceptre des mers avec une jalousie qui n'admet pas de partage ; mais elle veut encore, comme le dit son poète, ceindre sur les continents la couronne des Rois de la terre. Pouvoir maritime, elle n'admet pas que d'autres cherchent à lui disputer les mers ; pouvoir territorial, elle a fait de l'Inde le noyau d'un Empire qui ne doit pas être seulement maritime, mais terrestre (2). L'effort de la Russie vers le Pacifique l'alarme à la fois sur mer et sur terre. Sur mer, elle ne veut pas laisser la Russie, grande puissance continentale, devenir, comme elle, grande puissance maritime. Sur terre, le Neptune anglais, qui veut, à son trident, joindre des couronnes, n'admet pas non plus qu'une autre puissance, la Russie, prenne le sceptre de l'Asie continentale et les clés de l'Inde. Tocqueville (3) a remarqué que la conquête et le gouvernement de l'Inde sont les deux faits qui ont vraiment achevé de donner à l'Angleterre sa place dans le monde, de telle sorte que le prestige et la force de son pouvoir dans l'Inde sont les vrais fondements de l'Empire britannique. Les Anglais jugent cette observation très exacte. Il n'y a point de paradoxe à dire que le souci de l'Inde est pour eux à la base de la question d'Orient ; il n'y en a pas non plus à soutenir qu'il fait pour eux l'importance de la question d'Extrême-Orient. C'est pour garder à la Compagnie des Indes le marché chinois que l'Angleterre a fait la triste guerre de l'opium ; c'est pour contrebalancer la perte de l'Inde qu'elle a vu la France entrer dans la carrière des affaires d'Extrême-Orient ; c'est pour garder l'arrière-pays de l'Inde que l'Angleterre s'avance aujourd'hui, par la Birmanie, vers la riche vallée du Yang-tsé-kiang. Suivant un voyageur, qui est devenu le vice-Roi des Indes, lord Curzon, de même que la question d'Orient roule sur le démembrement de la Turquie, la question d'Extrême-Orient roule sur la continuelle solidarité de l'Hindoustan (4). Mais par ailleurs, l'auteur le reconnaît lui-même, le rayonnement des affaires de l'Inde s'étend jusqu'au Bosphore et fait sentir son influence à l'Égypte. De l'extrémité de l'Europe à l'extrémité de l'Asie, des Détroits à la mer de Chine, de la

---

(1) Grave mother of majestic works,
    From her isle-altar gazing down,
    Who, God-like, grasps the triple forks,
    And, King-like, wears the crown.
  The Works of Alfred Lord Tennyson, poète lauréat, London, 1899, p. 64, col. 2.
(2) « Après tout, dit Seeley, l'Inde n'est pas une île » (*L'expansion de l'Angleterre*, trad. franç., p. 333).
(3) De Tocqueville, Lettre du 18 octobre 1857, dans *Œuvres et Correspondance inédites*, Paris, 1861, t. II, p. 409.
(4) Curzon, *Problems of the Far East*, p. 9.

Turquie à l'Empire du Milieu, l'Angleterre,pouvoir maritime,pense toujours au continent, à l'Inde, tandis que la Russie,pouvoir continental,
même en marchant vers l'Inde, pense toujours à la mer.

Cette préoccupation constante de l'Inde,qui domine tant en Orient qu'en
Extrême-Orient la politique anglaise, hante aussi la politique française,
depuis la Méditerranée jusqu'aux mers lointaines de la Chine. C'est la
route des Indes que Bonaparte cherchait en Égypte ; c'est à l'écrasement
de la puissance anglaise aux Indes qu'il rêvait quand,à Tilsit, il esquissait
avec le Tsar le magistral projet de démembrement de l'Empire ottoman
qui s'évanouissait à Erfurt(1). C'est, à défaut d'une reprise, une revanche
des Indes perdues que la France poursuit dans les anciennes provinces ou
Royaumes vassaux de Cochinchine, de Cambodge, d'Annam, et jusqu'au
seuil de la Chine, en s'annexant le Tonkin. Après avoir réalisé, au commencement du siècle, l'un des plus grands rêves d'empire que l'Europe
ait connus, elle n'a depuis 1815 qu'un rôle territorial réduit, et qu'une politique relativement limitée (2). Manquant d'hommes pour peupler ses
possessions coloniales,elle cherche plutôt le prestige moral que l'accroissement kilométrique (3). Elle ne veut pas plus le démembrement de la
Chine qu'elle ne souhaite aujourd'hui le démembrement de la Turquie.
Les souvenirs de son passé, le sentiment de ce qu'une grande nation doit
à une grande histoire, la confiance dans l'ascendant de son génie civilisateur, la guident, plus que toute autre raison, même économique, dans
ces régions où ses intérêts commerciaux, si réels qu'ils soient, l'appellent moins que le sentiment de son prestige. Ne pouvant être, faute d'hommes, le plus grand Empire, elle prétend du moins rester le plus grand
foyer et rayonner d'autant plus que sa flamme est plus pure. Elle laisse
à la Russie, alliée et amie, l'impérialisme militaire, à l'Angleterre l'impérialisme économique, mais elle garde pour elle l'*impérialisme moral*,
celui qui prétend imposer aux hommes, non pas la souveraineté du pouvoir, mais l'ascendant de l'idée. Protectrice des Chrétiens d'Orient et
d'Extrême-Orient, elle obtient le décret chinois du 15 mars 1899 (4), qui
reconnaît en matière religieuse les droits exclusifs « de la Puissance
à qui le Pape a confié le protectorat des missions », et l'ajoute aux textes
lointains des anciennes Capitulations de 1535 et de 1740, qui plusieurs
siècles auparavant lui concédèrent en territoire turc les droits qu'elle
vient semblablement d'acquérir en territoire chinois. De 1535 à 1899, de

(1) Albert Vandal, *Napoléon et Alexandre I*er*, t. I, p. 125 et suiv., p. 240 et suiv.
(2) Très bien marqué par Curzon, *Problems of the Far East*, p. 9.
(3) L'Allemagne a beaucoup de colons, peu de colonies ; la France, beaucoup de colonies, mais peu de colons. V. Reinsch, *World-Politics*, p. 50-52.
(4) Louis Coldre, *Le protectorat français en Chine*, dans la *Revue de Paris* du
15 août 1899. V. aussi cette *Revue*, t. VII (1900), p. 71.

la question turque à la question chinoise, l'ancienne France, fille de la Monarchie du droit divin, et la France nouvelle, fille de la Révolution, marchent toujours avec l'Église, et l'Église avec la France, moins par calcul que par affinité naturelle, parce qu'elles représentent toutes deux dans l'histoire les deux plus grandes influences morales qui se soient mises au service de l'humanité.

Rôle mystique, que suit d'un regret mal caché l'envie de la mystique Allemagne et de son plus mystique Souverain. L'éclat, que le protectorat des missions donne à la France du dehors, tente le Michel germanique qui, pour le flamboiement de son épée d'archange, veut de grandes causes et de saintes idées. En Orient, par le voyage retentissant de Palestine, en Extrême-Orient, par le voyage du Prince Henri de Prusse, l'Empereur veut en imposer à l'Asie par la majesté de sa puissance et le déroulement d'une mise en scène soigneusement étudiée. Mais la pompe terrestre ne lui suffit pas ; à tous ses actes, il veut des airs de chevalerie ou de croisade. Il sollicite du Pape le protectorat des Catholiques : ne pouvant l'obtenir, il travaille à l'ébranler et défend aux missions allemandes de chercher un autre appui que le sien (1). En Orient, comme en Extrême-Orient, c'est toujours l'Allemagne que la France trouve en face de son protectorat des missions.

Mais ce n'est qu'un détail dans l'histoire de son ambition. Concurrente de la France par ses côtés mystiques, l'Allemagne est avant tout la concurrente de l'Angleterre par ses côtés pratiques.

A la Germanie rêveuse, poétique et philosophe d'avant l'Empire, se substitue, depuis 1870, une Allemagne nouvelle, industrieuse, commerçante, active, qui n'est pas encore l'égale de l'Angleterre, mais qui espère bien qu'elle le deviendra. « Il y a quelques années, écrit le consul anglais de Francfort (2), l'opinion allemande se souciait peu des grandes questions économiques internationales. Aujourd'hui l'idée d'une politique commerciale pour la conquête du monde entier gagne les masses : la diffusion de cette idée jusqu'aux cerveaux populaires est peut-être le résultat le plus visible de l'année 1898 ». « En moins de treize ans, ajoute-t-il, la population a augmenté de six ou sept millions d'individus, dont quinze cent mille à peine sont allés à l'agriculture ; c'est le commerce et l'industrie, qui ont nourri le surplus, soit environ 1.500.000

(1) V. pour la lutte autour du protectorat des missions, ce qui sera dit plus loin, *infra*, première partie, ch. III. Il suffit de citer pour l'instant le remarquable article anonyme, *La politique allemande et le protectorat des missions catholiques*, dans la *Revue des Deux-Mondes*, septembre 1898.

(2) *Annual Series*, n° 2122. V. Bérard, *L'Angleterre et l'Impérialisme*, au chapitre *Le rationalisme allemand*, p. 292. Et pour les statistiques suivantes, Voigt, *Deutschland und der Weltmarkt*.

individus pour le commerce, et plus de quatre millions pour les industries de toutes sortes. Le mouvement des chemins de fer, les dividendes
des grandes Compagnies, le nombre des entreprises nouvelles, tout
accuse la même marche ascendante ». Tandis qu'en 1894, l'ensemble du
commerce extérieur de l'Allemagne s'élevait à 7.337 millions de marks,
en 1899, cinq ans plus tard seulement, il atteignait 9.647 millions de
marks : accroissement prodigieux qui n'est rien si l'on considère que,
depuis 1880, l'accroissement total dépasse 66 0/0. Sous l'influence de
ces modifications économiques, un grand changement s'est accompli
dans la politique coloniale allemande. Bismarck, qui, dans ses Mémoires (1), déclarait que l'Allemagne n'avait qu'à se réjouir des progrès de
la Russie en Orient (en Asie Mineure et en Turquie), parce qu'ils la
détournaient de la frontière allemande, Bismarck, aujourd'hui, n'aurait plus le même avis, ou ne serait plus écouté. « L'émigration allemande, qui déborde au loin, doit être canalisée au profit de l'Empire ;
nous devons défendre nos intérêts, défendre les Allemands en pays
étrangers », déclare M. de Marshall, ministre des affaires étrangères,
en 1897, et l'opposition de répondre : « La protection des Allemands
en pays étranger est simplement un prélude à la politique de l'empire
du monde ». Mais l'Empereur d'insister. D'abord à Cologne, en
juin 1897 : « Nous avons de grands devoirs dans le monde. Il y a partout des Allemands, qui doivent être protégés. Le prestige allemand
doit être respecté au dehors. Le sceptre de la mer doit être en nos
mains ». Et encore, lors du départ du Prince Henri pour son voyage autour
du monde :« C'est la première réalisation de l'ambition transocéanique du
nouvel Empire allemand. Il est de mon devoir de suivre la nouvelle
Hanse allemande, et de lui offrir la protection qu'elle a le droit de demander à l'Empire et à son maitre... Qui dit pouvoir impérial, dit pouvoir sur mer ; tous deux sont mutuellement dépendants : l'un ne peut
exister sans l'autre » (2). Même discours encore à Hambourg, en octobre
1899 (3). Tout le commerce de l'Allemagne est d'accord avec l'Empereur.
La loi sur la marine de 1898 est le point de départ de la politique nouvelle. Et voici que l'Allemagne savante, l'Allemagne des Universités, répète à son tour : « Nous ne devons pas oublier que le développement de
l'Empire allemand comme puissance mondiale est nécessaire à la sécurité de son développement économique » (4).

(1) Bismarck, *Gedanken und Erinnerungen*, ch. XXX.
(2) Müller, *Politische Geschichte der Gegenwart*, 1897, p. 49, 127 et 195.
(3) Cité par Reinsch, *World-Politics*, p. 264.
(4) E. Ullmann, *Der deutsche Seehandel und das Seekriegs und Neutralitäts Recht*
(Discours de rectorat à l'Université de Munich, 24 novembre 1900), p. 7.

En Orient comme en Extrême-Orient, l'Allemagne, longtemps indifférente, intervient donc avec ardeur. L'Amérique du Sud mise à part, c'est
l'Asie Mineure et la Chine qui sont, pour elle, les champs d'action commerciaux les plus importants. Visiblement elle regrette aujourd'hui l'ancien mot de Bismarck (6 décembre 1876) que, dans toute la question
d'Orient, il n'y a pas pour l'Allemagne « la valeur d'un grenadier poméra-
nien ». En attendant les événements, l'Empereur rattache à lui les missions allemandes, groupées dans le *Palestinaverein* ; il visite la Palestine
en 1898, cultive avec un soin jaloux l'amitié du Sultan, procure aux Compagnies allemandes la concession des chemins de fer d'Asie Mineure, et
dès maintenant prépare la conquête de la Syrie (1). Mais ce n'est pas
dans la Méditerranée, c'est dans le Pacifique qu'est l'Empire des mers.
Tandis que Guillaume entre à Jérusalem, le Prince Henri entrera donc à
Hankéou. Tandis que le catholique *Palestinaverein* relèvera directement
de la protection de l'Empire, l'évêque allemand Anzler placera les missions de Chine sous le protectorat immédiat de l'Empereur. Et, en attendant qu'elle prenne dans l'Empire ottoman sa part territoriale, l'Allemagne s'implante hardiment au cœur de la Chine, non loin de Pékin,
dans la province de Chan-toung.

Héritière des grandes traditions maritimes de Venise et de Gênes, l'Italie veut, elle aussi, jouer son rôle. Attirée dans l'orbite de l'Angleterre
par l'adresse britannique, elle l'accompagne et l'appuie, tant dans la
question d'Orient que dans celle d'Extrême-Orient. Pour soutenir l'Angleterre en Égypte, elle tente la désastreuse èxpédition de l'Érythrée ;
pour l'appuyer en Chine, elle s'aventure dans la malheureuse entreprise
du San-moun. Ici et là, sans intérêt véritable, sans raison économique sérieuse, mais uniquement pour jouer un rôle, pour s'affirmer puissance
coloniale, elle jette son dévolu sur des points de la terre, vers lesquels
ni l'émigration ni le commerce italiens ne dirigeaient leurs efforts (2). Ici
et là, sans raison et sans succès, l'Italie, comme l'a reconnu Crispi (3),
n'apparaît que pour tenir son rôle et s'affirmer grande puissance. Car,
dès qu'un problème est inscrit à l'ordre du jour de la politique générale, quiconque s'en désintéresse cesse de compter dans le monde.
Dût l'intervenant n'y rien prendre de positif et de précis, dût-il ne retirer de son intervention aucun profit territorial, il faut qu'il intervienne
quand même, pour l'honneur d'en être et plus tard d'en avoir été. C'est
ainsi que les souvenirs de l'explorateur Marco Polo (1275) et du jésuite

(1) Reinsch, *World-Politics*, p. 275-277.
(2) V. *Giornale degli. Economisti*, mai 1899, p. 479 à 493.
(3) Crisp, *China and the Western Powers*, dans la *North American Review* du 1er novembre 1900, p. 701.

Matteo Ricci (1552-1610) (1) ramènent l'Italie dans une région que les émigrants italiens, attirés vers l'Amérique, ont au contraire toujours désertée (2). L'Autriche, dont le commerce avec la Chine est nul, n'y figure pas d'ailleurs pour une autre raison. C'est le propre des grandes questions de retirer le titre de grande puissance à quiconque, même sans intérêt direct, oublierait d'y participer.

Enfin, pour ce qu'elle est convenue d'appeler une grande question, l'assemblée des grandes puissances a toujours un ensemble de procédés spéciaux, qu'elle applique avec plus de fidélité que de confiance. Le premier objet du concert est de se surveiller les uns les autres et de s'empêcher d'avancer. En Orient comme en Extrême-Orient, les progrès particuliers seront neutralisés par deux clauses, que la mutuelle jalousie des puissances opposera aux desseins égoïstes des ambitions individuelles. En matière économique, c'est la clause de la nation la plus favorisée. En matière politique, c'est la formule de l'intégrité territoriale. La première, qui est de style dans toutes les Capitulations (3), est également d'un usage courant dans les traités de commerce avec la Chine (4). La seconde, qui est le dogme fondamental de l'Empire ottoman, semble déjà devoir être le dogme futur de l'Empire du Milieu. En Orient, le traité de San-Stefano (3 mars 1878), qui met fin à la guerre russo-turque, est soumis à la revision des puissances, au traité de Berlin (13 juillet 1878), qui diminue sensiblement les avantages territoriaux du vainqueur. En Extrême-Orient, le premier traité de Shimonoseki, qui termine la guerre sino-japonaise (17 avril 1895), rend la Corée indépendante et donne au Japon la presqu'île de Feng-tien, puis fait de la part de la Russie, de la France et de l'Allemagne l'objet d'une protestation, qui en amène spontanément la revision par le vainqueur, dans un second traité (6 mai 1895), où le Feng-tien et la Corée restent chinois. L'intégrité continentale de la Chine s'y esquisse parallèlement à l'intégrité territoriale de l'Empire ottoman. La médecine politique, qui ne varie guère ses remèdes, rédige la même formule pour l'homme malade, qui est le Turc, et pour l'homme très malade, qui est le Chinois.

(1) V. l'influence de ces souvenirs dans la conférence du professeur Giulio Natali, Milan, 8 avril 1901, d'après le compte-rendu qui en a été donné par Spectator, L'Italia in Cina, dans la Vita internazionale du 20 avril 1901, p. 262.

(2) Le contraste entre la politique italienne, qui s'embarque vers l'Orient, et l'émigration italienne, qui s'embarque pour l'Occident, a été nettement marqué par un témoin bien placé pour voir et pour réfléchir, l'inspecteur du port de Gênes, N. Malnate, dans un vigoureux article, De Assab a San-Mun, dans la Rassegna nazionale du 1er juin 1899, p. 572-595.

(3) Noradounghian, Recueil d'actes internationaux de l'Empire ottoman, t. I, p. 324, 344 et 381.

(4) V. infra, Première partie, ch. Ier.

Mais, à côté de la médecine officielle,qui est nécessairement prudente et réservée, une chirurgie hardie, peu faite aux délicatesses ni même aux difficultés de la situation,préconise en Orient comme en Extrême-Orienles solutions énergiques et brutales : pendant que les diplomates pratit quent en Extrême-Orient la politique qu'en Orient M. de Villèle appelait finement celle de l'homœopathie (1), des publicistes que rien n'effraie proposent l'amputation, c'est-à-dire le démembrement général.

Les mêmes propositions de partage, qui ont tant de fois prétendu pacifier l'Orient, promettent ici de résoudre de fond en comble le pro blème d'Extrême-Orient (2), comme si une solution brutale était nécessairement une solution radicale. Pendant que des théoriciens improvisés découpent déjà sur la carte d'Asie la Chine nouvelle, comme d'autres ont découpé dans leur imagination sur la carte d'Europe la nouvelle Turquie, les plus actives des grandes puissances entament peu à peu le territoire dont elles engourdissent la résistance et trompent l'attention par la fallacieuse formule de l'intégrité territoriale. En Extrême-Orient, où le principe n'est encore que tacite, comme en Orient où il est nettement formulé (traité de Paris du 30 mars 1856,art.7) il est avec lui plus d'un accommodement.

En Orient, l'Autriche-Hongrie biaise avec l'intégrité dans la Bosnie-Herzégovine par le procédé du mandat (13 juillet 1878) ; à Chypre, l'Angleterre tourne la difficulté par l'emploi du gage (4 juin 1878) ; en Égypte, par l'usage du condominium (1882) ; en Chine, la nécessité de concilier la conquête avec l'intégrité territoriale rend les puissances de plus en plus inventives : transportant en Extrême-Orient un procédé déjà esquissé en Afrique (3), elles trouvent dans la prise à bail une solution élégante et nouvelle, mais analogue et d'un style conforme aux précédents d'Orient. De l'extrémité de l'Europe à l'extrémité de l'Asie, de la question turque à la question chinoise, ce sont les mêmes procédés qui se répètent, ce sont les mêmes formules qui se retrouvent, si bien qu'à re garder la question du côté des puissances, c'est-à-dire sous la face européenne du problème, on serait tenté de définir et de présenter la question d'Extrême-Orient comme une nouvelle question d'Orient, plus récente, plus générale et plus large, mais analogue à la première, pour ne pas dire identique.

(1) Bikélas, *La Grèce byzantine et moderne*, p. 291.

(2) V. notamment comme plus particulièrement précis et catégorique le projet (que nous citons sous toutes les réserves qu'il comporte) de L. Sculfort et Francis Laur, *Les quatre Chine*, dans la *Revue géographique internationale*, juillet 1900, avec une carte. Nous en reparlerons plus à fond par la suite.

(3) Pour le Congo (convention anglo-congolaise pour la prise à bail du Bahr-el-Gazal, 1894). Comp. Blanchard, *L'Etat indépendant du Congo*, p. 132.

De la question d'Orient à la question d'Extrême-Orient, les mêmes tendances, les mêmes buts, les mêmes attitudes se retrouvent. Rien de plus naturel, si l'on considère que, dans les problèmes de ce genre, il existe toute une série de difficultés qui sont étrangères à leur nature intime. Ce n'est pas entre l'Europe et l'Asie, mais aussi — peut-être même surtout — entre l'Europe et l'Europe que s'agitent les grands débats d'Orient et d'Extrême-Orient. L'Asie prête le canevas ; mais c'est l'Europe qui le brode. L'Asie donne la matière, et l'Europe donne la façon. Des Turcs aux Chinois, la face du problème d'Asie peut se transformer. Mais l'Europe ne change pas. De la question d'Orient à la question d'Extrême-Orient, s'il y a tant de ressemblances, c'est qu'il y a un élément commun, qui est l'Europe. Cela ne veut pas dire que le problème turc et la question chinoise soient identiques, ni même voisins. Cela veut dire qu'ils sont l'un et l'autre le point de rencontre des mêmes intérêts, des mêmes rivalités, des mêmes intrigues, et par suite le champ d'essai des mêmes méthodes, le terrain d'application des mêmes procédés. S'il y a, de l'un à l'autre, des matériaux comparables, ce n'est pas que les deux matières soient semblables ; c'est simplement qu'elles ont les mêmes ouvriers. Bien que les puissances traitent dans le même style le problème turc et le problème chinois, une question se pose : malgré qu'on leur applique les mêmes méthodes, ces deux problèmes ont-ils le même aspect ?

III

L'Asie, dans sa partie continentale, se divise en deux bassins, que partage un long rempart de montagnes, dressé du Nord-Est au Sud-Ouest, depuis la rive orientale du lac Baïkal, sous la latitude de la Norvège, jusqu'aux flancs du Pamir, dont l'extrémité s'avance aussi loin vers le Midi que la Sicile. D'un côté du rempart, le bassin occidental se creuse et s'enfonce à travers des plaines désertes, où coulent vers la mer sans issue du Nord des fleuves aux bords stériles, au cours glacé. De l'autre côté du rempart, le bassin oriental, plus élevé, s'incline doucement vers la mer libre par des vallées fertiles, où, sous un climat meilleur, circulent généreusement de grands fleuves faciles, nourriciers et civilisateurs. A gauche, dans la partie stérile, l'histoire trouve les Turcs et leurs congénères Mongols ; à droite, dans la partie fertile, elle trouve les Chinois (1).

Entre ces deux races, pas de ressemblance possible. Il y a trop de différence dans leur lieu d'origine et de séjour. Le Turc et le Chinois appartiennent à deux milieux si contraires, à deux territoires si opposés, que

(1) Léon Cahun, *Introduction à l'histoire des peuples de l'Asie, des origines à* 1405, Paris, 1896, chap. Iᵉʳ, *L'Asie, le sol*, p. 1-29.

de l'antithèse du sol devait fatalement naitre l'antithèse des races.

Et d'abord, l'antithèse du sol : *Yer katik, asman irak* (1), la terre est dure, le ciel est loin, dit le Turc. Dans sa patrie d'Asie, les hauts plateaux sont déserts : c'est la steppe à perte de vue, sous ses trois aspects : argileuse, sablonneuse, ou saline, toujours morne et pauvre, si triste que, pour dire leur bonheur, c'est-à-dire leur envie, les hommes de ce pays n'ont pas d'autre mot que « prés fleuris », de même que leur art, celui des tapis, n'a pas d'autre motif que la prairie en fleur. L'hiver y est rigoureux, l'été torride, les sautes de température y sont d'une brutalité terrible ; pendant l'hiver, qui est très long, un vent glacial y fait rage. Voilà les hauts plateaux de l'Asie, où se place le rude berceau des Turcs. Quand, venant du Nord-Ouest, on arrive aux confins de la lande interminable et morne, et qu'on voit apparaitre la Chine, la transformation est saisissante ; la nature se métamorphose. Le grand explorateur russe Prjewalski a ressenti cette impression dans toute sa forcé : « Jusqu'aux derniers pas, dit-il, le voyageur est enfermé par les ondulations du plateau ; tout à coup parait devant ses yeux un merveilleux panorama. Aux pieds du spectateur ravi s'abaissent, comme dans un rêve fantastique, de hautes chaînes de montagnes ; rocs sourcilleux, précipices et gorges profondes s'enchevêtrent et descendent sur de larges vallées où la vie déborde, où serpentent les rubans argentés d'innombrables cours d'eau » (2). Ici la terre est douce, le climat facile, l'eau prochaine : ce n'est plus la terre désolée des plateaux, mais le limon gras des fleuves : ce n'est plus le climat inégal, aux sautes brusques, du continent central ; c'est la température rafraichie ou réchauffée, mais toujours harmonisée, toujours egalisée par la mer. Escortés d'affluents, deux grands fleuves y circulent : le Hoang-ho et le Yang-tsé-kiang. Naturellement défendue contre les agressions du dehors par la mer à l'Est et par la montagne à l'Ouest, ce pays heureux prospère dans sa vie facile. N'ayant qu'à se laisser vivre sur cette terre grasse et fertile, les hommes qui l'habitent cultivent la terre, pratiquent le commerce, aiment la science et s'adonnent aux arts de la paix, tandis que les habitants des plateaux déserts, façonnés rudement par leur sol aride, se mettent en mouvement comme les dunes, les « marcheuses » (*barkane*) de la steppe sablonneuse, et fondent en ouragans, comme leurs vents terribles, sur les vallées avoisinantes. Les hauts plateaux désolés, secoués par la tempête, ont dressé le Turc à la guerre, tandis que les vallées riches, les terres limoneuses des grands bassins fluviaux inclinaient doucement le Chinois vers la paix.

On lit sur la pierre d'un ancien monument : «Un vertueux et savant hom-

(1) Léon Cahun, *op. cit.*, p. 13.
(2) Prjewalski, cité par Cahun, *op. cit.* Comp. Richtofen, *China*, t. I, p. 715.

me, un vertueux et vaillant homme, l'attaquer on ne peut » (1) . Sous
l'hyperbole de l'inscription, les vrais noms sont faciles à découvrir.C'est
le Turc, qui est l'homme vaillant ; c'est le Chinois, qui est l'homme de
science.

Le Turc, toujours en mouvement, prêt à fondre de sa terre stérile
sur quelque riche proie, n'ayant qu'une ressource, la guerre, met en
elle tout son fondement, toute son organisation, tout son but, tout
son idéal. Les peuples turcs sont des régiments, les épitaphes des bulletins militaires, les souverains des capitaines ; pour ce peuple de soldats, les pires crimes sont la désertion et l'insurrection ; les liens ethni-
ques sont nuls ; les distinctions de la race se perdent dans l'unité du
commandement, les tribus sont sans cesse brisées et fondues par les
divisions militaires, enfin l'idée de patrie sort de la camaraderie des
armes chez ce peuple qui n'a pas de maison paternelle, qui ne compte
pas les vieillards, et dont le fier dicton est que « l'homme naît dans
la maison et meurt sur le pré » (2).

Pour les Chinois,au contraire,le pire des métiers est celui de la guerre.
« Avec du bon fer,dit leur proverbe,on ne fait pas des clous ; on ne se sert
pas d'un honnête homme pour faire un soldat » (3). Au lieu que pour les
Turcs il n'y a que la guerre, pour les Chinois l'agriculture est tout. La
terre leur apparaît comme génératrice de toutes choses, l'agriculture
comme base de l'ordre social, la famille, unité rurale, comme l'unité politique, le respect des ancêtres, comme la base de toute morale, l'homme
comme immobile auprès du tombeau de ses pères, auquel même aujour-
d'hui l'émigré moderne stipule toujours qu'il sera ramené (4). « Quand
on compare la Chine avec les autres contrées de l'Asie, dit Gutzlaff (5),
elle est la plus fertile de toutes ». — « Quoique les dix-huit provinces
de l'Empire chinois ne puissent pas être placées toutes sur la même ligne
pour ce qui regarde leur fécondité et la richesse de leurs produits, on
peut dire cependant que la Chine est, en général, un pays d'une admirable
fertilité et cultivé presque partout avec intelligence et activité. En
aucun pays du monde l'agriculture n'a été sans contredit l'objet d'une
estime aussi grande qu'en Chine » : telle est l'impression de l'abbé
Huc (6). Le Japonais place l'agriculture au huitième rang, c'est-à-dire au

(1) Cahun, op. cit., p. 77.
(2) Cahun, op. cit., p. 60.
(3) Brenier, L'illusion jaune, dans les Annales des sciences politiques, 1898, p. 249.
(4) M. Monnier, Préface du livre de Matignon, Crime, misère et superstition en Chine,
p. XIV.
(5) China opened, t. I, p. 6.
(6) Huc, L'Empire chinois, t. II, p. 338.

dernier ; en Chine au contraire elle occupe le premier (1). Célébrée par les plus grands moralistes, tels que Confucius et Meng-tze, recommandée sans cesse à l'assiduité du peuple par les proclamations des magistrats, elle est l'objet d'une sorte de culte d'État, l'Empereur ouvrant, chaque année, les travaux de la campagne par une cérémonie publique, dont l'origine remonterait au douzième siècle avant notre ère, sinon plus haut(2). L'agriculture, liant l'homme au sol qu'il travaille, enchaine le Chinois au foyer paternel, que sa superstition anime de l'ombre errante des parents disparus. Ainsi s'est produit ce phénomène, qui contient en lui seul toute l'originalité de la Chine, clé de sa routine et de sa longévité : la prédominance — on a même dit l'hypertrophie — du principe patriarcal (3). Le Chinois a pour ses morts un respect ou plutôt une crainte superstitieuse, qui fait des parents défunts une autorité toujours vivante. L'Empereur n'a pas d'autre autorité sur son peuple que celle d'un père. Les textes chinois ne le désignent pas autrement que comme « le père et la mère de ses sujets » (4). — Dans la famille, le père est Prince souverain ; dans les districts, les mandarins, dans les provinces, les gouverneurs généraux, et dans l'Empire l'Empereur sont d'autres pères à leur tour. Ainsi la Chine réalise cette forme de gouvernement que le génie d'Aristote avait entrevue : « Il est une cinquième espèce de royauté, où un seul chef dispose de tout... Cette royauté a de grands rapports avec le pouvoir domestique : de même que l'autorité du père est une sorte de royauté sur la famille, de même la royauté dont nous parlons ici est une administration de famille s'appliquant à une cité, à une ou plusieurs nations » (5). L'envahissement des idées patriarcales est tel que le Chinois, matérialiste, qui n'a que le sentiment de la famille, n'a pas le sentiment de la patrie. Echappant à la féodalité, qui s'est abattue sur le Japon, mais vieillissant dans le système des communautés familiales, la Chine n'est donc, sous ses grandes apparences de monarchie absolue, qu'une vaste démocratie, la plus relâchée de toutes. Heureux de sa vie facile, lié au sol qu'il ne quitte pas, le Chinois développe à l'excès le sentiment de la famille que le Turc, dans ses courses nomades, abdique pour la camaraderie d'armes ; l'un prend du pouvoir une conception patriarcale, l'autre une conception militaire. Des Turcs aux Chinois, il y a toute l'opposition du laboureur au soldat. Qui dit Turc dit guerre, qui dit Chinois dit paix.

(1) Hedde, *Description de l'agriculture et du tissage en Chine*, Paris, 1850, p. 17.
(2) V. la description, très curieuse, de cette cérémonie, dans Huc, *L'Empire chinois*, t. II, p. 339 et suiv.
(3) V. notamment *Ce que Le Play pensait de la Chine*, dans la *Réforme sociale* du 16 juillet 1900, p. 124.
(4) Pauthier, *Chine moderne*, p. 135.
(5) *Politique d'Aristote* (trad. Barthélemy-Saint-Hilaire), liv. III, ch. X.

De ces deux races, la destinée, pour l'une, est de conquérir, et, pour l'autre, d'être conquise.

Endormie dans son bien-être, la Chine loue des mercenaires pour la
protéger. Contre les Turcs ses agresseurs, elle stipendie d'autres Turcs
pour la défendre. Désireux de s'assurer la tranquille occupation de leur
sol fertile, les Chinois élèvent autour de leur pays une haute muraille,
dont les deux bouts touchent à la mer et donnent à des clans turcs la
garde des portes (214-204 av. J.-C.) (1). Après les avoir employés contre
leurs congénères du Nord, les Hioung-Nou, au premier siècle avant l'ère
chrétienne, sous la dynastie des *Han* (2), la Chine les lance à la conquête
de l'Ouest ; le chef turc Pan-tchao pousse jusqu'à la Caspienne, il allait
attaquer les Parthes et Rome derrière eux, quand la Chine le rappela (3).
Entre la Grande-Muraille et le fleuve Jaune s'établissent des Turcs demi-
chinoisés, qui, à partir de 308, se partagent l'Empire du Nord, tandis
que la Chine du Sud se fendait en deux grands Royaumes. En 589, l'unité
se rétablit. Une nouvelle dynastie l'opère : celle des *Souï*, toungouze
par la race, chinoise par le cœur, qui prend Lo-Yang pour capitale. Mais se
servant de leurs mercenaires turcs, les Chinois du Nord rétablissent leur
suprématie sur ceux du Sud, avec la dynastie des *Thang* (619), chinoise
de sang, turque de caractère, qui prend à sa solde les Turcs (4).
Puis le grand Empire des *Thang* s'écroule (907) (5). Une dynastie nationale, les *Liang*, tient la vraie Chine (Houan et Chan-toung) avec l'appui
d'autres Turcs, les *Yen-Lou*, qui fondent Pékin, la capitale du Nord, tandis qu'au Sud du fleuve Bleu, la famille nationale des *Song* refait tant bien
que mal l'Empire. Mais, dans la Chine du Nord, à côté de l'Empereur chinois, qui est fictif, il y a un Empereur de fait, qui est le chef turc, jusqu'au jour où les Toungouzes Niou-Tchi forcent la barrière de l'Empire
et s'emparent de Pékin (6), où ils installent la dynastie étrangère des
Kin (1120). Contre les Turcs entrés, avec les *Kin*, dans la Chine du Nord,
la Chine du Sud, que tient la dynastie nationale des *Song*, cherche, avec
d'autres Turcs, à se débarrasser d'eux. Vers 1152, les *Song* font alliance
dans ce but avec le chef mongol Yésougeï, et plus tard avec son fils, Témoudjine (né en 1162, mort en 1227) (7). Alliance dangereuse. Poursuivant

(1) Cahun, *Introduction à l'histoire de l'Asie*, p. 89.
(2) Antérieurement à la dynastie des *Han* (205 av. J.-C. — 589 ap. J.-C.), Richthofen
distingue deux périodes : la première, toute légendaire, des origines à 1122, la seconde,
sous la dynastie des *Tsh'ou* (1122-1205). Richthofen, *China*, t. I, p. 428-444.
(3) Richthofen, *China*, Berlin, 1877, t. I, p. 469.
(4) Cahun, *Introduction à l'histoire de l'Asie*, p. 121.
(5) *Ibid.*, p. 193.
(6) *Op. cit.*, p. 194 à 195.
(7) Cahun, *op. cit.*, p. 201 et suiv.

patiemment un plan gigantesque, Témoudjine fait une ample moisson
de peuples, unit les Mandchous, les Turcs proprement dits et les Toungouzes aux tribus sœurs des Mongols et fonde à Karakoroum, en 1207, sous
le nom de *Tchingiz-Khan*, « l'Empereur Inflexible », le Grand Empire de
la Bannière bleue. D'accord avec les *Song* de la Chine du Sud, il marche
contre les Niou-Tchi de la Chine du Nord, qui succombent après vingt-
quatre ans d'une lutte obstinée (1210-1234). « L'Empereur Inflexible » était
mort avant la fin (1227). Le *Kourilltaï*, assemblée des Turcs et des Mongols, partagea son pouvoir entre ses trois fils, sous la suzeraineté du plus
jeune, Okkodaï, qui eut l'Extrême-Orient pour lot et prit Karakoroum
pour capitale (1). Avec lui, les Turco-Mongols achèvent de conquérir la
Chine du Nord et de chasser (1234) les *Kin*. A sa mort (1241), l'Impératrice Tourakina fit proclamer Grand-Khan son propre fils Gouyouk, jusqu'au décès duquel elle garda la régence (1251). La succession de
Gouyouk échoit alors à Meungke, né d'un quatrième fils de Tchingiz-
Khan, Touli, mort avant l'Inflexible Empereur. Meungke distribue l'Empire entre ses frères, dont il fait ses lieutenants, tandis qu'il se réserve,
au centre, l'ancien domaine mongol. Il place Khoubilaï en Chine, avec
mission de ramener à lui, alvéole par alvéole, toute la ruche chinoise, celle
du Sud après celle du Nord. Après Meungke (1251-1257) et son bref successeur (1257-1260), Khoubilaï prend le sceptre impérial et gouverne de
Pékin l'Empire mongol. De Pékin part alors toute une domination qui,
par le fédéralisme féodal, rattache de la mer Noire au golfe Persique,
à l'Océan Indien et à la mer du Japon, les peuples de l'Asie. Mais
qu'on ne s'y trompe pas. Malgré sa capitale chinoise, cet Empire n'est
pas chinois, mais mongol. La Chine aspire à sa délivrance. En 1369,
Timour, proclamé Roi de Transoxiane, soulève contre les Mongols
les Turcs de l'Ouest ; et, sans attendre qu'il les conduise jusqu'à ses frontières au nom de l'Islamisme, la Chine, en 1370, chasse de Pékin au nom
du Confucianisme un pâle descendant de Khoubilaï-Khan (2). L'Empire
mongol avait vécu. Née d'une réaction nationale, une dynastie nouvelle,
celle des *Ming*, rejette la domination étrangère et rend la Chine aux Chinois. Il était temps : depuis plus de dix siècles, la Chine était perpétuellement battue par le flot turco-mongol, qui, plus d'une fois, l'avait sub-
mergée. Mais telle est l'organisation sociale de la Chine, la force de ses
traditions, le morcellement de son autorité, la puissance de sa civilisa-

(1) Sur l'histoire des Mongols et de leur Empire, V. Schmidt, *Geschichte der Ost-
Mongolen und ihres Fürstenhauses, verfasst von Ssanang Ssetsen*, Leipzig, 1829 ; Frähn,
Abulghasi Bahadour Historia Mongolorum et Tartarorum ; d'Ohsson, *Histoire des Mongols*, Amsterdam, 1852 ; Wolff, *Geschichte der Mongolen und Tartaren*, Breslau, 1872.
(2) Cahun, *op. cit.*, p. 439 et suiv. ; Richthofen, *China*, t. I, p. 586.

tion que le grand Empire, subjugué par les armes, résistait à l'assimilation, chinoisait les Turcs, et, par la force d'une culture supérieure, s'annexait socialement ceux qui militairement étaient ses vainqueurs. La
faiblesse des grandes dominations militaires, comparée à la force patiente
de sa culture agricole et scientifique, devait donner à la Chine une foi
de plus en plus grande dans la puissance de sa civilisation pacifique.
Les nomades de l'autre région peuvent momentanément l'envahir; ils
ne peuvent pas y entrer sans se laisser absorber à leur tour. Après les
Ming, une nouvelle dynastie, celle des Mandchous (1644 à nos jours), ramène encore l'étranger sur le trône : mais le pays lui échappe. Perpétuellement battue par le flot des nomades de l'Asie centrale et septentrionale,
la Chine y laisse parfois sa dynastie, jamais son peuple : elle y a perdu
sa couronne. mais non sa nationalité.

Ouverte aux invasions, à la conquête, auxquelles, gardant ses mœurs,
elle livre sa capitale et le pouvoir, la Chine, engourdie dans un matérialisme facile, offre aussi sans résistance aux religions qui se présentent à la frontière une âme sceptique, indifférente et molle, qui n'est
pas plus faite pour les enthousiasmes de la foi que pour ceux de la
guerre.

Le Turc, que pousse en avant l'idée militaire, la développe et l'aiguise par l'idée religieuse. Il ne devient pour l'Europe un véritable
danger que du jour où toutes deux se réunissent en lui. A l'origine, il n'a
pas de culte. « Turcoman, pauvre croyant », dit l'Osmanli (1). Influencés
d'abord par le Christianisme nestorien, puis par le Bouddhisme, les Turcs
n'étaient qu'à peine effleurés par l'idée religieuse ; mais, du jour où leur
émigration militaire, d'abord dirigée vers le Nord-Ouest, l'Oural, le
Don, le Danube, dériva vers le Sud-Ouest, le Transcaucase, l'Asie-Mineure,
la Syrie, sur l'appel des Khalifes Abbassides, ils reçurent d'eux, avec leur
consigne et leur solde, leur foi religieuse, en même temps qu'ils prêtaient le serment militaire. Entrés dans l'Islamisme, non pas en catéchumènes, mais en recrues, ils firent de leur ardeur religieuse le
complément et la suite de leur ardeur militaire. Après les Turcs de l'Iran,
à la solde des Abbassides, ceux de Transoxiane y furent entraînés par
un Roi de leur race, Timour, qui, de son avènement à sa mort (1362 à
1405), plia toute l'Asie occidentale sous le double joug des Turcs et de
l'Islam, de l'Indus jusqu'au Pont-Euxin. Timour avait compris que le
fanatisme religieux peut être un merveilleux moyen de conquête ; pauvre
d'idées religieuses, le Turc n'en fut que meilleur croyant et, dans son
fanatisme aveugle, il n'a jamais cessé, même aujourd'hui, de faire pas-

(1) Cahun, *Introduction à l'histoire des peuples de l'Asie*, p. 66.

ser dans sa religion, — à l'heure sinistre des massacres, — de sanglants reflets de bataille.

Tandis que le Turc apporte à la propagande confessionnelle la même aveugle ardeur qu'à la mêlée des armes, le Chinois, pacifique et matériel, reste aussi indolent pour l'idée religieuse que pour l'idée militaire.

Cinq cents ans avant l'ère chrétienne, Kong-fu-tzé, dont le nom latinisé par les missionnaires est devenu Confucius, après avoir réuni dans sa personne les meilleurs traits du caractère chinois, a rassemblé dans sa doctrine les idées morales essentielles à la Chine (1). Eparse dans les cinq *Kings*, le *Yih-King*, livre des métamorphoses, le *Chou-King*, livre des annales, le *Chi-King*, livre de la poésie, le *Le-Ke*, livre des rites, et le *Ch'eun Ts'ew* (chronique de 721 à 480 av. J.-C.), — formulée aussi dans les quatre livres ou *Shu* des quatre philosophes, le *Lun-Yu*, qui renferme ses entretiens, le *Ta-Heo*, attribué à son disciple Tsang-Sin, le *Chung-Yung*, écrite par son petit-fils K'ung Keih, et le livre de Mencius, — sa doctrine est beaucoup plus philosophique que religieuse, beaucoup plus morale que mystique (2). Le Confucianisme est certainement la dernière religion pour laquelle, a dit Max Muller, on s'attendrait à trouver un fond naturaliste ; et cependant elle est simple et forte (3), pleine de truismes et d'observations délicates, mais libre de toute poésie, vide de surnaturel et de miraculeux, sans rien qui concerne l'origine de l'homme ou ses rapports avec Dieu, ou la destinée de l'homme après la mort. De toutes ces spéculations, Confucius soucieux d'idées précises ne se préoccupe pas plus que le Chinois, dont la vie facile sur une terre clémente, dans une société monarchique de forme mais démocratique de fond, empêche toute aspiration vers des au-delà de rêve et de foi, qui devaient naitre ailleurs de la misère des hommes et de leur désespoir. Tout le système de Confucius repose sur la piété filiale, ou *hsido*, représentée en chinois par un caractère symbolique formé d'un vieillard soutenu par un enfant. Confucius l'a déclaré : « Ma règle de conduite est dans le *Hsido-King* (livre de la piété filiale) ». Malgré le barbare édit de l'Empereur Chi-Hoang-ti, qui en 213 ordonna la destruction des livres, jusqu'en 191 où une nouvelle dynastie, celle des Han (202 av. J.-C.), rapporta la mesure odieuse, nous avons conservé ce livre vénérable, qui, avec les doctrines de Confucius, reproduit les idées premières de la philosophie chinoise. Au commencement du texte actuel de ce livre, Confucius

(1) Dʳ Legge, *The Chinese classics*, t. I, *Prolegomena*, p. 93 et suiv.

(2) Legge, *Confucius*, p. 1 et 2.

(3) Max Muller, *The religions of China*, dans le *Nineteenth Century*, septembre 1900, p. 379.

demande à l'un de ses disciples : « Shan, sais-tu pourquoi les anciens
Rois avaient une vertu parfaite, qui les mettait en plein accord avec le
ciel? Sais-tu par la vertu de quel principe le peuple vivait en paix et en
harmonie, sans désaccord entre le supérieur et l'inférieur? Le sais-tu? »
Et, sur une question de Shan, le maître répond : « C'est en vertu de la
piété filiale » (1). Confucius parle du ciel, mais sans préciser, sans s'occuper d'un Dieu, ni de plusieurs. « Sers tes parents selon les rites pendant leur vie, et, après leur mort, enterre-les et fais-leur des offrandes
selon les rites » (2) : voilà toute sa doctrine résumée dans une de ses
maximes familières. La forme patriarcale de son organisation sociale n'a
pas seulement donné à la Chine une constitution politique, mais une philosophie religieuse. Le Chinois, que le bien-être matériel et l'ignorance
rendent superstitieux et craintif, a peuplé sa maison des ombres des parents disparus, auxquels il sacrifie après leur mort, après avoir dû les
respecter durant leur vie. L'Empereur lui-même n'est qu'un père : l'unité
politique est la famille, le gouvernement est patriarcal. Cet accord des
croyances et des mœurs, cette fusion de la vie administrative et politique
avec la vie intime et morale du peuple se présentent également en
Orient, où le Sultan est un grand-prêtre, où le Coran est à la fois une Bible
et un Code. Mais alors l'accord pénètre la vie administrative et politique de
l'intolérance et de l'exclusivisme qui sont au fond de l'Islamisme. En
Chine, au contraire, cet accord n'aboutit naturellement ni à l'exclusivisme
politique, ni même à l'intolérance religieuse. Les idées chinoises sur le
hsido (ou *hao*) se concilient assez facilement avec toutes les religions, car
toutes admettent le culte des ancêtres. « Quiconque en Chine reçoit la
plus légère teinte de science la puise, dit Legge, à la fontaine de Confucius » (3). Mais Confucius n'ayant parlé que des ancêtres et du respect
qui leur est dû, toutes les religions peuvent venir, à sa morale, ajouter
leur métaphysique. La Chine, qui n'a pas de patriotisme, n'a pas non plus
de religion nationale. Peuple matérialiste, engourdi dans sa vie pacifique, le Chinois s'ouvre à toutes celles qui se présentent avec un éclectisme auquel bien peu sans doute se seraient attendus.

La Chine trouve elle-même chez elle, dans le Taoïsme, une doctrine
plus complète, dont l'histoire, faite de légendes merveilleuses, annonce
déjà le rôle que le surnaturel y va jouer. Son créateur Laô-tzé, que la légende fait naître en 604 avec des cheveux blancs (4), fonde une religion

---

(1) Legge, *Life of Confucius*, p. 8 ; Max Muller, *loc. cit.*
(2) J. J. M. de Groot, *Les fêtes annuellement célébrées à Emoui*, trad. G. Chavannes,
dans les *Annales du musée Guimet*, t. XI (1886).
(3) Legge, *The Chinese Classics, with a translation* (7 vol.), *Prolegomena*, p. 93.
(4) De Groot, dans les *Annales du musée Guimet*, t. XII, p. 700.

élémentaire, sur laquelle l'imagination superstitieuse des basses classes, qui l'adoptèrent, devait broder ensuite. Dans le livre, qui renferme sa doctrine,le *Taô-teh-King*, il aborde, avec une hauteur de vues toute platonicienne, le grand problème de l'origine des êtres et de l'univers. Développée par des disciples, qui déformèrent dans des manœuvres de jongleurs et de magiciens les idées élevées du maître, la religion de Laô-tzé met à l'origine de l'univers un principe unique manifesté dans le ciel et dans la terre : c'est le *Taô*, dont Rémusat a dit : « ce mot me semble ne pas pouvoir être bien traduit si ce n'est pas le grec λογος, dans le triple sens de souverain Etre, de Raison et de Parole », — que d'autres (Watters et Balfour) traduisent par *Natura naturans*, et Strauss, par Dieu (1). Avec Laô-tzé, la métaphysique entre dans la religion, dont Confucius l'avait soigneusement écartée, et c'est peut-être ce qui explique la supériorité dont les Taoïstes dotent leur maitre, à la suite de la légendaire entrevue qu'il aurait eue avec Confucius (517 av. J.-C.), et dont celui-ci serait sorti en disant : « Quand je vois un homme se servir de sa pensée pour m'échapper comme l'oiseau qui vole, je dispose la mienne comme un arc armé de sa flèche pour le percer... Quant au dragon, qui s'élève sur les nuages et vogue dans l'éther, je ne puis le poursuivre. Aujourd'hui j'ai vu Laô-tzé : il est comme le dragon. A sa voix ma bouche est restée béante et je n'ai pu la fermer » (2). Ainsi les taoïstes, par leur exploitation rétrospective de la légende, affirmaient leur supériorité sur le Confucianisme, et lui disputaient la prééminence. Ils se trompaient. En tant que philosophie, le Taoïsme pouvait à peine lui faire concurrence ; en tant que religion, il le dépassait sans le heurter. A Laô-tzé, Confucius, l'eût-il vraiment rencontré, n'aurait eu rien à répondre, car Laô-tzé abordait justement ce domaine réservé de la métaphysique où Confucius s'était lui-même interdit d'entrer. Mais qu'on ne s'imagine pas que cette religion nouvelle sortit spontanément du fonds chinois. Malgré ses apparences nationales, elle était venue de l'étranger. Son allure platonicienne a frappé Rémusat (3). Pour expliquer le *Taô*, Max Müller remonte au *Ritâ* des Védas (4). Le Taoïsme est la translation chinoise d'idées étrangères, d'idées grecques suivant les uns (5), d'idées indiennes suivant les autres (6) ; et quand bien

---

(1) V. à cet égard les citations de Max Muller, *The religions of China*, 2, *Taoism*, dans le *Nineteenth Century*, octobre 1900, p. 569 et suiv.

(2) Legge, *Religions of China*, p. 206.

(3) *Mélanges asiatiques*, 1825, t. I, p. 8.

(4) *Lectures on the origin of the Religions*, 1878, p. 251.

(5) Comp. Huc, *L'empire chinois*, t. II, p. 209.

(6) Pauthier, *Mémoire sur l'origine et la propagation de la doctrine du Tao*, Paris, 1831.

même il y aurait ici rencontre et non translation (1), coïncidence et non imitation, il n'en résulterait pas moins que le Taoïsme s'en tiendrait à ce fonds commun, embryonnaire, où toutes les religions se ressemblent. La Chine, cette vieille civilisée, peut bien se construire une morale qui lui soit propre, mais elle ne peut pas s'élever jusqu'à une religion qui soit véritablement la sienne.

Nullement exclusive d'ailleurs, elle avait à peine développé le Taoïsme pendant quelques siècles, qu'elle recevait bientôt le Bouddhisme venu de l'Inde au premier siècle de notre ère. Ici, l'on quitte la légende. L'admission en Chine des prêtres bouddhistes par l'Empereur Ming-ti, l'an 65 de notre ère, est un fait qui, par sa certitude, appartient à l'histoire. Antérieurement les annales chinoises mentionnent en 217 une mission bouddhiste et, en 120 avant Jésus-Christ, un général chinois, qui, vainqueur de tribus établies au Nord du désert de Gobi, rapporte parmi ses trophées de victoire une statue d'or de Bouddha (2). En 65, l'Empereur Ming-ti fait de la dévotion à Bouddha une religion officiellement admise comme religion d'État, à côté du Confucianisme, auquel elle se superpose, et du Taoïsme, auquel, avec un éclectisme parfait, elle se juxtapose, ce qui fait dire justement à Max Muller que l'idée chinoise de la religion est évidemment très différente de la nôtre (3). Ils jugent que la religion est utile pour la paix, l'ordre et la morale ; l'envisageant par son côté pratique et, pour ainsi parler, par son caractère utilitaire, ils accueillent libéralement tous les prêtres sans attacher d'importance au fond de leur doctrine. Par le Bouddhisme, ils espéraient d'ailleurs se créer des liens d'amitié avec l'Inde, où, pour s'instruire dans les livres sacrés, les Empereurs de Chine envoient de nombreux voyageurs : Fahsien, qui visite l'Inde à la fin du IVe siècle de notre ère, Hoei-seng et Song-Yan, en 518, Hiouen-tsang (629-645), I-tsing (671-695 ap. J.-C.) (4). D'après l'un d'eux, Hiouen-tsang, la doctrine de Bouddha était si florissante en Chine qu'elle comptait 3.716 monastères. Le Taoïsme et le Bouddhisme avaient d'ailleurs plus d'une ressemblance, dans les superstitions et surtout dans les rites. Tous deux s'appuyèrent l'un sur l'autre ; le Bouddhisme bénéficia du précédent du Taoïsme et celui-ci, à son tour, précisa ses rites à l'imitation de la religion nouvelle.

(1) Sic : Max Muller, loc. cit.

(2) Koppen, Buddhism, t. II, p. 33.

(3) Max Muller, The religions of China. 3. Buddhism and Christianity, dans le Nineteenth Century, novembre 1900, p. 730.

(4) Comp. Neumann, Pilgerfahrten buddhistischer Priester von China nach Indien, dans Zeitschrift für historische Theologie, t. III, 1883, p. 114 et suiv.; Stanislas Julien, Pèlerins bouddhistes, Paris, 1857 ; Yule, Notes on Hwen-thsang's account, Journ. R. As. Soc. New Series, t. VI, 1873, p. 92-120 ; Richthofen, China, t. I, p. 515-518 et 539-546.

Mais, ce qu'il y a de plus extraordinaire, c'est que la Chine s'ouvrit aussi sans résistance au Christianisme nestorien (1). Sans qu'à l'exemple du Bouddhisme le Christianisme fasse l'objet d'une reconnaissance expresse comme religion d'État, il n'en est pas moins très favorablement accueilli, dans la personne de ses prêtres, à la Cour impériale. D'après une inscription chinoise du huitième siècle (781), un missionnaire nestorien, Olopun, arrivé en Chine en·635, reçut de l'Empereur le droit de pratiquer et d'enseigner sa religion sur le même pied que les trois autres, antérieurement établies, du Confucianisme, du Taoïsme et du Bouddhisme, à côté desquelles le Christianisme prend place, sur le monument (2), sous le nom de « l'Illustre doctrine ». Accusée de fraude par Voltaire, qui n'y voit qu'une supercherie des Jésuites, cette inscription est aujourd'hui tenue pour authentique (3). Mais le plus curieux, c'est qu'au monastère de Hsian-fou des prêtres bouddhistes se trouvaient mélangés aux prêtres chrétiens. Si fort est l'éclectisme de la Chine en matière religieuse qu'il réagit jusque sur les rapports des diverses religions entre elles. Jamais pays ne s'est si largement ouvert aux idées religieuses venues de l'étranger ; jamais pays n'a été si libéralement hospitalier à toutes celles qui se présentaient ; jamais surtout nation ne s'est ·efforcée de maintenir côte à côte, dans une tolérance voisine de la « camaraderie », suivant le mot de Max Muller, des cultes concurrents et des religions dissemblables (4).

La doctrine de Mohammed, portée par les Turcs et par les Arabes, devait aussi pénétrer par les provinces occidentales et par la mer. Sous le règne

(1) Sur l'hérésie de Nestorius, V. Abbé Duchesne, *Autonomies ecclésiastiques, églises séparées*.

(2) *Hsian-fou*, ou *Ségan-fou*, ou *Si-ngan-fou* fut autrefois la vieille capitale de la Chine. Le monument y était encore intact en 1867 lors du passage de Williamson, *Journeys in Northern China*, t. I, p. 381-383. Lors du passage de Richtofen, en 1872, il avait été détruit par les rebelles musulmans, *China*, t. I, p. 553.

(3) Dès que la découverte en eut été faite, en 1625, et le texte publié par Kircher, ··*Prodromus Copticus*, Roma, 1636, les discussions s'engagèrent. Dans le sens de l'authenticité se prononcèrent successivement Alvarez Semedo, *Relazione della grande monarchia della Cina*, Rome, 1643, t. I, p. 194 ; Martin Martini, *Atlas sinensis*, Amsterdam, 1656 ; Boym, *Briefve relation de la religion chrestienne en la Chine*, Paris, 1654 ; Renaudot, *Anciennes relations des Indes et de la Chine*, Paris, 1718, p. 234; Abel Rémusat, *Mélanges asiatiques*, t. I, 1825, p. 33 et *Nouveaux mélanges*, t. II, 1829, p. 189 ; Klaproth, *Tableaux historiques*, 1826, p. 208. En sens contraire : Schmidt, *Geschichte der Ost-Mongolen*, Saint-Pétersbourg, 1829, p. 384 ; Neumann, *Zeitschrift der deutschmorgenländ. Gesellschaft*, 1850, p. 33. Aujourd'hui, l'authenticité prévaut : Pauthier, *De l'authenticité de l'inscription nestorienne de Si-ngan-fou*, Paris, 1857 ; Williams, *Middle Kingdom*, t. II, p. 291-297; Yule, *Cathay*, t. 1 ; *Preliminary essay*, p. XCII ; Richtohfen, *China*, t. I, p. 553 et suiv. ; Legge, *Christianity in China* ; Max Müller, *loc. cit.*, p. 736.

(4) *Adde* le très intéressant article de G. Dévéria, *Notes d'épigraphie mongolo-chinoise*, dans le *Journal asiatique*, novembre-décembre 1896, p. 325 et suiv. et *infrà*, I, ch. III.

de Khoubilaï-Khan, elle eut même un moment de grande et d'officielle faveur. Il n'y a donc rien d'étonnant qu'elle subsiste encore, spécialement dans les provinces occidentales, à cause des rapports avec les Turkomans.

On a même trouvé, en 1851, aux environs de Kaï-foung, les traces d'une colonie juive, qui s'était conservée, des premiers siècles de l'ère chrétienne à nos jours, sans être inquiétée (1).

Paix matérielle, paix religieuse : ni fanatisme militaire, ni fanatisme confessionnel. La Chine n'a dans son tempérament que la placidité, le repos, la tolérance. Son peuple qui, physiquement, n'a pas de nerfs (2), moralement n'a pas de ressorts. Il n'a rien ni dans le sang ni dans l'âme, qui puisse le mettre en marche par le monde : ni l'amour de la bataille, ni le désir de répandre quelque grande vérité dont il est ou se croirait possesseur. Ce peuple sans sensibilité, sans élan, sans fougue, sans rien de ce qui fait la noblesse et la beauté de l'homme, n'a rien non plus de ce qui fait d'un peuple, pour d'autres peuples, un danger. Condamné par sa nature à piétiner sur place dans l'espace plus encore qu'il ne piétine dans le temps, il n'y a pas à craindre que, à l'exemple du Turc, il presse et rompe sa frontière.

Dans l'histoire de l'Asie, le Turc personnifie le mouvement, la guerre, le fanatisme ; le Chinois représente le repos, la paix, l'éclectisme.

Avec de tels caractères, il est dans la destinée de la Chine d'être perpétuellement menacée.

Comment l'Europe pourrait-elle craindre aujourd'hui, de l'Extrême-Orient, un péril chinois semblable ou symétrique au péril turc ?

Comment, brisant son cadre et violentant sa nature, la Chine pourrait-elle donc, — et brusquement, — devenir menaçante ?

IV

Si contraire que cette nouvelle attitude puisse'être, tant à ses mœurs qu'à son histoire, c'est elle qu'une prévoyance craintive annonce à l'Europe alarmée. Pendant longtemps, l'Occident a méprisé la Chine. Dans ses *Parerga* et *Paralipomena*, Schopenhauer la prend comme démonstration vivante de ce principe que le droit n'existe pas sans la force, autrement dit qu'une nation n'est rien sans armée : « *Unius cujusque jus potentia ejus definitur.* La conséquence du mépris de cette règle se voit maintenant en Chine : entre les rebelles de l'intérieur et les Européens de l'extérieur, le plus grand Empire du monde se décompose pour avoir pratiqué les

_____

(1) Gutzlaff, *China opened*, t. II, p. 241.
(2) Smith, *Chinese characteristics*, p. 96-97.

arts de la paix sans cultiver aussi les arts de la guerre » (1). Renan ne met pas en doute la décadence et la faiblesse de la Chine : c'est pour lui la preuve qu'une nation gouvernée par les belles-lettres est vouée à la ruine : « La Chine a réalisé dès la plus haute antiquité le type d'une société rationnelle, fondée sur l'égalité, sur le concours, sur une administration éclairée... Qu'est-il résulté de cette organisation? Un état de décrépitude sans pareil dans l'histoire, où un Empire de 350 millions d'hommes attend que quelques milliers de barbares viennent lui apporter des maîtres et des régénérateurs » (2). Ainsi, pendant longtemps, l'Europe a dédaigné la Chine ; puis brusquement elle s'est alarmée.

L'Australien H. Pearson venait de la mettre en garde contre un danger dont l'Australie, plus proche, s'apercevait mieux : celui d'une résurrection chinoise. Frappé de la vitalité, dont la Chine venait de faire preuve en recouvrant sur Yakoub-beg la province scissionnaire du Turkestan chinois ou Kachgarie (1874-1887),se rappelant avec quel succès elle avait maîtrisé la révolte mahométane du Yunnan, il y trouvait des preuves indéniables d'organisation et de puissance. Songeant à la puissance démographique de la Chine, qui déborde sur Singapour et la péninsule malaise, s'infiltre à Bornéo et à Sumatra, submerge les marchés d'hommes de la Californie et de l'Australie, supplante enfin les natifs des Hawaï et des autres îles du Pacifique, il voyait déjà la race chinoise faire tache d'huile dans les mers lointaines. Très souple, d'assimilation facile, s'adaptant à tous les climats, il annonçait sa prochaine domination dans tout le bassin du Pacifique (3). « Son expansion vers le Sud et le Sud-Est est la plus probable, mais elle se portera également,disait-il, vers le Nord et vers l'Ouest ». A l'Angleterre, suivant Pearson, la Chine doit enlever le Népal ; à la Russie, le Turkestan et l'Amour. « La Chine est colonisatrice, travailleuse et commerçante ; qu'elle devienne militaire et surtout musulmane, et elle aura le plus merveilleux avenir. Dotée des procédés de l'Europe, munie de chemins de fer et de machines pour exploiter ses ressources, armée des fusils et des canons de l'Occident, la Chine sera l'une des premières puissances du monde. Les États-Unis eux-mêmes,malgré leur prodigieux développement,resteront en arrière » (4). L'avertissement de Pearson ne resta pas inaperçu. Mais il parut à l'opi-

---

(1) *Unius cujusque jus potentia ejus definitur*. Die Folgen der Vernachlässigung dieser Regel sehen wir eben jetzt in China : Rebellen von Innen und die Europäer von Aussen, und steht dass grosste Reich der Welt wehrlos da und muss ess büssen, die Künste des Friedens allein und nicht auch die des Krieges kultivirt zu haben ». Arthur Schopenhauer *Sämmtliche Werke*, VI, *Parerga und Paralipomena*, Leipzig, 1891, t. II, § 125, p. 258.
(2) Renan, *Essais de morale et de critique*, 4ᵉ édit., 1889, p. 41.
(3) H. Pearson, *National life and character : a forecast*, London, 1893.
(4) *National life and character*, p. 112 et suiv.

nion qu'il exagérait le péril. Montrer la menace chinoise sous la triple
forme militaire, coloniale, industrielle, était certainement excessif.

Il y avait une forme de péril chinois, à laquelle du moins l'Europe ne
pouvait croire. Le danger militaire n'était qu'une pure chimère. Tous
ceux qui connaissaient la Chine l'affirmaient (1). L'armée n'a guère varié
depuis la conquête mandchoue, il y a deux cent cinquante ans : les descendants des conquérants, avec un certain mélange de Mongols et de
Chinois, forment, pour la garde de Pékin et du Nord de l'Empire, le corps
des huit bannières, dont la force nominale est de 230.000 à 330.000 hommes, mais dont la force réelle n'atteint pas 100,000 hommes. L'armée
nationale, ou *Ying-Ping*, compte, suivant les sources, entre 540.000 et
660.000 hommes répartis en dix-huit corps, un pour chaque province de
l'Empire, mais dont 170.000 à 250.000 sont capables d'entrer en guerre.
Enfin, après la guerre de 1860, la Chine a formé l'armée du pavillon noir,
forte nominalement de 100.000 hommes, mais réellement de 35.000, employés à la garnison de Tientsin et des forts de Takou et du Pétang, armés
de fusils modernes (Sniden, Hotchkiss, Remington, Mauser) et de canons
Krupp, exercés et commandés à l'européenne, avec une solde supérieure
aux autres corps (2) : en tout trois cent mille hommes sur le pied de paix,
et moins d'un million sur le pied de guerre, — ce qui est peu pour la
garnison et la défense d'un Empire, dont la superficie, qui est du tiers de
l'Asie, est égale à la moitié de l'Europe, et dont la population, qui est la
moitié de celle de l'Asie, est égale à celle de l'Europe (3). Mais ce n'est
pas le nombre des soldats qui manquent le plus à la Chine ; sans quoi sa
réserve d'hommes lui fournirait aisément les recrues nécessaires : c'est
l'esprit militaire et le patriotisme (4), le goût des armes et le respect de
leur dignité, qui lui font défaut. Aussi l'armée chinoise n'est-elle qu'une
grossière bande d'athlètes. La manœuvre est une sorte de performance

(1) « Le métier de soldat jouit en Chine d'une déconsidération contre laquelle il sera
très difficile ou en tout cas très lent de réagir... Les chefs militaires n'ont aucun
prestige ; la mission lyonnaise en a eu bien des exemples pendant son voyage de dix-huit
mois dans l'intérieur ». Brenier, *L'illusion jaune*, dans les *Annales de l'Ecole des sciences politiques*, 1898, p. 249. « Il n'y a pas de contrée dans le monde où la profession
militaire ait moins de considération et où la science de la guerre soit moins intelli-
gemment étudiée qu'en Chine ». George N. Curzon, *Problems of the Far East*, p. 405.

(2) Pour plus de détails, Comp. Curzon, *Problems of the Far East*, 2ᵉ édit., p. 323 et
suiv.; Ch. Beresford, *The break-up of China* ; Colquhoun, *China in transformation* ;
Jean Hess, *Les éléments scientifiques de la transformation de la Chine* (1ᵉʳ article),
dans la *Revue générale des sciences*, 1900, p. 782.

(3) Aussi lord Charles Beresford, *The break-up of China*, p.113, déclare-t-il « que l'armée
chinoise est impuissante à protéger le commerce britannique ». Les vice-Rois avouent
qu'en cas de troubles ils n'ont aucune force pour les réprimer.

(4) Maurice Courant, *Etrangers et Chinois*, dans la *Revue des Deux-Mondes* du 1ᵉʳ janvier 1901, p. 122.

gymnastique. Les armes sont des lances, des harpons, des haches,
des tridents, des arcs et des flèches. La garnison de Pékin passe son
temps au tir de l'arc (1). En guerre, pas d'unité, ni dans l'armement, ni
dans l'administration. La même troupe a les armes les plus différentes (2) ; pour le Chinois, toutes les cartouches se valent, si bien que,
pendant la guerre sino-japonaise, on a vu des troupes mises hors de
combat avant même le premier feu parce que les hommes n'avaient pas
les cartouches différentes qui correspondaient au modèle de leurs trop
nombreux fusils (3). Tous les juges militaires ont eu, depuis vingt ans,
la plus triste opinion de la Chine. Quand en 1880 la guerre fut près
d'éclater entre les Russes et la Chine, lors de l'affaire de Kulja, le célèbre général Gordon, invité à donner son avis, écrivait à son vieil élève,
le vice-Roi Li, que, dans l'extrême pourriture (*utter rottenness*) de l'armée
chinoise, il lui fallait se dérober à toute guerre scientifique avec des étrangers : « des escarmouches plutôt que des batailles, des carabines se
chargeant par la culasse plutôt que de gros canons », tel était l'avis
de *Chinese* Gordon (4). Même opinion de la part du colonel anglais Mark
Bell, qui, après avoir effectué le trajet de Pékin à Kachgar, déclarait tout
net que la Chine n'avait pas et ne pouvait pas, d'ici plusieurs dizaines
d'années, avoir de puissance militaire (5). Enfin, le général russe et
fameux explorateur Prjewalski est encore plus formel (1890) (6) : « La
Chine, dans sa condition présente et de longtemps, ne peut espérer se
créer une armée semblable à celle des États européens. *A cet égard,
l'esprit et la matière lui manquent également.* En vain les Européens
aident les Chinois avec les armes modernes, les entraînent, envoient
même à la Chine des chefs : l'armée chinoise n'en reste pas moins une
création artificielle, une combinaison mécanique, une organisation insta-

(1) *Problems of the Far East*, p. 325.

(2) « L'armée chinoise a des fusils de quatorze modèles ». Jean Hess, *Les éléments
scientifiques de la transformation de la Chine, loc. cit.*, p. 783. Ils sont énumérés par
Ch. Beresford, *op. cit.*, p. 279.

(3) Curzon, *op. cit.*

(4) A. G. Hake, *Story of Chinese Gordon*, London, 1884, p. 379.

(5) Cité par Curzon, *Problems of the Far East*, p. 330.

(6) Il y a à Nanking un collège militaire, qui a paru faire assez bonne impression à
lord Ch. Beresford, *The break-up of China*, p. 120.— La marine a deux escadres. L'escadre du Nord comprend : deux croiseurs cuirassés de 4.800 tonnes, trois croiseurs de
3.400 tonnes, un croiseur torpilleur, et cinq torpilleurs. L'escadre du Sud a six croiseurs
de 3.500 tonnes, un croiseur de 1.500 tonnes, quatre vieilles canonnières et six torpilleurs. La plupart de ces navires sont de fabrication allemande, quelques-uns anglais.
Les deux principaux arsenaux sont ceux de Fou-Tchéou (dirigé par des Français) et de
Tien-Tsin (depuis la perte de Port-Arthur). Il y a deux écoles navales à Tien-Tsin et à
Nanking. Beresford, *The break-up of China*, p. 284.— V. aussi les critiques adressées
à la marine chinoise par Curzon, *Problems of the Far East*, p. 331.

ble. Surgisse une guerre sérieuse, la dissolution doit promptement s'en
suivre ». La guerre sino-japonaise l'a nettement prouvé, sans néanmoins
changer une situation qui ne tient pas au mauvais outillage mais au
manque d'esprit militaire de la Chine. Dans ce pays, où toutes les distinctions sont identifiées avec la connaissance des classiques et dépendent du succès aux examens, et où la profession militaire qui ne requiert
rien de tel est complètement dédaignée, il n'y aura jamais de chefs.
Dans ce pays, qui manque de patriotisme, de nerfs au point de vue physique, d'élan au point de vue moral, il n'y aura jamais de soldats. Pour
qu'il en fût autrement, il faudrait que la Chine physique et morale fût
bouleversée de fond en comble par le souffle de quelque grande idée.
Pearson lui-même a noté que le réveil de la Chine serait d'autant plus
fort et d'autant plus dangereux que l'Islamisme y progresserait davantage (1). L'Islam seul, en effet, pourrait, en fanatisant la Chine, accomplir
un miracle. Mais la Chine est rebelle à l'Islam. Pacifique et matérielle, elle
ne sera jamais un péril militaire, parce qu'elle veut avant tout son repos.

Pour émouvoir l'Europe devant la Chine, il fallait lui montrer d'autres
dangers. Ne pouvant pas trouver dans le Céleste Empire une menace
militaire, la panique d'Europe s'est elle-même forgé l'épouvantail économique de la Chine. Au premier qui sonna l'alarme, la presse fit écho. Un
mot prestigieux, celui de péril jaune, eut en un instant sa fortune. Rien
n'est si facile à créer que la peur. Ce mot nouveau de « péril jaune » était
à peine prononcé qu'on crut à la réalité du danger. Les Turcs avaient
menacé l'Europe du péril militaire ; les Chinois la menaçaient du péril
économique. Ainsi une symétrie s'établissait : à la civilisation ancienne,
où la guerre était tout, correspondait le péril turc ; à la civilisation nouvelle, où le commerce est la loi suprême du monde, correspondait le péril
chinois. L'analogie était séduisante : elle tenait compte des transformations de la politique moderne, qui de militaire devient économique ; elle
flattait ce secret désir du péril où l'humanité aime à vivre ; elle plaçait ce
péril très loin, de façon qu'il excitât l'imagination plus que la crainte. La
théorie était ingénieuse et elle plut. Entrevue par le docteur Lebon, l'amiral Jurien de la Gravière (2), elle fut développée et mise au point, en France,
avec une infatigable énergie par un diplomate des plus distingués qui, entré dans la vie politique, lui consacra avec une belle patience, d'année en
année (1898, 1899, 1900), des discours qui, chaque fois, rendaient la
Chambre plus attentive (3). Ecartant le péril militaire, M. d'Estournelles

(1) Pearson, *National Life and Character : a forecast*, p. 112.
(2) C'est à ces auteurs que M. d'Estournelles de Constant fait remonter en France les
origines de sa théorie dans sa *Lettre-préface* au livre de M. Edmond Théry, *Le péril
jaune*, Paris, 1901, p. 17.
(3) V. aussi d'Estournelles de Constant, *Le péril prochain*, dans la *Revue des Deux-*

de Constant montre à l'Europe le péril économique : il ne la menace pas
d'invasions militaires mais d'armées plus terribles encore, « d'armées,
non pas de soldats, mais de marchands, d'ouvriers, de producteurs, de sur-
producteurs » (1). Par les revues, par la presse, cette opinion, désormais,
se propage. Après avoir longtemps provoqué l'indifférence, elle finit par
éveiller l'attention. Les économistes la discutent ; quelques-uns l'admettent (2). Hors de France, Lombroso l'accepte : pour dénoncer le péril
jaune (*il pericolo giallo*) (3), il raconte aux sceptiques l'apologue de la
baleine : « Je ne sais plus, dit-il, dans quel livre j'ai lu que des pêcheurs
débarqués sur une île inconnue avaient commencé d'y planter leurs
tentes, glorieux d'une conquête inespérée quand, au plus beau de leur
travail, ils furent jetés à l'eau, eux et leurs instruments ; ils avaient pris
pied sur une immense baleine endormie, qui s'était éveillée aux premières entreprises de ses peu discrets occupants ». La Chine, pour Lombroso, n'est plus la masse en décomposition de Schopenhauer et de Renan, mais la force en sommeil, qui trompe par les apparences du repos.
Tranquille tant qu'elle est endormie, dans l'engourdissement d'une
civilisation vieillote, terrible quand elle sera debout, dans le réveil de
l'activité moderne, la Chine resterait inoffensive si personne ne venait
troubler son sommeil. Or, voici que les Européens arrivent : d'abord, ils
effleurent ses rivages, puis, ils s'accrochent à ses flancs ; à peine si quelques légers frissons d'impatience montent à la surface tranquille du
monstre ; mais voici qu'ils pénètrent à l'intérieur, qu'ils lancent leurs
bateaux, leurs chemins de fer, leurs télégraphes, leurs machines industrielles et leur science technique à la conquête de la masse engourdie.
Alors la Chine, s'animant, va, [dans le sursaut du réveil, jeter brusquement à la mer les intrus qui troublaient son repos. Ici, même, l'apologue de la baleine est trop court. Après avoir rejeté les Européens à la
mer, la Chine va les poursuivre jusque chez eux ; dotés de leurs procédés, elle va leur faire jusque sur leurs marchés une guerre terrible. Son
énorme population, la sobriété de sa race, ses aptitudes intellectuelles
et artistiques, jointes au bas prix de la main-d'œuvre, vont faire sortir
de l'Extrême-Orient un ennemi plus terrible que tous les Gengiskhan :

Mondes du 1er avril 1896, p. 651 et suiv. ; du même auteur, *Le problème chinois*, dans
la *Revue politique et parlementaire*, t. XXVI (1900), p. 218 et *Le péril jaune*, dans le *Temps*
du 16 mai 1901.

(1) Cette formule, très caractéristique, se retrouve, en termes identiques, dans ses deux
discours du 7 février 1898 et du 8 décembre 1899 (*Journal officiel*, Chambre des députés,
1898, session ordinaire, p. 469, et Chambre des députés, 1899, session extraordinaire,
p. 2117).

(2) Théry, *Le péril jaune*, Paris, 1901.

(3) Lombroso, *Il pericolo giallo*, dans la *Nuova Antologia* du 16 mars 1899, p. 335.

la concurrence ; — concurrence des hommes par l'émigration, quand le Chinois connaitra les chemins du monde ; concurrence des produits par l'imitation, quand il connaitra nos procédés, auxquels, dans notre imprudence, nous l'aurons initié. « Défions-nous, dit un géographe, de confondre le gouvernement de la Chine avec la Chine elle-même. Ce sont là deux choses bien distinctes ; celui-ci est débile, parce qu'il touche au dernier terme de son existence ; celle-là est encore forte et d'ici peu elle reprendra son poste à l'avant-garde de la civilisation » (1). Sans chemins de fer, sans télégraphes, sans machines, sans ingénieurs, la Chine est une force qui s'ignore. Mais que par malheur l'imprudence des Occidentaux organise cette masse énorme, et le péril jaune surgira dans toute l'ampleur de sa puissance économique.

La Chine est tout d'abord un immense réservoir d'hommes. Formée de la Chine proprement dite, — composée des dix-huit provinces (2), — elle s'ajoute la Mandchourie, la Mongolie, l'Ili, le Tibet, la Kachgarie ou Turkestan chinois et la Corée ; étendue sur 60° de longitude et 40° de latitude, elle couvre 4 millions 1/2 de milles carrés d'une population totale de plus de 400 millions d'âmes ; mais, sur cette population, la Chine proprement dite — celle des dix-huit provinces, — dont la superficie n'est que de 1 million 1/2 de milles carrés, vient pour 350 millions d'habitants. « Connaissant l'Inde et la Chine (3), dit Colquhoun, j'incline à penser que ce chiffre, qui est très exagéré pour l'Inde, n'a rien d'excessif pour la Chine proprement dite (China proper) ». Mais, dans la Chine proprement dite, la population est très inégalement répartie. Elle se concentre sur le rivage oriental de la mer et dans les bassins fluviaux. Le Tché-Kiang compte 296 habitants par mille carré, le Chansi 221 habitants, le Chihli 304, le Houan 340, le Kouantoung 377, le Széchouan 406, le Kiangsou

---

(1) Pietro Gribaudi, L'avvenire economico della Cina, dans la Rivista geografica italiana, t. VI, juin 1899, p. 365.

(2) Chili, Chansi, Chensi, au Nord ; Yunnan et Koui-tchéou, au Sud-Ouest. ; Kouantoung et Kouangsi, au Sud ; Kansou et Széchouan, à l'Ouest ; Chantoung, Kiangsou, Tchékiang et Foukien, à l'Est ; Houan, Anhwei, Houpei, Hounan et Kiangsi, au Centre. Sur la géographie de la Chine, V. Reclus, Géographie universelle ; von Richthofen, China, Berlin, 1877-1885 ; Colquhoun, China in transformation, p. 1 à 27 ; Machat, Les bases scientifiques de la question chinoise, dans la Revue générale des sciences, 1898. p. 517 et suiv.

(3) Colquhoun, China in transformation, p. 16. — La population de la Chine a été estimée aux différentes époques :

150.265.475 en 1743 par le Père Amiot ;
333.000.000 en 1792 par Lord Macartney ;
360.279.897 en 1813 par le census officiel ;
413.686.994 en 1842 par Sacharoff ;
404.946.514 en 1868 par Vassilivitch ;
380.000.000 en 1883 par les rapports des douanes.

470, le Houpéi 473,le Chantoung 557, le Foukien 574 (1). Ces chiffres, qui
sont considérables, donnent à la Chine le maximum de la densité démographique. « Je n'ai bien compris, dit Jean Hess, tout ce que signifie
ce mot : « agglomération humaine » qu'après avoir vu les aggloméra-
tions de Canton et de Nanking. Le long des rives boueuses et fertiles
des fleuves, ce n'est plus une agglomération, c'est un pullulement humain. On en rapporte d'inoubliables visions » (2). Les hommes, dont
cette terre est si féconde, sont admirablement doués pour le travail. De
toutes les races de l'humanité, dit Richthofen, le Chinois est le seul qui,
sous tous les climats, les plus chauds comme les plus froids, soit capable d'une grande et durable activité. Nul d'ailleurs, plus que lui, n'est
âpre au gain (3). Le Chinois, suivant Colquhoun, réalise au plus haut
degré l'idéal de la machine humaine intelligente (4). La vérité,déclare le
consul Bourne (5), est qu'un homme de bonnes qualités physiques et
intellectuelles, envisagé comme facteur économique, est fourni par
le Chinois à meilleur marché que par toute autre race. Les deux missionnaires américains Justus Doolittle (6) et Arthur Smith (7), qui ont
vécu longtemps en Chine, sont d'accord sur ce point : la qualité prédo-
minante qui distingue le Chinois comme race est certainement son industrie. Il a au plus haut point la passion du travail. Il semble né pour
être, d'après une exacte définition, « le casseur de bois et le porteur d'eau
de l'humanité ». Rien ne le rebute parmi les travaux qui effraient ou que
méprise le blanc. Il a la docilité et la tempérance, grâce auxquelles celui
qui l'emploie réalise la double économie du temps et du travail. Sa faculté
d'endurance et de patience lui assure la supériorité sur ses concurrents, spécialement dans les travaux domestiques. La mémoire des
Chinois est surprenante. Ils ont, suivant le mot de Colquhoun (8), une
double capacité, celle des muscles et celle du cerveau. Ils ne connaissent ni le chaud, ni le froid, ni la faim, ni la fatigue. Leur bonne
humeur les soutient toujours. D'après Giles, ils semblent avoir acquis
l'habitude nationale de toujours tout regarder du bon côté (9). Et
Smith (10) de conclure : « Si l'enseignement de l'histoire est qu'au meil-

1. On en trouvera un excellent tableau dans Jean Hess, *Les éléments scientifiques de la
transformation de la Chine*, loc.cit.,p.777. V.Colquhoun, *China in transformation*,p.16.
(2) Jean Hess, *loc. cit.*
(3) Richtofen, *China*, t. II, p. 257.
(4) Colquhoun, *China in transformation*, p. 58.
(5) *Report on the trade of central and southern China*, n° 458, 1898.
(6) *Social life of the Chinese*, passim.
(7) *Chinese Characteristics*, p. 124-143.
(8) *China in transformation*, p. 255.
(9) Giles, *Gems of chinese literature* ; Colquhoun, *op. cit.*, p. 281.
(10) Smith, *Chinese Characteristics*, loc. cit.

leur appartiendra la meilleure part, il y a pour la race chinoise un magnifique avenir ». Menacés par la supériorité physique et le meilleur
marché des travailleurs jaunes, les ouvriers blancs d'Amérique et d'Australie sont obligés, pour se défendre, d'implorer la protection des lois (1).
En Australie, de 1850 à 1865, les capitaines ne sont autorisés à amener
qu'un immigrant chinois par un certain chiffre de tonneaux de jauge.
· En 1878, les marins et les ouvriers de la puissante « *Australian Steam
Navigation Company* » entrent brusquement en grève, plutôt que de
souffrir la concurrence des équipages chinois ; dans la Nouvelle-Galles
du Sud, une longue agitation, menée par le chef du Cabinet, sir Henry
Parkes, commence alors. Un bill du 20 mars 1879 échoue ; puis un bill
du 17 mai 1888 fixe à 100 livres la taxe de séjour de tout Chinois. Sur
l'initiative de sir Henry Parkes, une Conférence intercoloniale se réunit
et déclare « qu'une nouvelle restriction de l'immigration chinoise est
nécessaire au bien-être de la population de l'Australie,.. que la restriction s'opérera par voie de limitation imposée à tout navire dans les
ports australiens d'un passager chinois par 500 tonneaux de jauge »,
moyennant quoi la taxe était supprimée. La résistance de la métropole
mit seule à ces mesures un frein, sans toutefois arrêter complètement
l'activité des législatures individuelles. Depuis 1887, le Canada limite
l'entrée des Chinois à raison d'un passager par 50 tonneaux de jauge.
Aux États-Unis, la Californie regorge de Chinois contre lesquels
l'indignation populaire se surexcite chaque jour davantage. Après
le traité Burlingame de 1868, qui permet l'émigration, un nouveau traité
(17 novembre 1880) réserve au gouvernement des États-Unis le droit de
régulariser, limiter ou suspendre l'immigration chinoise. L'opinion populaire n'y trouve pas son compte. Sur l'initiative de M. Miller, le Congrès
vote un bill, qui suspend l'immigration chinoise pendant vingt ans. Le
Président Arthur oppose son *veto*. La loi du 6 mai 1882 suspend pour
dix ans l'immigration chinoise par mer. Complétée par une loi du 5 juillet 1884, qui l'empêche par terre, par Vancouver et surtout par le Mexique, cette législation aboutit au traité du 12 mars 1888, qui prohibe pour
l'avenir d'une façon absolue toute introduction d'immigrants chinois aux
États-Unis pendant 20 ans. L'Équateur (décret du 14 novembre 1889), le

(1) Max Leclerc, *L'émigration chinoise*, dans la *Revue des Deux-Mondes* du 1er avril 1889 ;
Bellet, dans la *Revue scientifique* du 21 juillet 1888 ; Meyners d'Estrey, *Le péril jaune*,
dans la *Revue de géographie*, août 1896, p. 83 ; Tcheng-ki-Tong, *La Chine et les Chinois*,
dans la *Revue des Deux-Mondes*, mai 1884, p. 241 ; Dilke, *Problems of Greater Britain*,
p. 530 ; Boenig, *Die antichinese Bewegung in America*, Breslau, 1896 ; Philibert P., *L'immigration chinoise en Australie*, dans l'*Economiste français*, 1880, t. I, p. 445 ; Chailley,
Le mouvement économique aux États-Unis, ibid., 1888, t. I, p. 38. *Adde* : *Blue Book*
« *Chinese immigration into the Australasian colonies* ».

Pérou (14 octobre 1893), le Vénézuéla (20 juillet 1891) se sont aussi fer·
més. La Russie elle-même a senti la necessité de se défendre : un décret
du 22 novembre 1887 interdit aux indigènes coréens et chinois d'émigrer
dans l'Empire. Ces textes, nombreux et répétés, disent assez le danger
dont les travailleurs jaunes, plus nombreux et moins chers, menacent
les travailleurs blancs. Sous cette forme, le péril chinois, après ces faits
et ces dates, peut-il encore être traité de chimère? Si nous n'y prenons
garde, la race jaune, qui pullule sans cesse, refoulera dans tous les
travaux, sur tous les marchés, la race blanche. « Plaise à Dieu, dit
Lombroso, qu'ici les immigrants pacifiques ne jouent pas vis-à-vis de
l'Europe le rôle des Barbares vis-à-vis de l'Empire romain » (1).

Sommes-nous donc menacés d'une invasion pacifique du travail chinois, comme l'Empire romain s'est trouvé menacé par l'infiltration des
Barbares, comme plus tard l'Europe s'est trouvée menacée d'une invasion militaire des hordes turques? Ceux qui, de ces prémisses, ont tiré
cette conclusion rapide, se sont peut-être beaucoup avancés. La Chine
est sans doute très peuplée ; mais elle est assez vaste et surtout assez
riche pour garder toute sa population chez elle sans la déverser au dehors. Dans la Chine proprement dite, suivant la juste remarque d'Archi-
bald Colquhoun (2), le chiffre total de la population, qui semble au premier abord énorme, n'est que douze fois plus fort que celui de l'Angleterre pour un territoire trente fois plus étendu. C'est assez dire quelle
marge reste à la colonisation intérieure chez un peuple que le respect des
ancêtres retient au sol et qui veut toujours, à sa mort, être ramené près
des siens dans le tombeau. L'un d'eux l'a nettement expliqué. « Les Chinois n'ont jamais été, dit le Marquis Tseng, une race agressive (3). L'histoire montre qu'ils ont été toujours une race pacifique, et il n'y a aucune
raison de croire qu'ils doivent cesser de l'être à l'avenir. La Chine n'a pas
une de ces faims de terre (land-hunger) qui sont la caractéristique des
autres nations, et, contrairement à ce qu'on croit généralement en Europe,
elle n'est pas dans la nécessité de trouver sur d'autres territoires un
débouché pour un surcroît de population. Sans doute, un nombre considérable de Chinois ont été forcés, à différentes époques, de quitter leurs
demeures pour chercher fortune à Cuba, au Pérou, aux États-Unis et dans
les colonies anglaises ; mais ceci doit être imputé surtout à la pauvreté
et à la ruine causées par la révolte des Taïpings et par l'insurrection
musulmane, beaucoup plus qu'à la difficulté de trouver d'ordinaire en

(1) Lombroso, Il pericolo giallo, loc. cit., p. 335.
(2) Colquhoun, China in transformation, p. 10.
(3) Marquis Tseng, China, the Sleep and the Awakening, dans l'Asiatic Quarterly Review, janvier 1887.

Chine des moyens d'existence ». Un de ceux qui connaissent bien la
Chine, le professeur hollandais de Groot, de Leyde (1), voyant ses compatriotes des Indes orientales saisis d'une panique semblable à celle de
M. Pearson, a pris la plume pour les rassurer. Il constate que l'émigration chinoise, qui se limite aux provinces surpeuplées de Kouang-toung
et de Fou-kien, a pour cause l'absence d'irrigation, la condition rudimentaire de l'agriculture, le défaut d'industries indigènes, la surabondance
des journaliers et le bas prix des salaires. Ce sont des maux temporaires,
dont la pénétration des méthodes européennes, le progrès agricole et
l'évolution industrielle doivent promptement avoir raison. Dans un rapport de 1893 (2), le consul de Chine à Singapour signale à son gouvernement la mauvaise administration locale, les excès fiscaux et l'oppression
des mandarins et des *yamen* inférieurs, comme une des causes qui forcent
les Chinois à partir : raison toute passagère, dont la Chine ne peut manquer de venir à bout, soit par elle-même, soit avec le concours de l'Europe, en perfectionnant son organisation intérieure. L'émigration chinoise
est, non pas le résultat durable de causes naturelles, perpétuelles, profondes, mais la conséquence passagère de causes exceptionnelles, éphémè-
res, toutes de surface. C'est un mouvement local et temporaire, qui doit
tomber d'autant plus vite, aux premiers progrès de la Chine, que le
Chinois émigre toujours à contre-cœur, avec la pensée toujours présente
du retour. L'immigration des Asiatiques aux États-Unis qui, avant d'être
l'objet de l'indignation américaine, avait été très ardemment désirée pour
l'exécution des grands travaux de chemins de fer, a-t-elle été de la part
des Chinois entièrement libre ? L'article 5 du traité sino-américain de 1868
permet de supposer le contraire en déclarant expressément convenu
« de condamner toute émigration, qui ne serait pas absolument libre,
et de soumettre aux lois pénales le fait par un Américain ou un Chinois
de transporter des Américains ou des Chinois d'un pays dans l'autre sans
leur libre et plein consentement » (3). Le nombre des Chinois établis à
l'étranger (4), qui ne dépasse pas trois à quatre millions y compris les
pays jaunes (Indo-Chine, Malacca, Indes néerlandaises, Philippines) et
350.000 hommes, en s'en tenant aux pays blancs (Amérique du Sud,
États-Unis, Australie), n'est pas d'ailleurs si considérable en proportion

(1) Cité par G. N. Curzon, *Problems of the Far East*, p. 402.
(2) Curzon, *ibid*.
(3) V. traité du 28 juillet 1868, art. 5, dans H. Cordier, *Histoire des relations de la
Chine avec les puissances*, t. I, p. 293. V. la même clause dans le traité sino-péruvien
du 7 août 1875, *ibid.*, t. I, p. 526, et pour les faits, les « drames de l'émigration »,
ibid., t. I, p. 510 et suiv.
(4) Chiffres empruntés au bel article de L. Vignon, *Le péril jaune*, dans la *Revue politique et parlementaire*, t. XIV (1897), p. 565.

d'une masse énorme de quatre cents millions d'habitants. Enfin, les
États qui veulent se protéger contre l'immigration jaune ne tentent-
ils pas aussi de se défendre contre l'immigration blanche, malgré les
difficultés internationales qui peuvent en résulter avec de grands pays
beaucoup plus redoutables que la Chine (1) ?

Le Chinois est appelé pour ses qualités remarquables de patience,
de sobriété, d'endurance. Mais il n'est véritablement apte qu'aux tâches
secondaires, aux grosses besognes du manœuvre, tandis qu'il manque du
goût et de l'habileté qui font l'artiste, de l'initiative et de l'esprit de confort qui font l'ouvrier. Encore remplit-il mollement les tâches du manœuvre. Arrêtant M. d'Estournelles dans son exposé du péril jaune, son collègue du parti ouvrier, M. Faberot, l'interrompait : « Vous ne dites pas qu'il
faut bien plus d'ouvriers chinois pour le même travail. Il faut six ouvriers
chinois pour faire le travail d'un Français. Nous les avons vu travailler
à l'Exposition de 1889 » (2). La main-d'œuvre chinoise, d'après un missionnaire protestant, qui les a observés, M. Bard, est de qualité très inférieure : « toute besogne demandant un effort musculaire exige au moins
trois Chinois pour la besogne d'un Européen ». M. Bard (3) a vu travailler
des terrassiers ; il en fallait trois pour achever dans leur journée ce qu'un
Européen eût facilement exécuté dans la sienne ; à eux trois leur paye totale en Chine était de 780 sapèques, ce qui représente dans notre monnaie
deux francs quinze centimes : si l'on compare ce salaire à celui d'un terrassier italien, on sera fixé sur cette forme du péril jaune. Le travail
chinois est sans doute très bon marché sur le sol même, où la vie est
facile ; mais à l'étranger il tend par une loi naturelle à se hausser vers
les autres salaires, sous l'influence de la cherté de la vie. « C'est un fait
reconnu en Amérique par tous les économistes impartiaux que la *demande* d'ouvriers chinois diminue de jour en jour » (4). La raison en est
double : d'une part, le Chinois élève ses prix à mesure qu'il devient
maître de la concurrence étrangère ; d'autre part, la concurrence chinoise oblige les blancs à abaisser leurs prétentions : de toute façon,
l'équilibre des bras et des salaires endigue de lui-même le flot montant
de l'invasion. « Quand vient une invasion de sauterelles, de fourmis, de
taupes, demande Lombroso (5), l'homme peut-il s'en défendre à l'aide du

(1) V. aussitôt après le chapitre « *Immigration chinoise* », le chapitre « *Immigration
européenne* », dans le beau livre de Levasseur, *L'ouvrier américain*, t. I, p. 467.
(2) *Journal officiel*, Chambre des députés, 7 février 1898, Débats parlementaires,
Chambre, p. 468, col. 1.
(3) Bard, *Les Chinois chez eux*, p. 245.
(4) George N. Tricoche, *La colonisation chinoise aux États-Unis*, dans le *Journal
des économistes*, 5ᵉ série, t. XV (1893), p. 187.
(5) *Il pericolo giallo, loc. cit.*

canon, et que nous sert, alors, d'être supérieur au Chinois au point de vue des armes? » Mais il n'est pas besoin, contre un tel péril, de moyens militaires : il suffit du simple jeu des forces économiques, qui l'ont créé, pour le détruire. Le Chinois qu' appelle au dehors l'attrait d'un salaire plus élevé rencontre alors des difficultés d'existence qui l'y font renoncer ; il réduit les salaires blancs, mais ceux-ci en reculant refoulent le sien ; dans le cas contraire, c'est lui qui élèvera les siens, une fois maître du marché, et alors la concurrence blanche tendra à réagir sur lui. Si le travail chinois a soulevé tant de colères et d'indignations aux États-Unis d'Amérique, et s'il y a été l'objet des prohibitions que l'on sait, la vraie raison n'est pas économique, mais politique. « Ce n'est ni plus ni moins, a-t-on dit, qu'*un intérêt électoral*. Il s'agissait de remplacer dans l'Ouest l'élément chinois, qui ne participe pas aux affaires publiques, par les immigrants irlandais, suédois et allemands, armée électorale d'autant plus docile qu'elle sera liée par les liens de la reconnaissance envers les hommes qui lui auront déblayé et préparé le terrain » (1).

Peu de goût du Chinois pour l'expatriation, vaste champ prêté par la Chine à la colonisation intérieure , aptitudes limitées du Chinois, infériorité de son travail comme qualité et comme quantité, arrêt de l'immigration chinoise par le jeu naturel des forces de la concurrence (ne serait-ce même que celle des Chinois aux Chinois), telles sont les raisons pour lesquelles il n'y a pas à redouter l'infiltration lente et progressive de la colonisation jaune. L'envahissement du monde civilisé par une grande crue démographique chinoise n'est qu'une panique de l'imagination. A supposer, comme on l'a dit, que l'Europe moderne soit près d'un nouveau moyen âge (2), ce n'est pas une invasion chinoise qui pourra nous ramener au temps des Tchinghiz-khan et des Timour.

Aussi bien les inventeurs du péril jaune passent-ils assez vite sur cet aspect du problème. Des trois formes de l'invasion : militaire, — ouvrière, — industrielle, — c'est à la dernière qu'ils ont hâte d'arriver. L'Europe, disent-ils, compte sur la Chine pour s'ouvrir des débouchés économiques : quelle erreur ! Quand les procédés d'Europe seront entrés en Chine, que les machines industrielles y seront connues, que les modes de fabrication, les marques et les produits du vieux monde y auront pénétré, la Chine copiera les articles que nous lui aurons envoyés, avec les machines que nous lui aurons fournies, sous la direction des ingénieurs que nous lui aurons procurés. Le Chinois nous imitera très vite, car il est très intelligent. Rien ne lui sera plus facile, car il a sous la main toutes les richesses du sol et du sous-sol : il a la soie et le coton, qu'il tissera,

(1) G. N. Tricoche, *La colonisation chinoise aux États-Unis*, loc. cit., p. 192-193.
(2) Faguet, *Le prochain moyen-âge*, dans le *Journal des Débats* du 25 juillet 1895.

la laine qu'il filera,la houille et le fer,dont il tirera des instruments techniques,des machines et des rails. L'extrême bon marché de la main-d'œuvre
lui permettra de produire à bon compte. Vivant de riz et de poisson, il
amènera le prix de la main-d'œuvre, sur le territoire indigène, à un prix
tel que l'ouvrier européen, nourri de pain et de viande, ne pourra plus se
défendre. Vaincue par la concurrence de la Chine, l'Europe verra celle-
ci lui dérober peu à peu les marchés exotiques, puis les marchés du
vieux monde, où l'ouvrier jaune traquera l'ouvrier blanc ; ce sera, a-t-on
dit, la lutte de « l'ouvrier à 5 sous » contre « l'ouvrier à 5 francs » (1).
Comment résister à un pareil abaissement du prix de revient ? Ecrasées
par cette concurrence accablante, les usines d'Europe se fermeront peu à
peu, après que les salaires des ouvriers, progressivement refoulés par
le bas prix de la vente, seront progressivement tombés au-dessous du niveau de la faim. C'est ainsi que les filatures de l'Inde ont peu à peu ruiné
celles du Lancashire. C'est de même que le charbon japonais, qui vaut de
12 à 15 francs la tonne, élimine de Singapour le charbon anglais, qui
s'y vend 25 francs. Or la Chine est mieux dotée, plus intelligente, plus
sobre que l'Inde et le Japon.Voici le résultat qui se prépare, d'après le menaçant tableau que M. d'Estournelles emprunte à l'un de nos consuls (2) :
« Les étrangers sont aujourd'hui libres d'établir avantageusement des
manufactures en Chine. Ils en profiteront. Ils fabriqueront des cotonnades à Canton, à Changaï, et ailleurs, et Manchester y perdra. Ils fabriqueront aussi des soieries d'après nos modèles, et Lyon y perdra.
Dans le Nord de la Chine et dans la Mongolie, où abondent les troupeaux,
ils fabriqueront des lainages, des feutres, du drap, des tapis ; les marchés russes, américains et allemands y perdront. Au début, les industriels qui auront eu la hardiesse de transporter leurs usines là-bas ga-
gneront beaucoup d'argent... mais jusqu'au jour où ils seront évincés,
et ils le seront, car le marché chinois depuis quarante-cinq ans s'affranchit de plus en plus des intermédiaires que son expérience acquise
rend peu à peu inutiles ».

Sinistre prédiction, aussi chimérique que sombre.

A supposer d'abord que le péril nous guette, il n'est pas encore près
de fondre sur nous. Un économiste américain qui croit au péril jaune,
Alleyne Ireland (3), calcule qu'à l'époque actuelle il faut 50 Chinois pour
apporter sur le marché du monde une production égale à celle qu'y verse

(1) Faguet, *loc.cit.*
(2) D'Estournelles, *Le péril prochain*, dans la *Revue des Deux-Mondes* du 1er avril 1896,
p. 684.
(3) Alleyne Ireland, *Commercial aspect of the yellow peril*, dans la *North American
Review*, septembre 1900, p. 391. Dans cet article figure, d'après les statistiques américai-

un Américain ou un Européen. Avant que le réveil chinois ne devienne menaçant pour l'Europe, il se produira donc forcément un certain temps. Dans dix ans, s'il faut en croire Ireland, ces chiffres seront renversés ; « la Chine atteignant, par tête, la même moyenne que l'Europe, l'exportation totale de la Chine sera de 1.600.000.000 dollars, autant que l'exportation de la France et de l'Allemagne réunies, et 75 p. 100 des exportations additionnées de la Grande-Bretagne et des États-Unis ». C'est avoir, pensera-t-on, l'imagination trop prompte. Que, le jour où la Chine atteindra par tête la moyenne de l'Europe, cette conséquence se produise, rien de plus juste : mais il s'agit de savoir *quand* et même *si* jamais elle atteindra cette moyenne ; il s'agit de savoir surtout si, le jour où elle l'atteindra, ce sera pour le reste du monde un avantage ou un inconvénient.

Sur quelles données prédire à la Chine arriérée ce colossal essor dans le bref espace de dix ans ? A-t-on oublié qu' « un cycle (1) de la Chine vaut moins, pour le progrès, que dix ans de l'Europe » ? A-t-on perdu de vue l'effroyable lenteur du cerveau chinois, son excès de mémoire qui paralyse l'invention, son excès d'imitation qui paralyse l'art, sa méfiance de l'Occident qui ne lui permettra jamais de s'approprier vite et à fond les procédés de l'Europe ? C'est une erreur de croire que le Chinois acceptera brusquement toutes les inventions et tous les progrès de l'industrie moderne : il le ferait peut-être s'il se sentait inférieur ; il ne le fera pas, parce qu'il se croit supérieur et parce qu'à tout prendre il est en effet différent. Trop de choses attardent dans le passé ce peuple superstitieux, gouverné par ses traditions et par ses morts, trop d'habitudes le retiennent dans ses vieilles coutumes, trop de liens l'enferment dans le cadre agricole de la famille patriarcale, obstacle à la grande industrie, pour qu'il accueille franchement et facilement les progrès mécaniques et les nouveautés industrielles qui heurtent son culte du passé. Supposer la métamorphose de la Chine, c'est supposer la métamorphose, non pas d'un pays, mais d'un cerveau, non pas d'un peuple, mais d'une race, et de la race la plus réfractaire qui soit. Même, à supposer que cette

nes pour 1897, le tableau suivant :

Exportation des produits locaux en 1897.

Pays	Dollars	Per capita
Chine	120.000.000	0.30
Royaume-Uni	1.170.000.000	29.35
France	719.000.000	18.43
Allemagne	890.000.000	17.11
États-Unis	1.032.000.000	14.74

(1) Le cycle chinois est de soixante ans. Comp. Richthofen, *China*, t. I, p. 417.

métamorphose se produise, que va-t-il en résulter ? Est-ce que les produits
manufacturés de la Chine, obtenus à meilleur compte, grâce à la faiblesse
des salaires, vont nous submerger et nous envahir ? — Mais d'abord
il est faux que leur taux soit très bas, par rapport à ceux de l'Europe,
comparativement à la quantité et comparativement à la qualité du travail. Le parallèle de l'ouvrier à 5 sous et de l'ouvrier à 5 francs, dont
abuse la théorie du péril jaune, ne tient pas devant les faits. La moyenne
des salaires est de 75 centimes pour les jaunes, tandis que, dans beaucoup de pays d'Europe, le salaire moyen d'un filateur ou d'un tisserand
ne dépasse pas 2 fr. (1). D'après M. Bard, il faut trois ouvriers chinois
pour faire en Chine, à 2 fr. 15 par jour, le travail qu'un terrassier italien
donne facilement en Europe, au même taux (2). Le bas prix des salaires n'a d'ailleurs, pour la concurrence, qu'une importance de plus
en plus réduite, à mesure que les machines se perfectionnent : ainsi,
les industriels américains prétendent fabriquer aux plus bas prix bien
que payant les salaires les plus élevés. — Admettons même qu'il en soit
autrement : croit-on que dans la Chine nouvelle, où tout sera métamor-
phosé, le salaire lui aussi ne se métamorphosera pas ? Non seulement il
y a là une loi économique fatale ; mais déjà cette loi commence à se faire
sentir. J. Hess l'a noté. « Insignifiant dans l'industrie chinoise de méthodes anciennes, le salaire monte aussitôt dans l'industrie de méthodes européennes. En Chine, on a installé à Changhaï des usines à soie, à
coton. Pour la soie, la journée d'une bonne ouvrière chinoise est aussi
chère que celle d'une ouvrière lombarde en Italie » (3). Et quand même
la Chine produirait, produirait sans cesse, où serait le mal pour l'Europe ? Loin de s'en alarmer, elle devrait s'en réjouir. Plus la Chine
produira, plus elle s'enrichira ; plus elle s'enrichira, plus elle consom-
mera. Aujourd'hui la Chine consomme très peu, parce qu'elle n'importe pas. Et si elle n'importe pas, pourquoi ? Est-ce parce qu'elle n'a pas

---

(1) Louis Vignon, *Le péril jaune*, *loc. cit.*, p. 566 et 576.

(2) Bard, *Les Chinois chez eux*, p. 245.

(3) J. Hess, *Les éléments scientifiques de la transformation de la Chine* (2ᵉ article),
dans la *Revue générale des sciences*, 1900, p. 847. Comp. Brenier (chef de la mission
lyonnaise envoyée en Chine, 1896) : « La mission lyonnaise a vu les salaires des filatures de soie augmenter de plus de 50 0/0 en quelques mois à Changhaï.... De même
pour le prix de la vie. Il augmentera en Chine comme il a augmenté dans l'Inde et au
Japon. Cet effet s'est déjà fait sentir et nous l'avons constaté. A Canton, par exemple,
il y a une dizaine d'années, on pouvait se procurer 50 livres chinoises (30 kg. 2) de riz
pour 1 dollar ; aujourd'hui, on n'en a plus que 30 ou 32 livres (19 kg. 3). La viande de
porc valait, il y a trente ans, 4 sapèques l'once ; elle coûte maintenant de 10 à 12 sapèques » (Brenier, *L'illusion jaune*, dans les *Annales de l'Ecole des sciences politiques*
1898, p. 254).

de besoins ? Non, mais uniquement parce que l'argent lui manque (1).
Matérialiste, pétri de vices et d'égoïsme, pacifique par lâcheté, le
Chinois est, de sa nature, un *jouisseur* (2). M. de Bloch (3) déclare tout
net à l'Europe qu'elle n'aura pas à vendre beaucoup à la Chine, à cause
de l'invincible sobriété du Chinois, de son économie, de la rigidité
de ses goûts et de la simplicité de ses mœurs. Sobre, économe, le Chinois l'est en effet, mais par force et contrainte, non par vocation. Un
des mieux informés des consuls anglais dépeint les Chinois « comme
des consommateurs toujours prêts à développer leur consommation » (4);
un autre dit « qu'ils ont le goût de tous les luxes » (5) ; M. Dujardin-
Beaumetz les décrit comme « essentiellement consommateurs, avides de
jouissances et de plaisirs » (6). Abel Rémusat nous avait déjà dit que le
goût du luxe nous venait des Chinois (7) et Montesquieu (8) avait consacré à cette question, dans son *Esprit des lois*, un chapitre que M. de
Bloch eût pu relire, car il suffit à le réfuter. — En matière d'exportation,
c'est d'ailleurs une loi connue qu'un marché ne reçoit des produits qu'en
échange d'autres produits. Si la Chine alimentait l'Europe, il faudrait donc
que l'Europe à son tour alimentât la Chine. Toute augmentation de production se traduit en définitive par une augmentation de consommation.
L'exemple des États-Unis le prouve : en devenant les fournisseurs de
l'Europe, ils sont devenus ses clients. Autre exemple : les Anglais achè-
tent de préférence aux Indes, en Birmanie, à Ceylan, le thé qu'ils prenaient autrefois en Chine. Le résultat, pour eux,ne se fit pas attendre :
c'est une diminution très appréciable dans leurs ventes de cotonnades :

(1) Diplomaticus, *The coming settlement in China*, dans la *Fortnightly Review*, 1900,
p. 514.
(2) « Il n'y a qu'à voir combien certains *modes de vie*, certains *objets de luxe* européens s'introduisent, lentement il est vrai, mais enfin s'introduisent parmi la population chinoise riche et indépendante des mandarins de Changhaï, de Hongkong ou des
Straits Settlements. Ils adorent la voiture, ils apprécient notre champagne, ils ne dé-
daignent pas nos liqueurs douces, ils se font photographes, ils commencent à habiter
des maisons à l'européenne. Ils commencent à importer, dans des proportions assez
considérables, de la farine américaine et du lait de conserve à Canton.Ce ne sont que
des débuts, mais c'est l'indication d'une tendance » (Brenier, *L'illusion jaune*, *loc. cit.*,
p. 255).
(3) V. l'article de M. de Bloch, le célèbre avocat de la paix perpétuelle, dans la *Neue
Freie Presse* du 29 juillet 1900. V. aussi J. de Bloch, *La guerre*, t. VI, p. 313.
(4) « China has been a good customer up to the full extent of her means. She takes
value in goods for everything she sells. » *Consular Report*, C. 8277-21, p. 8.
(5) « The Chinese everywhere emphatically has the taste for luxuries ». *Ibid,*C. 8649-29,
p. 77.
(6) Cité par Louis Vignon, *Le péril jaune, loc. cit.*, p. 584.
(7) Abel Rémusat, *Journal asiatique*, t. I (1822), p. 136.
(8) Montesquieu, *Esprit des lois*, liv. VII, ch. VI, *Du luxe à la Chine*; ch. VII, *Fatale
conséquence du luxe à la Chine.*

13 0/0, chiffre anglais (1). On connait le mot de Quesnay : « Les commerçants des autres nations sont nos propres commerçants ». Plus la Chine développera sa production, plus elle développera la nôtre. Enfin, avant de nous faire concurrence, elle devra satisfaire aux besoins de sa propre consommation (2). En s'européanisant, elle apprendra à connaître nos charges. En se civilisant, elle apprendra à connaître nos besoins. En s'industrialisant elle apprendra à connaître nos chômages, nos crises et nos grèves. Son budget, comparativement très faible, s'accroîtra dans des proportions considérables. Le pays étant devenu plus riche, la vie deviendra plus chère. La grande loi de la concurrence ne tardera pas à rétablir l'harmonie économique, si jamais elle venait, un instant, à la troubler. Mais cet instant ne viendra pas. La Chine est lente et méfiante. Elle craint plus le péril blanc que nous n'avons à craindre le péril jaune (3).

Ne devenons pas Chinois à notre tour. Ne prenons pas défiance du progrès, de la découverte, de la civilisation et de la liberté économique, c'est-à-dire de la concurrence. Ne nous forgeons pas des chimères. Tous ceux qui connaissent la Chine sourient du péril jaune. Les alarmistes ont contre eux les lois de l'économie politique. Mais ils ont surtout contre eux la Chine elle-même. Elle dort d'un sommeil trop lourd pour que l'essor industriel puisse brusquement l'animer et la faire puissamment palpiter. Hypnotisée par son passé, réfractaire aux idées d'Europe, humiliée par une supériorité industrielle qu'elle méprise d'autant plus qu'elle en souffre dans sa vanité, la vieille Cathay n'est pas plus près de se convertir à notre industrie que le Chinois n'est près de se convertir à nos mœurs.

Il n'y a pas de péril jaune, mais une « illusion jaune » (4), suivant le mot de M. Brenier, « un simple épouvantail, dont souriront, dit M. Monnier, tous ceux qui ont séjourné tant soit peu longtemps dans le Céleste Empire » (5).

L'Occident, qui n'a pas à redouter l'invasion militaire des Chinois, n'a pas non plus à appréhender l'invasion économique de leurs bras et de leurs produits. Non seulement il n'y a pas à craindre que l'Europe subisse de la Chine un assaut semblable à celui des Turcs ; mais il n'y a

---

(1) J. Hess, *Les éléments scientifiques, etc.*, *loc. cit.*, p. 848.

(2) Jean Hess, *Les éléments, etc.*, *loc. cit.* (2ᵉ article), p. 847.

(3) « Je vois bien un péril blanc, dit M. de Molinari, je ne vois pas un péril jaune ». Comp. dans le même sens, Leroy-Baulieu, *L'avenir prochain de la Chine et l'Europe*, dans l'*Economiste français*, 1896, t. II, p. 74.

(4) Brenier, *L'illusion jaune*, dans les *Annales de l'Ecole des sciences politiques*, 1898, p. 249.

(5) Préface au livre de J. Matignon, *Crime, misère et superstition en Chine*, p. XV.

même pas à redouter que, au point de vue économique, le péril chinois reproduise aujourd'hui l'équivalent de ce que fut, au point de vue militaire, le péril turc.

V

Comment donc y a-t-il une question chinoise ?

Précisément parce qu'il n'y a pas de péril jaune : autrement dit parce que l'Europe, loin d'avoir à craindre l'exploitation et la mise en œuvre de la Chine, a tout à espérer, au contraire, de son utilisation économique et de son développement industriel. Confiante dans le jeu des lois économiques pour lui donner sa part des trésors chinois, l'Europe retourne en espérances commerciales sur le Céleste Empire les convoitises militaires que les Turcs, cinq cents ans plus tôt, dirigeaient vers Byzance. A cette inversion près, l'histoire se répète. Toute guerre court au butin ; toute conquête tend au profit. Les Turcs qui s'abattirent au XVe siècle sur l'Empire grec étaient depuis longtemps attirés par le renom de ses richesses et la fascination de ses trésors. Ils savaient, pour s'y être fait payer tantôt de la soie portée de Chine, et tantôt des hommes armés, qu'il y avait là beaucoup d'argent et beaucoup d'or. Les richesses de Constantinople aimantaient leurs bras. Ce n'est pas un homme, c'est une race qui fit le songe fameux prêté par la légende au chef turc Osman chez son hôte arabe, le cheik Edebali (1). De ses reins, il vit surgir un arbre, qui s'élevait, croissait en étendant de plus en plus loin ses rameaux et ses branches, jusqu'aux dernières limites de la terre : sous son ombre couraient des fleuves et murmuraient des mers, labourées par la proue de vaisseaux pesamment chargés ; de riantes moissons jaunissaient les campagnes. Sur ces entrefaites s'éleva un vent violent, qui tourna vers l'Occident les pointes des feuilles, et ces feuilles étaient des lances. La tempête les dirigeait vers les villes de l'Ouest et principalement vers la cité de Constantin, qui placée à la jonction de deux mers, entre deux parties de la terre, comme un diamant enchâssé entre deux saphirs et deux émeraudes, formait la pierre la plus brillante de l'anneau d'une vaste domination embrassant le monde. Osman allait passer l'anneau à son doigt quand il s'éveilla : c'est à ses descendants qu'il appartenait de vivre son rêve. Mais, depuis, d'autres à leur tour ont refait le même songe. Comme Osman dans son prophétique sommeil, plus d'un peuple aujourd'hui voit, dans la troublante rêverie de son orgueil, l'anneau d'une domination universelle glisser merveilleusement à son doigt. Mais l'axe du monde s'est déplacé, tandis que la navigation à vapeur étendait la terre dans l'espace en la raccourcissant dans le temps : la mer centrale n'est plus

(1) Hammer, *Histoire de l'Empire ottoman*, t. I, p. 26 et 27.

la Méditerranée, ni même l'Atlantique, c'est le Pacifique. La Chine, maintenant, mérite pleinement le nom qui, pour d'autres causes, lui fut jadis
donné d'Empire du Milieu (1). C'est elle que l'Impérialisme moderne
veut mettre, anneau d'or, à son doigt. L'Europe rend à l'Asie, mais en
sens inverse, le rêve qu'avec Osman l'Asie fit vers elle. Les hommes d'Occident dirigent vers la Chine les mêmes désirs qu'autrefois les Turcs
dirigeaient contre l'Empire grec qu'ils appelaient — curieuse symétrie —
la grande Chine (*Ta-tchin*). C'est là qu'ils connaissent, par leurs voyageurs, par leurs commerçants, par leurs missionnaires, l'existence des
plus grandes richesses naturelles du monde, et c'est de ce côté qu'ils
tournent en épées leurs convoitises comme, dans le rêve d'Osman, la
tempête tournait en fers de lance les feuilles des arbres.

Mais tandis qu'Osman voyait dans son rêve des richesses qu'il ne dé-
nombrait pas, l'Europe met dans celui dont la Chine est l'objet une précision que l'hôte d'Edebali n'avait pas introduite dans le sien. Ce qu'il y
avait de poésie orientale dans le mirage prophétique d'Osman est ici
remplacé par l'abondance des chiffres et par l'ampleur des statistiques.
La carte économique (2) de la Chine laisse loin derrière elle en netteté
et en importance la vague configuration des ressources de l'Empire grec,
mollement tracée par l'imagination conquérante du Turc. On sait avec
précision ce qu'est la Chine. Sa richesse, qui était devenue légendaire,
a été, au rebours des légendes, non pas seulement conservée, mais am-
plifiée par la science. La Chine, disait au XIIIᵉ siècle le vénitien Marco
Polo, est le pays le plus riche du monde. La mission lyonnaise (1895-
1897) a rapporté de son voyage la même impression. « On trouve à peu
près en Chine, dit son chef, M. Brenier, toutes les matières premières
textiles » (3). La laine vient en abondance des troupeaux du Tibet et de
Mongolie : le port de Tien-Tsin exporte celle qui vient de Mongolie, le
port de Tchoung-King celle du Tibet ; le port de Hankéou en reçoit aussi
du Chensi et du Kansou ; au total, l'exportation accuse douze mille tonnes.
Introduit assez tard en Chine, au XIVᵉ siècle, le cotonnier s'y est répandu à peu près partout ; on le rencontre depuis le Kouang-si et le
Kouang-toung jusqu'au Chan-toung, depuis le Sé-tchouen jusqu'au Tché-

---

(1) V., pour l'explication de ce nom, Brouillon, *La mission de Chine*, p. 5 : « Longtemps son territoire a été partagé entre une multitude de Royaumes ennemis ; l'un
d'eux, *Choum-Koo* (Royaume du Milieu), imposa son nom à tout l'Empire, et ce nom
n'a aucun rapport avec la prétention d'occuper le centre de la terre ».

(2) On peut en prendre rapidement un bon coup d'œil général dans Ghisholm, *Hand-
book of commercial geography*, 1899, p. 334-343. V. aussi, *ibid.*, la carte économique de
l'Asie, p. 302.

(3) Brenier, dans les *Annales de l'Ecole des sciences politiques*, 1898, p. 251.

kiang, quoique les grandes cultures soient localisées dans le Yang-
tsé (1). Le thé, le riz sont avec la soie les produits principaux et caractéristiques (*staple products*) de la Chine. Le thé, le riz sont là chez eux,
dans leur domaine. La soie de Chine atteint comme production la moitié
de celle du monde. La récolte des cocons dépasse 150 millions de kilogrammes représentant 11 à 12 millions de kilogrammes de soie grège (2).
Dans toutes les provinces de la Chine, depuis la Mandchourie jusqu'à
l'île d'Hainan, la sériciculture est en honneur. Elle occupe surtout : à
l'Est, le bas delta du Yang-tsé ; au Sud, dans le Kouang-toung, le delta
du Si-kiang ; à l'Ouest, le plateau du Sé-tchouan central : trois régions
d'une importance exceptionnelle, puisqu'elles fournissent les neuf dixièmes de la production soyeuse de la Chine. Mais les richesses du sol
ne sont rien en comparaison des trésors miniers du sous-sol. La Chine
possède de l'or, notamment dans la Mandchourie : M. de Foville (3) estime
qu'elle pourra un jour faire à cet égard bonne figure dans les statistiques
internationales. Le cuivre, le plomb argentifère, le fer, le zinc, l'étain, le
mercure se trouvent principalement dans les provinces de Yun-nan et de
Koui-tchéou, le cuivre, le fer, le nikel, le sel et le pétrole dans la province de Sé-tchouen. Mais c'est surtout la houille qui dans cette terre
privilégiée se montre particulièrement abondante ; elle se trouve un peu
partout, mais principalement dans le Nord, près de la frontière de
Mandchourie, dans le Chan-toung, le Chan-si, le Sé-tchouan, le Hou-nan,
le Koui-tchéou, et, à un degré moindre, dans le Yun-nan (4). Telle est la
fécondité minière de ce sol que, d'après le célèbre géologue allemand
Richthofen (5), qui l'a étudiée sur les lieux mêmes, avec une compétence indiscutée, la seule province de Chan-si peut, à elle seule, répondre
à toutes les exigences de la consommation future du monde, sur la base
actuelle, pendant trois mille ans. Toutes ces richesses sont concentrées
et rapprochées les unes des autres : la nature les a groupées dans la
Chine proprement dite, surtout dans la vallée du Yang-tsé-kiang, et plus
particulièrement dans le Sé-tchouan. Il n'y a peut-être pas de pays au
monde où les cultures et les industries soient plus riches et plus variées que dans cette dernière province. L'opium et la canne à sucre,

(1) A. Lederlin et L. Gallois, *La culture du coton dans le monde*, dans les *Annales de
géographie*, 1898, p. 289.

(2) Valérien Groffier, *La production de la soie dans le monde*, dans les *Annales de
géographie*, 1900, p. 101.

(3) A. de Foville, *La géographie de l'or*, dans les *Annales de géographie*, 1897, p.193.

(4) Brenier, *La mission lyonnaise*, et *L'illusion jaune*, dans les *Annales de l'Ecole des
sciences politiques*, 1898, p. 250, et, pour le Yun-nan, Rocher, *La province chinoise du
Yunnan*, t. II, p. 195 et suiv.

(5) *China*, t. II, p. 472-476.

le coton et surtout la soie, la houille qui affleure les bords du fleuve, le sel et les gaz naturels qui font de Tse-liou-tsin une ville de Pensylvanie, toutes ces richesses ont forcé l'admiration des voyageurs à ce point qu'elle en a été appelée, par l'un d'eux, « province Empire » (1). Mais ce n'est pas seulement une province, c'est la Chine entière qui mérite de recevoir ce nom, juste hommage d'un prodigieux étonnement.

C'est l'Empereur des pays ou le pays Empire.

Non seulement la Chine est riche, d'une richesse exceptionnelle ; mais elle est faible, d'une faiblesse aussi grande que sa richesse. En se réunissant, ces deux caractères la désignent à la conquête. La richesse attire les convoitises, la faiblesse les précipite à l'action. Le phénomène n'est pas nouveau dans l'histoire. Quand les Turcs se jetèrent sur l'Empire grec, ils ne savaient pas seulement qu'il était riche, ils savaient aussi qu'il ne pouvait pas leur résister. Ils n'ignoraient pas que le peuple ne vivait que pour des controverses stériles, retenu par des querelles puériles, détourné par une vaine littérature de toute occupation virile. Ils savaient que le gouvernement était sans force, le trône secoué perpétuellement par des révolutions dynastiques, l'autorité centrale débile, les fonctionnaires corrompus, les finances en ruine, l'esprit public anéanti, l'Empire ébranlé par des assauts successifs, miné par les factions, ne se soutenant que par sa propre faiblesse qui le rendait d'autant plus tolérable que son anémie politique le rendait plus tolérant. Tel était l'Empire grec devant les Turcs : telle est la Chine devant l'Europe.

Dans l'un comme dans l'autre, malgré la distance des temps et des lieux, c'est le même culte excessif de la littérature, réduite à des jeux de mémoire stériles, mais honorée, poursuivie, pratiquée jusque dans les affaires publiques, au cœur même du gouvernement. Dans l'Empire grec, toute question d'administration devient un traité littéraire : les Empereurs gouvernent avec la plume ; ailleurs, ils dirigeraient les affaires publiques, ici ils écrivent des dissertations élégantes sur la manière de les diriger (2). En Chine, les Empereurs aiment souvent les lettres ; ils veillent avec soin à la conservation des livres ; l'administration laisse fort à désirer, mais il y a plus d'un traité sur la science politique et sur la conduite du gouvernement. Depuis le XIVe siècle, au plus tard, la *Gazette de Pékin*, le plus vieux des journaux du monde, publie les actes impériaux, promotions, décrets et sentences, les pétitions envoyées par les

(1) Mrs. Isabella Bishop, *A Journey in western Szechuen*, dans le *Geographical journal*, t. X (1897), p. 19-50.

(2) Ainsi Constantin Porphyrogénète, sur lequel il n'y a qu'à renvoyer à la remarquable étude de M. Rambaud, *L'Empire byzantin au dixième siècle, Constantin Porphyrogénète*, p. 62 et suiv.

gouverneurs provinciaux, les proclamations, etc., en un mot tous les documents officiels (1). En Chine, comme à Byzance, c'est par les talents littéraires qu'on arrive à tout. « Qu'on imagine, a dit Renan, l'Académie des sciences morales et politiques et l'Académie française érigées en ministères, et gouvernant l'une les choses de l'esprit, l'autre les mœurs, on aura un aperçu assez juste de la constitution intellectuelle de la Chine » (2). Toutes les fonctions, en Chine, se donnent au concours. Mais ces concours ne portent guère que sur la connaissance des livres classiques, c'est-à-dire sur des textes sans rapport généralement avec la fonction. Si encore cette littérature était originale, puissante, neuve, elle développerait l'esprit de jugement et d'invention. Mais, par une curieuse coïncidence, en Chine, comme dans l'Empire grec, elle est profondément stationnaire. « Byzance vivait sur l'héritage de Rome et de la Grèce. Le fonds d'idées ne se renouvelant pas dans la société, il n'y avait pas de renouvellement dans la littérature. En histoire, en théologie, dans les sciences, combien peu d'ouvrages originaux. Qu'on cite un système philosophique inventé par les Byzantins... L'héritage de l'antiquité paraissait bien assez vaste sans que l'esprit humain essayât de l'augmenter. Il succombait au contraire sous la masse des livres ; il se perdait dans l'océan des bibliothèques » (3). Les Chinois aussi conçoivent l'histoire et la philosophie « comme une mosaïque habile où les écrits des âges précédents sont placés les uns à côté des autres, l'auteur n'intervenant que par la sélection qu'il fait entre ces textes, et la plus ou moins grande habileté avec laquelle il les raccorde. L'œuvre conçue de la sorte se constitue par juxtaposition » (4). Cultivés, mais compilateurs, l'Empire grec et la Chine souffrent du même mal, qui est la stagnation littéraire. Ils produisent, mais sans créer, parce que leur intelligence, curieuse de jouissances, est vide d'effort. Si peu féconde, si peu vivante et progressive qu'elle soit, la littérature n'en est pas moins chez l'un comme chez l'autre à la base du gouvernement. Aux mains des lettrés, préparés à grands frais pendant de longues années à leurs examens de carrière, les charges ne sont plus des fonctions, mais des prix de concours. Comme la faiblesse financière de l'Empire ne permet pas d'y attacher de gros revenus, les mandarins, que la jalouse défiance du pouvoir central maintient peu de temps en fonctions, doivent se hâter de faire fortune aux dépens des contribuables ; tout devient matière à

---

(1) Curzon, *Problems of the Far East*, p. 335.
(2) Renan, *Essais de morale et de critique*, 4° édit., p. 41.
(3) Rambaud, *Constantin Porphyrogénète*, p. 59.
(4) Edouard Chavannes, *Les mémoires historiques de Se-ma Tsien*, t. I (1898), Avant-propos, p. 3.

concussion et à corruption. Pendant que les fonctionnaires s'enrichissent,
—et de manière à faire accepter les dimes irrégulières qu'ils prélèvent,
— la dime régulière,c'est-à-dire l'impôt, ne dépasse guère 325 millions de
francs (1). Le budget d'un Empire comme la Chine, qui a près du tiers de
la population totale du monde, ne peut se comparer au budget de la
France, qui est dix fois moins peuplée, mais au budget de la ville de
Paris. La pauvreté financière est la condition nécessaire d'un gouvernement qui ne se maintient qu'en permettant aux mandarins de s'enrichir
et au peuple de ne pas supporter, en plus des impôts arbitraires, qui
sont levés par les fonctionnaires, des impôts réguliers, pour lesquels sa
bourse, ayant payé les premiers, serait vide. Enfin, par une dernière
conséquence de ce gouvernement, qui est faible,la décentralisation y est
absolue. Les conquérants mandchous, d'origine étrangère, ne peuvent
se maintenir qu'à ce prix (2). Presque partout ils se sont contentés de
doubler les fonctionnaires chinois de fonctionnaires mandchous, et
l'absorption de ces derniers par les premiers a été rapide. Au centre, ils
ont créé en 1730 un Grand Conseil, connu sous le nom de *Kioun-ki-
tchou*, de nombre indéterminé (généralement de cinq membres), et auquel sont attachés soixante secrétaires, *Tchang-King* ou *Siao kioun-ki* ;
à côté, mais sensiblement diminuée, se trouve la Chancellerie impériale
ou *Nei-ko*. Au-dessous viennent, avec deux présidents (*Chang-chou*) et
quatre vice-présidents (*Che-lang*), moitié mandchous, moitié chinois, les
six ministères : *Li-pou* (intérieur), *Hou-pou* (finances), *Yo-pou* (beaux-
arts), *Ping-pou* (guerre), *Hing-pou* (justice), et *Kong-pou* (travaux publics). Au-dessous enfin, les huit gouverneurs généraux (*tsong-tou*) et les
quinze gouverneurs (*fou-taï*) sont les vrais maîtres des dix-huit provinces (3). Très décentralisée, la Chine en a fait de véritables vice-Rois. Un
exemple entre autres : lorsque les Japonais débarquèrent à Formose en
1874, c'est le gouverneur général du Fou-Kien qui fut chargé des frais de
la guerre. Tous sont responsables devant l'Empereur ; mais,en réalité,ils

---

(1) Bard, *Les Chinois chez eux*, p. 192.

(2) Cordier, *Relations de la Chine avec les puissances occidentales*, p. 103.

(3) Les huit *Tsong-tou* sont : 1° le *Tcheli Tsong-tou* ; le *Liang* (deux) *Kiang-Tsong-
tou*, qui administre le Kiang-Sou, le Ngan-Houei et le Kiang-Si ; 3° Le *Min-Tche Tsong-
tou*, qui administre le Fou-Kien et le Tché-Kiang ; 4° le *Liang-Hou-Tsong-tou*, qui
administre le Hou-pé et le Hou-nan ; 5° le *Liang-Kouang Tsong-tou*, qui administre le
Kouang-toung et le Kouang-si ; 6° le *Yun-Kouei Tsong-tou*, qui administre le Yun-nan
et le Kouei-tchéou ; 7° le *Chen-kan Tsong-tou*, qui administre le Chen-si et le Kan-
sou ; 8° le *Se-tchouen Tsong-tou*. — Sauf le Tche-li, le Kan-sou et le Sé-tchouen, les
provinces ont en outre un gouverneur ou *fou-taï*. Les fou-taï sont au nombre de quinze.
Ceux du Chan-toung, du Chan-si et du Honan ne relèvent d'aucun Tsong-tou. V. Cordier, *Relations de la Chine, etc.*, p. 105. — Au-dessous il y a des préfectures (*fou*) et
des sous-préfectures (*ting*).

jouissent d'une quasi-indépendance, qu'imitent à leur tour les autres fonctionnaires, préfets (*fou*) ou sous-préfets (*ting*). C'est par cette suite d'organes, de plus en plus indépendants à mesure qu'on s'éloigne de Pékin, que les ordres se transmettent dans un pays mal percé, sans chemins de fer, sans voie de communication rapide, où les décisions et les volontés du pouvoir central s'affaiblissent et se perdent en approchant de la périphérie : comme on l'a très bien dit, la décharge se perd en route (1).

Tandis que les chefs (*Kouan*) ou mandarins sont très indépendants, le pouvoir imperial n'a pas devant lui de certitude ni de sécurité. Les dynasties sont tremblantes et la succession royale est plus d'une fois compromise. C'est une autre ressemblance avec l'Empire byzantin, dont il a été justement dit qu' « aucun trône ne fut plus fragile, plus sujet à subir le flux et reflux des révolutions que celui des Empereurs d'Orient » (2). En Chine, sans être aussi mouvementé, le changement des dynasties n'en est pas moins fréquent et, dans la même maison, la vocation au trône est souvent l'objet de révolutions de Palais, peu faites pour augmenter le respect du peuple dans le pouvoir suprême et pour en fortifier les racines dans la nation. Sans remonter à plus d'un millier d'années, la Chine, après les Thang (626-907), a simultanément, au Sud, les Song, au Nord, les Liang, puis, 1120, les Kin ; après quoi, les Mongols occupent le pouvoir. Tchengizkhan s'attache à la conquête de l'Empire chinois ; Khoubilai-Khan et ses descendants règnent en Chine jusqu'en 1370. De 1370 à 1644, la Chine retrouve une dynastie nationale : celle des Ming. Depuis 1644, elle est aux Mandchous. Jamais les dynasties n'arrivent à s'affermir : c'est par révolution, non par extinction qu'elles prennent fin. L'Empire romain avait légué à l'Empire byzantin un des vices constitutionnels, qui amenèrent sa ruine : le défaut d'une bonne loi de succession. De même en Chine, où l'Empereur au pouvoir désigne lui-même son successeur dans des conditions particulièrement étroites, celui-ci devant être toujours plus jeune que lui. C'est là un inconvénient, car, en donnant toujours la Couronne au plus jeune, au neveu plutôt qu'au frère, ce système débilite l'autorité de l'Empereur et favorise les coups de main. Plus d'une fois, dans l'histoire de Chine, l'ordre des successions s'est trouvé mystérieusement interrompu, dans le cours d'une même dynastie. A la mort de Hien-Foung, en 1861, son successeur, à peine âgé de cinq ans, est aussitôt l'objet d'un complot de la part du Prince I, Président du Conseil de régence, qui veut l'assassiner ainsi que les Impératrices, Tze-Am, épouse légale de Hien-Foung, et Tze-Ché, mère de l'Empereur ; les oncles de l'Empereur, les

---

(1) Brenier, *loc. cit.*
(2) Gasquet, *De l'autorité impériale en matière religieuse à Byzance*, 1879, p. 89.

Princes Koung et Choun, devaient subir le même sort. Mais les Impératrices prévenues se saisirent du pouvoir par un coup de main. En 1874, elles marièrent l'Empereur, Toung-tché ; il crut qu'émancipé par le mariage, il avait désormais le pouvoir ; mais, ayant, par une ordonnance spéciale,dégradé le Prince Koung, le 10 septembre, il vit immédiatement son édit annulé par les Impératrices. Peu de temps après il mourait, le 22 juillet 1875 ; sa veuve était enceinte : compétition gênante pour les Impératrices : elle tombe malade et meurt, aussi mystérieusement qu'heureusement pour les Impératrices, qui mirent sur le trône Kouang-Sou, enfant de trois ans, fils du Prince Choun, septième fils de l'Empereur Tao-Kouan. Reconnu majeur en 1889, il ne devait garder que neuf ans le pouvoir : en 1898, l'Impératrice Tze-Ché déposait Kouang-Sou, qui gouvernait contre ses idées, avec d'autant plus de facilité que l'ayant placé sur le trône elle ne craignait pas de l'en écarter (1). Que de mouvements et de secousses dans cette dynastie mystérieuse, où, de l'Empereur, fermé dans l'enceinte de son Palais, montré rarement et de loin, à distance, l'Europe ne sait jamais d'une façon sûre et précise s'il est mort ou s'il est vivant !

Pendant ce temps les Sociétés secrètes tissent dans l'ombre leurs trames clandestines de soulèvements, d'agitations et même de révolutions, non pas seulement contre les étrangers, mais plus encore contre le gouvernement lui-même ; c'est un aspect de la question que le récent soulèvement des *Boxers* ne doit pas aujourd'hui faire oublier. Les Sociétés sont militaires ou religieuses, commerciales ou politiques (2) ; mais les plus importantes sont toujours révolutionnaires. Le Chinois trouve en lui, dans sa nature, plus qu'aucun autre peuple, le principe de l'association. Il l'emploie à l'intérieur de la Chine pour fortifier hors de sa province ses attaches particulières, pour maintenir sa langue, — car si le chinois écrit est le même pour tout l'Empire, un grand nombre de régions, même de provinces, ont gardé leur langue propre (3), — pour maintenir aussi ses mœurs, ses traditions, ses coutumes. Il emploie l'association à l'extérieur, dans les pays où il émigre, en vue des mêmes fins. Mais les Sociétés ont encore d'autres buts. Le Chinois est un

(1) A. Moireau, *Les Boxeurs*, dans la *Revue bleue* du 16 juin 1900.

(2) Pour la bibliographie des Sociétés en Chine, V. Cordier, *Bibliotheca sinica*, col. 861-864. Ajouter : Cordier, *Relations de la Chine avec les puissances occidentales*, t. I, p. 170-192 ; Maurice Courant, *Les associations en Chine*, dans les *Annales des sciences politiques*, 1899, p. 68 et suiv. ; Boni de Castellane, *Boxeurs et Sociétés secrètes en Chine*, dans la *Revue des Deux-Mondes* du 1er août 1900, p. 689 ; Colquhoun, *op. cit.*, p. 294.

(3) Les Pavillons-Noirs originaires des deux Kouang, établis à Lao-Kai, ne parlent pas la même langue que leurs compatriotes de la province voisine, le Yun-nan. V. Cordier, *op. cit.*, p. 171.

conspirateur. Il aime les sociétés politiques où il entre tantôt par haine
de l'étranger, tantôt par haine de la dynastie. Dans le premier groupe
rentrent les *Boxers*, dont l'existence comme Société secrète distincte
est d'ailleurs assez équivoque et problématique (1). Dans le second,
parmi les plus importantes, sont la Société du Nénuphar blanc (*Pei-
Lien-Kiao*), qui remonte à la dynastie actuelle, et surtout celle des
Triades (*San-ho-houei*) : toutes deux se proposent ouvertement la révolte. Toutes deux ont failli réussir. La première a occupé le Palais
impérial à Pékin, le 18 juillet 1813, sous l'Empereur Kia-King. La seconde
a fomenté la célèbre révolte des Tai-ping, dont la plupart des membres
étaient d'origine triade, quoique leur chef (Houng Sieou-ts'iuen) n'appartint pas lui-même à cette secte : partis du Kouang-si et du Kouang-
toung, ils s'emparèrent de Nan-king en 1853, firent une incursion dans
le Nord par le Ho-nan jusqu'au Tché-li, s'étendirent dans les riches provinces du Kiang-sou et du Tché-kiang et ne furent définitivement écra-
sés qu'en 1864, après la prise de Nan-king (9 juillet 1864) par les troupes
impériales, aidées des contingents anglais et français (2).

Riche et faible, la Chine évoque à la mémoire cet Empire byzantin,
dont les Turcs changeaient le nom en celui de Ta-Tchin (la Grande-
Chine), — comme s'ils avaient eu le secret instinct du parallèle que plus
tard l'histoire établirait entre eux. Tous deux ont été plus d'une fois
comparés. L'un a duré mille ans ; l'autre a triplé ce chiffre ; l'un et l'autre se sont étendus au loin, en se faisant autour d'eux comme une ceinture de protégés ou de vassaux ; l'un et l'autre ont eu des barbares à
leur solde : l'Empire grec a pris des Turcs, la Chine des Turcs et aussi
ceux qui pour elles sont encore des barbares, les Européens, Anglais ou
Allemands, initiateurs d'un peuple que la guerre trouve toujours réfractaire ; l'un et l'autre ont subi des assauts terribles : pour l'Empire grec,
les Goths, au IV° siècle, les Huns au V°, les Slaves au VI°, les Perses et
les Arabes au VII°, les Bulgares, les Russes, les Hongrois du VIII° au
X°, les Sedjoukides au XI°, les Ottomans au XIV° ; pour la Chine, les
Niou-tchou, les Mongols, les Turcs, les Mandchous, sans parler des
Européens venus par terre et par mer ; tous deux ont des trônes insta-
bles, des révolutions de Palais violentes ; tous deux se sont perdus par
l'abus de puérils soucis littéraires : byzantinisme et chinoiserie sont sy-
nonymes ; tous deux sont ébranlés par les révolutions, minés de fond
en comble par les Sociétés secrètes et par les factions ; tous deux ont
une administration inférieure, débile, corrompue ; tous deux ne se
soutiennent enfin si longtemps contre tous les assauts du dedans et du

(1) V. les doutes de Boni de Castellane, *loc. cit.*, p. 690.
(2) Comp. Curzon, *Problems of the Far East*, p. 400.

dehors que par un prodige d'équilibre, réalisé par l'absence de toute
autorité dans le pouvoir et de toute initiative dans le peuple, ce qui les
fait tous deux rentrer, suivant une classification heureuse, celle de Hauriou, dans la catégorie relativement stable « des demi-moyen âges » (1).
Plus on compare la Chine et Byzance, et plus il apparaît que, malgré des
différences nombreuses, inévitables, profondes, qu'il ne saurait être
question de nier, ces deux Empires, très vieux, très grands, très longs
à vivre et pourtant très malades, rapprochés dans la perspective des
âges, sont relativement, dans l'histoire universelle, les seuls qui puissent vraiment se mettre en parallèle. Un dernier trait complète la ressemblance. Egalement très faibles, malgré leur prodigieux équilibre,
ils représentent chacun pour leur temps le maximum de la richesse, et
déterminent autour d'eux de comparables convoitises.

Ne faut-il pas dire alors que, dans ses mouvements, l'histoire alterne
et se renverse, et que la Chine joue, dans l'histoire moderne, le même rôle
que l'Empire grec à la fin du moyen âge ? Après avoir subi l'assaut de
l'Asie représentée par les Turcs, le monde occidental prend maintenant
sa revanche, en portant la menace et la conquête à l'extrémité du vieux
continent, jusqu'à ce cœur de l'Asie, qu'est la Chine. De la question
d'Orient à la question d'Extrême-Orient les rôles se sont ainsi retournés.
Les deux questions ne sont pas parallèles, mais contraires. Dans l'une,
l'Occident est attaqué ; dans l'autre, il prend l'offensive. La Chine est
une autre Byzance, et les Européens sont ses Turcs.

VI

Plus d'un sera tenté sans doute de prendre cette comparaison à son
compte et de la pousser jusqu'au bout. Nombreux sont ceux pour qui
l'Europe, provoquée dans la question d'Orient, provocatrice dans la question d'Extrême-Orient, a contre elle dans la seconde le droit qu'elle avait
pour elle dans la première. Souvent cette thèse s'esquisse que l'Europe
n'aurait pas dû se mettre en rapport avec la Chine, ni s'efforcer de la pénétrer, que chaque peuple doit rester son maitre, et qu'en entreprenant
aujourd'hui de nous ouvrir la Chine nous commettons un crime analogue à celui des Turcs entrés dans Constantinople, auxquels Mohammed
disait : « Je vous ai abandonné les trésors de la ville, et les édifices sont à
moi » (2). Victimes en Orient, agresseurs en Extrême-Orient, nous serions
les Turcs de la Chine : idée bien faite pour séduire de [nombreux esprits :
non seulement les amateurs de parallèle et les chercheurs d'antithèse,

---

(1) Hauriou, *Science sociale traditionnelle*, p. 251.
(2) Hammer, *Histoire de l'Empire ottoman*, trad. Dochez, t. I, p. 242.

qui trouvent aisément dans la question d'Extrême-Orient l'envers de la question d'Orient, mais encore les socialistes qui n'aiment pas les expéditions militaires (1), les adversaires du Christianisme (catholique ou protestant) qui voient uniquement dans toute question de Chine la mise en œuvre d'influences et de préoccupations religieuses, enfin et surtout (comme on devait s'y attendre) les amis de la Paix (2),pleins d'indulgence pour un peuple qui, débarrassé du militarisme, a réalisé leur idéal, en poussant jusqu'à ses dernières limites l'application du principe : *cedant arma togae*. Non chrétienne, non militaire, la Chine doit à ces deux caractères d'être éminemment sympathique à des partis ou à des groupes qui disposent dans l'opinion d'une considérable influence. Voltaire, dans son *Dictionnaire philosophique*, ne manque pas de manifester en faveur de la Chine (3) des sympathies dont on retrouve l'écho dans « *Il pericolo giallo* » (4) de Lombroso et dans les livres et les conférences de l'économiste russe Jean de Bloch (5). Volontiers,plus d'un trouve qu'en Chine l'Europe se conduit en barbare. Au fond de la pensée demeure cette idée qu'en Asie l'Europe, fanatisée par le Christianisme, se jette sur la Chine avec un égal mépris du droit des gens que les Turcs, fanatisés par l'Islam, se jetèrent sur l'Europe. Pour ces esprits optimistes vis-à-vis de la Chine, mais pessimistes vis-à-vis de nous, il n'y a pas de question chinoise ; — ou plutôt il n'y aurait pas eu naturellement de question chinoise. Si cette question existe, c'est un produit artificiel du Christianisme et du militarisme, une erreur de l'esprit d'évangélisation et de l'esprit de conquête. Tous deux empiètent sur une indépendance, qui méritait le respect. La Chine est pacifique ; elle ne menace aucun peuple ; son seul désir est de vivre en repos : pourquoi troubler la tranquillité qu'elle demande? Et, s'il y a une question chinoise, de quoi franchement est-elle faite, sinon de l'ambition de l'Europe : ambition morale, qui veut des âmes, — ambition économique, qui veut des produits et des marchés, — ambition militaire enfin, qui veut des guerres et des conquêtes?

---

(1) V. par exemple le discours de M. Marcel Sembat, à la Chambre française des députés, 19 novembre 1900, *Journal officiel*, Chambre, p. 2146 et suiv., et 20 novembre 1900, notamment p. 2172.

(2) L'Union interparlementaire de la Paix, dans sa session de Paris (31 juillet-4 août 1900) et le Congrès de la Paix, session de Paris, septembre 1900, ont examiné ce problème en des termes, que nous rapporterons et que nous apprécierons plus loin. Signalons seulement ici la conférence très caractéristique de J. de Bloch, *China*, dans le journal spécial *Concord*, t. XV, numéro du 19 septembre 1900, p. 137.

(3) *Dictionnaire philosophique*, v° *Chine*, édit. Beuchot, t. III, p. 37.

(4) Lombroso, *Il pericolo giallo*, dans la *Nuova Antologia* du 16 mars 1899, p. 335.

(5) De Bloch, *La guerre*, t. IV, p. 313.

A cet acte d'accusation, il n'y a pas lieu de souscrire. Non pas qu'on puisse justifier, ni même excuser, tous les actes de l'Europe en Chine. Plus d'une fois hélas ! nous aurons à reprocher à l'Europe des maladresses, des fautes, et même des crimes. Plus d'une fois la Chine aura droit aux circonstances atténuantes, et, quand elle les méritera, on peut croire que nous n'hésiterons pas à lui faire, à cet égard, pleine mesure. Mais il ne faut pas que le détail étouffe l'ensemble et que la question chinoise disparaisse sous un petit nombre d'incidents. Que les Dominicains espagnols proscrivent en Chine le culte des morts avec lequel les Jésuites avaient d'abord tenté de concilier le Catholicisme, voilà une maladresse ; que les Anglais aient forcé les Chinois à s'abrutir d'opium, c'est un crime ; mais ces événements, si graves qu'ils soient, ne doivent pas se substituer dans leur réalité concrète, vivante, précise, à la question abstraite qui fait le fond du problème chinois. En dehors des missions et de l'opium, il y a en effet une question chinoise. La Chine est pacifique, sans doute. Mais est-ce assez de pratiquer la paix pour être en règle avec le droit ?

Non, la paix, pour un peuple, ne suffit pas à réaliser le droit. S'interdire toute guerre offensive est bien, mais ne suffit pas ; l'humanité exige davantage. Ce n'est pas assez, pour être juste, de s'abstenir. L'homme pacifique qui s'enferme chez lui, portes closes, en égoïste, n'est pas comparable au brigand que la fureur du pillage pousse à la violation de la demeure d'autrui ; pourtant il n'accomplit pas son devoir, il n'est pas dans les limites de son droit, ou, s'il y paraît, c'est une erreur. *Summum jus, summa injuria.* L'homme est un être sociable, qui a des devoirs de solidarité vis-à-vis des autres hommes. Il n'a pas le droit de les méconnaitre et de s'enfermer chez lui : l'isolement est un manquement au devoir social. Le Turc est, dans l'histoire, le brigand qui viole la demeure d'autrui. Le Chinois est l'homme pacifique, qui s'enferme chez soi toutes portes closes. Le premier est criminel, le second est coupable. A des degrés divers, tous deux heurtent le droit.

La Chine a les mains pleines de richesse et ne veut pas les entr'ouvrir. Son sol et son sous-sol renferment des trésors qui dépassent ses besoins ; elle ne veut pas permettre à l'Europe d'en prendre sa part ; elle laisse dormir, sans les utiliser, les richesses qu'elle renferme : a-t-elle le droit de priver l'humanité des ressources que la nature a disposées pour elle ?

La Chine le prétend ; l'Europe le nie : c'est de cette contradiction qu'est née la question chinoise.

A coup de batailles ou de massacres, l'Europe et la Chine poursuivent dans ce débat leur dialogue tragique. L'Europe veut éveiller la Chine.

La Chine, qui ne croit pas au *péril jaune*, ne veut pas se laisser éveiller. Flattée, mais non convaincue, par les théories de Pearson, d'Estournelles et de Lombroso, elle n'a pas confiance dans le prodigieux avenir qu'on lui destine ; elle n'admet pas que l'Europe vienne lui offrir des services dont elle n'a cure. Avide de repos, elle voudrait fermer sa porte aux religions, au commerce, aux procédés d'Europe. Fière de sa vieille civilisation et de son antique Empire, elle refuse de recevoir des agents diplomatiques qui se présentent en égaux, tandis qu'elle veut à sa Cour l'hommage de vassaux. Craignant que les missionnaires ne fassent le jeu de l'étranger qu'elle méprise, ou ne portent atteinte au culte des morts, dont elle a le fétichisme, elle désire leur fermer sa porte. L'Europe, au contraire, insiste pour que cette porte s'entrebâille, puis s'ouvre. La Chine veut s'isoler et se concentrer sur elle-même. L'Europe au contraire entend forcer sa retraite, la visiter malgré elle et plier sa fierté sauvage aux politesses courtoises du cérémonial diplomatique. Elle veut être pour la Chine, qui s'y refuse, un instituteur industriel et religieux, en même temps qu'un professeur de protocole. Depuis trois quarts de siècle, le débat continue, sans que les arguments très militaires employés par l'Europe aient encore eu raison de la vieille Cathay.

C'est la succession de ces tentatives et de ces résistances qui fait le fond de l'histoire contemporaine de la Chine dans ses rapports avec les puissances d'Europe. Peu à peu les résistances de la Chine ont amené l'Europe à se demander s'il n'y avait pas lieu de lui enlever une à une, au fur et à mesure des besoins, les provinces dont elle fermait l'accès. L'Europe, à qui on refusait d'ouvrir les portes, s'est mise à les faire sauter. La Russie, l'Angleterre, la France ont peu à peu enserré la Chine dans un lent mouvement d'approche, auquel brusquement le Japon, puis l'Allemagne, par une pénétration hardie, ont voulu s'associer. Depuis la guerre sino-japonaise (1894) une nouvelle tactique bat son plein : à la politique de la porte ouverte, succède celle de la porte enfoncée. La faiblesse de la Chine, le désordre de l'administration, la division du gouvernement, qui est aux Mandchous, et de la nation, qui est aux Chinois, rendent seules possible une entreprise aussi dangereuse. Heureuse au fond (nous le montrerons) des résistances que la Chine apporte à l'intercourse pacifique, l'Europe en profite pour satisfaire son appétit territorial, son *hungerland*, suivant le mot des Anglais, qui l'ont d'autant mieux nommé qu'ils le ressentent plus fort. A quels périls cette mégalomanie territoriale ne va-t-elle pas exposer l'Europe divisée par l'ambition devant le formidable fourmillement de la ruche chinoise ? A quelles dissensions une telle politique n'est-elle pas naturellement exposée ? Les résultats qu'elle a donnés près de nous, en Turquie, sur le théâtre restreint des affaires d'Orient, peuvent-ils nous laisser, sur son application à ce monde énorme et lointain qu'est la Chine, des illusions qui ne soient pas des chimères ?

En refusant de s'ouvrir à la pénétration pacifique, la Chine outre-passe son droit ; en prétendant l'y contraindre par l'empiètement, c'est-à-dire par la conquête, l'Europe dépasserait le sien. Le repos du monde, la paix des États et l'harmonie des forces économiques ne sauraient se trouver ailleurs que dans le droit. Mais le droit ne peut pas plus admettre le sacrifice de l'indépendance des États que l'exagération de celle-ci.

Obtenir de la Chine qu'elle s'ouvre et de l'Europe qu'elle n'empiète pas, telle est la difficulté à résoudre. Chercher le moyen d'ouvrir la porte sans l'enfoncer, telle est la question chinoise.

Le problème est neuf, parce qu'en dehors de la Chine une situation vraiment comparable à la sienne ne s'est encore jamais présentée. Bluntschli dit à ce propos : « Quelques États relativement civilisés ont essayé à différentes époques de s'isoler complètement : ainsi l'Égypte dans l'antiquité, le Japon et le Paraguay dans les temps modernes » (1). Mais aucun de ces cas, donnés par Bluntschli, ne saurait égaler celui de la Chine que, par un étrange contraste, il ne cite point. L'exemple de l'Égypte est topique : tant que le sacerdoce y fut tout puissant, les voyages sur mer furent interdits ; les habitants ne pouvaient pas sortir ; l'accès des ports égyptiens restait fermé aux étrangers ; même, la légende raconte qu'un des premiers Rois de l'Egypte, Busiris, punissait de mort ceux qui ne craignaient pas d'aborder dans le Royaume (2) ; mais cette clôture hermétique ne dura pas longtemps ; enfermée dans le cercle de ses frontières, l'Égypte étouffait : spontanément le port de Naucratis, puis les autres cités furent ouvertes aux étrangers : la fermeture n'avait été qu'un court moment dans une très vieille histoire. Plus moderne, l'exemple du Paraguay est encore moins comparable. Ce n'est pas la tendance naturelle et profonde d'un peuple, c'est la volonté violente et sectaire d'un homme, le dictateur Caspar Francia, qui, pendant vingt-six années, de 1814 à 1840, réussit à rendre le pays inabordable, sous un régime de terreur tel que nul, dans le pays, n'osait même prononcer son nom. Ne voulant pas communiquer avec ses voisins par le commerce, le Paraguay prit contact avec eux par la guerre. Caspar Francia étant mort, le Paraguay dut changer de système (3). L'exemple du Japon se rapproche davantage du cas de la Chine ; mais il n'est pas si caractérisé sous le double rapport de l'énergie et de la durée. Le Japon

(1) Bluntschli, *Droit international codifié*, trad. Lardy, § 38, p. 213.
(2) De Pastoret, *Histoire de la législation*, t. II, p. 179 et suiv. et 526.
(3) Rengger et Longchamp, *Essai historique sur la Révolution au Paraguay*.

s'est très facilement plié aux idées européennes ; réfractaire au régime
des Capitulations, il ne l'est pas à l'ouverture des ports, ni des villes, ni
à l'entretien des relations diplomatiques. En 1897, il répondait, par sa
complète ouverture, à la marque d'intérêt que l'Europe lui donnait en
supprimant chez lui les Capitulations (1).

La Chine au contraire, que seule Bluntschli, par un impardonnable
oubli, ne donnait pas dans son exemple, méritait d'y figurer la première. Nul État ne s'est mieux fermé qu'elle, ni pendant plus longtemps, ni d'une manière plus rigoureuse, ni surtout au milieu d'une
société des États plus complète et en présence de relations économiques et politiques plus développées. C'est à cet égard, plus qu'à tous autres, qu'elle mérite l'appellation de fossile, que lui a donnée Metchnikoff :
si, par ses mœurs, son costume, ses traits sociaux, elle est encore « un
plésiosaure » (2), elle l'est plus encore par ses pratiques internationales
et par sa conception des relations extérieures. Elle a gardé le fond d'exclusivisme qui dormait à l'origine dans les sociétés antiques et que chez
elle le commerce maritime, n'existant pas, ne put entamer. A l'Europe,
qui veut la soumettre à l'œuvre de rénovation économique et sociale,
elle défend l'accès de ses ports : il faut des guerres pour lui arracher
de maigres concessions, qu'à peine accordées elle s'efforce de reprendre. Douée de richesses qu'elle ne peut pas mettre en valeur, elle menace d'en priver l'Europe, à laquelle elle ne veut permettre, ni de l'assister, ni de la suppléer.

De là cette question : se retranchant de la communauté des États et du
commerce international, un État a-t-il le droit de garder pour lui seul les
richesses considérables qu'il ne peut, qu'il ne veut, ou ne sait exploiter?

Au point de vue social, la réponse n'est pas douteuse : toute richesse
n'a de valeur qu'à la condition d'être utilisée. L'avare qui enfouit ses trésors commet un crime au point de vue de l'économie politique. La Chine
est comparable à cet avare. Elle a des richesses et ne sait pas en tirer
le parti nécessaire. Avec les admirables produits de son sol et les belles
qualités de sa race, son exportation n'atteint que deux shillings par tête
d'habitant, chiffre de soixante fois inférieur à celui de l'Allemagne (3).
En dépit de ses ressources, elle reste pauvre en face de dons mer-

(1) Beach-Lawrence, *Commentaire sur Wheaton*, t. IV, p. 267 ; K. Lippmann, *Die Kon-
sularjurisdiktion in Orient*, p. 163 ; Tsurutaro Senga, *Gestaltung und Kritik der heuti-
gen Konsulargerichtsbarkeit in Japan*, Berlin, 1897.

(2) *Suprà cit*, p. 274.

(3) J. de Bloch, *The Suicide of Nations*, dans la *Concord, journal of the international
arbitration and peace association*, t. XV, numéro du 3 septembre 1900, p. 137 ; Alleyne
Ireland, *The commercials aspects of the yellow peril*, dans la *North American Review*,
septembre 1900, p. 391.

veilleux dont elle ne sait faire usage. Son agriculture, son commerce, son industrie restent très au-dessous de ce qu'ils pourraient être.
L'un des Anglais qui, d'après ses compatriotes, connaissent le mieux la
Chine, Alexander Michie (1), le déclare : « Considérant la variété du
climat et du sol, ainsi que les industrieuses coutumes du peuple, la
pauvreté du commerce étranger est remarquable ». Lord Beresford a
visité la Chine. Dans un livre nourri de faits et de statistiques (2),il note
point par point, province par province, ville par ville, les résultats donnés, qui sont extraordinairement faibles, et les espérances, qui sont
immenses. « En Chine, dit M. Bard, il n'y a pas de capitaux, pas de grosses fortunes. A Changhaï, les plus riches flottent entre cinq cent mille
francs et deux millions » (3). Ce n'est pas que le Chinois manque d'aptitudes commerciales ; il a de grandes qualités marchandes. connait la
valeur d'un engagement et le respecte. Ce n'est pas le goût du commerce,
ni l'amour du lucre qui font défaut à la Chine, mais la science et l'intelligence nécessaires à la mise en valeur de ses richesses naturelles par
les procédés industriels. Même pour sa production la plus importante,
la soie, la Chine reste très inférieure à ce qu'elle pourrait donner. A part
les deltas du Yang-tsé, du Si-kiang, et le plateau du Sé-tchouen central,
qui fournissent les neuf dixièmes de la production soyeuse, la sériciculture, sauf dans le Hounan, le Houpé et le Chantoung, est partout en
honneur, mais partout de médiocre importance, ce qui s'explique pour
le Nord par une cause naturelle, la rigueur du climat, mais, pour le
reste, par deux causes que l'ordre et le progrès devraient faire à jamais
disparaître : dans le Sud, les troubles qui ont bouleversé le pays ; dans
les régions bouddhistes, notamment dans le Tibet, l'existence de préjugés superstitieux qui interdisent de mettre à mort les animaux et par
suite paralysent l'essor d'une industrie fondée sur l'étouffement des
chrysalides (4). Le coton, pour lequel la Chine tient une place importante, et qui se rencontre à peu près partout, depuis le Kouang-si et
le Kouang-toung jusqu'au Chan-toung, depuis le Sé-tchouen jusqu'au
Tché-kiang, n'est pas non plus mené au degré de production qu'il
pourrait atteindre. « Toutes les cultures chinoises, disent les histo-

(1) Michie, *The Chinese Oyster*, dans le *Blackwood's Magazine*, n° 1476, février 1897,
p. 288.
(2) *The break up of China*, p. 1-265.
(3) Bard, *Les Chinois chez eux*, p. 241.
(4) Brenier, *La mission lyonnaise d'exploration commerciale en Chine* (1895-1897),
1898, 2° partie, p. 216 ; Valérien Groffier, *La production de la soie dans le monde*, dans
les *Annales de géographie*, 1900, p. 102. Adde : Natalis Rondot, *L'art de la soie, les
soies*, Paris, 1885-1887 ; E. Pariset, *Histoire de la soie*, Paris, 1862-1865 ; A. A. Fauvel,
Les séricigènes sauvages de la Chine, Paris, 1897.

riens de ce produit, sont faites sans aucune espèce de soin et donnent un résultat de qualité assez médiocre » (1). Il va sans dire que partout les filatures font à peu près défaut ; jusqu'à 1895, il n'y avait à Changhaï que quatre filatures à vapeur (2). Mais que dire des produits que la Chine entasse dans son sous-sol en telle quantité qu'elle peut suffire, pour des milliers d'années, non seulement à sa consommation personnelle, mais à celle du monde ? Pour la houille, le pétrole, le fer, le cuivre, elle est la réserve secourable, sur laquelle, après l'épuisement des gisements d'Europe et d'Amérique, l'humanité peut et doit compter. Mais ces richesses sont inutilisées. Impossible d'accepter les prétentions de la Chine à l'isolement économique et commercial. Ce serait priver les hommes des ressources que la nature, bonne et prévoyante, a disposées pour eux. Les industries minières sont dans l'enfance. Les sources de pétrole sont négligées (3). Jusqu'à nos jours, le cuivre du Yun-nan était seul exploité pour la fabrication des sapèques : les mines abandonnées au moment de la terrible révolte des Tai-pings (1864) n'ont été rouvertes qu'en 1885. Le fer et la houille n'ont commencé à être extraits qu'en 1885. Notez que les mines de cuivre, rouvertes en 1885, sont aux mains d'ingénieurs japonais ; que les mines de fer les plus importantes, celles du Kouéi-tchéou, sont entre les mains d'un syndicat anglais ; que les mines de pétrole sont principalement aux Japonais et aux Anglais (4). Privée des étrangers, qu'elle repousse, la Chine n'aurait même pas les premiers linéaments d'industrie minière qu'elle a faiblement ébauchés. Elle en serait encore, sans eux, aux procédés enfantins décrits dans ses vieux livres, comme le *Thien-Kong-Khaï-ve* (5). Le peuple dont les ouvrages classiques sur l'art de la guerre enseignent que, pour vaincre l'ennemi, il faut d'abord amollir son courage par des chants efféminés et des musiques voluptueuses (6) a, pour pratiquer l'industrie, des procédés et des pratiques, comparables, pour leur naïveté, à ses recettes militaires. Si par hasard les Chinois parviennent çà et là à des résultats remarquables eu égard à la faiblesse de leurs moyens, ce qui arrache des cris d'admiration à certains voyageurs (7), ils ne peuvent que grat-

(1) A. Lederlin et L. Gallois, *La culture du coton dans le monde*, dans les *Annales de géographie*, 1898, p. 289.

(2) Bard, *Les Chinois chez eux*, p. 215.

(3) M. Monnier, *Le tour d'Asie* ; X, *L'Empire du Milieu, passim*.

(4) Machat, *Les bases scientifiques de la question chinoise*, dans la *Revue générale des sciences*, 1898, p. 522-523.

(5) On en trouvera de curieux extraits dans le 2ᵉ article de Jean Hess, *Les éléments scientifiques de la transformation de la Chine*, dans la *Revue générale des sciences*, 1900, p. 780.

(6) Curzon, *Problems of the Far East*, p. 326.

(7) V. principalement. Marcel Monnier, *Le tour d'Asie* ; Roques, *Au pays des pagodes*

ter le sol, non le fouiller à fond, sans le secours des machines que, livrée à ses défiances et à ses traditions, la Chine repousse avec la même
crainte et le même mépris que la drogue anglaise de l'opium. Éternelle
histoire de l'aveugle et du paralytique : la Chine a les jambes, et l'Europe les yeux. L'une a les ressources à mettre en œuvre, et l'autre les
moyens d'action. De même que l'aveugle n'a pas le droit de refuser ses
jambes au paralytique qui s'offre à guider son chemin, la Chine n'a pas
le droit de refuser l'accès de ses mines à l'Europe, qui seule peut lui
permettre de les utiliser.

Il faut une aberration de l'esprit, faite d'un orgueil excessif, d'un respect absolu de la tradition et d'une méfiance excessive de l'étranger,
pour que cette collaboration, toute naturelle et nécessaire, trouve en
Chine un obstacle. Mais, du moment que cet obstacle existe, il n'est
pas douteux que l'Europe a le droit et le devoir de le combattre :
non seulement parce que c'est l'intérêt de la Chine, qui y trouvera
son profit matériel et moral, mais alors même que, suivant la théorie
de Herder, le Chinois devrait être éternellement Chinois, c'est-à-dire réfractaire (1), parce qu'avant d'être d'intérêt chinois, cette réforme est
d'intérêt général (2) : c'est le droit de l'humanité d'exiger des populations qui les détiennent sans les consommer complètement — à plus
forte raison sans les consommer du tout — les richesses que la nature.
n'a placées sur certains points que pour permettre aux hommes de se
connaitre, de se pénétrer et de se civiliser en allant les y chercher.
C'est toute une théorie de l'expropriation, dira-t-on. Nullement. Il ne s'a-
git pas d'expulser les Chinois de la Chine, ni de les déposséder de leurs
territoires, mais seulement de les expulser de leur égoïsme, de les
exproprier de leur routine, de les déposséder de leur inertie. La véritable expropriation, ce n'est pas l'Europe qui la consomme en forçant les portes que la Chine ferme à la pénétration pacifique ; c'est la
Chine qui l'opère en retranchant du monde les prodigieuses richesses
qui, dans son sol et dans son sous-sol, mettent tant d'espérances économiques et d'avenir industriel. Un Chinois l'a dit : « L'Europe a besoin de la Chine, tandis que la Chine peut se passer de l'Europe » (3).
La Chine a tout pour vivre sur son sol. Mais l'Europe n'est pas dans
le même cas. Nous ne pouvons plus répéter aujourd'hui avec Voltaire :

(1) Herder, *Ideen zur Philosophie der Geschichte*, XXIX, *Eilftes Buch*, p. 3-40.
(2) Voilà pourquoi l'examen de la fameuse question du péril jaune (Comp. *supra*), s'impose, comme une préface nécessaire, à l'examen politique et juridique de la question
chinoise.
(3) Cité par Pierre Leroy-Beaulieu, *La rénovation de l'Asie* (Lettre du général réactionnaire mandchou Young-Lou), dans la *Revue des Deux-Mondes* du 1er novembre 1900, p. 61.

« Nous allons chercher à la Chine de la terre, comme si nous n'en avions point, des étoffes, comme si nous manquions d'étoffes, une petite herbe pour infuser de l'eau, comme si nous n'avions point de simples dans nos climats » (1). Cette boutade, permise encore avant Richthofen, ne l'est plus depuis que, grâce à lui, nous avons eu la complète révélation de la Chine minière. Ce n'est pas la faim artificielle du kilomètre carré, c'est le souci naturel de notre existence, qui nous pousse à demander à la Chine notre part des richesses, dont elle a plus que sa part, et dont nous avons besoin. Ce n'est pas au nom de notre supériorité sociale, que nous prétendons ouvrir la Chine à notre pénétration pacifique : nulle civilisation n'a le droit de se dire supérieure, quand elle est simplement différente. Mais nous avons le droit, en tant qu'hommes, de nous faire livrer les produits que la terre renferme pour tous, même quand la nature les a très inégalement répartis. Nous avons le droit de forcer à l'exploitation des richesses du sol et du sous-sol celui qui n'a ni la possibilité ni la volonté de les mettre au jour, afin qu'il en apporte fraternellement l'excédent sur le grand marché du monde. C'est contre cette loi de solidarité économique et sociale, que le Chinois s'insurge avec ce mot barbare : « Nous nous fermerons à l'Europe, parce qu'elle a besoin de nous, sans que nous ayons besoin d'elle ». Nous avons le droit de protester contre ce mot parce qu'il est égoïste et anti-humain. En se mettant en dehors de la société des États, au point de vue économique et politique, la Chine se met en dehors de l'humanité : il faut qu'elle y rentre. Smith l'a noté, dans ses *Chinese Characteristics* (2), le Chinois n'est pas un altruiste : il faut qu'il le devienne. Les intérêts de l'humanité l'exigent. Gladstone a parlé quelque part des navires qui vont et viennent par les mers et tissent dans leurs voyages entre les peuples des liens de paix et d'union. Pour la prospérité du monde, pour le développement du progrès, pour la réalisation du bien-être ou tout au moins du mieux être de l'humanité, nul n'a le droit de couper ces fils et de se replier sur lui-même, en confisquant pour lui seul une richesse, dont, ayant pris sa part, il doit permettre aux autres d'utiliser le superflu. « La Chine, dit Littré, n'est pas intervenue pour promouvoir le cours de la civilisation ; elle est restée en dehors, elle a manqué à devenir un organe de développement » (3). C'est un rôle qu'elle ne saurait continuer : à défaut de sa civilisation, qui ne nous est plus nécessaire, elle nous doit ses ressources, qui nous sont indispensables, et que nous avons le droit de porter à leur plus haut de-

(1) Voltaire, *Dictionnaire philosophique*, v° *Chine*, édit. Beuchot, t. III (t. XXVIII des Œuvres), p. 48.
(2) Smith, *Chinese Characteristics*, p. 194.
(3) Littré, *La science au point de vue philosophique*, 1873, *De l'ancien Orient*, p. 406.

gré, pour augmenter l'excédent, qui doit nous revenir, de la production
autonome sur la consommation intérieure.

L'échange des produits de la terre doit pouvoir se faire mutuellement
entre les hommes : tel est l'axiome économique des temps modernes,
issu du principe fraternel de la solidarité (1).

Si telle est la vérité sociale, telle est donc la vérité juridique ; car il ne
peut pas y avoir une vérité sociale qui ne soit pas une vérité juridique.
Au premier abord, il semble cependant que ce soit une thèse subver-
sive, contraire à la paix des États, ce qui la rend suspecte au grand parti
des Pacifiques et contraire à la doctrine fondamentale de l'indépendance des États, ce qui la rend plus que douteuse à l'école du droit des gens
classique.

Parfois, à la manière dont certains Pacifiques parlent du droit des
gens, on pourrait croire qu'il est tout entier dans une seule question :
« la paix du monde ».Il se peut qu'à force de considérer la conquête du
droit à la paix comme le dernier terme du progrès en matière de droit
des gens, certains esprits finissent par croire que la paix forme la syn-
thèse et la substance de ce droit. Ici, cependant, les Pacifiques doivent
reconnaître leur erreur. Ceux qui seraient tentés de plaider la cause de
la Chine pacifique, mais close, compromettraient leur principe en
abaissant leur idéal. La paix qu'ils espèrent ne saurait être une paix
stérile et paralysante, qui, séparant les peuples, les empêchant de se reconnaître et de se pratiquer, aurait tôt fait de les ramener à la guerre.
La paix qu'ils rêvent ne doit pas seulement abolir l'ennemi, mais supprimer aussi l'étranger, en qui le vieux levain des méfiances et des haines
maintiendrait un ennemi toujours prêt à germer. La paix qu'ils appellent de leurs vœux ne saurait être la paix étroite et captive qui mure les
peuples dans leurs frontières, mais celle qui, libératrice, ouvre à tous
les hommes tous les territoires et les reçoit partout en frères. La paix
que réclamaient Sully et Cobden ne peut être une paix d'isolement
commercial, mais de solidarité économique et d'échange. Il ne faut pas
qu'une théorie soit jugée sur son nom, la paix, mais sur son principe, la
solidarité : pour les vrais pacifiques, la paix du cloisonnement — celle de
la Chine — n'est qu'une paix d'étouffement et de prison, au lieu de la
paix d'air et de la liberté qu'ils rêvent : une contrefaçon grossière que
l'égoïsme particulier des États opposerait en vain au généreux principe
de la solidarité universelle, base profonde et juridique de leurs efforts.

Beaucoup plus ferme et tenace est l'objection tirée du dogme fondamental de l'indépendance des États, auquel les jurisconsultes les plus
autorisés empruntent le tissu même du droit des gens classique. Compa-

(1) Mahan, *The problems of Asia*, p. 3.

rant les États aux hommes, ils tracent au pouvoir des premiers, qui est
la souveraineté, la même limite qu'au pouvoir des seconds, qui est la
liberté. Or nous admettons que toute liberté mise en face d'une autre
liberté doit s'arrêter devant elle, semblablement toute souveraineté mise
en face d'une autre souveraineté doit respecter celle-ci. Etre souverain,
c'est être indépendant. Le respect de l'indépendance est le droit fondamental, dont tous les autres sortent comme des rameaux issus d'un
même tronc. Phillimore, Wheaton, Creasy, Hall (1), dans la doctrine anglaise, Pradier-Fodéré, Chrétien, Piédelièvre (2), dans la doctrine française, Rivier (3), Calvo (4), F. de Martens (5), Fiore (6) se rallient au
même principe, contre lequel se dessinent à peine, dans la doctrine
allemande, des hésitations tacites plutôt qu'une contradiction directe (7).
Partout s'exprime et se répète, dans tous les ouvrages classiques, ce
principe qu'un philosophe, qui n'était pas un juriste, tirait, il y a dix
ans, du droit des gens contemporain dans des termes qui en étaient l'expression très précise et fidèle : « Les devoirs des États entre eux sont
tout négatifs. Ils ne répondent qu'à cette première forme du droit que
nous avons appelée le droit au respect... *Les États se doivent le respect* ;
ils ne se doivent pas l'assistance » (8). Et ailleurs le même auteur insiste
sur cette idée que le devoir d'assistance est dû par l'homme à l'homme
dans la famille, par la société à l'individu dans l'État, mais qu'il n'est pas
dû par l'État à d'autres États dans la vie internationale.

· Ainsi, par une curieuse contradiction, le droit des gens serait un droit

---

(1) Phillimore, *Commentaries upon international law*, 3ᵉ édit., 1879, t. I, p. 312 ;
Wheaton, *Elements of international law*, Boyd's édit., 1889, p. 82 ; Creasy, *First platform
of international law*, 1876, p. 148 et 149 ; Hall, *International law*, p. 40-47.

(2) Pradier-Fodéré, *Le droit international public européen et américain*, Première partie, ch. I, II et III, t.I, p. 282 et suiv.; Chrétien, *Principes de droit international public*,
p. 180; Piédelièvre, *Précis de droit international public*, t. I, p. 188.

(3) *Principes du droit des gens*, t. I, p. 255 et p. 369.

(4) *Le droit international théorique et pratique*, t. I, p. 450.

(5) *Traité de droit international* (trad. Léo), t. I, p. 405.

(6) Fiore, *Le droit international codifié*, trad. Chrétien, p. 102. L'auteur limite d'ailleurs par les droits de l'humanité, parmi lesquels il range le droit au commerce, les
conséquences de ce principe, ce qui annonce, comme chez Chrétien, *op. cit.*, le pres-
sentiment d'une doctrine nouvelle. D'autre part, un certain nombre d'auteurs déduisent
hardiment du droit d'indépendance le droit à la représentation diplomatique, sans voir
que de ce même droit sort la liberté de n'en pas avoir et de n'en pas admettre.

(7) Le droit d'indépendance figure dans l'énumération de Gareis, *Völkerrecht*, § 25.
mais immédiatement il est suivi du droit au commerce international, § 26, p. 85. De même
chez Heilborn, *System des Völkerrechts*, où le droit au commerce extérieur, p. 301, vient
immédiatement après le droit à l'indépendance, p. 299. *Adde* : Holtzendorff, *Handbuch
des Völkerrechts*, t. II, p. 54 et suiv., 60 et suiv. Une critique très nette de la classification des droits fondamentaux de l'État, telle qu'elle est habituellement présentée, se
trouve dans Ullmann, *Völkerrecht*, p. 79 et suiv.

(8) Beaussire, *Les principes du droit*, p. 186.

négatif, tandis que le droit public interne et le droit privé auraient un
caractère positif. S'abstenir, telle serait du droit des gens la maxime.
L'action, c'est-à-dire l'assistance, ne serait pas de son domaine. Les États
ne se devraient les uns aux autres qu'un mutuel respect de leur existence.
Telle est la conception simpliste, dans laquelle le mouvement de l'histoire a,dans des temps difficiles,enfermé l'horizon étroit du droit des gens
naissant. Inconnu des civilisations antiques, le droit des gens s'élabore lentement sous l'influence des croisades, de la chevalerie, du commerce ; mais il rencontre un double obstacle dans les tentatives du Saint-
Empire romain et de la Papauté, qui tendent à l'hégémonie mondiale,
ce qui, en supprimant les États particuliers, eût empêché la naissance
d'un *jus inter gentes*. Ainsi le droit international ne pouvait naitre
que du jour où l'esprit d'universelle domination aurait été vaincu. La
paix de Westphalie, qui marque le déclin des dominations universelles,
marque aussi la naissance du droit international. Employé par les monarchies individuelles contre les pouvoirs mondiaux (*World Powers*), le
droit international fut dès l'origine le ferme soutien des indépendances
particulières sans lesquelles, le monde ne formant qu'un seul État, un
droit des nations n'eût pas eu de raison d'être (1). Les théories du droit
public interne, issues du droit divin, l'orientèrent dans cette voie : le Roi,
responsable de son pouvoir devant Dieu, qui le lui a donné, possède en
droit interne la souveraineté absolue, c'est-à-dire le droit de tout faire
sur son territoire, à condition de respecter symétriquement au dehors le
semblable pouvoir des autres Rois : ainsi la doctrine de l'indépendance
entière des États se trouvait confirmée. L'école du contrat social maintint plus tard le système ; car, plaçant dans l'individu le fondement
de la souveraineté, elle ne la voulait pas, chez le peuple, plus limitée
qu'elle n'était chez le Roi. Ainsi le dogme de la souveraineté absolue
et de l'entière indépendance des États se maintint jusqu'aux guerres
de la·Révolution et de l'Empire. Seule alors, cette formule de l'indépendance des États, étroite et simple, pouvait convenir à l'heure où les
menaces d'Empire reprenaient leur essor. Après le Congrès de Vienne,
qui sacrifiait les peuples aux deux dogmes combinés de l'équilibre
et de la légitimité, le même principe servit de refuge à la politique
nouvelle, celle des nationalités, pour briser l'œuvre artificielle et fausse
de 1815. Ce fut le point commun où s'accordèrent deux politiques
opposées, celles de l'ancienne et de la nouvelle Europe : les partisans
de l'une tenaient pour l'indépendance des États, et les partisans de
l'autre pour l'indépendance des nations : d'État à nationalité, les mots
différaient, la structure de l'organisme variait ; mais, une fois l'État

(1) Comp. **Walker**, *History of the law of nations*, t. I, p. 148 et suiv.

organisé, tout le monde s'accordait pour dire qu'il devait être indépendant. C'est dans l'idée d'indépendance de l'État, commune à toutes
les politiques, que le droit des gens pouvait trouver, en dehors des
controverses, une base commune et conciliante. Pour se fonder d'une
façon plus ferme en s'isolant des variations de l'histoire contemporaine,
ce fut ce principe qu'il posa, comme la seule grande certitude qu'il eût
devant lui.

Mais le droit est le fruit de l'histoire. Ses aspects changent avec
l'âge. A temps différents, droit nouveau. L'Europe d'aujourd'hui n'est
plus hypnotisée sur elle-même. Le mouvement nationaliste s'est à peu
près éteint avec la formation des grandes unités nouvelles, l'Allemagne
et l'Italie. Le droit international n'est plus une simple défense contre la
guerre et la conquête ; il est l'organisateur de rapports économiques et
sociaux de plus en plus développés à mesure que les progrès de la
science ont facilité les relations de peuple à peuple. Les nations ne pen-
sent plus à leur pouvoir, mais à leur commerce. Elles tiennent moins à
reculer leurs frontières qu'à développer la sphère de leurs échanges et
l'étendue de leurs clientèles. Diminuant l'intégrité de l'annexion pour
l'exercer plus facilement, c'est-à-dire plus souvent, le conquérant dé-
membre la souveraineté du vaincu sans l'absorber complètement : la
politique coloniale fait refleurir, dans le protectorat, le gage, le bail, le
mandat, le *condominium*, etc., des procédés dont le moyen âge féodal
avait eu le goût, mais dont la politique moderne retrouve la vocation
avec une ardeur et une ingéniosité qui laissent la féodalité en arrière :
démembrer la souveraineté, c'est reconnaître que l'indépendance absolue n'est pas un dogme intangible. Parallèlement, l'influence des idées
pacifiques ébranle aussi le vieux dogme : 1° par la neutralité perpétuelle, autre restriction à l'indépendance des États ; 2° par les vœux et
projets d'arbitrage obligatoire, car interdire aux États de confier leur
litige à la guerre, c'est encore limiter leur indépendance ; 3° par la
théorie nouvelle du *pacigérat*, d'après laquelle les neutres ont le devoir
d'offrir aux belligérants leurs bons offices, leur médiation ou même
l'arbitrage, conformément à la belle proposition de M. le Chevalier Descamps (1) et à l'article 27 de la Conférence de la Haye (2), car, si les
États sont pleinement indépendants, les belligérants ont le droit de se
battre sans que personne puisse protester, et, si le respect de l'indépendance est la substance même du droit, les neutres doivent rester
impassibles, tandis que l'article 27 de la convention de la Haye leur fait
un devoir de rétablir la paix menacée ou troublée. Enfin, si le dogme
de l'indépendance est souverain, l'intervention, c'est-à-dire l'immixtion

---

(1) *Le droit de la paix et de la guerre.*
(2) A. de Lapradelle, *La Conférence de la Paix*, dans cette *Revue*, t. VI (1899), p. 815.

dans les affaires d'un autre État, est toujours interdite. Or l'ambition politique a trop besoin de l'intervention pour s'incliner sans réserves devant
sa défense, et le droit a trop le souci de sa mission pour ne pas l'encourager quand l'humanité l'exige, par exemple en faveur de la liberté de conscience et de culte (question d'Orient), cas d'ailleurs où quiconque pense à
l'Arménie trouvera que les puissances en sont parfois trop économes.

Tels sont les événements historiques sous l'influence desquels le vieux
dogme de l'indépendance des États se déforme. La vieille doctrine est
encore debout. Mais elle craque de toutes parts. Tandis que les événements la contredisent, une philosophie nouvelle la heurte de front. Pendant longtemps, le monde a vécu sur le culte du *moi*. De Descartes, qui
dit : « je pense, donc je suis », jusqu'à Rousseau, qui fait de l'individu le souverain maître du pouvoir, toute la philosophie est individualiste, donc égoïste. En politique, ces doctrines ont leur conséquence :
elles ont produit cette philosophie négative, qui est celle de la liberté.
Etre libre, c'est faire respecter le *moi* : le *moi* d'un individu, et l'on a
le droit public de la Révolution française ; — le *moi* d'un peuple, et
l'on a le droit des gens classique. Aujourd'hui cette conception négative paraît insuffisante. Une philosophie nouvelle se forme, qui n'est plus
celle, trop courte, de la liberté, mais celle, plus longue, de la solidarité (1).
Après la découverte et l'étude de l'individu, la philosophie, prolongeant sa
route, a découvert et étudié la société, après la conscience individuelle
est apparue la conscience sociale, après l'assistance familiale ou nationale s'est révélée l'assistance internationale. Les États n'ont pas seulement le devoir de ne pas se nuire, mais d'aider, par leur collaboration
commune, l'homme à prendre dans l'humanité les droits qui lui appartiennent : le droit au commerce, c'est-à-dire à la jouissance et à l'échange
des produits de la terre, le droit à la liberté physique, d'où la répression
internationale de la traite, et le droit à la liberté morale, d'où la protection des Chrétiens d'Orient, enfin le droit à la vie, d'où la réglementation de la guerre et la préparation de la paix. Ce n'est pas dans le respect des souverainetés, mais dans la défense contre elles des droits de
l'homme, que le droit international puise son principe et trouve sa fin.
Le nouveau droit public, qui a placé la volonté des hommes à la base des
gouvernements, requiert un nouveau droit des gens qui place dans la
protection de l'humanité le programme et le but du droit international.
Ainsi s'est trouvé substitué au vieux droit des gens, qui ne voyait pas
plus loin que les États souverains, un nouveau droit des gens, qui au-
dessus des États voit l'homme.

(1) Comp. Marion, *De la solidarité morale*, 5ᵉ édit., 1899 ; Léon Bourgeois, *Solidarité* ;
Ch. Gide, *La solidarité économique* : Durkheim, *De la division du travail social, passim*,
notamment p. 249.

De cette nouvelle doctrine, les résultats sont déjà sensibles. A l'ancienne théorie de l'indépendance des États se substitue lentement celle de leur *interdépendance* (1). La vieille notion de souveraineté s'effrite. Il faudra, soit en changer le contenu, soit la séparer de l'État. Tout un travail nouveau se prépare qui tend à faire passer le droit international de l'abstention à l'action, de la séparation à l'assistance. Tout un monde de promesses s'en dégage. Déjà de vigoureux penseurs pressentent la doctrine nouvelle. « Ce qu'on appelle liberté pour les personnes, dit M. Tarde, on l'appelle souveraineté pour les nations. Un État est souverain quand on le juge libre de choisir la constitution qui lui plaît, le régime commercial qui lui convient, etc. Mais on ne s'aperçoit pas qu'en respectant au-delà d'un certain degré cet individualisme national, on s'expose à violer gravement l'individualisme personnel, seul réel » (2). Autrement dit, en consacrant l'indépendance des États d'une manière totale, absolue, le droit change et compromet sa vraie fin, qui n'est pas l'État, mais l'homme.

Au tournant de l'histoire où nous sommes, deux doctrines se disputent le droit des gens moderne. Mais, jusqu'alors, elles ne s'étaient encore qu'indirectement rencontrées : en matière d'intervention ou de non-intervention, par exemple, ou encore, circonstance récente, dans la théorie du pacigérat et à l'article 27 de la Conférence de la Haye. Ce sont là d'incontestables applications du nouveau principe de l'interdépendance des États. Toutefois ce sont des applications indirectes, lointaines, qui ne parlent pas encore assez clair ni assez haut par elles-mêmes pour faire crouler, d'un seul coup, l'ancienne et vénérable doctrine. Pour que le débat se pose franchement, il faut qu'un État prétende fermer ses ports, ses fleuves et son territoire au commerce, qu'il se refuse aux relations diplomatiques, et à la liberté religieuse Ainsi retranché du monde, ce banni volontaire a-t-il le droit de s'exclure lui-même de la société des nations ? Alors la question se pose nettement de savoir si les États s'ouvrent aux rapports commerciaux, diplomatiques et moraux parce qu'ils le veulent, ou parce qu'ils le doivent. Ce sera le grand mérite de la question chinoise de démontrer au droit des gens que sa vieille construction retarde et que l'histoire, devançant les livres, l'a déjà changée.

De ce point de vue, la question chinoise marquera, dans l'évolution juridique, l'ouverture d'horizons nouveaux.

(*A continuer.*)   A. DE LAPRADELLE,
                                         Agrégé à la Faculté de droit de Grenoble.

(1) Point de vue très vigoureusement indiqué par A. Pillet, *Les droits fondamentaux des États,* dans cette *Revue,* t. V (1898), p. 73 et suiv.
(2) Tarde, *Les transformations du droit,* p. 163.

CHRONIQUE DES FAITS INTERNATIONAUX

BELGIQUE. — *Admission des bâtiments de guerre étrangers dans les eaux et ports du Royaume*. — *Arrêté du* 18 *février* 1901 (1). — L'admission et le séjour des navires étrangers dans les ports d'un État soulèvent, dans la pratique, des difficultés nombreuses et délicates. Comme la plupart des questions de droit maritime, celle-ci est presque entièrement régie par la coutume. Mais, à part quelques principes généraux peu nombreux, la coutume laisse une grande latitude aux États, et c'est surtout dans la pratique administrative et dans les Règlements internes de chacun d'eux qu'il faut aller chercher les solutions applicables, dans ses eaux, aux navires des autres États. Sur plusieurs points, il est vrai, les législations nationales contiennent des dispositions identiques, et ainsi même sur ces points relativement secondaires, des principes coutumiers sont en voie de formation, mais on est encore loin d'une réglementation uniforme. L'Institut de droit international a adopté, en 1898, dans sa session de la Haye, un Règlement en 46 articles sur le régime légal des navires et de leurs équipages dans les ports étrangers (2), pour servir de modèle aux conventions qu'il serait désirable de voir conclure par les États maritimes. On y trouve réglé aussi bien le régime des navires marchands que celui des navires de guerre. C'est pour ce qui concerne ces derniers qu'une entente serait particulièrement utile, parce qu'à leur égard l'imperfection du droit est plus grande qu'à l'égard des navires de commerce. Les récentes guerres ont montré combien il importe aux neutres d'avoir prévu et réglé d'avance les difficultés auxquelles peut donner lieu la présence dans leurs ports des navires de guerre des belligérants. A l'occasion de la guerre hispano-américaine de 1898, un grand nombres d'États neutres avaient, soit dans leurs déclarations de neutralité, soit dans des Instructions ou autres actes administratifs (3), édicté des règles assez précises à cet égard. La Belgique a été alors un

---

(1) Communication de M. Nicolas Politis, chargé des cours de droit international public à l'Université d'Aix-Marseille.

(2) *Annuaire de l'Institut de droit international*, t. XVII, p. 273 et suiv.

(3) On en trouvera le texte dans la partie *Documents*, à la fin du V⁰ volume (1898) de cette *Revue*. Les différentes déclarations de neutralité y sont données d'après l'ordre alphabétique des États qui les ont publiées. La recherche d'un texte déterminé étant ainsi excessivement facile, nous nous dispenserons de renvoyer, à propos de chacun des passages de ces déclarations que nous citons au cours de ce travail, à la page correspondante de la *Revue*.

des rares États qui s'étaient bornés à publier une déclaration très laconique, sans préciser les obligations que la neutralité mettait à sa charge
pendant la guerre hispano-américaine (1). Elle n'avait du reste aucun
Règlement interne sur la matière (2). Le gouvernement belge comprit
que, pour la bonne observation de la neutralité perpétuelle du pays, il
convenait de combler cette lacune. C'est dans cet esprit que vient d'être
publié l'arrêté royal du 18 février 1901 sur l'admission des bâtiments de
guerre étrangers dans les eaux et ports du Royaume (3). Nous allons

(1) Déclaration belge du 26 avril 1898.
(2) Baron Guillaume, *Admission des bâtiments de guerre étrangers dans les eaux et
ports belges*, 1901, p. 3.
(3) Voici le texte de cet arrêté (*Moniteur belge* du 27 février 1901) :
Léopold II, Roi des Belges, à tous présents et à venir, Salut. Considérant qu'il y a lieu
de régler, conformément au droit international et aux obligations de la neutralité perpétuelle, l'admission des bâtiments de guerre étrangers dans les eaux et ports du Royaume.
Sur la proposition de nos ministres des affaires étrangères, de la guerre et des chemins
de fer, postes et télégraphes, nous avons arrêté et arrêtons :

Dispositions générales en temps de paix.

Article 1er. — En temps de paix, les bâtiments de guerre appartenant à des puissances
étrangères, peuvent entrer librement dans les ports belges de la mer du Nord et mouiller
devant ces ports dans les eaux territoriales, pourvu que le nombre de ces bâtimens portant le même pavillon, en y comprenant ceux qui se trouveraient déjà dans cette zone
ou dans un port, ne soit pas supérieur à trois.
Art. 2. — Les bâtiments de guerre étrangers ne peuvent entrer dans les eaux belges
de l'Escaut, mouiller en rade d'Anvers ou pénétrer dans les eaux intérieures du Royaume
sans avoir obtenu l'autorisation du ministre des affaires étrangères. — Cette autorisation sera demandée par l'entremise du sous-inspecteur du pilotage belge à Flessingue.
Art. 3. — Les bâtiments de guerre étrangers, à moins d'une autorisation spéciale du
gouvernement, ne peuvent séjourner pendant plus de quinze jours dans les eaux territoriales et ports belges. — Ils sont tenus de prendre le large dans les six heures, s'ils y
sont invités par l'administration de la marine ou les autorités militaires territoriales,
même dans le cas où le terme fixé pour leur séjour ne serait pas expiré.
Art. 4. — Si des circonstances particulières l'exigent, le gouvernement se réserve la
faculté d'apporter des modifications aux restrictions imposées ci-dessus à l'entrée et au
séjour des bâtiments de guerre étrangers dans les ports et eaux belges.
Art. 5. — Les dispositions des articles 1er, 2 et 3 ne s'appliquent pas aux bâtiments
de guerre dont l'admission a été autorisée par la voie diplomatique, ni aux navires à
bord desquels se trouve soit un chef d'État, soit un Prince d'une dynastie régnante, soit
un agent diplomatique accrédité auprès du Roi ou du gouvernement.
Art. 6. — Il est interdit aux bâtiments de guerre étrangers, se trouvant dans les eaux
belges, de faire des relevés de terrain et des sondages, ainsi que des exercices de débarquement ou de tir. — Les hommes de l'équipage devront être sans armes lorsqu'ils
descendront à terre. Les officiers et sous-officiers pourront porter les armes qui font partie de leur uniforme. — Les embarcations qui circuleront dans les ports et les eaux territoriales ne pourront être armées. — Si des honneurs funèbres doivent être rendus à
terre, une exception au § 2 du présent article pourra être autorisée par le ministre de la
guerre, sur la demande des autorités militaires territoriales.
Art. 7. — Les commandants des bâtiments de guerre étrangers sont tenus d'observer
les lois et les règlements concernant la police, la santé publique et les impôts et taxes,

étudier les dispositions de cet arrêté, en nous attachant surtout à montrer les avantages et les défauts qu'il présente, comparé, d'une part, à la coutume des nations et au droit commun qui se dégage des Règle-

à moins d'exceptions établies par des conventions particulières ou par les usages internationaux.

Admission des navires de guerre appartenant à des nations belligérantes.

Art. 8. — Les bâtiments appartenant à la marine militaire d'un État engagé dans une guerre maritime ne sont admis dans les eaux territoriales et les ports belges de la mer du Nord que pour une durée de vingt-quatre heures. — Le même navire ne peut être admis deux fois dans l'espace de trois mois.

Art. 9. — L'accès des eaux belges de l'Escaut est interdit, à moins d'autorisation spéciale du gouvernement, aux bâtiments de guerre appartenant à un État engagé dans une guerre maritime. — Aucun pilote ne peut être fourni à ces bâtiments s'ils ne sont pas pourvus de la dite autorisation. — Si l'autorisation n'a pas été obtenue par la voie diplomatique, elle doit être demandée par l'entremise du sous-inspecteur du pilotage belge à Flessingue, qui transmettra la décision au commandant du navire.

Art. 10. — Sauf en cas de danger de mer, d'avaries graves, de manque de vivres ou de combustible, l'accès des eaux territoriales et ports belges de la mer du Nord est interdit aux bâtiments de guerre convoyant des prises et aux bâtiments armés en course naviguant avec ou sans prises.

Art. 11. — Si des bâtiments de guerre ou des navires armés en course appartenant à une nation engagée dans une guerre maritime sont contraints de se réfugier dans les eaux ou ports belges de la mer du Nord, par suite de danger de mer, d'avaries graves, de manque de vivres ou de combustible, ils reprendront le large aussitôt que le temps le permettra ou bien dans les vingt-quatre heures qui suivront soit l'achèvement des réparations autorisées, soit l'embarquement des provisions dont la nécessité aura été démontrée.

Art. 12. — Le commandant de tout bâtiment de guerre d'une puissance belligérante aussitôt après son entrée dans les eaux ou ports belges de la mer du Nord sera, à l'intervention de l'administration de la marine, invité à fournir des indications précises, concernant le pavillon, le nom, le tonnage, la force des machines, l'équipage du bâtiment, son armement, le port de départ, la destination, ainsi que les autres renseignements nécessaires pour déterminer, le cas échéant, les réparations ou les approvisionnements en vivres et charbon qui pourraient être nécessaires.

Art. 13. — En aucun cas, il ne peut être fourni aux bâtiments de guerre ou aux navires armés en course d'une nation engagée dans une guerre maritime des approvisionnements ou moyens de réparations au delà de la mesure indispensable pour qu'ils puissent atteindre le port le plus rapproché de leur pays ou d'un pays allié au leur pendant la guerre. — Un même navire ne pourra être, sans autorisation spéciale, pourvu de charbon une seconde fois que trois mois au moins après un premier chargement dans un port belge.

Art. 14. — Les bâtiments spécifiés à l'article précédent ne peuvent, à l'aide de fournitures prises sur le territoire belge, augmenter, de quelque manière que ce soit, leur matériel de guerre, ni renforcer leur équipage, ni faire des enrôlements, même parmi leurs nationaux, ni exécuter, sous prétexte de réparation, des travaux susceptibles d'accroître leur puissance militaire, ni débarquer pour les rapatrier par les voies de terre, des hommes, marins ou soldats se trouvant à bord.

Art. 15. — Ils doivent s'abstenir de tout acte ayant pour but de faire du lieu d'asile la base d'une opération quelconque contre leurs ennemis, comme aussi de toute investigation sur les ressources, les forces et l'emplacement de leurs ennemis.

Art. 16. — Ils sont tenus de se conformer aux prescriptions des articles 6 et 7 du

ments internes des États, et, d'autre part, au Règlement de l'Institut de droit international.

présent arrêté et d'entretenir des relations pacifiques avec tous les navires, amis ou ennemis, mouillés dans le même port ou dans la même zone territoriale belge.

Art. 17. — L'échange, la vente ou la cession gratuite de prises ou de butin de guerre sont interdits dans les eaux et ports belges.

Art. 18. — Tout acte d'hostilité est interdit aux bâtiments de guerre étrangers dans les eaux belges.

Art. 19. — Si des bâtiments de guerre ou de commerce de deux nations en état de guerre se trouvent en même temps dans un port ou dans les eaux belges, il y aura un intervalle de vingt-quatre heures au moins fixé par les autorités compétentes entre le départ d'un navire de l'un des belligérants et le départ subséquent d'un navire de l'autre belligérant. — Dans ce cas, il pourra être fait exception aux prescriptions de l'article 8. — La priorité de la demande assure la priorité de la sortie. Toutefois le plus faible des deux bâtiments pourra être autorisé à sortir le premier.

Art. 20. — Le gouvernement se réserve la faculté de modifier les dispositions des articles 8 et suivants du présent arrêté, en vue de prendre dans les cas spéciaux et si des circonstances exceptionnelles se présentent, toutes les mesures que la stricte observation de la neutralité rendrait opportunes ou nécessaires.

Art. 21. — Dans le cas d'une violation des dispositions du présent arrêté, les autorités locales désignées par le gouvernement prendront toutes les mesures que les instructions spéciales leur prescrivent et elles avertiront sans délai le gouvernement qui introduira auprès des puissances étrangères les protestations et réclamations nécessaires.

Dispositions spéciales en cas de mobilisation de l'armée.

Art. 22. — Aussitôt que la mobilisation de l'armée est décrétée, il est interdit à tous bâtiments de guerre étrangers, de mouiller dans les eaux et ports belges de la mer du Nord, sans autorisation préalable du gouvernement, sauf les cas de danger de mer, de manque d'approvisionnements ou d'avaries graves. — Aucun pilote ne pourra, hors les cas de force majeure prévus ci-dessus, être fourni aux dits navires s'ils n'ont pas obtenu l'autorisation préalable requise. — En ce qui concerne les eaux belges de l'Escaut, lorsque l'autorisation d'y pénétrer aura été accordée dans ces circonstances, le sous-inspecteur du pilotage belge à Flessingue préviendra le commandant du navire qu'il doit s'arrêter en vue du fort Frédéric pour communiquer cette autorisation au délégué du gouverneur militaire de la position d'Anvers, qui sera muni des instructions nécessaires. — Le pavillon belge est hissé sur l'ancien fort Frédéric en un point visible pour les navires qui approchent.

Dispositions finales.

Art. 23. — Un exemplaire du présent arrêté sera remis par les autorités maritimes au commandant de tout bâtiment de guerre ou navire armé en course aussitôt qu'il aura été autorisé à mouiller dans les eaux belges.

Art. 24. — Nos ministres des affaires étrangères, de la guerre et des chemins de fer. postes et télégraphes sont chargés, chacun dans la limite de ses attributions, de l'exécution du présent arrêté.

Donné à Bruxelles, le 18 février 1901.

LÉOPOLD.

Par le Roi :
Le ministre des affaires étrangères,
P. DE FAVEREAU.

Le ministre de la guerre,
A. COUSEBANT D'ALKEMADE.

Le ministre des chemins de fer,
postes et télégraphes,
J. LIEBAERT.

L'arrêté du 18 février 1901 envisage trois hypothèses : 1° l'admission dans les eaux belges des navires de guerre étrangers, en temps de paix (art. 1er à 7) ; 2° l'admission des navires de guerre des belligérants (art. 8 à 21) ; et 3° l'admission des navires de guerre étrangers en cas de mobilisation de l'armée belge (art. 22). Mais, en réalité, la troisième hypothèse n'est qu'une variante de la première. Aussi pouvons-nous les réunir sous le même chef et étudier successivement : les règles relatives au temps de paix et celles qui sont édictées pour le temps de guerre.

I. En temps de paix, il est admis, comme principe général, que l'accès des eaux territoriales ou nationales d'un État est présumé libre pour les navires de guerre étrangers. Ce principe constitue une dérogation à la règle qu'une force armée étrangère ne peut, sans l'autorisation expresse du gouvernement, pénétrer sur le territoire. Aussi doit-il être restreint aux termes de la convention ou dans les limites de la coutume qui l'a établi. Or, la coutume admet que le libre accès des navires de guerre étrangers est basé sur la concession présumée du Souverain et cette présomption doit, par conséquent, disparaître toutes les fois que l'intention contraire est manifestée. Tout État a le droit de fermer aux navires de guerre étrangers ses ports ou quelques-uns d'entre eux ou de fixer les conditions de l'entrée et du séjour (1). La fermeture est prononcée parfois pour les ports exclusivement militaires. Appliquée aux ports qui n'ont pas ce caractère, elle n'est considérée comme légitime que si elle est justifiée par les exigences de la sûreté de l'État (2). Aussi bien la mesure est-elle exceptionnelle, la règle la plus généralement suivie étant celle de la liberté, moyennant certaines conditions.

C'est cette liberté que consacre l'arrêté du 18 février 1901 pour tous les ports belges de la mer du Nord ; les navires de guerre étrangers peuvent y entrer sans avoir à en demander préalablement l'autorisation aux autorités locales (art. 1er). Sur ce point, l'arrêté se montre plus

(1) Perels, *Manuel de droit maritime international,* p. 103 ; Calvo, *Le droit international théor. et pratique*, t. III, § 1554 ; Règlement de l'Institut, articles 3,5, alinéa 1, et 10.

(2) C'est par des considérations de ce genre qu'on peut expliquer le cas du port et de la rade intérieure de Copenhague qui sont défendus à tous les bâtiments armés ou ayant à bord de la poudre (F. Bajer, *Le système scandinave de neutralité*, dans la *Revue d'histoire diplomatique* du 1er avril 1900). De même la fermeture provisoire d'un port peut être justifiée par des raisons sanitaires (Comp. Grasso, *De l'interdiction des ports d'un État pour raison sanitaire*, dans la *Revue du droit public et de la science politique en France et à l'étranger*, 1896, t. IV, p. 43). Il convient de remarquer au surplus que la fermeture peut avoir un caractère obligatoire même pour le Souverain du port si elle est stipulée par traité à titre de servitude internationale. Il en est ainsi du port d'Antivari et des eaux territoriales du Monténégro qui, aux termes de l'article 29 du traité de Berlin du 13 juillet 1878, sont absolument fermés aux navires de guerre de tous pavillons.

large que le Règlement de l'Institut qui, dans son article 11, fait de l'autorisation préalable la condition nécessaire de l'entrée du navire étranger (1). Mais cette liberté n'est pas sans limites. Elle comporte un certain nombre de restrictions.

Son application est tout d'abord restreinte à l'entrée dans les ports maritimes. Conformément à un usage très général, d'après lequel les navires de guerre ne peuvent pas librement pénétrer dans les fleuves (2), l'article 2 de notre arrêté décide que l'entrée dans les eaux belges de l'Escaut, dans la rade d'Anvers et dans les eaux intérieures du Royaume est subordonnée à l'autorisation préalable du ministre des affaires étrangères. Cette autorisation doit être demandée par l'entremise du sous-inspecteur du pilotage belge à Flessingue.

En second lieu, même pour l'entrée dans les ports de la mer du Nord et pour le mouillage dans les eaux territoriales devant ces ports, la liberté est limitée quant au nombre des navires qui peuvent en profiter. Il faut que le nombre des bâtiments de guerre portant le même pavillon, en y comprenant ceux qui se trouveraient dans les eaux ou ports indiqués, ne soit pas supérieur à trois. Des limitations analogues étaient autrefois stipulées dans les traités (3). On en trouve encore dans les Règlements internes de certains pays. Elles constituent une mesure de précaution, par laquelle on prévient les difficultés pouvant résulter de la présence de forces étrangères nombreuses (4). Le libre accès n'étant

(1) Bien que l'arrêté ne s'explique pas sur ce point, il est néanmoins certain, à notre avis, qu'il sous-entend le devoir pour le navire de guerre de donner avis officiel de son arrivée, en faisant connaître aux autorités locales son nom, le genre de son armement, la force de son équipage, etc. Ce devoir est admis dans la pratique comme un devoir de courtoisie.

(2) Perels, *op. cit.*, p. 107.

(3) On peut signaler à cet égard la disposition de l'article 7, alinéa 2 de la convention de Constantinople du 29 octobre 1888 qui limite à deux le nombre des navires de guerre que chacune des puissances ayant signé la convention, ou y ayant adhéré, peut faire stationner dans les ports d'accès du canal de Port-Saïd et de Suez. Cette disposition a un caractère particulier en ce sens qu'elle limite les droits du Souverain local. Celui-ci est obligé d'accepter deux stationnaires de chaque puissance et ne peut, en outre, autoriser le stationnement d'un plus grand nombre de bâtiments.

(4) V. Ortolan, *Règles internationales et diplomatie de la mer*, t. I, p. 144. — Lors de la discussion qui eut lieu, en 1898, à l'Institut de droit international, on avait demandé de n'inscrire dans l'article 11 précité la condition de l'autorisation préalable que pour le cas où plusieurs navires de guerre se présentent devant un port, cette autorisation paraissant inutile lorsqu'il n'y a qu'un seul navire. Mais on fit remarquer qu'il existe aujourd'hui des navires de guerre qui, à eux seuls, valent toute une escadre et présentent autant de danger qu'elle. C'est sur cette observation que fut voté l'article 11 qui exige l'autorisation préalable dans tous les cas (*Annuaire de l'Institut de dr. intern.*, t. XVII, p. 232-233). Avec une telle disposition, il devenait inutile de limiter le nombre des navires d'un même pavillon demandant à entrer dans un port. L'autorisation du gouvernement du port étant toujours nécessaire, elle peut être refusée ou limitée à un certain nombre de bâtiments.

accordé qu'avec la limitation dont nous venons de parler, il faut en conclure que l'entrée dans un port belge de la mer du Nord de toute une escadre étrangère ou d'un nombre de navires supérieur à trois ne pourra avoir lieu qu'après autorisation du gouvernement royal. Cette autorisation sera donnée par voie diplomatique (1).

La liberté d'accès est, en troisième lieu, limitée quant à la durée du séjour. L'article 3, alinéa 1er, décide, en effet, qu'à moins d'une autorisa-, tion spéciale du gouvernement, les bâtiments de guerre étrangers ne peuvent séjourner, dans les eaux territoriales et ports belges, pendant plus de quinze jours.

Ces trois restrictions sont écartées, et la liberté reste entière, au cas où il s'agit : 1º de bâtiments de guerre dont l'admission a été autorisée par la voie diplomatique et 2º de navires à bord desquels se trouve soit un chef d'État, soit un Prince d'une dynastie régnante, soit un agent diplomatique accrédité auprès du Roi ou du gouvernement (art. 5).

La liberté d'entrée ainsi réglementée constitue en quelque sorte le droit commun. Les limitations qui viennent d'être indiquées ont paru suffisantes pour garantir la sécurité de l'État dans le plus grand nombre de cas. Mais, conformément à l'idée générale signalée au début, le gouvernement belge reste libre de modifier le régime de droit commun toutes les fois que des circonstances particulières l'exigent. Il va de soi d'abord qu'il peut parfaitement autoriser l'entrée d'un nombre de navires de guerre étrangers supérieur à trois ou leur séjour dans les ports de la mer du Nord ou de l'Escaut pendant plus de quinze jours. Et inversement, il a la faculté de rendre les restrictions ci-dessus plus rigoureuses. Cette solution a été du reste formellement indiquée par l'article 4. D'autres textes en ont fait deux applications importantes.

L'une concerne la possibilité de réduire la durée du délai de séjour. Les bâtiments entrés dans les eaux et ports belges peuvent être invités *par l'administration de la marine ou les autorités militaires territoriales*, avant même l'expiration du terme fixé pour leur séjour, à reprendre le large ; et ils doivent obéir à cette invitation dans les six heures (art. 3, al. 2). Il est à noter, d'une part, que ce droit rigoureux est laissé à la discrétion des autorités locales et, d'autre part, que son exercice n'est formellement soumis à aucune condition. Cela appelle une double critique. La mesure dont il s'agit est trop importante et il peut être dangereux d'en confier la décision à une autorité autre que le gouvernement central qui seul a la responsabilité de la conduite du pays vis-à-vis des États étrangers. Pour la même raison, il n'eût pas été inutile de signaler

(1) Cela résulte implicitement de l'article 5 de l' rr té et est conforme aux usages suivis dans la plupart des pays.

dans quels cas précis on peut recourir à une mesure aussi grave. On doit
donc regretter l'insuffisance de l'article 3, alinéa 2, et cela d'autant plus
que le Règlement de l'Institut a pris soin d'indiquer, dans son article 13,
alinéas 2 et 4, que c'est seulement en cas de « contravention grave et persistante » ou encore dans l'hypothèse où la présence du navire étranger
devient « une cause de désordre ou de danger pour la sûreté de l'État »
qu'on peut inviter son commandant et, au besoin, le contraindre à reprendre la mer. L'emploi de ces mesures rigoureuses y est réservé, sauf
le cas d'extrême urgence, au gouvernement central du pays. Il est à souhaiter, pour le cas où on se trouverait dans la nécessité de recourir à ces
mesures, qu'on interprète le texte laconique de l'article 3, alinéa 2, en
s'inspirant des sages résolutions du Règlement de l'Institut.

Le principe général de la matière est que les navires de guerre étrangers admis dans les ports doivent respecter les lois et règlements lo-

L'autre application de la même idée est faite par l'article 22 en cas de
mobilisation de l'armée. Les circonstances qui motivent la mobilisation
de l'armée ont toujours un caractère de gravité. Le pays a des raisons
pour se sentir menacé par quelque côté. On comprend qu'il cherche
à multiplier les garanties de sa sécurité et, spécialement, qu'il se montre
plus difficile pour l'admission des navires de guerre étrangers qu'en temps
ordinaire. C'est à cette préoccupation qu'obéit le texte précité lorsqu'il
exige que les bâtiments étrangers ne puissent pénétrer dans les eaux
du pays qu'après autorisation du gouvernement (1). Il laisse pourtant
subsister la liberté de droit commun pour les cas de danger de mer, de
manque d'approvisionnements ou d'avaries graves. Mais, hors ces cas,
l'autorisation préalable est de rigueur. Une fois obtenue, on pourra se
procurer un pilote et pénétrer dans les eaux belges. En ce qui concerne
les eaux de l'Escaut, il est prescrit que le sous-inspecteur du pilotage à
Flessingue doit prévenir le commandant du navire qu'il aura à s'arrêter
en vue du fort Frédéric pour communiquer l'autorisation obtenue au
délégué du gouverneur militaire de la place d'Anvers (art. 22, al. 3).

Telles sont les règles ordinaires ou extraordinaires relatives à l'admission des navires de guerre étrangers dans les eaux belges. Reste à
savoir à quel régime ils sont soumis pendant leur séjour dans ces eaux.
Sur ce point, l'arrêté belge se borne à quelques explications sommaires,
renvoyant pour le reste aux conventions particulières et aux usages internationaux.

Le principe général de la matière est que les navires de guerre étrangers admis dans les ports doivent respecter les lois et règlements lo-

---

(1) Le décret français du 12 juin 1896 a également restreint la liberté d'entrée et
réglementé en détail le séjour des bâtiments étrangers dans les mouillages et ports du
littoral français, aussi bien pour le cas de mobilisation que pour le temps de guerre
(V. le texte de ce décret dans cette *Revue*, t. IV (1897), Documents, p. 5).

caux (1). L'article 7 de l'arrêté, qui rappelle ce principe, vise spécialement les lois et règlements « concernant la police, la santé publique et les impôts et taxes ». Cette dernière mention ne doit pas faire croire que les navires de guerre étrangers sont soumis dans les ports belges au droit commun douanier. Le renvoi aux usages internationaux condamne cette hypothèse. Il est admis, en effet, dans tous les pays que les navires de guerre étrangers sont dispensés de la visite douanière. A leur égard, on se borne à une surveillance tout extérieur (2). Il est admis ¦également que ces navires sont entièrement exempts des taxes de port, de tonnage, etc.(3). En revanche, les droits de douane seraient dus pour les marchandises apportées de ces navires à terre pour être livrées à la consommation (4).

Au respect des lois et règlements doit s'ajouter, bien que l'arrêté ne le dise pas, celui des usages locaux relatifs aux saluts et au cérémonial (5). Les navires de guerre étrangers doivent,en outre, s'abstenir de tout acte hostile ou de nature à compromettre l'ordre et la tranquillité du port. L'article 6,alinéa 1er,fait une application de cette idée en interdisant formellement à ces navires « de faire des relevés de terrain et des sondages, ainsi que des exercices de débarquement ou de tir » (6) . Le même texte prescrit que les embarcations circulant dans les ports et les eaux territoriales ne doivent pas être armées (al. 3). Il s'occupe enfin des conditions dans lesquelles les officiers, sous-officiers et hommes de l'équipage peuvent descendre à terre. Aucune autorisation préalable n'est nécessaire à cet effet quel que soit le nombre d'hommes débarqués (7). Mais si les

(1) Règlement de l'Institut, art. 13, al. 1er.

(2) Cette solution, adoptée par l'Institut dans l'article 14 de son Règlement, est celle qui est suivie notamment en France (Pallain, *Les douanes françaises*, t. II, n° 1636) et en Allemagne (Perels, *op. cit.*, p. 106, note 2).

(3) Perels, *op.cit.*,p.107.— En France, la solution indiquée au texte est appliquée non seulement dans les ports de la métropole, mais même dans ceux des colonies (V. par exemple pour l'Indo-Chine, l'arrêté du 1er mai 1892, art. 6, et l'arrêté du 30 mars 1897, art. 6, qui en fait application aux droits de phare et d'ancrage pour le port de Saigon).

(4) V. par exemple l'article 16 de la décision, portant réglementation générale des ports de l'Annam et du Tonkin ouverts au commerce de la France et des puissances étrangères, du 27 octobre 1884 : « Les bâtiments de guerre de toute nationalité, entrant dans un des ports du Tonkin ou de l'Annam, seront exempts de tous droits, *s'ils ne débarquent ou n'embarquent aucun article destiné au commerce* ».

(5) Règlement de l'Institut, art. 12.

(6) Une disposition analogue se rencontre dans les Règlements anglais (*Queens Regulations and Admiralty Instructions for the government of Her Majesty's Naval Service*, § 420), autrichien (*Dienst-Reglement für die K. K. Kriegsmarine von* 1879, III, n° 1005) et allemand (Décision de l'amirauté prussienne du 17 avril 1858, dans l'*Allgemeiner Marine Befehl*, n° 47).

(7) Il en est autrement dans d'autres pays, notamment en Angleterre où il est défendu de donner à bord des congés en masse pour se rendre à terre (§ 420 du Règlement précité).

officiers et les sous-officiers peuvent être porteurs des armes faisant partie de leur uniforme, les hommes de l'équipage doivent être sans armes lorsqu'ils descendent à terre (art. 6, al. 2). Il ne peut en être autrement qu'en vertu de l'autorisation spéciale du ministre de la guerre, par exemple au cas où des honneurs funèbres doivent être rendus à terre (art. 6, al. 4).

Mais l'arrêté belge ne dit rien relativement à l'immunité de juridiction dont jouissent ordinairement les navires de guerre étrangers et qui couvre aussi, dans une large mesure, les personnes de l'équipage de ces navires qui se trouvent à terre. L'étendue de cette immunité a pu paraître, à juste titre, comme suffisamment bien établie par les usages internationaux pour qu'on pût se dispenser d'y insister (1). C'est donc au droit international coutumier qu'il faut avoir recours pour savoir quelle est à cet égard la condition des navires de guerre étrangers dans les eaux belges.

II. Beaucoup plus délicate est la question de l'admission et du séjour des navires de guerre des belligérants dans les ports neutres. Il s'agit de savoir dans quelle mesure l'hospitalité qu'on serait disposé à accorder à ces bâtiments est compatible avec les devoirs de la neutralité. Outre la difficulté qu'elle emprunte à la complexité des rapports des belligérants et des neutres, cette question est particulièrement difficile étant données les conditions toutes nouvelles dans lesquelles elle se présente dans la pratique moderne, et qui font que les précédents des grandes guerres maritimes du XVIII° siècle et du commencement du XIX° ne peuvent plus être d'un très grand secours. D'une part, en effet, grâce aux progrès de la navigation à vapeur, les navires belligérants n'ont plus besoin d'un asile aussi large qu'autrefois. Et, d'autre part, la notion de la neutralité est devenue plus stricte et les devoirs des neutres sont compris de nos jours d'une façon beaucoup plus rigoureuse qu'il y a un siècle (2). C'est ce qui donne une grande valeur à la pratique de la guerre de 1898 et explique pourquoi l'arrêté belge a surtout insisté sur cette matière.

La règle générale est que tout État neutre est libre d'ouvrir ou de fermer ses ports aux navires de guerre et aux corsaires des belligérants. Sa liberté ne comporte que trois limites, dictées par les principes généraux de la neutralité. En premier lieu, un devoir d'humanité impose aux neutres de donner asile dans leurs ports aux navires en détresse (3). C'est

(1) V. à cet égard Bonfils-Fauchille, *Manuel de droit internat. public*, 3° édit., n°° 616 à 620, et les articles 16 à 18 du Règlement de l'Institut.

(2) V. le rapport complémentaire présenté par M. Kleen, en 1898, à l'Institut de droit international (*Annuaire de l'Institut de dr. intern.*, t. XVII, p. 67).

(3) Pillet, *Les lois actuelles de la guerre*, 2° édit., p. 305-306 ; Perels, *op. cit.*, p. 242.

là le minimum de traitement qu'ils doivent accorder aux belligérants. En second lieu, s'ils prennent le parti de donner un asile plus large, ils ont l'obligation d'assurer un traitement absolument égal aux navires des deux parties (1). Enfin, ils ne peuvent pas permettre que les navires des belligérants se servent de leurs ports dans un but hostile (2). C'est là la limite extrême de la liberté des États neutres.

Voyons de plus près comment le droit commun et, après lui, l'arrêté belge appliquent le principe et les limitations qui l'accompagnent.

Nous disons d'abord que tout État neutre est libre d'ouvrir ou de fermer ses ports aux navires de guerre des belligérants. En fait, les neutres adoptent la première de ces deux solutions et admettent l'asile. C'est ce qui a eu lieu en 1898 (3). Mais l'asile peut être accordé plus ou moins largement : 1° sans limitation de durée (4) ou seulement pour un délai de 24 heures à partir de l'entrée du navire ou de l'achèvement des réparations autorisées ou de l'embarquement des provisions nécessaires (5) ; 2° aux navires de guerre non accompagnés de prises (6) ou même à ceux accompagnés de prises, mais dans ce dernier cas en limitant la durée du séjour à 24 heures (7) ; 3° aux navires de guerre de l'État et non aux corsai-

(1) Perels, *op.* et *loc. cit.*

(2) Pillet, *op. cit.*, p. 306.

(3) Seule la Chine a adopté la solution rigoureuse, en fermant ses ports aux navires de guerre des belligérants, excepté les cas de détresse (proclamation de neutralité chinoise, art. 2, al. 1). Le Règlement de l'Institut (art. 42, al. 2) a suivi la même solution. On peut voir dans Perels (*op. cit.*, p. 245-246) la pratique des guerres de 1866 et de 1870. Dans chacune d'elles les neutres se sont peu à peu départis de la sévérité dont ils faisaient jadis preuve en fermant, en principe, leurs ports aux navires des belligérants.

(4) Instructions françaises du ministre de la marine du 26 avril 1898, art. 2. — Instructions sur la neutralité du secrétaire d'État des relations extérieures de la République d'Haïti du 9 mai 1898, § 7.

(5) Proclamation de neutralité anglaise du 23 avril 1898 ; Instructions aux Lords commissaires de l'Amirauté, 2e règle. — Déclaration de neutralité danoise du 4 mai 1898, art. 1er. — Déclaration de neutralité russe du 18/30 avril 1898, § 5. — C'est une solution analogue qu'a adoptée le Règlement de l'Institut. Dans les cas où le navire entré dans le port neutre peut en ressortir — car on verra que l'Institut n'admet pas que cette faculté lui appartienne dans tous les cas (*infra*, p. 354.) — l'asile cesse avec la disparition du péril de mer, l'achèvement des réparations ou l'embarquement des approvisionnements (art. 42, § 3).

(6) Telle fut la solution admise en 1898 par un grand nombre d'États (proclamation anglaise, 4e règle ; déclaration danoise, § 3 ; déclaration italienne, art. 1er du décret du 6 avril 1864 ; déclaration japonaise, art. 4 ; déclaration portugaise, art. 2 ; déclaration suédoise, art. 9). V. aussi le Règlement des prises maritimes adopté par l'Institut de droit international, art. 59 (*Tableau général de l'Institut de dr. intern.*, p. 207).

(7) Le délai de 24 heures dans ce cas se trouvait prescrit dans l'ordonnance de la marine de 1681 (Livre III, titre IX, art. 14). Impliqué dans les Instructions françaises de 1898, article 2, il a été formellement indiqué à cette même occasion par la déclaration brésilienne (art. VI).

res (1) ou aux uns et aux autres moyennant certaines restrictions (2).

L'arrêté belge accorde lui aussi l'asile dans les ports du Royaume en le soumettant à la plupart des conditions que nous venons de rappeler. Tout d'abord, comme pour le temps de paix, il distingue entre les ports de la mer du Nord et les eaux fluviales. Pour celles-ci, il exige une autorisation spéciale du gouvernement qui doit être demandée, à moins qu'elle n'ait été obtenue par la voie diplomatique, par l'entremise du sous-inspecteur du pilotage belge à Flessingue. Aucun pilote ne peu être fourni avant l'obtention de cette autorisation (art. 9). Quant aux ports de la mer du Nord, l'asile y est accordé aux navires de guerre des belligérants mais avec une double restriction : 1° le séjour est limité à une durée de 24 heures et 2° le même navire ne peut être admis deux fois dans l'espace de trois mois (art. 8) (3). L'accès de ces ports est, au contraire, interdit aux bâtiments de guerre convoyant des prises et aux bâtiments armés en course naviguant avec ou sans prises (art. 10).

Voilà pour le principe. Passons à ses limitations.

1° La première, nous l'avons vu, concerne le devoir imposé aux neutres d'ouvrir toujours leurs ports aux navires en détresse. En fait, comme l'asile est largement accordé, notre règle ne trouvera son application qu'aux cas où exceptionnellement les ports neutres restent fermés (4). Il en est ainsi, d'après les Règlements de la plupart des États et l'arrêté belge, pour les navires accompagnés de prises et pour les corsaires. Notre règle signifie que cette exclusion doit cesser en présence d'un cas

(1) En 1898, on trouve cette règle dans les déclarations danoise (art. 1er, § 2), japonaise (art. 1er), portugaise (art. 2), suédoise (art. 9).

(2) La déclaration brésilienne précitée (art. VI) limite le séjour des corsaires à 24 heures.

(3) Il faut rappeler une troisième restriction qui, édictée pour le temps de paix, s'applique à plus forte raison au temps de guerre. C'est celle qui limite le nombre des navires de même pavillon admis dans les ports belges à trois (art. 1er supra, p. 346). Au XVIIIe siècle on fixait souvent par convention le nombre de navires de l'un des belligérants qui pouvaient trouver asile dans les ports d'un État neutre. On peut voir un grand nombre de ces conventions citées dans Calvo, op. cit., t. IV, § 2676. — Ces différentes restrictions ne s'appliquent pas aux bâtiments-hôpitaux militaires des belligérants. Malgré leur caractère de navires d'État, ils peuvent entrer dans les ports neutres aussi souvent que possible et y séjourner aussi longtemps que cela est nécessaire pour l'accomplissement de leurs opérations Cela résulte nettement de l'article 1er, alinéa 2 de la convention de la Haye pour l'adaptation à la guerre maritime des principes de la convention de Genève du 29 juillet 1899 ainsi conçu : « Ces bâtiments (les bâtiments-hôpitaux militaires) ne seront pas non plus assimilés aux navires de guerre au point de vue de leur séjour dans un port neutre ». Cette disposition est obligatoire pour la Belgique qui a signé et ratifié la convention du 29 juillet 1899.

(4) Cette règle a une application plus importante dans le système suivi par la Chine et par le Règlement de l'Institut (supra, p. 351, note 3), d'après lequel l'asile dans les ports neutres n'est accordé aux navires de guerre des belligérants que dans les cas de détresse.

de relâche forcée. Cela est formellement admis par la presque unanimité des déclarations de neutralité (1) et par l'article 10 de notre arrêté. Mais les cas de « détresse » ne sont pas entendus partout de la même façon. D'après le Règlement de l'Institut de droit international (art. 43, § 2), il y a détresse dans les cas suivants : 1° défaite, maladie ou équipage insuffisant ; 2° péril de mer ; 3° manque de moyens d'existence ou de locomotion (eau, charbon, vivres) ; 4° besoin de réparation. L'énumération donnée par l'arrêté belge est moins complète, mais elle est conforme à celle de la plupart des déclarations de neutralité. Elle comprend les cas de danger de mer, d'avaries graves et de manque de vivres ou de combustible (art. 10). On peut dire que le cas « de danger de mer » est assez large pour comprendre implicitement tous ceux qui ne figurent pas expressément dans le texte. Dans tous ces cas, l'asile n'est accordé que pour la durée pour laquelle les navires de guerre des belligérants sont ordinairement admis dans les ports belges. Les navires accompagnés de prises et les corsaires sont tenus de reprendre le large aussitôt que le temps le permettra, ou bien dans les 24 heures qui suivront soit l'achèvement des réparations, soit l'embarquement des provisions (art. 11) (2).

2° Nous ne faisons qu'indiquer la deuxième limitation que comporte la liberté des neutres en cette matière. Elle concerne le devoir qui leur incombe de tenir la balance égale entre les deux belligérants. Dans la mesure où ils donnent asile dans leurs ports aux navires de l'une des parties, ils doivent l'accorder également à ceux de l'autre. Cette obligation découle de l'idée de l'impartialité qui signifie, comme on sait, que, dans le domaine de leur liberté, les neutres doivent tenir la même conduite vis-à-vis de chacun des belligérants (3). Cette règle élémentaire n'est pas mentionnée dans l'arrêté belge et elle n'avait pas à l'être. Mais elle y est nécessairement sous-entendue.

3° L'arrêté s'explique, au contraire, assez longuement sur la plupart des difficultés que soulève la troisième limitation, la plus importante de toutes. Les neutres, avons-nous dit, ne peuvent pas permettre que les navires de guerre des belligérants se servent de leurs ports dans un but hostile. Cette règle, incontestable dans sa généralité, découle du devoir d'abstention et plus particulièrement du devoir de tout État neutre de faire respecter son territoire (4).

(1) V. les passages de ces déclarations cités dans les notes 3 à 6 de la page 351. — La même solution a été suivie dans les guerres précédentes et notamment dans celle de Crimée (Perels, *op. cit.*, p. 244, 245 et la note 4).

(2) Comp. article 60 du Règlement des prises maritimes adopté par l'Institut (*Tableau général de l'Institut de dr. intern.*, p. 207).

(3) R. Kleen, *Lois et usages de la neutralité*, t. I, p. 212 ; Perels, *op. cit.*, p. 242.

(4) R. Kleen, *op. cit.*, t. I, p. 484 et 530.

Si l'on interprétait ces devoirs à la lettre, il faudrait assimiler l'a-
sile des navires dans les ports au refuge des armées sur le territoire.
Une fois admis dans un port neutre, les navires des belligérants devraient y rester jusqu'à la fin de la guerre. Leur permettre de s'en aller
pour reprendre la lutte, après y avoir échappé à un danger ou s'y être
ravitaillés, c'est, semble-t-il, leur offrir un secours contraire au devoir
d'abstention. Cette assimilation de l'asile des navires au refuge des armées sur le territoire parait tout à fait rationnelle, étant donné que l'É-
tat neutre est tout aussi souverain de ses ports que de son territoire terrestre. Aussi a-t-elle été préconisée par certains auteurs, au moins pour
le cas où les navires des belligérants se réfugient dans un port neutre
devant la poursuite de l'ennemi ou après une défaite (1). M. Kleen fit
passer cette solution dans l'article 42, § 3 du Règlement de l'Institut ainsi
conçu : « Un navire belligérant se réfugiant dans un port neutre devant
la poursuite de l'ennemi, ou après avoir été défait par lui, ou faute d'é-
quipage pour tenir la mer, doit y rester jusqu'à la fin de la guerre. Il
en est de même s'il y transporte des malades ou des blessés, et qu'a-
près les avoir débarqués, il soit en état de combattre ». Dans tous ces
cas, la possibilité pour le navire de guerre belligérant admis dans un
port neutre d'en ressortir pour reprendre la lutte constitue, il faut le reconnaître, une aide inconciliable avec les devoirs d'une stricte neutralité (2). Elle est néanmoins universellement admise dans la pratique.
Jamais aucun État neutre n'a émis la prétention de retenir dans ses
eaux le navire belligérant qui s'y est réfugié (3). Tous les Règlements
internes, y compris l'arrêté belge (art. 8 et suiv.), reconnaissent implicitement aux belligérants la faculté de sortir des ports où ils sont
entrés. S'il en est ainsi c'est que l'usage actuel est très utile aux belligérants sans être trop gênant pour les neutres. Ceux-ci ont supporté
jadis pendant plusieurs siècles l'usage autrement préjudiciable du passage des troupes des belligérants sur leur territoire. Il est donc probable qu'ils ne réclameront pas de sitôt l'application de la conséquence

(1) Kleen, op. cit., t. I, p. 533. V. aussi son rapport complémentaire précité où l'on
trouvera l'indication des auteurs admettant la même opinion (Annuaire de l'Institut
de droit intern., t. XVII, p. 68 et p. 69, note 1).

(2) Kleen, dans l'Annuaire de l'Institut de droit intern., t. XVII, p. 67.

(3) On peut citer cependant l'attitude de la ville de Lubeck dans la guerre de 1848-
1850 qui, après une violation de ses eaux par la canonnière holsteinoise Von der Tann,
ferma ses ports aux navires de guerre des deux partis, en décidant que si toutefois
ils y entraient ils devraient être désarmés et mis en sûreté. Mais, outre les circonstances exceptionnelles dans lesquelles cette mesure fut prise, elle a été très critiquée
par la doctrine, et Perels (op. cit., p. 245) notamment la considère comme contraire à
« un principe fondamental du droit des gens ». — V. du reste sur l'incident du Von
der Tann, infrà, p. 367, note 1.

logique que le Règlement de l'Institut a tirée de la notion d'une stricte neutralité, d'autant plus que cette application mettrait à leur charge une responsabilité peut-être trop lourde (1).

Mais si l'asile dans les eaux neutres n'a pas les mêmes conséquences que le refuge des armées sur le territoire, l'État neutre a néanmoins le devoir d'empêcher que ses ports ne servent de théâtre aux hostilités ou de base de ravitaillement aux navires de guerre des belligérants.

Il en résulte d'abord ce principe incontestable, formellement rappelé par l'article 18 de notre arrêté, que tout acte d'hostilité est interdit à ces navires. Ceux-ci doivent, comme en temps ordinaire, se conduire pacifiquement vis-à-vis de tous les bâtiments, amis ou ennemis, mouillés dans le même port ou dans la même zone territoriale (art. 16) et s'abstenir de tout acte ayant pour but de faire du lieu d'asile la base d'une opération quelconque contre leurs ennemis, comme aussi de toute investigation sur les ressources, les forces et l'emplacement de leurs adversaires (art. 15) (2).

C'est à ce principe que se rattache la célèbre règle des 24 heures. Afin de garantir l'inviolabilité des eaux nationales et territoriales des neutres, il est admis depuis longtemps que, lorsque les navires des deux belligérants se trouvent en même temps dans un port neutre, il doit y avoir un intervalle d'au moins 24 heures entre le départ d'un navire de l'un des belligérants et le départ subséquent d'un navire de l'adversaire. L'autorité locale peut, du reste, augmenter ou diminuer, selon les circonstances, ledit délai et réglementer les détails de l'application de la règle. Les déclarations de neutralité s'expliquent presque toujours sur ces points (3) et le Règlement de l'Institut y a consacré une longue disposition (art. 42, § 5), fixant la procédure à suivre et précisant mieux que ne le fait la doctrine actuelle les devoirs de l'État neutre. « Si, à la sortie du navire d'un belligérant, dit cette disposition, un ou plusieurs navires ennemis sont signalés, le navire sortant doit être averti et peut être réad-

(1) La disposition de l'article 42, § 3 du Règlement de l'Institut a été sévèrement critiquée par quelques auteurs. M. Frédrick Bajer a écrit (*article précité*) qu'il « est à espérer qu'aucun gouvernement ne se laissera tenter à accepter une pareille règle. Il serait trop coûteux et trop difficile de la maintenir ».

(2) Les articles 15-17 de l'arrêté sont conformes à l'article 42, § 6, du Règlement de l'Institut et aux dispositions souvent détaillées contenues dans plusieurs déclarations de neutralité de 1898. V. notamment la déclaration du Brésil (art. XIV, XV et XX) ; celle de l'Angleterre (règle 1re) et les Instructions françaises (1o *a* et *c* et 5o).

(3) Pour la guerre de 1898, on trouve la règle des 24 heures rappelée avec plus ou moins de détails dans la déclaration de 12 États. V. notamment la déclaration du Brésil, la plus complète de toutes sur ce point (art. XVI-XIX), celle de l'Angleterre (règles 1re et 2e), les Instructions françaises (4o) et l'article 250 du code italien de la marine marchande.

mis dans le port pour y attendre l'entrée ou la disparition des autres ».
Sans aller si loin, l'arrêté belge (art. 19) se contente de prescrire que l'autorité locale est libre de fixer l'intervalle qui doit séparer les deux dé-
parts à 24 heures *au moins* et que la priorité de la demande assure la
priorité de la sortie. Toutefois, ajoute-t-il, le plus faible des deux bâtiments pourra être autorisé à sortir le premier. L'application de ces mesures peut aboutir à la prolongation du séjour d'un navire de guerre au
delà du terme de 24 heures fixé par l'article 8 (1).

Ce ne sont pas seulement les hostilités proprement dites ou leur préparation qui sont interdites dans les ports neutres. Il en est de même
de tous actes ayant un caractère hostile. Il ne doit pas être permis, en
conséquence, à un navire belligérant de profiter de son séjour dans ces
ports pour augmenter son équipage par l'enrôlement de marins, fussent-
ils de sa nationalité ; pour augmenter ou améliorer son armement, par
exemple en exécutant, sous prétexte de réparation, des travaux susceptibles d'accroître sa puissance militaire ; ou pour renouveler ses approvisionnements en munitions. Toutes ces solutions sont absolument certaines dans la pratique moderne depuis qu'elles ont été inscrites dans la
deuxième règle de Washington (2). Elles sont indiquées avec précision
dans l'article 14 de notre arrêté. Et l'article 17 rappelle aussi l'interdiction de l'échange, de la vente ou de la cession gratuite de prises ou de
butin de guerre. Ces opérations constituent l'achèvement d'un acte
d'hostilité et l'État neutre ne doit pas les tolérer dans ses ports, parce
qu'il permettrait ainsi aux belligérants d'accroître leurs ressources (3).
Il est également interdit aux belligérants de laisser leurs prises en dépôt dans les eaux neutres (4) et, à plus forte raison, d'y procéder à leur

(1) V. ci-dessus, p. 352.

(2) Article 6 du traité de Washington du 8 mai 1871, entre l'Angleterre et les États-
Unis, pour arranger le différend de l'*Alabama*. — Les solutions indiquées au texte sont
rappelées avec plus ou moins de précision dans les déclarations de 1898 (V. notamment
la déclaration du Brésil, art. VIII et XIII, et celle du Portugal, art. 3, § 1-3, les Instructions françaises, 1° et 2° *b*, et l'article 248 du code italien de la marine marchande dont
s'est surtout inspiré l'arrêté belge) et dans l'article 42 paragraphe 6 du Règlement de
l'Institut. V. aussi Calvo, *op. cit.*, t. IV, § 2677 et 2678.

(3) Cette interdiction est pratiquée par un grand nombre de pays (V. pour la guerre
de 1898, les déclarations du Brésil, art. XXI, de la Colombie, *in fine*, d'Haïti, § 11, du
Portugal, art. 2, § 2, et de la Russie, *in fine* ; les Instructions françaises, § 3, et l'article 246, § 4 du code italien de la marine marchande), sans distinguer suivant que la prise
a été ou non déjà condamnée par le tribunal du capteur. On comprendrait pourtant,
d'après certains auteurs (Kleen, *op. cit.*, t. I, p. 488-490 ; Pillet, *op. cit.*, n° 207 ; Heffter-
Geffcken, *Le dr. intern. de l'Europe*, § 147, texte et note 12), que les neutres permis-
sent l'aliénation des prises dont la possession est devenue inattaquable d'après les règles
internationales. Mais la pratique la plus récente semble exclure toute distinction.

(4) Heffter-Geffcken, *op. cit.*, § 147, p. 346. Toutefois la déclaration haïtienne de 1898
(§ 11), après avoir rappelé qu'il est complètement défendu aux navires des belligérants

jugement (1). Ces deux solutions sont tellement certaines dans la pratique qu'on trouve généralement inutile de les rappeler dans les déclarations de neutralité et dans les règlements internes. C'est la raison qui explique pourquoi notre arrêté les passe sous silence.

La plupart de ces interdictions sont absolues. Il en est toutefois autrement de celle qui concerne les réparations et les approvisionnements. La pratique admet que les navires de guerre des belligérants peuvent, *dans une certaine mesure*, obtenir, dans les ports neutres, les réparations nécessaires et se réapprovisionner en combustible et en vivres de tout genre. Sans cette possibilité des réparations et des approvisionnements, l'asile n'offrirait aux navires des belligérants qu'une utilité insignifiante et tendrait rapidement à disparaître des usages internationaux ; tandis qu'au contraire les avantages qu'il procure expliquent son octroi, malgré la notion moderne de la neutralité. Il n'est pas douteux, en effet, que la large hospitalité que les belligérants peuvent trouver dans les eaux neutres n'ait pour eux la valeur d'une réelle assistance. Comment expliquer alors l'exception qui est ainsi apportée au devoir d'abstention des neutres ? Elle s'explique par de puissantes considérations pratiques. Si la faculté pour un navire avarié d'aller se faire réparer dans le premier port venu se justifie à la rigueur par une idée d'humanité, la possibilité de réapprovisionnement ne peut s'expliquer que par les nécessités de la navigation. Les belligérants ont un besoin impérieux de se procurer, au cours de leurs opérations, des vivres, de l'eau et surtout du combustible dans les ports des autres États, lorsqu'ils se trouvent éloignés

de laisser dans les ports de la République les prises qu'ils y ont amenées, ajoute « à moins qu'ils ne se trouvent dans l'impossibilité de prendre la mer, auquel cas on avisera immédiatement le gouvernement ».

(1) Cette interdiction s'entend d'abord dans ce sens qu'un belligérant ne saurait faire juger ses prises sur territoire neutre par son consul. Une justice étrangère ne peut fonctionner dans un pays qu'avec le consentement du Souverain territorial ; or, le neutre ne pourrait donner un tel consentement sans méconnaître ses devoirs vis-à-vis de l'autre belligérant, car il offrirait par là une certaine assistance au capteur, en lui permettant de consommer sur son territoire un acte hostile. Il en est ainsi même chez le neutre qui serait un État soumis au régime des Capitulations, parce que, si ce régime amoindrit les droits du Souverain territorial, il laisse, au contraire, subsister en entier les devoirs de neutralité de ce dernier. L'interdiction doit s'entendre ensuite dans ce sens que la juridiction des prises organisée à bord des vaisseaux de guerre du capteur ne peut pas fonctionner dans les eaux d'un neutre où ces vaisseaux ont trouvé momentanément asile. La question aurait pu se présenter lors de la guerre sino-japonaise de 1894-1895 et le professeur Takahashi l'a résolue dans le sens que nous venons d'indiquer (*Cases on international law during the chino-japanese war*, Cambridge, 1899, p. 104-106). M. Kleen se prononce toutefois dans un sens opposé (*op. cit.*, t. II, p. 626), en se basant sur ce que le navire de guerre, même dans les eaux d'un neutre, est censé être le prolongement du territoire du capteur. Mais c'est faire, nous semble-t-il, une application bien abusive de la très contestable fiction d'exterritorialité des navires de guerre.

de leurs possessions. Ne pouvant avoir à bord que des provisions limitées, ils devraient, sans le secours des neutres, ou bien se procurer,
dès la paix, des stations navales dans toutes les mers ou bien renoncer
à faire la guerre maritime. Or, la première solution est actuellement
impossible pour la plupart des États ; quant à la seconde, elle est inacceptable. On comprend par là pourquoi les belligérants tiennent à conserver l'hospitalité qu'ils trouvent encore dans les eaux des neutres.
Quant à ces derniers, s'ils s'y prêtent volontiers, cela s'explique par
une double considération : d'abord, ils ont intérêt à ne pas refuser
comme neutres ce dont ils auront besoin peut-être plus tard comme belligérants ; ensuite, et surtout, la pratique actuelle est dans une certaine
mesure favorable aux intérêts généraux de la navigation. Elle évite aux
navires des belligérants la tentation de prendre aux bâtiments de commerce rencontrés au large les ressources qu'ils ne pourraient demander
aux ports neutres (1). Malgré ces explications, les neutres ont de plus en
plus conscience de leurs devoirs et, ne pouvant pas refuser aux belligérants une hospitalité qu'imposent, comme on vient de le voir, les nécessités de la guerre maritime, ils cherchent au moins à concilier les uns et
les autres, en restreignant dans des limites raisonnables l'assistance
que les belligérants peuvent venir demander dans leurs ports. Tout
l'effort de la pratique moderne consiste à bien déterminer ces limites.
Examinons-les séparément en ce qui concerne, d'une part, les réparations et, d'autre part, les réapprovisionnements.

Dans l'hypothèse des réparations, il y a à concilier deux pratiques
apparemment contradictoires : celle de l'interdiction de l'armement ou
de la vente de navires de guerre pour le compte des belligérants dans
les ports neutres et celle de l'asile dans les mêmes ports avec la faculté
d'en ressortir pour reprendre la lutte. L'interdiction des armements condamne d'avance toute possibilité de réparations ayant le caractère d'une
augmentation de force, or on peut dire que toute espèce de réparation
permettant à un navire avarié de reprendre la mer vaut pour lui un
accroissement de sa puissance militaire. Au contraire, la liberté d'asile
nous conduit à admettre, avec la pratique qui veut que les navires réfugiés puissent reprendre leurs opérations, que ces navires peuvent obtenir dans les ports neutres les réparations indispensables pour tenir la
mer, autrement on les condamnerait à s'immobiliser. Il y a donc à tracer
une ligne de démarcation entre les réparations permises et celles qui
doivent rester interdites. La pratique distingue les réparations proprement dites, celles qui sont au navire absolument indispensables pour

(1) Dupuis, *La guerre maritime d'après les doctrines anglaises contemporaines*, n° 311,

tenir la mer, de toutes celles qui ont pour but d'augmenter les forces militaires du navire. Les premières sont permises, les secondes, au contraire, sont interdites (1). Cette pratique, approuvée par l'Institut de droit international (2), a été confirmée pendant la guerre hispano-américaine de 1898. Plusieurs déclarations de neutralité avaient implicitement adopté[1] la distinction précitée en décidant qu'il ne serait pas permis aux belligérants « d'augmenter leur force guerrière » (3) ou bien de se servir du port de l'asile « pour y exécuter, sous prétexte de réparations, des travaux ayant pour but d'augmenter leur puissance militaire » (4); d'autres n'ont autorisé formellement que « les réparations indispensables » (5). Et cette distinction fut scrupuleusement appliquée par les États neutres (6). On trouve une précision plus grande encore dans la déclaration du Japon, qui, en fait de réparations, n'a permis aux navires des belligérants *que celles strictement nécessaires pour gagner le port le plus proche de leur pays* (7). Cette formule implique une limitation plus grande que celle que la plupart des États apportent à la faculté d'obtenir des réparations. Son application permettrait de refuser à un navire belligérant qui ne serait pas trop éloigné de son pays des réparations autres que des réparations purement provisoires et suffisantes pour que le navire avarié puisse atteindre un port de sa patrie. Cette formule, qui tient mieux compte du devoir d'abstention des neutres, est celle qu'a adoptée l'arrêté belge en cette matière : « En aucun cas, dit son article 13, il ne peut être fourni aux bâtiments de guerre ou aux navires armés en course d'une nation engagée dans une guerre maritime des... moyens de réparations *au delà de la mesure indispensable pour qu'ils puissent atteindre le port le plus proche de leur pays ou d'un pays allié au leur pendant la guerre* ». Et, comme si cette disposition n'était pas suffisamment explicite, notre arrêté a soin d'ajouter plus loin (art. 14) que les bâtiments qui viennent d'être spécifiés ne peuvent pas « exécuter, sous prétexte de réparations, des travaux susceptibles d'accroître leur puissance militaire » (8).

(1) V. Le Fur, *La guerre hispano-américaine*, p. 158.

(2) Règlement de l'Institut, art. 42, § 4 : « Les réparations ne sont permises que dans la mesure nécessaire pour que le bâtiment puisse tenir la mer ».

(3) Déclaration anglaise (construction illégale de navires et expéditions illégales, § 4) V. des formules analogues dans la déclaration du Brésil (art. XIII, 2°) et dans celle d'Haïti (§ 10).

(4) Instructions françaises, 1°. V. aussi l'art. 248, al. 2, du code italien de la marine marchande et la déclaration du Portugal, art. 3, § 3.

(5) Déclaration russe.

(6) V. les cas du croiseur américain *Harvard*, du torpilleur espagnol le *Temerario* et de l'escadre de l'amiral Camara dans le canal de Suez, dans Le Fur, *op. cit.*, p. 158-159 et les notes.

(7) Décret japonais, n° 87, art. 5.

(8) C'est la formule que nous avons rencontrée dans les Instructions françaises et dans les textes italien et portugais.

Si nous passons maintenant à la question des approvisionnements, nous pouvons constater que la pratique tend à renfermer dans des limites plus précises encore l'assistance que les neutres peuvent offrir aux belligérants. Il s'agit bien entendu des approvisionnements qui seraient fournis aux navires de guerre des belligérants par des particuliers et non par l'État neutre lui-même. La fourniture par l'État est interdite d'une façon absolue. Son hypothèse est du reste peu pratique. Il en est autrement de la fourniture par de simples particuliers. On pourrait croire qu'il y a là un acte de commerce privé qui ne peut en aucun cas engager la responsabilité du gouvernement neutre. Pourtant il n'en est rien. Si la pratique actuelle laisse toute liberté aux particuliers pour le commerce d'exportation pour le compte des belligérants des articles de contrebande, et à plus forte raison des marchandises innocentes, elle interdit complètement la fourniture d'armes ou de munitions de guerre qui serait faite dans un port neutre à des navires de guerre des belligérants même par des particuliers et limite la faculté de fournir à ces mêmes navires des approvisionnements tels que vivres, eau douce et charbon. Cette règle, contestée en théorie par certains auteurs (1), doit être considérée, à notre avis, comme définitivement acquise dans la pratique. Elle est du reste d'origine récente et a été établie principalement en vue de la fourniture du charbon. Cet article est aujourd'hui aussi indispensable aux navires de guerre que les armes et les munitions. Aussitôt que les besoins de la navigation à vapeur ont établi la grande utilité du combustible, il a paru tout à fait illogique que les navires des belligérants pussent faire librement du charbon dans les ports des neutres alors qu'il leur était interdit de s'y fournir d'armes et de munitions de guerre. Quelque logique que fût l'assimilation de ces deux catégories de marchandises, elle ne pouvait pas s'établir du jour au lendemain, d'autant que l'interdiction de la fourniture des armes et des munitions étendue à la fourniture du charbon devait priver de gros bénéfices les pays neutres grands producteurs de cet article. On a donc cherché à concilier l'intérêt commercial des neutres avec le respect de leur devoir d'abstention ; de là la transaction admise par la pratique moderne qui, sans aller jusqu'à l'interdiction, limite la liberté de fournir du charbon dans les ports neutres aux navires des belligérants.

Le premier pas dans cette voie fut fait par le Règlement anglais du 31 janvier 1862. Il apporta deux limitations à la fourniture du charbon dans les ports britanniques : l'une relative à la quantité du combustible fourni, l'autre à la fréquence de l'opération. La quantité était li-

(1) V. l'opinion de certains auteurs anglais dans Dupuis, *op. cit.*, p. 431.

mitée à ce qui est nécessaire aux navires belligérants pour atteindre le port le plus proche de leur nation. De plus, deux provisions de charbon ne pouvaient être obtenues par le même vaisseau dans les eaux britanniques à moins d'un intervalle de trois mois. En prenant ces mesures, le gouvernement anglais obéissait non seulement au devoir qui lui incomberait dans le cas où il serait neutre, mais aussi et surtout à son intérêt pour le cas où il serait belligérant, car, ayant bien moins besoin que toute autre nation de recourir à l'assistance des neutres, à raison des nombreuses stations navales qu'il possède dans toutes les mers, les limitations qu'il contribuait à faire entrer dans les usages internationaux étaient de nature à nuire beaucoup plus à ses adversaires éventuels qu'à lui-même. Quels que fussent les motifs qui lui inspirèrent les règles de 1862, l'Angleterre s'y conforma au cours de toutes les guerres de la seconde moitié du XIX⁰ siècle. Son exemple fut bientôt imité par les États-Unis, en 1870, et plus tard par d'autres États encore. Pendant la guerre de 1898 un grand nombre de déclarations de neutralité reproduisirent d'une façon plus ou moins précise les deux limitations édictées par le Règlement anglais de 1862. Quelques-unes, il est vrai, se bornèrent à reproduire la limitation relative à la quantité du combustible (1), mais la plupart indiquèrent à côté de cette limitation celle qui concerne l'intervalle qui doit séparer deux fournitures successives et qui est généralement de trois mois (2). Ici encore, l'arrêté belge a opté pour la formule la plus complète. D'une part, il ne permet pas aux navires de guerre des belligérants de recevoir des approvisionnements « au delà

(1) V. déclaration des Pays-Bas, 2⁰ note : « ...la quantité de charbon dont ils auraient besoin pour atteindre chacun *le port le plus rapproché de son pays d'origine* » ; déclaration d'Haïti, § 6 : « se fournir... de charbon dans la quantité nécessaire pour arriver *au port le plus voisin de leur nation* ». — On trouve une formule analogue mais un peu différente dans la déclaration de la Colombie, 3⁰ « ...la quantité de charbon strictement nécessaire pour terminer la traversée jusqu'*au port étranger le plus voisin* ».

(2) La formule la plus complète se trouve dans la déclaration anglaise, 3⁰ règle : « Aucun navire de guerre de l'un ou de l'autre belligérant ne pourra, pendant qu'il se trouve dans un de ces ports, rades ou eaux sujets à la juridiction territoriale de S. M., charger des *provisions*,... excepté la *quantité de charbon* suffisant pour permettre à ce navire d'aller jusqu'au *port le plus rapproché de son propre pays ou pour quelque destination plus proche, et on ne devra plus fournir de nouveau du charbon à ce navire de guerre* dans le même port ou dans un autre port, rade ou eaux sujets à la juridiction territoriale de S. M., sans permission spéciale, *avant l'expiration de trois mois* à partir du temps où on lui aura fourni pour la dernière fois du charbon en eaux britanniques comme sus-dit ». La même formule est reproduite par la déclaration danoise (2⁰) et, avec quelques variantes, par les déclarations japonaise (décret, n⁰ 87, 6⁰), chinoise (2⁰ § 3 et 3⁰) et brésilienne (art. VIII et XI). Dans cette dernière, par exemple, il est question de la quantité nécessaire « pour la continuation du voyage » et « d'un délai *raisonnable* » faisant croire « que le dit navire est revenu, après avoir accompli son voyage à un port étranger ».

de la mesure indispensable pour qu'ils puissent atteindre le port le plus rapproché de leur pays ou d'un pays allié au leur pendant la guerre » (art. 13, al. 1er). Et, d'autre part, il prescrit que « un même navire ne peut être, sans autorisation spéciale, pourvu de charbon une seconde fois que trois mois au moins après un premier chargement dans un port belge » (art. 13, al. 2).

En adoptant ces solutions, notre arrêté est certainement en avance sur ce qu'on peut considérer comme étant le droit actuellement obligatoire en cette matière. Car les deux limitations que nous venons d'étudier sont loin d'avoir été acceptées par tous les États (1). De plus celle qui concerne la quantité de charbon dont la fourniture reste permise est d'une application difficile. On peut, en effet, se demander dans quel sens on doit entendre la proximité du port national, si c'est d'une manière absolue ou simplement d'une manière relative, en tenant compte de la destination du navire. La question s'est posée, en 1898, dans le cas de l'escadre de l'amiral Camara et l'on a eu alors la preuve que les deux interprétations peuvent être sérieusement soutenues (2). Quoi qu'il en soit, il demeure vrai que la fourniture de charbon aux navires des belligérants dans les ports neutres n'est plus entièrement libre. Et, si la mesure dans laquelle elle est encore possible n'est pas déterminée d'une manière précise par la pratique, la règle du port national le plus proche, affirmée depuis 1862 par un grand nombre d'États, approuvée en 1898 par l'Institut de droit international (art. 42, § 4), peut aujourd'hui se recommander de son adoption par le Règlement le plus récent (3).

(1) Plusieurs États n'ont pris aucune disposition à cet égard, tels sont notamment le Chili, la Grèce, le Mexique, le Portugal, la République argentine, la Russie, la Suède et la Norvège, et le Vénézuéla. D'autres se sont contentés de poser simplement le principe qu'il ne sera fourni à un belligérant que les approvisionnements nécessaires « à la sécurité de la navigation », telle est la formule qu'on trouve dans les Instructions françaises (3°) et dans l'article 249 du code italien de la marine marchande. Elle semble permettre la fourniture de charbon pour une destination quelconque.

(2) V. sur ce point Le Fur, *op. cit.*, p. 166 et suiv.

(3) Les restrictions apportées par la pratique moderne à la liberté de la fourniture du charbon sont de nature à rendre de plus en plus difficile la guerre maritime aux nations qui n'ont pas de nombreuses possessions coloniales. Les escadres ne peuvent poursuivre leurs opérations loin de leur pays qu'à la condition d'avoir la possibilité de se ravitailler dans des ports voisins du théâtre de la guerre. Ne pouvant plus compter sur les ports neutres, les belligérants sont forcés de s'en tenir à leurs propres ressources. Dès lors, tous les grands États maritimes sont dans la nécessité de plus en plus pressante de se procurer, en vue d'une guerre dans laquelle ils seront engagés, des stations navales dans toutes les mers. L'Angleterre a à cet égard une supériorité marquée sur tous les autres États. Aussi plusieurs d'entre eux ont-ils cherché à se prémunir contre le danger auquel les exposeraient en temps de guerre les restrictions que nous venons d'étudier. De là la recherche des îles dispersées dans les Océans sur les grandes routes maritimes ; de là aussi la pratique récente des concessions de dé-

Ce qui vient d'être dit du charbon s'applique à peu près dans les mêmes termes à tous autres approvisionnements, notamment aux vivres et à l'eau douce. Leur fourniture indéfinie et souvent répétée dans un port neutre aurait le caractère d'un secours hostile donné au belligérant qui en profite. Aussi une limitation est admise par la pratique (1). La plupart des déclarations de 1898 ne permettaient aux navires de guerre des belligérants de charger dans les ports neutres que les vivres, denrées et approvisionnements « nécessaires à la subsistance de leurs équipages » (2), mais d'autres, peu nombreuses, étendant aux provisions en général la règle spéciale du charbon, limitaient le secours permis à la quantité strictement nécessaire pour atteindre le port national le plus

pôts de charbon. On en trouve un exemple dans le traité du 12 février 1899 par lequel l'Espagne a cédé à l'Allemagne les îles Carolines, Palaos et Mariannes en se réservant le droit d'y prendre du charbon même en temps de guerre. De son côté, l'Allemagne se serait entendue, en décembre 1900, avec la Turquie au sujet de l'établissement d'un dépôt de charbon dans les îles Farsan, dans la mer Rouge. Cette pratique est de nature à soulever des difficultés pour le cas où l'État concédant serait neutre dans une guerre de l'État cessionnaire. Il convient de rappeler qu'un État ne saurait se délier d'un devoir que lui impose la neutralité en se retranchant derrière un traité contraire à ce devoir conclu dès le temps de paix. Dans l'espèce, l'interdiction de se fournir librement de charbon dans les ports neutres ne cesse pas d'exister lorsque la fourniture est faite en vertu d'un traité antérieur. Quelle peut donc être la valeur de la concession d'un dépôt de charbon sur un territoire devenu neutre ? Le concédant se trouvera dans l'alternative de rompre le traité ou de violer la neutralité. On pourrait penser que le moyen de concilier les devoirs de l'un avec les intérêts de l'autre serait de considérer la concession charbonnière comme impliquant concession du territoire même sur lequel se trouve le dépôt de charbon. Mais actuellement cette explication serait contraire à la réalité des faits, car dans les exemples rapportés ci-dessus il semble bien que l'emplacement du dépôt de charbon reste sous la souveraineté du concédant. Pourrait-on au moins arriver à cette conciliation par la concession expresse du territoire affecté au dépôt de charbon ? On l'a soutenu (Fauchille, dans cette Revue, t. VI (1899), p. 307, note 1). Mais nous doutons qu'on puisse admettre cette solution, car même en présence d'une stipulation expresse, il n'en resterait pas moins vrai que la concession du territoire n'a d'autre but que de permettre au concessionnaire de jouir du dépôt de charbon malgré la neutralité du concédant. On pourrait donc considérer la stipulation relative au territoire comme frauduleuse et, partant, comme inexistante. En définitive, la pratique dont nous venons de parler ne peut aucunement remédier au danger auquel les belligérants voudraient échapper.

(1) Dans la déclaration de neutralité de la Colombie à l'occasion de la guerre hispano-américaine, on trouve cependant une disposition qui semble admettre à cet égard une liberté pleine et entière. « On doit, y est-il dit..., 4° permettre même aux bateaux de guerre de se fournir de vivres et aussi d'articles qui ne soient pas des armes, des munitions, du charbon et aussi des éléments de guerre ». L'occasion d'appliquer cette mesure ne s'étant pas présentée en 1898, on ne peut savoir comment le gouvernement colombien l'eût entendue. Mais il est probable qu'une application large et sans limites au profit de l'un des belligérants n'eût pas manqué de provoquer les protestations de l'autre.

(2) Déclarations anglaise (3ᵉ règle), brésilienne (art. VIII), chinoise (art. 2, § 2 et art. 3, § 1), danoise (2°), hollandaise (2ᵉ note), française (instruct. 3°), italienne (art. 249, code de la mar. march.) et russe (in fine).

proche (1). C'est cette dernière solution qu'on retrouve dans le Règlement de l'Institut (2) et dans l'article 13, alinéa 1, de notre arrêté (3).

Ainsi, tant sur la question des réparations que sur celle des approvisionnements, le Règlement belge est, avec celui de l'Empire du Japon, le plus complet de tous. Et, afin d'assurer la stricte observation des règles qu'il adopte à cet égard, il prescrit (art. 12) que le commandant de tout navire de guerre des belligérants doit, aussitôt après son entrée dans les eaux belges, fournir, sur l'invitation de l'administration de la marine, des indications précises, concernant le pavillon, le nom, le tonnage, la force des machines, l'équipage du bâtiment, son armement, le port de départ, la destination, ainsi que les autres renseignements nécessaires pour déterminer, le cas échéant, les réparations ou les approvisionnements en vivres et charbon qui pourraient être nécessaires (4).

L'entrée et le séjour des navires des belligérants dans les eaux neutres soulèvent bien d'autres questions touchant le sort des prisonniers de guerre et des naufragés, blessés ou malades se trouvant à bord de ces navires. Notre arrêté ne contient sur cette difficile matière qu'une disposition laconique et peu claire. C'est la fin de l'article 14 qui dispose que les bâtiments admis dans les ports belges ne peuvent pas « débarquer, pour les rapatrier par les voies de terre, des hommes, marins ou soldats se trouvant à bord ». Examinons dans quelle mesure la disposition rapportée peut nous fournir, explicitement ou implicitement, une solution à propos des différentes questions qui peuvent se présenter.

La première question qui se pose est celle de savoir si le navire admis dans un port neutre peut garder à bord les prisonniers qu'il transporte. On pourrait argumenter du caractère hostile que présente la garde des prisonniers et de l'analogie avec le cas de l'armée qui se réfugie sur

---

(1) Déclarations japonaise (décret n° 87, 6°) et haïtienne (§ 6). La déclaration du Brésil, qui n'étendait pas la règle du port national le plus proche aux approvisionnements en général (V. la note précédente), appliquait pourtant à ces derniers la règle de l'intervalle de trois mois qui devait séparer deux fournitures successives dans le même port (art. IX).

(2) L'article 42, § 4, met sur la même ligne la fourniture du charbon et celle « de l'eau, des vivres et autres approvisionnements analogues ».

(3) Ce texte n'énumère pas les différents articles dont la fourniture limitée est permise au profit des navires des belligérants. Il se contente de parler d' « approvisionnements ». Mais il n'est pas douteux que par ce terme générique il faut entendre toutes marchandises autres que les armes et munitions de guerre.

(4) Les limitations relatives aux réparations et aux approvisionnements ne s'appliquent pas aux bâtiments-hôpitaux militaires des belligérants, car, ainsi que nous l'avons dit plus haut (p. 352 note 3 in fine), aux termes de l'article 1, alinéa 2 de la convention de la Haye pour l'adaptation à la guerre maritime des principes de la convention de Genève du 29 juillet 1899, ces bâtiments ne sont pas assimilés aux navires de guerre au point de vue de leur séjour dans les ports neutres.

territoire neutre pour soutenir qu'il ne le peut pas. Mais ce n'est pas la solution admise dans la pratique. Il n'y a aucune analogie entre le cas de l'armée qui se réfugie sur territoire neutre et celui du navire de guerre qui est admis dans un port neutre. A la différence de l'armée, le navire peut, on l'a vu, reprendre la lutte ; de plus, il est admis dans le port neutre tel qu'il est, continuant à exercer sur son bord la loi et l'autorité du pavillon. Rien par conséquent ne l'empêche de garder ses prisonniers (1). L'arrêté belge ne semble pas s'opposer à cette solution.

On doit se demander, en second lieu, si le navire peut débarquer ses prisonniers. La pratique paraît laisser à l'État souverain du port toute liberté pour autoriser ou interdire ce débarquement. Le second parti sera toujours plus correct et plus conforme à la notion moderne de la neutralité. C'est celui qu'indiqua la déclaration du Japon lors de la guerre hispano-américaine (2) et qui résulte aussi, à notre avis, de la disposition de notre arrêté. Mais si l'autorité locale autorise le débarquement, devra-t-elle procéder à l'internement des prisonniers ? La négative est généralement admise : les prisonniers débarqués doivent être laissés libres de s'en aller (3), au même titre que les prisonniers des armées réfugiées sur territoire neutre (4). La même solution est depuis longtemps suivie à l'égard des prisonniers évadés du navire (5).

Une question analogue se pose relativement aux naufragés, blessés ou malades. Le navire d'un belligérant qui en a à son bord peut-il les débarquer dans un port neutre ? Comme on l'a fait très bien remarquer « le doute vient de ce que, dans certains cas, un belligérant trouvera avantage à se débarrasser ainsi des blessés et des malades, qui l'encombrent et le gênent pour ses opérations ; le territoire neutre lui servira à mieux exécuter son entreprise hostile » (6). En permettant ce débarquement, l'État neutre donnerait donc une assistance au belligé-

---

(1) V. dans Travers Twiss, *Le droit des gens ou des nations*, t. II, n° 221, p. 441, le cas du *Sitka*, au cours de la guerre de Crimée.

(2) Décret impérial n° 87, 4° : «... on ne lui permettra sous aucun prétexte de débarquer des prisonniers de guerre ». — La déclaration d'Haïti (§ 17) avait admis au contraire la solution opposée.

(3) Cette solution est indiquée dans le passage précité de la déclaration d'Haïti. V. aussi Calvo, *op. cit.*, t. IV, § 2683.

(4) Heilborn, *Rechte und Pflichten der neutralen Staaten in Bezug auf die während des Krieges auf ihr Gebiet übertretenden Angehörigen einer Armee und das dorthin gebrachte Kriegsmaterial der Kriegführenden Parteien*, p. 51 et suiv.

(5) C'est ce qui a été admis déjà en 1588 dans le cas de l'évasion des prisonniers turcs du bord d'un navire espagnol, dans le port de Calais. V. sur cet incident célèbre, Heilborn, *op. cit.*, p. 33 note.

(6) V. le remarquable rapport de M. Renault à la Conférence de la Haye au nom de la deuxième Commission (*Conférence internationale de la Paix*, La Haye, 1899, 1re partie, p. 38).

rant. Mais une raison d'humanité doit faire fléchir les règles de la neutralité. Quelle doit être alors la condition des malades et blessés débarqués ?
Une fois soignés chez le neutre pourront-ils être laissés libres de prendre de nouveau part aux opérations de la guerre ? Et enfin qui devra
supporter les dépenses auxquelles sera exposé le neutre pour l'hospitalisation et, le cas échéant, pour l'internement de ces hommes ? Toutes ces questions n'ont pas encore reçu une solution certaine dans la
pratique. Elles se rattachent à l'extension de la convention de Genève
aux guerres maritimes et elles avaient été résolues par l'article 10 de la
convention pour l'adaptation à la guerre maritime des principes de la
convention de Genève du 29 juillet 1899, élaborée par la Conférence de
la Haye. Ce texte stipulait que « les naufragés, blessés ou malades, qui
seraient débarqués dans un port neutre du consentement de l'autorité
locale, devraient, à moins d'un arrangement contraire de l'État neutre
avec les États belligérants, être gardés par l'État neutre de manière
qu'ils ne pussent pas de nouveau prendre part aux opérations de la
guerre ». Il décidait en outre que « les frais d'hospitalisation et d'internement seraient supportés par l'État dont relèvent les naufragés, blessés
ou malades ». Mais ce texte a aujourd'hui disparu de la convention, faute
d'avoir été ratifié par l'Angleterre (1). Néanmoins les principes généraux
de la neutralité conduisent, à notre avis, à des résultats analogues, en ce
sens que le neutre reste libre d'accorder ou de refuser l'autorisation
de débarquer dans ses ports les blessés ou malades des belligérants.
Mais l'octroi de cette autorisation, justifié par des considérations d'humanité, lui imposerait le devoir de garder les blessés ou malades recueillis jusqu'à la fin des hostilités, à moins qu'ils ne fussent reconnus
impropres au service militaire. C'est la solution adoptée par l'Institut de
droit international (2). La disposition précitée de l'arrêté belge ne
tranche pas cette question, mais elle semble s'opposer à ce que les
belligérants puissent, en débarquant des marins ou des soldats, valides
ou malades (l'arrêté ne distingue pas), emprunter le territoire belge
pour rapatrier les hommes débarqués par les voies de terre. Mais si
telle est la règle à laquelle le gouvernement belge semble s'être ac-

---

(1) La raison pour laquelle le gouvernement anglais n'a pas ratifié l'article 10 est que,
voulant ratifier la convention sans la soumettre à l'approbation du Parlement, il ne
dispose pas de pouvoirs suffisants pour procéder, le cas échéant, à l'internement prévu
par ce texte, parce que les lois anglaises sur la liberté individuelle (*habeas corpus*)
s'opposent à un pareil internement.

(2) Article 42, § 3 : « Les malades et les blessés, tout en étant reçus et secourus, sont
après guérison, internés, à moins d'être reconnus impropres au service militaire ». On a
vu (*suprà*, p. 354) que d'après le même texte le navire qui a débarqué ses blessés ou
malades dans le port neutre doit y rester jusqu'à la fin de la guerre. Cette solution est,
nous le savons, repoussée par l'arrêté belge.

tuellement arrêté, nous pensons toutefois qu'il pourrait parfaitement, le cas échéant, sans violer sa neutralité, choisir une tout autre solution et autoriser le passage sur son territoire des blessés ou malades des belligérants débarqués dans un des ports du Royaume, à la condition que ces convois ne transporteraient ni personnel ni matériel de guerre. En effet, l'article 59 du Règlement annexé à la convention concernant les lois et coutumes de la guerre sur terre du 29 juillet 1899 permet aux États neutres d'autoriser, sous la réserve relative au personnel et au matériel de guerre, le *passage* des blessés ou malades sur leur territoire. A la vérité ce texte n'autorise le passage dont il s'agit que dans les guerres continentales, alors que l'entrée sur le territoire neutre a lieu par la frontière de terre, mais on ne voit pas pourquoi il en serait autrement, pourquoi le passage constituerait une violation de la neutralité, dans le cas où le convoi de blessés ou malades pénétrerait dans le territoire neutre par la frontière maritime.

Comme pour le temps de paix, l'arrêté s'est contenté d'édicter, relativement aux navires de guerre des belligérants, les règles ordinaires et générales qu'on devra suivre. Mais il va de soi — l'article 20 le dit du reste formellement — que le gouvernement belge a la faculté de modifier ces règles et de prendre, dans des cas spéciaux et en présence de circonstances exceptionnelles, toutes les mesures que la stricte observation de la neutralité rendrait opportunes ou nécessaires. Cette réserve peut s'appliquer à toutes les matières dans lesquelles le droit conventionnel ou coutumier laisse aux neutres une certaine latitude et à propos desquelles le présent arrêté n'a pas épuisé toute la sévérité ou toute la rigueur dont le gouvernement peut, le cas échéant, disposer. En voici un exemple pratique. On a vu que, le cas de détresse excepté, tout neutre a le droit strict de fermer ses ports aux navires de guerre des belligérants. Le gouvernement belge déclare, au contraire, que les ports du Royaume resteront ouverts, mais il en limite l'accès à trois navires seulement par belligérant et ne permet à ceux-ci d'y séjourner que pendant 24 heures, une fois par trimestre. Toutefois, si au cours d'une guerre entre deux États voisins de la Belgique, il s'aperçoit que l'hospitalité offerte est encore trop large et que l'un ou l'autre des belligérants en profite d'une façon trop régulière pour se soustraire à la poursuite de l'adversaire, rien ne l'empêche de faire un plus grand usage de son droit strict soit pour limiter davantage l'accès dans les ports belges, soit même pour l'interdire aux navires de guerre des belligérants (1).

(1) On trouve un exemple d'une conduite rigoureuse tenue après coup par un État neutre dans la guerre du Schleswig-Holstein et du Danemark (1848-1850). La canonnière

Les différentes obligations qui pèsent sur les navires de guerre des belligérants dans les ports neutres ne sont pas dépourvues de sanction. Il est admis d'abord que les autorités locales peuvent les faire respecter au besoin par la force (1). C'est ainsi, notamment, que ces autorités ont le droit de tirer sur tout navire belligérant qui attaquerait un navire de l'ennemi dans les eaux nationales ou territoriales neutres ; d'empêcher que des prises y soient faites ou, si elles n'ont pas pu obtenir ce résultat, de mettre l'embargo sur les navires saisis et de les rendre à leur propriétaire (2) ; de confisquer les armes, munitions ou autres objets embarqués sur un navire des belligérants en violation des règles précédemment indiquées (3). C'est à cette sanction que fait allusion l'article 21 de notre arrêté lorsqu'il dit que, dans le cas d'une violation des dispositions des articles précédents, les autorités locales désignées par le gouvernement prendront toutes les mesures que les instructions spéciales leur prescrivent.

Cette sanction n'est pas la seule. L'État neutre dont les droits ont été violés ou méconnus a, en outre, la ressource ordinaire de réclamer diplomatiquement auprès de l'État dont relève le navire coupable. Il a le droit d'exiger de lui une indemnité à raison des frais ou dommages qu'il a subis (4). C'est afin de mettre le gouvernement belge en mesure d'agir que l'article 21 *in fine* de l'arrêté veut que les autorités du port avertissent sans délai l'autorité centrale du pays des violations commises par les navires de guerre étrangers.

Telles sont les dispositions qui régissent l'admission et le séjour des navires de guerre étrangers dans les eaux et ports belges aussi bien en temps de paix qu'en temps de guerre. Elles sont censées être connues par tout navire qui y pénètre. Mais, pour qu'elles soient sûrement connues et plus facilement observées, il a été décidé (art. 23) qu'un exemplaire de l'arrêté que nous venons d'analyser doit être remis par les autorités maritimes au commandant de tout bâtiment de guerre ou na-

holsteinoise *Von der Tann* ayant capturé un navire marchand danois dans les eaux territoriales de Lubeck, le Sénat de cette ville prit occasion de cette violation de neutralité non seulement pour expulser le *Von der Tann* mais aussi pour fermer les ports lubeckois, excepté le cas de détresse, aux navires de guerre des belligérants (Perels, *op. cit.*, p. 243-244).

(1) Ce principe est inscrit dans les articles 42, § 7 et 43 du Règlement de l'Institut de droit international.

(2) Ces applications furent formellement indiquées dans la déclaration de neutralité du Brésil de 1898 (art. XV et XXI).

(3) V. dans Le Fur, *op. cit.*, p. 143, note 2, quelques applications de ces mesures au cours de la guerre hispano-américaine.

(4) V. les art. 42, § 8 et 43 du Règlement de l'Institut.

vire armé en course aussitôt après qu'il aura été autorisé à mouiller dans les eaux belges.

Malgré les imperfections et les lacunes que nous avons eu l'occasion de relever en étudiant de près chacune de ses dispositions, l'arrêté du 18 février 1901 est certainement, dans son ensemble, le Règlement le plus complet qui existe sur la matière. Il mérite plus particulièrement cet éloge pour celle de ses parties qui est relative au droit de la neutralité. Car, tenant compte de la jurisprudence internationale la plus récente, la dépassant même sur certains points, il peut être considéré à la fois comme l'expression précise du droit actuellement en vigueur et comme une contribution importante à la formation coutumière du droit de l'avenir.

BRÉSIL. — Société « Western telegraph Company ». — Convention télégraphique internationale. — Adhésion. — En exécution de l'article 18 de la convention télégraphique internationale de Saint-Pétersbourg du 22 juillet 1875, le gouvernement autrichien a, le 26 mars 1901, notifié aux gouvernements signataires de la convention que le ministre des affaires étrangères du Brésil a informé le gouvernement impérial et royal que la Société « .Western telegraph Company » adhérait à ladite convention.

ESPAGNE ET FRANCE. — Délimitation des possessions françaises et espagnoles dans l'Afrique occidentale, sur la côte du golfe de Guinée. — Convention du 27 juin 1900 (1). — La convention, signée le 27 juin 1900 (2), a réglé toutes les questions pendantes entre la France et l'Espagne au sujet de leurs possessions respectives dans l'Afrique occidentale.

Nous avons précédemment exposé le litige relatif à la côte du Sahara (3). Il nous reste à parler du litige relatif à la côte du golfe de Guinée.

Ce différend remonte à plus d'un demi-siècle.

En 1843, l'Espagne se décida à prendre définitivement possession des îles Fernando-Pô et Annobon (4) que le Portugal lui avait cédées par le traité du 1er mars 1778 (5) et qu'elle avait négligé d'occuper pendant de longues années.

---

(1) Communication de M. Rouard de Card, professeur de droit à l'Université de Toulouse.

(2) Cette convention approuvée par la Chambre française a été promulguée par un décret du 29 mars 1901, Journal officiel du 2 avril 1901, p. 2190.

(3) V. cette Revue, t. VII (1900), p. 760. Parmi les Documents qu'a publiés cette Revue en 1900, l'on trouvera le texte de la convention, p. 4.

(4) V. sur la superficie et la production des îles les renseignements que le Bulletin du Comité de l'Afrique française a publiés d'après le voyageur allemand M. Sternberg, 1900, p. 224.

(5) Traité d'amitié, de garantie et de commerce entre les Cours royales d'Espagne et de

De son côté, la France fonda vers la même époque une colonie importante sur les rives du Gabon dont la souveraineté pleine et entière lui
fut concédée par les chefs indigènes en vertu des traités du 18 mars 1842,
du 7 juillet 1844 et du 1er avril 1844 (1).

Les deux nations, ainsi installées dans le golfe de Guinée, cherchèrent
bientôt à étendre leurs possessions (2). Elles portèrent leur attention sur
les mêmes territoires et elles ne tardèrent pas à se contrecarrer mutuellement. De là, une très vive rivalité qui se manifesta à propos des territoires suivants :

1° Iles Corisco et Elobey (3) ;

2° Côte comprise entre le cap Santa-Clara et la rivière Campo (4) ;

3° Zône s'étendant en arrière de cette côte.

Nous allons rechercher sur quels actes diplomatiques et sur quels faits
d'occupation les deux parties litigantes s'appuyaient pour soutenir leurs
prétentions respectives.

1. ILES CORISCO ET ELOBEY. — En 1843, le capitaine de la marine espagnole Don Juan de Lerena conduisait à Corisco le brick *Nervion* et s'a-
boucha avec le chef Boncoro. A la date du 15 mars, intervenait entre eux
un traité qui portait cession à l'Espagne de l'île et de ses dépendances.
En exécution de cet accord, quelques actes d'occupation effectifs furent
accomplis, notamment l'installation d'une mission catholique (5).

Se voyant devancés à Corisco, les Français se rejetèrent sur les Elobey.
Le 23 avril 1855, les chefs principaux de la grande île concluaient avec
M. Guillet, commandant du Gabon, un traité aux termes duquel ils se
plaçaient sous la souveraineté de la France, s'engageant « à n'autoriser
aucun établissement d'une nation quelconque sans sa volonté ». Pour

Portugal, fait au Pardo le 1er mars 1778, art. 13 et suiv. V. aussi l'acte d'accession du
Roi de France à ce traité (G. F. de Martens, *Recueil général de traités*, t. II, p. 621
et 625).

(1) De Clercq, *Recueil des traités de la France*, t. IV, p. 616 ; t. V, p. 193 ; t. XV,
p. 341.

(2) Sur ce litige, on peut utilement consulter les ouvrages suivants : Torrès Campos,
L'Espagne en Afrique, dans la *Revue de droit international et de législation comparée*,
t. XXIV (1892), p. 441 et suiv.; Amado Ossorio, *Condiciones de colonizacion que ofrecen
los territorios espanoles del golfo de Guinea* (Conferencia pronunciada en la reunio del
8 junio 1887, dans le *Boletin de la Sociedad geographica de Madrid*, t. XXXII, 1er semestre 1887, p. 314 ; *Le litige franco-espagnol dans le golfe de Guinée*, dans le *Bulletin de la Société de géographie commerciale de Paris*, t. X, 1887-1888, p. 754 et suiv.

(3) Sur la superficie et la production de ces îles, V. le *Bulletin du Comité de l'Afrique
française*, 1900, p. 214.

(4) On trouve des cartes détaillées de cette côte dans le *Boletin de la Sociedad
geographica de Madrid*, t. XXI, p. 36, et dans le *Bulletin de la Société de géographie commerciale de Paris*, t. X, p. 759.

(5) *Le litige franco-espagnol dans le golfe de Guinée*, loc.cit., p. 762.

sanctionner cet engagement, ils devaient arborer un pavillon français et recevoir des cadeaux annuels (1).

Ce traité, dont le Cabinet de Madrid contestait la validité, fut solennellement confirmé quelques années plus tard.

Par un acte daté du 17 octobre 1860, les chefs survivants, signataires de la convention antérieure, reconnurent à nouveau la souveraineté de la France (2). Interrogés à ce propos sur certains agissements d'un officier de la marine espagnole, ils déclarèrent « qu'on s'était présenté chez eux en leur demandant de faire un traité ; mais qu'ils s'y étaient refusés disant qu'en ayant déjà passé un avec la France, ils ne pouvaient en conclure d'autres ».

Par les actes de 1855 et de 1860, la France avait acquis sur la Grande Elobey des droits de souveraineté (3) identiques à ceux que le traité du 15 mars 1843 avait conférés à l'Espagne sur Corisco. Cela devait d'autant mieux être admis que les chefs de ces deux îles étaient absolument indépendants les uns des autres (4).

II. Côte comprise entre le cap Santa-Clara et la rivière Campo. — Maîtresse de la baie du Gabon, la France chercha à s'assurer vers le Nord une certaine étendue de côte, en négociant avec les chefs indigènes. Elle réussit à acquérir des droits de souveraineté et de protectorat sur les territoires suivants :

a) Le cap Esterias, par le traité du 18 septembre 1852 (5) ;

b) La baie de Corisco, par les traités du 23 août 1873, du 23 août 1874, du 10 août 1883, du 17 août 1883, du 5 septembre 1883, du 15 novembre 1883 et du 10 octobre 1884 (6) ;

c) Les pointes nord et sud de la rivière Mouni, par les traités d'avril 1842, du 4 septembre 1845, du 14 décembre 1866 et du 17 octobre 1867 (7) ;

d) Le pays de Valengues, par les traités du 24 août 1883 et du 5 septembre 1883 (8) ;

---

(1) De Clercq, *op.cit.*, t. XV, p. 396.

(2) De Clercq, *op.cit.*, t. XV, p. 451.

(3) Sans tenir compte de nos droits, l'Espagne, vers 1865, plaça dans l'île d'Elobey un petit poste militaire qui fut retiré après quelques années. V. *Le litige franco-espagnol dans le golfe de Guinée*, *loc.cit.*, p. 763.

(4) Cette indépendance se trouvait affirmée par les chefs du cap Esterias dans une déclaration en date du 15 décembre 1866 (De Clercq, *op. cit.*, t. XVII, p. 302).

(5) De Clercq, *op.cit.*, t. VI, p. 217.

(6) De Clercq, *op. cit.*, t. XV, p. 565, 703, 704, 705, 707, 712, et t. XIV, p. 423.

(7) De Clercq, *op.cit.*, t.XV, p.339, 344, 346 et 534. — Dans ces traités, la rivière Mouni est appelée Danger.

(8) De Clercq, *op.cit.*, t. XIV, p. 314 et 315.

e) La baie de Bapoukou, par les traités des 14 février 1868, 25 janvier 1884 et 6 juin 1884 (1) ;

f) Le pays de Benito, par les traités des 4 mars 1873, 3 novembre 1883, 9 novembre 1883 et 25 septembre 1885 (2) ;

g) Le pays de Bata, par les traités du 15 décembre 1883, du 1er juin 1884, du 19 mars 1884 et du 4 octobre 1884 (3) ;

h) Le pays de Campo, par les traités du 19 novembre 1883 et des 3-4 octobre 1884 (4).

La France avait donc placé sous sa domination le littoral, entre le cap Santa-Clara et la rivière Campo, sauf un petit territoire situé aux environs du cap Saint-Jean ayant appartenu à Boncoro, chef des Benga, et ayant été cédé par lui à l'Espagne lors de l'occupation de Corisco.

Mais les Espagnols ne voulurent pas se contenter d'une portion si restreinte, et revendiquèrent contre nous toute la côte en s'appuyant sur le traité du 1er mars 1878, signé avec le Portugal et sur le traité du 15 mars 1843, signé avec Boncoro.

Cette prétention fut nettement formulée en 1887 par l'explorateur Amado Ossorio dans une séance de la Société de géographie de Madrid. Voici le passage le plus important de sa conférence : « Sont légitimes et incontestables les droits que l'Espagne possède sur le littoral compris entre la rivière Campo et le cap Esterias et dont la France s'obstine à nous priver, en nous laissant uniquement sur le continent un ou deux kilomètres de côte au cap Saint-Jean, n'ayant aucune valeur. Le Portugal, qui fut le premier possesseur de ces territoires, céda à l'Espagne, par le traité de 1778, confirmant le traité secret fait l'année précédente, les iles de Fernando-Pô et d'Annobon, en échange de nos iles de l'Amérique méridionale, avec le droit de fonder des établissements sur la côte comprise entre les bouches du Niger et le Gabon, avec l'obligation de se protéger mutuellement pour le mieux des relations commerciales et d'empêcher aucune autre nation d'y trafiquer sans permission. Après avoir pris possession des deux iles ci-dessus mentionnées en 1843, nous avons occupé un peu plus tard les iles Corisco et Elobey. A cette époque, la souveraineté de l'Espagne a été reconnue par les principaux chefs de la rivière Mouni et de la tribu Benga. Cette dernière tribu était alors la seule dominante sur toute la partie de la côte qui s'étend de la rivière Campo à la pointe Santa-Clara » (5).

---

(1) De Clercq, *op. cit.*, t. XV, p.535 ; t. XIV, p.322 ; t. XIV, p. 381.

(2) De Clercq, *op. cit.*, t. XV, p. 563 ; t. XIV, p. 315 ; t. XV, p. 707 ; t. XVII, p. 66.

(3) De Clercq, *op. cit.*, t. XV, p. 716 ; t. XIV, p. 323, 338 et 420.

(4) De Clercq, *op. cit.*, t. XIV, p. 316 ; t. XIV, p. 419.

(5) *Boletin de la Sociedad geographica de Madrid*, t. XXII, 1er semestre, 1887, p.327.

Toutes les assertions du docteur Ossorio ont été réfutées dans un article bien documenté du *Bulletin de la Société de géographie commerciale de Paris* (1). L'auteur de cette notice anonyme a démontré que les traités de 1778 et de 1843 ne pouvaient nous être opposés.

Le traité du 1er mars 1778 n'avait pas le sens qu'on lui attribuait. Sans doute, l'article 13 portait que les sujets de la Couronne d'Espagne, établis dans l'île de Fernando-Pô, pourraient « faire leur commerce ainsi que la traite des nègres *dans les ports et sur les côtes vis-à-vis de l'isle,* sans préjudicier au commerce des Portugais sur les mêmes côtes ». Mais cela n'impliquait nullement la reconnaissance au profit des Espagnols de droits de souveraineté sur la côte s'étendant en face de Fernando-Pô (2): on se bornait à énoncer que les sujets respectifs des deux nations, y faisant le trafic des marchandises ou des nègres, ne devraient pas se gêner les uns les autres. « Le Portugal, dit l'auteur de la notice déjà citée, avait sur cette côte les droits que lui avait conférés une bulle pontificale partageant le monde entre l'Espagne et le Portugal. Il possédait les îles du golfe de Guinée qu'il occupait et qu'à la suite du traité de 1778 l'Espagne occupa après lui. Mais, ni avant ni après ce traité, aucune des deux nations n'a possédé d'établissements sur cette côte et ne l'a occupée militairement ou commercialement. Les nations européennes y faisaient toutes au même titre le commerce, celui de la traite des noirs. Les prétentions des Portugais sur la côte entre le Cameráos et le fleuve Orange n'ont jamais été reconnues par aucune puissance, excepté sur les points occupés effectivement, c'est-à-dire la capitainerie générale d'Angola. L'Allemagne en occupant Cameráos et la côte jusqu'à la rivière Campo, la France fondant sa colonie du Gabon, possédant Malimba dans la rivière Cameráos, Passall dans la rivière Qua-Qua, Batanga et Banoko au Nord de la rivière Campo, l'État libre occupant une bande de territoire au Nord du Congo, ont montré le peu de valeur que l'on accordait au traité de 1778 cédant à l'Espagne des droits sur une côte que le Portugal ne possédait pas » (3).

Quant au traité du 15 mars 1843, la portée qu'on lui attribuait était beaucoup exagérée. Sans doute, le traité de 1843 parlait des *dépendances* de l'île Corisco. Mais quelles étaient ces *dépendances* ? Ce n'était pas toute la côte entre le cap Santa-Clara et la rivière Campo (4), c'était simplement une bande côtière de un ou deux kilomètres. « Boncoro, chef

(1) *Le litige franco-espagnol dans le golfe de Guinée, loc. cit.,* p. 757 et suiv.
(2) M. Torrès-Campos dit que le droit de pratiquer le commerce sur les côtes voisines consistait à disposer du territoire de façon « absolue » (*L'Espagne en Afrique, loc. cit.,* p. 459). C'est là une affirmation purement gratuite.
(3) *Le litige franco-espagnol dans le golfe de Guinée, loc. cit.,* p. 757.
(4) Comme l'affirme M. Torrès-Campos, *loc. cit.,* p. 459 et 460.

Benga, établi à la pointe du cap Saint-Jean et plus ou moins attaché aux
Benga de Corisco ne pouvait, dit l'auteur de l'article anonyme, céder que
ce qui lui appartenait, c'est-à-dire l'étroite étendue de côte qu'occupent
les Benga aux environs du cap Saint-Jean » (1).

Ainsi, ni le traité de 1778, ni le traité de 1843 ne pouvaient être sérieusement opposés : les droits que nous avaient concédés les chefs indigènes demeuraient absolument intacts.

III. Zone s'étendant en arrière de cette côte. — En arrière de la côte
dont il vient d'être parlé, l'Espagne revendiquait encore contre nous
une très vaste région (2). Pour justifier sa demande, elle invoquait les
explorations et les négociations de MM. Pradier, Ossorio et Montès de
Oca (3). Elle rappelait que de 1875 à 1886 ces voyageurs avaient reconnu
les bassins du Rio-Mouni, du Rio San-Benito et du Rio Campo passant
des traités avec plus de 350 chefs indigènes.

Cette prétention qui « réduisait à un étroit couloir la ligne de communication entre nos territoires du Congo inférieur et l'Oubangui » (4), ne
semblait pas pouvoir résister à un examen un peu sérieux. Il était facile
de démontrer que les résultats obtenus par MM. Pradier, Ossorio et Montès de Oca présentaient une médiocre importance au point de vue juridique.

Les explorations entreprises par eux, du moins la reconnaissance du
Mouni par M. Pradier (1875-1877), avaient un caractère purement scientifique et émanaient de l'initiative privée : elles ne pouvaient donc pas
avoir pour conséquence de faire acquérir à l'Espagne des droits territoriaux sur les contrées parcourues (5).

Quant aux traités passés par eux avec les chefs indigènes, ils avaient
été conclus à une époque où la France, possédant déjà en vertu d'actes
réguliers les principaux points de la côte et notamment les embouchures
des rivières, pouvait considérer l'arrière-pays comme placé sous son
influence exclusive à titre d'*hinterland*.

D'ailleurs, MM. Pradier, Ossorio et Montès avaient eu un devancier
français : dès l'année 1850, Paul du Chaillu avait fait un voyage dans le

---

(1) *Le litige franco-espagnol dans le golfe de Guinée*, loc. cit., p. 765.

(2) L'Espagne étendait ses revendications à l'intérieur jusqu'au 14°40' de longitude est
de Paris.(Exposé des motifs à l'appui du projet de loi portant approbation de la convention conclue à Paris le 27 juin 1900, *Journal officiel*, 1900, Documents parlementaires, Chambre, p. 1717).

(3) Dans la carte qu'a publiée le *Boletin de la Sociedad geographica de Madrid*, les
itinéraires suivis par les explorateurs espagnols sont bien indiqués.

(4) Exposé des motifs déjà indiqué.

(5) *Le litige franco-espagnol dans le golfe de Guinée*, loc. cit., p. 756 et 765.

bassin de la rivière Mouni dont il avait reconnu les affluents méridionaux (1).

Tel était le triple objet du différend qui divisait la France et l'Espagne dans le golfe de Guinée.

La Commission mixte, constituée en 1886, fut appelée à examiner les titres invoqués de part de d'autre ; elle ne réussit pas à trouver une solution compatible avec les intérêts des deux pays. Après avoir suspendu et repris ses travaux, elle dut, en 1891, s'ajourner de nouveau pour un temps indéfini. Comme nous l'avons dit précédemment (2), on songea alors à recourir à un arbitrage ; mais on ne put s'entendre sur la rédaction du compromis. Finalement tout espoir d'une entente paraissait perdu lorsqu'à la suite de négociations directes, la convention du 27 juin 1900 fut signée entre M. Delcassé et M. de Leon y Castillo (3).

Aux termes de cet accord, l'île de Corisco et les îles Elobey sont définitivement attribuées à l'Espagne (4).

Sur la côte et dans l'arrière-pays, la ligne séparative des possessions respectives des deux pays est nettement déterminée (5) : La ligne séparative part de l'embouchure du Mouni, elle remonte le thalweg du Mouni et celui de l'Outemboni (6) jusqu'au point où cette dernière rivière rencontre le 1er degré de latitude nord. Elle suit alors ce parallèle jusqu'à son intersection avec le 9e degré de longitude est de Paris. A partir de ce point, elle se dirige vers le Nord en suivant le méridien 9 est de Paris jusqu'à la frontière méridionale de la colonie allemande du Cameroun (7).

Cette ligne de démarcation (8) doit être tracée sur les lieux par des Commissaires techniques que les deux gouvernements ont déjà désignés (9).

Il est spécifié que la répartition des iles du Mouni et de l'Outemboni, faite entre les deux nations par les soins des Commissaires, ne pourra

(1) *Notices illustrées sur les colonies françaises*, publiées à *l'occasion de l'Exposition universelle* de 1889. Le Gabon-Congo, p 11.

(2) V. cette *Revue*, t. VII (1900), p. 762.

(3) L'échange des ratifications a eu lieu à Paris le 22 mars 1901.

(4) Article 7 de la convention.

(5) Article 4 de la convention.

(6) L'Outemboni est un affluent du Mouni. Les chefs du pays avaient reconnu la souveraineté de la France sur cet affluent par un acte du 21 août 1884 (De Clercq, *op. cit.*, t. XIV, p. 405).

(7) Arrangement conclu à Berlin, le 15 mars 1894, entre le gouvernement de la République française et le gouvernement de l'Empire d'Allemagne pour la délimitation du Congo français et du Cameroun (De Clercq, *op. cit.*, t. XX, p. 117).

(8) Le tracé acte est indiqué sur des cartes qui ont été publiées dans le *Bulletin du Comité de l'Afrique française*, 1900, p. 280.

(9) Le chef de la mission française est M. Bonnel de Mézières.

être remaniée après l'approbation du procès-verbal, quand même la position du thalweg de ces deux rivières viendrait à subir des changements
ultérieurs (1).

Enfin, l'exercice des droits de navigation et de pêche dans les eaux
territoriales comme dans les rivières séparatives fait l'objet de clauses
minutieuses (2).

L'arrangement qui vient d'être analysé présente un caractère transactionnel.

Nous reconnaissons à l'Espagne la côte comprise entre la rivière
Mouni et la rivière Campo, ainsi que l'arrière-pays jusqu'au 9° degré de
longitude.

En retour, l'Espagne nous reconnaît la côte comprise entre le cap
Santa-Clara et la rivière Mouni avec tout l'arrière-pays.

Les concessions faites par nous peuvent sembler excessives. L'Espagne ne justifiait ses prétentions que relativement à l'île de Corisco et à
la côte voisine du cap Saint-Jean. Dès lors, pourquoi lui avons-nous
abandonné la Grande Elobey? Pourquoi surtout lui avons-nous abandonné toute la contrée s'étendant entre la rive gauche de la rivière
Campo et le 1er parallèle nord jusqu'au 9° de longitude est de Paris?

Sans doute, on répondra qu'il nous importait avant tout d'assurer notre
domination exclusive sur les territoires situés au Sud et à l'Est du
Mouni, afin de « mettre à couvert nos établissements du Gabon et d'assurer la continuité de nos possessions congolaises » (3). Mais ce but
aurait pu vraisemblablement être atteint sans un si lourd sacrifice.

Du reste, pour atténuer la responsabilité, il convient de dire que l'abandon de droits indiscutables se trouve un peu compensé par la clause de
préemption insérée à notre profit. D'après l'article 7 de la convention,
si le gouvernement espagnol venait à céder ses possessions du golfe
de Guinée, y compris les îles Elobey et Corisco, la France pourrait obtenir la préférence, en offrant les mêmes conditions. Cela suffit pour nous
tranquilliser au sujet de nos possessions du Gabon-Congo. En effet, si
nous devons craindre le voisinage de certaines puissances qui voudraient
se substituer à l'Espagne, nous n'avons rien à appréhender de la part de
cette dernière dont la loyauté et la courtoisie sont devenues prover-
biales.

GRANDE-BRETAGNE. — *Malte.* — *Union postale.* — *Échange de lettres et
de boîtes avec valeur déclarée.* — *Traité de Washington.* — *Adhésion.* —
En exécution de l'article 24 de la convention principale d'Union postale

(1) Article 8 de la convention.
(2) Articles 5 et 6 de la convention.
(3) Exposé des motifs déjà cité.

universelle de Washington du 15 juin 1897, le Conseil fédéral suisse a, par un office du 18 avril 1901, fait savoir au gouvernement de la République française que, par Note du 30 mars 1901, le représentant de la Grande-Bretagne à Berne lui a notifié que le gouvernement britannique a déclaré adhérer, à dater du 1er avril 1901, pour ce qui concerne la colonie britannique de Malte, à l'arrangement de Washington du 15 juin 1897, relatif à l'échange des lettres et des boîtes avec valeur déclarée. Cette adhésion est faite sous les réserves suivantes : 1° l'échange de boîtes avec valeur déclarée n'est pas admis dans les relations avec cette colonie anglaise ; 2° la déclaration ne sera acceptée que pour des valeurs ne dépassant pas 3.000 francs.

BULLETIN BIBLIOGRAPHIQUE

I. — LIVRES

L'indépendance grecque et l'Europe, par GASTON ISAMBERT, docteur en droit, avocat à la Cour d'appel, 1 vol. in-8, Paris, 1900, Plon-Nourrit et Cie, édit. — Le présent volume est l'œuvre à la fois d'un historien et d'un jurisconsulte. En le dédiant à MM. Louis Renault, Albert Sorel et Anatole Leroy-Beaulieu, l'auteur indique assez à quel point il s'est imprégné de l'enseignement de ces éminents maîtres. Il doit à l'un la rigoureuse logique de ses déductions juridiques, au second la méthode historique et le souci du document, au troisième enfin l'élégance du style et la finesse des aperçus généraux. Ainsi préparé, M. I. a eu l'heureuse idée d'utiliser les trésors des archives du ministère des affaires étrangères, ouvertes, pour la période de 1815 à 1830, depuis quelques années seulement, pour refaire l'histoire diplomatique de l'indépendance grecque. Ses efforts ont été couronnés du plus entier succès et on doit reconnaître que son ouvrage est le travail définitif sur la matière.

Dans une série de chapitres, M. I. étudie l'histoire diplomatique de la Grèce depuis le soulèvement de 1821 jusqu'au choix d'Othon de Bavière comme Roi du nouvel État. Il nous montre tour à tour : l'héroïsme des Grecs dans leur lutte acharnée contre les Turcs et en même temps leurs dissensions intestines au moment des premiers essais d'organisation du pays ; le rôle et les mobiles de la conduite de chacune des grandes puissances ; les intrigues du Prince de Metternich ; le caractère rêveur et changeant d'Alexandre Ier ; l'habileté et la hardiesse de son successeur Nicolas Ier ; les raisons de la formation de la triple alliance ; les péripéties et les résultats de la guerre russo-turque ; enfin la carrière du Comte Capodistrias comme Président de l'État grec. Ces différents chapitres sont habilement groupés en deux parties intitulées : l'une, les hésitations d'Alexandre Ier et l'hostilité de M. de Metternich, et l'autre, la triple alliance et la formation de l'État grec. Sur tous ces événements, les opinions déjà connues ne sont pas sensiblement modifiées par le récit de M. I. Mais elles sont confirmées ou complétées sur plus d'un point par des documents inédits.

Au point de vue du droit international, M. I. examine si l'intervention de l'Europe dans les affaires grecques était légitime et il n'hésite pas à résoudre la question par l'affirmative. Les raisons qui le décident sont : le but humanitaire de l'intervention et le désir des grands États de sauvegarder leurs propres intérêts en Orient. De ces deux raisons, c'est la seconde qui est la plus forte, et de beaucoup, sur le terrain du droit. Ce point n'est peut-être pas suffisamment mis en relief par M. I. Mais son exactitude résulte des documents mêmes que nous fournit notre auteur. On y voit vérifiée cette idée, devenue un véritable axiome en droit international, qu'aussitôt que l'insurrection éclatée dans un pays risque de compromettre les intérêts des autres États, elle cesse d'être une affaire purement interne pour devenir internationale et légitimer l'intervention dena tions lésées. C'est ce qu'affirmait, en 1822, en termes imagés mais significatifs, l'ambassadeur anglais, lord Strangford, dans un entretien avec le Réis-Effendi : « Si les cris de vos enfants maltraités, disait-il, troublent la paix de ma propre maison, je vous demanderai de faire cesser le tapage ; si vous refusez, j'irai chez le cadi ». Et, comme le ministre ottoman objectait : « tout ceci est notre affaire et non la vôtre », l'ambassadeur ajouta : « pardon, c'est votre affaire, mais c'est aussi la nôtre » (p. 137). — L'insurrection grecque devint, dès le début, une cause de trouble et de préjudice pour les relations des puissances occidentales avec l'Orient. De plus, le réveil de la nationalité hellénique donnait à cette insurrection un caractère très grave. Pour rétablir l'ordre, il fallait choisir entre l'une ou l'autre de ces deux solutions : ou bien exterminer tous les Grecs ou bien leur permettre de jouir de la liberté qu'ils réclamaient. Or, la première solution répugnait aux sentiments chrétiens et humanitaires de la plupart des puissances. Elle devait donc être écartée. Elle le devait d'autant plus que l'autre solution, en même temps qu'elle pouvait assurer le rétablissement de l'ordre, n'était pas sans présenter des avantages réels pour certaines puissances. L'Angleterre et la Russie comprirent, chacune de leur côté, qu'on pouvait profiter des événements, fonder un État grec qui serait leur débiteur au point de vue moral et leur client au point de vue politique et commercial. Obéissant ainsi à des calculs égoïstes, mais se méfiant l'un de l'autre, les deux États finissent par réunir leurs efforts et signent le fameux protocole de médiation (4 avril 1826). Bientôt après la France, désireuse de ne pas laisser à ces deux puissances le champ libre en Orient, se joint à elles et on arrive ainsi au traité de Londres du 6 juillet 1827. L'intervention collective était organisée et n'avait plus qu'à aboutir au résultat poursuivi, c'est-à-dire à l'établissement d'une Grèce indépendante. Comme on le voit, le principal sinon l'unique mobile de cette intervention, soit dans son origine première, soit dans les différentes phases de son organisation, fut la sauvegarde des intérêts mêmes des intervenants, — intérêts qui, par leur nombre et leur importance, représentaient l'intérêt général de l'Europe. Ce motif, qui, en droit, justifie parfaitement l'intervention en même temps qu'il peut seul, en fait, la déterminer, est constamment invoqué dans les actes diplomatiques de l'époque. On le trouve dans la Note remise par Stragonof au Réis-Effendi, le 18 juillet 1821 (p. 93) ; on le rencontre en première ligne dans la justification de l'intervention des trois alliés, dans le traité de Londres (p. 297-299) ; on le voit enfin invoqué, en 1828, par le Tsar Nicolas pour légitimer la guerre qu'il allait déclarer à la Turquie : « l'exécution du traité de Londres, disait-il, ne se rattachait pas à un vain désir de gloire, à une maxime abstraite d'humanité, mais à l'intérêt bien entendu de la Russie, à l'utilité, pour cette puissance, de voir se former en Grèce un État qui pût commercer librement avec la mer Noire : et cet intérêt s'identifiait avec celui des autres nations commerçantes... » (p. 329).

Qu'on le veuille ou non, les interventions se produiront toujours, ainsi qu'on l'a vu dans ces dernières années, pour des motifs de cette nature, et jamais, ou presque jamais, pour simple raison d'humanité. On doit seulement s'estimer heureux au cas où l'intérêt des intervenants coïncide avec un sentiment généreux et où, en sauvegardant leurs propres intérêts, les intervenants sauvent la vie ou assurent du même coup la liberté de tout un peuple. C'est ce qui est arrivé précisément dans les affaires grecques. Aussi est-ce avec raison que M. I. appelle l'intervention de l'Europe dans ce cas « une œuvre de progrès et de civilisation ». « L'intervention européenne, écrit-il dans la conclusion de son bel ouvrage, précieuse pour les Grecs, a été utile à l'Europe elle-même. Elle a empêché la Russie, déjà si forte, de devenir, à la suite d'une intervention isolée et sans contrôle, un formidable danger pour les autres puissances ». Elle a posé de plus la base du principe des nationalités, « qui a réalisé un sérieux progrès sur les traditions passées ».

N. P.

Manuel de droit international public, par HENRY BONFILS, professeur à la Faculté de droit de Toulouse, 3ᵉ édition revue et mise au courant par PAUL FAUCHILLE, directeur de la *Revue générale de droit international public*, associé de l'Institut de droit international, 1vol. in-8º, Paris, 1901, Arthur Rousseau, édit. — C'est une rare bonne fortune pour l'auteur d'un traité élémentaire que d'avoir pour collaborateur, fût-ce posthume, l'un des maîtres incontestés de la science sur laquelle il écrit. Tel est le cas de M. Bonfils. A la suite d'un succès amplement justifié par la valeur et la nouveauté de l'œuvre, son *Manuel de droit international public*, paru en 1894, fut rapidement épuisé. M. Fauchille voulut bien, en 1898, se charger de le compléter, de le mettre au courant pour une deuxième édition. Le succès s'accentua : au bout de deux ans une troisième édition était reconnue nécessaire. C'est elle que M. F. présente aujourd'hui au public qu'intéresse, par profession ou par goût, le droit des gens. Nul n'était mieux qualifié que lui pour mener à bien semblable entreprise. Son passé scientifique, ses travaux nombreux et remarqués, son commerce constant et intime avec les questions internationales (commerce dont cette *Revue* est le témoin le plus éloquent) faisaient de lui l'homme compétent, entre tous, pour donner une sorte de regain de jeunesse à un livre qui certes n'a pas vieilli, mais qui, en raison même du perpétuel devenir du droit des gens, exige un certain afflux périodique de sang nouveau. Ce que nous étions en droit d'attendre de M. F. il nous le donne. Aucun des faits internationaux récents ayant un intérêt quelconque pour la science n'est omis. Les résultats de la Conférence de la Paix en particulier, les enseignements qui se dégagent de la guerre hispano-américaine, de la guerre Sud africaine et des événements de Chine dans la mesure où on les connaît, tout cela est exposé, mis en lumière, avec une méthode rigoureuse, et ainsi ressort le côté nettement positiviste sans lequel le droit des gens serait réduit au rôle honorable à coup sûr, mais insuffisant, de simple droit naturel. En outre, et ce n'est pas une des moindres qualités de son travail, M. F. a joint à chaque matière une bibliographie des plus complètes portant sur les ouvrages français et étrangers, les articles de revues, les livres diplomatiques, jaunes, rouges, etc., publiés dans différents pays. Bref, tout en respectant intégralement le texte primitif de M. Bonfils, il présente le dernier état de la doctrine et de la pratique. Par là même le champ d'utilisation de son *Manuel* se trouve singulièrement plus vaste que celui auquel semble le borner son titre. Ce n'est plus seulement aux étudiants, aux aspirants aux fonctions diplomatiques et consulaires qu'il s'adresse, mais aussi à tous les spécialistes en droit des gens. La modestie de l'auteur me pardonnera ce trop bref éloge dans sa propre maison, je lui rends justice, sans plus, et j'ajoute des souhaits, presque inutiles à formuler, pour le succès croissant de son œuvre.

M. MONCHARVILLE.

Tribunaux internationaux d'arbitrage (traduction française de : International Courts of arbitration, 1874), par THOMAS BALCH, 1 vol. in-8º, Philadelphie, 1900, Allen, Lane et Scott, édit. — La monographie de M. Thomas Balch, dont son fils, M. Thomas Willing Balch, donne la traduction française, fut publiée pour la première fois à Londres en 1874 dans la Revue *The Law Magazine and Review*, et réimprimée aux États-Unis la même année. Elle offre un certain intérêt à ce qu'elle contient, sur l'organisation de l'arbitrage international, les idées d'un jurisconsulte qui fut l'un des premiers à défendre l'arbitrage, à un moment où cette façon de résoudre les litiges entre États était à peine pratiquée. C'est en effet à M. T. B. qu'est due la pensée initiale du tribunal arbitral qui trancha les difficultés nées entre l'Angleterre et les États-Unis pendant la guerre de Sécession, à propos de l'*Alabama* : dès le 31 mars 1865, dans une lettre adressée à M. W. Huntington, correspondant à Paris du journal la *New-York Tribune*, il recommandait le plan même d'arbitrage qui, quelques années plus tard, devait être adopté à Geneve. On trouve dans le volume de M. T. B. (p. 14) le texte de cette lettre. On y trouve également (p. 33) une lettre fort intéressante de M. Lorimer, le regretté professeur à l'Université d'Edimbourg, datée de 1874, sur les limites de l'arbitrage international.

II. — PUBLICATIONS PÉRIODIQUES.

FRANCE. ═ **Annales des sciences politiques (anciennement Annales de l'École libre des sciences politiques).** — 1901. Nº 3. DE PEYERIMHOFF. L'œuvre française d'Algérie. — SCHEFER. La politique coloniale de la première Restauration. — VIALLATE. Les États-Unis et Cuba libre.

Bulletin du Comité de l'Afrique française. — 1901. *Avril.* La région du Chari et la mission Gentil. — La mission de l'Afrique centrale. — La mission Chari-Sangha. — Les méfaits de l'interpellation sur la Tunisie.— Algérie. — Afrique occidentale française. — Guinée française. —Côte d'Ivoire. — Dahomey. — Congo français.—Madagascar. — Égypte. — État indépendant du Congo. — Libéria. — Éthiopie. — Transvaal. — Possessions britanniques, allemandes et italiennes. ═ *Mai.* Autour du lac Tchad. — Les concessions du Congo. — Algérie. — Tunisie. — Afrique occidentale française. — Maroc. — Égypte. — Libéria. — État indépendant du Congo. — Transvaal. — Éthiopie. — Possessions britanniques, allemandes, ottomanes et italiennes.

Correspondant.— 1901.10 *mars.* DE LA GORCE. La France après Sadowa. ═ 25. DU-FOUGERAY. La succession de l'Empereur d'Autriche, d'après un livre nouveau. ═ 10 et 25 *avril.* DE LA GORCE. Mentana. ═ 10 *mai.* DE ZENZINOFF. La question de la Mandchourie.

Économiste français. — 1901. 23 *mars.* L'émigration européenne. — Lettre d'Angleterre. — La tarification douanière de la nouvelle Confédération australienne.═ 30. Le commerce extérieur de la France et de l'Angleterre pendant les deux premiers mois de 1901. — Lettre d'Australie. ═ 6 *avril.* Le Congrès de la réglementation douanière. — Lettre d'Angleterre. ═ 20. Le commerce extérieur de la France pendant les trois premiers mois de 1901. — Porto-Rico sous la domination américaine. — Lettre d'Angleterre. ═ 4 *mai.* La question des câbles télégraphiques entre la France et ses colonies. — Lettre d'Angleterre. — La situation de la Chine et l'indemnité de guerre.

Études religieuses, philosophiques, historiques et littéraires. — 1901. 5 *mars.* PRÉLOT. Nos Congrégations enseignantes en Syrie. — DUDON. Le Concordat et les Congrégations. — WETTERWALD. En Chine. Une armée chrétienne improvisée.

Journal du droit international privé. — 1901. Nᵒˢ I et II. — LAINÉ. La Conférence diplomatique de la Haye relative au droit international privé. — CHAVEGRIN. Notes et renseignements relatifs à la propriété littéraire et artistique. — Le droit maritime international. — LESOUCQ. Etude sur le nouveau projet de loi français relatif à l'extradition. — KEIDEL. De la théorie du renvoi en droit international privé, selon le nouveau code civil allemand. — Compétence, contestations entre Français et étrangers.— Compétence, abordage entre navires français et étrangers dans les eaux françaises. — JURISPRUDENCE (France : Agents diplomatiques, assimilation des attachés militaires [Paris, 2 janvier 1901] ; Compétence, époux étrangers [Cass., 17 mai 1900] ; Dettes d'un étranger [Paris, 23 juin 1899] ; Hypothèque légale, femme mariée étrangère, clause de la nation la plus favorisée [Chambéry, 10 juillet 1900]. — Allemagne : Divorce, étrangers, loi du mari [Rechtgericht, 13 déc. 1900] ; Angleterre : Annexion de territoire, respect de la propriété privée [Comité judiciaire du Conseil privé, 1ᵉʳ août 1899]). — FAITS ET INFORMATIONS (Angleterre : Indemnités réclamées par les sujets neutres.— Chine et France : Guerre, dommages aux particuliers. — France : Tentative d'assassinat d'un Souverain étranger. — Maroc : Meurtre d'un sujet étranger, responsabilité du gouvernement. — Pays-Bas : Cour internationale d'arbitrage).

Nouvelle Revue. — 1901. 1ᵉʳ *mars.* GILBERT. La guerre Sud africaine. — GACHOT. Masséna à Rome. ═ 15. JADOT. France et Angleterre (1837-1901). ═ 15 *avril.* DE

Pouvourville. Le piège marocain. — Le Poulcbre de la Motte-Messemé. L'armée du Duc d'Albe. = 1er mai. Ragueni. Autour de la Triple-Alliance.

Nouvelle Revue internationale.— 1901. Avril. den Beer Portugael. La Grande - Bretagne et les Républiques Sud africaines.

Questions diplomatiques et coloniales (anciennement Revue diplomatique et coloniale). — 1901. 1er avril. Aspé-Fleurimont. La question des chemins de fer dans l'Afrique occidentale. = 15. Brunhes. De quelques formes spéciales de la pénétration anglaise en Egypte. — Hauser. Colonies portugaises d'Extrême-Orient. = 1er mai. Noufflard. Quelques institutions coloniales anglaises. — Hauser. Études sur les colonies portugaises. = 15. Noufflard. Quelques institutions coloniales anglaises.

Quinzaine. — 1901. 1er avril. Piolet. La France et ses missionnaires. — X. La politique russe et la Finlande.

Recueil de l'Académie des sciences morales et politiques. — 1901. Février. Levasseur. L'influence des voies de communication au XIXe siècle.

Réforme sociale. — 1901. 1er avril. Foureau, Leroy-Beaulieu et Le Myre de Vilers. La question Foureau-Lamy et la question du Transsaharien. = 1er mai. Brants. Un Office international du travail.

Revue bleue. — 1901. 6 avril. d'Estournelles. Le péril jaune. = 4 mai. Desbrières. La descente du général Humbert en Irlande (1798).

Revue britannique. — 1901. Mars. Correspondance d'Allemagne. = Avril. Les alliés en Chine. — Correspondance d'Allemagne : l'Italie et la Triplice ; la guerre de Chine. = Mai. de Viefville. Le Japon contemporain. — Correspondance de Grèce : conséquences de la guerre de Crète.

Revue critique de législation et de jurisprudence. - 1901. Mars. Surville. Jurisprudence française en matière de droit international.

Revue de géographie. — 1901. Mars. Vallée. La Sibérie et le grand Transsibérien. — Charpentier. La question du French Shore. — Barré. Les chemins de fer océaniens. = Avril. Brugière. L'expansion européenne à la fin du XIXe siècle. — Dornin. Dans le Nord du Soudan français.

Revue de Lille. — 1901. Avril. Dard. Questions d'Extrême-Orient.

Revue de Paris. — 1901. 15 avril. Billot. La Triple-Alliance. = 1er mai. Robert Hart. La Chine, les réformes et les puissances. — Loiseau. Les chemins de fer du Balkan occidental. = 15. Stead. Comment gouvernera le Roi Édouard VII ?

Revue des Deux-Mondes. — 1901. 15 avril. Pinon. La résurrection d'un État africain. L'Éthiopie. = 1er mai. Raphael-Georges Lévy. Les finances chinoises. = 1er juin. d'Haussonville. La Duchesse de Bourgogne et l'alliance savoyarde sous Louis XIV. — Piry. Le peuple chinois et la réforme.

Revue des questions historiques. — 1901. Avril. Froidevaux. La politique coloniale de Napoléon Ier.

Revue d'Europe. — 1901. Mars. Chevalier. En Hongrie. — de Stieglitz. Guillaume II, ami de la France. = Avril. Chevalier. En Hongrie. — Kienlin. La paix des peuples. — de Stieglitz. Guillaume II, ami de la France.

Revue d'histoire diplomatique. — 1901. N° 2. L'éducation d'un diplomate. — Flament. Philippe de Harlay, ambassadeur de France en Turquie. — Baguenault de Puchesse. Les introducteurs des ambassadeurs. — Coquelle. Le cabinet secret de Louis XV en Hollande. — d'Avril. Les hiérarchies orientales.

Revue du droit public et de la science politique en France et à l'étranger. — 1901. Janvier-Février. Michoud et de Lapradelle. La question finlandaise. — Bajer. L'article 27 de la convention de la Haye. — de Lapradelle. Chronique internationale : le conflit Sud africain.

Revue du monde catholique. — 1901. 1er mars et 1er avril. Savaète. Boërs et Afrikanders. = 15 avril. Lepage. Dans les Balkans.

Revue française de l'étranger et des colonies. — 1901. Mars. Demanche. L'invasion sicilienne en Tunisie. — NESTLER TRICOCHE. La situation aux Philippines. — La défense des colonies. — Les associations bizarres en Chine. — Les marines de guerre étrangères en 1900. — L'Afrique en 1800 et en 1900. — Les progrès de la Guinée française. — Délimitation entre Costa-Rica et la Colombie — La guerre au Transvaal. — Explorateurs et voyageurs. = Avril. CHANEL. Les Etats-Unis et le traité Hay-Pauncefote. —VASCO. L'occupation du Touat. — DE LASALLE. La guerre au Transvaal.

Revue générale du droit, de la législation et de la jurisprudence. — 1901. Mars-Avril. BONOLIS. Les assurances sur la vie en droit international privé.

Revue historique. — 1901. Mars-Avril. PHILIPPSON. La paix d'Amiens et la politique générale de Napoléon Ier. — DEPPING. Un épisode du séjour des alliés à Paris en 1815.

Revue maritime et coloniale. — 1901. Février. WOLF. Le respect de la pêche côtière en temps de guerre.

Revue politique et parlementaire. — 1901. T. XXVIII No 82. Avril. DE LENZINOFF. Les Russes en Mandchourie. — ALCIDE EBRAY. La politique extérieure du mois. = T. XXVIII. No 88. Mai. PICARD. La République fédérale d'Australie.— DE BERTHA. La Hongrie et la guerre de 1870. — ALCIDE EBRAY. La politique extérieure du mois.

Revue socialiste. — 1901. Avril. BERTRAND. Le livre rouge.

Revue universelle (anciennement Revue encyclopédique Larousse). — 1901. 16 mars. ALLIER. Le fanatisme en Chine. = 20 avril. PAISANT. La guerre du Transvaal et le droit des gens. = 18 mai. REGELSPERGER. La mission Gentil.

ALLEMAGNE. = **Archiv für offentliches Recht.** — 1901. T. XVI. No 2. MAYER. Droit des chemins de fer et des routes. — BIELEFELD. L'armée impériale : histoire de son développement en Allemagne.

Deutsche Revue. — 1901. Mars. ROBERT HART. Les Boxers. — FRAMINGO. Le Vatican dans ses relations avec la France et l'Allemagne.

Deutsche Rundschau. — 1901. Avril. WACHS. L'importance stratégique du Nord-Pacifique.

Grenzboten. — 1901. 14 et 21 mars. La question polonaise.

Historisch-Politische Blætter. — 1901. 1er février. La Russie et les puissances en Chine. = 16. L'Angleterre et les Républiques Sud africaines. = 16 mars. Le mouvement de séparation d'avec Rome en Autriche. — Angleterre ou Russie ? = 1er avril. Le Transvaal. = 16. Le mouvement de séparation d'avec Rome en Autriche.

Internationale Revue über die gesammten armeen und flotten. — 1901. Février. Le commerce maritime allemand en présence du droit de la guerre navale et de neutralité maritime actuel.

Preussische Jahrbücher. — 1901. Mai. ARNDT. Le droit des arrangements d'exploitation et de circulation des chemins de fer.

Staatsarchiv. — 1901. T. LXIV. Nos 5 et 6. AFRIQUE DU SUD. Documents pour l'histoire de la guerre de l'Afrique du Sud. — CHINE. Rapport de l'ambassade allemande à Pékin sur la révolte des Boxers et le meurtre de l'ambassadeur allemand.

Zeit. — 1901. 20 avril. BORIS MINZÈS. Le danger macédonien.

Zukunft. — 1901. 9 mars. WIRTH. Orient et Occident = 6 avril. JENTSCH. Angleterre, États-Unis et Russie. = 27. L'Allemagne en Chine.

BELGIQUE. = **Bulletin de l'Académie royale de Belgique.** — 1901. No 1. MEES. HENRI le navigateur et l'Académie portugaise de Sagres. = No 2. DESCAMPS. La constitution internationale de la Belgique.

· **Revue de Belgique.** — 1901. Mars. DUCHESNE. La neutralité liégeoise.

Revue de droit international et de législation comparée. — 1901. No 3. STOCQUART. La naturalisation en droit anglais. — LISSOA. L'extradition. — PÉRITCH. De la condition juridique des Bosniaques et des Herzégoviniens en pays étranger. — TAKAHASHI. La neutralité du Japon pendant la guerre franco-allemande. — BUZZATI. Les projets de convention de la Haye pour le droit international privé. — DE PAEPE. De la compétence à l'égard des étrangers dans les affaires maritimes et de la loi applicable à l'abordage.

Revue générale. — 1901. *Mars.* DELBEKE. La Belgique et ses obligations internationales au point de vue militaire. — CHARLOT. La Reine Victoria. = *Avril.* DELBEKE. La Belgique et ses obligations internationales au point de vue militaire.

ESPAGNE = Ciudad de Dios. — 1901. 20 *mars.* GONZALEZ. Nations catholiques et nations protestantes.

Estudios militares. — 1901. 5 et 20 *février.* EFEELE. La guerre contre les États-Unis. — S. M. Ma campagne à Cuba. = 5 *mars.* S. M. Ma campagne à Cuba.

Revista contemporanea. — 1901. 30 *janvier.* FIGUEROA. L'art de la guerre. — DE FERRER. Le désarmement de l'Europe. = 15 *mars.* FIGUEROA. L'art de la guerre.

Revista general de legislacion y jurisprudencia.— 1901. *Janvier-Février.* CONDEY LUQUE. La condition juridique des étrangers au moyen-âge. = *Mars-Avril.* DE OLIVART. La nationalité des Cubains et le traité de Paris. — Traités conclus par l'Espagne dans la seconde moitié de 1900.

ÉTATS-UNIS DE L'AMÉRIQUE DU NORD. = Annals of the american Academy. — 1901. N° 1. WUBING-FANG. Les causes de l'impopularité des étrangers en Chine.

Catholic World.— 1901. *Avril.* DIARISTA. L'indépendance du Pape et la prospérité de l'Italie.

Forum. — 1901. *Mai.* WILCOX. La capture d'Aguinaldo et la Commission des Philippines. — KROPOTKIN. Les Russes en Mandchourie.

Nation. — 1901. 14 *mars.* La frontière russo-turque. = 21. La Russie en Orient et chez elle. = 4 *avril.* La capture d'Aguinaldo. — La situation aux Philippines. = 11. Problème de la paix aux Philippines. — L'Italie et les alliances. = 18. Cuba.

North American Review. — 1901. *Mars.* PAVEY. L'indépendance de Cuba. = *Avril.* BEVERIDGE. Cuba et le Congrès. — ALLEYNE IRELAND. L'ère victorieuse de l'expansion anglaise.

Political science Quarterly. — 1901. *Mars.* TANNER. Les agences coloniales en Angleterre. — COOK. Comment gouverner les îles Philippines.

Yale Review. — 1901. *Février.* BALDWIN. L'entrée des États-Unis dans la politique internationale en qualité de grande puissance. — TRAVIS. L'attitude des États-Unis à l'égard du canal interocéanique.

GRANDE - BRETAGNE. = Contemporary Review. — 1901. *Avril.* La défense de l'Empire. — METHUEN. 1775-1899 : un parallèle = *Mai.* La décadence économique de la Grande-Bretagne.— SANDS. Les guerres civiles américaine et africaine.— JULES LEGRAND. L'Église et l'État en France depuis le concordat. — GOLDMANN. La situation financière du Transvaal.

Fortnightly Review. — 1900. *Septembre.* MALCOLM MC. ILWRAITH. L'arbitrage de la baie de Delagoa. — WELCH. Le sort des malades et des blessés en temps de guerre. — DIPLOMATICUS. L'avenir de la Chine = *Octobre.* Pourquoi ne pas traiter avec la Russie ? — BOULGER. La Russie sera-t-elle prépondérante en Chine ? — DIPLOMATICUS. Le premier échec du Comte Lausdorff.= *Novembre.* ROBERT HART. Les légations de Pékin. Angleterre et Belgique. = *Décembre.* GAMBIER. Une garantie de paix : une alliance anglo-russe. — SALMON. La Fédération impériale. = 1901. *Janvier.* KEMAL BEY. La question du Transvaal au point de vue musulman.— DIPLOMATICUS. Le Concert en Chine· — ROBERT HART. Chine et reconstruction. = *Février.* GEOFFREY E. NOEL. La politique Sud-Africaine. — ROBERT HART, Chine et Non-Chine. — CALCHAS. La croix de l'Afrique du Sud. — ADDERLEY. Quelques griefs dans les Indes occidentales. — WILSON. La question de Terre-Neuve. Un arrangement avec la France est-il actuellement désirable ? = *Mars.* GEOFFREY E. NOEL. Politique dans l'Afrique du Sud. = *Avril.* IONOTUS. Allemagne et Angleterre. = *Mai.* ROBERT HART. La Chine, la réforme et les puissances.

Law Quarterly Review. — 1901. *Janvier*. DUNDAS WHITE. La saisie du *Bundesrath*. = *Avril*. DE HART. Marchandises de contrebande et ports neutres.

Monthly Review. — 1901. *Avril*. YOUNG-HUSBAND. Sir Robert Hart sur la Chine. — WOLFF. L'anglophobie allemande.

Nineteenth Century. — 1901. *Mars*. TREVES. La Commission hospitalière du Sud de l'Afrique. — BRUCE. Quelques impressions américaines sur l'Europe. — LOW. La monarchie au XIXᵉ siècle. = *Avril*. MONTEFIORE BRICE. Emigration pour les femmes. — CÉCIL. Communication anglaise avec l'Orient et l'Afrique du Sud. — WILKINS. La première Reine de Prusse. — SHERSSON BAKER. La déclaration du Roi. — WHEELER. Lord Curzon aux Indes. = *Mai*. Le prix de la guerre. — GREEN. Nos prisonniers boërs. — BUSHBY. La Corée d'après le point de vue japonais. — WATTS. Notre race comme pionniers.

Quarterly Review. — 1901. *Avril*. Le « settlement » dans l'Afrique du Sud.

Tablet. — 1901. 2 *mars*. Les ordres religieux et l'avenir des Philippines = 30. L'Italie et la Triple alliance. = 6 *avril*. Les nuages en Orient. = 13. Le problème américain à Cuba.

ITALIE = **Civilta cattolica.** 1901. 6 *avril*. Un cardinal légat a latere à Paris en octobre 1801 = 20. Nankin port ouvert.

Economista. — 1901. 3 *mars*. La nouvelle loi sur l'émigration = 17. Le commerce international italien en 1900. — Le développement de la marine marchande allemande. — Le commerce de la Chine avec l'étranger et les derniers événements politiques : = 31. Les Italiens au Canada. = 14 *avril*. Italie et France. = 21. France et Italie. — Commerce de la République argentine, de l'Espagne, de la Bulgarie en 1900. = 28. R. D. V. La lutte commerciale internationale. — Commerce italo-américain.

Nuova Antologia. — 1901. 1ᵉʳ *mars*. DAL VERME. La grande guerre boër. = 16. PIGNORINI BERI. Marie-Louise de Parme. — MONTAGNA. Lutpold, Prince Régent et la Bavière. = 16 *avril*. D'OLEVA. L'éducation d'un Roi. — VITALE. Aguinaldo.

Rassegna nazionale. — 1901. 1ᵉʳ *avril*. CUSTODIANUS. La navigation aérienne. — TROCHIA. Le chemin de fer du Transsibérien

Rivista politica e litteraria. — 1901. 15 *mars*. Prinetti, ministre des affaires étrangères et la propagande franco-russe en Italie. — PAGANI. Le premier apôtre de la Triple alliance. = 15 *avril*. Les fêtes de Toulon et la situation internationale. — ILMARISSEN. La question finlandaise.

SUISSE. = **Bulletin international des Sociétés de la Croix-Rouge.** — 1901. *Janvier*. Nᵒ 125. Expédition de Chine. — MOYNIER. La Croix-Rouge d'un siècle à l'autre. — Traitement des prisonniers et des blessés au Transvaal, par M. Despagnet. — Les services féminins dans les ambulances anglo-boërs. — La Croix-Rouge, par M. Montuoro. — La Croix-Rouge en Extrême-Orient, par M. Nagao Ariga. — Lettre de M. den Beer Portugael aux membres et associés de l'Institut de droit international sur les moyens d'assurer l'observation des lois de la guerre. — La Croix-Rouge au commencement du XIXᵉ siècle, par M. von Strantz. — Application à la guerre maritime des principes de la convention de Genève : vœu de l'Institut de droit international à Neuchâtel pour le rétablissement de l'article 10 dans la convention de la Haye. = *Avril*. Nᵒ 126. De la reconnaissance des Sociétés de la Croix-Rouge. — La Croix-Rouge et l'œuvre de la paix. — Les Conférences internationales des Sociétés de la Croix-Rouge. — Rapports des médecins allemands envoyés au Sud de l'Afrique. — Expédition de Chine. — Traitement des prisonniers anglais à Prétoria. — Norvège : écho de la guerre du Transvaal ; affaire du Dʳ Haugen. — Rapport du Dʳ Suter, médecin suisse envoyé au Transvaal. — Statuts et règlement de la Société transvaalienne de la Croix-Rouge (15 décembre 1896). — Pertes de l'armée anglaise dans le Sud de l'Afrique et ressources sanitaires.

LE DROIT INTERNATIONAL

AU COMMENCEMENT DU XXᵉ SIÈCLE

We think our civilization near its meridian, but we are yet only at the crock-cowing and the morning star.

EMERSON.

I. — CODIFICATION ET RÈGLES DE PROCÉDURE.

Le passage d'un siècle à l'autre provoque de tous côtés ces questions qu'on entend répéter dans chaque pays à propos de chaque branche de l'activité humaine et de chaque manifestation de la vie : que nous a laissé le siècle qui vient de finir? quelles promesses nous ménage celui qui vient de s'ouvrir?

Lorsque ces demandes,que l'homme se pose à propos du passé immédiat et de l'avenir le plus proche,concernent le développement contemporain du droit international, la réponse est beaucoup plus difficile à donner que quand il s'agit de beaucoup d'autres manifestations de la pensée et de la vie. Il faudrait même ajouter que si à cette question : « Le droit international a-t-il progressé dans le XIXᵉ siècle ? » on était obligé de répondre par un monosyllabe, ce serait tout à fait impossible. Ceux qui croient (et à notre avis ils se trompent) que le droit international a pour seul but de supprimer la guerre et de faire régner la paix perpétuelle entre les nations, ne pourraient pas juger le droit international en vigueur dans le monde actuel très différent ou beaucoup meilleur de ce qu'il était au commencement du siècle dernier. Mais ceux qui considèrent le droit international comme la loi qui doit gouverner la vie sociale des États tels qu'ils existent et dans les rapports que l'histoire a développés entre eux, ceux qui attribuent à ce droit la mission de réaliser l'empire de la loi et de faire écouter la voix de la justice dans les relations pacifiques aussi bien que dans celles de la guerre, ne pourraient pas donner une réponse aussi décourageante. Il leur serait cependant impossible de donner une réponse quelconque sans se livrer à des analyses et à des discernements subtils.

Avant tout, il importe de se garder d'un préjugé qui pour être commun n'en est pas moins dangereux et risquerait de troubler les recherches et les jugements du progrès humain. C'est le préjugé de ceux qui considèrent synthétiquement leur époque et leur génération comme quelque chose de définitif devant être nécessairement meilleur et différent des époques et des générations antécédentes, que ces dernières ont eu pour but de préparer et de produire comme résultat final. Tandis que ce procédé est essentiellement antihistorique, il empêche en même temps de discerner les diverses vérités si souvent contradictoires, et de s'apercevoir que l'homme, dans les différentes manifestations de sa vie, a dans la même époque tour à tour progressé, est resté stationnaire ou a rétrogradé. Celui qui veut avoir une vue d'ensemble se rapprochant le plus de la vérité, doit au contraire considérer la période séculaire qui est l'objet de ses recherches, ce qu'elle a vraiment été, c'est-à-dire non la dernière page d'un livre qui doit aboutir à un enseignement définitif, mais une page qu'on vient de tourner d'un grand livre qui continue.

Il suffit d'un seul exemple pour nous persuader des nombreux progrès réalisés dans les rapports internationaux pendant le dernier siècle.

Le 23 avril 1795, l'abbé Grégoire proposait à la Convention la « Déclaration du droit des gens » qui, dans l'idée de ce philanthrope, était appelée à compléter la Déclaration des droits de l'homme. Cette dernière déclaration devait garantir l'intégrité juridique des individus dans les différentes agrégations des hommes ; la première devait garantir l'intégrité juridique de chaque peuple et de chaque État dans la société plus vaste des États. L'œuvre de l'abbé Grégoire déclarait l'indépendance des peuples et aussi l'égalité de tous les États quelles que fussent la grandeur et la puissance relatives des différents pays. Elle proclamait comme un devoir des États de se faire en paix le plus de bien et en guerre le moins de mal possible ; elle reconnaissait à chaque peuple la liberté de changer sa constitution politique ; elle considérait comme un acte d'inimitié vis-à-vis du genre humain les alliances contractées pour faire violence à un peuple ou à sa liberté. Les choses qui sont d'un usage commun comme la mer étaient déclarées un objet de propriété universelle ; la possession exercée pendant un temps immémorial était envisagée comme incontestable ; tout État avait le droit de ne pas admettre des étrangers sur son territoire et d'en expulser ceux qui s'y trouvaient. Les étrangers étaient soumis aux lois du pays qu'ils habitaient et punissables par elles, et l'exil des sujets était réputé une violation des droits des autres États. Enfin, d'après l'abbé Grégoire, les peuples qui sont en guerre devaient laisser un libre cours aux négociations propres à amener la paix ; les agents diplomatiques des différents peuples étaient indépendants des lois de l'État où ils sont accrédités et il n'y avait pas de préséance entre les uns et les autres ; les conventions internationales étaient sacrées et inviolables.

Les différentes péripéties de la vie politique et parlementaire de la France firent que la déclaration de 1795 ne demeurât alors qu'un simple

projet. Et même, hors de France, plusieurs juges autorisés n'hésitèrent
pas à la traiter d'utopie. Georges Frédéric de Martens, qui publiait en
1796 la deuxième édition française de son fameux *Précis du droit des
gens*, était si sévère qu'il niait la possibilité de concevoir, autrement que
par des abstractions, le droit international comme système général et
universel de droit. Il contestait d'une façon absolue qu'il pût y avoir un
droit international général et positif, c'est-à-dire un ensemble systématique de règles uniformes effectivement en vigueur dans les rapports
entre États. Et en vérité la condition de l'Europe à la fin du XVIII⁰ siècle,
la différence des relations qui se développaient d'une part entre les pays
attirés dans l'orbite de la France révolutionnaire et d'autre part entre
ceux continuant à vivre dans l'ancienne tradition légitimiste, ainsi que
l'attitude hostile qu'avaient ces deux groupes l'un vis-à-vis de l'autre,
étaient faits pour justifier le jugement négatif de M. Georges Frédéric de
Martens. Pareil jugement correspondait absolument à la réalité des événements.

Mais, à la fin du XIX⁰ siècle, combien de ces utopies d'il y a cent ans ne
se sont-elles pas trouvées transformées en conquêtes certaines du droit
positif, en règles uniformément formulées et constamment respectées
dans les rapports internationaux ? Sans doute un code complet du droit
des gens n'existe pas encore, et n'existera pas de longtemps. Néanmoins,
beaucoup de rapports et beaucoup de systèmes de règles sont aujour-
d'hui organisés d'une manière générale. Et cela, grâce soit à des usages devenus communs à beaucoup de peuples, soit à des traités signés
par tous les pays civilisés ou par quelques-uns seulement, mais qui reproduisaient les conventions conclues par d'autres États. Qu'il suffise de
citer le traité de Vienne de 1815 et celui d'Aix-la-Chapelle de 1818 concernant les règlements diplomatiques et la préséance des envoyés ; ceux
de Vienne de 1815, de Paris de 1856, de Mannheim de 1868 et de Berlin
de 1885 qui ont trait à la navigation des grands fleuves internationaux ;
celui de Paris de 1856 sur l'abolition de la course maritime et la protection de la propriété des neutres en temps de guerre ; celui de Berlin
de 1885 pour l'acquisition de la souveraineté sur les territoires sans
maîtres hors d'Europe ; les conventions de Genève de 1864 et de 1868
d'où est sorti cette grande codification mondiale de la protection des
malades et des blessés en temps d'hostilités, qui a créé une oasis de
fraternité et de paix au milieu même de la guerre ; la convention de
Saint-Pétersbourg de 1868 qui a défendu l'emploi des projectiles explosibles. Ces exemples fournissent déjà une série nombreuse de règles
codifiées par tous les États civilisés. Il n'y a d'un autre côté qu'à se re-
mémorer les événements du dernier quart de siècle pour voir que la

codification de ces règles n'a pas été une simple formalité, mais a constitué une législation constamment respectée par les peuples qui y ont adhéré. A la vérité, cela est peu de chose encore en comparaison de l'idéal d'une codification complète du droit des gens ; c'est cependant une réalité réconfortante quand on la compare à la condition du siècle précédent, quand on remarque qu'au nombre des règles ainsi codifiées il s'en trouva que M. Georges Frédéric de Martens avait taxées d'utopies incapables de jamais trouver place dans le droit international positif.

Mais il y a mieux. Au XIXᵉ siècle, le système des règles doctrinales s'est de jour en jour développé davantage dans sa partie critique comme dans sa partie constructive. Le nombre des règles positives affirmées par l'usage a sans cesse diminué, tandis que celui des règles explicitement codifiées a toujours augmenté. Et, parmi ces dernières, les règles codifiées par des conventions bilatérales ont de plus en plus fait place aux règles directement codifiées par l'œuvre simultanée et concordante de la totalité ou d'une grande partie des États civilisés. Ces passages successifs de la coutume à la loi et de la loi particulière à la loi générale ou universelle sont l'un des traits les plus importants qui distinguent le progrès accompli par le droit international.

L'efficacité bienfaisante et progressive de la codification s'est montrée aussi dans divers cas où des États ont été moralement amenés à proclamer d'eux-mêmes, sans y être obligés par la violence, des principes qu'autrement ils n'auraient pas reconnus. Le progrès réalisé dans certains pays s'est de la sorte communiqué à d'autres. C'est ainsi que l'Espagne et plus tard le Brésil ont été entrainés à abolir l'esclavage : témoignage de l'influence que peut avoir sur des peuples le désir de s'assurer l'estime et la sympathie du monde civilisé. De même, l'Espagne et les États-Unis, qui n'avaient point adhéré au traité de 1856 supprimant la course maritime, se sont spontanément abstenus de recourir à des corsaires lorsqu'ils se sont trouvés respectivement en guerre et auraient pu légitimement en faire usage : cela montre l'action qu'exerçait sur les deux belligérants la condamnation de la guerre privée prononcée par les autres États.

Avec le mécanisme compliqué de la vie moderne on ne peut pas dire qu'en Europe l'individu soit aujourd'hui plus libre qu'il n'était autrefois. Mais un fait est certain, c'est qu'il est beaucoup mieux protégé dans sa personne et dans ses droits : à cette protection tendent en grande partie les règles les plus récentes du droit international positif.

Dans les rapports relatifs à la guerre comme dans ceux concernant la paix, dans le droit diplomatique et consulaire comme dans le droit maritime, c'est la procédure internationale qui surtout a progressé, par ap-

plication d'une loi constante du progrès juridique, d'après laquelle les
règles de la procédure précèdent chronologiquement les règles qui touchent au fond du droit. Mais ces règles, dans leur application aux rapports internationaux, ont ceci de particulier qu'elles constituent des
principes de procédure quand elles ont trait aux relations entre les Etats,
tandis qu'elles sont vraiment des principes de protection juridique
quand on les considère dans leurs effets sur les individus. C'est pourquoi les progrès notables de la procédure sont en même temps des facteurs essentiels et des manifestations importantes du développement du
droit des gens.

II. — DÉTERMINATION TECHNIQUE DES INSTITUTIONS.

A un point de vue plus général on peut constater un autre progrès
intéressant dans la détermination technique des différentes institutions,
tant dans la doctrine que dans les lois et dans les conventions internationales.

Le système du droit international a commencé à se développer dans
la doctrine moderne comme droit de la guerre et de la paix. Les rapports de guerre avaient alors autant d'importance et autant de développement que les rapports pacifiques. Et, dans chacune de ces parties du droit, les règles touchant la procédure avaient le pas sur celles qui
concernaient le fond même des choses. La doctrine la plus récente n'a
point fait disparaître la distinction entre le droit de la guerre et le droit
de la paix, mais elle n'en fait plus une base fondamentale de la systématique du droit des gens. Le droit international est devenu l'ensemble
des principes qui régissent l'état normal des relations entre les États,
c'est-à-dire leurs rapports pacifiques ; ce qui a trait à la guerre n'est plus
envisagé que comme une chose exceptionnelle, anormale dans les rapports des peuples : c'est pour ainsi dire le côté pathologique du droit
des gens.

En même temps, le droit international de la paix s'est dégagé de
jour en jour davantage des analogies du droit privé, et en particulier
du droit romain ; il est allé sans cesse en constituant de plus en plus une
systématique propre, ayant ses règles particulières dérivant de la nature
même des choses.

Les anciennes traditions de la science du droit des gens se retrouvent
encore, d'une façon marquée, dans *Le droit international de l'Europe*
d'Heffter et, à un degré moindre, dans *Le droit international codifié* de
Bluntschli. Mais elles ont été abandonnées dans les ouvrages de Bulmerincq, de Fiore, d'Heilborn, de Jellinek et d'Ullmann.

Un trait nouveau de la science du droit international est que plusieurs auteurs modernes, comme Bluntschli et Fiore, ont essayé de traduire en articles de code les résultats généraux de la doctrine et de la pratique. Ces projets de codification n'ont sans doute qu'une importance théorique, puisqu'ils sont l'œuvre de simples particuliers. Néanmoins ils attestent la possibilité de transformer en règles précises, méthodiquement classées, l'état de choses auquel est parvenu en fait le développement des institutions.

Au sujet de la détermination technique des principes du droit des gens, condition préalable d'une codification sérieuse, l'*Institut de droit international*, fondé en 1873, mérite d'être particulièrement mentionné. Les travaux auxquels il est arrivé sont déjà considérables. Il a établi les règles à suivre en matière d'arbitrages internationaux, de blocus pacifique, d'expulsion des étrangers, d'occupation des territoires sans maitre, de navigation des fleuves internationaux. Il a de plus rédigé un Manuel, universellement apprécié, sur les lois de la guerre et un autre relatif aux tribunaux de prises maritimes. La contrebande de guerre et le bombardement des villes ouvertes, les immunités consulaires et l'émigration, les conflits concernant la nationalité et la naturalisation, ont fait aussi l'objet de ses délibérations. Il faut enfin citer ses règlements ou ses propositions sur le régime légal des navires et de leurs équipages dans les ports étrangers, sur les devoirs et les droits des puissances étrangères au cas de mouvements insurrectionnels éclatant dans un pays, sur l'extension de la convention de Genève à la guerre maritime, et sur la responsabilité des États envers les étrangers en cas de troubles intérieurs. Cette énumération, d'ailleurs incomplète, des résultats obtenus par l'Institut suffit à en montrer l'importance pour l'œuvre définitive de la codification du droit des gens.

De cette détermination technique, on trouve dans le droit positif les preuves les plus certaines.

C'est ainsi que le principe de la liberté de la mer est toujours admis comme une proposition évidente par la pratique des peuples. Mais la police de l'Océan, en tant qu'il s'agit de donner des garanties à la navigation et d'éviter les abordages, tend chaque jour à s'uniformiser davantage. Complétée par les règles adoptées pour combattre la traite des esclaves, pour protéger dans quelques parties de la mer certaines espèces de pêche, pour empêcher la détérioration des câbles télégraphiques sous-marins, la doctrine de la mer libre se détermine et se fixe peu à peu de la manière la plus heureuse.

La juridiction consulaire, si elle est toujours pratiquée par les États de civilisation européenne dans leurs rapports avec les peuples de civilisation différente a, au siècle dernier, reçu, de la part de tous les États, certaines limitations. On est d'accord aujourd'hui pour reconnaître la nécessité d'instituer dans certains pays non européens des tribunaux mixtes internationaux de façon à unifier, sans enlever pour cela aucune des garanties aux étrangers, la juridiction et la loi qui doivent leur être appliquées.

La mission des agents diplomatiques est en principe demeurée la même que jadis ; néanmoins à leurs fonctions anciennes, purement politiques et représentatives, les États se sont entendus pour en ajouter quelques autres d'une nature économique ou sociale et qui réclament des agents diplomatiques des qualités différentes, plus nombreuses que celles qui suffisaient autrefois. L'action collective des envoyés a pris aussi de nos jours un développement plus grand : elle se témoigne d'une façon intermittente par l'œuvre des Congrès et des Conférences sans cesse plus nombreux, et par l'activité du corps diplomatique accrédité dans une capitale déterminée.

L'arbitrage tend, lui aussi, à s'insinuer de plus en plus dans la pratique des peuples ; il s'organise maintenant comme une fonction normale de la vie internationale. Même en négligeant les vues trop optimistes de ses plus chaleureux partisans, on ne saurait nier que par l'application plus fréquente qui en a été faite et par la détermination plus précise des règles touchant sa procédure et l'exécution de ses jugements, il a acquis rapidement une importance qui fait bien augurer de son avenir.

Les conventions internationales et les Congrès ont pris enfin au cours du XIX° siècle un développement considérable. Leur caractère prépondérant s'est toutefois modifié. Aux Conférences et aux traités exclusivement politiques se sont substitués des Congrès et des conventions d'une nature sociale et économique. Et ainsi deux matières, en quelque sorte nouvelles, ont été ajoutées au droit international positif : le droit international privé et le droit international administratif.

III. — Droit international privé.

Dans le droit international privé, tout est, on peut le dire, en état de progrès et de développement. Il en est ainsi spécialement en ce qui concerne la détermination des doctrines et la formation d'un ensemble de principes généraux indépendants des traditions locales.

La proportion différente d'efficacité reconnue aux statuts dans les divers pays avait suscité presque autant d'écoles de droit international privé qu'il y avait de pays. Les divers systèmes qui en résultaient formaient comme une gamme chromatique, allant du domaine presque absolu de la territorialité dans les pays anglo-saxons, à l'influence tou-

jours plus grande assignée à la personnalité par l'ancienne doctrine italienne et par la doctrine française de la fin du XVIII° siècle. Savigny a
donné une base universelle au système par la doctrine de la communauté
du droit et par la préférence attribuée dans les rapports de droit international privé à la loi la plus compétente. Sa doctrine, qui au point de
vue formel se rattachait au droit romain, mais qui trouvait une justification plus intime dans les rapports naturels des choses, a exercé une
influence qui a toujours augmenté parmi les juristes aussi bien que
parmi les législateurs.

Mancini adopta le système de Savigny en le modifiant sur un seul point:
il substitua la loi nationale à la loi du domicile comme règle des rapports personnels. Et la théorie de Savigny ainsi modifiée a, pour ainsi
dire, fait le tour du monde. Non seulement tous les juristes italiens contemporains l'ont acceptée ; mais la doctrine française, s'affranchissant
de l'influence anglo-saxonne affirmée par Félix, s'en est également rapprochée, et la doctrine anglaise, représentée par Westlake et quelques
autres, a en partie suivi la même voie. A la fin du XIX° siècle, il n'y avait
donc plus autant d'écoles que de pays, mais une véritable doctrine
universelle de droit international privé était en train de se former.

Et cette doctrine a été féconde.

. Elle n'est pas, en effet, demeurée paralysée dans le commentaire ser-
vile des œuvres de quelques maitres. On le remarque par exemple en
Italie. Dans ce pays Fiore est actuellement le représentant le plus autorisé et le plus connu de la doctrine de Savigny, complétée par Mancini.
Mais, à côté de lui, une légion, toujours plus nombreuse, de juristes, se
livre à l'étude du droit international privé avec une entière indépendance
de jugement: sans renier les principes fondamentaux de l'école italienne, ils en contrôlent les recherches et en corrigent ou en complètent
les résultats. Ainsi, des études très appréciées ont déterminé les limites
que la loi du domicile doit apporter à la loi nationale pour le règlement
des aptitudes juridiques des personnes ; les restrictions que la loi nationale des contractants doit entrainer pour les effets de la loi du contrat,
ou subir dans le règlement du fond et des effets des obligations ; les
limitations que la loi de la situation des choses doit souffrir et exercer
en ce qui concerne la capacité des personnes qui en disposent. La doctrine s'est encore occupée de donner la justification et de fixer l'empire
de la règle *locus regit actum* ; de définir et d'appliquer la notion de l'ordre public ; de définir la *fraus legis* et la nature particulière des relations commerciales internationales.

Ces travaux des savants ont, au surplus, produit déjà des effets sensibles sur la législation. Pour se rendre compte de l'influence qu'a eue sur

les lois le système moderne de droit international privé, il suffit de comparer le titre premier du code italien à la *Einführungsgesetz* du code allemand et au traité conclu en 1890 par les États de l'Amérique latine. De même, si on rapproche du traité de 1760 entre la France et la Sardaigne, relatif à l'exécution des jugements étrangers, les nombreuses conventions existant actuellement sur le même objet, ainsi que les articles 940 et suivants du code italien de procédure civile, qui n'exigent même pas la condition de réciprocité, on sera frappé des progrès réalisés pour le respect et l'application indirecte du droit étranger. Un règlement uniforme et universel à cet égard ne semble plus aujourd'hui une utopie : les Conférences successives tenues à la Haye pour la codification du droit international privé ont montré que la réalisation en était possible.

Le droit international privé trouve actuellement des éléments qui lui eussent fait défaut il y a trente ans. Il les trouve soit dans la coopération scientifique des juristes des différents pays, soit dans les travaux de l'Institut de droit international. Celui-ci, en effet, ne s'est pas montré ici moins actif qu'en ce qui touche le droit international public. Il s'est en particulier occupé de déterminer les moyens de faciliter la connaissance et la preuve des lois étrangères et la mesure d'application de la loi nationale au règlement de la capacité des personnes. On doit citer aussi ses projets de réglementation sur les lettres de change et les billets à ordre ; sur les conflits de lois concernant les sociétés par actions et les assurances maritimes ; sur les abordages ; sur la compétence en matière civile et en matière pénale ; sur l'extradition ; sur les formes de la procédure et l'exécution des jugements étrangers ; sur les rapports de droit privé touchant les navires de commerce ; sur la nationalité d'origine des individus et la naturalisation ; sur la capacité des personnes morales étrangères ; sur la litispendance dans les rapports internationaux ; enfin sur l'autorité internationale des actes notariés. Tous ces projets montrent combien de questions, grâce à l'étude assidue des juristes, sont prêtes aujourd'hui pour une codification générale du droit. Ainsi tendent à disparaître les conflits auxquels donnait lieu jadis le règlement de ces questions, prévues et tranchées d'une manière différente par la législation et la jurisprudence de chaque État.

La science du droit international privé en est maintenant arrivée à l'étude d'une doctrine des plus graves, qui peut avoir pour conséquence de détruire elle-même en pratique les meilleurs résultats atteints par cette science. Cette doctrine, qui en apparence s'affirme comme le couronnement du droit international privé et qui en réalité en est la négation, est celle du Renvoi.

Quand la règle de droit international privé, en vigueur dans un pays, indique une loi étrangère comme applicable, de préférence à toutes autres, à un rapport juridique déterminé, il parait évident que ce qu'il faut alors appliquer c'est la disposition particulière de la loi étrangère indiquée comme compétente dans l'espèce. Les partisans de la doctrine du Renvoi ne raisonnent cependant pas de la sorte. Pour eux, ce n'est point à la disposition spéciale de la loi étrangère, mais à la règle de droit international privé admise par cette loi, qu'il faudrait avoir égard pour trancher la question en litige. De telle façon que si cette règle de droit international privé renvoie, dans le cas en question, à un droit matériel différent de celui indiqué par la règle de droit international privé en vigueur dans le premier pays, les magistrats de ce pays devront suivre cette nouvelle indication. Un exemple indiquera l'importance de la difficulté. Supposons que dans le pays A les principes du droit international privé veulent qu'on juge de la capacité des étrangers par leur loi nationale. Les magistrats du pays A, qui auront à rechercher la capacité d'un étranger originaire d'un pays B, devront donc se reporter au droit en vigueur dans le pays B. Mais quel est exactement le droit qu'il leur faudra ainsi appliquer ? Si dans le pays B l'individu n'a le plein exercice de sa capacité juridique qu'à 25 ans, est-ce que le magistrat du pays A devra considérer comme incapable l'étranger en question qui a atteint seulement sa 23e année, bien que dans le pays du magistrat la capacité personnelle soit complète dès la 21e année ? C'est cette solution que soutiennent les adversaires du Renvoi. Au contraire ses partisans la repoussent. Dans le cas où dans le pays B la règle du droit international privé subordonne la capacité des personnes à la loi de leur domicile, ils soutiennent que cette règle de droit international privé existant dans le pays B, dont est originaire l'individu de la capacité duquel il s'agit, doit être seule considérée et, comme elle renvoie à la loi du domicile, que c'est en définitive cette loi du domicile qu'il faut appliquer : l'individu en question qui, âgé de 22 ans, est domicilié dans le pays A, où la majorité est atteinte à 21 ans, sera ainsi en fin de compte régi par la loi du pays A, et devra être déclaré capable par les magistrats de ce pays.

Le raisonnement des défenseurs du Renvoi repose dans la réalité sur une équivoque. Ils confondent les règles de droit international privé qui doivent être considérées dans chaque territoire comme absolues et y recevoir une application uniforme, avec les dispositions particulières des lois civiles qui sont relatives aux différentes institutions et qui dans le territoire de chaque législateur peuvent être appliquées aux citoyens mais non aux étrangers sans que, de cette différence d'application, il résulte une atteinte à la souveraineté de l'État. Lorsqu'un législateur a adopté une règle de droit international privé selon laquelle, pour le règlement d'une espèce juridique déterminée, on doit suivre la loi d'un autre pays, il entend par là indiquer comme applicables les dispositions particulières de cette loi étrangère qui sont matériellement relatives à l'espèce en question. Si le code en vigueur dans le même pays étranger, à la loi duquel on doit se rapporter, contient de son côté une règle de droit international privé différente de celle de l'autre pays, cette règle contenue dans un code étranger sera appliquée par le magistrat de l'État où elle est en vigueur relativement aux cas analogues de droit privé qui se manifesteront dans le territoire de ce magistrat et devront être réglés par son jugement ; mais elle ne pourra jamais être appliquée par le magistrat du premier pays « comme règle de droit matériel indiquée par la règle de droit international privé, qui est en vigueur dans ledit pays ». Et cela parce que si on procédait ainsi on annulerait, au point de vue pratique, la règle de droit international privé qui est contenue dans la loi du premier pays et indique *une règle déterminée de droit matériel étranger* applicable aux différents rapports juridiques à régler par les magistrats de ce pays.

Nous nous sommes arrêté un peu longtemps sur cette doctrine du Renvoi, parce que nous sommes convaincu que, si elle devait prévaloir, presque tous les progrès accomplis jusqu'ici par le droit international privé seraient compromis.

Avec elle la certitude ou la constance des solutions à laquelle on a pu atteindre dans les différents pays se trouverait perdue. Comment, en effet, dans un pays donné, prévoir la loi appelée à régler les divers rapports juridiques intéressant les étrangers, si l'indication de la loi à appliquer ne doit plus dépendre uniformément des règles de droit international privé en vigueur dans ce pays, mais de celles qui sont en usage dans les États étrangers et que ceux-ci peuvent d'ailleurs modifier ? |

Et il ne faudrait pas croire que le danger que nous signalons fût un danger éloigné, par cela même sans portée. Déjà l'Allemagne a donné dans sa législation une certaine place à la doctrine du Renvoi et des tribunaux comme des juristes d'une grande autorité, tels que Fiore et de Bar, se sont laissé séduire par sa formule spécieuse. Le danger est si réel que la Conférence de la Haye n'a pu trouver une majorité pour condamner la théorie du Renvoi et que l'Institut de droit international dans sa session de Neuchâtel de 1900, sur un savant rapport de M. Buzzati, a dû, pour rencontrer cette majorité, se contenter d'une formule de condamnation des plus timides. Puisse la jurisprudence désapprouver nettement un pareil système, et de la sorte aider à faire disparaître la seule ombre qui reste aujourd'hui au tableau si brillant du droit international privé !

IV. — DROIT ADMINISTRATIF INTERNATIONAL.

Le développement qu'a pris au XIXᵉ siècle le droit administratif international n'est pas moins réconfortant. Dans certaines parties de ce droit, l'œuvre de la codification a même atteint des résultats sérieux. L'existence seule de cette fraction du droit des gens, la dernière qui se soit formée, suffit d'ailleurs à démontrer les progrès qui se sont réalisés dans la conscience juridique internationale. Ce qu'on a coutume de considérer sous le nom de droit international public n'implique l'idée de la sociabilité que limitée aux rapports respectifs des États envisagés en eux-mêmes et comme entités politiques vivant d'une vie propre : il s'occupe de leurs relations en temps de paix et en temps de guerre, des difficultés concernant leurs frontières, des contacts qu'ils peuvent avoir au point de vue diplomatique. Quant au droit international privé, il ne règle que les rapports juridiques entre les sujets des différents États : faisant abstraction de la vie des États, il concerne seulement l'activité des individus en dehors du pays dont ils dépendent. Ainsi, dans le premier cas, on se trouve en présence de la manifestation publique et politique et, dans le second, de la manifestation particulière et privée de la vie juridique internationale. Le droit international administratif réunit au contraire ces deux éléments. Il traite des droits individuels qui ne sont pas d'une nature privée et des droits ou des intérêts collectifs qui n'ont point un caractère politique. L'idée d'État s'est de la sorte transformée d'une manière très heureuse. Alors que l'ancien État n'avait guère que des fonctions fiscales et quasi-militaires, l'État nouveau a surtout des fonctions sociales. Celui-ci, rompant avec les traditions de l'État médiéval, a quelque analogie avec la πολις de l'Antiquité : comme elle, il a sa base dans l'idée de collectivité ; seulement tandis que dans cette πολις, c'était l'individu qui disparaissait devant les intérêts de la collectivité, dans l'État moderne c'est au contraire la collectivité qui travaille à la protection juridique des individus. Cette dernière conception de l'Etat a exercé une influence considérable sur le développement du droit international. Grâce à elle, les États se sont unis chaque jour davantage par les liens de la solidarité. Ils l'ont fait autant pour défendre certaines facultés des individus et pour protéger certains intérêts sociaux, que pour réglementer plusieurs de leurs fonctions sociales.

La conscience juridique, s'ouvrant ainsi de nouveaux horizons, a provoqué dans le cours du XIXᵉ siècle des ententes importantes.

Le premier résultat a été le combat livré à l'esclavage. Le Congrès de Vienne de 1815 en a d'abord prononcé la condamnation générale en le déclarant un fléau qui désolait l'Afrique, déshonorait l'Europe et affligeait l'humanité. Des conventions ont ensuite été signées pour arrêter la traite des esclaves et le commerce maritime qui l'entretenait. Et, dans cet ordre d'idées, des progrès incessants ont été réalisés depuis les premières démarches de la Grande-Bretagne pour anéantir la traite africaine, jusqu'à la Conférence de Berlin de 1885 et les conventions plus récentes sur le contrat de travail des *coolies* dans l'extrême Orient, et pour éliminer le *kidnapping* des Polynésiens dans les Archipels de l'Océan Pacifique.

Cette mission humanitaire des États n'est pas la seule qu'ils se sont imposée au siècle dernier. Après avoir poursuivi l'émancipation des esclaves, la conscience internationale s'est encore préoccupée de protéger le travail libre au moyen d'accords internationaux. C'est ainsi qu'en 1890, sur l'initiative de la Suisse et de l'Allemagne, une Conférence du travail a été réunie à Berlin. Celle-ci, à vrai dire, n'a pas donné de résultats pratiques ; mais, premier essai d'une entente particulièrement délicate, elle a constitué, par sa seule existence, un résultat qui n'est point à dédaigner.

Les accords stipulés entre les États pour la protection de la liberté religieuse, ont marqué aussi un progrès important. La liberté religieuse, qui est aujourd'hui l'un des fondements du droit public des États modernes, s'est imposée dans le droit international aussi complètement que le permettait la nécessité de respecter l'autonomie des différents États. Alors que le traité de Westphalie de 1648, en consacrant le principe *cujus regio ejus religio*, s'était borné à condamner l'intervention d'un État pour imposer dans un autre État une religion déterminée, le traité de Paris du 30 mars 1856 (art. 9) et celui de Berlin du 13 juillet 1878 (art. 62), signés par plusieurs États, ont expressément garanti la liberté religieuse aux populations de l'Empire ottoman. Ce dernier traité a même considéré la liberté religieuse comme une condition de la reconnaissance des nouveaux États balkaniques. L'article 6 de la convention de Berlin de 1885 a assuré des garanties analogues en Afrique, dans tout le bassin conventionnel du Congo. Et enfin, plus récemment, les puissances européennes sont intervenues collectivement en Chine, pour y punir des actes qui constituaient une violation de la liberté religieuse.

La protection des intérêts sociaux des États a de même trouvé son expression dans des stipulations conventionnelles, auxquelles la plupart des États civilisés ont participé. A ce point de vue, la conscience de la solidarité s'est affirmée dans le milieu international de la façon la plus éloquente.

Jadis, et à une époque qui n'est point encore reculée, la faculté pour un auteur d'exploiter ses œuvres était incertaine même à l'intérieur de son propre État : on la considérait non pas comme un droit analogue à la propriété, mais comme un privilège que concédait gracieusement l'autorité suprême de l'État. Les dernières années du XIX⁰ siècle ont changé tout cela. En 1886, une Union a été conclue pour la protection de la propriété littéraire, qui a permis aux auteurs de défendre leurs productions même en dehors de leur pays d'origine. Quelques années auparavant, en 1883, une autre Union avait été formée pour la protection de la propriété industrielle. L'entente des États dans l'intérêt du commerce et de l'industrie s'est encore affirmée par la constitution d'une Union pour l'unification des poids et des mesures : sans chercher à uniformiser d'une manière obligatoire les systèmes de poids et de mesures de tous les pays, on a voulu faciliter dans chacun d'eux la vérification et le contrôle des unités de poids et de mesures employées chez eux et dans les autres. A cet égard d'autres Unions encore ont été conclues ou sont seulement en projet. Parmi les premières, citons les Unions pour l'uniformité monétaire établies entre les pays scandinaves et entre la Belgique, la France, la Grèce, l'Italie et la Suisse ; parmi les secondes, signalons celle pour l'uniformité des mesures de longitude et de temps et celle pour l'uniformité de la bibliographie et du langage scientifique.

Cette vocation de la société contemporaine en faveur de l'unité se manifeste d'une façon encore plus éloquente en ce qui touche la réglementation des fonctions sociales des États. Au fractionnement du service et des tarifs, qui, il y a un siècle, existait à l'intérieur d'un même État, pour le transport des correspondances postales, on peut opposer aujourd'hui l'Union postale universelle qui comprend 114 millions de kilomètres carrés et 1.396 millions d'hommes, c'est-à-dire les trois cinquièmes de la surface entière du globe et presque toute l'humanité. Le télégraphe électrique n'a pas encore un siècle d'existence, et une Union s'est aussi formée à son sujet : elle date même déjà de plus d'un quart de siècle. Un régime analogue a été appliqué aux chemins de fer, dont les résultats sont toutefois moins rapides : un système d'Union a été suivi à leur égard non seulement pour ce qui se rapporte à leur organisation technique, mais aussi pour ce qui a trait aux difficultés juridiques qu'ils engendrent. La protection de la santé des hommes, celle des animaux et des plantes utiles, celle de la navigation, la réglementation des voies maritimes et la sûreté de leurs passages les plus dangereux, ont encore été l'occasion d'autres manifestations de l'esprit de solidarité qui anime les États modernes.

Les Bureaux internationaux personnifient chacune de ces Unions : ils en sont pour ainsi dire l'expression tangible. La plupart d'entre eux ont leur siège dans la capitale fédérale de la Suisse. Ils constituent en quelque sorte des Conférences diplomatiques permanentes ; ils sont comme le Conseil fédéral d'un groupe d'États unis par un lien constitutionnel. Ce sont des institutions juridiques toutes nouvelles qu'a créées la vie internationale contemporaine.

Pour le fonctionnement de chacune des Unions les territoires des États qui en font partie sont considérés comme formant autant de provinces d'un même État. Et le Bureau permanent qui est à la tête de l'Union exerce ses fonctions administratives sur ces divers territoires comme s'il s'agissait du territoire d'un seul pays. Il s'agit donc ici de véritables Fédérations fragmentaires. Celles-ci, à force d'étendre leur domaine, finiront par modifier peu à peu les relations réciproques des États : elles les rendront de plus en plus étroites et ainsi développeront, jusqu'à ce qu'elle soit devenue absolument dominante, l'idée de la solidarité internationale.

Le droit administratif international montre, mieux que toute autre partie du droit des gens, que le sentiment de la solidarité a été la marque caractéristique du XIX° siècle. Une double cause a engendré ce sentiment.

C'est d'abord l'aspect cosmopolite qu'ont pris dans le cours de ce siècle la vie intellectuelle et la vie économique des peuples, et cela grâce à la transformation complète des moyens de communication. Les événements étant transmis à travers l'espace avec une rapidité de plus en plus grande, le mouvement des idées s'est répandu en tenant de jour en jour moins compte de la distance et du temps, et ce mouvement a eu aussitôt sa répercussion sur les faits économiques : il s'est produit dans la vie du monde quelque chose d'analogue à ce qui a lieu dans la vie des individus par les réactions nerveuses et la circulation du sang.

Le sentiment de la solidarité internationale, qui a amené l'unité dans les lois des différents États, a encore eu pour raison d'être l'étude du droit ancien et de la législation comparée des peuples contemporains, qui a pris au XIX° siècle un développement tout particulier. Cette étude a fait voir en effet qu'un grand nombre de règles juridiques et d'institutions fondamentales étaient en réalité communes à beaucoup de nations et qu'elles avaient apparu chez elles d'une manière toute spontanée. On se convainquit ainsi par l'expérience qu'il y avait un fonds universel de principes généraux qui dérivaient de la nature humaine. Quantité de maximes que la philosophie du XVIII° siècle avait répandues comme des axiomes de la raison immuable et éternelle et qu'une philosophie plus ancienne avait considérées comme un reflet de l'intelligence divine, reçurent de la sorte au XIX° siècle de l'étude des lois et des usages compa-

rés la sanction du positivisme historique. Celui-ci, en démontrant l'existence et la vérité d'un ensemble de règles formulées jadis comme autant d'axiomes de la raison, est donc parvenu, à notre époque, à justifier
d'une façon véritablement inattendue ce malheureux droit naturel qui
avait été si calomnié et si bafoué.

V. — LA SOCIÉTÉ INTERNATIONALE CONTEMPORAINE ET LES PEUPLES NON EUROPÉENS.

De ce que nous avons dit jusqu'à présent il semble résulter que dans
le développement du droit international tout est progrès et perfectionnement,et que la communauté des États tend de jour en jour à devenir
la société idéale que chacun rêve. Il n'en est pas ainsi. Si la procédure
internationale a fait de réels progrès, si la réglementation technique des
différentes institutions s'est perfectionnée en doctrine et en pratique,
principalement en ce qui concerne le droit international privé et le droit
international administratif, l'idée d'une société internationale n'est
devenue ni plus large ni plus compréhensive, et les droits fondamentaux des divers États pour la protection de leur activité respective et
l'administration de leurs intérêts collectifs, ne sont à présent ni mieux
déterminés ni mieux garantis qu'ils ne l'étaient au commencement du
siècle dernier.

Pour arriver à une étude précise des progrès du droit international,
il convient d'envisager deux aspects différents : le développement des
règles et des institutions et l'étendue plus ou moins vaste de la société
internationale où doivent s'appliquer ces règles et ces institutions. C'est
seulement quand tous les peuples de l'univers co-existeront avec une
entière égalité de droits dans une seule société internationale et quand
dans cette société, aussi grande que le monde tout entier, les règles et
les institutions auront atteint l'apogée de leur développement, qu'on
pourra dire que le droit international est parvenu à une condition idéale.
Mais, à l'heure actuelle, un tel état de choses est encore loin d'être réalisé.

Les anciens peuples de la Grèce, réunis par une même idée ethnographique, ne formèrent qu'une société internationale restreinte ; néanmoins
dans cette société les rapports entre les États étaient très développés
et les droits de leurs sujets respectifs sérieusement garantis, de telle
façon qu'il existait un véritable système de droit international. L'Europe
du moyen âge formait une société plus étendue ; mais dans celle-ci,fon-
dée sur l'idée du Christianisme,le système des relations internationales
était beaucoup moins parfait et les règles qui les concernaient étaient
moins nombreuses. A notre époque, on ne conçoit plus la société inter-

nationale que comme la coexistence juridique d'États vivant dans un
même milieu de civilisation. A l'idée ethnographique qui inspirait les
sociétés de l'antiquité et à l'idée religieuse qui était à la base de celles
du moyen âge aussi bien dans le monde chrétien que dans le monde
musulman, s'est substituée l'idée de civilisation comme étant théoriquement plus universelle que la première et pratiquement plus susceptible
de généralisation que la seconde.

Mais la société internationale, qui s'est ainsi groupée et organisée autour de l'idée de civilisation, implique-t-elle l'égalité entre tous les États
qui la composent ? Cette conception n'a pas prévalu jusqu'à présent. Et
cela pour deux raisons : on n'entend effectivement sous le nom de société
internationale que la société des États chrétiens ou, ce qui revient à peu
près au même, celle des États de civilisation européenne, et on ne
comprend sous le nom de droit international normal que l'ensemble des
principes régissant les États de cette civilisation. Les États, qui n'appartiennent pas à la civilisation européenne ou chrétienne, font partie sans
doute de la communauté internationale, mais ils n'ont pas, comme ceux
dépendant de cette civilisation, la plénitude des droits. S'ils sont soumis
aux règles ordinaires de la procédure internationale et s'ils bénéficient
d'un grand nombre d'institutions de la vie internationale des États, la
reconnaissance de leur souveraineté n'est pas aussi complète en ce qui
touche l'exercice de l'administration intérieure et la gestion des intérêts
collectifs. Pour s'en convaincre, il suffit de rappeler l'existence, dans les
pays d'Orient et d'Extrême-Orient, de la juridiction consulaire des États
européens, que ceux-ci s'efforcent avec une ténacité remarquable de conserver toujours aussi étendue. Les privilèges reconnus aux résidents
européens dans ces pays, et la prétendue exterritorialité des quartiers
qu'ils habitent, aboutissant à une véritable expropriation des droits
de la souveraineté territoriale, démontrent encore combien les États
de civilisation européenne sont disposés à diminuer l'indépendance des
États appartenant à une civilisation différente.

Un de ces États, il est vrai, le Japon, a été, depuis le 1ᵉʳ janvier 1900,
assimilé aux grandes puissances de l'Europe : la juridiction consulaire
y a été abolie et l'exterritorialité des quartiers européens a disparu dans
ses ports de mer. Ainsi l'Empire japonais a été reçu dans la société des
grands États de culture européenne, comme est admis un naturalisé dans
la société civile d'un État. Mais de combien de vertus n'a-t-il pas dû faire
preuve pour obtenir ce qui pourtant semble n'être qu'une garantie de
droit commun ! Et en définitive l'égalité qui lui a été reconnue n'a-t-elle
pas été souvent qu'une apparence ? Après la guerre sino-japonaise de
1894-1895 l'intervention de trois puissances européennes, l'Allemagne,

la France et la Russie, arracha au Japon une grande partie des fruits de sa victoire. A coup sûr, à ce moment, il n'avait pas encore été admis au sein des États de civilisation chrétienne. Ce n'en était pas moins une grave offense portée à ses droits, une humiliation pour sa dignité. Au surplus cette intervention de l'Europe a été pour le vaincu lui-même une cause de dangers et un élément de ruine imminente pour les intérêts de l'humanité dans l'Extrême-Orient. Les événements qui désolèrent la Chine en 1900 en sont la preuve. Ils montrent en même temps que l'égalité octroyée au Japon n'a été qu'une égalité d'apparence. Sans doute le Japon est intervenu en Chine avec les grandes puissances de l'Europe et de l'Amérique ; mais le centre des négociations qui aurait été à Tokio si le Japon avait été un État de civilisation européenne et chrétienne, fut établi à Pékin, au quartier général des alliés, ou encore à Saint-Pétersbourg, à Londres, à Berlin. Ainsi l'Empire japonais, que sa situation géographique et l'importance prépondérante de ses intérêts auraient dû faire le *leader* de cette intervention collective, n'a eu dans celle-ci qu'une situation subordonnée. Il ne semble pas d'ailleurs qu'il doive en retirer les mêmes profits que ses cointervenants. Tandis que ceux-ci sont bien décidés à conserver les lambeaux de territoire qu'ils ont arrachés à la Chine dans des formes et sous des prétextes variés, ils paraissent vouloir nier au Japon, malgré que ses titres soient plus grands, le droit au moindre agrandissement territorial aux dépens de la Chine. Des sous-entendus, qui n'inspirent pas les rapports des États européens avec le Brésil, avec la Serbie et même avec la République de Saint-Domingue, inspirent en définitive leurs relations avec le fort et génial Empire du Soleil levant. Et ces sous-entendus, dont est victime leur patrie, froissent et alarment un certain nombre d'hommes politiques japonais. Ainsi, tout récemment, dans une étude très remarquée, M. Kato Tahaoki, actuellement ministre des affaires étrangères du Japon, a constaté la persistance des anciens préjugés européens contre son pays et dit toutes les difficultés que celui-ci aura à vaincre avant d'atteindre vraiment la situation juridique et morale d'un grand État européen (1).

Ce que nous venons de dire à propos du Japon, il faut le dire également pour les autres États de civilisation non européenne. Les privilèges que les États de l'Europe réclament chez ces derniers, pour eux-mêmes et pour leurs sujets, sont tels qu'ils y empêchent toute initiative de développement et de progrès et qu'ils y rendent toujours plus difficiles ces conditions normales de la vie publique et de la vie juridique qu'on reproche précisément à ces États de ne point posséder.

(1) V. la Revue japonaise *Le XIXe siècle*, n° 5.

Le développement progressif des règles et des institutions du droit des gens contraste donc avec l'idée encore très étroite, en grande partie ethnographique et confessionnelle, de la société internationale. Alors qu'en théorie on admet que ces règles et ces institutions doivent s'appliquer dans cette société avec une égalité parfaite, en fait la situation de ses différents membres est absolument différente : les États de civilisation européenne ont le rôle de dirigeants et de souverains ; les autres ne sont par rapport à eux que des inférieurs et des subordonnés pareils à ces *Metoeces* de l'ancienne Grèce qui, sujets de la ville dont ils faisaient partie quant aux charges publiques et au droit privé, n'en étaient pas de véritables citoyens pour l'exercice des droits publics et de la souveraineté.

VI. — LES ÉTATS MINEURS DANS LA SOCIÉTÉ INTERNATIONALE CONTEMPORAINE.

La constitution contemporaine de la société internationale est, par un autre côté encore, fort éloignée de cette égalité idéale dont nous avons parlé précédemment. Bien mieux, récemment, elle l'a même directe-ment méconnue. En définitive, dans le cercle étroit de la société des États européens, les petits et les moyens États, en ce qui a trait à la gestion des affaires étrangères et de leurs intérêts collectifs, jouissent d'une autonomie moins grande aujourd'hui que jadis. A considérer le droit international comme le règlement particulier et technique des différentes institutions et des rapports entre les peuples, on peut dire que ses progrès ont été continus et parfois merveilleux ; mais, si on l'envisage au point de vue de la loi de coexistence juridique de tous les États dans le monde et de la garantie de leurs intégrités souveraines sans distinction de grandeur ou de puissance, force est bien d'admettre qu'il n'a nullement progressé dans l'histoire moderne.

Un fait incontesté, qui marque la dernière partie du XIX⁰ siècle, c'est que les grandes puissances de l'Europe ont pris la direction de la politique internationale plus complètement qu'elles ne l'avaient jamais fait à aucune autre époque. A juger leurs actes, vis-à-vis des États mineurs, on se croirait revenu au temps du Congrès de Vienne. Elles se sont chargées de modifier les résultats des guerres qu'ils avaient entreprises, de leur imposer la solution pacifique, souvent aussi l'oubli des controverses qui les divisaient ; enfin, au point de vue financier, de surveiller l'exécution des engagements qu'ils avaient signés. Leurs délibérations à cet égard ont même été plus graves que celles prises au Congrès de Vienne ; celui-ci n'avait eu en somme qu'un but momentané et limité, celui de « liquider », pour nous servir d'une expression vulgaire, la succession napoléonienne ; au contraire, l'action actuelle des grandes

puissances vis-à-vis des États mineurs, par la forme qu'elle a revêtue et
par le caractère de permanence qu'elle a pris, a organisé une sorte d'hégémonie et de suzeraineté sur ces États.

L'équilibre politique est toujours, comme autrefois, le grand principe
de la politique internationale. Seulement, avec la prédominance que les
grandes puissances de civilisation européenne se sont arrogée sur les
États mineurs appartenant à leur civilisation et sur tous les États de civilisation différente, il a amené des conséquences particulières.

Afin de devenir un élément sans cesse plus important de la suzeraineté
collective sur les États de moindre importance ou de civilisation moins
avancée et d'avoir ainsi la plus large part possible dans l'exploitation
et la domination économique du monde, chacune des grandes puissances
n'a plus songé qu'à s'agrandir et à se fortifier. Il en est résulté entre
elles une véritable concurrence d'où sont sortis ces Impérialismes, qui
peuvent devenir pour tous un véritable danger. Par exemple, la Grande-
Bretagne, qui à la fin du XVIII° siècle avait reconnu l'indépendance des
États-Unis d'Amérique, s'est engagée, à la fin du XIX° siècle, pour ne
pas être devancée dans la lutte politique et économique, dans une
guerre d'extermination contre les Républiques boërs de l'Afrique du
Sud, cependant bien plus étrangères à l'élément anglo-saxon que les
anciennes colonies de la Nouvelle Angleterre. Et, dans son entreprise,
elle n'a pas été arrêtée par l'intervention des autres grandes puissances.
C'est que celles-ci ont aussi leurs buts impérialistes à atteindre dans
d'autres parties du monde. Un port sur les côtes de la Chine, une île
dans l'Océan Indien ou dans l'Océan Pacifique, servent aujourd'hui à
entretenir l'équilibre des forts aux dépens des faibles, comme jadis un
Duché en Italie ou une ville en Allemagne. Entraînés par cette lutte pour
la puissance, les grands États ont fini par oublier des principes qu'on
croyait à la base même de leur droit public. Les États-Unis, désireux
d'augmenter leur influence dans le monde par leur prépondérance dans
tout le Continent américain, ont dénaturé et transformé la doctrine de
Monroe. Afin d'enlever à l'Espagne Cuba et Porto-Rico, ils ont renié
les idées qu'ils avaient émises il y a un siècle pour la revendication et
l'affirmation de leur indépendance. Ils se sont faits ainsi les disciples
inattendus du Congrès de Vienne. Ils ont acheté à l'Espagne les Philippines comme s'il s'agissait d'un simple terrain, ils traitent comme
des rebelles ceux de leurs habitants qui ne reconnaissent pas un pareil
changement de propriété. Cette politique impérialiste des États-Unis
est vraiment en contradiction avec leur constitution républicaine : les
représentants et les citoyens américains ne paraissent pas cependant
s'en émouvoir !

Le rapide développement qu'ont pris en ces derniers temps les domaines coloniaux de la France et de l'Allemagne, de la Russie et de l'Angleterre, montre aussi avec quelle activité les puissances ont marché dans la voie de l'expansion.

La méconnaissance par les grandes puissances de la souveraineté des peuples soi-disant inférieurs s'est encore affirmée d'une autre manière. Elles ont signé de nombreuses conventions pour se partager respectivement ce qu'elles appellent des sphères « d'influence », c'est-à-dire des immenses étendues de territoire non réellement acquises et en grande partie inexplorées. La conclusion de semblables conventions est un des caractères distinctifs du droit international contemporain.

A ce point de vue, le droit moderne se rapproche du droit ancien. En 1492, le Pape Alexandre VI sanctionnait la division du monde entre l'Espagne et le Portugal. Aujourd'hui, les grandes puissances se distribuent le monde sans même faire appel à l'intervention du Souverain Pontife ou de quelque autre autorité reconnue supérieure.

Ainsi, un grand nombre de populations aborigènes, repoussées et chassées, opprimées et appauvries par l'homme civilisé qui s'avance, languissent et disparaissent. L'homme civilisé considère ce phénomène comme inévitable, et peu s'en faut qu'il ne l'approuve comme une conséquence de la civilisation plus grande qui se répand parmi les peuples. Le premier ministre de la Grande-Bretagne, lord Salisbury, n'hésitait pas à le dire dans un discours qu'il prononçait à la fin de l'année 1900.

L'affirmation de la primauté des grandes puissances sur les États mineurs civilisés ; l'expropriation des faibles au profit des forts justifiée comme un acte d'utilité publique internationale ; la constatation de cette utilité abandonnée aux puissances mêmes qui doivent en profiter ; les races considérées comme inférieures, condamnées à servir en tout au bien-être et aux intérêts des races plus civilisées ; voilà autant de côtés peu satisfaisants du droit international contemporain.

Au XVIIIᵉ siècle, la théorie de l'indépendance des États était dominée par l'idée de l'individualisme ; Vattel et G. F. de Martens admettaient pour chacun des États la faculté de se développer ou de s'isoler, d'étendre ou de restreindre ses rapports internationaux, à la seule condition de ne point porter préjudice au droit d'indépendance d'un autre État. A cette idée de l'autonomie de chaque État, le XIXᵉ siècle a substitué celle de l'*interdépendance* de tous les États. A la notion de l'État considéré en lui-même comme son principe et sa fin, a succédé la notion d'une société internationale dont dépendent tous les États.

Mais, dans cette société internationale, les États ne sont pas tous égaux, comme ils le seraient s'il s'agissait d'une société fédérative : ils ne

sont égaux ni au point de vue de l'autonomie ni au point de vue de l'exercice commun de la souveraineté. En réalité, ce sont les grands États
qui dominent la société internationale ; ils exercent sur elle comme une
sorte de suzeraineté. L'idée de communauté prévaut aujourd'hui dans les
relations entre les États ; mais elle n'y est pas représentée par une autorité analogue à un pouvoir fédéral, qui existerait en dehors et au-dessus
d'eux ; la direction de la société des peuples appartient à quelques-uns
seulement de ses membres, et les intérêts de ceux-ci sont souvent en
désaccord avec les intérêts de la collectivité et presque toujours avec ceux
des États mineurs ou des populations considérées comme inférieures.

Tant qu'il n'existera pas dans la société internationale une *autorité supérieure* à laquelle seront soumis tous les États sans exception et qui
exercera sur eux une égale et constante suprématie, on ne saurait parler
d'une véritable communauté entre les États. Une sorte de pouvoir am-
phyctionique extrinsèque aux différents États, pourvu de la force nécessaire pour se faire obéir par eux, tel est, observe avec raison le philosophe positiviste italien Ardigó, le seul fondement d'un système
juridique de droit international. La suprématie actuelle des grands
États est une hégémonie évidente : sous des apparences séduisantes,
elle ne peut avoir que des conséquences funestes et redoutables (1). Elle
n'est autre chose, en effet, que le développement de l'instinct égoïste :
« à défaut d'un ordre social et d'un pouvoir juste qui en soit l'émanation, on ne saurait avoir l'assurance que les réactions humaines seront
dirigées par un critérium de moralité ». Les nations n'étant pas aujour-
d'hui protégées dans leurs existences respectives par une force internationale équitable, qui puisse servir de frein à leurs ambitions réciproques, le machiavélisme des différents pouvoirs dans leur réaction sur
les autres États sera toujours une *possibilité dans l'ordre des faits* sans
être une *immoralité dans l'ordre du droit* (2).

Si on voulait pourvoir à l'organisation juridique de la société internationale sur la base de la primauté actuelle des grandes puissances, l'indépendance des petits États serait gravement menacée. On ne pense
pas assez à cette conséquence lorsque, présentant cette organisation
comme une panacée universelle, on demande la constitution d'une
Cour générale d'arbitrage à laquelle les États seraient obligés de recourir pour trancher leurs litiges. Tant que la société internationale restera
ce qu'elle est, l'arbitrage obligatoire ne serait en réalité qu'un piège
tendu aux nations. Il ne supprimerait en aucune façon la guerre : trans-

(1) Ardigó, *La morale dei positivisti*, Milano, Battizzati, 1879, p. 482-485 ; Ardigó, *Sociologia*, Cap. I, Il potere civile, § II, Diritto internazionale, p. 26-30, *Opere*, t. IV,
Padova, Draghi, 1886.
(2) Ardigó, *Sociologia*, Cap. I, § III, Machiavellismo politico.

formée en mode d'exécution fédéral, celle-ci n'en subsisterait pas moins sous un nom différent. Ce serait toujours, sous des apparences légales, la guerre des plus forts contre les plus faibles, réduits et devenus moins aptes à la résistance. L'égoïsme et la suprématie des puissants, ramenant tout à leur volonté et à leurs intérêts, demeureraient aussi intenses qu'aujourd'hui ; ils auraient seulement revêtu la forme d'une fonction juridique, et posséderaient une décision judiciaire.

VII. — Phénomènes de recul dans le droit international contemporain.

Si on considère à un point de vue général les conditions de la société internationale et le développement probable du droit des gens dans un avenir prochain, il est peu de motifs de se réjouir.

La tendance des grands États à s'étendre, et la concurrence qu'ils se font pour occuper ou dominer des marchés nouveaux et plus nombreux provoqueront d'abord des difficultés et des guerres autrement importantes que celles qui les ont divisés dans la seconde moitié du XIX° siècle. Et il en sera d'autant plus ainsi que le respect de l'indépendance des nations civilisées vis-à-vis des nations barbares a dans ces derniers temps diminué et que le choix d'un critérium pour qualifier de barbare un peuple ou un groupe de peuples est abandonné absolument à la volonté des plus puissants parmi les États de civilisation européenne.

D'un autre côté, l'intervention, réglementée seulement au point de vue de sa forme, a reçu au siècle dernier des applications de plus en plus fréquentes. A la fin elle s'est produite comme à l'état permanent dans la vie internationale. Et, bien loin de servir à la protection du droit commun, elle n'a été employée que pour défendre les intérêts politiques ou économiques des grandes puissances. Il ne pouvait d'ailleurs en être autrement. Du moment qu'on admettait l'idée de communauté comme le principe dirigeant de la coexistence des États, sans donner en même temps à la société internationale une organisation fédérative, on se trouvait en effet sans une autorité suprême et désintéressée, qui fût capable de modérer les différents intérêts particuliers et de défendre l'indépendance de chacun par l'obligation où l'on serait de recourir à son jugement. La représentation et la protection de la société internationale ont été en définitive usurpées par le comité restreint des grandes puissances qui ne sont en fait qu'une partie de cette société et dont les intérêts sont distincts de ceux des autres États et de la société internationale tout entière. Au lieu d'un gouvernement fédératif équitable du monde, on était ainsi en présence d'une véritable autocratie exercée par les grands États européens à leur profit sur toutes les autres nations. Dans une société organisée de la sorte, l'intervention ne pouvait évidemment constituer une fonction juridique ; elle devait être nécessairement un fait politique,

c'est-à-dire un instrument de domination du plus fort sur le plus faible.
Et, dès lors, on aboutira, dans un avenir prochain, non pas au triomphe
de la justice dans la permanence de la paix internationale, mais à la formation d'un droit international spécial qui, assurant toujours aux forts
la domination sur les faibles, imposera la paix à une société des États
dans laquelle on aura détruit toute initiative spontanée des autonomies
particulières : on reviendra en quelque sorte à la situation créée jadis par
la paix romaine. Ce résultat constituera au fond un véritable recul, même
par rapport au système des alliances et à celui de l'équilibre politique.
En effet, le groupement des sociétés politiques se réduira à un nombre
toujours plus petit d'États très puissants dont les Impérialismes entraî-
neront par la force le reste du monde dans l'orbite de leurs seuls intérêts.

En résumé, si on veut, en tenant compte de ce que sera l'avenir, résumer dans une brève formule les caractères du droit international contemporain des États de civilisation européenne, on peut dire que, s'il
tend à garantir de plus en plus complètement les droits des individus et
les fonctions sociales des États en tant qu'elles protègent les activités
individuelles, il tend au contraire à garantir de moins en moins les droits
collectifs des peuples et l'indépendance des États dans la société internationale.

VIII. — Obstacles au progrès dans la philosophie contemporaine.

Les causes du contraste qui apparaît ainsi dans le droit international
et des tendances rétrogrades qu'il manifeste sont dans la réalité intimes
et profondes. Chaque époque vit en somme sous l'influence de certaines
idées fondamentales concernant la manière d'envisager le monde et la
vie. C'est l'esprit de quelques penseurs qui élabore ces idées, et celles-
ci, pénétrant la conscience collective de la société, finissent par se transformer en règles pratiques et deviennent un agent actif de l'évolution historique. Ainsi, le XVIIIe siècle se termina imprégné de la doctrine individualiste, qu'avait inspirée l'idée de l'égalité morale de tous
les hommes. Et de cette doctrine sortirent le principe de l'égalité
civile et politique des individus, la théorie des nationalités, l'abolition
de l'esclavage, l'émancipation des colonies et le système de la non-intervention. La doctrine individualiste conduisit, en même temps qu'à la
déclaration des droits de l'homme, à un projet de déclaration des droits
des États. Nous croyons que si le monde avait continué à vivre sous son
inspiration, on n'en serait pas réduit aujourd'hui à taxer d'utopie l'établissement de la paix universelle par la fédération de tous les États. En
effet, les raisons qui ont fait admettre comme certaine la parfaite égalité
morale et juridique de tous les hommes, le barbare et l'homme civilisé
étant tous deux les enfants d'une même famille auraient amené néces-

sairement la reconnaissance de l'égalité réelle de tous les hommes dans l'État et de tous les États dans l'humanité. Et ce système de l'égalité de l'individu vis-à-vis de l'État et de l'État vis-à-vis de la société internationale, aurait eu dans la pratique les plus heureux résultats sur le développement du droit des gens. On aurait pu de cette façon parvenir à l'équilibre conçu par Mancini entre États politiquement pacifiques, parce qu'ils eussent été ethnographiquement complets et moralement parfaits. Alors, une Cour d'arbitrage n'aurait pas représenté un groupe supérieur auquel seraient subordonnés les divers États ; elle aurait constitué une autorité judiciaire, issue d'une volonté collective spontanée.

Malheureusement ces dernières manifestations du système de l'égalité n'ont pu se produire, car, au cours du XIX° siècle, la conscience de l'homme s'est inspirée de principes tout différents de ceux de l'individualisme. Le XVIII° siècle avait considéré l'individu comme le centre de ses recherches, comme le Roi de la création ; le XIX° siècle a considéré la collectivité comme l'entité principale et finale de l'univers. A présent on n'affirme plus avec Emerson que le monde existe pour le perfectionnement de l'individu, que l'histoire est subjective, qu'elle se fait et s'explique par les hommes qui y ont joué un rôle ; on soutient, avec les disciples d'Auguste Comte, que l'humanité est le fond de l'histoire, que théoriquement la collectivité est plus réelle que l'individu, que ce dernier envisagé isolément, en dehors de la société où il vit et agit, n'est en quelque sorte qu'un être virtuel. D'après cette philosophie, qui pousse ses racines jusque dans l'ordre pratique et social, les hommes ne seraient plus vraiment des hommes que par leur participation, naturelle ou volontaire, à l'humanité : cette « immense et éternelle unité sociale » qui a pour attribution essentielle la solidarité dans le présent et dans la continuité du temps ; solidarité des individus et des peuples d'un même âge, comme de ceux des générations successives. Désormais les hommes doivent vivre tous dans l'humanité et pour l'humanité, et leur culture morale doit leur persuader de vivre pour elle.

Ainsi l'individu et l'État ne sont plus considérés comme des êtres juridiquement complets qui trouvent en eux-mêmes la raison et le titre de leurs droits et de leur autonomie ; toute leur existence est subordonnée à celle de la grande collectivité à laquelle ils appartiennent comme des atomes à un système. Les droits des individualités dépendent par suite des droits de la collectivité. Et, leur étant subordonnés, ils ne sauraient être déterminés d'une manière définitive. En effet, pour les déterminer, ce n'est plus à la raison impersonnelle qu'on doit s'adresser, mais à l'analyse de l'histoire de l'humanité. Or, à la différence de la raison, cette histoire n'a rien d'immuable ; elle est faite d'une

série de vérités temporaires, relatives à une époque donnée, qui sont
« la parfaite cohérence logique de nos conceptions avec nos observations ». Le *bien* est relatif comme le *vrai* : relatif par rapport à notre
situation dans le temps, comme aussi par rapport à notre organisation
intérieure. L'idée d'humanité étant le centre vers lequel doivent con-
verger toutes les activités de l'homme, il en résulte nécessairement
une subordination de l'individualité à la collectivité, subordination qui
n'est pas définitivement fixée, mais qui variera avec les différentes circonstances historiques. Et puisqu'ainsi le fait social doit prévaloir sur le
fait individuel, l'homme ne se considérera juridiquement comme complet que s'il a les aptitudes pour vivre dans la société et pour résister,
aux obstacles de son milieu. En lui-même, l'individu n'est plus une entité juridique ; il l'est seulement en tant qu'il a des aptitudes pouvant
le rendre utile à la société. Et ce qui est exact pour l'individu l'est aussi
pour l'État. L'État non plus n'a pas par lui-même un droit à l'existence ;
il n'a ce droit que lorsque, par sa constitution et son organisme politiques, il représente un minimum de facultés rendant possible sa participation utile à la société internationale. Les autonomies particulières
des États se trouvent noyées dans une vaste société chargée de résister,
dans l'intérêt de l'humanité, aux difficultés que la vie internationale peut
produire.

Avec une semblable doctrine, il ne peut plus évidemment être question
de l'indépendance et des autres droits absolus des États, qu'on considérait jusqu'ici comme autant d'attributs de leur personnalité. Un pareil
système donne encore à l'intervention un caractère tout différent de
celui qu'on avait coutume de lui reconnaître : elle aura désormais l'apparence et la dignité d'une fonction sociale. Mais ce n'est point là la
conséquence la plus grave de la nouvelle conception : ce qu'il faut craindre avec elle, c'est que les grands États n'arrivent finalement à ne plus
tenir aucun compte des États de moyenne importance ou de civilisation
inférieure. La caractéristique de la doctrine sociologique moderne n'est-
elle pas en effet de ne considérer comme des États que ceux qui présentent une utilité pour le bien général ? Qui d'ailleurs, dans cette doctrine,
sera juge de l'utilité qu'un peuple peut avoir pour le bien de l'humanité ?
Ce seront les grands États, et les grands États envisagés isolément, car
la théorie nouvelle ne conçoit nullement l'organisation d'une véritable
société fédérative entre égaux, qui pourrait amener le règne de la justice. En définitive, les États puissants n'entendent point s'abandonner
à la volonté de la grande collectivité dont ils font cependant partie ;
ils continuent à être les partisans tenaces de l'ancienne doctrine de
l'individualisme pour ce qui concerne leurs droits propres et leurs intérêts particuliers. C'est seulement quand il s'agit des droits et des intérêts

des autres, qu'ils se montrent disposés à appliquer la doctrine de l'interdépendance et de la communauté. Cette nouvelle doctrine ne saurait être acceptable que si elle devait être appliquée complètement vis-à-vis de toutes les nations. Sans doute même alors elle ruinerait toujours l'indépendance des États, mais elle la ruinerait au profit d'une nouvelle organisation de la société internationale qui comprendrait l'ensemble des peuples considérés tous comme egaux : la disparition de l'indépendance de chacun serait compensée par des garanties uniformes octroyées à tous. Mais, admise comme le veulent les grands États contemporains, elle n'est qu'une formule scientifique donnée à leurs ambitions.

IX. — LA DOCTRINE DE L'ÉVOLUTION ET SES EFFETS.

Les conséquences pratiques de la doctrine de l'évolution ne sont pas différentes.

Si on admet que la conservation des races plus aptes à la lutte pour la vie dérive d'une loi du développement physique et ethnographique du monde, la guerre, même au point de vue de son développement juridique, se présente nécessairement sous un aspect nouveau. Tous les principes traditionnels, qui servaient à distinguer la guerre juste de la guerre injuste, doivent être abandonnés. « Nous pouvons nous consoler, dit Darwin, à la pensée que, dans la nature, la guerre n'est pas incessante ; il ne faut pas craindre que la mort soit partout, il est souhaitable que les vigoureux, les forts et les heureux survivent et se multiplient ». En définitive, il s'agit ici d'une loi générale du progrès. « Lorsqu'on considère la conduite instinctive du jeune coucou qui chasse du nid ses frères adoptifs, des fourmis qui capturent des esclaves, des larves, des hychnemonides qui se nourrissent des corps vivants des chenilles, il est beaucoup plus satisfaisant de ne pas considérer isolément ces instincts comme particuliers à telle ou telle espèce, mais de les envisager comme la conséquence spéciale d'une loi générale qui conduit dans son ensemble à l'avancement de tout le monde organique, c'est-à-dire à l'extinction des plus faibles et à la vie plus intense et plus variée des plus forts ». Et, ajoute Darwin, ce spectacle n'a rien que de réconfortant : « Il est beaucoup plus satisfaisant de contempler le pillage et la guerre dans la nature comme des incidents qui contribuent au développement du progrès, plutôt que comme une multitude de cruautés isolées dont il ne dérive aucun bien, et de contempler ce spectacle en des temps passés d'une durée inconnue, simplement comme une partie de cette lutte à travers laquelle s'enfantent ses grandeurs et ses chutes. Si nous souffrons pour que nous-mêmes et nos descendants retirent quelque profit de nos souffrances, la vie mérite d'être vécue ».

Si le monde est ainsi un ensemble organique qui doit se développer et s'améliorer, si les progrès de l'humanité sont une loi de la vie, l'histoire doit évidemment considérer avec indifférence le sort de ceux qui tombent et disparaissent pour laisser la place aux plus puissants. L'arbre ne souffre pas de la perte de ses branches trop faibles qui se dessèchent et tombent, et la forêt ne demeure pas moins touffue et majestueuse parce qu'une grande partie de ses pousses n'a pas réussi à se développer; pourquoi l'humanité s'inquiéterait-elle de ses membres débiles ou incapables qui viennent à choir sur la route ? Si la loi de l'évolution est vraie pour le monde physique, elle doit l'être aussi dans les rapports des peuples. Dans cette doctrine, on ne saurait reprocher aux peuples moins civilisés leur infériorité morale, car celle-ci n'est point leur fait, une conséquence de leur conduite ; seulement on doit les obliger à subir la domination des plus civilisés et même à disparaître, afin de laisser le champ libre à ces derniers, si le meilleur développement du monde l'exige. Et ce qui est exact des races inférieures l'est aussi des races civilisées, dont les progrès sont lents et qui s'acheminent vers la décadence. La lenteur de leurs progrès et leur décadence, pas plus que l'infériorité des nations non civilisées, ne sont une faute dont il faille leur faire grief; c'est une maladie dont elles sont atteintes, et qui doit amener leur mort. Moins aptes que les puissants à réaliser les fins de l'humanité, elles doivent s'effacer devant eux dans toute entreprise d'expansion ou de domination, elles doivent même se subordonner à eux dans la gestion de leurs propres affaires, leur céder leurs dépendances coloniales, et leur sacrifier même leur existence. Avec la doctrine de l'évolution, la prédominance des États forts sur les faibles ne s'explique plus par l'idée d'une peine infligée à ceux-ci ou de la solution pratique d'un litige qui a tourné à leur détriment ; elle est comme la résultante mécanique de forces contraires, d'intensités différentes, comme l'effet d'une loi constante, fondement en quelque sorte d'un nouveau droit divin.

Si on admet comme exact le système de l'évolution, le droit de tous les États à l'égalité n'existe plus, on peut le dire. Et c'en est fait aussi du droit des races, des nations et des États à l'autonomie perpétuelle et absolue d'une existence particulière.

A la vérité, dans la pratique, la méconnaissance de ces droits essentiels des peuples et des États ne s'est guère produite plus fréquemment au XIX° siècle qu'à la fin du XVIII° siècle. Mais on ne saurait nier qu'elle se soit plus manifestée à la fin qu'au milieu du XIX° siècle. Dans tous les cas, un fait est certain ; c'est que la science a sanctionné nettement cette méconnaissance. Il y a cinquante ans, aucune école philosophique ou juridique n'hésitait à condamner les actes de conquête et de violence ; et si quelqu'une essayait de les justifier, ce n'était pas ouvertement, mais à l'aide de sophismes plus ou moins habiles. Aujourd'hui au contraire on présente franchement ces actes comme des fonctions du développement de l'humanité, comme des fatalités historiques. On ne les juge plus comme des déviations du droit, mais comme des actes accomplis tout naturellement par les plus forts ; la conquête et la violence trouvent ainsi une défense scientifique et juridique qu'autrefois elles n'auraient jamais pu invoquer.

Une conséquence de la doctrine de l'évolution est qu'elle donne à la guerre une nouvelle justification. Comme les gouvernements n'ont plus leur origine légitime dans l'identité morale des hommes ; comme le droit n'est plus la conséquence d'une loi supérieure à tous et égale pour tous ; comme les titres des peuples et des États à l'intégrité de leur existence sont différents, on ne saurait plus apprécier de la même façon les atteintes à cette intégrité, par quelqu'État qu'elles soient portées. Les États forts, avec l'exubérance de vie qui existe en eux, pourront se permettre vis-à-vis des États faibles des actes qu'on ne tolérerait pas de la part des États faibles vis-à-vis d'autres États de la même importance.

Ainsi seront établis une nouvelle loi du monde et de la vie, un nouveau principe inspirateur de l'histoire, et les bases fondamentales du droit international seront modifiées. Tout autre que jadis sera la conception des relations et des garanties respectives de la société internationale et des individualités qui la forment.

Parmi les sociologues contemporains, il en est qui offrent un spectacle bien étrange ; ce sont ceux qui discutent des rapports économiques entre les hommes comme des positivistes évolutionnistes et en même temps raisonnent des rapports sociaux et politiques des peuples et des États comme de vieux métaphysiciens. En procédant de la sorte ils se trompent doublement. Ils se font d'abord illusion, lorsque, déduisant par le raisonnement toute une série de conséquences de la philosophie politique du XVIIIe siècle, ils prennent ces déductions rationnelles pour des réalités effectives et annoncent comme imminent le règne de la justice et de l'égalité dans la société internationale gouvernée par une loi immuable de paix. Ils commettent, d'autre part, une erreur non moins grande lorsqu'ils attribuent au caprice des Princes ou de certaines classes dirigeantes un certain nombre de phénomènes de l'existence internationale moderne : en réalité, ces phénomènes n'ont d'autre cause que la façon dont on considère de nos jours le monde et la vie.

(*A continuer.*)   E. CATELLANI,
Professeur à l'Université de Padoue,
Membre de l'Institut de droit international.

LE DOMAINE AÉRIEN

ET LE RÉGIME JURIDIQUE DES AÉROSTATS (1).

Les États ont un territoire terrestre et un territoire maritime. Possèdent-ils de même un territoire aérien ? La colonne d'air qui s'élève au-dessus des terres et des eaux peut-elle, dans sa totalité ou dans quelqu'une de ses parties, subir leur domination ? S'ils n'en ont ni la propriété ni la souveraineté, n'ont-ils pas au moins sur elle certains droits ? Et, s'ils ont des droits, quel en est le fondement ?

Une chose n'est susceptible de propriété, privée ou publique, que si elle se prête à une certaine appropriation ; pour se prétendre propriétaire d'une surface quelconque il faut pouvoir l'occuper d'une façon réelle et continue. Il n'en saurait être ainsi en ce qui concerne l'air. Par son immensité et par sa fluidité, la couche atmosphérique résiste à toute détention. Il est, matériellement et physiquement, impossible à un peuple, eût-il à sa disposition les forces du monde entier, d'exercer sur l'air une main-mise effective, de le marquer du sceau de son autorité. La seule manière de l'occuper serait d'y lancer des aérostats ; mais une semblable occupation peut-elle engendrer vraiment la propriété ? Dans l'état actuel de la science, l'aérostat, loin d'assujettir à sa puissance l'air qui l'environne, en est au contraire le jouet : ce n'est pas lui qui commande à l'air, c'est l'air qui le gouverne. Sans doute, il en sera autrement le jour où la direction des ballons sera trouvée. Ce jour-là, les ballons pourront se maintenir dans les airs en des endroits déterminés. Néanmoins, même alors, on ne saurait les concevoir comme constituant en fait un établissement fixe, à tout jamais durable ; dans la réalité ils ne resteront pas un très long temps sur une partie de l'atmosphère, et dès qu'ils auront passé le sillage formé par eux aura disparu. L'appropriation par ce moyen, si elle était possible, ne donnerait d'ailleurs à l'État qu'une propriété restreinte, limitée au seul volume de l'aérostat. Il ne suffit pas en effet qu'une chose soit susceptible d'occupation pour que par cela même

(1) Les indications techniques nécessaires à la confection de ce travail nous ont été fournies par M. le commandant Paul Renard, sous-directeur de l'Établissement aérostatique militaire de Chalais, par M. le commandant Hirschauer, commandant le bataillon des aérostiers à Versailles, et par M. Malfroy, professeur au Lycée Lakanal. Nous leur en exprimons ici toute notre respectueuse reconnaissance.

on en devienne propriétaire : à ce compte, chacun aurait la propriété de tous les objets corporels qui se trouvent dans la nature. En vérité, la propriété ne s'étend pas au delà de la chose appréhendée. La même idée explique qu'on n'est pas propriétaire de l'air, parce qu'on peut y tuer les oiseaux qui l'habitent : on n'acquiert la propriété que sur l'oiseau qu'on a tué, et encore faut-il qu'on en ait effectué la détention. Bien mieux, la chasse n'est point ouverte à tous dans les différentes parties de l'atmosphère : elle appartient seulement à celui qui a la propriété, la possession ou l'usufruit du sol dominé par l'air ; toutes autres personnes ne sauraient chasser qu'avec son autorisation. Mais cette règle n'est-elle pas précisément la preuve que l'air peut être un objet de propriété ? S'il n'est permis de chasser dans une fraction de l'atmosphère qu'autant qu'on a un certain droit sur le sol qui se trouve au-dessous, n'est-ce pas parce que l'air n'est en définitive qu'un accessoire du sol et dès lors, en vertu du principe *accessorium sequitur principale*, ne faut-il pas admettre que, comme le sol, l'air est soumis au droit de propriété ? Ce raisonnement serait inexact. Si on ne peut chasser que sur son propre terrain, si même on décide que de son propre terrain on ne peut tirer une pièce de gibier volant au-dessus du terrain d'autrui, c'est uniquement par respect du droit du propriétaire sur son sol : personne autre que lui ne doit y pénétrer ; or il le faudrait s'il était loisible de chasser sur ce terrain ou de tirer, du voisinage, dans l'air qui le surplombe : dans ce dernier cas force est bien d'envahir le terrain d'autrui pour saisir le gibier qu'on a tiré. Mais on ne voit pas ce qui empêcherait la chasse au-dessus du sol d'autrui, s'il y avait possibilité de la pratiquer sans toucher ce sol et de capturer le gibier avant qu'il y tombât. Le principe que l'air n'est pas susceptible d'une occupation régulière demeure donc dans son entier ; on doit en conclure qu'il ne saurait être un objet de propriété.

Cela est-il vrai cependant d'une manière absolue ? Il en est ainsi sans conteste pour les couches profondes de l'atmosphère. En est-il de même pour la portion de l'air qui confine immédiatement au globe ? Ici une distinction s'impose.

La partie de l'air qui environne la terre ferme ne répugne pas à l'idée d'une appropriation matérielle, car on peut y installer des établissements fixes : des plantations et des constructions y sont praticables qui constituent une véritable occupation. On doit donc admettre que la colonne d'air située au-dessus du sol peut être soumise au droit de propriété jusqu'à la hauteur où il est matériellement possible d'édifier un bâtiment : cette hauteur est actuellement de 300 mètres (1). Mais s'ensuit-il

(1) La Tour Eiffel, à Paris, qui est actuellement la plus haute construction qui ait été faite, a cette élévation.

que le maître du sol aura la propriété de cette colonne d'air avant même
d'y avoir planté, d'y avoir construit ? Nullement. C'est l'appropriation, et
non la possibilité de l'appropriation, qui fait la propriété. La propriété
suppose essentiellement la possession permanente d'une chose. Si l'air
qu'une personne recueille dans un récipient devient sa propriété, celui
qu'elle déplace en circulant n'est pas affecté d'un droit privatif à son
profit. La couche atmosphérique qui entoure à la hauteur de 300 mètres
le domaine terrestre ne saurait donc en soi appartenir au maître de ce
domaine ; elle devient sa propriété seulement s'il y plante ou s'il y construit, et dans la mesure des plantations et des constructions qui y sont
élevées. Dans la réalité, c'est même plutôt de celles-ci qu'il est propriétaire que de l'air dont elles tiennent la place.

Tout autre est la situation de la couche atmosphérique qui s'élève au-
dessus de la mer, qu'il s'agisse, d'ailleurs, de la mer territoriale ou de la
mer libre. Dans ce cas, il n'y a même plus possibilité d'une appropriation. Car, sur la mer, voisine ou non des côtes, on ne saurait, cela est
d'évidence, ni planter, ni construire.

On aboutit ainsi à cette double règle : 1° Au delà de 300 mètres, l'air
n'est pas et ne peut pas être un objet de propriété. 2° Jusqu'à 300 mètres,
l'air n'est soumis au droit de propriété que dans la mesure où il est réellement occupé : l'air qui n'a été transformé ni en constructions ni en
plantations reste, dans cette limite même, un espace entièrement libre.
Au point de vue de la propriété, on ne peut dès lors parler vraiment d'un
territoire aérien ; il y a simplement un territoire terrestre qui comprend, avec le sol, les plantations et les constructions dont il est recou-
vert.

Un autre motif s'oppose encore à ce que l'air soit un objet de propriété. La propriété a comme caractère essentiel de conférer à celui qui
en est titulaire un pouvoir absolu et exclusif. Or l'air, par sa nature, répugne à un semblable pouvoir. Il est un milieu nécessaire au développement de la civilisation et à la prospérité de toutes les nations. C'est
d'abord — cela sera vrai surtout quand les aérostats seront dirigeables
— une voie des plus précieuses pour les communications et les transactions internationales. C'est en outre un outil fort utile à la défense des
États et aux progrès de la science : l'aérostation, dont l'air est l'élément,
donne aux armées un moyen appréciable d'informations et de surveillance ; elle fournit un concours fécond à la météorologie, à la physique
du globe, à la physiologie, à l'astronomie, à la géographie. Permettre à
un État de s'approprier l'air, si la chose était réalisable, ce serait donc
lui attribuer, même sur terre, la suprématie vis-à-vis des autres ; ce serait, sans avoir égard aux principes les moins contestés du droit des

gens, mettre tous les peuples sous la dépendance d'un seul, méconnaître la liberté et l'égalité réciproque des nations.

II

Si l'État n'a pas la propriété de l'air, en a-t-il du moins la souveraineté ?

Des définitions nombreuses ont été données de la souveraineté. Toutes s'accordent à reconnaître qu'elle implique l'idée d'une puissance suprême : être souverain, c'est commander en maître, c'est avoir une autorité absolue. Et, pour un État, l'autorité dépend surtout des armes : le canon est la plus haute manifestation qu'il puisse faire de son empire. Il semble dès lors qu'un État doive être souverain de toutes les choses sur lesquelles il peut exercer sa domination, faire sentir la force de ses armes. Or l'air n'est-il pas une de ces choses ? Matériellement, rien ne s'oppose à ce qu'un État tienne sous son contrôle la couche atmosphérique qui l'environne. A raison même de sa fluidité et de sa transparence, l'espace ne présente aucun obstacle au tir de l'artillerie : les feux des batteries peuvent s'y développer à l'aise, dans toute leur étendue.

Est-il vrai cependant que l'État soit souverain des airs par la puissance des armes et la vertu du canon ?

Un pareil système, s'il était exact, conduirait logiquement aux conséquences suivantes :

La souveraineté de l'air reposant sur la force, un État serait à même de l'acquérir des différents endroits de son territoire d'où il est capable de témoigner la puissance de ses armes. Ce n'est donc pas seulement de la terre ferme qu'il imposerait sa domination sur les airs ; c'est encore de ses vaisseaux, qu'ils naviguent le long des côtes ou en pleine mer, et aussi de ses ballons, à quelque hauteur qu'ils s'élèvent. Les navires de guerre et les ballons militaires constituent, partout où ils se trouvent, le prolongement du territoire national, et les canons placés à leur bord permettent, comme ceux établis sur le sol, d'exercer la plus haute autorité qu'il soit possible aux hommes d'obtenir.

Mais, à l'inverse, et pour la même raison, la souveraineté sur l'air n'existerait et ne subsisterait au profit d'un État qu'autant que celui-ci aurait vraiment à sa disposition les moyens d'imposer son empire. Par suite, il ne saurait s'agir pour un État d'être souverain de l'air qui l'environne s'il n'a point de batteries sur son sol et, s'il en possède, il ne sera souverain de l'air ambiant que si les batteries sont à moins d'une portée de canon les unes des autres : autrement des portions de l'espace échapperaient à sa domination. C'est de même en vain qu'un État lancerait sur l'Océan ou dans les airs des navires et des ballons si ceux-ci sont dé-

garnis d'artillerie. La possibilité de placer des canons ne suffit pas plus
à la souveraineté que la possibilité d'occuper un terrain pendant trente
ans, sans l'occuper réellement, ne suffit à la prescription. Ce n'est pas à
dire pour cela que les canons devront être en action ; leur présence
seule est suffisante. Les personnes et les biens d'un territoire ne sont-ils
pas sous la juridiction et partant sous la souveraineté de l'État, quand
même les tribunaux ne fonctionnent pas à leur égard ?

Dernière conséquence. Les États seraient maîtres des airs jusqu'à
l'extrême limite du tir de leur artillerie ; au delà ils seraient sans
pouvoir : *terræ potestas finitur ubi finitur armorum vis*. Le canon, s'il est
le principe de la souveraineté, doit en être aussi la mesure.

Mais ces résultats, qu'entraîne nécessairement le système du canon,
s'accordent-ils avec les nécessités de la pratique ?

La domination basée sur le canon tiré de la mer ou des airs sera d'a-
bord essentiellement changeante. Les navires et les aérostats, fussent-ils
dirigeables, ne sauraient être indéfiniment immobiles ; se déplaçant
comme eux, leur artillerie ne peut donc offrir aucune garantie de durée.
D'autre part, — résultat du même fait, — elle sera éphémère et momentanée. Quelque richesse qu'on suppose à une nation, celle-ci ne peut
avoir à sa disposition un nombre de vaisseaux et d'aérostats suffisant
pour les faire flotter sur l'eau et dans l'espace d'une façon permanente.
Ainsi la souveraineté d'un État disparaîtra dès qu'il aura perdu ou
abandonné le moyen d'imposer sa souveraineté. Il s'en suivra que,
cette souveraineté évanouie, un autre État pourra aussitôt exercer la
sienne pour ne la conserver à son tour que quelques instants. On verra
alors, sur la même portion de l'air, se succéder à l'infini une quantité
de souverainetés différentes ! Dans ces conditions, comment la pratique
se reconnaîtra-t-elle sur la carte des airs ? Comment les États sauront-ils
d'une manière précise jusqu'où s'étend leur puissance respective ? Des
conflits incessants seront à redouter. Bien mieux, aussi longtemps que
les aérostats ne seront pas dirigeables, la souveraineté ainsi acquise,
ambulante et instable, sera toujours indépendante de la volonté des
États : le caprice des vents étant le seul maître, les ballons assureront
à une nation la domination sur des espaces dont elle ne veut pas et ne
la lui donneront pas au contraire sur ceux qu'elle désire.

Les inconvénients ne seront guère moindres avec le canon tiré de la
terre. Ici sans doute l'artillerie peut s'établir d'une façon ferme et stable.
Mais, on le sait, c'est son existence qui fait acquérir la souveraineté.
Or, en fait, les États ne placent pas des canons sur leur territoire de
telle sorte que celui-ci soit couvert entièrement par le rayon de leurs
feux : sur bien des points les canons manquent ; loin d'être disséminées

à la distance d'une portée de leurs projectiles, les bouches à feu sont d'ordinaire réunies en des endroits déterminés, dans les forts ou dans des parcs spéciaux, aux abords des grandes villes. Dans les limites d'un même pays, des colonnes d'air seront dès lors nécessairement soustraites au pouvoir de l'État. Est-il possible aux autres nations d'en connaître exactement l'emplacement ? D'un autre côté, chaque État peut, à son gré et à tout moment, déplacer ses canons ; sa souveraineté sur l'air environnant sera par suite sans cesse mouvante et jamais fixée. A moins d'imposer aux États une notification à chaque déplacement, ce que les exigences de la défense nationale ne sauraient permettre, les tiers seront de ce fait encore dans l'ignorance de la portion des airs où ils peuvent librement aller.

Ce n'est pas tout. Qu'il s'agisse du canon de la terre, des mers ou des airs, il sera toujours impossible de fixer d'une manière définitive la hauteur précise à laquelle atteindra la souveraineté des États. La portée des armes, qui en constitue la mesure, est en effet perpétuellement variable. Depuis un siècle, la science a sans cesse reculé la limite du tir *horizontal* de l'artillerie. Il y a cent ans, celle-ci ne dépassait pas 3 milles (5.559 mètres) ; elle a atteint 6 milles (11.118 mètres) par l'invention des pièces rayées d'Armstrong ; aujourd'hui certains canons côtiers tirent jusqu'à 11 milles (20.372 mètres). La balistique restera-t-elle davantage stationnaire en ce qui concerne la puissance *verticale* du canon ? Cela n'est pas à supposer. Le jour où, devant les développements de la navigation aérienne, la science s'occupera d'en éloigner les limites, elle fera, à ce point de vue aussi, des progrès rapides et incessants. Ce ne sera vraisemblablement pas pendant de longues années que le tir vertical de l'artillerie conservera sa mesure actuelle : 1.000 mètres pour les pièces de campagne et 2.600 mètres pour celles de siège. Mais il y a mieux. A une époque donnée, les États n'ont pas tous des canons identiques. Et ainsi la souveraineté sur les airs se modifiera non seulement suivant les temps, mais suivant les lieux : étendue là où domineront la richesse et l'esprit inventif, elle sera restreinte là où la fortune et le génie seront peu développés. Elle sera encore différente à l'intérieur d'un même pays. Tous les canons d'un État ne sont pas d'un modèle unique : il y a des canons de campagne et de forteresse, des canons de terre et de marine ; or, si l'on veut s'en tenir à la vérité des choses, ne faut-il pas avoir égard à chacun d'eux ? Prendre comme commune mesure un certain type de canon, ce serait verser dans la fiction et contredire le principe même du système : choisirait-on le moins puissant, l'air échapperait à la souveraineté de l'État quoique réellement soumis à l'atteinte du canon ; choisirait-on celui dont le tir est le plus étendu, l'air serait au contraire assujetti à la souveraineté bien que soustrait en fait aux feux de l'artillerie. On voit par là à quelles complications de toute nature conduit dans la pratique le procédé du canon.

Il est une dernière difficulté qu'il suscite. Où commencera le domaine aérien? Comme la souveraineté a sa base dans le canon, ce domaine aura son point de départ là où il est possible d'installer des pièces d'artillerie. Donc, sur le pont des navires et dans la nacelle des aérostats. Mais, sur terre, à partir de quel endroit calculera-t-on ce domaine? C'est à ce sujet qu'en pratique le désaccord peut naitre. Le relief du sol n'est pas le même en effet dans toutes les portions du globe. Faudra-t-il en faire abstraction et ne tenir compte dans les pays montagneux que de la partie plate du terrain? Alors, on méconnaitra la réalité des choses, car des canons peuvent être placés sur la pente des collines et aussi des montagnes. Faudra-t-il au contraire avoir égard aux proéminences du sol? Dans ce cas, où s'arrêter? Envisagera-t-on le sommet de la montagne ou la partie de celle-ci accessible au canon? Cette dernière manière de considérer les choses est la plus rationnelle; seulement, avec elle, on aura un point de départ qui variera sans cesse selon les progrès des moyens de transport.

Mais le procédé du canon n'entraine pas que des inconvénients pratiques; il se heurte au principe même de la souveraineté.

L'idée dominante dans la notion de souveraineté est celle d'une attribution *exclusive* au profit du souverain: l'État qui est souverain d'un territoire y doit commander en maître et d'une façon absolue; la souveraineté territoriale suppose un domaine assujetti à une autorité unique. Or cette règle incontestée du droit international ne saurait s'accorder avec le système qui voit dans la force des armes la source de la souveraineté. Avec ce système, en effet, rien n'empêcherait, dans des circonstances données, plusieurs États d'acquérir en même temps un droit d'empire sur une portion délimitée de l'espace. Supposons à un certain moment les navires ou les ballons de deux pays, éloignés d'une portée de canon; est-ce que le feu de leur artillerie ne va pas atteindre simultanément la même couche atmosphérique? Le tir terrestre n'admet pas non plus nécessairement l'exclusivisme dans la domination. Le canon établi sur le sol d'un État ne peut faire obstacle à ce que les aérostats d'un autre État planent dans l'espace en dehors du rayon de son tir; placés à la limite de ce rayon, ceux-ci pourront balayer de leurs projectiles la même zone d'air. Et les choses n'iront pas différemment si on imagine les batteries de deux États installées à un instant donné de chaque côté de la frontière à la distance d'une portée de canon: elles exerceront l'une et l'autre leur empire sur une égale portion de l'atmosphère.

Considérer le canon comme générateur de la souveraineté, c'est encore méconnaître une autre règle du droit des gens : celle de la liberté et de l'égalité réciproque des nations. Tous les États doivent jouir également des bienfaits du commerce international : « la communication des uns aux autres est une loi de la nature humaine aussi essentielle dans l'ordre moral que la respiration peut l'être dans l'ordre physique », et l'air, « élément indispensable à la vie matérielle de l'humanité », a été, comme la mer, « jeté partout autour des terres pour unir de tous les points du monde les hommes et les peuples » (1). Or que deviendrait cette règle si la souveraineté de l'espace avait comme fondement la puissance des armes ? Il est permis d'affirmer qu'elle n'existerait plus.

Cela apparait d'abord si on suppose qu'une nation, non contente d'avoir des canons sur son sol à la distance d'une ou de deux portées de tir, place à cette distance sur les mers et dans les airs, en les superposant à des hauteurs successives, des vaisseaux et des aérostats armés de projectiles. Alors, elle dominera par son artillerie, sinon l'atmosphère entière, du moins une partie considérable de celle-ci, et, en étant devenue souveraine, elle pourra empêcher les tiers d'y circuler sans son consentement. N'est-ce pas le droit strict d'une nation d'interdire le passage là où elle est souveraine ? La souveraineté est le pouvoir exclusif de commander en maitre, et ce ne serait plus commander en maitre que d'être obligé de laisser passer dans les airs les ballons étrangers. La navigation aérienne peut être ainsi à peu près entièrement réservée à un seul État ; celui-ci aura vis-à-vis des autres une suprématie en quelque sorte universelle.

Une semblable hypothèse n'est-elle pas toutefois chimérique ? Certes elle est d'une application difficile. On ne conçoit guère qu'un État ait à sa disposition un nombre suffisant de navires et de ballons pour garder l'immensité des mers et des airs et, tant que les ballons ne seront pas dirigeables, il sera impossible de les maintenir à demeure un peu longtemps dans l'espace. On ne saurait dire cependant qu'elle soit irréalisable. Le problème de la navigation aérienne ne semble pas insoluble ; et, le fût-il, qu'il ne serait pas déraisonnable d'admettre que les aérostats peuvent, tout au moins pendant un temps, fort court sans doute, planer dans l'atmosphère (2). D'autre part, si les airs et les mers ne sont point dans leur totalité accessibles aux vaisseaux et aux aérostats d'une seule nation, il n'est pas excessif de supposer à un État assez de navires et

(1) Théodore Ortolan, *Règles internationales et diplomatie de la mer*, 4ᵉ édit., Paris, 1864, t. 1, p. 118-119.
(2) Parmi les concours de ballons organisés en France à la suite de l'Exposition de Paris de 1900, figure un concours d'*équilibre*.

de ballons pour couvrir une très large portion de l'espace. Rien ne s'oppose donc dans la réalité à ce qu'un État exerce sur les airs un certain monopole.

Mais admettons que l'hypothèse prévue soit chimérique ; faisons abstraction de l'acquisition de la souveraineté de l'espace par le canon des navires et des ballons. Est-ce qu'en s'en tenant aux seules batteries de la terre, la conséquence fâcheuse que nous avons indiquée ne sera pas encore possible ?

Assurément, elle ne sera pas à craindre aussi longtemps que le tir vertical des canons ne dépassera pas ses limites actuelles. Le domaine auquel chaque État a le droit de prétendre n'excédant pas aujourd'hui 2.600 mètres, il sera toujours facile aux ballons étrangers de circuler dans les airs · ceux-ci ne commencent à devenir d'un abord malaisé qu'à 5.000 mètres, et c'est après 9.000 mètres qu'ils sont vraiment irrespirables (1). Mais — et, nous le savons, l'hypothèse n'a rien d'inadmissible — un jour peut venir où, grâce aux découvertes de la science, la portée des moyens de destruction sera si longue que l'espace réellement abordable pour les aérostats tombera complètement sous la domination des riverains. Ce jour-là, un pays aura le moyen de s'assurer vis-à-vis des autres une certaine prépondérance au point de vue de la navigation aérienne. Qu'on se figure en effet un vaste État, n'ayant aucun accès sur la mer, entouré de toutes parts par d'autres nations ; si cet État, souverain de l'atmosphère jusqu'à l'extrême limite du tir de ses canons, s'oppose, comme il en a le droit, à tout passage dans cette atmosphère, ses voisins seront singulièrement gênés dans leurs voyages aériens : de tels voyages ne seront possibles qu'avec de longs détours, en contournant l'atmosphère interdite. Sans doute, les autres nations seront libres de refuser aussi à cet État le droit de passage dans l'air qui les domine. Et la règle de l'égalité des États se trouvera ainsi respectée. Mais alors que deviendra le commerce international dont découle le droit des gens tout entier? Ce commerce ne sera plus désormais possible par la voie des airs : la navigation aérienne sera restreinte aux limites de chaque souveraineté. Et, dans cette situation, est-il même vrai de dire que l'égalité entre les peuples ne souffrira aucune atteinte ? Ne voit-on pas que les conditions géo-

(1) « Il est maintenant prouvé qu'on peut braver la raréfaction de l'air et les basses températures des hautes régions atmosphériques, au moins jusqu'à 9.000 mètres. Il est même probable que l'emploi de l'oxygène liquéfié, que propose Cailletet, permettra sous peu d'atteindre et de dépasser l'altitude de 10.000 mètres » (P. Banet-Rivet, La navigation aérienne et son avenir, dans la Revue des Deux-Mondes du 15 mars 1901, p. 436). Dans une communication faite le 29 avril 1901 à l'Académie française des sciences, M. Cailletet a fait connaître l'appareil qu'il a réalisé pour permettre aux aéronautes de respirer de l'oxygène aux grandes altitudes.

graphiques des nations acquerront, au point de vue de leurs droits,
une importance singulière ? Les pays riverains de la mer auront sur les
autres un avantage marqué : ils seront seuls à pouvoir diriger leurs
aérostats dans les airs surplombant l'Océan ; la souveraineté de cette
partie de l'atmosphère leur sera en fait absolument réservée. A la vérité,
cette facilité ne leur sera guère utile au point de vue des relations internationales, car ils ne sauraient aborder. l'espace aérien des États situés
de l'autre côté de la mer, espace qui, par hypothèse, leur est fermé ;
elle n'en constituera pas moins pour eux un réel privilège dont ils profiteront à d'autres égards : la science de l'astronomie et de la météorologie trouve dans l'aéronautique une aide précieuse.

On le voit donc, le système de la souveraineté par l'instrument du
canon peut donner à un État la prépondérance sur une grande partie
de l'espace ; il permet aussi, en tout temps, d'entraver dans une large
mesure les communications aériennes des peuples et même de les supprimer tout à fait. ·

Si le canon ne peut, sans inconvénients, engendrer la souveraineté,
n'existe-t-il pas pour un État un moyen plus convenable d'imposer sa
domination sur l'atmosphère ? Certains admettent que, comme le canon, la vue est un symbole de la puissance défensive de l'État (1). L'État
aurait alors la souveraineté de toutes les portions de l'espace que ses
ressortissants peuvent embrasser des yeux. Certes, ce système a sur
celui de l'artillerie un avantage : à la différence du canon, la vue existe
en réalité sur chaque point du territoire : il y a dans toutes les parties
d'un État des hommes qui voient, tandis que dans la plupart des pays
il n'y a des batteries que sur certains endroits isolés du sol. Il ne laisse
pas cependant de soulever aussi de graves objections. Si tout homme
voit, chacun ne voit point d'une manière identique, et pour une même
personne l'acuité de la vue est plus ou moins grande selon la saison,
l'heure, la pureté de l'atmosphère, suivant qu'on regarde à l'œil nu ou à
l'aide d'instruments. L'horizon visuel, pris pour fondement de la souveraineté de l'air, aboutit donc, comme le canon, à un domaine aérien variable et changeant. Avec ce procédé un domaine uniforme serait d'ailleurs impossible. Un État ne peut imposer son autorité qu'aux ballons
qu'il distingue. Or comme ceux-ci ont des dimensions différentes, ils
ne seront pas tous visibles à la même distance. Il y aura ainsi une atmosphère territoriale pour les petits aérostats, une seconde plus large pour
les moyens, une dernière plus reculée pour les gros ballons. La seule
manière d'obtenir une distance uniforme serait de considérer la portée

(1) V. Godey, *La mer côtière*, Paris, 1896, p. 19.

moyenne extrême de la vue humaine par un temps moyen et pour des
ballons moyens. Mais alors on abandonne la réalité des choses pour tomber dans la fiction, dans l'arbitraire ! Quelle serait, au surplus, cette limite
moyenne ? Des observations faites il est permis d'induire que la perception de l'œil, aidé d'une lunette, porte environ à 5.000 mètres de la terre.
C'est dire qu'elle comprend à peu près toute la partie vraiment accessible
de l'atmosphère. On retrouve dès lors dans le procédé de la vue tous les
inconvénients de celui du canon : la navigation aérienne sera gênée, sinon
entièrement supprimée. Enfin, qu'on prenne pour critérium l'œil ou le
canon, les mêmes difficultés existeront encore pour déterminer en pays
montagneux le point où sur terre commence la frontière aérienne ; et,
pas plus que le canon, la vue n'assurera une domination exclusive : les
habitants de deux États, à une certaine distance de la frontière, ne tien-
nent-ils point sous leurs regards la même portion de l'espace ?

Telles sont les conséquences, inacceptables, du système qui trouve
dans le canon ou dans la vue la source de la souveraineté. Mais, de
plus, ce système est en soi inadmissible. La souveraineté est pour les
États ce que la propriété est pour les particuliers. Et, bien évidemment,
un particulier ne devient pas propriétaire de tout le terrain qu'il embrasse de la vue ou qu'il domine par son fusil. L'admettre serait ériger
en droit le désordre et l'anarchie. S'il suffisait de braquer ses regards
ou ses armes sur un fonds pour en avoir la propriété, plusieurs pourraient y prétendre en même temps, et il serait impossible de déterminer
avec certitude lequel en est devenu le premier propriétaire. Il s'en suivrait alors des disputes et des querelles sans fin. Au surplus, le droit
ne peut naître que d'un acte de la volonté et d'un acte exempt de violence, car on ne saurait acquérir un droit sans en avoir l'intention et la
violence est incapable de produire la légalité. Or la vue n'exprime pas
à elle seule la volonté, et les armes sont la plus haute expression de la
force. Ces principes, fondés sur la raison, sont d'ailleurs imposés par
les idées modernes. Autrefois, la simple découverte d'un territoire en
pouvait donner l'empire, et en y faisant sentir un moment la brutale autorité de sa puissance un État en devenait à jamais le maitre ; mais il
n'en va plus de même aujourd'hui. Maintenant, il faut une relation directe et immédiate, continue et réelle, entre l'objet et le sujet du droit
de souveraineté. Et semblable relation ne peut consister que dans une
prise de possession effective. Il n'est point possible de régner sur ce
qu'on n'occupe pas, là où on n'a aucune installation durable. Un État ne
saurait davantage prétendre à la souveraineté d'un territoire à raison
de sa *contiguïté* avec celui qu'il occupe réellement. La possession matérielle exercée à titre de maitre, que le droit de souveraineté suppose, n'a

pas besoin sans doute d'avoir une certaine durée : on est souverain quand
on règne une heure aussi bien que lorsqu'on règne un an ; il faut toutefois qu'elle soit de nature à subsister pendant un temps. C'est de la sorte
seulement qu'on peut acquérir la souveraineté. D'après certains auteurs,
la possession joue même, en ce qui concerne l'acquisition de la souveraineté, un rôle plus considérable qu'en matière d'acquisition de la propriété :
« l'acquisition de la possession, remarque M. Chrétien (1), est souvent
non la cause mais l'effet de l'acquisition de la propriété ; au contraire,
l'acquisition de la souveraineté n'est jamais que la conséquence d'une
possession matérielle, légitime ou légitimée *ex post facto* ». Un État n'est-
il pas cependant souverain de toutes les parties de son sol bien qu'en
fait il n'en ait point la possession ? Il faut ici se garder des apparences.
Si, en dehors de son domaine privé, qui lui appartient en propre, l'État
ne possède pas directement les fractions de son territoire, il les possède
du moins indirectement, par l'intermédiaire des particuliers qui l'habitent ou en usent et qui, eux, en ont véritablement la possession.

Ainsi, la souveraineté ne se confond ni avec l'autorité de l'artillerie,
ni avec la puissance de l'œil. En réalité, le canon et la vue ne constituent pas des titres d'acquisition, mais sont simplement des moyens de
garantir une souveraineté déjà acquise ; loin d'être le principe de la
souveraineté, ils n'en sont que des modes d'exercice. On l'a dit fort justement, « ce n'est pas la puissance de défendre une terre qui en fait la
légitimité, c'est au contraire cette légitimité qui en autorise la défense » (2).

Comprise de la sorte, la souveraineté ne saurait évidemment s'appliquer à l'air. Si celui-ci, envisagé dans son ensemble, est susceptible
d'être dominé par le canon ou par la vue, il est, de sa nature même,
rebelle à toute possession matérielle. Qu'est-ce en effet que la possession ? C'est un état de fait qui donne à une personne le pouvoir physique, actuel et exclusif d'exercer sur une chose des actes matériels
d'usage, de jouissance ou de transformation. Or il est matériellement impossible à un État d'avoir l'atmosphère en sa puissance, à sa disposition ;
il ne peut imprimer sur ses ondes la moindre marque d'une autorité
continue ; on ne conçoit pas que son activité ou son industrie la modifie
et la transforme. Sans doute les aérostats qui passent dans l'espace occupent la partie de l'atmosphère qu'ils traversent ; mais cette occupation
n'est point une appropriation : forcément éphémère, elle est impuissante
à produire la souveraineté. En sera-t-il différemment quand les ballons

---

(1) Chrétien, *Principes de droit international public*, Paris, 1893, n° 121, p. 119.
(2) Barni, sur Kant, *Eléments métaphysiques de la doctrine du droit, analyse critique*,
p. CLVI et suiv.

seront devenus dirigeables ? Capables de résister aux vents, ils pourront
alors se maintenir en des points fixes de l'atmosphère. Cependant ils
n'en feront pas davantage acquérir la souveraineté à leur gouvernement.
Car leur activité ne saurait lui faire subir aucune transformation. Et, s'ils
sont aptes théoriquement à s'établir à demeure dans les airs, ils ne le
sont pas pratiquement : après quelque temps ils doivent nécessairement
toujours quitter la place, sans laisser la moindre trace de leur passage.
Quelle souveraineté feraient-ils d'ailleurs acquérir ? Une souveraineté
limitée à l'espace qu'ils occupent. Or de quelle utilité celle-ci serait-elle
aux États ? Pour avoir sous son empire une portion de l'atmosphère d'une
certaine importance, il faudrait qu'un État établît côte à côte, dans les airs,
un nombre indéfini d'aérostats. Mais une pareille conséquence est évidemment déraisonnable, et elle doit suffire à faire condamner le système
qui l'engendre. Au demeurant, est-ce bien sur l'air déplacé par le ballon
que l'État acquerrait la souveraineté ? N'est-ce pas plutôt du ballon lui-
même que l'État est souverain ? Dans la réalité, il n'est possible de posséder vraiment que la seule fraction des airs avoisinant la terre : là où
on peut élever des établissements fixes et durables, des plantations ou
des constructions. Et même si cette partie de l'espace est susceptible
ainsi de souveraineté, l'État riverain n'en est pas nécessairement
souverain. Il n'en devient tel que s'il existe effectivement des plantations et des constructions, et dans la mesure de celles-ci : l'espace non
occupé par elles reste absolument libre. Bien plus, si l'on va au fond des
choses, ici encore c'est moins de l'air lui-même que des plantations et
des constructions qui en ont pris la place, c'est-à-dire du sol accru de
ces plantations et de ces constructions, que l'État peut se proclamer souverain.

III

Un État n'a donc sur les airs, envisagés comme tels, ni droit de propriété, ni droit de souveraineté. Et de ce principe deux conséquences
découlent logiquement.

Puisqu'un État n'a pas la souveraineté de l'atmosphère, il ne peut non
plus avoir sur elle, à titre de souverain, quelques-uns seulement des
droits qu'implique la souveraineté. Il ne saurait être question pour lui
d'*un* droit de souveraineté, pas plus que *du* droit de souveraineté.

On ne peut pas davantage soumettre l'espace à la souveraineté ou à la
propriété de la société internationale des États. Insusceptible par sa nature de propriété et de souveraineté, l'air ne souffre aucun de ces droits
par quelque personne qu'ils soient exercés. Comment les États, dans
leur ensemble, auraient-ils, sur une chose qui y répugne, des droits auxquels, isolés, ils ne peuvent prétendre ?

Cela étant, il n'est d'autre solution possible que de proclamer la liberté de l'air en quelque portion qu'on l'envisage. C'est d'ailleurs la théorie qui s'accorde le mieux avec la qualité de l'atmosphère. L'air est en définitive une chose qui n'appartient à personne mais dont la destination est de servir à l'usage de tous : il constitue une voie de communication nécessaire, utilisable par l'ensemble des peuples. En faut-il conclure pour cela que les États auront le droit d'accomplir, dans une quelconque de ses parties, tous les actes qu'ils jugeront bon ?

Une pareille conclusion, si elle s'imposait, serait pleine de dangers. Alors, les États risqueraient, dans certains cas, de voir leurs intérêts les plus précieux gravement compromis ; leur sécurité et aussi leur existence pourraient être menacées. Permettre à chacun d'eux d'agir librement dans toute l'atmosphère, ce serait en effet autoriser les ballons d'un État à reconnaître les ouvrages fortifiés et les moyens de défense des autres États, à jeter des regards investigateurs sur les diverses portions de leur domaine. Ce serait encore leur donner le pouvoir de faire pénétrer sur le territoire étranger les maladies contagieuses qu'ils traînent avec eux et de se livrer à ses dépens au commerce de la contrebande. Le système du plein usage de l'air conduirait à des résultats non moins désastreux en temps de guerre — en supposant que la guerre en ballons soit une chose possible : l'air formant dans son entier le théâtre des hostilités, les projectiles des aérostats ennemis pourraient atteindre jusqu'au sol des pays neutres.

Il est heureusement un principe du droit international qui amène à restreindre dans de justes limites le libre usage de l'atmosphère. Ce principe, base du droit lui-même et dont le fondement gît dans la raison naturelle aussi bien que dans la pratique des nations, est celui qui reconnaît aux États, en vertu de leur existence propre, le droit de se conserver.

La conservation de soi-même constitue, en définitive, le premier et le plus absolu des droits des États ; c'est le droit essentiel par excellence. Elle est même pour eux un devoir (1). Les États sont, dès lors, autorisés à se défendre contre tous les actes pouvant porter atteinte aux éléments de leur existence. Or les principaux parmi ces éléments sont le territoire, la population, la richesse matérielle. « Le droit de conservation, dit M. Pradier-Fodéré (2), comprend tous les droits incidents essentiels pour sauvegarder l'intégralité de l'existence tant physique que morale des États : le droit de repousser tout ce qui peut empêcher sa propre

(1) Pradier-Fodéré, *Traité de droit international public européen et américain*, Paris, 1885, t. I, nos 211 et 215, p. 358 et 363.
(2) *Op. cit.*, t. I, n° 235, p. 382.

conservation et son développement, le droit d'éloigner tout mal présent
et de se prémunir contre tout danger de préjudice futur ». Ils pourront
ainsi s'opposer à tout ce qui serait de nature à menacer leur territoire,
ils auront le droit de le garantir contre toutes les attaques, fussent-elles
involontaires, des autres États. Ils seront fondés également à prendre
les précautions nécessaires pour conserver la sécurité et la santé à leur
population. Enfin, il leur appartiendra de protéger leurs intérêts économiques contre la concurrence des pays étrangers.

. Mais ces mesures diverses sont-elles possibles en dehors des frontières ? Tenu de respecter la souveraineté de ses voisins, un État ne peut
agir sur leur territoire. Il ne saurait, par exemple, pour se protéger
contre une attaque éventuelle, prétendre au droit d'en occuper certains
points stratégiques. En principe donc, les mesures destinées à assurer
l'existence d'un État ne doivent être prises que sur son propre domaine.
Cependant des jurisconsultes admettent à cette règle de larges exceptions. Le danger d'une atteinte au droit de conservation, déclare notamment M. Rivier (1), est une cause d'intervention dans les affaires d'une
nation étrangère ; de même, ajoute cet auteur (2), « si un conflit s'élève
entre le droit de conservation d'un État et le devoir qu'a cet État de respecter le droit d'un autre, le droit de conservation prime ce devoir : *pri-
mum vivere* ; c'est l'excuse de nécessité ».   :

La rigueur du principe doit-elle en vérité fléchir de la sorte ? Ce n'est
pas ici le lieu d'examiner cette question. Qu'il nous suffise d'observer qu'il est tout au moins un cas où la règle disparaît à peu près
entièrement. Il est admis sans conteste par le droit des gens que les
États peuvent prendre des mesures protectrices de leur droit de conservation sur les choses qui n'appartiennent à personne. C'est ainsi qu'en
vertu du droit de défense, variété du droit de conservation, les États
saisissent et confisquent sur la pleine mer, *res nullius*, les objets de
contrebande de guerre que transportent à leur détriment les navires
neutres. C'est ainsi encore qu'en temps de paix ils peuvent, par l'entremise de leurs vaisseaux de guerre, vérifier le pavillon des navires rencontrés en haute mer (3). Est-ce à dire toutefois qu'il faille même à cet
égard attribuer aux États des droits absolus ? Parmi les choses qui n'appartiennent à personne, il en est dont l'usage est commun à tous. Vis-à-
vis d'elles, un État ne saurait se prévaloir du droit de conservation qu'au-

(1) *Principes du droit des gens*, Paris, 1896, t. I, p. 397.
(2) *Op. cit.*, t. I, p. 277.
(3) A notre avis, c'est aussi le droit de conservation qui explique l'existence de la « mer
territoriale », c'est-à-dire d'une partie de la mer sur laquelle l'État riverain peut avoir
certains droits.

tant qu'en l'exerçant il n'enlève pas toute jouissance aux autres États. De même que ceux-ci doivent respecter son droit de conservation, de même il doit respecter leurs droits dans la mesure inutile à la protection du sien propre, que ces droits consistent dans un droit de propriété ou de souveraineté ou dans un simple droit d'usage. Entre les États qui se servent en commun d'une chose et qui sont riverains de cette chose, il y a d'ailleurs des rapports de contiguïté ou de voisinage qui imposent ce résultat. De semblables rapports, s'ils mettent nécessairement en conflit les droits respectifs des uns et des autres, entraînent, précisément pour faire cesser le conflit qu'ils engendrent, des limitations à l'exercice naturel des droits de chaque État. Et l'idée dont découlent ces limitations est que chacun ne doit user de son droit qu'à la condition de ne point causer un dommage au droit des autres.

Le système du droit de conservation, tel que nous venons de l'exposer, trouve une application naturelle en ce qui concerne l'atmosphère. Celle-ci est en effet, nous l'avons vu, une chose qui n'appartient à personne et dont l'usage est commun à tous. L'État limitrophe aura donc, pour sauvegarder les éléments de son existence, le pouvoir de restreindre vis-à-vis des tiers le libre emploi de l'air. Mais il ne pourra exercer sur l'espace que les seuls droits indispensables à sa défense, et seulement dans les limites réclamées par elle : les nécessités de la conservation variant nécessairement avec les droits qu'elle engendre, ces limites seront changeantes avec la nature même de ces droits. Telles sont les conséquences du système. On voit de suite qu'elles sont très différentes de celles qu'entraînerait la doctrine de la propriété ou de la souveraineté. Avec cette doctrine, c'est, sans exception, tous les droits compris dans l'idée de propriété ou de souveraineté que le riverain pourrait invoquer sur l'atmosphère et, comme sa propriété ou sa souveraineté a une base unique : le canon ou la vue, c'est à une limite fixe, la même pour tous, que ses pouvoirs devraient expirer. Le principe général ainsi posé, voyons-en maintenant les applications.

IV

L'idée que la conservation de soi-même constitue le principe des pouvoirs de l'État riverain sur l'air qui l'environne doit évidemment faire naître à la charge des autres États une obligation de non-approche en ce qui concerne l'usage des armes à feu, l'espionnage, la douane et le régime sanitaire. Le pays limitrophe aura le droit d'interdire la guerre et l'espionnage par les ballons aux abords de son territoire pour éviter à celui-ci et à sa population les effets du canon ou des informations recueillies. Il aura le pouvoir d'établir, dans le voisinage de son domaine, des lignes douanières pour se protéger contre les facilités de la contrebande aérienne. Enfin il aura le droit de tenir à distance les ballons d'origine ou d'état suspect au point de vue sanitaire pour se défendre contre l'invasion des épidémies. Mais, sans nul doute, la protection de l'État limitrophe sous ces divers rapports ne saurait être spéciale au système du droit de conservation. Elle existe également si on considère l'espace comme un objet de propriété ou de souveraineté pour le riverain. Seulement elle ne présente pas dans chacun des deux systèmes des caractères identiques.

1° Tout d'abord, en temps de guerre, on arrive, avec l'une ou l'autre des théories, à des conséquences opposées.

Si l'air adjacent est sous la propriété ou sous la souveraineté de l'État riverain, celui-ci, en supposant qu'il demeure pacifique, peut interdire les actes d'hostilité dans la zone réellement assujettie à sa propriété ou à sa souveraineté ; mais il ne peut les interdire que dans cette zone, car elle seule constitue le territoire d'un neutre. Et pareille zone, qu'on la mesure par la vue ou par l'artillerie, ne lui conférera pas, au moins aujourd'hui, une protection efficace. Les batteries placées à terre et la vue partant du sol ne dominent pas en effet l'entière portion de l'espace accessible aux aérostats : tandis que l'air est respirable jusqu'à 9.000 mètres, le canon ne peut plus tirer verticalement au delà de 2.600 mètres et l'œil n'a plus de portée après 5.000 mètres. Il n'en serait différemment que si le riverain avait dans l'atmosphère, au delà de l'espace couvert par l'artillerie ou la vue du sol, des ballons armés en quantité suffisante pour la soumettre entièrement à son empire, et cela, nous le savons, est en pratique d'une réalisation difficile. Les aérostats belligérants auront donc toute liberté d'accomplir des actes de guerre au-dessus de l'État neutre dans la partie qui échappe à sa domination, et leurs projectiles viendront par leur poids même tomber sur son territoire, lui causant de graves préjudices. Dira-t-on que, si l'air adjacent est sous la propriété ou sous la souveraineté de l'État côtier, celui-ci pourra en interdire aux belligérants non seulement l'entrée, mais aussi l'approche à portée du canon, car, cet air étant comme son sol sa propre chose, il est en droit de le protéger. Mais même alors, tout au moins aujourd'hui et dans le système du canon, la protection du neutre ne serait pas absolue. La zone de protection supplémentaire qui s'ajouterait ainsi à la zone de neutralité, se comptant par la portée du canon à partir de cette dernière, ne saurait en réalité dépasser 2.600 mètres. Or, à 5.200 mètres, c'est-à-dire à la double portée des batteries de la terre, l'air demeure encore abordable, les aérostats pourront s'y rencontrer, et leurs projectiles iront toujours s'abattre en territoire neutre.

Semblable danger n'est au contraire jamais à craindre avec le système du droit de conservation. Ce droit constituant la mesure des pouvoirs de l'État limitrophe, celui-ci aura la faculté de prohiber les opérations de la guerre jusqu'à la limite extrême de l'air où elles pourraient lui être nuisibles, c'est-à-dire dans toute l'atmosphère qui domine son sol. Il convient en effet de remarquer qu'à quelque hauteur que ces opérations aient lieu les projectiles, tombant à terre, endommageront toujours le territoire. De la sorte, au surplus, et c'est un résultat qui n'est point à dédaigner, on restreint dans une large proportion l'étendue des champs de bataille aériens.

C'est donc seulement dans l'espace qui s'étend sur le territoire continental des belligérants qu'en définitive des actes de guerre pourront être accomplis : les projectiles des aérostats n'atteindront alors que le sol des pays en lutte. Est-ce même tout cet espace qui devra être ouvert aux hostilités ? Le droit de conservation des États neutres semble exiger qu'on les interdise aussi dans la portion des airs du belligérant qui avoisine ces États à moins d'une portée de tir des ballons : car les boulets qu'y échangeraient les aérostats risqueraient de frapper encore les pays étrangers au conflit. Il est cependant difficile d'aller jusque-là. Ce serait d'abord admettre une solution différente de celle reçue dans la guerre continentale : sur terre, les actes hostiles peuvent avoir lieu même aux approches des frontières. De plus, et c'est là la raison principale, ce serait rendre la guerre aérienne impossible jusque dans la fraction de l'atmosphère où elle est légalement permise, sinon méconnaitre le droit à l'existence des États en guerre. Pour assurer une semblable défense, il faudrait en effet de deux choses l'une : ou bien empêcher les aérostats ennemis de passer à travers la zone voisine des neutres, et alors comment se transporteraient-ils dans les airs qui, au delà de cette zone, dominent le sol belligérant et où ils peuvent se canonner ; ou bien, au contraire, les autoriser à circuler dans cette zone, librement, sans que leur adversaire pût y faire obstacle, mais dans ce cas ils auraient toute facilité pour surprendre les emplacements et les mouvements de troupes de celui-ci et en prévenir leur propre gouvernement.

Quels sont au juste les actes de guerre dont les États belligérants devront ainsi s'abstenir au-dessus du sol des pays neutres ? A cet égard une nouvelle différence apparait entre les deux doctrines. Dans celle de la propriété ou de la souveraineté, ce sont tous les actes ayant un caractère hostile qui seront prohibés, puisqu'alors l'atmosphère est vraiment le territoire d'un neutre, et qu'en territoire neutre les hostilités et leur préparation sont interdites. Dans celle du droit de conservation, ce ne seront que les actes hostiles susceptibles d'entraîner la chute de projectiles sur le sol, car celle-ci seulement menace l'État côtier. Il s'en suit qu'avec cette dernière théorie on pourra autoriser les ballons belligérants à réaliser ou à compléter leur armement et leurs approvisionnements dans l'atmosphère dominant le sol des neutres, tandis qu'on ne saurait le leur permettre avec le système du droit de propriété ou du droit de souveraineté : ces actes, s'ils n'impliquent pas par eux-mêmes un recours à la force, sont du moins des opérations hostiles, impossibles en terrain neutre. Au contraire, qu'on s'attache à l'une ou à l'autre des deux théories, il faudra défendre le combat entre les aérostats appartenant aux États belligérants, et qui dès le temps de paix font partie de leur armée. Il conviendra de prohiber également la bataille entre les ballons des sujets belligérants s'ils ont été autorisés à prendre part comme force militaire aux hostilités ; en effet, de même que sur la mer, on conçoit qu'il existe dans les airs une flotte auxiliaire : on ne doit pas refuser aux nations la faculté d'incorporer dans leurs troupes les aérostats privés et leurs équipages dès qu'ils se soumettent à la direction d'un officier de l'État et ont un signe distinctif fixe et reconnaissable à distance (1). Mais, en temps de guerre, ce ne sont pas uniquement les armées des belligérants qui peuvent se rencontrer dans l'espace. Celles-ci entrent aussi en contact avec les ballons privés de l'adversaire qui n'ont point été détournés de leurs fonctions pacifiques. Auront-elles le droit de les arrêter, de les visiter (2) et de les saisir ? Et ainsi leur sera-t-il permis de se livrer contre eux à des actes hostiles, capables d'amener un échange de projectiles, car bien évidemment si l'aérostat privé oppose une résistance violente il sera nécessaire pour le briser de recourir à la force ? Cela revient à se demander s'il faut, dans les airs, admettre, comme sur terre, ou repousser, comme sur mer, l'inviolabilité de la propriété privée ennemie sous pavillon ennemi. La raison exige qu'à ce point de vue on assimile la guerre aérienne à la guerre maritime. Les

---

(1) La course, qui diffère de la marine auxiliaire (Dupuis, *Le droit de la guerre maritime d'après les doctrines anglaises contemporaines*, Paris, 1899, nᵒˢ 84 et suiv.; Guihéneuc, *La marine auxiliaire*, Paris, 1900, p. 83 et suiv.), ne doit pas être davantage autorisée dans les airs que sur la mer.

(2) La visite est-elle toutefois praticable dans les airs, même entre ballons dirigeables ? S'il n'est point impossible de réunir deux aérostats par une passerelle jetée entre leurs nacelles, conçoit-on qu'un homme de leur équipage puisse, sans détruire l'équilibre des ballons et les faire chavirer, passer d'une nacelle dans l'autre pour effectuer la visite ? Il y a là à coup sûr une difficulté. Mais, d'après les aéronautes particulièrement compétents que nous avons consultés à cet égard, cette difficulté n'est pas insurmontable, de nature à mettre obstacle à toute visite aérienne ; elle fait seulement de celle-ci une opération très délicate : pour se maintenir en équilibre, le ballon visiteur, allégé par le départ de son officier, abandonnera de son gaz, et le ballon visité, au moment où cet officier viendra vers lui, jettera du lest ; de la sorte, le premier sera empêché de monter et le second de descendre.

différences qui séparent la guerre aérienne de la guerre continentale
sont en définitive les mêmes que celles qui distinguent de cette dernière
la guerre maritime, et ce sont ces différences qui expliquent que dans
l'une on respecte la propriété ennemie tandis que dans l'autre on la sai-
sit (1). D'un autre côté, les ballons privés et les sujets ennemis qui les
montent sont, par leur spécialité même, aussi bien que les navires et
leurs équipages, une réserve toute prête pour les armées des belligérants : ceux qui n'ont pas été incorporés dès le début pour constituer
une flotte auxiliaire peuvent l'être sans difficulté dans tout le cours des
hostilités (2). Au surplus, tant que, d'après le droit des peuples, la propriété ennemie demeurera de bonne prise sur l'Océan, on ne saurait
imaginer qu'elle pût échapper dans l'espace à la capture : si cela était,
le commerce de l'ennemi aurait un moyen trop commode d'éviter la
prise,puisqu'il lui suffirait d'abandonner la voie des mers pour emprunter
celle des airs ! (3) Il est un dernier acte que, dans chacun des deux systèmes, il faudra aussi défendre au-dessus du territoire des neutres : c'est
la visite et la capture par les belligérants des aérostats neutres, quand
ceux-ci se seront immiscés dans les hostilités, par exemple en transportant à l'ennemi des marchandises ou des personnes utiles à la guerre (4) ;
car, comme la saisie des ballons privés belligérants, cet acte constitue
une opération de guerre et une opération susceptible d'entraîner un
échange de projectiles.

2° Au point de vue de l'espionnage, les pouvoirs du riverain sur l'atmosphère ont de même des caractères différents selon qu'on adopte l'une
ou l'autre des deux conceptions.

Dans le système de la propriété ou de la souveraineté, la portion de
l'air soumise à chacun de ces droits constituant le territoire du riverain, c'est toute cette portion que celui-ci pourra fermer aux ballons :
un État a le droit d'interdire l'espionnage sur l'ensemble de son territoire. Ne pourra-t-il même pas faire davantage ? Puisque l'air contigu au
sol est sa chose comme celui-ci, ne devra-t-il pas, pour le garantir contre
les investigations des tiers, en empêcher aussi l'approche à portée du

(1) V. Pillet, *Les lois actuelles de la guerre*, 2e édit., 1901, p. 119 ; Bonfils-Fauchille,
Manuel de droit international public, 3e édit., 1901, n° 1316, p. 718.
(2) V. à ce sujet ce que dit M. Westlake, dans la *Revue de droit international et de
législation comparée*, t. VII (1875), p. 258 et 677 et suiv.
(3) Bien entendu le droit de capture doit, dans les airs comme sur la mer, être limité
à la propriété *ennemie* : la propriété neutre sera respectée, à l'exception de la contrebande de guerre, à bord des aérostats ennemis ainsi qu'elle l'est à bord des navires belligérants.
(4) Dans la guerre aérienne, comme dans la guerre maritime, la propriété ennemie,
d'un caractère non hostile, doit échapper à la prise à bord des ballons neutres.

canon ou de la vue? Mais la crainte de l'espionnage est concevable vis-
à-vis de tous les aérostats, ceux qui s'y livrent ne se distinguant des
autres par aucun signe. Ce sont donc d'une manière générale les relations aériennes qui seront reléguées à l'extrême limite de deux portées
du canon ou de la vue. Par le procédé de l'œil, la notion de la propriété
ou de la souveraineté peut ainsi conduire, dès aujourd'hui, sous prétexte
d'espionnage, à la suppression complète de la navigation aérienne. Elle
y conduira de même avec le procédé du canon, le jour, peut-être plus
proche qu'on ne le suppose, où le tir vertical de l'artillerie s'étendra
jusqu'aux parties inabordables de l'atmosphère. Et, il faut le dire, c'est
sans raison sérieuse que les États riverains, dans ce système, mettent
un si large obstacle à la circulation des ballons. En effet, nous le verrons, après une certaine hauteur qui n'est point énorme, l'espionnage
des choses de la terre n'est plus vraiment à redouter, et à coup sûr ce
n'est pas dans l'espace lui-même que les aérostats doivent recueillir des
informations périlleuses pour les pays riverains.

Tout autre est la conséquence de la doctrine du droit de conservation. Avec cette doctrine le territoire de l'État ne commence plus qu'à la
terre; c'est donc celle-ci seulement qu'il importe de défendre contre
l'espionnage aérien. Évidemment, on doit ici tenir compte de la vue,
car l'espionnage ne saurait fonctionner que par elle. Mais quelle est la
vue dont la portée mesurera le droit de l'État côtier? Est-ce celle qui
s'élève de la terre ou celle qui part des aérostats? C'est assurément cette
dernière, puisqu'elle seule peut menacer le riverain. Toute vue, cependant, est-elle menaçante pour le pays limitrophe? S'il fallait l'admettre,
on arriverait à de grandes difficultés d'application. Le regard qui, du
sol, ne dépasse pas 5.000 mètres, est capable, du haut des airs, de s'étendre à 10.000 mètres : comment le riverain saurait-il si un ballon n'a
point pénétré à 10.000 mètres dans la partie interdite de l'atmosphère?
La portée verticale extrême de l'artillerie n'étant aujourd'hui que de
1.000 mètres pour les pièces de campagne et de 2.600 mètres pour celles
de siège, comment d'autre part pourrait-il faire respecter efficacement
sa zone de défense? Il n'y pourrait parvenir que le jour où des inventions nouvelles auraient augmenté la puissance des armes, et encore
seulement jusqu'à 5.000 mètres puisque de la terre on ne distingue plus
rien à une distance supérieure. Mais il y a mieux. Mesurer par le rayon
extrême de la vue la zone de protection contre l'espionnage, ce serait,
plus encore que dans le système de la propriété ou de la souveraineté,
rendre impossible toute circulation aérienne : on ne peut en effet naviguer convenablement dans les airs au delà de 5.000 mètres, et même à
cette hauteur la navigation est déjà assez peu pratique; c'est entre 1.000

et 3.000 mètres que se tiennent d'ordinaire les aérostats. Heureusement, la distance de 10.000 mètres ne s'impose point dans la réalité des choses. En temps de paix, l'espionnage n'a vraiment d'utilité que pour obtenir des renseignements détaillés sur les ouvrages de défense des pays étrangers ; il est sans importance en ce qui touche l'existence de ces ouvrages et la configuration du territoire : celles-ci, bien mieux que par la vue, sont connues par les cartes géographiques, toujours faciles à se procurer. Or, s'il est possible d'apercevoir à une altitude élevée le sol et ce qui le couvre, ce n'est au contraire qu'à une faible distance qu'on peut avoir des travaux de défense une image assez complète pour être profitable. Au point de vue de l'espionnage, c'est donc cette faible distance qu'il faut en définitive considérer quand on veut mesurer la zone de protection. Quelle est-elle ? Depuis une trentaine d'années on a essayé d'appliquer à l'aérostation l'art de la photographie, et les expériences faites à ce sujet ont à la fin produit d'excellents résultats (1). Actuellement, par un temps clair, les moindres détails d'un fort sont reproduits utilement jusqu'à 1.000 mètres ; avec des appareils très perfectionnés cette distance irait peut-être à 1.500 mètres ; au delà il ne serait plus possible de saisir avec précision que l'aspect général du terrain. La photographie a, d'ailleurs, sur l'œil un double avantage. Elle fournit instantanément le dessin de l'objet qu'on désire posséder, dessin qu'il est toujours aisé d'agrandir et de rendre ainsi plus détaillé. En outre, elle n'est pas, comme la vue, changeante et variable : tandis qu'il n'est pas deux personnes dont l'acuité visuelle soit identique, rien n'est plus simple que d'assurer une puissance fixe aux objectifs photographiques, et tous les objectifs d'une même puissance procurent à un intervalle égal un résultat semblable. Cela étant, ne faut-il pas admettre que la zone de protection contre l'espionnage aura pour terme la limite de 1.500 mètres, dernier point où l'image photographique des ouvrages fortifiés est encore assez nette pour être profitable ? Cette solution nous paraît raisonnable.

La photographie n'offre-t-elle pas cependant des inconvénients analogues à ceux du canon ? N'est-elle pas, comme lui, incessamment instable suivant les progrès de la science ? Aujourd'hui à 1.500 mètres, sa puis-

---

(1) C'est en 1868 que pour la première fois on a tenté de prendre des vues du haut de la nacelle d'un aérostat. Les essais que Nadar fit alors n'eurent pas une réussite complète. Il en fut de même de ceux de M. Dagron en 1878. Après des expériences plus heureuses réalisées en 1880 par M. Paul Desmarets et en 1883 par M. Shadboldt, le problème de la photographie aérostatique a fait de réels progrès en 1885 : dans une ascension conduite le 19 juin 1885 par M. Gaston Tissandier, M. Ducom prit différents clichés, d'une netteté parfaite, à des hauteurs variant de 600 à 1.000 mètres (V. Gaston Tissandier, *La photographie en ballons*, Paris, 1886).

sance n'ira-t-elle pas demain à 2.000 et après-demain à 3.000 mètres
Sans aucun doute. Seulement, tandis que, vis-à-vis du canon, il n'est aucun moyen de parer à cette instabilité, il en est au contraire à l'endroit
de la photographie. Le canon n'est pas utile uniquement pour se défendre contre l'espionnage aérien, c'est l'arme qui à tous égards protège la
sécurité et l'existence des États ; on ne saurait donc empêcher ces derniers de chercher toujours à en développer la puissance et de se servir
des perfectionnements qu'ils auront découverts. Il en va autrement pour
la photographie. Actuellement, la photographie aérostatique est dangereuse pour la conservation des États en deçà de 1.500 mètres ; mais elle
ne l'est plus au delà, tout en demeurant parfaite encore sur une assez
longue distance pour la reproduction des objets indifférents à la défense.
S'il en est ainsi, pourquoi les États ne conviendraient-ils pas, par une
entente internationale, d'en arrêter les progrès à la limite présente où
elle donne des résultats convenables ? A une hauteur plus élevée, elle
ne saurait évidemment reproduire de la terre autre chose que ce qu'elle
fournit aujourd'hui ; si à la distance actuelle les épreuves sont satisfai-
santes, à quoi bon vouloir en obtenir d'autres, qui ne seront pas meilleures, à une altitude plus grande ? Ce ne serait qu'une expérience sans
utilité. Mais, dira-t-on, si le développement de la puissance photographique n'a pas d'intérêt pour les choses de la terre, elle en offre par
contre pour les choses du ciel. La météorologie et l'astronomie réclament chaque jour des moyens optiques plus efficaces. Saurait-on priver
ces sciences des secours de la photographie parce qu'on veut assurer
par elle aux États une zone de protection fixe et immuable contre l'espionnage ? Assurément cela ne peut être. Le problème ne devient-il pas
alors insoluble ? En réalité, les deux exigences, quelque contraires
qu'elles paraissent, ne sont nullement inconciliables. La science peut
toujours chercher à étendre la puissance des objectifs ; seulement les
aéronautes, en tant qu'ils voudront photographier le sol, ne devront pas
faire usage de ses découvertes. Mais ne se heurte-t-on pas à des difficultés pratiques ? Comment s'assurer qu'en fait les ballons ne se serviront pas d'objectifs d'une pénétration particulière ? Pour cela il suffira
que les États s'obligent à faire visiter à cette fin les aérostats de toute
nationalité partant de leur territoire : les appareils prohibés trouvés à
bord seront saisis et leur possesseur sera frappé de peines sévères.
Sans doute, cette visite ne sera point possible à l'égard des ballons publics étrangers, car, représentant l'État dont ils portent le pavillon, ils
ne sauraient souffrir l'ingérence à leur bord des autorités locales ;
mais celles-ci réclameront des commandants la déclaration formelle, à
laquelle leur qualité permet d'ajouter foi, qu'ils n'ont pas avec eux d'ap-

pareils défendus (1) : il sera rare, au surplus, qu'ils en possèdent, car les ballons publics étrangers ne sont admis à atterrir et à séjourner dans un pays qu'à charge d'observer les conditions que ce dernier leur impose (2), et un État peut mettre comme condition à l'entrée d'un aérostat sur son sol qu'il n'y fera rien de menaçant pour son droit de conservation. Les aérostats destinés à des voyages scientifiques pourront seuls être autorisés à emporter de semblables appareils, et il n'est pas à redouter qu'ils en fassent mauvais usage : le caractère des passagers permet de croire à leur déclaration sur l'objet du voyage ; on exigera d'ailleurs leur parole d'honneur qu'ils ne photographieront aucun ouvrage de défense.

La visite et la déclaration des aérostats au moment du départ seront, à ce point de vue, suffisantes. Il n'est pas nécessaire d'y soumettre aussi ceux qui atterrissent. Les ballons, non dirigeables ou dirigeables, qui quittent le sol sans avoir des appareils photographiant les ouvrages fortifiés à plus de 1.500 mètres, ne sauraient en effet s'en procurer pendant leur voyage. Les premiers n'ont aucun moyen d'accoster à leur gré la terre ou d'autres aérostats. Et quant aux seconds, s'ils sont en état de les joindre, ils ne pourront en recevoir ces appareils, puisque les formalités auxquelles les ballons sont assujettis en quittant le territoire empêchent leur transport.

La réglementation dont les ballons sont ainsi l'objet n'est-elle pas toutefois contraire aux principes du droit international ? Elle méconnaîtrait assurément ces principes si elle ne devait avoir pour fin que d'interdire l'espionnage au-dessus des États autres que l'État visiteur : car un gouvernement n'a point à faire la police dans l'intérêt de ses voisins. Mais, dans la réalité, c'est seulement d'une manière indirecte que cette réglementation aura un tel effet. Son but principal est de protéger l'État même qui l'effectue : il lui faut empêcher que des ballons s'élevant à un endroit de son territoire emportent des appareils qui leur permettent des

---

(1) C'est une déclaration du même genre qu'en cas de guerre les belligérants peuvent exiger du commandant du vaisseau militaire neutre qui convoie des navires marchands.

(2) Les navires de guerre sont assujettis à ce régime dans les ports étrangers. L'article 10 du Règlement de l'Institut de droit international sur le régime des navires dans les ports étrangers, voté à la Haye le 23 août 1898, dispose en effet : « A moins de traités, de lois, de règlements ou de prohibitions spéciales contraires, les ports sont ouverts aux navires de guerre étrangers à charge par ceux-ci d'observer strictement, pour leur entrée et leur séjour, les conditions sous lesquelles ils sont admis » (*Annuaire de l'Institut de droit international*, t. XVII (1898), p. 276). « Les navires de guerre qui arrivent dans un port étranger sont, dit M. Pietri, tenus de faire connaître leur pavillon, leur dénomination et le nom de leur commandant, et de donner des renseignements sur leur chargement, la force de leur équipage, la durée de leur séjour et leur destination » (*Etude critique sur la fiction d'exterritorialité*, Paris, 1895, p. 360).

investigations sur les autres parties de ce territoire. Et, sans contredit, un gouvernement a le droit de prendre à l'intérieur de ses frontières
les mesures indispensables à sa propre conservation. Cette inspection
des aérostats ne se heurte pas davantage à des difficultés pratiques insurmontables. Même le jour où les ballons seront d'un usage fréquent,
— et d'ailleurs ce jour-là il y aura des gares aérostatiques comme il y a
actuellement des gares de chemins de fer et des gares maritimes, — leur
surveillance au départ ne sera pas pour les États une charge plus lourde
que n'est aujourd'hui la visite des personnes et des marchandises que la
douane exerce à leur arrivée dans un pays.

Ainsi, c'est la zone photographique, que nous fixons à 1.500 mètres,
qui déterminera la zone de protection contre l'espionnage. Mais ici une
objection apparaît de suite à l'esprit. Si, au delà de 1.500 mètres, on ne
peut plus photographier utilement les ouvrages de défense, ne peut-on
du moins les voir d'une façon efficace au moyen d'une lunette d'approche ? Cette objection est en réalité sans valeur. Au point de vue où nous
nous plaçons, la vue aidée d'une lunette ne saurait avoir une puissance
plus grande que la photographie. La lentille qui dans une lunette donne
à la vue son acuité n'équivaut-elle pas en effet à celle qui, dans un appareil photographique, constitue l'objectif ?

Pour se garantir contre l'espionnage, chaque État doit donc, en temps
de paix, pouvoir exclure les aérostats de la couche d'air qui l'avoisine,
sur une profondeur de 1.500 mètres. Une pareille zone de protection
sera-t-elle admise également en temps de guerre ?

La guerre, si elle fait naître des relations nouvelles entre les États
qu'elle divise, laisse en principe intacte la position de ces États en face
de tous les autres. Les belligérants demeurent dans l'état de paix vis-à-
vis des neutres. C'est dès lors, dans leurs rapports, les seules règles de
l'espionnage en temps de paix qui doivent être appliquées. Il semble
ainsi qu'il faille, comme dans le cas de paix absolue, reconnaître aux
neutres au regard des belligérants et aux belligérants au regard des
neutres le droit à une zone de protection de 1.500 mètres contre l'espionnage aérien. Une différence doit être faite cependant entre les deux
situations.

Sans aucun doute un État neutre ne peut pas fermer au delà de 1.500
mètres son atmosphère aux aérostats d'une nation en guerre ; car, vis-à-
vis de ces aérostats, comme vis-à-vis de ceux des États étrangers à tout
conflit, il n'a autre chose à cacher que ses ouvrages de défense, et la
photographie, qui est la façon la plus efficace d'en saisir les détails, n'a
plus à leur endroit d'effet sérieux après cette altitude.

Tout autre est la condition d'un État belligérant qui veut se garder contre l'espionnage des neutres. Ici l'espionnage peut avoir pour objet non seulement la connaissance des ouvrages fortifiés du belligérant, mais encore celle des mouvements et des emplacements de ses troupes, fort utiles à surprendre, puisqu'il est en guerre. Or des mouvements et des emplacements de troupes sont susceptibles d'être aperçus avec profit bien au delà de 1.500 mètres ; il est possible de les saisir jusqu'à 10.000 mètres, portée extrême de la vue dans le sens vertical comme dans le sens horizontal. C'est par suite toute l'étendue respirable des airs, qui dans ce cas devra constituer la zone de protection contre l'espionnage : les aérostats des neutres ne pourront, sans s'exposer à être arrêtés comme suspects, circuler à quelque hauteur que ce soit au-dessus du territoire des États belligérants. Le droit de conservation de ces États exige impérieusement une semblable solution. Si les informations recueillies par un neutre ne doivent pas leur nuire directement puisqu'ils sont en paix avec lui, elles sont en effet susceptibles de leur causer indirectement de graves préjudices. Il se peut que l'aéronaute neutre, dans les pays où il atterrira, commette, même involontairement, des indiscrétions sur les mouvements et les emplacements des troupes qu'il aura surpris, et que celles-ci soient aussitôt télégraphiées à l'adversaire de l'État belligéran

Mais, s'il en est ainsi, ne doit-on pas défendre également aux ballons de naviguer au-dessus du sol des pays neutres dans un rayon de 10.000 mètres près des frontières des États en guerre ? Il y a, semble-t-il, même raison de décider. C'est vainement que, pour faire échec à cette solution, on dirait qu'elle constitue une restriction au droit de souveraineté des pays neutres sur leur territoire, car l'air, loin d'être soumis à la propriété ou à la souveraineté des États, est, d'après nous, un espace absolument libre, assujetti aux seules restrictions qu'impose le droit de conservation des peuples, et précisement le droit de conservation de la puissance belligérante réclame ici une limitation à la liberté de l'atmosphère. Cette solution doit cependant être repoussée, et par un motif analogue à celui qui nous a fait permettre le combat entre ballons ennemis au-dessus du territoire belligérant dans le voisinage des neutres. S'il fallait contraindre les États neutres à empêcher les ballons étrangers au conflit d'approcher à moins de 10.000 mètres des limites des pays en guerre, il faudrait nécessairement aussi les obliger à interdire le passage aux aérostats d'un belligérant. Mais alors on supprimerait en fait la guerre aérienne! Comment en effet ces aérostats pourraient-ils joindre les ballons de la nation adverse au-dessus du territoire de celle-ci, là où il leur est permis de se battre ?

Au contraire, dans les rapports respectifs des États belligérants, il ne

saurait jamais être question d'admettre une zone spéciale de protection
contre l'espionnage. Les belligérants ont le droit de se livrer aux actes
de la guerre sur tout leur territoire respectif, et aussi sur les choses n'appartenant à personne, pourvu qu'il n'en résulte aucune atteinte directe
aux intérêts des neutres. Or, d'une part, l'air adjacent à un État belligérant constitue, selon la doctrine qu'on adopte, soit le domaine de cet
État, soit une *res nullius* dont l'usage est limité par son droit de conservation : dans l'un et l'autre cas il forme ainsi le théâtre des hostilités. Et,
d'autre part, les ballons sont des moyens de commettre des actes de
guerre, qu'ils lancent des projectiles ou qu'ils servent d'éclaireurs, de
messagers ou d'émissaires pour procurer des renseignements sur les
forces de l'adversaire. Est-ce à dire pour cela qu'un État sera sans pouvoir à l'égard des aérostats de son ennemi ? Nullement. Il aura le droit
d'agir avec leurs passagers comme avec des combattants. Il les canonnera. Et, s'il les capture, il en fera des prisonniers de guerre. Il ne pourra
pas toutefois les mettre à mort, car les aéronautes, même quand ils
cherchent à recueillir des informations, ne sauraient être assimilés à des
espions de guerre. En temps d'hostilités, à la différence de ce qui a lieu
en temps de paix (1), on ne considère en effet comme espions que ceux
qui *d'une manière dissimulée* cherchent à renseigner leur gouvernement
sur les forces militaires d'un autre État ; et bien certainement l'aéronaute ne peut agir avec dissimulation : par sa nature même, une ascension en ballon est exclusive de toute clandestinité.

Telle est du moins la solution qu'il convient d'adopter vis-à-vis des
aérostats publics. Est-elle admissible aussi à l'encontre des aérostats
privés de l'ennemi ?

Si des particuliers se livrent à l'espionnage par le moyen des ballons,
on ne saurait les traiter, plus que les militaires, en espions de guerre ;
car ici encore fait défaut la dissimulation, condition essentielle de l'es-

_____

(1) La loi française du 18 avril 1886 sur l'espionnage en temps de paix n'exige nullement la dissimulation comme condition du délit. Ainsi, dans ses articles 6 et 7, elle
punit d'un emprisonnement de un mois à un an ou de six jours à six mois et d'une
amende de 100 à 1.000 francs ou de 16 à 100 francs « celui qui, sans autorisation de l'autorité militaire ou maritime, aura exécuté des leves ou opérations de topographie dans un
rayon d'un myriamètre autour d'une place forte, d'un poste, ou d'un établissement militaire ou maritime, à partir des ouvrages avancés » et « celui qui, pour reconnaître un
ouvrage de défense, aura franchi les barrières, palissades ou autres clôtures établies sur
le terrain militaire ou qui aura escaladé les revêtements et les talus des fortifications ».
Il n'est qu'un cas où la loi de 1886 exige la dissimulation, c'est celui prévu dans son
article 5. De même, d'après la loi allemande sur l'espionnage du 3 juillet 1893, la dissimulation ne figure pas parmi les éléments constitutifs de l'infraction (V. Trigant-Geneste,
*Le procès d'espionnage de Leipzig et la loi allemande du 3 juillet 1893 sur la divulgation
des secrets militaires,* dans le *Journal du droit international privé,* t. XXI (1894), p. 498).

pionnage en temps d'hostilités. Toutefois le belligérant pourra s'en saisir et les retenir comme prisonniers de guerre ; car, en recueillant ou en cherchant à recueillir des informations sur l'ennemi de leur pays, ils ont commis un acte d'hostilité. Ne faut-il même pas aller plus loin et permettre au belligérant de capturer *tous* les ballons privés ennemis qu'il aperçoit dans les airs au-dessus de son sol, à quelque distance que ce soit ? Une pareille conséquence semble nécessaire. Dès lors qu'un État a le droit de saisir les sujets de son adversaire qui prennent part à la lutte, il faut qu'il s'assure s'ils y ont vraiment participé, et il ne saurait le savoir qu'en s'emparant de leurs personnes : la seule vue des ballons est incapable de lui indiquer si leurs passagers ont ou non recueilli des renseignements d'un caractère nuisible. Au surplus, on sait que, dans la guerre aérienne comme dans la guerre maritime, la propriété privée ennemie n'est pas inviolable sous pavillon ennemi.

3o Les ballons peuvent encore, à un autre point de vue, constituer un danger pour la puissance dont ils dominent le territoire.

S'il était permis aux aérostats de s'approcher à une faible distance du domaine terrestre des États, rien ne serait plus facile à ceux qui les montent que de se livrer à des investigations indiscrètes à l'intérieur des habitations et des propriétés. En dépit d'un principe admis chez tous les peuples, la sécurité des citoyens serait troublée dans leur domicile même. Il importe évidemment au droit de conservation des États qu'il n'en soit pas ainsi. Ce n'est pas en effet l'intérêt de tel ou tel particulier envisagé isolément qu'il faut en pareil cas garantir, c'est l'intérêt de tous les particuliers indistinctement ; or qu'est l'intérêt de tous les citoyens, sinon celui de l'État lui-même ? Il est donc ici encore nécessaire de soumettre les aérostats à une obligation de non-approche, d'établir autour de chaque pays une zone de protection aérienne. Il est, au surplus, dans le même ordre d'idées, un nouveau péril contre lequel cette zone doit défendre les citoyens. Passant immédiatement au-dessus des propriétés, les aéronautes auraient un moyen commode d'en découvrir les moindres dispositions. Et, dès lors, s'ils étaient animés d'intentions criminelles, ils pourraient facilement se préparer au vol et à l'assassinat. Le crime d'incendie trouverait aussi dans l'aérostation une aide précieuse : quoi de plus aisé pour celui qui veut mettre le feu à une habitation que de jeter du haut d'un ballon des matières enflammées ?

Mais quelle étendue faudra-t-il donner, dans ces cas, à la zone de protection ? Les nécessités de la sécurité publique, qui la fondent, doivent en constituer la mesure. Elle devra être assez longue pour que les regards des aéronautes ne puissent pas pénétrer à l'intérieur des habitations et distinguer d'une manière suffisamment précise les détails des propriétés, pour que les matières enflammées du haut des airs ne soient pas assurées d'atteindre le but qui leur a été assigné et puissent toujours s'éteindre avant d'arriver au sol. A cet égard, la distance de 1.500 mètres, adoptée en ce qui concerne l'espionnage, parait devoir être suffisante. C'est une dimension bien plus grande qu'il faudrait admettre dans le système du droit de propriété ou du droit de souveraineté. L'atmosphère constituant alors jusqu'à la portée du canon ou de la vue le territoire de l'État riverain, celui-ci serait en droit d'en interdire le passage et même l'accès aux aérostats. Ainsi, on arriverait, sous prétexte de sécurité publique, à gêner considérablement et peut-être a supprimer presque absolument la navigation aérienne.

4° Sont-ce des résultats analogues que produisent nos théories en matière douanière et en matière sanitaire ?

Avec la propriété ou la souveraineté pour principe, le régime douanier de l'État riverain devrait être entièrement applicable dès que le ballon a pénétré dans la zone de l'atmosphère soumise à ces droits, car celle-ci est alors vraiment le territoire de l'État. Il y aurait donc lieu dans ce système à l'exercice d'une visite rigoureuse et à la perception de la taxe fiscale dans une couche d'air s'élevant à 2.600 ou à 5.000 mètres selon qu'on prend le canon ou la vue comme base de la propriété ou de la souveraineté. Pour être logique il faudrait même ajouter à cette zone territoriale, en vue de la protéger, une autre zone, où l'État limitrophe se livrerait vis-à-vis des aérostats à de simples actes de surveillance. Semblable système serait assurément peu pratique. Outre qu'il gêne beaucoup la circulation aérienne puisqu'il la soumet à une inspection douanière au delà même de 2.600 ou de 5.000 mètres, il se heurte à de grandes difficultés d'application : il est matériellement impossible d'avoir dans les airs des bureaux organisés pour la perception des droits, et il est toujours incommode d'y procéder à la visite détaillée des marchandises que l'aérostat transporte.

Au contraire, dans la doctrine du droit de conservation, comme le territoire ne commence qu'au sol et que l'air est libre sauf le droit de défense de la nation riveraine, c'est seulement sur la terre qu'il pourra s'agir de faire des visites réelles et de percevoir des taxes douanières ; le ballon, avant d'atterrir, sera soumis uniquement à des mesures de protection générale, à l'inspection du manifeste dont il doit être porteur : et cela suffit à garantir l'État limitrophe contre la contrebande aérienne (1).

_____

(1) Le ballon visiteur avertit immédiatement la terre du contenu du manifeste, de la destination et du moment d'arrivée de l'aérostat, dont il indique au surplus la nationalité et l'identité (chaque ballon doit porter sur son enveloppe la mention de son nom,

Mais dans quel rayon le pays riverain exercera-t-il ce contrôle, impo-
sera-t-il une restriction à la libre disposition de l'air par la communauté
des États ? C'est aux nécessités de la sécurité douanière de ce pays qu'il
appartient de le fixer. A la différence de ce qui a lieu en matière d'espionnage, il n'est pas en matière douanière une fraction déterminée de
l'espace où l'État limitrophe soit nécessairement exposé à souffrir un
dommage. Le danger de la contrebande existe pour lui dans toute
l'atmosphère ; il varie seulement en intensité suivant que les aérostats
s'approchent plus ou moins du littoral. Extrême dans le voisinage du
territoire, puisqu'alors l'importation des marchandises, qui constitue
l'atteinte à la sécurité de l'État, est sur le point de se réaliser, il est au
contraire assez faible au plus haut des airs : plus les ballons sont loin du
sol, moins en effet ils ont de chance d'y pénétrer facilement. Néanmoins,
dans ce cas comme dans l'autre, le danger est toujours subsistant : les
aérostats qui se dirigent vers la terre, s'ils ne sont pas arrêtés dans leur
route, pourront y déposer leur chargement. Faudra-t-il donc, pour
garantir la sécurité du riverain, comprendre dans sa zone de protection
toute la portion accessible de l'espace ? Telle serait évidemment la solution, si là devait être pour l'État limitrophe le seul moyen vraiment
efficace de protéger son existence économique. Mais dans la réalité il
n'en est pas ainsi. Quelque paradoxal que cela paraisse, le droit de conservation du riverain sera d'autant mieux assuré qu'on lui sacrifiera
moins le droit des peuples à l'usage de l'air : plus on étendra la zone de
libre navigation des États, plus sera efficace la zone de défense du riverain. La démonstration en est aisée. En définitive, c'est la surveillance
plus ou moins étroite de l'État riverain qui le garantira plus ou moins
contre les dangers de la contrebande. Or n'est-il pas évident que sa surveillance sera d'autant plus sévère qu'elle s'exercera sur une étendue
moins vaste, que les aérostats affectés au service de sa police se trouveront moins dispersés dans les airs : il faut, en effet, remarquer qu'un
État ne saurait pas avoir à sa disposition une très grande quantité
d'aérostats de cette nature et qu'en tout cas leur nombre n'augmentera
jamais en proportion de l'atmosphère qu'ils auront à inspecter. On
arrive ainsi à cette conclusion générale que la zone des douanes d'un
État doit, pour le protéger, être assez restreinte. Exactement quelle
sera-t elle ? Elle ne sera pas différente de celle reconnue au riverain
pour le défendre contre l'espionnage aérien. L'espionnage étant le plus

de son domicile, de sa contenance et un numéro d'ordre). C'est au moyen de signaux
que se donneront ces indications ; le télégraphe sans fil pourrait être ici d'une grande
utilité. Ainsi prévenues, les autorités douanières du territoire prendront leurs dispositions en conséquence.

grand danger dont un État ait à se garder, c'est dans cette zone que circuleront de préférence ses forces de police et que par conséquent la surveillance sera la plus rigoureuse. La douane ne pourra dès lors soumettre les ballons à son contrôle que jusqu'à 1.500 mètres au-dessus de la terre ; au delà de cette limite la liberté de la navigation demeurera entière. Tel est le système, modéré, strictement calculé sur les seules nécessités de la sécurité douanière auquel, de déduction en déduction, à travers les divers intérêts de la question, on est en définitive conduit par la théorie du droit de conservation : il assure au riverain les garanties les plus fortes tout en entravant dans la moindre mesure la circulation aérienne.

En ce qui touche la police sanitaire, on arrive aussi à des conséquences excessives avec la doctrine de la propriété ou de la souveraineté. Si l'État est le maitre de l'air placé sous sa domination, il doit pouvoir en fermer complètement l'accès aux ballons infestés (1) et même leur en défendre l'approche. C'est donc, suivant les cas, à plus d'une portée de canon ou d'une portée de vue du sol, c'est-à-dire actuellement à plus de 2.600 ou de 5.000 mètres, que les aérostats contaminés devraient se tenir. Solution assurément barbare, puisqu'elle laisse les ballons, avec leurs malades, au large de l'atmosphère, exposés à une température glaciale (2). Que les progrès de la science augmentent encore l'air territorial, et les aérostats se trouveront rejetés dans la portion de l'espace absolument irrespirable ! D'ailleurs, dans ce système, tout au moins dans celui qui a la vue comme base, l'État riverain ne pourrait assurer en pratique l'observation de ces prescriptions. A la distance de 5.000 mètres il ne saurait s'agir d'apercevoir du sol le pavillon triangulaire (3) que les ballons contaminés doivent porter sous leur nacelle : on ne peut, avec une lunette, distinguer dans les airs l'existence d'un drapeau à plus de 4.000 mètres. L'État limitrophe serait donc obligé d'envoyer dans sa zone sanitaire, pour la surveiller, des forces de police ; mais avec une zone aussi vaste de combien de forces ne faudrait-il pas qu'il disposât !

Aucun de ces résultats n'est à redouter avec la théorie du droit de

(1) Par ballons infestés, il faut entendre ceux qui ont à bord des personnes atteintes de maladies épidémiques ou qui proviennent d'un pays contaminé par ces maladies et qu'ils ont quitté depuis un temps inférieur à la période d'incubation des dites maladies.

(2) A 5.000 mètres, la température est de 30 degrés centigrades plus basse que sur la terre.

(3) C'est la forme des pavillons bien plus que leur couleur qu'on doit prendre en considération, car dans les airs les couleurs ne peuvent pas se discerner à une altitude un peu élevée.

conservation. Comme l'air n'est dans aucune de ses parties le domaine des riverains, comme il n'est assujetti au profit de ceux-ci qu'aux droits indispensables à leur défense, les ballons suspects seront libres de pénétrer dans l'atmosphère contiguë au territoire ; ils devront seulement se tenir à une certaine distance du sol, mesurée par la nécessité de l'État limitrophe. Cette distance ne saurait être considérable. Il suffira qu'elle empêche toute descente à terre : la contamination, en effet, n'est pas à craindre hors le cas de débarquement. Au surplus, les ballons ne demeureront jamais longtemps dans le voisinage du continent ; ils n'y resteront que le temps de correspondre, par des signaux ou par la télégraphie sans fil, avec les autorités du territoire : une fois celles-ci prévenues de leur situation hygiénique, de leur état civil et de leur destination, ils se dirigeront vers le lazaret le plus proche que l'État possède le long de ses côtes, et qui leur aura été indiqué : si cet État n'en a point parce qu'il est sans issue sur la mer, c'est dans le lazaret d'un pays voisin qu'ils devront aller se réfugier. De la sorte, tous les intérêts en présence seront conciliés et sauvegardés.

On le voit donc, c'est le droit de conservation qui détermine l'étendue des zones de protection des États ; c'est lui encore qui permet d'en fixer avec exactitude le point de départ. Puisque le territoire du riverain est ce qui doit être protégé contre la circulation des aérostats, les zones de défense commenceront à l'endroit précis où finit ce territoire, qu'il soit ou non réellement habité, qu'il soit ou non actuellement accessible aux habitants. Le sommet et les versants des plus hautes montagnes devront ainsi, tout comme les plaines, lui servir de commencement : sa limite extrême suivra, dans chaque pays, les inégalités du sol.

Si l'on combine les différents droits qu'un État a sur les airs en vertu de son droit de conservation, on arrive en définitive à cette conséquence qu'il existe au-dessus du territoire des peuples pacifiques une certaine couche atmosphérique dans laquelle il est en principe défendu à *tous* les aérostats de pénétrer. Et cette couche n'est autre que la zone de défense contre l'espionnage fixée à 1.500 mètres au delà du sol. Dès lors qu'on reconnaît une zone d'isolement à l'endroit de l'espionnage, — et force est bien de l'admettre pour la sécurité des États, — on est en effet nécessairement conduit à en interdire l'accès à tous les ballons quels qu'ils soient, étrangers ou nationaux. Comment pourrait-on savoir avec certitude que tel ballon passant dans la zone n'espionnera pas la terre ? Les espions se gardent évidemment d'indiquer leurs intentions. Et, s'ils appartiennent d'ordinaire aux pays étrangers, il n'est pas impossible qu'ils dépendent de l'État même dont ils cherchent à surprendre. les ressources. Il n'est qu'un seul cas où véritablement l'espionnage par les

ballons ne soit pas à craindre, c'est celui où il s'agit des aérostats *offi-*
ciels, militaires ou civils, de l'État riverain (1): à ceux-là on permettra
donc l'accès de la zone d'isolement. Leur entrée dans cette zone est d'ailleurs imposée par l'idée même du droit de conservation ; elle en constitue comme une nouvelle application. Pour assurer l'existence de son
territoire, un État est incontestablement autorisé à entretenir et à développer sa force armée ; or comment le pourrait-il s'il n'avait pas à sa
disposition l'usage de l'air contigu à ce territoire : les progrès de l'aérostation militaire réclament des manœuvres fréquentes dans un rayon
restreint de l'atmosphère. La conservation de ses frontières veut de
même qu'il fasse circuler des forces de police dans l'espace avoisinant
son sol : c'est pour lui le moyen d'assurer le respect des droits qu'il y
possède au point de vue de l'espionnage et de la sécurité publique
comme en matière douanière et sanitaire. Les aérostats officiels sont ils
réellement les seuls qui puissent ainsi pénétrer dans la zone d'isolement?
Le principe souffre encore une seconde restriction. Si la ceinture qui
entoure les États devait être en toute hypothèse impénétrable aux autres
ballons, la navigation aérienne deviendrait impossible en fait. Comment
les ballons d'un État pourraient-ils en quitter le territoire pour gagner
l'air libre ? Comment, parvenus dans cette portion de l'atmosphère, pourraient-ils en descendre pour rejoindre la terre ? Il faut donc reconnaître
aux aérostats — en dehors bien entendu du cas de relâche forcée — le
droit de traverser la zone d'isolement dans une double circonstance :
quand ils doivent quitter le sol et aussi quand ils doivent atterrir ; c'est
en définitive la *libre circulation* dans cette zone qui leur est interdite.

Ainsi, c'est seulement dans l'espace situé au-dessus de la zone d'espionnage que les ballons peuvent, sans distinction et d'une manière
générale, naviguer et agir librement (2). Telle est tout au moins la règle

(1) Les aérostats officiels ou publics, c'est-à-dire affectés au service de l'État, sont :
1º militaires, quand ils sont sous le commandement d'un officier de l'armée de terre ou
de mer commissionné par l'autorité militaire et sont montés par un équipage militaire;
2º civils, quand ils sont sous le commandement d'un fonctionnaire civil de l'État et
sont montés par un équipage à la nomination de l'État ou de ses représentants. Tous
autres aérostats constituent des ballons privés. Pour qu'on puisse reconnaître aisément
le caractère officiel, militaire ou civil, des aérostats, les ballons de cette nature porteront, à un endroit déterminé, un pavillon spécial ayant la forme d'une flamme: les aérostats militaires l'arboreront sur le côté de leur nacelle ; les aérostats civils sur leur enveloppe, immédiatement au-dessous du drapeau national.

(2) Ce n'est pas à dire cependant que, dans la fraction des airs soustraite aux droits
des États riverains, la navigation des ballons doive échapper à toute espèce de règles.
Il importe que le libre usage de la haute atmosphère, bien commun à tous les États,
soit à plusieurs points de vue soumis à une réglementation internationale. Dans le but
de prévenir les collisions et d'éviter les abordages entre ballons fréquentant les mêmes
parages un Règlement, applicable à toutes les nations, doit établir certaines prescrip-

pour le temps de paix. Car, en cas de guerre, nous le savons, dans cet
espace même, une double limitation s'impose. D'une part, en vertu de
leur droit de conservation, les États belligérants sont autorisés, pour
se garder de l'espionnage, à empêcher la circulation des aérostats neutres dans leur atmosphère tout entière. D'autre part, en vertu de ce même
droit, pour garantir leur territoire contre la chute des projectiles, les États
demeurés pacifiques ont le pouvoir d'interdire, dans tout l'espace qui
les domine, les actes d'hostilité des ballons ennemis. Mais si le temps de
guerre limite à ces points de vue l'usage de l'air, il entraine, par contre,
à un autre égard, une extension de cet usage. Les États belligérants peuvent, en face de leur domaine respectif, se livrer aux actes hostiles
jusque dans leur zone d'isolement : en cas de guerre, dans les rapports
des combattants, une zone de protection n'a plus sa raison d'être.

Si le passage à travers la zone d'isolement d'un État est possible aux
ballons qui veulent quitter le territoire de cet État ou y atterrir, ce n'est
pas à dire cependant que, dans ces cas, ils ne soient soumis à aucune
réglementation. Même alors, il importe de garantir la nation riveraine
contre les dangers de l'espionnage. A cette fin, le départ des ballons
sera toujours annoncé à l'État territorial pour qu'il procède à leur inspection ou à leur visite, et il n'aura lieu qu'en des endroits déterminés,
éloignés des ouvrages de défense. Leur atterrissage souffrira de même
certaines restrictions. Les aérostats privés auront le droit en temps de
paix d'atterrir librement sur le territoire de tous les États, mais en temps
de guerre, il n'en sera ainsi que pour les ballons privés belligérants
vis-à-vis du sol des États neutres ; les aérostats des nations pacifiques
ne pourront toucher le sol d'un pays belligérant sans son autorisation :
par le fait des hostilités, la conservation de ce pays exige une protection particulière ; c'est, on le sait, son atmosphère entière qui est défendue aux neutres. Quant aux aérostats publics, à raison de leur caractère qui les rend spécialement dangereux, ils seront obligés, en tout
temps, d'obtenir l'autorisation de l'État étranger, où ils veulent atterrir :
cette autorisation sera demandée et donnée par la voie diplomatique.
Les uns et les autres ne pourront, d'ailleurs, jamais effectuer leur descente qu'aux endroits indiqués par les règlements locaux ou par l'autorisation qui leur aura été délivrée. Et chaque ballon, à l'instant où il

tions relatives à la conduite des aérostats. Ce Règlement déterminera notamment les
routes que les ballons devront suivre ; la couleur, le nombre, la forme et l'emplacement
des fanaux qu'ils tiendront allumés pendant la nuit ; les manœuvres qu'il faudra faire en
cas de rencontre de deux aérostats ; les secours qu'en cas de danger les ballons devront
se rendre et recevoir ; enfin les signaux qu'ils devront employer pour communiquer entre
eux, avec le territoire ou avec les navires : un Code des signaux, renfermant les éléments d'une langue universelle, est aussi nécessaire aux aérostats qu'aux navires.

pénétrera dans la zone de protection d'une nation, devra en avertir les autorités par un signal convenu : il arborera à l'extrémité inférieure de sa nacelle un pavillon de forme ovale. Il faut, en effet, que
les États soient en mesure de constater, à l'arrivée d'un aérostat sur leur
sol, s'il n'a pas à quelque point de vue méconnu leur droit de conservation (1). Mais, bien entendu, ces diverses formalités ne sauraient être
exigées des ballons qui se trouvent en état de relâche forcée ; à ceux-ci
une seule obligation sera imposée : ils devront faire au territoire un
signal de détresse (2).

(1) En fait, la nécessité d'une autorisation pour l'atterrissage et l'obligation de descendre en des endroits déterminés, sortes de *gares aérostatiques*, ne sauraient être rigoureusement imposées aux aérostats que le jour où ils seront devenus parfaitement
dirigeables. Jusque-là, il faut se contenter du signal d'avertissement donné par les ballons au moment où ils pénètrent, pour atterrir, dans la zone d'isolement.

(2) A quel régime seront soumis les ballons qui auront ainsi abordé le territoire d'un
État ? Ce problème sort du cadre de cette étude, consacrée à la condition des aérostats
dans les airs. Néanmoins nous croyons utile de donner ici à sujet quelques indications : elles seront relatives successivement au temps de paix et au temps de guerre.
1. TEMPS DE PAIX. — Quand un aérostat arrive sur le sol d'un État, il doit être l'objet
de la part des autorités locales d'une inspection et d'une visite douanière afin de constater s'il n'a pas à quelque point de vue méconnu le droit de conservation de l'État.
Tel est tout au moins le principe en ce qui concerne les ballons privés. Car les
ballons publics, à raison de leur caractère même, ne peuvent être soumis à la visite ;
à leur égard on se bornera à une surveillance extérieure : les autorités territoriales
s'informeront s'ils ont obtenu l'autorisation d'atterrir ou s'ils sont en relâche forcée et
elles demanderont a leur commandant sa parole d'honneur qu'il n'a commis aucun
acte contraire à la sécurité du pays. Si un délit est reconnu à la charge d'un aérostat
privé, celui-ci sera déféré aux tribunaux locaux qui le jugeront conformément à leurs
lois ; si c'est un aérostat public qui s'est rendu coupable d'une atteinte au droit dé conservation du riverain, c'est par la voie diplomatique que la réparation en sera poursuivie. Dans le cas au contraire où aucune infraction n'a été relevée, tout ballon, public
ou privé, pourra demeurer librement sur le territoire. Ces aérostats auront-ils toutefois
la faculté d'y rester aussi longtemps qu'ils le voudront ? On ne voit pas que des
restrictions doivent à cet égard être imposées aux ballons privés. Mais la sécurité de
l'État, maître du territoire, semble exiger que les aérostats publics, à moins d'une autorisation spéciale, ne puissent, comme les navires de guerre, séjourner sur le sol
étranger que pendant un délai assez court, susceptible d'ailleurs d'être abrégé et même
supprimé si des circonstances particulières obligent le gouvernement à réclamer leur
départ. Il serait bon aussi de limiter le nombre des ballons publics d'un même pavillon
pouvant être admis ensemble dans un endroit déterminé. Au demeurant, tant qu'ils
resteront sur le territoire d'un État étranger, les aérostats devront en respecter les
lois et les règlements et s'abstenir de tous actes hostiles ou de nature à compromettre
l'ordre et la tranquillité ; l'autorité locale déterminera les conditions dans lesquelles
les officiers et les hommes de l'équipage d'un aérostat public pourront circuler dans
le pays. Lorsque les ballons reprendront le chemin des airs, ils auront à se conformer
aux formalités imposées à tout aérostat qui désire quitter le territoire. Il se peut toutefois qu'ils veuillent regagner leur pays par les voies de terre ou les voies de mer ;
pour cette hypothèse, les États devraient convenir d'exempter les aérostats, avec leur
entier équipement, de tous droits de douane ; ils seraient admis en transit dans les
pays séparant celui d'où ils sont originaires, et à la frontière de ce dernier pays ils

Tels sont les droits qu'en temps de paix comme en temps de guerre il convient de reconnaitre sur les airs aux États limitrophes. Il en est un

seraient dispensés des droits d'entrée moyennant la production d'un certificat d'origine délivré par leur autorité nationale et utilisable indéfiniment pour le même matériel.

II. TEMPS DE GUERRE. — Les règles spéciales au temps de guerre doivent être envisagées à un triple point de vue.

1° *Aérostats belligérants sur le territoire d'un État belligérant.* — Les ballons belligérants, publics ou privés, ne sauraient jamais demeurer libres sur le sol de leur adversaire, même en cas de relâche forcée. Les premiers seront retenus comme captifs, car ce sont des ennemis qu'il s'agit de réduire. Les seconds, et leur équipage, seront de bonne prise comme propriété privée ennemie sous pavillon ennemi : dans la guerre aérienne en effet la propriété privée est, aussi bien que dans la guerre sur mer, saisissable sous pavillon ennemi. Toutefois les passagers et les marchandises, de nationalité neutre et de caractère non hostile, devront, à bord des aérostats comme à bord des vaisseaux ennemis, être entièrement respectés. Une autre exception à la capture sera admise également en ce qui concerne les ballons qui ont pour mission de transporter des blessés ou des malades : ces aérostats étant neutralisés ne peuvent être assimilés à des bâtiments belligérants.

2° *Aérostats neutres sur le territoire d'un État belligérant.* — Les nations belligérantes se trouvant dans l'état de paix avec les nations neutres, ce sont en principe les règles relatives au séjour pacifique des ballons qu'il faut appliquer aux aérostats des neutres qui atterrissent sur le territoire d'un belligérant. Cela est vrai d'une manière absolue pour les ballons publics. Vis-à-vis des aérostats privés, la guerre dont l'État territorial est grevé entraine toutefois une double particularité. Comme, à raison de ce fait, l'atterrissage de ces ballons est, de même que celui des ballons publics, subordonné à une autorisation, les autorités locales devront vérifier si celle-ci a été régulièrement obtenue. D'autre part, en considération de la sécurité du pays d'atterrissage qui réclame des garanties plus grandes qu'en temps de paix complète, elles pourront limiter le nombre des aérostats privés qui demeureront en un même endroit du territoire et restreindre la durée de leur séjour. Mais, en dehors de ces limitations, la liberté du commerce restera entière pour les neutres : les marchandises et les personnes ennemies seront respectées par l'État territorial à bord des ballons non belligérants, à l'exception de celles présentant un caractère hostile.

3° *Aérostats belligérants sur le territoire d'un État neutre.* — Puisque l'état de paix règne entre le pays des aérostats et celui sur le territoire duquel ils atterrissent, on doit admettre que les ballons appartenant aux particuliers de chaque belligérant, et qui ne constituent pas ses forces militaires, pourront séjourner sur le sol des neutres comme si la guerre n'existait nulle part : ces ballons seront traités de la même manière que les navires de commerce des belligérants en cas de conflit maritime. Les aérostats de guerre des États en lutte, amenés ou autorisés à entrer sur le territoire d'un neutre, pourront-ils aussi y demeurer ou en sortir en toute liberté ? En sa qualité de neutre, l'État territorial est tenu vis-à-vis de chacun des belligérants à une double obligation. Il doit leur assurer un traitement absolument égal et s'abstenir de fournir à l'un des secours de nature à augmenter ses forces contre l'autre. Mais comment faut-il entendre ce dernier devoir ? Dans la guerre terrestre les troupes qui pénètrent ou se réfugient dans un pays neutre sont obligées d'y rester jusqu'à la fin des hostilités ; dans la guerre maritime les vaisseaux qui, volontairement ou par nécessité, sont entrés dans un port ou dans une rade neutre peuvent au contraire toujours en sortir. C'est aux navires et non aux troupes continentales qu'il convient d'assimiler les ballons publics des belligérants. Car les nécessités pratiques de la guerre aérienne se rapprochent davantage de celles de la guerre maritime que de celles de la guerre terrestre. Comme les navires, et à la différence des armées en campagne, les aérostats ne trouvent point dans le milieu où ils fonctionnent les ressources indispensables à leur existence, et ils ne peuvent avoir à leur bord que

autre encore qu'il faut leur conférer, car il n'est en somme que la sanction des premiers. Si un aérostat commet dans l'espace un acte qui viole
un droit essentiel et constitue une infraction au droit des gens, un crime
ou un délit international, l'État que cet acte atteint dans son droit de
conservation peut demander réparation et satisfaction et contraindre
l'État coupable ou responsable à la lui donner (1).

On le voit donc, tout en refusant aux États la propriété ou la souveraineté, nous leur accordons sur l'air qui les environne des droits suffisants pour sauvegarder leurs intérêts ; mais en même temps, sans
nuire à ces intérêts, nous respectons la jouissance qui appartient sur
l'atmosphère à la société internationale des peuples.

des provisions limitées. Sous peine de n'avoir aucune utilité en temps de guerre, il leur
faudra donc descendre souvent à terre pour se ravitailler, prendre du lest ou procéder
à des réparations. Et, s'il en est ainsi, force est bien de leur reconnaître la possibilité
de reprendre le large dès qu'ils auront été réparés ou se seront approvisionnés. Mais si
l'entrée en territoire neutre ne doit pas avoir les mêmes conséquences pour les aérostats que pour les armées, l'État neutre devra veiller à ce que l'hospitalité qu'il leur donne
n'ait pas la valeur d'une réelle assistance. Les seuls actes que les ballons pourront
accomplir seront donc ceux que réclame l'humanité : il ne saurait s'agir pour eux d'augmenter leur équipage, de compléter ou d'améliorer leur armement, de vendre ou de
mettre en lieu sûr les prises dont ils sont accompagnés. Ils n'auront même le droit de
procéder aux réparations et aux approvisionnements nécessaires à leur existence que
dans la mesure indispensable pour atteindre le point le plus rapproché de leur pays ou
d'un pays allié au leur pendant la guerre. Il ne faut pas d'un autre côté que la présence
des aérostats belligérants sur le territoire d'un neutre puisse d'une manière quelconque
préjudicier à celui-ci. Il en résulte que tout acte d'hostilité leur sera interdit, même vis-
à-vis des ballons adverses. Il s'en suit aussi que les aérostats ne devront séjourner sur
le sol étranger que pendant un délai assez court et, s'ils appartiennent au même pavillon, qu'en nombre limité sur un même point de ce sol. Enfin les ballons des deux adversaires qui se trouveront ensemble à un endroit du territoire ne pourront pas le quitter
de façon à se rencontrer au-dessus de ce territoire : le combat n'est en effet permis dans
les airs qu'en face des pays belligérants, de la pleine mer ou de la mer qui avoisine leurs
côtes ; on ne saurait toutefois obliger l'État neutre a ne laisser partir l'aérostat d'un
belligérant que lorsque celui de son adversaire aura déjà dépassé l'atmosphère des autres
pays neutres et atteint celle des belligérants ou de la haute mer, car il n'a pas à s'occuper de la sécurité de ses voisins, il n'a à tenir compte que de la sienne. Une dernière
situation doit être envisagée. Il se peut qu'au nombre des ballons belligérants atterrissant sur un territoire neutre il s'en trouve qui aient à leur bord des prisonniers de
guerre, des blessés ou des malades. Ces ballons pourront-ils les garder ? Pourront-ils les
débarquer ? Et si le débarquement de ces hommes est permis, quelle en sera la condition ?
Ce sont des points susceptibles de soulever des difficultés délicates. Il semble qu'il faille
appliquer ici les mêmes règles qu'à l'égard des navires de guerre pénétrant dans un port
neutre. Or on admet que les vaisseaux peuvent garder leurs prisonniers, et que ceux-ci
doivent être laissés libres s'ils s'évadent ou si l'autorité locale en autorise le débarquement. En ce qui concerne les blessés ou les malades, l'humanité veut qu'ils puissent être
déposés par les aérostats sur le territoire neutre, et les principes de la neutralité exigent
qu'après guérison ils soient internés sur ce territoire aux frais du pays du ballon qui les
a débarqués, à moins d'être reconnus impropres au service militaire.

(1) V. Rivier, op. cit., t. I, p. 257.

Notre théorie ne se heurte-t-elle pas toutefois à une impossibilité juridique ? N'y a-t-il pas quelque contradiction à refuser à un État la propriété ou la souveraineté de l'air et à lui conférer des droits sur celui-ci ? Cette objection ne saurait nous arrêter. Il n'est pas nécessaire en droit privé d'être propriétaire pour avoir des droits sur un fonds ; il n'est pas davantage nécessaire en droit public d'être souverain pour en exercer : les États, dans un intérêt de défense et de sécurité générale, ont certains droits sur la pleine mer bien qu'ils n'en aient point la souveraineté (1). L'objection ne serait exacte que si, en déniant aux États la propriété ou la souveraineté de l'air, nous leur reconnaissions des droits sur lui à titre de propriétaire ou de souverain. Or ce n'est pas ce que nous faisons. Les droits sur l'espace que nous attribuons aux États limitrophes ont pour fondement unique le droit de conservation qui leur appartient sans conteste sur leur territoire ; ils n'en sont qu'une suite, une émanation en quelque sorte. C'est pour protéger les éléments divers dont ils sont faits que les États imposent des restrictions au droit d'usage qu'exerce dans les airs la société internationale. Mais comme le droit de conservation est la raison d'être des droits des riverains sur l'espace, dans ce droit se trouve également leur mesure. Aussi l'un des traits qui caractérisent notre théorie est qu'elle limite aux seuls points de vue que nous avons mentionnés les pouvoirs des riverains sur l'atmosphère. C'est là une nouvelle différence qui la sépare du système de la propriété ou de la souveraineté. Il convient maintenant de l'établir.

V

La première divergence qu'il faut signaler entre les deux systèmes a trait au passage innocent des ballons à travers l'atmosphère.

Si l'État riverain a la propriété ou la souveraineté de l'air, il a en droit le pouvoir d'en ouvrir ou d'en fermer à sa seule volonté l'entrée aux aérostats. M. Kleen le disait en 1894, devant l'Institut de droit international, à propos de la mer territoriale : « On est souverain ou on ne l'est pas. Un État peut s'opposer à ce qu'un fait se passe sur son territoire. Il doit pouvoir régler le passage dans ses eaux territoriales » (2). Et, à la même session, M. Clunet confirmait cette manière de voir : « Adopter le droit de passage inoffensif, c'est faire une brèche au principe de la souveraineté » (3). C'est vainement que, pour permettre le passage, on l'assi-

(1) Par exemple, les États peuvent, par leurs navires de guerre, vérifier le pavillon des bâtiments privés rencontrés en haute mer.

(2) *Annuaire de l'Institut de droit international*, t. XIII (1894-1895), p. 304.

(3) *Op. cit.*, t. XIII (1894-1895), p. 314. — L'Institut de droit international, qui reconnaît à l'État riverain un droit de souveraineté sur la mer territoriale, a cependant décidé, dans son Règlement (art. 5), que tous les navires sans distinction doivent avoir le droit

milerait à une servitude sur le territoire de l'État. La servitude de passage n'existe, à défaut d'un règlement conventionnel, que pour cause d'enclave. Or il n'y a pas d'enclave dans l'atmosphère : car, aussi longtemps du moins que les canons ou la vue ne porteront pas au delà de l'air respirable, les ballons pourront se servir de l'espace en passant plus au large.

Si l'air ne fait pas partie du territoire, s'il est soumis au régime de la liberté, le droit de passage, pourvu qu'il soit innocent, doit au contraire en droit être reconnu absolument à tous les aérostats, étrangers ou nationaux. Alors en effet l'État ne peut avoir des droits sur l'atmosphère environnante que pour assurer sa propre conservation, et celle-ci n'est pas en jeu quand la navigation aérienne ne doit être pour lui la cause d'aucun dommage.

Mais, dans la réalité, cette divergence entre les deux systèmes est surtout théorique. En définitive, quelle que soit la doctrine adoptée, le riverain pourra défendre l'entrée de son atmosphère à tous les aérostats, car il n'aura jamais la certitude que leur passage à travers celle-ci sera un passage « innocent ». On sait effectivement que les États ont le droit d'interdire l'accès des airs aux ballons pratiquant l'espionnage, et qu'en fait ils ne possèdent aucun moyen de savoir à l'avance si un aérostat qui circule dans l'espace doit ou non espionner. Ce n'est pas à dire cependant que dans cette situation les deux théories doivent entièrement se confondre. Il reste toujours entre elles une différence ; seulement cette différence n'a plus trait qu'à l'étendue de la zone interdite : alors que, dans le système du droit de propriété ou du droit de souveraineté, celle-ci comprend toute la couche des airs où ces droits produisent leur effet, c'est-à-dire, suivant les cas, 5.000 et 2.600 mètres, ou même 10.000 et 5.200 mètres, elle n'a, dans le système du droit de conservation, que la largeur de la zone de protection contre l'espionnage, c'est-à-dire 1.500 mètres.

La différence qui ainsi sépare les deux théories s'explique en cas de guerre d'une façon particulière dans les rapports des neutres et des belligérants. Si le passage des ballons neutres au-dessus des belligérants est interdit au moins aussi largement dans le système du droit de conservation que dans celui de la propriété ou de la souveraineté parce qu'alors il est, en quelque endroit qu'il se produise, un danger au point de vue de l'espionnage, il n'en est plus de même pour le passage des aérostats belligérants dans l'atmosphère d'un État neutre. Ici, comme en temps de paix, c'est, suivant les systèmes, dans une zone de 5.000 ou de

de passage inoffensif par cette mer. Cette solution, qui est d'ailleurs la plus généralement admise, nous paraît contraire à une logique rigoureuse (*Annuaire de l'Institut*, t. XIII (1894-1895), p. 329).

2.600 mètres, qui peut même être portée au double, ou au contraire dans une zone de 1.500 mètres, que les aérostats ennemis doivent s'abstenir de circuler. Mais, tandis qu'une pareille défense n'a pour fondement dans la conception du droit de conservation que la nécessité de garantir le riverain contre l'espionnage, elle a une nouvelle raison d'être dans la conception du droit de propriété ou du droit de souveraineté : s'il est permis à l'État neutre d'interdire aux ballons ennemis le passage dans son atmosphère, c'est encore, peut-on dire, parce qu'elle est neutre (1). Et une conséquence importante apparait aussitôt, qui différencie à un second point de vue les deux théories. L'interdiction du passage ayant, avec la notion de la propriété ou de la souveraineté, sa base dans la neutralité autant que dans la défense contre l'espionnage, c'est pour le riverain non seulement un droit, mais un *devoir*, d'empêcher dans son atmosphère territoriale, dont l'étendue, on le sait, est de 5.000 ou de 2.600 mètres, le passage des aérostats des États belligérants ; en aucun cas il ne saurait renoncer à cette ·interdiction, car elle intéresse les tiers comme lui-même : sur leur domaine les neutres, en effet, ne *doivent* rien faire qui puisse profiter à un des belligérants aux dépens de l'autre (2). Que la science porte un jour à 9.000 mètres l'acuité de la vue ou la puissance verticale de l'artillerie, et il se pourra, dans ce système, que les États soient dans l'impossibilité de se battre dans les airs : si des belligérants n'ont aucun accès sur la mer et sont séparés par des pays neutres dont la vue ou les canons vont à semblable distance, comment leurs ballons se rencontreraient-ils dans les portions de l'espace permises aux hostilités, puisqu'il leur est défendu de traverser l'atmosphère entourant les États demeurés pacifiques, que celle-ci est le domaine d'un neutre et ne saurait leur être ouverte ? Il n'en sera jamais ainsi au contraire dans le système du droit de conservation.

Au point de vue du cérémonial aérien, les droits du riverain ne se comportent pas non plus d'une façon identique dans toutes les conceptions de l'atmosphère.

L'air est-il sous la propriété ou sous la souveraineté de l'État limitrophe ; celui-ci aura, dans la partie de l'espace où il en est ainsi, le droit de fixer à sa convenance le cérémonial et d'en poursuivre l'observation vis-à-vis des aérostats de toutes les nations : il pourra revendi-

---

(1) Il est vrai que, d'après les règles généralement admises en droit international, le passage de l'ennemi à travers le territoire d'un neutre n'est réellement interdit que s'il s'agit du territoire continental ; il est au contraire reconnu dans les eaux territoriales. Mais cette dernière opinion est contestée, non sans de sérieux motifs, par quelques auteurs. V. Kleen, *Lois et usages de la neutralité*, Paris, 1898, t. I, p. 507 et suiv.

(2) V. Kleen, *op.* et *loc. cit.*

quer la priorité du salut non seulement pour son pavillon mais pour son domaine aérien.

Semblable pouvoir ne saurait lui appartenir en aucun endroit de l'atmosphère si celle-ci échappe à sa domination : le droit de conservation n'impose à cet égard aucune restriction vis-à-vis des tiers à la liberté de l'espace. Les règles relatives au cérémonial aérien seront les mêmes en dedans et en dehors de la zone d'isolement des États (1).

Une troisième distinction existe encore entre le système de la propriété ou de la souveraineté et le système du droit de conservation.

Avec la doctrine du droit de propriété ou du droit de souveraineté, l'État riverain impose sa nationalité aux enfants nés dans les airs soumis à ces droits, tout au moins à ceux nés sur des ballons privés qui, à l'opposé des ballons publics, ne forment pas des parcelles détachées du sol de l'État : l'air, étant compris dans les frontières du riverain, peut faire des nationaux *jure soli*.

Il en est différemment dans la doctrine du droit de conservation. L'air échappe alors absolument à la propriété ou à la souveraineté territoriale ; les ballons, privés ou publics, ne sont par suite assujettis qu'à l'autorité de leur propre État et c'est de sa législation seule que doivent dépendre les enfants nés à leur bord : ceux-ci auront la nationalité de leurs parents ou celle de l'État dont l'aérostat relève selon que cette législation admettra pour la fixation de la nationalité le *jus sanguinis* ou le *jus soli*. Cette dernière solution est à coup sûr la plus rationnelle. L'attribution d'une nationalité repose sur l'attachement présumé à une patrie ; or à ce point de vue n'est-il pas plus juste de considérer le pays des parents ou celui de l'aérostat, le plus souvent aussi le pays d'origine ou de résidence de ces derniers, de préférence au pays dont le ballon traverse l'atmosphère à portée de canon ou de vue, alors que peut-être il ne doit pas y atterrir et que l'enfant lui-même n'y fera jamais halte. Mais n'est-elle pas en désaccord avec le fondement même de notre théorie ? Le droit de conservation n'exige-t-il pas que les États accroissent le plus possible le nombre de leurs sujets ? Et, si cela est, ne faut-il pas leur donner pouvoir de placer sous leur nationalité les enfants venant à la vie dans l'air environnant ? Sans nul doute, un État a le droit d'augmenter sa population ; seulement il n'a ce droit qu'autant qu'en l'exerçant il ne lésera pas le droit de conservation d'un autre État. Or il en serait ainsi si on admettait l'action absorbante du pays riverain : celui-ci, en définitive, viendrait prendre à un autre État ceux qui lui appartiennent comme nés sur son territoire ou de

(1) Les prescriptions applicables seront celles déterminées par la coutume en cas de rencontre de navires sur la pleine mer (V. Perels, *op. cit.*, p. 161 et suiv.).

parents qui sont ses sujets ; il méconnaîtrait le droit de cet État à garder entière sa population nationale.

Les théories conduisent, sur une autre question, à des conséquences également divergentes.

Si l'air est la propriété ou la souveraineté de l'État riverain, les lois et les juridictions, civiles et criminelles, de cet État doivent s'appliquer aux actes et aux infractions accomplis dans les ballons privés ; les aérostats officiels, représentant partout la souveraineté de leur pavillon, ne sauraient toutefois y être assujettis.

Au contraire, si l'atmosphère n'est incluse dans les frontières d'aucun État, les aérostats privés comme les aérostats publics seront soumis aux lois et à la justice du pays dont ils portent le drapeau (1). Et cette solution ne blesse nullement le droit de conservation de l'État limitrophe. Ici, en effet, ce droit n'est point en question. Comment l'existence du pays littoral serait-elle mise en danger parce que les contrats passés ou les délits commis sur un ballon échapperaient à ses lois et à ses tribunaux ? En définitive, ces actes ne touchent en rien à la sécurité et à la fortune de cet État : ils ne concernent pas l'ensemble de sa population mais des particuliers isolés, qui ne seront même pas d'ordinaire ses citoyens. Cela est d'abord évident s'il s'agit de quelque litige entre le capitaine d'un aérostat et un homme de l'équipage. Cela est vrai aussi dans le cas d'un crime véritable. Un crime accompli dans les airs, fût-il un homicide, ne saurait en réalité compromettre la vie de l'État, quand même la victime serait un de ses nationaux. Tout au plus pourra-t-il causer dans le pays un certain trouble, s'il a été commis à proximité ; mais même alors il n'en intéressera point le droit général de conservation (2). L'air ne saurait non plus, par l'effet du droit de conservation, donner compétence à l'État limitrophe en matière d'abordage. Il y a sans doute pour les États un intérêt évident à ce qu'il ne se produise pas d'abordages dans l'atmos-

---

(1) Il faut toutefois à ce point de vue réserver l'application des principes relatifs aux pays de Capitulations. Si par exemple une infraction est commise à bord d'un aérostat ottoman par un Français sur un Français, ce ne sont pas les autorités ottomanes mais les autorités françaises qui devront en connaître (V. l'article 15 des Capitulations entre la France et la Porte ottomane du 28 mai 1740, dans de Clercq, *Recueil des traités de la France*, t. I, p. 27).

(2) Il ne faudrait pas cependant que l'absence de jugement par les autorités du pays riverain où l'aérostat a atterri pût faire croire à l'impunité de l'infraction commise à bord. Aussi ces autorités pourront-elles, dans le cas même où le fait échappe à la compétence de la juridiction locale, procéder à l'arrestation de l'auteur du délit et accomplir les mesures urgentes nécessaires à l'instruction ; elles devront en outre, aussitôt que possible, livrer le délinquant à l'État compétent pour le juger. Toutefois, lorsque le fait délictueux a eu lieu à bord d'un aérostat public, les autorités locales, afin de respecter la souveraineté de l'État auquel le ballon appartient, ne devront intervenir que sur la demande écrite du commandant.

phère qui les entoure. Mais s'en produira-t-il moins parce qu'on s'adressera à ses lois et à ses tribunaux et non à ceux du ballon abordeur ? En
réalité, ce que réclame ici, nous ne disons pas le droit de conservation
de l'État riverain, mais l'intérêt général des États, c'est que les actes,
quels qu'ils soient, accomplis sur des ballons dans l'espace, n'échappent
point aux lois et à la justice. Or la compétence du pavillon donne pleine
satisfaction à cet intérêt.

Jusqu'ici, nous avons raisonné dans l'hypothèse où l'acte accompli en
ballon était d'un ordre purement privé. Mais on peut imaginer un délit
commis dans les airs qui porte atteinte à la sûreté ou à la fortune de
l'État limitrophe. En pareil cas, la solution ne devrait plus être la même.
Alors, en quelque partie de l'air que l'infraction soit perpétrée, le pays
riverain est véritablement touché dans son droit de conservation, et par
suite ce sont ses lois et ses tribunaux qu'il faudra considérer. On admet
qu'au droit de conservation se rattache la compétence criminelle d'un
État à l'égard des délits intéressant sa sécurité, lorsque ceux-ci sont
commis par des étrangers sur un territoire étranger (1) ; quelle raison y
aurait-il de statuer différemment quand ces délits ont lieu dans les airs, à
bord d'un aérostat ? Au nombre des infractions qui peuvent ainsi donner
compétence à l'État littoral, il faut ranger les délits de fausse monnaie,
de contrefaçon de billets de banque ou du sceau de l'État, de conspira-
tion, de trahison. Les lois et les juridictions du pays riverain seront
aussi seules en cause dans le cas où, au mépris du droit de conservation de ce pays, un ballon a franchi sa zone d'isolement, s'est livré à
l'espionnage ou s'est soustrait à sa surveillance douanière et sanitaire.

La chasse par le moyen des ballons ne se conçoit guère en pratique :
le gibier tiré dans les airs, tombant nécessairement à terre, sera toujours
perdu pour l'aéronaute. Néanmoins, elle est possible théoriquement.
Aussi n'est-il pas sans intérêt de relever la différence qui ici encore
existe entre la thèse de la propriété ou de la souveraineté et celle du
droit de conservation.

L'État limitrophe, s'il est propriétaire ou souverain de l'atmosphère,
a le droit de s'y réserver le monopole absolu de la chasse. Il doit au
contraire y admettre les étrangers à l'égal de ses nationaux si l'air
n'est qu'une *res nullius*. Seulement, dans ce cas, à raison de son droit
de conservation, il aura le droit d'interdire tous actes de chasse en
deçà du point d'où le fusil ne porte plus sérieusement à terre : il ne
faut pas en effet qu'en arrivant des airs sur son sol les projectiles

(1) V. Rivier, *op. cit.*, t. I, p. 267 et 268.

puissent lui causer un dommage. Mais, en fait, comme il est impossible de distinguer d'une manière certaine les aérostats qui servent à l'espionnage de ceux qui sont destinés à la chasse, la zone de non-approche en matière de chasse devra au moins se confondre avec la zone de protection contre l'espionnage.

VI

Nous n'avons considéré jusqu'à présent que l'air environnant le territoire terrestre des États. L'atmosphère qui domine les mers est-elle régie par les mêmes principes ?

A ce point de vue, le problème se dédouble en quelque sorte. Les mers, en droit des gens, n'ont pas en effet, dans toute leur immensité, un caractère uniforme. Tandis que, loin des côtes, dans leur partie la plus vaste, elles sont soumises au régime d'une entière liberté, elles sont, aux environs de la terre, assujetties au profit des riverains à des droits particuliers. Mais les publicistes ne s'accordent pas plus sur la nature de ces droits que sur l'étendue des eaux qui en sont l'objet : pour les uns, la portion de la mer adjacente au sol, qu'on désigne sous le nom de mer territoriale, dépend de l'État limitrophe par le lien de la propriété (1) ; pour les autres, elle lui appartient en souveraineté (2) ; certains enfin reconnaissent seulement à l'État *un* droit de souveraineté ou un droit *sui generis* formé d'attributs distincts de la souveraineté (3) ; dans chacun de ces systèmes, les frontières de la mer littorale sont d'ailleurs déterminées d'une manière différente : tantôt par la plus grande puissance du canon établi sur le sol qui atteint aujourd'hui onze milles au large (20 kilom. environ), tantôt par la portée extrême de la vue à compter du territoire qui se rapproche sensiblement de six à sept milles (11 à 13 kilom. environ), tantôt enfin par un accord conventionnel qui établit la limite à six milles marins (11 kilom. 112). Une dernière opinion s'est fait jour récemment qui, au fond, paraît plus exacte : laissant à la mer territoriale la même nature de *res nullius* qu'à la pleine mer,

(1) V. Hautefeuille, *Des droits et des devoirs des nations neutres en temps de guerre maritime*, Paris, 1868, 3ᵉ édit., t. I, p. 51 et suiv. ; Pradier-Fodéré, *Traité de droit international public européen et américain*, Paris, 1885, t. II, p. 158 et suiv. ; Hall, *International Law*, Oxford, 1880, p. 126.

(2) V. Bluntschli, *Le droit international codifié*, Paris, 1874, édit. Lardy, 2ᵉ édit., § 302 ; Perels, *Manuel de droit maritime international*, Paris, 1884, édit. Arendt, p. 26 ; Imbart-Latour, *La mer territoriale*, Paris, 1889, p. 1 et suiv. ; Schücking, *Das Küstenmeer*, Göttingue, 1897, p. 15.

(3) V. Règlement de l'Institut de droit international du 31 mars 1894 sur la mer territoriale, dans l'*Annuaire de l'Institut de droit international*, t. XIII (1894-1895), p. 328 et suiv.; Théodore Ortolan, *Règles internationales et diplomatie de la mer*, Paris, 1864, 4ᵉ édit., t. I, ch. 7 et 8, p. 111 et suiv., 139 et suiv. ; Calvo, *Le droit international théorique et pratique*, Paris, 1896, 5ᵉ édit., t. I, § 356.

elle n'attribue au riverain que des « servitudes côtières » destinées à garantir ses intérêts et dont les limites varient avec eux (1). Pour décider de l'existence et de l'étendue d'un domaine aérien au-dessus de l'Océan, il convient donc de distinguer l'atmosphère qui domine la pleine mer et celle qui entoure la mer territoriale.

Si on admet que l'air soit susceptible de propriété ou de souveraineté, il faut nécessairement reconnaitre aux États, au-dessus de leur mer littorale, un territoire aérien où ils exerceront les droits d'un propriétaire ou d'un souverain. Ils ont en effet, par la vue ou par le canon de leurs côtes, le moyen d'imposer leur domination sur l'espace qui entoure cette mer. Et l'instrument de la vue ou du canon qui ainsi établit leur empire doit également en fixer la limite. Celle-ci s'étendra donc sur les airs, dans le sens horizontal, jusqu'aux frontières mêmes de la mer territoriale puisque c'est aussi la vue ou le canon qui en détermine la mesure et, dans le sens vertical, selon qu'on s'attachera à l'un ou à l'autre de ces deux procédés, jusqu'à une hauteur de 5.000 ou de 2.600 mètres.

Est-ce à dire cependant que toute cette partie de l'atmosphère sera toujours le domaine de l'État riverain ? Les bâtiments de guerre d'une puissance, étant en quelque fraction de l'Océan qu'ils se trouvent, le prolongement de son territoire, la vue ou les projectiles qui s'en échappent doivent lui assurer, comme s'ils partaient du territoire lui-même, la domination des airs sur lesquels ils rayonnent. L'État, dont les navires circulent dans les eaux d'un pays, n'acquerra-t-il pas dès lors, au détriment de ce pays, la propriété ou la souveraineté de la colonne d'air entourant ces navires ? Évidemment non. Pour conférer la propriété ou la souveraineté, la possession doit être légitime, c'est-à-dire porter sur une chose non encore soumise aux droits d'un autre État. Or tel n'est point le caractère de l'air qui domine la mer côtière, car celui-ci se trouve déjà dans le domaine du riverain.

Ce caractère appartient au contraire à l'espace situé au-dessus de la pleine mer. La vue ou le canon de l'État limitrophe, n'allant pas jusqu'à lui, ne saurait en effet en faire son territoire. Ce n'est plus alors qu'une chose n'appartenant à personne, et par suite les vaisseaux de guerre de chaque pays pourront y exercer leur puissance. Mais cette puissance, il convient de l'observer, sera nécessairement instable, puisque les vais-

---

(1) V. Geouffre de Lapradelle, *Le droit de l'État sur la mer territoriale*, dans cette *Revue*, t. V (1898), p. 264 et suiv., 309 et suiv. — C'est toutefois d'une manière impropre que cet auteur emploie le mot « servitudes » pour désigner les droits qui appartiennent au riverain sur la portion de la mer longeant son territoire. La servitude, démembrement de la propriété, suppose en effet que l'objet sur lequel elle s'exerce est susceptible de propriété ; or, d'après l'auteur lui-même dont nous rappelons le système, la mer est, dans toutes ses parties, une *res nullius* qui échappe au droit de propriété.

seaux qui l'engendrent seront eux-mêmes en perpétuel mouvement. A peine acquise, la propriété ou la souveraineté d'un État sera perdue pour lui ; au-dessus de la pleine mer toutes les nations asseoiront donc tour à tour leur autorité. Et ainsi, avec le système de la propriété ou de la souveraineté, on arrive à ne constituer dans cette partie des airs que des territoires toujours mouvants et changeants.

S'ensuit-il toutefois qu'en aucune portion d'une telle atmosphère un État n'aura jamais des droits stables et exclusifs ? Pareille conséquence serait inexacte. L'air adjacent à la mer territoriale étant sous la propriété ou sous la souveraineté du riverain, celui-ci doit pouvoir le protéger de même que sa propre chose et, en conséquence, en interdire, d'une manière constante, aux aérostats non seulement l'entrée mais l'approche à portée de vue ou de canon.

Dans la zone ainsi déterminée au-dessus de la pleine mer, comme dans celle qui domine ses eaux côtières, et encore au-dessus de toutes les fractions de l'Océan où circulent ses navires de guerre, l'État limitrophe sera donc maître, en temps de paix, d'agir notamment contre l'espionnage, la contrebande douanière, l'invasion des épidémies et, en temps de guerre, s'il est neutre, de défendre les actes hostiles et même, pour être logique (1), le passage aux ballons belligérants. On aboutit, on le voit, dans la théorie du droit de propriété ou du droit de souveraineté, à restreindre dans une large mesure le libre usage de l'espace par la société des États et, il faut en convenir, sans une réelle utilité pour le pays riverain : on n'aperçoit pas en définitive en quoi ce pays peut souffrir un préjudice de la circulation des aérostats sur la haute mer ou sur la plus grande partie de ses eaux territoriales.

Mais, nous le savons, le système de la propriété ou de la souveraineté ne présente pas que des inconvénients pratiques ; il répugne essentiellement à la nature de l'air. C'est même cette considération qui nous l'a fait rejeter. Or celle-ci demeure évidemment tout aussi puissante, qu'il s'agisse de l'espace entourant la mer ou de l'espace dominant la terre : dans les deux cas la nature de l'air est identique. C'est donc ici encore à une autre idée qu'à celle de la propriété ou de la souveraineté qu'il faut avoir égard. Et cette idée doit être celle qui nous a déjà guidés : l'atmosphère, ouverte en toutes ses parties au libre usage des peuples, n'est soumise au profit d'un État qu'aux seules restrictions qu'impose le droit de conservation de cet État.

Il est manifeste en effet qu'ici aucun motif ne fait obstacle à l'applica-

(1) Comp. Kleen (*Lois et usages de la neutralité*, Paris, 1898, t. I, p. 507 et suiv.) qui, contrairement à la doctrine généralement admise, défend aux navires de guerre belligérants le simple passage dans les eaux territoriales des neutres.

tion de la théorie du droit de conservation. Un État doit pouvoir user de
ce droit quand un danger menace son existence, sans qu'il faille s'inquiéter du lieu où ce danger a pris naissance. Qu'un acte dommageable
soit accompli dans l'atmosphère entourant son sol, dans le territoire
d'une nation voisine ou en pleine mer, il peut, pour sa conservation
personnelle, employer les moyens propres à en prévenir les atteintes ;
pourquoi en serait-il autrement de l'entreprise commise dans les airs
qui avoisinent les eaux territoriales ou la haute mer ? Dans ce cas comme
dans les autres, une seule question se pose : l'État a-t-il des motifs fondés
d'alarme pour sa tranquillité ? Les mesures de défense que le droit de
conservation autorise sont au surplus, nous l'avons vu, permises non
seulement dans les limites du pays menacé mais en dehors de ses frontières, sur les choses qui n'appartiennent à personne et sont ouvertes à
tous ; elles doivent simplement n'en point enlever l'usage absolu aux
autres États. Apparemment, puisqu'il échappe partout au droit de propriété et au droit de souveraineté, l'air est une de ces choses, qu'on
l'envisage au-dessus du continent ou au-dessus des eaux territoriales et
de la pleine mer.

Le libre accès de l'espace situé sur la haute mer est-il donc un danger
pour l'existence des peuples ?

L'usage de l'Océan, indispensable à la vie des États, puisque sans lui
ils n'auraient au point de vue maritime ni commerce ni puissance militaire, ne saurait d'abord recevoir une atteinte de la liberté de l'atmosphère. Il est évident en effet que les ballons d'une nation qui circulent
dans les airs n'empêcheront pas les bâtiments d'un pays de voguer sur
la mer : des collisions et des abordages, s'ils peuvent se produire entre
navires, ne sont même pas à craindre entre vaisseaux et aérostats. Mais
la vue des ballons sur les navires qu'ils dominent ne sera-t-elle pas pour
ceux-ci une cause de péril ? Leur passage à proximité ne sera-t-elle pas
pour eux aussi une source de contamination et de fraude ? Si cela devait être, ce n'est pas seulement la circulation des aérostats dans l'espace qu'alors il faudrait défendre, ce serait encore celle des vaisseaux
sur la mer : l'espionnage, l'invasion des épidémies, la contrebande douanière sont dans ce cas non moins redoutables. On ne prononce point cependant pareille interdiction. C'est que, dans la réalité, ces circonstances ne sont pas de nature à causer un dommage à la sécurité des
États. La contrebande et la contamination ne sont à redouter qu'en cas
de débarquement ; or on conçoit difficilement qu'un ballon impose ses
passagers ou ses marchandises aux vaisseaux qu'il rencontre ; ceux-
ci d'ailleurs, avant d'être reçus dans un port, doivent être soumis à
une visite rigoureuse ou tout au moins à une surveillance sévère. Les

regards indiscrets des aéronautes] ne sont pas davantage une menace
sérieuse pour la conservation des États. Que verront ces aéronautes dont
leurs gouvernements ne sont déjà instruits? Les gouvernements sont
toujours au courant des progrès de leurs marines respectives : ils connaissent le nombre de leurs vaisseaux, leur mode de construction,
l'importance et l'emplacement de leur armement; les seules choses
que peut-être ils ignorent sont celles qui se cachent aux yeux, comme
le mécanisme des canons des navires ou le système de leurs machines,
et certes ce n'est point du haut des airs qu'il sera possible de les distinguer. Il n'y a ainsi en temps de paix aucun motif de restreindre
l'action des ballons sur la haute mer. Il n'en existe pas non plus en cas
de guerre. Sans doute les projectiles que se tirent les aérostats sont
susceptibles d'atteindre et d'endommager les navires des neutres a
travers l'Océan. Mais c'est une éventualité qui peut se produire également quand des vaisseaux belligérants se battent sur la pleine mer. Et
pourtant on ne croit pas devoir interdire la guerre maritime! Pourquoi
défendrait-on pour cette raison la guerre aérienne? Le danger est
même ici moins menaçant : des hauteurs où ils se trouvent les ballons
découvrent un horizon plus vaste, et dès lors mieux que les navires ils
peuvent calculer la portée de leurs coups, éviter de frapper les bâtiments étrangers au conflit.

Si la circulation des aérostats au-dessus de la pleine mer ne constitue
pas pour cette dernière un danger, n'est-elle pas au moins un péril pour
le territoire continental des États limitrophes? La mer territoriale qui
sépare ce territoire de l'Océan forme un intervalle trop considérable
pour qu'il soit possible aux aéronautes d'en distinguer utilement les
ouvrages de défense, d'y introduire les maladies qu'ils portent avec eux,
d'y faire pénétrer des marchandises frauduleuses. De même elle constitue autour du sol une zone suffisamment large pour la protéger en temps
de guerre contre l'artillerie des aérostats belligérants et contre les regards des ballons neutres. Qu'on la mesure par le canon des côtes ou
des vaisseaux, par l'angle visuel ou encore par la distance de six milles
marins, son étendue est en effet toujours supérieure à la portée du canon
ou de la vue des aérostats.

A ce double égard, la conservation personnelle des États ne peut donc
les autoriser, en temps de paix comme en temps de guerre, à interdire
aux ballons le séjour sur toute l'étendue de la haute mer.

Mais les droits que les nations possèdent sur les eaux longeant leurs
côtes, et qu'on appelle la mer territoriale, ne vont-ils pas leur donner
certains pouvoirs dans l'atmosphère qui domine l'Océan? La solution de
cette question dépend de la nature qu'on reconnaît à ces droits. Les eaux

territoriales sont-elles sous la propriété ou sous la souveraineté du riverain ? Alors elles sont sa chose, un élément de son existence, comme
son territoire même. Et, à l'égal de celui-ci, il devra les protéger contre
l'espionnage, la contrebande douanière, l'invasion des épidémies. Il
pourra dès lors, en temps de paix, au point de vue de l'espionnage et
au point de vue sanitaire, défendre aux aérostats l'approche de ces eaux
en deçà d'un rayon de 1.500 mètres et à la distance où un débarquement
est possible ; au point de vue douanier il pourra, à l'intérieur de ce même
rayon, les assujettir à son contrôle. Toutefois, il convient de l'observer,
c'est seulement dans le sens horizontal que de pareilles restrictions seront apportées à la libre disposition des airs par la communauté des
États ; comme la vue sur la haute mer est sans danger pour les nations,
les ballons auront dans le sens vertical le droit de se tenir à telle hauteur qu'ils voudront au-dessus de l'Océan. Dans ce système, des obligations spéciales de non-approche seront encore imposées en temps de
guerre aux aérostats. D'une part, dans le cas où les eaux côtières sont
le territoire d'un neutre, les ballons, afin de soustraire ce territoire aux
effets de leurs projectiles, devront s'abstenir de la bataille au-dessus de
la pleine mer dans l'étendue d'une zone mesurée par la portée extrême
de leurs canons. D'autre part, dans le cas où les eaux littorales sont le
domaine d'un belligérant, les aérostats neutres, afin de préserver de
leurs regards les flottes du riverain manœuvrant dans ces eaux, ne
pourront s'approcher de la mer territoriale en deçà d'une portée de la
vue, c'est-à-dire à moins de 10.000 mètres. On est ainsi conduit, avec la
théorie de la propriété ou de la souveraineté de la mer territoriale, à
restreindre considérablement pendant la guerre la navigation des
ballons sur la pleine mer. Les airs qui dominent l'Océan seront, au contraire, dans toutes leurs parties, absolument libres si on fait des eaux
littorales non plus une fraction du territoire du riverain mais une fraction de la mer libre grevée à son profit des droits nécessaires à la conservation du territoire terrestre. Alors, en effet, ce n'est plus à proprement parler la mer littorale qu'il s'agit de défendre, ce sont uniquement
les droits de l'État limitrophe sur cette mer ou plutôt, comme ceux-ci
n'ont d'autre objet que la protection du territoire continental, ce territoire lui-même. Or, nous le savons, ni en temps de paix, ni en temps
de guerre, la circulation des ballons au-dessus de la haute mer ne peut
à aucun point de vue mettre en péril le sol des États. Les aérostats
neutres pourront donc naviguer librement à la limite même des eaux
territoriales, fussent-elles voisines d'un belligérant. Les aérostats ennemis pourront également se battre à la lisière de ces eaux, fussent-elles
adjacentes à un territoire neutre : celles-ci sans doute subiront les effets

de leurs projectiles ; mais qu'importe puisque, parties de la mer libre, elles ne sont pas le domaine d'un neutre ; échappent-elles d'ailleurs davantage aux atteintes des vaisseaux qui se canonnent sur l'Océan ?

Les ballons doivent-ils jouir également d'une liberté complète au-dessus des eaux territoriales ?

Ici encore leur droit ne se comportera pas de la même façon dans les diverses conceptions de la mer côtière. Si l'État riverain a la propriété ou la souveraineté des eaux adjacentes, il pourra empêcher les aérostats de planer, à moins d'une hauteur de 1.500 mètres, sur toute l'étendue de ces eaux, car il est en droit de protéger contre l'espionnage non seulement sa côte, mais sa mer littorale puisque, comme sa côte, cette mer est sa chose. Pour la même raison, il pourra, dans toute cette portion des airs, imposer aux ballons qui y seront entrés son contrôle douanier. Il aura enfin le droit d'interdire en quelque partie que ce soit de ses eaux littorales le débarquement des ballons d'origine ou d'état suspect au point de vue sanitaire. La mer territoriale n'est-elle au contraire qu'une fraction de la mer libre grevée de droits déterminés au profit du pays côtier ? Celui-ci n'aura plus vis-à-vis des aérostats que des pouvoirs limités. Puisque dans la réalité ce n'est plus que le territoire terrestre du riverain qu'il s'agit de protéger, la circulation aérienne sera libre au-dessus des eaux territoriales en tant qu'elle ne nuira point à ce territoire. Dès lors, la zone de l'espace fermée aux ballons ne saurait dépasser celle d'où ils peuvent reconnaître utilement les ouvrages de défense installés sur la côte ou sur le rivage : elle devra ainsi s'arrêter à 1.500 mètres à compter de ces ouvrages. C'est également dans ce seul rayon que les aérostats seront assujettis à la surveillance douanière du riverain. Et, au point de vue sanitaire, celui-ci n'aura le droit de leur défendre l'approche de ses côtes qu'à la distance où un débarquement y serait possible.

Telles sont, en temps de paix, les divergences capitales des deux systèmes. Il en est aussi en cas de guerre. La première apparaît quand l'État riverain est un pays neutre. Si la mer littorale est dans le domaine du pays limitrophe, l'atmosphère située au-dessus d'elle doit, dans toute sa largeur et dans toute sa hauteur, être interdite aux hostilités : car les projectiles des ballons, de quelque endroit de cette atmosphère qu'ils seront tirés, viendront toucher un territoire neutre. Si au contraire la mer territoriale est une fraction de la mer libre sur laquelle le riverain n'a que les droits nécessaires à la protection de ses côtes, une partie seulement de l'atmosphère qui la domine sera fermée au combat. En effet, il ne peut plus s'agir de soustraire aux boulets des aérostats la mer elle-même, puisqu'elle est libre et que d'ailleurs le droit de conser-

vation de l'État ne l'exige point ; c'est le territoire terrestre, qui seul est
le domaine d'un neutre, qu'il faut alors protéger. Or, pour cela, il n'est
point besoin que les ballons se tiennent à la limite des eaux littorales ;
il suffit qu'ils n'approchent pas du territoire à la distance d'où leurs canons pourraient l'atteindre : ainsi, dans cette conception, c'est l'artillerie des aérostats, d'une portée horizontale nécessairement restreinte,
qui déterminera la zone interdite à la guerre aérienne ; cette zone sera
donc moins large qu'avec le système de la propriété ou de la souveraineté où elle se confond avec celle même des eaux côtières. Une autre
différence existe encore entre les deux théories, au point de vue de l'espionnage, quand le riverain est une des nations belligérantes. Propriétaire ou souverain de la mer littorale, l'État est en droit de la garantir
tout entière contre les indiscrétions des ballons neutres : c'est donc en
hauteur comme en largeur à 10.000 mètres de cette mer que ceux-ci devront se tenir dans les airs. Mais s'il n'a sur elle que les droits indispensables à sa propre conservation, il ne peut cacher à la vue des aérostats,
en dehors de son territoire et des ouvrages installés sur le rivage, que la
portion des eaux côtières dont l'usage doit être vraiment utile à la préparation de sa défense ; et celle-ci, assurément limitée, peut être évaluée
à 1.000 mètres : on n'imagine pas en effet l'existence d'ouvrages fortifiés
sur la mer elle-même, et la formation des flottes se fait toujours dans
les parages immédiats du territoire. Il suffira ainsi aux États belligérants d'empêcher la circulation des ballons neutres dans un rayon de
11.000 mètres à compter de leurs côtes.

VII

Voilà donc, déterminée dans ses moindres détails, en temps de paix
comme en temps de guerre, la condition de l'atmosphère qui s'étend
autour des continents et des mers. Que les États aient sur elle un droit
de domaine ou seulement des droits basés sur les nécessités de leur
conservation personnelle, elle n'est en tout cas jamais soumise dans
toute sa profondeur à un régime uniforme. Elle se trouve en fait partagée en un certain nombre de zones différentes en hauteur comme en largeur et dans lesquelles les aérostats doivent jouir d'une plus ou moins
grande liberté.

Mais cette division des airs n'est-elle pas une complication qui rendra
la théorie d'un usage impraticable ? Comment les ballons sauront-ils
exactement s'ils se trouvent dans la couche des airs où il leur est permis
de circuler et d'agir librement ? Comment les États pourront-ils se rendre compte que tel aérostat dont ils aperçoivent la silhouette n'est point
dans un rayon défendu à son séjour ?

La première de ces difficultés n'en est pas une en réalité. Dans l'état actuel de la science, les aéronautes, avec les instruments qu'ils emportent, peuvent, en tout endroit, évaluer avec exactitude l'élévation à laquelle ils parviennent, la distance à laquelle ils sont d'un point déterminé.

La seconde est plus délicate. En effet il n'y a pas aujourd'hui d'appareil qui, de la terre, permette d'apprécier la hauteur d'un ballon. Est-ce à dire qu'il n'y en aura jamais ? Ce serait médire des ressources de la science. Si un semblable appareil n'existe pas encore, c'est moins parce que sa découverte est impossible que parce que jusqu'ici on n'a point songé à l'inventer, la nécessité ne s'en étant pas fait sérieusement sentir: en définitive, tant que des principes juridiques n'auront pas réglementé les relations des États avec les ballons naviguant au-dessus de leur territoire, tant que le problème de la dirigeabilité des aérostats n'aura pas reçu sa solution, la détermination de la distance entre les ballons et la terre n'offrira qu'un intérêt limité.

Mais, de nos jours, on peut calculer d'une façon précise l'éloignement d'un navire sur la mer. Les mathématiques doivent également permettre d'estimer celui d'un ballon dans les airs. La chose est possible, en effet, par le procédé de la trigonométrie. Seulement, pour cela, la présence de deux observateurs est indispensable : la distance qui les sépare forme avec leur rayon visuel dirigé vers l'aérostat un triangle dont par le calcul des angles il sera facile d'avoir l'image, et cette image obtenue on aura la hauteur de la perpendiculaire qui relie le ballon à la terre. Qu'arrivera-t-il toutefois en l'absence des deux observateurs nécessaires ? N'y aura-t-il alors aucun moyen de résoudre le problème ? Il restera la ressource de recourir à des présomptions fondées sur le volume apparent des aérostats. Mais des présomptions de cette nature seront souvent trompeuses et presque toujours d'une application délicate. La dimension des ballons est essentiellement variable, et cette variabilité rend malaisé le calcul de leur altitude : deux aérostats d'un volume différent ne sembleront-ils pas d'une égale grosseur s'ils sont à des hauteurs différentes ? Comment se rendre un compte exact de leur élévation respective si on ne connait pas à l'avance leur dimension, et bien évidemment on ne saurait la connaitre. Est-il donc impossible de donner quelque certitude aux présomptions tirées du volume des ballons ? La solution la plus simple serait d'imposer une dimension identique à tous les aérostats quels qu'ils fussent. Alors, par un certain nombre d'observations faites, dans des conditions déterminées de saison, d'heure et de pureté d'atmosphère, sur des ballons se portant à des hauteurs successives, qu'eux-mêmes auraient soin d'enregistrer, on pourrait établir le volume différent qu'à ces diverses hauteurs les ballons présentent à la vue de la terre. Un pareil procédé serait d'une réalisation facile même vis-à-vis d'aérostats qui ne seraient pas dirigeables : les variations d'altitude d'un ballon ne sont pas tellement brusques que celui-ci, après avoir déterminé sa hauteur, ne puisse faire à l'observateur le signal de noter le volume qu'au moment indiqué il lui aura semblé avoir. On sait au surplus que, de la terre, avec ou sans lunette, on peut voir les aérostats d'une dimension ordinaire jusqu'à 5.000 et 4.000 mètres et leur pavillon jusqu'à 4.000 et 3.000 mètres. En mettant en regard les résultats correspondants obtenus dans chaque cas pour le volume et pour la hauteur, on arrivera de la sorte à établir des tables de distances suffisamment précises. Mais est-il possible d'obliger ainsi les aérostats à avoir tous une dimension identique ? Tant que les ballons ne seront pas entrés dans la pratique des peuples, une semblable exigence ne saurait être déraisonnable. Il en sera autrement le jour où, devenus dirigeables, ils recevront des applications multiples : des ballons d'étude ne sauraient avoir le même volume que des ballons de voyage, des ballons postaux que des ballons de guerre. Il est bien évident que quand des ballons emporteront des voyageurs comme le font aujourd'hui les chemins de fer, ceux qui auront cet emploi devront être d'une autre dimension que les aérostats affectés à des expériences scientifiques ou destinés en cas de guerre à servir d'éclaireurs et de messagers. Mais s'il est impossible d'attribuer à tous les ballons une dimension uniforme, rien ne s'oppose au contraire à ce qu'on soumette à un volume déterminé certaines catégories d'aérostats : les aérostats seraient divisés en deux ou trois classes, et ceux d'une même classe devraient avoir une égale grosseur. Alors, en faisant pour chacune de ces catégories les expériences dont nous avons parlé, on parviendrait aisément à dresser des tableaux de distances pour chaque nature de ballons. Toutefois, avec ce système, une difficulté va nécessairement se présenter. En face de deux ballons appartenant à des catégories différentes — ce qu'on ignore — comment estimer leur altitude respective ? Pour atteindre à ce résultat, il suffit de trouver le moyen de reconnaître de la terre la catégorie dont dépend chacun des ballons. Or ce moyen n'est point impossible à découvrir. La forme et l'emplacement du pavillon des ballons s'aperçoivent dans les airs à des distances considérables ; qu'on contraigne les aérostats des catégories diverses à avoir un drapeau d'une configuration particulière et à le hisser en des endroits distincts de leur sphère, et le problème se trouve résolu. Il sera ainsi permis à un observateur de la terre de fixer la distance de tous les aérostats jusqu'à la limite de 3.000 et de 4.000 mètres, puisque c'est jusque là qu'on peut distinguer leur pavillon. Et certes ce résultat suffit ample-

ment à satisfaire les exigences de la pratique. Car, à cette hauteur, —
sauf dans deux cas : celui de la guerre aérienne au-dessus du territoire d'un neutre et celui du passage des neutres au-dessus du sol d'un
belligérant, — l'atmosphère est librement ouverte aux ballons et échappe
au droit de conservation des États.

Il est donc relativement facile de déterminer avec quelque précision
l'étendue des diverses zones dont l'atmosphère se compose au point de
vue de la circulation aérienne. Et, nous le savons, le procédé employé
à ce sujet ne dépend nullement de la dirigeabilité des ballons : comme
ceux assujettis à la volonté humaine, les aérostats non dirigeables peuvent servir à fixer la dimension des zones. Mais le régime même auquel
les ballons doivent être soumis dans ces zones, et qui varie avec elles,
n'implique-t-il pas nécessairement leur obéissance à l'action des hommes ? Comment imposer aux aérostats des routes déterminées, s'ils
échappent à cette action et n'ont pour guide que le caprice des vents ?
N'est-ce point dès lors faire une œuvre vaine que de marquer dans
l'espace certaines zones où les ballons navigueront en toute liberté et
d'autres où il leur sera défendu de pénétrer ? Et si on donne à ces règles
une sanction, ce qu'il est difficile de ne point faire, ne heurte-t-on pas
les notions les plus élémentaires de l'équité ? Est-il possible, sans injustice, d'autoriser les États à user de la force contre des ballons que les
vents seuls auront poussés dans leurs parages ?

Dans la réalité, le principe de la direction des ballons n'a pas, à cet
égard, l'importance qu'il paraît avoir. Les règles applicables aux aérostats se résument en définitive dans les deux suivantes : 1º En temps de
paix, hors le cas d'embarquement et celui de débarquement, les ballons
ne doivent point pénétrer dans une zone de 1.500 mètres aux alentours
des continents. 2º En temps de guerre, ils sont empêchés de commettre
des actes d'hostilité au-dessus du territoire des États neutres et ils ne
peuvent passer au-dessus du sol des États belligérants à quelque hauteur que ce soit. Or l'observation de chacune de ces règles n'est point
impraticable même aux aérostats non dirigeables. Tout ballon, en quittant la terre, emporte avec lui une certaine quantité de sable, qu'il jettera
à mesure qu'il voudra monter : c'est ce qu'on appelle le lest. Si des
aéronautes, planant sur le territoire d'un État, s'aperçoivent que les
vents vont les porter à moins de 1.500 mètres du sol, ils auront un moyen
facile de ne pas entrer dans la zone interdite : ils abandonneront un peu
de leur lest et, se maintenant dans la partie libre de l'atmosphère, ils
passeront, sans danger pour l'État, par dessus son territoire. Mais le
lest peut leur manquer. Que feront-ils en ce cas ? Dans l'impossibilité
où ils sont de s'élever dans les airs, ils devront se préparer à la des-

cente, en l'annonçant par des signaux au pays dont ils vont toucher le sol, et, ainsi prévenu, celui-ci pourra prendre ses dispositions pour qu'elle s'effectue dans les conditions les moins nuisibles à sa sécurité. On le voit donc, en temps de paix, les ballons, même non dirigeables, ont un moyen d'éviter les couches de l'atmosphère fermées à leur séjour. Il leur est également possible, en temps de guerre, de respecter les prescriptions auxquelles ils doivent se conformer. En effet, ce qui alors est défendu aux aérostiers belligérants, ce n'est pas de circuler dans *toute* la partie des airs qui domine le territoire des États neutres, c'est d'y commettre des actes d'hostilité ; or, à ce dernier point de vue, leur volonté seule se trouve en cause : il n'est point de force qui puisse les obliger malgré eux à s'y livrer au combat. Mais s'il en est ainsi pour les ballons ennemis au-dessus des États neutres, il en est différemment, nous l'avons vu, pour les aérostats neutres vis-à-vis des pays belligérants. Ici, par crainte de l'espionnage, dont le domaine est plus large, la circulation aérienne elle-même est *absolument* interdite, et celle-ci dépend du caprice des vents. A quel procédé les ballons auront-ils donc recours pour ne pas toucher à l'atmosphère qui entoure un État belligérant ? Dès qu'ils s'apercevront qu'ils sont poussés vers cette atmosphère, ils devront ou bien jeter du lest afin de monter davantage, ou bien abandonner de leur gaz afin d'atteindre des régions moins élevées. En se tenant plus haut ou plus bas, ils rencontreront des courants qui les lanceront dans une autre direction. C'est en effet un fait reconnu par l'expérience qu'à un même moment il existe dans les airs, à des hauteurs différentes, des courants se mouvant en sens opposé. Au cas, peu probable, où ils ne feraient pas semblable rencontre, il leur restera la ressource d'opérer leur descente. En quelque situation qu'ils se trouvent, les aérostats non dirigeables pourront, dès lors, dans la plupart des cas, se soumettre aux règles que le droit international leur impose.

Ainsi il n'est point chimérique d'obliger les ballons, même avant qu'ils soient dirigeables, à se conformer dans les airs à certaines règles.

Mais il est à craindre qu'en fait les aérostats, dirigeables ou non, n'observent pas les règles auxquelles ils sont assujettis. Et alors une dernière question se pose. Les États riverains, qui souffriront d'une semblable inobservation, ont-ils quelque moyen de l'empêcher ? Ne leur est-il pas au moins possible de constater les violations du droit commises par les aérostats et d'en obtenir réparation ?

Le jour où les ballons seront complètement dirigeables, la solution de cette question sera simple. A ce moment il sera possible aux États d'avoir dans les airs, de même que sur la terre et sur la mer, une police et une gendarmerie qui surveilleront d'une manière efficace leurs zones d'influence. Des aérostats qui les composeront, les uns se tiendront immobiles aux limites de la zone d'isolement des États pour en défendre l'entrée, et les autres, à marche rapide, poursuivront les ballons qui l'auront franchie pour les arrêter, les visiter et, en cas d'infraction, les conduire à terre. Capables de les joindre et de les aborder, ils pourront en vérifier le pavillon et s'assurer de leur véritable nationalité : ils la trouveront, pour les aérostats publics, dans la parole d'honneur de leur commandant et dans la commission officielle dont il est muni et, pour les aérostats privés, dans les papiers de bord dont ils doivent être pourvus et qui, délivrés par les autorités de l'État dont le ballon relève, offrent une réelle garantie (1). Ils pourront encore, à l'égard des ballons entrés régulièrement dans la zone parce qu'ils doivent atterrir, prendre les mesures nécessaires à la protection douanière et à la protection sanitaire des pays limitrophes.

Mais de semblables résultats ne sauraient évidemment se concevoir tant que les ballons demeureront plus ou moins le jouet des vents. Faut-il dire cependant qu'avant que soit découverte la dirigeabilité des aérostats il n'existera pour les États aucun moyen d'assurer leur sécurité, de mettre à l'abri de toute atteinte leurs zones de défense ? Ce serait exagérer que de le prétendre.

Même aujourd'hui l'organisation d'une police aérienne est chose possible. Elle sera seulement moins parfaite. Et, en dépit de ses imperfections, elle ne sera point sans utilité. Elle ne pourra pas sans doute accoster tous les ballons qui auront pénétré dans les zones prohibées, mais elle pourra s'en approcher et, en tout cas, les apercevoir de façon à leur faire des signaux : des aérostats, pourvu qu'ils circulent à une altitude un peu élevée, embrasseront toute la région accessible de l'atmosphère. La police des airs n'est pas d'ailleurs la seule qui sera en mesure de reconnaître dans l'espace les ballons qui y naviguent. Les autorités du territoire le pourront également. De la terre aussi bien que des airs, on voit en effet le pavillon d'un aérostat, à l'œil nu, jusqu'à 3.000 mètres et, avec une lunette, jusqu'à 4.000 mètres. Aucun des ballons entrés dans la zone d'isolement de 1.500 mètres, zone de protection normale des nations, ne saurait donc échapper aux regards du riverain. Il en sera souvent de même, grâce à la police aérienne, de ceux qui auront pénétré

(1) Les papiers de bord que les aérostats privés doivent avoir avec eux sont les suivants : 1° l'extrait de leur inscription sur un registre officiel ; 2° le rôle d'équipage ; 3° le brevet d'aéronaute dont doivent être pourvus le commandant et le premier homme de l'équipage (brevet décerné par l'État après un examen passé devant une Commission spéciale d'aéronautique); 4° le connaissement et le manifeste ; 5° le journal du bord. Les ballons publics et les ballons privés seront en outre porteurs d'un manifeste ou patente de santé.

dans la zone plus étendue admise pour le temps de guerre au-dessus des pays neutres ou belligérants.

Ainsi, il sera presque toujours permis aux États de constater les atteintes portées à leur droit de conservation. Mais comment les réprimeront-ils ?

L'autorité de la terre ou des airs, dès qu'elle aura aperçu le ballon coupable, lui intimera, par un signal de convention, l'ordre d'atterrir et, s'il n'obéit pas immédiatement, elle le canonnera. Ce système, s'il ne doit pas prévenir les infractions, les empêchera du moins de produire leurs conséquences fâcheuses. Frappé par les projectiles, le ballon viendra en effet tomber sur le territoire de l'État même qu'il menaçait, et il y sera aussitôt saisi et jugé. Pareil système n'est-il pas toutefois quelque peu barbare ? Tirer sur des aéronautes, n'est-ce point en définitive les vouer à une mort certaine et affreuse ? Et la mort n'est-elle pas une peine excessive, disproportionnée à leur délit ? La plus redoutable des infractions qu'un ballon puisse commettre est l'espionnage ; or, en temps de paix, l'espionnage n'est puni de mort par aucun État. Cette objection n'est pas dans la réalité si grave qu'elle parait. En fait, les boulets de la terre et des airs, s'ils atteignent un aérostat à son extrémité inférieure, — et on peut toujours défendre de viser ailleurs qu'à cet endroit, — ne le précipiteront point brusquement vers le sol : la déchirure qu'ils lui occasionnent le transforment en une sorte de parachute dont la descente s'opère sans excès. C'est ce qu'ont démontré les expériences de tir faites à diverses reprises contre les ballons (1).

Mais il se peut que l'aérostat échappe au tir dirigé contre lui. L'hypothèse n'a rien de chimérique : même à une hauteur peu considérable, il est difficile d'atteindre un ballon de manière à l'amener à terre. Quelle ressource aura alors le pays lésé pour avoir satisfaction de l'offense commise à son endroit ? N'ayant pu se saisir du ballon coupable, il ne pourra que demander une réparation à ceux dont il dépend. S'il s'agit d'un aérostat public, c'est contre son gouvernement qu'il agira par la voie diplomatique. S'il s'agit d'un ballon privé, il en traduira le propriétaire devant ses tribunaux (2) et lui réclamera des dommages-intérêts. Ne

___

(1) En 1880, par exemple, les Anglais atteignirent un aérostat situé à 260 mètres d'altitude et à 1.780 mètres de la pièce, et celui-ci tomba *lentement* (Capitaine Espitallier, *Les ballons et leur emploi à la guerre*, p. 61).

(2) C'est devant les tribunaux de l'État lésé et non devant ceux du propriétaire de l'aérostat que la poursuite doit avoir lieu. En effet, si en principe un État n'a aucun droit de juridiction sur les étrangers résidant hors de son territoire, il n'en est plus de même lorsque le fait commis est une atteinte à la conservation même de l'État (V. Chrétien, *Principes de droit international public*, p. 225). Or c'est bien d'une semblable atteinte que se rend coupable l'aérostat qui franchit la zone d'isolement d'un État.

pourra-t-il pas aussi lui infliger une peine ? Il ne saurait avoir le coupable en sa possession que par le moyen de l'extradition. Mais ce moyen sera rarement efficace. De deux choses l'une en effet. Ou bien l'aéronaute aura pris terre sur le territoire de sa propre patrie, et celle-ci en refusera la livraison, car en général les États n'extradent pas leurs nationaux. Ou bien il aura atterri sur un sol étranger, et il l'aura presque toujours déjà quitté pour rentrer dans son pays quand l'État offensé formera sa demande d'extradition ; d'ailleurs, en supposant même que la demande d'extradition ne soit pas tardive, elle n'aura guère chance d'aboutir, car l'État étranger sur le territoire duquel l'aéronaute sera tombé pourra considérer comme un fait politique l'acte qui lui est reproché et par suite refusera l'extradition.

Telle est en définitive la procédure qui, dans l'état actuel de la science aéronautique, peut permettre aux nations de défendre leur droit de conservation. Cette procédure, cela est d'évidence, implique nécessairement que la puissance lésée par un aérostat aura pu en constater l'identité. Or la chose est-elle possible ?

De même que les navires, les ballons doivent posséder un état civil qui les personnifie. Chaque aérostat aura un nom, dont il ne pourra changer arbitrairement. Il aura d'autre part un domicile : c'est le lieu où il aura été immatriculé sur un registre. Les ballons seront encore individualisés par l'indication de leur contenance, obtenue par l'opération du jaugeage. Les aérostats privés porteront de plus un numéro d'ordre, correspondant sur le registre où ils auront été inscrits au nom et à l'adresse de leur propriétaire. Il faut en dernier lieu que les ballons se rattachent à une patrie. Ils devront, comme les navires, avoir une nationalité et n'en avoir qu'une seule. Un aérostat sans nationalité serait un pirate. Mais d'après quelles règles se déterminera la nationalité d'un ballon ? C'est aux lois de chaque État qu'il appartiendra de fixer les conditions qu'un ballon doit remplir pour avoir le caractère national ; il serait utile toutefois que ces conditions fussent partout uniformes. A cet égard on peut s'attacher à diverses circonstances : à la construction et à l'origine de l'aérostat, à la qualité de son propriétaire, à la nationalité du capitaine ou des officiers du bord, à la composition de l'équipage. Le système qui semble le plus rationnel est celui qui exigerait l'indigénat du propriétaire, du capitaine et des trois quarts au moins des hommes de l'équipage. C'est en effet moins le ballon lui-même que ceux qui le montent, et dont le choix appartient au propriétaire, qui peuvent être pour les nations riveraines un motif de dommage. Or il n'est pas douteux qu'un État sera d'autant mieux garanti contre les atteintes de ses propres ballons et contre celles des ballons étrangers

que les premiers auront comme maîtres des gens unis à lui par le lien
national, et les seconds des aérostiers qui, sujets du pays de l'aérostat,
seront, plus que des étrangers, sous la dépendance de ce pays. Afin d'assurer le plus possible la déférence pour les intérêts des tiers, il serait
encore utile que les gouvernements exerçassent une surveillance étroite
sur le recrutement du personnel aérostatique : tout ballon ne devrait
avoir à son bord que des hommes, non seulement d'une compétence
éprouvée, mais d'une honorabilité parfaite. Cela sera nécessaire surtout
si les ballons privés, comme les navires de commerce dans la plupart
des pays, peuvent en temps de guerre être incorporés à titre auxiliaire
dans la flotte aérienne des États.

Mais, à quelque circonstance qu'il faille s'attacher pour fixer la nationalité d'un aérostat, un point importe : c'est que celle-ci apparaisse d'une
manière certaine. Existe-t-il donc un signe extérieur qui puisse l'affirmer ? Le drapeau constitue la marque distinctive de la nationalité. Cette
marque en est-elle une preuve décisive ? N'est-il pas à craindre qu'un
aérostat fasse usage d'un faux pavillon ? Cet usage peut se concevoir,
quoique, en droit et en morale internationale, il soit un acte gravement
répréhensible donnant à l'État lésé un juste sujet de grief. Pour l'empêcher il suffira que les puissances édictent un règlement obligeant, sous
des peines sévères, les ballons quittant le territoire à fixer à leur bord le
pavillon de leur nationalité et à n'emporter en dehors de ce pavillon que
ceux destinés aux signaux (pavillon sanitaire, pavillon d'atterrissage) :
l'observation de cette double prescription devant d'ailleurs être garantie
par une visite des ballons, au moment de leur départ, par les autorités
de l'État ou, s'il s'agit d'aérostats publics, par la parole d'honneur de
leur commandant (1).

Est-il toutefois suffisant, pour que de la terre ou des airs on connaisse
la nationalité d'un ballon, que celui-ci porte à son bord le pavillon aux
couleurs de sa patrie ? Cela revient à se demander si les nuances d'un
drapeau peuvent s'apprécier dans l'espace à une distance assez longue
pour garantir les droits des États. Or, il n'en est point ainsi. La couleur
rouge est la seule qui se voit d'un peu loin : à 1.250 mètres à l'œil nu, à
2.000 mètres avec une lunette ; les autres ne se discernent nettement
qu'à un très court intervalle. C'est donc à un autre moyen qu'il faut re-

(1) De la sorte, l'usage d'un pavillon erroné ne sera plus à craindre de la part des
ballons non dirigeables. Une fois dans l'espace, ceux-ci ne sauraient se procurer un
autre pavillon pour le substituer au leur, puisque, assujettis au seul caprice des vents,
ils ne peuvent a leur gré accoster la terre ou un aérostat. Il n'en sera autrement que
pour les ballons dirigeables, à raison même de leur dirigeabilité. Seulement, si le
moyen est pour eux inefficace, cela est sans importance ; car, nous le savons, on peut
d'une autre manière les identifier. V. *suprà*, p. 469.

courir pour déterminer avec utilité la nationalité des aérostats. La forme
du drapeau sera ce moyen : car celle-ci demeure distincte jusqu'à 3.000
et 4.000 mètres. Chaque État devra ainsi posséder un pavillon aérien
d'une configuration différente, dont les autres pays auront préalablement reçu notification. Et, pour que le pavillon de la nationalité ne se
confonde pas avec les autres pavillons utilisés comme signaux, on le
placera à un endroit déterminé du ballon : au milieu de son enveloppe.

C'est de même par un pavillon, et par un pavillon d'une forme spe-
ciale, visible aussi jusqu'à 4.000 mètres, qu'on distinguera les aérostats
publics des aérostats privés. Les premiers seuls porteront la flamme
aux couleurs nationales. Et tandis que les aérostats militaires l'auront
sur le côté de leur nacelle, les aérostats civils l'arboreront sur leur enveloppe immédiatement au-dessous du drapeau national.

A 3.000 ou 4.000 mètres, les autorités du territoire comme les autorités des airs pourront dès lors toujours savoir si elles ont devant elles un
ballon public, militaire ou civil, ou un ballon privé, et de plus à quel
pays il appartient. Mais cela leur suffira-t-il pour réclamer des aérostats qui ont franchi la zone défendue la satisfaction à laquelle elles ont
droit ? Incontestablement, elles en sauront assez quand il s'agira d'aérostats publics : car, dans ce cas, c'est le gouvernement du ballon que
l'État lésé est admis à poursuivre, et pour cela il n'est point nécessaire
qu'il connaisse autre chose que sa nationalité. Il en va au contraire autrement à l'égard des ballons privés. Ici en effet, c'est le propriétaire
même de l'aérostat dont il faut avoir l'indication, puisque c'est à lui que
le pays offensé doit s'adresser : or la nationalité, à elle seule, ne saurait la donner. Comment sera-t-il possible d'obtenir à distance ce renseignement ? Si, pour le posséder, les États devaient savoir tout à la fois
le nom, la contenance, le domicile et le numéro d'ordre des ballons, ils
risqueraient fort de ne jamais l'avoir. Car les aérostats n'ont pas un volume si considérable que ces diverses mentions puissent y être inscrites
en caractères assez grands pour être aperçus au large. L'identification
d'un ballon privé n'exige pas heureusement toutes ces indications. Il
suffira d'en connaitre, avec le pavillon, le domicile et le numéro d'ordre : et ceux-ci, tenant en quelques lettres et en quelques chiffres, — le
domicile étant indiqué par une abréviation, — peuvent être marqués sur
l'enveloppe de l'aérostat en caractères visibles, en caractères rouges
ayant la dimension du ballon lui-même. On sait en effet que le numero
d'ordre d'un aérostat correspond au nom et à l'adresse de son propriétaire sur le registre où il a été immatriculé, et que ce registre est conservé au lieu de son domicile : des aérostats appartenant à un même
pays et à un même domicile n'auront ainsi jamais un même numéro

d'ordre. Que les États se communiquent la liste de tous leurs aérostats privés avec la mention de leur domicile et de leur numéro d'ordre, et que chacun en remette une copie aux autorités chargées de la police des airs, celles-ci n'auront donc qu'à consulter la liste de l'État dont dépend le ballon découvert pour connaitre aussitôt le nom et l'adresse de son propriétaire. La communication et la remise de ces listes, que nous imposons aux États à titre d'obligation internationale, ne sont au surplus nullement contraires aux principes généraux du droit des gens.

Mais le système en question, qui aboutit en dernière analyse, au profit de l'État lésé, à une réparation diplomatique ou pécuniaire, sera-t-il dans la réalité toujours efficace ? Par cela seul que le navire canonné, encore que non atteint, sera sorti de la zone d'isolement d'un État, il est bien évident que celui-ci se trouvera entièrement garanti contre les dangers de la contrebande douanière et de l'invasion des épidémies. Mais il ne semble pas qu'il en soit de même à l'égard du plus grand danger que des ballons peuvent faire courir à un État : à l'égard des investigations indiscrètes qu'ils exercent sur son sol. S'il n'a pas été possible à un État de s'emparer dans les airs, ou tout au moins sur son territoire, des aérostats qui l'ont espionné, si cet État a été dans la nécessité de les laisser terminer leur voyage et aborder dans un pays où il sera sans pouvoirs sur eux, l'espionnage aura eu en définitive tout le temps de porter ses fruits : l'aéronaute aura pu adresser à leur destinataire les informations qu'il a recueillies. C'est en vain que l'État lésé obtiendra du pays ou du propriétaire du ballon une satisfaction diplomatique ou pécuniaire. Ces réparations ne feront pas que l'aérostat n'aura point pénétré dans la zone de protection et surpris des secrets qu'il ne devait pas connaitre. Ainsi, le mal sera accompli, et d'une façon irréparable, au moment où interviendra la sanction.

Là est le défaut du système. Et, à coup sûr, il est grave. N'y a-t-il donc aucun moyen de prévenir un pareil résultat ?

Le seul moyen de l'empêcher serait que, par un accord international, chaque État, sur le sol duquel des ballons auront atterri et qu'il aura visités sitôt leur atterrissage, fût obligé d'avertir les gouvernements étrangers des actes coupables accomplis à leur égard par ces aérostats (1) et d'en saisir et séquestrer les passagers et les marchandises. Le pays qui aura aperçu dans sa zone de défense un ballon dont il n'aura pu établir que l'identité, prévenu de son arrestation, pourra alors se garantir contre les conséquences de l'infraction commise : il se fera livrer

(1) Par l'inspection des instruments d'un ballon, il est possible de connaître la route qu'il a suivie et la hauteur à laquelle il s'est élevé. La visite peut amener encore la découverte de photographies reproduisant les ouvrages de défense d'un pays étranger.

les aéronautes par l'État qui les détient et il leur infligera les peines que mérite leur conduite.

Mais ce moyen, s'il atteint au but, ne laisse pas que de soulever, au point de vue juridique, de sérieuses objections. On comprend parfaitement qu'un État réprime les actes de ses nationaux ou des étrangers attentatoires à son droit de conservation : c'est même son devoir. Mais il semble difficile d'admettre qu'il soit tenu d'aider au châtiment d'infractions dirigées contre l'existence d'un autre État. Où serait la base juridique d'une pareille obligation ? L'idée de la communauté internationale n'est pas encore si développée qu'elle puisse permettre cette forme de l'assistance entre les nations, cette espèce d'assurance entre les peuples. Celle-ci ne serait possible actuellement que si l'espionnage perpétré en ballon — ou seulement l'apparition d'un aérostat dans la zone de défense d'un pays, qui le rend suspect d'espionnage — constituait, comme la piraterie, un délit du droit des gens. Or il n'en est pas ainsi dans la situation présente du droit. Cela sera-t-il jamais ? La chose est douteuse. L'espionnage en temps de paix, préparation à la guerre, ne deviendra un délit que chacun devra réprimer encore qu'il n'en soit pas la victime, que le jour où la guerre sera réprouvée par tous les États, et il ne parait pas que ce jour ait encore commencé à luire.

A supposer qu'un semblable moyen ne fût pas contraire aux principes du droit, il serait d'ailleurs trop opposé aux intérêts des peuples pour avoir quelque chance d'être adopté par eux. L'utilité d'un gouvernement à surprendre, même pendant la paix, les secrets de ses voisins est telle qu'il ne saurait jamais consentir à livrer l'aéronaute qui lui aura permis de les connaitre. L'acte accompli n'est-il pas d'ailleurs de ceux qui ont un caractère politique et qui ainsi s'opposent à l'extradition ? Un État en tout cas se refusera toujours à extrader cet aéronaute, quand celui-ci sera un de ses ressortissants.

On le voit donc, ce moyen se heurte à de véritables impossibilités. Serait-il lui-même nécessairement efficace ? Les aéronautes, avant d'atterrir, auront souvent fait disparaître la preuve des délits qu'ils auront commis. La chose leur sera facile, au moins pour le plus grave d'entre eux, pour l'espionnage. S'ils ont à leur bord des pigeons voyageurs, et ils en ont généralement, ils leur confieront les photographies qu'ils auront prises sur un papier spécial, et, avant même qu'ils aient touché le sol, celles-ci seront aux mains de l'État pour qui ils espionnaient. Il se peut, au surplus, que, pour espionner, les aérostiers ne fassent usage que de leurs propres regards. Et, alors, à quoi serviront les recherches de l'État sur le sol duquel ils ont atterri ? Elles seront évidemment infructueuses. Il n'est en définitive qu'un fait que la visite à l'arrivée sera capable de faire connaitre : c'est le passage du ballon dans la zone prohibée d'un État : car on conçoit mal que les aéronautes se débarrassent dans les airs des instruments qui auront enregistré la route suivie par eux et la hauteur à laquelle ils se seront élevés ; en se débarrassant de ces instruments, que tout ballon doit porter, ils avoueraient d'ailleurs eux-mêmes leur culpabilité. Mais ici encore il n'y aura point une certitude : les aeronautes, afin d'échapper à la répression, peuvent fausser leurs instruments et leur faire dire toute autre chose que ce qu'ils ont réellement constaté. Enfin, on doit observer que les États ne pourront jamais visiter d'une manière détaillée que les ballons privés : les aérostats publics, représentant l'Etat dont ils portent le pavillon, sont à l'abri de toute ingérence étrangère ; vis-à-vis d'eux il faudra se contenter des déclarations de leur commandant.

Aussi notre conclusion est-elle qu'il faut se borner à ce que le droit permet actuellement : les États, par leurs forces de police, ordonneront aux ballons qui passent dans leur zone d'isolement d'atterrir sur leur territoire, et, en cas de refus, — ce qui équivaut à l'aveu d'une infraction, — ils les canonneront ; si les ballons échappent aux projectiles, ils poursuivront, suivant les cas, contre leur gouvernement ou contre leur propriétaire la réparation du préjudice qu'ils leur auront cause. Telle est, dans l'état présent des choses, la seule sanction possible des règles applicables aux aérostats. Et, en somme, les dangers que cette sanction laisse subsister pour les États ne sont guère plus graves que ceux qui existent aujourd'hui dans le commerce terrestre, et dont celui-ci s'accommode. L'espion qui a pénétré sur le territoire d'un Etat étranger et qui, en ayant surpris les secrets, a pu le quitter pour reintégrer son pays, a, comme le ballon qui a échappé au canon, accompli tout le mal qu'il voulait faire, et l'État qui a souffert ne peut désormais en tirer réellement vengeance.

. Cependant, s'il faut accepter cette sanction telle qu'elle est, malgré ses imperfections, ce n'est pas à dire qu'on ne pourra pas l'améliorer dans son application. Les États devront se montrer particulièrement sévères dans les satisfactions qu'ils sont en droit d'exiger des aérostats coupables. Ils parviendront ainsi peu à peu à décourager ceux qui veulent les espionner ; ils n'auront plus alors à se défendre que contre les fanatiques. Et, même contre ces derniers, la science pourra les aider à garantir plus efficacement leur droit de conservation. Un moment arrivera sans nul doute — il n'est pas téméraire de l'entrevoir — où la balistique aura perfectionné les moyens de tir contre les aérostats au point que ceux-ci n'échapperont plus que difficilement aux projectiles. Et on peut aussi supposer que, frappés par les projectiles, les ballons descendront à terre aussitôt, dans de telles conditions que leurs passagers, sans être pour cela voués à la mort, n'auront pas le temps de se débarrasser de ce qui doit les compromettre. Ce jour-là, le système que nous préconisons parera à tous les dangers.

La non-dirigeabilité des ballons, si elle rend plus difficiles l'observation et la sanction des règles qui leur sont imposées, ne les rend donc point impossibles. Ainsi, en cherchant à dégager ces règles, nous n'avons pas fait une œuvre vaine et chimérique.

VIII

A côté des aérostats libres, abandonnés au sein de l'atmosphère, dont il a été question jusqu'ici, il est fait usage dans la plupart des pays d'une autre espèce de ballons montés, qu'on appelle captifs. C'est de leur régime que nous devons maintenant nous occuper.

Deux différences essentielles les distinguent des ballons libres. La première a trait à leur nature. Tandis que les aérostats libres n'ont aucun lien avec la terre, les aérostats captifs en sont comme une dependance nécessaire. Supposant un câble plus ou moins long qui les retient à une distance limitée du sol (1), ils ne peuvent en effet se concevoir en dehors d'un territoire ; ils sont ainsi censés se trouver sur la partie même du sol où ils sont attachés. La seconde différence entre les deux sortes d'aérostats est relative à leur destination. Les ballons libres ont pour objet d'assurer dans l'espace les communications entre les divers pays. Les ballons captifs ont pour but de faciliter, dans les limites d'un État, les informations et les observations autour d'un point déterminé. Et c'est en temps de guerre que ceux-ci présentent surtout de l'utilite : auxiliaires précieux de la défense nationale, ils sont un moyen de surprendre les mouvements de l'ennemi et de canonner plus efficacement ses troupes ; ils permettent aussi, par la télégraphie optique, d'envoyer des renseignements à grande distance. Leur emploi pendant la paix est au contraire peu fréquent et leur rôle insignifiant : établis d'ordinaire à l'époque des Expositions internationales, ils constituent une manière d'amusement pour les oisifs et les curieux qui veulent embrasser d'un coup d'œil le pays environnant.

Les différences qui séparent ainsi les aérostats captifs des aérostats libres ne sont pas purement théoriques. Elles conduisent dans la pratique à des règles toutes particulières.

Les ballons captifs étant liés au territoire d'où ils s'élèvent dans les airs, le souverain de ce territoire aura nécessairement sur eux des

(1) Aujourd'hui le câble qui maintient captif un ballon ne dépasse guère 1.000 mètres ; en temps de guerre, sa longueur n'est même en général que de 500 mètres.

pouvoirs importants. Il possédera les droits que donne la propriété ou la souveraineté du sol. Et, à cet égard, il n'y a point à distinguer entre le souverain de droit et le souverain de fait. Aucun de ces ballons, qu'il soit public ou privé, ne saurait donc être installé dans un pays sans le consentement du maître de ce pays et qu'aux endroits déterminés par lui. Comme les navires étrangers qui mouillent dans un port, ils devront respecter les lois et les règlements de l'État sur le territoire duquel ils sont placés. Ce sont également les principes applicables aux navires qui régiront les crimes et les délits commis à leur bord : les ballons privés seront soumis aux lois et à la juridiction du pays qu'ils dominent (1); les ballons publics, représentant la souveraineté de leur État, demeureront en principe sous l'autorité du gouvernement auquel ils appartiennent (2).

Mais ce n'est pas seulement, comme nous l'avons supposé jusqu'ici, au territoire continental d'un État qu'un aérostat peut être lié. On conçoit aussi que des ballons captifs planent au-dessus de la haute mer ou des eaux territoriales d'un pays : alors leur câble, au lieu d'être attaché à la terre, est placé sur un navire, qui fait office de territoire. A quel régime seront assujettis de semblables ballons ? La solution du problème est assez simple sur la pleine mer, car dans ce cas il ne peut s'agir d'un conflit qu'entre deux souverainetés : celle du vaisseau et celle de l'aérostat en supposant que celui-ci soit étranger. Dans cette hypothèse, les faits accomplis dans la nacelle dépendront de la justice et des lois du ballon ou de celles du navire selon que l'aérostat sera public ou privé, quel que soit d'ailleurs le caractère du bâtiment. La difficulté est plus délicate si le navire, porteur du ballon, est dans la mer territoriale d'un État, puisque trois souverainetés différentes peuvent ici se trouver en jeu. Il est même, à notre avis, une question préalable à trancher : celle des droits de l'État riverain sur les eaux littorales. Si on pense, comme c'est notre opinion, que l'État n'a sur ces eaux, partie de la mer libre, que les droits indispensables à sa conservation et si, comme nous, on considère que celle-ci n'est nullement engagée par les crimes de droit commun qui se produisent à bord d'un ballon, la complication tenant à la souveraineté de l'État riverain disparaît, et il n'y a plus, comme sur la haute mer, que deux souverainetés en conflit. La solution devrait donc

(1) La puissance du ballon aura toutefois compétence pour connaître des actes qui ne constituent que des infractions à la discipline et aux devoirs professionnels de l'aéronaute.

(2) Exceptionnellement la législation et la justice du territoire seront compétentes lorsqu'il s'agira de crimes ou de délits touchant à la sûreté ou à la fortune de l'État littoral ou lorsque le commandant de l'aérostat aura livré le délinquant aux autorités locales ou demandé leur intervention.

être identique. Mais l'opinion aujourd'hui dominante, tout au moins en doctrine, est que les États ont un droit de souveraineté sur les eaux qui les bordent. Avec ce système quelle réponse conviendra-t-il de donner au problème ? Plusieurs distinctions doivent être faites : 1° Quand le navire est un bâtiment de guerre, comme il échappe toujours à l'influence du territoire ambiant, ce seront les lois et les tribunaux du navire lui-même qu'il faudra envisager si l'aérostat qu'il porte est un aérostat prive, et ceux du ballon si celui-ci a un caractère public. 2° Quand le navire est un bâtiment privé, les règles seront les mêmes que s'il s'agissait d'un navire public, au cas où il est seulement de *passage* dans les eaux territoriales, car le navire reste alors sous l'action de la puissance dont il relève. Elles seront au contraire différentes si le navire privé *stationne* dans la mer territoriale : ce bâtiment étant pour les faits passés à son bord réputé faire partie du territoire du riverain, les lois et les tribunaux de ce dernier réglementeront les actes accomplis sur l'aérostat porté par le navire, à moins que cet aérostat n'ait un caractère public, auquel cas l'action de son pavillon sera seule à considérer (1).

Ainsi, c'est le caractère national ou étranger, public ou privé, des aé-rostats qui doit servir à déterminer leur régime. Mais, dans la réalité, est-il possible qu'il existe sur terre ou sur mer, des ballons captifs, qui soient étrangers et publics? Ici apparait l'importance de la différence que nous avons signalée, entre la destination des ballons captifs et celle des ballons libres. Sans nul doute, puisque leur objet est de faire com-muniquer plusieurs pays à travers les airs, les aérostats libres, qui pas-sent au-dessus de la terre et de l'Océan, peuvent être des ballons publics ou des ballons privés et appartenir aux nationalités les plus diverses. Il en doit être autrement des aérostats captifs, en temps de paix aussi bien qu'en temps de guerre. C'est par exception que, dans un pays, il y aura pendant la paix des ballons n'ayant point sa nationalité. Les aéros-tats captifs sont alors d'un usage si rare qu'il ne sera guère nécessaire à leur sujet de recourir à des étrangers. Il ne saurait être en tout cas ja-mais question de ballons publics : on ne conçoit pas qu'un État consente à employer ses propres aérostats, qui en fait sont des aérostats militai-res, à l'amusement des populations. A plus forte raison en sera-t-il de même en temps de guerre. Les ballons captifs étant consacrés à la dé-fense des États, ceux-ci ne sauraient se servir d'aérostats qui porteraient un pavillon étranger. Ils ne trouveraient en effet dans leur équipage

(1) Comp. sur la distinction entre les navires qui sont de passage et ceux qui sta-tionnent dans les eaux territoriales les articles 6 et 8 du Règlement adopté par l'Institut de droit international, à Paris, le 31 mars 1894, sur la définition et le régime de la mer territoriale (*Annuaire de l'Institut de droit international*, t. XIII (1894-1895), p. 329-330).

aucune sécurité. Le voudraient-ils que d'ailleurs ils ne le pourraien point : une puissance demeurée pacifique méconnaît les devoirs de la neutralité si elle met à la disposition d'un belligérant ses propres ballons ; elle ne saurait davantage tolérer que ses sujets, tout en conservant leur nationalité, aidassent par des moyens de guerre une des nations en conflit. Mais il se peut que le territoire d'un État soit occupé par les armées des deux belligérants ; alors ce territoire ne sera-t-il pas dominé nécessairement par des ballons captifs étrangers, par ceux de l'État ennemi ? Il n'en sera ainsi qu'en apparence. L'occupation donnant à l'occupant une autorité de fait sur le territoire occupé, la partie de ce territoire où l'envahisseur a attaché ses aérostats militaires devient en quelque sorte son propre sol : n'est-ce pas une règle du droit des gens que là où est le drapeau là est la patrie ? Il faut toutefois observer que le plus souvent l'aérostat, ballotté par les vents, sera, par l'inclinaison de son câble, au-dessus d'une portion du territoire que l'envahisseur n'occupera pas en réalité. Même alors on ne saurait dire que le ballon domine un sol étranger : les aérostats captifs, n'ayant d'existence que par le câble qui les relie à la terre, sont toujours une dépendance de la portion du sol où ils sont attachés. On arrive donc à cette conclusion, qu'on peut considérer comme à peu près absolue, que, pour les aérostats captifs, en temps de paix et en temps de guerre, il ne saurait y avoir vraiment de conflit entre deux souverainetés : le souverain des ballons se confondra en définitive avec le souverain, de droit ou de fait, de leur lieu d'attache ; dès lors c'est ce dernier qui connaîtra des crimes et des délits commis à leur bord.

Telles sont les règles qui, à ces points de vue, sont applicables aux ballons captifs. Elles sont, on le voit, très différentes de celles qui concernent les ballons libres. Cependant, à un autre égard, il est un principe qui s'impose aux uns comme aux autres. C'est celui du droit de conservation des États. Les ballons captifs doivent le respecter tout autant que les ballons libres, car ce principe constitue un des fondements essentiels du droit international. Il en résulte que des aérostats captifs ne sauraient être établis dans un État de façon qu'ils portent un préjudice aux intérêts primordiaux des pays environnants. Seulement, ici, en temps de paix et en temps de guerre, il n'est que deux dangers qui puissent atteindre ces pays : l'espionnage et la bataille. Les ballons captifs ayant leur point de départ dans le territoire même au-dessus duquel ils montent. il ne peut en effet s'agir, vis-à-vis d'eux et pour ce territoire, d'une protection douanière et d'une protection sanitaire. Par application de la règle qui vient d'être posée, nous dirons donc qu'en temps de paix les ballons captifs ne sauraient être installés au-dessus du territoire ou de la mer territoriale d'un État à moins de 1.500 mètres d'un autre État. De même, en temps de guerre, les aérostats captifs des neutres ne sauraient fonctionner sur leur territoire à moins de 10.000 mètres des États belligérants. A la vérité, c'est une solution différente que nous avons adoptée pour les ballons libres (1). Cela tient à ce que le motif qui nous a conduit vis-à-vis de ces derniers à ne point tenir compte du droit de conservation des pays en guerre n'est plus applicable aux ballons captifs. Si nous avons ouvert aux aérostats libres des peuples neutres les airs avoisinant les États en guerre, c'est que, si nous les leur avions fermés, les ballons libres des belligérants auraient été empêchés aussi d'y circuler et dès lors n'auraient pu atteindre l'atmosphère de leur ennemi où ils ont le droit de se battre. Mais la situation est tout autre en ce qui concerne les ballons captifs. Alors même que ceux des neutres pourraient fonctionner à l'extrême limite de leur territoire, ceux des belligérants ne devraient pas encore y être reçus : car leur nature fait obstacle à leur admission sur une portion quelconque de ce territoire. En effet les aérostats captifs ne constituent dans la réalité qu'une partie des bagages des armées et ils sont une dépendance du sol, même quand ils s'élèvent dans les airs, ce qui n'a lieu qu'au moment où ils entrent en action ; or, on le sait, le territoire neutre est fermé absolument aux opérations de la guerre, et il doit l'être aussi, en bonne logique, au passage des troupes belligérantes (2). Dans ces conditions, rien ne saurait s'opposer à ce que les ballons captifs des neutres respectent le droit de conservation des États belligérants : celui-ci doit pouvoir produire tous ses effets. La même idée ne devrait-elle pas aboutir aussi à empêcher les aérostats captifs des belligérants de s'établir sur leur sol à moins de 1.500 mètres des États neutres et de s'y livrer au combat à moins d'un intervalle égal à la portée de leur artillerie ? Nous ne croyons pas qu'il faille admettre cette conséquence. Car une des raisons qui nous l'a fait rejeter pour les ballons libres subsiste pleinement ici : sur terre, la bataille est possible aux approches mêmes des frontières ; pourquoi traiterait-on différemment les actes de guerre quand ils auraient lieu par le moyen des ballons captifs ? C'est donc seulement en temps de paix, et, en temps de guerre, sur le sol des États neutres, que les aérostats captifs doivent être éloignés des limites du territoire. Mais de quelle façon exactement se calculeront les distances qu'ils sont alors tenus d'observer ? Sera-ce la nacelle des ballons ou leur lieu d'attache qu'il faudra considérer ? La question n'est

(1) V. ci-dessus, p. 439.
(2) Cette solution est admise par tous les auteurs en ce qui concerne le territoire terrestre des États ; elle n'est acceptée pour le territoire maritime, c'est-à-dire pour les eaux territoriales, que par certains publicistes.

pas sans intérêt, car, on le sait, sous l'influence des vents, les aérostats captifs demeurent rarement au-dessus du point précis où ils touchent à la terre. La vue du ballon étant en définitive ce qui menace le droit de conservation des États, c'est à la position de la nacelle dans les airs, et à sa position en supposant l'inclinaison la plus grande possible du câble d'attache, qu'on doit avoir égard.

IX

Par son caractère même, tout ballon captif emporte avec lui des voyageurs. Au contraire, les ballons libres ne sont pas nécessairement des ballons montés. Il en est parmi eux qui s'élèvent dans les airs sans passagers, munis seulement d'appareils enregistreurs, à mouvement d'horlogerie, qui permettent de connaître l'altitude à laquelle ils parviennent, ainsi que la température, la composition (1) et le degré d'humidité de l'air ambiant, et d'étudier le régime des vents dans les hautes régions de l'atmosphère. On les distingue sous le nom de « Ballons-sonde ». De création récente, ils ont un but exclusivement scientifique. Leur volume est peu considérable, et ils sont construits en papier : leur établissement n'est donc ni long, ni coûteux. Ces ballons ont, fixé à leur nacelle, un questionnaire, que les personnes qui les trouvent après leur chute sont priées de remplir et de transmettre, à l'adresse indiquée, avec la machine elle-même et ses instruments, auxquels il est recommandé de ne point toucher. De la sorte il est possible de connaître le lieu et le moment de l'atterrissage de chaque aérostat, la nature du temps et la direction du vent à l'instant où il a atteint le sol. Afin qu'ils ne risquent pas de s'égarer dans des contrées trop lointaines et que leur expéditeur ait rapidement de leurs nouvelles, on a encore imaginé de les doter d'un appareil qui, au bout d'une heure et demie, déchire leur enveloppe, ce qui entraine leur descente.

Entre les principaux aéronautes des différents pays il a été constitué une sorte d'association, dont l'objet est d'obliger chacun de ses membres (2) à lancer tous les mois, au même jour et à la même heure, des ballons-sonde. Les renseignements qu'ils recueillent sont envoyés à Strasbourg, à la Commission d'aérostation scientifique qui y a son siège.

(1) C'est à M. Cailletet qu'est due l'invention de l'appareil qui permet de reconnaître la composition de l'air dans les hautes régions atteintes par les ballons-sonde. V. la description de cet appareil dans la *Revue encyclopédique Larousse*, t. VII (1897), p. 260.

(2) En France, l'Établissement aérostatique militaire de Chalais (Seine-et-Oise), à la tête duquel se trouvent le colonel et le commandant Renard, et l'Établissement d'aérostation dynamique, que dirige à Trappes (Seine-et-Oise) M. Teisserenc de Bort, le distingué météorologiste, sont membres de cette association.

Celle-ci est ainsi le centre d'organisation des ballons-sonde. Les expériences faites jusqu'à ce jour ont donné déjà des résultats importants.
Des aérostats ont pu s'élever à des hauteurs considérables : certains ont
atteint 15.000 mètres, et à cette altitude, en mai comme en novembre et
en février, le thermomètre s'est abaissé à plus de 60 degrés sous zéro ;
l'analyse de l'air trouvé dans ces régions a montré qu'il contenait un
peu plus de gaz carbonique (0^v.033 au lieu de 0^v.029) et un peu moins
d'oxygène (20^v.79 au lieu de 20^v.96) que l'air pris à la surface de la
terre.

Les progrès que l'usage des ballons-sonde est susceptible de faire
faire à la science, en particulier à la météorologie, sont tels qu'il serait
à désirer que l'Association aérostatique de Strasbourg, simple association
particulière et dont le point de départ a été une initiative privée, fût
transformée en une Union internationale entre les États eux-mêmes. La
fin du XIXe siècle a vu se créer, dans les ordres les plus divers, plusieurs
associations de ce genre qui, réunissant un grand nombre de pays, faci-
litent leurs relations et solidarisent leurs intérêts. Pourquoi le droit des
gens ne ferait-il pas pour les aérostats, envisagés dans leur application
scientifique, ce qu'il a fait au point de vue des poids et mesures et de la
géodésie, au point de vue de la télégraphie et de la poste, au point de
vue de là propriété industrielle, littéraire ou artistique et du transport
des marchandises par chemins de fer ? Les Unions entre États présentent
sur les associations privées de réels avantages. Elles sont plus solides.
Elles disposent en outre, pour la poursuite du but commun, de ressources
plus grandes et moins aléatoires. Enfin, les conventions internationales,
qui sont à leur base, peuvent, à la différence des statuts d'une association particulière, imposer certaines obligations aux États, les contraindre à édicter des règles applicables à leurs propres ressortissants. Et
cette dernière considération a tout particulièrement ici son importance.

La création d'une Union en ce qui concerne les ballons-sonde ne saurait
d'ailleurs être pour les États une cause de dangers. C'est sans inconvénients qu'ils s'obligeraient à admettre dans l'atmosphère qui domine leur
sol, à recevoir sur leur territoire et à se renvoyer sans les soumettre à des
formalités trop gênantes leurs aérostats respectifs. En effet, le droit de
conservation des nations n'est pas menacé par ces ballons comme par les
aérostats montés, libres ou captifs. Puisque les ballons-sonde n'ont à
bord aucun passager, on ne peut craindre qu'ils servent à la contrebande douanière Leur nacelle est en tout cas trop peu considérable pour
contenir des marchandises qui à ce point de vue seraient dangereuses.
Au surplus, livrés à eux-mêmes, ils sont entièrement le jouet des vents ;

et on ne conçoit même pas qu'ils puissent un jour devenir dirigeables.
Ils ne sauraient davantage être un moyen de propager les épidémies :
si une maladie contagieuse existe dans leur pays d'origine, leur dé-
sinfection au moment du départ suffira toujours à les rendre sans
danger. Par les mêmes raisons ils ne sauraient non plus être utilisés
efficacement pour espionner les travaux de défense des États et le domicile des particuliers. Ne se peut-il pas cependant qu'ils emportent
des appareils photographiques fonctionnant dans les airs d'une façon
automatique et continue ? La chose, à la vérité, n'est point impossible. Mais, alors, les États conviendront de défendre aux ballons-
sonde le transport de ces appareils. Et, s'ils ne veulent pas les priver
complètement des ressources de la photographie, ils les doteront au
moins d'un système qui ne mettra en œuvre les instruments photographiques que pendant un délai assez court et un certain temps seulement après le début de l'ascension, quand les aérostats seront déjà
trop loin de la terre pour en avoir une image détaillée : n'est-ce pas
d'ailleurs à ce moment seulement que les photographies des ballons-
sonde auront vraiment quelque intérêt au point de vue scientifique!
Dans ces conditions, il ne saurait donc y avoir d'obstacle à la circulation des ballons-sonde en quelque endroit et à quelque hauteur que
ce soit de l'atmosphère. Et les États devront partout les respecter: vis-
à-vis d'eux, la liberté des airs, qui, on le sait, est la règle, sera ainsi
sans exception.

Au reste, comme les aérostats ordinaires, les ballons-sonde auront un
état civil. Il faut en effet que les personnes qui les trouvent aient le
moyen de savoir où et à qui il convient de les renvoyer : une plaque
attachée à la nacelle contiendra à ce sujet les indications nécessaires,
qui seront encore mentionnées sur le questionnaire qui les accompagne.
Ne devront-ils pas porter également un signe extérieur qui permettra de les distinguer de loin ? Leur dimension restreinte, très différente de celle des ballons ordinaires, et qu'on connaît à l'avance, puisqu'ils ont généralement tous un volume identique, pourrait suffire à cet
égard ; néanmoins, afin d'éviter toute difficulté, on les obligera à hisser
à un certain endroit de leur enveloppe un pavillon d'une forme particulière. Les ballons-sonde, que des associations ou des personnes déterminées ont seules qualité pour lancer dans les airs, auront nécessairement
des points de départ fixes ; d'autre part, comme on l'a vu, ils ne doivent
être mis en action qu'à des dates arrêtées d'avance : les États auront de
la sorte de grandes facilités pour les surveiller.

Les ballons libres non montés, en tant que ballons-sonde, sont donc
sans danger pour les États. Ils sont toutefois, en temps de guerre, suscep-

tibles de recevoir une application qui change leur caractère et rend nécessaire à leur endroit un régime particulier. On peut supposer que les défenseurs d'une place assiégée par l'ennemi, pour essayer de communiquer avec le reste du territoire et en réclamer des secours, lancent des ballons non montés porteurs de dépêches. Dans ce cas, l'assiégeant sera certainement en droit de tirer sur ces ballons : l'usage qui en est fait est un moyen de guerre à la réalisation duquel l'adversaire doit pouvoir s'opposer. Mais, si les ballons échappent au tir du belligérant, chacun des États neutres au-dessus duquel ils viendront à passer ne saurait y toucher, à quelque hauteur qu'ils fussent, car ils ne léseront jamais son droit de conservation (1).

PAUL FAUCHILLE.

(1) Qu'adviendra-t-il si ces ballons tombent sur le territoire d'un État neutre ? Le pays neutre n'aura-t-il pas alors certaines obligations vis-à-vis des ballons et des dépêches qu'ils renferment ?

Il ne saurait saisir ni séquestrer jusqu'à la fin des hostilités les aérostats et les correspondances apportées par eux, car de la sorte il donnerait à l'adversaire de l'État dont ils proviennent une assistance incompatible avec sa neutralité.

Il ne saurait non plus, dès leur arrivée, remettre les ballons et les lettres à l'agent diplomatique de leur État accrédité sur son territoire, ni faire parvenir les lettres directement à leurs destinataires, car alors ce serait enfreindre les devoirs de la neutralité en faveur de cet État : il est, en effet, à supposer qu'un grand nombre de ces lettres contiennent des renseignements utiles aux opérations militaires ; il est d'ailleurs matériellement impossible au pays neutre de distinguer parmi elles celles qui sont indifférentes à la guerre : l'inspection de leurs enveloppes ne saurait le lui indiquer, et le principe de l'inviolabilité des correspondances s'oppose à ce qu'il les décachète.

Que doit donc faire l'État neutre ? A notre avis, il doit renvoyer les ballons avec leurs dépêches dans le pays même d'où ils ont été expédiés, au gouvernement de ce pays : ainsi le cas de force majeure qui les a fait tomber sur son territoire ne profitera à aucun des belligérants, puisque tout se passera comme s'il ne s'était point produit.

La question semble, toutefois, avoir été résolue autrement pendant la guerre de 1870-1871 entre la France et la Prusse. Le 21 novembre 1870, le ministre de France à Bruxelles annonçait au gouvernement de la Défense nationale à Tours qu'un ballon parti de Paris avait touché terre à Bréda et qu'il lui enverrait les dépêches gouvernementales apportées par ce ballon, dont un des aéronautes, M. de Saint-Valry, lui avait fait la remise : ce qui impliquait que le gouvernement belge avait laissé parvenir ces dépêches à la légation de France. Le gouvernement belge ne s'opposa pas davantage à la livraison des pigeons-voyageurs qu'avait apportés le ballon, bien que ceux-ci, en retournant à Paris, pussent y apporter des nouvelles précieuses pour les assiégés. En effet, le 23 novembre, M. Ranc ayant donné de Tours l'ordre de réclamer à M. de Saint-Valry les pigeons qu'il avait amenés, le ministre de France à Bruxelles répondait le même jour que cet aéronaute, après avoir fait quelques difficultés (disant que les pigeons lui appartenaient et qu'il était convenu de leur emploi avec le directeur général des postes M. Rampont), en avait remis quatre à M. Testelin, préfet du département du Nord, qui les avait réclamés, et tenait les autres à la disposition de la légation de France.

CHRONIQUE DES FAITS INTERNATIONAUX

BOLIVIE ET CHILI. — *La question des frontières.* — *Ses précédents.* — *Son état actuel* (1). — Les Républiques espagnoles de l'Amérique du Sud, au moment où elles proclamèrent leur indépendance, déclarèrent que leurs frontières seraient fixées d'après le principe de l'*uti possidetis* de 1810, c'est-à-dire qu'elles coïncideraient avec les limites mêmes des anciennes provinces ou vice-Royautés. La Bolivie, notamment, fut formée par l'ancien territoire de l'*Audiencia* (Cour d'appel) de Charcas (aujourd'hui Sucre ou Chuquisaca) tel qu'il avait été délimité par la loi 9 de la *Recopilacion de Leyes de Indias* (2). Enclavée donc, pour la plus grande partie, au centre du continent, elle avait cependant une issue au Sud-Ouest sur l'Océan Pacifique dont elle possédait le littoral entre les *rios El Loa*, au Nord et *El Poposo*, au Sud ; issue particulièrement difficile, car pour atteindre Cobija, le port principal sinon unique alors de la côte, il fallait traverser les 240 kilomètres de sables mouvants composant le désert d'Atacama. Cette situation géographique, en retenant la Bolivie dans une sorte d'isolement, entrava singulièrement son développement, et cet État qui, lors de sa constitution en République indépendante (août 1825), possédait une population supérieure à celle du Chili et de la Plata, s'est rapidement vu dépassé par ses voisins. Elle ne fut pas étrangère aux difficultés et aux conflits souvent sanglants qui, à différentes époques, surgirent entre la Bolivie et le Pérou, et ce fut pour parer autant que possible à ses conséquences qu'une convention, intervenue en 1855, déclarait le port d'Arica commun à ces deux Républiques.

Mais ce désert d'Atacama était exceptionnellement riche par son sous-sol, et ces richesses devaient tenter le Chili, mieux placé pour les exploi-

(1) Nous empruntons les documents officiels que nous analysons ci-après au livre (*Bolivia y Chile*) que vient de publier à Santiago du Chili M. Julio César Valdés, premier secrétaire de la légation de Bolivie.

(2) D'après la Bolivie, la loi 9 de la *Recopilacion de Indias* se trouvait confirmée par le Règlement sur les postes du Pérou et du Chili de 1778 (*Reales Ordenanzas, instituciones y reglementos para el gobierno y manejo de estafetas, correos y postas del Reino del Pérù y Chile*), qui plaçait à 67 lieues au Sud du désert d'Atacama la borne qui séparait le Pérou du Chili, et par l'ordonnance des intendants de 1782. — Le Chili avait, semble-t-il, admis dans le principe ce système. Sa constitution de 1822, en effet, lui donnait « pour limites naturelles (art. 3), au Sud le cap Horn, au Nord le désert d'Atacama » ; et la constitution de 1833 reproduisait à peu près dans les mêmes termes la même formule : « son territoire s'étend du cap Horn au (*hasta*) désert d'Atacama ». Toutefois ses représentants, forçant le sens grammatical des expressions *desde, hasta*, ont essayé depuis de soutenir que ces formules comprenaient le désert d'Atacama dans le territoire chilien.

tér et qui, d'autre part, resserré entre l'Océan et les Andes, était naturellement porté à ambitionner au Nord une extension de territoire. De là un conflit dont les origines remontent à l'époque même où ces richesses commencèrent à être découvertes dans les environs du promontoire de Mejillones.

· Dès le 31 octobre 1842, en effet, le Congrès chilien votait une loi déclarant propriété nationale les dépôts de guano existant sur les côtesdu département de Coquimbo, sur le littoral du désert d'Atacama et dans les iles ou ilots adjacents.

Dès le 30 janvier 1843, le gouvernement bolivien adressait à Santiago une protestation. Le Chili répondit en alléguant qu'il réunissait les preuves de son droit, et la conversation diplomatique se prolongea jusqu'en 1847. Le 2 juillet de cette année, à la suite d'une Conférence entre J. Aguirre, chargé d'affaires de Bolivie, et le ministre des relations extérieures chilien, Manuel Momtt, on parut sur le point de s'entendre pour reconnaitre dans le Paposo la ligne frontière des deux pays. Mais, au dernier moment, le ministre chilien demanda à réfléchir encore.

Entre temps, une goélette chilienne, le *Janaqueo*, avait arboré pendant quelque temps son pavillon sur l'ilot d'Angamos, situé au Sud de la baie de Mejillones, et surtout d'assez nombreux émigrants chiliens avaient commencé à exploiter les gisements de guano et de salpêtre d'Atacama concurremment avec les Compagnies et les particuliers à qui les autorités boliviennes avaient octroyé des concessions. Un navire chilien, qui avait embarqué clandestinement du guano, fut saisi et poursuivi en Angleterre (1842) ; une barque chilienne, saisie au moment où elle effectuait un chargement semblable, parvenait à s'enfuir après deux mois d'embargo ; quelques citoyens chiliens furent emprisonnés comme contrebandiers (1857) ou condamnés à la requête d'un concessionnaire bolivien (1862). De son côté, le Chili protestait contré ces actes et envoyait, à diverses reprises, un bâtiment de guerre faire une démonstration devant Mejillones (1857 et 1863) et y débarquer même des troupes. Ces incidents venaient compliquer les négociations en cours et retarder leur solution. Bref, ce fut seulement le 10 août 1863 qu'un traité parutrésoudre le litige en fixant au 24° parallèle la ligne séparative des possessions boliviennes et chiliennes dans le désert d'Atacama. Ce même traité stipulait que les produits de l'exportation du guano et des droits d'exportation des minéraux extraits dans tout le territoire compris entre le 23° et le 25° parallèles de latitude méridionale seraient désormais partagés entre les deux Républiques, et, pour rendre effective cette disposition, il attribuait au Chili un droit de contrôle sur la douane bolivienne. Des clauses accessoires stipulaient la sortie en franchise des produits du territoire compris entre les 23° et 24° parallèles, exportés par le port de Mejillones, ainsi que l'importation en franchise des produits naturels du Chili introduits par ce même port en Bolivie. Chaque État s'engageait à ne pas aliéner au profit d'un tiers une portion quelconque du territoire exploité en commun.

La disposition relative au partage des droits d'exportation et au contrôle du Chili sur la douane était une source de conflits nouveaux. Ils ne tardèrent pas à naître, d'autant plus que la découverte de nouvelles mines, notamment à Caracoles, souleva la question de savoir si ces mines étaient comprises dans la zone exploitée en commun.

De là un nouveau traité, daté du 6 août 1874, auquel s'ajouta bientôt un protocole complémentaire et explicatif en date du 21 juillet 1875. Ces conventions maintenaient le 24° parallèle comme ligne frontière, ainsi que la communauté d'exploitation du gisement de guano existant entre le 23° et le 25° parallèle. Elles déclaraient, en outre, que les droits d'exportation des minéraux extraits dans cette même zone ne pourraient être augmentés et qu'aucun sujet chilien ni aucune industrie chilienne ne pouvaient y être frappés d'un nouvel impôt quelconque. La Bolivie s'engageait à ne percevoir aucun droit sur les produits chiliens importés par les ports de Mejillones et Antofagasta (1) ; le Chili accordait la même franchise aux produits boliviens importés par son littoral entre les parallèles 24 et 25, stipulation quasi-illusoire, car cette partie de la côte ne possédait aucun port. Enfin toutes les difficultés nouvelles auxquelles donnerait lieu l'interprétation du traité seraient soumises à un arbitrage.

Cette dernière clause devait demeurer lettre morte. Deux ans avant la signature du traité dont nous venons de rappeler les principales dispositions, s'élevait entre le gouvernement bolivien et la Société anonyme des salpêtres et chemins de fer d'Antofagasta une contestation qui devait amener la guerre entre la Bolivie et le Chili.

Cette Compagnie était devenue cessionnaire des droits d'une Société anglaise Milbourne, Clark et Cie qui, sous la dictature du général Melgarejo, avait obtenu la concession gracieuse de 50 *estacas* de salpêtrières d'une contenance de 640.000 mètres carrés chacune. A la chute de Melgarejo (15 janvier 1871), cette concession fut déclarée caduque, comme plusieurs autres, par l'Assemblée nationale ; mais, après des pourparlers commencés en 1873 qui se prolongèrent jusqu'en 1878, cette Compagnie obtint la confirmation de ses droits moyennant le payement à titre de transaction d'une taxe de 10 centavos par chaque quintal de

(1) Cette dernière ville était fondée depuis 1866.

salpêtre exporté (loi du 14 février 1878). La Compagnie, trouvant cet impôt excessif, invoqua la protection du Chili qui, à son tour, considéra la mesure prise par la Bolivie comme une violation du traité de 1874 défendant de frapper l'exportation des salpêtres d'aucun impôt nouveau.

Aussitôt les événements se précipitent. Le chargé d'affaires chilien prend en main la défense de la Compagnie. La Bolivie répond en annulant la transaction autorisée par la loi du 14 février 1878. Le Chili signifie un ultimatum impartissant à la Bolivie un délai de quarante-huit heures pour soumettre le litige à un arbitrage. Le 4 avril, la guerre était déclarée, et elle s'étendait au Pérou qu'un traité d'alliance liait depuis 1873 à la Bolivie. Quarante-sept jours auparavant le cuirassé *Blanco Encalada* avait déjà débarqué des troupes chiliennes à Antofagasta.

Un discours prononcé en 1879 par le ministre des relations extérieures chilien, M. Alejandro Fierro, donne l'explication véritable de ce conflit. « Les émigrants chiliens, disait-il, arrachant au sol les secrets de sa richesse, avaient créé les villes aujourd'hui florissantes d'Antofagasta et de Caracoles que le Chili peut montrer comme les *conquêtes* de son travail et de sa persévérance ». Le moment semblait venu de rendre cette conquête effective. Ajoutons toutefois qu'on a essayé de justifier juridiquement cette conquête en la représentant comme l'exercice d'une condition résolutoire tacite pour défaut d'exécution par l'adversaire du traité de 1863. Le préambule de ce traité, en effet, exposait que les Hautes Parties Contractantes, en vue de consolider les liens de leur fraternelle amitié, « s'étaient décidées à abandonner partiellement les droits territoriaux que chacune d'elles, en se fondant sur des titres valables, croyait posséder ». Le Chili se serait donc borné à revendiquer ou mieux à reprendre ce qu'il avait abandonné.

Nous n'avons pas à faire le récit des hostilités que ne put arrêter la médiation des États-Unis, et qui se prolongèrent jusqu'en 1883 avec le Pérou et jusqu'en 1884 avec la Bolivie.

Le 20 octobre 1883, le Pérou vaincu signait un traité dont l'une des clauses principales cédait les territoires de Tacna et de Taracapa, situés tous les deux au Nord du Loa. La première de ces deux provinces ne fut cédée en principe que pour une période de dix années devant expirer en 1894, et au terme de laquelle il serait décidé par un plébiscite si elle continuerait à appartenir au Chili ou si elle reviendrait au Pérou. Disons de suite que le plébiscite n'a pas encore eu lieu, et que cependant le Chili continue toujours à administrer Tacna.

Avec la Bolivie l'entente fut plus difficile par ce motif que cet État tenait essentiellement à conserver un débouché sur l'Océan, et que le Chili, maître désormais de tout le littoral jusqu'à la Sama, ne pouvait

lui donner satisfaction sans créer dans son territoire une solution de
continuité difficilement acceptable. Aussi se borna-t-on d'abord à conclure une trêve indéfinie qui mettait fin à l'état de guerre et à rétablir
les relations commerciales entre les deux pays.

La première clause de cette convention dispose que la trêve ne pourra
être rompue qu'après notification préalable faite un an au moins à
l'avance de la volonté de l'un des États de recommencer les hostilités.
D'après la deuxième, pendant toute la durée de la trêve, le Chili continuera à gouverner, conformément au régime politique et administratif
établi par les lois chiliennes, tout le territoire compris entre le 23e parallèle au Sud, l'embouchure du Loa au Nord, le Pacifique à l'Est et, à
l'Ouest, par trois lignes droites, dont le traité détermine les points de
repère (Sapalegui, le Licancaur, le sommet du Cabana, l'abée sud du
lac Ascotan, l'O'lgua, le Tua, le point d'intersection de la ligne ainsi déterminé avec la ligne séparative de la Bolivie et du département de
Taracapa).

Au point de vue commercial la convention stipule notamment l'entrée
en franchise dans chacun des deux États des produits naturels, bruts ou
manufacturés, de l'autre à les énumérer dans un protocole spécial. Les
marchandises étrangères introduites en Bolivie par Antofagasta jouiront
du libre transit sur le territoire chilien, sauf le droit pour le gouvernement de ce pays de prendre les mesures nécessaires pour empêcher la
contrebande. Au contraire les marchandises étrangères introduites par
Arica payeront à Arica même les droits dus à la douane bolivienne,
mais la Bolivie n'en recevra que les trois quarts, un quart étant retenu
par le Chili pour l'indemniser des frais du service douanier.

Les négociations en vue d'arriver à un accord définitif continuèrent
cependant ; elles aboutirent à trois traités signés le 18 mai 1895, dont
l'un fut destiné d'abord à demeurer secret.

Au point de vue territorial, la Bolivie, s'inclinant devant les faits accomplis, cédait au Chili la souveraineté de son ancien littoral. De son
côté, le Chili, dans le cas où le plébiscite lui assurerait la possession
définitive des territoires de Tacna et d'Arica, s'engageait à les transférer
à la Bolivie, qui acquérait ainsi un débouché sur le Pacifique (1). Dans
le cas contraire, le Chili devait céder à la Bolivie le havre de Vitor ou
tout autre port analogue, et payer une somme de 5 millions de *pesos*.

Au point de vue commercial, la convention maintenait et précisait,
sauf pour les alcools chiliens, la franchise réciproque au profit des pro-

(1) Pendant les hostilités, le Chili avait déjà essayé de détacher la Bolivie du Pérou,
en lui promettant, si elle s'alliait avec lui contre cette dernière République, de l'aider à
obtenir sur le territoire péruvien un accès au Pacifique.

duits naturels de chaque pays et des objets manufacturés avec la matière première indigène en interdisant de les frapper, dans le pays d'importation, d'aucun droit fiscal ou municipal autre que ceux qui, à la date du traité, étaient déjà établis sur les produits nationaux similaires. Les ports chiliens sont librement ouverts aux marchandises à destination de la Bolivie. De plus, les deux États s'engageaient à encourager la création de sociétés de chemins de fer en vue d'unir leurs provinces limitrophes, et exemptaient de tous droits de port et autres le matériel destiné à prolonger la voie ferrée d'Oruro à la Paz. Enfin les sociétés légalement constituées dans un pays auraient le droit de faire des opérations dans l'autre et d'y ester en justice.

Le 9 décembre 1895, un protocole complémentaire, précisant la portée des conventions du 18 mai, déclarait nulle la cession de territoire faite par la Bolivie au Chili si, de son côté, cet État ne pouvait, dans les deux ans, remettre à son cocontractant un port sur le Pacifique. Le Chili s'engageait, d'ailleurs, à faire toutes les diligences pour pouvoir acquérir définitivement et transmettre à la Bolivie les territoires d'Arica et de Tacna. Le 30 avril 1896, par un nouveau protocole, les deux gouvernements s'engageaient à solliciter l'approbation législative des conventions dont nous venons d'indiquer les clauses capitales.

Mais, depuis, le représentant du Chili à la Paz, M. Abraham König, a tout remis en question. Dans une Note datée du 13 août 1900, il a formellement déclaré impossible toute cession d'une parcelle quelconque des territoires compris entre la frontière actuelle du Pérou et le cap Horn. Tous ces territoires ont été mis en valeur par les capitaux chiliens, ils sont habités par une population chilienne ; ils sont intangibles. Tout ce qu'il est possible d'accorder à la Bolivie, en outre de compensations pécuniaires, c'est de déclarer port franc, au profit de la Bolivie, le port choisi comme tête de ligne du chemin de fer qui pénétrera du littoral dans son territoire. Peut-être pourrait-on à la rigueur céder une petite bande de territoire au Nord d'Arica, si le plébiscite prévu dans la convention avec le Pérou avait lieu ; mais, entre Arica et la Sama, la côte est abrupte et il est impossible d'y établir un port !

On comprend les protestations du gouvernement bolivien. Le Congrès chilien les accueillera-t-il et condamnera-t-il les prétentions nouvelles de son gouvernement ? Il paraît certain que celui-ci a pour lui l'opinion publique, et que, par conséquent, il peut espérer sur un vote favorable. La Bolivie sera donc contrainte de s'incliner, ou, pour employer l'expression un peu triviale d'un de ses défenseurs, d'accepter la situation d'un État obligé de *demander le cordon* à son voisin. Elle sera de plus en plus isolée, et cet isolement même, dont elle voudra sortir un jour ou l'autre, sera une menace de troubles futurs pour l'Amérique andine.

FRANCE. — *Immunités diplomatiques.* — *Attachés militaires.* — *Durée du droit aux franchises internationales.* — *Situation des ambassadeurs sur le territoire d'États tiers* (1). — La Cour d'appel de Paris, dans un arrêt du 2 janvier 1901, a confirmé, par adoption de motifs, un jugement du tribunal civil de la Seine en date du 9 décembre 1899, qui, par le même considérant (2), a dégagé les deux solutions pratiques suivantes :

1° Les attachés militaires sont, comme les chefs d'ambassade accrédités auprès d'une puissance, admis au bénéfice des immunités diplomatiques, en particulier de l'immunité de juridiction.

2° Ce privilège appartient à toute personne faisant officiellement partie d'une ambassade ou légation, — non seulement pendant l'accomplissement de sa mission et sur le territoire du gouvernement auprès duquel elle est accréditée, — mais aussi sur le sol de tout État tiers qu'elle traverse en allant rejoindre ou en quittant son poste.

La première solution maintient une jurisprudence qui, pour avoir procédé par affirmations beaucoup plus que par démonstrations, n'en a pas moins un caractère très arrêté (3). La deuxième prononce, pour la première fois, sur une question, qui, très discutée par les auteurs écrivant aux XVI° et XVII° siècles sur le droit des ambassadeurs, est susceptible de faire naître encore des divergences d'opinion et demande en tout cas à être résolue et énoncée en termes limitatifs et précis.

I. Le principe des immunités diplomatiques étant établi comme il

(1) Communication de M. Joseph Delpech, chargé de conférences à la Faculté de droit de Paris.

(2) « Attendu que si les attachés militaires jouissent des mêmes immunités diplomatiques que les chefs de mission, et si le principe, consacré en France par le décret du 13 ventôse an II, que les agents diplomatiques d'un gouvernement étranger ne sont pas soumis à la juridiction des tribunaux du pays auprès duquel ils sont accrédités doit s'étendre aux cas où les mêmes agents ne font que traverser un pays tiers, l'exemption de la juridiction locale ne saurait évidemment pas s'appliquer aux agents diplomatiques qui, au lieu d'emprunter simplement un territoire étranger pour revenir de leur mission, s'y fixent pendant un certain temps ». V. le texte complet de la décision (Gormaz), dans le *Journal du droit international privé*, t. XXVIII (1901), p. 126.

(3) V. un jugement du tribunal civil de la Seine (2° ch.), du 10 décembre 1897 (Hébert), dans le *Journal du droit international privé*, t. XXV (1898), p. 337 : « Attendu... qu'attaché militaire à l'ambassade d'Espagne, et à ce titre agent diplomatique d'une nation étrangère, de Val Carlos peut notamment, en vertu du décret de la Convention du 13 ventôse an II, se prévaloir du privilège d'inviolabilité et d'immunité que lui assurent ses fonctions et dont ses biens propres doivent bénéficier ; que, n'étant point justiciable des tribunaux français, c'est à juste titre qu'il oppose leur incompétence aux prétentions d'Hébert... ». Comp. Cassation belge, 24 mai 1897 (Ralf Bey), *ibid.*, t. XXIV (1897), p. 843, et la première décision à notre connaissance (l'institution des attachés militaires date seulement du dernier tiers du XIX° siècle), Trib. civ. Seine (3° ch.), 31 juillet 1878 (Dietz), *ibid.*, t. V (1878), p. 500.

l'est depuis le XVIIIᵉ siècle (1), la seule question discutable eût été celle
de savoir si les attachés militaires sont de ces agents auxquels la nature
de leurs fonctions permet notamment d'opposer pour les dettes contractées par eux et à l'encontre des tribunaux locaux l'exception d'incompétence. Le doute ne peut être que de courte durée.

Les attachés militaires sont des officiers sans troupes détachés de
l'état major de leur armée nationale, placés à l'étranger sous les ordres
des chefs d'ambassade, mais autorisés à entretenir avec leur gouvernement une correspondance directe pour toutes les affaires relevant de
leur mission (2). Apparemment, celle-ci est représentative dans le sens
premier du mot : dans les capitales étrangères, l'attaché militaire doit
être comme un témoignage et un scintillement vivant de la gloire ou de la
force militaire de son pays. Dans la réalité des choses, elle est complexe
et particulièrement délicate : l'attaché militaire est envoyé par son gouvernement pour observer tout ce qui, dans le pays où il est accrédité,
concerne les questions militaires, et l'on pourrait croire sans témérité
que de ce chef son rôle va grandissant ; en effet, à l'heure actuelle, en
dépit des vagues aspirations vers le désarmement général, les nations,
héritières d'une histoire, entourées de voisins forts et menaçants, ne
paraissent pas disposées, par un « renoncement diplomatique », à être
simplement des États économiques, industriels et commerciaux ; il
semble même parfois que leur souci constant soit de s'exercer et de se
tenir en haleine pour le service éventuel de certaines espérances invin-
cibles. De là, l'œuvre de contrôle et la mission de renseignement confiée,
à raison de leur compétence technique, aux attachés militaires quant
aux armements et aux perfectionnements réalisés dans les armées du
pays de résidence.

Or le droit de celui-ci, par une nécessité du commerce international,
se trouve limité à exiger de ces officiers et de leur gouvernement responsable qu'ils agissent sans artifices de nature à éveiller les susceptibilités nationales et qu'ils observent la discrétion qui est de mode ou
de règle entre puissances civilisées ou amies. Par ailleurs, son obligation à leur égard, aussi stricte que l'est le droit dont il vient d'être parlé,
est de les faire jouir, sur son territoire, de la prérogative d'inviolabilité

---

(1) V. les remarquables conclusions données par M. Arthur Desjardins, devant la
Cour de cassation, le 10 janvier 1891 (aff. Foureau de la Tour c. Erembault de Dudzeele)
et rapportées dans le *Journal du droit international privé*, t. XVIII (1891), p. 150-152. —
V. aussi Bonfils-Fauchille, *Manuel de droit international public*, 3ᵉ édit., 1901, nᵒˢ 684-
732, p. 390-409.

.(2) Pradier-Fodéré, *Cours de droit diplomatique*, t. II, p. 240. — V. le texte particulièrement explicite du décret italien du 29 novembre 1870, art. 67, dans Lehr, *Manuel
des agents diplomatiques et consulaires*, 1888, nᵒ 1513.

et de l'immunité de juridiction, comme le chef de mission, dont ils sont les aides, s'ils ne sont point les délégataires de sa puissance (1). Il y a pour cette égale admission au bénéfice si improprement appelé d'exterritorialité des raisons spéciales de fait et des motifs communs de droit. En fait, c'est le souci des liens diplomatiques qui, en définitive, doit faire admettre au profit des attachés militaires l'exemption des actes judiciaires ou extrajudiciaires de perquisition, de poursuite et d'exécution : décider autrement, ce serait par avance et délibérément risquer de multiplier les prétextes à difficultés entre les nations, de créer des sources de discorde entre les Cabinets subitement importunés. La vigilance des gouvernants du pays de résidence et leur fermeté à se plaindre, le cas échéant, aux autorités du pays d'origine des attachés doivent empêcher cette tolérance nécessaire de dégénérer en sacrifice résigné, en résignation coupable ou en ascétisme lâche. — En droit, la garantie donnée aux attachés militaires contre tout contrôle de la part des autorités locales est une manifestation de la règle du respect que les États se doivent entre eux et une conséquence de la nécessité qui, partout et toujours, les porte à assurer l'exercice discrétionnaire du commerce international (2). L'immunité des fonctionnaires, officiellement attachés à une ambassade ou à une légation, n'est pas une question territoriale, de politique ou d'administration intérieure : elle est d'ordre international et « trouve sa règle bien plus dans nos devoirs de courtoisie envers des puissances amies que dans nos convenances locales » (3). Derrière la personnalité de tout agent diplomatique apparaît, pour l'absorber, celle de l'État indépendant qu'il représente, vis-à-vis

(1) « Les agents spéciaux dont un usage récent autorise l'adjonction aux légations diplomatiques sous la désignation d'attachés militaires font également partie de ces légations ; s'ils ne représentent point directement leur gouvernement, ils sont les auxiliaires de son représentant pour tout ce qui concerne l'étude et la solution des questions militaires ; leur fonction n'est qu'un démembrement des fonctions plus générales du chef de la mission ; commissionnés et accrédités par le gouvernement même, revêtus d'un caractère public et officiel, il y a pour eux les mêmes raisons que pour les agents diplomatiques proprement dits de ne point être troublés dans leurs fonctions ou atteints dans leur dignité par des poursuites judiciaires et par des actes d'exécution ; ils puisent donc à la fois dans leur titre personnel et dans leur situation de dépendance d'une légation diplomatique, le droit de participer au privilège d'exterritorialité et aux prérogatives qui en découlent » (Trib. civ. Seine, 31 juillet 1878 (Dientz), *Journal du dr. international privé*, t. V (1878), p. 501).

(2) Comp. Delpech, *Les Commissions étrangères aux expositions universelles*, dans cette *Revue*, t. VIII (1901), p. 156.

(3) Réquisitoire pris par le procureur général Mesdach de ter Kiele, dans l'affaire Raif Bey précitée, et reproduit dans le *Journal du droit international privé*, t. XXIV (1897), p. 842. — Comp. sur la consolidation et la généralisation de la règle au XIXe siècle dans la jurisprudence française et les législations étrangères le paragraphe 4 des conclusions précitées de M. Arthur Desjardins, *ibid.*, t. XVIII (1891), p. 150-152.

duquel le droit de commandement n'existe pas et contre lequel, par suite, il n'est pas de contrainte possible. En sa personne est respectée celle de son Souverain et de son État. De l'attaché militaire ne peut-on dire enfin, comme du navire de guerre, qu'il est la meilleure représentation de la puissance étrangère, de son prestige et de sa puissance ? — Aussi bien la jurisprudence a eu raison de se fixer comme elle l'a fait : l'intérêt privé des ministres et agents étrangers n'est point le fondement vrai des immunités diplomatiques qui sont d'ordre public, que les tribunaux même jugeant par défaut devraient appliquer, et auxquelles les agents ne peuvent valablement renoncer de leur gré et sur leur seule initiative (1). Ces immunités n'ont qu'une raison d'être : leur utilité et leur indispensable nécessité pour l'entretien des relations diplomatiques.

II. Cela étant, la solution est, à notre avis, tout indiquée qui doit être donnée à la question de savoir si l'agent d'une nation accrédité auprès d'un gouvernement jouit des franchises internationales sur le territoire des puissances tierces traversées par lui : la protection prêtée à l'ambassadeur lui venant de son caractère officiel, il s'ensuit qu'elle naît et disparait avec ce caractère, en d'autres termes qu'elle est limitée dans sa durée par la durée même des fonctions.

La mission remplie, l'agent diplomatique est tenu et responsable de ses dettes comme un particulier quelconque : la Cour de Paris, dans l'arrêt du 2 janvier 1901 qui fait l'objet de cette note, a très exactement dégagé sur ce point, et d'après les circonstances de la cause, la conséquence d'un principe qu'elle n'a point énoncé au moins d'une manière directe (2). — Pour qu'il en fût autrement, il faudrait que, non remplacé à son départ du pays auprès duquel il était accrédité (s'il avait reçu, par exemple, de cet État ses passeports et de son propre gouvernement un ordre de retour), il n'eût point transmis ses pouvoirs, papiers et documents à un autre agent, — ou encore qu'il fût l'un de ces envoyés extraordinaires, aux fins de remplir une mission spéciale et dont les pouvoirs se continuent jusqu'au moment où ils ont rendu compte de leurs tra-

(1) Cass., 10 janvier 1891, précité, Sirey, *Rec. pér.*, 1891.1.297. — Comp. Paris, 21 août 1841, Sirey, *Rec. pér.*, 1843.2.592.

(2) « Attendu, en fait, qu'il ressort des documents versés aux débats que Gormaz, après avoir donné sa démission d'attaché militaire du Chili à Berlin, en décembre 1898, a résidé plusieurs mois en France sans qualité officielle ; — Que, dès le mois de février 1899, il était remplacé à Berlin par le colonel Lanain ; — Que c'est au cours de son séjour à Paris, où il a successivement habité un appartement avenue Kléber, 91, et avenue Friedland, 47, que le défendeur reçut signification de l'assignation du 31 mai 1899 ; — Attendu que ne pouvant plus, à cette époque, justifier d'une manière non équivoque de sa qualité d'attaché militaire du Chili a Berlin, Gormaz n'est pas fondé à invoquer les immunités des agents diplomatiques..... »

vaux au Souverain qui les habilita à parler ou à traiter en son nom. La pratique internationale s'est prononcée en ce sens à une date assez récente : au mois de mai 1900, le Duc de Veragua revenait d'Allemagne, où il était allé, d'ordre du gouvernement espagnol, remettre au Kronprinz, le collier de la Toison d'Or ; ayant fait halte à Paris, il vit saisir ses effets à la requête d'un entrepreneur de travaux qui avait contre lui un titre exécutoire ; il réclama aussitôt la protection de son ambassadeur en France ; celui-ci obtint de notre ministre des affaires étrangères la déclaration « que l'agent diplomatique qui traverse le territoire français, pour accomplir sa mission à l'étranger ou pour retourner rendre compte à son gouvernement, doit être assimilé à l'agent diplomatique accrédité et par suite doit être exempté de la juridiction locale ».

A l'inverse, dès que l'agent a reçu des lettres de créance de son pays d'origine, il exerce le droit de légation de cet État ; en conséquence, tandis qu'il fait route vers le futur pays de résidence, il nous paraît être couvert par l'inviolabilité dans les pays qu'il traverse simplement et avec lesquels il n'est point destiné à entretenir de relations spéciales. Reconnaitre, par exemple, à ses créanciers le droit de le faire arrêter, de l'assigner devant les tribunaux de ce dernier pays pour des dettes quelconques (1), ou de faire exécuter en cet endroit des condamnations antérieu-

(1) Sous la rubrique *Questions et solutions pratiques*, question 124, et dans une note ayant pour titre : *Un agent diplomatique, de passage dans un pays étranger, a-t-il droit aux mêmes immunités de juridiction que s'il était accrédité auprès du gouvernement de ce pays ?* un collaborateur anonyme du *Journal du droit international privé* (t. XXVII (1901), p. 343) écrit : « Dans la même catégorie (de ceux qui repoussent l'immunité) on peut aussi ranger tous ceux qui, sans s'expliquer directement sur la question même actuellement débattue, estiment que l'immunité de juridiction doit être restreinte aux seuls actes que l'agent diplomatique a accomplis en cette qualité et ne saurait être étendue aux opérations civiles ou commerciales qu'il a pu faire comme simple particulier ». —Cette déduction ne nous paraît pas absolument forcée : elle répugnerait peut-être même à tel des auteurs auxquels ce sentiment est prêté (Piédelièvre, *Précis de dr. internal. public*, t. I, n° 499). Par ailleurs, elle ne fait point état suffisamment de la jurisprudence toute nouvelle, d'après laquelle l'immunité de juridiction existe notamment au cas de poursuites intentées pour le recouvrement de dettes commerciales contractées par l'agent diplomatique avant sa nomination : « Considérant, dit un arrêt de la Cour de Paris du 8 août 1900 (Breilh), qu'il n'y a lieu de rechercher quelle est la nature des créances dont le recouvrement est poursuivi contre un agent diplomatique ; — Qu'aucune distinction ne peut être faite entre le caractère public et le caractère privé de l'agent, sans violer la règle générale de l'immunité diplomatique ; — Que cette immunité est en principe indivisible... « (*Gazette du Palais*, 1901, t. 1). — C'est là sans doute une solution apparemment rigoureuse ; elle est très justifiable cependant, en admettant même qu'elle ne soit pas seule admissible par cette raison que ne pas appliquer pendant la durée des fonctions l'inviolabilité diplomatique pour le payement de dettes commerciales antérieures, ce serait, contrairement aux nécessités du commerce international, entraver le développement des relations et l'œuvre de représentation entre les États. Au demeurant, en cette occurrence, comme en toutes autres semblables (Comp. le 4° paragraphe d'une consultation de M. Renault, en matière d'immunités d'agents com-

rement obtenues contre lui, ce serait, à notre sentiment, porter une atteinte réelle à la fois au droit de l'État qui a choisi cet agent pour son représentant et à celui de l'État auquel il est envoyé : pareille atteinte est inadmissible, en tant qu'elle est contraire au principe du respect réciproque des États.

Les auteurs modernes ont peu envisagé cette hypothèse ; ils n'ont point distingué les diverses situations qu'il convient de séparer, et, même avec cette réserve, l'on chercherait peut-être vainement ailleurs que dans Rivier (1) des formules bien nettes.

Au contraire, Bynkershoek, en son temps, avait longuement discuté laquestion (2) au sujet d'une déclaration émise par les États généraux des Provinces Unies, le 9 septembre 1679, d'après laquelle « les personnes, domestiques ou effets des ambassadeurs ou ministres, venans en ce païs, y résidans, ou y passans et y contractans quelque dette, ne pourront, pour aucune telle dette,qu'ils y aient contractée, être arrêtez, saisis ou détenus, ni à leur arrivée, ni pendant leur séjour, ni à leur départ de ces païs ». Et son opinion, bien clairement exprimée (3), avait été : « Et certainement les privilèges des ambassadeurs n'ont lieu que sur les terres de la puissance, auprès de laquelle ils sont envoiez, comme le soutient avec raison Alberic Gentil, et, après lui, Grotius, qui allègue les mêmes exemples. La plupart des docteurs modernes sont aussi de ce sentiment..... L'ambassade d'ailleurs ne se faisant qu'entre celui qui l'envoie et celui à qui elle est envoiée, l'opinion des modernes est certainement la véritable... Sur ce pié-là, la déclaration ne regarde qué les ambassadeurs qui ou doivent exercer leurs fonctions dans le païs, ou les y exercent actuellement, ou les y ont exercées. Et ainsi il n'y a rien de contraire au sentiment le mieux fondé, qui est autorisé par l'usage des nations ». — La distinction ainsi faite par Bynkershoek, pour refuser ou accorder l'immunité diplomatique, entre le voyage d'aller et celui de retour de l'ambassadeur, n'est, à notre avis, ni bien fondée ni très judicieuse, et nous serions plutôt tenté d'en renverser les termes.

merciaux, dans le *Journal du dr. international privé*, t. XXVIII (1901), p. 143), le créancier a la ressource tout au moins de s'adresser au ministre des affaires étrangères de son pays, lequel pourra agir, en vertu de son droit de protection des nationaux, auprès du gouvernement dont ressortit l'agent diplomatique.

(1) *Principes du droit des gens*, t. I, n° 114, p. 509 : « Aussitôt sa qualité connue, l'agent est fondé à prétendre, pour lui-même et pour sa suite, à tous les égards qu'implique le droit des États et à une sécurité complète c'est-à-dire à l'inviolabilité. Il n'y a nul motif de lui reconnaître l'exterritorialité ». — Parmi les quelques auteurs cités comme favorables à la reconnaissance des immunités, beaucoup manquent de netteté : tel Lorimer, *Principes du droit international*, trad. Nys, 1885, p. 131-132.

(2) *Traité du juge compétent des ambassadeurs*, trad. Barbeyrac, La Haye, 1723, ch. IX, § VII, p. 100 et suiv.

(3) *Ibid.*, p. 102-103.

Nous convenons sans peine qu'il n'est point, à proprement parler, de relations officielles et juridiques entre l'agent diplomatique délégué par un État près d'un gouvernement étranger et les autorités publiques du pays traversé par cet agent en se rendant à sa destination : les principes ordinaires du droit des gens n'ont pas ici d'autorité ; seule, la courtoisie internationale peut trouver matière à s'affirmer en reconnaissant à l'ambassadeur l'inviolabilité traditionnelle. Aussi l'on comprend suffisamment que, pour ce motif, et sur les observations de M. Édouard Rolin, l'Institut de droit international ait, dans le Règlement sur les immunités diplomatiques, élaboré par lui, en 1895, dans sa session de Cambridge, fait disparaître l'article 19, qui avait été introduit dans le projet sur la demande formelle de quelques membres de la Commission, et aux termes duquel « les ministres publics ainsi que toutes les personnes faisant partie d'une mission à titre officiel ou non officiel qui traversent les États d'une puissance tierce en se rendant à leur poste ou en en revenant, sont, dans les dits États, au bénéfice de l'inviolabilité, de l'exterritorialité personnelle et de l'immunité d'impôts. Ils ne peuvent prétendre à l'immunité de juridiction » (1). Il n'en doit pas moins demeurer que c'est là une obligation morale résultant pour les États de l'état de fait qui constitue la société internationale et que l'usage s'en doit fermement établir, encore que, simple usage, il ne doive point posséder le degré de certitude spécial aux principes de droit qui sont la conséquence logique des rapports nécessaires des nations. Mais c'est l'un de ces cas où l'on peut penser qu' « une mutuelle courtoisie est le meilleur acheminement à la pratique rigoureuse des obligations dictées par le droit » (2).

BULLETIN BIBLIOGRAPHIQUE

I. — LIVRES

La question finlandaise, par MM. L. Michoud, professeur et A. de Lapradelle, agrégé à la Faculté de droit de Grenoble, 1 broch. in-8°, Paris, 1901, Chevalier-Marescq, édit.— Cette brochure, écrite à l'occasion des Manifestes impériaux de 1899, est peut-être la meilleure, certainement la plus complète et la plus achevée de toutes celles qui, parues en grand nombre, ont eu pour objet d'exposer et de critiquer l'évolution de

---

(1) *Annuaire de l'Institut de droit international*, t. XIV (1895-1896), p. 239.
(2) Pillet, *Le droit international public, ses éléments constitutifs, son domaine, son objet*, dans cette *Revue*, t. I (1894), p. 13. — Comp. le *Handbuch* de Holtzendorff, § 19.

la politique russe à l'égard du Grand-Duché (1). Ceux qui, par hasard, ont fait une étude spéciale de la question savent les difficultés que présentait l'examen des faits : nulle part ils ne sont exposés avec un sens historique plus éclairé et une érudition plus précise que dans la monographie de MM. M. et de L. (p. 10-37). — Mais, les faits étant constatés, l'œuvre n'est pas achevée : il s'agit de savoir s'ils sont tels que la Finlande puisse être ramenée à l'un quelconque de ces types entre lesquels le droit public répartit, d'ordinaire, les divers organismes politiques. Sur ce point encore, par ses analyses subtiles et suggestives, son argumentation sûre et profonde, son appareil scientifique du meilleur aloi, l'œuvre, que nous analysons, a et gardera une importance toute spéciale ; elle traite et décide de certains graves problèmes du droit public autant que de la question finlandaise. — S'agissant de la Finlande, elle soutient (p. 38-59) que celle-ci peut et doit être considérée comme un État, bien que, subordonnée à la Russie au point de vue des relations avec les communautés politiques voisines, elle n'ait pas la plénitude de la souveraineté : la qualité d'État dépend et dérive de la possession de droits de puissance publique, protégés contre toute atteinte par une délimitation juridique ; la Finlande ayant des droits de cette nature, elle est un État, et il n'y a pas lieu de lui discuter cette qualité par le motif qu'elle n'est pas reconnue par les puissances : les États peuvent exister, comme tels, en dehors de la reconnaissance internationale. — Cependant (p. 59-72) MM. M. et de L. se refusent à voir (comme le premier auteur qui ait écrit sur la question dans cette *Revue*, t. VI (1899), p. 552 et suiv.) dans les relations du Grand-Duché et de l'Empire de Russie un cas d'union réelle, plus ou moins assimilable à celle qui lie les Royaumes de Suède et de Norvège. Ils ne s'arrêtent pas non plus (comme certains l'ont fait encore dans cette *Revue*, t. VII (1900), p.402 et suiv.) à la fonction sociale de fidélité aux engagements pris et aux droits qui, dans la vie internationale, doivent, suivant une remarque mieux faite que formulée par de Mohl, être reconnus aux groupes. Leur argumentation, encore qu'elle soit différente, n'est pas moins saisissante. Elle aboutit, elle aussi, à reconnaître la Finlande comme un État, après avoir déclaré cependant que les rapports de la Finlande avec la Russie ne rentrent dans aucun des types d'États composés ou subordonnés connus : d'après elle, la situation du Grand-Duché est conforme à la justice, parce qu'elle respecte les droits d'une nationalité fixés à une heure donnée, et sa situation n'est pas éphémère, parce qu'elle a pour but de concilier un régime libéral, auquel la Finlande ne saurait renoncer, avec le système autocratique que la Russie n'est pas près d'abdiquer. Aussi bien, la conclusion (p. 72-77), originale, et fort admissible, de la brochure est-elle qu'il suffit que le mode de rattachement réponde à un besoin légitime de la pratique pour qu'il y ait accès, non seulement dans l'histoire, mais dans le droit ; or, ce besoin pratique est certain : c'est celui d'assurer la divergence des politiques intérieures avec l'unité de la politique extérieure. La cause est légitime, l'institution vivante et pratique ; elle est par elle-même dans la réalité : pourquoi ne serait-elle pas dans le droit ? (p. 73). Ce qui, à un point de vue général, revient à dire que le droit, qui n'est pas seulement une science de règle, mais une science de vie, doit sacrifier la règle à la vie (p. 10) ; par suite, que c'est aux réalités de l'histoire que le droit est tenu de se conformer, lorsqu'il définit, c'est-à-dire constate, cette autre réalité qui est l'État (p. 77).

JOSEPH DELPECH.

(1) Cette politique ne paraît pas décidée à s'atténuer. De nouveaux Manifestes récemment promulgués poursuivent l'œuvre d'assimilation officielle par l'introduction du russe en Finlande comme langue des relations administratives et par des restrictions à l'exercice du droit de réunion (V. *La politique russe et la Finlande*, dans la *Quinzaine* du 1er avril 1901, p. 19 du tirage à part). Il semble, d'autre part, qu'une surveillance spéciale soit exercée à l'entrée du Grand-Duché, si l'on en juge par ce fragment d'une circulaire adressée, le 19 avril 1901, à nos préfets par le Président du Conseil, ministre de l'intérieur (*Journal officiel français* du 21 avril 1901, p. 2638) : « J'ai l'honneur de vous faire connaître que, d'après les informations qui m'ont été récemment transmises, la formalité du passeport, qui n'avait pas été exigée jusqu'ici, devenait dorénavant obligatoire pour les étrangers pénétrant en Finlande par voie de mer. Il importe donc de faire savoir à nos nationaux les nouvelles conditions requises pour débarquer dans le Grand-Duché et les prévenir en même temps que le titre de voyage dont ils auraient à se munir doit, pour être valable, porter le visa d'un consulat russe, ainsi que l'a rappelé la circulaire du 5 novembre 1900... ».

Le système scandinave de neutralité pendant la guerre de Crimée et son origine historique, par FREDRIK BAJER, 1 br. in-8, Paris, 1900, Plon-Nourrit et Cie, édit. — A la veille de la guerre de Crimée, les États scandinaves déterminèrent d'un commun accord les règles de la neutralité dans laquelle ils comptaient s'enfermer au cours de la guerre qui allait éclater. M. B. étudie dans la présente brochure, extraite de la *Revue d'histoire diplomatique*, quelle fut l'application de ces règles. Il passe en revue les difficultés auxquelles elles donnèrent lieu, notamment en ce qui concerne l'admission et l'hivernage des navires belligérants dans les ports scandinaves, l'engagement de pilotes et les secours offerts aux malades et aux blessés dans les eaux danoises. M. B., s'appuyant sur les documents officiels, montre comment, grâce à leur union, les États scandinaves ont pu, une fois de plus, résister aux prétentions exorbitantes des belligérants. Cette intéressante étude est le résumé d'un grand ouvrage sur la *Neutralité du Danemark pendant la guerre de Crimée* que M. B. a déjà écrit et dont nous souhaitons la prochaine publication.

N. P.

Anales diplomaticos y consulares de Colombia, publiées sous la direction de M. ANTONIO JOSE URIBE, secrétaire des relations extérieures, professeur de droit civil et de droit international public et privé à la Faculté de Bogota, 1re livraison (octobre-décembre 1900), édition officielle, Bogota, impr. nacional. — Jusqu'à ce jour il n'existait guère en Amérique de Revues qui fussent consacrées uniquement à l'étude du droit international. C'est donc une fort heureuse innovation que la création par le gouvernement colombien d'une Revue de ce genre, destinée à servir d'organe à son ministère des affaires étrangères. Par la publication des documents officiels concernant l'Amérique latine, qui présentent souvent le plus grand intérêt mais sont parfois difficiles à se procurer, elle rendra d'importants services à tous ceux qui s'occupent de droit des gens. La première livraison fait bien augurer ce que sera la nouvelle Revue. A côté des décrets et des règlements relatifs aux corps diplomatique et consulaire de la Colombie, on y trouve des communications diplomatiques touchant le cas d'un sieur Carlos Radfort, citoyen nord-américain condamné pour homicide sur la personne d'un sujet allemand, le nommé Carlos H. Simmonds, et l'historique des difficultés de frontières entre la Colombie et le Vénézuéla. Une chronique internationale relatant les faits d'actualité, un bulletin bibliographique et un recueil de documents terminent le numéro : le présent fascicule donne le texte des traités Clayton-Bulwer du 19 avril 1850 et Hay-Pauncefote du 5 février 1901 relatifs au Canal interocéanique. La science bien connue de M. Uribe permet d'espérer que, sous son habile direction, la Revue colombienne prendra un rapide essor.

II. — PUBLICATIONS PÉRIODIQUES.

FRANCE. = Annales des sciences politiques (anciennement Annales de l'École libre des sciences politiques). — 1901. N° 4. LEFEBVRE. A la conquête d'un isthme : Espagne, Angleterre, États-Unis. — HAUSER. L'action des États-Unis dans la politique « mondiale » d'après un Américain. — MOUREY. Chronique coloniale (1900).

Bibliothèque de l'École des Chartes. — 1901. *Janvier-Avril.* LESORT. Un document inédit concernant la diplomatie de Louis XI.

Bulletin de la Société de géographie commerciale de Paris. — 1901. *Nos 3, 4 et 5.* AVELOT. Dans la boucle de l'Ogooué.

Bulletin du Comité de l'Afrique française. — 1901. *Juin.* Le territoire militaire du Zinder et la convention de 1898. — La nomination de M. Revoil. — La mission Lenfant à Say. — Algérie. — Tunisie. — Afrique occidentale française. — Guinée française. — Côte d'Ivoire. — Dahomey. — Congo français. — Madagascar. — Maroc. — État du Congo. — Éthiopie. — Transvaal. — Possessions britanniques. = *Juillet.* DE CAIX. Le régime de l'Algérie. — TERRIER. La flottille du Bas-Niger à Say. — Le chemin de fer d'Éthiopie. — Algérie. — Afrique occidentale française. — Côte d'Ivoire — Dahomey. — Congo français. — Territoires militaires du Tchad. — Madagascar. — Maroc. — Égypte. — Éthiopie. — Transvaal. — État indépendant du Congo. — Possessions britanniques, allemandes, ottomanes, portugaises et espagnoles. **Correspondant**. — 1901. 25 *mai*. GEOFFROY DE GRANDMAISON. L'indépendance espagnole (1808-1809). = 10 *juin*. THIRION. La question marocaine. = 25. DE LA RONCIÈRE. La première mission française au Maroc.

Économiste français. — 1901. 18 *mai*. Le commerce extérieur de la France pendant les quatre premiers mois de l'année 1901. — Lettre de Tunisie. — Le commerce extérieur de l'Allemagne. — Lettre d'Angleterre. = 25. Le recensement de l'Empire des Indes. — Le commerce extérieur de l'Espagne en 1900. = 1er *juin*. La question de Terre-Neuve et les compensations éventuelles. — Les deux Amériques et le Congrès panaméricain. — Lettre d'Angleterre. = 8. Le commerce extérieur de la France et de l'Angleterre pendant les quatre premiers mois de 1901. — Les deux Amériques et le Congrès panaméricain. — Le commerce extérieur de l'Espagne en 1900. = 22. Le commerce extérieur de la France pendant les cinq premiers mois de 1901.

Études religieuses, philosophiques, historiques et littéraires. — 1901. 5 *mai*. H. C. Cent ans de l'histoire des missions = 20. Siège de Fan-Kia-Kata. = 5 *juin*. BROU. Evangélisation de l'Inde. = TOBAR. Correspondance de Chine.

Journal des économistes. — 1901. *Juillet*. L. R. A la boucle du Niger.

Journal du droit international privé. — 1901. Nos III et IV. DARRAS. De la connaissance et de la preuve de la loi étrangère. — LAINÉ. La Conférence diplomatique de la Haye relative au droit international privé (3e session). — AUBRY. De la notion de territorialité en droit international privé. — LEROUCQ. Etude sur le nouveau projet de loi français relatif à l'extradition. — BERNARD. Etude sur la convention franco-belge du 8 juillet 1899 relative à la compétence judiciaire et à l'exécution des jugements. — Agents diplomatiques, immunité de juridiction, ambassadeur de passage sur le territoire d'un État tiers. — JURISPRUDENCE (France : Médecin étranger [Cass.8 févr. 1898.] — États-Unis d'Amérique : Acquisition d'immeubles par des étrangers [Cour suprême d'Illinois, nov. 1896]). — DOCUMENTS (France : Loi du 10 juillet 1900 autorisant le Président de la République à assurer par décret la protection des citoyens français établis dans certaines îles de l'Océan Pacifique). — FAITS ET INFORMATIONS (Belgique : Accidents du travail, ouvrier belge en France, représailles. — France et Allemagne : Nationalité, Note du ministre de l'intérieur français. — France et Belgique : Actes de l'état civil. — Gibraltar : Conditions de résidence. — Grèce et Turquie : Article 15 du traité de paix de 1897, impossibilité d'arriver à la conclusion d'une convention auxiliaire, demande de la Grèce en vue d'un arbitrage des ambassadeurs des six grandes puissances à Constantinople. — Serbie : Nomination des délégués à la Commission permanente d'arbitrage international. — Suède et Norvège : Acquisition d'immeubles par des étrangers. — Suisse : Expulsion. — Turquie : Sujets ottomans à l'étranger).

Nouvelle Revue. — 1901. 15 *juin*. TARDIEU. Politique extérieure. = 1er et 15 *juillet*. GILBERT. La guerre Sud africaine.

Nouvelle Revue internationale. — 1901. 15 *mai*. NOIROT. En Roumanie. — DE MALARIC. Quelques signes du relèvement de l'Espagne.

Questions diplomatiques et coloniales (anciennement Revue diplomatique et coloniale). — 1901. 1er *juin*. PIRY. Le peuple chinois et la réforme. — DE LA PEYRE. Le règlement de l'indemnité chinoise. — SAINT-VALFRY. L'Europe et la question d'Autriche. — ALCIDE EBRAY. La nouvelle loi italienne sur l'émigration. = 15. FRANKLIN. Le canal de Nicaragua. — MONTAGNE. Les procédés de colonisation au Canada. — NOUFFLARD. Institutions coloniales anglaises. = 1er *juillet*. ROBERT DE CAIX. L'Angleterre et la question du Maroc. — NOUFFLARD. L'Institut colonial international et la session de la Haye. = 15. TERRIER. Les deux rives françaises du Sahara. — DUCHÈNE, Un nouveau Transvaal.

Recueil de l'Académie des sciences morales et politiques. — 1901. *Juin*. DE FRANQUEVILLE. Discours prononcés à l'occasion de banquets offerts à l'Association internationale des Académies.

Réforme sociale. — 1901. 16 *juin*. LEPELLETIER. L'agriculture et les conditions nouvelles du marché international.

Revue bleue. — 1901. 1ᵉʳ *juin*. DEPASSE. Force et faiblesse de l'Europe. = 8. MOIREAU. Les vice-Rois du Yong-Tsé. = 15. LYNCH. Au Transvaal. État actuel de la guerre. = 13 *juillet*. SÉCHÉ. Le centenaire de la signature du Concordat.

Revue bourguignonne de l'enseignement supérieur. — T. X, Nᵒ 1. GIGOUT. Les principales violations du droit des gens commises par les armées allemandes pendant la campagne de 1870-71.

Revue britannique. — 1901. *Juin*. Correspondances d'Italie, d'Allemagne et d'Espagne.

Revue de géographie. — 1901. *Juin*. BRUGIÈRE. L'expansion européenne pendant le XXᵉ siècle. — CUNY. La conquête du Touat et le Maroc.

Revue de Paris. — 1901. 1ᵉʳ *juillet*. LANGLOIS. L'Association internationale des Académies. — BEAUMONT. Y a-t-il une question d'Autriche ? = 15. MICHEL BRÉAL. Le choix d'une langue internationale.

Revue des Deux-Mondes. — 1901. 15 *juin*. DARCY. La défense de la légation de France à Pékin. = 1ᵉʳ *juillet*. D'HAUSSONVILLE. La Duchesse de Bourgogne et l'alliance savoyarde sous Louis XIV. — RAPHAEL-GEORGES LÉVY. Anvers, Gênes, Hambourg. = 15. OLLIVIER. Napoléon III et Bismarck en Pologne.

Revue des questions historiques. — 1901. *Juillet*. BLIARD. Dubois et Saint-Simon. Une ambassade extraordinaire à Madrid (1721-1722). — DE GANNIERS. La dernière campagne du maréchal de Rochambeau (1792). — FÉRET. Le concordat de 1816. — DE LA RONCIÈRE. La défense de nos côtes au XVIIᵉ siècle.

Revue d'Europe. — 1901. *Mai* et *Juin*. KIENLIN. En Hongrie.

Revue d'histoire moderne et contemporaine. — 1901. *Mars-Avril*. GUYOT. La dernière négociation de Talleyrand. L'indépendance de la Belgique.

Revue du monde catholique. — 1901. 15 *mai*. SAVAETE. Boërs et Afrikanders. — DE LA COUSSAYE. Guillaume II et le Transvaal. = 1ᵉʳ *juin*. SAVAETE. Boërs et Afrikanders. = 15. BERROT. La France et l'Angleterre en Arabie.

Revue française de l'étranger et des colonies. — 1901. *Mai*. DEMANCHE. L'expansion russe en Asie orientale. — VASCO. Les colonies allemandes d'Afrique. — La traversée de la Chine par la mission Bonin. — La guerre au Transvaal. = *Juin*. GENTIL. La conquête du Tchad. — JOALLAND. Du Zinder au Tchad. — SERVIGNY. Le Transsibérien et la colonisation. — La guerre au Transvaal.

Revue générale des sciences pures et appliquées. — 1901. 15 *mai*. DE LAUNAY. Un projet d'Empire colonial français sous Louis XV.

Revue générale du droit, de la législation et de la jurisprudence. — 1901. *Mai-Juin*. BONOLIS. Les assurances sur la vie en droit international privé.

Revue historique. — 1901. *Mai-Juin*. LACOUR-GAYET. La bataille de M. de Conflans (1759). — PHILIPPSON. La paix d'Amiens et la politique générale de Napoléon Iᵉʳ. = *Juillet-Août*. WEILL. Philippe Buonarrotti (1761-1837). — DE CONTOULY. Un homme d'État afrikandériste : Jean Hendrik Brand. — BOURRILLY. L'ambassade de la Forest et de Marillac à Constantinople (1535-1538).

Revue maritime et coloniale. — 1901. *Mars* et *Mai*. MOUCHEZ. Le blocus de Brest (1803-1805). = *Avril*. D'AURIAC. Le démembrement de la Chine.

Revue politique et parlementaire. — 1901. T. XXVIII. Nᵒ 84. *Juin*. ALCIDE EBRAY. La politique extérieure du mois. = T. XXIX. Nᵒ 85. *Juillet*. UN ALGÉRIEN. La question algérienne. — LORIN. La question du Maroc. — CHARLES ROUX. L'isthme et le canal de Suez. — ALCIDE EBRAY. La politique extérieure du mois.

Revue universelle (anciennement Revue encyclopédique Larousse). — 1901. 1ᵉʳ et 8 *juin*. BEQUIN. Affaires de Chine. = 13 *juillet*. FROCARD. La guerre anglo-boër.

Université catholique. — 1901. *Avril* et *Juin*. GRABINSKI. La Triple alliance, d'après de nouveaux documents.

ALLEMAGNE. = **Deutsche Revue.** — 1901. *Juin.* Robert Hart. La réforme en Chine et les puissances. — Richard Temple. Les relations de l'Angleterre et de l'Allemagne.

Gesellschaft. — 1901. 15 *avril.* Martin. Le groupement des puissances dans l'Asie orientale. = 1er *mai.* Martin. Un mot pour animer les Allemands en faveur des Boërs. = 15. Polytropos. Le chemin de fer allemand dans l'Est africain.

Grenzboten. — 1901. 2 *mai.* Les fortifications françaises. — Wagner. Chez les Boërs. = 9 et 16. Wagner. Chez les Boërs = 20 *juin.* Lenschau. La concurrence américaine pour le charbon et le fer.

Historisches Jahrbuch. — 1901. 1er *trimestre.* Schultz. La formation des États dans les Alpes.

Historich-Politische Blætter. — 1901. 1er *mai.* Le nouveau monde et l'Allemagne nouvelle. = 16. Pauvre Autriche.

Internationale Revue über die gesammten armeen und flotten. — 1901. *Mai. Supplément 26.* L'activité du maréchal Comte Waldersee en Chine.

Neue Zeit. — 1901. 4 *mai.* Parvus. Russie et France. = 18. L'ère de Bülow. — Walter. L'Impérialisme russe et l'Allemagne en Chine. = 25. Walter. L'Impérialisme russe et l'Allemagne en Chine.

Zeit. — 1901. 4 *mai.* Colajanni. L'Italie et la Triple alliance. = 25. Radin. Un moment critique dans la vie de la Russie. = 18. Brix. Politique indépendante en Allemagne. = 22 *Juin.* O. F. Les espions militaires en temps de paix.

Zukunft. — 1901. 1er *Juin.* Stein. Politique mondiale allemande. — Tille. Italie et Allemagne. = 22. Schwann. Histoire universelle.

BELGIQUE. = **Revue de Belgique.** — 1901. *Mai.* Desmarez. La signification de la bataille de Courtrai.

Revue générale. = 1901. *Mai.* Halot. La Conférence de la Haye.

COLOMBIE. — **Anales diplomaticos y consulares de Colombia.** — 1900-1901. Nos 1-3. Décrets sur les agents diplomatiques et consulaires. — Interprétation d'un traité, affaire Radford. — Limites de la Colombie et du Vénézuéla. — Chronique internationale (Angleterre et Républiques Sud africaines : Belligérance, balles explosibles, contrebande de guerre, auxiliaires des belligérants. — Angleterre et États-Unis d'Amérique : Modification du traité Clayton-Bulwer, traité Hay-Pauncefote. — Conférence internationale américaine à Mexico).— Documents (Conventions Clayton-Bulwer du 19 avril 1850 et Hay-Pauncefote du 5 février 1900 sur le canal interocéanique).

ESPAGNE. = **Estudios militares.** — 1901. 5 *mai.* G. M. Ma campagne à Cuba.

Revista contemporanea. — 1901. 30 *avril.* J. C. Gibraltar. Le problème anglais et la solution espagnole. — 30 *mai.* Llopis. Etudes sur le canal de Nicaragua.

ÉTATS-UNIS DE L'AMÉRIQUE DU NORD. = **Annals of the american Academy.**— 1901. *Mai.* Hains. Un canal isthmique d'après le point de vue militaire. — Munro. La neutralisation du canal de Suez.

Catholic World. — 1901. *Mai.* Les chemins de fer en Chine. — Malone. Un chapitre de la guerre philippine.

Forum. — 1901. *Juin.* Robinson. L'œuvre de la Convention cubaine. — Reinsch. Gouvernement de l'Orient suivant les principes occidentaux. — Blind. Les discours de l'Empereur et l'histoire d'Allemagne. — Young. Une vue américaine de la situation industrielle de la Grande-Bretagne. = *Juillet.* Jameson. Un plaidoyer pour l'intégrité de la Chine. — Boutell. La cession du Texas par l'Espagne.

Nation. — 1901. 21 *avril.* Problèmes politiques à Porto-Rico. = 2 *mai.* Nuages sur l'Allemagne future. = 9. La conduite américaine en Chine. — La guerre anglo-boër. = 16. Questions sur Cuba.

North American Rewiev. — 1901. *Mai.* Judson Smith. Les missionnaires et leurs critiques. — Alleyne Ireland. L'Inde et les colonies dans l'ère de Victoria. = *Juin.*

GOLDWIN SMITH. La question irlandaise. — DE CESARE. Le Pape et le pouvoir temporel.

Yale Rewiev. — 1901. Mai. KELLER. Le commencement de la colonisation allemande.

GRANDE-BRETAGNE. = Asiatic Quarterly Rewiev. — 1901. Juillet. FOX-BOURNE. L'État libre du Congo. — PIMJA. Histoire des missions françaises au Siam.

Atlantic Monthly. — 1901. Juin. BULLOCK. Trusts et politique publique. — GOLDWIN SMITH. Wellington.

Contemporary Review. — 1901. Juin. AUTHOR OF « DRIFTING ». La décadence économique de la Grande-Bretagne. — MORGAN-BROWNE. Mais sommes-nous en décadence ? — THOMSON. Les missions en Chine = Juillet. La politique étrangère de lord Rosebery. — A REGIMENTAL OFFICER. Nos méthodes dans l'Afrique du Sud. — AUTHOR OF « DRIFTING ». La Grande-Bretagne vit-elle sur son capital ?

Empire Review. — 1901. Juin. DUDGEON. Les revenus possibles de la Chine. — TONKIN. La traite dans le Nord de la Nigéria. — BRASSEY. La marine anglaise. = Juillet. SANDFORD FLEMING. Le développement des câbles postaux. — KINLOCH COOKE. Les finances du Transvaal. — TONKIN. La traite dans la Nigéria. — BISMILLAH. Le déclin du commerce britannique. — CALDECOTT. Un camp de refuge boër.

Edinburg Review. — 1901. Avril. GOLVIN SMITH. Le Canada et la question canadienne. — JOHN BRODRICH. Discours à la Chambre des communes sur l'état de la guerre. — STERNBERG. Mon expérience sur la guerre boër.

Fortnightly Review. — 1901. Juin. VERNER. La Grande-Bretagne dans la Méditerranée. — POSNETT. La Constitution fédérale australienne. — MULLER. Le Sud africain. — DE COUBERTIN. Les conditions de la paix franco-britannique. — BARCLAY. Un traité général d'arbitrage entre l'Angleterre et la France. — CALCHAS. La Russie et sa politique extérieure. = Juillet. TAYLOR et H. WILSON. La rivalité commerciale avec l'Amérique. — DAWSON. Chant du cygne du Maroc. — CALCHAS. La Russie et sa politique extérieure.

Monthly Review. — 1901. Mai. MARDON. Trafic et administration dans l'Est africain britannique. = Juin. COLOMB. Le War Office, l'Amirauté et les stations à charbon. — THOMSON. La politique des puissances en Chine. — HAROLD BINDLOSS. La Nigéria et son commerce. = Juillet. TAYLOR. Un siècle de commerce maritime.

National Review. — 1901. Juin. LOW. Affaires américaines. — X. Le foyer de la politique asiatique. — La plus Grande-Bretagne. — SYDNEY BROOCKS. Notre prochaine maladresse dans l'Afrique du Sud. = Juillet. GERMANICUS. Les relations entre l'Allemagne et la Russie. — LOW. Affaires américaines. — WALTER HARRIS. Le Sultan du Maroc et son gouvernement. — La plus Grande-Bretagne.

New Liberal Review. — 1901. Juillet. KENKIC MURRAY. L'invasion américaine. — DUFFIELD. Le partage prochain de l'Autriche. — MENDL. La question irlandaise.

Nineteenth Century. — 1901. Juin. CARNEGIE. Pessimisme britannique. — H. E. Le vice-Roi de l'Inde. — WIRGMAN. La religion des Boërs. — FREWEN LORD. Notre offre de renonciation à Gibraltar. = Juillet. GREENWOOD. Les missionnaires en Chine. — GIFFEN. Le but du War Office. — MAHAFFY. La romanisation de l'Irlande. — HUGH CHILDERS. Quelle Cour d'appel satisfera l'Australie ?

Tablet. — 1901. 11 mai. Les missions catholiques et le péril jaune. = 18. Le sentiment impérial, ancien et nouveau. — L'Australie et l'Empire. = 25. Progrès et expansion de la Russie en Extrême-Orient. = 1er juin. Les religions et les partis politiques en Autriche-Hongrie.

Wetsminster Review. — 1901. Juin. A TRUE FRIEND OF A BETTER ENGLAND. Etonnantes révélations sur la guerre Sud africaine. — CORBET. Que doit faire l'Angleterre pour être sauvée ? — HOWARD HODGKIN. Pensylvanie et Afrique du Sud : un contraste. — TUGMAN. Jingo ou pro-Boër. = Juillet. HAMILTON. Les questions du travail et l'Empire.

DOCUMENTS

Bolivie et Italie. — Traité d'amitié et d'extradition du 18 octobre 1890, dont les ratifications ont été échangées a la Paz, le 7 janvier 1901.

Son Excellence le Président constitutionnel de la République de Bolivie et Sa Majesté le Roi d'Italie, désirant établir sur des bases solides les relations entre les deux pays, ont résolu de conclure à cet effet un traité d'amitié et d'extradition, et ont désigné pour leurs plénipotentiaires : Son Excellence le Président constitutionnel de la République de Bolivie, l'Excellentissime D. Pedro Garcia, envoyé extraordinaire et ministre plénipotentiaire de Bolivie près du gouvernement de la République du Pérou. Sa Majesté le Roi d'Italie, l'Honorable David Segre, son ministre résident près du gouvernement de la République de Bolivie et du gouvernement de la République du Pérou ; lesquels, après s'être communiqué leurs pleins pouvoirs qu'ils ont trouvés en bonne et due forme, ont arrêté les articles suivants :

Article 1er. — Une paix constante et une amitié perpétuelle règneront entre le Royaume d'Italie et la République de Bolivie.

Art. 2. — Chacune des Hautes Parties Contractantes aura la faculté d'établir des consuls généraux, des consuls, des vice-consuls et des agents consulaires dans toutes les villes du territoire de l'autre partie où toute autre partie serait autorisée à en établir. — Sur la présentation de leurs provisions, ces agents seront admis et reconnus selon les règles et formalités établies dans le pays de leur résidence, et ils jouiront des honneurs, prérogatives, immunités et privilèges qui sont ou seraient accordés aux agents du même rang de la nation la plus favorisée. — Chacune des Hautes Parties Contractantes pourra, en l'absence ou faute d'agent consulaire de sa nationalité, se faire représenter par des agents consulaires étrangers qui auraient été reconnus sur le territoire de l'autre partie.

Art. 3. — Les sujets italiens en Bolivie et les sujets boliviens en Italie jouiront des mêmes droits, immunités et privilèges que les nationaux pour tout ce qui se rattache à la protection des lois locales, au commerce, à la translation, au payement des impôts, aux actes de la vie civile, aux moyens d'acquérir ou d'aliéner la propriété, aux voies d'accès devant les tribunaux, soit directes, soit par l'organe de représentants, et à l'assistance et aux soins dans les asiles et hôpitaux locaux. — Ils seront exempts du service obligatoire dans les armées de terre et de mer, dans la garde nationale ou dans la milice. Ils seront dispensés des charges municipales et affranchis également de toute contribution de guerre, emprunts, avances de contributions et réquisitions militaires, sauf le cas où suivant une disposition législative tous les habitants du pays, sans distinction de nationalité, y seraient tenus et en tant que propriétaires et fermiers de biens immeubles. — A l'égard de la protection de la propriété industrielle, les deux pays se conformeront aux stipulations de la convention internationale conclue à Paris le 20 mars 1883.

Art. 4. — Les deux Hautes Parties Contractantes, animées du désir d'éliminer toute difficulté relative à la nationalité, déclarent que devront être considérés comme Italiens en Bolivie et comme Boliviens en Italie : — a) Les Italiens et les Boliviens qui s'établiraient définitivement en Bolivie et en Italie et qui auraient conservé leur nationalité conformément à leur loi nationale. b) Leurs enfants, les fils d'Italiens nés en Bolivie ou les fils de Boliviens nés en Italie pourront toutefois opter pour la nationalité de leur pays d'origine en souscrivant une déclaration expresse devant l'autorité municipale du lieu, dans l'année qui suivra leur majorité. Une expédition authentique de cette déclaration sera transmise à l'agent diplomatique ou consulaire compétent pour que mention régulière en soit portée sur les registres de nationalité.

Art. 5. — Toutes les fois que des recrutements d'émigrants italiens auront lieu soit en Italie soit dans tout autre pays pour le compte de particuliers ou de sociétés ou pour celui du gouvernement bolivien, ce dernier veillera à ce que les contrats d'embauchage exécutables et justes soient rigoureusement observés, et il prêtera dans ce sens son assistance efficace à l'émigrant en lui accordant l'appui de la loi à l'occasion de tout dol ou de tout abus.

Art. 6. — Les deux Hautes Parties Contractantes s'engagent à se remettre réciproquement les malfaiteurs de l'autre État réfugiés sur leur territoire, chaque fois que les conditions suivantes seront remplies : 1° la nation qui réclame le malfaiteur aura pleine juridiction pour connaître de l'infraction qui motive la demande d'extradition; 2° l'infraction par sa nature et sa gravité autorisera la remise du malfaiteur ; 3° la nation qui demande l'extradition présentera des documents qui justifieront au point de vue légal l'emprisonnement et la mise en jugement du prévenu ; 4° le délit ne sera pas prescrit par la loi du pays qui réclame l'extradition ; 5° l'accusé n'aura pas purgé sa peine et n'aura pas été condamné pour le même délit.

Art. 7. — L'extradition ne pourra pas s'appliquer aux nationaux de l'État auquel elle sera demandée, à moins qu'ils n'aient obtenu leurs lettres de naturalisation après la perpétration du délit.

Art. 8. — Les faits qui justifient la remise du malfaiteur s'étendent : 1° à l'égard des prévenus, aux infractions qui suivant la loi pénale du pays requérant sont passibles d'une peine emportant privation de la liberté pour deux ans au moins ; 2° à l'égard des condamnés, à toutes les infractions qui sont punies d'un an de la même peine comme minimum.

Art. 9. — L'extradition des malfaiteurs ne sera pas accordée à raison des délits suivants : le duel, l'adultère, les injures et les calomnies, les crimes religieux. Les prévenus ou condamnés de crimes de droit commun connexes à l'un des délits précités sont sujets à l'extradition.

Art. 10. — L'extradition ne pourra pas avoir lieu non plus pour crimes politiques, ni pour tous ceux qui attaquent la sécurité extérieure ou intérieure de l'État, ni pour les délits de droit commun qui y seraient connexes. — La classification de ces délits sera faite par la nation requise en s'inspirant de la loi qui sera la plus favorable à l'extradé.

Art. 11. — Aucune action civile ou commerciale, où le malfaiteur serait engagé, ne pourra empêcher son extradition.

Art. 12. — Si plusieurs nations sollicitent l'extradition d'un même individu pour délits distincts, l'extradition sera accordée à celle sur le territoire de laquelle aura été commis, d'après l'État requis, le délit le plus grave. — Si ces délits sont d'une gravité égale, la préférence sera donnée à la nation dont la demande sera antérieure. — Si les requêtes à fin d'extradition portent toutes la même date, le pays requis réglera l'ordre suivant lequel la remise du malfaiteur pourra être faite.

Art. 13. — Les demandes d'extradition seront introduites par les agents diplomatiques ou consulaires et, à leur défaut, elles seront adressées directement de gouvernement à gouvernement. Elles seront accompagnées des pièces suivantes : 1° à l'égard des prévenus, expédition légalisée de la loi pénale applicable à l'infraction qui a motivé la demande, avec copie du mandat d'arrêt, de l'acte d'accusation ou de tout autre document visé par le paragraphe 3 de l'article 6 ; 2° à l'égard des condamnés, expédition légalisée du jugement exécutoire de condamnation et justification écrite dans la même forme suivant laquelle le condamné a été assigné ou représenté en justice ou légalement déclaré contumace.

Art. 14. — L'extradition sera accordée conformément à la législation du pays requis.

Art. 15. — Si l'État requis jugeait la demande irrégulière pour vice de forme, il retournera les documents en cause au gouvernement requérant en lui indiquant les motifs et incorrections pour lesquels l'extradition ne peut être acceptée.

Art. 16. — Si l'individu réclamé est sous le coup de poursuites de l'État requis, son arrestation pourra être différée sans préjudice du jugement exécutoire d'extradition

Art. 17. — La remise du malfaiteur s'effectuera dans le point le plus propre à la réalisation du voyage et aura lieu entre les mains des agents désignés par la nation requérante.

Art. 18. — Les individus dont l'extradition aurait été accordée ne pourront être jugés ni punis pour délits politiques antérieurs à l'extradition ni pour faits connexes à ces délits. — Les délits qui n'auraient pas motivé l'extradition accordée, mais qui en seraient susceptibles, pourront être poursuivis et punis, avec le consentement préalable de l'État requis et conformément aux dispositions du présent traité.

Art. 19. — Tous les objets relatifs au délit qui motive l'extradition seront délivrés à l'État qui aura obtenu la remise du malfaiteur.

Art. 20. — Les frais d'extradition seront à la charge de l'État requis jusqu'au moment de la remise de l'extradé. Ils seront supportés ensuite par le gouvernement requérant.

Art. 21. — Le gouvernement qui aurait obtenu l'extradition à l'égard d'un individu poursuivi communiquera au gouvernement requis la sentence définitive intervenue dans la cause qui a motivé la demande d'extradition.

Art. 22. — En cas d'urgence les gouvernements signataires pourront, par la voie postale ou télégraphique, solliciter l'arrestation provisoire du malfaiteur, ainsi que la confiscation des objets relatifs au délit, et la requête sera favorablement accueillie quand on indiquera l'existence d'un jugement ou d'un mandat d'arrêt et qu'on déterminera avec précision la nature du délit puni ou poursuivi.

Art. 23. — Le détenu sera mis en liberté si l'État réclamant n'introduit pas une requête à fin d'extradition dans les dix jours qui suivront l'arrivée du premier courrier expédié après la demande d'arrestation provisoire.

Art. 24. — Dans tous les cas de prison préventive, les responsabilités qui en résulteraient incomberont au gouvernement qui a sollicité la mise en arrestation.

Art. 25. — Les jugements et arrêts arbitraux rendus en matière commerciale et civile dans l'un des États signataires auront sur le territoire de l'autre la même force que dans le pays où ils ont été prononcés, pourvu qu'ils réunissent les conditions suivantes : a) La sentence aura été rendue par le tribunal compétent. b) Elle aura le caractère exécutoire ou de jugement passé en autorité de chose jugée, dans l'État où elle aura été prononcée. c) La partie contre laquelle elle a été rendue aura été légalement assignée ou déclarée contumace conformément à la loi du pays où l'instance a été introduite. d) La sentence ne sera pas contraire à l'ordre public tel qu'il est légalement établi dans le pays où elle doit recevoir son exécution.

Art. 26. — Les documents indispensables pour requérir l'accomplissement des jugements et arrêts arbitraux sont les suivants : a) Expédition de la sentence arbitrale. b) Expédition des pièces justifiant de la citation légale des parties. c) Expédition authentique de l'ordonnance déclarant que la décision arbitrale a le caractère exécutoire ou de sentence passée en autorité de chose jugée (quand le jugement ou arrêt ne contiendra pas la dite ordonnance).— L'accomplissement des sentences arbitrales peut être sollicité soit par la voie diplomatique, soit directement par la partie intéressée.

Art. 27. — Les grosses des sentences arbitrales et les jugements auxquels donnera lieu leur accomplissement seront déterminés par le code de procédure de l'État auquel l'exécution de ces jugements sera demandée.

Art. 28. — Les actes de juridiction volontaire tels qu'inventaires, ouverture de testaments, taxations ou autres semblables, accomplis dans un État, auront dans l'autre la même valeur que s'ils avaient eu lieu sur son territoire, pourvu qu'ils réunissent les conditions établies aux précédents articles, et tant que leur caractère propre le permettra.

Art. 29. — Les commissions rogatoires dont l'objet sera de faire des notifications, de recevoir des déclarations ou de pratiquer toutes diligences d'un caractère judiciaire s'effectueront sur le territoire de l'État requis et conformément à ses lois.

Art. 30. — Les personnes intéressées à l'exécution des actes judiciaires auxquels se rapportent les précédents articles pourront constituer des mandataires, et les honoraires de ces derniers, comme les frais occasionnés par ces diligences, seront à leur charge.

Art. 31. — Les deux gouvernements contractants décident que les différends qui pourraient être soulevés par l'interprétation ou l'exécution du présent traité ou par les conséquences de quelque violation de ce pacte, devront, quand tous les moyens de les régler amiablement auront été épuisés, être soumis à la décision de Commissions arbitrales dont la sentence sera obligatoire pour les deux parties. — Les membres de ces Commissions seront élus d'un commun accord par les deux gouvernements. Sinon chaque partie désignera un arbitre ou un nombre égal d'arbitres, qui nommeront à leur tour un amiable compositeur, dont la décision sera sans appel. — La procédure arbitrale sera toujours déterminée par les Parties Contractantes et, à leur défaut, la Commission arbitrale sera considérée comme autorisée pour la déterminer préliminairement.

Art. 32. — Le présent traité sera en vigueur pendant dix ans à compter du jour de l'échange des ratifications ; et si douze mois avant l'expiration de ce terme aucune des deux Parties ne notifie son intention d'en faire cesser l'effet, le dit traité restera obligatoire pendant une année, et ainsi de suite jusqu'à l'expiration des douze mois qui suivront la déclaration officielle en question, à quelque époque qu'elle ait lieu.

Art. 33. — Le présent traité sera approuvé (1) et ratifié par Son Excellence le Président constitutionnel de la République de Bolivie (2) et par Sa Majesté le Roi d'Italie, conformément à la Constitution politique des deux pays, et les ratifications seront échangées à Lima dans le délai d'un an ou plutôt si faire se peut.

En foi de quoi les plénipotentiaires respectifs l'ont signé et scellé.

Fait à Lima, en double exemplaire, le 18 octobre 1890.

Signé : P. Garcia.
D. Segre.

France. — Décret du 26 juin 1901 sur les prises en temps de guerre.

I. — Rapport au Président de la République française.

Paris, le 26 juin 1901.

Monsieur le Président,

L'usage des prises a été régularisé par une ordonnance royale du 30 novembre 1710. — Voulant mettre un terme au brigandage de « partis qui, se disant à tort sortis des places ou détachés des armées du Roi », en prenaient prétexte pour « tirer de gros rafraîchissements des lieux par où ils passaient », le Roi avait ordonné que « nul parti ne pourrait être détaché de ses armées ou sortir de ses places sans un passeport du général d'armée ou du gouverneur » ; qu'il ne pourrait être inférieur à vingt-cinq hommes commandés par un officier ; qu'il ne saurait « tirer aucun rafraîchissement du lieu où il passait qu'en payant de gré à gré » ; enfin que « les effets pris sur l'ennemi par les partis ne pouvaient être vendus qu'après qu'il en aurait été dressé procès-verbal par le prévôt de l'armée ou par les subdélégués des intendants dans les places ». — Pour tenir compte de ces prescriptions, l'ordonnance du 17 février 1753, « portant règlement sur le service de l'infanterie en campagne », les rappela dans son article 471 intitulé : « Des partis ». — Depuis cette date, les « règlements provisoires de 1755, de 1778 et du 5 avril 1792 sur le service de l'infanterie en campagne » ; le « règlement provisoire des troupes en campagne du 11 octobre 1809 », daté Schœnbrunn ; « l'instruction provisoire de février 1823 » ; « l'ordonnance de 1832 et le décret présidentiel du 26 octobre 1883 portant règlement sur le service des armées en campagne », ont plus ou moins copié l'ordonnance de 1753 en traitant « des partis » ou « des partisans », et

---

(1) L'approbation a eu lieu par décret du Congrès national bolivien du 28 novembre 1900.
(2) Cette ratification a été donnée le 2 janvier 1901.

LA FRANCE ET LE PORTUGAL

EN AFRIQUE

Vers la fin du XVIII° siècle, une contestation s'éleva entre la France et le Portugal, au sujet du trafic qui se pratiquait dans les parages de Cabinda. Les Portugais construisirent un fort que les Français trouvèrent gênant et dont ils réclamèrent la suppression. Pour appuyer cette demande, des vaisseaux de guerre vinrent, en 1784, faire une démonstration devant la place. Comme la garnison était très faible, elle capitula sans avoir essayé de résister. Il fut convenu alors entre M. de Marigny, commandant de la division française et M. Louis Condito Cordario Portudo, commandant des troupes portugaises (1), que le fort de Cabinda serait immédiatement démoli du côté de la mer et que les retranchements, élevés contre les nègres, seraient seuls maintenus (2).

L'acte de capitulation ne pouvait avoir qu'un caractère provisoire : c'était un simple *modus vivendi*. Aussi, pour régler d'une façon définitive les différends survenus entre leurs sujets respectifs, les Cours de France et de Portugal décidèrent de recourir à la médiation amicale du Roi d'Espagne.

Sur la proposition de la puissance médiatrice, intervint un arrangement que les plénipotentiaires des deux partis, M. le Duc de Lavauguyon et M. le Marquis de Lourical signèrent au Pardo, le 30 janvier 1786 (3).

L'ambassadeur de la Reine du Portugal déclarait que « la construction du fort élevé sur la côte de Cabinda n'avait jamais été faite avec l'intention de troubler, affaiblir ou diminuer le droit que prétendait avoir le Roi très chrétien au commerce libre de ses sujets sur cette côte, ainsi qu'ils étaient accoutumés à le faire, et qu'en conséquence S. M. très fidèle avait donné, conformément à l'offre qu'elle en avait faite, des ordres précis et qu'elle renouvellerait encore, pour que ses gouverneurs de terre, officiers de mer et autres ses sujets ne missent directement ou indirectement *le moindre obstacle, empéchement ou difficulté au dit commerce* ; assurant que les préjudices quelconques qui

---

(1) Acte de capitulation des forts de Cabinda sur la côte d'Angola, 1784, dans G. F. de Martens, *Recueil général de traités*, t. IV, p. 97 et suiv.

(2) Article 12 de cet acte.

(3) Convention entre la France et le Portugal, pour terminer le différend qui s'était élevé entre les deux monarchies sur la côte de Cabinda en Afrique et pour fixer les limites du commerce français sur cette côte, signée au Pardo, le 30 janvier 1786. V. G. F. de Martens, *op. cit.*, t. IV, p. 101 et suiv. ; Koch, *Table des traités*, t. II, p. 492.

auraient été causés ou qui le seraient par quelque acte contraire que ce pût être, seraient réparés aussitôt qu'ils auraient été justifiés ou déterminés ».

De son côté l'ambassadeur du Roi de France déclarait que « l'expédition dont avait été chargé M. de Marigny n'avait point été faite avec intention de troubler, affaiblir, ni diminuer le droit que la Reine très fidèle prétendait avoir à la souveraineté de la côte de Cabinda comme faisant partie du Royaume d'Angola et qu'en conséquence S. M. très chrétienne donnerait les ordres les plus précis pour que ses gouverneurs dans les isles, les officiers de mer, ou autres ses sujets ne missent directement ni indirectement le moindre obstacle, empêchement ou difficulté, soit avec les naturels du pays, soit d'une autre manière, à la dite souveraineté et à son exercice, assurant que les dommages qui seraient causés, par quelques actes contraires que ce fût, seraient réparés ainsi que ceux causés par la démolition des forts, desquels le montant serait compensé avec les dédommagements que pourrait devoir la Cour de Lisbonne ».

Après la signature de la convention, il y eut un échange de vues entre les deux plénipotentiaires pour « déterminer l'extension et la limite que devait avoir le commerce français sur les côtes d'Angola ». M. le Marquis de Lourical déclara, au nom de la Reine de Portugal, que S. M. très fidèle « n'entendait, ni ne pouvait permettre ni reconnaitre aucun droit des autres nations au trafic et commerce sur la dite côte d'Angola, si ce n'était dans la partie située au Nord du fleuve Zayre, mais non depuis ce fleuve et le cap appelé Padron vers le Sud, où ne devaient concourir que les sujets portugais, tenant pour furtif, clandestin et illicite tout autre commerce ou navigation quelconque ».

En donnant acte de ces dires, M. le Duc de Lavauguyon répondit, au nom du Roi de France, que « S. M. très chrétienne dont le système était fondé sur les principes les plus inviolables de justice et de modération, ne s'arrogeait pas le droit de contester ni de reconnaître les titres qu'exposait la Cour de Portugal à la propriété, souveraineté et commerce de la côte d'Angola, depuis le cap Padron vers le Sud, exclusivement aux autres nations, mais S. M. très chrétienne consentait que le commerce de ses sujets sur la dite côte ne s'étendît pas au Sud du fleuve Zayre au delà du dit cap Padron, à condition que les autres nations n'étendraient pas le leur au delà du dit cap ; de manière que les sujets français fussent traités en tout sur ces points comme ceux des dites nations » (1). Il était d'autant plus utile de formuler cette

(1) G. F. de Martens, *op. cit.*, t. IV, p. 103 ; Koch, *Table des traités*, t. II, p. 495. Dans ce traité, le fleuve Zayre est le Congo actuel.

réserve que les Hollandais et les Anglais avaient antérieurement étendu leur commerce jusqu'à la rivière d'Ambriz (1). Si l'égalité de traitement n'avait pas été stipulée par avance, nos trafiquants auraient pu être mis plus tard dans l'impossibilité de lutter contre leurs rivaux.

En résumé, le Roi de France reconnaissait à la Reine de Portugal ses droits de souveraineté sur la côte de Cabinda ; mais, de son côté, la Reine garantissait aux sujets du Roi pleine liberté de trafiquer sur cette côte, sauf dans les districts situés au Sud du cap Padron. La convention de 1786 fixait donc nettement, au point de vue politique et commercial, la situation respective des parties contractantes dans cette partie de l'Afrique occidentale.

Les guerres du premier Empire qui faillirent amener le démembrement du Portugal (2), n'apportèrent aucune modification à cet état de choses. Mais, dans la seconde moitié du XIXe siècle, les questions africaines vinrent de nouveau diviser les deux pays. A partir de 1884, on vit s'élever entre eux des conflits plus ou moins graves.

Subissant l'influence de l'Angleterre dont il a été toujours la dupe, le Portugal non seulement nous suscita des incidents de frontières sur la Cazamance et dans les Rivières du Sud, mais aussi essaya de porter atteinte aux droits que nous avions régulièrement acquis au Dahomey et au Congo.

Les différends, survenus dans ces trois régions, ont pu d'ailleurs se terminer d'une façon assez heureuse soit par un arrangement dont une Commission mixte a fixé les bases (3), soit par un désistement que le gouvernement portugais a cru devoir faire (4), soit enfin par l'inter-

(1) Ambriz se trouve à l'embouchure de la Logé. C'est de là que part la ligne délimitant le bassin conventionnel du Congo, d'après l'acte général de la Conférence africaine.

(2) Le 27 octobre 1807, Napoléon Ier conclut avec le Roi d'Espagne un traité secret pour le démembrement du Portugal. Dans l'article 13, il était dit que : « les deux Hautes Parties Contractantes s'entendraient pour faire un partage égal des îles, colonies et autres possessions outre-mer du Portugal ». V. de Clercq, *Recueil des traités de la France*, t. II, p. 235.

(3) Convention relative à la délimitation des possessions françaises et portugaises dans l'Afrique occidentale, signée à Paris le 12 mai 1886. V. de Clercq, *op. cit.*, t. XVII, p. 199 et suiv. V. aussi cette *Revue*, t. VIII (1901), Documents, p. 6.

Après de longues négociations poursuivies à Lisbonne, le gouvernement français et le gouvernement portugais avaient décidé, vers la fin de 1885, qu'une Commission mixte serait chargée de délimiter les possessions respectives sur la côte occidentale d'Afrique. Réunie à Paris, elle tint seize séances depuis le 22 octobre 1885 jusqu'au 12 mai 1886. Les délégués français furent MM. de Laboulaye, ministre de France à Lisbonne, O'Neill, capitaine de vaisseau et M. Bayol, lieutenant gouverneur du Sénégal. Les délégués portugais furent MM. d'Andrade Corvo, conseiller d'État, Carlos du Bocage, attaché de légation et Antonio de Castille, officier de la marine royale.

(4) Décret royal du 19 décembre 1887 notifié par le gouvernement portugais aux puissances. V. le *Mémorial diplomatique*, 1888, p. 27 et 47.

vention des puissances qui ont participé à la Conférence africaine (1).

I. — Région de la Cazamance et des Rivières du Sud (2).

La colonie du Sénégal, que l'Angleterre nous avait restituée en 1814 (3), s'était étendue peu à peu vers le Sud.

Sous la Monarchie de juillet, de 1837 à 1839, les chefs indigènes nous avaient cédé en pleine propriété des terrains situés le long de la Cazamance (4) sur lesquels avaient été fondés deux postes, l'un, à l'embouchure, dans l'ile de Carabane et l'autre, à 165 kilomètres en amont, à Sedhiou.

Durant le second Empire, non seulement nous avions pris possession, en 1857, de la rivière Kitafine ou rio Cassini (5) ; mais de plus nous avions assumé des protectorats sur les autres Rivières du Sud, notamment sur le rio Nunez en vertu des traités du 28 novembre 1865 et du 21 janvier 1866 (6).

Enfin, quinze ans plus tard, M. Bayol, chargé d'une mission par le ministre de la marine, s'était rendu à Douhol-Fella où il avait entamé des pourparlers avec les Almamys Ibrahima Sory et Hamadou. Le 5 juillet 1881, était intervenu un traité en vertu duquel le protectorat français était institué sur le Fouta-Djallon (7).

Nos possessions nouvelles semblaient appelées à prospérer, quand des difficultés, dues au voisinage de la Guinée portugaise, vinrent entraver leur développement (8).

Installés depuis le XVᵉ siècle sur la côte africaine entre le rio Cachéo et le rio Cassini, les Portugais, non seulement prétendaient avoir des droits

(1) Acte général dressé à Berlin le 26 février 1885 pour régler la liberté du commerce dans les bassins du Congo et du Niger ainsi que les occupations nouvelles du territoire sur la côte occidentale d'Afrique. V. de Clercq, *op. cit.*, t. XIV, p. 447.

(2) La région qu'arrosent ces rivières a été dénommée Guinée française par le décret du 17 décembre 1891.

(3) V. l'Introduction de notre ouvrage : *Les traités de protectorat conclus par la France en Afrique*, 1870-1895.

(4) Traités du 24 mars 1837 et du 3 avril 1838, dans de Clercq, *op. cit.*, t. IV, p. 364 et 416 ; traités conclus les 17, 21 et 23 décembre 1839, dans de Clercq, *op. cit.*, t. IV, p. 513 à 515.

(5) Acte de prise de possession de la rivière Kitafine, en date du 15 mars 1857. V. *Annales sénégalaises*, p. 463.

(6) Traité conclu le 28 novembre 1865 avec le Roi des Nalous. V. *Annales sénégalaises*, p. 465.

Traité conclu le 21 janvier 1866 avec le Roi des Landoumas, dans de Clercq, *op. cit.*, t. IX, p. 476.

(7) Ce traité fut modifié et complété plus tard par la convention du 20 mars 1888. V. notre ouvrage : *Les traités de protectorat conclus par la France en Afrique*, p. 120 et suiv.

(8) Le traité du 8 août 1884 avait placé sous la souveraineté de la France le village de Djami en face de Ziguinchor. V. de Clercq, *op. cit.*, t. XVII, p. 13.

de souveraineté sur certains villages de la rive droite de la Cazamance, mais en outre occupaient effectivement sur la rive gauche Ziguinchor. Or, ce poste, enclavé dans notre territoire, gênait les opérations de nos trafiquants qui étaient obligés d'acquitter des droits de douane spéciaux et entravait l'action de nos soldats qui devaient renoncer à poursuivre les bandes de pillards (1).

Il importait de faire disparaître cette enclave qui pouvait devenir l'occasion de conflits préjudiciables aux bonnes relations de la France et du Portugal. Il importait aussi de prendre des mesures pour maintenir notre influence exclusive sur le rio Nunez et sur le Fouta-Djallon qui par leur situation topographique se trouvaient exposés aux entreprises des Portugais.

Ce fut le double but que le gouvernement français s'efforça d'atteindre.

Dès le mois de juillet 1883, des pourparlers étaient engagés à propos d'un droit qui frappait les arachides dans l'étendue du territoire de Ziguinchor (2). De part et d'autre, on désirait aboutir promptement à une solution définitive, par crainte de nouveaux incidents (3). Mais il fallut provisoirement suspendre ces négociations spéciales, lorsque la Conférence africaine de Berlin commença ses travaux.

En octobre 1885, une Commission mixte put enfin être réunie à Paris (4). Son programme consistait à opérer à l'Est et au Sud, comme au Nord, la délimitation de la Guinée portugaise. Les délégués français, munis d'instructions très précises, se mirent d'accord avec les délégués portugais pour arrêter le tracé général qu'indique l'article 1er de la convention du 12 mai 1886 (5).

Au Nord, la frontière, partant du cap Roxo, se dirigera autant que possible à égale distance des rivières Cazamance et San Domingo de Cacheu jusqu'à l'intersection du 17° 30' de longitude ouest de Paris avec le parallèle 12° 40' de latitude nord ; de ce point jusqu'au 16° de longitude ouest de Paris, elle se confondra avec le parallèle 12° 40' de latitude nord.

A l'Est, la ligne frontière suivra le méridien 16° ouest de Paris, depuis le parallèle 12° 40' de latitude nord jusqu'au parallèle 11° 40' de latitude nord.

(1) Exposé des motifs, présenté le 14 juin 1887, à l'appui du projet de loi portant approbation de la convention du 12 mai 1886. V. de Clercq, op. cit., t. XVII, p. 202 et suiv.
(2) Exposé des motifs présenté le 14 juin 1887, à l'appui du projet de loi portant approbation de la convention du 12 mai 1886. V. de Clercq, op. cit., t. XVII, p. 204.
(3) Une échauffourée eut lieu, dans le courant de 1884, à Sindoni, près du poste portugais.
(4) V. p. 507, note 3.
(5) De Clercq, op. cit., t. XVII, p. 199. V. aussi cette Revue, t. VIII (1901), Documents, p. 6.

Au Sud, la ligne frontière partira de la rivière Cajet située entre l'île Catack et l'île Tristao. Elle se maintiendra autant que possible à égale distance du rio Componi et du rio Cassini, puis de la branche septentrionale du rio Componi et de la branche méridionale du rio Cassini d'abord et du rio Grande ensuite. Enfin, elle aboutira au point d'intersection du 16° de longitude ouest et du 11° 40' de latitude nord. Les possessions portugaises, ainsi délimitées, auront comme dépendances toutes les îles comprises entre le méridien du cap Roxo, une ligne suivant le thalweg de la rivière Cajet et se dirigeant ensuite au Sud-Ouest à travers la passe des Pilotes pour gagner le 10° 40' de latitude nord, enfin le parallèle 10° 40' jusqu'à sa rencontre avec le méridien du cap Roxo.

Il est facile de préciser les conséquences de cette délimitation.

Nous avons abandonné au Portugal le bassin du rio Cassini dont nous avions pris possession en 1857.

En retour, nous avons obtenu le bassin entier de la Cazamance, y compris le territoire de Ziguinchor (1) et nous avons assuré le libre exercice de nos droits sur le rio Nunez.

Enfin, notre protectorat sur le Fouta-Djallon a été expressément reconnu par le Portugal (2) qui pourtant était « maitre des divers fleuves constituant des voies d'accès vers le territoire protégé » (3). Cette reconnaissance a été, au point de vue politique, un résultat particulièrement important.

Conformément à l'article 7 de la convention, les deux gouvernements ont désigné des Commissaires techniques pour procéder à la fixation sur les lieux (4) de la ligne séparant les possessions respectives. Les opérations, commencées en 1888, se poursuivaient encore pendant l'année 1900 (5) et n'étaient pas terminées au début de l'année 1901 (6).

II. — RÉGION DU DAHOMEY.

Dans la seconde moitié du XIX° siècle, nous avions acquis divers points importants sur la côte du Bénin.

(1) M. Charles de Dinsky dit à tort que la France a cédé au Portugal la place de Ziguinchor (*Le Continent africain*, p. 28).

(2) Article 2 du traité. Par le même article, la France s'engageait « à ne pas modifier le traitement accordé de tout temps aux sujets portugais par les Almamys du Fouta-Djallon ».

(3) Exposé des motifs présenté le 14 juin 1887 à l'appui du projet de loi portant approbation de la convention du 12 mai 1886, dans de Clercq, *op. cit.*, t. XVII, p. 203.

(4) Faidherbe, *Le Sénégal*, p. 17.

(5) Un arrêté du gouverneur général de l'Afrique occidentale, en date du 29 janvier 1900, a institué une Commission de délimitation composée du capitaine Payn, du lieutenant Benoist et du sous-lieutenant Brocard. V. *Bulletin du Comité de l'Afrique française*, 1900, p. 98.

(6) *Bulletin du Comité de l'Afrique française*, 1901, p. 275 et 310.

D'abord, le traité du 1er juillet 1851 (1) nous avait donné le terrain nécessaire au fort de Ouidah que nous avions construit très anciennement et sur lequel notre drapeau n'avait pas cessé de flotter (2).

Ensuite,le Roi de Porto-Novo,Sodjé,avait conclu avec notre vice-consul, M. Daumas, les traités des 23 et 25 février 1863, dans le but de placer son Royaume sous notre protection (3).

Enfin, le Roi du Dahomey, par les traités du 19 mai 1868 et du 19 avril 1878, avait déclaré nous céder gratuitement le territoire de Kotonou avec les droits qui lui appartenaient « sans aucune exception, ni réserve » (4).

Ces divers actes nous assuraient une situation prépondérante sur la Côte des Esclaves.

Le gouvernement du Portugal, qui possédait depuis longtemps le fort de Saint-Jean d'Ajuda (5), ne parut pas trop s'alarmer de nos rapides progrès et n'essaya pas de se poser en compétiteur. Il eut même l'idée d'abandonner son unique établissement et, en vue d'une cession future, réserva à l'Angleterre un droit de préemption (6).

Mais, par la suite, son attitude vis-à-vis de la France se modifia d'une façon sensible.Sur les conseils et d'après les renseignements du mulâtre Julio da Souza (7), il résolut d'étendre sa domination dans ces parages où il avait joué jusqu'alors un rôle politique très effacé.

Le 5 août 1885, au Palais de Auguanzun, intervenait entre M. Meïrelles Leite, magistrat portugais et Cohondu, Prince héritier de la Couronne dahoméenne, un traité qui plaçait « sous la protection de la nation portugaise toute la côte maritime du Royaume de Dahomey comprenant la ville de Cotonum (Kotonou), comme limite à l'Est, Godomey, Avréquété et Ajuda, comme points intermédiaires, et le pays de Pescaria comme limite à l'Ouest » (8).

(1) Article 9 de ce traité, dans de Clercq, *op. cit.,* t. VI, p. 112.

(2) Ce fort fut créé en 1670 ou en 1707.V. *Notice sur le Dahomey publiée à l'occasion de l'Exposition de* 1900, p. 10.

(3) Le texte de ces traités se trouve reproduit dans la notice sur le Dahomey, déjà citée, p. 46 et suiv.

(4) De Clercq, *op. cit.,* t. XVIII, p. 366 et 368. V. notre ouvrage, *Les traités de protectorat conclus par la France en Afrique*, p. 5 et 91.

(5) Ce fort était situé sur la côte de Mina.

(6) L'article 14 du traité du 26 février 1884 entre le Portugal et la Grande-Bretagne, portait : « Sa Majesté le Roi du Portugal et des Algarves s'engage pour lui-même,ses héritiers et ses successeurs, à ce que, si à aucune époque le Portugal avait l'intention de se retirer du fort Saint-Jean-Baptiste d'Ajuda, cette intention sera dûment notifiée à l'Angleterre à qui sera offerte la cession du fort et de tous les droits attachés à sa possession ; et, aucun arrangement ne sera fait à une autre puissance sans le consentement préalable de l'Angleterre ». V. Banning, *Le partage de l'Afrique*, p. 102.

(7) Il était le petit-fils du mulâtre brésilien Francisco da Souza pour lequel avait été créé le titre de Chacha. V. la notice précitée publiée à l'occasion de l'Exposition universelle de 1900, p. 20.

(8) Article 1er du traité. V. *Mémorial diplomatique*, 1885, p. 706.

Au mois de septembre de la même année, les autorités portugaises proclamèrent sur plusieurs points le protectorat (1) et notifièrent l'occupation aux puissances signataires de l'acte de Berlin (2). Entre temps, le pavillon portugais fut arboré à Kotonou en violation évidente de nos droits et malgré les protestations de nos officiers (3).

Pourquoi ce brusque revirement ? Pourquoi le gouvernement portugais cherchait-il à exercer une influence exclusive sur la côte dahoméenne ? En agissant de la sorte, il obéissait aux considérations suivantes (4) :

Accomplir une tâche glorieuse et mériter la reconnaissance de l'Europe en civilisant un pays absolument barbare ;

Rendre plus faciles et plus profitables les relations des commerçants portugais avec les peuplades indigènes ;

Recruter à bas prix des travailleurs robustes pour l'exploitation de l'île de San-Thomé (5).

Mais cette vaste conception ne devait pas se réaliser.

Dès que l'établissement du protectorat portugais fut connu, certaines résistances se produisirent en Europe et en Afrique.

D'une part, le Roi du Dahomey soutint énergiquement que les fonctionnaires qui avaient négocié le traité du 5 août 1885, s'étaient rendus coupables de haute trahison en traduisant mal sa pensée (6) : à aucun moment, il n'avait voulu abdiquer ses droits de souveraineté ou abolir les sacrifices humains (7).

D'autre part, notre représentant à Lisbonne, par une Note du 16 janvier 1886, protesta contre la portée qu'on avait donnée à cet acte : les droits que nous invoquions sur Ouidah et Kotonou étaient fondés sur des titres réguliers et, dès lors, devaient être respectés (8).

(1) Dans l'acte relatif au protectorat, il était dit qu'on arborerait le drapeau de la nation portugaise et qu'on installerait une force militaire. V. *Mémorial diplomatique*, 1885, p. 706.

(2) Une notification fut adressée au vice-consul de France à Ouidah le 12 septembre 1885. Des notifications analogues furent adressées aussi aux agents de l'Espagne, de la Belgique, de l'Italie, de l'Angleterre, de l'Allemagne, des États-Unis d'Amérique, de la Hollande et de la Turquie. V. *Mémorial diplomatique*, 1885, p. 706.

(3) *Notice publiée à l'occasion de l'Exposition de* 1900, p. 58 et suiv.

(4) *Mémorial diplomatique*, 1888, p. 47 et suiv.

(5) Un journal belge, *Le Mouvement géographique*, prétendit que le Portugal, en rachetant les prisonniers dahoméens et en les envoyant à San-Thomé, favorisait la traite. Cette assertion donna lieu à un démenti de la part des autorités portugaises. V. *Mémorial diplomatique*, 1885, p. 759.

(6) *Mémorial diplomatique*, 1888, p. 47.

(7) En 1889, M. Bayol retenu à Abomey vit « des centaines d'hommes et de femmes égorgés comme du bétail ». V. notre ouvrage : *Les traités de protectorat conclus par la France en Afrique*, p. 96.

(8) Aublet, *La guerre au Dahomey*, p. 3.

En présence de ces réclamations, le gouvernement portugais comprit qu'en persistant dans son entreprise, il risquait d'assumer de lourdes responsabilités vis-à-vis de l'Europe et d'amener une rupture avec la France.

Aussi, sans plus tarder, il crut devoir renoncer au protectorat qu'il avait institué d'une façon si inopportune.

Un décret fut rendu dans ce sens et aussitôt notifié aux États intéressés (1).

A l'ouverture des Cortès, le 2 janvier 1888, le Message royal annonça cet événement dans les termes suivants : « Par suite des circonstances survenues au Dahomey et après une enquête minutieuse à laquelle a procédé le gouvernement, il a plu à Sa Majesté d'ordonner qu'il soit mis un terme au protectorat exercé sur ce pays et que cela soit communiqué aux puissances signataires de l'acte général de la Conférence de Berlin » (2).

La décision qu'avait prise le gouvernement portugais était commandée par la prudence la plus élémentaire. On eût autrement fait naitre des complications dont il aurait été ensuite difficile de sortir.

III. — RÉGION DU CONGO.

En vertu du traité du Pardo, signé le 30 janvier 1786, Sa Majesté très fidèle avait reconnu aux Français la faculté de trafiquer librement sur la côte d'Angola, y compris l'estuaire du Zaïre ou Congo : elle avait seulement réservé pour ses sujets le commerce de certains districts, situés au Sud du cap Pardon, qu'elle avait déclaré vouloir fermer à toutes autres nations indistinctement (3).

Cet arrangement, qui n'avait donné lieu à aucune discussion pendant un siècle, fut tout à coup méconnu par l'une des puissances signataires.

Le 26 février 1884, le Portugal signait avec l'Angleterre un traité soi-disant destiné « à faciliter le développement du commerce et de la civilisation sur le continent africain » (4).

Or, voici les principales dispositions qu'il contenait :

Sa Majesté britannique consentait à reconnaitre la souveraineté de Sa Majesté très fidèle le Roi de Portugal sur la partie de la côte occidentale

---

(1) Hertslet, *The Map of Africa by Treaty*, t. I, p. 250. Il y est dit que la notification eut lieu le 27 décembre 1887.

(2) *Mémorial diplomatique*, 1888, p. 47.

(3) V. l'Introduction historique de cette étude.

(4) Le texte intégral de ce traité se trouve reproduit en français dans l'ouvrage de M. Banning, *Le partage de l'Afrique*, p. 102. Comme nous le verrons, ce traité ne fut pas ratifié.

d'Afrique située entre le 8° et le 5° 12' de latitude sud et sur les terres à l'intérieur jusqu'à une certaine limite (1).

Dans cette zone, les deux parties contractantes établissaient des droits de douane, des droits de péage et d'autres taxes (2).

De plus, les deux parties se réservaient la faculté de nommer une Commission mixte « pour rédiger les règlements concernant la navigation, la police et la surveillance du Congo et des autres voies fluviales comprises dans cette zone » (3).

C'était un ensemble de mesures restrictives qui devaient être préjudiciables aux intérêts commerciaux des autres nations européennes.

Le gouvernement français, invoquant le traité du Pardo, fit des réserves formelles et, de son côté, le gouvernement allemand ne dissimula pas son mécontentement. L'un et l'autre jugèrent opportun de « s'unir contre cette politique d'exclusivisme colonial » (4).

Une entente complète s'étant faite entre eux, il fut décidé que l'on proposerait à tous les États intéressés de discuter un programme comprenant trois questions :

a) Etablissement de la liberté commerciale dans le bassin et aux embouchures du Congo ;

b) Application de la liberté de navigation au Niger et au Congo ;

c) Définition des formalités à remplir pour les occupations nouvelles sur les côtes de l'Afrique (5).

La proposition faite par les Cabinets de Paris et de Berlin fut partout accueillie avec empressement. Au début, on avait pu croire que le Portugal et l'Angleterre la repousseraient, mais aucune résistance sérieuse ne se produisit de leur part (6).

Le 15 novembre 1884, les plénipotentiaires des puissances européennes et des États-Unis d'Amérique se réunissaient à Berlin où ils siégeaient jusqu'au 26 février 1885. De leurs délibérations sortit l'acte général de la Conférence africaine (7).

(1) Article 1 du traité.

(2) Articles 4, 5 et 9 du traité.

(3) Article 4 du même traité.

(4) Rapports sur les travaux de la Conférence africaine adressés au ministre des affaires étrangères, le 7 mars 1885, par M. Engelhardt, ministre plénipotentiaire. V. de Clercq, *op. cit.*, t. XIV, p. 465.

(5) Mêmes rapports. Dépêche de M. Jules Ferry, ministre des affaires étrangères au Baron de Courcel, ambassadeur de la République française à Berlin, en date du 8 novembre 1884, dans le Livro jaune, 1885, *Affaires du Congo et de l'Afrique occidentale*, p. 15.

(6) Rapport sur les travaux de la Conférence africaine adressé au ministre des affaires étrangères, le 7 mars 1885, par M. Engelhardt, ministre plénipotentiaire, dans de Clercq, *op. cit.*, t. XIV, p. 465 et suiv.

(7) Acte général de la Conférence africaine dressé à Berlin le 26 février 1885, dans de Clercq, *op. cit.*, t. XIV, p. 445 et suiv.

Cet acte proclamait la liberté du commerce dans le bassin conventionnel du Congo et la liberté de la navigation sur le même fleuve (1). On
avait ainsi réussi à déjouer la tentative d'accaparement que l'accord
anglo-portugais laissait nettement entrevoir.

Durant les délibérations de la Conférence africaine, l'Association internationale du Congo, reconnue comme État indépendant, avait conclu deux
traités de délimitation : l'un avec la France daté du 5 février 1885 (2) et
l'autre avec le Portugal, sous la médiation de la République française,
daté du 14 février 1885 (3).

Par le premier de ces actes, la limite méridionale des possessions françaises, se dirigeant de l'Océan vers l'Est, suivait le cours du Chiloango.

Par le second, la limite des possessions portugaises, remontant du Sud
vers le Nord, aboutissait au confluent du Luculla avec le Chiloango (4).

Lors des négociations engagées pour la conclusion de ces deux actes, le
gouvernement français avait considéré le parallèle passant par l'embouchure du Chiloango comme la limite septentrionale des possessions réclamées par les Portugais. « Dans cette pensée, il avait prêté à Berlin ses
bons offices au Portugal, et, en qualité de médiateur, avait fait reconnaître
par l'Association internationale africaine la souveraineté de la Couronne
portugaise sur le Cabinda et le Molembe, en y comprenant Landana,
placée à l'embouchure du Chiloango qui coïncide précisément avec le
5°12' de latitude sud » (5).

Le 7 février 1885, M. de Courcel, ambassadeur de France à Berlin, notifiant au Marquis de Penafiel la convention intervenue entre la France
et l'Association internationale, lui écrivait (6) : « J'ai eu l'occasion de vous
indiquer déjà le point de vue auquel mon gouvernement s'est placé
en traitant cette affaire et je crois d'autant plus utile de le préciser avec
vous que, dans notre conviction, une complète analogie de situation et
d'intérêts existe entre la France et le Portugal, en ce qui concerne les

---

(1) Chapitres I et IV de l'acte général de la Conférence africaine.

(2) Convention conclue à Paris, le 5 février 1885, entre le gouvernement de la République française et l'Association internationale du Congo pour la délimitation de leurs possessions respectives. V. de Clercq, *op. cit.*, t. XIV. p. 442 et suiv.

(3) Convention signée à Berlin, le 14 février 1885, sous la médiation de la France entre le Portugal et l'Association internationale du Congo pour fixer les limites de leurs
possessions respectives. V. de Clercq, *op. cit.*, t. XIV, p. 445.

(4) La convention du 14 février 1885 fut vivement critiquée devant les Cortès portugaises. C'était, disait-on, une véritable spoliation, car la rive droite du Congo appartenait au
Portugal comme la rive gauche. V. *Mémorial diplomatique*, 1885, p. 163 et 371.

(5) Note communiquée le 17 février 1886 à la Commission franco-portugaise réunie à
Paris.

M. Banning a donné le texte de cette Note dans son livre précité, p. 117.

(6) Annexe II à la dépêche de Berlin en date du 19 février 1885.

Livre jaune, 1885, *Affaires du Congo et de l'Afrique occidentale*, p. 332.

relations à entretenir avec l'Association internationale. Il est d'une utilité manifeste pour les deux pays de favoriser, dans le voisinage immédiat de leurs colonies, l'organisation d'un pouvoir régulier capable d'assurer le maintien de l'ordre et la sécurité du commerce et constitué à cet effet dans des conditions qui le rendent véritablement viable. Afin d'arriver à ce résultat, la France a consenti à des sacrifices territoriaux considérables. Mon gouvernement est d'avis que le Portugal ne doit pas hésiter à suivre cet exemple et qu'il importe d'assurer au futur État du Congo un large et libre accès vers la mer. La puissance coloniale de votre pays étant appelée à un grand développement sur la rive gauche du Congo, la combinaison la plus simple serait d'attribuer à l'Association la rive droite, de manière à ce qu'elle disposât de tout le territoire compris entre le Chiloango et le Congo. Toutefois, vous avez bien voulu me faire observer que des souvenirs historiques de haute valeur se rattachent, pour la nation portugaise, aux districts de Molembe et de Cabinda, compris dans cette région, et que les noms mêmes de cette province figurent parmi les titres constitutionnels de la Monarchie. Le gouvernement français s'est arrêté devant ce scrupule, mais il persiste à penser qu'*en dehors des deux districts en question*, le gouvernement portugais agirait avec prudence, *en se désistant de toute prétention sur les territoires situés au Nord du Congo* ».

Le Baron de Courcel ne reconnaissait donc comme appartenant au Portugal que les districts de Molembe et de Cabinda situés au Sud du Chiloango (1).

Malgré les deux actes de 1885, dont la portée avait été si nettement précisée par le Baron de Courcel, une contestation assez grave se produisit entre les deux puissances voisines. Voici les incidents à la suite desquels elle prit naissance.

Pour assurer la communication de Brazzaville avec l'Océan par la vallée du Niari-Quillou (2), le gouvernement français avait fait occuper en 1883 Loango et la Pointe-Noire dont les chefs s'étaient placés sous notre protectorat (3). Quelque temps après, des fonctionnaires portugais, obéis-

____

(1) M. Banning, *op. cit.*, p. 123, dit à tort que, par les deux actes de 1885, la France avait ajouté le territoire de Massabi à l'enclave de Cabinda et de Molembe. Cette affirmation est inexacte. M. le Baron de Courcel, dans sa dépêche, avait conseillé au Portugal de borner ses prétentions aux seuls districts de Cabinda et de Molembe : il n'avait donc pas reconnu le village de Massabi comme appartenant à cette puissance.

(2) Dès 1882, M. de Brazza fit connaître que le Niari-Quillou était la véritable route pour gagner la partie navigable du Congo. Par l'article 3 de la convention du 5 février 1885, l'Association internationale du Congo nous a reconnu tout le bassin du Niari jusqu'au Chiloango. V. de Clercq. *op. cit.*, t. XIV, p. 442.

(3) Traité passé à Loango, le 12 mars 1883, avec le Roi Manimacosso-Chicusso ; traité passé à Chibamba, le 21 juin 1883, avec les chefs de la Pointe-Noire. V. de Clercq, *op. cit.*, t. XIV, p. 307 et 313.

sant aux instructions du gouverneur d'Angola, vinrent s'installer sur le territoire de Massabi (1). Invoquant la prise de possession de ce village, le Cabinet de Lisbonne prétendit que la limite méridionale de nos possessions congolaises devait être non pas le cours du Chiloango, mais le cours de la Loëma ou Louisa-Loango (2).

Cette prétention était contraire aux déclarations qu'avait faites le Cabinet de Lisbonne lors des négociations de 1885, puisque le parallèle 5° 12' avait été alors accepté comme limite (3).

Elle était, de plus, susceptible de compromettre gravement notre position sur le Niari-Quillou (4). Aussi le gouvernement français, quoique animé d'un esprit conciliant, se vit obligé de la repousser.

Ce litige fut soumis à la Commission mixte réunie à Paris en 1885 (5).

De part et d'autre, on eut beaucoup de peine à dégager les éléments d'une entente. Cependant, après de longues discussions, les plénipotentiaires finirent par adopter le mode de délimitation que l'on trouve dans l'article 3 de la convention du 12 mai 1886.

La frontière partira de la pointe de Chamba située au confluent de la Loëma et de la Lubinda, elle se tiendra autant que possible à égale distance de ces deux rivières ; à partir de la source la plus septentrionale de la rivière Louali, elle suivra la ligne de faite qui sépare les bassins de la Loëma ou Louisa-Loango et du Chiloango jusqu'au 10° 30' de longitude est de Paris ; puis elle se confondra avec ce méridien jusqu'à sa rencontre avec le Chiloango (6).

Dans l'estuaire compris entre la pointe Chamba et la mer, le thalweg servira de ligne de démarcation politique aux possessions respectives (7).

L'arrangement du 12 mai 1886 avait un caractère transactionnel. Si nous gardions le bassin entier de la Loëma et si nous maintenions notre influence intacte sur le Niari-Quillou, nous abandonnions au Portugal le bassin de la Lubinda et le cours entier du Chiloango, avec le territoire de Massabi.

En outre de cette concession, nous reconnaissions à Sa Majesté très fidèle le droit d'exercer son influence souveraine et civilisatrice dans les

(1) Exposé des motifs présenté, le 14 juin 1887, à l'appui du projet de loi portant approbation de la convention du 12 mai 1886, dans de Clercq, *op. cit.*, t. XVII, p. 202.

(2) Exposé des motifs déjà cité.

(3) V. la Note citée p. 515.

(4) Rapport fait au Sénat par M. Garrisson le 30 juin 1887. V. *Journal officiel*, 1887, Annexe n° 338.

(5) V. ci-dessus, p 507, note 3.

(6) Le Chiloango sert en cet endroit de frontière entre les possessions portugaises et l'État libre du Congo.

(7) Chacune des parties contractantes s'engageait à n'élever à la pointe de Chamba aucune construction susceptible d'empêcher la navigation.

lerritoires compris entre les colonies portugaises d'Angola et de Mozambique (1).

Une pareille déclaration n'était pas compromettante pour nous, puisque
« le territoire dont il s'agissait ne touchait par aucun point à nos possessions » (2). Nous n'avions pas de motifs sérieux pour empêcher la
constitution du vaste empire transcontinental que le Portugal projetait
de créer entre les deux Océans (3). Il nous suffisait de réserver d'une
façon générale « les droits précédemment acquis par d'autres puissances », c'est-à-dire par l'Allemagne (4) et l'Angleterre (5).

Conformément à l'article 7 de la convention du 12 mai 1886, les deux
gouvernements ont nommé, dès 1889, des Commissaires techniques pour
fixer sur les lieux la ligne de démarcation entre leurs possessions respectives (6). Mais on a reconnu que l'on ne pouvait pas, d'après les indications de cette convention (7), arrêter le tracé sur deux points :

a) Des sources de la Lubinda jusqu'aux sources de la rivière Louali en
suivant la ligne de faîte des bassins de la Loëma et du Chiloango.

b) Entre les bassins de la Loëma et du Chiloango jusqu'au méridien
10° 30' est de Paris, la ligne de faite séparant les bassins n'atteignant pas
ce méridien (8).

D'un commun accord, les parties contractantes ont décidé de corriger
la convention du 12 mai 1886 et ont signé à la date du 23 janvier 1901 un
acte interprétatif (9).

Par cette étude, on vient de voir que les contestations survenues entre

---

(1) Article 4 de la convention du 12 mai 1886.

(2) Rapport au Sénat par M. Garrisson le 30 juin 1887. V. *Journal officiel*, 1887, Annexe
n° 338, p. 715.

(3) Sur les prétentions portugaises dans la région du Zambèze, on peut consulter la
Note adressée le 29 novembre 1889 par M. Barros Gomès, ministre des affaires étrangères, au représentant du Portugal, à Londres. V. *Mémorial diplomatique*, 1889, p. 790·

(4) L'Allemagne a conclu avec le Portugal un accord pour délimiter les sphères d'influence respectives dans l'Afrique du Sud. — Arrangement concernant la délimitation des
sphères d'influence allemande et portugaise dans l'Afrique du Sud, signé à Lisbonne le
30 décembre 1886, art. 3. V. Van Ortroy, *Conventions internationales définissant les
limites actuelles des possessions en Afrique*, p. 172.

(5) L'Angleterre se montra moins conciliante que l'Allemagne. Abusant de sa force
envers une nation faible, elle adressa, le 11 janvier 1890, au gouvernement portugais
un ultimatum qui fut suivi d'un envoi de navires cuirassés dans la baie de Delagoa et
aux îles du Cap Vert. V. *Mémorial diplomatique*, 1890, p. 41 et suiv.; Bonnefon, *L'Afrique politique en* 1900, p. 308 ; Bonfils-Fauchille, *Manuel de droit international public*,
3e édit., 1901, n° 560, p. 314.

(6) *Mémorial diplomatique*, 1889, p. 112. Le chef de la mission française était le capitaine Brosselard.

(7) V. à ce sujet l'article 3 de la convention.

(8) *Bulletin du Comité de l'Afrique française*, 1901, p. 207.

(9) V. le texte de cet acte dans cette *Revue*, t. VIII (1901), Documents, p. 8.

le Portugal et la France au sujet des terres africaines ont été promptement et heureusement terminées.

Notre diplomatie, déployant beaucoup de vigilance et d'activité, a su faire respecter les droits que nous avions acquis par des actes absolument réguliers. De plus, elle a contribué à faire admettre des délimitations territoriales qui, dans leur ensemble, sauvegardent nos intérêts politiques et économiques (1).

Malgré les résultats appréciables qu'elle a obtenus, elle n'a pas encore réussi à mettre nos possessions du Sénégal et des Rivières du Sud à l'abri de tout danger. Au milieu d'elles se trouve enclavée la Guinée portugaise dont les indigènes ne sont ni domptés, ni assimilés (2). Dès lors nous sommes exposés à subir le contre-coup de soulèvements qui peuvent se produire d'un moment à l'autre.

Il serait souhaitable que le Portugal se décidât à céder à la France son établissement moyennant une indemnité pécuniaire et certaines garanties.

Plusieurs écrivains très compétents, spécialement le général Faidherbe, ont déjà formulé des vœux dans ce sens (3).

Si un jour cette cession venait à se réaliser, les deux parties contractantes auraient sujet de s'en réjouir.

La France pourrait aisément contenir les peuplades du territoire cédé et, dès lors, n'aurait plus à craindre les conséquences fâcheuses d'une insurrection.

De son côté, le Portugal, affranchi d'une charge assez lourde, pourrait mettre en pleine valeur sa belle colonie d'Angola que l'Angleterre, sa perfide alliée, lui a interdit d'étendre jusqu'à Mozambique (4).

E. ROUARD DE CARD,
Professeur à l'Université de Toulouse,
Associé de l'Institut de droit international.

(1) La délimitation faite au Nord de la Guinée portugaise à été critiquée comme étant peu favorable à la surveillance douanière. — V. sur ce point Aspe-Fleurimont, *La Guinée,* p. 280.

(2) Aspe-Fleurimont, *op. cit.,* p. 281.

(3) Aspe-Fleurimont, *op. cit.,* p. 281 ; Bonnefon, *op. cit.,* p. 148 ; Faidherbe, *Le Sénégal,* p. 17.

(4) Pour assurer sa prépondérance dans l'Afrique du Sud, l'Angleterre a imposé au Portugal la conclusion de divers actes diplomatiques ayant pour objet de délimiter les sphères d'influence respectives dans la région du Zambèze : modus vivendi du 14 novembre 1890 ; traité du 11 juin 1891 ; modus vivendi du 5 juin 1893 ; accord du 20 janvier 1896. V. Van Ortroy, *Conventions internationales définissant les limites actuelles des possessions en Afrique,* p. 252, 280 et 358.

DE LA NATIONALITÉ DANS L'EMPIRE OTTOMAN
SPÉCIALEMENT EN ÉGYPTE

L'antique législation de l'Empire ottoman a été, au cours du XIXᵉ siècle, profondément modifiée sous l'inspiration des idées occidentales. Il en est résulté de nouvelles dispositions de droit privé (code de procédure civile, code de commerce, etc.) et un nouveau droit public. Je me propose d'étudier ici une institution qui tient à la fois du droit public et du droit privé et qui offre, dans l'Empire ottoman, une importance beaucoup plus grande qu'ailleurs par suite des privilèges exorbitants dont y jouissent la plupart des étrangers. La nationalité soulève, au point de vue de son acquisition, de sa perte, de ses effets, des difficultés curieuses et embarrassantes, dans ce pays, dont la situation internationale et l'organisation interne sont très particulières. Il m'a paru intéressant de contribuer à les élucider.

La loi du 19 janvier 1869 qui régit cette matière (1) répond aux questions suivantes : Qui est Ottoman ? Qui est étranger ? A quelles conditions l'étranger devient-il Ottoman et l'Ottoman étranger ? Qui peut recouvrer la nationalité ottomane ? Elle le fait conformément au système suivi par le code Napoléon et par les législations auxquelles il a servi de modèle. Il n'y a donc pas à insister sur le commentaire de cette loi, mais seulement à noter brièvement celles de ses dispositions qui ne prêtent pas à la controverse, en se réservant pour les deux ou trois points très importants qu'elle laisse obscurs.

I. — OTTOMAN PAR ORIGINE.

« Tout individu né d'un père ottoman et d'une mère ottomane, ou seulement d'un père ottoman, est sujet ottoman ». Tel est le texte de l'article 1ᵉʳ de la loi du 19 janvier 1869.

La loi ottomane s'attache donc à la filiation paternelle sans se préoccuper de la nationalité de la mère ; elle ne tient compte du lieu de la naissance que pour accorder, dans son article 2, à l'individu né sur le territoire ottoman de parents étrangers le droit de revendiquer la qualité de sujet ottoman, dans les trois années qui suivent sa majorité.

« Les dispositions contenues dans ces articles sont assez simples pour

---

(1) Le texte de cette loi, la circulaire adressée aux gouverneurs généraux pour l'interpréter et les autres documents accessoires, se trouvent dans la *Législation ottomane ou recueil des lois de l'Empire ottoman*, de G. Aristarchi-Bey, t. I, p. 7 et suiv.

se passer de commentaires ». Ainsi s'exprime la circulaire interprétative du 26 mars 1869 adressée par la Porte aux gouverneurs
généraux des Vilayets (1). Ces dispositions sont toutefois incomplètes ;
elles ne fixent pas la nationalité des enfants trouvés ou celle d'un enfant
né sur le territoire ottoman de parents à nationalité inconnue. L'article 9
et dernier de la loi, sur lequel j'aurai souvent l'occasion de revenir dans
la suite de cette étude, tranche cette difficulté et toutes celles susceptibles de naître d'une nationalité incertaine, en réputant sujet ottoman
tout individu habitant.le territoire ottoman, jusqu'à ce que sa qualité
d'étranger ait été régulièrement constatée.

La même présomption permet de déterminer très logiquement la nationalité de l'enfant né sur le territoire ottoman d'une femme étrangère
et d'un père inconnu. Cet enfant doit être réputé Ottoman. Sa nationalité dépend en effet de celle de son père, et, celle-ci étant inconnue, la
sienne l'est aussi, ce qui est précisément la situation réglée par l'article 9, au moyen d'une présomption de nationalité ottomane.

II. — Ottoman par naturalisation.

Aux termes de l'article 3, « tout étranger majeur qui a résidé durant
cinq années consécutives dans l'Empire ottoman peut obtenir la nationalité ottomane en adressant directement ou par intermédiaire sa demande
au ministre des affaires étrangères ».

Dans deux cas très favorables, les conditions ci-dessus, autres que la
majorité, peuvent être écartées.

Le premier est laissé à la discrétion du pouvoir exécutif. « Le gouvernement impérial, dit l'article 4, pourra accorder extraordinairement
la nationalité ottomane à l'étranger qui, sans remplir les conditions
de l'article précédent, serait jugé digne de cette faveur exceptionnelle ».

Le second cas constitue-t-il bien une naturalisation ? C'est là une question discutable. Il s'agit de l'enfant né de parents étrangers sur le territoire ottoman. Cet individu peut, selon l'article 2, « dans les trois années
qui suivront sa majorité, revendiquer la qualité de sujet ottoman »,
sans donc que la condition de séjour soit exigée et sans que cette *revendication* puisse être rejetée.

Quel en est l'effet ? Rétroagit-elle de telle sorte que son bénéficiaire es
censé avoir toujours été Ottoman ?

En 1869, au moment où l'article 2 fut rédigé, la jurisprudence française
admettait l'effet rétroactif de la déclaration prévue par l'article 9 du code

(1) Aristarchi-Bey, *Législation ottomane*, t. I, p. 9.

Napoléon correspondant à ce texte. En adoptant une telle disposition, le législateur ottoman lui a vraisemblablement donné le sens suivant lequel il était alors appliqué en France et qui résulte du rapprochement entre les articles 9 et 20 du code Napoléon.

Ce qui prouve que cette interprétation était bien dans la pensée des rédacteurs de la loi ottomane, c'est le verbe *revendiquer* qu'ils ont substitué au verbe *réclamer*, et qui serait impropre s'il ne s'appliquait pas à un droit existant.

Quelle majorité les articles 2 et 3 visent-ils, si l'âge fixé par la loi personnelle du postulant au moment de sa demande ou de sa revendication est autre que l'âge fixé par les divers statuts personnels dont jouissent les sujets ottomans d'après leur religion (1) ? A laquelle de ces lois convient-il de donner la préférence ?

La question était discutée en France avant la loi du 26 juin 1889, mais la jurisprudence et la majorité des auteurs avaient adopté la loi d'origine. C'est en effet cette loi qui régit le statut personnel du postulant tant qu'il n'a pas obtenu la naturalisation ; c'est elle qui jusque là détermine s'il est ou non majeur et capable.

La circulaire interprétative du 26 mars 1869 présente cette solution comme évidente :

« Comme la loi personnelle de chacun, c'est-à-dire la loi du pays d'origine, est celle qui fixe l'époque de la majorité, et que cette loi varie suivant les pays, la majorité étant fixée dans quelques-uns à 25 ans et au-dessus ou au-dessous de cet âge dans d'autres, tout sujet étranger qui demandera la naturalisation ottomane devra prouver qu'il est majeur suivant la loi du pays dont il est originaire » (2).

La circulaire se place dans l'hypothèse ordinaire, celle où l'âge de la majorité, tel qu'il est fixé par la loi personnelle du postulant au moment de sa demande, est plus avancé que celui de la majorité ottomane qui se confond en règle générale avec la puberté. Si cependant l'étranger en instance de naturalisation appartenait à un pays où l'on devient majeur avant l'âge fixé en Turquie, peut-être conviendrait-il d'exiger que, pour qu'il puisse revendiquer la nationalité ottomane, ou que la naturalisation puisse lui être conférée, il réunisse les deux majorités : la majorité étrangère pour qu'il puisse abdiquer la nationalité étrangère ; la

_____

(1) En droit musulman le moment de la majorité se confond avec celui de la puberté. — Aux termes de l'article 7 du décret khédivial du 19 novembre 1896 sur la réorganisation des Meglis el Hasbi en Égypte, « la tutelle prendra fin dès que le mineur aura atteint l'âge de dix huit-ans, à moins que le Meglis Hasbi n'en ait décidé le maintien avec appel suivant l'article 6 ». Un arrêt de la Cour d'Alexandrie du 10 mai 1900, *B.L.J.égypt.*, t. XII, p. 249, a déclaré ce texte applicable en Égypte aux indigènes non musulmans.

(2) Aristarchi-Bey, *Législation ottomane*, t. I, p. 9.

majorité ottomane pour qu'il puisse acquérir la qualité d'Ottoman (1).

III. — Effets sur la nationalité ottomane de l'acquisition par un sujet ottoman d'une nationalité étrangère. Perte de la nationalité ottomane.

S'il importait à l'ordre et à la sécurité de l'État ottoman de déterminer législativement comment s'acquiert la nationalité ottomane par des règles claires, certaines et conformes au droit public moderne, propres en un mot à servir de base à une discussion en cas de conflit diplomatique, il importait plus encore de fixer les conditions de l'acquisition par les Ottomans d'une nationalité étrangère. En supprimant la possibilité d'échapper aux charges nationales par l'acquisition de la protection d'un État occidental, un décret de 1863 avait laissé entière l'application des lois étrangères sur la naturalisation. C'est avant tout pour fermer cette dernière issue trop largement ouverte vers l'exterritorialité des Capitulations à ses sujets, impatients des lois de l'Empire, que le gouvernement ottoman édicta la loi de 1869. Cette loi indique un acte d'où résulte indubitablement l'abdication ou la perte de la nationalité ottomane ; elle fait allusion assez obscurément au mariage d'un étranger avec une femme ottomane, et semble traiter celle-ci comme ayant revêtu la nationalité étrangère de son mari. Le premier point n'offre aucune difficulté, à la différence du second qui est très controversé et demande à être traité à fond et rapproché de l'hypothèse inverse, celle du mariage d'une étrangère avec un Ottoman.

A. — *Dénationalisation par l'effet d'une naturalisation étrangère.*

Aux termes de l'article 4 de la loi de 1869 la naturalisation accordée par un État étranger à un sujet ottoman ne fait acquérir à celui-ci une nationalité nouvelle que si elle a été précédée d'un acte d'autorisation délivré en vertu d'un iradé impérial. L'autorisation du gouvernement impérial ainsi accordée, le sujet ottoman naturalisé étranger est considéré et traité comme sujet étranger par les autorités et les juridictions ottomanes. Dans le cas contraire, la naturalisation obtenue sans autorisation « sera, dit l'article 5, considérée comme nulle et non avenue, et son bénéficiaire sera considéré et traité en tous points comme sujet ottoman », sans pouvoir par conséquent se prévaloir des avantages et privilèges conférés par sa nouvelle nationalité et résultant notamment des Capitulations.

Une naturalisation non autorisée ne produira donc aucun avantage pour le naturalisé. Craignant que cette disposition toute négative fût

---

(1) **Weiss**, *Droit international privé*, t. I, p. 95. V. en ce sens Gogordan, *La nationalité* 2ᵉ édit., p. 79.

insuffisante à prévenir l'acte qu'elle vise, l'article suivant, c'est-à-dire l'article 6, a édicté une sanction facultative extrêmement grave : « Néanmoins le gouvernement impérial pourra prononcer la perte de la qualité de sujet ottoman contre tout sujet ottoman qui se sera naturalisé à l'étranger ou qui aura accepté des fonctions militaires près d'un gouvernement étranger sans l'autorisation de son Souverain. Dans ce cas, la perte de la qualité de sujet ottoman entrainera de plein droit l'interdiction pour celui qui l'aura encourue de rentrer dans l'Empire ottoman ».

Ces deux textes permettent de distinguer nettement le changement de la nationalité ottomane en une nationalité étrangère par l'effet d'un mariage ou d'une naturalisation autorisée, de la perte de cette nationalité infligée à titre de châtiment par le gouvernement impérial et suivie de bannissement. Dans la première situation, le naturalisé est traité purement et simplement comme ses nouveaux compatriotes ; il jouira de tous leurs droits au regard des autorités ottomanes. Dans la seconde, il est dépouillé de tous ses droits d'Ottoman et banni de l'Empire. En outre, aux termes d'un iradé sanieh du 25 Reb-ul-Aker 1300 ou 21 Chewal 1298 (1), « ceux qui, sans l'autorisation officielle du gouvernement impérial, ont changé leur nationalité et qui ont été dépouillés de leur qualité de sujets ottomans, sont privés du droit d'hériter et d'être propriétaires sur le territoire de l'Empire ».

Cette déchéance et les conséquences qu'elle implique est susceptible d'être prononcée dans deux cas : celui d'une naturalisation obtenue à l'étranger sans autorisation, celui d'une acceptation de service militaire auprès d'un gouvernement étranger, l'une et l'autre réalisées sans autorisation préalable.

Que faut-il entendre par naturalisation « à l'étranger » ? Pour qui recherche l'esprit de la loi de 1869, le sens de cette expression n'est pas douteux. Le législateur ottoman a entendu se réserver une faculté alternative en vue d'une naturalisation non autorisée : n'en tenir aucune espèce de compte et traiter le prétendu naturalisé comme sujet local, ou au contraire, tarissant par une décision radicale une source de difficultés et de conflits, considérer l'Ottoman indûment naturalisé comme un étranger et lui interdire le séjour de l'Empire. Bien certainement cette dernière faculté est surtout utile à exercer dans le cas d'une naturalisation obtenue sur le territoire de l'Empire ottoman, et par un sujet local y résidant (2).

_____

(1) Destour, *Recueil*, t. III, p. 96.

(2) Ce point de vue est très nettement indiqué dans une une circulaire adressée par le Grand Vizir aux représentants diplomatiques de l'Empire : « En vue et dans le but unique d'empêcher le sujet ottoman ayant son domicile dans l'Empire de se soustraire

Il semble donc qu'on puisse considérer naturalisé « à l'étranger » comme synonyme de naturalisé étranger ou par un gouvernement étranger. Le sens littéral est toutefois plus respectueux de l'interprétation stricte que comporte toute disposition pénale. Ce qui permet ici tout au moins un doute, c'est que l'article 5, qui prévoit le cas d'une « nationalité étrangère » acquise sans autorisation, ne prononce pas la sanction dont le texte suivant frappe le sujet ottoman naturalisé à l'étranger, et semble ainsi distinguer l'une de l'autre deux situations à chacune desquelles s'applique une sanction différente dont la plus sévère serait édictée en vue de la circonstance spéciale d'une naturalisation obtenue à l'étranger. Je ne crois pas cependant que l'opposition que permet de faire cette erreur de rédaction puisse aller jusqu'à imposer une solution absurde, contraire au sens suffisamment clair en somme de cette disposition et surtout contraire à son esprit qui est certain.

L'article 6 ne subordonne à aucune condition spéciale l'exercice de la déchéance et de la pénalité dont la portée vient d'être indiquée, mais s'en rapporte entièrement au gouvernement. Il suffit qu'il y ait vraiment naturalisation ou acceptation, c'est-à-dire consentement, pour que la perte puisse être prononcée et le bannissement infligé, quelle que soit l'époque où la naturalisation ait été obtenue ou le service militaire achevé.

La circulaire précitée du 26 mars 1869 réserve au gouvernement impérial le droit exclusif d'appliquer cette déchéance, et fait défense aux autorités impériales de prendre aucune mesure d'expulsion sans avoir préalablement reçu les ordres directs de la Porte (1).

Jusqu'ici le rapide commentaire que nous avons fait de la loi de 1869

à son autorité légitime, la loi exige l'autorisation préalable du Souverain pour le changement de nationalité. Le gouvernement impérial a le devoir de poser et de maintenir cette condition qui paraît, il est vrai, restreindre les droits résultant de la liberté individuelle ; mais, tant que les étrangers continuent à ne plus être soumis au droit commun en Turquie, il n'y a malheureusement pas d'autre alternative ». V. Livre jaune, de novembre 1869, p. 63, cité par Salem, *De l'influence du mariage de la femme turque avec un étranger sur sa nationalité*, dans le *Journal du droit intern. privé*, t. XV (1888), p. 480.

(1) « L'article 5 exige du sujet ottoman qui veut acquérir une nationalité étrangère de se munir préalablement d'un acte d'autorisation qui lui sera délivré en vertu d'un iradé impérial, sans quoi sa naturalisation sera considérée comme nulle et non avenue, et le gouvernement impérial pourra même (art. 6) prononcer contre lui la perte de la qualité de sujet ottoman, ce qui emportera de plein droit l'interdiction de rentrer dans l'Empire ottoman. Il appartient exclusivement au gouvernement impérial de prononcer la peine édictée par l'article 6. Les autorités impériales se borneront à considérer comme nulle et non avenue la naturalisation étrangère acquise sans autorisation par tout sujet ottoman d'origine, et elles ne prendront aucune mesure d'expulsion sans avoir préalablement reçu les ordres directs de la Sublime Porte » (Aristarchi-Bey, *op. cit.*, t. 1, p. 10).

ne nous a rien révélé de bien particulier. Si cette loi n'avait rien contenu de plus, il aurait été inutile d'étudier spécialement son texte après tous les travaux déjà consacrés aux législations similaires. Aussi, n'ai-je pas insisté sur les dispositions dont l'exposé précède. Je serai retenu beaucoup plus longtemps par les difficultés spéciales nées de la condition juridique faite à l'Empire ottoman par ses lois religieuses de statut personnel et surtout par les Capitulations.

B. — *Influence exercée par le mariage sur la nationalité de la femme.*

La loi du 19 janvier 1869 considère-t-elle le mariage d'une femme ottomane avec un étranger ou l'union d'une étrangère avec un Ottoman comme un cas de perte ou d'acquisition de la nationalité ottomane ?

A. Examinons le premier des deux problèmes. On peut soutenir qu'il n'a pas été résolu par l'article 7, le seul de la loi qui parle de la femme mariée. Cette disposition prescrit uniquement ceci : « Au cas où la veuve d'un étranger, jadis sujette ottomane, veut recouvrer la nationalité qu'elle a perdue, elle devra déclarer cette intention, etc . . . . . . ». Mais il ne dit nullement que cette perte a été la conséquence nécessaire d'un tel mariage, et les déchéances ne se présument pas. Les rédacteurs de la loi ont pu fort bien envisager une naturalisation obtenue par la femme à l'occasion de ce mariage avec l'autorisation du gouvernement ottoman ; tout au moins ont-ils pu vouloir que le mariage fût autorisé si la femme épousait le sujet d'un pays où cette cérémonie confère *ipso facto* la nationalité du mari à l'autre conjoint et où par conséquent une naturalisation ne serait pas accordée comme faisant double emploi avec le mariage. En effet le second paragraphe de l'article 5 de la loi est on ne peut plus général : « *Aucun* sujet ottoman ne pourra *dans tous les cas* se naturaliser étranger qu'après avoir obtenu un acte d'autorisation en vertu d'un iradé impérial ».

Ce qui rend très significatif le silence de la loi, c'est que, suivant le droit antérieurement en vigueur, les Chrétiennes indigènes qui épousaient des Européens restaient Ottomanes. Ceux-ci profitaient même couramment de la nationalité de leurs femmes pour acquérir des immeubles sous leur nom, sauf en cas de difficulté à faire intervenir le consul dont ils relevaient, comme si la propriété, objet de la contestation, n'appartenait pas à un sujet ottoman. La loi de 1867 qui concède aux étrangers le droit de propriété foncière dans l'Empire aurait probablement été plus difficilement obtenue s'il n'avait importé de faire disparaitre ces fraudes de plus en plus fréquentes (1). A l'heure actuelle

_____

(1) V. dans Aristarchi, *op. cit.*, t. I, p. 25, la circulaire de la Porte du 29 juin 1870 aux

les cadis turcs, sans se préoccuper de l'interprétation donnée sur ce point à la loi de 1869 par les autorités administratives, traitent, parait-il, les femmes ottomanes mariées à des étrangers comme si elles avaient conservé leur nationalité ottomane. Ne peut-on pas dire que la législation en vigueur avant la loi de 1869 a été maintenue sur tous les points que cette loi n'a pas modifiés ? « S'il est incontestable, dit M. Testoud dans sa remarquable étude sur cette question (1), qu'avant 1869 la femme ottomane mariée à un étranger ne suivait pas la condition de son mari, peut-on admettre que le législateur ait introduit une réforme contraire aux idées traditionnelles d'une façon aussi détournée ? Quand on veut renverser un principe ancien, c'est bien le moins qu'on le dise et que l'on formule clairement le principe nouveau ».

M. Salem (2) avait précédemment prévu cet argument ; il y répond en observant que « si le législateur ottoman n'a pas cru formuler ce principe dans un article spécial et exprès, c'est parce qu'il l'a jugé inutile, le principe en question étant généralement reconnu par les législations de tous les États civilisés ». — A quoi M. Testoud riposte avec beaucoup de force : « La différence qui sépare les deux législations et les deux civilisations en présence est trop profonde pour que l'on puisse supposer sans témérité que des principes européens sont sous-entendus dans une loi turque, surtout quand il s'agit de principes nouveaux et dérogatoires à d'antiques traditions. N'y avait-il pas, du reste, même à cette époque, une des premières nations civilisées du monde européen, l'Angleterre, qui n'admettait pas dans sa plénitude le principe du changement de la nationalité de la femme par le mariage ? La loi anglaise sur la nationalité n'est que du 12 mai 1870 ».

M. Testoud conclut néanmoins dans le même sens que l'auteur qu'il vient de réfuter. Il base cette conclusion sur un avis du Conseil d'État de l'Empire ottoman de 1887 cité dans l'article de M. Salem (3), avis approu-

_____

chefs de légation des puissances qui ont adhéré au protocole concernant le changement des titres de propriété anciens contre de nouveaux indiquant la vraie nationalité de leurs détenteurs.

(1) *Revue critique*, 1894, p. 358.

(2) *Op. cit.*, dans le *Journal du droit intern. privé*, t. XV (1888), p. 478.

(3) *Op. cit.*, dans le *Journal du droit intern. privé*, t. XV (1888), p. 481. — Voici un autre document du même genre : « Un Mazbata a été rédigé par la section législative (Tanzimat) du Conseil d'État. Ce Mazbata a été décrété par le Conseil général du Conseil spécial des ministres (Mejdjilis Mahsoussi Voukela) où lecture en a été donnée. Il consiste, en résumé, à déterminer la question de savoir : si les dames sujettes ottomanes se mariant avec des sujets étrangers sont tenues ou non de demander l'autorisation du gouvernement impérial pour être considérées comme de la même nationalité que leur mari. Suivant l'avis des Conseillers légistes, les dames sujettes ottomanes se mariant avec des sujets étrangers suivent la nationalité de leur mari et ceci d'après le principe de la protection qui est due aux biens conjugaux. En outre, d'après les

vé par le Conseil des ministres et porté le 7 juin 1887 à la connaissance des autorités par une circulaire du ministère de l'Intérieur.
« Ce document, dit M. Testoud, supprime toute discussion, car, aux
termes de la Constitution ottomane du 23 novembre 1876, article 117, le
Conseil d'État est investi dans l'Empire ottoman du pouvoir d'interpréter
les lois administratives ».

J'adopterai également cette thèse, mais pour des raisons tout autres
que celle qui vient d'être indiquée.

Je ne crois pas que les avis du Conseil d'État ottoman aient l'autorité
péremptoire que leur attribue M. Testoud. La Constitution de 1876 qu'il
invoque a été suspendue presque aussitôt après sa promulgation ; elle
n'est appliquée dans aucune de ses dispositions ; elle ne l'est pas notamment dans l'article cité. Pour connaitre les attributions réelles du Conseil
d'État ottoman, il faut consulter son règlement organique en date du 11
juin 1867, règlement aux termes duquel ce corps « a pour fonctions notamment de donner son avis sur les rapports et autres pièces émanant
des départements administratifs et relatifs aux lois et règlements en
vigueur, enfin de donner son avis sur toutes les questions au sujet desquelles il sera consulté par le Souverain ou ses ministres ».

Un avis du Conseil d'État n'est donc autre chose qu'un avis ; il n'ajoute
rien à la disposition dont il indique le sens. Il est vrai, ainsi que nous le
verrons dans la suite de ce travail, que la preuve de la nationalité dépend,
dans l'Empire ottoman, du pouvoir administratif, tout au moins pratiquement. Cette pratique, sur la légalité de laquelle il y aurait beaucoup à
dire, fut établie non pas par la loi de 1869 elle-même, mais par des circulaires et des règlements ultérieurs que j'énumérerai plus tard : il
semble bien en résulter que, lorsque le Conseil des ministres et le Conseil
d'État ont résolu une question de nationalité, cette question soit tranchée.
Oui, mais à la condition que cette question soit une de celles visées par
les règlements susdits et que ces règlements soient observés. Or, nous
verrons que ces documents établissent des Commissions chargées du
contentieux en matière de nationalité, mais seulement sur les espèces
qui leur sont déférées. L'interprétation théorique et doctrinale de la loi
de 1869 n'a été confiée à aucune autorité, sauf au Conseil d'État dont les
avis ne lient nullement le pouvoir exécutif, ainsi que le démontre l'approbation donnée à l'avis de 1887, dont je discute la portée, par le Conseil
des ministres, avant sa notification aux autorités.

règles du droit international, les femmes mariées, sans être obligées d'obtenir une
autorisation quelconque, appartiennent à la nationalité de leur mari. Ce principe doit
être en vigueur pour les femmes sujettes ottomanes se mariant avec des sujets étrangers » (Circulaire vizirielle du 15 Ramazan 1304. V. Caravokyro, *Droit successoral en
Turquie*, p. 180).

Si l'interprétation donnée ces dernières années par les représentants du gouvernement ottoman à l'article 7 de la loi de 1869 n'a d'autre valeur que celle qui s'attache à des opinions considérables, il n'en est pas tout à fait de même du sens qui lui fut attribué au moment de sa promulgation par des autorités bien placées pour savoir ce que ses rédacteurs ont entendu lui faire exprimer. Sans être péremptoire, leur témoignage fortifie singulièrement l'impression produite sur l'esprit par une lecture attentive de ce texte. Voici d'abord le commentaire qui en est fait par un document de première importance, en quelque sorte l'accessoire de la loi du 19 janvier 1869, deux mois après laquelle il était publié, rédigé en tous cas par la même main. Je veux parler de la circulaire adressée aux gouverneurs des Vilayets de l'Empire en date du 26 mars 1869 : « *Comme la femme qui épouse un étranger cesse d'être sujette ottomane*, l'article 7 lui accorde la faculté, etc. » (1). D'autres témoignages de valeur moindre ont suivi cette interprétation presque décisive.

Avant de signer le protocole de juin 1868, reglementant, au point de vue du domicile et de la juridiction, la situation des étrangers admis à la propriété immobilière par la loi du 7 Sefer 1284, l'ambassadeur de Russie et celui d'Italie à Constantinople demandèrent des éclaircissements dans une Note à la Porte, spécialement sur la nationalité de la femme russe mariée à un Ottoman. Et, en 1872, Server Pacha, ministre des affaires étrangères, répondit « qu'aux termes de la loi sur la nationalité, la femme ottomane, mariée à un étranger, suit la condition de son mari ».

Cette opinion est en effet conforme au texte des articles 6 et 7 quand on l'examine de près.

Si l'article 7 donne à la veuve d'un étranger la faculté de recouvrer sa qualité de sujette ottomane, c'est qu'elle avait perdu cette qualité par son mariage, sinon cette disposition ne signifierait rien. Pour lui attribuer un sens, l'opinion contraire est obligée de supposer soit une naturalisation dûment autorisée par le gouvernement ottoman, obtenue par la femme avant ou après son mariage, soit une autorisation donnée par ce même gouvernement à un mariage produisant de plein droit acquisition à son profit de la nationalité du mari en vertu de la loi nationale de celui-ci.

Pour que la première de ces hypothèses pût se réaliser, il faudrait que la femme eût épousé le sujet d'un pays dont la législation n'attribue pas à la femme la nationalité de son mari. Quant à la seconde, elle est nettement contraire aux articles 5 et 6 qui subordonnent à l'autorisation préalable du gouvernement la « naturalisation », c'est-à-dire l'institution juridiquement désignée sous ce nom et nullement le mariage, quelque conséquence que ce mariage puisse entraîner.

(1) Aristarchi, *op. cit.*, t. I, p. 10.

C'est à la perte de la nationalité ottomane prononcée par prétérition dans la première partie de l'article 7, et non à la réintégration de la femme dans cette nationalité, que le second paragraphe fait allusion quand il dit assez obscurément : « Cette disposition (le changement de nationalité) n'est toutefois applicable qu'à sa personne ; ses propriétés sont soumises aux lois et règlements généraux (ottomans sans doute) qui les régissent ». En d'autres termes, elle deviendra étrangère, mais ses propriétés resteront, après comme avant, soumises à la loi ottomane. Il y a là une allusion à l'intervention que les autorités consulaires étrangères se permettaient en matière immobilière, dans l'intérêt de leurs nationaux devenus propriétaires fonciers en Turquie sous des noms supposés, avant la loi qui les a admis à la propriété immobilière.

Plus encore que leur texte, l'esprit des dispositions de la loi ottomane, relatives à la dénationalisation par l'acquisition d'une nationalité étrangère, résiste à l'interprétation que je réfute. Ces dispositions ont été édictées « en vue et dans le but unique de réprimer la délivrance par certains États limitrophes de patentes de naturalisation à des sujets ottomans qui n'avaient jamais mis le pied hors du territoire... et d'empêcher le sujet ottoman, ayant son domicile dans l'Empire, de se soustraire à son autorité légitime..... » (1). Évidemment ce motif ne s'applique pas à la sujette ottomane qui épouse un étranger et prend la nationalité de son mari.

Il est donc certain que cette situation a été laissée en dehors du champ d'application des articles 5 et 6 et que l'article suivant doit être entendu dans son sens apparent, conformément à l'intention vraisemblable de ses auteurs et à la règle suivie par les législations qui lui ont servi de modèle.

B. J'entreprends maintenant l'examen de la situation inverse à celle qui vient d'être éclaircie.

Quelle est la nationalité d'une femme d'origine étrangère qui a épousé un Ottoman ?

L'étude en sera facilitée par l'argumentation qui précède et qui va resservir sans grand changement.

Avant de l'aborder, observons que la faculté de recouvrer son ancienne nationalité ottomane par une simple déclaration à opérer dans un délai de trois ans, est une faveur exceptionnelle faite à la femme, ottomane par origine, veuve d'un étranger, faveur qui doit être interprétée strictement comme toutes les exceptions et qu'il n'est pas possible d'étendre à la femme divorcée. A la différence de la plupart des autres législations.

_____

(1) Mémoire du gouvernement ottoman aux gouvernements étrangers au sujet de la loi turque relative à la naturalisation. V. Livre jaune de novembre 1869.

la loi ottomane impose les mêmes conditions de nationalité à l'Ottoman devenu étranger qu'à tout autre étranger quelconque et ne lui accorde aucune facilité. L'article 3, qui règle les conditions de la naturalisation, ne distingue pas.

Pour qu'une femme perde sa nationalité d'origine par son mariage avec un étranger, il faut nécessairement que ce mariage lui confère la nationalité de son époux aux termes de la loi nationale de celui-ci. Telle est la règle édictée explicitement ou implicitement par la plupart des législations (1), celle qui en tous cas s'impose logiquement ; or, la loi ottomane du 19 janvier 1869 sur la nationalité ne contient aucune dispo" sition conférant la nationalité ottomane aux étrangères qui épousent des Ottomans ; donc ces femmes restent étrangères. Ce raisonnement se trouve dans de nombreuses décisions des jurisprudences française, italienne et égyptienne mixte ; il paraît très solide et je ne crois pas qu'il ait été ébranlé par les raisons d'utilité ou de sentiment développées par les défenseurs de l'opinion contraire.

Ce qui achève de rendre significatif le silence observé par la loi otto- mane sur l'événement dont diverses législations font une cause d'acqui- sition de nationalité, c'est qu'il n'en est pas parlé davantage dans la circulaire aux gouverneurs généraux de l'Empire sur l'interprétation et l'exécution de la loi sur la nationalité alors récente, circulaire qui pré- sente pourtant très nettement le mariage de la sujette ottomane avec un étranger comme une cause de perte de la nationalité ottomane. Que cette double omission soit intentionnelle ou la conséquence d'un oubli, rien ne permet d'y suppléer.

C'est ce que d'éminents jurisconsultes (2) ont néanmoins tenté. Ils se sont fondés pour cela sur un argument *a simili* ou même *a fortiori* tiré de l'article 7 de la loi de 1869. Si le législateur ottoman a voulu que la femme ottomane mariée à un étranger perde sa nationalité ottomane pour acquérir celle de son mari, à plus forte raison a-t-il dû admettre dans l'hypothèse inverse la perte de la nationalité étrangère pour la na- tionalité ottomane. S'il a estimé qu'il convenait dans le premier cas de sacrifier la nationalité originaire de la femme à l'unité de la famille, comment n'aurait-il pas pensé de même dans le second qui devait lui paraître bien plus favorable ? L'intérêt de l'État et plus encore celui de la femme et de sa nouvelle famille devaient lui inspirer cette solution et

---

(1) V. l'article 14 du code civil italien ; l'article 19 de la loi du 26 juin 1889 modifiant le code civil français ; l'article 10 de la loi anglaise du 12 mai 1870.

(2) V. Arthur Desjardins, dans ses conclusions devant la Cour de cassation, le 2 août 1893, dans le *Journal du droit intern. privé*, t. XX (1893), p. 1181 ; Testoud, *Revue critique*, 1894.

la lui montrer si naturelle et si nécessaire qu'il a pu croire inutile de l'édicter expressément. Laisser à cette femme sa précédente nationalité, c'est lui laisser le bénéfice des privilèges exorbitants conférés par les Capitulations et dont ne jouiront ni son mari ni ses enfants, d'où une source abondante de difficultés et de conflits résultant de l'intervention simultanée sur le territoire ottoman des juridictions et des autorités consulaires et locales dans les mêmes rapports de famille ; c'est soumettre cette famille à deux législations profondément différentes ; c'est enfin priver cette femme du droit de succéder dans sa nouvelle famille, car le droit musulman considère la différence de nationalité comme une cause d'incapacité à recevoir par succession et par testament. Cette incapacité s'applique absolument en matière immobilière (1).

Les auteurs appuient ce premier argument, tiré du texte et de la raison d'être de la loi, sur l'interprétation qui en est faite par les représentants du gouvernement (2) et par les décisions que cette interprétation leur a toujours dictées. Cette interprétation et ces décisions ne permettent pas, d'après ces auteurs, de soutenir que la législation ottomane ne confère pas à la femme étrangère la nationalité de son mari turc. L'Empire ottoman, disent-ils (ou pourraient-ils dire), ne possède aucun organe législatif. Le droit s'y divise eu deux parties : la loi (*cheri*) révélée par Dieu, définitive et immuable en sa qualité de commandement divin, et les règlements (*qanoun*) qui dépendent de l'arbitraire du Prince ou de ses représentants. Les dispositions relatives à la nationalité rentrent dans cette seconde classe. Lors donc, peut-on dire, qu'on soutient que la législation ottomane ne confère pas la nationalité turque à la femme en question, on prend le mot législation dans un sens étroit et inexact, puisque ce que dit le Souverain ou ses représentants a force de loi en pareille matière.

Cette dernière considération est, il faut l'avouer, très spécieuse. Pour l'écarter, il suffit néanmoins d'observer que la loi de 1869 présente tous les caractères d'une loi, au sens ordinaire du mot. Elle émane du Sultan et ne saurait être modifiée ou interprétée que par lui-même. L'interpre-

(1) Caravokyro, *Droit successoral en Turquie*, art. 124.— Code de la propriété foncière, art. 110 (Destour, *op. cit.*, t. 1, p. 165 ; Aristarchi, *op. cit.*, t. I, p. 152 et note). — V. encore : Circulaire du Grand-Vizir de 1291, 24 Temouz (12 juillet 1876), sur l'impossibilité pour un Ottoman de laisser des biens a des parents étrangers (Destour, *op. cit.*, t. IV, p. 417) ; Avis du Conseil d'État, 24 Temouz 1291 (12 juillet 1876) (Destour, t. IV, p. 442) . Circulaire du 2 Mouharrem 1295 (Destour, *ibid.* et Caravokyro, *op. cit.*, p . 183) ; Circulaire du 15 Ramadan 304 (Caravokyro, *op. cit.*, p. 180). — V. pourtant en sens contraire · Salem, *Du droit des étrangers de recueillir par succession en Turquie,* dans le *Journal du droit intern. privé,* t. XXVI (1899), p. 961.

(2) Avis du Conseil d'État ottoman de 1887 cité plus haut. Autre avis du 24 avril 1892. Attestation du consul général de Turquie à Paris en date du 4 mars 1895, reproduite dans le *Journal du droit intern. privé,* t. XXII (1895).

tation qui en peut être faite par un ministre ou un corps consultatif tel que le Conseil d'État ne saurait valoir qu'à titre d'opinion. Je crois avoir démontré ci-dessus que la pratique, plus ou moins légale, qui confère en Turquie à certaines Commissions ou à certains fonctionnaires le pouvoir de trancher les questions de nationalité, se restreint aux décisions isolées et d'espèces, et ne va pas jusqu'à leur confier l'interprétation doctrinale. C'est donc au texte seul de la loi de 1869 que la solution de ce problème doit être demandée ; or, il est bien évident que la loi ne fait pas figurer le mariage parmi les cas d'acquisition de la nationalité ottomane. Il est impossible de trouver un tel mode d'acquisition dans la perte que l'article 7 inflige à la femme ottomane mariée à un étranger. Ces deux situations n'ont aucun rapport (1).

IV. — EFFETS DU CHANGEMENT OU DE LA PERTE DE LA NATIONALITÉ.

Aux termes de l'article 8, les effets du changement de nationalité sont strictement limités à la personne du naturalisé dont la naturalisation n'exerce aucune influence sur la nationalité de ses enfants. Ceux-ci restent donc Ottomans ou étrangers malgré le changement subi par la nationalité de leur père ; et, dans ce dernier cas, aucune facilité ne leur est offerte s'ils veulent acquérir la nationalité ottomane à l'exemple de leur père. A plus forte raison en est-il de même pour la femme dont le mari change ou perd sa nationalité pendant le mariage.

Il y avait pourtant de très sérieux motifs à ce que les enfants et même la femme du naturalisé suivissent la condition de leur père et de leur mari. Je les ai exposés en recherchant quelle est la nationalité de l'étrangère mariée à un Ottoman. La pluralité des nationalités des membres d'une même famille est plus fâcheuse dans l'Empire ottoman que dans les pays occidentaux à cause de l'incapacité successorale qui en résulte et des conflits d'autorités et de juridictions qu'elle entraine par l'application de l'exterritorialité des Capitulations. Il est vrai que l'attribution d'office de la qualité de sujet ottoman à des enfants mineurs, incapables à raison de leur âge de renoncer à leur nationalité primitive, aurait risqué d'occasionner des conflits tout aussi graves et plus malaisés à résoudre : ceux qui naissent d'une double nationalité. La règle contenue dans l'article 8 semble donc la meilleure au point de vue pratique ; elle

(1) V. en ce sens relativement à la femme française : Tribunal consulaire de France à Alexandrie, 4 juillet 1890, dans le *Journal du droit intern. privé*, t. XVIII (1891), p. 601-604 ; Montpellier, 28 janvier 1895, *ibid*, t. XXII (1895), p. 618 ; Alexandrie, 25 janvier 1901. V. relativement à la femme italienne : Alexandrie, 11 janvier et 11 mai 1895, *B. L. J. égypt.*, t. VII, p. 221. — En sens contraire, V. Tribunal consulaire de France au Caire, 23 mars 1900.

est certainement la plus respectueuse de la liberté des parents du naturalisé.

Une fois établi que le changement de la nationalité du père n'exerce aucune action sur celle de sa famille, j'ai à rechercher quelles en sont les conséquences et les suites.

On peut les résumer d'un mot en disant que le statut personnel du naturalisé change avec sa nationalité. Cette expression « statut personnel » offre en Orient un sens extrêmement vaste et complexe ; elle ne désigne pas seulement, comme en Occident, les droits personnels et familiaux dont l'ensemble compose l'*état* et les conditions de l'exercice des différents droits ou la *capacité*, mais en outre divers droits civiques et publics et le privilège pour le titulaire de ce statut d'être justiciable de ses autorités et de sa juridiction nationales. Cette notion du statut personnel ainsi élargi et renforcé se réalise non seulement au profit des étrangers bénéficiaires des Capitulations, mais aussi des Ottomans qui sont soumis eux aussi à des lois, à des autorités et à des juridictions propres, suivant la communauté religieuse à laquelle ils appartiennent.

Si donc il s'agit d'un Ottoman naturalisé étranger après avoir obtenu le consentement du gouvernement de l'Empire, il acquiert les diverses immunités qui peuvent avoir été concédées par des traités ou des Capitulations aux sujets de la nation à laquelle il appartient désormais. S'il s'agit au contraire d'un étranger naturalisé Ottoman, il sera assimilé, au point de vue du statut personnel, aux Ottomans qui professent la même religion que lui. Ce changement de condition juridique ne se produit d'ailleurs que pour l'avenir ; il laisse intacts les droits acquis par les tiers et notamment par l'État auquel le naturalisé appartenait avant sa dénationalisation (1). Tout incontestée qu'elle soit dans son principe, cette idée de non-rétroactivité soulève d'ailleurs dans l'Empire ottoman des difficultés d'application assez sérieuses que nous retrouverons un peu plus loin. Dès maintenant il convient de rechercher les effets du changement de nationalité en matière de compétence. Dans quelle mesure ce changement influe-t-il sur la détermination de la juridiction compétente au civil et au pénal, soit lorsqu'il s'agit d'un droit prétendument acquis sous l'empire de la législation de l'ancienne nationalité du naturalisé ou de poursuites à l'occasion d'une infraction punie par cette même législation ?

L'intérêt de cette question ne réside pas seulement dans le grand nombre d'autorités et de juridictions auxquelles sont soumis respectivement, suivant leur nationalité, les habitants de l'Empire ottoman, en

(1) Weiss, *Droit international privé*, t. I, p. 453-467 ; Cogordan, *La nationalité*, 2ᵉ édit., p. 145-149.

particulier ceux de l'Égypte, mais surtout dans la variété et la dissemblance des législations appliquées par ces autorités et ces juridictions. L'existence ou la non-existence du prétendu droit des parties, l'innocence ou la culpabilité de l'inculpé dépendent ainsi du changement ou de la permanence de la législation applicable par la juridiction qui était compétente avant la dénationalisation. Cette législation et cette juridiction gardent-elles ou non leur empire après la dénationalisation, lorsqu'il y a droit acquis, instance commencée ou poursuite intentée ?

Avant de répondre à cette question, il convient de déterminer sa portée, en énumérant les juridictions et les législations nombreuses auxquelles sont respectivement soumis les habitants de la Turquie et de l'Égypte.

Ces juridictions sont, pour la Turquie :

1° Les tribunaux consulaires, qui jugent, en dehors des questions réelles immobilières, leurs nationaux et leurs protégés au civil, sauf peut-être en matière de statut personnel, et au pénal, et sont également compétents, dans les mêmes limites, sous la seule réserve de cette exception, lorsqu'un sujet étranger agit comme demandeur contre un national ou contre un protégé par application de la règle *actor sequitur forum rei*. Ces tribunaux jugent en général suivant les mêmes règles que s'ils exerçaient leur mission sur le territoire de l'État qui la leur a confiée.

2° Les tribunaux de commerce mixtes formés par l'adjonction de juges étrangers aux membres des tribunaux de commerce ottomans. Ils sont compétents, non seulement en matière commerciale, mais aussi au civil, lorsque la valeur de l'intérêt en litige ne dépasse pas 1.000 piastres ; ces tribunaux appliquent le code de commerce et son appendice de 1860 et, dans le silence de la législation commerciale, le nouveau code civil ottoman connu sous le nom de Medjelei Ahkiam Adelié. Au-dessus de 5.000 piastres, leurs décisions peuvent être déférées au tribunal de commerce mixte de Constantinople.

3° Les tribunaux civils indigènes ordinaires compétents, au civil comme au pénal, sauf pour ce qui est réservé aux tribunaux mixtes, lorsqu'un indigène est partie à l'instance en qualité de demandeur ou de défendeur. Ces tribunaux appliquent le code pénal et le code civil ottomans.

L'étranger en cause devant un tribunal ottoman mixte ou purement indigène a le droit de se faire assister du drogman de son consulat ou de son ambassade. Ce fonctionnaire assiste aux délibérations. Exception est faite à ce privilège dans les localités distantes de plus de neuf heures de la résidence consulaire et en matière réelle immobilière.

4° Les tribunaux religieux, qui statuent dans les diverses communautés musulmanes, chrétiennes, israélites, sur tout ce qui concerne les rapports de famille et les droits qui en découlent : mariage, droits et obligations réciproques des époux, paternité, filiation, adoption, tutelle, curatelle, majorité, donations, testaments, successions, etc. Le tribunal du cadi ou juge musulman peut être dit celui de droit commun en pareille matière , en ce sens qu'il est ouvert aux non-Musulmans sous certaines conditions et dans certains cas qu'il serait trop long d'indiquer ici.

Ces juridictions de statut personnel interne appliquent une législation propre ayant une origine et un caractère religieux, mais le *cheri* ou loi islamique peut être considéré dans une large mesure comme le droit commun.

En Égypte, on constate également quatre sortes de juridictions :

1° La juridiction consulaire, qui statue au civil entre étrangers de même nationalité, mais entre eux seulement, et réprime les crimes et les délits commis par ses justiciables, quelle que soit la nationalité de la victime, sauf certains crimes et délits spéciaux réservés aux tribunaux mixtes dans des cas rares.

2° La juridiction mixte, instituée en 1875-1876, pour appliquer les codes dits mixtes, est compétente en matière civile et commerciale entre indigènes et étrangers, et entre étrangers de nationalités différentes, en dehors du statut personnel. Toutefois, relativement aux actions réelles immobilières, sa compétence se limite aux procès entre indigènes et étrangers ou entre étrangers de même nationalité ou de nationalités différentes. Échappent à sa juridiction les agents diplomatiques et consuls de carrière, ainsi que certains établissements réservés par les conventions d'où elle tire ses pouvoirs.

Elle juge également des délits ou des crimes spéciaux commis sous certaines conditions, et les contraventions dont les auteurs appartiennent par la nationalité aux États qui l'ont instituée d'accord avec le gouvernement égyptien.

3° La juridiction indigène, réorganisée en 1883, connaît, suivant les codes promulgués à cette date, de toutes contestations en matière civile et commerciale entre indigènes, et, en matière répressive, des contraventions, délits ou crimes commis par les indigènes en dehors de ceux qui ressortissent à la juridiction mixte.

4° Les tribunaux religieux des statuts personnels internes, qui jouissent en principe des mêmes pouvoirs et des mêmes attributions qu'en Turquie, mais que des lois et des règlements spéciaux ont organisés d'une façon quelque peu différente.

Ainsi qu'on le voit, la compétence respective des juridictions qui viennent d'être énumérées est déterminée *ratione personæ* plus souvent que *ratione materiæ*. Inutile dès lors d'insister sur l'importance des changements subis par la personne des parties en cause, comme suite d'un changement de nationalité. Quelle influence, encore une fois, exercent-ils sur la juridiction compétente au moment où ils s'opèrent et sur la législation applicable au droit litigieux ?

En matière civile, c'est un principe de procédure que « la compétence reste en suspens jusqu'à l'engagement de l'instance, et qu'il n'y a droit acquis pour une partie ni à traduire son adversaire ni à être traduit par lui devant le tribunal qui, à l'époque où les rapports de droit ont commencé à s'établir entre eux et au moment même où la contestation est née, semblait désigné pour en connaître » (1).

Si donc la nationalité d'une des parties change de façon à modifier la compétence, après le fait sur lequel se base le prétendu droit invoqué en justice et avant le commencement du procès, on devra saisir la juridiction compétente à ce dernier moment.

Faisant application de cette règle à la compétence des consuls français dans les Échelles du Levant, la Cour de cassation française a décidé que cette compétence ne dépend que « du temps ou du lieu où le différend s'élève et non du temps et des lieux divers où ont pu être traitées les affaires et contractées les obligations qui donnent naissance à la contestation » (2).

Quelques années plus tard la Cour d'Aix décidait qu'un protégé français, dans les Échelles du Levant, peut être assigné devant le tribunal consulaire français pour l'exécution d'obligations contractées antérieurement à l'époque à laquelle il s'est placé sous la protection française ; car, dit la Cour : « En matière de compétence et de procédure, c'est le temps de l'action qu'il faut considérer et non l'époque à laquelle remonte l'origine du droit exercé. L'application de cette règle n'exclut nullement pour le tribunal compétent au jour où l'action est exercée, le droit de juger le mérite de cette action par la loi sous l'empire de laquelle se sont accomplis les actes ou les contrats auxquels elle se rapporte » (3). Ce passage de l'arrêt dénonce une confusion que n'a pas su éviter le tribunal consulaire de France à Smyrne. Si ce tribunal n'avait pas confondu, d'une part, la législation applicable au moment où s'est accompli le fait sur lequel se base l'instance et d'autre part la juridiction compétente pour

---

(1) Garsonnet, *Traité de procédure*, t. 1, p. 633-634.
(2) Cassation, 16 janvier 1867, Dalloz, *Rec. pér.*, 1867. 1. 308. V. le *Journal du droit intern. privé*, t. VI (1879), p. 64.
(3) Aix, 31 janvier 1876, dans le *Journal du droit intern. privé*, t. VI (1879), p. 63.

appliquer cette législation, il n'aurait pas rendu le jugement suivant (1), nettement contraire à la jurisprudence qui vient d'être citée : « Attendu que le sieur A..., sujet ottoman, a été nommé drogman du consulat de Perse ; — Que la date de la transaction est antérieure à celle de cette nomination ; — Attendu que le sieur A... n'a pas le droit, en changeant de nationalité, de décliner la juridiction sous laquelle il a contracté ; — Vu les Capitulations qui, dans leur ensemble, accordent aux autorités ottomanes la juridiction entre Français et Ottomans ; — Vu l'installation des tribunaux mixtes de commerce qui ont été créés d'un commun accord entre la Sublime Porte et le gouvernement français pour juger les différends entre Ottomans et Français ; — Le tribunal renvoie les parties à se pourvoir devant qui de droit ».

Il est au contraire de principe certain que, pour savoir quel est le tribunal compétent, il faut se placer au moment de l'action sans avoir à remonter à l'époque où le droit prétendu est censé avoir pris naissance. Rien de plus facile à justifier que ce principe. Les règles de compétence et de procédure ont pour raison d'être la manifestation de la vérité. C'est pour atteindre ce résultat que la loi désigne tel ou tel tribunal qui lui semble le mieux qualifié à raison de l'espèce en litige et impose aux juges telles formes ou tels modes de preuve. Nul ne peut donc prétendre avoir un droit acquis à être jugé suivant telles formes qui ont cessé d'être les plus convenables ou par telle juridiction qui n'est plus, à raison des circonstances, la mieux qualifiée pour juger. Aussi, les lois de compétence et de procédure rétroagissent-elles.

Il en est tout autrement de la législation applicable au fond de l'affaire lorsque s'est produit le fait sur lequel se fonde le droit invoqué. C'est suivant cette législation que le jugement doit être prononcé, quels que soient les changements survenus dans l'état des parties. Bien entendu cette législation étrangère au tribunal saisi ne devra être appliquée par lui que dans la mesure autorisée par sa propre législation, interprétée à la lumière du droit international privé.

C'est ce qu'un exemple très simple va faire comprendre. Supposons un Français qui prend en location la maison d'un compatriote située en Égypte. Le tribunal consulaire de France est alors compétent. Notre locataire se fait ensuite naturaliser indigène et il est en cette qualité assigné par son propriétaire devant le tribunal mixte devenu compétent par l'effet de ce changement de nationalité. Ce tribunal doit-il appliquer la loi mixte, la loi française ou une autre encore ? Cela dépend. D'une part, l'interprétation du contrat de location devra être faite suivant la législa-

(1) Cité par M. Salem, *Les étrangers devant les tribunaux consulaires et nationaux en Turquie*, dans le *Journal du droit intern. privé*, t. XVIII (1891), p. 1142.

tion que les parties ont eu vraisemblablement en vue au moment de la
conclusion et qui est ici, à défaut de volonté apparente, leur loi personnelle commune. D'autre part, d'après une opinion défendue par de savants auteurs, les délais de grâce, les dommages-intérêts moratoires et,
sans contestation possible, les formes de la saisie, tout ce qui concerne
en un mot les suites du contrat et son exécution proprement dite sera
jugé conformément au code mixte qui est la *lex fori*.

Changement de nationalité survenu au cours de l'instance. — Quel sera
l'effet du changement de nationalité survenu, non plus entre le moment
où l'on soutient qu'il y a droit acquis et l'introduction de l'instance, mais
au cours de l'instance elle-même?

L'application des règles ordinaires de la procédure civile conduirait à
repousser le dessaisissement : « L'engagement de l'instance fixe la compétence d'une manière invariable : *ubi inceptum est semel judicium ibi
et finem habere debet*. Il n'y a pas droit acquis pour un tribunal à connaître d'une action par cela seul qu'elle est portée devant lui, car la justice est faite pour les plaideurs et non pour les juges, mais il y a droit
acquis pour les parties entre qui s'est formé le contrat ou quasi-contrat
judiciaire à voir l'instance se dénouer dans les conditions où elle s'est
liée ; il y aurait aussi de grands inconvénients au point de vue des frais
et des lenteurs de la justice à ce que le sort d'une instance engagée
régulièrement et déjà très avancée dépendit des événements qui peuvent
survenir pendant son cours » (1).

Ces règles sont-elles applicables dans l'Empire ottoman au cas qui
nous occupe?

Observons que la jurisprudence française les a édictées en considération de la compétence absolument territoriale dont elle dispose et qui
n'appartient pas aux juridictions de l'Égypte ni même à celles de la
Turquie. Les tribunaux français jouissent de la plénitude de la juridiction, quelle que soit la nationalité des parties ; ils se déclarent, il est
vrai, incompétents lorsque des étrangers sont seuls en cause, en vertu
du principe d'ailleurs tout théorique et très contestable en lui-même que
leur mission est de rendre justice aux Français ; mais cette incompétence
n'est nullement d'ordre public, elle cesse dans la grande majorité des
cas et doit être proposée *in limine litis*. Au contraire, les divers tribunaux turcs ou égyptiens disposent, nous l'avons vu, d'une compétence
nettement délimitée, non seulement *ratione materiæ*, mais aussi en raison de la nationalité, de la protection. de la religion des plaideurs. Il
serait donc téméraire de leur appliquer un brocard formulé en considé-

(1) Garsonnet, *Traité de procédure*, t. I, p. 635.

ration d'une organisation judiciaire si différente qu'on serait tenté, sur une première vue de la question, de le remplacer par un adage tout contraire.

Il y aurait là, d'ailleurs, une exagération plus éloignée peut-être encore de la vérité. Dire qu'au delà des limites de leur compétence, les tribunaux ottomans des différents ordres sont dépourvus de tout pouvoir et que leurs décisions n'ont aucune force, du moment qu'ils sont dessaisis *ipso facto* par la perte de cette qualité des parties en cause de laquelle dépend leur compétence, sans que d'ailleurs l'acquiescement de ces parties puisse couvrir un dessaisissement qui est d'ordre public, c'est parler confusément. Il convient au contraire de distinguer soigneusement d'une part la Turquie et l'Égypte, d'autre part, dans ce dernier pays, les juridictions indigènes, mixtes, religieuses, consulaires.

En Turquie, l'incompétence de ces tribunaux n'est jamais absolue en ce sens que chacun d'eux est autorisé à juger toutes parties indistinctement quelles que soient leurs nationalités, au moins dans certains cas. Inutile de parler des tribunaux mixtes institués précisément pour juger les étrangers. Les tribunaux consulaires jugent les procès intentés contre un de leurs justiciables ordinaires par un étranger d'une autre nationalité en vertu de la règle *actor sequitur forum rei*. Les sujets ottomans peuvent bénéficier eux aussi de cette juridiction après avoir obtenu de leur gouvernement l'autorisation de s'y soumettre (1). Cette règle *actor sequitur forum rei* s'applique également en l'absence d'une juridiction mixte de statut personnel, lorsqu'un étranger intente à un indigène un procès de statut personnel, par exemple en matière de mariage ; ce procès est alors jugé par le tribunal de la communauté religieuse à laquelle appartient cet indigène. Les successions sont en principe liquidées par les autorités de statut personnel du défunt, même si parmi les héritiers figurent des étrangers.

La compétence de ces autorités, pas plus que celle des tribunaux indigènes, ne se limite donc aux sujets ottomans, mais toute personne est susceptible d'y être soumise, quelle que soit sa nationalité. Leur incompétence à l'égard des étrangers est seulement relative, tout comme celle des tribunaux consulaires à l'égard des indigènes, et il semble que le changement de nationalité des parties survenu au cours de l'instance laisse saisi le tribunal consulaire, mixte, indigène, religieux, qui a les pouvoirs voulus pour juger cette partie sous sa nouvelle qualité, exactement comme un tribunal français, incompétent si le défendeur n'est

_____

(1) Sur la compétence des tribunaux consulaires à l'égard des indigènes, V. Salem, *Les étrangers devant les tribunaux consulaires et nationaux en Turquie*, dans le *Journal du droit intern. privé*, t. XVIII (1891), p. 801 et suiv.

pas domicilié dans son ressort, reste compétent après l'assigna.ion si le défendeur transporte son domicile dans un autre ressort.

En Égypte, au moment de la Réforme judiciaire, les circonstances avaient démesurément étendu la portée des Capitulations et de l'exterritorialité qui en résulte, de telle sorte que, par rapport aux juridictions locales, les juridictions consulaires n'étaient nullement d'exception. La grande préoccupation des représentants des puissances, signataires des conventions diplomatiques d'où est sortie l'organisation actuelle de l'Égypte, fut de délimiter rigoureusement le domaine des diverses juridictions. Ils ont voulu que les tribunaux consulaires ne pussent juger que les questions personnelles mobilières débattues entre leurs seuls nationaux ou les questions de pur statut personnel, et il n'est pas tout à fait certain que la règle *actor sequitur forum rei* soit encore applicable aux difficultés touchant un rapport de famille entre deux personnes de nationalités différentes ; ils ont en outre investi respectivement les tribunaux mixtes et les tribunaux indigènes, d'une part, de la juridiction entre personnes de nationalités différentes ou même de nationalités semblables en matière réelle immobilière, et, d'autre part, de la juridiction entre indigènes en dehors du statut personnel (1). Leur volonté certaine a été qu'aucune pénétration se produisit d'une sphère judiciaire à l'autre. En aucun cas un étranger bénéficiaire des Capitulations ne doit être justiciable des tribunaux indigènes ni un indigène des tribunaux consulaires ni enfin les uns et les autres des tribunaux mixtes, en dehors des cas fixés par les codes mixtes.

Autonomie et indépendance des juridictions, tel est le principe essentiel de la Réforme judiciaire dont a bénéficié l'Égypte. Reste à savoir quelle est exactement l'étendue de cette indépendance et de cette autonomie. Elle s'exerce absolument, à l'encontre des tribunaux indigènes qui ne peuvent juger qu'entre indigènes en dehors du statut personnel et n'ont aucun pouvoir sur les non-indigènes. La force des choses a, au contraire, étendu la compétence de la juridiction mixte au delà des limites que semblait lui assigner le sens littéral des textes d'où elle résulte. Cédant à la logique impérieuse des situations, la Cour mixte a été amenée, dès le début, à déterminer sa compétence, non seulement par la considération de la nationalité des parties immédiatement en cause, mais par celle des intérêts engagés, directement ou non, dans l'instance.

(1) Règlement d'organisation des tribunaux mixtes, art. 9 à 14 ; Règlement de réorganisation des tribunaux indigènes, art. 15 et 16. Le nouvel article 9 modifié par le décret du 26 mars 1900 a restreint formellement la compétence réelle immobilière des tribunaux mixtes aux actions « entre indigènes et étrangers ou entre étrangers de même nationalité ou de nationalités différentes ».

Ces intérêts sont-ils « mixtes », c'est-à-dire relatifs, par quelque côté, à des personnes de nationalités différentes, la juridiction mixte se déclare compétente, même si toutes les parties en cause appartiennent à la même nationalité, les intéressés de nationalité différente étant restés hors du procès ou (c'est le point qui nous intéresse) y étant entrés après l'engagement de l'instance et la détermination de la compétence.

Peu à peu les tribunaux mixtes en sont arrivés, sinon à se proclamer la juridiction de droit commun, tout au moins à prendre des décisions qui impliquent cette qualité. Compétents à l'égard de toutes personnes indistinctement dans une situation, ils ont pu justement remarquer que leur incompétence, en dehors de cette hypothèse, est seulement relative, toute personne, en règle générale, pouvant être dite leur justiciable. Cette observation est exacte ; elle permet de déterminer l'effet du changement de la nationalité d'une des parties, opéré au cours d'une instance engagée devant les tribunaux mixtes. Ces tribunaux restent saisis, même si, par l'effet de ce changement d'état, toutes les parties sont désormais pourvues de la même nationalité. Le brocard *ubi inceptum est semel judicium ibi et finem habere debet* trouve ici une application qu'aucun motif ne permet de rejeter. Ils possèdent en effet les pouvoirs nécessaires pour juger ces justiciables, même sous leur nouvelle nationalité, puisqu'ils sont compétents pour juger dans certains cas toutes personnes pourvues de cette nationalité, à la différence des tribunaux indigènes ou consulaires radicalement incompétents en dehors des justiciables de leur propre nationalité.

En résumé, l'influence exercée sur les juridictions égyptiennes par l'acquisition d'une nationalité nouvelle au profit d'une des parties en cause au cours d'une instance civile se mesure par une distinction entre l'incompétence absolue qui dessaisit en tout état de cause et atteint en pareille hypothèse toutes les juridictions sauf la juridiction mixte dont l'incompétence étant relative et limitée à certaines situations se couvre par l'engagement de l'instance.

Cette distinction me parait certaine (1) ; elle a inspiré une bonne par-

---

(1) La Cour de cassation française a eu l'occasion de faire cette distinction dans l'espèce suivante : Un indigène algérien avait en cours d'instance été naturalisé Français, qualité nouvelle dont il excipa pour décliner la compétence de la chambre spéciale de la Cour d'Alger réservée aux appels entre Musulmans, chambre qui est, comme le tribunal du Cadi, une juridiction purement musulmane, ayant pour mission d'appliquer la loi musulmane. La Cour de cassation donna raison au pourvoi, en décidant que le dessaisissement aurait dû être prononcé pour défaut absolu de compétence : « Attendu que Sidi Ammed, naturalisé Français par le décret sus-daté du 17 février 1883, et par conséquent habile à jouir des droits de citoyen français conformément au sénatus-consulte de 1865, est soumis à la loi française et que par suite toute contestation dans laquelle il est partie est nécessairement de la compétence des tribunaux

tie de la jurisprudence des tribunaux mixtes, à laquelle on peut néanmoins reprocher sur ce point des hésitations et des contradictions.

La Cour d'appel mixte a plusieurs fois, surtout au début, prononcé son dessaisissement pour incompétence survenue au cours de l'instance par l'acquisition d'une nationalité ou d'une protection nouvelle. Voici un arrêt qui donne très nettement cette solution : « Attendu que le défaut de juridiction qui résulte pour les tribunaux mixtes, à l'égard de contestations qui s'agitent entre sujets locaux, des limites que l'article 9 du Règlement d'organisation judiciaire a posées à leur compétence, étant absolu, arrête, dès qu'il surgit, toute procédure suivie devant eux, bien que régulièrement introduite au début ; que ni l'accord des parties, ni les effets du contrat judiciaire qui s'établit entre elles par l'introduction d'une instance ou son acceptation par l'adversaire ne saurait suppléer à ce défaut absolu de juridiction » (Alexandrie, 3 juin 1880, R. O., t. V, p. 271).

Dans le même sens elle a décidé : « Le protégé étranger qui perd cette protection cesse à l'instant même d'être justiciable des tribunaux de la Réforme dans ses procès avec les sujets locaux. En conséquence, les tribunaux de la Réforme doivent se déclarer incompétents alors même que l'instance aurait commencé avant la perte de la protection étrangère » (Alexandrie, 3 juin 1880, R. O., t. V, p. 271). L'opinion contraire a toutefois inspiré un plus grand nombre de décisions, et c'est vers elle que la Cour semble décidément incliner : « Attendu qu'il est de principe et d'une jurisprudence désormais constante qu'une juridiction régulièrement saisie reste compétente jusqu'à la solution du litige porté devant elle, nonobstant le changement de nationalité de l'une ou de l'autre des parties au cours de l'instance » (Alexandrie, 16 avril 1890 et 15 mars 1893, B. L. J., t. V, p. 169) (1).

Relativement aux agents consulaires et diplomatiques, la Cour a prononcé que « les agents et consuls généraux, consuls et vice-consuls qui, avant leur nomination, étaient justiciables des tribunaux de la Réforme, cessent dès l'instant de leur nomination, quelle que soit leur nationalité, d'être justiciables des tribunaux en toute matière, même pour les engagements contractés antérieurement (2). En conséquence, le

français » (Cassation, 15 juin 1885, dans le Journal du droit intern. privé, t. XII (1885), p. 668).

(1) V. encore Alexandrie, 29 avril 1891, op. cit., t. III, p. 255 ; 23 avril 1892, op. cit., t. IV, p. 172 ; 4 juin 1896, op. cit., t. VIII, p. 319 ; 18 mars 1897, op. cit., t. IX, p. 218.

(2) C'est là une application très juste de la distinction que j'ai tâché d'établir. Sur les bénéficiaires de cette immunité, les tribunaux mixtes n'exercent aucune juridiction, ils sont comme s'ils n'existaient pas, car la situation antérieure à leur création a été maintenue en ce qui concerne ces personnes. Lors donc qu'une des parties acquiert au cours

tribunal régulièrement saisi d'une demande dirigée contre un sujet local commerçant cesse, dès l'instant où celui-ci est investi des fonctions de consul, d'être compétent à son égard et doit se dessaisir » (1).

A l'égard des tribunaux indigènes et consulaires, la Cour mixte a toujours décidé que la seule intervention d'un intérêt mixte dans une instance engagée devant un de ces tribunaux suffit à rendre la juridiction mixte compétente en dessaisissant le tribunal et que l'exception de litispendance ne pouvait jamais être invoquée. L'acquisition d'une nationalité étrangère par un indigène faite en cours d'instance rend donc le tribunal indigène radicalement incompétent. Sur ce point la jurisprudence mixte est certaine et constante.

Influence du changement de nationalité sur la juridiction pénale. — Imaginons maintenant un individu qui, postérieurement au fait à lui reproché, a changé de nationalité. De quelle juridiction sera-t-il justiciable et quelle législation se verra-t-il appliquée ?

Ici encore, la perte ou le changement de la nationalité fait surgir des difficultés inédites. En Occident la loi et la juridiction pénales sont essentiellement territoriales, expression à sens ambigu qui signifie à la fois que les juges désignés par le Souverain ont seuls le droit d'appliquer la loi édictée par lui sur le territoire qui dépend de sa souveraineté et que cette loi tient un large compte du territoire national ou étranger sur lequel a été commise l'infraction. Dans l'Empire ottoman les puissances, bénéficiaires de traités, exercent, concurremment à la souveraineté locale, la juridiction répressive par application de leur propre législation. Cette juridiction et cette législation peuvent être dites personnelles dans une mesure qui est beaucoup plus grande en Égypte qu'en Turquie.

Dans cette dernière partie de l'Empire où les Capitulations sont interprétées à la lettre, les tribunaux étrangers ne jugent que les infractions commises sur un non Ottoman. Si la victime est un sujet local, la justice locale est compétente (2). En Égypte, au contraire, où les Capitulations

---

de l'instance la fonction dont l'effet est d'attribuer à son titulaire le privilège de l'exterritorialité juridique, le tribunal mixte doit se dessaisir ainsi qu'il le fait.

(1) Alexandrie, 15 janvier 1880, *R. O.*, t. V., p. 89 : « Aucun changement de nationalité... survenu en cours d'instance en la personne d'une des parties en cause ne peut influer sur la compétence, à moins qu'il ne s'agisse d'un changement ayant pour effet de mettre la partie dans une condition privilégiée et de la soustraire *d'une manière absolue* à la juridiction des tribunaux mixtes ». V. Alexandrie, 2 décembre 1880, *R. O.*, t. VI, p. 20 et 11 mars 1896, *ibid.*, t. VIII, p. 150. — « A la différence des simples changements survenus au cours du débat dans la nationalité ou l'état de protection des parties..., les immunités consulaires, dès qu'elles peuvent être revendiquées, soustraient d'une façon absolue, en tout état de cause, celui qui en a le bénéfice à cette juridiction ». V. Alexandrie, 4 juin 1896, *ibid.*, t. VIII, p. 319.

(2) Cette solution résulte de l'article 65 des Capitulations de 1740. Elle a, selon toutes

ont été exagérées et même dénaturées par des usages d'ailleurs assez récents mais incontestables depuis qu'ils ont été ratifiés par la Réforme, les tribunaux indigènes « connaissent des contraventions, des crimes et des délits commis par les indigènes » (1) ; les étrangers bénéficiaires des Capitulations ne peuvent être jugés pénalement que par leurs juges nationaux, sauf pour les contraventions et certains délits spéciaux réservés aux tribunaux mixtes.

En Turquie, la juridiction répressive est donc, dans une large mesure, territoriale ; elle est personnelle seulement par exception.

En Égypte, la situation est exactement inverse ; la juridiction répressive locale, si l'on peut donner ce nom aux tribunaux mixtes, n'y est applicable aux étrangers que dans des cas si rares qu'ils sont presque négligeables, sauf cependant pour les contraventions.

Ces notions préliminaires vont nous aider à résoudre le problème que j'ai posé. Pour cela des distinctions nombreuses sont nécessaires.

Réglons tout d'abord une situation qui s'est réalisée assez souvent dans l'Empire ottoman et qui ne présente aucune difficulté : c'est celle d'une renonciation pure et simple à la nationalité, conformément à la faculté reconnue par certaines législations, renonciation non suivie de naturalisation, mais opérée uniquement en vue d'accomplir un acte interdit par la loi nationale abandonnée ou même d'échapper aux conséquences d'un acte de ce genre. Par exemple, un Italien, désireux de contracter un second mariage avant la dissolution du premier, fait, devant l'officier de l'état civil de son domicile, soit un consul italien dans l'Empire ottoman, une déclaration conforme aux termes de l'article 11 du code civil italien. Cette renonciation sera considérée comme nulle et ne pourra soustraire son auteur à la responsabilité encourue par lui. Je me placerai exclusivement dans l'hypothèse d'un changement de nationalité.

Envisageons-la tout d'abord en Turquie. Supposons une infraction commise par un indigène qui depuis a acquis une nationalité étrangère. Si la victime est également un indigène, les tribunaux indigènes restent saisis par application de la règle donnée plus haut. Si la victime est un étranger, on peut se demander à quel moment il convient de se placer pour déterminer et la loi applicable et le juge chargé de l'appliquer : au moment où le délit a été commis ou à celui de la poursuite. Même

les apparences,été modifiée en faveur de la juridiction exclusive des tribunaux consulaires par plusieurs traités subséquents susceptibles d'être invoqués par toutes les puissances en vertu de la clause de la nation la plus favorisée. Le traité d'Andrinople du 2/14 septembre 1829 semble formel en ce sens : article 7 « Les sujets russes demeureront sous la juridiction et police exclusives des ministres et des consuls de Russie », mais cette interprétation n'est pas admise en pratique.

(1) Règlement de réorganisation des tribunaux indigènes, art. 15.

question si un Européen se fait naturaliser Ottoman ou acquiert une autre nationalité étrangère après avoir commis une infraction. Pour savoir si l'acte est punissable et de quelle peine, il faut, je le crois, envisager l'époque à laquelle il a été commis : *Nulla pœna sine lege.* Toutefois, il semble juste d'appliquer le principe qui veut que, en cas de modification d'une loi pénale, la disposition la plus favorable à l'accusé soit suivie.

Reste à déterminer la juridiction compétente. Un Européen naturalisé Ottoman sera certainement poursuivi et jugé par l'autorité locale même si le fait reproché était accompli avant la naturalisation.

Doit-il en être de même d'un Ottoman devenu étranger postérieurement à une infraction qu'il est accusé d'avoir commise contre un étranger ?

Les Capitulations prises, sinon au pied de la lettre, mais dans leur esprit, permettent, je crois, de répondre négativement. « S'il arrivait quelque meurtre ou quelque désordre entre les Français, leurs ambassadeurs et leurs consuls en décideront selon leurs us et coutumes sans qu'aucun de nos officiers puisse les inquiéter à cet égard ». Ainsi s'exprime l'article 15 des Capitulations de 1740 reproduisant sur ce point les Capitulations antérieures. Ces dispositions supposent une infraction « entre Français » et semblent donc exiger que l'auteur et sa victime soient tous deux étrangers au moment où elle a été perpétrée ; mais l'intention des Hautes Parties Contractantes a été certainement de remettre aux agents diplomatiques et consuls le jugement de tous les faits qui n'intéressaient pas les sujets locaux tant au pénal qu'au civil.

Supposons enfin un changement de nationalité qui attribue à un étranger résidant dans l'Empire une nouvelle nationalité étrangère ; ce changement laisse-t-il compétente la juridiction de l'État auquel appartenait l'inculpé au moment de son infraction ? Une question analogue s'est posée en France à propos de l'extradition. Des demandes d'extradition ont été introduites contre des criminels étrangers réfugiés dans ce pays et qui avaient obtenu la nationalité française après les faits sur lesquels se basaient ces demandes. « Deux moyens ont été proposés et appliqués, dit M. Garraud (1), en vue de remédier aux difficultés que fait naître le système de la non-extradition des nationaux : ou bien donner à ce changement un effet rétroactif qui permette aux tribunaux du pays de refuge de juger le coupable, système qui a été adopté par le code pénal allemand (art. 4) et par la loi belge du 15 mai 1874 (art. 10) ; ou bien accorder l'extradition du réfugié sans tenir

(1) *Traité de droit pénal*, t. I, p. 271.

compte d'une nationalité acquise depuis la perpétration du fait pour
lequel l'extradition est réclamée, système adopté par un certain nombre
de traités et particulièrement par la convention anglo-française du
14 août 1876 (art. 2). C'est à ce dernier système qu'il convient, ce me
semble, en l'absence de toute disposition légale, de se rallier ; c'est en
effet le cas d'appliquer à la naturalisation acquise dans le but d'échapper
à l'extradition la règle : *Fraus omnia corrumpit* ». Je crois que la difficulté qui nous occupe doit être résolue dans le sens indiqué par l'auteur
de cette citation. La situation n'est toutefois pas identique dans les deux
cas. Il est inadmissible en effet que la fiction d'exterritorialité puisse
aller dans l'Empire ottoman jusqu'à faire considérer un délinquant
résidant en Turquie comme ayant émigré sur le territoire de sa nouvelle
nationalité. Il convient tout d'abord de considérer comme nul et non
avenu un changement frauduleux, par application de l'adage *fraus
omnia corrumpit*. Si la fraude ne peut être établie, il semble que seules
les autorités de la nationalité contemporaine aux poursuites ont le devoir
d'agir contre une personne qui a cessé d'être soumise à son précédent
Souverain. Les puissances bénéficiaires des Capitulations n'exercent en
effet leurs pouvoirs de police et de juridiction que par une délégation du
Sultan, délégation dont l'effet se limite évidemment aux sujets réels et
actuels de ces puissances. Nous retrouverons d'ailleurs des questions
analogues en abordant le chapitre des conflits de nationalité.

Les tribunaux indigènes égyptiens compétents, aux termes de l'article 15 du décret organique, pour « connaître des contraventions, délits
ou crimes commis par les indigènes », sont-ils dessaisis par l'acceptation
d'une nationalité étrangère survenue avant toute poursuite chez l'auteur
de l'infraction ?

Ce texte semble exiger l'existence de la qualité d'indigène au moment
seulement où l'infraction est commise, sans se préoccuper de la perte de
cette qualité après l'infraction et avant les poursuites. Respectant
toutefois un usage établi depuis longtemps, le parquet indigène abandonne, parait-il, les poursuites en pareille hypothèse. Cette pratique est
conforme à l'esprit des Capitulations telles qu'elles finirent par être
appliquées au cours de ce siècle en Égypte. Toutefois, pour que ce
dessaisissement se réalise, il faut, il est à peine besoin de le dire, que le
changement de nationalité se soit opéré régulièrement. Au point de vue
que nous considérons, comme à tous les autres, une naturalisation
obtenue par un sujet ottoman sans l'autorisation de son gouvernement
serait considérée par celui-ci comme nulle et non avenue et l'individu en
question continuerait à être traité à tous égards comme sujet ottoman (1)

_____

(1) Loi sur la nationalité du 19 janvier 1869, art. 5.

Je me suis placé jusqu'ici, en passant en revue les situations et les espèces qui précèdent, dans l'hypothèse d'un changement de nationalité intervenu antérieurement aux poursuites encourues par son auteur. Ces poursuites ne sont nullement interrompues si le changement de nationalité survient après qu'elles ont commencé. Il ne peut appartenir évidemment à l'accusé de se soustraire ainsi à l'action de la justice. C'est ce qu'observe sans y insister, tant cette solution est certaine, la circulaire du 26 mars 1869 aux gouverneurs généraux : « Je conclurai, dit l'auteur de ce document, en faisant observer que la naturalisation ne peut en aucun cas avoir pour effet de soustraire l'individu naturalisé aux poursuites civiles ou criminelles qui auraient été intentées contre lui antérieurement à l'époque de sa naturalisation par devant l'autorité dont il relevait jusque-là » (1).

V. — Preuve de la nationalité.

La nationalité se détermine et se prouve comme tous les autres droits dont l'ensemble constitue l'état des personnes. Le pouvoir judiciaire est donc tout naturellement compétent pour juger si telle nationalité appartient à telle personne et déduire de ce fait ses conséquences. Ce jugement sera rendu à l'occasion d'un litige portant sur des intérêts qui dépendent de la nationalité d'une des parties : il produira, comme les jugements déclaratifs, des effets limités aux parties en cause. L'attribution du droit de nationalité est donc faite par la justice incidemment, lorsque, au cours d'une instance, un droit est invoqué dont l'existence dépend de la nationalité de son prétendu titulaire. « On ne peut pas s'adresser aux tribunaux pour leur demander une opinion, il faut nécessairement, pour les saisir, qu'un demandeur actionne un défendeur. Il faut donc, pour que la nationalité d'un individu puisse être légalement établie, qu'une personne ait un intérêt né et actuel à la contester » (2). Une fois la question tranchée au profit d'une des parties, elle peut être soulevée de nouveau par un tiers sans que l'exception de chose jugée puisse lui être opposée, puisqu'il n'était pas partie à la précédente instance.

Telle est la solution qui découle des principes juridiques ordinaires : elle semble dans certains cas peu satisfaisante et l'on souhaiterait parfois le moyen de faire déclarer définitivement *erga omnes* l'existence d'un droit dont dépendent les droits politiques et, dans la majorité des pays contemporains, l'état et la capacité. C'est pour répondre à ce besoin que quelques législations soumettent, dans une mesure plus ou

(1) Aristarchi, *op. cit.*, t. I, p. 11.
(2) Cogordan, *La nationalité*, 2e edit., p. 402.

moins large, à l'autorité administrative la constatation de ce droit qui n'intéresse pas seulement d'ailleurs son bénéficiaire, mais aussi la société. Ce système est assez critiquable. Soustraire au pouvoir judiciaire un droit aussi essentiel et primordial dont la détermination est si difficile et exigerait des garanties exceptionnelles, pour le soumettre à un fonctionnaire statuant sans aucune règle ni forme, constitue une exception aux principes de la procédure, bien difficile à justifier par les considérations d'utilité pratique qui viennent d'être indiquées. En la supposant même conforme à la réalité au moment où elle est rendue, la décision de l'autorité administrative peut fort bien cesser de l'être par la suite. « La nationalité dans nos lois est chose variable et changeante : un certificat délivré à un moment donné ne saurait valoir pour un autre moment que celui même auquel il a été délivré. Mis en réserve pour être exhibé à l'occasion, il pourrait donner lieu à des abus, et il resterait dans tous les cas à établir que la nationalité n'a pas changé dans l'intervalle. Il est donc conforme à la logique de ne constater la nationalité qu'à l'occasion d'un intérêt né, puisqu'on ne peut rationnellement la constater que pour un instant donné, pour une époque précise, c'est-à-dire pour le passé ou le présent, mais jamais pour l'avenir » (1).

Quel est le système suivi par la législation ottomane ?

Ici encore il faut distinguer la Turquie de l'Égypte.

A. — *Système suivi en Turquie.*

La matière de la nationalité étant réglée par une loi spéciale, il semble que l'interprétation de cette loi, dans les espèces où il convient de s'y référer, appartienne exclusivement aux tribunaux ottomans tenus, dans les limites de leur compétence, de former leur conviction par tous les moyens de preuve dont ils disposent et, en cas de doute, de recourir à la présomption établie en faveur de la nationalité ottomane par la loi du 19 janvier 1869, art. 9.

En pratique, les choses se passent tout autrement, en vertu de règlements postérieurs à la loi du 19 janvier.

Six mois après la promulgation de cette loi, le gouvernement ottoman instituait, par un Règlement en date du 17 juillet 1869 (2), une Commission siégeant au ministère des affaires étrangères chargée de constater la nationalité véritable « des individus qui, présumés sujets ottomans, prétendraient à une nationalité ou à une protection étrangère » (3). Le même Règlement instituait dans chaque Vilayet des Commissions munies

(1) Cogordan, *op. cit.*, p. 403.
(2) Aristarchi, *op. cit.*, t. I, p. 12.
(3) Article 1er.

de pouvoirs et d'attributions identiques (1). Ces Commissions doivent, aux termes du Règlement, consigner le résultat de leurs enquêtes dans des rapports qui « sanctionnés par le ministère des affaires étrangères seront exécutoires pour toutes les administrations de l'Empire » (2). A cette enquête peut assister un délégué de la mission ou du consulat dont la protection est revendiquée (3). Les personnes qui, à la suite de l'enquête de cette Commission, auraient été reconnues comme appartenant effectivement à une nationalité étrangère, « seront munies d'un certificat imprimé destiné à faire foi du résultat de cette enquête en indiquant leur nationalité reconnue. *Ces certificats seront valables pour tous les tribunaux et conseils de l'Empire* » (4).

Une circulaire du ministre des affaires étrangères, en date du 17 Rebiul Ewel 1286 (5), instituait des Commissions mixtes composées de membres nommés par les autorités locales et les consuls russes : « Les questions de nationalité résolues à l'unanimité par les Commissions devront être considérées comme définitivement tranchées. Quant aux questions qui ne pourront pas être réglées à l'unanimité, on devra en référer à Constantinople et attendre la décision que prendra la Sublime Porte d'accord avec l'ambassade de Russie. Il faudrait pourtant avant d'en référer à Constantinople tâcher de résoudre la question sur les lieux mêmes ».

Complétant cette première circulaire, une seconde, en date du 9 Chewal 1286, transmettait aux autorités locales les décisions prises *d'accord avec l'ambassade russe* relativement à la nationalité russe et ordonnant aux Commissions de vérification de délivrer le cas échéant des certificats constatant la nationalité des personnes reconnues Russes (6).

Il semble bien résulter de ces divers documents, et de plusieurs autres analogues qu'il serait trop long de citer, ainsi que de la pratique et de la jurisprudence invariablement suivies en ces matières, que le système antérieur à la loi de 1869 a été maintenu ; les questions de nationalité sont donc en Turquie tranchées par l'administration qui, dans ses décisions, doit tenir un compte sérieux des prétentions élevées par les autorités diplomatiques ou consulaires étrangères. Les tribunaux n'ont qu'à accepter, pour en tirer les conséquences, les décisions contenues dans les certificats produits devant eux.

Quelques critiques que puisse soulever ce système et quelle que soit

(1) Article 9.
(2) Article 5.
(3) Article 7.
(4) Article 8.
(5) Aristarchi, *op. cit.*, t. I, p. 13.
(6) Aristarchi, *op. cit.*, t. I, p. 15.

sa légalité, il faut reconnaître que la situation produite par les Capitulations d'une part, et par la composition et le mode de nomination des tribunaux turcs mixtes ou indigènes d'autre part, en permettait difficilement un autre.

Les tribunaux récemment institués en Turquie pour appliquer les nouveaux codes au moment où fut promulguée la loi sur la nationalité, manquaient du prestige et de l'autorité nécessaires pour que les puissances étrangères tinssent sérieusement compte de leurs jugements en matière de nationalité. Leur attribuer sur ce point une compétence directe et immédiate aurait risqué de multiplier les conflits qu'il s'agissait d'éviter. On estima que le plus sûr moyen de concilier les prétentions de la souveraineté locale et de la souveraineté personnelle était de confier ces questions à l'administration agissant plus ou moins de concert avec les représentants des puissances bénéficiaires des Capitulations.

B. — *Système suivi en Égypte.*

La loi du 19 janvier 1869 est certainement applicable à l'Égypte ; mais qui, dans cette partie des possessions ottomanes, a mission de l'interpréter et de déterminer la nationalité à l'occasion de chaque cas particulier ?

Étant donnée la constitution de l'Égypte, nous ne sommes plus dans la situation visée par les règlements et circulaires ci-dessus étudiés. Bien qu'elle fasse partie intégrante de l'Empire ottoman, l'Égypte jouit d'un gouvernement autonome et de tribunaux complètement indépendants de ce gouvernement. Rien n'oblige donc ces tribunaux à se conformer en matière de nationalité aux décisions de l'administration. Les lois dont ils tiennent l'existence ne leur imposent aucun contrôle de ce genre. Ces tribunaux déterminent souverainement l'étendue de leur compétence en ce sens qu'ils décident souverainement dans quelle mesure sont applicables les textes qui fixent et délimitent leur compétence. L'article 9 du Règlement d'organisation judiciaire attribue aux tribunaux mixtes la compétence exclusive en matière civile et commerciale, à l'exclusion du statut personnel, entre étrangers et indigènes et étrangers de nationalités différentes ; l'article 13 du décret de réorganisation des tribunaux indigènes décide que ceux-ci connaîtront de toute contestation civile et commerciale entre indigènes. L'article 4 du code civil mixte et les divers documents diplomatiques relatifs à la réforme judiciaire réservent aux tribunaux consulaires les questions de statut personnel et les questions mobilières entre personnes de même nationalité.

Qui est indigène, qui est étranger de telle ou de telle nationalité ? C'est ce qu'il appartient de décider souverainement au tribunal mixte, indigène ou consulaire, saisi de l'espèce à l'occasion de laquelle cette question s'agite. Ce tribunal recherchera, en s'aidant de tous les moyens d'informations dont il dispose, la nationalité des parties en cause, car c'est de la détermination de cette nationalité que dépend celle de sa compétence. La présomption de nationalité ottomane établie par l'article 9 de la loi du 19 janvier 1869, à l'encontre de tout individu habitant le territoire ottoman, servira de ressource suprême tout au moins aux tribunaux locaux en cas d'incertitude, mais cette présomption cède devant la « constatation régulière de la qualité d'étranger », constatation susceptible d'être faite par tous les moyens.

Parmi ces moyens figure très légitimement la déclaration des représentants de l'État dont la partie en cause se réclame ou par lesquels elle est réclamée. De telles déclarations n'ont toutefois rien de péremptoire.

Cette autonomie dont jouissent, en l'absence d'une juridiction supérieure, les juridictions indigènes, mixtes ou consulaires dans la détermination de leur propre compétence, est de nature à engendrer de graves conflits, par exemple si un tribunal consulaire attribuant sa nationalité à un individu qu'un autre tribunal consulaire affirme être son justiciable ou que le tribunal indigène déclare sujet local, l'un et l'autre se déclarent compétents, ou inversement en cas de déclaration simultanée d'incompétence. Le Règlement d'organisation judiciaire pour les procès mixtes (1) a prévu quelques-uns de ces conflits de juridiction, montrant clairement par là qu'ils peuvent se produire et qu'il n'existe aucun moyen administratif ou diplomatique de les prévenir.

Nous sommes donc parvenus à cette conclusion qu'en Égypte, contrairement au système suivi en Turquie, les tribunaux tranchent les questions de nationalité à l'exclusion de toute autre autorité et que c'est devant eux que la preuve de telle ou telle nationalité doit être apportée.

Par qui doit être faite cette preuve ?

En règle générale, c'est la partie dont le droit prétendu dépend de l'attribution de telle ou de telle nationalité à elle-même ou à une autre partie. Le plus souvent, la question de nationalité sera soulevée à l'occasion de celle de compétence. C'est ainsi que le demandeur à une instance engagée devant la juridiction mixte doit établir, lorsque son adversaire le réclame, que celui-ci appartient à une autre nationalité que la sienne (2).

On ne saurait pourtant raisonnablement obliger à tout propos toute personne à établir, pièces à l'appui, sa nationalité, et il est tout naturel

(1) Articles 22 à 26. Rapprocher de ces textes les articles 80 à 86 du décret de réorganisation des tribunaux indigènes.

(2) Alexandrie, 17 mai 1876, *R. O.*, t. 1, p. 67.

de faire application en pareil cas de la présomption qui se dégage de la possession d'état. C'est ce qu'a jugé la jurisprudence mixte qui, tout en déclarant que la nationalité des personnes physiques ou morales ne s'acquiert pas par la possession d'état (1), ajoute que « en pareil cas il ne suffit pas que l'une des parties conteste la nationalité de l'autre partie pour que les tribunaux de la Réforme soient tenus de surseoir au jugement du fond jusqu'à ce qu'il ait été statué sur l'incident, il faut encore que la partie qui propose l'exception la rende vraisemblable par des justifications de nature à faire naître des doutes sérieux sur la nationalité de son adversaire » (2). « Il n'y a donc pas lieu de rechercher si l'intimé a oui ou non obtenu l'autorisation de la Sublime Porte exigée à cet effet par la loi ottomane et spécialement par le firman du 19 janvier 1869 ; il suffit qu'il ait une possession d'état non contestée par le gouvernement ottoman » (3).

On trouvera peut-être que cette jurisprudence attribue à la possession d'état une valeur absolue assez difficile à concilier avec l'article 9 de la loi ottomane du 19 janvier 1869 que les tribunaux locaux, indigènes ou mixtes, ne doivent jamais perdre de vue. Si donc un individu est dans l'impossibilité d'apporter la moindre preuve de sa prétendue nationalité sauf une possession d'état qu'aucune autre présomption ne fortifie, ne semble-t-il pas que la nationalité ottomane doive néanmoins lui être attribuée ?

Telles sont les règles qui se dégagent tout naturellement de l'organisation des diverses juridictions auxquelles sont respectivement soumis les habitants de l'Égypte. Encore une fois, dans cette partie de l'Empire ottoman, quelle que soit la solution susceptible d'être adoptée sur ce point, il ne saurait y avoir aucun doute : les questions de nationalité relèvent bien exclusivement du pouvoir judiciaire.

Le gouvernement égyptien statue pourtant très fréquemment, soit sur la demande des intéressés, soit comme conclusion à des négociations avec les représentants de gouvernements étrangers, sur la nationalité de tel ou tel individu ; il formule alors sa décision en un certificat qui est produit devant les tribunaux et auquel on a souvent prétendu attribuer la valeur d'un jugement définitif. L'arrangement helléno-égyptien du 2 février 1890 peut être considéré comme une solution de règlement de la classe la plus nombreuse de ces difficultés et les membres égyptiens

(1) Alexandrie, 5 décembre 1888, R. O., t. I, p. 145 ; 2 avril 1890, B., t. II, p. 398 ; 12 février 1891, B., t. III, p. 188 ; 29 mars 1889, B., t. I, p. 156 ; 31 décembre 1890, B., t. III, p. 1895.

(2) Alexandrie, 13 juin 1878, R. O., t. III, p. 289.

(3) Alexandrie, 6 juin 1889, B. L. J., t. I, p. 301 ; Alexandrie, 13 juin 1878, R. O., t. III, p. 289.

de la Commission dite d'indigénat, instituée conformément à l'article 9 du Règlement du 17 juillet 1869, peuvent être considérés comme les mandataires du gouvernement khédivial, dépositaires de ses pouvoirs. Reste à savoir quelle est la valeur de ces décisions. Les certificats délivrés par les consuls étrangers à leurs soi-disant justiciables pour servir à prouver cette qualité soulèvent la même question. Je crois que ces documents et leur contenu n'ont rien de juridique. Quand il reconnait à un individu une nationalité étrangère ou qu'il le déclare Ottoman, le gouvernement égyptien ne dit pas le droit, n'ayant pas qualité pour juger, il exprime simplement, sur un point de fait et de droit, une conviction d'après laquelle il agira désormais à l'égard de cet individu. Il en est de même à plus forte raison pour un agent diplomatique ou consulaire accrédité en Égypte par un gouvernement étranger. Les tribunaux locaux se comporteront donc sagement en considérant comme très vraisemblable l'opinion d'administrateurs bien placés pour connaitre la vérité et en en pesant minutieusement les motifs, mais cette opinion ne saurait en aucune façon entrainer leur propre conviction : ils jugeront en pleine indépendance.

Les juridictions mixte et indigène ont souvent implicitement décidé le contraire en faisant dépendre de la décision d'une autorité locale ou consulaire étrangère la détermination de la nationalité d'une partie en cause et du même coup sa propre compétence en l'espèce.

D'après la Cour d'appel mixte, la nationalité d'une des parties en cause est suffisamment établie en cas de contestation par un certificat émanant de l'autorité consulaire dont cette partie prétend relever ou même d'une autorité administrative telle que le maire ou le préfet d'un pays étranger, lorsque ce certificat n'est pas contredit par des pièces probantes.

Jusqu'ici la jurisprudence mixte ne soulève aucune critique (1). Les tribunaux sont en effet libres de puiser dans tous les moyens de preuve leur conviction sur l'existence d'un droit. Rien ne leur interdit de voir un tel moyen dans une attestation délivrée par un fonctionnaire étranger, surtout quand ce fonctionnaire exerce des fonctions consulaires ou diplomatiques en vertu d'un exequatur. La Cour mixte est donc justifiée à rejeter les prétendues preuves apportées pour ou contre la nationalité telle qu'elle résulte de ces attestations si ces preuves lui semblent insuffisantes. Ce qui montre bien que la juridiction mixte envisage comme

(1) Alexandrie, 7 décembre 1876, *R. O.*, t. II, p. 38 ; 13 avril 1887, *R. O.*, t. XII, p. 129 ; 29 mai 1889, *B. L. J.*, t. I, p. 155 ; 1er juin 1889, *B. L. J.*, t. I, p. 301 ; 23 janvier 1890, *B. L. J.*, t. II, p. 107 ; 18 juin 1890, *B. L. J.*, t. II, p. 191 ; 26 mars 1896, *B. L. J.*, t. VIII, p. 180.

de simples moyens de preuve et non comme des décisions les certificats des autorités administratives ou diplomatiques, c'est que certains de ses arrêts déclarent insuffisants ceux qui émanent seulement des autorités locales, probablement parce que ces autorités sont naturellement portées à faire application de la présomption établie par l'article 9 de la loi du 19 janvier 1869 en faveur de la nationalité ottomane et à déclarer systématiquement ottomane toute personne dont la nationalité est à première vue incertaine (1).

Par contre la Cour mixte prête à la discussion lorsqu'elle transforme en « question diplomatique susceptible seulement d'être résolue de gouvernement à gouvernement » la détermination de sa propre compétence en donnant ce nom et ce caractère à un simple débat sur la nationalité des parties lorsque les attestations contradictoires des officiers de deux gouvernements sont produites devant elle. En pareil cas, les tribunaux mixtes, faisant application de l'article 4 du code civil mixte, « surseoient à statuer jusqu'à ce que la question préjudicielle de nationalité ait été résolue par la voie diplomatique » (2).

Ce système, qui soumet un droit aussi essentiel, aussi primordial que la nationalité à des négociations entre administrateurs ou agents diplomatiques, peut-être imparfaitement instruits des principes juridiques dont dépend l'existence de ce droit, parfois même dominés par des considérations étrangères au point en litige, n'est-il pas en effet de nature à produire, sinon des injustices, tout au moins des dénis de justice ? Quelle sera la situation des parties si les agents qui se disputent l'intéressé s'obstinent à ne pas conclure un accord auquel on ne saurait attribuer d'ailleurs que la valeur d'une décision officieuse (3) ?

(1) « La production d'un certificat du bureau européen près le gouvernorat du Caire, à l'effet de prouver la nationalité indigène d'une personne qui se prétend de nationalité étrangère, est insuffisante, car des conflits se produisent parfois entre l'autorité locale et les autorités consulaires sur la nationalité d'une personne déterminée ; par suite la preuve doit être complétée par la production d'un certificat du consul certifiant qu'un tel individu ne dépend pas de sa juridiction » (Alexandrie, 12 avril 1892, Borelli, *Codes*, p. 83).

(2) Alexandrie, 13 juin 1876, *R. O.*, t. I, p.31 ; 20 juin 1878, *R. O.*, t. III, p. 316 ; 29 mai 1889, *B. L. J.*, t. I, p.156 ; 2 avril 1890, *B. L. J.*, t. II, p. 398 ; 31 décembre 1890, *B. L. J.*, t. III, p. 95 ; 24 mai 1893, *B. L. J.*, t. V, p. 284 ; 20 juin 1894, *B. L. J.*, t. VI, p. 349 ; 27 février 1896, *B. L. J.*, t. VIII, p. 138 ; 16 juin 1898, *B. L. J.*, t. X, p. 325.

(3) Un excellent exemple de cette fâcheuse situation est donné par l'arrêt suivant si caractéristique que nous le reproduisons *in extenso* :

« Vu la sentence en date du 4 février 1878 qui surseoit à statuer en considération des négociations diplomatiques non encore terminées engagées sur la nationalité de Giuseppe D, renvoyant les parties à faire résoudre suivant les voies diplomatiques l'exception préjudicielle soulevée par le gouvernement égyptien relativement à la prétendue nationalité espagnole du sieur D.; — Considérant que depuis ce jugement les choses sont restées dans le même état, d'une part le gouvernement égyptien n'ayant fait aucun

Aux termes de la plupart des législations, les consuls ou les officiers administratifs n'ont aucune qualité pour déclarer que tel individu appartient à l'État qu'ils représentent. S'ils le font c'est pour indiquer officieusement qu'ils traitent en fait cet individu comme leur ressortissant. Comment admettre qu'une juridiction puisse voir dans une déclaration de ce genre, même rendue par les fonctionnaires de l'un et de l'autre gouvernements intéressés (1), autre chose qu'un simple renseignement sans autre portée que celle résultant des faits et documents sur lesquels il s'appuie ?

Si encore l'exception d'incompétence était admise *de plano* par les tribunaux mixtes chaque fois que les affirmations contradictoires des représentants de deux gouvernements étrangers sont produites devant eux, cette jurisprudence serait assise sur une base logique sinon juridique; mais les tribunaux se sont parfois en pareille hypothèse déclarés compétents sans qu'on puisse expliquer cette exception à leur règle habituelle, autrement que par l'évidente certitude de la nationalité diplomatiquement contestée. « Attendu — dit notamment la Cour d'Alexandrie dans un récent arrêt rendu sur une affaire qui avait provoqué les déclarations contradictoires des gouvernements égyptien et hellénique —

acte pour résoudre le conflit, et d'autre part D. étant resté également inactif sans faire des démarches auprès du gouvernement espagnol pour que celui-ci obtint du gouvernement égyptien la reconnaissance de la dite nationalité et s'étant borné à produire un certificat de l'agent d'Espagne qui le déclarait naturalisé espagnol et agent consulaire d'Espagne à Tantah ; — Attendu que, du moment que le gouvernement égyptien persiste à contester la sujétion étrangère du sieur D. et à le réclamer comme sujet local sans lui reconnaitre sa qualité d'agent consulaire étranger, le certificat en question sert seulement à démontrer la persistance du conflit de nationalité entre les deux gouvernements — Considérant que, étant donnée la nature du conflit, le gouvernement égyptien qui l'a provoqué dispose pour le résoudre de moyens plus efficaces que ceux dont dispose D. : celui-ci peut seulement en effet solliciter du consul général d'Espagne des démarches auprès du gouvernement égyptien ; — Que pour ces motifs la demande actuelle du gouvernement égyptien tendant à la fixation au sieur D. d'un délai de deux mois pour faire résoudre la question de sa nationalité par la voie diplomatique ne peut être admise, d'autant plus que c'est le gouvernement égyptien lui-même qui doit concourir à cette solution ; que D. conclut donc avec raison au principal que cette demande soit rejetée (Alexandrie, 15 janvier 1894, *B. L. J.*, t. VI, p. 111).

Dans le même sens, arrêt du 2 juin 1898, *B. L. J.*, t. X, p. 303 :

« ...Attendu pourtant que les documents officiels versés de part et d'autre en la cause d'appel sont en complète discordance au sujet du prétendu accord diplomatique allégué par la dame demanderesse ; — ...Qu'en présence de ces pièces officielles, loin de pouvoir dire que le conflit diplomatique au sujet de la nationalité de la dite dame est aplani, il semble plutôt que le conflit continue à exister comme par le passé ; que par conséquent il convient de surseoir à statuer sur le présent litige jusqu'à solution par qui de droit du conflit existant ».

(1) La loi constitutionnelle française du 16 juillet 1875 sur les rapports des pouvoirs publics (art. 8) ne permet pas de considérer cet accord comme un traité.

que, s'il est vrai que le gouvernement local revendique la nationalité
indigène pour l'appelant auquel ;les certificats que ce dernier produit
attribuent la nationalité hellénique avant 1869 et que, par suite de
cette revendication,la question de la nationalité étrangère parait revêtir
le caractère d'une question de droit international, il n'en est pas moins
vrai que, lorsque la question de nationalité est purement juridique, les
tribunaux mixtes sont compétents à statuer ; que tel est le cas en l'espèce;...que la convention helléno-égyptienne du 2 février 1890 a été interprétée dans le sens, etc..; qu'il n'y a pas en réalité, dans l'espèce, conflit
diplomatique » (1).

La conclusion qui se dégage des arrêts serait donc que, lorsque le
conflit diplomatique porte sur l'interprétation d'un traité, il cesse d'être
diplomatique pour devenir juridique, mais garde cette première qualité,
échappant ainsi à la compétence mixte, lorsqu'il porte sur l'interprétation d'une loi ou d'un fait. Cette conclusion semble contestable, voire un
peu paradoxale.

La jurisprudence indigène sur la même question en matière pénale
semble plus critiquable encore.

Aggravant sur ce point la pratique suivie par la juridiction mixte, les
tribunaux indigènes se reconnaissent le pouvoir de condamner au correctionnel et même au criminel tout individu indigène ou non qui n'est
pas réclamé par son consulat. C'est ainsi que des étrangers, insoumis à
la loi militaire de leur pays et auxquels leur consul refusait, pour cette
seule raison, de délivrer un certificat de nationalité, se sont vu appliquer
le code pénal indigène qui n'avait pourtant pas été édicté contre eux.
Un arrêt récent (2) mérite d'être cité, car il illustre avec une grande
netteté la théorie que nous réfutons. Il s'agissait d'un Maltais poursuivi
devant la Cour indigène et auquel le consul britannique reconnaissait
très nettement la qualité de sujet anglais, tout en déclarant que, cet
individu ayant violé à deux reprises un arrêté d'expulsion, il ne voulait
avoir rien de commun avec lui et refusait d'intervenir en sa faveur. L'extranéité de l'inculpé résultait donc évidemment des faits de la cause
et la Cour ne songea d'ailleurs nullement à la contester ; elle n'en con-
damna pas moins le sujet anglais par application du code pénal indigène
en donnant pour raison « que l'Agence britannique ne veut plus exercer
aucun pouvoir sur l'inculpé, l'a dépouillé du bénéfice de sa protection
et livré au gouvernement local pour être responsable devant lui ».

Dégagée des considérations plus que discutables sur lesquelles elle

(1) Alexandrie, 21 février 1900, *B. L. J.*, t. XII, p. 13. Dans le même sens V. Alexandrie, 1ᵉʳ février 1899, *B. L. J.*, t. XI, p. 108 et 30 mars 1900, *B. L. J.*, t. XII, p. 284.
(2) Cour d'appel indigène du Caire, 6 mars 1900.

s'appuie et qui présentent la juridiction indigène comme la juridiction de droit commun, le code pénal indigène comme la législation territoriale applicable en principe à toute personne, considérations qui seront réfutées ci-dessous, cette décision se ramène, ainsi que celles qui l'ont précédée, à traiter comme indigène quiconque ne produit pas une attestation des représentants de l'État auquel il prétend appartenir ; elle fait dépendre, en d'autres termes, la nationalité des parties et par conséquent la compétence indigène elle-même, d'une autorité administrative ou diplomatique et non du tribunal saisi.

En réalité, une juridiction compétente, aux termes de la loi qu'elle a mission d'appliquer, pour juger certaines catégories de personnes, dispose incontestablement du pouvoir de déterminer si une des parties appartient bien à cette catégorie. Un tribunal militaire, par exemple, institué pour juger des militaires, tranchera lui-même en cas de contestation la question préjudicielle de la qualité de l'inculpé ; un tribunal commercial, saisi d'une demande de déclaration de faillite, examinera lui-même l'exception tirée de la prétendue absence de la qualité de commerçant chez le défendeur. Il en est de même ici. Les codes égyptiens ont soigneusement délimité la compétence respective des diverses juridictions égyptiennes. A qui ont-ils confié le soin de faire respecter ces limites ? A ces juridictions elles-mêmes et à nulle autre autorité diplomatique, consulaire ou administrative. Sur quels arguments s'appuie cette jurisprudence des tribunaux indigènes et mixtes ? Il est assez difficile de le découvrir. On a tenté de la justifier par un argument dont on trouve parfois des traces dans certains arrêts et que la Cour a pris elle-même le soin de réfuter.

Suivant M. Laget (1), la détermination de la nationalité est une question de statut personnel qui n'est pas de la compétence des tribunaux mixtes, ni par conséquent de celle des tribunaux indigènes.

Cette objection n'est qu'une pétition de principes. Les tribunaux mixtes ne peuvent juger en effet « qu'en dehors du statut personnel » (art. 9, Règl. org. jud.). Tout ce qui concerne le statut personnel échappe également à la compétence des tribunaux indigènes (art. 16, décret d'org.). Mais quels sont les droits désignés par cette expression obscure et équivoque ? C'est justement le point en question. Or, tout indique que la nationalité n'en fait pas partie.

Les articles 4 du code civil mixte et 16 du Règlement de réorganisation des tribunaux indigènes énumèrent limitativement, au moins pour le premier, les droits réservés au « juge de statut personnel » (2), et la

(1) *Condition juridique des Français en Égypte*, p. 202.
(2) Article 4, code civil mixte : « Les questions relatives à l'état et à la capacité des per

nationalité ne figure pas dans cette énumération. Le « juge du statut personnel », auquel sont ainsi réservés ces divers éléments de l'état et de la capacité, ne saurait donc statuer sur la nationalité, au moins — et c'est la question — par voie d'action principale ; mais les tribunaux égyptiens de chaque ordre, y compris ceux de statut réel, détermineront l'existence ou la non-existence de ce droit chaque fois que d'autres droits, notamment la juridiction, dépendront de cette détermination. La nationalité n'est en effet susceptible d'être réclamée qu'incidemment : on n'imagine donc pas une personne sollicitant par exemple du tribunal consulaire de France un jugement à l'effet de faire déclarer sa nationalité française. Les tribunaux n'ont pas été institués pour donner des consultations sur l'existence théorique de tel ou tel droit, mais pour faire produire aux divers droits les conséquences pratiques qu'ils impliquent en en imposant le respect à ceux qui les violent dans telle espèce donnée. Incompétent sur le fond dont le tribunal indigène ou mixte est saisi, le « juge de statut personnel » est également incompétent sur l'incident ; il ne saurait prononcer sur l'un sans prononcer sur l'autre et n'a encore une fois pas le droit de donner une simple consultation.

Les tribunaux indigènes ou mixtes ont donc pleine compétence pour déclarer la nationalité des parties et tirer de cette déclaration les conséquences que comporte la question en litige. Nous avons vu d'ailleurs que c'est seulement dans un cas particulier que les tribunaux indigènes ou mixtes admettent un déclinatoire d'incompétence tiré de la question préjudicielle de nationalité, lorsque les déclarations contradictoires des agents de deux gouvernements sont produites par les parties et que cette nationalité ainsi revendiquée parait aux juges douteuse et difficile à établir. « Lorsqu'une contestation sur la nationalité d'une partie est purement juridique et ne soulève aucun conflit diplomatique », les tribunaux mixtes se sont toujours invariablement déclarés « compétents pour y statuer » (1). On est en droit de se demander de nouveau par quels textes ou tout au moins par quels principes se justifie cette exception subordonnée à une appréciation aussi arbitraire. Nous croyons que la règle n'en comporte pas et que les juridictions mixtes et indigènes déterminent elles-mêmes dans tous les cas leur compétence.

Les tribunaux mixtes sont compétents pour juger toutes questions

sonnes et au statut matrimonial, aux droits de successions naturelles et testamentaires, aux tutelles et curatelles, restent de la compétence du juge du statut personnel ».

Art. 16 : « Ces tribunaux ne pourront non plus connaître des contestations relatives à à la constitution des wakfs, aux mariages et aux questions qui s'y rapportent, telles que la dot, la pension, etc., aux donations, legs, successions, et toutes autres questions du statut personnel ».

(1) Alexandrie, 25 mai 1893, B. L. J., t. V, p. 269.

entre personnes de nationalités différentes en dehors du statut personnel ; ils doivent donc d'abord établir la nationalité des parties en cause
afin de savoir s'ils ont juridiction sur elles. Ce fait résultera de tous les
moyens de preuve, notamment des certificats délivrés par les autorités
administratives ou diplomatiques que le tribunal peut estimer en mesure
d'être bien informées. Si de tels certificats sont contradictoires, quel parti
doivent prendre les juges ? Simplement n'en tenir aucun compte et
baser leur conviction sur d'autres documents à fournir par les intéressés. Si ces moyens de preuve sont insuffisants, l'article 9 de la loi
ottomane du 19 janvier 1869 impose à la juridiction mixte qui, il ne
faut pas l'oublier, est une juridiction égyptienne, l'obligation de réputer
sujet ottoman et de traiter comme tel tout individu habitant le territoire
ottoman et dont la qualité d'étranger n'a pas été régulièrement constatée.

Cette disposition, susceptible de résoudre un grand nombre de difficultés, n'est certainement pas applicable au cas où un étranger est reconnu par deux gouvernements et où sa double nationalité résulte de
l'une et de l'autre de leurs législations. Un soi-disant Allemand assigne
devant la juridiction mixte un soi-disant Italien qui soulève un déclinatoire d'incompétence basé sur la démonstration de la nationalité italienne
du demandeur. Celui-ci démontre qu'aux termes de la loi allemande il
doit être considéré comme Allemand. Que décidera en pareil cas le tribunal mixte ? Et sur quelle preuve basera-t-il sa compétence ou son incompétence ? Bornons-nous à signaler la difficulté en nous réservant de
l'examiner plus loin. Nous verrons alors s'il ne conviendrait pas de faire
appel à la possession d'état pour résoudre ce grave conflit de souveraineté.

Quant aux tribunaux indigènes, ils sont compétents pour connaître
de toutes les contestations en matière civile et commerciale *entre indigènes*, et, en matière répressive, des contraventions, délits et crimes
commis *par les indigènes*, en dehors de ceux qui ressortissent à la juridiction mixte (1).

Relativement aux étrangers ces derniers tribunaux sont donc dépourvus de toute juridiction ; ils ne sauraient s'arroger le pouvoir de les
juger sinon abusivement et par une usurpation que l'acquiescement,
dans chaque cas particulier, des représentants des gouvernements dont
dependent ces étrangers, est évidemment impuissant à légitimer. Cette
disposition est péremptoire.

Un autre texte beaucoup plus ancien, et à peu près entièrement oublié,

---

(1) Décret de réorganisation des tribunaux indigènes, art. 15.

bien qu'il n'ait jamais été abrogé, semble à première vue en étendre considérablement la portée en élargissant la sphère de la compétence des
tribunaux indigènes. Je veux parler de l'article 55 du *Règlement général
concernant la police des étrangers en Égypte* (1), en date du 30 Rebiul
Ewel 1274 (1855) : « Si un étranger prévenu de crime, de délit ou de contravention ne relève d'aucun consulat et se trouve par conséquent en
dehors de toute juridiction étrangère, il sera procédé à son égard par la
justice locale et conformément aux lois du pays ».

Cette partie du Règlement n'est-elle point tombée en désuétude ? Ne
peut-on pas la considérer comme virtuellement abrogée par la Réforme
judiciaire, l'institution des tribunaux, la promulgation des codes mixtes
et indigènes ? Admettons la négative. Il n'en résulte nullement la justification, par un nouvel argument non exprimé dans les décisions, de la
jurisprudence que j'ai réfutée à propos de l'arrêt indigène précité. En
effet ce texte vise les étrangers qui ne relèvent d'aucun consulat et
nullement ceux qu'aucun consulat ne réclame. De nombreux pays ne
possèdent aucune représentation consulaire en Orient ; tels sont la
Suisse, la Roumanie, la Serbie, la plupart des États de l'Amérique du
Sud, la Chine, le Japon, les Princes indépendants de l'Inde, etc., etc.
Un individu pourvu d'une nationalité bien établie, que son consul renie,
ne peut être dit « en dehors de toute juridiction étrangère ». Le juger
est une obligation pour la juridiction dont il est justiciable par sa nationalité, et l'autorité locale a certainement le droit de se prévaloir d'une
telle obligation qui résulte des engagements bilatéraux exprimés par
les Capitulations et les traités.

Ce texte soumet d'ailleurs cet étranger quel qu'il soit « à la justice
locale et à la loi du pays », en d'autres termes à la juridiction et à la
législation en vigueur à l'époque où le Règlement a été promulgué et
non aux tribunaux indigènes institués ou « réorganisés » comme on
voudra près de trente ans après pour exercer des pouvoirs étroitement
mesurés par l'article 15 du Règlement de 1274.

En tous cas, quelle que puisse être la portée de l'article 55 de ce Règlement, cette disposition ne modifie en rien le principe certain applicable à la détermination de la nationalité, principe qui, pour les tribunaux
égyptiens indigènes comme pour les tribunaux mixtes, soumet la

---

(1) Ce Règlement a été édicté par suite d'un accord entre Mohammed Saïd Pacha,
Vice-Roi d'Égypte et les représentants des puissances, ainsi qu'en fait foi le préambule :
« Vu le procès-verbal de la Conférence tenue le 24 Zilhidjé (14 août dernier) entre Messieurs les consuls généraux et les fonctionnaires égyptiens désignés par nous ». On en
trouve le texte, à peu près ignoré en Egypte, dans le *Manuale* de Gatteschi et dans la
Juridiction française dans les Echelles du Levant et de Barbarie de Féraud-Giraud,
p. 472 et suiv.

nationalité aux mêmes conditions de preuve que les droits relevant de leur juridiction. Les tribunaux indigènes doivent donc établir eux aussi la nationalité des parties en cause, et cela par tous les moyens de nature à déterminer leur conviction, avant de se déclarer compétents ou incompétents. La présomption édictée par l'article 9 de la loi de 1869 en faveur de la nationalité ottomane fournira à ces tribunaux une solution péremptoire dans tous les cas douteux ; mais cette disposition est inapplicable lorsque l'extranéité d'un individu résulte avec certitude des faits de la cause, quelle que soit d'ailleurs l'attitude de tel consul ou de telle légation à l'égard de cet individu.

VI. — CONFLITS DE NATIONALITÉ DANS L'EMPIRE OTTOMAN.

La jurisprudence qui vient d'être critiquée a sans doute été inspirée aux juridictions locales par le double désir de respecter les souverainetés qui s'exercent directement dans l'Empire ottoman sur leurs ressortissants respectifs en vertu des Capitulations, et d'éviter les conflits susceptibles de naître entre ces souverainetés de l'application de lois contradictoires sur la nationalité. Les diverses législations ont recours à des faits différents pour attribuer telle nationalité à l'enfant nouveau-né ; elles imposent parfois certaines conditions en l'absence desquelles le changement de la nationalité actuelle contre une nouvelle n'est pas valable. C'est pourquoi on trouve trop souvent des personnes pourvues de plusieurs nationalités et par conséquent de plusieurs statuts (1). Ces personnes continuant dans les pays de Capitulations à dépendre immédiatement des diverses souverainetés personnelles qui s'attribuent simultanément des droits sur elles, on imagine sans peine quelles graves difficultés engendre ce concours de souverainetés. Ce concours n'est plus ici, comme dans les pays occidentaux, terminé ou tout au moins amorti par la prédominance de la souveraineté territoriale. Là où règne le système désigné ordinairement par la métaphore exterritorialité, la souveraineté de l'État national est limitée et neutralisée par celle des États étrangers bénéficiaires de traités, au point de perdre son caractère essentiel et de cesser d'être territoriale. La pluralité des nationalités y produit des conséquences que nous devons étudier.

Commençons par l'hypothèse la plus simple : une des législations applicables au même individu est celle de la juridiction ou des autorités

(1) La situation à laquelle on a donné le nom de conflit négatif, c'est-à-dire celle d'un individu auquel nulle législation n'attribue une nationalité, sera résolue très simplement en Turquie, grâce à l'article 9 de la loi de 1869 aux termes duquel toute personne habitant le territoire ottoman est considérée et traitée comme sujet ottoman jusqu'à ce que sa qualité d'étranger ait été régulièrement établie, par l'application à cet heimathlos du statut personnel des Ottomans qui professent la même religion que lui.

saisies. Celles-ci appliqueront exclusivement leur propre législation et traiteront donc cette personne comme leur justiciable, sous la réserve de ce qui a été dit plus haut à l'occasion de l'effet du changement de nationalité et de ce qui sera dit de la prédominance qui, règle générale, doit appartenir en cas de conflit à la loi ottomane sur le territoire de l'Empire. Cette solution est évidente ; il ne sera pourtant pas toujours facile, tout au moins opportun, pour les autorités administratives ou consulaires de la rendre inévitable en matière pénale par une poursuite, une arrestation ou une expulsion de nature à soulever un conflit qui provoquerait l'intervention des représentants d'une autre puissance. La situation en pareille occurrence n'est évidemment pas si aisée qu'en Occident. Elle devient délicate, même au point de vue purement juridique, lorsque des autorités consulaires se trouvent en présence d'un de leurs nationaux qui est, en même temps, sujet ottoman. La souveraineté locale doit-elle, en ce cas, être *a priori* préférée à l'autre, tout au moins dans quelle mesure ?

Signalons quelques espèces : Un enfant né de parents ottomans dans un pays Sud-américain qui détermine par le *jus soli* la nationalité d'origine, se réclame sur le territoire ottoman de la législation du lieu de sa naissance ; il est soutenu par les autorités diplomatiques de ce pays. Cette prétention, contraire à l'article 1er de la loi du 19 janvier 1869, devra être repoussée par le gouvernement ottoman. Quels que soient en effet les privilèges accordés par les Capitulations, ils ne sauraient aller jusqu'à annihiler sur le territoire ottoman une loi qui ne touche à aucune disposition de ces traités. Une telle extension de l'exterritorialité rendrait extrêmement précaire la souveraineté du Sultan puisqu'elle la ferait dépendre de législations étrangères.

Un Européen insoumis ou déserteur, naturalisé Ottoman, pourrait-il être appréhendé par les janissaires du consulat de sa précédente nationalité et incorporé malgré lui, après avoir été appelé à répondre de son infraction aux lois militaires ? Ne peut-on pas dire que la naturalisation ottomane fut conférée sous la réserve des obligations du naturalisé envers l'État dont il dépouillait la nationalité ? Cette réserve ne résulte-t-elle pas du droit de juridiction reconnu à cet État par les Capitulations, droit qui survit, nous l'avons vu, au changement de nationalité intervenu après l'accomplissement d'un délit ou d'un crime ?

Cette argumentation, d'ailleurs assez douteuse, est-elle applicable au cas d'une option faite conformément à l'article 2 de la loi de 1869 par un jeune homme né de parents étrangers sur le territoire ottoman ? Cela dépend de la portée que l'on donne à ce texte. Si l'on estime, comme je l'ai fait, qu'il confère rétroactivement la nationalité ottomane, son bénéficiaire n'a pas à répondre d'obligations imposées par la législation d'une nationalité antérieure qui est censée n'avoir jamais existé.

Un Ottoman obtient une nationalisation française ou italienne sans s'être muni de l'autorisation du gouvernement ottoman que l'article 5 de la loi du 19 janvier 1869 lui imposait. Pourra-t-il se prévaloir de sa nouvelle nationalité sur le territoire ottoman? Non certainement devant les autorités ottomanes. Mais devant les autorités italiennes ou françaises? L'Ottoman, naturalisé sans autorisation, assigne un de ses nouveaux compatriotes devant le tribunal consulaire de sa nouvelle nationalité. Celui-ci devra-t-il se déclarer incompétent? Il est inadmissible, dira-t-on en faveur de la négative, que ce tribunal puisse priver ce justiciable du bénéfice de sa naturalisation, acte de souveraineté qu'il n'a pas à discuter, mais dont il doit appliquer toutes les conséquences sans pouvoir les diminuer ni les restreindre. Comment, en l'absence d'une disposition pareille à l'article 7 de la loi britannique de 1870 sur la nationalité, distinguer, même dans l'Empire ottoman seulement, deux classes de nationaux, dont l'une serait privée des avantages de la nationalité?

Raisonnant dans l'hypothèse d'une naturalisation française, M. Cogordan se prononce pourtant très catégoriquement pour l'affirmative : « La France a fait examiner la loi turque de 1869 sur la nationalité et l'a déclarée non contraire aux Capitulations ; nous sommes donc liés en quelque sorte par cette loi et il semble que nous ne pourrions point, dès à présent, protéger en Orient un Ottoman naturalisé Français sans autorisation » (1). Se plaçant à un point de vue plus général, M. Weiss abonde dans ce sens : « La compétence judiciaire reconnue aux consuls européens en Orient, au regard des nationaux, fait échec dans une large mesure aux droits de souveraineté qui appartiennent à la Porte ainsi qu'aux États, dans toute l'étendue de son territoire ; elle est exceptionnelle et doit, comme toutes les exceptions, être ramenée à ses plus étroites limites. C'est la loi locale, la loi ottomane, qui a seule qualité pour décider sur le sol ottoman qui est Ottoman et qui est étranger, et ce n'est que pour ceux auxquels elle attribue cette dernière qualité que la juridiction consulaire est compétente ; dans le conflit de la loi ottomane relative à la nationalité la préférence doit toujours appartenir à celle-ci sur le territoire qu'elle régit. Observons, au reste, que dans le cas où le sujet ottoman naturalisé à l'étranger sans autorisation serait condamné par le consul de sa nouvelle patrie, ce dernier n'aurait aucun moyen de le contraindre à l'exécution du jugement rendu contre lui. Les autorités turques qui prêtent volontiers la main à l'exécution

_____

(1) Cogordan, *op. cit.*, p. 686.

des décisions consulaires auxquelles des étrangers seuls ont été partie s'empresseront de refuser leur concours à l'encontre d'un défendeur qui, pour elles, relève encore de l'allégeance de la Porte » (1).

Il reste à examiner la situation dans laquelle le conflit de nationalité se produit, de façon à rendre une solution très difficile, certains auteurs disent même impossible.

Aucune des législations applicables à l'individu pourvu de plusieurs nationalités n'est celle du tribunal mixte, indigène, consulaire saisi. Un tribunal consulaire saisi d'une action par application de la règle *actor sequitur forum rei* est amené à faire incidemment application du statut personnel du demandeur, mais il constate que celui-ci en compte deux. Auquel doit-il donner la préférence ? La question est susceptible de se poser également devant un tribunal indigène turc à propos d'une action relative à des immeubles. On peut enfin supposer un Européen assigné devant un tribunal mixte égyptien par un autre Européen et opposant à celui-ci un déclinatoire d'incompétence basé sur l'identité de la nationalité des parties. Le tribunal mixte devra se prononcer entre les diverses nationalités du demandeur (2).

D'après quelles règles le juge fera-t-il son choix ? Si la nationalité ottomane est une de celles qui sont invoquées, il semble que le juge quel qu'il soit qui rend la justice sur le territoire ottoman, sinon par une délégation directe, s'il s'agit d'un consul, tout au moins grâce au consentement du Souverain ottoman, doit respecter la loi ottomane en donnant la préférence à cette nationalité. C'est ce que les tribunaux mixtes égyptiens ont décidé plusieurs fois. S'agit-il de législations autres que la législation ottomane et étrangères à celle que le juge est chargé d'appliquer, on propose assez généralement (3) en ce cas une solution ingénieuse et équitable mais assez arbitraire. L'individu dont la nationalité est contestée est-il domicilié sur le territoire de l'un des États qui se le disputent, on lui attribuera la nationalité du lieu de son

(1) Weiss, *op. cit.*, t. I, p. 686; Salem, *Die rechtliche Stellung der im Auslande naturalisirten Ottomanen*, dans le *Zeitschrift für internationales Privat und Strafrecht*, 1891, p. 554. V. aussi tribunal consulaire de France à Alexandrie, 4 juillet 1890, dans le *Journal du droit intern. privé*, t. XVIII (1891), p. 601. V. en sens contraire un jugement du tribunal consulaire anglais de Salonique du 13 mai 1886, *ibid.*, t. XIV (1887), p. 763 ; Salem, note dans le *Journal du droit intern. privé*, t. XXVII (1900), p. 663, à la suite d'un important jugement du tribunal consulaire de France à Constantinople de septembre 1899, sur la nationalité d'une société, jugement qui se prononce en faveur de la nationalité ottomane.

(2) Un sujet local, devenu Européen, ne peut pas se présenter devant les tribunaux de la Réforme contre un indigène s'il ne prouve avoir obtenu le consentement du gouvernement (Alexandrie, 10 avril 1876, *R. O.*, t. I, p. 69 ; Alexandrie, 29 janvier 1896, *B. L. J.*, 1895-96 p. 101).

(3) Notamment Weiss, *op. cit.*, t. I, p. 274 et 275.

domicile. Est-il domicilié ailleurs, il convient de déterminer sa nationalité d'après celle des législations à lui applicables qui se rapproche le plus de celle du juge (1). « Cette solution, objecte M. Pillet, est complètement arbitraire et le juge n'a aucun titre à imposer sa loi nationale à une question tout entière comprise dans l'ordre public étranger. D'autre part, les deux prétentions contradictoires qui lui sont soumises reposant sur le même principe et étant également fondées, il n'y a pas d'autre ressource pour le juge que de s'abstenir de juger jusqu'à ce que les parties se soient mises d'accord sur la question. C'est un cas dans lequel il est amené forcément à proclamer son incompétence. Le juge doit se dessaisir comme il le ferait si on lui posait une question contradictoire » (2).

Ce passage indique une solution que le juge trouvera souvent peut-être séduisante, car elle est faite pour le tirer aisément d'embarras, et à laquelle il sera particulièrement tenté de recourir dans les pays de Capitulations, là où par suite de la personnalité des lois et du contact immédiat des autorités et des juridictions les conflits sont beaucoup plus qu'ailleurs graves et inextricables.

Les tribunaux égyptiens l'ont adoptée dans une situation analogue à celle-ci, mais non toujours identique, celle où les parties produisent des certificats de nationalité contradictoires émanés d'autorités différentes. En pareil cas, nous le savons, la juridiction mixte surseoit à statuer jusqu'à ce que les parties aient fait résoudre le conflit diplomatique révélé par ces attestations. Cette jurisprudence, que nous avons vivement critiquée, ne s'applique pas nécessairement à l'hypothèse que nous envisageons maintenant et qui diffère souvent de celle en vue de laquelle la question préjudicielle est ainsi réservée. Ici en effet le conflit ne naît pas d'une interprétation différente donnée par les représentants de deux gouvernements à la législation ou à l'acte gouvernemental invoqué pour prouver la nationalité d'une des parties, mais des dispositions certaines de législations évidemment contradictoires et par là non susceptibles d'être conciliées par un arrangement entre autorités consulaires et administratives. Le déni de justice se manifesterait donc encore plus complètement dans le second cas que dans le premier, car il serait définitif et non plus même subordonné au résultat d'une négociation. C'est pourquoi il est inadmissible que le juge puisse se retrancher derrière un *non liquet* que n'admet point le système législatif auquel appartiennent les codes égyptiens. Sa mission l'oblige à dire le droit quelle que soit l'incertitude de la législation applicable.

---

(1) Projet du code civil belge, art. 12, titre préliminaire.
(2) Pillet, *De l'ordre public en droit international* p. 90-91.

M. de Bar et après lui M. Albéric Rolin déduisent du principe de la liberté d'expatriation cette application que les juges de l'État tiers qui ont à choisir entre les nationalités multiples d'une partie doivent rechercher celle à laquelle, par ses actes antérieurs, cette partie a donné la préférence. « On pourrait, ajoute M. Rolin, voir dans l'établissement du domicile la présomption d'intention de devenir citoyen, bien que cela nous paraisse sujet à discussion..... En l'absence d'une expression de volonté quelconque, on donnera la préférence à celle des législations en présence la plus rapprochée des principes sur lesquels repose la *lex fori*,..... les juges de l'État tiers devant apprécier la difficulté d'après l'idéal que s'en est formé le pouvoir social dont ils relèvent..... » (1).

Plus large encore que ce dernier auteur, je crois que, pour choisir cette législation parmi celles qui s'offrent à lui, le tribunal, statuant en équité (2), dispose d'une très grande latitude et doit s'inspirer des circonstances et des faits de la cause, notamment du domicile de la personne pourvue de plusieurs nationalités, de sa possession toujours incontestée ou tout au moins prolongée d'une nationalité donnée, de sa bonne foi dans la jouissance de cette nationalité, de l'opinion des tiers et du public, de l'attitude des autorités à cet égard, en un mot de tout cet ensemble d'actes, de manières d'agir, d'opinions, désigné sous le nom de possession d'état et de commune renommée.

P. Arminjon,
Professeur à l'Ecole khédiviale de droit du Caire.

LE DROIT INTERNATIONAL

AU COMMENCEMENT DU XXe SIÈCLE (3)

X. — La société internationale et la suprématie papale.

En face de la doctrine de l'évolution, particulièrement riche en faits et en idées, qui semble dominer à l'époque contemporaine, il en est une

---

(1) De Bar, *Theorie und Praxis des internationalen Privatrechts*, § 88; Albéric Rolin, *Principes du droit international privé*, t. I, n°s 425 *bis* et 426.

(2) Article 11 du code civil mixte : « En cas de silence, d'insuffisance ou d'obscurité de la loi, le juge se conformera aux principes du droit naturel et aux règles de l'équité ».

Article 29 du décret de réorganisation des tribunaux indigènes : « A défaut d'une disposition expresse de la loi, le juge se conformera aux principes de l'équité ».

(3) V. le commencement de cette étude dans cette *Revue*, t. VIII (1901), p. 385 et suiv.

autre que certains défendent : c'est celle de la suprématie pontificale.
Frappés de l'état d'anarchie où se débat actuellement la société internationale et effrayés de l'action prépondérante qu'y exerce la violence,
des penseurs demandent que, comme autrefois, le Pontife romain ait un
droit de juridiction suprême sur les États : ce serait l'élément moral réglementant les forces opposées qui se combattent. Que penser de cette
doctrine, — que beaucoup, bien à tort, qualifient de « doctrine du passé », puisqu'elle a encore dans le monde de nombreux adeptes et que,
comme nous le verrons, elle est conforme aux enseignements actuels de
l'Église ?

Nous ne faisons nulle difficulté pour reconnaitre que, dans maintes
occasions, le Pape pourrait être utilement choisi comme arbitre par deux
ou par plusieurs États en conflit ; nous pensons même que son choix
serait souvent plus efficace que celui des Souverains temporels (1). Nous
croyons aussi (2) que le Pontife romain aurait dû, comme tous les chefs
d'État, être invité et participer à la Conférence de la Paix de la Haye à un
titre sinon identique, du moins analogue au leur. Il nous est cependant
impossible d'admettre que le Pape soit proclamé comme *l'arbitre par excellence*, comme l'autorité juridictionnelle suprême de la société des États.

Quelles conditions en effet doit présenter une autorité pour prétendre
à une juridiction permanente sur les États ? Il faut d'abord qu'elle soit
choisie en dehors des États qui doivent lui être subordonnés. Il faut de
plus qu'elle reconnaisse entre tous ces États l'égalité la plus complète
et la plus absolue, et qu'elle tienne d'eux tous ses pouvoirs, qui seraient
ainsi comme une fonction fédérative. Il faut enfin qu'elle ne soit jamais
exposée, en ce qui concerne ses droits et ses intérêts propres, à se trouver en conflit avec quelques-uns des États qu'elle est appelée à diriger.
Or, pas plus aujourd'hui que jadis, le Pontificat romain ne répond à
ces conditions. C'est ce qui ressort des doctrines qu'il professe et n'a
jamais cessé de professer.

Pour l'Église, en ce qui concerne d'abord la nature de ses rapports
avec la société civile et politique, il n'est point de vérité en dehors de
sa propre théorie ; toutes celles qui s'en éloignent ne sont qu'erreur et
doivent être condamnées. C'est ce qu'ont déclaré tous les Pontifes. Et
le Pape actuel, S. S. Léon XIII, n'a pas fait autrement que ses prédécesseurs. Dans son Encyclique du 21 avril 1878, il a stigmatisé comme des
erreurs méritant la censure apostolique les idées qui ne sont pas celles
de l'Église. C'est, à ses yeux, l'abandon de la doctrine de l'Église qui est

(1) C'est ce que nous avons notamment soutenu dans notre ouvrage : *Realtà ed utopie
della Pace*, p. 98-102, Torino, Roux, 1899.
(2) V. notre travail cité à la note précédente.

la cause des maux dont souffre la société contemporaine : « Si, déclare-t-il dans ce document, une autorité aussi salutaire que celle de l'Église n'avait pas été rejetée, la Principauté civile n'aurait pas perdu ce caractère sacré et sublime dont la religion lui avait donné l'empreinte et qui seul peut rendre raisonnable la sujétion et en anoblir le caractère ». Et, dans son Encyclique du 1er novembre 1885, *De la constitution chrétienne des États*, il condamne plus explicitement encore les bases du droit moderne. Il y indique « le funeste esprit de nouveauté du XVIe siècle » comme étant la source de tout le mal : « De cet esprit qui s'est élevé contre la religion, et a envahi de sa philosophie tous les ordres de l'État, ont jailli les formules de ces excessives libertés modernes..... qui sont devenues les bases d'un *nouveau droit*, contraire en même temps à la loi chrétienne et au droit naturel : à savoir l'égalité de tous les hommes et leur liberté de faire et de penser selon leur bon plaisir ». La condamnation que le Pape prononce ainsi contre la liberté individuelle devait entraîner nécessairement celle de la liberté des États : car celle-ci correspond à celle-là. Telle est en effet sa pensée. Léon XIII réprouve dans la même Encyclique la doctrine selon laquelle l'État, en sa qualité d'État, se croit dégagé de n'importe quelle obligation vis-à-vis de la religion ; il ne comprend pas « que l'État ne professe officiellement aucune religion, qu'il ne se croie pas obligé de rechercher quelle est, parmi toutes celles qui existent, la seule véritable, qu'il n'en préfère pas ou n'en favorise pas une plus que les autres, et les laisse toutes également libres tant qu'il n'en doit pas résulter un dommage pour l'ordre public ». Il se refuse encore à admettre que l'État « abandonne la religion à la conscience des individus, leur permette de suivre la religion qui leur plait davantage, et même de n'en avoir aucune s'ils le préfèrent ». Le Pape Léon XIII s'élève ainsi contre la liberté de conscience et la liberté des cultes. Il condamne également la liberté de la pensée et celle de la presse. Et, de la sorte, il ne fait que confirmer des actes de ses prédécesseurs : Grégoire XVI, par son Encyclique *Mirari Vos*, avait blâmé l'indifférentisme religieux, la liberté des cultes, de la conscience et de la presse ; Pie IX, dans le 79e article du Syllabus, avait de même prononcé l'anathème contre la liberté de la pensée et des cultes, la déclarant propre « à corrompre les mœurs et les âmes des peuples ».

Ce ne sont pas là d'ailleurs les seules règles du droit moderne que l'Église condamne. Le 29 juin 1881, dans son Encyclique relative à « la Principauté politique », S. S. Léon XIII a nié que le pouvoir vint du peuple ; il a affirmé qu'il « dérivait de Dieu comme de son principe naturel et nécessaire ». Il décidait qu'il ne saurait y avoir qu'une seule doctrine du bien et qu'un seul idéal de l'État : l'un et l'autre ayant leur

fondement dans la religion. Dans son Encyclique du 1er novembre 1885
sur « la constitution chrétienne des États », le même Pape a déclaré
qu' « il ne devait être permis ni aux individus ni aux États d'envisager
avec indifférence les différentes formes de culte et que la liberté illimi-
tée de la pensée et de la presse ne pouvait jamais être un droit ni mériter faveur et protection ».

Voilà donc un ensemble de droits qui sont refusés par l'Église aux
États. La force et la souveraineté de l'État se trouvent ainsi singulièrement diminuées, comme le reconnait d'ailleurs l'Encyclique papale du
1er novembre 1885 : « Dieu a partagé le gouvernement de la famille humaine entre deux pouvoirs, le pouvoir ecclésiastique et le pouvoir civil :
le premier a la direction des choses divines, le second celle des choses
terrestres. L'un et l'autre sont suprêmes, chacun dans son ordre. Ils ont
l'un et l'autre leurs limites...pour éviter des contestations et des conflits.
Ils sont entre eux comme l'âme est au corps de l'homme. Tout ce qui, à
un point de vue quelconque, présente dans le monde un caractère sacré,
tout ce qui de sa nature ou par son but regarde le salut des âmes ou le
culte divin, doit tomber sous la juridiction de l'Église... Il est toutefois
des points particuliers sur lesquels un accord s'est produit entre les
pouvoirs : preuve resplendissante de la complaisance et de la bonté ma-
ternelle de l'Église ».

Ainsi, dans la doctrine de l'Église, l'autorité religieuse et l'autorité
civile ont chacune une mission distincte. Mais c'est exclusivement à
l'Église qu'il appartient de fixer leur compétence respective ; à cet égard
l'État n'a aucun droit. Et si, dans un pays déterminé, un accord est intervenu entre les deux autorités sur leurs compétences réciproques,
l'Église ne considère pas cet accord comme une convention entre égaux,
mais comme le résultat d'une concession toute gracieuse de sa part:
« Semblable accord, dit le Souverain Pontife, constitue la forme chrétienne de la société civile ».

Cette existence de deux autorités, suprêmes, chacune dans son domaine, ne saurait supprimer toutes contestations dans leurs rapports,
car il est des points qui touchent plus ou moins aux deux domaines.
A l'égard de ces points quelle autorité sera dominante ? Ici l'entente
n'existe pas. M. Fiore (1), après avoir reconnu à l'Église et à l'État des
pouvoirs suprêmes, subordonne la première au second pour tout ce qui
n'est pas strictement spirituel, c'est-à-dire pour ce qui touche à l'instruction, à l'acquisition des biens et à leur administration, et à l'action
sociale. Au contraire, la doctrine papale, tout en prenant aussi comme

(1) Fiore, *Diritto internazionale codificato*, tit. XI, p. 249-259, art. 583-614, 2ᵉ édit.,
1897, Torino, Unione tipografica Editrice.

point de départ la suprématie de chaque autorité, soumet l'État à l'Église,
pour tout ce qui peut se rattacher, même indirectement, à sa mission ou
influencer ses intérêts : à l'Église appartiennent exclusivement la recherche et la constatation de ses rapports même indirects avec l'État, et
par suite de la suprématie qu'elle possède vis-à-vis de lui.

Ainsi, dans la doctrine papale, l'Église seule a le droit de déterminer
les principes qui limitent ses pouvoirs. Et, dans les limites fixées par
elle, elle peut, en vertu d'une sorte de droit primordial, soumettre l'État
à une obéissance complète. « C'est, déclare l'Encyclique du 10 janvier
1890, *Des devoirs principaux des citoyens chrétiens*, la seule autorité
et le seul gouvernement de l'Église qui permettent d'atteindre la vérité.
La détermination de ce qu'on doit croire et de ce qu'on doit mettre en
œuvre, est décrétée par le droit divin, par l'Église et, dans l'Église, par le
Souverain Pontife ». Le Pontife, en vertu de sa puissance, doit donc
juger quelles sont les choses contenues dans la Parole de Dieu, quelles
sont les doctrines qui concordent ou non avec cette Parole ; c'est à lui
qu'il appartient d'indiquer ce qui est bien et ce qui est mal, ce qu'on doit
faire et ce dont on doit s'abstenir pour gagner le salut éternel : autrement le Pape ne serait plus pour l'homme l'interprète certain de la Parole divine, le guide de sa vie.

Mais, s'il en est ainsi, une difficulté apparait dans la mission de
l'Église. Celle-ci étend son gouvernement sur des sujets appartenant
aux États les plus divers ; or, chacun dans son pays vit selon ses
propres lois et a le devoir d'obéir aux autorités civiles en même
temps qu'aux autorités ecclésiastiques. La doctrine papale soutient
qu'en présence de ce double ordre de devoirs qui s'impose aux citoyens
de chaque État, les devoirs envers l'Église doivent passer avant ceux envers l'État. Car, « avec une ordonnance beaucoup plus nette, le gouvernement de l'Église tend à régner sur les âmes humaines en défendant le
Royaume de Dieu et sa justice ». Aussi, « l'Église ne saurait considérer
avec indifférence les lois de l'État, non en tant que lois de l'État, mais
en tant que, dépassant les justes limites, elles empiètent parfois sur les
lois de l'Église. C'est même pour elle un devoir imposé par Dieu de résister toutes les fois que la politique porte préjudice à la religion... et
comme la conduite des États dépend spécialement de la nature et du
caractère des gouvernants, l'Église ne saurait prêter son concours et
son appui à ceux qui la combattent ou méconnaissent ouvertement ses
droits et s'efforcent de séparer deux choses qui sont de leur nature inséparables : Religion et État ».

La défense de la vraie religion et la reconnaissance de l'autorité de
son chef sont donc des devoirs absolus des Princes. L'Encyclique du

1ᵉʳ novembre 1885, *De la constitution chrétienne des États,* le dit en termes formels : « Comme le but que l'Église se propose est entre tous le
plus noble, ainsi sa puissance est supérieure à toutes les autres, et elle
ne doit être en aucune manière jugée inférieure aux pouvoirs de l'État,
ni subordonnée à ces derniers ».

La supériorité de l'Église aux points de vue de la religion et de l'existence pratique des hommes est telle que, d'après elle, les Catholiques ont
l'obligation de « professer même les idées qu'ont enseignées ou *enseigne-
ront dans l'avenir* les Pontifes romains ».En effet, « il est particulièrement
nécessaire que, relativement à ce qu'on a l'habitude d'appeler *libertés*
modernes, chacun s'en remette aux jugements du Siège apostolique et
ne pense pas autrement que lui ».

De tout cela il résulte que, dans la réalité, l'Église a le pas sur tous les
autres pouvoirs. Aussi n'est-il plus vrai de comparer ses rapports avec
l'État aux relations de l'âme et du corps ; il y a, en définitive entre
l'Église et l'État comme une hiérarchie d'influences dans tous les domaines de la pensée et de la vie : le Pape « déploie son autorité de Prince
vis-à-vis de tous les fidèles ».

Si l'Église reconnaît aux sujets l'obligation d'obéir à leur propre
Souverain, elle leur impose en même temps de ne pas lui obéir, s'il
prétend quelque chose qui répugne ouvertement au droit naturel et
divin. Il est facile de comprendre qu'en réservant à l'Église l'autorité
suprême pour la détermination de ce qui appartient au droit naturel et
divin, on affaiblit profondément le lien de sujétion qui unit le citoyen à
son propre État. Cela, d'ailleurs, résulte de l'Encyclique précitée, *De la*
Principauté politique, où il est dit que « s'il arrive à quelqu'un d'être
obligé de choisir entre deux choses, il doit obéir à Jésus-Christ ». Mais
l'Encyclique du 15 janvier 1890, *Des premiers devoirs des citoyens chré-*
tiens, est plus formelle encore : « Un citoyen chrétien doit, selon ce document, quand l'État exige une chose et la religion une autre, obéir
plutôt à la volonté de Dieu qu'à celle des hommes ». Et par la volonté de
Dieu il faut entendre celle qui est formulée et proclamée comme telle
par le Souverain Pontife.Ceux qui trouvent séditieuse cette désobéissance
aux ordres de l'État imposée par les obligations de la religion, ne connaissent pas, d'après l'Église, la force et la nature des lois. Car, pour
elle, la loi est une règle de la raison pure proclamée par l'autorité légitime, et il n'est pas d'autorité légitime si elle ne dérive pas de Dieu, de
même qu'il n'est point de pure raison si elle s'éloigne dé la vérité divine.
De sorte que « si les lois de l'État s'éloignent ouvertement du droit divin, si elles imposent des offenses à l'Église, ou contrarient les devoirs
religieux ou violent l'autorité de Jésus-Christ dans la personne de Son

Vicaire, alors *la résistance est un devoir* et *l'obéissance serait coupable* ».
En ce cas, on ne saurait donner à la résistance le nom de rébellion,
puisqu' « il s'agit d'une résistance à la volonté des gouvernements à
propos de règles que ceux-ci n'ont pas le pouvoir d'imposer : les lois
faites contre les prescriptions de Dieu sont injustes et, partant, ne constituent point des lois ». La doctrine papale proclame donc comme un
devoir du citoyen l'amour de ses deux patries : de sa patrie terrestre et
de sa patrie céleste, mais elle le proclame de telle façon que l'amour de
la dernière doit toujours prévaloir sur celui de la première, et les droits
divins ne jamais être subordonnés aux droits humains.

Cette doctrine, au surplus, n'est particulière ni à Léon XIII ni à quelque autre Pontife récent. C'est la théorie même de l'Église. Elle est aujourd'hui ce qu'elle était au moyen âge. Et son ancienneté, qui la fait
souvent juger comme un anachronisme, forme une partie de son prestige. Elle s'est manifestée, il y a trois siècles, lors de la dispute du cardinal Bellarmin avec Jacques I⁰ʳ d'Angleterre, dans les termes mêmes où
elle se présente aujourd'hui, en Italie ou ailleurs, chaque fois qu'un
conflit s'élève entre l'Église et l'État.

Les conflits entre l'Église et l'État qui se produisent à l'intérieur de
chaque pays, se feront sentir également dans les rapports internationaux. Et, dès lors, les doctrines auxquelles l'Église prétend, enlèvent
au Souverain Pontife les qualités qui lui seraient essentielles pour être
l'arbitre de la société internationale : avec elles le Pape ne saurait être
un instrument efficace de la conservation de la paix.

En effet, la fonction d'arbitre ne pourrait être conférée au Pape qu'en
vertu de l'un ou l'autre de ces titres : en vertu d'une délégation de la
société des États, ou en vertu de la supériorité primordiale dont il est
revêtu aux yeux de l'Église. Or, dans chacun de ces cas, on se heurte à
de graves difficultés.

Si l'on se place dans la première des deux hypothèses, il se pourra que
le Pape soit en conflit d'intérêts avec les États entre lesquels il devra
juger : ce qui est évidemment fâcheux pour un arbitre. A supposer qu'il
n'en soit pas ainsi, il manquerait en tout cas de l'impartialité qu'aurait
un juge inspiré uniquement par le droit international dans lequel et
pour lequel vivent les États modernes. En effet, beaucoup de ces *libertés
modernes* que l'Église condamne sont non seulement tolérées, mais
garanties et même imposées par le droit des gens contemporain. La
plupart des États, par suite de leur origine ou de leur conduite politique
et législative, ne présentent pas les caractères que l'Église exige d'un
État pour constituer une entité parfaite. Dans cette situation, il est de
nombreuses contestations, comme celles relatives à des guerres civiles

ou internationales, à des annexions ou à des démembrements de territoires, à des alliances ou à des autonomies coloniales, que le Pape ne
pourrait trancher qu'en s'inspirant de *son droit international à lui*, et
non de ce que les États comprennent à présent sous le nom de droit international. Il est un autre motif pour lequel le Souverain Pontife ne
saurait être un arbitre délégué par les États. Celui qui est le sujet d'un
État n'est pas en même temps le sujet d'un autre État ; de sorte qu'en
cas de conflit entre deux États, il est possible de prendre pour arbitre un
État tiers dont on sera certain qu'il se trouvera complètement en dehors
du milieu, des droits ou des intérêts des deux États en litige. Mais il n'en
pourra pas être de même à l'endroit du Souverain Pontife. Quiconque
appartient à un État comme sujet appartient également à l'Église comme
fidèle ; l'Église a ainsi des intérêts propres dans tous les États dont son
chef devrait juger les controverses en qualité d'arbitre. Le Souverain
Pontife ne saurait donc jamais avoir l'indépendance absolue, nécessaire à
un arbitre : il sera en définitive plus ou moins juge et partie dans les
conflits qu'il aura à trancher. Il y a plus. Son impartialité sera mise
souvent à une rude épreuve. La doctrine de l'État parfait qui est profes-
sée par l'Église ne permettra guère au Pape de traiter dans ses jugements tous les États comme des entités également parfaites. Il sera nécessairement enclin à se demander lequel des États qu'il a à juger se
rapproche davantage de l'idéal que l'Église se fait de l'État, lequel est le
plus favorable aux libertés modernes qu'elle réprouve.

Ainsi on ne saurait accepter l'arbitrage du Souverain Pontife, en envisageant celui-ci comme le délégué de la société des États. Un semblable
arbitrage ne pourrait se concevoir que si l'arbitre consentait à se modifier lui-même dans son essence. Mais c'est là une éventualité irréalisable,
car jamais le Saint-Siège ne reniera des idées qu'il a toujours profes-
sées.

Est-il du moins possible d'admettre l'arbitrage pontifical comme une
fonction de suprématie qui serait reconnue au Pape, en conséquence
d'un droit supérieur à lui propre ? Ce serait revenir à l'ancienne conception du moyen âge sur les rapports de la Papauté et des États. Conception à laquelle, d'ailleurs, l'Église est demeurée toujours attachée.
En effet, le 20 juin 1894, dans sa lettre apostolique aux Princes et aux
peuples de l'univers, le Souverain Pontife considère encore l'obéissance
de tous les peuples à l'Église comme le seul moyen d'établir entre eux
une paix générale et durable : « Puisque, déclare dans ce document le
Pape Léon XIII, nous représentons sur la terre l'autorité du Dieu tout
puissant..., il nous plaît d'imiter le Rédempteur qui, sur le point de remonter au Ciel, pria instamment Dieu le Père de faire en sorte que ses

disciples et adeptes fussent d'esprit et de cœur une seule chose.....
L'Église est une société parfaite dans laquelle le pouvoir de faire des
lois est inné, et dans l'exercice de ce pouvoir elle ne doit dépendre de
personne ; il est nécessaire qu'elle soit libre aussi dans les autres sphères de sa compétence ; c'est seulement par un effet de sa bonté qu'elle
a parfois abandonné des droits qui lui sont propres, par exemple en signant des concordats. L'influence suprême de l'Église sera avantageuse
à tous les États : si tous les hommes se recueillent dans la même unité
religieuse et s'ils acceptent la prépondérance de l'Église, une union
plus grande se manifestera entre les peuples par une disparition progressive de la guerre, les droits de chaque nation seront respectés, et
les liens de la fraternité humaine deviendront une réalité ».

Une conception de cette nature est trop contraire aux conditions actuelles de la vie des États pour qu'on puisse songer à l'admettre. Étant
données ces conditions, le Pape serait certainement incapable de garantir la paix entre les peuples. Le droit des gens et le droit politique actuellement en vigueur refusent au Pontife romain la souveraineté effective à laquelle il prétend, même dans les matières mixtes, sur les fidèles,
sujets des États qu'il doit juger en qualité d'arbitre. D'un autre côté,
des conflits d'intérêts naîtront inévitablement entre l'arbitre et les plaideurs, qui rendront impossible la mission du premier. Enfin, dernière
raison qui s'oppose à l'arbitrage papal, dans toutes les questions rattachées indirectement à la religion par leur nature ou par la loi des peuples, c'est à son propre droit international que l'arbitre demandera toujours l'inspiration de ses jugements.

Pour que l'arbitrage du Souverain Pontife pût vraiment constituer un
rempart de la paix, il faudrait que la société des États abandonnât les
théories qui prévalent aujourd'hui dans le droit des gens et dans le droit
politique : alors il serait permis au Pape d'intervenir de lui-même entre
les peuples, à raison d'une suprématie légitime qui serait indépendante
de la volonté des États. Il faudrait, en d'autres termes, que, par un saut en
arrière de plusieurs siècles, on en revînt à l'organisation de la société mé-
diévale, ou, mieux encore, qu'on consacrât la doctrine, qu'au moyen-âge,
l'Église s'est sans cesse efforcée d'imposer aux États. Mais conçoit-on que
la société actuelle des peuples se transforme de la sorte ? La Papauté, au
moyen âge, n'a jamais pu parvenir à faire triompher, partout et entièrement, sa doctrine. Il n'est pas téméraire de dire qu'elle ne saurait
davantage l'imposer aujourd'hui. L'histoire démontre l'impossibilité des
monarchies universelles, et c'est une monarchie universelle qu'exer-
cerait le Souverain Pontife. La Papauté n'arriverait probablement pas à
réaliser, même d'une façon transitoire, les conditions dans lesquelles sa

suprématie pourrait s'exercer dans toute son efficacité. Ce qui s'est passé
au moyen âge en est la preuve : les résistances naturelles des peuples et
les nécessités des développements individuels des différents États furent
toujours un obstacle au triomphe de cette suprématie ; les mêmes difficultés se produiraient assurément aujourd'hui, encore plus graves et
plus fréquentes. En admettant qu'une monarchie universelle soit possible, elle n'irait pas, en tout cas, sans des luttes graves et prolongées.
Pour organiser d'une manière uniforme la société internationale, il
serait nécessaire de passer par de nombreux conflits. Et si, en fin de
compte, ces luttes devaient conduire à cette *paix romaine* rêvée par
l'Église, on peut dire que la paix ainsi obtenue serait trop chèrement
payée : car le monde, épuisé par des années de batailles, en serait réduit à végéter dans l'uniformité des consciences et de la pensée. La paix
du monde en résulterait-elle d'ailleurs ? Cela est très douteux. La guerre
n'en continuerait pas moins d'exister, car on ne peut vraiment supposer
que tous les États acceptent toujours la décision du Pape. Et, alors, il
faudra la leur imposer par la force : la guerre ne disparaîtra pas : son
nom seul sera changé : elle deviendra une manière d'exécution fédérale
ou une sorte de mesure de police. Elle pourra même prendre les allures
d'une croisade, car les peuples, en résistant à la décision du Souverain
Pontife, sembleraient s'élever du même coup contre l'autorité de l'Église
elle-même. Cette main-mise du Pape sur tous les États ne ressemblerait-
elle pas, au surplus, pour eux, à une demi-asphyxie ? Et, par une
réaction facile à prévoir, les peuples n'en viendraient-ils pas bien vite
à la rébellion ? La révolution armée, telle est la conséquence à laquelle
finalement aboutirait le système.

Voilà les raisons pour lesquelles nous considérons la doctrine de la
suprématie papale comme incapable d'assurer dans l'avenir à la société des États l'ordre de la justice et les bienfaits de la paix.

XI. — LA DOCTRINE SOCIALISTE.

Les partisans de la doctrine socialiste, loin de dissimuler, exagèrent
plutôt les maux de la société internationale. Ils ne doutent pas cependant qu'il existe un remède à ces maux, et que ce remède sera efficace.
Dans leur opinion, le renouvellement de la société qu'ils poursuivent
doit faire régner la justice et la paix, même dans les relations des peuples et des États. Une répartition plus juste des moyens de subsistance
et de jouissance leur semble en effet devoir produire, comme conséquence nécessaire, la pacification plus complète parmi les groupes sociaux
comme parmi les individus. Vivant d'une vie économique, tranquille et
bien ordonnée, soumise à des règles rigoureuses, indépendante de toutes

préoccupations politiques, les peuples ne sauraient plus avoir d'aspirations et de rivalités capables de provoquer la guerre. L'homme serait alors dans un monde tout nouveau, où les questions d'équilibre et de conquête, qui actuellement le tourmentent, ne se poseraient plus pour lui.

Tel est l'idéal que se promet le Socialisme : idéal à la fois consolant et présomptueux. L'avenir le réalisera-t-il jamais ? De toutes les conjectures que l'esprit peut faire, celles qui ont pour objet les sociétés humaines sont à coup sûr les plus délicates. Ici plus qu'ailleurs l'imprévu joue un rôle important. Les lois des sciences mathématiques et physiques ne peuvent en effet être appliquées à l'étude des collectivités humaines, dont les éléments et les facultés sont essentiellement variables.

Nous ne saurions donc dire dès maintenant ce qu'il y a ou non de pratique dans la doctrine socialiste. Aussi n'est-ce pas la question que nous entendons examiner. Le seul problème dont nous voulons nous occuper est celui-ci : en supposant que l'idéal socialiste se réalise, complètement ou en partie, la justice et la régularité des rapports internationaux s'en trouveront-elles améliorées, la stabilité de la paix en sera-t-elle mieux assurée ?

Il est certain que, victorieux, le Socialisme, modifiant dans ses fondements l'organisation de l'État, en changerait aussi les aptitudes internationales. Nous sommes également persuadés qu'il transformerait l'ensemble des rapports internationaux : la société des États ne serait plus sous son règne ce qu'elle aura été. Cette double certitude ne saurait cependant nous amener à croire que le Socialisme résoudrait définitivement le problème du droit des gens, en garantissant l'ordre et la paix entre groupes humains vivant d'une vie sociale commune.

La victoire du Socialisme aurait sans nul doute pour conséquence de réunir les États par les liens du Fédéralisme qui les comprendrait tous sous une même discipline d'existence. Mais, très probablement, il n'en résulterait pas pour cela la disparition des diversités des groupes humains actuels qui correspondent aux divisions géographiques et ethnographiques. Ces différences qui, à toutes les époques, ont toujours séparé les races et les nations, demeureront toujours comme facteurs de la vie internationale. L'organisation fédérale, tout en apportant dans la société mondiale un certain élément d'unité, n'assurerait donc pas cette unité d'une façon complète ; pas plus à ce moment qu'aujourd'hui, il ne pourra être question d'un État universel qui embrasserait tous les autres.

Et les personnes collectives qui composeraient ainsi la nouvelle société, quoique se distinguant des États actuels par leur manière de vivre, n'en différeraient certainement pas au point de ne plus avoir les deux fonctions qui sont à présent communes à tous les États : la fonction de la défense présentement représentée par les armées, et la fonction des relations et des communications représentée par la diplomatie.

Un État, même socialiste, ne saurait en effet se dispenser de garantir son territoire contre les attentats qui peuvent le menacer du dehors ou en dedans de ses frontières. D'ailleurs, n'a-t-il pas aussi une forme d'existence politique à défendre ? Plus peut-être que les États actuels, il aura à assurer la conservation de l'ordre public, car c'est de l'ordre public que dépendent tous les détails de sa vie individuelle et sociale. Et, dans un État socialiste, tous les individus seront obligés d'apporter à cette conservation leur contribution personnelle : leur contribution sera même plus lourde que dans l'organisation actuelle de la société. Quelque nom qu'on doive donner à cette contribution des individus à la défense du territoire et de l'ordre, il en résultera une véritable force armée, analogue à celle dont usent les États contemporains : moins nombreuse en temps normal, elle sera plus considérable dans les circonstances graves. Aussi un État commettrait-il la plus grande des imprudences si, dans l'attente d'un renouvellement futur de la société, il négligeait ou détruisait ses institutions militaires.

Une autre conséquence résulte de l'impossibilité où sera le Socialisme d'organiser le monde en un vaste État universel. Puisque les diversités actuelles des sociétés, diversités inhérentes à la nature humaine, doivent subsister, il est bien évident que les sociétés conserveront une certaine initiative et une certaine indépendance. Il y aura donc encore entre elles des relations et des communications. Et, ainsi, la diplomatie, pas plus que l'armée, ne disparaitra, comme devant être un organe superflu, dans un État socialiste. Ce n'est pas à dire toutefois que son organisation ne sera point modifiée. Car le Socialisme doit aboutir à une nouvelle conception de la politique internationale. De la nouvelle manière qui réglera l'existence des États dérivera en effet tout un ensemble d'obligations inspirées par la solidarité. Le droit international positif aura alors pour objet l'assistance en cas de désastre, la coordination des principes relatifs à la vie économique des nations, la protection universelle de certains droits et de certaines activités des individus, l'organisation commune des services publics susceptibles d'augmenter la concorde parmi les hommes. En définitive, il se confondra de plus en plus avec ce qu'on appelle aujourd'hui le droit international privé et le droit administratif international. Quelle sera sur la diplomatie l'influence des changements qui se produiront ainsi dans le droit des gens ? Beaucoup de formes diplomatiques tomberont en désuétude comme surannées. D'un autre côté, le choix des agents diplo-

matiques se fera d'après des idées toutes différentes ; les qualités qu'on
exigera d'eux ne seront plus celles qu'on leur demande aujourd'hui :
les représentants de chaque société humaine chez les autres devront
être avant tout des organes de solidarité et d'amitié ; leur mission sera
d'exprimer et de provoquer la fraternité morale de tous les groupes et
d'assurer avec vigilance la régularité de leur vie économique commune .

De même que sous l'empire de la doctrine socialiste il continuera à
y avoir des agents diplomatiques, de même il y aura toujours dans chaque groupe humain un gouvernement chargé des relations avec les
autres groupes. Seulement, ici encore, cet organe subira quelques modifications en ce qui concerne ces manifestations. Le ministère des affaires étrangères aura moins à faire sous le rapport exclusivement politique ; sa besogne sera au contraire accrue pour le règlement des échanges
internationaux : il sera plus occupé par l'administration des choses que
par le gouvernement des hommes.

Ainsi, avec le système socialiste, la séparation des groupes humains qui
existe actuellement continuerait de subsister ; ils seraient seulement
modifiés dans leur fondement et dans les fonctions qu'ils impliquent.
Comme aujourd'hui, il y aura une autorité gouvernementale qui s'occupera de la vie interne de l'État et de ses rapports avec les autres groupes ;
une diplomatie qui en portera les résolutions aux différents points de
la périphérie mondiale ; enfin un organisme de défense, correspondant
à l'armée des États contemporains, dont la charge sera de protéger
l'ordre établi à l'intérieur de chaque groupe et de défendre celui-ci contre
les agressions des autres aussi bien que la société internationale tout
entière contre l'indiscipline d'un groupe insoumis:

Et l'occasion ne manquera pas à ces organes de manifester leur activité sous ces divers rapports. Il n'est pas certain en effet que toutes
les causes actuelles de contestations et de luttes armées doivent disparaître avec l'avènement du Socialisme : au fond la nature humaine restera toujours ce qu'elle est, et les belliqueux continueront de vouloir en
imposer aux pacifiques. Il est même probable que d'autres causes de
conflits se produiront, qui auront leur source dans les nouvelles attitudes
de la conscience individuelle et de la conscience collective. Ce ne seront
plus alors, comme jusqu'ici, l'idée historique ou politique de l'État et
l'idée ethnique ou morale de la nation qui régleront la formation et la
conservation des groupes humains ; la prépondérance appartiendra aux
idées économiques. Des principes d'affinité, dérivés des contingences de
la vie économique, agiront tour à tour comme force centripète et centri-
fuge à la fois sur les hommes et sur les collectivités humaines. Les
divers groupes d'individus occupant d'une façon permanente un terri-

toire, qui aspireront à soigner ensemble leurs propres intérêts, se feront
de cette aspiration un titre juridique pour se constituer en une entité
autonome, ou pour s'agréger à une autre collectivité déjà existante.
Jusqu'à présent on condamnait le droit de conquête exercé pour réunir
de force à un État une population qui ne lui appartient pas. Désormais,
allant plus loin, on condamnera le droit de conservation exercé par un
État pour maintenir de force dans son domaine une province ou une
population qui aspire à s'en détacher. Ainsi, le droit de sécession sera
proclamé avec une énergie égale à celle déployée au XIXᵉ siècle pour
défendre le principe des nationalités. Mais, sans nul doute, les États
de formation historique ou nationale résisteront de toutes leurs forces,
pendant longtemps encore, à cette action désagrégeante ; et même les
groupes, dont la formation est différente, poussés par l'instinct de leur
conservation, opposeraient aussi à cette action, au delà de certaines limites qu'à présent on ne pourrait pas fixer, une défense énergique. On peut
donc prévoir pour l'avenir des différends violents et de graves conflits.
Ce ne sont pas les seuls qui se produiront. Les réformes sociales les
plus décisives ne sauraient se concevoir sans une réorganisation internationale préalable ; en dehors d'elle, l'efficacité des réformes ne serait
rien moins qu'assurée et l'État qui le premier les adopterait serait ruiné
infailliblement au profit des autres : le bouleversement qu'il aurait introduit dans ses moyens et ses prix de production le mettrait en effet en
état d'infériorité vis-à-vis des nations qui n'auraient rien changé aux
anciennes relations entre les classes sociales, spécialement aux rapports
du capital et du travail. La doctrine socialiste ne pourra donc se réaliser
dans la société, sans être accompagnée de la pratique internationale de
l'intervention qui en imposerait l'application uniforme au monde entier, ou
au moins à tous les États d'une même civilisation. Mais, s'il en est ainsi,
il va de soi qu'avant de parvenir à une semblable organisation, — qui,
dit-on, doit assurer la paix, — on se heurtera à des oppositions et à des
résistances qui seront fécondes en guerres. Ainsi rien ne sera plus délicat
que de fixer au point de vue international la journée normale du travail.
D'un côté, avec la variété des races, des climats et des moyens de subsistance, une identité arithmétique conduirait aux inégalités les plus fâcheuses. De l'autre, une proportionnalité effective ne pourrait être atteinte que
par des calculs si compliqués, qu'il faudrait pour les réaliser toute l'habileté d'une nouvelle technique et l'astuce d'une nouvelle diplomatie. Dans
ces conditions, n'est-il pas à craindre que des négociations ayant cet
objet amènent les plus graves conflits ? Ce n'est pas tout. Il se peut que
des États qui auraient adopté les doctrines socialistes n'aient pas réussi
à faire accepter leurs réformes par les autres pays ; ils n'auraient fait

alors que troubler leur économie intérieure. Ne se verraient-ils pas en
cette occurrence dans la nécessité de chercher, dans une lutte armée avec
les États récalcitrants, une issue au mécontentement de leur population ?
Chez les anciens on disait qu'on doit préparer la guerre si on veut la
paix ; les sociologues nouveaux se trouveraient obligés de se frayer par
la guerre le chemin qui devrait les conduire à la paix.

Arriveront-ils même à cette paix, qui est leur idéal, le jour où leur
système, spontanément ou par la force, se sera répandu dans tous les
pays du monde ? Cela encore est fort douteux. Ce jour-là, la gestion des
affaires extérieures de chaque groupe se compliquera de celle des rapports économiques ; l'étude de ces rapports sera même la principale occupation des gouvernements. Or, rien n'est plus dangereux pour la bonne
entente que les tensions de rapports dérivant des relations d'affaires,
lorsqu'elles sont conduites d'une façon irrégulière ou qu'elles viennent
à se rompre. On le voit aujourd'hui en ce qui concerne les contacts
d'ordre privé entre individus ou entre sociétés commerciales. Il n'est
pas douteux qu'il en serait de même quand il s'agirait des États. Les
haines, les rancunes, les appétits et les préjugés, qui toujours ont divisé les groupes humains, se feraient sentir avec d'autant plus de violence que, dans le régime socialiste, la vie économique des particuliers
dépend plus complètement de celle de la collectivité et est soumise à
la volonté de la majorité. Ainsi les dangers de guerre seraient aussi
grands qu'aujourd'hui. A la vérité, on recourra peut-être moins aux
luttes armées dans le sens où on en use maintenant, mais à ces luttes
on en substituera d'autres également redoutables : il y aura moins de
guerres militaires, il y aura plus de guerres économiques. La concurrence pour la possession des territoires a, dans le passé, suscité des
conflits nombreux ; les rivalités entre les États pour l'organisation des
moyens de production détermineront dans l'avenir des litiges aussi
graves. On sera nécessairement acculé à ces conflits, qu'on veuille obliger les groupes particuliers à subordonner leur existence individuelle
à l'uniformité du système général, ou qu'on cherche à empêcher certains
groupes de s'éloigner de ce système, même s'il pourrait avoir pour eux,
en pratique, des conséquences intolérables.

Il est donc probable que le triomphe de l'idéal socialiste ne fera pas disparaître les anciennes causes de guerre. On peut même croire qu'il en
ajoutera de nouvelles. La division des hommes, d'après leurs intérêts et
les classes auxquelles ils appartiennent, diffère sans doute de celle dont
la base est l'idée d'État ou de nation ; elle n'en est pas moins également
féconde en frottements et en contestations. Jadis l'Europe a traversé une
période de vie religieuse intense, pendant laquelle les affinités et les

antinomies relatives à la foi prévalaient sur celles de race et de sujétion politique. Ce fait n'a eu d'autre conséquence que de compliquer les
luttes entre les États de conflits entre les confessions religieuses qui les
partageaient ; il n'a point fait disparaître les anciennes causes de guerre,
mais en a créé de nouvelles : il y eut alors plus que jamais des guerres
internationales et des guerres civiles. Quelque chose d'analogue arrivera probablement le jour où le Socialisme triomphera.

L'antagonisme entre les individus, les classes sociales et les groupes
d'intérêts, est destiné non pas à disparaître mais à devenir toujours plus
intense dans les différents pays aussi bien que dans l'ensemble des pays
civilisés. La rivalité des individus et des groupes, a dit Ludwig Stein (1),
est une condition du progrès. Et peut-être faut-il considérer comme le
dernier terme de la sagesse sociologique cette parole de la Bible : « Tu
mangeras ton pain à la sueur de ton front ». Effectivement, plus la civilisation augmentera les différences entre les individus, plus l'homme civilisé se détachera de ceux qui agissent à côté de lui dans un cercle moins
avancé. Mais, par contre, la concurrence sociale ne fera que s'accroître
entre ceux qu'aura rapprochés le même genre de vie, et il en résultera
entre eux des luttes inévitables. Les conflits futurs entre les individus et
les groupes sociaux ne revêtiront pas nécessairement *la forme de la
guerre actuelle*, mais on peut affirmer qu'ils en produiront les conséquences : ils n'auront rien de pacifique.

Comment imaginer en effet que les phénomènes de la concurrence,
qui sont une cause de discorde pour les individus et ont souvent amené
des révolutions dans les États, pourraient devenir une source de luttes
pacifiques, parce que leur action se serait élargie et s'appliquerait à
l'existence sociale des différents groupes humains ? De même que la
religion et la morale, la langue et les mœurs continueront, comme par
le passé, de produire entre les sociétés humaines des courants d'attraction et d'antipathie, de même la concurrence économique continuera
de les opposer les unes aux autres. Bien mieux, en développant cette
concurrence, le nouvel ordre social en fera même l'origine de toute une
série nouvelle de contacts et de frottements, et par suite de négociations
et de controverses internationales. A supposer que la paix soit assurée
dans les relations purement politiques, il se produira ainsi sur le terrain des relations économiques comme une poussée de rivalités qui
forcément ne sauraient rester pacifiques.

On le voit donc, il ne sera pas possible aux groupes organisés sur le
modèle socialiste de déposer les armes. Celles-ci leur seront nécessaires

(1) Stein, *La question sociale*, Chap. XIX : La paix éternelle, Paris, Alcan, 1900.

pour assurer le nouvel ordre social, pour empêcher les intérêts et les institutions de revenir aux errements du passé, pour résister aux attentats de.
l'anarchie. Elles seront encore nécessaires pour défendre la nouvelle société internationale contre les menaces des peuples appartenant à une civilisation differente,car bien certainement cette société ne saurait dès le
début comprendre le monde entier. Et, sans nul doute, à ces divers points
de vue,les occasions de recourir à la force ne manqueront pas. A la vérité,
lorsque les institutions socialistes seront assises,les luttes politiques entre
nations et entre États tendront à diminuer ; mais alors les luttes économiques des individus et des classes sociales se développeront. Quelle importance et quelle extension prendront dans l'avenir ces groupements d'individus et de classes formés par l'affinité de leurs intérêts et de leurs aspirations économiques,en dehors des divisions traditionnelles,géographiques
et ethnographiques, des différentes sociétés politiques ? C'est une chose
qu'on ne peut actuellement indiquer. Il est également impossible de
prévoir l'intensité avec laquelle se manifesteront les antinomies entre
ces groupes, la forme précise que revêtira leur antagonisme, la gravité
de leurs conflits , enfin l'aspect que ces luttes donneront à ce qu'on
appelle aujourd'hui le droit international. On ne saurait faire à cet égard
que des hypothèses plus ou moins vagues : en matière de sociologie,les
conjectures ne peuvent jamais avoir d'autre valeur que celle d'un calcul
de probabilité. Ce qu'il est seulement permis de dire avec quelque assurance, c'est que la réorganisation des sociétés humaines sur la base du
Socialisme ne sera pas une garantie de paix : alors, comme à présent, il
existera des luttes qui n'auront rien de pacifique. Un point toutefois est
certain. C'est que, dans la période de formation et de diffusion de la
réorganisation sociale, les causes de guerres augmenteront au lieu de
disparaître : d'une part, il y aura plus de guerres internationales, en
conséquence de la nécessité de coordonner la vie économique et de la
résistance inévitable de certains États ; d'autre part il y aura aussi plus
de guerres civiles, car le nouvel idéal produira, en se réalisant,de telles
compressions des autonomies individuelles qu'il s'en suivra nécessairement des tentatives de rébellion et de réaction.

XII. — TENDANCES PRÉDOMINANTES ; CRAINTES ET ESPÉRANCES.

Si nous tâchons de résumer en quelques lignes l'état du droit international au début du XX° siècle, nous pouvons dire que des progrès réels ont
été faits au sujet du côté technique de certaines institutions du droit des
gens, mais que plusieurs des droits fondamentaux reconnus par ce droit
aux États n'y ont pas les garanties qu'ils devraient avoir. Nous devons
ajouter encore que l'organisation de la société internationale n'a point

la perfection qu'on voudrait lui voir, et qu'elle ne semble pas à la veille de devoir l'atteindre. Il n'est pas probable d'un autre côté qu'aucune des deux doctrines qu'on invoque comme devant régénérer le droit des gens ait un semblable résultat : la doctrine de la suprématie papale n'a pas pu garantir autrefois la paix entre les États ainsi que la pleine défense de leurs initiatives civiles et de leur autonomie, et tout laisse à penser qu'elle pourrait encore moins les garantir aujourd'hui ; quant à la doctrine socialiste, qui prodigue aux hommes les promesses et les espérances, son influence ne détruira pas les conflits armés, elle ne fera que les transformer dans leurs éléments et dans leurs manifestations : cette doctrine, au surplus, ne saurait se répandre sans occasionner des luttes, en comparaison desquelles pâliraient les révolutions religieuses et politiques du passé.

Il est toutefois un remède que, dès maintenant, on présente de tous côtés comme souverain. C'est l'obligation générale de l'arbitrage avec son corollaire, l'institution d'un tribunal international. Mais il nous paraît douteux que ces institutions puissent réussir à protéger le droit des faibles dans une société internationale telle que la nôtre. Et d'ailleurs il est moins que certain (ce qui s'est passé pendant la Conférence de la Haye de 1899 et depuis cette Conférence en est la preuve) que l'ensemble des États soit disposé sérieusement à adopter l'une et l'autre de ces institutions. Celles-ci sont en réalité contraires aux données fondamentales de la société contemporaine, qui se résument en ces deux idées : la prédominance des droits de la communauté sur ceux des individus ; la lutte pour la vie qui doit aboutir à la survivance des plus forts. S'il est naïf de vouloir prévoir ce qu'un avenir éloigné réserve au monde, on peut tout au moins affirmer que l'avenir le plus proche est menaçant : partout apparaissent avec évidence les indices de rivalités plus aiguës et d'un emploi plus fréquent de la force. Une domination de quelques Impérialismes dans le monde organisé sous leur suprématie, une subordination de plus en plus rigide des faibles aux forts, un asservissement méthodique, imposé sans pitié aux peuples de civilisation non européenne par les grandes puissances de l'Europe et de l'Amérique ; voilà au fond ce que les premiers jours du XX⁰ siècle portent avec eux.

La doctrine de l'égalité morale de tous les hommes eût été la plus féconde pour le bien, même dans les rapports internationaux ; car elle conduit nécessairement à reconnaître un minimum de droits absolus qui seraient communs à tous les hommes. Mais les idées, qui depuis quelques années mènent le monde, la montrent de plus en plus délaissée. Cela est des plus fâcheux. On aura beau essayer, en dehors d'elle, des projets de reconstruction de la société. On n'aboutira à rien. Tous ces

projets, projets de façade bien plus que de fond, seront condamnés
à demeurer inefficaces si en même temps les hommes auxquels ils doivent être appliqués ne deviennent pas meilleurs, et ils ne peuvent
le devenir qu'en reconnaissant leur droit à l'égalité morale et juridique. La doctrine de l'égalité est d'ailleurs la seule qui corresponde aux
lois historiques du développement des sociétés humaines.

Quoi qu'il en soit, nous l'avons déjà dit et nous le répétons, si une tendance est évidente dans les premiers jours du nouveau siècle, c'est la
tendance à donner une plus grande influence à la force et à la guerre sur
le sort des peuples et des États. La doctrine et la pratique du droit international se sont déjà modifiées et elles se modifieront davantage encore
en ce sens ; elles s'éloignent de plus en plus de ce qu'elles étaient ou
semblaient devoir être au milieu du XIXᵉ siècle. Tout en reconnaissant
que les idées et les doctrines philosophiques d'une époque ne se manifestent jamais dans l'histoire avec la logique rigoureuse des vérités mathématiques, tout en reconnaissant que l'élément moral, même le plus
inconsistant, joue toujours son rôle dans les événements du monde,
on peut bien admettre que les théories actuellement dominantes
ne produiront pas dans le droit des gens les bouleversements qui
semblent devoir en être la conséquence nécessaire, mais force nous est
de constater que la société internationale et les institutions du droit
des gens sont à présent de moins en moins dominées par ce qu'on avait
été habitué pendant si longtemps à considérer comme l'idéal de l'égalité
et de la justice.

Dans cette étude, nous n'avons pas eu la prétention de juger les courants philosophiques qui dominent le monde. Nous avons voulu simplement en constater l'existence afin d'expliquer dans ses causes la
contradiction qui se manifeste si fréquemment entre les « optimistes »
et les « pessimistes » du droit international. Les premiers se font des
illusions lorsque, considérant la pratique de la vie contemporaine comme
la réalisation des conséquences de doctrines philosophiques qui appartiennent à un passé déjà éloigné, ils annoncent comme proche la
victoire de la justice et de la paix. Les seconds sont également abusés
par des apparences trompeuses quand ils déplorent comme des actes
de méchanceté voulue et comme des manifestations coupables de réaction les tendances contemporaines : car ils les envisagent comme des
phénomènes volontaires et capricieux, sans les mettre en rapport avec
les idées nouvelles qui les ont déterminées. Et c'est bien à tort qu'ensuite les uns aussi bien que les autres généralisent leurs erreurs
respectives : ils sont ainsi conduits à des conclusions extrêmes, qui s'é-
loignent absolument de la vérité : les « optimistes », de plus en plus

aveugles à la réalité de l'heure actuelle, vantent les progrès merveilleux du droit international, tandis que les « pessimistes », frappés seulement par le phénomène du moment, vont jusqu'à nier même qu'il existe un droit des gens.

Une autre pensée nous a encore poussé à mettre en relief cette contradiction entre les penseurs du droit international, à étudier les tendances nouvelles qui apparaissent aujourd'hui dans la ·science. Cette pensée n'est pas celle d'un homme d'étude, mais celle d'un citoyen préoccupé avant tout du bien de son pays. L'ignorance des doctrines nouvelles, si elle peut être pour les juristes et les sociologues une source d'erreurs, serait en effet une cause irréparable de ruine pour la politique d'un grand État. Un État ne se réserverait que de douloureuses surprises, s'il s'inspirait d'abstractions qui ne correspondent pas aux réalités de la vie actuelle ; pour garantir son avenir, il faut qu'il mette d'accord avec ces réalités sa puissance et le développement de ses forces défensives.

A la vérité, nous avons peu de confiance dans le renouvellement radical et artificiel de la société internationale, si cher aux utopistes ; c'est uniquement dans l'amélioration morale de l'homme et, par voie de conséquence, dans le perfectionnement de la morale publique et du droit que nous plaçons tout notre espoir. Mais si la société internationale doit dans un avenir immédiat vivre et se développer selon la loi de la lutte pour la vie et de la survivance du plus fort, j'espère avant tout, quant à moi, que mon pays ne sera pas du côté des faibles et des incapables, destinés à succomber et à disparaître.

E. CATELLANI,
Professeur à l'Université de Padoue,
Membre de l'Institut de droit international.

A PROPOS DE LA CONVENTION DE GENÈVE

ET DES SOCIÉTÉS DE LA CROIX-ROUGE

Les quelques pages qui suivent sont le résumé fidèle des travaux du *Congrès international des œuvres d'assistance en temps de guerre*, tenu à Paris du 20 au 24 août 1900, pendant l'Exposition universelle internationale (1). Leur caractère est donc essentiellement analytique. Cependant,

(1) Les *Rapports et comptes rendus des séances* viennent de paraître en un vol. in-8° (Paris, Lahure), 177 p.

des très rares observations personnelles qu'elles ont dessein de se permettre, la première, qui doit être immédiatement exprimée, sera pour dire l'habileté avec laquelle les discussions ont été conduites, la finesse qui a présidé au plus grand nombre des observations, l'autorité et la compétence dont témoignent les rapports. Peut-être aussi serait-il juste de rappeler l'hommage qui a été rendu dans le Congrès, par MM. Louis Renault et Paul Fauchille notamment, à la mémoire de M. Edouard Romberg-Nisard, lequel multiplia en sa vie « les efforts d'un véritable apostolat » pour développer les œuvres des conventions internationales destinées à adoucir les maux de la guerre.

L'échange de vues sur neuf questions a occupé cinq journées. Les résultats obtenus ont tourné à l'honneur des organisateurs du Congrès, dont l'idée fut ainsi de renouveler une expérience heureusement tentée lors des Expositions universelles de 1878 et de 1889, et de réunir tous ceux, jurisconsultes, médecins et militaires, « qui, dans une pensée d'humanité et de charité, se préoccupent si justement de ces questions rendues chaque jour plus impérieuses par la constitution des armées modernes qui met en mouvement toutes les forces vives des pays belligérants » (1).

1. — L'abandon des principes qui furent posés dans la convention de Genève, le 22 août 1864, est à peine réclamé par quelques esprits, dont ce n'est pas le moindre tort de méconnaître la nécessité toujours plus pressante d'adoucir les rigueurs de la guerre, au fur et à mesure que sont perfectionnés les moyens de la faire. — La seule conduite logique est donc d'améliorer les défectuosités et de combler les lacunes révélées par l'expérience (2). Ce souci, encore qu'il n'ait pas abouti à des résultats définitifs, s'est déjà plusieurs fois manifesté, au sein notamment de l'Institut de droit international, dans les sessions d'Oxford (1880) et de Cambridge (1895), où furent rédigés les articles 10 à 15 du *Manuel des lois de la guerre* (3) et préparé un projet de convention destiné à assurer une sanction aux règles de Genève (4). Par ailleurs il semble que la revision de la convention ne saurait tarder bien longtemps, depuis un vœu émis en ce sens, à l'unanimité, par la Conférence de la Paix de la Haye : ce vœu est, en effet, comme une invitation indirecte au Conseil fédé-

---

(1) Circulaire du Comité d'organisation, p. 4.

(2) V. la brochure éditée en 1898 par le Comité international de la Croix-Rouge, et écrite par M. Gustave Moynier, sous ce titre : *La revision de la convention de Genève* : *étude historique et critique suivie d'un projet de convention revisée* (Genève, 1898).

(3) V. le texte de ces articles dans Pillet, *Les lois actuelles de la guerre* (2ᵉ édit., 1901) p. 425.

(4) *Annuaire de l'Institut de droit international*, t. XIV (1895-1896), p. 108.

ral suisse de convoquer une Conférence diplomatique (1). Le Congrès
des œuvres d'assistance en temps de guerre a voulu contribuer à cette
œuvre en préparant un projet de revision.

*Quels sont les articles de la convention de Genève qu'il est nécessaire
de modifier, au moins dans les termes, parce que l'expérience en a démontré les défectuosités, et spécialement celui relatif au signe distinctif de la
convention de Genève ? Quels sont les articles qu'il faudrait y ajouter pour
ce qui concerne les armées de terre ?* Tels furent les deux points examinés
dans le rapport de M. Georges Bellet (2). — Les critiques généralement
adressées au texte de 1864 sont bien connues : une trop grande précipitation amena le vote de dispositions plus ou moins bien coordonnées,
dont la stricte observation n'était pas absolument compatible avec les nécessités de la guerre et pouvait donner lieu à des abus regrettables. Ainsi
par exemple le terme « neutralité » employé pour désigner la condition
du personnel prête à équivoque et eût été avantageusement remplacé par
« inviolabilité » ou « immunité » (3) ; celui d' « ambulance » dut être bien
vite défini par le troisième des articles additionnels de 1868, dont ce n'est
pas le moindre tort, au moins théorique, de n'être pas obligatoire pour les
puissances. La situation des Sociétés de secours ne fut pas établie ; il im-
porterait cependant de la fixer pour celles d'entre elles au moins qui sont
admises par leurs gouvernements respectifs à seconder le service sanitaire officiel. La liberté laissée au personnel sanitaire de se retirer après les
soins donnés aux blessés et de rejoindre l'armée nationale n'a peut-être
pas été limitée dans la mesure exacte où l'exigent certaines nécessités
militaires ; la protection du matériel destiné au service sanitaire eût mérité
d'être plus complète et de ne pas procéder avec des énumérations qui
prêtent toujours plus ou moins à des discussions. Les avantages promis
aux habitants qui secourent ou recueillent des blessés, ont incité ou
peuvent entrainer des individus peu scrupuleux à se soustraire par le
moyen d'une assistance plus apparente que réelle aux charges de l'occupation ennemie. L'inviolabilité des blessés n'est pas mentionnée non
plus, tandis que la matière des évacuations est réglée avec une précision
insuffisante. La couleur et la nature de l'emblème ont fait parfois, depuis

(1) Vœu n° 1 de l'Acte final.

(2) *Rapports et comptes rendus*, p. 17-32.

(3) Il est des auteurs cependant qui, se fondant sur « la multiplicité des acceptions
de ce terme, multiplicité dont la science ne saurait se passer sans s'exposer à l'inconvénient de répéter continuellement toute une phrase au lieu d'un seul mot », regrettent
que la convention de la Haye ait remplacé les mots « neutre et neutralité » par des péri-
phrases pour désigner l'immunité ou l'inviolabilité des personnes et des choses exemptes
de l'application du droit de la guerre. V. notamment Kleen, *Lois et usages de la neutralité*, t. II (1900), § 210, p. 501, texte et note 1.

·1864, l'objet de discussions mesquines et vaines, si bien qu'un texte en sa forme précise et explicative doit détruire des préventions étroites et arrêter les déclarations ridicules du genre de celles]formulées par la Turquie (1). Enfin il n'est pas de sanction pour prévenir et réprimer les transgressions commises à ses règles par les belligérants. Bref, il y a lieu à une réfection au moins formelle de la convention de Genève (2). Voici les modifications auxquelles le Congrès s'est arrêté :

« *Article 1er*. — Les militaires blessés ou malades seront respectés, protégés, recueillis et soignés, à quelque nation qu'ils appartiennent.

« *Art.* 2. — Après chaque combat, des mesures seront prises pour que le pillage et les mauvais traitements dont les blessés pourraient être victimes soient prévenus et réprimés avec la plus grande vigueur.

« Les inhumations des cadavres ne se feront qu'après que le décès aura été constaté avec tout le soin possible.

« Les belligérants réuniront les signes de reconnaissance que chaque homme doit porter en temps de guerre et qui seront trouvés sur les cadavres. Ils les enverront dans le plus bref délai à leurs adversaires pour leur permettre de dresser l'état nominatif de leurs morts.

« Ils leur remettront,avec la même diligence,la liste des blessés tombés entre leurs mains.

« *Art.* 3. — Les commandants en chef auront la faculté de remettre immédiatement aux avant-postes ennemis les militaires blessés pendant le combat lorsque les circonstances le permettront et du consentement des deux partis.

« Seront renvoyés ceux qui, après guérison, seront reconnus incapables de servir.

« Les évacuations avec le personnnel qui les dirige seront couvertes par une inviolabilité absolue. Cependant leurs convois ne pourront sortir des places assiégées ou bloquées, ni passer en rase campagne, sous les canons de l'ennemi, qu'avec le consentement de celui-ci.

« *Art.* 4. — Les ambulances et les hôpitaux placés sous l'autorité militaire seront inviolables et comme tels protégés et respectés par les belligérants. — La dénomination d'ambulance s'applique aux hôpitaux de campagne et aux autres établissements temporaires qui suivent les troupes sur les champs de bataille pour y recevoir les blessés et les malades.

« *Art.* 5. — Le personnel des hôpitaux et des ambulances, comprenant le service de santé, d'administration, de transport des blessés, les au-

(1) V. Bonfils-Fauchille, *Manuel de droit internat.public*, 3ᵉ édit., 1901,p. 627, note 2.
(2) Comp. le texte : 1º des dix articles de la convention de Genève de 1864 et 2º des cinq premiers articles additionnels proposés en 1868, dans Pillet, *op. cit.*, p. 438-440.

môniers, les membres ou agents des associations civiles de secours, placés sous la dépendance de l'autorité militaire, participeront au bénéfice de l'inviolabilité édictée par l'article précédent. — Si ce personnel faisait acte d'hostilité, l'inviolabilité cesserait.

« *Art.* 6. — Les personnes désignées en l'article 4 devront, même après l'occupation par l'ennemi, continuer à remplir leurs fonctions dans l'hôpital ou l'ambulance qu'elles desservent. Dans ce cas, elles seront traitées, à égalité de grade, comme le personnel sanitaire de l'ennemi, quant à la solde et quant aux subsistances.

« Lorsque leur présence ne sera plus nécessaire, ces personnes pourront demander à se retirer. Le commandant des troupes fixera alors le moment de leur départ qu'il ne pourra différer que pour une courte durée en cas de nécessités militaires. Lorsqu'elles cesseront leurs fonctions, elles seront remises à l'ennemi par les soins de l'armée occupante.

« *Art.* 7. — Le matériel des hôpitaux militaires demeurant soumis aux lois de la guerre, les personnes attachées à ces hôpitaux ne pourront, en se retirant, emporter que les objets qui seraient leur propriété particulière. Sous cette réserve, le matériel, quel qu'il soit, destiné au service sanitaire, que ce matériel appartienne au service sanitaire officiel ou aux Sociétés civiles de secours aux blessés dûment accréditées, sera respecté et protégé par les belligérants.

« *Art.* 8. — Un drapeau distinctif et uniforme est adopté pour les hôpitaux, les ambulances et les évacuations.

« Il devra être en toute circonstance accompagné du drapeau national.

« Un brassard est également admis pour le personnel protégé par la présente convention, mais la délivrance en est laissée à l'autorité militaire.

« *Art.* 9. — Le signe héraldique de la Croix Rouge sur fond blanc est admis comme emblème et signe distinctif du service sanitaire des armées. Il ne peut être, soit en temps de paix, soit en temps de guerre, employé que par les administrations militaires autorisées par les gouvernements. L'usage qui en serait fait par d'autres doit être réprimé.

« *Art.* 10. — Chacun des États complétera, s'il y a lieu, sa législation pénale pour qu'elle vise toutes les infractions possibles à la présente convention. — Des mesures seront prises par eux pour que la présente convention soit enseignée aux troupes, et pour que les peines auxquelles s'exposeront tous ceux qui la violeront soient connues d'elles.

« *Art.* 11. — Les détails d'exécution de la présente convention seront réglés par les commandants en chef des armées belligérantes, d'après les instructions de leurs gouvernements respectifs et conformément aux principes généraux énoncés dans cette convention ».

II. — L'article 9 du projet ci-dessus rapporté est l'œuvre propre de

M. Louis Renault. Appelé à parler *De l'abus en temps de paix des insignes de la convention de Genève* fait par des commerçants et industriels pour leurs produits (1), l'éminent rapporteur a mis en pleine lumière l'intérêt national et international, « supérieur à tous les intérêts mercantiles, (existant) à ce qu'on n'abuse pas d'un insigne destiné à protéger nos hôpitaux et ambulances, notre personnel et notre matériel sanitaire (p. 45) ». Certaines législations (Espagne, États-Unis d'Amérique), aidées, à la vérité, par cette autre circonstance que les marques de fabrique y sont enregistrées simplement après examen préalable de l'administration, ont pris des mesures préventives. Mais ces initiatives isolées ne peuvent produire que des résultats incomplets : tout État hésitera, en effet, à gêner ses nationaux en leur défendant de faire usage d'un signe qui leur paraît une recommandation pour leurs produits, si les concurrents étrangers ne sont pas astreints à la même obligation. La question ne saurait donc être résolue que par un engagement respectif des puissances. De là, l'expression très heureusement proposée, tout à la fois d'un vœu collectif pour faire déclarer illicite l'emploi de la croix rouge en dehors de sa destination essentielle, et d'un vœu national pour faire délivrer par chaque gouvernement à ses délégués éventuels des instructions adéquates à ce but. — Ces conclusions ont été approuvées.

III. — De même a été adopté un vœu formulé par M. le Dr Duchaussoy à la fin d'un rapport sur *Les avantages que les gouvernements pourraient assurer aux Sociétés de la Croix-Rouge pour faciliter leur développement et leur fonctionnement* (2). « Le Congrès émet le vœu que les gouvernements qui n'ont pas encore fait tout ce qui est souhaitable... veuillent bien leur accorder la franchise ou des diminutions importantes pour le transport des lettres, du personnel et du matériel ; pour les droits d'enregistrement, les dispositions des locaux occupés par les Sociétés ; les droits de mainmorte, les droits sur les legs, etc. Le Congrès demande en outre la suppression des droits que l'Assistance publique perçoit sur les fêtes et cérémonies organisées par les Sociétés de la Croix-Rouge. Ce vœu sera transmis aux ministres de la guerre, de la marine, des finances, de l'intérieur, des postes et télégraphes et du commerce ». — Ces avantages ont été réclamés comme moyen d'amoindrir les charges et d'augmenter les ressources des Sociétés, et ce à titre de compensation de l'obligation, à elles imposée par l'instruction ministérielle du 5 mai 1899, d'acheter d'avance et d'entretenir leur matériel d'hospitalisation. Si j'avais eu dessein d'ouvrir une discussion même très rapide sur les idées émises au cours

(1) *Rapports et comptes rendus*, p. 44-46.
(2) *Rapports et comptes rendus*, p. 50-52.

du Congrès et suscitant des doutes dans mon esprit, j'aurais ici fait quelques réserves, au sujet du « désir » exprimé. A la vérité, l'assimilation devrait être complète entre les blessés et les pauvres de l'Assistance publique ; et la perception actuellement faite sur les fêtes données par les Sociétés de la Croix-Rouge abandonnée, nulle idée de lucre ne présidant à l'organisation de ces spectacles et de ces bals. Le droit successoral pourrait être fort réduit et diminués aussi les frais sur les transports de marchandises. Par contre, pour les autres articles du vœu dont il s'agit, je m'associerais plutôt aux observations qui ont été formulées par MM. Pillet et Funck-Brentano ; la France risque, à vrai dire, d'être de ce chef moins libérale que la Russie ou l'Italie ; mais le souci général des finances publiques doit primer peut-être l'intérêt particulier, même le plus respectable.

IV. — Les mêmes hésitations ne se conçoivent pas, au contraire, quant au vœu formulé, après audition d'un très bon rapport de M. le colonel Albert de Tscharner, sur la question de savoir *Si la délivrance du brassard par les autorités militaires est indispensable pour les femmes qui donnent leurs soins dans les hôpitaux* (1). Cette question se rattache, dans le principe, à celle de l'admission des secours volontaires à participer à l'assistance des malades et des blessés en temps de guerre ; en fait, les tentatives renouvelées en ce sens depuis 1864 ont échoué jusqu'ici, par crainte des inconvénients éventuels de cette admission au point de vue de la police des armées. Il semble cependant que, dans l'état actuel de la question, le bénéfice de la convention de Genève pourrait être concédé à toute institution d'assistance volontaire, pourvu que celle-ci fût régulièrement organisée et subordonnée au secours officiel. Les femmes pourraient donc être admises comme faisant partie du personnel neutralisé ; il suffirait de déclarer obligatoire pour elles le port du brassard comme signe distinctif apparent. Cependant, comme le brassard, suivant la juste définition donnée par Moynier (2), est, malgré l'estampille officielle résultant de la remise par l'autorité militaire, un titre nominatif et non au porteur, il est juste que les femmes portant l'insigne de la Croix-Rouge soient aussi munies d'une carte personnelle de légitimation. En conséquence, le Congrès a émis « le vœu que les femmes aient le droit et le devoir de porter le brassard estampillé par l'autorité militaire » (3).

(1) *Rapports et comptes rendus*, p. 62-68.

(2) *La convention de Genève pendant la guerre franco-allemande*, p. 13.

(3) Ce n'est point une exigence exceptionnelle. V. le décret français du 31 octobre 1892, article 10, et Pillet, *op. cit.*, p. 183 : « Tous les brassards doivent être estampillés, et l'estampille n'être donnée que par le service de santé, qui est dans sa région l'unique dispensateur de cet insigne, soit au personnel militaire, soit au personnel des Sociétés de secours aux blessés ».

V. — Beaucoup plus complexe est le problème consistant à savoir *Quels sont les cas où l'un des belligérants peut retenir le personnel et le maté- riel d'une ambulance appartenant à l'autre belligérant* (1). Le terme d'ambulance a été constamment entendu par M. le médecin principal Benech, rapporteur, dans son sens le plus large et compréhensif, de formation sanitaire mobile, même temporairement immobilisée, appar- tenant au service de l'avant ou à celui de l'arrière (2). Pour l'emploi de ces formations un certain nombre d'améliorations a été proposé à l'œuvre originale de la convention de Genève : dans leur principe, elles s'appliquent à faire disparaitre les conséquences présentées comme fâcheuses du vocable « neutralité » employé en 1864 ; dans leurs détails, elles ont été groupées en un tableau synoptique par lequel s'achève le rapport et qui résume nettement ses longues explications :

	D'APRÈS LA CONVENTION DE 1864	D'APRÈS LE SYSTÈME PROPOSÉ
1° Une ambulance qui, n'étant pas en fonctionne- ment, est prise sur l'ennemi.		
2° Une ambulance ou hôpi- tal faisant partie d'un convoi défendu par une escorte.	*Peut être retenue en captivité.*	*Rentre dans le droit commun et doit être uti- lisée ou libérée.*
3° Les ambulances et hôpi- taux installés dans un point défendu par une force armée.		
4° Les brancardiers régi- mentaires.	*Sont prisonniers de guerre dans toute la ri- gueur du mot.*	
5° Le personnel sanitaire est retenu par l'armée occu- pante.	*Selon les besoins et tant qu'il y a des bles- sés, sans qu'on sache ce qu'il faut entendre par besoins.*	*La mesure de ces be- soins doit être fixée avec une certaine précision.*
6° Le commandement vou- lant régler l'emploi des for- mations sanitaires.	*Est toujours exposé à subir la nécessité d'en- freindre les prescriptions dérivant de la neutralité des blessés et du person- nel sanitaire.*	*A toute liberté de ma- nœuvre pour l'emploi d'un personnel qui n'est plus neutre et pour le fonctionnement des for- mations soumises au droit commun.*

(1) *Rapports et comptes rendus*, p. 72-82.
(2) On sait (V. Pillet, *op. cit.*, n° 118, p. 174) que le service de santé en campagne se

C'est l'essentiel des changements indiqués au tableau ci-dessus qui a passé dans les conclusions admises par le Congrès : « Le commandant de l'armée occupante retient toutes les formations sanitaires tombées en son pouvoir jusqu'à ce que tous les premiers pansements soient terminés. Pour hâter ce moment, les deux belligérants, lorsque les circonstances le permettront, se demandent ou s'offrent respectivement le concours de leurs fonctions sanitaires disponibles et en règlent le mode d'emploi. Lorsque les premiers pansements sont terminés, le commandant de l'armée occupante ne peut retenir qu'un personnel sanitaire proportionné au nombre des blessés ennemis dont il a la charge. Ce personnel ainsi retenu sera libéré dès que disparaîtront les besoins auxquels il était chargé de donner satisfaction ».

VI. — Au sujet *Des moyens employés pour instruire et discipliner le personnel de secours des Sociétés d'assistance en temps de guerre* (1), M. le Dʳ Duchaussoy a exposé comment les moyens sont variés dans leurs fins et dans la solution apportée à la double question de l'instruction et de la discipline du personnel. Ici, l'on ne s'occupe que du personnel destiné aux champs de bataille ou à leur voisinage immédiat ; c'est alors un personnel d'hommes, enrôlé sous les noms les plus divers (colonnes sanitaires d'Autriche, brancardiers des écoles et association des infirmiers volontaires de guerre en Allemagne...). Là l'organisation est mixte, poursuivant le double but du secours près des champs de bataille et du secours dans les hôpitaux (Association de Saint-Jean de Jérusalem, de Londres ; Samaritains institués sous l'impulsion du Dʳ Esmarck en Danemark ou en Italie, par exemple). Ailleurs enfin, c'est l'enseignement, le plus important au moins quant au nombre des élèves, donné en vue du service volontaire dans les hôpitaux en cas de guerre (Sociétés anglaises d'infirmières de réserve ; association allemande des établissements hospitaliers de la Croix-Rouge ; hôpital russe des baraques ; association des dames françaises ; Union des femmes de France... etc..). — Le Congrès, saisi de cette communication, est passé purement et simplement à l'ordre du jour : par un scrupule de bon aloi, ses membres ont hésité à se décerner à eux-mêmes des félicitations pour l'œuvre poursuivie par chacune des sociétés dont ils sont les fondateurs ou les affiliés. De même, il s'est contenté des dispositions des

---

divise en service de l'avant et service de l'arrière (Décret du 31 oct. 1892, art. 2 et suiv.). Le premier comprend le service régimentaire, les ambulances et les hôpitaux de campagne sous la direction des généraux commandant les corps d'armée ; le second, les hôpitaux de campagne immobilisés, les hôpitaux d'évacuation, les infirmeries de gares ou de gîtes d'étapes, et les transports d'évacuation, sous la direction du directeur des chemins de fer et des étapes.

(1) *Rapports et comptes rendus*, p. 86-94.

décrets en vigueur, d'après lesquels les trois Sociétés de la Croix-Rouge fonctionnant en France(1)sontrattachées aux ministères de la guerre et de la marine ; et, motif pris de ce que les sociétés de même ordre et de même but qui pourraient se créer doivent être rattachées à l'une des trois exis-tant déjà, il a négligé de statuer sur un vœu formulé par M. Pillet, et ten-dant à poser le principe de la soumission éventuelle, en cas de guerre, à l'autorité militaire de toutes les organisations volontaires établies en vue des secours à donner aux blessés. Souscrire à ce désir eût été, de la part du Congrès, la consécration, en somme utile, de l'état de choses existant.

VII. — L'échange de vues a été particulièrement intéressant sur la question, dont le rapport avait été heureusement confié à M. le Dr Bou-loumié, concernant *L'organisation des secours aux blessés et aux malades dans les guerres maritimes* (2). —La Conférence de la Haye a singulière-ment facilité la tâche, avec sa convention pour l'adaptation à la guerre maritime des principes de la convention de Genève (3). Un principe re-connu nécessaire en la matière est que toute marine, ayant ses ambu-lances et ses hôpitaux, puisse suffire elle-même au service spécial des secours pendant l'action et généralement dans toute la zone des opéra-tions militaires actives. Cependant il est aussi admis qu'elle puisse également faire appel aux secours auxiliaires pour la seconder dans les services de l'arrière et du territoire, et même, le cas échéant, de l'avant. D'où l'obligation pour les gouvernements de ménager des postes bien outillés de blessés sur certains bâtiments, en particulier sur les croi-seurs de grande vitesse, destinés à agir isolément et souvent loin des escadres (4). — Moins aisées à trancher sont les questions relatives à

(1) Pillet, *op. cit.*, p. 173 et 174, note 1. Les trois Sociétés de secours déclarées en France d'utilité publique et autorisées par décret du 3 juillet 1884 sont la Société fran-çaise de secours aux blessés, l'Union des femmes de France, l'Association des dames françaises. — Jusqu'au décret réglementaire du 19 octobre 1892, la Société de secours aux blessés était seule autorisée à prêter son concours à l'autorité militaire. Depuis ce décret les trois Sociétés ont des droits égaux ; la Société de secours aux blessés ne con-serve de son monopole ancien que le droit exclusif de desservir les infirmeries de gares. Du reste toutes autres associations non reconnues d'utilité publique et qui voudraient se vouer à la même mission devraient se rattacher à l'une des trois Sociétés existantes.

(2) *Rapports et comptes rendus*, p. 102-113. — Comp. Honette, *Mémoire présenté au concours*, ouvert par l'Union des femmes de France, *sur la question des secours aux victimes des guerres maritimes*, publié avec le rapport de M. Louis Renault (Paris, 1892).

(3) V., sur les précédents de cette œuvre, l'ouvrage de M. Georges Cauwès, *L'exten-sion des principes de la convention de Genève aux guerres maritimes* (Paris, 1899), et sur l'œuvre elle-même, le rapport de M. Louis Renault fait au nom de la 1ʳᵉ sous-Com-mission, qui est l'un des documents les plus remarquables produits à la Conférence de la Haye.—V. aussi les observations critiques de M. A.G. de Lapradelle, *La Conférence de la Paix*, dans cette *Revue*, t. VI (1899), p. 710-723 et A. Mérignhac, *La Conférence internationale de la Paix* (Paris, 1900), p. 93 et suiv.

(4) Sur cette question, pour rendre hommage à la mémoire de M. Edouard Romberg,

l'existence dans toute escadre, comme unité distincte, d'un navire-ambulance, tenu tout à la fois de ne pas gêner par sa position les manœuvres des combattants et de se trouver cependant à une distance assez peu considérable pour pouvoir, sans délai, le combat terminé, recueillir les blessés de l'une et de l'autre escadres.

Il semble, en tout cas, que les marines doivent d'ores et déjà prévoir l'institution et régler le fonctionnement de ces ambulances maritimes (1). Il ne parait pas inopportun, par ailleurs, que les Sociétés d'assistance militaire soient admises à seconder toujours et suppléer parfois l'organisation d'État. Ainsi ce concours est prévu et minutieusement déterminé dans le règlement pour l'ambulance maritime de la Société de secours des Dames de la Croix-Rouge pour Trieste et l'Istrie. En France, il a fait, en avril 1900, l'objet de conventions entre le département de la marine et l'Union des femmes de France qui s'est chargée de l'installation éventuelle d'ambulances à bord de deux transports auxiliaires, pris l'un, pour l'Océan, à la Compagnie des chargeurs-réunis du port du Havre, l'autre, pour la Méditerranée, à celle des transports maritimes du port de Marseille.

Sur cette même question, M. Paul Fauchille, reprenant une idée très progressive, qu'il avait déjà développée avec art dans cette *Revue* (2), a parlé au Congrès d'un système, qui, pour assurer au mieux la rapidité et la sécurité nécessaires à l'organisation des secours, ferait appel aux services de deux flottilles, l'une fixe, l'autre volante, attachées à chacune des armées belligérantes, dépendant toutes deux du service sanitaire et munies d'un personnel hospitalier préparé à l'avance, mais désigné spécialement au lendemain des déclarations de guerre. Pour garantir de la capture les navires-hôpitaux des belligérants, et soustraire au droit de visite ordinaire les navires neutres-hospitaliers, il

sa famille a décidé d'instituer un prix comme récompense d'un concours ouvert sur « Les moyens pratiques d'assurer des secours aux victimes de la guerre maritime, conformément aux principes de la convention de la Haye ». — Le prix doit être décerné en décembre 1901 (*Rapports et comptes rendus*, p. 177).

(1) V. sur l'initiative prise, à cet égard, au cours de la guerre gréco-turque, par le Sultan, dans un but plus égoïste qu'humanitaire, la chronique de M. Politis, dans cette *Revue*, t. IV (1897), p. 698-700.

(2) *Les secours aux blessés et aux naufragés dans les guerres maritimes*, dans cette *Revue*, t. VI (1899), notamment p. 293-300. — Comp. Mérignhac, *La Conférence internationale de la Paix*, p. 117 et suiv. — M. Fredrik Bajer, dans un article sur *La Croix-Rouge dans les guerres maritimes futures*, inséré dans cette *Revue*, t. VIII (1901), p. 225-230, et inspiré, à n'en point douter, par le système de M. Paul Fauchille, propose (p. 226) la constitution, à l'aide des efforts réunis des Sociétés privées de secours aux blessés, d'une « flotte internationale de la Croix-Rouge, toute prête à fonctionner le jour où une guerre éclaterait, et qui en temps de paix pourrait faire chaque année, sous le pavillon de la Croix-Rouge, des exercices en commun ».

pourrait être entendu que lesdits bâtiments des États neutres et belligérants constituent, pour toute la durée de la guerre, la flotte d'un « État
idéal, dominant tous les autres par sa nature internationale, dont l'u-
nique office serait l'œuvre humanitaire d'assistance, et qui aurait à sa
tête le Comité international des Sociétés de la Croix-Rouge : l'aide
donnée aux victimes de la guerre maritime deviendrait ainsi *innationale* ». — Puis M. Funck-Brentano a proposé de charger simplement
l'État de l'installation de postes de secours sur chaque navire, et de
laisser le soin de recueillir les blessés aux navires-hôpitaux organisés
par les Sociétés de la Croix-Rouge. — Des observations ayant été aussi
présentées sur la question entre toutes délicate du transbordement des
blessés et des malades, le Congrès, très judicieusement, a tenu la question mise à son ordre du jour pour insuffisamment élucidée et il est
passé à la discussion d'un problème de droit pur.

VIII. — La question de savoir *Si les Sociétés de la Croix-Rouge peuvent
constituer, dès le temps de paix, un dépôt de leur matériel de secours dans
un État voisin du leur, et si ce dépôt est aussi placé sous la protection de
la convention de Genève* devait être rapportée par un Luxembourgeois,
M. Simonis, désigné spécialement à l'avance en sa qualité de ressortissant d'un pays neutre. Ce choix s'était inspiré d'une heureuse idée :
une société allemande ayant, il y a quelques années, établi en Suisse
un dépôt considérable de matériel et une société française ayant discuté
plus récemment de l'établissement d'un semblable dépôt dans une ville
frontière de la Belgique et du Luxembourg, il parut très intéressant aux
organisateurs du Congrès de se renseigner sur la régularité de la constitution de ces dépôts dans des villes situées à la frontière d'États neutres,
placées ainsi à l'abri de tout effet des hostilités (1), et ce, de manière à
rendre plus sûr le ravitaillement et plus prompt le transport des objets et
marchandises propres aux soins des blessés sur les lieux de leur emploi.
— M. Simonis a été remplacé par M. Pillet (2), dont l'argumentation a été
particulièrement claire et saisissante. — En temps de paix, le dépôt peut
être, sans hésitation, organisé aussi bien par l'État étranger lui-même que
par de simples particuliers ; la guerre survenant, le sort de ce dépôt ne
paraît pas pouvoir prêter à plus de difficultés. Les ouvrages, même les

(1) Une prudence élémentaire recommande aux Sociétés de secours de ne constituer
leurs dépôts que sur le territoire d'États perpétuellement neutres. A supposer qu'il en fût
autrement et que le matériel eût été emmagasiné par exemple sur le domaine d'un belligérant par des Sociétés nationales de l'autre belligérant, il semble qu'à défaut de convention antérieure et spéciale à la guerre, le premier État pourrait s'emparer des
approvisionnements, en les traitant comme du matériel d'hôpitaux militaires, saisissable
conformément à l'article 4 de la convention de Genève.

(2) *Rapports et comptes rendus*, p. 123-128.

plus récents,ne s'en sont pas jusqu'ici expliqués ; mais il résulte, à n'en
point douter, des explications des auteurs les plus stricts quant au devoir
d'abstention des États et des particuliers neutres qu'ils considèrent seulement comme prohibée la réception sur le territoire de marchandises propres à aider aux opérations militaires (1). Et cela est encore plus certain
si les bailleurs des locaux et les gardiens du matériel déposé sont des
particuliers, la liberté des sujets dans l'État neutre étant, en temps de
guerre, beaucoup plus large que celle de l'État neutre lui-même.— L'ad-
duction du matériel postérieurement à la déclaration de guerre sur le terrain des hostilités ne paraît pas à M. Pillet pouvoir être couverte par la
règle de la convention de Genève (art. 6, § 9) protectrice des évacuations :
il est vrai que l'appropriation de ce matériel par un belligérant pourrait
être défendue par ce motif qu'il y a en l'espèce transport de matériel et
non de blessés. On est cependant tenté de se demander si cette solution
est aussi équitable et heureuse que rigoureuse et logique. Toujours
est-il que, ce point réservé, l'on peut, en toute sécurité, suivant l'avis du
meilleur juge, « se rallier dès maintenant aux conclusions si bien motivées de M. Pillet ». Le Congrès en a donné l'exemple en se déclarant
« d'avis qu'aucun obstacle ne s'oppose à l'établissement de dépôts du
matériel des Sociétés de secours sur le territoire d'États perpétuellement
neutres. Il pense que ces dépôts sont placés sous la protection de la
convention de Genève ».

IX. — La dernière question mise par le Congrès au programme de ses
travaux était : *Les prisonniers de guerre et l'assistance que pourraient leur
procurer les Sociétés de secours aux blessés* (2). M. A. Romberg-Nisard
en a fait un exposé très complet (3), tandis qu'il usait d'une extrême
discrétion pour parler de l'œuvre de son père (4) : les lacunes imputables
de ce chef à la plus respectable modestie filiale ont été comblées, en
termes heureux, par MM. Paul Fauchille et Louis Renault.

(1) Kleen, *Lois et usages de la neutralité*, t. I (1898), § 112, p. 485 : « La guerre et les actions y relatives ne doivent pas être portées en pays neutre, et la jouissance des avantages de la neutralité suppose la condition que les États neutres trouvent les actions
éloignées de leur domaine, ce qu'ils ne feraient pas s'ils permettaient que leurs territoires
fussent employés au but d'appuyer les opérations, les hostilités ou autres actes relevant
du droit de la guerre ».
(2) Pour bien comprendre l'opportunité de pareilles discussions et se faire une conscience exacte de la nécessité d'aboutir à une réglementation bien précise, il suffit de
se rappeler les abus et les actes tout à fait odieux commis par les Anglais dans leur
lutte contrè les Boërs. V. Despagnet, Chronique sur la guerre Sud africaine, dans cette
Revue, t. VII (1900), p. 679-690, et Mérignhac, *Les pratiques anglaises dans la guerre
terrestre*, dans cette *Revue*, t. VIII (1901), p. 101-106.
(3) *Rapports et comptes rendus*, p. 130-138.
(4) V. Edouard Romberg, *Des belligérants et des prisonniers de guerre* (1894).

La nature des améliorations à apporter dans la situation des prisonniers de guerre, du moment de leur capture à celui de leur libération, fit tour à tour l'objet de vœux émis par la Conférence internationale réunie à Bruxelles en 1874 et par le Congrès international de Paris en 1889; puis, pour un certain nombre de réformes et de mesures, dont l'adoption ne réclame pas une entente diplomatique préalable, intervint le règlement français du 21 mars 1893 (1) ; enfin ce fut la Conférence de la Haye qui, en séance plénière, sur la proposition de M. Beernaert et sur le rapport de M. Edouard Rolin, adopta, à l'unanimité, un certain nombre d'articles pris dans un projet de règlement international, que, de son initiative privée, M. Edouard Romberg avait présenté aux membres de la Conférence : elle a admis l'existence de Sociétés de secours pour les prisonniers de guerre, défini leurs droits et leurs devoirs, enfin leurs rapports avec les bureaux de renseignements constitués, dès le début des hostilités, dans chacun des États belligérants, et, le cas échéant, dans les pays neutres voisins (2). Cependant il reste encore à déterminer les dispositions à prendre dès le temps de paix. A cette fin M. A. Romberg-Nisard a fait adopter par le Congrès le double vœu ci-après :

« 1° Que les articles 23, 24, 25, 27, 28, 29, 30, 31, 32, 33 de la Déclaration de la Conférence internationale de Bruxelles (1874) (3) fassent l'objet d'un règlement international définitif et complet, afin de parachever en cette matière l'œuvre de la Conférence de la Haye. Il émet le vœu qu'en attendant ce jour les gouvernements entrent individuellement dans la voie tracée par le règlement français des prisonniers de guerre en date du 21 mars 1893.

« 2° Qu'il y a lieu de provoquer sans retard, dans chaque pays, soit la création de Sociétés spéciales de secours pour les prisonniers de guerre, soit l'organisation, au sein des Sociétés de secours aux blessés, de branches annexes réservées aux secours pour les prisonniers de guerre, et ce aux termes de l'article 15 du protocole de la Conférence de la Haye ».

L'adoption du premier vœu allait sans peine. Il n'en a pas été de même du deuxième, si bien que la formule de celui-ci a été complétée par les termes suivants : « Les Sociétés de secours aux blessés sont invitées à étudier, d'accord avec l'autorité compétente, s'il leur est possible d'étendre leur action bienfaisante aux prisonniers ». C'est, en effet,

---

(1) V. le texte de ce règlement dans cette *Revue*, t. I (1894), Documents, p. 10.

(2) V. A. G. de Lapradelle, *op. et loc. cit.*, p. 728. V. le texte des articles 4 à 20 de la convention de la Haye, concernant les lois et coutumes de la guerre sur terre, dans Pillet, *op. cit.*, p. 459-462.

(3) Le texte de ces dispositions est reproduit dans Pillet, *op. cit.*, p. 417-419.

un problème très délicat à résoudre que celui de l'alternative ou de la coexistence parallèle, selon les pays ou les circonstances, des solutions énoncées dans le second vœu soumis aux délibérations du Congrès. M. Paul Fauchille s'est très nettement prononcé pour l'incapacité des Sociétés de la Croix-Rouge à s'occuper des prisonniers de guerre non blessés ou malades au moment de leur capture ; ce qui l'a amené à déclarer nécessaire dans chaque pays la constitution de sociétés spéciales d'assistance, autorisées à se scinder en sections en nombre illimité, mais dirigées par un Comité central. Les organisations seraient, le cas échéant, autorisées à s'occuper de leurs nationaux prisonniers en territoires ennemis et des prisonniers ennemis sur le territoire national. Cette aptitude n'irait point, d'ailleurs, sans limitations. Avec une clairvoyance très nette des objections d'ordre pratique, auxquelles donnerait prise un système trop absolu, M. Paul Fauchille a proposé d'organiser l'aide aux prisonniers de guerre de telle manière qu'en aucun cas la conduite des militaires ne pût être suspectée : il faut leur éviter le reproche d'avoir fui devant le danger, de s'être laissé attirer par la condition plus douce de prisonnier assisté. D'où le triple objet assigné aux Sociétés spéciales : 1° assurer aux prisonniers le bien-être matériel strictement nécessaire ; 2° développer surtout le côté moral de l'assistance (transmission des correspondances inoffensives, distribution des secours médicaux et religieux) ; 3° provoquer et faciliter un échange de prisonniers qui permettra à ceux-ci de se mêler de nouveau aux combats (1). — Aussi bien, s'il reste des observations à présenter contre le système de M. Paul Fauchille, elles en doivent attaquer plutôt le principe que le développement. En fait, M. Louis Renault a opposé à cette solution originale une conception divergente : « Il est impossible de constituer en temps de paix des Sociétés de secours aux prisonniers de guerre. Je ne dis pas que les Sociétés de secours aux blessés puissent étendre sans inconvénient leur action aux prisonniers de guerre, mais je suis convaincu que si elles ne le font pas, aucune autre Société ne s'en chargera » (2). On est assez vite amené à accepter cette manière de voir que partageaient plusieurs médecins (Dʳˢ Riant et Bunel), membres du Congrès. C'est, d'une part, qu'il est toujours difficile de procéder à des organisations dont le fonctionnement n'est point rapproché quant à sa date ; c'est, d'autre part, que, si

---

(1) *Rapports et comptes rendus*, p. 138-142.

(2) *Rapports et comptes rendus*, p. 143-145. — Comp. Pillet, *op. cit.*, p. 464. — Développant sa pensée, M. Louis Renault a fait très finement observer (p. 148) que « s'il était admis que les Sociétés de secours aux blessés voulussent bien se charger éventuellement des secours aux prisonniers,... aucune portion de leurs ressources actuelles ne (pourrait) être détournée au profit des prisonniers de guerre. Ce serait un abus de confiance. Pour cet objet distinct il faudrait des ressources nouvelles et spéciales ».

les Sociétés de secours aux blessés veulent se charger du nouveau service, elles auront sur les Sociétés de secours aux prisonniers prévues par la Conférence de la Haye, cette « avance considérable » de jouir dès maintenant de toute la confiance des administrations militaires, avec lesquelles elles sont en contact permanent : or, au point de vue international, le fonctionnement d'organismes semblables est particulièrement délicat, en tant qu'il peut éveiller des préventions compréhensibles et de justes craintes sur l'observation stricte des lois de la guerre.

Enfin, la 5e séance, du 24 août 1900, a été consacrée à l'exposé de certaines questions, et à l'audition de certains vœux dont il convient de donner au moins la formule.

Les questions dont il s'agit furent au nombre de trois.

1° L'une, relative à la conservation et à la distribution des secours, visait les moyens les meilleurs pour obtenir la certitude que les *secours en nature envoyés à des corps expéditionnaires par les Sociétés de la Croix-Rouge* parviennent exactement à leur destination. Le transport de ces secours donna naissance, on s'en souvient, à de multiples critiques, lors des dernières guerres coloniales. Cependant, le Congrès n'a pas maintenu la question à l'ordre de ses travaux, après lecture qui fut donnée par un médecin principal de l'Instruction rédigée par le département de la guerre, au moment de l'expédition de Madagascar (1).

2° L'autre, concernant les secours que peuvent fournir à des belligérants des Sociétés de la Croix-Rouge ressortissant de pays neutres, posait ainsi le problème : « Comment *l'intervention des neutres* a-t-elle été accueillie dans ces dernières années par les belligérants ? Doit-elle nécessairement s'appliquer aux deux belligérants ? A qui les belligérants doivent-ils s'adresser pour réclamer le secours d'une ou de plusieurs nations neutres ? » La dernière partie de la question pose un problème tout particulièrement embarrassant. Là est peut-être la raison pour laquelle le Congrès a mis à l'étude tout l'ensemble, alors que, pour certains points, Mme de Montaut avait très bien dégagé une solution qui paraît heureusement concilier le souci de l'équité et le respect des lois de la guerre : 1° interdiction des secours en argent ; 2° obligation de ne pas donner une destination exclusive aux secours en nature (2).

(1) V. ce document, *Rapports et comptes-rendus*, p. 156-158.
(2) En fait, les organisations de secours aux blessés placées sous le contrôle de leurs gouvernements prennent soin de distribuer leurs subsides proportionnellement aux besoins présumés des armées en présence. — V. pour la guerre hispano-américaine, la chronique de M. Le Fur, dans cette *Revue*, t. VI (1899), p. 226-229 et pour la guerre Sud africaine, la chronique précitée de M. Despagnet, *ibid.*, t. VII (1900), p. 792.

3° La dernière enfin, concernant des faits répréhensibles, fréquemment constatés et jamais blâmés, demandait quelles sont les *sanctions morales* qui sont actuellement possibles contre les *abus de la Croix-Rouge* par les belligérants, et contre les *infractions à la convention de Genève*, à l'égard du personnel ou du matériel des ambulances. Elle a été renvoyée au Bureau. Au surplus, on n'aperçoit guère, les blâmes publics étant plus dangereux qu'utiles, d'autre sanction, au moins dans l'ordre international (1), que le jugement de l'opinion publique.

Certaines questions ayant été ainsi résolues ou plutôt réservées, le Congrès a jugé possible, au contraire, de donner immédiatement son avis sur quelques autres. De là une série de vœux :

1° Le texte de la convention de Genève doit figurer sur la partie la plus apparente du livret militaire individuel adopté par chaque gouvernement.

2° Pendant la nuit le drapeau doit être rendu visible, à l'aide de moyens d'éclairage portant le signe de la Croix-Rouge.

3° L'introduction d'aliments destinés aux malades et aux convalescents ne doit pas être considérée comme contrebande de guerre.

Enfin une longue discussion (2) s'éleva sur une proposition de M. Blanchard tendant à établir, à l'aide de réunions quinquennales, un rapprochement entre les trois Sociétés de la Croix-Rouge, qui n'ont point été créées dans des conditions semblables et qui n'ont pas la même organisation. Ce qui permet accidentellement contre leur œuvre cette critique fondée que, faute d'unité de direction et à raison de leur trop grande indépendance d'allures, elles « font pour chaque expédition trois fois le nécessaire ». Par 52 voix, l'assemblée se prononça pour la réunion d'un Congrès international ; elle en a fixé la réunion dans quatre ans (3).

---

(1) Il semble, en effet, que la seule sanction qui puisse être raisonnablement espérée est celle de lois particulières à chaque État. Comp. Louis Renault, *Introduction à l'étude du droit international* (1879), p. 45 ; Bonfils-Fauchille, *op. cit.*, n° 1117, p. 628. C'est le point de vue qui a triomphé devant l'Institut de droit international dans les résolutions votées à la session de Cambridge en août 1895 : les États signataires de la convention de Genève ont été invités à élaborer une loi pénale visant les infractions possibles à cet acte, leur constatation et leur répression ; le droit serait éventuellement reconnu à tout État belligérant qui croirait pouvoir se plaindre des violations de la convention par les ressortissants d'un État belligérant de demander, par l'entremise d'un État neutre, qu'une enquête ait lieu. V. Dupuis, *L'Institut de droit international. Session de Cambridge*, dans cette Revue, t. II (1895), p. 528-531.

(2) *Rapports et comptes rendus*, p. 164-173.

(3) Celui-ci devra être saisi notamment d'un rapport sur les avantages de la radiographie appliquée préalablement aux premiers pansements et aux premières opérations dans les blessures de guerre. Il devra lui être fait aussi une communication sur les approvisionnements de conserves alimentaires pour les hôpitaux de la Croix-Rouge en temps de guerre.

Telle a été l'œuvre du Congrès. Il n'en est sorti aucune résolution aventureuse, mais des vœux que l'on souhaiterait de voir bien vite adoptés par les gouvernements signataires de la convention de Genève. Les séances ont été peu nombreuses ; mais chacune d'elles a été utile ; les congressistes ont tenu à faire profiter les réunions de leur expérience, et à servir les discussions de leur talent.

JOSEPH DELPECH.

CHRONIQUE DES FAITS INTERNATIONAUX

RÉPUBLIQUE DOMINICAINE. — *Union postale.* — *Echange de colis postaux.* — *Traité de Washington.* — *Adhésion.* — Par un office du 8 août 1901, le Conseil fédéral suisse a fait savoir au gouvernement de la République française que le ministre des relations extérieures de la République Dominicaine lui a notifié, par Note du 20 juin 1901, l'adhésion de son gouvernement à la convention internationale de Washington du 15 juin 1897 relative à l'échange des colis postaux.

GRANDE-BRETAGNE, RÉPUBLIQUE SUD AFRICAINE OU DU TRANSVAAL ET ÉTAT LIBRE D'ORANGE. — *Guerre.* — *Annexions des deux Républiques par la Grande-Bretagne et leurs suites* (1). — Les annexions proclamées par la Grande-Bretagne, successivement pour l'État libre d'Orange et pour la République Sud africaine, marquent le point de départ d'une nouvelle phase dans le cours de la guerre : contrairement, en effet, à ce qui se produit normalement, l'annexion du territoire de l'un des belligérants au profit de l'autre n'a pas mis fin aux hostilités, non seulement en fait, ce qui peut aisément se produire, mais pas même au point de vue du droit international. Car il s'agit ici d'annexions d'une nature toute spéciale et dont il est peut-être difficile de trouver l'équivalent dans l'histoire moderne. Aussi devrons-nous les apprécier dans leur valeur intrinsèque au point de vue juridique. Nous les jugerons ensuite au point de vue de leurs conséquences, soit à l'égard des puissances neutres, soit dans les relations du pays annexant et des deux pays prétendus annexés.

I. *Les annexions des Républiques des Boërs et leur valeur juridique.* — C'est le 24 mai 1900 que lord Roberts signait la proclamation annon-

(1) Communication de M. Frantz Despagnet, professeur de droit international à la Faculté de droit de Bordeaux. — V. les précédentes chroniques, dans cette *Revue*, t. VII (1900), p. 84, 276, 655 et 764 et t. VIII (1901), p. 157.

çant que Sa Majesté britannique incorporait à ses possessions, sous le nom de Colonie de la Rivière d'Orange, l'État libre d'Orange (1). Le 28, le général Prettyman, gouverneur militaire de Bloemfontein, confirmait cette annexion dans une cérémonie solennelle en présence de lord Roberts.

Le 11 juin, au village de Reitz, M. Steijn, Président de l'État d'Orange, répondait par une autre proclamation dans laquelle, après avoir rappelé que les deux Républiques combattaient depuis huit mois dans une guerre à laquelle on les avait contraintes, il affirmait que l'État d'Orange n'était pas conquis, ses armées étant toujours en campagne, et rejetait comme nulle et non avenue une annexion contraire au droit des gens.

C'est de la même façon, par voie de proclamation et en termes identiques, que lord Roberts déclara à Belfast, le 1er septembre, la République Sud africaine annexée aux possessions britanniques sous le nom de Colonie de la Rivière Vaal, en vertu d'un rescrit royal du 4 juillet 1900. Le 3 septembre, cette proclamation était lue au Parlement du Cap : les représentants du parti anglais l'applaudirent, les membres de l'opposition l'accueillirent par un silence profond. Ce n'est que le 25 octobre que se fit à Prétoria la cérémonie officielle de la proclamation de l'annexion, pendant de celle qui avait eu lieu à Bloemfontein le 28 mai.

Mais, pas plus que celui de l'État d'Orange, le gouvernement de la République Sud africaine ne laissa passer sans protestation l'annexion

(1) Le texte de cette proclamation est reproduit dans l'Avis du gouvernement n° 4 de 1900 :

La proclamation suivante est publiée de nouveau pour information : signé, J. G. Maxwell, major général, gouverneur militaire, Prétoria, 29 juin 1900 : Attendu que certains territoires du Sud de l'Afrique, jusqu'ici connus sous le nom d'État libre d'Orange, ont été conquis par les forces de Sa Majesté et qu'il a semblé convenable à Sa Majesté d'annexer lesdits territoires à ses domaines pour en faire désormais partie et de m'en nommer provisoirement, jusqu'à ce que le désir de Sa Majesté soit plus complètement connu, administrateur avec pouvoir de prendre telles mesures et d'édicter et mettre à exécution telles lois qui peuvent me sembler nécessaires pour la paix, l'ordre et le bon gouvernement desdits territoires. — Par ces motifs, je, Frédéric Sleigh, Baron Roberts, etc..., commandant en chef des forces britanniques dans le Sud de l'Afrique par ordre de Sa Majesté et en vertu des pouvoirs et de l'autorité à moi conférés à cet effet par la royale commission de Sa Majesté, datée du 21 mai 1900, et conformément aux instructions à moi signifiées dans ceux-ci et autrement, proclame et fais connaître que, à partir de et après la présente publication, les territoires connus sous le nom d'État libre d'Orange sont annexés aux domaines de Sa Majesté et en font partie et que, provisoirement et jusqu'à ce que le désir de Sa Majesté soit complètement exprimé, lesdits territoires seront administrés par moi avec les pouvoirs susdits. — Sa Majesté est heureuse d'ordonner que les nouveaux territoires soient désormais connus sous le nom de Colonie de la Rivière d'Orange. — Dieu sauve la Reine. — Donné, revêtu de ma signature et de mon sceau, au quartier général de l'armée du Sud de l'Afrique, Camp Sud de la Rivière du Vaal, dans lesdits territoires, ce 24 mai, dans l'année de Notre Seigneur 1900. — Signé : ROBERTS.

de son pays, ainsi décrétée unilatéralement. Dès le 3 septembre, le Président Krüger lança de Nelspruit, où il était établi depuis l'occupation de Prétoria par les Anglais, une proclamation où étaient présentées avec une netteté remarquable les raisons de droit qui devaient faire considérer cette annexion comme étant sans portée (1).

Au fond, comme on le verra dans la suite, l'Angleterre n'attachait elle-même qu'une importance secondaire à l'effet des proclamations du maréchal Roberts en tant qu'elles devaient produire une annexion proprement dite. Le gouvernement de Londres ne pouvait pas ne pas se rendre compte que, au point de vue du droit des gens, ce n'est pas ainsi et dans de pareilles conditions que l'on s'incorpore deux pays qui luttent encore pour leur indépendance. Son calcul semblait être plutôt de se donner un titre, ou du moins les apparences d'un titre, pour justifier les mesures de rigueur auxquelles il comptait recourir contre les Boërs ainsi transformés d'ennemis en sujets par le fait d'une prétendue annexion, et en sujets rebelles s'ils continuaient la résistance. Certes, le procédé n'était pas sérieusement soutenable en droit : mais il offrait, du moins, le moyen de discuter les réclamations qui auraient pu se produire contre les violations des lois de la guerre internationale à l'égard des Boërs, et, pour le moment, c'est tout ce que l'on désirait. Le caractère de ré-

---

(1) Journal officiel de la République Sud africaine. — Nelspruit, 3 septembre 1900, n° 1145. — Proclamation. — Considérant qu'au mois d'octobre 1899 une guerre injuste a été imposée par la Grande-Bretagne au peuple de la République Sud africaine et de l'État libre d'Orange, et que ces deux petites Républiques ont soutenu pendant près de onze mois la lutte inégale contre le puissant Empire britannique et la soutiennent encore toujours ; — Considérant que j'ai été informé qu'une certaine proclamation, datée du 1er septembre 1900, a été publiée par le maréchal Roberts, commandant en chef des forces britanniques dans l'Afrique du Sud, où il est prétendu que la République Sud africaine a été conquise par les troupes de Sa Majesté et que la République Sud africaine est annexée à l'Empire britannique, tandis que les forces armées de la République Sud africaine tiennent encore la campagne et que la République Sud africaine n'a pas été conquise et que la proclamation sus-mentionnée est, par conséquent, contraire au droit des gens ; — Et considérant que l'indépendance de la République Sud africaine a été reconnue par presque toutes les puissances civilisées ; — Considérant que je juge désirable de porter immédiatement à la connaissance de tous les intéressés que la proclamation sus-mentionnée n'est pas reconnue par le gouvernement et le peuple de la République Sud africaine ; — C'est ainsi que moi, Stephanus Johannès Paulus Krüger, Président de la République Sud africaine, avec l'avis et le consentement du Conseil exécutif, en vertu de l'article 147 de ses Comptes-Rendus, en date du 3 septembre 1900, proclame par les présentes, au nom du peuple indépendant de la République Sud africaine, que l'annexion sus-mentionnée n'est pas reconnue et qu'elle est déclarée par les présentes nulle et sans valeur. — Le peuple de la République Sud africaine est et demeure un peuple libre et indépendant et refuse de se soumettre à l'autorité britannique. — Ainsi fait et signé sous ma main, à Nelspruit, dans la République Sud africaine, le troisième jour du mois de septembre 1900. — S. J. P. Krüger, Président ; F. W. Reitz secrétaire d'État.

pression barbare que les autorités militaires anglaises donnèrent à la guerre à partir de la prétendue annexion des deux Républiques ne permet guère de douter du calcul que nous signalons. Au surplus, voici en quels termes il était dénoncé, le 6 septembre, par la feuille libérale anglaise, le *Manchester Guardian* : « Le gouvernement anglais annonce simplement son intention d'annexion, ce qui veut dire qu'il réclame le droit de mettre à mort ou de faire prisonniers tous les habitants mâles du Transvaal qui refusent d'accepter un gouvernement qu'on leur impose par la force. Cela veut dire encore qu'il réclame le droit de punir des actes de soi-disant rébellion en brûlant les fermes de la région. Il est impossible de trouver un plus brutal déni de justice entre nations. Et ce déni de droits nationaux entraine inévitablement des souffrances pour les individus, hommes ou femmes, et cela en proportion directe de leur patriotisme. L'avenir est gros de confiscations, de pendaisons et de fermes brûlées. Evidemment, aucun Anglais ne souhaite que telles soient les conséquences de l'annexion. Il n'en est pas moins vrai que ces choses suivront la politique d'extermination d'un peuple libre et vaillant, tout comme la nuit suit le jour. Un gouvernement militaire, cela veut dire, dans de telles conditions, l'exil ou la mort pour le peuple qu'il gouverne. Il transforme en crime les meilleurs sentiments d'un peuple, et il encourage les passions les plus viles. Voilà donc le genre de gouvernement auquel l'Angleterre, oublieuse de ses anciennes sympathies pour la Grèce et l'Italie enchaînées, condamne les Boërs des deux Républiques ! Voilà le résultat de la campagne que nous avons menée, dans l'Afrique du Sud, pour la défense de la liberté et de l'égalité ! »

Mais, quel que fût le but poursuivi par le gouvernement britannique, il n'y en avait pas moins eu affirmation officielle de l'annexion : il faut donc en apprécier la valeur au point de vue du droit international.

Sans reprendre la discussion théorique sur la légitimité des cessions territoriales imposées par les vainqueurs aux vaincus et tout en faisant ses réserves à ce sujet, on ne peut disconvenir que les annexions exigées par la force ont toujours été un objet principal des relations internationales et, trop souvent, le but essentiel de l'activité de la plupart des États. Elles constituent donc une manifestation pratiquement normale des rapports entre les peuples et, à ce titre, relèvent d'une réglementation juridique rentrant dans le droit international tel qu'il fonctionne en fait.

Or, au point de vue de cette réglementation juridique de l'annexion résultant d'un conflit armé, deux cas sont à distinguer.

Normalement, la prise de possession du territoire de son adversaire par le vainqueur n'entraine qu'une occupation momentanée : c'est un état de fait dont la caractéristique consiste en ce qu'il n'est pas réputé définitif, au point de vue du droit, en ce sens que l'occupant ne peut, tant qu'il détient le territoire envahi, exercer sur lui que des actes de souveraineté d'un effet limité à la durée même de sa possession, à peu près comme un usufruitier sur un immeuble dont il ne doit pas se considérer comme le propriétaire définitif, et à l'égard duquel il ne peut accomplir les actes qualifiés en droit d'actes de disposition. La transmission de la souveraineté de droit et définitive n'a lieu, au bénéfice du vainqueur, que par un acte juridique spécial que l'on peut comparer, *mutatis mutandis*, à l'aliénation de la propriété, et qui s'appelle l'annexion. Mais, juridiquement, la cession de la souveraineté, tout comme celle de la propriété, implique le passage du droit de la personne du titulaire antérieur à celle du cessionnaire. Dans les rapports entre particuliers, ce passage peut s'opérer en vertu d'une disposition de la loi, expression de la volonté supérieure qui les domine et qui s'impose à eux en vue de l'intérêt social, ou par l'effet de leur volonté s'accordant en la forme contractuelle. Entre les États, l'autorité supérieure, la loi, faisant inévitablement défaut, la transmission de droit ne peut s'opérer que par le deuxième procédé. Il importe peu, d'ailleurs, que l'on puisse discuter sur la liberté de consentement du vaincu en tant qu'il ne cède son territoire que sous la pression de la force : en la forme, tout au moins, et c'est le seul point à retenir dans l'état actuel du droit international, il exprime sa. volonté par la préférence qu'il donne au sacrifice de son territoire par rapport aux risques qu'il courrait dans la continuation de la guerre, et cette volonté, acceptée par le vainqueur constitue juridiquement le contrat.

Régulièrement, et le plus habituellement, cette entente du cédant et du cessionnaire se révèle par une convention proprement dite, par le traité de paix. Mais elle peut s'exprimer aussi d'une manière tacite : par la renonciation à toute résistance de la part du peuple vaincu et par sa soumission effective au pays victorieux, à qui il laisse prendre possession définitive et en toute souveraineté, soit d'une partie, soit même de la totalité de son sol.

Dans ce dernier cas, l'État complètement réduit à l'impuissance se résigne à se laisser absorber dans l'État adversaire et à disparaître en tant que personnalité distincte du droit international. C'est alors la *debellatio* des Romains qui se produit : on en trouve des exemples dans l'incorporation à la Prusse, en 1866, du Hanovre, de la Hesse, de Francfort, et dans celle du Dahomey à la France, par l'effet même de l'abandon de toute résistance et sans traité conclu (1).

(1) V. notre *Cours de droit intern. public*, 2ᵉ édit., p. 621.

Aucun accord n'étant intervenu entre elle et les Républiques de l'Afrique australe, l'Angleterre, en les déclarant annexées par voie de déclaration unilatérale, ne pouvait se fonder que sur la *debellatio* de ces deux États. En pareil cas, il ne faut pas se le dissimuler, l'interprétation que l'on fait de la volonté du vaincu dans le sens de sa soumission complète, et qui est tirée de sa renonciation à toute résistance, est généralement beaucoup plus fictive que réelle ; la plupart du temps, il est à peine sérieux de parler de volonté présumée ou de consentement tacite, quand il n'y a que la résignation forcée devant une puissance inéluctable : aussi Geffcken dit-il avec raison, à propos de la *debellatio*, que ce genre de conquête est, dans les rapports des peuples civilisés, « sans contredit le titre de propriété le moins enviable, puisqu'il repose uniquement sur la force » (1).

Mais, qu'elle ne soit que la fin de la résistance du vaincu permettant au vainqueur de l'absorber dans sa souveraineté, ou qu'on l'interprète comme une acceptation tacite de cette souveraineté par le vaincu, encore faut-il que la *debellatio* existe, c'est-à-dire que le peuple défait renonce effectivement à la lutte, pour que son adversaire soit autorisé à le considérer comme définitivement incorporé à lui. Ce n'est pas, sans doute, qu'une continuation de la lutte par quelques individualités isolées, sur des points restreints, et sans mandat officiel, puisse empêcher le pays vainqueur de réputer complète la conquête qu'il a réalisée ; sinon, il suffirait de la résistance désespérée et folle d'un petit groupe de combattants pour faire dire qu'un peuple subsiste encore dans son indépendance, malgré l'impossibilité pour lui d'échapper à la domination qui pèse en fait sur son territoire. Mais pouvait-on négliger comme insignifiante à ce point de vue la résistance des deux Républiques, au moment où le maréchal Roberts proclamait leur annexion à la Grande-Bretagne ?

En premier lieu, il importe de remarquer que les gouvernements des deux États prétendus annexés continuaient à fonctionner et que la lutte toujours soutenue par les forces boërs était dirigée par eux, poursuivie suivant leurs ordres, officielle en un mot, et non provoquée par des initiatives privées et sans mandat. Or, c'est là la manifestation la plus caractéristique de la volonté d'un peuple vaincu de ne pas se soumettre, puisque, par l'organe légal organisé dans sa Constitution, c'est-à-dire par son gouvernement régulier, il persévère dans les hostilités. Que l'on n'objecte pas, d'ailleurs, que les gouvernements de l'Orange et du Transvaal avaient dû évacuer leur résidence habituelle et fuir aux extrémités de leur territoire pour se soustraire à la capture : ce serait une étrange prétention, émise cependant par les Anglais comme on le verra plus loin, de soutenir que la prise de la capitale d'un État entraine de droit la fin de la guerre par *debellatio*. L'occupation de la capitale du pays ennemi est un incident de guerre dont l'importance, au point de vue de l'effet moral ou stratégique, peut varier suivant les cas, mais dui, en soi, ne doit pas être traité autrement que la prise d'une place plus ou moins considérable : Napoléon 1er lui-même, malgré son dédain de l'indépendance des peuples, s'est-il cru maitre de la Prusse et de l'Autriche parce que ses armées étaient entrées à Berlin et à Vienne ?

D'autre part, les forces britanniques n'étaient pas, en fait, si bien maitresses du territoire des deux Républiques qu'elles pussent affirmer y avoir anéanti toute résistance sérieuse. En effet, tout d'abord, une portion très considérable de ce territoire n'avait pas encore été même occupée par elles, et c'est précisément dans cette portion que se concentrait une résistance dont elles n'ont pu triompher ni à ce moment, ni même après les prétendues annexions. De plus, même dans les régions occupées par elles, les troupes britanniques étaient des armées en campagne, ne détenant d'une manière effective que le sol sur lequel elles étaient matériellement établies, luttant sans cesse contre les attaques, dans la situation précaire de l'envahisseur dont la marche en avant peut inopinément se changer en retraite à la suite d'une péripétie nouvelle dans le cours des hostilités. On conviendra qu'il faut une prise de possession plus sûre et plus stable pour affirmer que l'ennemi n'a plus qu'à se résigner à sa défaite irrémédiable et pour se dire autorisé à annexer son territoire.

Nous trouverons et apprécierons plus tard les arguments du maréchal Roberts, tirés du prétendu abandon de la résistance par le Président Krüger lui-même, à la suite de son départ pour l'Europe, et de la fin de la guerre véritable par la substitution aux combats proprement dits d'une série d'attaques de guérillas dirigées par le général boër Botha : pour le moment, nous ne voulons discuter que la question de fait de la prétendue *debellatio* des deux Républiques.

Or, à ce point de vue, les observations présentées plus haut et que nous avons tirées de la matérialité même des circonstances reçoivent une confirmation éclatante de ce qui s'est passé après la proclamation des annexions. C'est, en effet, presque immédiatement après que les deux Républiques eurent été déclarées colonies de la Grande-Bretagne, que les Boërs, après une série de succès, obligèrent leurs ennemis à évacuer une bonne partie des territoires qu'ils avaient occupés et envahirent eux-mêmes les colonies du Cap et du Natal, forçant lord Kitchener, successeur de lord Roberts, à prendre des mesures sérieuses pour protéger jusqu'aux postes les plus avancés du côté de la mer et même la

ville du Cap. Nous aurons à étudier plus loin la conduite respective des
belligérants pendant cette période du retour offensif des Boërs sur le
territoire britannique ; d'ores et déjà, il suffit de constater ce fait exclusif de toute controverse quant au point de savoir si la *debellatio* des deux
Républiques était suffisante pour justifier juridiquement leur annexion :
il est évident, en effet, que les Anglais n'ont pas pu se dire maîtres d'un
pays qu'ils ont dû évacuer en grande partie devant la marche de leur ennemi, resté assez capable, non seulement de résistance, mais même de
puissance agressive, pour transporter chez eux le théâtre des hostilités.
Ainsi l'annexion prématurée des territoires des Boërs envahis par les forces britanniques manquait autant de base, au point de vue du droit international, que les annexions précipitées proclamées par quelques chefs
de commandos lors de la première invasion du Cap et du Natal. Seulement, tandis que, d'après les explications que nous avons déjà données,
ces dernières annexions étaient dépourvues d'importance comme émanant de chefs militaires subalternes et sans mandat officiel de leur gouvernement pour les proclamer, celles de l'Orange et du Transvaal étaient
bien imputables, dans leur irrégularité juridique, au gouvernement de
la Grande-Bretagne.

II. *Les annexions des deux Républiques à l'égard des puissances
neutres.* — Il est remarquable que le gouvernement britannique ne parut
voir dans les proclamations d'annexion qu'il fit faire par le généralissime
qu'une sorte de mesure de police militaire, sans recourir aux formalités
qu'imposent, en pareil cas, le droit constitutionnel et le droit international.

D'après la Constitution anglaise, il semble bien que l'approbation
formelle du Parlement soit indispensable pour régulariser une annexion
ou une cession de territoire : c'est, du moins, la solution qui a été expressément admise par les Chambres britanniques à l'occasion de la
cession de l'île d'Héligoland à l'Allemagne le 1ᵉʳ juillet 1890. Or, l'incorporation à l'Empire des Républiques de l'Afrique du Sud a été simplement notifiée au Parlement lors de sa clôture, le 8 août 1900, dans
un passage du discours de la Reine, avant même que l'annexion eût
été proclamée sur place pour le Transvaal. Cette notification, non suivie
d'opposition, équivaut-elle à un vote formel des Chambres ? Le gouvernement anglais s'est-il réservé de régulariser plus tard l'annexion, en
demandant une approbation positive, et cette façon d'agir est-elle admissible ? Ce sont là problèmes de droit constitutionnel qui intéressent
uniquement les Anglais.

La question prenait, au contraire, un caractère international, en tant
que l'on voulait rendre les annexions opposables aux puissances neu-

tres. Elle fut posée, à ce point de vue, à la Chambre des communes, le 8 décembre 1900, et dans les termes suivants, d'après le compte-rendu sommaire des débats :

Chambre des communes. — M. Emmott présente un amendement à l'Adresse disant : « On arriverait à là pacification des territoires conquis. et à de futures bonnes relations dans l'Afrique du Sud en général, si les mesures pour assurer la liberté et les biens des habitants actuellement en armes qui se soumettraient, pour organiser l'administration de ces territoires et pour amener la réconciliation et le bien-être des habitants, étaient publiées le plus tôt possible ». — Lord Crawborne, sous-secré-taire aux affaires étrangères, dit : « Nous n'avons notifié à aucune puissance l'annexion des Républiques Sud africaines ; nous avons consulté les précédents, et nous n'y avons pas trouvé qu'une notification fût nécessaire, ni que la reconnaissance de cette annexion par les puissances dépendît d'une notification formelle ».

Il est certain que ni les usages internationaux ni les traités n'imposent l'obligation de notifier aux puissances tierces les annexions réalisées par un pays : pareille notification n'est prescrite que pour les occupations de territoires sans maître et pour l'établissement des protectorats, par les articles 34 et 35 de l'Acte final de la Conférence africaine de Berlin du 26 février 1885, et encore seulement pour les côtes du continent d'Afrique. Mais il est bien évident que, sous peine de faire un acte illusoire, un État qui en annexe un autre doit veiller à ce que ce dernier ne continue pas à être traité par les puissances tierces comme un pays indépendant ; notamment il doit informer ces dernières de l'annexion qu'il a réalisée pour les empêcher de poursuivre avec le pays annexé les relations diplomatiques qu'elles entretenaient auparavant avec lui. Il y a contradiction flagrante entre la tolérance du maintien de ces relations et la prétention d'être devenu souverain de l'État qui persiste à les entretenir. Le seul moyen d'y mettre un terme, c'est d'aviser les puissances du fait de l'annexion et de les informer que, pour l'annexant, le pays qu'il s'est incorporé est confondu avec lui au point de vue des relations internationales dans l'avenir.

Or, on le verra bientôt, l'Angleterre n'a fait aucune démarche, après l'annexion des deux Républiques, pour s'opposer à ce que les rapports diplomatiques de l'Orange et du Transvaal avec les puissances fussent maintenus et pour que les autres États n'agissent plus vis-à-vis d'eux comme à l'égard de pays ayant conservé leur indépendance internationale. Le Président Krüger, en particulier, a été accueilli par les gouvernements européens d'une manière officielle et en sa qualité de chef d'État venant engager des pourparlers diplomatiques, sans que l'Angle-.

terre ait songé à informer les chancelleries étrangères que la République Sud africaine n'existait plus et que toutes les questions intéressant cet ancien État devaient être désormais traitées dans les rapports diplomatiques avec l'Angleterre elle-même. Il y a évidemment, dans une pareille attitude, un aveu implicite que l'on n'était pas bien convaincu, au Foreign Office, de la valeur de l'annexion des deux Républiques au point de vue international.

Il est possible que le gouvernement britannique ait reculé devant une notification officielle de cette annexion à faire aux puissances pour empêcher celles-ci de traiter les deux Républiques en pays indépendants comme par le passé, dans la crainte de se heurter à un refus catégorique ou plus ou moins atténué de reconnaître la prétendue incorporation de ces deux pays à la Grande-Bretagne. Si, en effet, celle-ci, comme nous l'avons déjà dit, était rassurée quant à l'éventualité d'une intervention ou même d'une simple tentative de médiation de la part des États neutres, elle sentait bien que l'opposition de l'opinion publique, qui n'empêchait pas cette attitude passive et négative des gouvernements, n'aurait pas permis à ces derniers d'en prendre une autre positive et aboutissant à une reconnaissance des prétentions britanniques, comme l'eût été l'acceptation officielle des annexions proclamées au nom de la Reine par lord Roberts. On consentait bien, dans toutes les chancelleries, par préoccupation d'intérêt égoïste ou dans la conviction que toute démarche en ce sens serait inutile, à ne pas agir pour amener la fin des hostilités ; mais nulle part on n'aurait osé prendre nettement parti pour l'Angleterre en acceptant comme un fait accompli sa prétendue victoire définitive. Aussi le gouvernement britannique préférait-il, fort habilement du reste, laisser sans effet au point de vue des puissances étrangères les annexions qu'il avait proclamées, comptant bien que peu à peu, à la suite de la soumission des Boërs qui n'était, à ses yeux, qu'une question de temps, de patience et de sacrifices en hommes et en argent, ces puissances finiraient par s'incliner devant un état de choses devenu irrévocable.

Enfin, et en attendant que ce dernier résultat se produisît, nous persistons à croire que, conformément au calcul que nous avons indiqué plus haut, l'Angleterre se préoccupait, en proclamant l'annexion prématurée des deux Républiques, beaucoup moins d'affirmer sa conquête dans ses relations avec les puissances neutres, que de donner une prétendue justification aux mesures de rigueur qu'elle comptait appliquer aux Boërs continuant la lutte à outrance : à ceux qui lui auraient objecté qu'elle violait ainsi les lois de la guerre internationale, elle se réservait de répondre que, les habitants des deux Républiques étant annexés et devenus ses sujets, elle était autorisée, s'ils combattaient encore, à les traiter en rebelles et non plus en belligérants. C'est cette combinaison que dénonçait la mission boër dans la protestation contre l'annexion qu'elle lança d'Amsterdam, le 15 septembre 1900, à son retour d'Amérique. « Les Anglais, disait-elle, veulent sans merci poursuivre jusqu'à la mort les combattants épuisés. Voilà le but véritable de la proclamation (d'annexion); mais, avec l'aide de Dieu, il ne sera pas atteint ».

Il est un pays cependant où l'annexion de l'Orange et du Transvaal fut reconnue comme anéantissant l'existence internationale des deux Républiques : livré, en fait, à la merci de la Grande-Bretagne, le Portugal prit une attitude conforme aux prétentions de cette puissance.

Lorsque le Président Krüger se rendit à Lourenço-Marquez pour entreprendre en Europe le voyage dont nous signalerons plus loin les principales péripéties, on discuta, dans la presse britannique, la question de savoir si l'Angleterre ne demanderait pas au Portugal de le lui livrer. Ce n'était là, heureusement, que la proposition d'Impérialistes exaltés : sa réalisation nous aurait reportés aux faits de la plus lâche trahison dont on ne trouve plus d'exemples, à l'époque moderne, dans les rapports des États civilisés. A quelque point de vue que l'on se place, l'arrestation et la livraison du Président Krüger auraient été injustifiables d'après les règles du droit international, abstraction faite même de toute considération d'humanité et de loyauté. En le supposant passible de capture comme prisonnier de guerre, en sa qualité de chef de l'État ennemi (1), le Président pouvait être retenu sur le territoire neutre où il se serait réfugié, mais il ne pouvait pas être livré à la puissance adverse, sans violer les règles de la neutralité (2). Si on acceptait l'effet de l'annexion du Transvaal proclamée par la Grande-Bretagne, M. Krüger, réputé coupable de continuer la rébellion à main armée, n'était que sous le coup d'une accusation politique de la part de l'Angleterre, et on sait que les accusations de ce genre n'autorisent pas l'extradition. Mais la vérité, comme nous l'établirons plus amplement bientôt à propos du passage qui lui fut offert à bord d'un navire de guerre hollandais, c'est que le Président Krüger n'était pas un réfugié sur le territoire portugais, ni comme chef d'État voulant se soustraire à la capture par les forces ennemies, ni comme criminel politique. Il traversait simplement ce territoire pour se rendre dans d'autres pays où il allait remplir une mission diplomatique pour le compte de l'État dont il était le représentant. Or, il n'est nullement contraire à la neutralité d'accorder le passage aux agents diplomatiques d'un pays belligérant, pas plus que de les recevoir

(1) V. notre *Cours de droit intern. publ.*, 2ᵉ édit., p. 579.
(2) Règlement de la guerre sur terre voté à la Conférence de la Haye, art. 57.

et d'entrer en rapport avec eux, le pays adverse ne pouvant pas exiger que les relations pacifiques soient interrompues entre les États neutres et celui avec lequel il est en guerre. C'est, en somme, ce que l'on savait très bien à Londres comme à Lisbonne, et, malgré les excitations d'une certaine presse, le gouvernement britannique ne songea même pas à demander au Portugal la livraison de M. Krüger.

Cependant, un pays neutre peut s'opposer, afin d'éviter d'être compromis dans ses rapports avec l'autre belligérant, à ce que les agents d'un pays engagé dans une guerre se servent de son territoire pour y organiser la résistance et y préparer, non seulement au point de vue militaire, ce qui va sans dire, mais même au point de vue gouvernemental et diplomatique, le triomphe dé leur cause. C'est ainsi que s'explique, dans une certaine mesure, la manière dont M. Krüger fut traité à Lourenço-Marquez, sans que cela justifie les décisions excessives que prirent à son égard les autorités portugaises sous la menace de l'Angleterre. Le 14 septembre 1900, on apprenait que, conformément aux instructions reçues de Lisbonne, le gouverneur de Lourenço-Marquez avait invité le Président à devenir son hôte, puis qu'il l'aurait presque retenu prisonnier dans son Palais, mettant un factionnaire à sa porte, l'empêchant de communiquer avec les fonctionnaires du Transvaal venus pour s'entretenir avec lui, même avec le Président intérimaire désigné pour le remplacer, M. Shalk-Bürger, qui dut repartir sans avoir pu conférer avec lui. C'est sur les observations comminatoires du consul général d'Angleterre à Lourenço-Marquez que ces dispositions avaient été prises. Ces complaisances serviles envers la Grande-Bretagne n'étaient pas justifiées par la façon d'agir du Président, qui avait si peu l'intention de se fixer en territoire portugais, qu'il ne faisait qu'y séjourner momentanément pour se rendre de là en Europe. Elles étaient, d'ailleurs, incompatibles avec les égards que le droit international commande d'observer pour les chefs d'État étrangers accueillis dans un pays ami : régulièrement, le Portugal aurait dû inviter le Président à se retirer s'il estimait sa présence compromettante ; mais il n'avait pas le droit de lui imposer une séquestration ressemblant, si peu que ce fût, à un emprisonnement ou à un internement. L'inviolabilité personnelle, privilège intangible des agents diplomatiques, même après la déclaration de guerre avec le pays qu'ils représentent, s'impose à plus forte raison pour les chefs d'État étrangers, surtout quand les relations pacifiques subsistent avec eux.

Mais le Portugal, toujours sous l'influence toute-puissante de l'Angleterre, semblait bien ne plus même reconnaître l'indépendance de la République Sud africaine et s'incliner devant l'annexion qu'en avait proclamée lord Roberts. Le 16 novembre 1900, on télégraphiait de Lourenço-

Marquez que le consul du Transvaal et de l'État d'Orange, M. Pott, avait reçu l'ordre d'amener le pavillon de ces deux pays, le Portugal ne les considérant plus comme États indépendants depuis leur annexion à la Grande-Bretagne. Cet empressement à courir au devant des désirs de l'Angleterre était le résultat d'une politique d'abandon, sans dignité et peut-être sans profit, que le gouvernement portugais avait adoptée vis-à-vis de celui de Londres, ou, plutôt, qu'il s'était laissé imposer par celui-ci. Après les brutales dépossessions dont le Portugal avait été victime en 1890, en dépit de la répulsion générale du peuple portugais à l'égard des Anglais et de ses tendances en faveur des Boërs, il n'était question, dans les milieux officiels, que de l'alliance étroite avec la Grande-Bretagne. Une escadre anglaise se rendait, au commencement de décembre, dans le port de Lisbonne ; le 7, le Roi offrait un banquet à l'amiral Rawson et à ses officiers ; dans le toast qu'il leur adressa et qu'il confirma par dépêche à la Reine Victoria, il s'exprima en ces termes : « L'Angleterre a souvent partagé les efforts et la gloire du Portugal. Notre amitié mutuelle et notre alliance étroite sont fortifiées par l'histoire et par le sang répandu en commun pour des causes toujours justes » (1).

Mais, dans son zèle à se montrer complaisant pour l'Angleterre, le gouvernement portugais avait été entraîné à prendre une mesure qui compromettait ses bons rapports avec les Pays-Bas. M. Pott, qui avait été sommé d'amener à Lourenço-Marquez les pavillons du Transvaal et de l'État d'Orange dont il était le consul, était également consul de Hollande dans cette même ville : or, l'exequatur lui fut retiré par les autorités portugaises, sous prétexte qu'il abusait de ses fonctions pour favoriser la cause des Boërs. Le 7 décembre, on apprenait que le ministre des Pays-Bas à Lisbonne avait quitté son poste et que celui du Portugal à la Haye en avait fait autant. On pouvait donc croire à une rupture des relations diplomatiques entre les deux pays. Les choses, cependant, n'en étaient pas arrivées à ce point, comme il résulte des déclarations officielles du gouvernement néerlandais. Répondant, le 11 décembre 1900, à une interpellation de M. van Bylandt à la seconde Chambre hollandaise, le ministre des affaires étrangères, M. de Beaufort, s'expliqua en ces termes, après avoir dit que l'importance de cet incident avait été beaucoup exagérée : « Le 17 novembre, le ministre de Portugal m'a informé que son gouvernement désirait voir retirer ses lettres de créance à M. Pott, par suite d'irrégularités commises par lui sous forme de contrebande de guerre en sa double qualité de consul de Hollande et du Trans-

---

(1) Sur les conséquences de cette attitude du Portugal, V. René Pinon, *La colonie de Mozambique et l'alliance anglo-portugaise*, dans la *Revue des Deux-Mondes* du 1er mars 1901.

vaal ; mais le ministre de Portugal a ajouté que son gouvernement préférait voir le gouvernement hollandais prendre lui-même l'initiative en pareille matière. Quant à moi, je ne désirais pas suspendre M. Pott de ses fonctions sans avoir, au préalable, fait une enquête, et c'est pourquoi je lui ai accordé un congé de trois mois. Cette décision n'a pas été favorablement accueillie à Lisbonne et, alors, j'ai cru bon de prévenir les autorités portugaises que, si elles retiraient son exequatur à M. Pott, nous regarderions un pareil acte comme peu amical. Malgré cette déclaration, le Portugal a pris lui-même l'affaire en main, et moi, de mon côté, j'ai alors demandé au ministre de Hollande à Lisbonne de venir à la Haye, afin de m'expliquer plus complètement l'affaire. M. Pott lui-même est attendu ici sous peu ».

Toute difficulté fut aplanie dans la suite, car le *Handelsblad* annonçait d'Amsterdam, le 7 février 1901, que les ministres des deux États avaient rejoint leur poste respectif. Le 9, on apprenait, de la Haye, que le gouvernement néerlandais consentait à considérer l'incident comme clos, à la condition que M. Pott pourrait reprendre ses fonctions consulaires à Lourenço-Marquez, ce qu'acceptait le gouvernement portugais.

Quant aux autres puissances, en dehors du Portugal, c'est par leur attitude à l'égard du Président Krüger, pendant le voyage qu'il entreprit en Europe, que se manifesta surtout le défaut de reconnaissance officielle de leur part en ce qui concerne l'annexion des deux Républiques par l'Angleterre.

Au commencement de septembre 1900, était publiée à Komati-Port une proclamation annonçant le départ du Président Krüger et les raisons qui le déterminaient ; elle indiquait, en même temps, la transmission des pouvoirs à un Président intérimaire, M. Schalk-Bürger. En voici la teneur : « Attendu que le grand âge de Son Honneur le Président ne lui permet pas de suivre les commandos et attendu que le Conseil exécutif est convaincu que les précieux services de Son Honneur peuvent être encore utilisés dans l'intérêt du pays et de la nation, il a été décidé que le Conseil exécutif autorise Son Honneur à s'absenter pour une période de six mois, afin de visiter l'Europe dans le but de soutenir la cause que nous défendons ici, et moi, Schalk-Bürger, j'occuperai sa place, conformément à la loi ».

Lord Roberts s'empressa d'y répondre par une autre proclamation qui portait essentiellement sur les deux points suivants : d'abord, le départ de M. Krüger impliquait de sa part l'abandon de ses fonctions de Président et l'aveu qu'il renonçait à la lutte ; en second lieu, les hostilités, n'étant plus soutenues que par de petits corps de Boërs, prenaient un caractère irrégulier et ne pouvaient plus être considérées comme une guerre régie par les principes du droit international, ce qui autorisait toutes les mesures de rigueur que les autorités militaires britanniques jugeraient à propos de prendre contre des combattants n'ayant plus droit au titre de belligérants (1).

Nous n'insisterons pas, pour le moment, sur la seconde affirmation de lord Roberts relativement au caractère irrégulier qu'auraient pris, d'après lui, les hostilités continuées par les Boërs : nous la retrouverons plus nettement exprimée encore dans sa lettre du 2 septembre au général Botha et nous en apprécierons alors la valeur. Quant à la première de ses allégations, à savoir que M. Krüger abandonnait à la fois son poste et ses fonctions, elle se heurtait à ce fait indéniable que, conformément à la loi de la République Sud africaine, le Président s'absentait pour remplir une mission diplomatique dans l'intérêt de son pays, en déléguant régulièrement son autorité à un vice-Président remplissant provisoirement les fonctions de chef de l'État. C'est ce qu'établit nette-

(1) Proclamation de lord Roberts :

« Machadodorp, 13 septembre. — J'ai donné ordre de faire imprimer la proclamation suivante en langue anglaise et hollandaise et de la faire circuler sur toute l'étendue du territoire : M. le Président Krüger et M. Reitz, emportant avec eux les archives de la république Sud africaine, ont franchi la frontière portugaise et sont arrivés à Lourenço-Marquez, d'où ils ont l'intention de partir prochainement pour l'Europe. M. Krüger a donc abandonné formellement ses fonctions de Président de la république Sud africaine rompant ainsi les liens officiels qui l'attachaient au Transvaal et montrant ainsi que, dans son opinion, la lutte qu'il poursuit depuis bientôt un an est désespérée. Cet abandon de la cause des Boërs devrait prouver à ses compatriotes qu'il est inutile pour eux de continuer davantage la lutte. Les habitants du Transvaal et la colonie du fleuve Orange déplorent actuellement la perte de plus de quinze mille des leurs, qui sont prisonniers de guerre, et ils sont assurés que pas un d'eux ne sera remis en liberté avant que ceux qui sont encore en armes contre nous ne se rendent sans conditions. Les Burghers doivent, à l'heure actuelle, être instruits de ce fait qu'aucune intervention en leur faveur ne peut se produire de la part d'aucune des grandes puissances et, en outre, que l'empire britannique est décidé à achever l'œuvre commencée, qui a déjà coûté tant de sang précieux, tant d'existences précieuses, et à terminer la guerre qui lui a été déclarée par l'ancien gouvernement du Transvaal et par l'ancien État libre d'Orange, guerre qui ne peut avoir aucune solution heureuse pour les Burghers. Si des doutes quelconques restaient encore dans l'esprit des Burghers sur les intentions de Sa Majesté britannique, ils devraient être dissipés par la façon dont leur pays est actuellement occupé par les troupes de Sa Majesté et par la publication de mes proclamations du 24 mai et du 1er septembre 1900, annonçant l'annexion de l'État libre d'Orange et de la République Sud africaine respectivement, au nom de Sa Majesté. Je saisis cette occasion pour faire observer qu'en dehors du petit territoire occupé par l'armée boër, sous le commandement personnel du général Botha, la guerre a dégénéré et dégénère en opérations conduites d'une façon irrégulière par des chefs disposant souvent de détachements insignifiants. Je manquerais à mes devoirs envers le gouvernement de Sa Majesté et envers l'armée de Sa Majesté dans le Sud de l'Afrique, si je négligeais les moyens qui sont en mon pouvoir pour mettre promptement fin à une lutte aussi irrégulière. Les mesures que je suis contraint d'adopter sont celles que prescrivent les coutumes de la guerre comme étant applicables à des cas de cette nature. Plus les guerres de guerillas continueront, plus elles seront appliquées rigoureusement ».

ment la mission boër envoyée en Europe dans la proclamation qu'elle
publia en réponse à celle du généralissime anglais (1).

Après un court séjour à Lourenço-Marquez, séjour durant lequel le
Portugal se conduisit à son égard de la manière incorrecte que nous
avons signalée plus haut, le Président Krüger accepta l'offre que lui fit
le gouvernement néerlandais de le transporter en Europe à bord de l'un
de ses navires de guerre. La Hollande avait d'ailleurs pris toutes les précautions pour ménager les susceptibilités britanniques. D'une réponse
de son ministre des affaires étrangères, M. de Beaufort, à une interpellation qui lui fut adressée le 20 septembre par un député de la première
Chambre des États-Généraux, ancien ministre des colonies, M. Fransen
van de Putte, il résultait que, pressenti au sujet de ses intentions,
M. Krüger avait dit qu'il se rendait en Europe pour raison de santé, et
que le gouvernement hollandais, après avoir informé le Cabinet de Londres qu'il mettait un cuirassé à la disposition de M. Krüger, avait été
avisé par le Foreign Office que l'Angleterre n'avait pas l'intention de
s'immiscer dans les projets de voyage du Président.

Les ménagements pris par le gouvernement néerlandais s'expliquent
fort bien, soit au point de vue de la courtoisie internationale, soit au
point de vue de son intérêt, afin de ne pas éveiller les rancunes d'une
puissante nation particulièrement irritable. Mais, en ce qui concerne
l'application du droit international, la situation était des plus simples et
des plus nettes. Dans la République Sud africaine, comme dans la plupart des pays, le pouvoir de diriger les relations diplomatiques réside
essentiellement dans le chef de l'État : celui-ci, le plus souvent, l'exerce
par l'intermédiaire de fonctionnaires délégués à cet effet et qu'il accré-

---

(1) Proclamation de la mission boër :

« Nous apprenons que dans sa dernière proclamation lord Roberts a dit que le Président Krüger avait passé les frontières de la République, qu'il s'était par là formellement démis de ses fonctions de Président, et que le fait d'avoir ainsi abandonné la
cause des Boërs doit convaincre les Burghers qu'il est inutile de continuer la lutte. Nous
croyons devoir élever la voix contre cette nouvelle insinuation. Nous déclarons que,
lorsque le Président de la République Sud africaine a passé les frontières de son pays,
il l'a fait pour se conformer à une résolution du Conseil exécutif, corps qui, en vertu
d'une décision spéciale, prise par le Volksraad dans la session de 1889, a tout pouvoir
pour autoriser le Président à se rendre à l'étranger, dans un but ou un autre. Conformément à la Constitution, le vice-Président assume, dans ce cas, immédiatement, les fonctions de Président d'État et le gouvernement continue à exister sous tous les rapports. Il
ne peut donc être en aucune façon question pour le Président Krüger de déposer ses
fonctions. Il peut encore moins être question, pour lui, d'abandonner la cause des
Boërs. La proclamation de lord Roberts n'a donc pas d'autre but que d'essayer, en présentant l'état des choses sous un faux jour, de nuire à un ennemi qu'il ne peut arriver
à vaincre, même en prenant contre lui des mesures absolument contraires à tout droit
et toute justice. — La députation des Républiques Sud africaines : A. FISCHER, C.-H.
WESSELS, A.-D.-V. VOLMARANS ».

dite auprès des puissances étrangères en qualité d'agents diplomatiques ; mais il peut, s'il le juge à propos, reprendre l'exercice de ce pouvoir en intervenant par lui-même dans les négociations internationales (1). On peut donc affirmer que, normalement, le chef de l'État est le premier représentant diplomatique de son pays et que toutes les règles consacrées par le droit international en ce qui concerne les ambassadeurs, ministres plénipotentiaires, ministres résidents ou chargés d'affaires, s'appliquent à un plus haut degré encore au chef de l'État qui les accrédite et qui peut, s'il le veut, agir directement à leur place. Or, il est universellement admis aujourd'hui qu'il n'y a nullement violation de la neutralité dans le fait de faciliter les relations diplomatiques d'un pays belligérant avec des pays neutres, et, notamment, que l'on ne saurait arrêter, par analogie avec la contrebande de guerre, des diplomates d'un pays engagé dans les hostilités transportés sur un navire neutre et se rendant dans un État également neutre (2). La Hollande était donc à l'abri de toute critique en transportant sur un de ses navires le Président Krüger qui se rendait en Europe pour y remplir une mission diplomatique dans l'intérêt de son pays. On sait, d'ailleurs, que cette solution éminemment juste a été provoquée par les réclamations de l'Angleterre elle-même à propos de la fameuse affaire du *Trent*. En 1861, un croiseur fédéral des États-Unis, le *San-Jacinto*, enleva à bord du paquebot anglais le *Trent* quatre Commissaires qui s'étaient embarqués à la Havane pour aller remplir en Europe une mission diplomatique au nom des États insurgés du Sud. Ces derniers n'étaient pas reconnus par les puissances comme formant un État distinct et indépendant au point de vue international ; mais il fut jugé suffisant qu'ils eussent le caractère de belligérants pour qu'on leur appliquât les règles de la guerre internationale. Or, sur les réclamations de l'Angleterre, soutenue par la France, l'Autriche et la Prusse, le gouvernement de Washington dut relâcher les Commissaires capturés : leur inviolabilité était assurée par le pavillon neutre qui les couvrait, puisque le fait de les transporter ne pouvait être assimilé à un acte contraire aux droits de l'autre belligérant, et que tout pays neutre conserve la faculté d'entretenir ses relations diplomatiques avec chacun des États engagés dans les hostilités. Le gouvernement néerlandais était donc allé jusqu'aux dernières limites de la courtoisie en prévenant celui de Londres de sa résolution d'offrir le passage à

---

(1) L'intervention nécessaire, en pareil cas, du ministre des affaires étrangères, dans les pays où existe la responsabilité ministérielle, ne modifie pas d'ailleurs ce qui est dit au texte.

(2) Résolutions de l'Institut de droit international, session de Venise, art. 6 (*Annuaire de l'Institut de dr. intern.*, t. XV, p. 227).

M. Krüger à bord de l'un de ses cuirassés, le *Gelderland* : il n'avait pas
à tenir compte, pour le surplus, des attaques furieuses des journaux
impérialistes qui, comme le *Standard*, l'accusaient « d'avoir fait preuve
d'insolence en prenant cette détermination, sans avoir obtenu préalablement le *consentement* du gouvernement britannique ».

Ne pouvant sérieusement espérer que le Portugal livrât le Président,
comme elle l'avait demandé, ni que le gouvernement de Londres s'oppo-
sât au transport de M. Krüger à bord du *Gelderland*, la presse impérialiste se rabattit sur une autre réclamation : elle demanda qu'il fût interdit au Portugal et à la Hollande de laisser partir le Président avec les
sommes d'argent et les archives dont il était, disait-on, détenteur, et qui,
ayant été la propriété du Transvaal, étaient devenues celle de l'Angleterre en vertu de l'annexion. Voici comment s'exprimait, à ce sujet, le
Times du 25 septembre 1900 : « Si les Pays-Bas et le Portugal reconnaissent M. Krüger comme le chef d'un État conquis par les Anglais, ils doivent aussi reconnaître qu'ils ne peuvent, sans violation des droits de
neutralité, lui permettre d'emporter le Trésor et les documents de cet
État. Si Krüger est un simple particulier, il n'a aucun droit d'emporter
ce qui ne lui appartient pas, et l'Angleterre a le droit d'exiger qu'on l'en
empêche ».

On remarquera, d'ailleurs, que les journaux officieux allemands, jusque là fort hostiles aux prétentions britanniques, appuyèrent comme bien
fondée la demande de mise sous séquestre des papiers emportés par le
Président Krüger. On en conclut généralement que le gouvernement de
Berlin craignait l'usage que pourrait faire M. Krüger de certaines lettres
compromettantes de l'Empereur Guillaume II, contemporaines sans
doute de sa fameuse dépêche à propos de l'incursion de Jameson. Il paraît, au surplus, s'il fallait en croire le journal hollandais *Haagsche
Courant*, que la question de saisie et de séquestre ne pouvait plus se
poser, parce que le Trésor et les papiers d'État du Transvaal avaient été,
depuis longtemps, mis en sûreté en Europe.

Au point de vue du droit international, deux hypothèses étaient à
distinguer dans cette question de la saisie des archives que l'on prétendait emportées par le Président Krüger. Si les Anglais étaient considérés comme *occupant* simplement le Transvaal, il est clair qu'ils n'avaient
aucun titre à réclamer des papiers qui avaient été soustraits à leur capture : l'envahisseur ne tient son droit que de la prise de possession effective. Au surplus, ce droit, de l'avis général, ne peut pas s'exercer à l'égard
des biens de l'État occupé dont la capture n'est d'aucune utilité pour
l'envahisseur soit pour favoriser son action militaire, soit pour paralyser
celle de l'ennemi. Telles sont les œuvres d'art, les collections scientifi-

ques, les *archives*, « parce que, dit Bluntschli (1), elles ne servent ni de près, ni de loin à faire la guerre, et qu'en s'en emparant, on ne contraint pas l'ennemi à demander plus vite la paix ». Si l'Angleterre était reconnue par les puissances neutres comme ayant régulièrement annexé la République Sud africaine, on devait bien admettre que tout le domaine public et privé de ce dernier État, y compris le trésor et les archives, était devenu sa propriété. Mais, comme le reconnaissait le *Times* lui-même dans le passage que nous avons cité ci-dessus, il fallait supposer, pour obtenir le concours des puissances étrangères quant à la restitution de ces objets, qu'elles acceptaient l'efficacité internationale de l'annexion et renonçaient désormais à voir dans M. Krüger le chef d'un État resté indépendant ; or, en ce qui concerne les Pays-Bas tout au moins, l'Angleterre n'avait jamais demandé une pareille reconnaissance de l'annexion, elle ne s'était même pas opposée à ce que le Cabinet de la Haye traitât M. Krüger en représentant officiel de la République Sud africaine. A quel titre, par conséquent, lui arracher, comme à un particulier qui les déroberait, des documents que, aux yeux de la Hollande, il détenait en sa qualité de chef d'un État toujours réputé existant dans son indépendance ? D'ailleurs, même en admettant l'annexion déclarée unilatéralement par l'Angleterre, son efficacité n'aurait pu être sérieusement acceptée que pour la portion du Transvaal véritablement occupée par elle. Pour toute la portion non encore envahie, et elle était considérable, le gouvernement transvaalien gardait son autorité et la propriété des biens d'État qu'il avait pu soustraire à l'ennemi. Or les archives, même en tant qu'elles intéressent la partie du territoire annexé, restent la propriété de l'État qui les détient dans la partie de territoire qu'il conserve. Il a été ainsi jugé par la Cour de Nancy, le 16 mai 1896 (2), que l'État français, propriétaire de ses archives avant 1871, l'était toujours resté depuis, même en ce qui concernait les documents relatifs aux portions du territoire cédées à l'Allemagne.

En définitive, c'est sans entraves que le Président Krüger put s'embarquer pour l'Europe à bord du *Gelderland* et débarquer à Marseille le 22 novembre 1900. Nous n'avons pas à rappeler l'accueil enthousiaste que la population fit au vaillant et vénérable chef du Transvaal, soit à son arrivée à Marseille, soit pendant tout le cours de son voyage jusqu'à Paris, soit enfin pendant toute la durée de son séjour dans la capitale (3). Ce qui est essentiel à remarquer, au point de vue diplomatique, c'est que

(1) *Le droit international codifié*, art. 650, note.
(2) Dalloz, *Rec. pér.*, 1896.2.411.
(3) V. A. G. van Hamel, *Impressions et souvenirs sur le séjour du Président Krüger en France*, dans la *Revue de Paris* du 1er janvier 1901.

le gouvernement britannique ne présenta aucune objection au sujet du caractère officiel qui fut constamment attribué à l'illustre voyageur, dont les démarches auprès des puissances rappelaient à tous les cœurs patriotes celles qu'avait faites, en 1871, dans des circonstances aussi douloureuses, un autre noble vieillard, M. Thiers. Ainsi, d'une manière non équivoque, l'Angleterre reconnaissait que sa prétendue annexion de la République Sud africaine n'avait pu avoir pour effet de la faire considérer comme souveraine de ce pays au point de vue des rapports internationaux. Le *Manchester Guardian*, le 17 novembre, faisait d'ailleurs, à cet égard, une déclaration très caractéristique : « On a remarqué que, dans son discours de Guidhall, lord Salisbury, en parlant de M. Krüger, a employé le terme « Président Krüger ». Il est certain que, techniquement, cette désignation est correcte. L'annexion du Transvaal n'a pas été formellement notifiée aux puissances, de sorte que les citoyens français, en traitant M. Krüger avec le respect dû à un chef d'État, ne dépasseront pas les limites de leur droit. Il est probable que notre gouvernement n'a pas encore fait la notification de l'annexion parce qu'il n'est pas encore en posture de pouvoir assurer la protection des nationaux des différentes puissances européennes, soit en deçà, soit au delà du Vaal ».

Ce fut donc comme chef d'État et avec le cérémonial usité en pareil cas, que le Président Krüger fut reçu à l'Élysée le 24 novembre et que le Président de la République française lui rendit sa visite, immédiatement après, à l'hôtel Scribe où il était descendu. Toute la presse britannique, d'ailleurs, sans la moindre discordance, rendit hommage à la correction d'attitude de notre gouvernement dans cette circonstance, ainsi qu'à la modération et au tact dont firent preuve et les journaux et le public français. Le *Times* lui-même, dans un accès de franchise provoqué sans doute par le souvenir récent des désordres causés à Londres par la populace, disait, le 27 novembre : « Nous ne sommes pas du tout certains que la conduite de la foule londonienne, en pareille circonstance, eût été marquée par la retenue dont a fait preuve la foule parisienne ».

Mais quels étaient les résultats politiques des entretiens de M. Krüger avec notre gouvernement ? M. Delcassé, ministre des affaires étrangères, eut l'occasion de s'expliquer à ce sujet, en répondant à l'interpellation d'un député qui demanda s'il ne serait pas possible d'offrir la médiation aux belligérants, conformément à l'article 3 de la convention de la Haye. Le ministre renvoya aux explications qu'il avait déjà fournies sur ce point, en ajoutant qu'un débat sur cette question serait inutile et peut-être nuisible. La Chambre se contenta alors de voter, à l'unanimité, une motion de « sincère et respectueuse sympathie au Président de la République du Transvaal ». Le lendemain, 30 novembre, le Sénat votait une motion identique, également à l'unanimité.

En quittant notre pays, M. Krüger se rendit en Allemagne, et l'accueil qu'il reçut à Cologne, où il s'arrêta, fut aussi chaleureux que celui des Français. Mais, à peine était-il arrivé dans cette ville, qu'il était informé par M. de Tschirsky-Bogendorff, ministre d'Allemagne à Luxembourg, que l'Empereur ne pouvait pas le recevoir. Le télégramme de Guillaume II était conçu en termes secs, et équivalait à une invitation mal déguisée d'avoir à quitter le plus tôt possible le territoire allemand. En voici la teneur : « Sa Majesté regrette beaucoup que des dispositions déjà prises l'empêchent de recevoir en ce moment la visite du Président Krüger ».

Ce coup inattendu parut impressionner péniblement M. Krüger qui se rendit en Hollande, où la population lui réserva l'accueil sympathique que l'on pouvait prévoir et où la Reine le reçut comme un chef d'État voyageant incognito.

Mais l'attitude de l'Empereur Guillaume II devait provoquer de vifs débats en Allemagne. La *National Zeitung* du 3 décembre, évidemment inspirée par la chancellerie de Berlin, avait reproché au Président Krüger de vouloir exercer une pression sur les gouvernements à l'aide des manifestations enthousiastes des populations, et elle ajoutait que le gouvernement allemand avait bien fait de ne pas se prêter à ce plan. C'était avouer que l'on redoutait de voir se produire à Berlin des manifestations qui auraient grandement gêné le gouvernement désireux de ne pas froisser l'Angleterre et, en même temps, de ménager l'opinion publique.

Cependant on ne pouvait pas se soustraire à une interpellation au Reichstag. Un député national-libéral, M. Sattler, appuyé par un conservateur, le Comte de Leinburgstirum, se plaignit de ce que l'on eût empêché le peuple allemand de manifester ses sympathies en faveur des Boërs dont la cause est la justice même. Le chancelier, M. de Bülow, dans sa réponse, développa surtout ces deux idées : d'abord, que toute tentative de médiation et toute démarche du Président Krüger seraient inutiles ; en second lieu, que la politique de l'Allemagne devait avoir pour objectif unique l'intérêt de ce pays, en évitant de prendre une attitude susceptible de nuire aux bonnes relations qu'il entretient avec l'Angleterre. Dans la séance du lendemain, 11 décembre, M. Bebel, au nom du parti socialiste, déclara que, tout en approuvant la politique du gouvernement au point de vue du maintien des bons rapports avec l'Angleterre, il ne pouvait s'empêcher de constater que la manière dont les Anglais faisaient la guerre au Transvaal était barbare et condamnable, et qu'il était regrettable que l'Empereur allemand n'eût pas reçu M. Krüger comme l'avait fait le Président de la République française. Enfin, le 12, M. de Bülow

dut encore répondre à l'interpellation de M. Hasse, pangermaniste, qui
accusa le gouvernement de lâche complaisance envers l'Angleterre bien
que celle-ci, dans toutes les négociations entreprises avec elle, eût dupé
l'Allemagne. « On aurait dû, dit-il, recevoir M. Krüger, ce malheureux
vieillard. Nous devrions être reconnaissants à l'égard des Boërs, car sans
eux nous n'aurions pas acquis Samoa.... ». Dans son nouveau discours,
le chancelier reprit encore l'idée déjà exposée par lui que les questions
de sentiment et même de justice n'étaient plus à retenir devant la considération exclusive de l'intérêt national (1).

(1) Nous donnons ici les passages principaux des deux discours de M. de Bülow : ils
sont la formule la plus franche des conceptions égoïstes qui dominent aujourd'hui la
politique extérieure de l'Allemagne et, très probablement, de la plupart des puissances à
l'époque contemporaine :

1° *Discours en réponse à l'interpellation Sattler* :

« Je n'examinerai pas toutes les questions soulevées par M. Sattler. Je lui suis pourtant reconnaissant, à lui ainsi qu'à l'orateur qui l'a précédé, de m'avoir fourni l'occasion de m'expliquer sur le voyage du Président Krüger et sur notre attitude vis-à-vis de
la guerre Sud africaine. Nous avons profondément déploré qu'une guerre ait éclaté entre les Républiques Sud africaines et l'Angleterre. L'avertissement nous était donné que
la seule garantie certaine de la paix et que le maintien de nos propres droits résident dans
la force qu'on possède. La guerre a nui à d'importants intérêts allemands. Les capitaux
allemands placés en Afrique australe se montent à des centaines de millions. Nous avions
aussi à prendre des mesures pour que la guerre ne portât aucune atteinte à nos possessions Sud africaines. Nous avons, dès l'abord, fait ce qui nous était possible pour
empêcher que la guerre n'éclatât et n'avons pas manqué de bien informer les deux Républiques de la situation des choses en Europe et de notre décision de rester neutres.
Je vous réfère au Livre jaune des Pays-Bas. Lorsque, en 1899, le recours à l'arbitrage
paraissait avoir quelque chance d'aboutir, nous avons recommandé cette voie au Président Krüger ; mais M. Krüger n'a pas pensé alors que le moment fût venu de recourir
à l'arbitrage. Lorsque, après quelque temps, M. Krüger essaya de provoquer une médiation, les esprits étaient trop échauffés pour que cela fût possible. Nous avons, encore
une fois, donné notre avis à ce sujet, le gouvernement allemand et le gouvernement
hollandais, — et, quant au gouvernement allemand, ce fut la dernière fois. Nous avons
dit que le gouvernement allemand était convaincu que toute démarche faite, à ce mo-
ment-là, près d'une grande puissance serait très délicate, sans résultat et très dangereuse
pour les Républiques Sud africaines. Il résulte de ces explications qu'on ne peut nous
faire aucun reproche, en ce qui regarde la déclaration de guerre ou en ce qui regarde le
sort des Républiques Sud africaines. Nous ne pouvions mettre notre doigt entre l'arbre
et l'écorce (littéralement entre la porte et la charnière) ; cela n'aurait servi de rien aux
Boërs et nous aurait seulement nui (Approbation). Au point de vue de la situation générale de la politique, comme au point de vue des intérêts allemands, nous ne pouvions
assumer d'autre position que celle d'une neutralité absolue. Cette position ne pouvait
être modifiée par les sympathies que l'Allemagne a éprouvées pour l'idéal poursuivi par
les Boërs combattant pour leur liberté. Notre politique, aux heures critiques, ne peut être
réglée par les sentiments ; elle doit se conformer aux intérêts du pays, dûment pesés.
En ce qui touche la possibilité d'une médiation en vue de la paix, on devait être assuré
d'avance que cette médiation serait acceptée par les deux parties ; autrement, il aurait
fallu songer à une intervention, suivie, au besoin, par des moyens de coercition. Une telle
intervention nous était défendue, aussi bien par l'état général de la politique universelle
que par les intérêts particuliers de l'Allemagne. Même les puissances qui ont mis en

Si les explications fournies par M.de Bülow se référaient exclusivement à la politique allemande en général et à propos de la guerre Sud africaine

avant, d'une manière tout académique, l'idée d'une médiation amicale ont eu soin de bien spécifier qu'elles n'avaient aucune intention de vouloir obliger l'Angleterre à conclure la paix contre son gré. Lorsque l'Amérique se hasarda à demander à l'Angleterre, de la façon la plus discrète. si elle admettrait l'idée d'une médiation, le gouvernement anglais répondit en forme officielle qu'il la repousserait catégoriquement. L'intervention, si elle ne conduit pas à un échec diplomatique, a pour issue presque fatale un conflit guerrier. Si nous nous étions laissé entraîner à un pareil conflit, il aurait pu nous arriver comme à l'adolescent, dans le beau poème de Schiller : « Ah ! j'étais sur le bon chemin, mais mes compagnons m'ont abandonné ; ils m'ont faussé compagnie ; l'un après l'autre ils se sont défilés ». Nous n'avons pas le droit de lancer le peuple allemand dans une pareille situation. En ce qui regarde la non-réception du Président Krüger par l'Empereur, il ne s'agit pas ici de considérations accessoires, de manifestations qui sont secondaires, ni même de regrettables mesures policières maladroites. La question se résume en ceci : le voyage du Président et sa réception par l'Empereur auraient-ils pu servir à lui ou à nous en quelque façon ? — Je réponds de la façon la plus énergique : en aucune manière. Dans son entretien avec M. Delcassé, M. Krüger s'est borné à demander comment le gouvernement français se conduirait en présence de certaines éventualités que pourraient produire les démarches que le Président se proposait de faire en Europe ; on lui a répondu que la France ne prendrait aucune initiative, mais qu'elle ne s'opposerait à aucune initiative qui pourrait être prise ailleurs et à laquelle la France était toute prête à s'associer. On se demande si M. Krüger, en faisant cette interrogation, a fait preuve de la même habileté qu'auparavant. M. Delcassé, dans sa réponse, s'est montré aussi judicieux qu'il était possible, ce qui, du reste, n'a pas lieu d'étonner d'un homme d'État aussi distingué et aussi intelligent. Si pareille situation m'était échue à Berlin, je n'aurais pu m'en tirer plus adroitement. Je n'aurais pu, en effet, dire à M. Krüger que ce qu'on lui avait répondu à Paris. Le voyage du Président à Berlin n'aurait en rien servi notre situation dans le monde : ou toutes les ovations qu'on lui aurait faites seraient comme un feu d'artifice qui se dissipe en fumée ; ou elles auraient fait changer de base nos relations internationales au détriment du pays. Or, le maintien de ces relations est le devoir du gouvernement. *Nous sommes, vis-à-vis de l'Angleterre, complètement indépendants ; nous ne sommes pas plus liés à l'Angleterre, fût-ce par l'épaisseur d'un cheveu, que l'Angleterre n'est liée à nous* ; mais nous sommes disposés, sur la base d'égards mutuels, à vivre en paix et en amitié avec l'Angleterre. Nous n'avons aucune inclination à jouer les don Quichotte ; ce serait la une folie dont je ne voudrais pas assumer la responsabilité. Nous nous croyons fondé à admettre que l'issue de la guerre Sud africaine n'aura pas une influence permanente sur nos intérêts dans ces régions. Je sais apprécier, comme ils le méritent, les sentiments de l'âme populaire ; mais ces sentiments ne doivent pas troubler mon coup d'œil politique. Ce qui doit me guider, ce sont les intérêts permanents de la nation, et ces intérêts exigent l'attitude de neutralité autonome, calme, indépendante, que nous avons prise » (Applaudissements).

2º *Discours en réponse à l'interpellation Hasse* :

« Nous avons fait ce qui nous était utile et facilitait en même temps le maintien de la paix dans le monde. En agissant ainsi, nous nous sommes aussi peu soucié de l'approbation des uns que de l'irritation des autres. M. Bebel a prétendu hier que l'attitude du gouvernement à propos du voyage du Président Krüger et pendant la guerre Sud africaine s'expliquait par les relations de parenté de l'Empereur. Or, pour ma part, j'ignore comment le gouvernement anglais et la Cour d'Angleterre envisagent le voyage de M. Krüger ; mais je déclare de la façon la plus formelle que ni le gouvernement anglais ni la Cour d'Angleterre n'ont adressé ni à l'Empereur, ni à moi, en ma qualité de chancelier de l'Empire responsable, un vœu ou une proposition qui eût rapport au voyage

en particulier,il y avait cependant un passage de son dernier discours qui
mettait directement en cause notre diplomatie.C'est celui où il disait que,

de M. Krüger ou à notre attitude pendant la guerre Sud africaine. Admettre que l'Empereur ait pu se laisser influencer par des relations de parenté, c'est montrer qu'on comprend bien mal le caractère et le patriotisme de l'Empereur. Pour l'Empereur les seuls
points de vue d'après lesquels on doit se diriger sont les points de vue nationaux et al-
lemands.Si des considérations dynastiques quelconques exerçaient quelque influence sur
notre politique extérieure, je ne resterais pas ministre vingt-quatre heures de plus ». —
A propos des critiques formulées par M. Hasse au sujet de la convention anglo-alle-
mande, M. de Bülow fait remarquer que les gouvernements allemand et anglais sont
convenus de ne pas rendre public le texte du traité jusqu'à ce que certaines circonstances
se fussent produites, mais il déclare être en mesure d'affirmer que ce traité ne contient aucune clause qui concerne le conflit entre l'Angleterre et les Républiques Sud
africaines. — « L'attitude de l'Allemagne à l'égard de la guerre Sud africaine aurait été
exactement la même, aussi neutre et aussi indépendante, si ce traité n'avait pas existé.
Il n'est pas résulté, du reste, d'obligations assumées par nous, mais du souci de nos
intérêts bien entendus. Les conventions relatives aux îles Samoa et à la vallée du Yang-
Tsé, sur lesquelles M. Hasse porte à tort un jugement défavorable, ne contiennent aucune clause secrète, elles ne renferment rien que le monde entier ne sache. Lorsque,
en janvier 1896, l'Empereur a envoyé un télégramme au Président Krüger, il s'agissait
non point d'une guerre entre deux États, mais d'une tentative faite par des flibus-
tiers. Je ne songe nullement à renier ce télégramme par lequel l'Empereur exprimait
en toute correction le sentiment fort juste qu'il avait du droit des gens, mais sans
avoir pour cela l'intention de donner à tout jamais par ce télégramme une orientation
définitive à notre politique. Je ne commets aucune indiscrétion diplomatique en disant que ce télégramme a eu du moins le mérite d'éclaircir pour nous la situation, car
l'accueil qui lui a été fait, non seulement en Allemagne, mais encore hors d'Allemagne,
ne nous a pas permis de douter que nous ne nous trouvions réduits uniquement à nos
propres forces dans le cas d'un conflit avec l'Angleterre en Afrique. Un gouvernement
consciencieux devait tirer de ce fait certaines conclusions, et il les a, en effet, tirées.
M. Hasse a déclaré que l'Allemagne avait abandonné les Boërs à l'Angleterre ; il ne saurait être question de pareille chose, ne fût-ce que parce que l'Allemagne n'a jamais
exercé ou cherché à exercer de protectorat sur les Républiques Sud africaines. Mais, surtout, il ne saurait en être question parce que nous n'avons à sauvegarder dans le monde
que les intérêts de l'Allemagne. Les Républiques Sud africaines ne peuvent devenir la
pierre angulaire de toute notre politique. M. Hasse dit que l'opinion publique est hostile aux vues du gouvernement ; mais cela ne nous trouble pas un seul instant. L'opinion publique allemande n'a certes pas toujours vu juste et, en particulier, dans les
questions de politique extérieure. Vouloir se mettre soi-même en jeu pour défendre
les intérêts des peuples étrangers, c'est un trait d'humanité qui honore le peuple allemand ; mais, cependant, au point de vue politique, c'est une faute dont il y a eu lieu
assez souvent, dans le passé, de se repentir. Vouloir sauver les peuples étrangers n'a
pas toujours porté bonheur. Rappelez-vous combien l'opinion publique, vers 1860, s'intéressait au sort des Polonais, et, vers 1880, à celui des Bulgares. Cependant, personne
ne saurait douter que le Prince de Bismarck n'ait à ce moment vu juste avec sa politique. Les intérêts allemands ne doivent pas être sacrifiés à ceux d'étrangers (Applaudissements). *Quand il se produit un conflit entre des peuples étrangers, on ne doit pas
se demander de quel côté est le droit. Le politique n'est pas un moraliste ; il n'a qu'à
défendre uniquement les intérêts et les droits de son propre pays.* L'idéalisme est un
noble héritage du peuple allemand et que l'on doit lui conserver ; mais il ne doit
pas venir déranger les combinaisons de la politique extérieure ou compromettre l'avenir du pays. Tant que je resterai à ce poste, je dois protéger la paix et la prospérité du

à l'occasion du raid Jameson, l'Allemagne avait pu constater qu'elle serait abandonnée à ses propres forces en cas de conflit avec l'Angleterre : il s'agissait de ces insinuations déjà anciennes relativement au refus de la France de s'associer à l'Allemagne pour défendre le Transvaal, ou même à sa proposition au Cabinet de Londres de s'unir à lui contre l'Allemagne dans le cas où un conflit éclaterait avec cette puissance à propos du télégramme adressé par l'Empereur Guillaume II à Krüger, le 2 janvier 1896. Nous avons déjà signalé les démentis opposés à ces accusations par MM. Berthelot, Bourgeois et de Courcel (1). Après le discours de M. de Bülow, M. Berthelot renouvela encore ses dénégations dans le *Temps* du 20 décembre 1900 : « Il est parfaitement exact, écrivait-il, que ni l'Allemagne ni l'Angleterre n'ont proposé à la France aucun échange officiel de vues sur les affaires du Transvaal. Au moment de l'incursion Jameson, le Baron Marschall, dans une conversation avec M. Herbette, à Berlin, avait témoigné le désir de voir la France s'opposer à cet acte de violence ; mais l'incursion Jameson ayant échoué presque aussitôt, le gouvernement allemand n'a pas jugé à propos de donner suite à cette suggestion ». Voici, d'autre part, la reproduction, d'après la *Patrie*, d'un entretien que l'ancien ministre des affaires étrangères aurait eu avec un rédacteur de ce journal : « J'étais, en effet, ministre des affaires étrangères du Cabinet Léon Bourgeois, au moment où l'agression de Jameson s'est produite et lorsque le Souverain allemand a lancé sa dépêche au Président du Transvaal. En cette qualité, j'ai reçu alors les représentants officiels des Boërs, dont, si mes souvenirs sont fidèles, M. le docteur Leyds faisait partie. Tout en leur disant les sympathies du peuple et du gouvernement français pour leur cause, je leur ai déclaré qu'isolément la France ne pourrait intervenir en leur faveur. Remarquez bien qu'à cette époque il n'y avait pas conflit direct et apparent entre le Transvaal et l'Angleterre. Il y a environ deux ans, j'ai d'ailleurs exposé, en une lettre qui a été publiée, mon attitude dans la question des Républiques Sud africaines. Depuis quelque temps, le bruit se répand que la France aurait été sollicitée par l'Allemagne en vue d'un accord, et que le gouvernement français s'y serait refusé. Le discours du chancelier de Bülow sur ce point est bien nébuleux ; il ne désigne pas la France, mais il est de nature à laisser subsister le doute dans les esprits. Je vous autorise à dire qu'à aucune époque de mon ministère il n'y a eu échange de vues, de negociations au sujet d'une entente éventuelle dans le but de soutenir les droits du Transvaal, soit entre M. le Comte de Munster et moi, soit entre

peuple allemand contre toutes les perturbations et tous les dangers, de quelque côté qu'ils puissent venir, comme c'est ma foi, mon devoir et l'obligation qui m'incombe ».

(1) V. cette *Revue*, t. VII (1900), p. 777 et la note.

notre représentant à Berlin et la chancellerie allemande. Je vous le répète, il n'y a pas eu le moindre mot prononcé là-dessus ».

En dehors de ces incidents provoqués par le refus de l'Empereur d'Allemagne de le recevoir, le séjour du Président Krüger en Europe ne souleva aucune difficulté : il attendit, en profitant de l'hospitalité de la
Hollande, l'issue de la campagne qui se poursuivait dans l'Afrique du
Sud. Un moment, il fut question de son départ pour la Russie ; mais ce
projet fut abandonné, arrêté, dit-on, par la grave maladie qui frappa le
Tsar Nicolas II.

III. *Les conséquences de l'annexion des deux Républiques dans les rapports des belligérants.* — A peine l'annexion de l'État d'Orange était-elle
proclamée, que les autorités militaires britanniques adoptèrent des mesures de la plus grande rigueur, à peine justifiables s'il s'était agi de
réduire des rebelles, et qui étaient la méconnaissance absolue des règles
adoptées dans la guerre internationale entre peuples civilisés. Suivant la
tactique que nous avons déjà signalée, l'annexion des territoires ennemis, quelque irrégulière qu'elle fût, comme nous l'avons établi, permettait à la Grande-Bretagne de se donner l'apparence d'un État qui étouffe
une insurrection, sans plus tenir compte de ses déclarations du début des
hostilités par lesquelles elle reconnaissait soutenir une guerre internationale. Sans entrer dans le détail infini et quelque peu fastidieux des
mesures prises par les généraux anglais, il nous suffira de signaler les
plus importantes et les plus caractéristiques d'entre elles, en suivant, à
peu près, l'ordre chronologique des événements.

La grande préoccupation des chefs de l'armée britannique était de
protéger leurs lignes de communication incessamment menacées par les
attaques des Boërs : de là leur procédé de rendre responsables de toute
destruction des voies ferrées ou des télégraphes les populations du
voisinage, quelque innocentes qu'elles fussent et quelle que fût leur
impuissance à empêcher les dégâts commis par les belligérants. Dans cet
ordre d'idées, on peut signaler, tout d'abord, la proclamation du général
Buller, datée de Newcastle, 29 mai 1900 (1). Le 20 juin, on télégraphiait

(1) En voici le texte, d'après l'Agence Havas (*Journal officiel français* du 1er juin 1900):
« Les troupes de la Reine Victoria traversent maintenant le Transvaal. Sa Majesté
ne fait pas la guerre aux individus ; elle est au contraire désireuse de les épargner,
dans la mesure du possible, les horreurs de la guerre. Le différend de la Grande-Bretagne reste avec le gouvernement et non avec la population du Transvaal. Pourvu
que cette dernière reste neutre, aucune tentative ne sera faite pour inquiéter les personnes résidant près de la ligne le long de laquelle s'avancent les troupes ; toutes les
mesures de protection possibles leur seront accordées et, s'il devient nécessaire de prendre leurs propriétés, elles seront indemnisées de ce chef. D'un autre côté, ceux qui seront
autorisés à rester près de la ligne de marche doivent conserver leur neutralité et les résidants de toutes les localités seront tenus responsables dans leurs personnes et dans

de Prétoria au *Daily Telegraph* qu'en vertu d'une nouvelle Note officielle toute destruction de voies de communication serait immédiatement suivie de l'incendie des fermes dans un rayon de cinq milles autour du lieu où l'agression aurait été commise. Le 1er juillet, on annonçait du Transvaal que, par une proclamation du 30 juin, le général Rundle menaçait de la confiscation de leurs fermes et de fortes amendes les habitants qui *ne dénonceraient pas* aux autorités anglaises la présence des patrouilles boërs arrivant dans le voisinage.

Ces rigueurs suivaient souvent l'attaque des trains par les commandos boërs : c'est ainsi que M. Charles Williams, dans le *Morning Leader*, qualifia d'acte digne d'un Attila l'incendie des fermes dans un rayon de dix milles autour de Bronkhurst parce que les Boërs avaient tiré sur un train. Étant donnée l'importance des communications par voies ferrées au point de vue stratégique, on ne peut pas sérieusement contester à un belligérant le droit de détruire ces voies et d'arrêter, par tous les moyens, les trains en marche. Si ces mesures peuvent malheureusement atteindre des voyageurs paisibles, on ne saurait en rendre responsable le belligérant qui y a recours, car il dépend des non-combattants de ne pas s'exposer à un pareil danger lorsque le pays traversé par la voie ferrée est le théâtre des hostilités. D'autre part, on ne peut pas raisonnablement permettre à l'ennemi de mettre ses voies ferrées à l'abri de toute destruction et de garantir la libre circulation de ses troupes, en alléguant que les attaques dirigées contre les lignes ou contre les trains en marche peuvent atteindre des voyageurs étrangers aux hostilités : sinon, la présence de quelques femmes ou de quelques enfants dans un train militaire, ou dans un train précédant et couvrant un convoi de troupes suffirait à paralyser l'action de l'adversaire. Les innombrables attaques des Boërs contre les trains anglais, soit ouvertes, soit par surprise, par exemple au moyen de mines établies sous la voie, étaient donc justifiées par les nécessités de la guerre et l'usage des peuples civilisés. Elles étaient d'autant plus naturelles que les Anglais avaient fait des chemins de fer un instrument de guerre particulièrement important en organisant, par des trains blindés, un service spécial de reconnaissances et même d'attaques. C'est pour éviter les agressions des Boërs contre les voies ferrées que, dès le 25 juillet 1900, lord Roberts, à l'instigation de lord Kitchener et s'inspirant de ce que les Allemands avaient fait en 1870, força à monter dans les trains menacés des notables de l'État d'Orange et du Transvaal qui s'étaient déjà rendus. Le général de Wet, informé de cette mesure, fit

leurs biens, dans le cas où des dégâts seraient occasionnés à la voie ferrée ou au télégraphe, ou s'il était fait violence à un membre quelconque des forces anglaises dans le voisinage de leur demeure ».

savoir qu'elle n'arrêterait en rien les attaques contre les convois : les Burghers, dit-il, n'avaient qu'à ne pas se rendre. Il n'est d'ailleurs personne qui ne juge sévèrement le fait d'exposer à un danger, pour assurer la sauvegarde de l'envahisseur, les habitants paisibles ou les ennemis qui se sont déjà rendus.

Dès le mois de juillet aussi commença à être mis en vigueur le système d'expulsion des femmes et des enfants des Boërs luttant contre les Anglais : suivant des informations datées des 17 et 19 juillet, lord Roberts ordonnait que ces femmes et enfants, dénués de ressources, fussent dirigés sur le littoral ou refoulés de Prétoria sur les lignes des Boërs, au delà de Linaarspoort.

Quelque soin que prit la censure britannique pour arrêter les informations venant de l'Afrique du Sud, on connut suffisamment les décisions de lord Roberts et de ses lieutenants pour s'en émouvoir, même en Angleterre. A propos du *Blue Book* relatif « au traitement des rebelles », publié le 25 juillet 1900, sir Wilfried Lawson interpella le gouvernement aux Communes, le 27, au sujet des mesures cruelles ou injustes prises par les chefs de l'armée britannique. Il insista particulièrement sur ce que les femmes et les enfants avaient été brutalement expédiés par chemin de fer et rejetés sans ressources vers les lignes des Boërs : parmi les victimes de cette odieuse mesure se trouvait la vénérable femme du Président Krüger. D'autre part, les délégués boërs à Paris, MM. Fischer et Wessels, faisaient savoir que, pour les punir de leur attachement à leur patrie, les Anglais avaient rasé leurs fermes, coupé leurs arbres et enlevé leurs bestiaux.

Ces protestations n'arrêtaient en rien la marche que la Grande-Bretagne avait tracée à sa politique de conquête par tous les moyens : le 8 août, le discours du Trône, après avoir couvert d'éloges les généraux et les troupes britanniques, informait purement et simplement les Chambres de l'annexion de l'État d'Orange. Aussi les mesures déjà prises contre les Boërs ne firent-elles que s'aggraver : le 19 août, on communiquait de Prétoria une nouvelle proclamation de lord Roberts aux termes de laquelle tout Burgher qui n'aurait pas prêté serment de fidélité à la Reine serait déporté ; toute maison ayant abrité des éclaireurs boërs serait rasée ; tout Burgher ne signalant pas la présence des combattants boërs dans ses propriétés serait traité comme ennemi. Par ces rigueurs, toutes contraires, comme nous l'avons déjà vu, aux lois de la guerre entre peuples civilisés telles que les a précisées la Conférence de la Haye, lord Roberts, suivant l'expression du *Morning Leader*, dans un article intitulé : *La guerre aux femmes et aux enfants* (22 août), se faisait comparer à Alva et au général Weyler. Ce dernier n'avait guère réussi à Cuba par le régime de la terreur ; il devait en être de même pour lord Roberts en Afrique : sa dureté ne faisait qu'exaspérer la résistance d'un adversaire résolu à tout endurer plutôt que la perte de son indépendance. La presse jingoïste, notamment la *Saint-James Gazette* (21 août 1900), avait beau approuver l'expulsion ou l'internement des femmes et des enfants, souhaiter même que l'on déportât en masse toute la population boër à Sainte-Hélène et à Ceylan, les combattants du Transvaal et de l'Orange n'étaient que plus déterminés à la lutte par les rigueurs dont ils étaient menacés. Dans une proclamation annoncée de Lourenço-Marquez, le 23 août, au *Daily Express*, le Président Krüger disait à son peuple : « Il ne vous servira de rien de déposer les armes, car lord Roberts, dans sa proclamation, déclare qu'il fera prisonniers tous les Boërs au-dessus de douze ans et les enverra à Sainte-Hélène. Il ne vous servira de rien non plus de quitter vos commandos, car chaque pas que vous ferez vers vos fermes vous rapprochera de Sainte-Hélène ».

Exaspéré par cette résistance, lord Roberts donna l'ordre d'incendier trente fermes et d'en frapper cinquante autres d'une amende égale au huitième de leur valeur, par représailles d'une destruction de la voie ferrée (*Manchester Guardian*, 1er septembre 1900). Le 5 septembre, une dépêche de Prétoria permettait de connaitre les dispositions essentielles de la proclamation lancée le 1er par lord Roberts : par suite de l'annexion de l'État d'Orange, tous les habitants de ce pays étaient réputés sujets de la Reine ; ceux qui ne feraient pas leur soumission devaient être traités en prisonniers de guerre ; ceux qui auraient violé le serment de fidélité étaient passibles de peines, même de la peine de mort, et leurs maisons devaient être rasées ; les fermes situées dans le voisinage des lieux où des dégâts étaient causés à la voie ferrée étaient frappées d'une contribution égale au huitième de leur valeur. Ainsi, la lutte avait beau continuer sous la direction du gouvernement régulier de la République d'Orange, les Anglais avaient beau n'occuper qu'une partie de ce pays comme envahisseurs sans en être devenus les maîtres ni en fait ni en droit, l'annexion n'en était pas moins réputée accomplie et les habitants qui continuaient à combattre étaient traités comme des rebelles.

Pour justifier de pareilles rigueurs, on découvrit fort à propos, le 9 août, un complot ourdi par des citoyens de Prétoria qui, d'accord avec les Boërs, devaient, dans la matinée du 7 septembre, allumer des incendies et profiter du désordre pour massacrer les officiers anglais et enlever lord Roberts. Quinze personnes furent tout d'abord impliquées dans les poursuites, mais on ne put en retenir que deux : le lieutenant Cordua, de l'artillerie du Transvaal, et un agent de police nommé Gano. Les débats, ouverts le 16 août, furent rapidement menés, et, dans la soirée du 24, le lieutenant

Hans Cordua tombait, avec le plus grand courage, sous les balles du peloton d'exécution. On ne discute pas le droit d'une armée en campagne d'appliquer la loi martiale aux habitants du pays occupé qui se livrent à des attentats contre elle (1). Mais, en général, la presse européenne s'étonna de la précipitation avec laquelle l'exécution de Cordua avait eu lieu ; elle émit des doutes sur l'authenticité ou, du moins, sur la gravité d'un complot qui exigeait le concours de beaucoup de personnes et pour lequel on ne trouvait plus qu'un coupable ; elle jugea équivoque le rôle joué par l'agent de police Gano ; enfin elle trouva que la découverte de l'attentat, qui remplissait d'aise les journaux impérialistes de l'Angleterre, coïncidait étrangement avec leurs objurgations pour obtenir une politique d'extrême rigueur dans l'Afrique du Sud, et venait bien à propos pour donner raison aux sévères proclamations de lord Roberts. Nous ne signalons ces soupçons que pour montrer exactement l'état de l'opinion européenne: il serait téméraire et injuste de formuler un jugement avant que le secret de la conjuration de Prétoria soit connu, si jamais il peut l'être.

Au commencement de septembre eut lieu entre lord Roberts et le général boër Louis Botha un échange de lettres qui sont de la plus haute importance pour caractériser la manière dont le généralissime britannique entendait conduire les hostilités. Nous n'insisterons pas sur la critique des prétentions émises par lord Roberts dans sa missive ; le général Botha la donne victorieusement, et point par point, dans sa réponse (2).

---

(1) Code de justice militaire français, art. 63.

(2) Voici le texte des lettres échangées entre lord Roberts et le général Botha : I. — « Quartier général de l'armée, Sud de l'Afrique, 2 septembre 1900. — Monsieur. — 1. J'ai l'honneur de m'adresser à Votre Honneur au sujet de ces bandes relativement petites de Boërs armés qui se cachent dans les fermes voisines de nos lignes de communication et de là s'efforcent d'endommager le chemin de fer, mettant ainsi en danger les vies des voyageurs des trains qui peuvent être ou n'être pas des combattants. — 2. La raison pour laquelle je reviens sur ce sujet est que, sauf dans les districts occupés par l'armée que commande personnellement Votre Honneur, il n'y a maintenant aucun corps de troupes boërs constitué dans le Transvaal et dans la colonie de la Rivière d'Orange, et que la guerre a dégénéré en opérations effectuées par des guerillas irrégulières et irresponsables. Cela serait si ruineux pour le pays et si déplorable à tout point de vue que je me sens obligé de faire tout ce qui est en mon pouvoir pour l'empêcher. — 3. Les ordres que j'ai actuellement rendus, pour rendre ces vues effectives, sont que la ferme la plus proche du théâtre de toute tentative pour endommager la ligne ou détruire un train devra être brûlée et que toutes les fermes dans un rayon de dix milles doivent être complètement privées de toutes leurs provisions, fournitures, etc. — 4. En rapport avec ce qui précède, le moment est venu de me référer de nouveau à ma C. in C. / 670 du 5 août 1900, à laquelle Votre Honneur a répondu le 15 août. Je sens qu'une fois la guerre entrée dans la période de combats irréguliers ou de guerilas, je ne remplirais pas mon devoir à l'égard des intérêts nationaux si je continuais à permettre aux familles de ceux qui combattent contre nous de rester dans les villes sous notre garde. Ce n'est pas tant une question d'approvisionnement que de politique et pour nous pré-

Sans s'arrêter à la protestation du général Botha, lord Roberts incorpora le Transvaal à la Grande-Bretagne, sous le non de *Vaal River Co-*munir contre la transmission des nouvelles à nos ennemis. Je regarderai donc comme une faveur si Votre Honneur veut bien avertir tous les Burghers en commando qui ont leurs familles vivant dans les districts soumis à nos troupes de faire promptement leurs préparatifs pour leur réception et leur logement. Le départ de ces familles commencera dans quelques jours, celles de Prétoria seront les premières renvoyées. Elles se rendront par chemin de fer aux avant postes britanniques et là seront remises aux personnes que Votre Honneur enverra pour les recevoir. J'informerai Votre Honneur du nombre à attendre jour par jour et je saisis cette occasion pour vous avertir que, aussitôt les wagons de voyageurs appartenant à la Compagnie des chemins de fer néerlandais transportés à l'Est, les familles devront, j'ai le regret de le dire, voyager en wagons de marchandises, la plupart ouverts. Je m'efforcerai de fournir à Mmes Krüger et Botha et à autant de dames que possible des wagons fermés, mais comme je ne suis pas sûr de réussir à en trouver, je suggère à Votre Honneur d'envoyer pour elles des installations convenables. Je n'ai pas besoin de dire combien cette mesure m'est pénible, mais j'y suis forcé par l'apparente détermination de vos Burghers et la vôtre de continuer la guerre alors que tout doute sur son issue définitive a disparu. — J'ai l'honneur d'être, Monsieur, votre obéissant serviteur. — Signé : Roberts. — A Son Honneur le général-commandant Louis Botha ».

II. — « Quartier du commandant général, le 4 septembre 1900. — A lord Roberts, maréchal, commandant en chef des troupes britanniques dans l'Afrique du Sud. — Excellence, — En réponse à la lettre que Votre Excellence a bien voulu m'adresser à la date du 2 courant C.M.C.670 /3, j'ai l'honneur de vous informer comme suit :— 1º Attendu que toutes nos forces ne sont que minimes en comparaison de celles de Votre Excellence, on ne peut naturellement pas s'attendre à ce que nous ayons partout en campagne de grands commandos, et il va de soi que tout ce qui est exigé de notre côté doit être exécuté au moyen de petites forces, ainsi qu'il en a été pendant toute la guerre. En outre, nous sommes même obligés d'éparpiller nos commandos afin de pouvoir nous opposer aux pillages qu'exécutent les patrouilles placées sous le commandement supérieur de Votre Excellence, et qui pénètrent partout dans le but d'enlever des différentes fermes le bétail et les provisions. — 2º En ce qui concerne votre prétention qu'à l'exception des forces armées de Burghers placés sous mon commandement personnel, il n'existerait pas d'autre corps régulier de troupes boërs, je le nie catégoriquement, attendu que nos forces armées sont encore divisées et administrées de la même manière qu'au commencement de la guerre, conformément aux lois du pays. — 3º En ce qui concerne la troisième clause de votre lettre sous réponse, il est déjà parvenu à ma connaissance que de pareilles actions barbares sont perpétrées par les troupes sous votre commandement et non seulement le long de la voie ferrée ou dans les entourages de celle-ci, mais également à des distances très éloignées des chemins de fer. Là où vos troupes pénètrent, non seulement les habitations sont mises à feu ou détruites par la dynamite, mais aussi des femmes et des enfants sans défense sont expulsés, privés de toute nourriture et couverture, sans qu'une seule raison valable puisse être alléguée pour justifier de tels traitements. — 4º En ce qui regarde la quatrième clause de votre lettre sous réponse, j'ai le profond regret de constater que la détermination qu'avons prise moi et mes Burghers de continuer la lutte pour notre indépendance sera vengée par vous sur nos femmes et nos enfants, car c'est le premier cas de cette nature qui m'est connu dans l'histoire de la guerre entre civilisés, et il ne me reste qu'à protester contre la mesure que vous venez de proposer, comme contraire à tous les principes d'une guerre entre civilisés et comme extrêmement cruelle envers des femmes et des enfants. Elle est particulièrement cruelle vis-à-vis des femmes âgées, plus particulièrement encore vis-à-vis de l'épouse de Son Honneur le Président, qui, ainsi que vous devez le savoir,

lony, le 11 septembre, et, le même jour, il plaçait cette *colonie* sous le régime de la loi martiale. Ses lieutenants avaient, par avance, compris et exécuté son plan de terrorisme : dès le 9 juillet, l'avis suivant avait été affiché à Krügersdorp : « *Avis public.* — Il est notifié aux hommes appartenant au commando de Krügersdorp et des environs qu'il leur est donné jusqu'au 20 du présent mois pour se rendre et consigner leurs armes à l'autorité militaire britannique. Ce délai passé, toute propriété quelconque leur appartenant sera confisquée et leurs familles jetées dans la misère et privées de domicile. — Par ordre : G. H. M. Ritchie, capitaine au K.Horse, Dist. Sup. Police ». Plus tard, dit le *Morning Leader*, l'autorité supérieure fit remplacer cet avis, maladroit par la brutalité de ses termes, par un autre qui, au fond, était identique.

Tant de dureté provoqua une protestation que la députation boër lança de la Haye, le 15 septembre, en adressant un suprême appel aux nations civilisées. Étant donné le parti pris d'abstention des gouvernements, il n'y eut d'écho que dans la presse. Le 19 septembre, l'*Allgemeine Zeitung* de Munich disait que lord Roberts, en foulant systématiquement aux pieds les règles du droit des gens consacrées à la Conférence de la Paix, adressait une offense personnelle au Tsar promoteur de la Conférence, et que, en violant dans l'Afrique du Sud les engagements pris par elle à la Haye, l'Angleterre montrait clairement qu'elle ne les respecterait pas mieux ailleurs. Lord Roberts se montrait, au surplus, plein de confiance dans l'efficacité de ses mesures de rigueur et dans le résultat de ses opérations militaires. Le 19 septembre, il télégraphiait de Nelspruit : « Sur 3.000 Boërs qui ont battu en retraite sur Komati-Poort, 700 ont

ne peut pas voyager sans danger pour sa vie, et ce serait simplement un meurtre que de la forcer à voyager ainsi. — Le prétexte allégué par vous, c'est-à-dire qu'en agissant de la sorte Votre Excellence veut se prémunir contre la transmission d'informations qui pourraient nous être utiles, a été manifestement controuvé, pareille mesure n'étant pas jugée nécessaire par vous, alors que nos troupes étaient encore campées dans la proximité de Prétoria. Il est superflu de nier que nous ayons jamais reçu des informations se rapportant à des opérations de guerre, soit par des femmes, soit par des enfants. — 5° Dans le cas où Votre Excellence persisterait quand même à exécuter son plan, et j'espère que ce ne sera pas le cas, je prie Votre Excellence de vouloir m'informer en temps utile du moment et des particularités de l'expulsion, parce que je désire prendre des mesures pour faire transporter les familles directement en Europe. En ce qui regarde l'observation de Votre Excellence concernant les préparatifs à faire, en vue du confort de ces familles, je consens à envoyer, à l'usage de ces familles, des wagons convenables à un endroit qui sera indiqué par Votre Excellence, ainsi qu'une machine à roues crémaillères pour bout de chemin de fer entre Waterval-Boven et Waterval-Onder, pourvu que Votre Excellence se porte garant du renvoi de ces voitures et de cette machine. — 6° Pour terminer je désire vous donner l'assurance que rien de ce qui pourrait être entrepris par vous contre nos femmes et nos enfants ne pourrait nous empêcher de continuer la lutte pour notre indépendance. — J'ai l'honneur, etc. — Louis Botha, commandant général ».

franchi la frontière portugaise ; d'autres se sont dispersés dans diffé-. rentes directions.Les Boërs ont détruit leur Long-Tom et plusieurs canons de campagne. Il ne reste plus rien de l'armée boër que quelques bandes de maraudeurs ». En outre, sans paraître remarquer que la résistance des Boërs devenait à ce moment plus acharnée que jamais, il faisait célébrer en grande pompe à Prétoria, le 25 septembre, l'annexion du Transvaal à l'Empire britannique. Pour compléter son œuvre avant son retour prochain en Angleterre, il donna de nouvelles instructions qui furent communiquées de Londres le 4 octobre : tous les biens des Boërs en armes étaient frappés de confiscation ; il en était de même des biens de ceux dont les parents, après avoir prêté le serment de soumission, avaient repris la lutte ; les Burghers qui se rendraient ne devaient pas être déportés, à l'exception des chefs, de ceux qui avaient violé le ser- ment de fidélité et des étrangers ; après la paix, ne seraient pas libérés les membres des anciens gouvernements des deux Républiques et ceux qui étaient responsables de la guerre (V.*Journal des Débats* du 6 octobre 1900). Jamais encore,dans les rapports des pays civilisés, on n'avait vu les chefs du pays ennemi menacés de châtiment après la paix pour les punir de leur résistance : Napoléon Ier lui-même, qui devint le prisonnier de l'Europe en 1814 et depuis 1815, eut son sort réglé par une entente entre les puissances coalisées et la France qui consentit à le livrer.

L'impartialité fait un devoir de signaler la protestation que lord Roberts adressa au *Times* et qui parut dans ce journal le 5 novembre 1900 (1) :

(1) An appeal from Lord Roberts.
« To the editor of the Times. — Sir. — Will you kindly allow me, through the medium of you paper, to make an appeal to my countrymen and women upon a subject I have very much at heart,and which has been occupying my thoughts for some time past ? — All classes in the United Kingdom have shown such a keen interest in the army serving in South Africa, and have been so munificent in their efforts to supply every need of that army, that I feel sure they must be eagerly looking forward to its return, and to giving our brave soldiers and sailors the hearty welcome they so well deserve when they get back to their native land.— It is about the character of this welcome, and the effect it may have on the reputations of the troops whom I have been so proud to command, that I am anxious, and that I venture to express an opinion. My sincere hope is that the welcome may not take the form of " treating " the men to stimulants in publichouses or in the streets, and thus lead them into excesses which must tend to degrade those whom the nation delights to honour, and to lower the " Soldier of the Queen " in the eyes of the world — that world which has watched with undisguised admiration the grand work they have performed for their Sovereign and their country.— From the very kindness of their hearts, their innate politeness, and their gratitude for the welcome accorded them, it will be difficult for the men to refuse what is offered to them by their too generous friends.— I, therefore, beg earnestly that the British public will refrain from tempting my gallant comrades, but will rather aid them to uphold the splendid reputa- tion they have won for the imperial army.— I am very proud that I am able to record, with the most absloute truth, that the conduct of this army from first to last has been exemplary. Not one single case of serious crime has been brought to my notice — in-

mais il suffit de la lire, telle que nous la reproduisons en note dans son texte original, pour voir que ses dénégations ne portent que sur les actes de barbarie attribués à ses troupes : les mesures ordonnées par lui-même subsistent, ses déclarations officielles en font foi. Elles furent aggravées encore par l'ordre donné à la fin d'octobre d'enfermer comme otages, à Bloemfontein, tous les Boërs de plus de quatorze ans pour les empêcher de rejoindre les commandos : c'était le système des *reconcentrados* si tristement illustré par le général Weyler à Cuba. Cette pratique était d'ailleurs combinée avec l'internement des femmes et des enfants des Boërs dans des campements provisoires et n'offrant aucune condition, non seulement de confort, mais pas même d'hygiène, spécialement à Port-Elisabeth, à Pietersmaritzburg et à Johannesburg où le champ de courses fut aménagé, le 7 décembre, pour recevoir 4.000 *reconcentrados*.

M. William Stead fit paraître dans les journaux anglais du 10 novembre 1900 une énergique protestation contre de pareils agissements (1) ;

.   .   .

deed, nothing that deserves the name of crime. There has been no necessity for appeals or orders to the men to behave properly. I have trusted implicitly to their own soldierly feeling and good sense, and I have not trusted in vain. They bore themselves like heroes on the battlefield, and like gentlemen on all other occasions. — Most malicious falsehoods were spread abroad by the authorities in the Orange Free State and the Transvaal as to the brutality of Great Britain's soldiers, and as to the manner in which the women and children might expect to be treated. We found, on first entering towns and villages, doors closed and shops shut up, while only English-born people were to be seen in the streets. But very shortly all this was changed. Doors were left open, shutters were taken down, and people of all nationalities moved freely about, in the full assurance that they had nothing to fear from " the man in khaki ", no matter how battered and war-stained his appearance.— This testimony will, I feel sure, be very gratifying to the people of Great Britain, and of that Greater Britain whose sons have shared to the fullest extent in the suffering as well as the glory of th war, and who have helped so materially to bring it to a successful close.— I know how keen my fellow-subjects will be to show their appreciation of the upright and honourable bearing as well as the gallantry of our sailors and soldiers, and I would entreat them, in return for all these grand men have done for them, to abstain from any action that might bring the smallest discredit upon those who have so worthily upheld the credit of their country.— I am induced to make this appeal from having read, with great regret, that when our troops were leaving England, and passing through the streets of London, their injudicious friends pressed liquor upon them and shoved bottles of spirits into their hands and pockets — a mode of " speeding the parting " friend which resulted in some very distressing and discreditable scenes. I fervently hope there may be no such scenes to mar the brightness of the welcome home. — I remain, sir, yours faithfully. — Roberts, F.-M. — Headquarters of the army in South Africa, Pretoria, sept. 30 ».

(1) « Au début, dit-il, la lutte conservait les formes qui ont été définies à nouveau à la Conférence de la Haye. Aujourd'hui, on met à néant toutes les conventions de la guerre entre civilisés. Le territoire des deux Républiques est dévasté. Les torches incendiaires sont l'arme préférée, et non l'épée. Les forces britanniques marchent à la lueur des flammes. Le pillage est le mot d'ordre, et les envahisseurs, incapables de soumettre les Burghers indomptables, s'en prennent à des femmes et à des enfants qu'on laisse

en même temps, le *Manchester Guardian* en faisait ressortir l'inutilité, puisqu'ils n'arrêtaient nullement la résistance des Boërs, attestée par le War Office qui, le 4 novembre, avouait officiellement la perte de 46.026 hommes depuis un an environ que durait la guerre, sans compter les malades et blessés soignés dans l'Afrique du Sud (1). Les Boërs, de leur côté, usaient de représailles, détruisant tous les édifices qui pouvaient être utiles aux Anglais ou qui appartenaient à leurs partisans. Il y avait même lieu de craindre que, exaspérés, ils n'en vinssent aux dernières extrémités contre les prisonniers. Ne pouvant, faute de ressources pour les alimenter et aussi à cause de leurs déplacements continuels, garder les soldats anglais qu'ils capturaient, ils prirent l'habitude de les relâcher. N'iraient-ils pas jusqu'à les tuer? Heureusement ils se contentèrent de les dépouiller de leurs armes et de leur équipement, ce qui était leur droit incontestable. Souvent aussi, en les remettant en liberté, ils enlevaient leurs chaussures et coupaient les boutons de leurs vêtements, ce qui obligeait les prisonniers libérés à marcher lentement en tenant leur pantalon des deux mains. Appliqué comme mesure d'humiliation ou de dérision, ce traitement eût été odieux ; comme mesure de défense, pour empêcher les prisonniers de rejoindre aussi vite l'armée

---

mourir de faim et de misère dans un campement de Cafres ou dans un camp anglais. Théoriquement, les conventions de la Haye pourraient ne pas être respectées à l'égard du gouvernement du Transvaal, qui avait été exclu de la Conférence. Moralement, néanmoins, le gouvernement britannique, après avoir ratifié devant toutes les puissances, et au moment où la lutte se poursuivait déjà, ces mêmes conventions, a le devoir de s'y soumettre. Il est temps de demander s'il faut laisser continuer un attentat à la civilisation, s'il faut retourner vers la barbarie. Arrêter la marche du progrès humain, c'est un crime contre lequel toutes les nations civilisées sont obligées de protester. Les faits, hélas ! sont indiscutables et indiscutés. Le témoignage des officiers et des soldats britanniques actuellement en campagne est probant, et il est confirmé par les proclamations des généraux anglais ».

(1) « Les conditions, dans le Sud de l'Afrique, vont de mal en pis, disait ce journal. Nous ne sommes pas plus près de la fin de la guerre que nous ne l'étions il y a deux mois. Brûler des fermes, enlever le bétail, entasser en prison les femmes et les enfants, voilà ce que demandent ici les braves qui se gardent bien d'aller se battre ! Ceux qui ont le plus amèrement critiqué la sauvagerie boër, qui ont voulu qu'on fasse la guerre pour porter la civilisation dans le Sud de l'Afrique, déclarent que le moyen de soumettre un Boër consiste à frapper sa mère, sa femme et ses enfants. En effet, c'est, dit-on, le seul moyen pour agir sur les généraux des deux Républiques. Mais cela produit-il aucun effet ? Cela n'augmente-t-il pas plutôt, chez les Burghers, la détermination de tout souffrir plutôt que de se rendre à ceux qui exercent des traitements indignes sur des êtres faibles? Depuis quand l'emprisonnement des femmes et des enfants constitue-t-il un procédé de guerre ? » Pour confirmer cette appréciation du *Manchester Guardian*, il faut signaler la dépêche suivante adressée du Cap au *Daily Mail*, le 1er décembre : « Les journaux hollandais reproduisent une lettre des membres de l'Assemblée du Cap, dans laquelle ils supplient la Reine de faire massacrer les femmes boërs plutôt que de les laisser entre les mains d'une soldatesque licencieuse ».

ennemie, il pouvait se justifier : les Boërs auraient pu retenir les soldats
capturés ; or, qui peut le plus peut le moins.

A la même époque, les embarras de l'Angleterre dans l'Afrique du Sud
se compliquèrent de difficultés avec certaines puissances. Les Pays-Bas
se plaignaient de l'arrestation irrégulière d'ambulanciers néerlandais au
Transvaal et de l'expulsion brutale et injustifiée de leurs nationaux établis dans l'Afrique australe. Le 17 novembre, dans les bureaux de la
deuxième Chambre à la Haye, on reconnut que la publication des négociations relatives à ces réclamations n'était pas opportune. Mais, à ce
propos, le gouvernement néerlandais fit une déclaration peu favorable à
la Grande-Bretagne : il reconnut que celle-ci avait refusé, dès l'automne
de 1899, les bons offices offerts par la Hollande pour éviter la guerre et
que toute médiation avait été rendue impossible, non par le fait que les
Républiques boërs n'avaient pas participé à la Conférence de la Haye,
mais par le refus systématique de l'Angleterre d'en écouter même la
proposition au sujet de ses difficultés avec le Transvaal, refus communiqué par elle bien avant la Conférence de la Paix (1).

De plus, c'est du côté des États-Unis que l'horizon s'assombrissait pour
la Grande-Bretagne. Nous avons déjà dit (2) que le gouvernement britannique avait obtenu une sorte de complicité morale sous la forme d'une
neutralité complète de la part de celui de Washington, soit par l'arrangement relatif à l'archipel de Samoa, soit par l'abrogation du traité
Clayton-Bulwer du 19 avril 1850 relatif au canal de Nicaragua. Le nouveau
traité Hay-Pauncefote du 5 février 1900, tout en donnant une certaine
suprématie aux États-Unis qui sont chargés de surveiller la liberté de
navigation dans le canal à construire, met la *neutralisation* de cette voie
de communication sous la garantie collective des deux États, afin d'assurer le respect de règles analogues à celles qui ont été adoptées pour
le canal de Suez dans le traité du 29 octobre 1888. Mais, avant d'en accorder la ratification, le Sénat américain introduisit dans le traité, le
13 décembre 1900, par 65 voix contre 17, un amendement aux termes
duquel les États-Unis auraient le droit de prendre à l'égard du canal
toute mesure militaire à leur convenance, soit pour leur propre défense,
soit pour y maintenir l'ordre public. Ainsi, le traité de 1850 étant abrogé,
le bénéfice de l'action et de la garantie communes que l'Angleterre tirait du traité de 1900 était anéanti, et les États-Unis redevenaient maîtres,
même au point de vue militaire, du canal dont la neutralisation, maintenue pour les autres, disparaissait à leur profit. Tous les calculs du
gouvernement britannique étaient déjoués : ce n'était plus des quelques

(1) V. le *Times* du 19 novembre 1900.
(2) V. cette *Revue*, t. VII (1900), p. 779.

concessions contenues dans le traité du 5 février 1900 qu'il payait la neutralité des États-Unis, mais de l'abandon de toutes ses garanties dans la question du canal de Nicaragua, question vitale pour le commerce et l'action politique de la Grande-Bretagne. On ne pouvait guère s'attendre alors à ce que les États-Unis renonceraient à leurs prétentions d'hégémonie exclusive sur le canal, comme ils parurent le faire en avril 1901, et l'on vivait, en Angleterre, dans l'appréhension de voir adopter une motion comme celle de M. Morgan au Sénat de Washington, c'est-à-dire de voir affirmer, conformément à la doctrine de Monroe abusivement interprétée comme elle l'est par les Impérialistes américains, que les États-Unis ont seuls le droit d'exercer un pouvoir et un contrôle sur un canal ouvert à travers l'Amérique.

Pas un instant, du reste, on ne songea, à Londres, à adopter dans l'Afrique du Sud une politique de pacification qui aurait permis à l'Angleterre de reprendre la disposition de ses forces et sa liberté d'action, soit vis-à-vis des États-Unis, soit vis-à-vis des puissances rivales dans les affaires de Chine. C'est au système de rigueur brutale que l'on voulut s'en tenir, comme le montrèrent les déclarations de lord Salisbury à la Chambre des lords le 6 décembre 1900. Lord Kimberley signala l'émotion qu'avaient soulevée les informations relatives aux mauvais traitements infligés aux Boërs ; tout en affirmant sa confiance dans les sentiments d'humanité de lord Roberts, il manifesta le désir de savoir dans quelle mesure les rigueurs auxquelles on avait eu recours étaient inévitables. Lord Salisbury, esquivant le point précis du débat, répondit qu'il se refusait à faire une déclaration quelconque qui pourrait être interprétée comme une concession aux Boërs ; que ces derniers se butaient au maintien de leur indépendance et que jamais la Grande-Bretagne ne consentirait à la leur accorder. Chose curieuse, le 5 décembre, à la Chambre des communes, c'est M. Chamberlain qui tint le langage le plus conciliant et, pour la première fois, rendit hommage à la loyauté et à la vaillance des Boërs. Lord Salisbury avait dit que les habitants des deux Républiques annexées ne jouiraient d'un *self government* que lorsqu'ils s'en seraient montrés dignes, et que bien des années pourraient s'écouler jusqu'à ce qu'il en fût ainsi. M. Chamberlain, au contraire, commença par dire : « Nous n'avons envers les hommes qui ont combattu contre nous aucun sentiment vindicatif. Nous reconnaissons, en ce qui concerne la grande majorité d'entre eux, qu'ils ont fait la guerre en se distinguant par leur bravoure personnelle et qu'ils ont eu les plus grands égards pour les blessés et les prisonniers tombés entre leurs mains ». Il ajoutait : « Ce sont de braves adversaires qui doivent être traités en braves adversaires, et c'est dans cet esprit que nous nous adresserons à eux ». Il indiquait ensuite le plan général de l'administration des deux nouvelles colonies après la pacification : il y aurait un gouverneur (sir A. Milner), avec un lieutenant-gouverneur et un Conseil exécutif ; des municipalités seraient organisées à Prétoria,Johannesburg et Bloemfontein; les postes administratifs seraient, autant que possible, réservés à des Afrikanders. On fut quelque peu étonné au Parlement en entendant sortir de la bouche de M. Chamberlain ces paroles de justice et de conciliation, d'un contraste saisissant avec son langage ordinaire fait de haine et de dureté. On se demanda ce que pouvait cacher ce brusque changement d'attitude. L'opinion générale, dans les milieux politiques anglais, fut que le chef du Colonial Office avait voulu prendre le contre-pied des dernières déclarations de lord Salisbury et de M.Balfour,de façon à obliger ceux-ci à le suivre et à bien montrer que, dans cette question de l'Afrique du Sud, il était le seul à mener tout le gouvernement.

IV. *Retour offensif des Boërs* ; *nouvelle invasion de la colonie du Cap.* — Le remplacement de lord Roberts par lord Kitchener n'était pas de nature à faire espérer quelque atténuation des rigueurs exercées contre les Boërs. Déjà on avait pu trouver que sir A. Milner, habitué à administrer les fellahs passifs des bords du Nil, avait la main un peu lourde pour les populations fières de l'Afrique australe ; que lord Roberts, ayant jusqu'alors fait la guerre à des barbares, traitait trop comme ses anciens adversaires les soldats loyaux et humains de l'Orange et du Transvaal : à quoi devait-on s'attendre de la part de lord Kitchener, le vainqueur sans pitié des Derviches soudanais ? Sur ce point, en Angleterre même, l'opinion paraissait fixée : le *Daily Chronicle* constatait, à la fin de novembre, que, suivant la grande majorité des officiers britanniques, le nouveau généralissime était absolument dépourvu de tout sentiment de pitié et d'humanité. L'événement prouva que cette appréciation n'était pas exagérée : non seulement les anciennes mesures prises par lord Roberts furent maintenues, mais souvent elles furent aggravées et, dans tous les cas, appliquées avec plus de généralité et de constance. Par exemple, le 17 décembre 1900, le *Star* reproduisait l'avis suivant daté du 1ᵉʳ novembre 1900 et qui subsistait encore après le départ de lord Roberts : « La ville de Ventersburg a été dépouillée de ses provisions et brûlée en partie. Les fermes du voisinage ont été détruites, à cause des attaques fréquentes faites dans les environs contre le chemin de fer. Les femmes et les enfants boërs abandonnés devront demander des aliments aux commandants boërs qui les nourriront s'ils ne veulent pas les voir mourir de faim. Aucun approvisionnement ne sera envoyé du chemin de fer à la ville. Bruce Hamilton, *major général* ». Et le journal anglais ajoutait : « Ceci n'est pas une proclamation turque, c'est une proclamation anglaise ».

Mais tant de dureté n'empêchait pas les Boërs de donner un énergique démenti aux affirmations optimistes de lord Roberts qui, au moment de rentrer en Angleterre, avait annoncé comme prochaine leur complète soumission. Déjà, les journaux de Londres du 30 novembre 1900 considéraient comme un désastre la capitulation de Dewetsdorp qui venait d'avoir lieu, et le correspondant du *Times* reconnaissait lui-même, à propos de cet événement, que la destruction des fermes était une mesure aussi inutile qu'impolitique pour réduire les adversaires de la Grande-Bretagne. La situation apparut plus critique encore lorsque, le 16 décembre, lord Kitchener confirma officiellement l'échec grave que le général Clements venait de subir sur le Magaliesberg, à l'Ouest de Prétoria. En même temps (15 décembre), l'*Eclair* recevait de la Haye des informations apportées par les envoyés extraordinaires du Président Steijn et qui étaient bien en opposition avec les communications que laissait passer la censure britannique : on apprenait ainsi que le succès du général boër Delarey sur le Magaliesberg n'était que le principal incident d'une série d'opérations heureuses accomplies par les commandos, et que les forces républicaines, loin d'être découragées, étaient plus ardentes et plus menaçantes que jamais. Le 22 décembre, on télégraphiait de Durban que le général Clements était attaqué de nouveau et que Prétoria était menacée par les Boërs. Les généraux anglais Rundle, Brabant, Mac-Donald et Knox étaient obligés d'abandonner l'État d'Orange pour se replier sur la colonie du Cap dont toute la partie septentrionale menaçait de s'insurger. A Londres, l'opinion était fort inquiète, impressionnée qu'elle était par les nouvelles venant de l'Afrique du Sud et surtout, peut-être, par ce qui se passait dans la capitale même. Parlant à l'hôtel Métropole, lord Salisbury avait fait un tableau assez sombre de la situation et laissé échapper cet aveu bien grave dans la bouche d'un premier ministre : « Nous ne savons pas exactement où nous en sommes ». D'autre part, la cérémonie du *Te Deum* à la cathédrale de Saint-Paul, qui avait été annoncée pour célébrer le retour du maréchal Roberts, était indéfiniment ajournée, ce qui montrait bien que la guerre était loin d'approcher de sa fin, contrairement à ce qu'avait annoncé lord Roberts lui-même. Enfin, la Reine en personne devait adresser un appel presque suppliant aux volontaires et aux soldats de la milice dont le temps de service était expiré et que l'on était obligé de garder encore dans l'Afrique du Sud. La fête nationale de la Christmas s'annonçait aussi lugubre en 1900 qu'elle l'avait été en 1899, à l'époque des premiers et grands succès des Boërs. Louis Botha était maître de la voie ferrée entre

Middleburg et la frontière portugaise, et presque tout le matériel de la
Compagnie du chemin de fer de Delagoa était tombé entre ses mains ;
Herzog, autre général boër, avait envahi le Cap et occupé la ville d'Hers-
chel, après avoir battu les généraux Brabant et Mac-Donald ; les Afrikanders du Cap et du Natal semblaient prêts à faire cause commune avec
les envahisseurs ; enfin sir A. Milner, effrayé de la tournure des événements, annonçait qu'il faisait des offres de paix au Président Steijn. Mais
ce dernier était mis en garde par M. Krüger qui l'engageait à ne pas se
montrer trop conciliant quand la fortune des armes recommençait à se
montrer favorable aux troupes républicaines. Le 2 janvier 1901, le *Times*
avouait que les Boërs, moins nombreux, il est vrai, qu'en 1899, avaient
pénétré plus avant dans la colonie du Cap et que l'insurrection des
Afrikanders était plus à craindre qu'elle ne l'avait jamais été : fait bien
caractéristique, le Congrès de Worcester, on l'apprenait alors, avait terminé ses travaux en s'abstenant de chanter, contrairement à l'usage,
l'hymne national anglais. L'impression était si profonde, même dans le
Parlement, que, dans un meeting tenu à Londres le 1er janvier 1901, les
députés Thomson, Robert, Bryne, Llody George et Keir Hardie se prononcèrent énergiquement pour la conclusion de la paix. Aussi la réception faite le 3 janvier à lord Roberts par la population de Londres fut
loin d'être marquée par l'enthousiasme qui accueillit le retour des volontaires de la Cité : les journaux anglais reconnurent qu'elle fut, sinon
froide, du moins assez triste.

Pour repousser l'invasion, lord Kitchener eut recours à un vaste enrôlement des volontaires de la colonie du Cap, sans préjudice de son
système de rigueur : suivant sa proclamation datée de Bloemfontein,
1er janvier 1901, la reddition des Boërs devait être spontanée ; toute mesure de clémence était écartée pour ceux qui ne se rendraient que sur le
champ de bataille. L'Angleterre se considérait d'ailleurs comme souveraine définitive des territoires qu'elle avait dû abandonner en grande partie, puisque, le 4 janvier, sir A. Milner était nommé gouverneur général
des *nouvelles colonies* de l'Orange et du Transvaal, tout en gardant ses
fonctions de Haut-Commissaire de la Reine dans l'Afrique du Sud.

Au milieu de janvier, on apprit que les démarches faites auprès de de
Wet par le Comité pour la paix, constitué à Prétoria par des Boërs à l'instigation de lord Kitchener, avaient complètement échoué. Le 13 janvier,
le War Office publia une dépêche conçue en ces termes : « Trois agents
délégués par le Comité de la paix des prisonniers boërs à Prétoria ont
été faits prisonniers dans le camp de de Wet, près de Lindey, le 10 janvier. Un de ces émissaires, qui était sujet britannique, a été fusillé. Les
deux autres ont été fouettés ».

Il était possible que les émissaires envoyés auprès des soldats de de Wet fussent des agents de l'ennemi et de véritables traîtres : leur exécution, quelque cruelle qu'elle soit, aurait été alors conforme aux lois de la guerre consacrées dans tous les pays civilisés. Une interview du Président Krüger à la Haye, publiée par *Paris-Nouvelles* sous la date du 17 janvier, est fort instructive à cet égard : «De Wet n'a jamais puni sans avoir de bonnes raisons. Les émissaires de Kitchener avaient probablement reçu la mission d'inviter un ou plusieurs officiers à déserter la cause nationale. Le cas s'était déjà présenté une fois. Après la prise de Prétoria, lords Roberts et le général Kitchener, sous prétexte d'envoyer des messagers de paix, avaient cherché, par ces vils moyens, à affaiblir l'unité et la force des Boërs. Les envoyés actuels peuvent aussi bien avoir été des espions, et depuis longtemps on soupçonnait les parlementaires anglais d'abuser de leur situation Le Président Krüger est d'avis qu'en tout état de cause les raisons qui ont fait agir de Wet seraient admises par le tribunal de l'opinion publique. Il ajoute que ce châtiment sera un avertissement pour les officiers anglais qui voudraient agir en traîtres et, en même temps, un avertissement aux Afrikanders qui voudraient déserter la cause nationale ».

Mais, d'autre part, le journal *South African News* mettait en doute l'exécution même que l'on reprochait à de Wet, et l'on mandait de Londres, le 25 janvier, que, suivant une dépêche adressée de Kroonstadt au *Daily Mail*, le délégué envoyé au général boër et que celui-ci aurait fait fusiller venait de succomber, à la suite de maladie, à Lindley. Il est donc permis de douter d'une affirmation que le War Office avait légèrement acceptée en publiant la dépêche citée plus haut.

Cet incident donna lieu à une querelle de presse qui mit en jeu l'honneur militaire de lord Kitchener. La *Pall Mall Gazette* ayant demandé que l'on fusillât le général de Wet quand il serait pris, M. Maningham, ancien rédacteur en chef du *Daily Chronicle*, lui adressa la lettre suivante : « Je prends note de votre proposition de fusiller le général de Wet pour le punir d'avoir fait fusiller un monsieur qui s'efforçait de circonvenir ses soldats, et de les empêcher d'obéir à ses ordres. Je suis convaincu que vous serez heureux d'apprendre que, suivant des instructions verbales données aux officiers anglais, l'armée anglaise ne devrait faire aucun prisonnier au cours des opérations contre de Wet. C'est ce qui ressort d'une lettre particulière d'un officier, à moins que celui-ci n'ait gravement mal interprété la volonté de son chef. Cet officier pensait que cet ordre s'appliquait aussi à de Wet lui-même, et il en parlait avec un dégoût que vous condamnerez sans doute comme peu anglais et peu patriotique. Je puis ajouter que dans les opérations en question, dont le but était de cerner de Wet entre le fleuve d'Orange et la rivière Caledon, les Anglais n'ont fait aucun prisonnier ».

Cette grave accusation dirigée contre lord Kitchener n'a jamais été établie : au contraire, on annonçait du Cap, le 7 février, que des poursuites étaient intentées contre M. Cartwright, directeur du *South African News*, pour « libelles criminels et séditieux » contenus dans une lettre publiée sous la signature « un officier anglais », déclarant que lord Kitchener avait donné aux troupes l'instruction secrète de ne pas faire de prisonniers. On publia même une correspondance télégraphique entre l'attorney général chargé des poursuites et lord Kitchener, dans laquelle ce dernier protestait avec indignation contre la calomnie dont il était l'objet.

Le 22 janvier 1901, l'Empire britannique était plongé dans le deuil par le décès de sa Souveraine dont le long règne correspondait à la plus brillante période de la prospérité anglaise. Nul n'ignorait que les derniers jours de la vieille Reine avaient été assombris, peut-être même abrégés, par les tristes événements de l'Afrique du Sud. On lui avait, en grande partie, caché ou, du moins, atténué la vérité : elle lui apparut tout entière à la suite d'entretiens qu'elle eut, peu de temps avant sa mort, avec lord Roberts, et elle en fut brisée. Elle avait dit, dans un document officiel : « Mon cœur saigne de ces pertes terribles » ; et le docteur Mac Gregor, d'Edimbourg, à la suite d'une entrevue qu'il eut avec elle, à Balmoral, le 4 novembre 1900, s'exprima dans ces termes : « Elle était plus triste qu'elle n'avait jamais été ; la guerre lui pesait sur le cœur ». Ses dernières paroles, suivant lord Wantage, écuyer honoraire du Prince de Galles, furent celles-ci : « Oh ! que la paix vienne ! » Était-ce un appel à la paix de l'éternité, ou bien un vœu de la Souveraine agonisante pour son peuple ? Si le dernier sens était bien celui des paroles suprêmes de Victoria, il faut avouer qu'il fut bien mal compris : la Reine aux sentiments si pacifiques eut des obsèques marquées par un déploiement énorme, presque brutal, de l'appareil guerrier, à tel point que le *Daily News* écrivait à ce propos : « Nous ne sommes pas une nation militaire, et pourtant l'élément civil manquait presque absolument aux funérailles ».

Le Prince de Galles, devenu Roi sous le nom d'Édouard VII, prit le titre de *seigneur suprême du et sur le Transvaal* (1). Sir H. Drummond Wolff, dans un article du *Times* (31 janvier), interpréta le titre ainsi adopté par le Souverain nouveau comme ayant une grande importance. « C'est, disait-il, une mesure sage et bienfaisante ; il est probable que ce titre,

---

(1) Proclamation lue à Prétoria le 28 janvier 1901.

mieux qu'aucun autre, peut conduire à la pacification ; il établit la suprématie du Souverain anglais, il reconnaît le Transvaal comme une
entité morale, il le laisse séparé de l'Empire, mais place ses lois, ses
coutumes, ses traditions, sa religion et sa propriété privée sous le gouvernement et sous la protection suprême et directe du Roi ».

Les libéraux, en général, interprétaient le titre adopté par le nouveau Roi
comme l'affirmation d'une simple suzeraineté qui permettrait de laisser
au Transvaal, après la paix, une autonomie très marquée sous la domination britannique. Ils faisaient remarquer, notamment, que le Roi ne
s'était pas qualifié de « seigneur et souverain » comme pour l'île de
Malte qui est une colonie de la Couronne.

Mais, suivant les Impérialistes, le titre de *seigneur suprême* étant porté
par le monarque anglais en ce qui concerne toutes les possessions coloniales, il était plus simple de croire que le Transvaal était assimilé à
une colonie ordinaire en vertu d'une annexion réputée définitive.

Quant à la politique du Roi au sujet de la guerre Sud africaine, elle ne
pouvait être, suivant la Constitution britannique, que celle du ministère
qu'il conservait et qui gardait toujours la majorité au Parlement. Voici
en quels termes Edouard VII la résumait dans son discours du Trône, lu
aux Chambres le 14 février 1901 : « La guerre dans l'Afrique du Sud
n'est pas encore complètement terminée, mais les capitales de l'ennemi
et ses principales lignes de communication sont en mon pouvoir, et
l'on a pris des mesures qui, j'en ai le ferme espoir, mettront mes
troupes en état d'avoir raison des forces qui leur sont encore opposées.
Je regrette profondément les pertes d'hommes et les dépenses pécuniaires causées par l'inutile guerilla continuée par les partisans boërs sur
les anciens territoires des deux Républiques. Il est très désirable, dans
leur propre intérêt, qu'ils se soumettent bientôt, car, tant qu'il n'en sera
pas ainsi, il me sera impossible d'établir dans ces colonies des institutions de nature à assurer des droits égaux à tous les habitants de race
blanche, et protection et justice à la population indigène ».

C'était donc la lutte à outrance qui se poursuivait : le 6 février, le War
Office annonçait que, vu le redoublement d'activité des Boërs, il était
nécessaire d'envoyer à lord Kitchener un renfort de trente mille hommes,
et le 6 mars, comme justification de ce nouveau sacrifice demandé au
peuple anglais, il avouait une perte de 56.959 hommes depuis le début
de la campagne, sans compter les malades et blessés soignés dans
l'Afrique du Sud. Il est à noter, à ce propos, que, dans l'ordre du jour
adressé par lord Roberts, le 6 février, aux volontaires embarqués pour
le Cap, il est spécifié que 25 0/0 des troupes recevraient 35 cartouches
marque n° 4 (balles *dum-dum*) par homme, mais que ces munitions de-

vraient être complètement épuisées pendant la traversée dans des exercices de tir. Il semblait donc que les protestations de l'opinion publique contre l'usage des balles *dum-dum* avaient produit leur effet. On comptait d'ailleurs en Angleterre sur la valeur du soldat anglais pour assurer le triomphe rapide et complet, sans avoir besoin de recourir aux balles à expansion, car cette valeur venait de recevoir un hommage éclatant par la publication des dépêches de sir Redwers Buller et de lord Roberts au gouvernement depuis le 6 février 1900 jusqu'au 12 janvier 1901 : ces dépêches ne remplissaient pas moins de 304 colonnes de la *Gazette de Londres* !

Mais si la politique de rigueur suivie dans l'Afrique du Sud avait l'appui de la grande majorité de l'opinion publique en Angleterre, elle était toujours sévèrement blâmée à l'étranger. A la Chambre des représentants de Belgique, le 8 février, à propos d'une pétition ayant pour objet une démarche à faire pour provoquer un arbitrage entre l'Angleterre et le Transvaal, le député Janson proposa une motion invitant les puissances à appliquer la convention de la Haye afin de mettre fin à la guerre. Malgré les observations du ministre des affaires étrangères, M. de Favereau, qui fit ressortir l'inutilité des tentatives déjà faites par la Hollande et les États-Unis et la réserve qui s'imposait à la Belgique vis-à-vis de l'Angleterre, une des principales garantes de sa neutralité, la motion Janson fut votée à l'unanimité.

D'autre part, l'attitude de l'Empereur Guillaume II, aux obsèques de sa grand-mère, la Reine Victoria, avait pu faire croire qu'une entente complète s'était établie entre lui et le Roi Édouard VII, et que l'Allemagne solidariserait sa politique avec celle de la Grande-Bretagne. Cette manière de voir parut confirmée par ce fait que l'Empereur allemand conféra au maréchal Roberts sa plus haute distinction, l'ordre de l'Aigle Noir. Mais l'opinion publique en Allemagne fut loin de ratifier l'acte du Souverain germanique. La *Gazette de la Croix*, dans une article qui fit sensation, critiqua sévèrement la décoration conférée à lord Roberts, et toute la presse allemande exprima le regret que les actes de l'Empereur Guillaume fussent de plus en plus en opposition, depuis son refus de recevoir le Président Krüger, avec le sentiment populaire. Ce n'était pas là une appréciation spéciale aux partis d'opposition ; elle était générale. Elle se révéla même dans un milieu composé des partisans les plus déclarés de l'empire autoritaire : à une réunion de la Ligue agraire d'Allemagne, formée par les grands propriétaires fonciers appartenant presque tous à la noblesse dévouée à l'Empereur, le Président, Baron de Wangenheim, se fit applaudir en exprimant son admiration pour les Boërs ainsi que ses regrets que le Président Krüger n'eût pas été ac-

cueilli à Berlin. Il fallut même que le chancelier de Bülow s'expliquât
au Reichstag, le 5 mars, au sujet de la prétendue entente anglo-alle-
mande si peu sympathique à l'opinion. Après avoir déclaré que la visite
de l'Empereur Guillaume en Angleterre n'était qu'une visite de famille,
il constata que le peuple anglais en avait été reconnaissant et manifestait le désir de vivre en bons termes avec l'Allemagne. « Nous n'avons
pas à nous en plaindre, dit-il. Mais rien n'est changé depuis mon discours du mois de décembre. Il existe de nombreux points de contact entre l'Angleterre et l'Allemagne, et le changement de règne n'a pas modifié les bons rapports qui existaient antérieurement. La neutralité n'a
pas été violée, comme le prétendent quelques-uns, par le voyage de
l'Empereur en Angleterre. On a établi arbitrairement un parallèle entre
ce voyage et le refus de recevoir le Président Krüger à Berlin. La vérité
est toute différente. Le Président Krüger voulait nous forcer à intervenir en Afrique. Le voyage de l'Empereur Guillaume n'avait, au contraire, rien à voir avec la guerre Sud africaine. En conférant l'Aigle Noir
à lord Roberts, l'Empereur n'a fait qu'user d'une prérogative de la Couronne. Cette décoration n'avait pas un caractère politique. Notre principal souci est d'entretenir de bons rapports avec la Russie. Je suis persuadé que nos intérêts réciproques sont parfaitement conciliables, car il
n'existe pas entre nous de sérieuses divergences de vues. Nous exigeons
une réciprocité entière de la part de la Russie, car aujourd'hui l'Allemagne est indépendante de ses voisins, aussi bien politiquement qu'écono-
miquement ».

V. *Les pourparlers pour la paix entre lord Kitchener et Louis Botha.*
— Au milieu de mars 1901, la situation dans l'Afrique du Sud apparaissait de plus en plus inquiétante et confuse. Sans doute, la nouvelle invasion des Boërs dans la colonie du Cap avait été repoussée et il semblait
bien qu'il n'y eût plus de danger immédiat pour les possessions britanniques ; mais les commandos, que la tactique des généraux anglais
s'était efforcée d'entourer dans un cercle de fer et de capturer en masse,
avaient successivement échappé : de Wet et Botha, par d'habiles et audacieuses manœuvres, avaient évité le sort de Kronje. C'était donc la
lutte à continuer, lutte interminable, énervante et déprimante pour les
troupes anglaises sans cesse harcelées par des guerillas insaisissables.
On comprend qu'il était impossible de se rendre compte de la véritable
situation des partis en présence, étant donné l'émiettement, en quelque
sorte, des hostilités qui n'étaient plus que des séries d'escarmouches
dispersées sur un territoire immense. Tant que les Boërs étaient en
contact avec la frontière du Mozambique, on pouvait encore recevoir en
Europe leurs informations qui arrivaient par Lourenço-Marquez. Mais, du

jour où cette voie de communication leur fut fermée, on n'eut plus que
les renseignements autorisés par la censure britannique. Malgré les
précautions prises par celle-ci pour ne laisser passer que les nouvelles
favorables à la Grande-Bretagne, la matérialité même des faits justifiait
les appréciations les moins optimistes pour elle. Après un an et demi, la
guerre continuait plus âpre que jamais et en prenant la forme des petites rencontres multipliées, la plus propre à lasser et à faire fondre une
grande armée régulière, tout en facilitant le mieux la résistance prolongée de petites troupes endurantes, très mobiles, familiarisées avec
les détails du terrain et habituées à son climat. La force et le prestige
même se perdaient dans cette vaine poursuite d'un ennemi dont on ne
connaissait la présence en un lieu que par son attaque, et dont la trace
même se perdait aussitôt après. Il fallait, de plus, immobiliser des forces considérables pour surveiller les Afrikanders dont le loyalisme était
de plus en plus fragile ; enfin, pour comble d'infortune, la peste asiatique, importée de l'Inde par les soldats anglais, faisait ses ravages
au Cap, menaçant d'achever l'œuvre de mort commencée par la guerre.
N'était-il point temps de songer à la paix si l'on ne voulait pas inutilement engloutir l'or et le sang de l'Angleterre dans l'Afrique australe,
réduite elle-même à l'état de désert ?

C'était depuis longtemps l'opinion du monde civilisé, que la tournure
prise par les événements et la perspective d'une guerre d'extermination
ne faisaient que confirmer. Les divers Comités boërophiles d'Allemagne,
d'Autriche-Hongrie, de Belgique, de France, d'Espagne, d'Italie, de
Suisse, de Hollande et des États-Unis, représentant des millions d'adhérents, formèrent une fédération internationale dont les représentants
se réunirent à Paris les 8, 10, 11 et 12 mars. De cette réunion sortit un
long Manifeste pour blâmer la conduite de la Grande-Bretagne et pour
convier les puissances à intervenir afin de rétablir la paix (1). On sentait
que, en se montrant conciliante sur la question d'indépendance des
deux Républiques, l'Angleterre obtiendrait de larges concessions quant
à ses autres chefs de réclamations et, par suite, la fin des hostilités. Pouvait-elle d'ailleurs honnêtement insister pour l'annexion de l'État d'Orange
et du Transvaal ? N'était-elle pas moralement liée, malgré les affirmations
de lord Salisbury que nous avons déjà signalées, par ses déclarations
publiques aux termes desquelles elle répudiait toute visée de conquête ?
Il est bon de rappeler, à ce propos, ce que disait M. Balfour à Haddington,
le 11 octobre 1899, le jour même de la déclaration de guerre. « Je me
sépare entièrement, disait-il, de ceux, s'il y en a, qui réclament cette

guerre, cette lamentable, cette déplorable guerre, comme un moyen pour une fin ultérieure, la subordination des Boërs et l'annexion de la République hollandaise. Une pareille intention a été hautement et à plusieurs reprises répudiée par le gouvernement de Sa Majesté. Elle n'a trouvé place, à ma connaissance, sur le programme politique d'aucun politicien responsable dans ce pays. L'adopter, coqueter avec elle, faire des efforts dans ce sens, ce serait justifier cent fois les reproches de pharisaïsme et d'hypocrisie qui sont dirigés contre nous à cette heure par les critiques, pas toujours bien informées ni bien disposées, de la presse continentale » (1). Voyons comment le gouvernement britannique se souvint des déclarations si nettes faites par l'un de ses ministres parlant en son nom.

Depuis quelque temps, on savait que des pourparlers pour la paix étaient engagés entre lord Kitchener et Louis Botha, par l'intermédiaire de la femme de ce dernier. On était persuadé, en Angleterre, que les premières démarches venaient de Botha et on voyait dans ce fait, avec grande satisfaction, la preuve que la résistance des Boërs était près de faiblir. Soudain, le 20 mars, on apprit que les négociations avaient échoué : l'irritation qu'en ressentit la presse impérialiste s'aggrava d'une vive mortification, car on sut, en même temps, par les déclarations de M. Chamberlain et par les renseignements contenus dans le *Blue Book* publié le 22 mars, que l'initiative des démarches venait de lord Kitchener et que Louis Botha avait repoussé ses propositions. Ce n'étaient donc pas les Boërs qui se lassaient, mais bien le généralissime anglais lui-même. Cette attitude prise par les autorités britanniques était grave, après les paroles impitoyables de lord Salisbury : « Il faut que les Boërs se rendent sans conditions ! ». Du Livre bleu publié le 22 mars, il résultait que, conciliant sur la plupart des autres points, Botha s'était montré intraitable sur la question d'indépendance des Boërs, ce qui avait amené l'échec des négociations (2). Toutefois, le gou-

(1) V. le *Daily News* du 12 octobre 1899.
(2) Voici le résumé des onze documents contenus dans ce Livre bleu :
Le 23 février, sir Alfred Milner envoie un télégramme de lord Kitchener annonçant que Mme Louis Botha, qui est allée rendre visite à son mari, vient de.rentrer à Prétoria et a remis au commandant en chef une lettre du général Botha, en réponse à une communication verbale de lord Kitchener à ce dernier, lui déclarant que, si cela lui convient, il se rencontrera avec lui pour discuter les moyens de terminer la guerre, à la condition expresse que l'indépendance du Transvaal et de l'Orange-River n'entrera pas en discussion.
M. Chamberlain exprime, le 23 février, à sir A. Milner sa satisfaction du désir de Botha de traiter, et ajoute que celui-ci trouvera le gouvernement anglais prêt à discuter avec lui tous les points affectant sa situation individuelle.
Le 1er mars, lord Kitchener rend compte à M. Brodrick de l'entretien qu'il a eu avec

vernement s'était abstenu de faire connaitre la lettre par laquelle Botha
avait répondu aux avances de lord Kitchener et qui était le document

Botha le 28 février. Botha essaie tout d'abord de plaider en faveur de l'indépendance,
mais lord Kitchener refuse de la discuter. Il croit seulement pouvoir dire à Botha que,
dès que les hostilités auront pris fin, l'Angleterre accordera un gouvernement fonctionnant sous le régime d'une colonie de la Couronne, composé d'un pouvoir exécutif
assisté d'une Assemblée élue, régime qui sera remplacé après une certaine période par
la forme du gouvernement représentatif.

Botha, quoique désireux d'obtenir immédiatement le gouvernement représentatif, accepte cependant cette proposition.

Botha insiste pour que le gouvernement anglais prenne à sa charge les dettes légalement contractées depuis le commencement de la guerre et pour que l'amnistie s'applique à tous à la fin de la guerre.

Botha ne semble pas s'opposer à ce que les rebelles du Cap soient privés de la franchise.

Le 3 mars, sir A. Milner transmet un projet de lettre à Botha rédigé par lord Kitchener et déclarant qu'après reddition des armes et munitions, le gouvernement de Sa
Majesté sera disposé à accorder une amnistie dans le Transvaal et dans l'Orange pour
tous les actes de guerre commis de bonne foi, et fera engager les gouvernements du
Cap et du Natal à agir de même, avec la restriction que tout sujet anglais ayant été
impliqué dans la guerre sera privé de la franchise.

Les prisonniers de guerre seront renvoyés chez eux. Le régime de la loi militaire
sera remplacé par une administration civile composée tout d'abord d'un gouverneur
et d'un pouvoir exécutif nommés avec ou sans Assemblée élue, ce régime devant être
remplacé, dès que les circonstances le permettront, par la forme du gouvernement représentatif dans le Transvaal et dans l'Orange.

Les dettes de l'État seront payées jusqu'à concurrence d'un million de livres sterling.
Les fermiers recevront l'assistance pécuniaire du gouvernement de Sa Majesté pour la
reconstrution de leurs fermes incendiées et le renouvellement de leurs troupeaux. Les
fermiers ne seront frappés d'aucune taxe spéciale.

Sir A. Milner déclare approuver ces conditions, sauf l'amnistie pour les rebelles du
Cap et du Natal.

Le 6 mars, M. Chamberlain télégraphie à sir Alfred Milner que lord Kitchener devra
spécifier dans sa lettre que la cessation des hostilités doit impliquer la reddition de tous
les Boërs et non pas seulement celle de Botha. Le gouvernement anglais ne peut s'engager à accorder l'amnistie complète pour les rebelles du Cap et du Natal. De plus :

1° Le terme « prisonniers de guerre » doit simplement indiquer les Burghers et colons ; les étrangers devront regagner leurs pays respectifs ;

2° Substitution aux mots « le régime de la loi militaire cessera » par l'expression
« l'administration militaire cessera », car il se peut que dans certains districts assez troublés le gouvernement des colonies ne pourra abandonner le droit de proclamer l'état de
siège lorsque cette proclamation sera nécessaire ;

3° En ce qui concerne la Constitution, lire : « Le gouvernement se composera d'un
gouverneur et d'un Conseil exécutif composé des principaux fonctionnaires, assisté d'un
Conseil législatif composé d'un certain nombre de membres officiels auxquels il sera adjoint au début un élément non officiel ».

Il sera ensuite introduit dans le gouvernement un élément représentatif, et finalement
les nouvelles colonies jouiront du privilège de l'autonomie.

En outre, M. Chamberlain demande l'introduction dans le passage relatif à l'assistance
pécuniaire aux fermiers des mots : « au moyen de prêts ». Le passage se lira donc
ainsi : « L'assistance pécuniaire du gouvernement de Sa Majesté au moyen de prêts ».

En ce qui concerne les Cafres, M. Chamberlain déclare que le gouvernement ne peut

essentiel pour faire voir que l'initiative des propositions de paix ne venait pas de lui. Plusieurs membres du Parlement en demandèrent la communication ; aussi, le 4 avril, le Colonial Office leur donna satisfaction en

consentir à acheter la paix en laissant à la population indigène la situation qu'elle avait avant la guerre.

Le 9 mars, sir Alfred Milner télégraphie que lui et lord Kitchener sont opposés à l'insertion des mots : « au moyen de prêts » qui pourraient faire croire à Botha que le gouvernement veut placer les Boërs sous sa griffe ; mais que le délai qu'occasionnerait cette correction devant être plus préjudiciable que le maintien des mots, ils ont été laissés dans la lettre définitive envoyée à Botha, lettre que lord Kitchener transmet le 20 mars à M. Brodrick, et qui comprend les conditions suivantes :

Aussitôt après la cessation complète des hostilités et la reddition des armes et munitions, le gouvernement de Sa Majesté sera disposé à adopter les mesures suivantes : amnistie immédiate portant sur le Transvaal et la colonie d'Orange pour tout acte de guerre commis de bonne foi. Les sujets anglais appartenant au Natal et à la colonie du Cap, bien qu'ils ne soient pas obligés de rentrer dans ces colonies, seront, s'ils y retournent, soumis aux lois de ces colonies, créées spécialement à l'occasion de la guerre. Tous les prisonniers de guerre seront rapatriés aussitôt que possible. — Dès que les circonstances le permettront, l'administration civile cessera et sera remplacée par le régime de gouvernement des colonies de la Couronne. — Il sera créé tout d'abord dans chaque colonie un gouverneur et un Conseil exécutif composé d'un certain nombre de membres officiels, auquel sera adjoint un élément non officiel. Mais le gouvernement de Sa Majesté est désireux d'y introduire un élément représentatif dès que les circonstances le permettront, et finalement de consentir aux nouvelles colonies le privilège de l'autonomie. — De plus, une autre Cour indépendante de l'exécutif sera instituée dans chaque colonie pour administrer les lois du pays. Les biens de l'Église, les dépôts de fonds publics, les biens des orphelinats seront respectés. — Les langues anglaise et hollandaise seront employées dans les écoles publiques, au choix des parents, et autorisées dans les Cours de justice. — Le gouvernement ne peut prendre aucun engagement en ce qui concerne les dettes des deux Républiques, mais il est prêt, comme mesure gracieuse, à réserver une somme qui ne devra pas dépasser un million de livres sterling pour indemniser les habitants des pertes qu'ils ont subies du fait des réquisitions. — Le nouveau gouvernement devra étudier les mesures à prendre pour aider, au moyen de prêts, les fermiers qui prêteront le serment d'allégeance à réparer les pertes qu'ils auront subies dans leurs biens immeubles et dans leurs troupeaux. De plus, les fermiers ne seront frappés d'aucune taxe de guerre spéciale. — La possession des armes à feu par les Burghers comme moyen de protection ne sera autorisée que sur permis et après que les Burghers auront prêté le serment d'allégeance. — La franchise ne sera accordée aux Cafres du Transvaal et de la colonie d'Orange qu'après l'établissement du gouvernement représentatif, et sera limitée de façon à assurer une juste prédominance des races blanches. La situation légale des indigènes sera cependant semblable à celle qu'ils occupent dans la colonie du Cap.

Le 16 mars, lord Kitchener transmet à M. Brodrick la réponse suivante, reçue de Botha :

« J'ai l'honneur de vous accuser réception de la lettre par laquelle Votre Excellence me fait part des mesures que le gouvernement est disposé à prendre en cas de cessation générale des hostilités. J'ai informé mon gouvernement des termes de votre lettre ; mais, après l'échange mutuel de vues que nous avons eu à Middelburg, le 28 février dernier, Votre Excellence ne sera certainement pas surprise d'apprendre que je ne suis pas disposé à recommander ladite lettre à la considération de mon gouvernement. Je dois également ajouter que mon gouvernement et mes officiers généraux partagent entièrement mes vues ».

publiant le texte intégral de la lettre de Louis Botha ainsi conçue :
« Camp du commandant général, 13 février 1901. — A Son Excellence
le général lord Kitchener, commandant en chef des forces britanniques
dans l'Afrique du Sud. — Votre Excellence. — En réponse au Message
verbal que je viens de recevoir de la part de Votre Excellence, j'ai l'honneur de vous informer que personne ne désire plus que moi mettre un
terme à cette lutte sanglante, et aussi que je serai très heureux de me
rencontrer avec Votre Excellence afin de voir mutuellement s'il ne serait
pas possible de découvrir des conditions permettant d'atteindre ce but.
En ce qui concerne le lieu de la rencontre, je propose Middelburg ou
un point situé dans le voisinage. Naturellement, j'attends que Votre Excellence me donne la garantie d'un sauf-conduit à travers vos lignes pour
moi et quelques membres de mon état-major, à l'aller et au retour, qui
aura lieu immédiatement après notre entrevue. Si l'endroit que j'indique
obtient l'agrément de Votre Excellence, j'aimerais à recevoir au moins
six jours d'avance avis préalable du lieu et de l'heure de l'entrevue fixés
par Votre Excellence. — J'ai l'honneur d'être, de Votre Excellence,
l'obéissant serviteur. — Louis BOTHA, commandant général » (1).

La pénible impression causée par l'échec des négociations pour la
paix fut aggravée par la lecture du Livre bleu publié le 17 avril. Des
cinquante-six lettres relatives aux affaires d'Afrique contenues dans
ce recueil et allant du 21 mars 1900 au 8 avril 1901, une surtout,
adressée par sir A. Milner à son gouvernement le 6 février 1901, atti-
rait l'attention. Le Haut-Commissaire britannique constatait qu'un véritable recul s'était produit depuis six mois : la paix, souhaitée autrefois,
disait-il, par la partie méridionale de l'Orange et une bonne partie du
Transvaal, n'était plus demandée par personne ; presque tous les Boërs
étaient résolus à la lutte sans merci. Le territoire théâtre des hostilités
était ruiné, ajoutait-il, et de lourdes charges incomberaient à l'Angleterre pour y réparer les désastres causés par la guerre. Disons de plus
qu'à ces dépenses se joignaient les réparations dues aux étrangers établis dans l'Afrique du Sud et déportés en Europe par les autorités bri-

_____

(1) Un Livre bleu supplémentaire relatif aux négociations entre Kitchener et Botha
fut distribué le 8 juillet. On y voit que, le 7 mars, Kitchener écrivait à Botha pour
promettre, en cas de capitulation, une amnistie générale et l'emploi du hollandais
comme de l'anglais dans les écoles et tribunaux, mais en refusant la charge des dettes
contractées par les deux gouvernements républicains. Le 15 mars, Botha invitait les
Boërs à une résistance désespérée, l'Angleterre ayant juré de les détruire. Le 1er avril,
proclamation semblable de de Wet pour dire qu'il est inutile de discuter les détails de
la capitulation. Ce Livre bleu se termine par la proclamation pour la lutte à outrance
adressée aux Boërs, le 20 juin, de Watervaal, et dont un extrait fut lu aux Communes,
le 4 juillet.

tanniques. C'est ainsi que le *Journal officiel* de la République française du 17 avril 1901 reproduisait un avis du *Foreign Office* (*Gazette de Londres* du 9 avril) informant qu'une Commission était constituée, pour faire une enquête sur les dommages éprouvés par les étrangers expulsés qui devaient produire leurs réclamations au *Foreign Office* jusqu'au 25 avril (1).

Une intéressante question fut soulevée par la Commission en ce qui concerne les Compagnies de chemins de fer qui tenaient leurs concessions du gouvernement du Transvaal. Suivant le rapport rédigé par une Commission spéciale chargée d'examiner la valeur de ces concessions, rapport soumis au Parlement dans un Livre bleu distribué le 12 juin 1901, la Société néerlandaise des chemins de fer Sud africains, bien qu'ayant une concession régulière du gouvernement du Transvaal, devait être déclarée responsable du concours qu'elle avait donné à ce gouvernement dans la guerre contre la Grande-Bretagne : on en concluait que si l'on pouvait, à titre gracieux, attribuer quelques secours aux actionnaires lésés par le préjudice causé aux lignes ferrées, la Compagnie elle-même n'avait droit à aucune indemnité ; encore ne devait-on tenir compte, pour les secours à attribuer, que des actions existant avant la déclaration des hostilités et non de celles acquises depuis par les administrateurs et directeurs de la Compagnie. La Commission des indemnités parut vouloir aller plus loin et refuser tout droit aux actionnaires, sous prétexte que les chemins de fer avaient servi aux Boërs contre les Anglais. Suivant le *Times*, le gouvernement allemand était disposé à protester contre cette manière de voir. C'est la première fois, en effet, qu'un devoir de neutralité aurait été imposé aux Compagnies de chemins de fer dans les hostilités où est engagé le gouvernement qui leur a donné leur concession. Liées par leur cahier des charges, soumises à la souveraineté de l'État où elles exercent leur industrie et duquel elles tiennent leur droit, elles sont tenues d'obéir aux réquisitions légales dont elles sont l'objet, et il est inadmissible qu'on les rende responsables d'un concours qu'elles ne peuvent pas refuser.

D'après la pratique suivie dans les guerres entre États civilisés et la doctrine générale confirmée dans l'article 53, alinéa 2, du Règlement de la guerre sur terre adopté par les puissances, spécialement par l'Angleterre, à la Conférence de la Haye, la condition des chemins de fer

---

(1) La Commission tint sa première séance le 30 avril, en exigeant la comparution personnelle des réclamants ; le consul d'Autriche refusa de lui donner son concours en disant qu'elle s'était livrée à des insinuations injustifiables contre les représentants des puissances étrangères et que son Président ne voulait pas répondre aux questions nécessaires (4 mai 1901). — Plus tard, la Commission accepta que les réclamants se fissent représenter.

appartenant à des Compagnies privées est ainsi réglée : l'envahisseur en dispose librement pendant son occupation suivant ses besoins militaires et peut même détruire les voies ferrées et le matériel en cas de nécessité ; mais le principe du respect de la propriété privée, mis en échec par nécessité de guerre, reprend son empire en tant que l'occupant doit, à la paix, indemniser les Compagnies du préjudice qu'elles ont ainsi éprouvé (V. Conférence de Bruxelles en 1874, art. 6 ; Règlement voté à Oxford par l'Institut de droit international en 1880, art. 55). Or, la Commission britannique des concessions au Transvaal, dans un rapport présenté en avril 1901, a émis la prétention d'écarter le principe d'une indemnité au profit de la Compagnie néerlandaise des chemins de fer de l'Afrique du Sud, sous prétexte que celle-ci a effectué pour le compte du Transvaal des transports assimilables à ceux qui sont interdits aux navires neutres pour le compte d'un belligérant et qui sont condamnés *comme analogues de la contrebande de guerre* (Règlement des prises voté par l'Institut de droit international, art. 34). Mais c'est méconnaître cette énorme différence que le navire neutre qui se livre à un transport interdit le fait volontairement, et s'expose à la capture comme donnant son concours à l'un des belligérants, tandis que, comme il a été dit plus haut, une Compagnie de chemins de fer relève de la souveraineté du pays belligérant où elle est située et ne peut pas se soustraire à ses réquisitions, qu'elle soit nationale de ce pays ou qu'elle constitue une société ayant la nationalité d'un pays tiers et neutre. La théorie de la Commission britannique aboutirait à ce résultat monstrueux que la propriété privée ennemie, ou neutre en pays ennemi, pourrait être impunément saisie ou détruite sans indemnité par l'envahisseur, par la raison qu'elle aurait servi aux opérations militaires de l'État adversaire à la suite d'une réquisition exercée par celui-ci ! (1)

C'était, d'ailleurs, à tous les points de vue, la question financière qui devenait la plus grosse préoccupation du moment. Le 18 avril, à la Chambre des communes, en déposant le budget, le chancelier de l'Échiquier demandait de nouveaux impôts, spécialement une taxe sur les sucres et, ce qui était particulièrement grave et devait provoquer une véritable consternation dans les centres miniers, une taxe d'exportation sur les charbons. On ne pouvait, en effet, avouait sir Michael Hicks Beach, espérer de longtemps que les Républiques annexées mais ruinées pussent supporter les charges pécuniaires de la guerre. Sir William Harcourt fit une critique virulente de la politique du gouvernement qui avait paralysé toutes les réformes intérieures, compromis les finances du

(1) V. *Zur Transvaalbahnfrage* (Sur la question du chemin de fer du Transvaal), par Wilhelm Kaufmann, Berlin, 1901.

pays (1) et fait détester l'Angleterre à l'étranger. Mais on se trouvait en
présence de cette déclaration officielle du ministère que la guerre avait
déjà coûté trois milliards 825 millions : il fallut se résigner à voter les
taxes nouvelles, celle sur les sucres par 187 voix contre 123, celle sur
les charbons par 171 voix contre 127 (2). Ces résolutions furent saluées
par les applaudissements du parti ministériel qui voulait affirmer son
intention de ne reculer devant aucun sacrifice pour atteindre le but de
la politique impérialiste, et aussi par les applaudissements de l'opposition qui trouvait dans la situation financière la confirmation de ses critiques contre cette politique. On parlait, d'ailleurs, d'emprunts à émettre,
dont un, tout d'abord, de trente millions de livres sterling, qui seraient
gagés sur les ressources du Transvaal et de l'Orange, *quand ces ressources seraient reconstituées.*

Rien d'étonnant, dans ces conditions, à ce que l'on supposât le gouvernement britannique résolu à préparer la conclusion de la paix : aussi
interpréta-t-on le congé accordé à sir Milner pour se rendre à Londres
comme la première phase d'une politique nouvelle, le Haut-Commissaire, si bien au courant des choses de l'Afrique australe, devant faire
part au ministère de ses vues sur les moyens d'obtenir la pacification.
D'autre part, le 23 avril, les journaux anglais publiaient une dépêche de
Standerton d'après laquelle Madame Louis Botha aurait tenté une nouvelle
démarche auprès de son mari, et était revenue pleine de confiance dans
le résultat de son entrevue dont elle allait faire la communication à lord
Kitchener (3). Les inductions que l'on tirait de ces incidents semblaient

(1) Pour la colonie du Cap, en particulier, les exportations avaient été de 8.147.670 liv.
st. en 1900, contre 23.247.258 liv. st. en 1899 ; en revanche, les importations avaient
passé de 470.787 liv. st. à 19.678.336 liv. st.

(2) On était loin de la majorité de 120 à 140 voix qui soutenait habituellement le Cabinet. Le 6 mai cependant, l'impôt d'exportation sur les charbons fut confirmé aux
Communes par 333 voix contre 227. D'autre part, l'income-tax passait de 8 pences à
14 pences 0/0, augmenté de 75 0/0 en une année et grevant ainsi lourdement les petits rentiers. La dette publique de l'Angleterre, tombée en 1900, après 25 ans d'amor-
tissement, de 18 milliards 750 millions à 15 milliards 875 millions, était remontée, après
dix-huit mois de guerre dans l'Afrique du Sud, à 18 milliards 50 millions. Le 8 juillet, les journaux anglais reproduisaient un article du directeur de l'*Investor Review*
d'après lequel la guerre causait à l'Angleterre une perte de douze milliards par la
diminution des valeurs.

(3) Le 22 avril, M. Leyds adressa une protestation au ministère des affaires étrangères
à Berlin, au sujet de fournitures d'armes et de canons faites à l'Angleterre par des fabri-
ques allemandes. Mais on sait, et nous l'avons déjà dit, que les fournitures de ce genre
faites par des particuliers n'engagent pas les gouvernements, et ne constituent
pas par elles-mêmes des violations de la neutralité. — Le 18 avril, le représentant des
Boërs avait adressé une réclamation semblable au Président Mac-Kinley au sujet de la
fourniture de mules aux troupes anglaises dans l'Afrique du Sud, le tribunal de la
Nouvelle-Orléans ayant déclaré que cette affaire était politique et non judiciaire. Le

corroborees par les déclarations de M.Brodrick aux Communes le 4 avril :
après avoir dit que le gouvernement était résolu à poursuivre énergiquement la guerre tout en laissant une porte ouverte aux négociations
pour la paix si les chefs boërs voulaient engager de nouveaux pourparlers, il ajoutait : « J'ai tout lieu d'espérer que la guerre sera terminée
promptement et honorablement » (1). Au commencement de mai, on
semblait d'autant plus désireux d'en finir avec cette guerre ruineuse,
que les nouvelles parvenues du Cap sur l'état sanitaire des troupes
étaient des plus tristes : 35.000 hommes se trouvaient dans les hôpitaux
de l'Afrique du Sud, et l'on citait le 3ᵉ régiment des dragons de la garde
dont l'effectif était réduit à 400 hommes, parmi lesquels 135 étaient à
l'hôpital. Le 6 mai, le War Office accusait un chiffre total de pertes s'élevant à 63.498 hommes, dont 15.296 morts, sans compter les malades et
blessés en traitement dans l'Afrique du Sud (2).

VI. *La guerre d'extermination.* — La dévastation systématique sur le
territoire du Transvaal et de l'État d'Orange n'avait pas été interrompue
par les pourparlers engagés avec Louis Botha ; mais elle sembla re-

25 avril, le gouvernement de Washington promit d'examiner la question ; mais, le 3 mai,
on apprenait que des expéditions de mules et chevaux étaient faites quand même.

(1) Dans le même sens pacifique, il est intéressant de signaler la lettre écrite à un
ami par un Impérialiste, sir Edwards Clarke, ancien ministre, au sujet des exigences
de lord Roberts qui demandait la reddition des Boërs sans conditions : « Rien ne pourrait justifier, de la part d'un chef d'armée, l'acceptation de pareilles conditions, à moins
que ses troupes ne fussent enveloppées et en danger de destruction, comme le furent
celles du général Cronje. Depuis le 1ᵉʳ juin 1900, nous avons perdu 124 officiers et
1,454 hommes tués sur le champ de bataille ou morts de leurs blessures ; 63 officiers
et 3,620 hommes morts de maladie dans le Sud de l'Afrique ; 959 officiers et 22.637 hommes sont rentrés invalides dans leurs foyers. Nous avons dépensé 60 à 70 millions de
livres sterling (1,500 à 1,750 millions de francs) pour dévaster le pays sur lequel nous
désirons étendre notre domination, et nous ne semblons pas près d'obtenir la reddition
sans conditions, pas plus maintenant qu'il y a sept mois. Vous ne serez donc pas surpris que j'exprime le vif désir que nous ne laissions pas perdre une nouvelle occasion
d'offrir à nos ennemis des conditions qui nous assureraient une paix satisfaisante et que
tout homme brave pourrait accepter sans déshonneur ».

(2) Au milieu de ces préoccupations, on prêta peu d'attention à la proposition présentée par le ministre des finances, sir Michael Hicks Beach, de faire payer au gouvernement anglais ou à celui de la nouvelle *colonie* du Transvaal l'indemnité due par
la Chartered à l'occasion du raid Jameson. Le ministre disait aux Communes, le 4 mars
1901, qu'il soumettait la question aux Conseils juridiques de la couronne. On a déjà vu
que M. Chamberlain s'était opposé à cette manière de voir (V. cette *Revue*, t. VII
(1900), p. 165, et t. VIII (1901), p. 185, note 3). Sentait-il ce qu'il y avait de choquant à
faire payer une indemnité due pour une attaque dont il avait été le complice, sinon
l'instigateur ? Quoi qu'il en soit, il déclara aux Communes, le 3 avril, que, suivant l'avis
des hommes de lois, l'Angleterre n'avait pas droit à l'indemnité due au Transvaal,
comme représentant désormais ce dernier pays. Nous avons déjà vu que cette solution
n'est pas en harmonie avec l'annexion que la Grande-Bretagne prétendait avoir réalisée
V. *loc. cit., supra*).

prendre avec plus d'acharnement quand l'espoir d'un arrangement avec le chef boër se fut évanoui. Suivant l'*Exchange telegraph* (Durban, 7 mai), on avait publié à Ermelo une série de lettres adressées le 16 mars par Botha aux Burghers pour exposer à ceux-ci qu'il avait dû rejeter les propositions de lord Kitchener, parce qu'il n'avait pu sacrifier complètement l'indépendance des deux Républiques ni accepter la composition du Conseil exécutif projeté par le généralissime anglais. Même, d'après une dépêche adressée d'Amsterdam au *Daily Mail* le 16 mai, une grave accusation de déloyauté était émise contre lord Kitchener. On prétendait que, pendant qu'il discutait avec Botha, le chef de commando Viljoen vint annoncer que les Anglais avaient rompu l'armistice : une scène violente aurait alors eu lieu entre le généralissime des armées britanniques et Botha, qui aurait dû s'enfuir à toute bride avec les personnes de son escorte pour échapper à un guet-apens. Mais on ne peut, sans preuve certaine, accepter une affirmation aussi déshonorante pour la Grande-Bretagne.

Quoi qu'il en soit, les négociations pour la paix étant rompues, les Anglais devaient reprendre la lutte acharnée qui leur causait tant d'embarras. Ces embarras ne leur venaient pas que de leurs adversaires ; ils avaient à tenir compte aussi des complications avec les puissances neutres. Le 7 mai, eut lieu au Reichstag une discussion dont le résumé, que nous donnons en note, montre combien le sentiment public, en Allemagne, restait hostile à la politique de la Grande-Bretagne (1). D'autre

(1) *Reichstag*. — M. de Hodenberg, Guelfe, interpelle sur les démarches faites en vue de la mise en liberté des missionnaires allemands prisonniers des Anglais dans l'Afrique du Sud.

M. de Richthofen, secrétaire d'État aux affaires étrangères, après avoir donné quelques explications sur la situation des missionnaires prisonniers, fait la déclaration suivante : « Il est indubitable que dans beaucoup de cas on a agi avec une dureté inutile, nous demandons donc avec force qu'on compense ce qui peut être compensé. Quoique dans une guerre dure, il y ait par cela même des duretés commises et que ceux qui se trouvent dans le pays où a éclaté la guerre doivent supporter ces duretés, nous espérons qu'un dédommagement suffisant sera payé aux Allemands expulsés du Transvaal, et qu'on s'arrangera de sorte que les missionnaires, fortement lésés, puissent reprendre bientôt leur activité en pleine liberté et sans une diminution trop grande de leurs biens ».

MM. Bachen et OErtel constatent qu'aucun remède n'a été jusqu'à ce jour apporté à la situation. Ce dernier ajoute : « Nous avons un sentiment de honte, comme si ce qui avait été gagné en 1870-1871 était perdu en partie ; nous n'avons pas besoin de tirer de marrons du feu, et, en remerciment d'un tel service, de nous laisser écorcher par la suite. Cette opinion répandue dans le peuple, l'Office des affaires étrangères devrait la porter à la connaissance des Anglais ; ce sera mieux que d'en appeler à leur point d'honneur, honneur qui, peut-être, renonce à parler ».

M. Hasse, national-libéral, adhère aux paroles de M. OErtel. Il proteste contre la façon dont a été conduite la guerre par les Anglais qui, n'ayant jusqu'à présent rien gagné contre les Boërs, sembleraient avoir recours à des moyens barbares.

Sur ces paroles a pris fin la discussion de l'interpellation.

part, le correspondant du *Times* à Kroonstadt écrivait (*Times*, 7 mai 1901) : 1° que l'armée anglaise était épuisée et avait besoin de renforts nombreux ; 2° que les Boërs continuaient à détruire avec succès les voies ferrées ; 3° que leurs commandos étaient encore maîtres d'immenses territoires. C'est au milieu de l'émotion causée par ces navrantes nouvelles, que M. Chamberlain reprit son attitude arrogante qu'il semblait avoir un peu atténuée depuis quelques jours. Parlant à Birmingham, le 10 mai, devant l'assemblée des libéraux unionistes de cette ville dont il venait d'être réélu Président, il répéta que la Grande-Bretagne avait dû soutenir la guerre pour défendre sa domination menacée dans l'Afrique du Sud. Reprenant ensuite son discours de la période électorale, il assimila aux ennemis de la patrie anglaise tous les partis d'opposition qu'il qualifiait de pro-Boërs. Il termina en s'efforçant de prouver que les charges fiscales provoquées par la guerre seraient facilement supportées et que, moins grevée qu'en 1797, l'Angleterre triompherait, comme à cette époque, de tous ses ennemis. Le 13 mai, lord Salisbury ne fut pas moins optimiste en prenant la parole à l'Association unioniste des non conformistes de Londres. Sa thèse, quelque peu paradoxale, fut que, grâce à la guerre Sud africaine, la Grande-Bretagne était plus puissante et plus en sécurité que jamais, car elle avait donné la preuve de sa force et inspiré une crainte salutaire à ceux qui voudraient l'attaquer. Mais, dans la presse étrangère, on trouva téméraires et même déplacées ces orgueilleuses paroles, en présence du résultat piteux que les troupes britanniques avaient obtenu, après un an et demi de lutte, contre des poignées de Boërs.

A défaut de succès décisifs, lord Kitchener pouvait, du moins, annoncer les progrès de l'œuvre de dévastation qu'il avait entreprise. Le 14 mai, un Livre bleu de dix-neuf pages donnait la liste des maisons brûlées dans l'Orange et le Transvaal de juin 1900 à fin janvier 1901 : le total était de 634 immeubles ainsi détruits. Les motifs allégués pour justifier ces actes de destruction étaient indiqués avec un cynisme ou une absence de sens moral véritablement étranges. En voici quelques exemples qui montreront que notre appréciation n'a rien d'exagéré : « District de Frederichstadt : deux maisons furent détruites parce qu'elles appartenaient à des personnes influentes habitant près de l'endroit où un pont avait été détruit. — District d'Heilbron : maison appartenant à M. Francis Dutoit, brûlée pour détruire les approvisionnements de son propriétaire qui était au commando. — Districts de Frankfort et de Ventersburg : 40 maisons appartenant à 40 propriétaires différents. Seul motif mentionné : propriétaires au commando. — A Sprid-Kraal, district de Volkrust : maison appartenant à Mme Laas. Raison mentionnée : brûlée évidemment par erreur — Prétoria, nord-est : 15 maisons appartenant à 15 propriétaires différents. Ceux-ci avaient été prévenus que leurs maisons seraient détruites s'ils ne rentraient pas à la date fixée du camp voisin où ils étaient sous les armes. — District de Rhenoster-River : destruction de la maison de Christian de Wet (sans indication de date ni de motif). — La raison qui revient le plus souvent est ainsi formulée : Bâtiment servant d'abri aux Boërs. — Dans le seul district de Bothaville, 68 maisons furent détruites en octobre ». Non seulement les journaux du parti libéral, comme le *Daily News*, mais même la *Saint-James Gazette* et le *Standard*, connus pour leur impérialisme fougueux et pour leur acharnement contre les Boërs, s'indignèrent en publiant ces honteuses révélations : la *Saint-James Gazette*, en particulier, dénonçait cinquante-huit cas d'incendies qui, contrairement à la loi des peuples civilisés, n'avaient pour but que d'obliger à se rendre les propriétaires soldats dans les commandos. On devait, d'ailleurs, reconnaitre l'inutilité de ces violences, car le Président Krüger recevait à Bruxelles (14 mai) un rapport de Louis Botha l'informant que le gouvernement républicain fonctionnait régulièrement dans toute la région au Nord de Prétoria et que le vice-Président Schalk-Burger, autorisé par ce gouvernement, émettait un emprunt de vingt-cinq millions de francs.

Les aveux du War Office relatifs à l'incendie des fermes étaient aggravés par les révélations faites au sujet de l'armement des indigènes par les autorités britanniques. Le 16 mai, on connaissait en Europe la lettre envoyée à M. Bryce par des membres du Parlement de Natal dénonçant l'enrôlement officiel des Zoulous contre les Boërs et la protestation énergique que le premier ministre de la colonie avait envoyée par télégramme. Dans le district de Vryheid, les Zoulous avaient reçu l'ordre de piller les troupeaux des Boërs et ils avaient déjà commis plusieurs meurtres sur des Burghers isolés. Interpellé à ce sujet, à la Chambre des Communes, par M. Bryce, le 25 mai, le ministre de la guerre se borna à répondre qu'il en avait référé à lord Kitchener, mais qu'il ne pouvait pas dire à quelle époque serait publiée la correspondance échangée sur ce point, *à supposer qu'elle le fût jamais.*

On comprend que toutes ces informations sur la conduite des Anglais dans l'Afrique du Sud n'étaient pas de nature à atténuer les sévères critiques qu'ils s'étaient déjà attirées en Europe. C'est ainsi que, le 21 mai, au Sénat de Belgique, M. Lafontaine, socialiste, revint à la charge pour réclamer l'arbitrage des puissances afin d'arrêter la guerre inhumaine poursuivie par la Grande-Bretagne. Ses attaques contre les actes de barbarie attribués aux troupes anglaises furent des plus violentes et appuyées par la majorité du Sénat. C'est en vain que le ministre des affaires étrangères prit la défense de l'Angleterre : la motion Lafontaine ne fut écartée, par 37 voix contre 22, que pour éviter des complications diplomatiques ; mais elle fut acceptée en principe par le renvoi au ministre des affaires étrangères.

Ce qui, d'ailleurs, aggravait la situation et énervait l'opinion, soit en Angleterre, soit dans tous les États civilisés, c'est que rien ne faisait prévoir la fin de la lutte atroce dont l'Afrique du Sud était le théâtre. La censure anglaise ne laissait passer que des nouvelles tronquées, quand elles n'étaient pas complètement fausses, ainsi que nous le verrons plus loin ; et les renseignements fournis par elle, bien qu'arrangés de façon à présenter les choses sous un jour favorable à la Grande-Bretagne, ne signalaient que des escarmouches, pour la plupart insignifiantes au point de vue du résultat final des hostilités. La vérité d'ensemble finissait cependant par se dégager à peu près de cette incessante et fastidieuse série de communications officielles : c'est que l'armée britannique, harcelée de toutes parts, épuisée par des déplacements continuels et pénibles pour tâcher d'envelopper un ennemi insaisissable, perdait du terrain plutôt qu'elle n'en gagnait, et fondait peu à peu malgré les renforts qui lui étaient envoyés. Cette vérité navrante pour l'Angleterre fut confirmée par le rapport de Kitchener sur les opérations du mois de mars au mois de mai 1901, publié par la *Gazette officielle* de Londres le 9 juillet. Le passage suivant est surtout à relever dans ce document : « Les Boërs qui sont restés dans la colonie du Cap après l'expulsion de de Wet, le 28 février, ont incontestablement fait, pendant ces deux derniers mois, un certain nombre de recrues parmi les Hollandais de la colonie, et les sentiments de sympathie qu'éprouve pour eux une portion considérable des populations rurales leur permettent, non seulement d'avoir en tout temps autant de vivres qu'il leur en faut, mais aussi d'obtenir des renseignements opportuns sur les mouvements des colonnes anglaises lancées à leur poursuite. Il en résulte pour eux un avantage considérable ».

C'est, du reste, aux journaux anglais du parti impérialiste qu'il est le plus sage de s'en tenir pour éviter les exagérations. Or, le 6 mai, le *Times* avouait l'impuissance et la lassitude de l'armée britannique ; suivant le même journal, 75.000 hommes étaient immobilisés pour la surveillance de 4.800 kilomètres de chemins de fer dont 3.600 étaient toujours menacés, et comme le service des garnisons et des postes absorbait des troupes nombreuses, c'est à peine si un tiers de l'armée était disponible pour les opérations militaires. D'ailleurs, tous les plans imaginés et appliqués avaient échoué (1) : ligne de défense de Tabanchu

(1) V. Arthur Lynch, colonel de la 2ᵉ brigade irlandaise dans l'armée transvaalienne :

à Bloemfontein, système de la concentration, système des blockhaus, marches lentes et progressives, mouvement rapide et enveloppant du général French. Les vides faits par la mort dans les commandos étaient rapidement comblés par les recrues venues de la colonie du Cap, et d'heureuses captures réalisées dans des coups de main hardis fournissaient amplement aux Boërs le moyen de se ravitailler en vivres et munitions. Quant aux razzias de troupeaux qu'annonçaient quotidiennement les dépêches officielles, le *Daily Mail*, journal jingoë, avouait, dans son numéro du 23 mai 1901, que l'on était obligé d'abandonner le bétail capturé, vu l'impossibilité de l'emmener ou de le détruire, et que, généralement, l'arrière-garde d'une colonne voyait reprendre par les Boërs les bœufs et moutons que l'avant-garde avait pris. En somme, les journaux anglais devaient reconnaître, en mai 1901, que la situation des Boërs était meilleure qu'un an avant ; les Anglais n'occupaient véritablement que les lignes ferrées, d'ailleurs souvent attaquées et détruites sur de nombreux points à la fois, les villes principales et leurs alentours : dans le surplus du pays, soit dans un terrain vaste à peu près comme la France et l'Espagne réunies, vingt mille Boërs à peu près, dispersés en groupes d'importance variable, guerroyaient et circulaient en toute liberté. L'armée britannique, démoralisée par les changements fréquents de tactique et par les échecs successifs de tous ses chefs dont le prestige était détruit pour les uns et fort diminué pour les autres, se consumait peu à peu : à la fin d'avril 1901, de 347.661 hommes envoyés en Afrique, 98.245, de l'aveu du War Office, étaient hors de combat. Symptôme des plus graves enfin, la folle témérité dont les officiers subalternes avaient fait preuve au début de la campagne se changeait parfois en tristes défaillances : le 24 février 1901, le ministre de la guerre, M. Brodrick, reconnaissait, à la Chambre des communes, que les capitulations des corps isolés étaient devenues trop fréquentes ; on avait dû, de ce chef, casser dix officiers et en punir beaucoup d'autres.

A la fin de mai 1901, l'échec du mouvement enveloppant tenté par le général French avec la cavalerie et l'infanterie montée était avéré ; French, découragé, malade ou peut-être disgracié, abandonnait le commandement, au moins pour un temps. D'autre part, Louis Botha, ayant avec lui de l'artillerie quand on prétendait que les Boërs avaient perdu tous leurs canons, devenait plus agressif, et de Wet pénétrait peu à peu dans l'Est de la colonie du Cap, tandis que l'Ouest avait été épuisé par

Au Transvaal, l'état actuel de la guerre, dans la *Revue bleue* du 15 juin 1901, p. 750. V. sur l'action particulière des troupes de l'État d'Orange, du Président Steijn et du général Christian de Wet : *Le rôle de l'Etat libre d'Orange dans la guerre en Afrique australe* par W. F. Andriessen, dans la Revue hollandaise *Gids*, de juin 1901.

les précédentes invasions des Boërs. Le 30 mai, lord Kitchener télégraphiait de Prétoria que Delarey avait attaqué à Vlakfontein, à dix milles au Sud-Est de Heidelberg, le général anglais Dixon et qu'il n'avait été repoussé qu'après avoir fait subir aux troupes britanniques une perte de 174 tués ou blessés, tandis que les Boërs ne laissaient que 35 morts sur le terrain du combat. La presse anglaise fut vivement impressionnée par cette nouvelle qui montrait combien les forces républicaines étaient loin du découragement annoncé complaisamment par les dépêches officielles. Le rapport du général Dixon, envoyé le 4 juin par lord Kitchener, établissait que la colonne anglaise avait failli perdre toute son artillerie dans l'attaque furieuse des Boërs, et ce qui inspirait des doutes sur le caractère victorieux pour les Anglais du combat de Vlakfontein, c'est que le généralissime annonçait qu'il envoyait des renforts au général Dixon. Au surplus, ce même jour, 4 juin, une autre dépêche de Kitchener annonçait que la garnison de Jamestown avait dû capituler le 2, après quatre heures de lutte, devant le commando de Kruitzinger (1). Comme confirmation de la recrudescence d'activité des Boërs, le *Standard* du 7 juin annonçait que le docteur Bierens de Haan, arrivé du Transvaal, avait remis au Président Krüger un rapport de Botha des plus optimistes, duquel il résultait que 24.000 Burghers tenaient victorieusement la campagne.

Les informations qui précèdent produisirent un effet d'autant plus considérable en Angleterre qu'elles détruisaient complètement les renseignements fournis par les dépêches parues sous le contrôle de la censure. Ce fut bien pis quand on sut que, non seulement le contrôle officiel ne laissait pas connaître toute la vérité, mais même donnait son approbation à des nouvelles radicalement fausses. Dans les premiers jours de juin 1901, lord Kitchener, sur une demande de renseignements qui lui était adressée par M. Brodrick (2), dut démentir deux nouvelles graves que la censure avait visées : d'après la première, les Boërs auraient assassiné un officier et un sous-officier anglais qui auraient refusé de leur montrer le maniement de deux canons capturés à Vlakfontein, on donnait même les noms des deux victimes ; d'après la seconde, le colonel Wilson aurait, avec 240 hommes, complètement battu le commando de Beyers, composé de 400 Burghers, à Warmbaths. Ces mensonges, garantis par l'estampille officielle, enlevaient toute autorité aux

---

(1) Le 18 juin, on annonçait du Cap que Kruitzinger avait confirmé l'annexion à l'État d'Orange des districts nord de la colonie britannique proclamée par les Boërs lors de leur première invasion. Nous nous sommes déjà expliqué à plusieurs reprises sur le caractère irrégulier de ces annexions.

(2) Déclaration de M. Brodrick aux Communes, le 7 juin 1901.

autres informations visées par la censure, ce dont se plaignaient amèrement les journaux impérialistes eux-mêmes, tels que le *Standard*. Interpellé à ce sujet à la Chambre des communes, le 10 juin, par M. Dillon, M. Brodrick se contenta de répondre que la censure n'avait pour devoir que de ne rien laisser passer qui pût renseigner l'ennemi. Cette réponse parut d'autant plus insuffisante que, le 24 juin, les journaux anglais étaient obligés de mettre en regard des renseignements optimistes fournis par la censure la défaite que les troupes coloniales venaient de subir à Waterkloop. L'impérialiste *Daily Mail* lui-même s'exprimait à ce sujet en ces termes irrités : « Il est évident que l'ennemi dans la colonie du Cap est beaucoup plus fort que le gouvernement ne l'a laissé supposer jusqu'à présent. Il est probable que l'ennemi dispose de 7 à 10.000 hommes sous les armes au Sud de l'Orange. Dans ce cas, le pays a été sérieusement trompé en ce qui concerne la situation militaire dans la colonie du Cap ».

Mais, s'il n'était pas possible de triompher des Boërs en armes, en revanche on se montrait toujours sans pitié pour ceux qui avaient été capturés, pour les femmes et les enfants. Les prisonniers, expédiés à Sainte-Hélène, à Ceylan, aux îles Bermudes, n'étaient pas mieux traités que par le passé : en ce qui concerne ceux qui étaient détenus à Sainte-Hélène, Mme J. R. Green fit des révélations, dans le *Nineteenth Century* de mai 1901, encore plus sévères pour l'administration britannique que celles qu'elle avait déjà livrées à la publicité et que nous avons signalées plus haut.

A partir du mois de juin 1901, l'attention apitoyée et l'indignation du monde civilisé furent surtout attirées par la situation des *réfugiés* ou, plus exactement, des « reconcentrados », c'est-à-dire des femmes et des enfants parqués dans des camps par les autorités anglaises. Le 20 juin, le *Times* signalait l'existence de douze de ces camps, contenant 24.000 personnes, dans le territoire de l'État d'Orange. Les camps de Bloemfontein et d'Aliwal-North en particulier contenaient chacun 4.000 réfugiés. Le journal de la Cité avouait que la mortalité s'y élevait à l'énorme proportion de 116 pour 1000 ; sur d'autres points, elle dépassait 300 pour 1000, ce que l'organe du parti impérialiste expliquait à sa façon, en disant que les Boërs, peu habitués à vivre en agglomération, négligeaient les précautions sanitaires ! Ce qu'étaient les conditions hygiéniques de ces rassemblements de femmes et d'enfants, dépourvus de tout, presque sans abri, dans un espace restreint, on le sut par les rapports de miss Emilie Hobhouse adressés au Comité de fonds de secours pour les femmes et les enfants au Sud de l'Afrique et que reproduisirent les journaux de Londres du 19 juin 1901. On en pourra juger par les extraits que nous donnons en note (1).

Le 23 juin, sous le titre : « La guerre aux femmes et aux enfants », le *Journal de Reynolds* publiait, en quatrième page, la photographie d'une scène navrante prise par une dame anglaise au camp de Bloemfontein, et qui rappelait les horribles illustrations parues l'année précédente dans le *Times of India* au sujet de la famine dans les Indes. La photographie en question avait, comme légende, ce passage d'une lettre de la dame anglaise : « Ceci est la petite Lizzie van Zil, âgée d'environ huit ans. Ses jambes ont perdu toute proportion ; c'est un de nos petits squelettes. Plusieurs enfants sont émaciés comme celui-ci ; j'imagine que la nourriture ne leur convient pas et qu'ils souffrent de la grande chaleur des tentes. Les enfants offrent un spectacle vraiment pitoyable ».

Le 28 juin, la *Westminster Gazette* citait également un rapport d'une autre dame anglaise qui avait quitté Prétoria le 23 mai. Suivant ce rapport, au camp d'Irène, près de Prétoria, sur 5.000 réfugiés, le quart était malade. Les femmes et les enfants avaient été emmenés

(1) «... Vous trouverez des gens en ville pour vous dire que le camp est un havre de grâce... J'y étais aujourd'hui, et voilà ce que j'y ai vu : Dans un tout petit coin, la garde-malade, mal nourrie et surmenée, s'affaissant sur son lit, à peine capable de se traîner après avoir veillé aux besoins d'une trentaine de typhoïdés, et, pour l'aider, deux jeunes filles boërs, sans expérience, obligées de faire la cuisine comme de soigner les malades. Aussi, après, j'ai été appelée auprès d'une femme, en plein soleil, au dernier terme de la grossesse. Par bonheur, j'avais dans ma valise une robe de chambre à lui donner avec deux petites robes d'enfant. Dans la tente d'à côté, un bébé de six mois expirant sur les genoux de sa mère. Le médecin lui avait donné une drogue le matin, mais il n'avait rien pris depuis. Dans la même tente, deux ou trois autres malades et valétudinaires. Ensuite, un enfant convalescent de la rougeole renvoyé de l'hôpital avant même de pouvoir marcher, étendu sur le sol, blanc et blême ; trois ou quatre autres allongés alentour. Puis une fille de vingt et un ans mourante sur un grabat. Le père — un grand beau Boër — agenouillé près d'elle. Dans la tente attenante, sa femme veille un enfant de six ans également moribond, et un de cinq qui ne vaut guère mieux. Déjà, le couple a perdu trois enfants à l'hôpital. Aussi ne veut-il plus laisser ceux-là y aller. J'ai beau les supplier de les faire sortir de cette tente, où l'on étouffe : « Nous veillerons ceux-là nous-mêmes », disent-ils. J'envoie chercher un peu d'eau-de-vie et en donne un peu à la fille. Mais les trois quarts du temps, rien à faire, que de rester à regarder, impuissante, parce qu'il n'y a rien de rien à faire. Là-dessus, un homme survient : — Sœur, venez voir mon enfant ; voilà trois mois qu'il est malade. C'était un pauvre cher petit de quatre ans, dont il ne restait rien que ses grands yeux bruns et ses dents blanches avec des lèvres trop émaciées pour fermer la bouche. Son corps était très maigre. Voilà deux jours qu'il n'avait pu avoir de lait frais. Il y a 50 vaches au camp qui donnent en tout quatre seaux. Vous voyez ce qu'on a pour les nourrir. J'en envoyai chercher un peu, et je fis étendre l'enfant dehors sur un oreiller pour lui faire prendre l'air frais qui vient au soleil couchant... Mêmes histoires à propos des autres camps ».

Et cela continue ainsi pendant des colonnes et des colonnes des journaux anglais (Le rapport de miss Hobhouse a été publié par le *Cri du Transvaal* dont le premier numéro a paru à Paris le 20 juillet 1901).

de force dans des voitures à bestiaux, leurs chariots ayant été brûlés. Toutes les fermes, d'après le même témoin, étaient systématiquement incendiées, à tel point que Mme Botha, revenant de voir son mari avec l'autorisation de lord Kitchener, avait dû prendre une nouvelle route, toutes les maisons qui lui avaient donné abri pendant son premier voyage ayant été détruites dans l'intervalle.

Du reste, M. Brodrick avait avoué à la Chambre des communes qu'il y avait 34.112 enfants de Boërs enfermés dans les camps de concentration établis par lord Roberts : c'est le seul asile, pour la plupart un tombeau, que l'Angleterre pouvait leur offrir après avoir détruit les foyers de leurs pères (1). C'est à la suite de ces révélations que lord Ripon, ancien vice-Roi des Indes, formula ses protestations par une lettre publique dans laquelle il disait, à propos des traitements infligés aux femmes et aux enfants : « C'est un des crimes les plus abominables de l'histoire ». Le *Tageblatt* de Berlin lui faisait écho en écrivant : « Le gouvernement britannique se montre plus cruel que ne l'a été le Roi Hérode à Bethléem ». Après les aveux de source britannique, on peut accueillir avec confiance les dénonciations contenues dans le rapport que le général boër Smiets adressa au Président de la République d'Orange et qui fut reproduit par les journaux hollandais : ce rapport n'est qu'une longue énumération de brutalités commises sur des vieillards, des femmes, des enfants, sous les yeux desquels on incendie leurs maisons uniquement parce que, aux alentours, des Boërs ont tiré sur les troupes anglaises. « Je ne crois pas, conclut le général Smiets, que depuis la guerre de Trente ans et les exploits de Tilly et de Wallenstein on ait jamais vu pareilles scènes de désolation ! » Et ces dévastations étaient calculées ! On ne cachait plus guère l'intention d'exterminer ou d'expulser la race hollandaise pour lui substituer des colons anglais qui feraient des deux anciennes Républiques de fidèles possessions de la Grande-Bretagne. Ce plan était nettement indiqué dans le rapport de sir David Barbour, présenté le 29 mars 1901 au nom de la Commission chargée d'examiner la situation économique du Transvaal et de l'Orange et publié dans un Livre bleu spécial du 13 juin. Après avoir exposé l'état d'épuisement des deux pays et signalé les combinaisons financières de nature à les faire participer plus tard aux charges de la guerre, la Commission proposait d'or-

(1) Le 16 juillet, à la Chambre des lords, répondant à lord Windsor, lord Raglan annonça que le War Office organisait un Comité de dames chargé de faire une enquête sur les camps de « reconcentrados ». Ces camps, d'après lord Raglan, contenaient 14.624 hommes, 27.711 femmes et 43.075 enfants. En juin, la mortalité aurait été de : 63 hommes, 138 femmes, et 576 enfants. — D'autre part, un document officiel publié le 24 juillet accusait 85.410 internés de race blanche, dont 43.075 enfants, et 23.489 de race noire : la mortalité sur les blancs aurait été, en juin, de 777 dont 576 enfants.

ganiser une colonisation britannique, spécialement par l'achat des terres et le contrôle minutieux des titres et des qualités des acquéreurs : c'était l'expropriation déguisée des Boërs qui pourraient survivre.

Tandis que la lutte se poursuivait sans pitié, certains ne désespéraient pas de voir aboutir les négociations pour la paix dont était chargée, disait-on, Mme Louis Botha. Débarquée à Southampton le 8 juin, la femme du général boër et M. Fischer, qui l'accompagnait après avoir été mis en liberté sur parole, se refusaient à donner la moindre indication au sujet de leur mission et même sur le point de savoir s'ils en avaient une. De Bruxelles où Mme Botha s'était rendue, on apprenait, le 14 juin, que le docteur Leyds niait qu'aucune mission eût été confiée à cette dame qui venait simplement en Europe pour rétablir sa santé. Le 15, M. Balfour disait aux Communes que les bruits relatifs aux négociations pour la paix étaient sans fondement. D'autre part, le *Journal des Débats* du même jour recevait de la Haye une information suivant laquelle Louis Botha était résolu à lutter sans merci, surtout depuis la mort de son frère Philippe tué dans un engagement avec les Anglais. Toutefois, suivant l'*Indépendance belge* du 16 juin, le Président Krüger était en relations directes avec le gouvernement boër installé à Standerton, grâce aux facilités de communication par dépêches chiffrées qu'aurait accordées lord Kitchener : d'après le même journal, M. Krüger devait délibérer avec les chefs boërs résidant en Hollande sur les propositions dans le sens de la paix que lui auraient transmises les autorités du Transvaal. Suivant des bruits qui s'accréditaient à la fin de juin, Mme Botha aurait été chargée de présenter à M. Krüger la solution suivante : le Président démissionnerait et serait remplacé par Botha, Steijn ou de Wet qui gouvernerait un État nouveau formé de l'Orange et du Transvaal, ce dernier diminué de la partie Nord, y compris les mines, qui serait cédée à l'Angleterre.

Quoi qu'il en fût de l'exactitude de ces renseignements au sujet des négociations pour la paix, on était, au contraire, bien fixé sur l'état de l'opinion en Angleterre : malgré des divergences que nous préciserons plus loin, la grande masse des électeurs ne voulait, pas plus que le gouvernement, consentir à la paix en acceptant l'indépendance des deux Républiques dont les Boërs faisaient la condition essentielle de tout arrangement pacifique. Cependant, dès le mois de mai 1901, la durée imprévue des hostilités, les pertes cruelles, les lourdes charges financières, les révélations sur l'insuccès des généraux britanniques et sur les atrocités commises dans l'Afrique australe avaient provoqué un refroidissement très marqué de l'ardeur belliqueuse dont le peuple anglais avait été animé jusqu'alors : de la lassitude, parfois du découragement, même de la réprobation commençaient à se manifester dans les réunions publiques et dans la presse. Mais M. Chamberlain s'entendait à merveille à raviver le jingoïsme qui semblait défaillir quelque peu. Tandis que lord Roberts et d'autres officiers généraux refusaient de prendre part à des fêtes triomphales qui leur semblaient prématurées et déplacées alors que la guerre se poursuivait plus acharnée que jamais, le chef du Colonial Office ménageait une réception entourée d'un enthousiasme de commande à sir Milner, arrivé à Londres le 24 mai avec le titre pompeux de lord Milner of Capetown. La politique de *bluff* du ministre des colonies s'affirmait tout particulièrement dans le discours qu'il prononça au banquet offert à lord Milner, à Claridge's Hôtel : « Quoique nous ayons éprouvé bien des déboires, dit-il, j'ai l'espoir que, quand le moment viendra du retour de lord Milner en Afrique, les tisons fumants de la guerre auront été éteints ». Et c'est le même ministre qui disait, le 8 mai 1896, à la Chambre des communes : « Une guerre dans l'Afrique du Sud serait une des guerres les plus graves qu'il soit possible de faire... Elle aurait le caractère d'une guerre civile ; ce serait une guerre longue, une guerre acharnée et une guerre coûteuse, et, comme je l'ai dit déjà, elle laisserait derrière elle les tisons d'une discorde que, je crois, *des générations ne suffiraient pas à éteindre* ». Mais qu'importaient les paroles d'antan ? Aujourd'hui, on ne songeait plus qu'à détruire coûte que coûte l'indépendance des Républiques de l'Afrique australe : le 7 juin M. Brodrick disait encore aux Communes : « ni lord Kitchener, ni le gouvernement ne consentiraient à discuter la question de l'indépendance » ; et M. Chamberlain ajoutait même, répondant à M. Labouchère qui demandait si l'on accorderait aux Boërs l'indépendance relative du Canada et de l'Australie : « certainement pas en ce moment ! »

Toutefois, des résistances qui ne se seraient sans doute pas montrées quelque temps auparavant indiquaient bien que le jingoïsme intransigeant de M. Chamberlain avait perdu du terrain. Le 19 juin, à Queen's Hall, un meeting de plusieurs milliers de personnes, sous la présidence de M. Labouchère, vota une motion en faveur de la paix en reconnaissant l'indépendance complète des deux Républiques boërs. Dans cette réunion, M. Sauer, ancien ministre de la colonie du Cap, fournit des explications très complètes pour établir que, dès juin 1899, avant la guerre, lord Wolseley et lord Lansdowne étudiaient les moyens d'envahir le Transvaal, ce qui montrait bien que les hostilités n'étaient nullement dues à l'ultimatum du Président Krüger. Mais les violences auxquelles se livrèrent les jingoës à propos du meeting de Queen's Hall montraient aussi que le gouvernement pouvait encore compter sur l'entraînement

général de la foule. C'est ce que sentait bien le Cabinet. Au banquet de
l'United Club, le 26 juin, lord Salisbury affirmait la résolution de n'accorder aucune concession pour prouver au monde que l'Angleterre savait châtier quiconque menacerait ses frontières. Au banquet des négociants de la Cité, à Mansion-House, le ministre des finances tirait des
événements cette conclusion que l'Angleterre, sans trop grandes difficultés, avait pu s'imposer des sacrifices supportables pour elle, grâce à
ses immenses ressources, et qui auraient amené la ruine pour tout autre
pays. C'était un peu oublier comment la France, trente ans auparavant,
avait su faire face à des charges autrement pesantes, et même comment
l'Espagne, si pauvre à côté de la Grande-Bretagne, avait pu, pendant
longtemps, entretenir à Cuba une expédition aussi considérable que celle
des Anglais en Afrique. Mais il était dans la tactique du Cabinet, depuis
le début de cette triste guerre, de payer d'audace et, parfois, d'impu-
dence. Le 1er juillet, au banquet colonial canadien, M. Chamberlain développa cette idée que l'Angleterre n'avait à tenir aucun compte de l'o-
pinion de l'Europe civilisée, car cette opinion n'était faite que de haine
contre les Anglais et n'était nourrie que de calomnies contre eux. Le
4 juillet, aux Communes, le chancelier de l'Échiquier renouvela la déclaration que jamais l'indépendance des Boërs ne serait reconnue par le
gouvernement. Dans la même séance, M. Brodrick dit que le général
Botha avait obtenu de lord Kitchener l'autorisation de communiquer avec
M. Krüger, et que, à la suite de la réponse de ce dernier, une Note signée
par MM. Schalck-Burger et Steijn avait été publiée le 20 mai. Cette Note
contenait le passage suivant : « Son Honneur nous informe qu'elle a
toujours, ainsi que la députation envoyée en Europe, les plus grandes
espérances relativement à une solution satisfaisante de la longue lutte
qui se livre, et qu'après avoir fait tant de sacrifices de personnes et de
matériel, nous devons continuer cette lutte ». Du reste, ajoutait le ministre, dans une réunion des chefs boërs la guerre à outrance avait été
résolue tant que l'indépendance des deux Républiques ne serait pas reconnue. Ainsi le procédé du Cabinet ne variait pas : il consistait à poser
comme condition *sine quâ non* de la paix l'abandon de leur indépendance par les Boërs, et à imputer à ceux-ci, pour qui cette condition était
inacceptable, la continuation des hostilités. Quant à ceux qui parlaient
de ménagements, de concessions réciproques, ils n'étaient que des alliés
des ennemis, des *pro-Boërs*, suivant l'expression nouvelle que M. Balfour se permit même d'employer à l'égard de M. Campbell-Bannermann
dans cette séance du 4 juillet. Cette attitude brutale donnait toute satisfaction aux jingoës : le 10 juillet, elle était chaleureusement approuvée
par le meeting des commerçants de la Cité, réunis au Guild-Hall sous la
présidence du lord-maire.

En somme, la politique impérialiste poussée jusqu'au chauvinisme le plus brutal et le plus grossier, n'avait plus de contrepoids. Cette admirable balance de deux partis, l'un de progrès, l'autre de tradition, correspondant aux deux tendances naturelles de l'homme qui doivent se combiner dans un heureux équilibre, ce contrôle réciproque des libéraux et des conservateurs, les uns guettant les fautes des autres pour conquérir le pouvoir, se surveillant eux-mêmes pour conserver la confiance de l'opinion, en un mot tout ce qui faisait la force et la grandeur de la constitution traditionnelle et coutumière de la Grande-Bretagne, tout cela avait disparu dans le courant de jingoïsme que dirigeait M. Chamberlain. Sauf des individualités isolées et restées fidèles aux traditions libérales, sauf les Irlandais dont la politique n'a rien de national au point de vue de la Grande-Bretagne, il n'y avait plus de partis en Angleterre : la masse de la nation n'obéissait plus qu'à un entraînement aveugle, fait de convoitises économiques et d'orgueil national poussé aux dernières limites. Comme il arrive toujours quand l'esprit public est dominé par une préoccupation absorbante qui devient le ressort unique du gouvernement, le despotisme d'une opinion, le plus tyrannique de tous peut-être, entraîna l'intolérance à l'égard de toute opinion divergente et créa un régime de suspects auquel la plupart ne surent pas résister. Assurément, il ne s'agissait pas de sauver sa tête comme au temps de la Terreur où régnait aussi un despotisme d'opinion provoqué par l'idée fixe de la défense nationale contre les menées des ennemis du dedans alliés à ceux du dehors, mais il fallait éviter le reproche d'anti-impérialisme ou seulement de tiédeur patriotique, la qualification de *pro-Boër*, rappelant, toutes proportions gardées, celle de partisan de Pitt ou d'affilié à l'armée de Coblentz qui, sous la Révolution, avait de si terribles conséquences. De cette épithète, résultant de l'espèce de loi des suspects imaginée par la politique de M. Chamberlain, pouvait dépendre la situation politique des uns, et parfois même la considération, les relations sociales ou d'affaires des autres. Bien peu résistèrent à ce régime de terreur morale. L'ancien parti libéral s'y effondra presque tout entier. Divisé depuis la campagne du *home rule* et la mort de Gladstone, il acheva de s'émietter par ses défaillances devant l'Impérialisme. Quelques-uns de ses membres, tels que Labouchère, John Morley, Bryce, Lloyd George, restaient fidèles aux maximes du *great old man* et condamnaient énergiquement la guerre de spoliation ; mais leur fermeté était largement et fâcheusement compensée par la défection de beaucoup d'autres, les Rosebery, les Asquith, les Henry Fowler, les Edward Grey, etc., qui se mettaient à la remorque de M. Chamberlain. D'autres enfin, et parmi eux les chefs officiels du parti, sir Henry Campbell-

Bannermann et sir William Harcourt, adoptaient une attitude intermédiaire destinée à concilier leurs principes libéraux avec les exigences de conquête de l'Impérialisme : ils déploraient la politique qui avait conduit à la guerre, ils flétrissaient la manière barbare dont cette guerre avait été conduite, mais, sacrifiant aux convoitises populaires, ils voulaient la soumission des Boërs à la domination britannique, sauf à leur accorder une large amnistie pour les faits accomplis et, pour l'avenir, un *self government* analogue à celui du Canada et de l'Australie.

Pour essayer de pallier ces divisions du parti libéral, une réunion de ses membres fut organisée à Londres, au Reform-Club, le 9 juillet 1901. Des discours prononcés dans cette assemblée, il ressortait que chacun conservait sa manière de voir et sa liberté d'action indépendante en ce qui concerne la politique à suivre dans la question de l'Afrique du Sud : cependant, pour donner un semblant de cohésion au groupe qui se qualifiait encore de parti, les 129 membres présents votèrent à l'unanimité un ordre du jour de confiance à sir Campbell-Bannermann qui fut ainsi officiellement confirmé dans sa situation de *leader*. Mais nulle vue d'ensemble ne fut adoptée, aucune attitude à prendre en face de l'Impérialisme ne fut arrêtée ; le prétendu parti libéral accentuait sa dissolution au lieu d'affirmer sa vitalité, et le *Times* pouvait dire, sans exagération, que ce parti n'existait plus. Cette manière de voir parut confirmée par le Manifeste de lord Rosebery, que reproduisirent les journaux de Londres du 16 juillet 1901. Suivant l'ancien disciple de Gladstone, le parti libéral, en laissant ses membres maitres de leur attitude en ce qui concerne la guerre du Transvaal, en adoptant une espèce de neutralité sur ce point capital pour la Grande-Bretagne, s'est réduit à l'impuissance. Toute la nation s'est prononcée pour la guerre : il faut agir de même si l'on trouve la guerre juste, ou résister énergiquement si on la déclare injuste. Pour lord Rosebery, cette guerre étant légitime, c'est folie pour un parti de ne pas suivre le courant national ; cette façon d'agir lui ferme, pour toujours peut-être, tout accès au pouvoir et lui enlève toute influence sur le pays. En somme, malgré une conclusion vague et même obscure, dans laquelle il préconisait l'organisation d'une opposition forte et homogène, « pour faire sentir son influence dans les conseils vacillants du pays », l'ancien leader du parti libéral se prononçait pour l'Impérialisme et pour la politique de M. Chamberlain en Afrique : peut-être ne dissimulait-il pas assez, pour l'honneur du parti libéral, la raison de son orientation nouvelle, qui n'était autre, après tout, que le désir de ne pas être en opposition avec le courant invincible de l'opinion publique. Avec un pareil aveu, il était heureux que le noble lord annonçât son intention « de ne plus rentrer dans l'arène de la politique de parti » : sinon, on aurait pu croire que sa vocation subite à l'Impérialisme était un peu trop inspirée par l'appétit du pouvoir. Quoi qu'il en soit des motifs qui déterminèrent la publication de ce Manifeste, il en résultait que le parti libéral, profondément divisé, en était réduit à quelques dissidents sans influence sur la nation, tandis que le gros de ses troupes allait, avec plus ou moins d'entrain, renforcer les rangs déjà si épais des Impérialistes.Cette situation s'accentua encore à la suite du banquet offert à M. Asquith le 19 juillet : dans cette réunion, où figuraient une trentaine seulement de membres du Parlement, M. Asquith renouvela ses déclarations de rupture avec les traditions de l'ancien parti libéral, pour donner son adhésion à une politique impérialiste ayant pour objet l'union étroite, dans une action commune, de toutes les parties de l'Empire britannique. Toutefois, nombre de libéraux et des plus considérables, même parmi ceux qui s'éloignaient des traditions du parti, trouvaient que lord Rosebery allait trop loin, soit dans ses appréciations sur l'avenir du libéralisme lui-même, soit dans son adhésion à l'Impérialisme brutal de M. Chamberlain. Sir Edward Grey, à Peterborough, M. Asquith, dans le banquet précité, affirmèrent, contre les assertions de lord Rosebery, que le parti libéral gardait son existence politique, et M. Asquith, en particulier, s'éleva contre la qualification « d'hypocrisie organisée » appliquée par le noble lord au meeting du Reform Club : les libéraux, disait-il, peuvent être divisés sur la question de la guerre Sud africaine, mais leur union persiste en matière de politique intérieure. Lord Rosebery répliqua, dans un discours prononcé au City Liberal Club, en affirmant plus durement encore la dissolution du parti dont naguère il était le chef. Il serait prématuré de se prononcer sur les résultats probables ou même possibles de cette scission entre les anciens disciples de Gladstone : au point de vue auquel nous nous plaçons, une seule conséquence était d'ores et déjà certaine, c'est que, des libéraux, les uns ne pouvaient, les autres ne voulaient rien faire pour mettre fin à la campagne inique entreprise contre les Boërs. On pouvait même prêter à lord Rosebery un plan machiavélique, bien loin d'être rassurant en ce qui concerne la politique extérieure de la Grande-Bretagne dans l'avenir. De même que M. Chamberlain avait créé le parti actuellement au pouvoir en se séparant de M. Gladstone à propos du *home rule*, de même lord Rosebery aurait constitué un groupement nouveau très impérialiste au dehors, libéral au dedans, formé surtout des anciens libéraux, tandis que M. Chamberlain avait dû chercher la plupart de ses recrues parmi les conservateurs. L'Impérialisme associé au libéralisme acquerrait ainsi une force invincible, car il satisferait les convoitises extérieures du peuple anglais, tout en réalisant les réformes intérieures qui lui sont chères, et il effacerait l'opposition contre laquelle avait dû lutter M. Chamberlain entre la politique de conquête mondiale et les traditions libérales : cette politique et ces traditions auraient leur domaine distinct sans se contrarier, la première dans les relations internationales, les autres dans l'administration du pays. L'Angleterre réaliserait ainsi ce qui est peut-être son rêve le plus cher : passer pour le pays le plus libéral du monde, tout en donnant libre carrière à son impérialisme dominateur, de façon à justifier ce dernier par l'extension même de son régime libéral aux peuples qu'elle assujettirait.

BULLETIN BIBLIOGRAPHIQUE

I. — LIVRES.

Des conflits de souverainetés en matière pénale, par MAURICE BERNARD, docteur en droit, avocat à la Cour d'appel de Paris, etc., 1 vol. in-8°, Paris, 1901, Larose, édit. — L'organisation des nations en souverainetés politiques distinctes et la pénétration de plus en plus grande qui s'opère entre les États au point de vue juridique sont susceptibles de faire naître de nombreux conflits, appartenant aux ordres les plus divers : politique, économique, pénal ou de droit privé. Ce sont les conflits en matière pénale que M. B. s'est proposé d'étudier. Leur importance est grande, car tout État est intéressé à ce que soient réprimés les crimes et les délits qui l'atteignent plus ou moins. Mais la manière dont il faut les résoudre ne laisse pas parfois d'être délicate. Toute infraction commise sur un territoire est soumise à la loi et à la juridiction locales ; mais il se peut qu'une infraction prolonge son exécution ou ses effets sur plusieurs territoires : dans ce cas, quelle solution faut-il admettre ? M. B. pose à cet égard les deux idées directrices suivantes : « 1° si l'activité criminelle peut être décomposée en une série d'actes constituant chacun un délit distinct, chacun de ces délits sera de la compétence de la souveraineté sur le territoire de laquelle il a été commis, encore qu'il y ait entre eux une connexité ; 2° si cette décomposition ne peut avoir lieu, ce qui est à considérer pour fixer la compétence, c'est non pas le lieu où l'activité criminelle s'est manifestée, mais celui où le but auquel tendait cette activité criminelle a été atteint ». Le savant auteur s'occupe ensuite des crimes contre la sûreté ou le crédit d'un État, des infractions commises à bord d'un navire étranger dans la mer territoriale ou dans le port d'un Etat, des crimes et délits commis sur un territoire occupé par une armée étrangère. Après avoir ainsi examiné le territoire, le lieu de l'infraction, comme base de la compétence pénale, M. B. se demande s'il ne convient pas aussi, à ce point de vue, de s'attacher à la nationalité du coupable ou à celle de la victime ; à ce propos il s'occupe de la question de l'extradition des nationaux : contrairement à la pratique ordinairement suivie, il se prononce en faveur de cette extradition ; il traite ensuite de l'immunité de juridiction pénale dont jouissent en tous pays les agents diplomatiques et dans les pays hors Chrétienté les ressortissants des États chrétiens. Enfin M. B. se pose une dernière question : quelle doit être au point de vue de la compétence pénale l'influence du lieu d'arrestation du coupable ? Et ces diverses difficultés examinées, il recherche si les solutions que les principes amènent à poser n'aboutissent pas en définitive à sacrifier les droits de l'individu. Telles sont brièvement résumées les matières étudiées dans la première partie de l'ouvrage ; la seconde, moins étendue, a trait aux conflits d'exécution. Et à cet égard l'auteur examine successivement le caractère de la loi pénale considéré dans ses rapports avec l'effet international des sentences pénales, la question de compétence dans ses rapports avec l'effet international des sentences pénales, enfin les effets à l'étranger des sentences pénales compétemment rendues.

Ce qui frappe dans le livre de M. B., c'est l'esprit scientifique dont il est animé. Sans négliger absolument le côté pratique des difficultés, l'auteur se plaît surtout à en envisager le côté abstrait : les divisions du livre et la façon dont les divers problèmes sont traités dénotent cette tendance. Celle-ci ne conduit pas cependant à l'obscurité ; l'ouvrage est dans toutes ses parties d'une lecture facile et attachante.

Le Royaume de Serbie. Etude d'histoire diplomatique et de droit international, par Voïslav V. Rachitch, docteur en droit, etc., 1 vol. gr. in-8°, Paris, 1901, Pedone, édit. — Dans cet ouvrage, qui compte près de 800 pages; M. R. s'est proposé d'écrire l'histoire du peuple serbe depuis l'antiquité jusqu'à nos jours. C'était une œuvre compliquée, car, tout au moins jusqu'au XIXᵉ siècle, l'histoire du peuple serbe se confond avec celle de la Turquie, de la Russie et de l'Autriche. De nationalité serbe, M. R. était toutefois, mieux que personne, qualifié pour se livrer à un pareil travail. Aussi trouve-t-on dans son livre une quantité de renseignements intéressants : c'est assurément l'ouvrage le plus étendu qui ait été écrit en français sur la Serbie. Ce n'est pas à dire qu'il échappe à toute critique. Les explications que l'auteur consacre à l'histoire de sa patrie auraient gagné à être plus resserrées, à être allégées de certaines digressions. D'autre part, le côté juridique de la question a été un peu trop négligé par M. R. : en réalité son œuvre est moins une étude d'histoire diplomatique et de droit international qu'un exposé des faits qui concernent la Serbie. On peut encore regretter une certaine disproportion dans les développements : M. R. n'a employé qu'une trentaine de pages à l'histoire du peuple serbe depuis 1876 jusqu'à nos jours, alors que dans cette période se sont déroulés les événements les plus importants pour l'avenir de la Serbie : la guerre d'Orient de 1877-1878, le Congrès de Berlin de 1878, l'indépendance du Royaume serbe, la guerre de 1885 entre la Serbie et la Bulgarie ; ces événements, qui ont fait naître de nombreuses questions de droit international, eussent mérité d'être envisagés dans tous leurs détails.

Une Introduction assez longue ouvre le volume. M. R. y traite d'abord de la géographie de la péninsule balkanique, car « dans cette péninsule se trouvent non seulement la Serbie mais aussi plusieurs points occupés par le peuple serbe » ; il étudie ensuite l'ethnographie de la péninsule à travers les âges pour montrer que la nation serbe y a joué un des principaux rôles ; enfin il fait l'esquisse historique du peuple serbe jusqu'à la fin du XVᵉ siècle. L'histoire de ce peuple du XVIᵉ à la fin du XVIIIᵉ siècle et celle de la première guerre de l'Indépendance sous Kara-Georges en 1804 forment la première partie de l'ouvrage : on y voit se dérouler les efforts constants des Serbes pour échapper à l'esclavage qui pesait sur eux. La deuxième partie, intitulée : la deuxième guerre de l'Indépendance sous Miloche-le-Grand en 1815, comprend trois chapitres : les Serbes jusqu'au bérat d'investiture du Prince Miloche Obrenovitch, 1830 ; la Principauté de Serbie jusqu'au Congrès de Paris, 1856 ; le retour du Prince Miloche et la dynastie des Obrenovitch depuis 1858. L'ouvrage se termine par l'étude de la troisième guerre de l'Indépendance sous le Prince Milan en 1876-1878, et de ses suites : le Congrès de Berlin et l'indépendance de la Serbie. C'est cette dernière partie du livre qu'à notre sentiment M. R. aurait dû développer davantage. En indiquant en détail comment les Serbes ont pu conquérir l'indépendance pour laquelle ils avaient lutté durant des siècles et en montrant l'usage qu'ils ont fait de cette indépendance depuis qu'ils l'ont acquise, il aurait au surplus donné une base plus solide aux aspirations présentes de la nationalité serbe, que l'auteur a résumées par ces mots dont il a fait l'épigraphe de son livre : « La Serbie aux Serbes » : ce n'est, en effet, qu'une faible fraction des Serbes que comprend le Royaume actuel de Serbie, et d'après M. R., « les frères libres doivent toujours penser aux frères esclaves », l'idéal des Serbes in-

dépendants ne sera vraiment atteint que le jour où ils auront réussi à donner la liberté
à leurs compatriotes qui vivent encore sous une domination étrangère.

**The Law and Policy of Annexation,with special reference to the Philip-
pines together with observations of the status of Cuba (Le droit et la politique d'annexion ; application spéciale aux Philippines et observations
sur la condition de Cuba),** par CARMAN F. RANDOLPH, du barreau de New-York,
1 vol. in-8°, New-York, 1901, Longmans Green et Cie, édit. — **The joint Resolution
of Congress respecting relations between the United States and Cuba (La
résolution jointe du Congrès sur les relations entre les États-Unis et
Cuba),** par CARMAN F. RANDOLPH, du barreau de New-York, extrait de la *Columbia Law
Review*, juin 1901. — Le premier de ces deux ouvrages reproduit en la développant la
brochure que nous avons analysée dans cette *Revue*, t. VII (1900), p. 429-430. M. C. R.
persiste dans ses anciennes conclusions. Toutefois il n'avance plus que timidement
l'idée soutenue dans sa brochure de 1900 sur l'opportunité de négocier avec les puissances maritimes pour obtenir la neutralisation des Philippines. En revanche, il se
prononce avec énergie sur l'utilité de l'abandon de ces îles par les États-Unis. A cet
égard il fait preuve d'un libéralisme et d'un bon sens remarquables qui tranchent avec
la tendance des partisans de l'*Impérialisme* américain. L'adoption de la politique mondiale entraînerait, dit-il, la République à poursuivre des agrandissements territoriaux
successifs, à développer sans cesse ses forces militaires et enfin à chercher à faire
toujours prévaloir son propre intérêt au détriment des droits des nations faibles. Ces
conséquences condamnent elles-mêmes la politique dont elles découleraient et elles
constituent des raisons suffisantes pour déterminer les États-Unis à abandonner les
Philippines. En procédant à cet abandon, les États-Unis affirmeraient leur intention
de renoncer aux conquêtes, et leur exemple fournirait aux autres nations l'espoir d'un
droit meilleur pour le monde que celui de la force. Ils restaureraient du même coup
leur suprématie en Amérique, en montrant qu'en renonçant à tout agrandissement en
Asie, ils entendent, fidèles à la doctrine de Monroe, soustraire l'hémisphère de l'Ouest
à toute conquête étrangère comme ils s'abstiennent à leur tour de toute conquête dans
l'hémisphère de l'Est. — Ces idées généreuses ne resteront pas sans écho. Leur sens
pratique a déjà frappé la presse aux États-Unis et ne manquera sans doute pas d'exercer une grande influence sur la politique qui sera définitivement adoptée par le Congrès américain.

Abordant ensuite l'étude de la condition de Cuba, M. C. R. détermine cette condition
dans les rapports des États-Unis avec l'Espagne, dans leurs rapports avec Cuba elle-
même, enfin dans leurs rapports avec les États étrangers. Cuba a cessé d'être sous la
souveraineté de l'Espagne sans passer en titre sous celle de l'Union américaine. Les
États-Unis y exercent simplement les pouvoirs d'un occupant et assument de ce chef
une large responsabilité vis-à-vis des États tiers. Il y a là une situation précaire. Comment prendra-t-elle fin ? M. C. R. pense que cela dépend absolument des États-Unis,
qui ont le choix ou d'annexer définitivement Cuba ou bien de la reconnaître comme
État indépendant.

C'est vers cette seconde solution que semble s'orienter la politique américaine. En
effet, par une résolution en date du 2 mars 1901, jointe à l'*Army Appropriation Act*,
le Congrès a autorisé le Président à laisser le gouvernement de l'île au peuple cubain
aussitôt qu'un gouvernement y aura été établi sous une Constitution qui aura défini
les futures relations entre les États-Unis et Cuba sur les bases suivantes : 1° interdiction pour le gouvernement cubain de contracter avec aucune puissance étrangère
des traités contraires à l'indépendance de l'île ou autorisant une occupation ou un contrôle quelconque sur une partie de Cuba ; 2° interdiction de contracter aucune dette
publique gagée sur les revenus ordinaires ; 3° droit pour les États-Unis d'intervenir
pour maintenir l'indépendance cubaine et pour assurer l'existence d'un gouvernement
capable de protéger la vie, la propriété et la liberté des personnes ; 4° reconnaissance
et ratification de tous les actes des États-Unis durant leur occupation ; 5° obligation

pour le gouvernement cubain d'assurer l'assainissement des villes de l'île ; 6° obligation aussi de vendre ou de louer aux États-Unis des stations charbonnières ou navales ; 7° enfin exclusion provisoire de l'île des Pins des frontières cubaines. Ces différentes conditions devront être insérées dans un traité en règle que les États-Unis passeront avec Cuba. En d'autres termes, le Congrès a déterminé les conditions moyennant lesquelles le Président est autorisé à reconnaître l'indépendance de Cuba.

C'est l'étude de cette importante résolution qui fait l'objet de la récente publication de M. C. R. L'auteur critique non sans raison les différentes conditions que nous venons d'énumérer. A son avis, les quatre premières et la dernière ne doivent pas figurer dans le traité à conclure, parce que les deux premières trouveraient mieux leur place dans la Constitution cubaine ; que la troisième est contraire à la promesse faite par les États-Unis de reconnaître entièrement l'indépendance de Cuba aussitôt après la pacification de l'île ; que la quatrième est inutile comme n'étant qu'une application pure et simple du droit commun ; et que la dernière ne présente aucune utilité sérieuse. Quant aux deux autres, elles devraient être amendées, d'une part, pour mieux assurer la police sanitaire dans Cuba et, d'autre part, pour décider avec netteté que l'octroi de stations charbonnières ou navales emporterait aliénation complète du territoire sur lequel elles seraient établies. — Le Congrès devrait donc revenir sur sa résolution du 2 mars 1901. Cela demandera sans doute du temps et prolongera l'occupation américaine à Cuba, mais M. C. R. estime qu'il est plus important d'abandonner l'île en bon état que de l'abandonner trop tôt.   N. P.

Das internationale Privatrecht des Bürgerlichen Gesetzbuchs (Le droit international privé du code civil), par le Dʳ Tʜ. Nɪᴇᴍᴇʏᴇʀ, professeur de droit à l'Université de Kiel, 1 vol. in-8°, Berlin, 1901, Guttentag, édit.— Le présent volume fait partie de la collection des monographies sur le nouveau code civil pour l'Empire allemand. Il est consacré au droit international privé. M. N. commence par faire l'historique des articles 7 à 31 de la loi d'introduction du code et expose les principes généraux dont s'est inspiré le législateur allemand dans la solution des conflits de lois. On y trouve des pages d'un très grand intérêt sur le rôle et la compétence du législateur d'un État en cette matière du droit international privé. La deuxième partie de l'ouvrage contient l'examen détaillé des règles consacrées par le nouveau code. L'auteur s'étend longuement sur la substitution du principe de la loi nationale à celui de la loi du domicile, jusqu'ici généralement suivi dans le droit allemand, et sur la fameuse théorie du renvoi dont l'article 27 du code fait une application limitée. Une dernière partie est consacrée à l'étude de questions transitoires et au droit résultant des traités conclus par l'Empire allemand avec les autres États. La clarté dans l'exposé et la vigueur de l'argumentation qu'accompagne un sens profond de la valeur pratique des solutions consacrées par le code allemand rendent la lecture de l'ouvrage du savant professeur de l'Université de Kiel attachante et très instructive.   N. P.

Le Transsaharien et la pénétration française en Afrique (avec une carte), par Mᴀᴜʀɪᴄᴇ Hᴏɴᴏʀᴇ́, docteur en droit, avocat à la cour d'appel de Paris, 1 vol. in-8°, Paris, 1901, Pedone, édit. — Les populations du Nord de l'Afrique sont séparées de celles de l'intérieur par un vaste désert : le Sahara. Il en résulte à divers points de vue de sérieux inconvénients. N'est-il aucun moyen de les supprimer ? Dès la fin du XVIIIᵉ siècle, et pendant une grande partie du XIXᵉ, on a cherché à établir des routes de pénétration à travers le Sahara : de nombreuses expéditions furent faites dans cet esprit, et M. H. en retrace l'histoire dans ses moindres détails. Mais l'invention des chemins de fer et l'extension que ceux-ci prirent dans le monde entier firent bientôt envisager d'une autre façon l'idée transsaharienne : en 1860 le commandant Hanoteau songea à la création d'un chemin de fer reliant Alger à Tombouctou, et depuis lors les projets se succédèrent assez nombreux : aucun toutefois ne s'est encore réalisé. Quelles seraient les conséquences de la construction d'un chemin de fer transsaharien ?

M. H. reconnaît qu'au point de vue politique, elle présenterait pour la France des avantages réels, mais il ne dissimule pas qu'elle rencontrerait de graves objections au point de vue économique : le transit des marchandises ne lui paraît pas devoir compenser les frais d'établissement qu'elle nécessiterait. Dans un dernier chapitre, l'auteur étudie les différents tracés proposés pour le Transsaharien.

Leges constitutionales de Mexico durante el siglo XIX (Les lois constitutionnelles du Mexique pendant le XIX⁰ siècle), par M. José GOMBOA, sous-secrétaire des relations extérieures, professeur de droit constitutionnel et administratif à l'École nationale de commerce, etc., 1 vol. in-8⁰, Mexico, 1901, Imprimerie du ministère de Fomento. — L'auteur, qui occupe dans son pays une situation considérable, a réuni dans cet ouvrage les différentes Constitutions mexicaines successivement promulguées durant le XIX⁰ siècle, sans oublier l'éphémère Constitution de Maximilien. Il y a joint le texte des trois Constitutions dont se sont inspirés les Constituants mexicains : la Constitution américaine, la Constitution française de 1793 et la Constitution espagnole de 1812. En guise d'Introduction, M. G. a placé en tête de ce recueil un discours prononcé par lui le 24 novembre 1900, au nom de l'Académie de législation et de jurisprudence, au Congrès scientifique national, dans lequel il retrace à grands traits l'histoire constitutionnelle de son pays, explique la genèse des révolutions qui l'ont troublé avant l'établissement du gouvernement réparateur du général Diaz. Ce discours est à lire. On y voit notamment comment dès 1783 un homme d'État perspicace, le Comte d'Arunda, avertissait son Souverain de l'impossibilité de garder longtemps les colonies d'Amérique et s'efforçait de trouver les moyens de parer à cette éventualité.

II. — PUBLICATIONS PÉRIODIQUES.

FRANCE. = Annales des sciences politiques (anciennement Annales de l'École libre des sciences politiques). — 1901. N⁰ 5. LEFÉBURE. A la conquête d'un isthme : les États-Unis et l'Europe. — DOLLOT. Un condominium dans l'Europe centrale : Moresnet. — DUPUIS. Chronique internationale (1901).

Bulletin du Comité de l'Afrique française.— 1901. Août. A propos des missions marocaines. — Le chemin de fer d'Éthiopie.— L'occupation de l'Extrême Sud oranais. — La vérité sur Fachoda. — De la Côte d'Ivoire au Soudan.— Algérie. — Tunisie.— Afrique occidentale française. — Guinée française. — Dahomey. — Congo français.— Territoires militaires du Tchad. — Madagascar. — Maroc. — Libéria. — État indépendant du Congo.— Transvaal. — Éthiopie. — Possessions britanniques et allemandes. = Septembre. Autour du lac Tchad.— Les affaires du Maroc.— Dans le Haut-Oubangui. — Les concessions du Congo français.— Algérie.— Tunisie. — Afrique occidentale française.— Guinée française.— Côte d'Ivoire.— Dahomey. — Congo français. — Madagascar.— Côte française des Somalis.— Maroc.— Égypte.— Éthiopie.— État indépendant du Congo.— Transvaal. — Libéria. — Possessions britanniques, allemandes et italiennes. — La Haute Côte d'Ivoire occidentale. — La justice en Afrique occidentale.

Correspondant. — 1901. 10 juillet. Déclaration des évêques et chefs des missions catholiques françaises en Chine. — DE LA VAULX. La traversée de la Méditerranée en ballon. — DE LANZAC DE LABORIE. Une œuvre française : le canal de Suez. = 25. PIOLET. Les missions catholiques françaises. — BURET. Blessés et médecins dans les guerres modernes. = 10 août. DE VERNOUILLET. En Chine. Notes inédites d'un diplomate sur l'expédition de 1860. — ALLARD. Un précurseur du Sionisme. — DE PARVILLE. Ballons dirigeables. = 25. DÉSERS. Chez les Slaves de Bosnie.

Économiste français. — 1901. 6 juillet. Le commerce extérieur de la France et de l'Angleterre pendant les cinq premiers mois de 1901. — Le Maroc et la politique française. = 20 et 27. Le commerce extérieur de la France et de l'Angleterre pendant les six premiers mois de 1901. = 3 août. L'État du Congo et la Belgique. — Le mouvement commercial de l'Indo-Chine en 1900. = 10 *août*. Les marines marchandes et la navigation commerciale. — Le commerce extérieur des États-Unis en 1900-1901. — Le mouvement de la navigation des ports ouverts en Chine pendant les seize dernières années. = 17. Le commerce extérieur de la France pendant les sept premiers mois de 1901. = 24. Le recensement de 1901 en France. — Une prochaine revision des tarifs douaniers est-elle possible ? — Le commerce de l'Inde en 1900-1901. — Le commerce extérieur de l'Égypte en 1900. — La navigation dans les ports allemands. = 31. La dépréciation du change dans les pays à finances avariées : l'Espagne. — Le commerce extérieur de la France et de l'Angleterre pendant les sept premiers mois de 1901.

Études religieuses, philosophiques, historiques et littéraires. — 1901. 5 *juillet*. BRUCKER. Les missionnaires catholiques aujourd'hui et autrefois. — TOBAR. Correspondance de Chine : nouveaux décrets impériaux. = 20. DE LA BRIÈRE. Une ambassade à Rome sous Henri IV. = 5 *août*. PRÉLOT. Le Concordat est-il respecté ? = 20. PRÉLOT. Le concordat est-il respecté ? — DUDON. Chronique des missions en Amérique.

Journal du droit international privé. — 1891. Nᵒˢ V-VI. PICARD. Le droit et sa diversité nécessaire d'après les races et les nations. — FIORE. Du conflit entre les dispositions législatives de droit international privé. — DARRAS. De la connaissance, de l'application et de la preuve de la loi étrangère. — LECHOPIÉ. Du droit médical dans les rapports internationaux. — CHAVEGRIN. Notes et renseignements relatifs à la propriété littéraire et artistique. — De l'assistance maritime et du sauvetage. — LAURENT. La convention franco-belge du 8 juillet 1899 sur la compétence et l'exécution des jugements (point de vue belge). — JURISPRUDENCE. (France: Abordage en dehors des eaux territoriales françaises, navire étranger [Trib. com. Marseille, 21 déc. 1900] ; Accident du travail, ouvrier étranger [Paris, 16 mars 1901 ; Trib. civ. Nice, 26 déc. 1900 ; Douai, 14 nov. 1900] ; Compétence, Français et Belges, convention du 8 juillet 1899] [Trib. com. Seine, 20 févr. 1901] ; Échelles du Levant, compétence [Aix, 5 déc. 1898 et 24 oct. 1900] ; Naturalisation frauduleuse à l'étranger, compétence (Trib. civ. Seine, 19 juillet 1900 et Paris, 13 mars 1901] ; Faillite, convention franco-belge du 8 juillet 1899 [Trib. com. Seine, 29 sept. 1900] ; Nationalité [Indo-Chine, 5 janv. 1899 ; Cass., 14 juin 1900 ; Cons. d'État, 29 juill. 1898] ; Séjour des étrangers [Trib. corr. Seine, 15 avr. 1901] ; Traités diplomatiques [Paris, 5 mars 1901]. — Allemagne : Abordage en haute mer, navires de nationalités différentes [Reichsgericht, 10 nov. 1900]. — Grande-Bretagne : Violation et invasion de territoire étranger, troupe armée, affaire Jameson [Haute Cour de justice, 20 mars 1899]. — Autriche : Nationalité [Trib. supér. admin., 14 janv. 1897]. — Echelles du Levant : Tribunal consulaire, compétence, Persan et Italien [Trib. consul. d'Italie à Constantinople, 31 mai 1897]. — États-Unis d'Amérique : Annexion et démembrement de territoire, Porto Rico [Cour de district de Saint-Paul]. — Italie : Association étrangère, personnalité civile [Cass. Turin, 17 janv. 1900]. — Russie : Association étrangère, personnalité juridique [Trib. Odessa]). — DOCUMENTS (Conférence internationale de la Paix : Liste des puissances qui ont ratifié la convention pour le règlement pacifique des conflits internationaux ; liste des membres de la Cour permanente d'arbitrage. — France et Belgique: Décret du 3 décembre 1900 approuvant et publiant la déclaration du 16 novembre 1900 entre la France et la Belgique pour la transmission des actes judiciaires et extrajudiciaires en matière civile et commerciale). — FAITS ET INFORMATIONS (Angleterre: Étrangers assesseurs dans une Cour navale anglaise. — Chine et France: Indemnité de guerre, formes et délais des réclamations. — États-Unis d'Amérique : Ouvrier étranger blessé, indemnité. — France: Extradition, statistique pour 1898. — France, Chine et Japon: Mariages entre Français et étrangers à l'étranger. — Japon : Émigration, service militaire. — Suisse et Russie: Consul russe à Genève : offense. — Turquie: Nationalité ottomane, acquisition, avis du Conseil d'État).

Nouvelle Revue. — 1901. 15 *août*. TARDIEU. La diplomatie française en Chine. =

1er *septembre*. DE MAURY. La question islandaise. — DE RICARD. Le mouvement cata-laniste.

Nouvelle Revue internationale.— 1901. 30 *juin* et 31 *juillet*. SIEFERT. La France en Chine.

Quinzaine. — 1901. 1er *juillet*. ANGO DES ROTOURS. La France chrétienne au dehors. = 16. THIRION. Le Transsaharien.

Revue de géographie. — 1901. *Juillet*. CUNY. La conquête du Touat et le Maroc. — BRISSE. Le développement colonial allemand. — L. R. La question des câbles sous-marins. = *Août*. BRUGIÈRE. L'expansion européenne pendant le XIXe siècle. — BRISSE. Le développement colonial allemand. — DORNIN. Du Soudan au Maroc et à l'Algérie.

Revue de Paris. — 1901. 15 *août*. SI MOHAMMED EL HACHAICHI. Chez les Semoussis et les Touaregs. — VIALATTE. Lord Rosebery. — DAIREAUX. Italiens et Français en Argentine. = 1er *septembre*. HERBETTE. Une ambassade turque à Paris en 1797. — BOLLACK ET MICHEL BRÉAL. Le choix d'une langue internationale. = 15. SI MOHAMMED EL HACHAICHI. Chez les Semoussis et les Touaregs. — DE FONTMAGNE. Un conflit franco-turc en 1857. — LAVISSE. La seconde visite impériale (Le Tsar Nicolas II en France).

Revue d'Europe. — 1901. *Juillet*. F. PASSY. La guerre et l'arbitrage. — KIENLIN. En Hongrie. — TURR. Les Balkans sont calmes. — DE STIEGLITZ. La Grande-Bretagne et sa politique Sud africaine. — J. K. En Bosnie-Herzégovine ; les Musulmans. = *Août* DE STIEGLITZ. La Grande-Bretagne et sa politique Sud africaine.

Revue d'histoire diplomatique. — 1901. No 3. GREPPI. La mission du Comte Carletti à Paris. — Les anciens uniformes du ministère des affaires étrangères. — COQUELLE. Les projets de descente en Angleterre, d'après les archives des affaires étrangères. — KRAUSS. L'évolution du Pangermanisme.

Revue du monde catholique. — 1901. 15 *août*. S. B. Le Congrès de la Paix et le protectorat en Chine.

Revue française de l'étranger et des colonies. — 1901. *Juillet*. VASCO. Le développement de l'Indo-Chine. — DEMANCHE. La question des câbles français. — Le territoire du Tchad. — La guerre au Transvaal. = *Août*. Vers Fachoda à travers l'Abyssinie. — La guerre au Transvaal.

Revue générale des sciences pures et appliquées. — 1901. 30 *juin* et 15 *juillet*. CUREAU. Notes sur l'Afrique équatoriale. = 15 *août*. BICHON. Le commerce extérieur de la France au XIXe siècle.

Revue maritime et coloniale. — 1901. *Juin*. D'AURIAC. Le démembrement de la Chine. — MOUCHEZ. Le blocus de Brest.

Revue politique et parlementaire. — 1901. *T.* XXIX, No 86. *Août*. DUMAS. De la responsabilité du pouvoir exécutif considérée comme l'une des sanctions de l'arbitrage international. — ALCIDE EBRAY. La politique extérieure du mois. = *T.* XXIX, No 87. *Septembre*. ALCIDE EBRAY. La politique extérieure du mois.

Revue universelle (anciennement Revue encyclopédique Larousse). — 1901. 20 *juillet*. FROCARD. La guerre anglo-boër. = 3 *août*. REGELSPERGER. La mission Lenfant. = 10. PAISANT. Etats-Unis (1896-1900). — La traversée de la Méditerranée en ballon. = 24. Les pigeons-voyageurs. — LEJEAL. Canada (1896-1901).

Université catholique. — 1901. *Août*. GRABINSKI. La Triple alliance d'après de nouveaux documents. — GERMAIN. La situation des Catholiques aux États-Unis.

ALLEMAGNE. = Grenzboten. — 1901. 11 *juillet*. La campagne de Chine.= 25 *juillet* et 8 *août*. Hollande et Allemagne. = 15. Italie et Albanie.

Historisch-Politische Blætter. — 1901. 16 *août*. La formation des peuples.

Zeit. — 1901. 10 *août*. CROAT. Les partis politiques en Croatie. = 17. L'Autriche et l'Italie en Albanie. — CROAT. Les partis politiques en Croatie.

BELGIQUE. = **Revue de droit international et de législation comparée.** — 1901. N° 4. GUILLAUME. Admission des bâtiments de guerre étrangers dans les eaux et les ports belges. — DE PAEPE. De la compétence à l'égard des étrangers dans les affaires maritimes et de la loi applicable à l'abordage. — WESTLAKE. Notes sur la neutralité permanente. — PÉRITCH. De la condition juridique des Bosniaques et des Herzégoviniens en pays étrangers. — NYS. L'État et la notion de l'État. — ASSER. Les projets de convention de la Haye pour le droit international privé. — JASPAR. Le sixième Congrès pénitentiaire international.

Revue générale. — 1901. *Août et Septembre.* LECLERCQ. Le conflit entre la Russie et la Finlande.

COLOMBIE. = **Anales diplomaticos y consulares de Colombia.** — 1900-1901. N° 4-6. Décrets sur les agents diplomatiques et consulaires. — Visite du vapeur allemand *Vineta* dans les ports colombiens. — Limites de la Colombie et du Vénézuéla. — Limites de la Colombie et du Costa-Rica. — La question Cerruti. — CHRONIQUE INTERNATIONALE (La Conférence de la Paix de la Haye. — Le Congrès hispano-américain de Madrid. — Le Congrès scientifique latino-américain de Montevideo. — Chili, Pérou et Bolivie : Discussion sur la restitution du littoral bolivien et les territoires de Tacna et Arica. — États-Unis d'Amérique : Modifications du Sénat américain au traité Hay-Pauncefote). — DOCUMENTS (Contrats pour la construction du canal de Panama).

ESPAGNE. = **Cuidad de Dios.** — 1901. 20 *juillet.* TONNA-BARTHET. La question du Maroc.

ÉTATS-UNIS DE L'AMÉRIQUE DU NORD. = **American historical Review.** — 1901. *Juillet.* MILLER. La République de Saint-Marin.

Catholic World. — 1901. *Juillet.* COTHONAY. Une vue de missionnaire sur la question chinoise.

Nation. — 1901. 25 *juillet.* Le canal de l'Isthme. — Allemagne et États-Unis.

North American Review— 1901.*Juillet.*ROWE.Signification du problème de Porto Rico. — HAROLD COX. Progrès américain et commerce britannique. — JOHNSON. Excédents immenses de nos exportations.= *Août.* EDMUNDS. L'état des possessions territoriales des États-Unis.

GRANDE-BRETAGNE. = **Contemporary Review,** — 1901. *Août.* La politique étrangère de lord Rosebery. — ELTZBACHER. Les griefs maltais. = *Septembre.* HAVELOCK ELLIS. Le génie de la Russie.

Edinburgh Review. — 1901. *Juillet.* La Grèce et l'Asie. — Sud-Afrique. — La situation en Extrême-Orient.

Empire Review. — 1901. *Août.* DAVID MILLS. L'unité de l'Empire britannique. — DE THIERRY. L'origine de l'hostilité hollandaise dans l'Afrique du Sud. — TONKIN. La traite dans le Nord de la Nigeria. — UN RÉSIDENT. Le territoire de Wei-hai-Wei. — GRESWELL. La question de la langue dans l'Afrique du Sud. = *Septembre.* DAVID MILLS. L'unité de l'Empire britannique. — DE THIERRY. Les loyalistes dans l'Afrique du Sud. — TONKIN. La traite dans le Nord de la Nigeria. — KOPSCH. Le commerce de la Grande-Bretagne avec la Chine.

Fortnightly Review. — 1901. *Août.* GYBBON SPILSBURY. Espagne et Maroc. — SYDNEY BROOKS. L'Impérialisme américain. — Fox BOURNE. La crise du Congo. = *Septembre.* IWAN MULLER. L'organisation de l'Afrique du Sud.

Monthly Review. — 1901. *Septembre.* MALLOCK. La prétendue décadence économique de la Grande-Bretagne. — BILL. Problèmes étrangers non résolus. — DUFFIELD. Le cas de l'Italie contre ses alliés.

National Review. — 1901. *Août.* FAIRPLAY. Le cas de la Compagnie des chemins de fer néerlandais. — La plus Grande-Bretagne. = *Septembre*. Edward Grey. Les causes de la guerre de l'Afrique du Sud. — Maurice Loir. Affaires américaines. — Walter Raleigh. L'anatomie du Pro-Boër. — Sud-Afrique. — Plus Grande-Bretagne.

Nineteenth Century. — 1901. *Août*. Morel. L'État du Congo et le Bahr-el-Ghazal. — Brassey. Le gouvernement fédéral pour le Royaume-Uni et l'Empire. = *Septembre*. Werouian. Les premiers colons dans l'Afrique du Sud.

Quarterly Review. — 1901. *Juillet*. La question de Terre-Neuve. — Le fiasco chinois. — Le Nil noir et l'Ouganda. — L'aube de la Grèce.

Tablet. — 1901. 6 *juillet*. Réoccupation de Bahr-el-Ghazal. = 20. Europe et Morocco. = 17 *août*. La question des langues à Malte. = 24. Le Soudan et les missions. — Massacre de Catholiques en Chine.

Westminster Review. — 1901. *Août*. Struthers. L'Afrique du Sud et l'Impérialisme. — Tais-Ko et Chas-Starford. l'imbroglio russo-chinois. = *Septembre*. O'Brien. Les principes de la politique étrangère de Gladstone. — White. Les conséquences de la présente guerre.

ITALIE. = **Civilta cattolica.** — 1901. *Juillet*. Progrès de l'anarchisme international. = *Août*. De la paix internationale.

Economista. —1901. 5 *mai*. Le commerce international italien du premier trimestre. — L'Italie en Extrême-Orient. — L'Allemagne et les traités de commerce. = 19. Les traités de commerce et le discours de M. Luzzatti. = 26. La lutte commerciale internationale. = *Juin*. Le commerce international de l'Italie dans les cinq premiers mois de 1901. = 7 *juillet*. La lutte commerciale internationale. = 14. Règlement sur l'émigration. = 28. La lutte commerciale internationale. = 18 *août*. Règlement sur l'émigration. = 25. Le commerce italien dans le premier semestre de 1901.

Nuova Antologia. — 1901. 1er *mai*. Un député italien au parlement autrichien. Le Parlement autrichien et les députés italiens. = 16. Gioda. Vincenzo Gioberti et Francesco Crispi. = 1er *juillet*. Flora. Le conflit chinois : la question de l'indemnité. = 1er *août*. Labanco. La protection des missionnaires.

Rassegna nazionale. — 1901. 1er *mai*. La question romaine et Mgr Ireland. = 16. Emiliani. Strasbourg et l'Alsace. — Lombardi. Pour le premier centenaire de la naissance de Vincenzo Gioberti.

RUSSIE. = **Journal du ministère de l'instruction publique.** — 1901. *Mars*. La Slaviologie et sa propagande dans la société russe. = *Avril*. Scepkine. L'alliance austro-russe pendant la guerre de Sept ans. = *Mai*. Oulianitski. Système de droit international par Siméon. = *Juillet*. Scepkine. L'alliance austro-russe pendant la guerre de Sept ans.

SUISSE. = **Bibliothèque universelle et Revue suisse.** — 1901. *Juin*. Nestlen-Tricoche. Le problème noir aux États-Unis. — Piton. Les troubles de Chine et les missionnaires.

Bulletin international des Sociétés de la Croix-Rouge. — 1901. *Juillet*. N° 127. La prochaine Conférence internationale des Sociétés de la Croix-Rouge. — Le Comité central allemand et la guerre Sud africaine. — Projet de loi au Conseil fédéral allemand sur la protection de l'emblème de la convention de Genève. — La Croix-Rouge dans les récentes émeutes en Espagne. — Le Congrès international des œuvres d'assistance en temps de guerre. — L'enquête anglaise au Sud de l'Afrique. — Ambulances néerlandaises de la Croix-Rouge dans le Sud de l'Afrique. — Le Portugal et les réfugiés boërs. — Du droit d'accéder à la convention de Genève : réponse du Conseil de l'Institut de droit international à M. G. Moynier.

en rappelant les « prises » qui leur étaient reconnues. — Toutefois, à partir de 1832, les règlements complétèrent les dispositions de 1753 en prescrivant que, si le matériel enlevé à l'ennemi était un matériel de guerre, il devait être rétrocédé à l'État, moyennant indemnité au capteur. — Enfin, le décret du 28 mai 1895, réunissant le chapitre des partisans à celui des détachements, séparés dans le règlement de 1883, reproduit pour la répartition des prises faites par les détachements, les dispositions admises jusque-là pour les prises faites par les partisans, mais ne l'étend pas aux unités constituées organiquement. — Si, maintenant, des règlements relatifs au service en campagne on passe à ceux d'administration, on constate que l'article 259 *quater* du règlement du 13 avril 1869 sur la comptabilité publique prévoit la « répartition des prises sur l'ennemi ». « Le montant brut des prises, dit-il, est partagé entre l'État et les capteurs... Les prises faites par les détachements agissant isolément leur appartiennent intégralement ». Du rapprochement de ces deux prescriptions, il semble résulter que le règlement du 13 avril 1869 prévoit, à la fois, les prises faites par une unité quelconque et celles faites par un détachement isolé. Toutefois, pour que le texte en fût absolument clair, il eût fallu qu'il définit nettement les « capteurs » et les « détachements » opérant isolément ou non. — De cette analyse, il résulte que tous les règlements sur le service en campagne, depuis l'ordonnance de 1753 jusqu'au décret du 28 mai 1895, restreignent aux détachements, sans toutefois les définir, l'usage des prises qui remonte à l'année 1710. — Dans l'ordre administratif, le premier alinéa de l'article 259 du règlement du 13 avril 1869 pourrait être invoqué pour reconnaître à une unité quelconque le droit de prise ; mais les termes n'en sont pas assez précis, et sont en tout cas en contradiction avec ceux du règlement sur le service en campagne qu'il cite à l'appui de son texte. — Au surplus, l'usage d'opérer une vente régulière des prises et d'en répartir le produit est en quelque sorte tombé en désuétude depuis de nombreuses années. Dès lors, l'article 109 du décret du 28 mai 1895 (1) sur le service en campagne, traitant des prises en temps de guerre, n'est plus en harmonie avec nos mœurs militaires, qui se sont transformées en même temps que l'organisation des forces du pays. Il constitue aujourd'hui un anachronisme dans nos règlements, donc il doit disparaître. — Si vous approuvez cette proposition, j'ai l'honneur de vous prier de vouloir bien revêtir de votre signature le projet de décret ci-joint.

Veuillez agréer, Monsieur le Président, l'hommage de mon respectueux dévouement.

Le ministre de la guerre,
Général L. ANDRÉ.

(1) Cet article 109 est ainsi conçu : « Les prises faites par les détachements leur appartiennent, lorsqu'elles ne se composent que d'objets enlevés à l'ennemi ; elles sont estimées et vendues par les soins du chef d'état-major et de l'intendant ou du sous-intendant, au quartier du général qui a ordonné l'expédition et, autant que possible, en présence d'officiers et de sous-officiers du détachement. — Si la troupe n'est pas rentrée, les fonds sont versés chez le payeur pour être distribués à qui de droit. — Quand les prises sont envoyées dans une place, le commandant de cette place supplée le chef d'état-major. — Les armes, les munitions de guerre ou de bouche ne sont jamais partagées ni vendues ; et le commandement supérieur détermine l'indemnité à allouer à ceux qui les ont prises. — Les officiers supérieurs ont chacun cinq parts ; les capitaines, quatre ; les lieutenants et les sous-lieutenants, trois ; les sous-officiers, deux ; les caporaux, brigadiers et soldats, une ; le commandant de l'expédition en a six en sus de celles que lui donne son grade. — Quand, dans une prise, il se trouve des chevaux ou d'autres objets appartenant aux habitants, ils leur sont rendus. — Les chevaux enlevés à l'ennemi sont remis au service de la remonte, qui les paye d'après le tarif arrêté par le commandement ou les fait vendre aux enchères s'ils sont impropres au service. Le prix en est distribué aux hommes qui les ont pris. — Les officiers de la troupe qui a enlevé les chevaux et ceux qui ont pris part à l'action sont autorisés à se remonter les premiers, aux prix fixés par les tarifs. — Les chevaux amenés par les déserteurs sont également remis au service de la remonte, qui en dispose au profit de l'État ».

II. — Décret.

Le Président de la République française, sur le rapport du ministre de la guerre, décrète :

Article 1er. — L'article 109 (prises) du décret du 28 mai 1895, portant règlement sur le service des armées en campagne, est abrogé.

Art. 2. — Le ministre de la guerre est chargé de l'exécution du présent décret.

Fait à Paris, le 26 juin 1901.

Émile Loubet.

Par le Président de la République :
Le ministre de la guerre,
Général L. André.

———

France et Portugal. — Convention relative a la délimitation des possessions françaises et portugaises dans l'Afrique occidentale, signée a Paris le 12 mai 1886.

Le Président de la République française et Sa Majesté le Roi de Portugal et des Algarves, animés du désir de resserrer par des relations de bon voisinage et de parfaite harmonie les liens d'amitié qui existent entre les deux pays, ont résolu de conclure, à cet effet, une convention spéciale pour préparer la délimitation de leurs possessions respectives dans l'Afrique occidentale, et ont nommé pour leurs plénipotentiaires, savoir : Le Président de la République française, M. Girard de Rialle, ministre plénipotentiaire, chef de la division des archives au ministère des affaires étrangères, chevalier de l'ordre national de la Légion d'honneur, etc., et M. le capitaine de vaisseau O'Neill, commandeur de l'ordre national de la Légion d'honneur, etc. ; Sa Majesté le Roi de Portugal et des Algarves, M. João d'Andrade Corvo, conseiller d'Etat, vice-Président de la Chambre des pairs, grand'croix de l'ordre de Saint-Jacques, grand'croix de l'ordre de la Légion d'honneur, son envoyé extraordinaire et ministre plénipotentiaire près le gouvernement de la République française, etc., et M. Carlos Roma du Bocage, député, capitaine de l'Etat-major du génie, son officier d'ordonnance honoraire et attaché militaire à la légation près Sa Majesté l'Empereur d'Allemagne, Roi de Prusse, chevalier de l'ordre de Saint-Jacques, officier de l'ordre de la Légion d'honneur, etc. ; Lesquels, après avoir échangé leurs pleins pouvoirs trouvés en bonne et due forme, sont convenus des articles suivants :

Article 1er. — En Guinée, la frontière qui séparera les possessions françaises des possessions portugaises suivra, conformément au tracé indiqué sur la carte n° 1 annexée à la présente convention : — Au Nord, une ligne qui, partant du cap Roxo, se tiendra, autant que possible, d'après les indications du terrain, à égale distance des rivières Cazamansa (Casamansa) et San Domingo de Cacheu (Sao Domingo de Cacheu), jusqu'à l'intersection du méridien 17°30' de longitude ouest de Paris avec le parallèle 12°40' de latitude nord. Entre ce point et le 16° de longitude ouest de Paris, la frontière se confondra avec le parallèle 12°40' de latitude nord. — A l'Est, la frontière suivra le méridien de 16° ouest, depuis le parallèle 12°40' de latitude nord jusqu'au parallèle 11°40' de latitude nord. — Au Sud, la frontière suivra une ligne qui partira de l'embouchure de la rivière Cajet, située entre l'île Catack (qui sera au Portugal) et l'île Triasto (qui sera à la France) et se tenant autant que possible, suivant les indications du terrain, à égale distance du Rio-Componi (Tabati) et du Rio-Cassini, puis de la branche septentrionale du Rio-Componi (Tabati) et de la branche méridionale du Rio-Cassini (Marigot de Kahoudo) d'abord, et du Rio-Grande ensuite, viendra aboutir au point d'intersection du méridien 16° de longitude ouest et du parallèle 11°40' de latitude nord. — Appartiendront au Portugal toutes les îles comprises entre le méridien du cap Roxo, la côte et la limite sud formée par une ligne qui suivra le thalweg de la rivière Cajet et se dirigera ensuite au Sud-Ouest à travers la passe des Pilotes pour gagner le 10°40' latitude nord avec lequel elle se confondra jusqu'au méridien du cap Roxo.

Art. 2. — Sa Majesté le Roi de Portugal et des Algarves reconnaît le protectorat de la France sur le territoire du Fouta-Djallon, tel qu'il a été établi par les traités passés en 1881 entre le gouvernement de la République française et les Almamys du Fouta-Djallon.— Le gouvernement de la République française,de son côté, s'engage à ne pas chercher à exercer son influence dans les limites attribuées à la Guinée portugaise par l'article 1er de la présente convention. Il s'engage, en outre, à ne pas modifier le traitement accordé, de tout temps, aux sujets portugais par les Almamys du Fouta-Djallon.

Art. 3. — Dans la région du Congo, la frontière des possessions portugaises et françaises suivra, conformément au tracé indiqué sur la carte n° 2 annexée à la présente convention, une ligne qui, partant de la pointe de Chamba, située au confluent de la Loema ou Louisa-Loango et de la Lubinda, se tiendra, autant que possible et d'après les indications du terrain, à égale distance de ces deux rivières, et à partir de la source la plus septentrionale de la rivière Luali, suivra la ligne de faîte qui sépare les bassins de la Loema ou Louisa-Loango et du Chiloango, jusqu'au 10°30' de longitude est de Paris, puis se confondra avec ce méridien jusqu'à sa rencontre avec le Chiloango, qui sert en cet endroit de frontière entre les possessions portugaises et l'Etat libre du Congo. — Chacune des Hautes Parties Contractantes s'engage à n'élever à la pointe de Chamba aucune construction de nature à mettre obstacle à la navigation. — Dans l'estuaire compris entre la pointe de Chamba et la mer, le thalweg servira de ligne de démarcation politique aux possessions des Hautes Parties Contractantes.

Art. 4. — Le gouvernement de la République française reconnaît à Sa Majesté très fidèle le droit d'exercer son influence souveraine et civilisatrice dans les territoires qui séparent les possessions portugaises d'Angola et de Mozambique, sous réserve des droits précédemment acquis par d'autres puissances, et s'engage, pour sa part, à s'y abstenir de toute occupation.

Art. 5. — Les citoyens français dans les possessions portugaises sur la côte occidentale d'Afrique et les sujets portugais dans les possessions françaises sur la même côte seront respectivement, en ce qui concerne la protection des personnes et des propriétés, traités sur un pied d'égalité avec les sujets et les citoyens de l'autre puissance contractante. Chacune des Hautes Parties Contractantes jouira, dans lesdites possessions, pour la navigation et le commerce, du régime de la nation la plus favorisée.

Art. 6. — Les propriétés faisant partie du domaine de l'Etat des Hautes Parties Contractantes, dans les territoires qu'elles se sont mutuellement cédés, feront l'objet d'échanges et de compensations.

Art. 7. — Une Commission sera chargée de déterminer, sur les lieux, la position définitive des lignes de démarcation prévues par les articles 1 et 3 de la présente convention, et les membres en seront nommés de la manière suivante : — Le Président de la République française nommera,et Sa Majesté très fidèle nommera deux Commissaires. — Les Commissaires se réuniront au lieu qui sera ultérieurement fixé, d'un commun accord, par les Hautes Parties Contractantes et dans le plus bref délai possible après l'échange des ratifications de la présente convention. — En cas de désaccord, les dits Commissaires en référeront aux gouvernements des Hautes Parties Contractantes.

Art. 8. — La présente convention sera ratifiée, et les ratifications en seront échangées à Lisbonne aussitôt que faire se pourra.

En foi de quoi, les plénipotentiaires respectifs ont signé la présente convention et y ont apposé le sceau de leurs armes.

Fait à Paris, le douze mai mil huit cent quatre-vingt-six.

(L. S.) *Signé* : GIRARD DE RIALLE.
(L. S.) *Signé* : COMMANDANT O'NEILL.
(L. S.) *Signé* : J. D'ANDRADE CORVO.
(L. S.) *Signé* : CARLOS ROMA DU BOCAGE.

France et Portugal. — Arrangement entre la France et le Portugal, signé le 23 janvier 1901, en vue d'interpréter l'article 3 de la convention du 12 mai 1886.

A partir de la borne D, placée par la Commission mixte au point terminus de la ligne médiane entre la rivière Loema ou Louisa-Loango et la rivière Lubinda, la frontière des possessions françaises et portugaises rejoindra la ligne de faîte qui sépare les bassins de la Loema ou Louisa-Loango et du Chiloango, en suivant la ligne de partage des eaux entre le bassin de la Lufica, d'une part, et celui de la Lubinda, d'autre part, et en se rapprochant autant que possible du parallèle qui passe par la borne D susmentionnée. — La frontière se confondra ensuite avec la ligne de faîte qui sépare les bassins de la Loema ou Louisa-Loango et du Chiloango jusqu'au parallèle du confluent de la rivière Bilisi avec la rivière Luali, elle suivra ce parallèle jusqu'au dit confluent, puis le thalweg de la rivière Luali jusqu'à sa source. — A partir de ce point, la frontière se confondra avec la ligne de faîte qui sépare les bassins de la Loema ou Louisa-Loango et du Chiloango, jusqu'à la source de la première rivière qui se trouve par environ 10° 22′ 50″ longitude est de Paris et environ 4° 21′ 11″ latitude sud. — A partir de ce point, la frontière suivra la ligne de partage des eaux des bassins du Niari-Quillou, au Nord, et du Chiloango, au Sud, jusqu'au méridien 10° 30′ longitude est de Paris, en se rapprochant autant que possible du parallèle qui passe par la source de la rivière Loema ou Louisa-Loango sus-indiquée. — La frontière suivra ensuite le méridien 10° 30′ jusqu'au point d'intersection avec la crête des hauteurs qui limite le soulèvement dit « forêt de Mayumbe », puis elle se confondra avec cette crête jusqu'à sa rencontre avec la rivière Chiloango, qui sert en cet endroit de frontière entre les possessions portugaises et l'Etat libre du Congo.

———

France et Grande-Bretagne. — Convention conclue a Paris le 3 avril 1901 pour le règlement, par arbitrage, des affaires du « Sergent-Malamine » et de « Waïma ».

Le gouvernement de la République française et le gouvernement de Sa Majesté britannique, s'étant mis d'accord pour régler, par arbitrage, les affaires du *Sergent-Malamine* et de Waïma, ont nommé pour leurs plénipotentiaires : Le Président de la République française, Son Excellence M. Th. Delcassé, député, ministre des affaires étrangères de la République française ; et Sa Majesté le Roi du Royaume-Uni de la Grande-Bretagne et d'Irlande,Empereur des Indes, Son Excellence le très honorable sir Edmund Monson, son ambassadeur extraordinaire et plénipotentiaire près le Président de la République française ; lesquels, dûment autorisés à cet effet, sont convenus des articles suivants :

Article 1er. — L'arbitre se prononcera définitivement : 1° sur le chiffre de l'indemnité à payer par le gouvernement français pour les victimes britanniques de l'affaire de Waïma ; 2° sur le chiffre de l'indemnité à payer par le gouvernement britannique pour la perte du *Sergent-Malamine* ; ce chiffre ne devra pas être inférieur à 5.000 livres sterling, ni supérieur à 8.000 livres sterling.

Art. 2. — Afin de permettre à l'arbitre de prononcer sa sentence, chacune des deux parties devra, dans le délai de deux mois à partir de l'échange des ratifications de la présente convention, lui présenter un Mémoire sur la question qu'elle lui soumet comme partie demanderesse. A ce Mémoire seront annexés tous les documents jugés nécessaires, l'exposé des faits et l'évaluation du préjudice, etc.

Art. 3. — Passé le délai prévu par l'article 2, chacune des parties aura un nouveau délai de deux mois pour présenter à l'arbitre, si elle le juge nécessaire, une réponse aux allégations de l'autre partie.

Art. 4. — Après un troisième délai de deux mois, la partie demanderesse aura la faculté de présenter à l'arbitre une contre-réponse.

LE RÉSEAU TÉLÉGRAPHIQUE SOUS-MARIN

EN TEMPS DE GUERRE

Si l'on peut dire avec raison que le XIXe siècle est le siècle de la science, une des découvertes qui ont rendu le plus de services à l'humanité est incontestablement celle de l'électricité et de ses applications. La transmission à distance de la pensée et de la parole, qu'on aurait à peine osé concevoir au début du siècle qui vient de finir, est aujourd'hui un fait acquis, et du jour où cette découverte est passée de l'expérience de laboratoire dans le domaine des applications pratiques, on a compris tout le parti qu'on pouvait en tirer pour la rapidité des communications écrites et verbales. Le territoire des différents États civilisés n'a pas tardé à se couvrir d'un réseau de fils télégraphiques non moins utile aux rapports commerciaux qu'aux relations politiques. Des conventions particulières, bientôt transformées en Union internationale, firent tomber, pour les communications télégraphiques, la barrière que les frontières des États opposaient aux relations entre les peuples. La science n'a pas encore dit son dernier mot, et le jour n'est peut-être pas éloigné où le télégraphe, réalisant un progrès nouveau, s'affranchira du réseau aérien ou souterrain de fils jusqu'ici indispensable à son fonctionnement (1).

La télégraphie électrique fut assez longtemps limitée au territoire continental des États, et les océans paraissaient constituer un obstacle insurmontable à son développement. En perfectionnant les appareils, on a pu, après de longs efforts, traverser les mers, et la télégraphie sous-marine, pour avoir été plus tardive, n'a été que plus audacieuse (2). Les océans, comme les continents, sont maintenant sillonnés de lignes télégraphiques qui mettent en communication les points les plus éloignés du globe. Si le réseau transocéanique est encore notablement inférieur aux nécessités des relations internationales, il faut en chercher la cause dans les difficultés considérables que présente la pose des câbles et dans le prix élevé auquel revient l'établissement d'une ligne sous-marine.

Au 25 mai 1901, il y avait plus de 350.000 kilomètres de câbles sous-

---

(1) La télégraphie sans fils semble entrer dans la période des applications puisqu'elle a déjà été employée par le général Greely aux Philippines (*Journal télégraphique*, 1900, p. 168).

(2) V. dans Wünschendorff, *Traité de télégraphie sous-marine*, Paris, 1888, in-8°, p. 1 et suiv., les déboires des premières Compagnies de câbles sous-marins lors de la pose de câbles entre la France et l'Angleterre et entre l'Europe et l'Amérique.

marins dans le monde et ce chiffre est destiné à s'augmenter de jour
en jour (1). Toutes les puissances maritimes ont rivalisé de zèle: en
1897, l'Allemagne avait plus de 8.000 kilomètres de câbles, l'Espagne
plus de 3.000 kilomètres, l'Italie environ 4.000 kilomètres, le Japon
2.000 kilomètres (2). L'Angleterre, les États-Unis et la France ont respectivement un réseau beaucoup plus étendu : la France, qui vient au troisième rang, a immergé plus de 30.000 kilomètres de lignes sous-marines, et c'est elle qui a posé le câble le plus long qui existe jusqu'à ce
jour (3) ; mais l'Angleterre dépasse de beaucoup toutes les autres nations réunies avec un énorme réseau de 300.000 kilomètres, représentant un capital d'un milliard.

Dans l'état actuel des communications télégraphiques, le monde entier
est le tributaire de la Grande-Bretagne, car c'est à Londres qu'aboutissent
la plupart des fils qui relient l'Europe aux autres continents. La France
a immergé deux câbles qui atterrissent en Amérique, mais dix câbles
relient l'Amérique du Nord à l'Angleterre ; l'Amérique du Sud et l'Afrique
sont étroitement enserrées par un réseau sous-marin qui est la propriété
de Compagnies anglaises et c'est encore par des fils anglais que les communications sont assurées avec l'Asie et l'Océanie.

Cette situation, fort importante au point de vue commercial, puisqu'elle contribue à faire de Londres, où s'établissent les cours de toutes
les marchandises, le marché du monde, est encore fort grave au point
de vue politique. Par sa rapidité d'information sur les événements qui
s'accomplissent sur tous les points du globe, l'Angleterre est en mesure
d'agir promptement, de donner des instructions à ses agents, des ordres
à ses escadres et de placer ses rivaux en présence du fait accompli.
Mais, non content des avantages qu'il tirait ainsi de son monopole télégraphique, le gouvernement britannique en a souvent abusé pour servir
ses intérêts au détriment de la courtoisie internationale et des égards
qu'il devait aux autres puissances. L'histoire de ces dernières années en
fournit de nombreux exemples.

(1) Le réseau sous-marin a exactement un développement de 358.137 kilomètres, dont
39.851 appartiennent aux États et 318.286 à des Compagnies privées. V. *Nomenclature
des câbles formant le réseau sous-marin du globe*, 8ᵉ édit., Berne, 1901, broch. in-4, et
la rectification dans le *Journal télégraphique*, 1901, p. 195. — V. d'ailleurs le développement progressif du réseau sous-marin, dans le *Journal télégraphique*, 1900, p. 194.

(2) *Journal télégraphique*, 1898, p. 3 ; 1899, p. 109, 122 et 127.

(3) Le câble français inauguré en 1898 entre Brest et les États-Unis qui a un développement de 6.116 kilomètres. — Au 25 mai 1901 le réseau français était de 31.746 kilomètres, pour 9.334 kilomètres la propriété de l'État et pour 22.412 kilomètres celle de
la Compagnie française des câbles télégraphiques. Il faut y ajouter le câble de Hué à
Amoy d'une longueur de 800 kilomètres et celui d'Oran à Tanger qui mesure 554 kilomètres, mis en service depuis cette date.

En 1870, la notification de la déclaration de guerre n'est transmise à l'escadre française d'Extrême-Orient qu'après avoir été communiquée aux navires de commerce allemands à ce moment dans les ports chinois. Lors de la campagne du Tonkin, en 1885, l'Angleterre se procure la clef du chiffre employé par le gouvernement français et prend avant celui-ci connaissance des dépêches de l'amiral Courbet ; de même, en 1893, les Instructions envoyées à l'amiral Humann au moment du conflit franco-siamois sont communiquées au Foreign Office par les Compagnies anglaises chargées de les transmettre. En 1888, un télégramme du gouverneur du Congo au Roi des Belges au sujet de l'expédition Stanley-Emin Pacha est connu par la presse anglaise avant d'être parvenu à destination ; il en est de même du succès de l'expédition du général Duchesne à Madagascar en 1895. Enfin, en 1894, la mort du Sultan du Maroc, susceptible d'entraîner de graves complications, est dissimulée pendant vingt-quatre heures aux gouvernements intéressés pendant que le ministre d'Angleterre à Tanger, pour correspondre avec le Foreign Office, occupe pendant une nuit entière le câble anglais, qui seul reliait alors le Maroc au reste du monde (1).

Ce sans-gêne du gouvernement britannique a fini par indisposer l'opinion publique des autres pays. On s'est rendu compte des dangers qu'une telle attitude pouvait faire courir à la paix du monde ; chaque État a compris la nécessité d'avoir un réseau sous-marin national afin d'assurer la liberté de ses communications, et tous les gouvernements, éclairés par les exemples du passé, se sont mis à l'œuvre pour s'affranchir d'une si onéreuse dépendance.

La France a projeté d'établir tout un, système de câbles pour relier son Empire colonial à la métropole et ce plan a déjà reçu un commencement d'exécution ; l'Allemagne vient d'installer une ligne directe entre son territoire et les États-Unis ; elle se propose même de prolonger

(1) Le danger du monopole anglais a éveillé l'attention publique en France depuis quelques années. V. notamment Harry Alis, *Les câbles sous-marins*, Paris, 1894 ; *Les câbles sous-marins et les Anglais*, dans la *Revue française de l'étranger et des colonies*, décembre 1894 ; *Les câbles sous-marins à la merci de l'Angleterre*, dans la même *Revue*, décembre 1899 ; *Le monopole télégraphique de l'Angleterre*, dans le *Journal des transports*, 1899, p. 613 ; Franklin, *La question des câbles sous-marins*, dans les *Questions diplomatiques et coloniales* du 1er décembre 1899 ; Brunet, *La télégraphie sous-marine, le monopole anglais*, dans la même *Revue* du 15 décembre 1899 ; Depelley, *Les câbles télégraphiques en temps de guerre*, dans la *Revue des Deux-Mondes* du 1er janvier 1900, p. 181 ; Jadot, *Les câbles sous-marins*, dans la *Nouvelle Revue* du 15 février 1900, p. 519 ; Haussmann, *La question des câbles*, dans la *Revue de Paris* du 15 mars 1900, p. 251 ; Ch. Lemire, *Les câbles électriques monopolisés par l'Angleterre*, dans l'*Electricien*, 1900, t. XIX, p. 131 ; L. S. *Les câbles sous-marins anglais*, dans les *Annales des sciences politiques*, 1900, p. 36 ; P. Marcillac, *Les câbles sous-marins*, Marseille, 1900, broch. in-8.

un câble jusqu'en Extrême-Orient à raison de ses intérêts politiques et
commerciaux ; les États-Unis, depuis qu'ils ont inauguré une politique
coloniale, sont disposés à s'en assurer les moyens, et le Président Mac-
Kinley a proposé au Congrès américain l'établissement d'une ligne qui
relierait San-Francisco à l'Asie et au Japon par les Philippines et les îles
Hawaï. Enfin l'Angleterre elle-même, inquiète de voir son monopole
lui échapper, forme le projet d'accroître encore ses moyens d'information en immergeant un câble transpacifique qui, partant du Canada,
aboutirait en Australie par les îles Fanning et Norfolk (1).

Tous ces projets seront pour la plupart certainement réalisés dans
quelques années. En augmentant dans de grandes proportions le réseau
des câbles en service, ils rendent d'autant plus actuelle la question
de savoir quelle influence aurait une guerre maritime sur les relations
télégraphiques par voie sous-marine.

Le télégraphe a pour principale fonction de servir les intérêts du
commerce et, par suite, les relations pacifiques, mais là n'est pas son
seul rôle. Nous venons de voir qu'il est un agent important au service
de la diplomatie. Il est devenu depuis 1870 un instrument de guerre
d'une grande valeur entre les mains des belligérants. Les armées
allemandes ont utilisé d'une façon méthodique les chemins de fer et
les télégraphes ; les services rendus par ces moyens de communication ont montré toute l'importance qu'ils auraient dans les guerres
futures. Ces enseignements n'ont pas été inutiles : dans les principales
armées européennes, et notamment en France, les employés des télégraphes sont mobilisés en temps de guerre pour former un corps spécial destiné à assurer la transmission rapide des ordres.

Si les télégraphes terrestres sont d'un tel secours pour les belligérants
au cas de guerre continentale, quels services ne devrait-on pas attendre
des télégraphes sous-marins dans l'éventualité d'une guerre maritime ?
Grâce aux câbles, on pourrait notifier la déclaration de guerre aux escadres en croisière dans les mers lointaines, les mettre à l'abri d'une
surprise, les avertir des mouvements de l'ennemi et mettre en état
de défense les colonies les plus exposées à un coup de main. La rupture
des communications télégraphiques aurait les conséquences les plus
graves en laissant en quelque sorte ces escadres à la merci de l'ennemi.
Ignorant les événements survenus depuis l'ouverture des hostilités, in-

(1) V. sur le transpacifique américain, qui aurait un développement de 3.600 milles
marins, le *Journal télégraphique*, 1900, p. 119, et sur le transpacifique anglais, d'une
longueur probable de 7.986 milles marins anglais (plus de 13.300 kilomètres), le *Journal
télégraphique*, 1900, p. 71 ; 1901, p. 198, et les *Annales télégraphiques*, 1899, t. XXV,
p. 331.

capables de recevoir des ordres, hésitant à se ravitailler dans la crainte de se présenter devant un port tombé au pouvoir d'un adversaire bien renseigné, elles deviendraient pour lui une proie facile. Rappelant ces conséquences terribles pour le belligérant privé du télégraphe, sir Charles Dilke écrivait récemment qu' « un câble sous-marin vaut encore mieux qu'un port fortifié, il facilite la découverte et la destruction d'une escadre ennemie » (1).

Tel est le nouveau rôle que le télégraphe sous-marin est appelé à jouer dans les relations internationales comme le constatait, après la guerre hispano-américaine, un officier distingué de la marine allemande, le major Wachs. « Le réseau des câbles sous-marins qui enserre le monde, écrivait celui-ci, n'est pas seulement un instrument de civilisation, mais encore de haute politique et de stratégie ; sa création fait intervenir de nouveaux facteurs, politiques et militaires, et ces derniers sont les plus décisifs pour les résultats à obtenir. Ils ont autant d'importance que les routes suivies par les bâtiments de guerre ou de commerce qui sillonnent les mers du globe, et rehaussent la valeur de celles-là » (2).

Il est maintenant facile de concevoir tout l'intérêt qu'a chaque belligérant à s'assurer la liberté des communications télégraphiques. Mais, par contre, chacun d'eux doit s'efforcer de priver l'adversaire de ses communications et, si les belligérants peuvent s'attaquer aux câbles, que devient alors le droit des neutres de les utiliser pour leurs relations pacifiques ?

C'est ce conflit entre deux droits opposés et également respectables, le droit des belligérants et celui des neutres, qui rend si délicate la solution de cette grave question. Il ne sera pas sans intérêt, au lendemain d'une guerre maritime et à une époque où, de l'avis général, les conflits entre les nations sont appelés à être tranchés sur mer, de rappeler les tentatives faites pour la résoudre, d'examiner la conduite des belligérants à l'égard des câbles sous-marins et de rechercher les solutions dont est susceptible ce problème.

I

Le 5 août 1858, en inaugurant le premier câble qui mettait en relations les États-Unis et l'Europe, le Président de la République améri-

---

(1) *Imperial Defence*, 1897, cité par la *Revue maritime*, 1899, t. CXLIII, p. 399. — V. aussi Hurd, *Un réseau de câbles exclusivement anglais* (trad. de Ad. Perrin), dans les *Annales télégraphiques*, 1899, t. XXV, p. 10 et suiv.

(2) Major Otto Wachs, *Les câbles sous-marins considérés comme arme de guerre* (trad. de J. Daney de Marcillac), dans la *Revue maritime*, 1899, t. CXLIII, p. 428.

caine, James Buchanan, félicitait la Reine Victoria de l'heureux résultat obtenu et exprimait à cette occasion le vœu que « toutes les nations
civilisées déclarent spontanément et d'un commun accord que le télégraphe électrique serait neutre à jamais, que les messages qui lui seront confiés seront tenus pour sacrés, même au milieu des hostilités ».

Quelques années plus tard, on projeta de relier par un câble sous-
marin l'Europe et l'Amérique du Sud.

La France, le Brésil, l'Italie, le Portugal et Haïti conclurent à cet effet
le 16 mai 1864 une convention accordant au sieur Balestrini la concession de la ligne dont les points d'atterrissage en Europe étaient Lisbonne et Cadix. L'article 2 de cette convention proclamait la neutralité
du câble entre les signataires : « Les États contractants s'engagent à ne
pas couper ou détruire en cas de guerre les câbles immergés par M. Pie-
tro-Alberto Balestrini, et à reconnaître la neutralité de la ligne télégraphique ». Dans le protocole annexé au traité, le Brésil déclara qu'il
signait la convention sous la réserve que l'article 2 devrait s'appliquer
au matériel et au personnel.

Le sieur Balestrini avait cédé sa concession à une Compagnie anglaise, l'*European and South American Telegraph*, qui n'exécuta pas les
conditions portées au cahier des charges. En 1872, comme les travaux
n'étaient pas encore commencés, les représentants des États signataires,
réunis à la demande du Portugal, déclarèrent le concessionnaire déchu (1).

La convention de 1864 ne fut donc jamais appliquée. On peut le regretter, car il est peu probable que cette tentative soit jamais renouvelée. Elle venait à son heure. Quelques années après le vœu exprimé
par le Président des États-Unis, elle paraissait en commencer la réalisation à un moment où l'opinion publique était favorable à cette idée.
La télégraphie sous-marine était à ses débuts, on ignorait encore les
services que les télégraphes terrestres pouvaient rendre en temps de
guerre et l'on était loin de soupçonner l'importance que les câbles sous-
marins prendraient dans l'avenir aux yeux des belligérants. Enfin ce qui
rendait ce projet restreint de neutralisation des câbles encore plus intéressant, c'était la participation à la convention de certaines des grandes
puissances européennes. Peut-être si elle avait été appliquée se serait-on
habitué à considérer les télégraphes sous-marins comme des objets devant rester à l'abri des opérations de guerre et l'initiative un peu téméraire des signataires du traité de 1864 aurait ainsi servi la cause de la
paix. Depuis cette époque, les gouvernements, mieux informés sur les

(1) *Journal télégraphique*, 1875, p. 111.

conséquences de l'article 2 de ce traité, n'ont jamais pensé à insérer une clause semblable dans les actes de concession.

Encouragé par l'exemple que lui donnait l'Europe, le gouvernement américain adressa en 1869 aux autres puissances une circulaire par laquelle il sollicitait leur avis sur l'opportunité de réunir à Washington une Conférence internationale ayant pour objet la protection des communications télégraphiques sous-marines.

L'article 3 du projet de convention joint à cette circulaire déclarait que chaque puissance devrait laisser transmettre ou recevoir les dépêches par son réseau sans les faire contrôler par ses agents. De plus, l'article 6 était ainsi conçu : « En cas de guerre, les dispositions de la convention resteront en vigueur ».

Le plus grand nombre des États paraissaient accueillir favorablement la proposition américaine ; il n'en fut pas de même de la France et de l'Angleterre qui se montrèrent très réservées. C'était un symptôme peu favorable pour le succès du projet parce que ces puissances étaient les plus directement intéressées, tous les câbles reliant l'Ancien Continent au Nouveau-Monde aboutissant sur leur territoire. La guerre de 1870 empêcha le gouvernement américain de donner suite à ses propositions (1).

Une occasion de reprendre la question pour la porter devant une assemblée des représentants des principaux États d'Europe et d'Amérique se présenta bientôt. En 1871, à la Conférence télégraphique de Rome, le délégué de Norvège proposa la nomination d'une Commission spéciale pour étudier la question de la protection des câbles sous-marins. Cette proposition était dangereuse car elle sortait du domaine des questions soumises à la Conférence et elle pouvait créer un précédent qu'on aurait invoqué le cas échéant. Le délégué belge faisait remarquer à cet égard « la situation toute spéciale faite aux administrations télégraphiques qui, seules peut-être parmi tous les services publics, ont la faculté de traiter directement les questions internationales qui les intéressent le plus. Cette situation, ajoutait-il, il importe de ne pas la compromettre et, pour cela, il faut éviter de sortir du domaine purement administratif et de se lancer, sous forme de vœux ou autrement, dans des délibérations

(1) Aucune réponse à la circulaire du gouvernement américain n'est parvenue à la connaissance du Bureau de l'Union télégraphique internationale qui siège à Berne. Nous devons ce renseignement à M. Esbaecher, sous-directeur de l'Union, que nous sommes heureux de remercier ici de l'extrême obligeance avec laquelle il a bien voulu faciliter nos recherches. Il existerait sur la proposition des États-Unis un rapport que M. Esbaecher rédigea pour le Président de la Conférence des câbles télégraphiques tenue à Paris en 1884, mais nos recherches à la Direction des postes et télégraphes pour retrouver ce rapport ont été infructueuses.

qui, par leur nature politique, appartiennent à un autre ordre d'idées ».

Par suite de l'accueil peu favorable fait à sa proposition, le délégué norvégien la retira, mais il reçut satisfaction sur un autre point. Le paragraphe 5 du règlement international était ainsi conçu : « Ces fils (ceux spécialement affectés au service international) sont placés sous la sauvegarde collective des États dont ils empruntent le territoire ; les administrations respectives combinent, pour chacun d'eux, les dispositions qui permettent d'en tirer le meilleur parti ». La Norvège proposait d'insérer cette disposition dans la convention d'Union en spécifiant que la protection s'étendait également aux lignes sous-marines. Elle n'obtint que la modification du paragraphe dans le sens qu'elle désirait. Il fut en effet rédigé dans les termes suivants : « Les administrations télégraphiques concourent, dans les limites de leur action respective, à la sauvegarde des fils internationaux et des *câbles sous-marins* ; elles combinent, pour chacun d'eux, les dispositions qui permettent d'en tirer le meilleur parti ».

Le progrès n'était pas sensible et c'était moins un avantage réel qu'une satisfaction de forme accordée à la Norvège par la courtoisie des autres puissances. Les câbles sous-marins, par leur nature même, échappent à la surveillance des administrations télégraphiques dont la sphère d'action est limitée au territoire des États et ne s'étend pas sur la haute mer. Mais c'était la première fois que l'on faisait mention des câbles dans un acte international signé par les représentants des principales puissances civilisées et l'on pouvait espérer que c'était un premier pas dans le sens des mesures de protection que l'on prendrait dans l'avenir à leur égard.

La question soulevée sans succès par la Norvège fut reprise à une séance ultérieure sous une autre forme. Les États-Unis, ne faisant pas partie de l'Union télégraphique, n'étaient pas représentés à la Conférence de Rome, mais les Compagnies américaines de câbles sous-marins avaient envoyé des délégués qui étaient admis aux délibérations avec voix consultative. L'un de ceux-ci, Cyrus Field, un des promoteurs des communications sous-marines, était venu spécialement d'Amérique pour présenter à la Conférence le vœu « qu'en guerre comme en paix, la télégraphie, dans les airs comme sous les eaux, fût considérée comme une chose sacrée, protégée d'un consentement unanime contre toute atteinte ou tout dommage » (1). Et, développant son vœu, le grand ingénieur américain disait que c'était à une convention internationale qu'il appartenait d'assurer, « autant que des accords ou des con-

(1) Cette formule n'est pas de Cyrus Field mais d'un autre ingénieur, Morse, dans une lettre que celui-ci lui adressait et qui fut communiquée à la Conférence.

ventions humaines peuvent assurer quelque chose », la sécurité absolue des télégraphes terrestres et sous-marins.

Par egard pour la personne de Cyrus Field, la Conférence ne repoussa pas ce vœu ; elle décida, par 11 voix contre 9 abstentions, que la question méritait l'attention des gouvernements. Le ministre des affaires étrangères d'Italie fut chargé de communiquer cette résolution aux puissances ; il y consentit, mais à la condition de n'émettre aucune proposition au nom de son gouvernement, par déférence pour les États-Unis qui avaient saisi antérieurement de la question les autres États (1).

La plupart des réponses à la Note italienne furent évasives ; la majorité des gouvernements appréciaient hautement le caractère humanitaire de la proposition, mais ne manifestaient pas l'intention de s'y rallier ; d'autres se référaient simplement à la réponse qu'ils avaient autrefois envoyée à Washington.

L'Autriche-Hongrie, seule, paraissait considérer la proposition comme sérieuse et donnait son avis. Le gouvernement, disait la Note qu'elle fit remettre à l'Italie, « sera toujours disposé à respecter les télégraphes sous-marins ou du moins à se borner à les mettre hors d'état de servir à l'ennemi, sans toutefois les détruire ; il verrait par conséquent un moyen efficace pour leur garantir cette sûreté dans l'institution d'une Commission, soit des belligérants, soit des neutres, qui les mettrait et tiendrait sous séquestre » (2).

En 1874, une Conférence diplomatique se réunit à Bruxelles sur l'initiative de la Russie pour formuler des règles concernant le droit de la guerre. L'occasion semblait propice pour s'occuper de la protection des câbles sous-marins sans qu'on pût opposer l'incompétence de la Conférence, comme on l'avait fait, avec raison d'ailleurs, à la Conférence télégraphique de Rome. La mauvaise volonté de l'Angleterre empêcha ce résultat.

Le gouvernement britannique n'accepta de se faire représenter à Bruxelles qu'après avoir reçu de la Russie l'assurance formelle que la Conférence ne s'occuperait d'aucune matière concernant la guerre maritime. Dans sa dépêche du 2/14 juillet 1874 le gouvernement russe

(1) Au nombre des délégués qui s'abstinrent, il faut citer les représentants de l'Allemagne, de l'Autriche-Hongrie, de la Belgique, des Pays-Bas et de la Russie. — V. d'ailleurs sur les propositions de la Norvège et de Cyrus Field, les procès-verbaux de la Conférence de Rome, publiés par le Bureau international des administrations télégraphiques, Berne, 1872.

(2) *Journal télégraphique*, 1872, p. 12 ; 1879, p. 334. — Louis Renault, *La poste et le télégraphe*, dans la *Nouvelle revue historique*, 1877, p. 550 et suiv. ; Rapport présenté à l'Institut de droit international, dans sa session de Bruxelles, *Annuaire de l'Institut de droit international*, 1879-1880, t. I, p. 355 et 374.

garantit que la Conférence ne sortirait pas des limites tracées par son projet. « Il est par conséquent entendu, portait la dépêche, que ni les opérations maritimes, ni les guerres navales, ni les rapports des belligérants sur mer, ni en général les principes reconnus du droit des gens ne seront mis par nous en question ou en discussion ».

Les restrictions de ce programme empêchaient que l'on s'occupât de mettre les câbles sous-marins à l'abri des opérations des belligérants en pleine mer ; mais rien ne s'opposait à ce qu'on organisât la protection des câbles d'atterrissage. C'est ce qui fut tenté, lorsqu'on examina les droits de l'autorité militaire sur le territoire ennemi au cas d'occupation.

L'article 6 du projet de déclaration était ainsi conçu : « Le matériel des chemins de fer et les télégraphes de terre, quoique appartenant à des sociétés ou à des personnes privées, sont également des moyens de nature à servir aux opérations de la guerre et qui peuvent ne pas être laissés par l'armée d'occupation à la disposition de l'ennemi. Le matériel des chemins de fer, les télégraphes de terre seront restitués et les indemnités réglées à la paix ».

Dans la Commission, le délégué danois, M. Vedel, avait réservé pour son gouvernement la faculté d'ajouter les câbles d'atterrissage à cette énumération et la Commission avait exprimé le vœu que les gouvernements se préoccupassent de la question des câbles sous-marins. Dans la séance plénière du 26 août, M. Vedel développa sa proposition devant la Conférence. Il fit remarquer qu'il ne s'occupait pas des câbles sous-marins parce que cette question avait déjà été soulevée par un autre gouvernement et qu'elle présentait de grandes difficultés. Il limitait sa proposition aux câbles d'atterrissage qui paraissaient pouvoir être admis sans aucun inconvénient à jouir de la même protection que les télégraphes terrestres.

Cependant la proposition du délégué danois ne fut pas mise en discussion : son auteur dut la retirer parce que le moment n'était pas opportun, en assurant que son gouvernement en ferait ultérieurement l'objet d'une communication aux puissances.

Comme le remarque M. Renault, même si l'on avait admis l'addition à l'article 6 proposée par le délégué danois, la protection des câbles sous-marins n'aurait pas été bien grande (1). Mais ce qui aurait rendu inutile toute tentative d'assurer, dans la mesure même la plus restreinte, l'indépendance des communications télégraphiques sous-marines en temps de guerre, c'était l'attitude de l'Angleterre qui avait recommandé à son

(1) *La poste et le télégraphe*, dans la *Nouvelle revue historique*, 1877, p. 551.

plénipotentiaire de ne pas prendre part aux débats de la Conférence et
de ne signer aucun acte. Une convention pour protéger les câbles sous-
marins à laquelle l'Angleterre n'aurait pas adhéré fût restée lettre
morte.

Une question qui avait attiré l'attention des diplomates et des hommes
d'État ne pouvait être indifférente aux jurisconsultes. Dans sa session
de Paris en 1878, l'Institut de droit international, sur la proposition de
M. Renault, chargea sa septième Commission d'étudier « la protection en
temps de paix et en temps de guerre des câbles télégraphiques sous-
marins qui ont une importance internationale ». A la session tenue à
Bruxelles en 1879, la question fut mise en discussion, et, sur le rapport
de M. Renault, l'Institut adopta la proposition suivante : « Le câble télégraphique sous-marin qui unit deux territoires neutres est inviolable. —
Il est à désirer, quand les communications télégraphiques doivent
cesser par suite de l'état de guerre, que l'on se borne aux mesures stric_.
tement nécessaires pour empêcher l'usage du câble, et qu'il soit mis
fin à ces mesures, ou que l'on en répare les conséquences, aussitôt que
le permettra la cessation des hostilités » (1).

A la session d'Oxford en 1880, complétant cette proposition quant aux
câbles d'atterrissage dans le *Manuel des lois de la guerre sur terre*, l'Institut de droit international votait les résolutions suivantes, relativement
aux propriétés publiques en cas d'occupation, art. 51 : « Le matériel de
transport (chemins de fer, bateaux, etc.) ainsi que les télégraphes de
terre et les câbles d'atterrissage, peuvent seulement être séquestrés pour
l'usage de l'occupant. Leur destruction est interdite, à moins qu'elle ne
soit commandée par une nécessité de guerre. Ils sont restitués à la
paix dans l'état où ils se trouvent », — et relativement aux propriétés
privées, art. 55 : « Les moyens de transport (chemins de fer, bateaux,
etc.); les télégraphes, les dépôts d'armes et de munitions de guerre,
quoique appartenant à des sociétés ou à des particuliers, peuvent être
saisis par l'occupant, mais ils doivent être restitués si possible, et les
indemnités réglées à la paix ».

La même année, dans sa session de Berne, l'Association pour la réforme et la codification du droit des gens examinait à son tour la question de la protection des câbles sous-marins. Après un exposé de sir

(1) *Annuaire de l'Institut de droit international*, 1879-1880, t. I, p. 394. — Le texte
proposé par la Commission était ainsi conçu : « Le câble télégraphique sous-marin qui
unit deux territoires neutres est inviolable. Il est à désirer que, quand les communications télégraphiques doivent cesser par suite de l'état de guerre, on procède simple_
ment par voie de séquestre et non par destruction. — La destruction, dans tous les cas,
devrait être opérée de la manière la plus restreinte, et le belligérant qui en serait l'auteur
devrait rétablir le câble aussitôt que possible après la cessation de la guerre ».

Travers Twiss et un rapport de M. Renault, elle adoptait deux résolutions, l'une pour l'état de paix, l'autre pour l'état de guerre. Cette dernière était presque identique au texte voté à Bruxelles par l'Institut de droit international (1).

Des jurisconsultes, ces légitimes préoccupations passèrent aux techniciens. Un Congrès des électriciens devant se réunir à Paris en 1881, M. de Fonvielle, rédacteur en chef du journal l'*Electricité*, attira l'attention du ministre des affaires étrangères sur l'intérêt qu'il y aurait à profiter de la réunion de ce Congrès pour établir de concert des mesures internationales propres à assurer la protection des câbles sous-marins soit en temps de paix, soit en temps de guerre. Le sous-secrétaire d'État aux affaires étrangères, M. Horace de Choiseul, lui répondit le 11 mai 1881, au nom du ministre, que le Congrès n'avait pas le caractère d'une réunion diplomatique ; cependant s'il y était formulé des vœux pour la conclusion d'une convention relative à la protection des câbles, le gouvernement français prendrait volontiers l'initiative de la convocation d'une Conférence diplomatique pour étudier cette question (2). Quelques mois plus tard, le Congrès des électriciens se réunit et émit le vœu « que les gouvernements des divers pays s'occupent de la nécessité d'établir des rapports internationaux concernant la propriété des câbles sous-marins » (3).

La même année, les différentes Compagnies anglaises de câbles sous-marins adressaient une pétition au secrétaire d'État du Foreign Office, lord Granville, pour demander au gouvernement britannique « de prendre les mesures qu'il jugerait le plus convenables pour mettre les câbles sous-marins au bénéfice d'une loi internationale ayant pour but de les protéger contre les dommages volontaires ou involontaires auxquels ils sont exposés ».

Mais quant aux dommages résultant des opérations de guerre, les Compagnies anglaises les écartaient expressément de leur demande. Les pétitionnaires s'exprimaient à cet égard dans les termes suivants : « Les Compagnies ne demandent pas et ne se proposent pas de demander la neutralisation des lignes sous-marines en cas de guerre, car une sem-

---

(1) « En temps de guerre, les câbles qui relient deux États neutres devraient être considérés comme inviolables. — S'il est nécessaire de couper les communications sous-marines, les belligérants devraient limiter leurs entreprises aux seules mesures absolument nécessaires pour empêcher l'usage des câbles et ces mesures devraient cesser leurs effets et les câbles être rétablis de façon à pouvoir être utilisés immédiatement ou au moins aussitôt que possible après la cessation des hostilités » (*Journal télégraphique*, 1880, p. 771).

(2) *Journal télégraphique*, 1881, p. 123.

(3) *Journal télégraphique*, 1881, p. 202.

blable demande serait de nature à soulever une question qui, pour ainsi
parler, ne serait point un objet de simple police internationale, mais qui
mettrait en jeu des considérations d'un ordre si élevé que la solution
en serait, selon toutes probabilités, renvoyée à une époque indéter-
minée » (1).

Le gouvernement français, fidèle à l'engagement qu'il avait pris, proposa aux puissances la réunion à Paris d'une Conférence pour la protection des câbles sous-marins. Ses ouvertures ayant reçu un accueil favorable, la Conférence se réunit au mois d'octobre 1882, sous la présidence
du ministre des postes et télégraphes, M. Cochery. Elle devait voter un
projet de convention destiné à assurer la protection des câbles en haute
mer et à organiser la répression des infractions aux dispositions qu'on
adopterait dans ce but. Trente-deux États avaient envoyé des délégués,
diplomates, officiers de marine, fonctionnaires des postes et télégraphes et jurisconsultes. La Conférence commença ses travaux le
16 octobre 1882. Dans la séance d'inauguration le ministre fixait ainsi
son programme : « déterminer dans quels cas, comment et par qui sera
réprimée la rupture ou la détérioration des câbles en haute mer ».

On pourrait croire par la généralité de ces termes que le cas de guerre
rentrait dans l'objet des travaux de la Conférence ; mais, pour ne pas se
heurter à des difficultés qui auraient pu l'empêcher d'aboutir, le gouvernement français, dans les négociations antérieures à la convocation
de la Conférence, avait expressément réservé cette question. Lorsque
les délégués eurent terminé l'étude du projet de convention, un délégué
anglais, M. Kennedy, fit, dans la séance du 30 octobre, la déclaration
suivante : « Je pense qu'il serait utile, afin d'écarter toute possibilité de
malentendu et avant la lecture du projet de convention, de déclarer
formellement que la convention pour la protection des câbles sous-
marins, que nous allons soumettre à nos gouvernements respectifs,
n'aura d'application que pendant la paix. Je demande donc que cette
déclaration soit inscrite au procès-verbal de la présente séance ».

Le Président, M. Cochery, fit observer que telle avait été la pensée du
gouvernement français en convoquant la Conférence ; aucune opposition
ne s'étant produite, la déclaration de M. Kennedy fut approuvée et insérée au procès-verbal Le 2 novembre 1882 les délégués se séparaient
après avoir voté un projet de convention et deux vœux qu'ils devaient
soumettre à l'approbation de leurs gouvernements (2).

L'un de ces vœux, dans le but d'éviter les dommages causés aux câ-

(1) *Journal télégraphique*, 1882, p. 14.
(2) Premier Livre jaune, *Conférence internationale pour la protection des câbles sous-
marins* (16 octobre-2 novembre 1882).

bles sous-marins par les navigateurs et les pêcheurs qui les détérioraient avec leurs ancres ou leurs filets, demandait aux gouvernements d'indiquer la direction des câbles par des balises placées sur les côtes et d'adopter, après une entente internationale, un type uniforme de balise et de bouée pour le service télégraphique sous-marin.

Les Compagnies anglaises, qui n'avaient pas été représentées à la Conférence, firent une vive opposition à la réalisation de ce vœu. Comme le projet de convention ne s'appliquait pas en temps de guerre, elles pensaient que l'incertitude où pourraient être les belligérants de l'emplacement exact des câbles était leur meilleure garantie contre les projets de destruction. L'on citait même l'exemple récent de la guerre entre le Pérou et le Chili : les belligerants, ignorant l'endroit où le câble de la Compagnie *West Coast of America* était immergé dans la baie d'Iquique, avaient fait plusieurs tentatives infructueuses pour le couper. Si la position précise des câbles était indiquée sur une carte, rien ne serait plus facile que de les détruire puisqu'on connaîtrait leur emplacement et la profondeur à laquelle ils sont immergés. C'était la seule raison pour laquelle les Compagnies s'opposaient à la mention du tracé des lignes sous-marines sur les cartes. Elles étaient toutes disposées à livrer ces indications à la publicité le jour où les gouvernements prendraient des mesures communes pour protéger la propriété des câbles en cas de guerre (1).

La deuxième session de la Conférence s'ouvrit le 16 octobre 1883. On devait y examiner le projet de convention auquel la plupart des gouvernements avaient adhéré sans réserve, mais que plusieurs d'entre eux avaient amendé, et l'on s'y occupa beaucoup plus qu'à la première session de la situation des câbles en temps de guerre.

Le gouvernement britannique avait proposé un article additionnel ainsi conçu : « Les Hautes Parties Contractantes conviennent en outre que la présente convention ne sera obligatoire pour aucune puissance en cas de guerre, pourvu qu'avis de sa suspension pendant la durée de la guerre ait été donné par cette puissance aux autres puissances. La convention restera en vigueur entre ces autres puissances, à moins qu'elle n'ait pris fin conformément à l'article 15 » (2). Cet article vint en délibération à la séance du 17 octobre et il donna lieu à une vive discussion.

M. Kennedy, pour défendre la proposition de son gouvernement, donnait deux raisons : la correspondance diplomatique établissant que le

---

(1) Benest, *Telegraphic Journal*, 15 avril 1882.

(2) Aux termes de cet article, la convention était en vigueur pour 5 ans et elle restait en vigueur d'année en année jusqu'à sa dénonciation qui devait avoir lieu un an d'avance.

temps de guerre était en dehors des prévisions des États représentés à la Conférence était antérieure à sa réunion et l'article additionnel avait pour but de dissiper toute incertitude. De plus, il avait l'avantage de permettre aux belligérants d'accéder de nouveau à la convention après le rétablissement de la paix.

Tous les délégués n'étaient pas de cet avis. M. Dambach, représentant du gouvernement allemand, considérait cette disposition comme une innovation inutile et même fâcheuse. Pour lui, toutes les puissances étaient d'accord avant l'ouverture de la Conférence pour écarter le temps de guerre et cet accord résultait encore de la déclaration du délégué. britannique à la séance du 30 octobre 1882. Dans une convention faite pour l'état de paix, il ne fallait pas viser le temps de guerre, d'autant plus que l'article additionnel imposerait aux belligérants une obligation, celle de dénoncer la convention, et que ce serait seulement à dater de cette dénonciation qu'elle deviendrait caduque.

M. Velasco, délégué mexicain, et M. Orban, délégué belge, pensaient au contraire que la déclaration anglaise de 1882 était trop absolue, si, prise à la lettre, elle signifiait que la guerre aurait pour conséquence de faire cesser les effets de la convention non seulement entre les belligérants, mais encore entre tous les signataires. Aussi comme elle dépassait la pensée de la Conférence par sa généralité, il importait de la restreindre. Mais M. Velasco approuvait sans réserve l'article additionnel qu'il considérait comme limitant le droit que l'Angleterre s'était réservé l'année précédente de se délier de ses engagements conventionnels ; le principe que la guerre abroge les traités entre les belligérants (1), rappelé par M. Dambach, n'était pas modifié par l'article additionnel qui donnait aux belligérants une option : ils pouvaient dénoncer la convention et le résultat était alors le même que si le traité était abrogé par la guerre, ou ne pas la dénoncer et le traité restait en vigueur même pour eux. M. Orban au contraire ne paraissait pas satisfait de la rédaction proposée, tout en trouvant nécessaire de commenter la déclaration anglaise en ce sens que la règle qui limitait l'application de la convention au temps de paix ne concernerait que les belligérants. Pour concilier les opinions, un nouveau texte fut présenté par le Baron de Pereira, délégué d'Autriche-Hongrie, en remplacement de l'article additionnel : « Il est bien entendu que les stipulations de la présente convention ne portent aucune atteinte à la liberté d'action des nations belligérantes ». Il avait pour but de donner satisfaction aux délégués de l'Angleterre pour le fond, et à ceux de l'Allemagne et de la Belgique pour la forme.

(1) Principe sur lequel on peut faire les plus expresses réserves.

Mais les délégués britanniques déclarèrent à la séance du 22 octobre qu'ils n'étaient pas autorisés à accepter la nouvelle rédaction, leur article additionnel définissant plus clairement et plus nettement les engagements réciproques que voulaient prendre les États représentés à la Conférence, tout en sauvegardant d'une manière suffisante la position des neutres. La proposition anglaise, toujours défendue par M. Velasco, avait cependant des adversaires irréductibles. M. Orban demandait notamment quelle était sa portée, s'il devait en résulter que la convention cesserait d'être obligatoire pour un État tant que cet État serait engagé dans une guerre et s'il serait permis aux citoyens de la puissance belligérante qui aurait dénoncé la convention de couper les câbles sous-marins dans toutes les mers sans être tenus à aucune indemnité. Si l'on admettait cette dernière interprétation, l'article était inadmissible parce qu'alors tous les neutres auraient intérêt à se dégager de leurs obligations conventionnelles en cas de guerre.

Le Président lui répondit que l'état de guerre n'empêcherait pas les neutres de poursuivre la réparation civile et même pénale du préjudice qu'ils auraient éprouvé par le fait des belligérants.

Ces discussions paraissaient compromettre le succès de la Conférence. Aussi le Président demanda-t-il aux délégués anglais si leur gouvernement faisait de l'acceptation de l'article additionnel une condition *sine qua non* de son adhésion à la convention. M. Kennedy déclara que le gouvernement britannique trouvait nécessaire d'insérer un article réglant la situation respective des États signataires en cas de guerre. Si la Conférence n'était pas de cet avis, l'Angleterre soumettrait la question aux puissances par la voie diplomatique. Il repoussait donc le texte proposé par le Baron de Pereira.

Le délégué belge, M. Orban, n'acceptait pas non plus cette rédaction à laquelle il reprochait de mettre les neutres dans une situation très délicate puisqu'elle reconnaissait la liberté d'action des belligérants, et par là même implicitement leur droit de couper tous les câbles, même ceux qui atterrissent en territoire neutre. Il aurait préféré qu'on ne parlât pas de l'état de guerre ; mais, pour restreindre la portée de la déclaration anglaise, il proposait de s'en tenir à la reproduction des termes employés lors de la convocation de la Conférence et de voter par suite un texte ainsi conçu : « Il est bien entendu que les stipulations de la présente convention ne s'appliqueront pas en cas de guerre ».

M. Kennedy ayant encore repoussé cette rédaction, un délégué français, M. Clavery, proposa, à titre de transaction, l'article suivant : « Les Hautes Parties Contractantes conviennent que, dans le cas où l'une d'elles se trouverait en état de guerre, et pendant la durée de cette guerre, la présente convention cessera d'être obligatoire pour ladite puissance immédiatement après qu'elle aura notifié aux autres gouvernements contractants sa résolution à cet effet. La convention continuera à être en vigueur en ce qui concerne les autres puissances ».

La Grande-Bretagne acceptait en principe la proposition française, mais ses délégués pensaient que la question de la notification avait besoin d'être éclaircie. Sur les instructions de leur gouvernement, ils proposaient de l'amender de la façon suivante : « Les Hautes Parties contractantes conviennent que, dans le cas où l'une d'elles se trouverait en état de guerre et pendant la durée de cette guerre, la présente convention cessera d'être obligatoire pour ladite puissance *qui notifiera immédiatement aux autres gouvernements contractants sa résolution à cet effet*. La convention continuera à être en vigueur en ce qui concerne les autres puissances ».

On paraissait de plus en plus éloigné de s'entendre, d'autant plus que M. Orban avait à son tour soumis un autre texte aux délibérations de la Conférence (1).

Aussi fut-il décidé que le fond de la question relative à l'état de guerre serait réservé pour faire l'objet de négociations directes entre les gouvernements, mais que l'on voterait, à titre de renseignement, sur les dernières propositions anglaise et autrichienne.

Onze États se prononcèrent en faveur de la rédaction anglaise (2); trois pour la rédaction autrichienne (3) ; deux acceptèrent l'une ou l'autre de ces rédactions tout en inclinant pour le texte anglais (4) ; cinq admirent indifféremment l'un ou l'autre texte (5) ; enfin six États s'abstinrent (6) et cinq ne prirent pas part au vote, n'étant pas représentés à la séance (7).

Avant le vote, le délégué espagnol déclara que son gouvernement aurait désiré voir proclamer la neutralité des câbles sous-marins en temps de guerre et qu'il était même chargé de faire une proposition en ce sens à la Conférence ; mais il voyait que le moment n'était pas favo-

---

(1) Empêché d'assister à la séance du 24 octobre, il avait proposé par lettre l'article suivant : « La présente convention sera mise à exécution à partir du jour dont les Hautes Parties Contractantes conviendront. Elle est conclue pour un temps indéterminé ; mais chacune des Hautes Parties Contractantes pourra, à toute époque, notifier son intention d'en faire cesser immédiatement les effets en ce qui la concerne ».

(2) Danemark, République dominicaine, Espagne, États-Unis, Grande-Bretagne, Indes britanniques, Canada, Italie, Mexique, Portugal, Roumanie.

(3) Allemagne, Brésil, Etats-Unis de Colombie.

(4) Autriche-Hongrie, France.

(5) Norvège, Pays-Bas, Serbie, Suède, Turquie.

(6) Chine, Costa-Rica, Grèce, Japon, San Salvador, Uruguay.

(7) République argentine, Belgique, Nicaragua, Perse, Russie.

rable pour engager une discussion qui soulèverait de sérieuses difficultés. Il se bornait donc, au nom de son gouvernement, à exprimer un vœu
pour l'avenir et il demandait l'insertion de cette déclaration au procès-
verbal, ce qui fut décidé.

A la séance du 26 octobre 1883, le délégué de San Salvador déclara à
son tour qu'il était chargé de formuler le vœu « que dans une Conférence ultérieure on tâche de consacrer le principe civilisateur et humanitaire de la neutralité des câbles sous-marins ». Il s'était abstenu jusque-là, ne croyant pas le moment opportun, mais, après la déclaration
du délégué espagnol, il présentait ce vœu au nom des gouvernements de
San Salvador et de Costa-Rica. Cette déclaration fut également insérée
au procès-verbal (1).

A la suite de négociations diplomatiques, les États se mirent d'accord
sur le texte suivant, qui devint l'article 15 : « La convention ne s'applique
pas en cas de guerre et les États belligérants conservent leur liberté d'action ».

Le 14 mars 1884, les représentants de vingt-six États signaient la convention ; mais l'article 15 donna encore lieu à de nouvelles observations.
Lord Lyons fit insérer au procès-verbal de signature la déclaration suivante au nom du gouvernement britannique : « Le gouvernement de Sa
Majesté entend l'article 15 en ce sens qu'en temps de guerre un belligérant signataire de la convention sera libre d'agir, à l'égard des câbles
sous-marins, comme si la convention n'existait pas ».

D'autre part, M. Léopold Orban, au nom du gouvernement belge, faisait insérer au procès-verbal une déclaration ainsi conçue : « Le gouvernement belge, par l'organe de son délégué à la Conférence, a soutenu
que la convention n'avait aucun effet sur les droits des puissances belligérantes ; ces droits ne seraient, après la signature, ni plus ni moins
étendus qu'ils ne sont aujourd'hui. La mention insérée à l'article 15, bien
qu'absolument inutile aux yeux du gouvernement belge, ne pourrait toutefois justifier de sa part le refus de s'associer à une œuvre dont l'intérêt
est incontestable » (2).

Lorsqu'en 1899 une Conférence diplomatique se réunit à la Haye pour
codifier certaines parties du droit international public et notamment
pour réviser la déclaration de Bruxelles, le Danemark, se conformant à
l'engagement qu'il avait pris en 1874, se préoccupa d'obtenir la protection des câbles d'atterrissage. La deuxième Commission était chargée

(1) Deuxième Livre jaune, *Conférence internationale pour la protection des câbles
sous-marins* (16-23 octobre 1883).
(2) Troisième Livre jaune, *Conférence internationale pour la protection des câbles
sous-marins*, procès-verbal de signature.

d'étudier la révision du Règlement des lois et coutumes de la guerre qui avait été voté à Bruxelles mais qui n'avait jamais été ratifié par les gouvernements. Lorsqu'elle examina les droits de l'autorité militaire sur le territoire ennemi, la Commission décida, par l'article 53 du projet, que l'armée d'occupation pourrait saisir certaines propriétés mobilières de nature à être employées aux opérations de guerre, et notamment le matériel des chemins de fer, les télégraphes de terre, les téléphones, les bateaux à vapeur et autres navires, mais à la charge de les restituer et de payer des indemnités. La Commission n'avait pas compris dans cette énumération les câbles sous-marins à raison des divergences qui auraient pu se produire entre les délégués et surtout parce que l'examen des opérations de la guerre continentale rentrait seul dans ses attributions. Tout ce qui touchait à la guerre maritime avait en effet été réservé par le gouvernement russe dans le programme qu'il avait soumis aux puissances, parce que l'Angleterre avait fait de cette réserve une condition formelle de son adhésion à la Conférence.

Cependant le premier délégué danois, M. de Bille, proposa d'ajouter les câbles d'atterrissage aux objets susceptibles de saisie avec restitution et indemnité à la fin de la guerre. Il demandait donc que dans l'article 53 on insérât après la mention des télégraphes de terre la formule suivante : *y compris les câbles d'atterrissage établis dans les limites du territoire maritime de l'État.*

Le principe de cet amendement fut admis par le Comité de rédaction et par la sous-Commission, mais on limita l'addition à ces mots : *y compris les câbles d'atterrissage*, pour éviter les difficultés que n'aurait pas manqué de soulever la question des droits de l'État riverain sur la mer territoriale et de l'étendue de cette mer.

Lorsque M. de Bille eut à défendre son amendement, il rappela qu'en 1874, à la Conférence de Bruxelles, le Danemark avait déjà attiré l'attention des délégués sur la question de la protection des câbles sous-marins en temps de guerre, et qu'il avait obtenu l'adoption d'un vœu qui recommandait cette question aux gouvernements.

Le Danemark avait eu tout d'abord l'intention de la reprendre au point où l'avait laissée la Conférence de Bruxelles, mais comme elle n'était pas indiquée dans la circulaire du Comte Mouravieff on pouvait craindre que l'on n'objectât l'incompétence de la Conférence. D'autre part, le régime des câbles sous-marins était plutôt du domaine du droit maritime et sort il par conséquent du cadre assigné à la Commission qui examinait la déclaration de Bruxelles. Enfin, une telle proposition se serait heurtée à des difficultés pratiques qui auraient obligé les délégués à en référer longuement à leurs gouvernements. Le Danemark avait donc

abandonné ce projet et M. de Bille, ne faisant pas allusion à la protection des câbles sous-marins dans toute leur étendue, se contentait de
proposer que les câbles d'atterrissage dans les eaux territoriales, c'est-à-
dire dans l'étendue de trois milles marins à partir de la côte, fussent
assimilés aux télégraphes de terre. Il espérait bien que sa proposition
ne présentait pas les difficultés qu'aurait soulevées la protection des
câbles dans toute leur étendue, sans se dissimuler toutefois qu'elle ne
comblait pas une lacune.

« L'équité, disait-il, demandera toujours que les câbles sous-marins
qui relient le belligérant à d'autres pays, jouissent de la protection internationale au même titre que les télégraphes de terre intérieurs et que
la propriété neutre ait au moins les mêmes privilèges qui sont assurés à
la propriété privée ennemie ». Et il exprimait la confiance que la Conférence ne voudrait pas exclure les câbles sous :narins, représentant des
intérêts énormes, du domaine de cette société d'assurance mutuelle
contre les abus de la force en temps de guerre qu'on avait pour but de
former entre les États, comme on l'avait si heureusement dit.

Le délégué danois désirait donc faire constater au procès-verbal que
la question des câbles sous-marins restait à résoudre et que, si la Conférence se déclarait incompétente, elle désirait la voir soumise à une
Conférence ultérieure.

Mais une discussion s'éleva entre M. de Bille et un délégué anglais, le
général sir John Ardagh, qui s'opposait à ce qu'on fixât l'étendue de la
mer territoriale à trois milles marins. M. de Bille lui répondit qu'il n'avait
pas voulu soulever la question de l'étendue de la mer territoriale, mais
qu'en tout cas sa proposition ne pouvait présenter aucune difficulté puisque, si l'on avait demandé d'étendre la mer territoriale au delà de ces limites, on n'avait jamais proposé de la restreindre en deçà (1). Mais sir John
Ardagh pensait que l'on devait s'occuper exclusivement des câbles d'atterrissage ; en fixant une limite quelconque à la mer territoriale on em-
piétait sur la question de la protection des câbles sous-marins.

On proposa de renvoyer l'amendement au Comité de rédaction auquel
le colonel Gilinsky jugeait nécessaire d'adjoindre au moins un des délégués techniques de la marine. M. Renault en conclut que l'amendement
s'éloignait des termes de la déclaration de Bruxelles et que la Commission n'était pas compétente pour fixer les limites de la mer territoriale.

M. de Bille ne voulait cependant qu'obtenir l'assimilation des câbles
d'atterrissage aux télégraphes terrestres ; ces câbles étant coûteux et
difficiles à poser, il y avait, à son avis, les mêmes raisons d'indemniser

---

(1) L'Institut de droit international, dans sa session de Paris de 1894, a fixé les limites
de la mer territoriale à six milles marins.

leurs propriétaires en cas de dommage. L'amendement fut renvoyé au Comité de rédaction et, devant l'opposition de l'Angleterre, il fut définitivement écarté par la Conférence (1).

Ainsi la protection des câbles sous-marins en temps de guerre, si fréquemment discutée depuis 1869, n'a pas fait le moindre progrès sur le terrain des conventions internationales. De tous côtés, aussi bien dans les réunions savantes que dans les Conférences diplomatiques, on en a reconnu la haute importance et l'incontestable utilité. Les sociétés de jurisconsultes, dans des discussions remarquables, en ont mis en lumière les avantages et les inconvénients. L'Institut de droit international et l'Association pour la réforme et la codification du droit des gens ont fixé la base minimum d'une entente internationale en proclamant l'immunité des câbles qui relient deux territoires neutres. Mais lorsque cette question a été soumise à des Conférences diplomatiques, elle a abouti au plus regrettable échec. La Conférence réunie à Paris en 1882 et en 1883 pour étudier la protection des câbles en temps de paix, après des discussions fort longues, s'est séparée sans avoir pu adopter la rédaction d'un texte admis par tous les États ; les négociations diplomatiques qui l'ont suivie ont abouti à l'élaboration d'un article dont le moindre inconvénient est d'être inutile, puisqu'en son absence la situation aurait été absolument la même.

Dans des limites beaucoup plus restreintes, la protection des seuls câbles d'atterrissage, deux fois proposée par le Danemark en 1874 à Bruxelles et en 1899 à la Haye, a été également écartée, de sorte qu'à l'heure actuelle la question reste entière, avec cette différence que le peu de succès de ces propositions auprès des représentants des gouvernements est de nature à encourager les pires abus de la part des belligérants.

II

L'absence de réglementation des télégraphes sous-marins en temps de guerre forme un contraste frappant avec les règles qu'on est parvenu à fixer pour les télégraphes terrestres. En combinant les dispositions votées à Bruxelles et, plus récemment, à la Haye avec celles de la convention télégraphique de Saint-Pétersbourg, on peut établir que : 1° chaque belligérant a, dans les limites de sa juridiction, un droit de contrôle sur les télégrammes transmis par les administrations télégraphiques de son territoire ou empruntant son réseau par voie de transit et qu'il peut

(1) Conférence internationale de la Haye. Procès-verbaux officiels des séances de la Conférence et des Commissions, publiés par le ministère des affaires étrangères des Pays-Bas, 3ᵉ partie, p. 147-149.

même suspendre le service de la télégraphie internationale sous certaines conditions ; 2° le belligérant qui occupe le territoire ennemi a le droit de s'emparer du télégraphe et de l'utiliser pendant les hostilités, à charge de le restituer à la fin de la guerre.

Ces règles, qui peuvent être appliquées par analogie aux câbles, sont insuffisantes pour fixer leur sort pour deux raisons : il n'est pas possible d'assimiler d'une manière absolue les télégraphes sous-marins aux télégraphes terrestres par suite des conditions différentes dans lesquelles ils fonctionnent respectivement ; d'autre part, les lois de la guerre continentale ne sont pas identiques à celles qui régissent encore actuellement la guerre maritime.

Les télégraphes de terre sont tout entiers situés sur le territoire de l'État auquel ils appartiennent. Dans la plupart des pays, la télégraphie constitue un service public mis à la disposition des autorités militaires en temps de guerre et par conséquent susceptible de saisie par l'ennemi. Lorsque celui-ci s'en empare, le matériel télégraphique suit le sort commun des propriétés de l'État qui subit l'occupation de l'adversaire. Le dommage causé aux neutres par la suspension des communications télégraphiques est limité à leurs relations avec les ressortissants des États belligérants, rendues déjà bien précaires par la guerre.

Les câbles sous-marins, au contraire, sont presque toujours une propriété privée et ils appartiennent souvent à des sociétés étrangères qui ne dépendent d'aucun des belligérants. N'ayant sur le territoire des États que leurs points d'atterrissage, ils ne sont soumis à leur juridiction que dans des limites très restreintes, seulement pour la partie située dans les eaux territoriales. Alors que les télégraphes terrestres servent surtout aux communications intérieures, le caractère principal des télégraphes sous-marins est d'être un agent de communications internationales. Les atteintes qui leur sont portées causent donc aux neutres un dommage beaucoup plus grand que des mesures de même nature prises par un belligérant à l'égard des télégraphes de terre. Au cas où l'Angleterre serait en guerre avec une puissance continentale, si le fonctionnement des câbles anglais était interrompu, l'Europe n'aurait plus de nouvelles de l'Afrique, de l'Océanie et d'une grande partie de l'Asie.

Cette situation est encore aggravée par la différence qui subsiste entre les règles de la guerre terrestre et celles de la guerre maritime. Celles-ci ont toujours été plus rigoureuses que les premières : ainsi la course n'a été abolie qu'au milieu du XIX° siècle et la propriété privée ennemie n'est pas encore respectée sur mer comme elle l'est sur terre. Cela tient à ce que, les conditions de la lutte n'étant pas les mêmes, les moyens coercitifs que chaque belligérant emploie pour réduire son adversaire sont différents. Il en résulte que les mesures prises par l'un des États en guerre pour priver l'ennemi des communications télégraphiques pourront être plus énergiques dans la guerre maritime que dans la guerre terrestre.

Ajoutons à cela que certaines puissances maritimes ont une conception de la guerre très différente de celle qui est généralement répandue. Tandis que les jurisconsultes et les hommes d'État de la plupart des nations du continent considèrent la guerre comme une relation d'État à État dont les effets n'atteignent pas les habitants paisibles du territoire des belligérants et qu'ils limitent les dommages causés à l'ennemi au minimum nécessaire pour atteindre le but poursuivi, en Angleterre et aux États-Unis on voit dans tout sujet de l'État ennemi un ennemi dont la propriété n'a droit à aucun respect ; au lieu de ne faire porter la charge de la guerre que sur les propriétés publiques de l'État ennemi, on admet que les opérations militaires peuvent atteindre les propriétés privées et même les individus qui ne prennent pas part aux hostilités, dans le but de triompher de la résistance de l'ennemi. Cette différence de conception des moyens d'action licites ou illicites à la disposition des belligérants n'est pas sans influence sur les conséquences des opérations militaires lorsque le théâtre de la guerre est sur mer.

Dans ces conditions, on peut se demander quels sont les droits des belligérants sur les câbles sous-marins. Peuvent-ils contrôler ceux qui atterrissent dans les limites de leur juridiction ou sur le territoire ennemi occupé par leurs troupes ? Peuvent-ils même, pour interrompre les communications, couper les câbles, soit dans les eaux territoriales, soit en haute mer ? Dans ce cas, les propriétaires ont-ils le droit de réclamer une indemnité pour le dommage qui leur est causé ? Toutes ces questions se ramènent aux deux suivantes que nous allons examiner : dans quelle mesure l'action des belligérants sur les câbles peut-elle s'exercer sur terre et dans quelle mesure sur mer ?

I. Droits des belligérants sur terre. — Les câbles sous-marins ont pour but d'établir des communications télégraphiques entre deux territoires ou portions d'un même territoire séparés par la mer. A leurs deux extrémités ils se soudent aux télégraphes terrestres dont ils constituent le prolongement à travers les océans. C'est donc à leur point d'atterrissage que les belligérants agiront sur eux. Cette action peut être exercée soit par chaque État sur les lignes qui aboutissent sur ses côtes, soit par un État sur les câbles atterrissant en territoire ennemi lorsqu'il occupe leur point de jonction au réseau terrestre.

1° *Droits des belligérants sur leur territoire.* — Les câbles sous-marins ne peuvent atterrir sur les côtes d'un État sans une autorisation spéciale que l'État intéressé est libre d'accorder, de refuser ou même de subordonner à certaines conditions en vertu de son droit de souveraineté territoriale.Certains États, comme les États-Unis, soumettent les Compagnies qui sollicitent cette autorisation à des conditions assez rigoureuses (1).

En échange du droit d'atterrissage, l'État impose souvent aux Compagnies concessionnaires un contrôle de l'exploitation par ses agents qui devient très utile en temps de guerre, en lui permettant d'intercepter tout télégramme susceptible de renseigner l'ennemi. C'est ainsi que, d'après l'article 9 du cahier des charges des Compagnies anglaises, « en cas de guerre, le gouvernement pourra occuper toutes les stations en territoire anglais ou sous la protection de l'Angleterre et se servir du câble au moyen de ses propres employés ». Pour mettre d'une manière encore plus rigoureuse l'exploitation des câbles sous la surveillance du gouvernement, l'article 3 dispose : « Le câble proposé ne doit, en aucune station, posséder d'employés étrangers. De même, les fils ne passeront dans aucun bureau et ne pourront être sous le contrôle d'aucun gouvernement étranger ».

Ces clauses ne sont pas spéciales à l'Angleterre, elles se rencontrent dans d'autres pays, inspirées par le souci légitime de la défense nationale. A Cuba, sous la domination espagnole, les lignes terrestres étant en état d'interruption permanente, les communications télégraphiques étaient assurées par un câble qui reliait les principaux points des côtes. La concession de ce câble, accordée à la Compagnie *Cuba Submarine Telegraph*, donnait aussi au gouvernement espagnol un droit de contrôle sur l'exploitation de la ligne (2).

On s'est également préoccupé en France d'insérer des clauses de même nature dans les conventions passées avec les Compagnies de

(1) Le câble ne pourra être relié à aucune autre ligne sous-marine jouissant d'un privilège d'atterrissement en pays étranger si pareil privilège n'est pas aussitôt accordé à tout citoyen américain qui demanderait à faire atterrir un câble au même point. De plus, la concession pourra toujours être annulée ou modifiée par le Congrès. V. *Journal télégraphique*, 1897, p. 10 et suiv. V. aussi le bill adopté en 1869 par le Sénat américain sur la proposition de M. Sumner à propos de l'atterrissage du premier câble immergé entre les États-Unis et la France, dans la *Revue de droit international et de législation comparée*, t. II (1870), p. 323.

(2) Article 16 du cahier des charges : « Le gouvernement et les autorités supérieures de l'île auront le droit de contrôler le contenu des télégrammes de toute catégorie aussi souvent qu'ils le jugeront opportun, et ils pourront arrêter la transmission des télégrammes, soit qu'ils soient présentés pour la transmission, soit qu'ils soient reçus par la ligne, toutes les fois que leur contenu sera contraire à la morale ou à la sécurité de l'État ou à l'ordre public, et ils pourront également interdire l'emploi des chiffres ou du langage convenu pour toute la correspondance d'un caractère privé » (*Journal télégraphique*, 1896, p. 39).

câbles sous-marins. Le cahier des charges de la *Compagnie française des câbles télégraphiques*, prévoyant l'éventualité d'une guerre, impose à la Compagnie certaines charges dans ses articles 2 et 3 ainsi conçus : Art. 2 « Au cas où le gouvernement français, par application des articles 7 et 8 de la convention de Saint-Pétersbourg, suspendrait tout ou partie du service télégraphique sur une ou plusieurs lignes de la Compagnie, aucune indemnité ne serait due à celle-ci, mais le payement des garanties de produits et d'intérêts prévues à la convention ne serait pas interrompu ». — Art. 3 « Sauf exceptions autorisées par l'administration des postes et télégraphes, la Compagnie n'emploiera, en qualité de chefs de station ou d'opérateurs, que des agents de nationalité française dans les stations établies en France ou dans les colonies françaises. Ces agents ne seront admis définitivement dans les cadres du personnel de la Compagnie qu'après avoir été agréés par l'administration qui se réserve le droit de retirer son agrément. — Dans les stations situées en territoire étranger, les agents employés par la Compagnie devront également, sauf impossibilité reconnue par l'administration, être de nationalité française. — Les agents français, soumis aux obligations militaires, assurant le service des stations de la Compagnie, recevront des sursis d'appel sans limite de durée en cas de mobilisation ».

Ces conditions, imposées aux Compagnies de câbles, ne sont pas spéciales aux Sociétés françaises ; elles se trouvent également dans les concessions accordées aux Sociétés étrangères. Dans un arrangement conclu le 30 novembre 1899 entre le ministre du commerce et les représentants de la Compagnie *Anglo American Telegraph* pour autoriser cette Compagnie à faire atterrir en France un câble aboutissant en Angleterre et destiné à l'acheminement du trafic transatlantique, le gouvernement inséra les conditions suivantes: 1° l'administration se réserve la faculté d'organiser sur le service tel contrôle qu'elle jugera convenable et, à cet effet, ses représentants doivent avoir accès à toute réquisition dans les bureaux d'exploitation et dans la guérite d'atterrissement (art. 9, § 2) ; 2° les agents de la Compagnie établis en France pour le service de la ligne doivent être de nationalité française, sauf exceptions motivées et autorisées ; ils doivent, dans tous les cas, être agréés par l'administration (art. 10) ; 3° le gouvernement se réserve la faculté de suspendre le service sans indemnité et d'occuper les bureaux d'exploitation pour faire assurer le service par ses agents lorsqu'il le jugera nécessaire (art. 11) (1).

(1) Nous croyons devoir reproduire cette dernière disposition, intéressante surtout parce qu'elle s'applique à une Compagnie étrangère : « Au cas où le gouvernement français, usant de la faculté qui lui est réservée par l'article 8 de la convention de

Lorsque l'acte de concession a prévu qu'en temps de guerre les stations télégraphiques du territoire seraient occupées par les agents de l'État, aucune difficulté ne saurait s'élever : il s'agit ici d'une condition à laquelle les Compagnies télégraphiques pouvaient se soustraire en renonçant à la concession. Mais si le droit de l'État n'est pas garanti par une clause de cette nature, c'est en vertu d'un des droits fondamentaux des États, le droit de conservation, que les autorités militaires feront occuper les stations télégraphiques situées en territoire national.

Parmi les droits primordiaux des États figure en effet le droit de conservation qui permet aux États d'assurer leur sécurité par tous les moyens en leur pouvoir. Aussi, dans tous les pays, la loi met-elle aux mains des autorités le droit de réquisition en vertu duquel les particuliers sont tenus de fournir en nature les objets nécessaires à l'armée, soit pour son entretien, soit pour la défense du territoire.

En France, la loi du 3 juillet 1877 prévoit qu'on peut exiger par voie de réquisition la fourniture des prestations nécessaires à l'armée ; après avoir énuméré dans ses dix premiers paragraphes diverses prestations susceptibles d'être réquisitionnées, l'article 5 ajoute dans le paragraphe 11 : « tous les autres objets et services dont la fourniture est nécessitée par l'intérêt militaire ». Or, comme les télégraphes terrestres et sous-marins sont d'une grande utilité pour les autorités militaires, il est certain que les stations de câbles situées en territoire français, comprises dans les termes généraux de l'article 5, § 11, pourraient être réquisitionnées en temps de guerre (1). La réquisition s'appliquant aux

Saint-Pétersbourg, suspendrait tout ou partie du service sur le câble de la Compagnie, celle-ci ne pourrait prétendre à aucune indemnité. — En dehors du cas prévu à l'alinéa précédent, si le ministre des postes et des télégraphes le juge utile en raison des événements, les fonctionnaires et agents de l'État pourront prendre temporairement, et à la première réquisition, possession des locaux occupés par la Compagnie et du matériel lui appartenant, pour assurer le service du câble en son lieu et place. L'État tiendrait compte à la Compagnie des taxes qui lui reviendraient, déduction faite des frais d'exploitation de la ligne » (*Journal télégraphique*, 1900, p. 60). — V. aussi l'Exposé des motifs de la proposition de loi relative à l'établissement de réseaux sous-marins de lignes télégraphiques destinées à relier la métropole aux colonies françaises et à divers pays étrangers, déposée dans la 1ʳᵉ séance du 13 novembre 1900 par MM. Meyer, Christophle (Isère), Pourquery de Boisserin, Brindeau et plusieurs de leurs collègues, dans le *Journal officiel*, Documents parlementaires, Chambre, session extraordinaire de 1900, p. 43.

(1) La loi de 1877, en s'occupant de la réquisition des chemins de fer, dispose dans son article 31 : « Les dépendances des gares et de la voie, y compris les bureaux et les fils télégraphiques des Compagnies qui peuvent être nécessaires à l'administration de la guerre, doivent être également mises sur réquisition à la disposition de l'autorité militaire ». La loi ne s'occupe expressément que du télégraphe des chemins de fer parce qu'en France le service télégraphique constitue une administration publique dont les agents sont à la disposition de l'autorité militaire en temps de guerre. Quant aux télé-

habitants du pays sans distinction entre les nationaux et les étrangers, les Compagnies télégraphiques étrangères ne pourraient se prévaloir de leur extranéité pour y soustraire leurs stations en territoire français.

L'État peut donc occuper les stations de câbles soit en vertu du cahier des charges de la concession, soit par application du droit de réquisition. Mais quels seront les effets de cette occupation autorisée par la loi interne ? En l'absence de conventions internationales restreignant son droit, l'État exercera son contrôle sur le service télégraphique, il suspendra les communications ou interdira la transmission de certaines catégories de dépêches sans que les expéditeurs, gouvernements ou particuliers, aient à protester. C'est ce qui s'est passé en France en 1870 : non seulement les relations télégraphiques furent interrompues entre la France et l'Allemagne, mais l'emploi du langage secret pour les correspondances privées fut supprimé dès le début des hostilités ; il ne fut rétabli qu'en 1875 (1).

La situation n'est plus la même aujourd'hui que la plupart des États sont liés par une convention d'Union télégraphique. Le contrôle ne pourra s'exercer d'une manière utile que si les États n'ont pas renoncé dans cette convention au droit de surveiller la transmission des correspondances en temps de guerre. A quoi servirait-il en effet de reconnaître à chaque État un droit de contrôle sur les télégrammes à leur point de départ si la convention portait une renonciation de tous les signataires à exercer ce droit dans leurs relations entre eux ? La loi internationale ferait ici échec à la loi interne.

C'est la convention conclue à Saint-Pétersbourg en 1875 qui règle les rapports entre les États faisant partie de l'Union télégraphique. Il n'y est pas spécialement question des rapports en temps de guerre, mais certains de ses articles prévoient des hypothèses qui comprennent implicitement la guerre.

La convention de Saint-Pétersbourg divise les télégrammes internationaux en trois catégories :

Les *télégrammes d'État*, qui émanent du chef de l'État, des ministres, des commandants en chef des forces de terre et de mer et des agents diplomatiques ou consulaires des gouvernements contractants, ainsi que la réponse à ces mêmes télégrammes ;

Les *télégrammes de service*, échangés entre les administrations télégraphiques ;

Les *télégrammes privés*.

graphes sous-marins, s'il n'en est pas question, c'est qu'en 1877 le réseau des câbles français était encore fort peu développé.

(1) *Journal télégraphique*, 1870, p. 151 ; 1875, p. 64.

Les deux premières catégories de télégrammes peuvent être émises en langage secret dans toutes les relations. Les télégrammes privés peuvent être échangés en langage secret entre deux États qui admettent ce mode de correspondance.

Mais ces dispositions sont restreintes par les articles 7 et 8 de la convention ainsi conçus : Art. 7. « Les Hautes Parties Contractantes se réservent la faculté d'arrêter la transmission de tout télégramme privé qui paraitrait dangereux pour la sécurité de l'État ou qui serait contraire aux lois du pays, à l'ordre public ou aux bonnes mœurs ». Art. 8. « Chaque gouvernement se réserve aussi la faculté de suspendre le service de la télégraphie internationale pour un temps indéterminé, s'il le juge nécessaire, soit d'une manière générale, soit seulement sur certaines lignes et pour certaines natures de correspondances, à charge par lui d'en aviser immédiatement chacun des autres gouvernements contractants ».

Ces deux articles sont susceptibles de s'appliquer en temps de guerre : le premier prévoit le cas où un télégramme serait dangereux pour la sécurité de l'État, le second accorde aux gouvernements le droit de suspendre le service s'ils le jugent nécessaire. Chaque État est ainsi investi d'un pouvoir absolu et discrétionnaire de suspendre les relations télégraphiques ou de les contrôler. Ce pouvoir s'applique à toutes les catégories de télégrammes.

L'article 7 étant spécial aux télégrammes privés, on pourrait croire que les télégrammes d'État peuvent emprunter librement le réseau de l'État belligérant, comme le décidait le projet américain de 1869, si l'article 8 ne venait étendre le pouvoir de l'État même à ces télégrammes. « C'est, comme le dit M. Renault, une conséquence du droit de souveraineté que chaque État se réserve ainsi d'exercer d'une manière absolue, suivant ses intérêts et sans avoir à rendre compte aux autres États de sa conduite » (1).

Si les articles 7 et 8 de la convention aboutissent au même résultat, il y a cependant entre eux une différence capitale. D'après l'article 7, chaque État peut exercer son droit de contrôle sur tout télégramme privé qui lui paraitrait dangereux pour sa sécurité ou contraire à ses lois, à l'ordre public ou aux bonnes mœurs. Il en résulte : 1° que ce droit ne peut s'exercer que sur les télégrammes privés ; 2° qu'il porte sur tout télégramme de cette catégorie. Ce droit s'exerce sur chaque dépêche qui emprunte le réseau de l'État, qu'elle soit expédiée de ses bureaux ou à ses bureaux ou même qu'elle transite par son réseau. Le Règlement ar-

_____

(1) Renault, *La poste et le télégraphe*, dans la *Nouvelle revue historique*, 1877, p. 449.

rêté en 1896 à Buda-Pesth par les délégués des administrations télégraphiques des États adhérents à l'Union met, dans son article 46, comme condition à ce droit de contrôle l'obligation pour l'État qui exerce la faculté réservée par l'article 7 de la convention d'en avertir immédiatement l'administration de laquelle dépend le bureau d'origine et il réserve un recours au Bureau international qui prononce sans appel.

L'article 46 ajoute dans son paragraphe 3 : « La transmission des télégrammes d'État et des télégrammes de service se fait de droit. Les bureaux télégraphiques n'ont aucun contrôle à exercer sur ces télégrammes ». Cette restriction au droit de l'État s'imposait : il eût été inadmissible qu'une administration télégraphique pût examiner si elle devait ou non transmettre un télégramme d'État. Les dépêches de cette nature sont affranchies des dispositions de l'article 7, vexatoires pour les États.

L'article 8 de la convention donne un autre pouvoir à l'État dont on utilise les lignes : il lui permet de suspendre le service par une mesure générale applicable à toute une catégorie de télégrammes ou même de le suspendre pour tous les télégrammes sans distinction. La disposition est formelle, la convention autorise la suspension du service *d'une manière générale*, ce qui comprend les télégrammes d'État ; et comme c'est une mesure fort grave, il faut supposer des événements exceptionnels tels que des troubles civils ou une guerre.

L'État peut aussi n'exercer la faculté de suspension qu'à l'égard de certaines natures de correspondance, comme par exemple les télégrammes rédigés en langage secret (1).

Il est facile de comprendre que l'État, dans les circonstances exceptionnelles qui lui permettraient de suspendre le service d'une manière absolue, n'use pas de son droit dans toute sa plénitude et se contente de suspendre la transmission des télégrammes secrets. La prohibition du langage secret s'appliquera aux télégrammes d'État comme aux télégrammes privés. L'État, qui n'a pas sur les premiers le droit de contrôle que l'article 7 de la convention lui reconnaît sur les seconds, n'aura qu'une ressource : en exigeant que les télégrammes d'État soient rédigés en clair, il en prendra connaissance et s'assurera qu'ils ne sont pas dangereux pour sa sécurité. S'il les juge dangereux, comme il ne peut les arrêter, il suspendra le service international. Cette décision, prise sous sa responsabilité, sera sans appel, l'article 46 du Règlement qui organise un recours au Bureau international n'étant applicable que dans les cas prévus par l'article 7 de la convention (2).

(1) On distingue les télégrammes en langage clair et les télégrammes en langage secret, qui comprennent les télégrammes en chiffres et ceux en langage convenu. V. Règlement télégraphique de Buda-Pesth, art. 7 à 9.

(2) Pour se rendre compte que l'article 46 du Règlement ne vise que l'article 7 de la

On a soutenu le contraire. Examinant certaines mesures prises par le gouvernement anglais à l'occasion des hostilités dans l'Afrique du Sud, M. Arthur Desjardins écrivait : « Les chancelleries ne peuvent-elles pas dire au Cabinet de Saint-James : Vous vous êtes engagé vous-même à ne pas arrêter la transmission des télégrammes d'État et des télégrammes de service. Sommes-nous en désaccord sur la portée de la convention télégraphique ? Saisissons l'administration centrale qui prononcera » (1).

Cette interprétation de la convention et du Règlement télégraphique repose, à notre avis, sur une confusion entre les dispositions des articles 7 et 8 de la convention, les puissances signataires de l'acte d'Union ne s'étant jamais engagées à ne pas arrêter la transmission des télégrammes d'État, et le Bureau international étant incompétent dans ce cas.

Comme nous l'avons dit, les articles 7 et 8 de la convention prévoient des hypothèses différentes : le premier donne à l'État un droit de contrôle sur les télégrammes privés, sauf recours au Bureau international ; le second lui permet de suspendre le service télégraphique s'il le juge nécessaire, mais sans aucun recours. Il est facile de comprendre pourquoi l'appel au Bureau international, recevable quand il s'agit de télégrammes privés, ne l'est pas quand il s'agit de télégrammes d'État.

Les termes de l'article 7 sont assez généraux pour qu'il soit toujours possible d'arrêter un télégramme sous prétexte qu'il porte atteinte à la sécurité de l'État ou à l'ordre public, car ces questions sont susceptibles d'appréciations très variées de la part des intéressés. On a donc permis à l'expéditeur ou au destinataire d'un télégramme arrêté en vertu de l'article 7 de porter le débat devant le Bureau international qui prononce en dernier ressort. La contestation sera tranchée par un organe impartial et indépendant des États, ce qui aura pour effet d'empêcher les administrations télégraphiques de prendre des mesures arbitraires. L'État, pour faire maintenir la décision de ses agents, devra seulement établir

convention, il suffit de se reporter à son texte. Il est ainsi conçu : « 1. Il ne doit être fait usage de la faculté réservée par l'article 7 de la convention d'arrêter la transmission de tout télégramme privé qui paraîtrait dangereux pour la sécurité de l'État ou contraire aux lois du pays, à l'ordre public ou aux bonnes mœurs, qu'à charge d'en avertir immédiatement l'administration de laquelle dépend le bureau d'origine. — 2. Ce contrôle est exercé par les bureaux télégraphiques extrêmes ou intermédiaires, sauf recours à l'administration centrale, qui prononce sans appel. — 3. La transmission des télégrammes d'État et des télégrammes de service se fait de droit. Les bureaux télégraphiques n'ont aucun contrôle à exercer sur ces télégrammes ».

(1) Arthur Desjardins, *La guerre de l'Afrique australe et le droit des gens*, dans la *Revue des Deux-Mondes* du 1er mars 1900, p. 76. — V. aussi Despagnet, dans cette *Revue*, t. VII (1900), p. 804, qui, bien que ne partageant pas l'opinion de M. Desjardins, paraît admettre que l'article 46, § 3 du Règlement restreint le droit que chaque État tient de l'article 8 de la convention.

que le télégramme en litige viole l'article 7. Si la mesure qu'il a prise
n'est pas maintenue, sa souveraineté n'aura subi aucune atteinte puisqu'il s'agira seulement d'une fausse application de la convention par ses
agents. C'est l'article 46 du Règlement qui organise ce recours au Bureau
international.

Quant à l'article 8, il n'a donné lieu à aucune disposition du Règlement
et nulle part un recours n'est organisé contre les droits qu'il reconnaît
à l'État. C'est qu'il s'agit d'une des prérogatives du droit de souveraineté
expressément réservée par les États contractants. La seule condition
imposée à l'État qui veut user de la faculté de suspendre le service est
l'obligation d'en aviser immédiatement les autres gouvernements. Ici,
aucun motif à invoquer, et, par suite, aucun recours possible. L'État qui
suspend le service télégraphique peut le faire pour un temps déterminé
ou indéterminé, à l'égard de toutes les natures de correspondances ou
seulement de certaines, sur toutes les lignes ou sur quelques-unes : il
agit dans la plénitude de sa souveraineté et toute justification de sa conduite exigée par les autres États serait une atteinte à cette souveraineté (1).

La convention de Saint-Pétersbourg consacre ainsi le droit de contrôle
des États sur les télégrammes transmis par leurs réseaux. Mais, a-t-on
dit, cette convention ne s'applique qu'aux télégraphes terrestres, la situation des télégraphes sous-marins est exclusivement réglée par la
convention de Paris de 1884.

M. Desjardins a réfuté cette objection. Il a démontré que les termes
de la convention de Saint-Pétersbourg comprennent tous les télégraphes,
aussi bien terrestres que sous-marins, en établissant qu'avant 1875 on
assimilait les seconds aux premiers, du moins pour la partie du câble
qui atterrit et pour celle qui est située dans les eaux territoriales. Il cite
à cet effet la convention du 16 mai 1864 dont nous nous sommes déjà
occupé, qui disposait : « Les Hautes Parties Contractantes déclarent d'uti-

(1) L'article 73 du Règlement fait encore ressortir cette différence entre les articles 7
et 8 de la convention. Il admet que, dans les hypothèses prévues par ces deux articles,
la taxe du télégramme arrêté peut être remboursée à l'expéditeur sur sa demande ; le
remboursement est à la charge de l'administration qui a arrêté le télégramme. Mais,
dans le cas de l'article 8, si cette administration a notifié la suspension du service, le
remboursement de la taxe est à la charge de l'office d'origine, à la condition que cette
notification lui soit parvenue avant l'expédition. Cet office a commis une faute dont il
est responsable en acceptant un télégramme après la notification. Dans le cas de l'article 7, au contraire, le bureau d'origine ignore si le télégramme sera arrêté en cours
de transmission pour une des causes prévues par la convention : il était en droit de
l'accepter dès lors que ce télégramme ne portait atteinte ni à la sécurité ni à l'ordre
public de l'État dont il dépend ; c'est donc à l'administration qui a arrêté la dépêche
d'en supporter le remboursement.

lité internationale et prennent à ce titre sous leur protection et leur
garantie sur leurs territoires respectifs la ligne de télégraphie transatlantique ».Une convention particulière signée en 1864 par le ministre de
l'intérieur de France est encore plus explicite : « Les portions des câbles
sous-marins et les lignes souterraines ou sur poteaux qui les rattache-
ront aux bureaux télégraphiques seront placées, sur le territoire des
pays soumis à la France, sous la protection des lois françaises, comme
si elles étaient la propriété de l'État » (1).

Que telle ait été la solution admise avant 1875, cela résulte d'une manière certaine des textes que nous venons de citer, mais cette convention a-t-elle apporté quelque modification à la pratique antérieure ?
M. Desjardins ne le croit pas ; à cet effet, il remarque que le seul acte
international qui se soit occupé des câbles sous-marins, la convention
de Paris de 1884, a une portée restreinte puisqu'elle ne vise que la protection des câbles en haute mer.

La convention de Saint-Pétersbourg et le Règlement de Buda-Pesth,au
contraire, ont une portée très large puisqu'aucune restriction n'est apportée à leurs dispositions.« Si l'on avait voulu, conclut-il en parlant du Règlement de 1896, éviter toute combinaison des conventions et par exemple soustraire n'importe quelle portion des câbles sous-marins, même
envisagés comme câbles d'atterrissage,à toutes les dispositions de ce Règlement, on l'aurait dit. La convention de Paris avait soustrait le cas de
guerre à ses propres prévisions dans un article spécial ; rien n'était plus
aisé que d'introduire une disposition de ce genre dans le nouveau pacte ;
on s'est gardé de le faire » (2).

Nous aboutissons à la même conclusion par d'autres arguments. Les
câbles sous-marins sont compris dans la convention de Saint-Pétersbourg
par cela seul qu'ils n'en sont pas exceptés, la télégraphie sous-marine
étant déjà suffisamment développée en 1875 pour qu'on ne l'eût pas né-
gligée.Mais nous croyons, contrairement au regretté jurisconsulte, que
si les plénipotentiaires qui ont signé l'acte de 1875 l'avaient même involontairement omise, il n'eût pas appartenu aux délégués des administrations télégraphiques qui ont élaboré le Règlement de Buda-Pesth d'y suppléer, les pouvoirs de ceux-ci étant limités à la rédaction d'un Règlement
fait pour exécuter la convention.

L'article 1er de la convention de Saint-Pétersbourg dispose que la convention a pour but d'établir entre les États contractants des mesures
propres à assurer le service des *télégraphes internationaux*. Or, qu'est-ce
que les télégraphes internationaux sinon le service des communications

(1) Arthur Desjardins, *op. cit.*, p. 77.
(2) *Op. cit.*, p. 77.

télégraphiques entre pays différents ? Pourquoi ce service serait-il limité aux relations entre les États continentaux ? N'y aurait-il plus télégraphes internationaux s'il s'agissait des communications entre la France et l'Amérique ou entre l'Angleterre et la Belgique au lieu des communications entre l'Autriche et l'Italie ?

Dira-t-on que la convention ne visait que la télégraphie terrestre parce que, dans les États représentés à Saint-Pétersbourg, la télégraphie constituait un service public, tandis que les pays où le télégraphe était alors aux mains de Compagnies privées, comme l'Angleterre et les États-Unis, s'étaient abstenus, et que, par suite, les câbles sous-marins, presque partout propriété privée, ne pouvaient être appelés à jouir du bénéfice de la convention ? Mais alors, pourquoi, dans les différentes Conférences télégraphiques internationales réunies depuis la fondation de l'Union, les Compagnies de câbles sous-marins ont-elles été représentées ? En 1875, les Compagnies privées qui envoient des délégués à Saint-Pétersbourg sont au nombre de sept, dont trois ont adhéré à l'Union ; en 1879, seize Compagnies sont représentées à Londres, dont six font partie de l'Union ; en 1885, dix-neuf à Berlin, dont neuf adhérentes ; en 1890, vingt-trois à Paris, dont onze adhérentes ; enfin, en 1896, on en compte vingt-six à Buda-Pesth.

Si maintenant l'on parcourt le Règlement de 1896, on remarque qu'il est question des câbles sous-marins aux articles 3, 24, 27, 75, et surtout à l'article 86 qui assimile les exploitations télégraphiques privées fonctionnant dans les limites d'un ou plusieurs États contractants, avec participation au service international, au réseau télégraphique de ces États (1). Il faut en conclure que la convention de Saint-Pétersbourg s'ap-

(1) Article 86 : « 1. — Les exploitations télégraphiques privées qui fonctionnent dans les limites d'un ou plusieurs États contractants, avec participation au service international, sont considérées, au point de vue de ce service, comme faisant partie intégrante du réseau télégraphique de ces États.

« 2. — Les autres exploitations télégraphiques privées sont admises aux avantages stipulés par la convention et par le présent Règlement, moyennant accession à toutes leurs clauses obligatoires et sur la notification de l'État qui a concédé ou autorisé l'exploitation. Cette notification a lieu conformément au second paragraphe de l'article 18 de la convention.

« 3. — Cette accession doit être imposée aux exploitations qui relient entre eux deux ou plusieurs des États contractants, pour autant qu'elles soient engagées par leur contrat de concession à se soumettre, sous ce rapport, aux obligations prescrites par l'État qui a accordé la concession.

« 4. — Les exploitations télégraphiques privées qui demandent à l'un quelconque des États contractants l'autorisation de réunir leurs câbles au réseau de cet État ne l'obtiennent que sur leur engagement formel de soumettre le taux de leurs tarifs à l'approbation de l'État accordant la concession et de n'appliquer aucune modification ni du tarif, ni des dispositions réglementaires qu'à la suite d'une notification du Bureau international des administrations télégraphiques, laquelle n'est exécutoire qu'après le délai prévu

plique bien aux câbles sous-marins et, par suite, que, dans les relations internationales, les États sur le territoire desquels ces câbles ont des stations jouissent du bénéfice des articles 7 et 8 de la convention en cas de guerre.

Sans doute, ces conséquences sont fâcheuses pour les neutres, bien plus fâcheuses que lorsqu'on n'applique les articles 7 et 8 qu'aux télégraphes terrestres, mais elles étaient prévues, et les auteurs de la convention en n'insérant aucune restriction dans l'acte qu'ils ont signé les ont admises.

Les exemples fournis par la pratique viennent confirmer les solutions de la doctrine. Les États de l'Union ont toujours considéré que la convention de Saint-Pétersbourg s'appliquait à tous les télégraphes, terrestres comme sous-marins. Lorsqu'un État belligérant a voulu se prévaloir des articles 7 et 8, il s'est contenté de faire au Bureau international la notification prescrite par la convention, et cette pratique n'a jamais soulevé de protestations.

C'est ainsi que, pendant la dernière guerre russo-turque, l'emploi du langage secret pour les télégrammes empruntant la voie du câble entre la Turquie et la Russie fut interdit pendant les hostilités pour n'être de nouveau autorisé qu'au commencement de l'année 1879 (1).

L'Égypte n'est en communication avec l'Europe que par câbles : lors des troubles de 1882, le gouvernement égyptien défendit le langage secret pour les télégrammes d'État comme pour les télégrammes privés, n'autorisant même que l'usage de certaines langues (2) ; cette prohibition ne dura que quelques mois.

En 1885, le gouvernement égyptien prit une autre mesure ; il suspendit momentanément les télégrammes de ou pour Souakim à l'exception de ceux qui avaient un caractère purement privé ou commercial ; ceux-ci devaient être rédigés en langage clair et seulement en anglais, en français ou en italien. Ces restrictions ne s'appliquaient pas aux télégrammes d'État ; établies au mois de mars, elles furent supprimées au mois d'août de la même année (3).

En 1892, au moment de l'expédition du Dahomey, l'administration française interdit temporairement l'usage du langage secret pour les télé-

au paragraphe 9 de l'article 83. Il peut être dérogé à cette disposition en faveur des exploitations qui se trouveraient en concurrence avec d'autres non soumises auxdites formalités ».

(1) *Journal télégraphique*, 1879, p. 315.

(2) Les langues seules admises étaient le turc, l'arabe, l'anglais, le français et l'italien (*Journal télégraphique*, 1882, p. 144).

(3) *Journal télégraphique*, 1885, p. 62.

grammes originaires ou à destination de Kotonou (1). Il en fut de même pendant la campagne de Madagascar en 1895 : ayant ouvert au service international le câble qu'il avait fait poser entre Mozambique et Majunga, le gouvernement n'admit au trafic que les télégrammes en clair rédigés en français, anglais ou portugais et il les soumit au contrôle au départ et à l'arrivée (2).

Ces exemples sont pour la plupart empruntés à des campagnes coloniales ou à des mesures prises pour la répression d'insurrections. Dans ces dernières années, deux guerres entre États civilisés, la guerre hispano-américaine et celle du Transvaal, fournissent une application remarquable du droit de contrôle des belligérants sur les câbles sous-marins.

Avant le commencement de la guerre de 1898, l'Espagne n'avait pas su assurer l'indépendance de ses communications télégraphiques avec Cuba : elle était tributaire de Compagnies étrangères, américaines, anglaises et françaises. Ses relations avec la Havane étaient établies par le câble européen aboutissant à New-York ; de là, ses dépêches transitaient par le territoire des États-Unis jusqu'à la Floride, d'où elles étaient acheminées à la Havane par câble. Le gouvernement espagnol était donc presque complètement dans la dépendance de l'ennemi qui pouvait intercepter ses dépêches ou les modifier. Combien dut-il alors regretter une imprévoyance qui contribua dans une si grande mesure au rapide succès des Américains !

Dès le début des hostilités, les États-Unis organisèrent un contrôle rigoureux des câbles sous-marins aboutissant à Cuba. Le général A. W. Greely, chef de la télégraphie militaire de l'armée américaine, avait été nommé par la loi chef des télégraphistes au moment de la déclaration de guerre. Consulté par le gouvernement sur la conduite à tenir pour sauvegarder à la fois les intérêts militaires et les intérêts commerciaux, il conclut à la suppression des communications avec l'ennemi. En conséquence, il classa les câbles en cinq catégories :

1° Ceux dont les deux extrémités étaient en territoire ennemi, comme le câble de la côte Ouest de Cuba ;

2° Ceux dont chaque extrémité atterrissait sur les côtes de l'un des belligérants, comme le câble entre la Havane et la Floride ;

3. Ceux qui aboutissaient d'un côté en territoire ennemi, de l'autre en territoire neutre, comme le câble entre Cuba et Saint-Thomas ;

4° Ceux qui avaient une extrémité sur le territoire du belligérant offen-

---

(1) *Journal télégraphique,* 1892, p. 155.
(2) *Journal télégraphique,* 1895, p. 96.

sif et l'autre dans des régions éloignées du théâtre de la guerre, comme
les câbles reliant les États-Unis à l'Europe ;

5° Ceux qui allaient de la côte du belligérant offensif à un pays en
communication avec l'ennemi, comme le câble de New-York à Haïti et
directement à Cuba.

Une censure rigoureuse fut établie sur les câbles des deuxième, quatrième et cinquième catégories ; ceux des première et troisième furent
coupés.

Quant aux lignes qui mettaient en communication les deux belligérants, le général Greely ne jugea pas nécessaire de les couper. Le 23
avril 1898, il fit occuper militairement le bureau de Vrey-West, tête de
ligne du câble américain, et fit assurer le service par des télégraphistes
militaires sous le contrôle le plus sévère. Les télégrammes en clair
étaient seuls acceptés de ou pour la Havane et à condition qu'il s'agit exclusivement d'affaires privées ou commerciales. Comme, de son côté,
le gouverneur général de Cuba avait pris des dispositions analogues,
tous les messages subissaient la double censure américaine et espagnole et n'étaient transmis qu'après ce double examen. Le câble resta
donc ouvert au trafic commercial et privé, mais avec cette restriction
que si l'expéditeur n'inspirait pas confiance la dépêche était refusée ou
supprimée. Par exception et comme marque de courtoisie, on accepta
des télégrammes chiffrés pour la correspondance des agents diplomatiques des États neutres.

Les câbles qui reliaient les États-Unis à des territoires éloignés du
théâtre de la guerre, au nombre de six, furent placés sous le contrôle
militaire. Le général Greely, au lieu de faire occuper les bureaux et de
remplacer les employés par un personnel militaire, se contenta de conférer aux directeurs des Compagnies la surveillance des dépêches sous le
contrôle d'un officier du corps des télégraphistes. Les directeurs durent
s'engager par écrit à observer toutes les règles qui seraient imposées aux
Compagnies par le général ou son délégué. Il était formellement interdit
de recevoir ou d'expédier des messages de ou pour l'Espagne ou traitant
certaines choses que l'on considérait comme pouvant être préjudiciables
aux intérêts militaires. En cas de doute, les télégrammes étaient transmis au censeur militaire, qui décidait après examen.

Les stations des câbles immergés entre les États-Unis et un pays en
communication avec l'ennemi furent occupées militairement et les messages soumis à la censure. Les dépêches en langage chiffré ou conventionnel étaient refusées à l'exception de celles des fonctionnaires du
gouvernement et des agents diplomatiques neutres (1).

(1) *Influence des câbles sous-marins dans la suprématie sur terre et sur mer* (trad.

Dans la guerre hispano-américaine les mesures prises par l'un des belligérants ne furent presque toujours préjudiciables qu'à son adversaire. Il n'en fut pas de même dans la guerre du Transvaal : les neutres eurent à supporter les conséquences de la censure exercée par l'administration anglaise sur les communications télégraphiques avec l'Afrique du Sud.

Le 13 novembre 1899, le Bureau international de Berne portait à la connaissance des gouvernements la notification suivante : « La Compagnie *Eastern Telegraph* annonce que, suivant avis du Postmaster général de la colonie du Cap, la transmission par la colonie du Cap de tous les télégrammes d'État en langage secret, code ou chiffre, est arrêtée, excepté les télégrammes échangés entre le gouvernement du Portugal et le gouverneur général de la colonie à Lourenço-Marquès ». Quelques jours après, le 18 novembre, la même mesure était prise à Aden pour tous les télégrammes à destination ou en provenance de l'Afrique australe ou des colonies étrangères de l'Afrique orientale (1).

Mais le gouvernement anglais, tenu de faire cette notification par l'article 8 de la convention de Saint-Pétersbourg, n'avait pas attendu cette date pour soumettre tous les télégrammes privés à la censure en vertu de l'article 7 de la même convention. Dès le 11 octobre, une dépêche adressée à Madagascar par une société commerciale française était interceptée par l'administration anglaise ; le 2 janvier 1900, une autre dépêche pour la même destination, bien que rédigée en clair, était également arrêtée. Ces mesures, qui portaient une grave atteinte au commerce des neutres, étaient appliquées à toutes les dépêches, quelle qu'en fut l'origine, puisque, dès la fin d'octobre 1899, les journaux allemands élevaient de vives protestations contre ces rigueurs.

Toutes les communications télégraphiques avec l'Afrique du Sud furent ainsi presque entièrement suspendues pendant quelques mois. Le 21 mars 1900, le gouvernement anglais, se montrant moins rigoureux, autorisa l'usage de certains codes en déclarant que tous les télégram-

de l'anglais par P. Le Bihan), dans la *Revue maritime*, 1901, t. CLI, p. 2048 et suiv. ; Depelley, *Les câbles télégraphiques en temps de guerre*, dans la *Revue des Deux-Mondes* du 1er janvier 1900, p. 186 ; Le Fur, dans cette *Revue*, t. VI (1899), p. 477.

(1) Avis officiel : « Le câble télégraphique entre Lourenço-Marquès et Mozambique a été réparé ; les communications avec l'Afrique du Sud par le câble de la côte orientale sont donc rétablies. Il a été jugé nécessaire de suspendre à Aden, comme on l'a fait au Cap, la transmission des télégrammes en mots de code ou en chiffres envoyés soit par les gouvernements étrangers, soit par les particuliers, à destination ou en provenance de Zanzibar, Seychelles, Maurice, Madagascar, l'Est-Afrique anglaise, l'Est-Afrique allemande, Mozambique, Delagoa-Bey, Rhodesia, Afrique centrale anglaise, État libre, Transvaal, colonie du Cap, Natal. Les télégrammes ordinaires seront soumis à la censure ».

mes, ceux en clair comme ceux rédigés d'après ces codes, seraient soumis à la censure et transmis aux risques des expéditeurs (1).

La conduite de l'Angleterre en ces circonstances fut unanimement blâmée dans la presse et souleva de tous côtés de violentes protestations. La *Gazette de Cologne* du 6 janvier 1900 publiait même l'information suivante : « Le gouvernement russe vient d'adresser aux Cabinets une circulaire pour leur demander s'ils estiment que la façon dont l'Angleterre intercepte ou renvoie les télégrammes non seulement privés, mais administratifs, en provenance ou à destination des deux Républiques,se concilie avec le traité télégraphique international conclu à Saint-Pétersbourg en 1875 avec les puissances ».

Le gouvernement britannique n'avait cependant excédé en rien les droits que la convention de 1875 reconnaissait à tous les États de l'Union. En établissant la censure sur les télégrammes privés, en suspendant même la transmission des télégrammes d'État, il ne faisait qu'appliquer les articles 7 et 8 de cette convention comme on les avait appliqués jusqu'à ce jour dans tous les pays. On peut seulement lui reprocher dans l'exercice de son droit un certain manque de mesure qui a transformé les actes les plus légitimes en formalités tracassières, bien faites pour indisposer l'opinion publique des autres pays. Des rigueurs inutiles, surtout lorsqu'elles s'appliquent aux neutres, sont au premier chef des actes impolitiques dont aucun gouvernement ne devrait assumer la responsabilité ; elles sont, de plus, contraires aux principes généraux du droit des gens, d'après lequel la guerre comporte l'ensemble

(1) Avis communiqué par l'agence Havas : « Le gouvernement britannique, qui, par application de l'article 8 de la convention télégraphique de Saint-Pétersbourg, avait suspendu a Aden, aussi bien qu'au Cap de Bonne-Espérance, la transmission de tous les télégrammes en langage convenu à destination ou en provenance de l'Afrique australe, vient, sous certaines réserves, de revenir sur sa décision. Le langage convenu sera de nouveau admis dans les correspondances télégraphiques échangées avec l'Afrique du Sud, à la condition que les télégrammes originaires des divers pays soient rédigés d'après les indications de l'un des deux codes que chacun des États de l'Union télégraphique est autorisé à faire remettre au résident anglais à Aden. L'administration des postes et des télégraphes, après avoir pris des renseignements sur les codes dont l'usage est le plus répandu en France,vient d'envoyer à Aden le code A.B.C.(4ᵉ édit.),rédigé en anglais, et le code A. Z., rédigé en français. Dès que ces documents seront parvenus au résident anglais à Aden, le public, qui sera avisé de cette remise par la voie de la presse, sera autorisé à expédier des télégrammes en langage convenu à destination de l'Afrique australe. Mais il est à remarquer que la censure n'en continuera pas moins à s'exercer à Aden et que, seuls, les télégrammes traitant d'affaires commerciales ou privées seront assurés d'être dirigés sur leur lieu de destination. Ces mesures ne sont, pour le moment, applicables qu'à la voie d'Aden ». V. Despagnet,*Chronique des faits internationaux*, dans cette *Revue*, t. VII (1900), p. 799 et suiv.Chaque État était admis à déposer deux codes.Il en fut remis huit à l'administration anglaise (*Journal télégraphique*, 1901, p. 222).

minimum de mesures coercitives nécessaire et suffisant pour réduire l'ennemi (1).

La sévérité avec laquelle l'Anhleterre, lors de la guerre du Transvaal, a traité les correspondances les plus innocentes des neutres, même celles des gouvernements avec leurs agents diplomatiques dans l'Afrique du Sud, forme un contraste frappant avec la complaisance inexcusable qu'elle a montrée pour les États-Unis pendant la guerre hispano-américaine. Sur quatorze lignes qui mettent en communication l'Europe et l'Amérique, douze appartiennent à des Compagnies anglaises. Si l'Angleterre avait strictement observé les obligations que lui imposait sa neutralité, le gouvernement américain n'aurait peut-être pas été aussi bien renseigné sur les mouvements d'un ennemi qui jusqu'au dernier moment pouvait être très dangereux. On a vivement reproché à l'Angleterre cet oubli de ses devoirs de neutre ; il lui aurait été d'autant plus facile d'agir autrement que le gouvernement puisait dans les cahiers des charges imposés par lui aux Compagnies un droit de contrôle formel sur les télégrammes (2).

C'est peut-être pour mettre ce droit de contrôle au service des intérêts changeants de la politique de leur pays autant que pour assurer la défense de l'Empire que les hommes d'État anglais se sont toujours préoccupés d'avoir le monopole des communications télégraphiques. Il existe à cet effet à Londres au ministère de la guerre un service de surveillance des câbles chargé d'étudier le but stratégique des lignes et de donner son avis avant les concessions nouvelles ; grâce à lui, le gouvernement accorde des subventions aux lignes qui ont surtout un intérêt stratégique et pour lesquelles le trafic commercial est peu rémunérateur, comme les câbles d'Halifax aux Bermudes et des Seychelles à Zanzibar (3).

Dans l'établissement de lignes télégraphiques sous-marines l'Angleterre a cherché le plus possible à éviter les atterrissages etrangers afin de soustraire ses câbles au contrôle des autres puissances ; cela lui était plus facile qu'à aucun autre État par suite du grand nombre de ses possessions dans le monde qui jalonnent la route de ses lignes sous-marines, mais elle ne se dissimule pas qu'il lui reste beaucoup à faire (4).

---

(1) V. en ce sens Despagnet, dans cette *Revue*, t. VII (1900), p. 803.

(2) Commandant Bujac, *Précis de quelques campagnes contemporaines*, t. IV, *La guerre hispano-américaine*, Paris, in-8°, s. d., p. 211.

(3) Depelley, *Les câbles sous-marins et la défense de nos colonies*, Paris, 1876, brochure in-18, p. 22.

(4) Pour prendre un exemple, la ligne de la côte occidentale d'Afrique, qui met en communication Londres et le Cap par Lisbonne, a de nombreux atterrissages étrangers hors d'Europe. Elle touche notamment à Madère (Portugal), Saint-Vincent (P.), Saint-Louis (France), Bissao (P.), Konakry (F.), Porto-Novo (F.), île du Prince (P.), San Thomé (P.), Saint-Paul de Loando (P.), Benguela (P.), Mossamedès (P.).

C'est pour remédier à ce danger en supprimant les atterrissages étrangers, que possèdent encore les Compagnies anglaises, que le gouvernement a préparé un projet comportant une dépense de cent vingt-cinq millions.

Lors des Conférences intercoloniales tenues à Londres en 1887 et à Ottawa en 1894 pour étudier le projet du câble transpacifique, on a discuté cette question et, à Ottawa, l'assemblée des délégués a émis le vœu que des mesures immédiates devaient être prises pour assurer les communications télégraphiques à l'abri de tout contrôle étranger entre les États du Dominion et l'Australasie.

Lorsqu'un câble fut établi par les soins d'une Compagnie française entre la Nouvelle-Calédonie et l'Australie avec le concours pécuniaire de certaines colonies anglaises, le gouvernement métropolitain, par l'organe du secrétaire d'État aux colonies, blâma cette opération parce qu'elle diminuait les chances d'un câble transpacifique *sous un contrôle purement britannique.* « Le gouvernement de Sa Majesté, disait lord Ripon, partage les vues exprimées par le gouvernement de Victoria sur les inconvénients, les pertes, voire les dangers que pourrait occasionner en temps de guerre aux intérêts coloniaux et impériaux un câble transpacifique touchant la Nouvelle-Calédonie, et il ne saurait approuver, au point de vue impérial, un arrangement d'après lequel le câble passerait par un territoire étranger ». Cette manière de voir est partagée par tous ceux qui ont examiné le problème des câbles sous-marins en Angleterre (1).

De l'autre côté de l'Océan on préconise la même solution. Dans son Message au Congrès du 10 février 1899 au sujet du câble transpacifique américain, le Président Mac-Kinley disait qu' « une telle communication devrait être établie de façon à se trouver entièrement sous le contrôle des États-Unis en temps de guerre ». Afin d'assurer l'exécution des mesures nécessaires à la réalisation de ce projet, on a décidé que le câble serait posé sous la direction d'une Commission composée du Postmaster général, de l'ingénieur en chef des télégraphes militaires et de trois autres membres désignés par le Président.

C'est aussi l'idée exprimée en France par M. Maurice Ordinaire dans son rapport à la Chambre des députés sur le projet de loi relatif à l'éta-

---

(1) « Il est impossible, écrivait un ingénieur anglais, M. Ch. Bright, de réaliser l'unité impériale ou la Fédération, si des moyens rapides de transmettre la pensée du centre de l'Empire jusqu'aux points les plus reculés n'existent pas *par des territoires entièrement britanniques* afin de rendre possible le gouvernement ou la coopération, dans chaque cas particulier, en parfaite sécurité » (*Revue française de l'étranger et des colonies*, 1899, t. XXIV, p. 215).

blissement de nouvelles lignes de câbles sous-marins : « Les lignes télégraphiques sous-marines entre la métropole et ses colonies devront, s'il
n'y a pas impossibilité matérielle absolue, être directes et sans atterrissage étranger. Au cas contraire, les atterrissages seront aussi peu nombreux que possible, et ils emprunteront de préférence le territoire des
puissances amies jugées les plus capables de faire respecter leur neutralité » (1).

La suppression des atterrissages étrangers est donc actuellement
considérée dans tous les pays comme le seul moyen d'éviter le contrôle
des autres États sur les câbles, puisque ce contrôle, exercé par chaque
État sur les stations télégraphiques établies sur son territoire, est autorisé à la fois par les conventions internationales et par les lois de la
guerre.

2° *Droits des belligérants sur le territoire ennemi au cas d'occupation.*
— Lorsqu'un belligérant occupe le territoire de l'ennemi, il a grand intérêt à utiliser les câbles qui aboutissent à ce territoire. Son effort n'est
même le plus souvent dirigé sur un point déterminé des côtes que dans
le but de s'emparer du télégraphe.

Les stations de câbles, qu'elles constituent des relais des lignes
sous-marines ou le point d'atterrissement définitif de ces lignes, sont, à
l'égard des belligérants, dans la même situation que les télégraphes
terrestres auxquels il faut les assimiler. Mais cette assimilation doit être
limitée exclusivement à la partie de la ligne qui se trouve sur terre,
c'est-à-dire aux guérites d'atterrissement, aux bureaux de raccordement
des câbles avec les télégraphes terrestres et aux appareils qu'ils renferment, ainsi qu'aux fils servant aux raccordements ; les câbles d'atterrissage, qui sont destinés à relier à la côte les câbles immergés en eau
profonde, ne jouissent pas de ce bénéfice, leur assimilation proposée
aux Conférences de Bruxelles et de la Haye ayant été repoussée comme
nous l'avons vu.

Le droit international détermine les pouvoirs du belligérant qui occupe un territoire sur les propriétés publiques et privées de l'ennemi,
mais les règles qu'il édicte ne s'appliquent ni aux chemins de fer, ni aux
télégraphes, qu'on considère généralement comme soumis à un régime
d'exception.

(1) Rapport de M. Maurice Ordinaire au nom de la Commission des colonies, déposé à
la Chambre des députés le 19 juin 1900 sur le projet de loi relatif à l'établissement d'un
réseau de lignes télégraphiques sous-marines destinées à relier certaines colonies françaises à la métropole et à l'extension des lignes télégraphiques terrestres des colonies
françaises de l'Afrique occidentale (*Journal officiel*, Documents parlementaires, Chambre,
juillet 1900, p. 1328).

Contrairement à la plupart des choses qui sont propriété publique ou propriété privée, ces deux services appartiennent tantôt à l'État, tantôt à des Compagnies privées. Dans certains pays, les chemins de fer sont un organisme d'État; dans d'autres, une administration privée. Les télégraphes terrestres sont presque partout un service public et l'on ne peut guère citer que les États-Unis où ils constituent une entreprise privée. Mais, par contre, les câbles sous-marins ne sont qu'exceptionnellement propriété publique.

A raison de cette situation spéciale, on ne peut donc soumettre au droit commun de l'occupation les chemins de fer et les télégraphes, et des mesures particulières doivent s'appliquer aux uns et aux autres.

Plusieurs théories ont été émises pour régler leur sort en temps de guerre. Un auteur autrichien, M. le professeur von Stein, a proposé à l'Institut de droit international un système qui devait régir les chemins de fer, les télégraphes et les téléphones. Il projetait d'en étudier les conséquences sur ces divers services, mais il ne les a examinées en détail que pour les chemins de fer.

M. von Stein, sans s'occuper s'il s'agit de propriété publique ou de propriété privée, classe les choses en deux catégories selon qu'elles sont ou non des moyens de guerre. Cette distinction a des conséquences importantes pour les droits de l'occupant : par le seul fait de l'occupation, le belligérant établi en territoire ennemi acquiert non seulement la possession, mais encore la propriété des moyens de guerre ; il peut en disposer, les vendre ou même les détruire. Quant aux autres choses, au contraire, il ne peut ni les détruire ni même les confisquer, l'occupation ne lui conférant qu'un droit d'usage, jamais la propriété : il doit les administrer selon leur destination pacifique.

Appliquant ce système aux chemins de fer et aux télégraphes, M. von Stein soumet les meubles et les immeubles qui dépendent de ces services à des régimes différents. Les immeubles, n'étant pas des moyens de guerre, auront le même sort que les propriétés immobilières privées pendant l'occupation : le belligérant pourra les utiliser et les administrer. Il en sera ainsi des stations télégraphiques et des gares de chemin de fer. Les meubles, au contraire, ne sont pas par eux-mêmes destinés à la guerre, mais ils peuvent à tout instant être employés dans ce but, le matériel roulant des chemins de fer en transportant des troupes ou des munitions, les lignes télégraphiques en transmettant des communications. Cette faculté en fait des moyens de guerre dès que la guerre est déclarée. Il en résulte que l'occupant peut se servir des locomotives et des wagons, des fils et des appareils télégraphiques qui sont devenus sa propriété, il peut les vendre ou même les détruire si cette mesure est utile à ses opérations militaires (1).

On a réfuté ce que cette théorie avait d'excessif en permettant à l'occupant de confisquer la partie mobilière des chemins de fer et des télégraphes.

M. Moynier (2) et M. Buzzati (3) ont démontré que puisque le but principal poursuivi par M. von Stein est de priver l'État dont le territoire est occupé du secours des chemins de fer pendant la guerre et de permettre à l'occupant d'utiliser les lignes, une confiscation temporaire produit à cet égard le même résultat qu'une privation définitive, qui constituerait une sévérité inutile.

L'auteur du projet lui-même s'était départi de sa rigueur primitive puisqu'il approuvait un texte présenté à l'Institut dans lequel le matériel de chemin de fer, confisqué pendant la guerre, était restitué à la paix.

C'est dans ce sens que le sort des télégraphes de terre et, par suite, celui de la partie terrestre des lignes sous-marines, est définitivement réglé depuis la Conférence de Bruxelles, conformément aux indications de la doctrine. L'article 53 du *Règlement concernant les lois et coutumes de la guerre sur terre*, révisé à la Haye en 1899, consacre les solutions admises par la Déclaration de Bruxelles et par le *Manuel des lois de la guerre* de l'Institut de droit international. Lorsque les chemins de fer et les télégraphes appartiennent à l'État, ils suivent le sort du territoire sur lequel ils se trouvent et passent à l'ennemi avec le sol où ils sont établis ou sont restitués avec les provinces occupées, sans indemnité pour les détériorations qu'ils ont subies. S'ils sont la propriété de Compagnies privées, ils sont toujours restitués et l'occupant doit aux Compagnies une indemnité pour l'usage qu'il en a fait par dérogation au principe qui met la propriété privée à l'abri de la confiscation. La distinction entre les cas où les chemins de fer et les télégraphes appartiennent à l'État ou à des particuliers n'a donc d'intérêt qu'au point de vue de l'indemnité (4).

Quant aux effets de l'occupation sur les télégraphes, ils sont les suivants : l'occupant peut utiliser les lignes pour ses communications ;

(1) Von Stein, *Le droit international des chemins de fer en cas de guerre*, dans la *Revue de droit international et de législation comparée*, t. XVII (1885), p. 343 et suiv.

(2) Observations sur le Mémoire de M. von Stein, présentées à la session de l'Institut de droit international tenue à Heidelberg en 1887, *Annuaire de l'Institut de droit international*, t. VIII, p. 227.

(3) *Les chemins de fer en temps de guerre*, dans la *Revue de droit international et de législation comparée*, t. XX' (1888), p. 393 à 397, et les auteurs qu'il cite.

(4) V. Déclaration de Bruxelles, art. 6 ; Manuel des lois de la guerre sur terre, publié par l'Institut de droit international, art. 51 et 55.

dans ce cas, il prend possession des bureaux et remplace les employés de l'État ennemi par ses agents. Il peut aussi mettre le télégraphe sous séquestre et supprimer le service. Si son occupation n'est que temporaire, s'il est obligé de se retirer, comme il lui importe beaucoup que le télégraphe, abandonné par lui, ne puisse être utilisé par l'ennemi, il peut le détruire en coupant les fils et en détériorant les appareils. C'est une des cruelles nécessités de la guerre qui pourra se produire dans une guerre maritime par exemple lorsqu'un corps de débarquement,qui se sera emparé du point d'atterrissage d'un câble, sera menacé d'être rejeté à la mer. Comme l'écrit M. Poinsard : « Tout cela répond à la nature des choses, aux nécessités spéciales de l'état de conflit armé. Jamais les chefs militaires n'admettront des ménagements capables de compromettre les intérêts majeurs qui leur sont confiés, en aggravant dans une mesure énorme leur propre responsabilité » (1).

Pendant la guerre de 1898, plusieurs stations de câbles neutres établies à Cuba et à Porto-Rico tombèrent au pouvoir des Américains. On donna à choisir aux Compagnies ou d'abandonner leur propriété ou de continuer le service sous un contrôle militaire. Même pendant le siège de Santiago, la *Compagnie française des câbles télégraphiques* fut autorisée à accepter les messages pour l'intérieur des lignes espagnoles, mais sous le contrôle de l'autorité militaire. Les câbles aboutissant en territoire occupé rendirent de grands services aux Américains qui, notamment, employèrent longtemps ceux de la Jamaïque et d'Haïti.

II. Droits des belligérants sur mer. — Sur mer, les droits des belligérants n'ont reçu aucune limitation des conventions internationales. La convention de Paris de 1884 dispose en effet dans son article 15 : « La convention ne s'applique pas en cas de guerre et les États belligérants conservent leur liberté d'action ».

Cette liberté, à laquelle l'Angleterre tient plus que toute autre nation, fut encore rappelée par M. Balfour à la Chambre des communes au début de la guerre hispano-américaine (2).

1° *Destruction des câbles*. — L'action des belligérants ne peut pas être arbitraire et s'exercer au mépris des règles de la guerre maritime admises entre États civilisés. Sans doute, l'accord n'est pas absolu sur ces règles et tel principe considéré comme certain par une nation n'est pas ad-

---

(1) *Etudes de droit conventionnel*, 1ʳᵉ série, p. 321. — En ce sens, V. Rouard de Card, *La guerre continentale et la propriété*, p. 65 et 150 : Guelle, *Précis des lois de la guerre sur terre*, t. II, p. 100 ; Dudley-Field, *Projet d'un code international*, 2ᵉ édit. (trad. Rolin), art. 837 ; Bluntschli, *Le droit international codifié*, 5ᵉ édit. (trad. Lardy), art. 645 *bis* : Fiore, *Le droit international codifié* (trad. Chrétien), art. 1067 ; Bonfils-Fauchille, *Manuel de droit international public*, 3ᵉ édit., n° 1187.

(2) V. Le *Times* du 27 avril 1898.

mis par d'autres; sans doute encore, certaines règles,bien que reconnues par la plupart des États, reçoivent une interprétation différente dans les pays où elles sont appliquées, mais il est certains principes, comme ceux proclamés dans la Déclaration de Paris, que la conscience universelle des peuples a imposés aux gouvernements et dont la force morale est si grande que les États qui n'avaient pas voulu s'engager à les respecter, n'ont pas osé les violer. En agissant autrement, ils n'auraient cependant mérité aucun reproche ; ils auraient fait simplement usage d'une faculté qu'ils s'étaient réservée. On peut donc dire que la liberté des belligérants n'est pas absolue et qu'il existe un droit de la guerre qui s'impose à tous les peuples civilisés avec plus ou moins de force suivant qu'ils ont la conscience nette ou obscure de leur responsabilité devant l'humanité.Ce droit, s'il est dépourvu de sanction matérielle, a à son service, pour faire respecter ses principes, une sanction morale d'une bien plus haute valeur.

Pour prendre un exemple, pendant la guerre hispano-américaine, rien n'empêchait l'Espagne de couper tous les câbles qui mettent en communication l'Europe et les États-Unis ; ce projet fut même mis en avant dans la presse. Cependant, bien que ces câbles rendissent des services considérables à l'ennemi,le gouvernement espagnol n'a pas un seul instant songé à le priver de cet avantage.

Si la destruction des câbles sous-marins par les belligérants est une nécessité de la guerre, il faut limiter les dommages qui leur sont causés aux cas où les règles de la guerre admises entre peuples civilisés paraissent autoriser cette destruction.

Un principe généralement accepté, c'est que les câbles sous-marins sont au nombre des choses qui ne peuvent être l'objet d'actes d'hostilité tant qu'on ne s'en sert pas pour un but militaire et qui doivent être protégées et respectées par chacun des belligérants quel qu'en soit le propriétaire (1). Ainsi, malgré la règle qui permet de saisir la propriété publique de l'ennemi et même, sur mer, la propriété privée, les câbles appartenant à l'un des belligérants doivent être respectés par l'autre s'ils ne sont pas utilisés pour un but militaire. C'est le caractère spécial des câbles sous-marins qui leur vaut cette immunité à raison des services qu'ils rendent aux neutres et au commerce général.

Malheureusement ce principe, à raison des exceptions qu'il comporte, n'a qu'une valeur théorique. On ne verra jamais les belligérants s'abstenir d'employer les câbles qu'ils ont à leur disposition et chacun d'eux reprendra toujours sa liberté d'action sur le simple soupçon que le

(1) Dudley-Field, *op. cit.*, art. 840 ; Bluntschli, *op. cit.*, art. 651.

principe sera transgressé par l'adversaire. L'autorité militaire qui négligerait d'utiliser l'important instrument de guerre que lui fournissent les câbles commettrait une de ces fautes lourdes dont il n'est pas permis de supposer coupable un chef d'armée. Mieux vaut risquer de voir les câbles coupés par l'ennemi que de les savoir respectés à ce prix ! (1)

Les Anglais, plus intéressés que tout autre peuple à la conservation des télégraphes sous-marins puisqu'ils en possèdent la plus grande partie, ont bien compris que le respect des câbles par leurs adversaires serait une chimère. Un auteur anglais écrivait à ce sujet : « Point n'est besoin d'avoir le don de prophétie pour prédire qu'en cas de guerre avec la Russie ou la France l'interruption de ces lignes sera l'un des premiers actes d'hostilité et précéderait probablement, au lieu de la suivre, la déclaration de guerre formelle et la rupture des relations diplomatiques » (2).

Les cas de rupture des câbles en mer seront beaucoup plus nombreux que les cas de destruction des télégraphes terrestres. Sur terre, il faut supposer que celui qui coupe les fils occupe le territoire de l'ennemi et qu'il se retire devant lui ; autrement, comment admettre qu'il détruirait le télégraphe puisqu'il assure le service par ses agents et que, contrôlant les dépêches, il peut retenir celles qui lui paraissent suspectes ? On n'aura donc recours à la destruction que comme ressource dernière pour empêcher l'adversaire d'utiliser le télégraphe. Sur mer, au contraire, il est impossible d'exercer un contrôle quelconque sur les télégrammes à moins d'être le maître de l'une des extrémités de la ligne. Comme, de plus, les forces navales de chaque belligérant peuvent être appelées à opérer sur des points fort éloignés des câbles qu'il ne leur serait pas possible de surveiller d'une façon constante, le plus simple pour empêcher les communications de l'ennemi n'est-il pas de détruire les câbles ? De là, chez les commandants d'escadre une tendance à couper les fils dans le but d'isoler l'adversaire et de désorganiser sa résistance.

Le droit international vient ici apporter aux opérations de guerre une réglementation et rendre ce mal nécessaire le moins dommageable aux

---

(1) En 1898, le gouvernement espagnol avait expédié à l'amiral Cervera deux dépêches qui ne lui parvinrent pas et qui auraient pu modifier la situation des belligérants. Dans l'une, on l'informait qu'un approvisionnement de charbon était prêt pour sa flotte ; dans l'autre, on l'autorisait à ramener immédiatement ses forces navales en Espagne comme il l'avait demandé. Qui sait quelle aurait été l'issue de la guerre si l'Espagne avait conservé sa dernière flotte au lieu de la perdre dans l'héroïque autant qu'inutile bataille de Santiago ? (*Revue maritime*, 1901, t. CLI, p. 2038.)

(2) Hurd, *Un réseau de câbles exclusivement anglais* (trad. par Ad. Perrin), dans les *Annales télégraphiques*, 1899, 3ᵉ série, t. XXV, p. 13.

tiers en déterminant dans quelles circonstances les autorités militaires ont le droit de couper les câbles.

M. Renault, le premier, a examiné dans toute son ampleur le délicat problème de la rupture des câbles sous-marins en s'efforçant de respecter les droits des belligérants et ceux des neutres, et ses conclusions ont eté adoptées par la presque unanimité de la doctrine.

Dans son magistral rapport à l'Institut de droit international présenté à la session de Bruxelles de 1879, M. Renault distingue quatre hypothèses : dans les deux premières, les intérêts des belligérants seuls sont en jeu ; dans les deux autres, ceux des neutres apparaissent (1).

A. *Le câble fait communiquer deux parties du territoire du même belligérant.* — Il s'agit ici d'une ligne établie entre deux points des côtes d'un même pays, comme, par exemple, un câble immergé entre Brest et Bordeaux, ou d'une ligne faisant communiquer deux parties du territoire séparées par la mer comme une métropole et ses colonies ; tel serait le cas du câble mettant en relations la France avec l'Algérie ou la Corse, l'Italie avec la Sardaigne, l'Angleterre avec l'Irlande. Chacun des belligérants pourra détruire le câble. Celui sur le territoire duquel aboutit la ligne a incontestablement ce droit : maître du télégraphe à ses deux extrémités, il peut en régler le fonctionnement, contrôler le service ou le suspendre, et même détruire le câble si une telle mesure lui paraît nécessaire. Il n'y a pas à rechercher quel est le propriétaire de la ligne, l'État ou une Compagnie privée : l'intérêt public est en jeu, il prime l'intérêt particulier du propriétaire quel qu'il soit.

L'autre belligérant aura le même droit. S'il occupe le point d'atterrissage, on rentre dans le cas des opérations de la guerre sur terre. Il pourra également détruire le câble soit en haute mer, soit dans les eaux territoriales de l'ennemi, puisqu'il a le droit de faire des actes de guerre non seulement en pleine mer, mais aussi dans les eaux de l'adversaire (2).

Une application de ce droit a été faite au Brésil sans soulever aucune protestation des autres États auxquels la rupture momentanée des communications avait cependant causé quelque dommage. Pendant les troubles qui désolèrent ce pays en 1893, les câbles sous-marins immergés dans la baie de Rio de Janeiro furent rompus par le gouvernement lorsque la flotte révolutionnaire entra dans la baie ; celle-ci, de son côté, coupa le câble immergé entre Mangaratiba et Ilha Grande lors de son

(1) Rapport à l'Institut de droit international dans sa session de Bruxelles en 1879, dans l'*Annuaire de l'Institut de droit international*, 1879-1880, t. I, p. 351 et suiv., et dans la *Revue de droit international et de législation comparée*, t. XII (1880), p. 251 et suiv.

(2) Renault, *Annuaire de l'Institut de droit international*, 1879-1880, t. I, p. 377.

débarquement dans cette île (1). Le gouvernement brésilien, lorsqu'il rompit le câble, aurait pu, au cas de réclamations, se prévaloir de l'article 7 de la convention de Saint-Pétersbourg qui l'autorisait à suspendre le service de la ligne. La rupture est un moyen de suspension, c'est même un móyen radical.

La guerre de 1898 en fournit un autre exemple : conformément aux Instructions du général Greely, qui avait ordonné de rechercher en haute mer et sur les côtes les câbles aboutissant à·leurs deux extrémités en territoire ennemi pour les relever et les rompre, les Américains coupèrent à Cienfuegos le câble immergé le long des côtes de Cuba entre la Havane et Santiago.

B. *Le câble fait communiquer le territoire des deux belligérants.* — Chacun des belligérants peut détruire le câble, car on ne peut admettre qu'un belligérant soit forcé de rester en communication avec son adversaire. C'est d'ailleurs ce qui a été prévu dans une hypothèse analogue citée par M. Renault : dans un projet de traité signé à Londres le 30 mai 1876 entre la France et l'Angleterre pour la construction d'un tunnel sous la Manche, chaque gouvernement s'était réservé par l'article 15 le droit de détruire le tunnel quand il le jugerait utile à sa défense.

La rupture du câble aura peut-être pour effet de causer aux neutres de graves dommages. Elle interrompra leurs communications avec l'un des deux États en guerre si les dépêches doivent nécessairement emprunter la ligne coupée. Ainsi, dans une guerre entre les États-Unis et l'Angleterre, les relations entre l'Europe et l'Amérique seraient bien compromises après la destruction des câbles anglais. Réduites aux câbles français et à la nouvelle ligne allemande, elles seraient à la merci d'une rupture fortuite ou d'une détérioration accidentelle des appareils. Mais le dommage serait bien plus grand s'il s'agissait, dans une guerre entre la France et l'Angleterre, des relations de la Belgique ou de la Suisse avec l'Algérie ou l'Égypte. Si regrettables que soient ces conséquences, elles ne peuvent être évitées : ce sont les effets de la guerre (2).

C'est ainsi que, pendant la guerre de 1877 entre la Russie et la Turquie, le câble entre Constantinople et Odessa fut coupé par les Turcs dès le début des hostilités (3).

En 1882, au moment de la guerre entre le Chili et le Pérou, ces deux pays étaient reliés par des câbles installés depuis 1875 entre Lima, d'une part, et Mollendo, Arica, Iquique et Valparaiso, d'autre part. Plusieurs tentatives furent faites pour les couper, mais, si invraisemblable que cela

(1) *Journal télégraphique,* 1897, p. 333.
(2) Renault, *op. cit.*, p. 378.
(3) *Journal télégraphique,* 1877, p. 573 et 650.

puisse paraître, il n'est pas certain qu'elles aient réussi, ce qui s'explique par la configuration des côtes de ces pays. D'après les renseignements fournis par le Bureau de Berne (1), les communications n'auraient pas été interrompues ; selon d'autres informations, les câbles auraient été coupés (2).

Dans la plupart des cas, la ligne sera détruite, mais les belligérants pourraient avoir intérêt à agir autrement. En 1894, pendant la guerre sino-japonaise, la *Compagnie des télégraphes du Nord* garda une stricte neutralité et rendit des services aux deux belligérants. Aucun d'eux ne chercha à endommager ses câbles et le service se fit aussi régulièrement qu'en temps de paix (3).

De même, en 1898, le câble entre la Havane et Key-West ne fut coupé ni par les Américains ni par les Espagnols, mais la ligne fut soumise à un double contrôle exercé à chaque extrémité par les belligérants (4).

Les mesures prises par le général Greely dans les deux hypothèses que nous venons d'examiner ont reçu l'approbation du gouvernement américain qui vient de fixer en ce sens la règle de conduite des commandants d'escadre dans les récentes Instructions navales de 1900 pour la marine de guerre des États-Unis. Ces Instructions renferment en effet un article 5 dont le paragraphe 1er est ainsi conçu : « Les règles suivantes devront être suivies en ce qui concerne les câbles télégraphiques sous-marins pendant le temps de guerre, quels que soient d'ailleurs leurs propriétaires : a) Les câbles télégraphiques sous-marins existant entre différents points du territoire d'un ennemi ou entre le territoire des États-Unis et celui d'un ennemi sont soumis au traitement que les nécessités de la guerre peuvent exiger » (5).

Jusqu'ici il ne peut s'élever aucune difficulté internationale parce que les dommages éprouvés par les neutres ne sont qu'indirects, les intérêts des belligérants seuls sont principalement atteints.

Dans les deux dernières hypothèses, au contraire, l'intérêt des neutres devient égal à celui des belligérants et même supérieur : c'est le cas où

(1) V. aussi *Journal télégraphique*, 1882, p. 235.

(2) *Journal du droit international privé*, t. XXV (1898), p. 813. V. aussi H. Benest, *Cable operations on the West Coast of South America during the recent war between Chili and Peru*, dans le *Telegraphic Journal* du 15 avril 1882 qu'il nous a été impossible de consulter.

(3) *Journal télégraphique*, 1895, p. 144.

(4) V. *supra*, p. 716.

(5) *A Naval war Code* préparé par le capitaine Charles H. Stockton, de la marine des États-Unis, Président du Naval War College et prescrit pour l'usage de la marine de guerre des États-Unis, Washington, 1900, broch. in-18, publication du gouvernement.

la ligne aboutit à l'une de ses extrémités ou des deux côtés à un territoire neutre.

C. *Le câble fait communiquer le territoire d'un belligérant et le territoire d'un neutre.* — Le belligérant sur les côtes duquel atterrit le câble
peut réglementer le service comme il le juge utile ; il peut même détruire
le câble en vertu de son droit de souveraineté sans que l'État neutre sous
la juridiction duquel est placée l'autre extrémité de la ligne ait le droit
de protester.

L'autre belligérant, au contraire, n'a, en principe, le droit de porter
aucune atteinte au câble, parce que les relations entre belligérants et
neutres sont licites : il ne peut pas plus relever le câble ou le détruire
qu'il ne pourrait saisir ou couler un navire neutre se rendant vers un
port de l'ennemi sans violer sa neutralité. Pour qu'il pût commettre
des actes de guerre sur le câble, il faudrait qu'il s'emparât de son point
d'atterrissage chez l'adversaire ; l'occupation du territoire ennemi lui
donnerait alors les droits les plus étendus sur le télégraphe.

L'immunité du câble, reconnue en principe, est soumise à deux restrictions qui la compromettent fort : il s'agit des cas de violation de neutralité qui permettraient à chaque belligérant d'attaquer un navire neutre
se dirigeant vers un port ennemi, c'est-à-dire du blocus et de la contrebande de guerre.

Lorsqu'un port est bloqué, le commerce des neutres avec ce port est
interdit et toutes communications de l'extérieur avec les lieux bloqués
deviennent illicites. L'escadre de blocus, dès que les conditions sont
remplies pour que le blocus soit valable, peut saisir tout navire neutre
qui voudrait enfreindre la prohibition.

Pourrait-on admettre que le blocus, qui immobilise les forces navales
du belligérant, devienne une menace vaine pour l'ennemi si celui-ci
dispose d'un câble qui le maintient en relation avec l'extérieur et lui
permet de recevoir des communications que le bloqueur peut avoir
grand intérêt à lui cacher ? L'escadre de blocus peut, par tous les moyens,
empêcher les navires neutres d'entrer dans les lieux bloqués. De même
qu'elle aurait le droit de capturer un navire apportant des dépêches aux
autorités ennemies, elle pourra couper le câble mettant les forces bloquées en communication avec un neutre (1).

On a contesté l'utilité de cette première restriction. Un auteur anglais,
M. Goffin, est d'avis que l'assimilation entre la rupture du câble dans ce
cas et la capture d'un navire neutre porteur de dépêches est inexacte
parce que le belligérant qui bloque une côte a le droit de saisir un na-

(1) Renault, *op. cit.*, 1879-1880, t. I, p. 379 ; Paul Fauchille, *Du blocus maritime*,
p. 248.

vire neutre chargé de dépêches pour l'ennemi sans se préoccuper si la
destination du navire est ou non un port bloqué. Il suffirait, pour légitimer la rupture du câble, d'invoquer les règles de la contrebande de
guerre (1).

Que l'on reconnaisse ou non avec cet auteur qu'il est inutile de se référer au droit du blocus et que l'application des règles de la contrebande
de guerre justifie dans tous les cas la destruction du télégraphe, la
question n'a pas une grande importance puisque, quel que soit le fondement de l'action du belligérant, le câble sera toujours coupé.

La seconde restriction à l'inviolabilité du câble est basée sur la contrebande de guerre. On a toujours assimilé à la contrebande de guerre proprement dite le transport de certaines choses qui constituent ce que l'on
appelle la contrebande par analogie ou les transports interdits. Au nombre des objets dont les neutres ne peuvent se charger impunément figurent les dépêches ennemies : un tel transport est une violation de neutralité de la part de celui qui l'effectue et il a pour premier effet la saisie
des dépêches.

Il n'est pas nécessaire d'insister sur l'importance du transport des dépêches. Un seul message parvenu à un belligérant causera peut-être à
l'adversaire plus de dommages que le transport d'armes, de munitions
ou de troupes. Comme l'écrivait sir William Scott : « Il est impossible de
limiter une lettre à une dimension si petite qu'elle soit incapable de produire les conséquences les plus importantes ».

L'emploi du télégraphe a remplacé les communications par navires.
Les messages y gagnent en rapidité et aussi en sécurité. Grâce aux fils
immergés au fond de la mer, les agents d'un belligérant établis en territoire neutre peuvent défier les escadres ennemies qui surveillent l'O-
céan et envoyer sans danger à leur gouvernement les informations les
plus importantes. L'autre belligérant permettra-t-il ces agissements et,
quand il n'a qu'à couper le câble pour empêcher de telles communications, les laissera-t-il échanger librement ? On ne l'a pas pensé : appliquant les peines qui frappent les navires porteurs de dépêches, on accorde au belligérant le droit de détruire le télégraphe (2).

Telles sont les deux exceptions au principe de l'immunité du câble
admises par M. Renault. La plupart des auteurs adoptent ce système
que les belligérants se sont empressés d'accepter, forts de l'approbation
de la doctrine (3).

(1) Goffin, *Submarine Cables in time of War*, dans *The Law Quarterly Review*, 1899,
t. XV, p. 149.
(2) Renault, *op. et loc. cit.*
(3) Bonfils-Fauchille, *op. cit*, 3e édit., no 1278 ; Poinsard, *op.cit.*,p.323 ; Le Fur, dans

La guerre hispano-américaine est, à cet égard, instructive : de tous côtés les Américains ont coupé les câbles chaque fois qu'ils l'ont pu, soit pour interrompre les communications, soit pour relever les fils afin de s'en servir eux-mêmes.

Les Philippines n'étaient reliées à l'Espagne qu'indirectement, par le câble de la Compagnie anglaise *British Eastern Extension Australasia and China Telegraph* qui faisait communiquer Hong-Kong avec Manille par Bolinao, son point d'atterrissement dans l'archipel espagnol. La Compagnie recevait une subvention du gouvernement de Madrid, mais cela ne changeait pas le caractère du câble qui joignait le territoire d'un neutre à celui d'un belligérant.

Après la bataille de Cavite, l'amiral Dewey, commandant la flotte américaine, demanda à se servir du câble pour envoyer des dépêches à son gouvernement, offrant de laisser passer les télégrammes du gouverneur général des Philippines. La Compagnie ayant refusé, l'amiral coupa le câble le 2 mai 1898. Il le releva à bord d'un navire de l'escadre et voulut l'utiliser pour ses communications, mais la Compagnie, sur la protestation de l'Espagne, fit sceller l'extrémité qui aboutissait à Hong-Kong. Le câble resta hors de service jusqu'au 31 août, malgré une démarche de l'Angleterre auprès des gouvernements espagnol et américain (1).

A Cuba, en dehors du câble de la Havane à Key-West, l'île était reliée à des territoires neutres par plusieurs lignes : un câble français mettait Santiago en communication avec Haïti et trois câbles anglais partaient du même point pour aboutir à la Jamaïque. De plus, un câble, immergé le long des côtes, joignait Santiago à la Havane.

Le général Greely considérait les câbles reliant le territoire ennemi à un territoire neutre « comme contrebande de guerre, par conséquent un but légitime des opérations de guerre ». En conséquence, il ordonna au chef du corps des télégraphistes, le colonel James Allen, de faire tous ses efforts pour relever et couper tous les câbles qu'il pourrait trouver à moins d'une lieue le long de la côte de Cuba et sous les batteries espagnoles.

Les Américains firent surtout porter leurs efforts sur les câbles aboutissant en territoire étranger dans le but d'isoler l'ennemi. Ils parvinrent

cette *Revue*, t. VI (1899), p. 480 ; Perels, *Manuel de droit maritime international*, trad. Arendt, Paris, 1884, p. 217 ; Von Bar, *Das Recht der unterseeischen Kabel im Kriegsfalle*, dans l'*Archiv für öffentliches Recht*, 1900, p. 414 et suiv. ; Goffin, *op. cit.*, p. 149.

(1) Le Fur, dans cette *Revue*, t. VI (1899), p. 477 et 478 ; *Les communications télégraphiques sous-marines en temps de guerre* (trad. de l'anglais par Sueur), dans la *Revue maritime*, 1899, t. CXLIII, p. 432.

d'abord à couper un des câbles établis entre Santiago et la Jamaïque, puis le câble entre Cuba et Haïti, enfin celui qui reliait la Havane à Santiago. Mais, malgré plusieurs tentatives, les autres câbles anglais de la Jamaïque ne purent être coupés et l'île ne fut jamais complètement privée de relations avec l'extérieur. D'autre part, les communications entre Porto-Rico et la Jamaïque avaient été interrompues (1).

Cette pratique a été érigée en règle pour la marine américaine dans les Instructions navales de 1900 dont l'article 5,§ b porte : « Les câbles télégraphiques sous-marins existant entre le territoire d'un ennemi et un territoire neutre peuvent être interrompus dans les limites de la juridiction territoriale de l'ennemi ». Par son caractère absolu, cet article indique bien la tendance des belligérants à ne pas rechercher si le câble qu'ils détruisent est employé ou non à des usages de guerre.

La conduite des États-Unis dans la guerre de 1898 est une preuve manifeste de la déformation que subissent les règles établies par les jurisconsultes lorsqu'elles sont appliquées par les belligérants. Si la destruction du câble de Manille à Hong-Kong était légitime d'après le système que nous avons exposé parce que ce câble aboutissait à un port bloqué, de même que l'aurait été la rupture du câble de la Havane à Key-West parce qu'il reliait le territoire des deux belligérants, en était-il de même de la destruction de tous les câbles qui mettaient en communication Cuba et Porto-Rico avec des territoires neutres ?

Il semble que si l'on avait voulu appliquer à leur égard les principes admis en matière de contrebande de guerre, il aurait fallu prouver que ces câbles servaient à la transmission des dépêches de l'ennemi, et cette preuve eût été à la charge des États-Unis. Au cas de saisie d'un navire pour transports interdits, le capteur ne doit-il pas établir la légitimité de la prise devant les tribunaux de son pays ?

Telle qu'elle se dégage des enseignements de la guerre hispano-américaine, et malgré le grand respect que nous professons pour ses auteurs, la solution proposée par la doctrine lorsque le câble fait communiquer le territoire d'un neutre et celui d'un belligérant ne nous paraît pas satisfaisante : les intérêts des neutres nous semblent sacrifiés à ceux des belligérants.

A l'immunité du câble, on met deux restrictions fondées sur la contrebande de guerre et le blocus, en assimilant les dépêches transmises par le télégraphe à celles qui seraient portées par un navire neutre. L'analogie entre les deux hypothèses nous a semblé plus lointaine qu'elle

(1) Le Fur, op. cit., p. 482 et suiv. ; Depelley, Les câbles télégraphiques en temps de guerre, dans la Revue des Deux-Mondes du 1er janvier 1900, p. 187 à 189.

ne parait à première vue et nous allons nous efforcer de l'établir en reprenant l'étude de ces deux restrictions.

Dans le dernier état de la doctrine, on prohibe le transport des dépêches ennemies par les neutres, mais cette interdiction ne s'étend pas aux transports soit entre ports neutres, soit en provenance ou à destination de quelque territoire ou autorité neutre ; elle ne s'applique qu'aux correspondances entre deux autorités d'un ennemi qui se trouvent sur quelque territoire ou navire lui appartenant ou occupé par lui, et encore, à la condition que le navire qui transporte ces dépêches ne soit pas affecté à un service postal (1). Le navire transportant des dépêches qui ne rentrent pas dans les correspondances prohibées serait à l'abri des atteintes des belligérants ; pourquoi en serait-il autrement pour le télégraphe ?

De plus, la capture de navires porteurs de dépêches ennemies exige de la part du belligérant une surveillance incessante que l'habileté d'un capitaine peut parvenir à tromper. En détruisant le télégraphe, le belligérant n'a plus à s'inquiéter de ce danger ; dès qu'il est parvenu à couper le câble il est bien certain qu'aucune nouvelle ne pourra plus parvenir à l'ennemi par cette voie.

L'application des règles du blocus n'offre pas moins d'inconvénients. Les partisans de la rupture du câble par une escadre de blocus n'osent pas aller jusqu'à permettre la destruction du télégraphe au cas de blocus pacifique, alors cependant que le but de cette mesure de coercition est, comme pour le blocus de guerre, d'empêcher toute communication des lieux bloqués avec l'extérieur et qu'on n'hésiterait pas, dans cette hypothèse, à arrêter un navire porteur de dépêches (2).

Mais, pour revenir au blocus de guerre, l'audace d'un capitaine peut lui permettre, à la faveur de la nuit ou de l'état de la mer, de franchir la ligne de blocus et de jeter ses dépêches dans le port bloqué. La guerre de Sécession offre de nombreux exemples du succès de telles tentatives que l'invention des sous-marins rendra plus fréquentes dans les guerres futures. Pourquoi permettre alors au belligérant d'obtenir facilement par la rupture du câble un résultat qu'une vigilance de tous les instants, non sans danger pour lui, aurait à peine pu réussir à lui assurer ?

. A ces arguments, nous en ajouterons d'autres qui sont communs à la contrebande de guerre et au blocus. Lorsqu'il s'agit d'une dépêche

---

(1) Règlement de l'Institut de droit international, adopté dans la session de Venise en 1896, § 8, dans l'*Annuaire de l'Institut de droit international*, t. XV, p. 232.

(2) Rolland, *De la correspondance postale et télégraphique dans les relations internationales*, p. 476.

suspecte, le navire qui la transporte est visité et la dépêche n'est saisie que si elle constitue une correspondance interdite : c'est l'infraction commise qui est punie. Si l'on permet, au contraire, au belligérant de rompre le câble, ce n'est pas sur une violation de neutralité qu'il va se fonder pour agir ainsi, c'est sur le simple soupçon de cette violation. Le télégraphe est apte à transmettre des dépêches illicites, il sera coupé parce qu'à tous les instants il est susceptible de favoriser l'ennemi : le belligérant au contrôle duquel le service échappe, dans l'incertitude perpétuelle où il est que le câble ne sera pas employé à des usages illicites, n'a pas de moyen plus pratique que la rupture du fil pour empêcher cet usage. Conçoit-on qu'en droit international on puisse réprimer non pas même une tentative de délit, mais la simple possibilité, la menace purement éventuelle d'un délit ? C'est cependant la solution à laquelle on aboutit.

De plus, lorsqu'un navire porteur de dépêches est saisi, on admet généralement que sa confiscation est la peine de la complicité de son propriétaire, mais cette peine n'atteint pas ceux qui ne se sont pas rendus coupables d'actes de cette nature. Si l'on détruit le câble, au contraire, on punit non seulement les auteurs du délit, mais aussi tous les neutres innocents qui sont désormais privés de communications télégraphiques. Cette solution est-elle équitable ?

Ainsi l'application par analogie que l'on veut faire des règles de la contrebande de guerre et du blocus a des effets plus rigoureux que ces règles elles-mêmes. Le transport des dépêches ennemies était interdit, mais non celui des dépêches innocentes ; après la rupture du câble, l'usage licite du télégraphe devient aussi impossible que son usage illicite. La capture du navire n'atteignait que les coupables ; la destruction de la ligne frappe les innocents comme les auteurs du délit.

Dira-t-on que ces effets sont les conséquences nécessaires de la guerre ? Nous ne le pensons pas. Loin de nous la pensée de sacrifier les droits des belligérants à ceux des neutres et de déclarer que le câble entre neutres et belligérants est toujours à l'abri des opérations de guerre. Des prohibitions trop rigoureuses apportées à la liberté des belligérants auraient des conséquences funestes : en restreignant les actes permis aux autorités militaires, on arriverait à établir des règles qui ne seraient jamais respectées et le droit international perdrait vite toute autorité si la pratique venait constamment donner d'éclatants démentis aux principes proclamés par la doctrine.

Pour le câble qui joint le territoire d'un neutre à celui d'un belligérant, il ne faut pas oublier que le principe c'est la liberté des relations entre neutres et belligérants, d'où l'immunité du télégraphe qu'on serait bien obligé de respecter s'il s'agissait d'une ligne terrestre. Les restrictions qu'on a admises à ce principe nous paraissent l'avoir fait disparaître et avoir servi de prétexte aux belligérants pour toujours détruire le câble. Il en résulte que la pratique a renversé les termes du principe et qu'il faudrait poser comme règle que le câble entre un neutre et un belligérant peut toujours être coupé et n'est respecté que par exception.

Il faut mettre fin à cet abus. Il est possible que la rupture des fils soit légitime, mais c'est un acte grave dont les auteurs doivent supporter toute la responsabilité vis-à-vis des neutres qu'il lèse. Il ne suffit pas d'un simple soupçon pour pouvoir s'attaquer au câble, il faut prouver que l'État neutre a manqué à ses devoirs d'impartialité et d'abstention et que, malgré une mise en demeure restée sans effet, il a continué à transmettre des dépêches utiles à l'ennemi. La rupture du câble est une mesure extrême à laquelle on n'aura recours qu'après avoir fait tout le possible pour l'éviter et les neutres, avertis des conséquences de leur tolérance, se montreront beaucoup plus sévères pour la transmission des dépêches.

Le belligérant lésé devra donc commencer par établir le fait de l'emploi du câble à des communications illicites, ce qui sera facile avec les moyens d'information dont on dispose aujourd'hui. Cela fait, il notifiera à la Compagnie concessionnaire du câble l'interdiction de transmettre une seule dépêche de cette nature de ou pour l'autre belligérant sous la menace de la rupture du télégraphe. La Compagnie, après avoir reçu une telle injonction, n'hésitera sans doute pas à donner satisfaction au belligérant et ne voudra pas courir le risque de faire détruire la ligne pour un trafic fort aléatoire.

Les événements de 1898 ont prouvé que ces réclamations sont toujours écoutées. L'Espagne eut pendant la guerre l'occasion de formuler des protestations de cette nature et, bien qu'elle ne fût pas en état de causer de grands dommages aux câbles, elle reçut satisfaction. Sur les observations du gouvernement espagnol le câble de Manille à Hong-Kong fut scellé en ce dernier point pour empêcher l'amiral Dewey de communiquer avec Washington.

De même, lorsque les Américains voulurent utiliser le câble de Cuba à la Jamaïque, les autorités anglaises ordonnèrent à la Compagnie de refuser toutes les dépêches relatives à la guerre et généralement toutes les dépêches chiffrées. Les réclamations de l'Espagne pour le câble français de Santiago à Haïti dont les forces américaines faisaient usage furent moins heureuses: la Compagnie invoqua la force majeure résultant de l'occupation par les Américains de l'une des extrémités de la ligne.

Si la Compagnie, avertie par le belligérant, ne tient aucun compte de ses injonctions, celui-ci pourra couper le câble sans qu'elle puisse protester puisque cette mesure de rigueur n'aura été prise que par sa faute et pour faire cesser un état de choses nuisible au belligérant. L'État neutre qui possède l'autre extrémité de la ligne ne pourrait pas plus protester contre un tel acte. N'a-t-il lui-même rien à se reprocher, et n'est-il pas coupable d'une tolérance excessive ?

Les particuliers, ressortissant à un État neutre, qui expédient de la contrebande de guerre, le font à l'insu de leur gouvernement, et celui-ci ne peut être responsable d'actes qu'il a ignorés. La situation n'est plus la même quand il s'agit de l'emploi des câbles. Dans la plupart des pays, le télégraphe constitue un service public et chaque État, en concédant le droit d'atterrissement à des Compagnies privées, leur impose des obligations spéciales, notamment celle de ne pouvoir transmettre de correspondances que par l'intermédiaire de ses bureaux. L'État, auquel les articles 7 et 8 de la convention de Saint-Pétersbourg accordent un droit de contrôle sur le service international, a donc le devoir de surveiller les télégrammes ; il doit s'abstenir de transmettre ou de délivrer les dépêches qui lui paraîtraient contraires à l'impartialité qui doit régir ses relations avec les belligérants. En agissant autrement, il donne une aide indirecte à l'un des belligérants et sa conduite justifie des mesures de rigueur contre le câble.

L'État neutre devrait même, pour faire connaître aux particuliers et aux autres États son intention de ne favoriser par ce moyen aucun des belligérants, insérer dans sa déclaration de neutralité des dispositions semblables à celles qui furent édictées par le Brésil en 1898. La déclaration de neutralité de cet État renferme un article ainsi conçu : « Sera défendu aux nationaux et aux étrangers résidant au Brésil d'annoncer par télégraphe le départ ou l'arrivée prochaine d'aucuns navires marchands ou de guerre des belligérants et de leur donner quelques rapport, instruction et avis que ce soit, dans le but de nuire à l'ennemi ».

De pareilles dispositions auraient plus d'autorité si elles étaient sanctionnées par la loi interne comme l'Angleterre l'a fait pour le *Foreign Enlistment Act* de 1870 (1).

---

(1) V. sur une application de cet *Act* pendant la guerre franco-allemande en matière de câbles sous-marins l'affaire du navire l'*International* dans la *Revue de droit international et de législation comparée*, t. III (1871), p. 366. — La même guerre fournit encore l'occasion à l'Angleterre de prouver qu'elle entendait observer ses devoirs de neutre. Le gouvernement français, pour communiquer avec sa flotte de la mer du Nord, désirait poser un câble partant de Dunkerque et aboutissant en territoire anglais. La Grande-Bretagne s'y refusa et Gladstone déclara à la Chambre des communes dans la séance du 1er août 1870 qu'un tel fait constituerait une aide non permise par les règles

· Telle est la solution qui nous paraît le mieux concilier les intérêts des neutres et des belligérants. On dira peut-être qu'il est dangereux d'établir qu'un État neutre a violé sa neutralité et qu'en voulant servir les intérêts de la paix on déchainera la guerre. On peut répondre que la violation de neutralité par un État neutre aboutit généralement à une demande d'indemnité du belligérant pour le dommage qui lui a été causé et qu'il est bien peu probable que la rupture de câbles détermine une guerre. Cette destruction n'a pas porté atteinte à la souveraineté de l'État neutre, puisqu'elle n'a pas eu lieu dans ses eaux territoriales. Le belligérant auquel une réclamation est adressée par le neutre peut lui répondre : « La Compagnie dont le câble atterrit sur vos côtes a commis un acte illicite. Je vous ai averti afin que vous preniez des mesures pour mettre fin au dommage qui m'était causé. Vous avez refusé d'user de vos droits pour faire cesser cet état de choses ; j'ai agi en conséquence et la mesure que j'ai prise ayant été accomplie hors de votre juridiction et à l'égard d'une propriété privée n'a pas d'intérêt pour vous ».

On peut se demander, lorsque la destruction du télégraphe par le belligérant est autorisée par le droit international, dans quels lieux elle peut être effectuée.

· Il est d'abord certain que la rupture du câble ne pourrait avoir lieu dans les eaux neutres. La souveraineté de l'État neutre s'oppose à ce que des actes de guerre soient commis dans ses eaux territoriales.Cette solution, unanimement admise, avait été consacrée dans l'article 5 de la convention du 16 mai 1864 signée entre la France et plusieurs États pour la concession du câble Balestrini (1). Elle résulte aussi implicitement de l'article 2 des Instructions de 1900 pour la marine de guerre des États-Unis, qui déclare qu' « aucun acte d'hostilité ne peut être exercé dans les eaux territoriales d'un État neutre » (2). Les États signataires de la convention de Saint-Pétersbourg se sont d'ailleurs engagés à la respecter puisque le règlement télégraphique international met les câbles sous-marins sous la protection de chaque État dans la limite de sa juridiction (art. 3, § 1).

La destruction du câble pourrait avoir lieu sur les côtes de l'ennemi au cas d'occupation par suite d'un débarquement. Mais pourrait-elle être

de la neutralité (Renault, *La poste et le télégraphe*, dans la *Nouvelle revue historique*, 1877, p. 555).

(1) « Les sections de câbles sous-marins aboutissant à la terre ferme, ainsi que les lignes terrestres, souterraines ou autres, destinées à relier les câbles aux stations télégraphiques, sont placées sous la protection des lois de chaque État au même titre que les propriétés publiques et privées de cet État lui-même ».

(2) *A Naval War Code*, préparé par le capitaine Charles H.Stockton de la marine des États-Unis, Président du Naval War College et prescrit pour l'usage de la marine de guerre des États-Unis, Washington, 1900, publication du gouvernement.

effectuée dans ses eaux territoriales ? On l'admet généralement en doctrine (1).

C'est aussi la solution adoptée par les récentes Instructions américaines dont l'article 5, § b est ainsi conçu : « Les câbles télégraphiques sous-marins existant entre le territoire d'un ennemi et un territoire neutre peuvent être interrompus dans les limites de la juridiction territoriale de l'ennemi ».

M. von Bar, seul, refuse ce droit au belligérant. Il n'y a pas, dit-il, d'occupation de la mer territoriale sans occupation des côtes et il n'y a que l'occupation d'une partie du territoire ennemi ou le blocus qui puisse conférer à un belligérant le droit d'interrompre les communications entre les neutres et l'ennemi ou de confisquer la propriété neutre. En dehors du cas de blocus, M. von Bar refuse donc au belligérant le droit de couper le télégraphe dans les eaux territoriales de l'ennemi au delà de la partie qui baigne les côtes et où le câble atterrit. L'usage des eaux territoriales appartient à tous et l'État riverain, pas plus que son adversaire, ne peut en priver les neutres. En autorisant la destruction dans la mer territoriale on serait amené à la tolérer un peu au delà, même en haute mer, les limites des eaux territoriales étant fort indécises (2).

Ces raisons ne nous paraissent pas convaincantes. Comme nous l'avons dit, on ne peut pas assimiler d'une façon absolue la guerre maritime à la guerre terrestre. Si, dans cette dernière, l'occupation est bien la condition essentielle de la mainmise sur les propriétés publiques et privées de l'ennemi et spécialement sur les télégraphes, il n'en est pas nécessairement de même dans la guerre maritime. Personne ne conteste au belligérant le droit de porter la guerre dans les eaux territoriales de son adversaire. Cependant, alors même qu'il serait maître de ces eaux par sa suprématie navale, le belligérant ne pourrait encore affirmer qu'il les occupe, la mer n'étant pas susceptible de cette mainmise absolue qui constitue l'occupation. Dans ces conditions, pourquoi ne pas admettre que les atteintes portées aux câbles seront la conséquence de la guerre et l'effet de ce que le belligérant vainqueur aura la suprématie sur mer ? Le neutre, directement lésé par la rupture du télégraphe, aura d'autant moins lieu de se plaindre que, comme nous l'avons dit, cette rupture n'aura été causée que par la violation de sa neutralité et après qu'il aura été dûment averti.

(1) Holland, *Des câbles sous-marins en temps de guerre*, dans le *Journal du droit international privé*, t. XXV (1898), p. 651 ; Morse, *De la destruction par un belligérant des câbles sous-marins appartenant à des Compagnies privées*, dans le même *Journal*, t. XXV (1898), p. 699.

. (2) Von Bar, *Das Recht der unterseeischen Kabel im Kriegsfalle*, dans *l'Archiv für öffentliches Recht*, 1900, t. XV, p. 419.

On a encore voulu justifier la destruction du câble dans les eaux territoriales de l'ennemi en invoquant le droit d'angarie dont elle ne serait
qu'une application (1). Cet argument n'est pas tout à fait exact et il vaut
mieux l'écarter.

L'angarie consiste dans le droit positif d'utiliser dans un but de guerre
une chose appartenant à un neutre. Or, la destruction d'un câble est un
fait négatif qui prive l'adversaire d'avantages certains, mais dont le belligérant ne retire aucune utilité directe. L'angarie suppose d'ailleurs
l'emploi de la chose sur un territoire occupé et l'occupation de la mer
territoriale ne paraît pas bien certaine.

Si la destruction du câble dans les eaux territoriales de l'ennemi est
généralement permise, il n'en est plus de même de sa rupture en haute
mer. M. Morse refuse ce droit au belligérant d'une manière absolue et
c'est aussi ce que décident implicitement les Instructions navales des
États-Unis (2).

M. Holland n'est pas aussi catégorique : il autorise la rupture du câble
à la distance où un blocus est possible et, d'après les théories anglaises,
cette distance peut être assez considérable puisque la doctrine anglo-
américaine admet le blocus par croisière (3). Adoptant la même règle,
M. von Bar arrive à une solution un peu différente par suite des idées des
auteurs du continent sur l'effectivité du blocus : il admet la destruction
du télégraphe en haute mer dans les limites où un blocus peut être considéré comme effectif et non plus seulement comme possible (4).

Enfin, même au cas de blocus, M. Poinsard ne permet de couper le
câble que dans les eaux territoriales de l'ennemi (5).

Malgré la diversité de ces solutions, nous pensons avec un certain nombre d'auteurs que, dans les cas où la destruction du télégraphe est admise, il faut l'autoriser aussi bien en haute mer que dans les eaux territoriales de l'ennemi. Outre que la limite de la mer territoriale est discutée
en doctrine, la séparation entre cette mer et la haute mer est difficile à
établir en fait. Et d'ailleurs, lorsque le câble est détruit, qu'importe qu'il
le soit à quelques milles des côtes ou en pleine mer ? Les conséquences
de cet acte pour les neutres sont toujours une interruption des communications (6).

(1) Holland, *op. cit.*, p. 651 ; Morse, *op. cit.*, p. 700.
(2) Morse, *op. cit.*, p. 699. — V. aussi l'article 5, § b des Instructions américaines de
1900, *suprà*, p. 739.
(3) Holland, *op. cit.*, p. 651.
(4) Von Bar, *op. cit.*, p. 418.
(5) Poinsard, *Études de droit international conventionnel*, 1re série, p. 323.
(6) Le Fur, *op. cit.*, p. 481 ; Rolland, *op. cit.*, p. 467 ; Goffin, *Submarine Cables in
time of War*, dans *The Law Quarterly Review*, 1899, t. XV, p. 152.

La différence que l'on établit entre la destruction des câbles dans les eaux territoriales de l'ennemi et en haute mer semble avoir son origine dans le projet présenté par les États-Unis aux autres gouvernements en 1869. La destruction des câbles en haute mer était assimilée à la piraterie en temps de guerre comme en temps de paix.

Le gouvernement américain est resté fidèle à son système. Lors de la guerre de 1882 entre le Chili et le Pérou, il fit savoir au ministre des affaires étrangères du Chili qu'il considérait de son devoir de protéger les câbles des citoyens américains en haute mer. Les Instructions données au commandant de l'escadre des États-Unis portaient que ceux qui détruiraient les câbles seraient traités comme des pirates ou des corsaires qui arrêteraient le commerce des États-Unis ou feraient subir une insulte à son pavillon. Le gouvernement chilien, peut-être sous l'empire de la contrainte, admit ce système pour les côtes du Chili et du Pérou occupées par ses troupes (1).

Quoi qu'il en soit, cette opinion n'est partagée par personne hors des États-Unis.

La pratique se charge de mettre d'accord les diverses solutions de la doctrine sur la rupture des fils en haute mer. La guerre hispano-américaine a démontré que la destruction du télégraphe en pleine mer et même à une certaine distance des côtes est très difficile, sinon impossible. Aux difficultés que présente le dragage d'un câble immergé à de grandes profondeurs, quelquefois à cinq mille mètres, il faut ajouter l'obstacle qui résultera de l'état de la mer et de l'ignorance du point précis où se trouve le câble.

. A Cuba, la flotte américaine comprenait trois navires outillés pour crocher et couper les câbles, et ce n'est qu'au prix des plus grands efforts qu'on est parvenu à détruire les fils. Toutes les ruptures ont eu lieu près des points d'atterrissage et l'on peut dire qu'elles auraient été impossibles si ceux-ci avaient été bien défendus par les Espagnols. A Cienfuegos, lorsqu'on coupa le câble qui reliait Santiago à la Havane, l'opération ne réussit qu'à vingt mètres du rivage. La guérite d'atterrissage, visible de très loin en mer, servait de point de repère aux Américains qui profitèrent de ce que les Espagnols ne firent aucune résistance.

Le câble français d'Haïti ne fut également rompu qu'à une faible distance du rivage et après un bombardement qui fit abandonner la défense aux Espagnols. Quant au câble anglais entre la Jamaïque et Santiago, il ne fut jamais coupé malgré des tentatives quotidiennes : le feu des batteries espagnoles empêcha le succès de l'opération (2).

(1) *Journal télégraphique*, 1882, p. 235.
(2) Depelley, *op. cit.*, p. 187-189. — V. aussi Depelley, *Les câbles sous-marins et la défense de nos colonies*, p. 35.

On peut donc affirmer que la rupture des câbles hors des points d'at-terrissage, c'est-à-dire à une très faible distance des côtes, est une opé-ration très aléatoire. La difficulté sera encore rendue plus grande lors-qu'après l'ouverture des hostilités chaque belligérant aura éteint les phares, fait disparaître les balises et dissimulé les guérites.

Ces leçons ont porté leurs fruits. L'Angleterre s'est rendu compte combien son réseau était vulnérable à raison des conditions dans les-quelles il a été établi. La ligne anglaise de la côte orientale d'Afrique dans toute l'étendue de la mer Rouge est immergée à une petite profon-deur, et dans la Méditerranée il est des endroits où le fil repose sur des fonds de 400 mètres au maximum. C'est ce qui a fait dire récemment au commandant en chef de l'armée britannique que cette situation était « une imprudence et un suicide ». Que deviendrait l'Empire britanni-que le jour où, les câbles qui relient la métropole à l'Inde étant coupés, l'Angleterre serait isolée de ses colonies et de l'Extrême-Orient? C'est pour éviter ce danger que le Transpacifique anglais sera immergé exclu-sivement en eau profonde.

En France, on s'est aussi ému de ces révélations. Dans une proposi-tion de loi due à l'initiative parlementaire, on a recommandé au gouver-nement certaines mesures destinées à mettre les câbles à l'abri de la destruction en tenant compte des enseignements de la dernière guerre (1).

Rappelons en terminant le vœu exprimé par l'Institut de droit inter-national en 1879 : « Il est à désirer, quand les communications télégra-phiques doivent cesser par suite de l'état de guerre, que l'on se borne aux mesures strictement nécessaires pour empêcher l'usage du câble, et qu'il soit mis fin à ces mesures, ou que l'on en répare les conséquen-ces aussitôt que le permettra la cessation des hostilités » (2).

(1) Dans l'Exposé des motifs de la proposition de loi déposée à la Chambre par MM. Meyer, Christophle (Isère), Pourquery de Boisserin, etc., on recommandait les mesures suivantes : 1° Les atterrissages métropolitains devront être répartis sur les points fortifiés des côtes, dans l'intérêt de leur sauvegarde en temps de guerre, afin de diviser l'effort ex-térieur qui se produirait pour la destruction des communications ;... — 3° Aux colonies et en pays étranger, les câbles atterriront à proximité des ouvrages locaux de défense ; 4° Autant que possible les lignes sous-marines seront établies en eau profonde... ; — 5° On devra constituer des réseaux complets et indépendants formant entre eux des cir-cuits fermés, tout en ne négligeant pas de se relier aux lignes absolument neutres, qui constitueront des communications de secours en temps de guerre, si le réseau général français venait à être interrompu sur certains points (Journal officiel, Documents parle-mentaires, Chambre, session extraordinaire de 1900, p. 43). — V. aussi le rapport de M. Maurice Ordinaire précité, dans le Journal officiel de juillet 1900, Documents parle-mentaires, Chambre, p. 1327.

Ces vœux ont été écoutés : le nouveau câble immergé entre Oran et Tanger aboutit en Algérie au fortin d'Azzaras.

(2) Rapprocher de ce vœu l'article 13 de la Déclaration de Bruxelles et l'article 23 du Règlement de 1899 sur les lois et coutumes de la guerre sur terre.

Ce vœu attire l'attention sur la question de savoir si la réparation du câble est à la charge de celui qui l'a détruit.

La Commission de l'Institut, dans le projet de résolution qu'elle présentait, avait préconisé une solution qui ne produisait qu'une interruption momentanée des communications dans l'intérêt des neutres en émettant le vœu que le câble fût mis sous séquestre. Mais elle avait aussi prévu le cas où les belligérants détruiraient le câble et, trouvant un précédent dans la résolution votée par l'Institut au sujet du canal de Suez, elle s'était occupée de la destruction du télégraphe et de sa réparation. Elle recommandait d'opérer la destruction de la manière la plus restreinte et mettait le rétablissement du câble à la charge du belligérant qui l'aurait rompu.

L'Institut écarta l'expression de séquestre, tout en souhaitant que l'on se bornât aux mesures strictement nécessaires pour empêcher l'usage du câble, ce qui laissait ce moyen à la disposition des belligérants.

Quant à la réparation du câble, cette question donna lieu à discussion. M. Clunet trouvait injuste de mettre la réparation à la charge du belligérant auteur de la destruction, parce que cette mesure pouvait avoir été nécessitée par la conduite de l'adversaire. M. Holland proposait de supprimer la disposition relative à l'obligation de réparer, ce qui aurait écarté toute difficulté. M. Rolin-Jaequemyns, se plaçant à un autre point de vue, celui de l'intérêt des neutres, fit remarquer qu'il importait peu de savoir qui devait supporter les frais de la réparation du câble, mais que les belligérants avaient une obligation collective à l'égard des neutres de réparer le câble. Malgré l'opposition de M. Holland, d'après lequel une destruction éventuelle n'était pas suffisante pour justifier une disposition relative à la réparation, l'Institut se rangea à cette opinion. Il adopta la rédaction proposée par M. Rolin-Jaequemyns qui mettait l'obligation de réparer le câble à la charge des deux belligérants sans rechercher ni qui a causé la destruction ni qui en est l'auteur matériel (1).

La réserve de l'Institut de droit international indique assez toute la difficulté de la question. Il serait téméraire de vouloir la résoudre d'une manière générale et il vaut mieux s'en rapporter aux belligérants qui la trancheront dans le traité de paix. On peut d'ailleurs être certain que la première partie du vœu de l'Institut restera lettre morte et que le belligérant qui coupera le câble fera tous ses efforts pour que sa destruction soit la plus complète possible et que le câble, devenu inutilisable, ne

(1) *Annuaire de l'Institut de droit international*, 1879-1880, t. I p. 389 et suiv.

puisse être réparé par l'ennemi. On peut aussi supposer, sans crainte de recevoir fréquemment un démenti de la pratique, que le vainqueur, imposant ses conditions au vaincu, laissera les frais de réparation à sa charge.

D. *Le câble fait communiquer deux territoires neutres.* — Dans ce cas, il est tout à fait à l'abri des opérations de guerre. Il importe peu qu'un des belligérants tire avantage des nouvelles qu'il reçoit indirectement par le câble, celui-ci étant dans la même mesure à la disposition de l'autre belligérant. Le câble ne peut être ni détruit, ni soumis à un contrôle, parce que la guerre n'affecte que les relations des belligérants entre eux, laissant les neutres à l'abri de ses conséquences. Le câble ne peut pas plus être atteint par les actes de l'un des belligérants que celui-ci ne pourrait s'attaquer à un vaisseau neutre naviguant entre deux ports neutres (1).

Cette solution a réuni pour elle l'unanimité de la doctrine et c'est le seul cas sur lequel les corps savants se soient prononcés expressément : l'Institut de droit international et l'Association pour la réforme et la codification du droit des gens ont voté des résolutions proclamant l'immunité du câble reliant deux territoires neutres. C'est aussi la règle adoptée par les États-Unis dans les Instructions de 1900 à la marine de guerre, dont l'article 5, § c est ainsi conçu : « Les câbles télégraphiques sous-marins existant entre deux territoires neutres doivent être considérés comme inviolables et à l'abri de toute interruption ».

Ces quatre hypothèses sont susceptibles de s'appliquer à tous les cas qui se présenteront en pratique. Remarquons à cet égard que si un câble forme plusieurs tronçons séparés par des relais, chaque tronçon doit être considéré isolément, en dehors des autres et comme s'il constituait un câble entier. Ainsi un câble anglais relie Londres à Buenos-Ayres avec relais en territoire portugais et brésilien : en appliquant séparément à chaque tronçon les règles que nous avons posées, il est possible qu'en cas de guerre certains tronçons puissent être détruits sans que les belligérants aient le droit de s'attaquer à d'autres.

2° *Indemnités aux propriétaires de câbles.* — Nous nous sommes occupé jusqu'ici des droits des belligérants sur le télégraphe sans rechercher quels étaient les propriétaires des lignes. Ces propriétaires peuvent être des neutres ou des belligérants, des États ou des Compagnies privées. Leur qualité ne doit pas avoir d'influence sur la solution à adopter: même lorsqu'un câble appartient à un neutre, État ou particulier, il peut être détruit par un belligérant dans les cas où cette destruction est licite.

---

(1) Renault, *op. cit.*, p. 382.

C'est que, dans les rapports des belligérants, la question de propriété des câbles s'efface devant celle de la souveraineté des États. Quel que soit son propriétaire, un câble qui atterrit sur les côtes d'un État, en vertu d'une concession ou sans autorisation spéciale si la loi interne le permet, est soumis à la juridiction de cet État jusqu'à la limite des eaux territoriales. Il suit, dans ces limites, le sort des propriétés publiques et privées de l'État sans qu'on ait à s'inquiéter de la qualité de son propriétaire.

Cette règle doit s'appliquer en temps de guerre comme en temps de paix. Elle a d'ailleurs été consacrée pour la protection des câbles en temps de paix par la convention de Paris de 1884 que son article 1er déclare applicable « à *tous les câbles sous-marins légalement établis* et qui atterrissent sur les territoires ou les possessions de l'une ou de plusieurs des parties contractantes ». On n'a pas distingué entre les câbles qui appartiennent aux États et ceux qui sont la propriété de Compagnies privées. C'était aussi l'opinion du général Greely qui déclarait que les câbles qu'il avait fait détruire étaient sujets aux vicissitudes de la guerre « qu'ils fussent la propriété de l'ennemi ou même d'une société neutre ».

Si la question de propriété est indifférente lorsqu'il s'agit de fixer les droits des belligérants sur les télégraphes sous-marins, elle devient importante lorsqu'on se demande si les propriétaires peuvent réclamer une indemnité pour l'interruption du trafic. La Compagnie exploitant une ligne qui joint le territoire d'un belligérant à un territoire neutre pourra quelquefois demander des dommages-intérêts pour les atteintes portées à sa propriété par les forces navales de l'un des États en guerre si elle ressortit à un État neutre ; elle ne le pourra jamais si elle est de la nationalité de l'un des belligérants.

Il est d'abord certain, comme le remarquait M. von Bar à l'Institut de droit international dans la session de 1879, que les tiers ne pourront jamais réclamer d'indemnité pour la privation du câble qui est la conséquence de la destruction du télégraphe. Ce sont là des effets de la guerre qui les atteignent indirectement. Ils n'auront pas plus droit à des dommages-intérêts dans ce cas qu'ils ne pourraient en réclamer à la Compagnie propriétaire si les communications étaient interrompues par une rupture accidentelle.

Les propriétaires ne sauraient non plus se prévaloir des articles 2 et 4 de la convention de Paris qui n'ont d'application qu'en temps de paix et seulement pour les dommages causés volontairement ou par négligence coupable.

Ces questions écartées, il faut examiner les différents cas de destruction. Lorsqu'un câble appartient à l'un des belligérants, s'il est coupé dans un des cas où l'on reconnaît la légitimité de cette rupture, il n'y a pas à considérer si le propriétaire est l'État ou une Compagnie privée. Les propriétés de l'État ennemi peuvent être détruites par un belligérant, sauf certaines exceptions tirées de leur caractère artistique, scientifique ou charitable. Quant aux propriétés des citoyens de cet État, elles peuvent être saisies sur mer quand elles ne sont pas couvertes par un pavillon neutre. Sur terre, elles ont droit au respect, mais, si les nécessités de la guerre rendent leur destruction utile à l'adversaire, cet acte ne donne droit à aucune indemnité.

Ainsi la France et l'Angleterre sont reliées par des câbles qui sont la copropriété des deux États. Dans une guerre entre ces pays chaque belligérant pourrait couper le télégraphe sans indemnité. De même, les colonies françaises de l'Afrique occidentale sont en communication avec la métropole par des lignes appartenant à des Compagnies anglaises ; si une escadre française détruisait ces câbles, les propriétaires anglais ne pourraient réclamer des dommages-intérêts à la France (1).

Faut-il admettre la même solution lorsque le câble appartient à un neutre ? Dans la guerre terrestre, les dommages soufferts par les propriétés neutres situées sur le territoire occupé ne donnent pas droit à indemnité. Lorsque sur le sol ennemi la destruction d'une propriété est nécessitée par les opérations de guerre, le belligérant n'a pas à s'inquiéter de la nationalité du propriétaire, car le respect des biens appartenant à des neutres pourrait gêner l'exécution de ses plans militaires. Le neutre qui s'est établi sur un territoire s'est soumis par avance aux risques de guerre susceptibles d'atteindre tous les objets situés sur ce territoire. Pour la propriété des neutres, c'est donc sa situation seule qui est à considérer : la destruction de cette propriété ou les dommages qui lui sont causés par les belligérants ne donnent pas droit à des dommages-intérêts (2).

Cette règle, en vigueur sur le territoire occupé, serait applicable par analogie aux câbles détruits dans les eaux territoriales d'un belligérant. Le neutre qui fait atterrir ses câbles sur les côtes d'un État a dû prévoir les conséquences de cet atterrissement si l'État auquel aboutit la ligne se trouve en guerre avec une autre puissance. Il en résulte que, dans ce cas, aucune indemnité ne serait due au propriétaire, comme le déclarait en 1898 l'Attorney général des États-Unis, M. Griggs, consulté par

(1) Pour éviter même que les Compagnies anglaises s'adressent à lui pour être indemnisées des dommages qu'elles éprouveraient d'une guerre, le gouvernement britannique a inséré dans leur cahier des charges la disposition suivante : « Le gouvernement de Sa Majesté ne prendra aucun engagement, ni aucune responsabilité, en ce qui concerne le câble, au delà du payement de la subvention » (art. 5).

(2) Féraud-Giraud, *Recours à raison des dommages causés par la guerre*, n° 56.

le gouvernement à la suite de la rupture par l'amiral Dewey du câble joi-
gnant Manille à Hong-Kong (1).

M. von Bar est beaucoup plus favorable aux concessionnaires de lignes
sous-marines. Comme il restreint dans des limites très étroites le droit
pour un belligérant de détruire les câbles, il ne refuse de dommages-
intérêts aux propriétaires que si la destruction a eu lieu dans ces limites,
c'est-à-dire sur les côtes de l'ennemi ou dans les eaux qui les baignent.
La rupture des câbles, effectuée dans un rayon plus étendu et, par conséquent, même dans la mer territoriale, donnerait lieu à une indemnité (2).

Que faudrait-il décider si les faits de guerre aboutissant à l'interruption des communications avaient été accomplis en haute mer ? Dans ce
cas, on ne peut plus invoquer les règles de l'occupation.

L'Attorney général des États-Unis, qui refuse toute indemnité au propriétaire du câble quand la destruction a eu lieu dans les eaux territoriales de l'ennemi, semble être d'une opinion contraire lorsque la rupture
est effectuée en haute mer. Il conclut en effet : « La différence évidente
entre la rupture opérée dans les eaux territoriales et la rupture opérée
en dehors de ces eaux, quelque fâcheuse qu'elle puisse être pour le propriétaire, conduit à poser la règle autorisant la destruction d'une propriété parce qu'elle est sur le territoire. Il est également fâcheux pour
un propriétaire que sa chose soit endommagée ou détruite dans le pays
de l'ennemi ou en dehors de ce pays. Cependant cela ne modifie pas les
droits des belligérants à l'égard de sa propriété dans le pays de l'ennemi ». De même, le général Greely considérait que c'était un procédé
douteux et peu correct que de relever et couper en pleine mer un câble
neutre par la simple raison qu'il aboutissait à un territoire ennemi (3).

La plupart des auteurs, M. Holland, M. Morse, M. von Bar, refusant
aux belligérants le droit de couper les câbles en pleine mer, n'ont pas
examiné la question de l'indemnité. Mais il est certain que, comme
la rupture du télégraphe constitue pour eux un fait de guerre illicite, ils
partagent l'opinion de l'Attorney général des États-Unis.

D'après celui-ci, c'est en invoquant le droit d'occupation lorsqu'il s'a-
git des eaux territoriales de l'ennemi qu'on refuse l'indemnité ; il semble
donc qu'on l'accorderait en haute mer parce que le fondement de ce droit
manque. Nous pensons au contraire qu'il y aurait lieu de refuser des dommages-intérêts pour la rupture du câble effectuée aussi bien en haute
mer que dans les eaux territoriales.

(1) V. son avis, dans cette *Revue*, t. VII (1900), p. 270. En ce sens, V. M. Renault, *ibid.*,
p. 272.— *Contrà* : Holland, *op. cit.*, p. 651 ; Morse, *op. cit.*, p. 699.

(2) Von Bar, *op. cit.*, p. 420.

(3) *Revue maritime*, 1901, t. CLI, p. 2050.

La raison tirée de l'occupation n'est qu'un argument d'analogie qui, par suite, ne doit pas être appliqué à la lettre. Lorsqu'on détruit un câble dans les eaux territoriales, le dommage causé ne s'étend-il pas bien au delà de ces eaux comme le remarquait avec raison la Compagnie demanderesse contre le gouvernement américain ? Le fait que l'extrémité du câble avait été scellée à Hong-Kong par ordre de la Compagnie a permis à l'Attorney général de répondre que ce n'était pas la rupture qui avait empêché la continuation du trafic. Mais cette réponse, suffisante par suite des circonstances de fait qui avaient accompagné le dommage causé au câble, ne l'était pas d'une façon générale.

Lorsqu'un câble est coupé par un belligérant, ce n'est pas du fait matériel de la rupture qu'on demande réparation, c'est de l'interruption du service qui en est la conséquence. Cela est si vrai que si le belligérant, au lieu de couper le câble, le séquestrait à l'une de ses extrémités ou détournait les communications en dérivant le courant électrique sur un autre câble, le propriétaire de la ligne pourrait lui demander une indemnité pour le dommage qu'il aurait éprouvé.

Dans ces conditions, nous considérons comme indifférent au point de vue de l'indemnité le lieu où la rupture a été effectuée. Ce qui est seul important, c'est de rechercher si la destruction du câble a eu lieu dans un cas où cette destruction est reconnue comme un fait de guerre licite : dans ce cas, le propriétaire n'aura droit à aucune indemnité ; dans tout autre cas, nous lui en accorderons une (1).

Jusqu'à ce qu'on se soit mis d'accord sur les cas et les lieux où la destruction du câble est licite, cette solution sera susceptible d'interprétations différentes selon le système admis par chaque État, mais elle a du moins l'avantage d'être logique et d'échapper au reproche que l'on peut faire au système de MM. Holland et Morse. Ces auteurs reconnaissent au belligérant le droit de détruire un câble neutre dans les eaux territoriales de l'ennemi, mais ils accordent des dommages-intérêts au propriétaire de ce câble. Comment concilier le droit du belligérant de détruire la ligne avec l'obligation pour lui de réparer le dommage qu'il a causé (2) ?

L'Institut de droit international a examiné la question des indemnités à accorder aux propriétaires lorsqu'il étudia la protection des câbles sous-marins. M. von Bar proposa au texte présenté par la Commission une disposition additionnelle ainsi conçue : « La destruction des câbles

---

(1) En ce sens V. Rolland, *op. cit.*, p. 468.
(2) Nous préférerions de beaucoup le système de M. von Bar, qui, tout au moins, est d'une logique rigoureuse.

sous-marins donnera lieu à des dommages-intérêts au profit des propriétaires de câbles ». Cette addition fut vivement combattue.

M. de Montluc s'y déclara opposé parce qu'il pensait que la destruction était un fait de guerre et ne pouvait donner lieu à des dommages-intérêts même indirects. D'autres membres se refusèrent également à voter cet article. MM. Moynier, Neumann et Rolin-Jaequemyns ayant fait observer que cette question était plutôt du droit interne que du droit des gens et que cela concernait le règlement des indemnités à la paix, M. von Bar retira sa proposition (1).

Depuis la délibération de l'Institut, plusieurs câbles furent détruits par les belligérants et les propriétaires ont réclamé des indemnités.

Dans la guerre de 1882 entre le Chili et le Pérou, il paraît que certains câbles, appartenant à une Compagnie anglaise, et qui mettaient en communication les deux pays, furent détruits par le Chili non seulement dans les eaux territoriales de l'un des belligérants, mais aussi dans la haute mer. Le gouvernement chilien, sollicité d'indemniser la Compagnie des pertes directes et indirectes éprouvées par elle, reconnut son obligation de rembourser tous les frais de réparation des câbles. La question fut tranchée à l'amiable et la Compagnie accepta la somme qui lui fut offerte en compensation de tous les dommages soufferts (2). Il est regrettable que cette indemnité n'ait pas été mise à la charge du Chili par la Commission mixte constituée en vertu de la convention anglo-chilienne du 4 janvier 1883 pour statuer sur tous les dommages causés à des sujets anglais par la guerre. Une indemnité fixée dans ces conditions aurait pu constituer un précédent. Il n'en peut être ainsi de celle accordée gracieusement par le gouvernement chilien peut-être pour des considérations plus politiques que juridiques.

La guerre hispano-américaine a également donné lieu à des réclamations des Compagnies de câbles. Le gouvernement anglais a présenté au Cabinet de Washington deux réclamations pour destruction de câbles par les forces navales américaines. L'une, au nom de la Compagnie *British Eastern Extension Australasia and China Telegraph*, pour la rupture des câbles de Manille à Hong-Kong et de Manille à Iloilo, s'élevait à la somme de 21.675 fr. ; l'autre, au nom de la Compagnie *Cuba Submarine Telegraph*, pour la destruction des lignes cubaines, à 204,350 fr. (3). D'un autre côté, la *Compagnie française des câbles télégraphiques* a demandé

(1) *Annuaire de l'Institut de droit international*, 1879-1880, t. I, p. 393.

(2) Parsoné, Lettre au directeur du *Times* du 28 mai 1898, dans le *Journal du droit international privé*, t. XXV (1898), p. 813.

. (3) *Journal télégraphique*, 1900, p. 118. — Le montant de la première réclamation anglaise nous paraît bien peu élevé par rapport au dommage causé. On l'a évalué, d'après une source américaine, à 36.000 dollars. V. cette *Revue*, t. VII (1900), p. 270.

des dommages-intérêts au gouvernement américain pour la rupture de son câble entre Santiago de Cuba et Haïti. Ces réclamations n'ont pas encore, à l'heure actuelle, reçu de solution définitive (1).

La rupture d'un câble n'est pas toujours un fait de guerre destiné a rendre le télégraphe inutilisable. Il arrivera fréquemment, comme cela s'est présenté en 1898, que le belligérant qui coupe un câble relèvera l'extrémité du fil afin de s'en servir pour ses communications. En pareil cas, il faut admettre les solutions que l'on adopte pour les chemins de fer lorsque l'ennemi, qui occupe le territoire, exploite le service. Si le télégraphe appartient à l'État, le belligérant qui exploite la ligne ne doit aucune indemnité de ce chef. Si le câble est, au contraire, une propriété privée, le belligérant, qui n'a pas à payer d'indemnité pour l'usage militaire qu'il en fait, doit tenir compte à la Compagnie des taxes perçues par ses agents pour la transmission des dépêches particulières. C'est la distinction admise par les Allemands en 1870 pour l'exploitation des chemins de fer (2).

III

En constatant les conséquences d'une guerre maritime sur le réseau télégraphique sous-marin, on pourrait s'étonner qu'à part la convention éphémère de 1864 et l'inutile essai de 1869 rien n'ait été tenté pour soustraire les câbles aux attaques des belligérants.

Au lendemain des propositions américaines de 1869, M. Rolin-Jaequemyns, qui en avait pénétré toute l'importance, faisait appel aux hommes d'État pour résoudre le problème. « Il ne suffit pas, écrivait-il, de réglementer l'établissement de câbles dans les limites de la juridiction de chaque État, c'est-à-dire suivant la loi des nations jusqu'à la distance de trois milles marins de ses rivages. Il faudra encore veiller par voie de traités internationaux à la sûreté des câbles sur cette immense partie de l'océan qui n'appartient à personne » (3). De ce côté rien n'a été fait et la Conférence de Paris de 1884 a montré que la question n'était pas mûre pour un accord international.

Ce ne sont pourtant pas les solutions qui ont manqué. Pour mettre les câbles sous-marins à l'abri des opérations de guerre, on a proposé plusieurs systèmes qui peuvent se ramener à quatre : 1° la neutralisation des câbles ; 2° leur rachat ; 3° leur contrôle ; 4° leur séquestre.

---

(1) Communication que nous devons à l'obligeance de M. J. Depelley, directeur de la Compagnie française des câbles télégraphiques.

(2) Pillet, *Le droit de la guerre*, t. II, p. 260 ; Renault, dans cette *Revue*, t. VII (1900), p. 273.

(3) *Revue de droit international et de législation comparée*, t. II (1870), p. 323.

1° Neutralisation des câbles. — M. von Stein s'est montré le défenseur zélé de la neutralisation des câbles devant l'Institut de droit international. Il estime que dans l'état actuel de la civilisation il existe une série de choses qui sont neutres par elles-mêmes et dont le fonctionnement ne doit pas souffrir de l'état de guerre. Ces choses sont notamment les voies de communication, postes, télégraphes, chemins de fer et voies naviga» bles. Aucun de ces organismes ne peut être soumis à la force brutale de la guerre ; en vertu de leur neutralité, ils doivent rester insaisis- -sables (1).

Ce système était celui dont les États-Unis proposaient l'adoption en 1869. Ses partisans accusent la Grande-Bretagne, qui s'y montra toujours fort opposée, de l'avoir empêché d'aboutir. Mais il suffit de voir le peu de succès du projet américain pour se rendre compte que l'Angleterre n'est pas seule responsable de son échec. Et quand bien même il en serait ainsi, n'est-il pas juste que la Grande-Bretagne recueille le bénéfice d'une œuvre dont elle a le droit d'être fière ? Par les nécessités de sa situation insulaire elle a été portée plus que toute autre nation à établir des réseaux sous-marins ; pour sillonner de câbles les océans et relier la métropole à ses colonies les plus éloignées, elle-a dû vaincre des difficultés inouïes et risquer des capitaux considérables. Au moment où elle peut retirer les avantages de la situation privilégiée qu'elle s'est ainsi créée, conçoit-on qu'elle veuille s'en priver gratuitement pour le seul profit des autres peuples qui ont assisté indifférents à ses efforts ?

M. Renault a bien montré que la neutralisation des câbles restera une chimère tant que les télégraphes serviront d'instruments de guerre. « Nous sommes convaincu, écrit-il, que les militaires et les marins se révolteraient à l'idée d'une pareille disposition regardée par eux, et non sans raison, comme inconciliable avec les nécessités de la défense ou de l'attaque » (2).

On conçoit en effet qu'un accord international puisse exister pour res- pecter en temps de guerre certains travaux ou ouvrages de destination es- sentiellement pacifique comme le phare du cap Spartel au. Maroc ou le canal maritime de Suez. Les belligérants comme les neutres ont intérêt à ce que ces ouvrages puissent être utilisés suivant leur destination en guerre comme en paix. Leur destruction causerait à tous les peuples un

(1) *Annuaire de l'Institut de droit international*, t. VIII. p. 217.
(2) *Annuaire de l'Institut de droit international*, 1879-1880, t. I, p. 377. — M. Fischer pense de même qu'aussi longtemps que les belligérants utiliseront les câbles sous-marins pour leurs opérations militaires, la neutralisation des lignes ne sera qu'un généreux désir et n'aura pas plus de chances d'être réalisée que les projets de l'abbé de Saint-Pierre sur la paix perpétuelle (*Die Telegraphie und das Völkerrecht*, Leipsig, 1876, broch. in-8°, p. 54).

dommage considérable sans que les belligérants en retirent aucun avantage sérieux.

Pour les câbles sous-marins il n'en est plus de même. Si tous les neutres éprouvent du dommage de la rupture des communications, les belligérants, au contraire, ont un grand intérêt à détruire le télégraphe, et cela suffit pour qu'aucun peuple ne veuille renoncer d'avance à cette faculté.

- Un fait récent vient à l'appui de ces considérations. Dans la guerre hispano-américaine, après la rupture par les Américains du câble de Manille à Hong-Kong, l'Angleterre sollicita des belligérants le rétablissement du câble uniquement pour assurer le service météorologique. Le gouvernement espagnol y consentit, mais à une condition : le câble serait considéré comme neutralisé, son point d'atterrissement serait transporté en un lieu non occupé par les forces américaines et le câble serait mis également à la disposition de tous les intéressés, y compris les autorités espagnoles, sans qu'aucun genre de censure pût être exercé sur les télégrammes transmis. Le gouvernement américain, ne voulant pas perdre l'avantage que lui donnait la destruction du câble, refusa de consentir à son rétablissement dans ces conditions.

· Enfin, il ne faut pas oublier que l'article 15 de la convention de 1884, en consacrant la liberté d'action des belligérants, a formellement écarté l'idée de neutralisation du réseau sous-marin. Comme le vote de l'article 15 a été la condition absolue de l'adhésion de certains États tels que l'Angleterre dont l'abstention aurait enlevé à la convention une grande .partie de son utilité, il ne faut pas espérer que les États admettront d'ici longtemps des principes différents.

:. A défaut d'une neutralisation générale des câbles sous-marins, on a .proposé une neutralisation partielle.

On a fait remarquer que toutes les lignes ne présentaient pas la même utilité internationale. Ainsi les câbles entre la France et l'Algérie ou entre l'Angleterre et l'Irlande ont surtout de l'intérêt pour la France et pour l'Angleterre. De même, ceux qui n'assurent pas exclusivement les communications entre les peuples n'ont pas un intérêt général : les lignes anglaises qui relient l'Asie à l'Europe par l'Égypte, la mer Rouge et les Indes sont d'une importance capitale pour la Grande-Bretagne qu'elles unissent étroitement à son Empire asiatique, mais elles ont beaucoup moins d'intérêt pour les autres nations d'Europe dont les communications avec l'Asie sont assurées par les lignes terrestres de Russie jusqu'à Vladivostock et, de là, par les câbles russo-danois de la Compagnie des télégraphes du Nord. Au contraire, les câbles anglais, français et allemands qui relient l'Europe à l'Amérique sont d'une utilité incontestable pour les deux continents que leur rupture priverait de communications directes.

En s'inspirant de la convention de 1864, par laquelle les États contractants s'engageaient à respecter le câble Balestrini, on a proposé une entente internationale pour neutraliser « telles ou telles lignes sous-marines qui, par leur importance, leur étendue, leur caractère d'intérêt universel, justifieraient la garantie et la protection exceptionnelles qui leur seraient attribuées » (1).

Cette proposition est séduisante et son adoption constituerait un progrès sensible du droit de la guerre maritime, mais il est peu probable qu'elle soit d'ici longtemps réalisée. On a mis en avant les câbles trans-atlantiques comme devant bénéficier de ce régime de faveur. Mais les États-Unis sont à l'heure présente reliés à l'Europe par des lignes qui aboutissent en Angleterre, en France et en Allemagne. Lesquels de ces câbles seront neutralisés et pourquoi les uns plutôt que les autres ? Si l'on est facilement d'accord sur le principe, les difficultés naitront des applications, chaque État désirant voir neutraliser les câbles qui atterrissent sur son territoire ; et si l'on arrive à s'entendre pour mettre à l'abri des atteintes de la guerre certaines lignes parce qu'elles ne sont susceptibles de rendre aucun service en cas de guerre, on aboutira à un résultat inutile. Les belligérants auraient respecté ces lignes même en l'absence de convention internationale puisqu'aucun d'eux n'aurait pu en tirer d'avantage. Ils ne songeront à couper que les câbles importants ; ceux-là, on ne pensera jamais à les neutraliser parce que leur conservation, garantie par traité, pourrait favoriser en cas de guerre les États sur les côtes desquels ils atterrissent.

2° *Rachat des câbles*. — La question du rachat des câbles sous-marins a été posée à diverses reprises pour des raisons différentes.

En Angleterre, deux membres de la Chambre des communes, M. E. J. Reeds en 1874 et M. Henniker Heaton en 1892, voulaient demander au gouvernement de racheter tous les câbles existants dans un double but : pour diminuer les frais des correspondances télégraphiques et pour donner plus de garanties à la défense nationale (2).

Cette mesure, qui aurait donné la solution du problème pour le gouvernement anglais, mais qui n'aurait pas résolu la question pour les autres États, se heurtait à des difficultés considérables qui la rendaient impraticable. Indépendamment du capital énorme que représentent les lignes sous-marines et qu'il aurait fallu rembourser, on ne voit pas bien com-

---

(1) *Journal télégraphique*, 1876, p. 343 ; 1880, p. 771 ; Clémenceau, *La neutralisation des câbles sous-marins*, dans la *Lumière électrique*, 1887, t. XXIV, p. 89.

(2) *Journal télégraphique*, 1874, p. 526 ; 1893, p. 3.

ment le gouvernement anglais aurait pu se rendre propriétaire des lignes aboutissant en territoire étranger.

Si le rachat du réseau sous-marin par un seul État est une utopie, on peut concevoir ce rachat par plusieurs États. Il a même déjà été réalisé pour certaines lignes. Les câbles entre la France et l'Angleterre étaient exploités jusqu'en 1889 par une Compagnie anglaise ; à la suite d'une entente entre les deux gouvernements, ils furent rachetés et devinrent la propriété indivise des deux États.

De même, l'exploitation des lignes entre l'Allemagne et l'Angleterre ayant donné lieu à certaines difficultés, les gouvernements s'entendirent pour les acquérir ; à l'expiration de la concession, les câbles anglais furent rachetés par l'Angleterre, les câbles allemands par l'Allemagne (1).

Cette pratique est susceptible d'être généralisée. Les États qui sont mis en communication par voie sous-marine pourraient s'entendre entre eux pour racheter les câbles, soit par le système employé dans les rapports entre la France et l'Angleterre, soit par le procédé en vigueur entre l'Allemagne et l'Angleterre. Mais on n'aurait pas encore ainsi la solution du problème, car la principale conséquence de cette opération serait de transformer la propriété privée en propriété publique sans mettre pour cela les câbles hors de l'atteinte des belligérants.

La seule solution possible dans cette voie est le rachat de tous les câbles existants par l'ensemble des États intéressés (2). Ce système, qui avait déjà été proposé par le directeur des télégraphes anglais, sir James Anderson, comme le seul capable d'assurer la neutralité des câbles, a été repris récemment en France (3).

Les câbles, devenus propriété collective des États, seraient entretenus et exploités par un Bureau international que ceux-ci nommeraient. On ne nous dit pas dans quelle proportion les États contribueraient au rachat, mais il est à supposer que ce ne serait pas à parts égales, leurs intérêts n'étant pas les mêmes : il n'est pas admissible que la contribution de la Grèce ou de la Turquie soit égale à celle des États-Unis ou de l'Angleterre.

Quant à la constitution et au fonctionnement du Bureau, on pourrait prendre comme modèle un de ceux qui existent déjà pour les Unions internationales. Mais il est à remarquer que, dans les Unions actuelle-

(1) *Journal télégraphique*, 1889, p. 109 et 140.

(2) *Revue maritime et coloniale*, 1873, t. XXXVIII, p. 369 ; *Journal télégraphique*, 1896, p. 2.

(3) Rapport de M. Berteaux à la Chambre des députés sur le budget des postes et des télégraphes pour l'exercice 1900, *Journal officiel* de février 1900, Documents parlementaires, Chambre, p. 230.

ment en vigueur, le Bureau n'est pas chargé de l'exploitation du service. Pour les chemins de fer, la poste, le télégraphe, le fonctionnement de ces organismes est confié à des administrations publiques ou privées dans chaque État. On ne pourrait citer, croyons-nous, que la Commission européenne du Danube qui soit investie d'une fonction active. En supposant les questions de fonctionnement résolues, et elles sont loin de l'être, il faudrait encore un accord entre tous les États, ce qui serait très difficile. Alors le télégraphe serait à tous, n'appartenant à personne, et il rendrait les mêmes services en cas de guerre à chacun des belligérants.

Un système qui se rapproche du rachat, au moins quant aux conséquences, consisterait dans une entente entre certains États ayant des intérêts semblables pour établir des câbles et les exploiter à frais communs (1). Si l'on n'évite pas ainsi les dangers de la destruction en cas de guerre, on les diminue et l'on s'affranchit du contrôle des dépêches par certains États qui détiennent actuellement une sorte de monopole du réseau sous-marin. Cette mesure a déjà reçu quelques applications et paraît appelée à prendre un grand développement dans l'avenir. En Extrême-Orient, l'Allemagne vient de conclure un accord de cette nature avec la Hollande｜pour rendre indépendantes les communications télégraphiques de ces deux États (2). « Le caractère international ainsi donné aux nouveaux réseaux serait la meilleure des sauvegardes contre les ruptures en temps de guerre et si, dans l'avenir, ces réseaux se multipliaient et formaient à leur tour, au fond des mers, une nouvelle toile d'araignée inoffensive et pacifique, on aurait fait le pas le plus décisif vers la neutralisation des câbles » (3).

Cette solution semble inspirée plutôt par des considérations politiques que par des motifs juridiques. On peut objecter qu'elle n'aurait d'intérêt que si les États adhérents étaient nombreux et importants puisque les câbles ne seraient garantis que contre les entreprises des puissances faisant partie de cette espèce de société d'assurance mutuelle. Mais le plus grave reproche qu'on peut lui faire serait de laisser les télégrammes à la discrétion des puissances contractantes qu'une diversité d'intérêts, si fréquente dans les relations des États, pourrait engager à en tirer parti.

3° *Contrôle des câbles*. — Le troisième système consisterait à assurer l'innocence des dépêches transmises par le télégraphe au moyen d'un

(1) *Journal des transports*, 1900, p. 64 ; Depelley, *Les câbles télégraphiques en temps de guerre*, dans la *Revue des Deux-Mondes* du 1er janvier 1900, p. 201 ; Jadot, *Les câbles sous-marins*, dans la *Nouvelle Revue* du 15 février 1900, p. 525.
(2) V. l'*Avenir du Tonkin* du 7 juin 1901.
(3) Depelley, *loc. cit.*

contrôle exercé sur les câbles. M. Fischer a proposé deux manières d'atteindre ce but.

Les belligérants eux-mêmes se chargeraient en commun de l'administration du câble sur leur territoire au moyen d'une Commission composée d'un nombre égal de fonctionnaires de chaque pays. Mais l'auteur du projet reconnaît lui-même que ce procédé engendrerait des difficultés considérables : non seulement la coopération des agents des belligérants serait très délicate au moment où les relations seraient rompues entre leurs pays, mais, de plus, ces agents s'entendraient difficilement sur la solution des cas litigieux à raison de l'opposition des intérêts qu'ils représenteraient.

Aussi M. Fischer préconise-t-il un autre moyen. Les belligérants feraient, dès l'ouverture des hostilités, remise des câbles aboutissant sur le territoire de chacun d'eux à une Commission composée de représentants de deux États neutres, désignés par eux, et cette Commission serait chargée de l'exploitation des câbles jusqu'au rétablissement de la paix. Ce moyen offrirait aux belligérants des garanties suffisantes d'exploitation impartiale et empêcherait tout abus que l'un ou l'autre serait tenté de commettre (1).

On reprochera peut-être à ce système de porter atteinte à la souveraineté des belligérants qui supporteraient difficilement un contrôle neutre des câbles placés sous leur juridiction. Mais cette objection tombe si cette mesure est le résultat d'un accord international conclu en prévision de la guerre.

Il y aurait, nous semble-t-il, une certaine analogie entre le moyen proposé par M. Fischer et l'organisation des tribunaux de prises telle qu'elle est réclamée par certains jurisconsultes. Les Cours de prises instituées dans chaque État statuent sur la validité des captures effectuées pendant la guerre par les forces navales des belligérants, et leurs décisions intéressent les neutres puisqu'il s'agit de savoir si des navires neutres se sont rendus coupables d'une violation de la neutralité légitimant leur saisie : c'est pourquoi on a proposé de donner à ces juridictions un caractère international en y faisant représenter les intérêts des neutres.

La Commission imaginée par M. Fischer ne serait pas seulement chargée d'exploiter les câbles, elle rendrait des décisions semblables à celles que prend le Bureau international de l'Union télégraphique dans le cas de l'article 7 de la convention de Saint-Pétersbourg en refusant de transmettre les télégrammes suspects. Aussi l'exclusion des belligérants de cette Commission, que l'on comprendrait s'il s'agissait d'une simple exploitation des câbles, ne serait pas justifiée.

(1) Fischer, *Die Telegraphie und das Völkerrecht*, p. 58.

Nous pensons donc que, si l'on s'entendait pour la constitution de Commissions d'exploitation des câbles sous-marins en temps de guerre, les intérêts belligérants devraient y être représentés comme les intérêts neutres. On pourrait s'inspirer du projet de M. Bulmerincq relatif aux tribunaux de prises et composer cette Commission de trois membres : un fonctionnaire de chaque belligérant et un fonctionnaire d'un État neutre désigné soit par tous les États maritimes neutres réunis, soit par le seul État maritime neutralisé qui existe, la Belgique. En portant même le nombre des membres de la Commission à cinq, dont trois neutres, on donnerait encore plus d'autorité à ses décisions.

4° *Séquestre des câbles.* — Le dernier moyen et le plus radical a été proposé par l'Autriche-Hongrie dans sa réponse à la Note italienne de 1871, à la suite du Congrès télégraphique de Rome. Ce qu'on cherche, c'est à éviter que les belligérants puissent faire usage des câbles, et tout autre procédé que la rupture des fils n'assure qu'imparfaitement la réalisation de ce but. Aussi le gouvernement autrichien proposait-il de remettre les câbles à une Commission de neutres qui les tiendrait sous séquestre pendant la durée de la guerre.

On objectera l'interruption du trafic innocent; mais actuellement la destruction du télégraphe, dont on reconnaît la légitimité, aboutit au même résultat et, de plus, les dommages causés aux câbles, qui constituent une perte considérable pour les propriétaires, retardent quelquefois le rétablissement des relations plusieurs années après la fin des hostilités. Le projet autrichien est donc, à raison de son efficacité pour priver les belligérants de l'usage du télégraphe, le procédé qui aurait le plus de chances d'être adopté par les États.

Nous ne pouvons terminer cet exposé sans signaler un autre moyen imaginé par M. Pillet pour éviter la destruction des câbles par les belligérants. En étudiant les effets de la guerre sur les chemins de fer, il est amené à considérer les effets de la destruction des voies ferrées lorsqu'il s'agit d'ouvrages d'art qui représentent un travail considérable et des capitaux énormes et par lesquels l'homme est parvenu à triompher des obstacles naturels, comme un viaduc jeté sur un précipice ou un tunnel percé à travers une montagne. Pour éviter que des ouvrages comme la digue qui relie Venise à la terre ferme ou les tunnels du Saint-Gothard et du Cenis soient détruits par un belligérant, peut-être inconsidérément, M. Pillet propose d'assimiler la destruction fictive à la destruction réelle. Le belligérant qui jugerait nécessaire de faire sauter un ouvrage de cette nature placerait devant cet objet un signe qui le rendrait fictivement inutilisable et le ferait considérer comme détruit; après la notification de cet acte à l'ennemi, celui-ci devrait agir comme s'il se trouvait en présence d'une destruction réelle. Les neutres, au besoin, pourraient être chargés de veiller au respect de ces conventions (1).

Ce système pourrait être appliqué au télégraphe et serait, il faut en convenir, fort avantageux en évitant d'ajouter aux dommages inévitables de la guerre des pertes inutiles. On pourrait placer une bouée d'une forme et d'une dimension déterminées au-dessus d'un câble pour indiquer qu'on est parvenu à le trouver en mer et qu'on l'a relevé en se contentant d'une rupture fictive.

Mais ce procédé ingénieux donnerait lieu à bien des abus. Toute guerre comporte des excès. Il suffit de voir combien il est difficile d'obtenir des commandants d'armées le respect des engagements pris par leurs gouvernements dans l'éventualité de la guerre et combien, dans chaque armée, les officiers ont de peine à faire observer par leurs troupes les règlements de la discipline militaire, pour se convaincre que le système de M. Pillet est impraticable dans l'état actuel des conflits entre les nations.

Nous préférons nous en tenir au séquestre des câbles qui constitue un minimum de concessions à demander à chaque État et, par suite, est plus facile à obtenir. Ce n'est pas à dire qu'aucun progrès ne puisse être réalisé sur ce système, mais il a déjà l'avantage d'avoir reçu l'adhésion d'un gouvernement européen : pour qui connaît la prudence de la diplomatie à l'égard des solutions nouvelles, cette adhésion constitue un important élément de succès.

On peut d'ailleurs citer un fait qui constitue un précédent et montre qu'un accord en ce sens serait possible entre les États. Le phare du cap Spartel, sur les côtes du Maroc, neutralisé par une convention du 31 mai 1865, rendait de grands services à la navigation mais était insuffisant pour empêcher les naufrages si fréquents dans ces parages. Une Compagnie anglaise, dans le but de porter secours aux navires en péril, obtint en 1891 l'autorisation de construire au même endroit un sémaphore relié au télégraphe de Tanger. Une convention fut conclue le 27 janvier 1892 entre l'Angleterre et la France pour assurer la neutralité du sémaphore comme on l'avait fait pour le phare. Successivement y accédèrent les États-Unis, l'Autriche-Hongrie, la Russie, la Grèce, l'Allemagne, l'Italie, la Hollande, la Belgique, le Brésil, le Danemark, la Suède et la Norvège, l'Espagne, le Portugal et le Maroc. La situation du sémaphore fut réglée en temps de guerre comme en temps de paix et la convention décida qu'en cas de guerre le sémaphore serait fermé à la demande d'une des puissances intéressées. Or un sémaphore est un moyen de communication rapide analogue au télégraphe et la ferme-

(1) Pillet, *Le droit de la guerre*, t. II, p. 251.

ture du poste en temps de guerre équivaut au séquestre. Pourquoi une entente qu'il a été possible de réaliser pour un sémaphore serait-elle impossible pour les câbles sous-marins (1) ?

Depuis 1865, la codification des lois de la guerre terrestre s'est élaborée lentement ; elle vient de recevoir sa consécration dans le Règlement adopté à la Haye en 1899. On peut remarquer que les gouvernements n'ont jamais procédé à cette réglementation sans y être poussés par les événements. Il a fallu que des philanthropes fissent connaître à l'Europe le triste sort des blessés des guerres d'Italie pour que l'opinion publique s'émût et que, sous sa pression, la convention de Genève fût conclue pour protéger les blessés. C'est à la suite de nombreux conflits entre les nations du continent que la déclaration de Saint-Pétersbourg a interdit l'emploi des balles explosibles, et ce sont les excès de la guerre de 1870 qui ont provoqué le Règlement des lois de la guerre terrestre arrêté dans la déclaration de Bruxelles. Il faut observer d'ailleurs que les jurisconsultes étaient à peu près d'accord sur les règles à fixer pour la guerre terrestre lorsqu'on se décida à réunir des Conférences internationales.

Pour la guerre maritime, ce qui a été fait est bien peu de chose à côté de ce qui reste à faire. La déclaration de Paris de 1856 a fixé plusieurs règles qui, par l'interprétation qu'elles reçoivent, sont presque remises en discussion par certains des États adhérents. Malgré les horreurs de la bataille de Lissa, la convention de Genève n'a été étendue aux guerres maritimes qu'en 1899. Mais la protection de la propriété privée sur mer, la contrebande de guerre, le blocus, les tribunaux de prises restent à réglementer, sans compter un certain nombre de choses qui n'ont trait qu'indirectement à la guerre, comme les câbles sous-marins.

Ce n'est pas qu'il n'ait rien été tenté pour faire respecter les droits des neutres par les belligérants. La Conférence de la Haye, incompétente pour codifier les lois de la guerre maritime, a porté son attention sur les difficultés que leur incertitude fait naître. Dans la séance du 5 juillet 1899, sur la proposition de M. de Martens, la réunion plénière des délégués a émis le vœu : 1° que la question des droits et des devoirs des neutres soit écrite au programme d'une prochaine Conférence ; 2° que la proposition tendant à déclarer l'inviolabilité de la propriété privée dans la guerre sur mer soit renvoyée à l'examen d'une Conférence ultérieure.

On a pu croire quelque temps que cette Conférence allait se réunir. Au commencement de l'année 1900, les journaux annonçaient que l'Angleterre, les États-Unis et la Russie avaient admis le principe d'une Con-

(1) V. cette *Revue*, t. I (1894), p. 289.

férence ayant pour but la conclusion d'une convention internationale
maritime pour régler la question des droits des neutres en temps de
guerre.

On peut rapprocher cette nouvelle de celle par laquelle on annonçait
que la Russie avait envoyé une circulaire aux autres gouvernements
pour les consulter sur l'opportunité de la réunion d'une Conférence internationale chargée d'examiner l'application de la convention de Saint-
Pétersbourg faite par l'Angleterre dans la guerre du Transvaal.

Ces renseignements étaient prématurés car, s'il a pu être un moment
question dans les chancelleries de la convocation d'une nouvelle Conférence, ce projet paraît pour le moment abandonné. L'attitude des gouvernements s'explique par deux raisons. D'un côté, certains États sont
opposés à toute limitation du droit des belligérants sur mer et la doctrine du droit des gens maritime est bien incertaine. D'un autre côté,
si la guerre maritime a toujours fait l'objet des études des jurisconsultes,
elle a moins préoccupé les diplomates et les hommes d'État que la
guerre terrestre. Depuis le commencement du XIXᵉ siècle, les conflits sur
mer ont été rares ; ces dernières années seules nous en ont fourni des
exemples, et les droits des neutres n'ont pas été gravement lésés puisqu'aucun câble sous-marin important n'a été détruit par les belligérants.

Faudra-t-il donc attendre quelqu'une de ces grandes catastrophes dont
les guerres maritimes, avec les engins perfectionnés dont disposeront
les belligérants, nous donneront le triste spectacle pour que les gouvernements cherchent à se mettre d'accord pour réglementer la guerre sûr
mer (1) ? Alors, dans un conflit qui mettra aux prises les premières puissances maritimes du monde, la plupart des câbles seront coupés par les
belligérants, et les neutres étonnés apprendront que les relations par
voie télégraphique sous-marine sont interrompues avant d'avoir même
soupçonné que cette hypothèse pouvait se réaliser. L'attention des gouvernements sera nécessairement attirée sur les câbles et l'on s'efforcera
d'empêcher le renouvellement d'actes qu'on aurait dû prévoir et qu'une
entente aurait suffi à prévenir. De ce jour, datera la solution du problème
des câbles en temps de guerre.

Peut-être n'est-il pas nécessaire pour parvenir à ce résultat d'attendre
la réalisation d'une éventualité si terrible qu'on ne peut l'envisager sans
effroi. Une transformation considérable s'accomplit en ce moment dans
l'industrie télégraphique qui pourrait être une véritable révolution. La
télégraphie sans fils, qui n'est encore qu'à ses débuts, est appelée à

_____

(1) Les publicistes américains proposent déjà la construction d'un nouveau type de
bâtiment, le *croiseur-câble*, monté par un personnel spécial et muni du matériel nécessaire pour détruire les câbles (*Revue maritime*, 1901, t. CLI, p. 2052).

supplanter la télégraphie sous-marine. Depuis quelques mois qu'elle a été inventée, on est parvenu à l'utiliser à la distance de 170 kilomètres et l'on ne désespère pas de lui faire traverser les mers dans un avenir prochain. Une société s'est même formée dans le but d'employer la télégraphie sans fils aux communications transocéaniques (1). Lorsqu'on sera parvenu à correspondre d'un continent à l'autre sans le secours des câbles sous-marins, ceux-ci perdront l'importance qu'ils ont acquise par les services rendus, et l'on pourra tenter avec quelque succès de les protéger contre les entreprises des belligérants.

Ce sera un résultat difficilement obtenu, mais surtout en matière de guerre maritime le progrès ne semble-t-il pas bien lent ? Pour ne pas désespérer du succès, il suffit de se rappeler les efforts qu'a coûtés chacune des étapes de la codification des lois de la guerre maritime en 1856 et en 1899.

Parmi toutes les questions que soulèvent les conflits sur mer, celle de la protection des câbles sous-marins en temps de guerre est une des plus importantes par les intérêts qu'elle met en jeu. La réglementation de l'usage des câbles devrait suivre la fixation du sort de la propriété privée sur mer car, du jour où l'on aurait déclaré celle-ci inviolable, la destruction des câbles n'aurait plus d'excuse. Mais il est possible qu'à raison des profondes divergences de vues qui existent entre les États un accord de cette nature soit encore fort éloigné. Dans ce cas, il ne faut pas hésiter à détacher de l'ensemble des lois de la guerre maritime la question des câbles sous-marins. Comme l'écrivait récemment un officier de marine : « Depuis que les câbles ont pris tant d'importance en temps de guerre et vu les cas complexes qui se présenteront nécessairement, une nouvelle Conférence et une entente définitive s'imposent en prévision du cas de guerre » (2).

C'est aux jurisconsultes qu'il appartient de préparer par leurs travaux le droit de l'avenir. La question sollicite d'ailleurs en ce moment l'attention publique dans tous les pays. M. von Bar a proposé à l'Institut de droit international, dans la session de Neuchâtel de 1900, de mettre à l'ordre du jour de ses travaux la question des *câbles sous-marins en temps de guerre* (3). L'on peut espérer que la savante Compagnie examinera ce difficile problème avec toute l'attention qu'il mérite et votera une résolution qui constituera la base des accords futurs.

(1) La Société anglaise fondée par M. Marconi sous le nom de *Marconi International Marine Communication Cʸ Limited*. Une autre existe encore, la *Marconi Wireless Telegraph Cʸ Limited*, et en France la *Société française des télégraphes et téléphones sans fils*.

(2) *Revue maritime*, 1901, t. CLI, p. 2051.

(3) *Annuaire de l'Institut de droit international*, t. XVIII, p. 262.

La même année, le Congrès des Sociétés françaises de géographie, réuni à Paris, a émis à l'unanimité, sur la proposition de M. Ch. Lemire, le vœu qu'une Conférence internationale soit réunie afin d'étudier les droits et privilèges des Compagnies et des États, d'assurer aux câbles l'immunité en temps de guerre au moins pour les neutres, et de formuler un code qui serait adopté par tous les pays (1).

Ainsi de tous côtés et par les hommes des compétences les plus différentes la question est posée. Il est permis d'espérer que les gouverne. ments entendront cet appel. En attendant que le XX⁰ siècle continue pour la guerre maritime l'œuvre accompli par le XIX⁰ pour la guerre terrestre, les États pourraient signer une convention fixant la situation des câbles en temps de guerre comme celle de 1884 l'a fait pour le temps de paix. Ce serait un moyen d'augmenter cette communauté d'intérêts matériels et moraux entre les nations qui ne cesse de s'accroître, et de resserrer ces liens qui unissent toutes les parties de la grande famille humaine dont parlait, dans un langage si élevé, l'éminent Président de la Conférence de la Haye, M. Staal, en inaugurant les travaux de la Conférence.

FRANCIS REY,
Chargé de conférences à la Faculté de droit de Paris.

CHRONIQUE DES FAITS INTERNATIONAUX

FRANCE. — *Agents diplomatiques et consulaires.* — *Compétence pour la célébration de mariages en pays étranger.* — *Loi du 29 novembre* 1901 (2). — Il arrive fréquemment que le sujet d'un État résidant à l'étranger prétend s'y unir à une personne de sa nationalité ou d'une nationalité différente ; la plupart des législations, statuant pour ce cas, expressément ou implicitement, ont laissé à leurs ressortissants le choix entre le mariage célébré suivant la loi locale et le mariage contracté suivant la loi d'origine devant les ministres diplomatiques et agents consulaires nationaux. Cette option s'explique aisément. Si la loi de la situation émane d'un État dont la civilisation est affirmée par l'esprit de ses lois civiles,

(1) Congrès national des Sociétés françaises de géographie : 21⁰ session. Comptes-rendus du Congrès de 1900, Paris, 1901, in-8.

(2) Communication de M. Joseph Delpech, chargé de conférences à la Faculté de droit de Paris.

il est juridiquement admissible que, réserve faite du cas de fraude (1)
et sauf un contrôle éventuel (2), les États reconnaissent, comme une
chose valable, utile et nécessaire parfois, le mariage de leurs nationaux passé en la forme voulue par la loi du pays où il intervient. Cependant la règle traditionnellement exprimée dans la maxime *Locus regit
actum*, dont l'acceptation témoigne de la part des États d'une volontaire
limitation de leur souveraineté, n'est qu'une concession présumée ou
tacite à la *lex fori* ; il s'ensuit que le recours à cette dernière loi et aux
autorités locales d'un pays n'est point une nécessité sociale inéluctable,
s'imposant aux ressortissants expatriés d'un autre État, à raison de la
seule particularité de leur situation. Cela revient à dire que l'intervention des agents diplomatiques ou consulaires pour le mariage de leurs
nationaux est en soi naturelle ; elle est même nécessaire là où il y a
pour lesdits nationaux, soit impossibilité de recourir, soit insécurité à
s'adresser pour la célébration de leur union aux autorités locales.

I. A vrai dire, toutes les fois que les formes en question sont réglées
par la *lex sitûs* conformément à toutes les données intellectuelles, économiques ou sociales, aux principes du droit public et aux idées de liberté impliquées par une civilisation vraiment digne de ce nom, la compétence des agents diplomatiques et consulaires de l'État d'origine
« peut être utile et commode pour leurs nationaux ; elle ne saurait
être qualifiée de nécessaire » (3). Aussi l'on arrive sans peine à comprendre comment, à l'égard des pays de chrétienté tout au moins,
certains États, tels les États-Unis de l'Amérique du Nord (4), la

(1) Quoi qu'en disent certains auteurs (Weiss, *Traité théor. et prat. de dr. intern.
privé*, t. III (1898), p. 111 ; Dicey, *Le statut personnel anglais*, n° 162 (édit. Stocquart,
1888), t. II, p. 6 ; Despagnet, *Précis de dr. intern. privé* (3° édit., 1899), n° 248, p. 494),
il ne paraît guère possible de douter qu'en cas de fraude prouvée des parties à leur loi
nationale, les raisons d'utilité et de nécessité pratique disparaissent, qui justifient à
l'ordinaire l'observation de la maxime *Locus regit actum*. V. Pillet, *Essai d'un système
général de solution des conflits de lois*, dans le *Journal du dr. intern. privé*, t. XXII
(1895), p. 952 ; Surville et Arthuys, *Cours élément. de dr. intern. privé* (3° édit., 1900),
n° 196, p. 226. V. en ce sens une décision toute récente de la 1re Chambre du tribunal
civil de la Seine (de Bernis), signalée dans la *Gazette du Palais* du 28 décembre 1901.

(2) Comp. sur ce droit d'appréciation les dernières décisions : Trib.civ. Seine, 27 juill.
1897 (Williamson) et 9 février 1898 (Wscieklica), dans le *Journal du dr. intern. privé*,
t. XXIV (1897), p.1029 et XXV (1898), p. 1080 ; — et sur le pouvoir souverain des juges
du fait à cet égard, la doctrine qui paraît résulter des arrêts de Cass., 20 déc. 1841
(Bousquet), Sirey, *Rec. pér.*, 42.1.321 (et rapport du conseiller Lassgni sur le 5° moyen),
et 7 fév. 1860 (Camroux), Sirey, *Rec. pér.*, 60.1.529. — Comp. aussi Bartin, *La théorie
des qualifications*, dans ses *Études de droit international privé* (Paris, 1899), p. 56.

(3) Renault, *Rapport* présenté au nom de la 1re Commission (Annexe au procès-verbal, n° 5), dans les *Actes de la Conférence de la Haye* chargée de réglementer diverses
matières de droit international privé (12-27 sept. 1893), 1re partie, p. 48.

(4) A la vérité quelques doutes se sont élevés sur l'affirmation donnée au texte ; celle-
ci n'en demeure pas moins très certaine : des *Opinions of attorneys general*, t. VIII,

Suisse (1), l'Autriche (2), dénient généralement competence à leurs

p. 22 et suiv., dont les conclusions sont rappelées par M. Stocquart, dans la *Revue de dr. intern. et de lég. comparée*, t. XX (1888), p. 290-298, il ressort que les consuls n'ont en principe aucune qualité pour remplir à l'étranger les fonctions d'officiers de l'état civil au profit de leurs nationaux. Les seuls mariages qui, contractés devant les consuls, ont été ultérieurement déclarés valables, l'ont été comme célébrés en Ecosse, c'est-à-dire dans un pays où le simple consentement des parties suffit à la formation du lien. — V. dans le même article de M. Stocquart l'indication des documents par lesquels fut condamnée la pratique abusive qui s'était introduite aux légations américaines de Rome et de Paris d'y célébrer des mariages dans lesquels un seul des contractants était le national de l'ambassadeur. Comp. W. Beach Lawrence, *Etude sur la juridiction consulaire*, dans la *Revue de dr. intern. et de lég. comparée*, t. XI (1879), p. 71-73.

(1) En ce qui concerne, d'une part, l'action des consuls étrangers, la Suisse se refuse notamment à reconnaître comme valable sur son territoire et au regard de la loi helvétique, tout mariage intervenant entre étrangers y domiciliés et célébré par leur agent national, en dehors des organes suisses compétents. V. en ce sens une communication faite au ministre des affaires étrangères de France, en juillet 1891, à la requête du gouvernement de Bâle par l'entremise de la légation suisse à Paris : « Notre représentant en France, y est-il dit, a fait observer, conformément à nos instructions, que nos autorités n'avaient pas l'intention d'interdire aux consuls de France en Suisse le mariage de Français y résidant, mais que notre loi ne nous permettait pas de donner chez nous une valeur légale à ces mariages ». Le ministre des affaires étrangères de France, en avril 1892, a déclaré qu'en suite de ces explications, il attirerait l'attention de l'ambassade et des consuls de France en Suisse sur les inconvénients signalés et les inviterait à mettre leurs nationaux en garde contre de tels mariages consulaires (*Journal du dr. intern. privé*, t. XX (1893), p. 664). — En ce qui concerne, d'autre part et à l'inverse, l'action de ses représentants dans les pays chrétiens et civilisés, la Suisse n'a point encore usé du droit qui, dans l'article 13 de la loi fédérale du 24 décembre 1874, avait été réservé au Conseil fédéral de donner, là où il le trouverait utile, aux agents diplomatiques et consulaires de la Confédération à l'étranger, « des attributions relatives... à la célébration des mariages entre Suisses et entre Suisses et étrangers ». Aussi bien la pratique suivie mérite d'être signalée. Voici d'après une circulaire du Département fédéral de l'intérieur, en date du 17 septembre 1880, et d'une déclaration additionnelle du 11 mars 1892, comment il est procédé quant à l'intervention des consuls pour le mariage des Suisses en Italie : « A la vérité, *les agents ne s'arrogent pas les attributions d'officiers de l'état civil*. Leur intervention se borne à légaliser les signatures des futurs époux et, partant aussi, implicitement il est vrai, les promesses de mariage et la demande de publication ; à envoyer cette demande à l'officier de l'état civil suisse ; à recevoir, une fois les publications faites, les certificats de publication délivrés conformément à la déclaration italo-suisse des 15-29 novembre 1890 et à les transmettre légalisés à l'office d'état civil italien, formalités après l'accomplissement desquelles rien ne s'oppose plus aux publications et à la célébration du mariage en Italie » (*Journal du dr. intern. privé*, t. XXV (1898), p. 437).

(2) Cela ressort avec évidence d'une discussion intervenue au Reichsrath le 19 mars 1875. Le ministre de la justice était interpellé sur les raisons qui avaient pu pousser le Cabinet autrichien à réclamer du gouvernement italien le retrait par celui-ci du droit jusque-là reconnu à ses consuls de procéder en Autriche-Hongrie à la célébration du mariage de leurs nationaux. M. Glaser répondit que l'Italie n'était pas fondée à invoquer, comme elle l'avait fait jusque-là, la clause de la nation la plus favorisee pour participer aux effets de l'article 9, al. 2, d'un traité du 11 décembre 1866 entre l'Autriche et la France, permettant aux consuls des deux pays de « recevoir... des *actes de droit civil* concernant des Français ou même des Français et des Autrichiens » ; il insistait sur la différence qui sépare des actes de droit civil et des *actes de l'état civil*

agents à l'étranger, et jamais ne reconnaissent la validité des mariages célébrés sur leur propre territoire par les agents étrangers.

Par contre, cette solution perd de sa valeur, dès lors qu'il s'agit de formes admises par la *lex fori*, incommodes ou dangereuses à suivre pour les individus et la famille des individus que leur nationalité fait étrangers à ce pays. De ce chef, il y a lieu de se préoccuper, par exemple, et des pays dans lesquels, la forme des mariages étant civile, l'assistance de l'officier de l'état civil n'est pas une simple garantie du consentement des parties et entraine de plus certaines obligations relatives notamment à la religion ou à l'éducation religieuse des enfants ; et des pays dans lesquels, la forme de la célébration étant purement religieuse, les étrangers d'une autre confession sont forcément empêchés de recourir à l'autorité locale pour se marier. C'est qu'en effet les circonstances sont telles dans l'une ou l'autre de ces hypothèses que les étrangers établis dans les pays dont il s'agit et désireux d'y contracter un mariage régulier peuvent être empêchés d'y recourir utilement à l'autorité locale, y souffrir une atteinte à leur liberté de conscience (1), et n'y point trouver toutes les garanties désirables pour l'acte le plus important peut-être de la vie civile. Rien de plus naturel dès lors que de voir l'État d'origine faire prévaloir sa législation, en offrir ou même en imposer l'observation à ses sujets établis au dehors : pour un acte semblable de souveraineté, il a, tout à la fois, qualité, en tant qu'il est le protecteur et le gardien de ses nationaux ; intérêt, en tant qu'il peut présenter le mariage comme l'une des matières où existe le plus certaine-

et, pour justifier le refus par le gouvernement autrichien de la qualité d'officiers de l'état civil aux consuls étrangers, il disait : « La reconnaissance de ce droit à des consuls leur permettrait d'exercer une sorte de juridiction administrative par la proclamation qu'ils feraient des mariages, et une espèce de fonction judiciaire par la décision qu'ils donneraient sur la réunion des conditions exigées pour la conclusion d'un mariage valable ». Ch. Lyon-Caen, *Notice générale sur les travaux du Reichsrath autrichien en 1874-1875*, dans l'*Annuaire de législation étrangère*, t. V (1876), p. 496.

(1) Ce point de vue a été très explicitement développé dans l'exposé d'une proposition de loi de M. Joseph Reinach, présentée à la Chambre des députés, le 19 octobre 1897, et devenue caduque à l'expiration de la 6e législature (Ch. dép., Docum. parlem., annexe 2723) : « Les confessions religieuses étant toutes régies, en ce qui concerne le statut personnel, par leurs lois ecclésiastiques, il en résulte les conséquences que voici : 1° Un Français catholique ne peut épouser une étrangère divorcée civilement, à cause de la loi canonique catholique qui ne reconnaît pas le divorce. — 2° Un Français chrétien ne peut épouser une Musulmane, la loi canonique musulmane prohibant formellement une union de ce genre. — 3° Un Français catholique ne peut épouser une étrangère orthodoxe, l'autorité ecclésiastique de la conjointe refusant de célébrer un tel mariage. — 4° Un Français israélite ne peut épouser une étrangère chrétienne, le rabbin et le prêtre refusant de consacrer le mariage dans ces conditions. — 5° Enfin, dans le cas où le Français et l'étrangère n'appartiendraient à aucune religion établie, il leur est impossible de se marier civilement ». — Rappr. Surville et Arthuys, *op. cit.*, n° 284-I, p. 292.

ment la connexité entre le bien des particuliers et l'avantage de la communauté nationale. Aussi bien, dans les cas notamment où, à raison de leur confession religieuse, les étrangers sont « forcément empêchés de recourir à l'autorité locale pour se marier, l'intervention de leurs agents diplomatiques ou consulaires n'est plus seulement utile, mais nécessaire, puisque, sans elle, le mariage des étrangers serait impossible » (1).

C'est là une juste vue des choses qui n'a point échappé à ceux qui ont saisi la question dans toute son ampleur. — L'Institut de droit international, en 1883, en 1885 et en 1887, dans ses sessions de Munich, de Bruxelles et d'Heidelberg (2), a été appelé à discuter du principe qui régit les mariages devant les autorités diplomatiques et consulaires comme exception à la règle d'après laquelle le mariage, quant à la forme, est régi par la loi du lieu de la célébration. A la vérité, suivant les projets, des solutions différentes sont admises pour le cas fréquent et difficile où les futurs époux ne sont pas de même nationalité. Il n'est point, au contraire, de dissidence, dans les propositions formulées (3) et les votes émis, quant au principe lui-même, c'est-à-dire quant à la nécessité d'admettre les mariages devant les autorités diplomatiques ou consulaires, dans les pays chrétiens mêmes, lorsque les formes locales du mariage n'offrent pas de suffisantes garanties. — Or, ce qui est vrai des délibérations de l'Institut de droit international l'est aussi des discussions intervenues aux Conférences de la Haye relatives au droit international privé (4). — Ainsi, il ne paraît pas douteux qu'en principe, réserve faite des dispositions analogues à celles signalées tout à l'heure (p. 763-764 et les notes), les agents diplomatiques ou consulaires doivent être reconnus comme officiers de l'état civil à l'effet de célébrer des mariages dans les pays autres que ceux de qui ils tiennent cette qualité et ce pouvoir : à cet égard, de l'attribution de compétence éventuellement faite par un État à ses agents pour procéder à l'union de leurs nationaux, il est raisonnable de conclure à l'admission par cette législation d'une égale faculté pour les consuls étrangers (5).

(1) Renault, op. et loc. cit., p. 49.

(2) V. sur les discussions intervenues à ces sessions et les projets qui y furent présentés, les détails que donne l'*Annuaire de l'Institut de droit international*, t. IX (1888), p. 63-66, 76 et suiv., 102, 107 et 126.

(3) L'article 3 du contre-projet de MM. Brusa et de Bar, dont l'Institut fut saisi en 1885, est particulièrement expressif : « La législation nationale d'une des parties pourra ordonner, par dispositions formelles et expresses, que la célébration des mariages dans certains pays étrangers (notamment dans des pays ne reconnaissant pas les principes de droit des pays chrétiens) ait lieu devant les autorités diplomatiques ou consulaires nationales ». — L'article 2 du projet Kœnig, présenté aussi en 1885, ne l'est guère moins.

(4) V. ce que dit notamment sur les dispositions relatives à la forme de célébration du mariage M. Lainé, dans ses articles sur *La Conférence de la Haye*, dans le *Journal du dr. intern. privé*, t. XXI (1894), p. 23; XXII (1895), p. 472; XXVIII (1901), p. 30.

(5) Sur cette réciprocité toute naturelle, V. ce que dit M. Renault pour répondre à

Cependant, si le principe de la compétence est certain, son étendue fait plus de difficulté. Faut-il, pour la plus stricte observation des principes de souveraineté, se tenir au caractère exclusivement personnel de la compétence des agents diplomatiques ou consulaires et les déclarer capables seulement en tant qu'il s'agit d'un mariage entre deux de leurs nationaux ? Cela risque d'entraîner de graves inconvénients, notamment celui-ci que le ressortissant d'une nation établi à l'étranger, et désireux d'y épouser une femme d'une autre nationalité que lui ne pourra parfois faire procéder à la célébration de son mariage, l'abstention étant obligatoire de son consul tenu par la règle de la compétence personnelle, et l'autorité du pays de résidence ne pouvant ou ne voulant pas lui prêter son assistance. — Y a-t-il lieu, au contraire, d'admettre la compétence des ambassadeurs et des consuls pour procéder, dans le pays étranger, non seulement au mariage de leurs compatriotes, mais encore à celui de l'un d'eux, notamment du futur mari, avec une personne de nationalité différente ? Ce qui peut amener à faire payer un progrès législatif incontestable de ce désavantage extrême que la validité de pareils mariages dans les pays où ils sont célébrés ne sera point partout admise, comme l'est d'ordinaire celle des unions contractées, en pays étranger, devant les agents diplomatiques ou consulaires d'un État, entre parties ressortissantes de cet État et conformément à sa loi.

11. La loi du 29 novembre 1901, longtemps préparée ou attendue (1), vient pour la France de décider la question dans le deuxième sens, repoussant ainsi, au moins partiellement, les solutions anciennes de la pratique. Il n'y a lieu d'en retenir ici que la disposition spéciale aux mariages diplomatiques et consulaires, pour définir la portée de la réforme, fixer la place de la loi nouvelle dans le domaine du droit comparé, dire enfin notre impression sur sa valeur intrinsèque.

L'état de droit antérieur était fort simple. Il se peut résumer en deux formules traditionnelles dans la jurisprudence : compétence des agents diplomatiques et consulaires nationaux pour procéder au mariage des Français à l'étranger ; limitation de cette compétence aux seuls actes

l'objection de M. Missir, délégué de Roumanie, d'après lequel, dans l'état actuel des choses, toutes les législations seraient opposées à la compétence des agents étrangers en matière de mariage (*Actes de la 2ᵉ Conférence de la Haye* (25 juin-13 juillet 1894), p. 48. — Rappr. les observations du *Journal du dr. intern. privé. Questions et solutions pratiques*, t. XIX (1892), p. 422.

(1) Le point de départ en paraît être la proposition Reinach citée *suprà*, p. 765, note 1. — Au cours de la 7ᵉ législature, le projet a été présenté, à la Chambre des députés, le 25 février 1899, par MM. Delcassé et Lebret (*Journal officiel*, Doc. parl., 1899, p. 813, annexe 758). Les travaux préparatoires n'offrent aucun intérêt : la loi a été votée, par les deux Chambres, « sans discussion ». — V. le texte de cette loi, dans cette *Revue*, t. VIII (1901), Documents, p. 9.

concernànt les Français (1). La législation s'opposait, en effet, à l'intervention des ambassadeurs, consuls et envoyés de France (2), dès lors
que les parties n'étaient pas toutes deux françaises : l'ordonnance du 23
octobre 1833, concernant l'intervention des consuls pour les actes de l'é-
tat civil des Français en pays étranger, et l'article 48 du code civil, admettant dans l'intérêt des nationaux et par dérogation à la règle *Locus
regit actum*, le bénéfice des formes nationales, ne pouvaient et ne devaient
avoir effet qu'au regard des Français. Aussi, dès lors qu'il concernait exclusivement des étrangers ou simplement un Français et un étranger, le
mariage devait être nécessairement célébré suivant la loi du lieu. C'était
là une conséquence logique et nécessaire de ce principe, d'après lequel, si
un État peut donner autorité à ses représentants sur les nationaux établis
à l'étranger et continuer de la sorte à affirmer sur ces derniers une souveraineté à laquelle ils n'ont pu, faute de changement de nationalité, devenir
étrangers en se rapprochant, quant à la résidence, d'une souveraineté
nouvelle et concurrente, ce même État ne pourrait étendre la compétence de ces mêmes agents aux étrangers, à moins que de commettre une
atteinte inadmissible aux droits de la puissance dont ces étrangers relèvent et auprès de laquelle ces agents sont accrédités. En cette matière il
n'y a point à raisonner par analogie du cas prévu et réglementé par les
législations internes (en France, C. civ. 165), où il suffit du domicile d'un
seul des époux dans une commune pour investir du droit de procéder à la
célébration du mariage l'officier de l'état civil de cette circonscription : il
est manifeste qu'une attribution de compétence, possible à une loi dès lors
qu'il s'agit de fonctions à exercer sur le territoire que régit cette loi, est
impossible à l'égard de faits et de lieux soumis à l'autorité d'une loi étran-

(1) L'arrêt de principe est l'arrêt Summaripa, Cass., 10 août 1819, Sirey, *Rec. pér.*, 19.
1.452. — Comp. Aix, 20 mars 1862 (Coccifi), Sirey, *Rec. pér.*, 62.2.387 ; Dalloz, *Rec. pér.*,
63.2.48 ; — Paris, 6 avril 1869 (de Meffray et Mudge), Sirey, *Rec. pér.*, 70.2.178 (conclusions Dupré-Lasale) ; Dalloz, *Rec. pér.*, 72.2.216 ; — Trib. civ. Seine, 2 juillet 1872 (French)
et 21 juin 1872 (Tripet), dans le *Journal du dr. intern. privé*, t. 1 (1874), p. 71 ; — Trib.
civ. Epinal, 14 août 1889 (Oldrini), *Gazette du Palais*, 89.2.507. — Rappr. Lettre du garde
des sceaux au ministre des affaires étrangères, en date du 16 septembre 1878, dans le
Bulletin offic. du ministère de la justice, 1878, p. 89.— V. Duguit, *Des conflits de législations relatifs à la forme des actes civils* (Bordeaux, 1882), p. 78 ; Pic, *Du mariage en
dr. intern.* (Paris, 1885), p. 105 ; Verger, *Des mariages contractés en pays étranger*
(2e édit., 1883), p.54 ; Weiss, *op. et loc. cit.*, p. 255 ; Baudry-Lacantinerie et Houques-
Fourcade, *Des personnes*, nos 878 et 879, t. II, p. 581 ; Planiol, *Tr. élém. de dr. civil*,
t. III (1901), n° 186, p. 56. — Comp. Douai, 9 août 1849 (Marescaux), *Journal du Palais*,
44.1.195 et W. Beach Lawrence, *Etude de législ. comp. et de dr. intern. sur le mariage*, dans la *Revue de dr. intern. et de lég. comparée*, t. II (1870), p. 280 et suiv.

(2) On sait que, quand il n'existe pas dans un lieu donné de consulat français, l'envoyé de France est investi des attributions consulaires. V. ordonn. 20 août 1833, art.
4 et 17. — Rappr. une décision du Tribunal des conflits du 6 avril 1889 (Gouël et Levasseur), dans le *Journal du dr. intern. privé*, t. XVI (1889), p. 853.

gère. — Dans ces conditions, la jurisprudence française s'inspirait d'une notion précise et exacte de la souveraineté. A bon droit, elle avait rejeté comme inopérante une prétendue fiction d'exterritorialité par laquelle certains esprits songeaient à combattre ses solutions, en affirmant que les agents français à l'étranger sont à considérer dans leur hôtel comme étant en France et doivent, par conséquent, être exactement dans la situation d'un officier de l'état civil français compétent même au regard des étrangers (1). Raisonnement dépourvu de base (2), en tant qu'il faussait et faisait intervenir hors de propos la formule d'un privilège, destiné simplement à assurer l'indépendance et l'inviolabilité des représentants d'un gouvernement étranger, lesquels sont, en la matière dont il s'agit, absolument hors de cause (3).

En conséquence, considérant la compétence spéciale des consuls en pays chrétien comme ne dérivant point d'une règle du droit des gens, mais bien plutôt comme portant atteinte aux souverainetés territoriales, la jurisprudence interprétait étroitement cette compétence et se montrait restrictive au point de dénier même tout droit d'intervenir pour les mariages mixtes à nos consuls d'Orient (4). Cette solution fut, il est vrai, vivement discutée par l'exemple contraire tiré de certaines législations étrangères et par des raisons déduites de la nature de la souveraineté locale (5). Cependant, il n'était point décisif, à notre sentiment, d'établir qu'aux États-Unis notamment, l'incompétence matrimoniale ordinaire des agents diplomatiques et consulaires cessait pour les mariages mixtes en pays de non-chrétienté ; par ailleurs, il ne nous paraît pas exact d'affirmer

---

(1) Comp. Stocquart, *Le principe d'exterritorialité spécialement dans ses rapports avec la validité des mariages célébrés à l'ambassade ou au consulat*, dans la *Revue de dr. intern. et de lég. comparée*, t. XX (1888), p. 264 et suiv. — C'est aussi, semble-t-il, la manière de voir de M. Valéry, *L'exterritoralité des lois et des États à formation complexe*, dans la même *Revue*, t. XXIX (1897), p. 20 et 22.

(2) V. sur ce point de Bar, *Theorie und Praxis des internationalen Privatrechts* (Hanovre, 1889), t. I, nᵒ 166, p. 465, et l'article de M. Lehr, *De la compétence à attribuer aux agents diplomatiques ou consulaires comme officiers de l'état civil*, dans cette *Revue*, t. I (1894), p. 97-100.

(3) Sur la raison et la portée des immunités diplomatiques, V. *suprà*, p. 495, ce qui est dit dans une *Chronique* de M. Delpech. — Comp. les conclusions de M. Dupré-Lasale, sous l'arrêt précité de la cour de Paris, du 6 avril 1869 ; les observations de M. Dutruc, sous Cass., 13 octobre 1865 (Nikitschenkoff), Sirey, *Rec. pér.*, 66.1.33 ; et l'article de M. Contuzzi, dans la *Revue pratique de dr. intern. privé*, 1890-1891, II, p. 132.

(4) Cass., 18 avril 1865 (Stiepowitch), Sirey, *Rec. pér.*, 65.1.317; Dalloz, *Rec. pér.*, 65.1.342 ; Féraud-Giraud, *De la juridiction française dans les Echelles du Levant et de Barbarie*, (2ᵉ édit., 1866), t. II, p. 108,131 ; Baudry-Lacantinerie et Houques-Fourcade, *op. cit.*, nᵒ 879 in *fine*, t. I, p. 582 ; — Rappr. Pasquale Fiore, *Du mariage célébré à l'étranger suivant la législation italienne*, nᵒ 18 (trad. Chrétien), dans le *Journal du dr. intern. privé*, t. XIII (1886), p. 308.

(5) Pic, *op. cit.*, p. 110-112.

d'une manière générale que les Capitulations sont en quelque sorte la négation de la souveraineté territoriale par rapport aux résidants et aux protégés européens : il est vrai que les Capitulations constituent une extension artificielle, sinon même anormale, de la souveraineté des États chrétiens affirmant et développant cette souveraineté à l'encontre des pays d'Orient, mi-civilisés ou déchus, dont la souveraineté propre a été amoindrie par les privilèges exprès qu'ils durent consentir, sous l'empire de la contrainte, aux puissances européennes ; mais il ne faut pas, nous semble-t-il, exagérer les conséquences de la protection que les Capitulations ont eu pour but de reconnaître aux nationaux chrétiens, en les garantissant contre la juridiction territoriale du pays mi-civilisé où ils séjournent (1), et en leur assurant la jouissance sur le sol barbare des droits essentiels qu'ils tiennent de la civilisation de leur pays d'origine, l'inviolabilité du domicile, la liberté du culte, le droit enfin d'être jugés à l'européenne (2). Aussi ce serait retourner la protection contre eux que de leur imposer nécessairement le ministère des représentants de la France : en ce qui concerne, d'une part, les nationaux, il faut donc, à notre avis, maintenir que la loi personnelle leur permet d'employer, pour leurs actes juridiques, à leur choix, les formes de la loi locale ou celles de la loi nationale (3) ; en ce qui concerne, d'autre part, les proté-

(1) Cela est très bien mis en lumière dans l'arrêt de cassation précité du 18 avril 1865. « Attendu, dit l'arrêt, que les Capitulations qu'invoque le pourvoi ont eu principalement pour but de soustraire le Français à la juridiction musulmane, tant en matière civile qu'en matière criminelle, et de lui assurer les garanties de la justice et des lois de son pays, lorsque des Français sont seuls intéressés dans les procès qu'il soutient, et que le crime ou le délit de nature à motiver les poursuites contre lui ne s'attaque pas à des Musulmans ; mais qu'on n'y trouve nulle part l'obligation pour lui de recourir aux agents diplomatiques ou aux chanceliers des consulats investis de tous les pouvoirs délégués par la souveraineté française, toutes les fois qu'il a besoin d'un juge, d'un officier de l'état civil, d'un fonctionnaire de l'enregistrement ou d'un notaire ; — Qu'en l'absence d'une disposition expresse et formelle spéciale édictée par la Turquie, une pareille obligation est d'autant moins supposable que dans tous les pays la France a des consuls et des chanceliers investis par les mêmes lois des mêmes pouvoirs et des mêmes attributions, et que partout ailleurs que dans les États de la Porte on ne conteste pas aux Français le droit de passer leurs actes et de constater leurs conventions dans la forme et suivant le mode autorisés par les usages ou les lois du pays qu'ils habitent, malgré la facilité qu'ils ont, comme en Turquie, de se conformer aux prescriptions de la loi française en recourant aux fonctionnaires chargés de l'appliquer... »

(2) Bartin, *La théorie du renvoi*, dans ses *Etudes de dr. intern. privé*, p. 160. — Comp. Pietri, *Etude critique sur la fiction d'exterritorialité* (1895), et Lamba, *De l'évolution de la condition juridique des Européens en Egypte* (1896).

(3) V. notamment pour la France l'arrêt précité de la Cour d'Aix, du 20 mars 1862 ; — pour l'Allemagne, Trib. de l'Empire, 26 février 1891 (Kempner), *Journal du dr. intern. privé*, t. XIX (1892), p. 240 ; — pour la Belgique, Albéric Rolin, *Principes de dr. intern. privé* (1897), t. II, n° 582, p. 92 : — pour l'Italie, l'article précité de Fiore, *loc. cit.*, p.308 ; — pour la Suisse, le Rapport du Conseil fédéral pour 1895, reproduit dans les *Archives diplomatiques*, t. LVIII (1896), p.205 et t. LXVII (1897), p. 344 ; — enfin pour la Turquie,

gés, il ne faut point perdre de vue que la protection, loin de dénationaliser le protégé, lui conserve sa nationalité et le laisse, en matière de statut personnel, sous l'autorité de sa loi d'origine (1).

En définitive, le système de la jurisprudence, en tant qu'il aboutissait à limiter la compétence des agents diplomatiques aux seuls mariages de leurs nationaux dans les pays de chrétienté comme dans les pays de Capitulations, pouvait apparaître comme à l'abri de tout reproche juridique (2). En fait il arrivait, en bien des cas, à rendre impossible le mariage des nationaux établis à l'étranger et désirant s'y unir avec une étrangère, toutes les fois notamment que le mariage devant un ministre du culte, seul admis dans le pays de résidence, répugnait à leur conscience ou leur était fermé à raison de leur religion. — Il y avait, à vrai dire, une indiscutable satisfaction donnée aux principes dans l'exigence de l'identité de nationalité entre les deux futurs époux et le ministre diplomatique, dont l'intervention ne pouvait qu'à cette condition être regardée comme normale. Mais le danger du système était tel que bien des législations avant la nôtre n'hésitèrent pas à dépasser la règle stricte, et à permettre l'intervention de leurs représentants dans les cas mêmes où un seul des futurs époux se trouve soumis à leur juridiction. Ainsi l'idée a été généralement abandonnée que les deux futurs époux doivent être les ressortissants de l'agent diplomatique ou consulaire ; le projet de programme de la troisième Conférence de la Haye l'avait maintenue, mais cette proposition disparut devant les amendements présentés au nom de certaines puissances.

Il est remarquable, d'ailleurs, que plusieurs systèmes ont été suivis par celles des législations qui ont délégué à leurs agents à l'étranger des pouvoirs extraordinaires — et qui, par là-même, devraient être logiquement amenées à reconnaître la validité des mariages célébrés dans les mêmes circonstances par les représentants des puissances étrangères, à la seule condition que ceux-ci fussent habilités aux mêmes fins par leur propre statut. — En effet, en se bornant à exiger que l'un des époux seulement soit le ressortissant de l'agent dont il préfère l'intervention au respect des formes locales, elles se séparent pour subordonner ou non le bénéfice de leurs dispositions de faveur à la nationalité du futur époux. Ainsi, la Belgique restreint la compétence de l'agent diploma-

Salem, *Du mariage des étrangers en Turquie*, dans le *Journal du dr. intern. privé*, t. XVI (1889), p. 23 et suiv.

(1) Rey, *La protection diplomatique et consulaire dans les Échelles du Levant et de Barbarie* (1899), p. 492, texte et note 2.

(2) Lehr, *op. et loc. cit.* Rappr. un autre article du même auteur, *ibid.*, p. 441-444 : *Examen de la règle proposée en juillet 1894 par la Conférence de la Haye.*

tique ou consulaire au cas où le mari est belge (1) ; c'est le système que préconisait M. de Bar devant l'Institut de droit international, à la session de Bruxelles en 1885 (2) ; c'est aussi celui que la Hongrie défendait à la troisième Conférence de La Haye, par l'organe de ses délégués parlant de la prédóminance nécessaire de la nationalité du fiancé (3). Par contre l'Allemagne (4), l'Italie (5) et l'Angleterre (6) admettent la compétence de leurs agents même si la femme seule est leur ressortissante. — Mais les unes et les autres se retrouvent en général, pour faire dépendre l'action des agents diplomatiques et consulaires d'une autorisation spéciale qui leur est éventuellement donnée : celle-ci émane en Belgique du ministre des affaires étrangères, souverain pour décider si dans le pays, auprès duquel il a accrédité ses agents, l'état civil présente ou non les garanties désirables ; pour l'Allemagne cette faculté appartient au chancelier de l'Empire ; de même les plus récentes lois anglaises ont reconnu à la Couronne le droit de restreindre en cette matière les pouvoirs des consuls dès lors qu'elle les jugerait incompatibles avec les nécessités ou les règles du droit international.

Il restait à la France de se prononcer, de maintenir sa jurisprudence traditionnelle ou de la réformer dans le sens précédemment indiqué par les autres législations européennes. A la troisième Conférence de la Haye, elle n'arriva point, comme il eût été souhaitable, à faire triompher son opinion, qui était de ne point comprendre dans les discussions le cas des mariages diplomatiques et consulaires, l'assentiment de toutes les puissances contractantes à l'intervention des États étrangers dans

(1) Antérieurement à 1882, les solutions dégagées en France par la jurisprudence et approuvées par la majorité de la doctrine étaient acceptées en Belgique ; cela a changé avec la loi du 20 mai 1882, mise en vigueur le 3 juin suivant. V. le texte de cette loi, accompagné d'observations de M. Renault, dans l'*Annuaire de législation étrangère*, t. XII (1883), p. 754 et suiv. ; sur sa portée Stocquart, *op. et loc. cit.*, p. 272-279, et Contuzzi, *op. et loc. cit.*, p. 140. Cet état de droit n'a pas été touché par la loi plus récente du 20 octobre 1897 concernant les attributions des consuls en matière d'état civil et de notariat.

(2) V. le rapport de M. de Bar, dans l'*Annuaire de l'Institut*, t. IX (1888), p.81.Comp. l'article du même auteur, *Conflit des lois : mariage et divorce*, dans la *Revue de droit intern. et de lég. comparée*, t. XIX (1887), p. 237.

(3) *Actes de la 3e Conférence de la Haye* (Rapport de M. Renault au nom de la 1re Commission), p. 177.

(4) Loi d'Empire du 6 février 1875, trad. dans Glasson, *Le mariage civil et le divorce*, p. 518.

(5) Art. 368 du code civil et loi consulaire du 28 janvier 1866, art. 42. — V. Esperson, *Diritto diplomatico e giurisdizione internazionale maritima*, t. II, *Des consulats*, tit. VII, ch. 2.

(6) Les *Acts* des 28 juillet 1849, 18 août 1890 et 5 août 1891, qui avaient établi la législation, ont été refondus, sans modification dans la loi du 27 juin 1892 (trad. Darras, dans l'*Annuaire de législation étrangère*, t. XXII (1893), p. 9. V.W.Edw. Hall, *A treatise on the foreign powers and jurisdiction of the British Crown* (1894), p. 86, 119, 193, 325.

la célébration du mariage étant chose impossible à obtenir (1). Elle signa, le 18 juin 1900, le protocole final de la Conférence, qui attribue compétence aux agents diplomatiques ou aux consuls des divers États même pour le mariage de l'un de leurs sujets avec une personne de nationalité étrangère, pourvu que celle-ci ne soit pas ressortissante du pays même où le mariage a lieu. Mais, procédant par voie de législation interne, elle a, par la loi du 29 novembre 1901, d'une part, déclaré valable « le mariage contracté en pays étranger, entre un Français et une étrangère, s'il a été célébré par les agents diplomatiques ou par les consuls de France,conformément aux lois françaises »; et décidé, d'autre part, que « les agents diplomatiques ou les consuls ne pourront procéder à la célébration du mariage entre un Français et une étrangère que dans les pays qui seront désignés par décrets du Président de la République ».

Ainsi la nouvelle loi française reproduit le principe de la loi belge du 20 mai 1882, d'après lequel le futur époux doit être le ressortissant de l'agent qui procède à la célébration de l'union. A vrai dire, cela pourra, tout à fait exceptionnellement, empêcher les mariages, au cas notamment où, dans la localité, il n'y aurait qu'un consul, et précisément celui dont la fiancée seule serait la ressortissante ; mais à quoi servirait vraiment d'admettre l'action du ministre national, alors que l'union, loin de constituer l'acte initial d'une famille exclusivement française, aura généralement cet effet de faire acquérir à la femme la condition étrangère ? Aussi bien, si l'on fait également état des restrictions mises à l'application future de la loi du 29 novembre 1901, il semble qu'ait été adoptée la solution la plus satisfaisante au point de vue pratique. — La légitime préoccupation de la Direction des consulats a été d'éviter, non point toujours (cela est irréalisable), mais le plus souvent possible, ce résultat désastreux et attristant qu'un mariage, tenu pour valable dans le pays d'origine de l'époux, soit considéré, au contraire, comme nul dans le lieu de sa célébration. De là, un ensemble de règles restrictives de l'intervention des agents diplomatiques et consulaires en matière de mariage. D'une part, la juridiction des consuls n'est admise que dans les cas où elle est absolument nécessaire : elle n'est, en effet, accordée, par le décret du 29 décembre

---

(1) Lainé, *op.cit.*, dans le *Journal du droit intern. privé*, t. XXVIII (1901),p. 31. Comp. en sens inverse sur la nécessité d'une clause conventionnelle générale les articles précités de M. Lehr ; Labbé, *Du conflit entre la loi nationale du juge saisi et une loi étrangère relativement à la détermination de la loi applicable à la cause*, dans le *Journal du dr. intern. privé*, t. XII (1885), p. 7 ; Flaischlen, *Des attributions des consuls en matière de notariat et d'état civil* (Paris, 1892), p. 177; Brocher, *Nouveau traité de dr. intern. privé*, p. 144.

1901, rendu en exécution de la loi du 29 novembre (1), qu'aux ministres résidant en Turquie, en Perse, en Égypte, au Maroc, à Mascate, au Siam, en Chine et en Corée, c'est-à-dire dans des contrées où il n'y a d'autre alternative pour les nationaux français que le célibat forcé ou la vie irrégulière, parce que l'état civil n'y existe pas, y manque des garanties désirables ou bien y est basé sur des prescriptions religieuses. D'autre part, leur action ne doit jamais être spontanée, mais toujours requise expressément : une circulaire préparée par la Direction des consulats, et inspirée d'un document analogue belge (2), recommande au moins aux consuls : de procéder seulement dans les cas d'absolue nécessité à la célébration de mariages ; de ne marier un Français avec une étrangère qu'après s'être assurés de l'impossibilité réelle pour les parties de s'unir selon les formes locales ; enfin d'avertir les futurs époux que le mariage, contracté par eux à la chancellerie, n'est nécessairement valide qu'en France. — Ainsi définie dans son objet et limitée quant à son but, la loi du 29 novembre 1901 aura des résultats sûrs et des effets féconds.

FRANCE ET ITALIE. — *Délimitation des possessions françaises et italiennes dans la région côtière de la mer Rouge et du golfe d'Aden* (3). — Le protectorat français de la Côte des Somalis et la colonie italienne de l'Érythrée se trouvent en contact à hauteur du cap Doumeïrah dans la mer Rouge.

Jusqu'à ces dernières années, aucune délimitation régulière de ces possessions n'avait été effectuée : on avait jugé suffisant d'admettre, en 1891, un *modus vivendi* relatif au promontoire Doumeïrah : le versant Nord devait être possédé par l'Italie et le versant Sud par la France (4).

Un conflit ne tarda pas à se produire entre les autorités locales. Vers la fin de 1898, un agent français, accompagné de quelques matelots et ascaris, vint débarquer sur la côte au Nord du Ras Doumeïrah. Il avait cru que ce point appartenait à la France et non à l'Italie. Aussi, n'opposa-t-il aucune résistance, lorsque le commandant italien de Raheïta vint revendiquer le territoire au nom de la colonie érythréenne (5).

(1) V. le texte du décret français dans cette *Revue*, t. VIII (1901), Documents, p. 9. — On remarquera que le Japon ne figure pas au nombre des pays dans lesquels vont pouvoir désormais être contractés et célébrés sans difficulté des mariages diplomatiques.

(2) V. la circulaire française dans cette *Revue*, t. IX (1902), Documents. — V. l'exposé des motifs de la loi belge et la circulaire ministérielle du 1er juillet 1882, dans le *Journal du dr. intern. privé*, t. XII (1885), p. 47.

(3) Communication de M. Rouard de Card, professeur à la Faculté de droit de Toulouse.

(4) *Bulletin du Comité de l'Afrique française*, 1899, p. 267.

(5) Dans un article ayant pour titre : *Les possessions françaises de la côte orientale d'Afrique*, nous avons précédemment donné quelques détails à propos de cet incident V. cette *Revue*, t. VI (1899), p. 237 et suiv.

C'était, en somme, un incident très banal, analogue à ceux qui se produisent journellement en Afrique entre nations européennes. Mais les journalistes gallophobes de la péninsule s'empressèrent de pousser les hauts cris et s'efforcèrent d'envenimer la querelle. Ils échouèrent d'ailleurs piteusement et ne déterminèrent aucun courant d'opinion.

Sans se laisser influencer par les exagerations des journaux, le gouvernement italien prit une attitude très courtoise et très conciliante. A la Chambre des députés, l'amiral Canevaro déclara que l'affaire avait une importance secondaire et qu'elle serait réglée de la façon la plus amicale (1).

Les négociations furent aussitôt engagées à Rome entre les représentants des deux pays : elles se poursuivirent pendant l'année 1899 et aboutirent à la conclusion d'arrangements.

Le 24 janvier 1900, M. Camille Barrère, ambassadeur de France, et M. Visconti-Venosta, ministre des affaires étrangères d'Italie, signaient un protocole en vue d'opérer la délimitation des possessions respectives situées le long de la mer Rouge et du golfe d'Aden (2).

Aux termes de l'article 1er, la frontière, partant de l'extrémité du Ras Doumeïrah, devait suivre la ligne de partage des eaux du promontoire de ce nom et se prolonger ensuite dans la direction du Sud-Ouest pour atteindre, après un parcours de soixante kilomètres, un point à fixer suivant certaines données (3). En tout état, les routes caravanières, allant de la côte d'Assab vers l'Aoussa, devaient être laissées à l'Italie.

L'article 2 instituait une Commission mixte pour procéder sur les lieux à une démarcation effective. En fixant le tracé de la frontière, les Commissaires devaient s'efforcer de faire coïncider le point extrême de la ligne séparative avec un accident de terrain : mamelon, rocher ou autre relief.

Désireux de donner suite à cette convention, les gouvernements intéressés nommèrent des Commissaires techniques : le gouvernement français désigna MM. Piron, administrateur colonial et Rizzo, agent du service des travaux publics, et le gouvernement italien choisit, de son côté, MM. Felter, administrateur d'Assab et Capri, lieutenant de l'armée.

Les délégués se réunirent à Raheïta, le 15 février 1901 : de cette localité ils partirent dans la direction du Sud-Ouest, ayant l'intention de se conformer le plus possible aux indications du protocole. A travers un pays affreux, dépourvu de sources et de pâturages, ils atteignirent les endroits dénommés Bisidiro et Gahoué (4). Ils continuèrent alors leur route

(1) *Mémorial diplomatique* du 27 novembre 1898, p. 763.
(2) V. cette *Revue*, t. VIII (1901), Documents, p. 13.
(3) L'article 1er indique minutieusement ces données dans son paragraphe final.
(4) C'est sur un pic, situé près de cette localité, que M. de Leschaux fit élever, en

afin de découvrir un point facilement reconnaissable à 60 kilomètres de la côte. Au mois de mars, ayant terminé leurs travaux, ils revinrent à Raheïla, gagnèrent Obock par terre et s'embarquèrent pour Djibouti (1).

Un procès-verbal des opérations fut dressé par eux et soumis à l'approbation des gouvernements respectifs.

Le 10 juillet 1901, un nouveau protocole, constatant les résultats du travail, a été signé par M. Barrère, ambassadeur de la France, et M. Prinetti, ministre des affaires étrangères d'Italie (2).

D'après cet acte complémentaire, la frontière se trouve définitivement fixée de la façon suivante : elle part du point extrême du Ras Doumeïrah, elle s'identifie d'abord avec la ligne de partage des eaux de ce promontoire et elle se dirige ensuite directement sur le lieu dit Bisidiro ; à partir de cet endroit, elle se confond avec le thalweg du Weïma et elle remonte jusqu'à Daddato, point terminus.

La délimitation que nous venons d'indiquer a eu pour conséquence de mettre fin à toute contestation au sujet du port d'Assab et du territoire de Raheïla qui se trouvent indubitablement compris dans la colonie italienne de l'Érythrée (3).

Les protocoles du 24 janvier 1900 et du 10 juillet 1901 ne font aucune attribution de l'île Doumeïrah. Il a été convenu qu'un règlement ultérieur interviendrait à ce sujet entre les parties contractantes et qu'en attendant, elles s'abstiendraient de tout acte d'occupation (4).

Le gouvernement italien avait soutenu que cette île était un prolongement du cap du même nom et que, dès lors, comme ce cap, elle devait être divisée en deux parties : son versant, tourné vers la baie, devait appartenir à l'Italie et son versant, tourné vers le large, devait rester à la France.

Ces affirmations ont été reconnues non fondées.

Le lieutenant Blondiaux que le gouvernement français avait envoyé en mission à Raheïla, dès 1899, a pu constater et faire constater que l'île de Doumeïrah n'était pas le prolongement de la crête rocheuse du continent et qu'elle en différait par sa constitution géologique (5). Dès lors, les droits de la France à la possession de cette île demeuraient entiers.

1898, une petite pyramide de pierre pour délimiter provisoirement les possessions françaises et italiennes.

(1) Ces renseignements sont empruntés au journal *Djibouti*.

(2) V. cette *Revue*, t. VIII (1901), Documents, p. 13.

(3) Le Sultan de Raheïla, Hamed Diny, a toujours eu une attitude sinon hostile, du moins équivoque à l'égard du gouvernement de l'Érythrée : au mois d'octobre 1901, on a annoncé que, ne voulant pas se soumettre à certains ordres, il s'était réfugié sur le territoire français (*Bulletin du Comité de l'Afrique française*, 1901, p. 390).

(4) Article 3 du protocole signé le 24 janvier 1900.

(5) Sur la mission du lieutenant Blondiaux, V. *Bulletin du Comité de l'Afrique française*, 1899, p. 267, 306 et 347.

TURQUIE. — *Bureaux de poste étrangers.* — *L'incident de mai* 1901. —
I. Dans une précédente chronique (1) nous avons expliqué l'origine (2) et la légalité des bureaux de poste étrangers qui fonctionnent sur le territoire de l'Empire ottoman. Nous avons vu aussi les différentes tentatives entreprises par les Turcs depuis 1874 (3) en vue d'amener la suppression de ces bureaux, tentatives qui prouvent qu'ils ne se rendent point compte des besoins impérieux auxquels les bureaux étrangers répondent en présence de l'insuffisance et de l'insécurité de la poste ottomane (4).

(1) V. cette *Revue*, t. II (1895), p. 365 et suiv.

(2) On peut trouver des renseignements complémentaires sur certains détails historiques dans les articles publiés récemment par : 1° La *Frankfurter Zeitung* du 17 mai 1901 (Morgenblatt), 2° la *Gazette de Cologne* (reproduit dans les *Basler Nachrichten* du 31 mai 1901), 3° le *Figaro* du 12 mai 1901. —. Un traité du 5/16 novembre 1720 entre la Porte et la Russie a stipulé en ces termes dans son article 12 : « La paix qui avait été faite pour un temps entre la S. P. et S. M. Cz. étant présentement établie à perpétuité, pour la rendre plus ferme à l'avenir, la cultiver et la défendre de quelque accident que ce soit, S. M. Cz. pourra tenir un ministre de résidence à la S. P., et les commandements ou passeports dont il aura besoin pour les personnes qui iront ou retourneront avec des dépêches seront donnés ». Par un traité du 13/21 juin 1783 la Porte s'est engagée formellement envers la Russie à protéger les courriers auxquels était confié le service postal ; l'article 76 de ce traité est ainsi conçu : « Pour faciliter le commerce des sujets respectifs ainsi que la correspondance réciproque, la Sublime Porte s'engage de pourvoir aux moyens propres à assurer la célérité, la sûreté et la commodité de la poste et des courriers russes qui vont et viennent aux frontières de la Russie. C'est à quoi la Cour impériale de Russie s'engage pareillement de son côté ». Après 1830 l'Autriche a obtenu un firman qui l'autorisait formellement à établir un service postal en Turquie pour ses propres relations ; elle a institué un bureau à Smyrne en 1837. Après la guerre de Crimée la Porte établit un service postal qui, selon les usages, était affermé au plus offrant, de telle sorte qu'un arbitraire complet régnait en ce qui concernait les taxes ; c'est seulement depuis 1861, que le trafic postal est passé entre les mains de l'État ottoman, qui fixa d'abord son tarif d'après des heures de marche de 5 kilomètres et n'adopta que plus tard, en 1878, le système des taxes uniformes de l'Union postale. Nous ne croyons pas devoir revenir sur ce que nous avons déjà dit au sujet du développement de l'institution des bureaux de poste étrangers en Turquie (V. à cet égard cette *Revue*, t. II (1895), p. 366 et suiv.).

(3) Dès 1864, dans un Mémoire qu'Aly-Pacha avait adressé le 4 février aux ambassades, le gouvernement turc, après avoir indiqué sa résolution d'organiser le service des postes dans tout l'Empire, déclarait : « Nul compagnie ou individu ne pourra s'attribuer le droit de recevoir, de transporter ou de distribuer des imprimés d'un port à l'autre de l'Empire, au mépris du règlement postal qui assumera le monopole de l'Administration, et il devra être interdit aux agents des postes étrangères de se charger de l'expédition ou du transport des dépêches n'ayant pas pour provenance ou pour destination une localité située à l'étranger » (Testa, *Recueil de traités de la Porte ottomane*, t. VII, p. 380).

(4) Un certain nombre de nouvelles preuves en ont été fournies dernièrement. — C'est ainsi qu'il a été constaté qu'aujourd'hui encore dans certains cas les autorités turques, sans parler des particuliers, préfèrent confier leurs lettres pour l'étranger aux bureaux étrangers. Le Sultan lui-même y a recours pour l'abonnement de ses journaux (*Frankfurter Zeitung* du 17 mai 1901). — Le consulat général allemand, ayant demandé au printemps

Ces derniers temps, les Turcs, devenus plus arrogants grâce à l'appui qu'ils ont trouvé dans certaines amitiés européennes (1), sont revenus à la charge. Dans l'automne de 1898 une dépêche de l'*Agence nationale* apprenait que la Porte avait fait parvenir aux ambassadeurs des puissances intéressées à Constantinople une Note réclamant la suppression des bureaux de poste étrangers fonctionnant en Turquie (2).L'accueil peu empressé que rencontra cette Note n'a pas découragé la Turquie. Les 10 et 11 mai 1900, divers journaux européens publiaient en effet l'information suivante : « Le Sultan, par un iradé, vient d'interdire aux sujets ottomans de se servir des postes étrangères soit pour recevoir, soit pour expédier leurs correspondances. Cet iradé est inspiré évidemment par la crainte que le parti jeune-turc entretienne des intelligences suivies à l'étranger avec ses adhérents et avec les organes de l'opinion. D'ailleurs, cette mesure vise indirectement l'institution même des postes étrangères, qui est depuis longtemps désagréable au gouvernement ottoman, et qu'il s'efforce d'entraver et d'annihiler par des moyens détournés, les gouvernements étrangers refusant absolument de renoncer à leur prérogative. Un fonctionnaire des postes allemandes, M. Hoene, s'occupe en ce moment des réformes à apporter à la poste ottomane ; ce sera pour le gouvernement turc un nouveau prétexte de reprendre la campagne contre les postes étrangères » (3). Effectivement, la campagne fut reprise un an plus tard.

Le dimanche 5 mai 1901, immédiatement avant l'arrivée du train d'Europe qui apporte la poste, les directeurs des offices étrangers à Constantinople recevaient du directeur général des postes turques, Hosséin Habib Bey, la circulaire suivante, évidemment envoyée d'ordre

dernier le payement d'un mandat d'une livre (23 fr.) qui lui avait été adressé par la poste ottomane, reçut comme réponse qu'il devrait attendre quelques jours, la livre n'étant pas encore arrivée (*Berner Tagblatt* du 18 mai 1901). — La légation de Belgique eut toutes les peines du monde à acheter des timbres pour cent piastres. L'employé de service, méfiant, renvoya son représentant au directeur, qu'il fallut attendre pendant deux heures. Celui-ci, à son retour, procéda à un interrogatoire et finalement déclara qu'il ne pourrait délivrer les timbres que si on lui en faisait la demande sur un papier dûment signé et cacheté par la légation ! (*Journal de Genève* du 5 mai 1901). — La poste turque appartient à la police. L'arbitraire y est tel qu'un journal turc, qui passe cependant pour l'organe officieux du Palais, le *Servet*, publia naguère un avis pour recommander à ses correspondants de ne lui faire parvenir aucun fonds par la poste ottomane, vu les difficultés qu'on rencontrait à en retirer quoique ce fût (*Figaro* du 12 mai 1901).

(1) V. le *Daily Telegraph* du 13 mai 1901. V. aussi une correspondance publiée dans le *Temps* (25 mai 1901), dont l'auteur explique comment, depuis la constatation de l'impuissance des grandes puissances à l'occasion des massacres arméniens et la victoire procurée à a Turquie contre la Grèce, il y a à Yildiz Kiosk des fonctionnaires qui se croient tout permis.

(2) V. *Gazette de Lausanne* du 20 octobre 1898.

(3) V. le *Figaro* du 12 mai 1901.

supérieur : « Je m'empresse de vous informer qu'*en vertu des instruc-tions formelles* qui m'ont été données les sacs postaux arrivant d'Eu-rope (exception faite des envois adressés aux ambassades), qui sont ex-pédiés par les chemins de fer orientaux aussi bien que ceux qui sont envoyés par bateaux aux offices étrangers, seront ouverts en présence des douaniers et distribués par les employés de la poste ottomane. Au cas où des objections seraient soulevées à cet égard, les envois pos-taux étrangers, qui sont expédiés d'ici contre payement et en vertu d'une tolérance provisoire par les chemins de fer orientaux, ne pourront plus être acceptés à partir d'aujourd'hui ; nous vous prions de donner des instructions conformes aux employés chargés de recevoir les sacs pos-taux » (1). Et lorsque les facteurs des bureaux étrangers se rendirent à la gare de Sirkedji comme d'habitude, pour remettre les valises à destina-tion de l'étranger et pour prendre livraison de celles arrivant de l'Europe, les employés de la poste turque leur déclarèrent qu'ils n'accepteraient les malles en partance que si les facteurs consentaient à ouvrir de-vant eux celles qui arrivaient. Les facteurs refusèrent ; ils reprirent leurs valises et s'en allèrent, laissant celles qui étaient arrivées et qu'on ne voulait pas leur remettre. Les Turcs éventrèrent alors les sacs ; ils y pri-rent les lettres et imprimés qui leur parurent suspects, sans égard pour la nationalité des destinataires, et, quant au reste, ils tâchèrent de s'en débarrasser de leur mieux, au milieu d'une confusion indescriptible. Ils essayèrent d'abord de faire eux-mêmes les distributions ; mais ils durent bientôt s'en avouer incapables, les noms des destinataires, fami-liers aux employés européens, leur étant pour la plupart inconnus. Dans cette situation, ils firent savoir aux propriétaires des bureaux et des ma-gasins que chacun aurait à venir chercher ses lettres. Une foule de com-mis et de portefaix se pressa dès lors devant un monceau de lettres et d'envois de toute sorte, et l'on devine aisément la célérité et la sécurité qui durent présider à cette distribution *sui generis* : une commerçante française reçut ouverte une lettre de Paris contenant un chèque ! Après ce triage fait par les premiers venus à leur guise, les Turcs allèrent jeter ce qui resta dans les boîtes des bureaux européens (2). Il s'en suivit dans la distribution de la correspondance un retard de deux jours. L'incapacité dont fit preuve en cette occurrence le service turc fut telle, que le correspondant d'un grand journal européen put dire que « toute correspondance sérieuse avec l'Europe deviendrait impossible si le ser-vice postal passait aux mains de l'administration turque » (3). Détail

(1) V. *Pro Armenia* du 25 mai 1901. V. aussi le *Journal de Genève* du 14 mai 1901.

(2) V. entre autres les correspondances du *Daily Telegraph* (13 mai 1901) et des *Basler Nachrichten* (21 mai 1901).

(3) *Frankfurter Zeitung* du 12 mai 1901 (3e Morgenblatt).

piquant : parmi les courriers violés se trouvait une valise adressée à l'ambassade d'Allemagne et qui contenait des dépêches pour l'ambassadeur (1) !

II. Un conflit sérieux se trouvait ainsi engagé entre la Porte et les représentants des grandes puissances.

Le 6 mai — lendemain de l'attentat — les ambassadeurs des quatre États immédiatement intéressés, l'Allemagne, l'Angleterre, l'Autriche et la France (2), s'empressèrent d'adresser à la Porte une protestation vigoureuse en raison de l'atteinte portée à leurs droits, aussi brutale qu'insolite. De tous les représentants, c'est celui de l'Allemagne qui se montrait le plus irrité. Dans leur protestation les ambassadeurs firent remarquer que, la poste ottomane ayant violé des sacs ne lui appartenant pas et destinés aux bureaux de leurs puissances, la Porte devait être rendue responsable des conséquences qu'un tel acte pouvait produire ; que d'ailleurs ses agents avaient brisé, sur ses ordres, les sceaux des gouvernements étrangers qui se trouvaient sur les sacs violés. Comme conclusion, la protestation, présentée sous la forme de Notes identiques, demanda le rétablissement du *statu quo ante* (3).

En même temps, les représentants des mêmes ambassades (4), réunis chez M. de Calice, ambassadeur d'Autriche-Hongrie, doyen du corps diplomatique, prirent d'un commun accord les mesures destinées à assurer la continuation paisible du trafic postal et à prévenir tout renouvellement des procédés agressifs du gouvernement turc. C'est ainsi que, tandis que les premiers drogmans se rendaient à la Porte, les deuxièmes drogmans, escortés d'un petit détachement de marins français du stationnaire *Vauban* et de *cawass* (huissiers) des ambassades, furent envoyés à la gare pour prendre possession par force du courrier qui venait d'arriver. Les valises leur furent remises sans incident, au grand étonnement des curieux et des fonctionnaires ottomans qui étaient présents (5).

Le mardi 7 mai, la Sublime Porte répondit à la protestation des ambassadeurs par une longue Note (6). Mais les ambassadeurs refusèrent

(1) V. le *Journal de Genève* du 9 mai 1901 et le *Temps* du 25 mai 1901.

(2) La Russie, qui entretient également des bureaux de poste en Turquie, ne se trouva pas atteinte par l'attentat du 5 mai, ses courriers arrivant par mer.

(3) V. le *Temps* du 9 mai 1901 et le *Journal de Genève* des 9 et 14 mai 1901.

(4) M. Bapst, le distingué Conseiller de l'ambassade de France, représentait l'ambassadeur absent.

(5) *Journal de Genève* du 14 mai 1901.

(6) Voici le texte de la Note ottomane du 7 mai 1901 :

« Le 7 mai 1901. — A la suite des démarches de certaines missions étrangères le ministère impérial des affaires étrangères s'était empressé d'interpeller l'administration générale des postes au sujet de la rétention des valises postales destinées aux bureaux des postes étrangères. — Information prise, il a été reconnu que, selon les instruction

de la recevoir, et c'est en vain que le gouvernement turc essaya de revenir à la charge : les intéressés ne voulurent pas entrer en discussion diplomatique avec lui.

III. Ainsi, espérant que, comme cela s'était produit lors de précédentes difficultés, l'une au moins des puissances intéressées ferait défection, le gouvernement turc se comportait comme s'il était décidé à résister jusqu'au bout. Il n'avait pas osé toutefois s'opposer par la force à la livraison directe des courriers aux représentants des ambassades, escortés par quelques agents de leur force publique (1). Il esquissa

données aux employés ottomans, ceux-ci devaient demander simplement l'ouverture des valises dont il s'agit, en leur présence à l'effet de distinguer les objets à transmettre à la douane locale et de distribuer les lettres à l'adresse des habitants du pays à l'instar de ce qui se fait déjà en partie dans la capitale et en totalité pour les provinces, mais que la prise de possession dont se plaignaient les missions étrangères avait eu lieu contrairement à toute attente sur l'abandon par les employés des postes étrangers de ces valises plutôt que de vouloir les ouvrir en présence des autorités ottomanes.. Cette ouverture cependant a donné lieu à la constatation une fois de plus des fraudes que la Sublime Porte ne cessait de signaler à l'attention des missions étrangères, à savoir la transmission et l'introduction en Turquie en contrebande de nombreux articles de bijouterie et autres au détriment du fisc comme aussi d'écrits nuisibles à l'ordre et à la tranquillité intérieure de l'État, voir même de revolvers et d'autres articles prohibés. — Le ministère impérial ne saurait exprimer de regrets sur la façon dont les agents de poste étrangers abusent de la confiance que le gouvernement impérial s'était plu à l'origine à leur témoigner en permettant l'exercice d'un service public de cette nature et en se chargeant même du transport de leurs valises par la voie de ses chemins de fer. Non contents des bénéfices considérables qu'ils retirent depuis nombre d'années en profitant d'un service qui n'aurait pu s'exercer que dans les limites de leurs pays originaires, ces bureaux n'obtempèrent la plupart du temps ni aux injonctions qui leur sont données par les missions étrangères elles-mêmes, ni aux communications qui leur sont faites par les administrations impériales des postes et des douanes à l'effet de prévenir les abus de diverse nature qui leur sont signalés de toutes parts. Ces points ne sauraient échapper à l'attention impartiale et judicieuse de l'ambassade de... dont la bonne foi est surprise la plupart du temps par l'exposé unilatéral de son directeur des postes à Constantinople. — Venant à la responsabilité créée par l'ouverture des valises en question, le ministère impérial estime qu'il ne pourrait en exister à l'égard de l'autorité territoriale qui est rationnellement et légitimement seule compétente pour recevoir les postes étrangères et les faire distribuer dans son pays, qu'aucun dommage matériel n'a pu et ne pouvait résulter de la distribution des lettres y contenues. — Le ministère impérial se réserve d'ailleurs de développer et d'exposer séparément le point de vue de la Sublime Porte dans la question du service postal étranger dont il s'agit ».

(1) Il circule sur la ligne de Vienne à Constantinople deux sortes de trains : 1° l'*Orient Express*, trois fois par semaine : train rapide et dont les courriers arrivent directement à Constantinople sans passer par les mains des employés turcs ; 2° le train quotidien, dit *conventionnel* (depuis 1888), dont les sacs postaux sont remis à la frontière par les Bulgares aux fonctionnaires turcs. Un avis significatif, publié il y a quelque temps par les bureaux de poste étrangers de Constantinople, recommandait aux intéressés d'envoyer leurs correspondances, pour plus de sûreté, par l'Orient Express. Ajoutons toutefois que la simple indication : *Via Orient Express* ne suffit pas ; il faut encore que le correspondant fasse concorder la remise de sa lettre avec le jour et l'heure du départ de l'Orient Express.

même bientôt un mouvement de retraite. Le directeur de la poste ottomane, oubliant sans doute la dépêche circulaire du 5 mai,dont nous avons
donné plus haut le texte, expliqua qu'il y avait eu malentendu (?) en ce
qui concernait l'arrivée des courriers aux bureaux étrangers (1). Quoi
qu'il en soit, le chemin de fer n'en refusa pas moins, par ordre, de
prendre les courriers en partance, ainsi que cela avait eu lieu jusqu'alors. Et ce fait obligea les postes étrangères à recourir aux ambassades ; ce fut par des courriers de Cabinet accompagnant les expéditions,
et fournis par les ambassades à tour de rôle, qu'on suppléa au refus de
l'administration turque (2). De son côté, l'administration bulgare, craignant que les Turcs ne violassent, durant le trajet de la frontière à la
gare de Sirkedji, les sacs destinés à Constantinople, ne leur confia plus
les valises postales ; elle les livra à l'Orient Express ou aux courriers
des ambassades s'il s'en trouvait (3). De cette manière le service des
postes étrangères à Constantinople put se faire tant bien que mal :
les valises échappèrent à l'atteinte des autorités turques.

Mais il en alla tout autrement pour le service postal ottoman. Dans la
réalité, son fonctionnement éprouva beaucoup plus de trouble que celui
des Européens. C'est qu'en effet, sur l'ordre des ambassadeurs et par
mesure de représailles,le transport des sacs des postes ottomanes fut
refusé par les bateaux étrangers, notamment par les navires autrichiens
et français qui assurent la majeure partie des communications entre les
ports de la Turquie : ce qui réduisit le gouvernement ottoman à ne plus
pouvoir correspondre avec ses provinces d'Asie et avec l'Albanie. Cette
décision des ambassadeurs ne laissa pas que d'étonner les Turcs : ils ne
croyaient pas que les représentants des États auraient montré une aussi
grande énergie (4).

(1) *Frankfurter Zeitung* du 8 mai 1901 (2ᵉˢ).
(2) Dans un article intitulé « Postes et Capitulations en Turquie » un publiciste français a dit, entre autres choses : « Les États les plus civilisés et les plus entourés du respect et de la confiance unanimes, n'en tolèrent pas moins le maintien universel de la
coutume diplomatique des courriers de Cabinet... Par une extension naturelle de ce
principe l'Europe tient à assurer les communications publiques et privées en Orient »
(Le *Temps* du 12 mai 1901).
(3) Il paraît qu'on avait aussi songé à utiliser, en le rendant presque quotidien, le service des bateaux roumains ; mais pour cela il eut fallu obtenir le concours de la légation
roumaine, qui aurait seule pu permettre de soustraire les sacs et valises aux douanes
turques, en les faisant remettre ou retirer à bord des bateaux battant pavillon roumain
(V. le *Figaro* du 19 mai 1901).
(4) *Daily Telegraph* du 13 mai 1901. — Une question intéressante s'est posée à propos
de l'interdiction adressée par les autorités britanniques aux navires égyptiens de transporter les courriers turcs, à titre de représailles. De quel droit ? s'est-on demandé. Il
faut savoir que les bateaux de la Compagnie Khédivié ont été achetés ces derniers
temps au Khédive,dont ils étaient la propriété personnelle, par une Compagnie anglaise
qui a profité d'une occasion pour se rendre en même temps acquéreur de docks,quais,

La perturbation des communications postales se fit sentir également à un autre point de vue en province. A Salonique et à Andrinople, notamment, les autorités turques, à la suite d'instructions de leur gouvernement, refusèrent le transport des valises des bureaux étrangers (1). Les puissances, pour échapper aux conséquences d'un semblable refus, se servirent des mêmes moyens qu'à Constantinople : à Salonique par exemple, les courriers autrichiens et français furent transportés par les soins du consulat britannique (2).

Cependant le gouvernement ottoman ne se tint pas pour battu. Dans la nuit du 9 au 10 mai (3) il adressa aux ambassades une nouvelle Note (4),

dépôts, etc., pour la somme relativement modique de 150.000 livres sterling. Les navires voyagent donc aujourd'hui sous pavillon britannique, et le gouvernement anglais accorde à la Compagnie une subvention à raison de certaines combinaisons (qui paraissent avoir échoué d'ailleurs) destinées à détourner la malle et les voyageurs des Indes. Dans ces conditions, l'interdiction susdite était très naturelle. Ce n'est qu'en souvenir du passé que le public continue à appeler *égyptiens* des navires en réalité dénationalisés.

(1) *Frankfurter Zeitung* du 9 mai 1901 (Abendblatt) ; *Journal de Genève* du 9 mai 1901.

(2) *Daily Telegraph* du 13 mai 1901.

(3) Chez les Turcs, bien des actes de la vie publique se passent pendant la nuit.

(4) Voici le texte de cette Note, datée du 8 mai 1901 :

« Le 8 mai 1901. — Note verbale. — Pour faire suite à sa Note verbale en date du 5 mai courant relative à la question du service postal étranger, le ministère impérial des affaires étrangères a l'honneur de communiquer ci-après à l'ambassade de..... les considérations de droit et de fait qui l'amènent à insister d'une façon péremptoire sur la suppresion des bureaux de poste étrangers fonctionnant dans l'Empire.

En droit : 1° Le service postal constitue un droit régalien et un monopole dont aucun État n'a consenti jusqu'ici à partager l'exercice avec d'autres États sur son territoire.

2° Aucun droit, aucune entente n'a donné le droit aux bureaux de poste étrangers de s'installer en Turquie et d'y exercer l'industrie d'un transport public non seulement des lettres destinées à leurs nationaux, mais aussi à des sujets d'autres puissances et surtout à des ressortissants ottomans.

3° Dès l'année 1864 la Sublime Porte demanda la suppression de ces bureaux aux missions dont ils dépendent et, nonobstant certaines objections d'opportunité, elle ne discontinua point ses démarches en pressant pendant les années de 1876, 1889 et 1893 les gouvernements étrangers de prendre l'initiative de la cessation du service en question. — Des ententes même furent intervenues alors pour donner satisfaction à la demande légitime des autorités impériales. Plus d'une fois dans ces négociations les puissances étrangères ont reconnu elles-mêmes la justesse de la réclamation de la Sublime Porte et se sont engagées à restreindre leur service de plus en plus et en tout cas à ne point l'étendre.

4° Les missions étrangères devraient tenir compte de la déférence que le gouvernement impérial a eue à leur égard dès l'origine jusqu'aujourd'hui de ne pas vouloir trancher unilatéralement cette question de poste bien que son point de vue ne souffrit pas de discussion et bien que dans tous les pays de l'Europe, voire même en Extrême-Orient, au Japon, ce monopole fût en pleine application sans une coopération étrangère quelconque.

5° La tolérance du gouvernement impérial de laisser s'établir dans certaines échelles de l'Empire des bureaux de poste étrangers ne pouvant avoir qu'un caractère provisoire, elle peut prendre fin à tout moment où il le jugerait opportun.

6° Le transport des valises postales de ces bureaux étrangers, par les soins des p

paraissant comme la précédente émaner du Palais de Yildiz, qui, accusant de contrebande les employés des postes européennes, réclamait la suppression des bureaux étrangers. Mais, de même que la première,

tes impériales ottomanes, décidé lors de la jonction des lignes de chemins de fer ottomanes avec celles de l'Europe soit du côté de la Serbie par Salonique, soit du côté de la Bulgarie par Constantinople, avait eu lieu provisoirement dans le but d'arriver à la solution prompte de la question du principe de la suppression. En conséquence, il peut y être mis fin dès le moment qu'il y a eu refus de la part des agents étrangers de procéder à l'ouverture des valises de provenance étrangère à destination de leurs bureaux en présence des employés de l'autorité territoriale.

7° La distribution des lettres et autres plis de provenance étrangère se faisait pour la plus grande partie par les soins et par l'entremise des postes ottomanes tant à l'intérieur que dans presque toutes les échelles de l'Empire, et il n'est pas logique qu'une infime partie en soit distraite à Constantinople et dans quelques villes du littoral ottoman sous le prétexte futile que l'administration impériale ottomane des postes ne saurait suffire. D'ailleurs, le droit de distribution de l'administration ottomane en ce qui regarde les lettres arrivées par le canal des bureaux de poste étrangers a été d'autant plus reconnu que ceux-ci ont dénié en plus d'une occasion de s'être servis de facteurs et déclaré avoir confié à la poste ottomane leurs lettres et paquets pour être distribués par les soins de celle-ci aux ayants droit.

En fait : 1° Il est inexact de dire que l'administration des postes ottomanes n'a pas été améliorée. Non seulement le nombre des bureaux de poste a été considérablement augmenté dans l'Empire, qu'il en a été installé dans les localités les plus éloignées du centre, que des édifices spéciaux et adaptés au service ont été construits ou sont en voie de construction moyennant des affectations importantes et que la célérité dans l'expédition et la distribution des plis a été assurée par des règlements et des mesures administratives, mais encore la statistique démontre un développement très étendu des relations postales ottomanes au point de vue du chiffre des transports par terre et par mer.

2° Il n'est pas non plus rationnel de prétendre que le service ottoman n'a pas encore été complété selon les exigences des dispositions arrêtées dans les Congrès internationaux. Les services des mandats de poste de valeurs déclarées et des colis postaux qui sont déjà en application dans les provinces ottomanes, ont été étendus aux relations internationales et aussitôt que les formalités auprès du Bureau international de Berne auront été accomplies, ils seront mis en vigueur sous la direction des spécialistes étrangers engagés en qualité de fonctionnaires ottomans, au service du gouvernement impérial pour la surveillance et l'organisation parfaite des diverses branches postales et auxquels seront adjoints bientôt d'autres spécialistes étrangers de la même catégorie au fur et à mesure des besoins de l'administration.

3° Malgré les communications itératives qui leur ont été faites par les autorités ottomanes et par les missions étrangères, les bureaux de poste étrangers, non contents des bénéfices considérables qu'ils réalisent au point de vue fiscal par l'emploi des timbres poste de leurs pays et cela contrairement aux stipulations des Congrès internationaux et au détriment des intérêts de la Porte ottomane, ont continué à servir par négligence ou par intérêt d'intermédiaires à l'introduction clandestine d'objets prohibés comme revolvers, cartouches, matières explosibles, d'écrits et de publications subversives, attentatoires à l'ordre public intérieur de l'État et enfin en contrebande d'articles et d'objets de bijouterie tels que montres, chaînes en or, pierres précieuses, etc.

4° Indépendamment de l'exercice d'un droit régalien incontestable et à un moment où il importe de prendre les plus sévères précautions contre l'envahissement et l'emploi de procédés anarchistes, ainsi qu'en présence des programmes extrêmement dangereux que des gens sans aveu ou des socialistes internationaux se proposent de propa-

cette Note fut refusée par les représentants des États. Ainsi, il y avait désormais comme une rupture partielle des relations entre les puissances et la Porte : celle-ci se voyait privée du moyen de correspondre avec les ambassades étrangères au sujet de l'affaire des postes (1).

IV. Quels étaient donc les motifs allégués par les Turcs pour justifier leur brusque attentat contre les bureaux de poste étrangers et leur insistance en vue de leur suppression ? Nous avons déjà expliqué les raisons de leur hostilité contre ces bureaux (2). Les Notes envoyées en mai dernier en faisaient encore valoir un certain nombre. Elles prétendaient : 1° que la poste ottomane, ayant fait de grands progrès depuis l'établissement des bureaux étrangers, pouvait désormais suffire au service ; 2° que pour ce motif les bureaux étrangers avaient été supprimés au Japon et en Égypte ; 3° qu'aucun acte public ne légitimait l'existence des postes étrangères ; 4° que le Trésor ottoman subissait de leur fait une perte considérable ; 5° que les bureaux étrangers favorisaient la contrebande, en particulier celle des armes, des matières explosibles et des bijoux ; 6° qu'ils facilitaient l'introduction dans l'Empire ottoman des journaux et des brochures hostiles au régime turc actuel.

Ces raisons ont-elles quelque valeur ? Reprenons-les successivement pour mieux nous en rendre compte.

1° *Progrès de la poste turque.* — En vérité, la véritable question n'est pas de savoir si la poste turque a fait quelques progrès depuis trois quarts de siècle, mais si l'organisation et le fonctionnement du service turc sont de telle nature qu'il puisse faire face à tous les besoins actuels et remplacer, sans les faire regretter, les bureaux étrangers au point de vue de la célérité et de la sécurité comme au point de vue des diverses facilités qu'ils offrent. Or, à la question ainsi posée, qui oserait donner une réponse affirmative ?

ger dans tous les pays, et à l'égard desquels les gouvernements sont solidaires entre eux et sont tenus de prendre des mesures communes, la centralisation du service postal entre les mains d'une seule et unique institution responsable s'impose soit pour pouvoir empêcher l'introduction par la voie postale de dynamite ou d'autres substances de même nature, soit pour surveiller les menées de ces anarchistes et en informer les autorités compétentes des autres pays. — De récentes informations à ce sujet qui sont également à la connaissance des représentants étrangers obligent en outre le gouvernement impérial à se prémunir attentivement contre les procédés signalés, et les autorités ottomanes ne peuvent accomplir convenablement le devoir qui leur incombe sur cette matière si elles ne disposent pas de tous les moyens d'investigation dont sont pourvus les autres États pour leurs institutions postales.

En conséquence de tout ce qui précède, le gouvernement impérial est fermement résolu à sauvegarder désormais ses revenus fiscaux de toute atteinte et à prendre les dispositions nécessaires au point de vue de la sécurité intérieure ; et à cette fin il revendique pour lui seul le service exclusif et immédiat des postes dans l'Empire ».

(1) *Frankfurter Zeitung* du 14 mai 1901 (2°°).

(2) V. cette *Revue*, t. II (1895), p. 371.

2° Par là même, tombe également l'argument d'analogie tiré de l'*exemple du Japon et de l'Égypte*. Si on a supprimé dans ces pays les bureaux étrangers, c'est que les postes indigènes répondaient mieux aux besoins actuels et inspiraient plus de confiance que n'en donne la poste ottomane.

3° *Fondement légitime*. — En définitive, l'argumentation de la Porte à cet égard tend à démontrer qu'il n'y a dans les traités aucune disposition formelle qui autorise l'existence de bureaux étrangers. Mais nous avons établi dans notre précédente chronique (1) que cela n'empêche pas que le maintien des bureaux de poste étrangers dans l'Empire ottoman constitue pour les États intéressés un *droit*, dont ils ne sauraient être privés sans leur consentement. Il ne saurait dès lors être question d'une suppression unilatérale de ces bureaux par la Turquie seule, sans une entente préalable avec les intéressés. Nous avons de même répondu à l'objection plutôt théorique que l'Empire ottoman a tirée de sa souveraineté et de son indépendance.

4° *Perte pour le Trésor ottoman*. — Si l'on entend par là la perte des revenus correspondant à la perception des taxes postales, l'argument a été déjà réfuté dans la chronique sus-mentionnée. Si l'on envisage au contraire la perte qui résulterait de la contrebande, l'argument se confond avec le suivant.

5° *Contrebande*. — Le gouvernement ottoman n'a pas hésité à accuser les employés des bureaux de poste étrangers de favoriser la contrebande à son détriment ; il a même évalué à la somme de 300.000 livres turques la perte annuelle que le Trésor subirait de ce chef. Il paraît que la Porte se serait déjà plainte à cet égard au dernier Congrès postal, à Washington, en 1897, et que c'est pour cette raison qu'elle aurait suspendu la signature du protocole (2). Comme preuve de son allégation elle a invoqué, dans ses Notes du mois de mai 1901, la nature des marchandises qui ont été saisies dans le courrier du 5 de ce mois : ce courrier renfermait de grandes quantités de matières inflammables et explosibles expédiées de Berlin et un grand nombre de bijoux et de pierres précieuses introduits comme « échantillons sans valeur » et soustraits ainsi à la douane turque (3). — A cette argumentation de la Porte on peut faire plusieurs objections. La vente des armes est permise sans restrictions en Turquie, mais leur introduction est interdite ; il ne reste dès lors aux armuriers d'autre ressource que de s'en procurer par la poste. Aussi bien, lors du dernier voyage de l'Empereur

(1) V. cette *Revue*, t. II (1895), p. 371.
(2) *Frankfurter Zeitung* du 17 mai 1901 (Morgenblatt).
(3) V. le *Figaro* du 19 mai 1901.

d'Allemagne dans l'Empire ottoman, en octobre 1898,le gouvernement du Sultan voulut armer de revolvers un certain nombre de ses agents de la sûreté et pour cela il en fit la commande à une maison ottomane ; mais celle-ci, au su des autorités turques, ne put s'en procurer que par la contrebande (1). Alors comment se plaindre de ce chef? En ce qui concerne les autres articles de contrebande, en supposant qu'ils existassent vraiment, [il serait exagéré de prétendre, comme a osé le faire le gouvernement turc, que la contrebande était organisée et favorisée par les employés des bureaux européens. Ne fut-ce que pour ce motif, les ambassadeurs devaient refuser les Notes ottomanes. En tout cas, si, convenablement sollicités, les ambassadeurs auraient pu se montrer disposés à consentir certaines concessions de nature à prévenir la contrebande, il leur était impossible d'agir de la sorte en présence des procédés brutaux et malveillants du 5 mai (2).

6° *Introduction d'écrits suspects.* — Dans la réalité, c'est ce dernier grief qui était pour les Turcs le plus important (3). En se livrant à l'attentat du 5 mai, leur véritable but était de mettre la main sur les lettres et les imprimés adressés de l'étranger à des personnes considérées comme suspectes, notamment aux Jeunes-Turcs. L'incident des postes se trouve ainsi intimement lié à la situation politique de la Turquie ; c'est elle qui l'a motivé et qui l'explique. Depuis quelques années, un certain nombre de personnes, ayant eu à souffrir de l'administration ottomane, avaient quitté la Turquie et s'étaient réfugiées à l'étranger où elles essayent, en divulguant le véritable état des choses et les dangers inévitables qu'il recèle, d'intéresser à leur sort le monde civilisé et d'amener une intervention européenne dans l'Empire ottoman. C'est pour surveiller de plus près ces « suspects », pour connaitre et arrêter leurs correspondants et leurs amis, pour se mettre sur la voie des perquisitions et des saisies fructueuses que le gouvernement turc a fait procéder au coup de filet du 5 mai dernier (4). L'ambassade de Turquie à Paris n'avait-elle pas informé le Palais que les Jeunes-Turcs projetaient une manifestation à Péra pendant le mois de mai ou de juin ; n'avait-elle pas recommandé à son gouvernement de découvrir les personnes qui étaient

(1) *Berner Tagblatt* du 18 mai 1901.
(2) *Daily Telegraph* du 13 mai 1901.
(3) V. une correspondance du 27 avril 1901 publiée dans le *Journal de Genève* du 5 mai 1901, indiquant comme prochaine l'action de la Porte contre les bureaux « qu permettent l'introduction de livres et de journaux prohibés et l'échange de correspondances avec de Jeunes-Turc ou autres fuyards en Europe ».
(4) La Porte l'a du reste avoué fort ingénuement elle-même, dans sa Note datée du 8 mai, en parlant de la nécessité de surveiller les « menées socialistes et anarchistes ». Dans un pays d'arbitraire où tout est facilement suspecté, on voit ce que deviendrait la sécurité des correspondances, avec un tel prétexte.

à Constantinople en communication avec eux (1) ? Un avertissement analogue n'avait-il pas été adressé au Sultan par l'ambassadeur d'une
grande puissance amie, à Paris ? C'est, dit-on, le deuxième secrétaire
du Palais, le chambellan Izzet Bey qui suggéra l'idée de faire ouvrir les
valises étrangères afin de surprendre les secrets qu'elles pouvaient contenir. Et le ministre des affaires étrangères, consulté sur cette mesure,
n'a pas eu le courage d'en démontrer la gravité et d'indiquer les conséquences qu'elle pouvait entrainer ; il appuya de son autorité la violation proposée. On croit savoir que, dans « les cercles turcs bien pen-
sants », on a reproché amèrement au ministre d'avoir caché au Sultan
les dangers de la situation, et d'être resté à son poste après l'affront
qu'il subit par le renvoi de ses Notes.

L'attentat du 5 mai avait encore un autre but. Certains Turcs exaltés
espéraient qu'en surprenant les missions étrangères on les obligerait à
accepter le fait accompli et qu'ainsi on aboutirait à la suppression des
postes étrangères (2) ; la monopolisation du service postal entre les mains
des Turcs leur procurerait, par surcroît, l'extension de leur surveillance
policière, mettrait à leur discrétion tous les envois quelconques, au détriment des transactions commerciales, de la propriété privée et de la
sécurité de tous ceux qu'il plairait au gouvernement de considérer comme
suspects. Mais l'attitude énergique des ambassadeurs pour la protection
des valises a déçu leur espoir. Leur agression semble même avoir produit une conséquence toute contraire à celle qu'ils s'étaient proposée : il
est clair en effet que maintenant les ambassades s'opposeront plus que
jamais à l'abolition de leurs bureaux de poste, qui ont en quelque sorte
le monopole du service avec l'extérieur puisque presque personne ne se
sert de la poste turque là où il existe un bureau européen.

V. Le samedi 11 mai, les quatre ambassadeurs se réunirent chez le
Baron de Marschall, ambassadeur d'Allemagne, qui avait au début de
l'affaire montré une attitude résolue, presque intransigeante. Ils y arrêtè-
rent la teneur d'une sorte d'ultimatum, aux termes duquel les puissances
coïntéressées exigeaient des réparations et des excuses pour la violation
des courriers du 5 mai 1901, ainsi que la reconnaissance officielle et définitive des postes étrangères actuellement établies à Constantinople et dans
les diverses villes de l'Empire ottoman (3). Ils demandèrent, en même
temps, à leurs gouvernements respectifs les instructions nécessaires en
vue de moyens de contrainte à exercer dans le cas où la Turquie refuserait de se soumettre : l'emploi de la force ou une menace sérieuse de cet

(1) V. la correspondance publiée dans le *Journal de Genève* du 20 mai 1901.
(2) *Journal de Genève* du 14 mai 1901.
(3) *Journal des Débats* du 13 mai 1901 et *Journal de Genève* du 13 mai 1901.

emploi leur apparaissait comme le moyen le plus sûr de venir à bout du mauvais vouloir de la Turquie.

Cependant les Turcs ne perdaient pas leur temps. Un *iradé* impérial, communiqué par le grand-vizir aux ambassadeurs, défendit la distribution des lettres par les postes étrangères (1). Et, le 15 mai, les journaux ottomans annoncèrent que le Sultan, par iradé, avait ordonné une surveillance active dans les divers bureaux de poste : tous les services, soit intérieurs, soit extérieurs, devaient fonctionner de façon à inspirer une confiance absolue au public ; cette surveillance serait faite par les soins d'une Commission spéciale présidée par Hœne Effendi, le fonctionnaire allemand chargé du contrôle supérieur de l'administration des postes et des télégraphes. Les feuilles turques ajoutaient : « Le gouvernement a déjà pris des mesures très sévères envers quelques fonctionnaires des postes qui ne remplissent pas leurs devoirs. Ainsi, le directeur de la poste à Balukesser, Ismaïl Effendi, accusé d'avoir détourné à son profit les recettes de ce bureau, a été destitué. Nouri Effendi, directeur du bureau de poste de Mersine, qui est également accusé de diverses malversations, a subi le même sort ». Par ces mesures, la Turquie espérait donner subitement au public la confiance que les postes turques n'avaient su jusqu'alors lui inspirer, et ainsi acquérir un argument puissant pour la suppression des bureaux de poste étrangers.

VI. Mais, pour quiconque connait un peu la question des bureaux de poste de l'Empire ottoman, l'issue du conflit si inopinément soulevé par la Porte ne pouvait être douteuse. Il était évident qu'à moins de vouloir renoncer de propos délibéré à leurs droits, les représentants des États européens devaient obtenir une satisfaction complète. Les Turcs n'ont pas tardé à le comprendre.

Le 16 mai, une troisième Note était envoyée aux ambassades : tout en affirmant la correction des deux premières qu'elle expliquait et en insistant sur l'objection de la contrebande, elle ne réclamait plus l'abolition des bureaux étrangers, mais le triage des lettres en présence d'un fonctionnaire ottoman, ainsi que la distribution par des employés turcs (2). En même temps, le Sultan demandait au Tsar d'autoriser les navires russes à transporter les lettres des postes turques aux ports de la mer Noire : à cette demande de la Porte, l'ambassadeur de Russie reçut de son gouvernement l'ordre de faire une réponse négative (3).

Le 18 mai, une circulaire du directeur général des postes ottomanes à

(1) V. la correspondance de Constantinople du 15, publiée dans le *Figaro* du 19 mai 1901.

(2) *Daily Telegraph* du 16 mai 1901. V. aussi *Frankfurter Zeitung* du 17 mai 1901 (Abendblatt).

(3) *Daily Telegraph* du 16 mai 1901.

ses collègues étrangers leur notifia que les employés ottomans transporteraient de nouveau, comme par le passé, les courriers étrangers, *jusqu'à la fin des délibérations concernant les postes étrangères.* D'un autre côté, Tewfik Pacha, ministre des affaires étrangères, rendant visite aux ambassadeurs, leur communiqua que le Sultan « désapprouvait tout ce qui avait été fait contre les postes étrangères » (1).

Ainsi, voyant qu'ils venaient de faire un faux pas, les Turcs essayaient de s'en tirer à aussi peu de frais que possible. La circulaire du directeur des postes turques avait soin en effet de laisser la question en suspens, puisque le *statu quo ante* n'était rétabli que provisoirement. Et, quant au ministre des affaires étrangères, il se bornait à une désapprobation générale et insuffisante. Les trois ambassadeurs d'Angleterre, d'Autriche-Hongrie et de France refusèrent en conséquence de se déclarer satisfaits par la communication sommaire de Tewfik Pacha et ils attendirent les instructions de leurs gouvernements. Seul l'ambassadeur d'Allemagne, dont le courrier avait été ouvert et fouillé et qui avait montré au début le plus d'indignation, accepta les déclarations de Tewfik. Personnellement, il n'avait sans doute pas changé de sentiment ; mais les instructions reçues de son gouvernement lui avaient enjoint la modération. Ainsi, l'Allemagne trouvait suffisantes les excuses officielles présentées par Tewfik Pacha, sans paraître se soucier ni d'une satisfaction plus complète ni du règlement de la question pour l'avenir : elle refusa effectivement d'approuver les mesures coërcitives proposées, « pour ne pas humilier le Sultan » (2), et elle ne voulut pas souscrire à la Note menaçante que les autres ambassades se préparaient à envoyer à la Porte (3). A la séance des ambassadeurs du 18 mai, le Baron de Marschall déclara que les instructions de son gouvernement ne lui permettaient plus de suivre ses collègues dans leurs revendications comminatoires ; que, d'ailleurs, il n'avait plus rien à demander, ayant reçu directement toute satisfaction.

VII. Que s'était-il donc passé ? Le changement d'attitude de l'ambassadeur d'Allemagne, ses hésitations, ses lenteurs et son silence, succédant à l'intransigeance du début, indiquaient qu'une évolution s'était produite à Berlin : l'Empereur d'Allemagne, désireux de tirer profit des incidents orientaux, cherchait toujours à capter l'amitié du Sultan, envers et contre tous.

Pour peu qu'on se rappelle la conduite de l'Allemagne en Orient durant ces dernières années, il n'était pas difficile de pressentir les des-

(1) *Pro Armenia* du 25 mai 1901.
(2) *Frankfurter Zeitung* du 20 mai 1901 (Morgenblatt).
(3) *Journal des Débats* du 24 mai 1901.

sous de ce changement à vue. La politique matérialiste du *profltieren* fut celle qui l'inspira toujours, depuis les épouvantables massacres des malheureux Arméniens jusqu'aux plus menus incidents : elle offrait un singulier contraste avec certaines prétentions chrétiennes de l'Empereur Guillaume II (1). C'est le même mobile qui explique la conduite de l'Allemagne dans l'affaire des postes.

On apprenait en effet peu après que le port de Haïdar Pacha, tête de ligne du chemin de fer d'Anatolie, en face de Byzance, que depuis longtemps l'Allemagne désirait obtenir, venait d'être concédé par les Turcs à la Compagnie allemande des chemins de fer d'Anatolie, avec le droit de fonder une caisse agricole pour les agriculteurs établis sur les terrains de la Compagnie (2).Cette concession, que le Sultan avait refusée plusieurs mois durant comme préjudiciable aux intérêts du pays, deve- nait donc le prix de la condescendance de l'Allemagne (3). L'ouverture d'un port payait l'ouverture d'une valise diplomatique, selon la spiri- tuelle remarque du correspondant du *Temps* (4).La *Frankfurter Zeitung*, dont on connaît les informations exactes et les idées indépendantes en ce qui concerne notamment les affaires d'Orient, rappela à ce propos, non sans regret, que déjà au moment des massacres arméniens l'Alle- magne avait commis la faute de rompre l'accord européen, qu'elle avait communiqué au Sultan le projet de réformes élaboré en secret par les ambassades. « A Berlin, ajoutait-elle, on cherche à pallier et à excuser beaucoup de choses, grâce à l'amitié du Sultan pour l'Empereur d'Alle- magne ; mais cela n'est certes pas réjouissant » (5).

VIII. Le gouvernement turc ne doutait pas que la retraite de l'Alle- magne ne dût amener une complète dislocation de l'entente des puissan- ces ; il comptait sur la méfiance réciproque des grandes puissances qui les a tant de fois paralysées à son profit (6) : on affirme qu'escomptant

---

(1) Quelques Allemands ont essayé de justifier l'attitude de leur pays par celle que sui- virent d'autres puissances à des époques, déjà lointaines, de l'histoire. C'était avouer ingénuement qu'on entendait, de propos délibéré, dans un but mercantile, opérer un recul dans l'œuvre du progrès et ainsi sacrifier toutes les notions d'honnêteté, de jus- tice et d'humanité, qu'on se plaisait à considérer comme définitivement acquises par le monde civilisé. — Sur les conséquences fâcheuses de cette conduite de l'Allemagne en Turquie, V. la correspondance de Constantinople publiée dans le *Daily Telegraph* du 22 mai 1901.

(2) Le *Temps* du 26 mai 1901. Sur le double jeu et la défection de l'Allemagne en cette occasion, V. aussi l'exposé du correspondant constantinopolitain de l'Agence Reuter, dans la *Frankfurter Zeitung* du 29 mai 1901 (Abendblatt).

(3) *Daily Telegraph* du 22 mai 1901.

(4) V. la correspondance du 19 mai 1901, dans le *Temps* du 25 mai 1901. Peu après, il a été aussi question de la concession du monopole des allumettes à un syndicat de Berlin (V. le *Temps* du 3 juin 1901).

(5) V. la citation dans le *Pro Armenia* du 10 juin 1901.

(6) Correspondance Reuter, dans le *Daily Telegraph* du 13 mai 1901.

son amitié pour le Sultan, il fit beaucoup de grâces à l'ambassadeur de France M. Constans (1) ; mais il devait être promptement désabusé.

Restés seuls, les trois ambassadeurs d'Angleterre, d'Autriche-Hongrie et de France redoublèrent d'énergie. Ils adressèrent à leurs gouvernements respectifs une demande tendant à l'envoi immédiat d'une flotte dans les eaux de Constantinople. Les réponses ne se firent pas longtemps attendre. M. Delcassé, ministre français des affaires étrangères, fut aussi ferme que son ambassadeur : il annonça que la République française se proposait d'envoyer immédiatement trois navires de guerre dont un croiseur cuirassé de premier rang (2). L'Angleterre décida de même que trois navires de guerre recevraient l'ordre de se diriger de Malte sur Salonique (3). Enfin une escadre autrichienne n'attendait qu'un signal pour quitter Pola. Le dimanche 19 mai — deux semaines après l'attentat turc — on fut à deux doigts d'une démonstration navale dans les eaux ottomanes. En même temps une Note identique et énergique était adressée à la Porte (4).

Les Turcs, déroutés par cette attitude, dont la fermeté leur en imposait d'autant plus qu'elle était inusitée, firent comme toujours en pareil cas : ils cédèrent. D'ailleurs, l'Allemagne, qui avait déjà fait ses affaires et profité de l'incident, tout en refusant de participer à l'action projetée des puissances intéressées, conseillait à la Porte de se soumettre, afin d'éviter une humiliation trop évidente (5). Aussi, le soir même du 19, à six heures, Tewfik Pacha vint porter aux trois ambassadeurs une capitulation sans phrases (6) : la Turquie faisait des excuses pour les faits du 5 mai, et donnait l'assurance formelle que désormais les postes anglaises, autrichiennes et françaises fonctionneraient librement en Turquie (7). Cette reconnaissance officielle des postes étrangères donnait aux intéressés toutes les satisfactions qu'ils désiraient.

Le lendemain, 20 mai, à quatre heures du soir, les trois ambassadeurs envoyèrent leurs premiers drogmans auprès de Tewfik Pacha pour prendre acte des excuses formulées par la Sublime Porte au sujet de la saisie illégale du 5 mai ainsi que de la promesse qu'il ne serait apporté

(1) V. le *Figaro* du 26 mai 1901.
(2) V. le *Figaro* du 26 mai 1901.
(3) *Daily Telegraph* du 23 mai 1901.
(4) V. le *Temps* du 26 mai 1901.
(5) V. le *Petit Temps* du 22 mai 1901.
(6) V. le *Figaro* du 26 mai 1901.
(7) Faut-il en conclure que les Turcs auront dorénavant plus facilement prise sur les courriers expédiés par les bureaux allemands, l'Allemagne n'ayant point reçu des assurances aussi formelles, en raison de sa défection ? Le bruit a couru que les combinaisons de la politique de l'Allemagne pourraient bien l'amener à montrer à l'avenir plus de complaisance envers les Turcs, voire même à supprimer ses bureaux.

à l'avenir aucune entrave au fonctionnement des bureaux de poste étrangers établis en Turquie. Tewfik Pacha approuva la Note identique des puissances dont lui fit lecture le premier drogman de l'ambassade d'Autriche-Hongrie. Procès-verbal fut dressé de la séance, et les trois ambassadeurs transmirent à leurs gouvernements les diverses déclarations de Tewfik Pacha, afin que la clôture de l'affaire,née quinze jours avant par l'attentat de la gare de Sirkedji, fût prononcée par eux.

IX. On pouvait croire que maintenant tout était fini. Et de fait une dépêche, adressée à la *Gazette de Cologne* et reproduite par les journaux européens, annonça que le Sultan avait ordonné le rétablissement de l'état de choses antérieur le plus complètement possible et enjoint à son ministre des affaires étrangères et à ses ambassadeurs à l'étranger d'exprimer la promesse qu'il n'y aurait plus d'incidents (1). Il ne fallait pas cependant oublier qu'on était en Turquie, dans un pays où l'altération du sens des mots et des promesses est chose courante.

Après avoir échappé à l'orage menaçant et conjuré le danger de l'heure présente, les Turcs crurent qu'ils pouvaient revenir à la charge : ils espéraient, selon leur coutume quotidienne, user une fois de plus la force de résistance des États européens et ainsi en venir à bout. Le 28 mai, par une Note, le gouvernement turc déclara tenir l'arrangement de l'affaire des postes pour provisoire et ne pas accepter qu'il fût considéré comme une renonciation à ses droits régaliens (2). Cette fois la tentative échoua entièrement. Les trois ambassadeurs d'Angleterre, d'Autriche et de France, aussi peu disposés à rouvrir la question que résolus à ne pas laisser mettre en discussion leurs droits, considérèrent que cette Note du 28 ne diminuait point la valeur des déclarations faites les 19 et 20 mai par le ministre des affaires étrangères ; ils se bornèrent à répondre, le 30, que leur communication du 20 avait eu simplement pour objet de donner acte au gouvernement ottoman de ses déclarations officielles relatives à l'incident des postes et ne comportait ni réserve ni interprétation d'aucune sorte (3).

X. Tel a été le règlement diplomatique de la question des postes Voici maintenant ce qui, depuis, s'est passé en fait.

A Constantinople, le 23 mai, le trafic des sacs postaux était rétabli comme par le passé (4), et,le 24, toutes les postes étrangères reprenaient leurs rapports habituels avec l'administration ottomane : les bureaux

(1) V. le *Temps* du 22 mai 1901.
(2) Le *Temps* du 29 mai 1901 et la *Frankfurter Zeitung* du 30 mai 1901 (Erstes Blatt).
(3) Le *Temps* du 31 mai 1901.
(4) *Frankfurter Zeitung* du 24 mai 1901 (Abendblatt).

européens fonctionnèrent désormais sans avoir recours à des courriers spéciaux (1).

Mais des conflits partiels se produisirent dans les provinces. — La Porte avait autorisé l'établissement de bureaux de poste à Smyrne par l'Autriche-Hongrie et à Salonique par l'Angleterre. Ces deux bureaux, n'ayant pas été reconnus jusqu'alors, rencontrèrent certaines difficultés (2). Les trois ambassades menacèrent la Turquie de ne pas reprendre les relations postales avec elle tant que la question de ces bureaux n'aurait pas été réglée. Tewfik Pacha, après s'être rendu en personne à ces ambassades, déclara que la Porte cesserait de leur faire des difficultés (3). Était-ce enfin fini ? Pas encore. Le consul de France à Salonique informa bientôt l'ambassade à Constantinople que les courriers confiés aux fonctionnaires ottomans, sur les assurances de Tewfik Pacha, n'étaient point respectés et que de nouvelles violations du secret des correspondances avaient été commises ; en conséquence, les courriers spéciaux étaient rétablis (4). — Un autre incident analogue eut lieu à la même époque à Alexandrette : les employés turcs s'opposèrent à l'embarquement des valises françaises et autrichiennes à bord d'un bateau de la Compagnie austro-hongroise du Lloyd ; une lutte s'en suivit entre eux et l'équipage du navire ; ce dernier eut le dessus. Les ambassades intéressées protestèrent et réclamèrent le châtiment des coupables ; les Turcs rejetèrent la faute sur un malentendu des douaniers (5). — D'autres incidents éclatèrent encore en Albanie et en Épire. A Scutari un conflit naquit à la suite d'un nouveau règlement qui permettait la distribution par un facteur autrichien. Les Turcs accusèrent le bureau autrichien d'introduire des journaux interdits. En réalité, leur colère venait de ce que les habitants, préférant ce facteur pour sa ponctualité et pour la sécurité qu'il offrait, avaient délaissé la poste turque (6). A Prevesa, sous prétexte qu'un coup de feu avait été tiré d'une maison italienne, où habitait l'agent des postes, des soldats en enfoncèrent les portes, perquisitionnèrent à leur manière et emportèrent deux valises. Le ministre des affaires étrangères exprima ses « profonds regrets » ; mais le ministre

---

(1) Le *Temps* du 25 mai 1901.

(2) *Frankfurter Zeitung* du 24 mai 1901 (Abendblatt).

(3) *Daily Telegraph* du 24 mai 1901.

(4) V. le *Temps* du 3 juin 1901.

(5) Le *Petit Temps* du 1er juin 1901 et *Pro Armenia* du 10 juin 1901. — On sait avec quel fréquent sans-gêne est répétée par les Turcs, parfois dans les affaires les plus graves, l'excuse commode : *Yaghnisch oldou* (*il y a eu erreur*).

(6) De son côté, l'Italie, qui manifeste depuis quelque temps des velléités politiques en Albanie, jalouse du bureau autrichien de Scutari, a demandé l'autorisation d'y établir un bureau italien (*Frankfurter Zeitung* du 30 mai 1901 (Drittes Blatt).

de la guerre refusa de punir l'officier coupable. Des navires de guerre italiens appareillèrent aussitôt, et l'Italie obtint satisfaction (1).

XI. Était-ce là des incidents isolés, derniers vestiges d'une affaire aplanie ? Les événements ultérieurs permettent d'en douter. Au commencement de septembre 1901, la Porte adressa à ses ambassadeurs à l'étranger une Note de vingt-cinq pages concernant les bureaux de poste étrangers et qui, malgré le silence gardé dans les milieux turcs, paraît avoir été le résultat de délibérations approfondies (2). On avait eu d'abord l'intention d'adresser cette Note aux ambassadeurs des puissances à Constantinople ; mais, après réflexion, on renonça à ce projet, pensant que la Note aurait plus de chance d'atteindre son but si elle était remise directement aux gouvernements étrangers par les représentants de la Turquie. Quoi qu'il en soit, en attendant les résultats de cette nouvelle démarche, les Turcs semblent avoir décidé d'entretenir l'affaire des postes par des incidents incessants. C'est ainsi que, le 9 septembre, une dépêche de Constantinople (3) apprenait qu'à la suite des violations presque journalières des valises postales autrichiennes et françaises entre Salonique et la frontière serbe, et de la soustraction de nombreuses valeurs, l'ambassade d'Autriche à Constantinople avait été obligée de faire de vives représentations à la Porte, tandis que M. Bapst, chargé d'affaires de l'ambassade de France, signalait le fait au quai d'Orsay (4). D'un autre côté, le bureau de poste austro-hongrois de Salonique se voyait dans la nécessité de faire afficher l'avis suivant, rédigé en trois langues (français, allemand et italien) : « Vu que dernièrement nos valises postales ont été souvent spoliées en route, nous vous prions de vouloir bien éviter de mettre des valeurs dans les lettres à expédier par voie de terre. — L'administrateur : Seelinger ». De là, grand émoi des autorités turques et amers reproches du gouverneur au consul autrichien. Les Autrichiens n'en continuèrent pas moins à avertir le public, auquel leur administration postale inspire confiance, d'avoir quant à présent à prendre les plus grandes précautions pour l'envoi de la correspondance (5).

XII. Tel est aujourd'hui l'état de la question des postes en Turquie (6).

(1) *Pro Armenia* du 10 juin 1901.

(2) *Frankfurter Zeitung* du 8 septembre 1901 (Erstes Morgenblatt). V. aussi *Pro Armenia* du 25 septembre 1901. Comp. le *Temps* du 16 septembre 1901.

(3) V. le *Temps* du 10 septembre 1901.

(4) Les relations diplomatiques de la France avec la Porte se trouvaient alors interrompues par suite d'un conflit entre les deux pays motivé par les affaires des quais et des réclamations privées. — Il paraît que les détériorations continuelles des valises françaises de Salonique, confiées aux employés de la poste ottomane, ont été attribuées par les Turcs, à l'intervention propice des rats ! (*Gazette de Lausanne* du 11 juin 1901).

(5) V. le *Temps* du 12 septembre 1901.

(6) V. le *Temps* du 12 septembre 1901. — D'autres incidents intéressants se sont encore

Quels ont été en définitive pour la Porte les résultats de l'incident provoqué par l'attentat brutal du 5 mai 1901 ? Le gouvernement ottoman, après avoir éventré les sacs postaux étrangers et violé le secret des correspondances, a pu procéder à certaines arrestations de suspects et faire certaines perquisitions. Mais, à l'égard de l'étranger, il a été contraint de battre en retraite et de s'humilier. L'Europe a-t-elle de son côté fait tout ce qu'elle devait faire ? On a pu exprimer le regret que les ambassadeurs n'eussent pas saisi l'occasion pour régulariser une fois pour toutes la situation des postes étrangères et de la sorte prévenir le renouvellement de violations semblables à celle du 5 mai. On ne doit pas toutefois oublier que la diplomatie est parfois obligée de se contenter de demi-solutions. En définitive, il convient de féliciter les gouvernements des puissances qui dans cette affaire ont eu le courage de résister jusqu'au bout. Car leur résistance a amené des résultats déjà précieux. On peut en indiquer deux. Le premier est que l'acte de violence des Turcs aura eu un effet absolument contraire à celui qu'ils s'en étaient proposé : les gouvernements intéressés seront sans doute dorénavant moins que jamais disposés à laisser discuter la question des bureaux de poste

produits à l'occasion des postes de Salonique. En raison de nombreux vols de correspondances et de valeurs commis sur la ligne de Salonique, l'ambassadeur d'Autriche-Hongrie à Constantinople, Baron de Calice, a donné l'ordre à un cawass du consulat de Salonique de surveiller dans les trains les valises postales autrichiennes (Le *Temps* du 14 septembre 1901). Au sujet de ces vols, une dépêche au *Journal des Débats* (11 septembre 1901) expliquait que la poste autrichienne de Salonique venait d'être informée que des sacs de dépêches avaient été ouverts et qu'une somme de 9000 roubles, expédiée à la Banque de Salonique par la *Deutsche Bank* de Vienne, avait disparu. Le 15 septembre, M. de Calice adressait à la Porte une Note, constatant que, depuis quelques mois, on avait constaté des vols d'objets de valeur commis pendant le transport des envois de la poste austro-hongroise de Salonique à Zibeftche (frontière serbe), effectué par les employés de la poste turque. La Note déclarait responsable de ces faits l'administration postale turque et l'invitait à prendre les mesures de nature à garantir la sécurité desdits transports (*Frankfurter Zeitung* du 17 septembre 1901, 1er Morgenblatt). Cette démarche était d'autant plus justifiée que l'inspecteur ottoman que l'on s'était enfin décidé à Constantinople à envoyer pour faire une enquête sur les vols commis au préjudice des postes française et autrichienne de Salonique, conclut à l'innocence des agents turcs ! Or, il était affirmé, d'autre part, que l'innocence des postes serbe et autrichienne n'était pas douteuse. Et cependant, un banquier de Salonique (M. Lévy-Modiano) venait de recevoir un télégramme de Londres l'informant qu'un chèque de 300 livres sterling, signalé par lettre recommandée du 4 septembre et remis à la poste autrichienne, n'existait pas. Ces vols consécutifs et importants portaient un tort considérable au commerce de Salonique. Les négociants de cette place s'en émurent et se réunirent pour aviser aux mesures nécessaires, en présence de l'indolence de l'administration indigène qui ne procédait à aucune arrestation et ne faisait rien (Le *Temps* du 17 septembre 1901). Finalement, l'Autriche-Hongrie et la France réussirent à organiser, à partir du 25 septembre, un service de courrier régulier entre Salonique et la station-frontière serbe de Ristowatz, sans aucune immixtion pour l'avenir des employés de la poste turque (*Journal de Genève* du 2 octobre 1901 et *Pro Armenia* du 10 octobre 1901).

étrangers, dont le maintien en Turquie a pu être qualifié avec raison comme étant d'ordre public (1). Un second résultat, d'un ordre plus général, est que le succès, obtenu par les trois ambassadeurs malgré la défection du gouvernement allemand, a prouvé avec évidence ce qu'on peut obtenir en Turquie par une volonté ferme et persistante, soutenue par un accord complet même d'un petit nombre de puissances qui veulent le bien ; en vérité la turcophilie systématique de l'Allemagne ne serait plus sérieusement à redouter si les autres puissances marchaient toujours d'accord, si elles cessaient de paralyser leur action par des considérations mesquines, par la jalousie ou la méfiance.

BULLETIN BIBLIOGRAPHIQUE

I. — LIVRES.

Zur Transvaalbahnfrage (De la question du chemin de fer du Transvaal), par WILHELM KAUFMANN, 1 br. in-8, Berlin, 1901, Siemenroth et Traschel, édit.
— Dans un rapport du mois d'avril 1901, la Commission britannique des concessions au Transvaal reconnaît au gouvernement anglais, en prévision d'une annexion depuis longtemps proclamée mais non encore réalisée, le droit de confisquer sans indemnité sérieuse le chemin de fer Sud africain appartenant à une Compagnie néerlandaise. Les raisons données par le rapport à l'appui d'une solution si contraire au droit de la guerre sur terre sont d'une bizarrerie extraordinaire. Malgré l'article 53, al. 2, de la convention de la Haye sur les lois et coutumes de la guerre, signée et ratifiée par la Grande-Bretagne, disposant que le matériel des chemins de fer saisi par l'occupant sur le territoire de son adversaire doit être restitué à la paix avec règlement des indemnités, malgré les nombreux précédents dans les guerres européennes de la seconde moitié du XIXe siècle, conformes à cette disposition, la Commission

(1) *Frankfurter Zeitung* du 17 mai 1901 (Morgenblatt) (Correspondance de Constantinople du 12). — Le correspondant bien informé dans l'article précité de la *Gazette de Cologne* faisait ressortir l'impossibilité absolue des employés ottomans des postes à se soustraire aux injonctions des fonctionnaires administratifs, au bon plaisir desquels sont livrées en fait les correspondances, d'autant plus que généralement les bureaux de poste sont installés dans le bâtiment de l'administration (conak). Il ajoutait le trafic des timbres déjà vendus fait par des employés non payés, qui se contentent alors de supprimer les lettres dont ils enlèvent les timbres, et l'incapacité des Turcs à comprendre que les Européens attachent tant d'importance à la célérité de leurs correspondances. Le Crédit lyonnais aurait, paraît-il, menacé de faire disparaître sa succursale de Constantinople, si cette ville était réduite à se contenter de la poste turque. La suppression des bureaux étrangers aurait, à n'en pas douter, comme conséquence la fermeture de la Turquie à l'Europe. — Pour le moment plusieurs Etats intéressés paraissent résolus, au contraire, à développer leurs relations postales avec la Turquie par l'intermédiaire de leurs propres bureaux. L'Autriche-Hongrie a songé à organiser un service spécial pour un certain nombre de gares ottomanes (Le *Petit Temps* du 19 mai 1901) ; la France, à développer le transport des colis postaux par son bureau de Jérusalem (acceptation des colis jusqu'à 5 kilos, — Le *Petit Temps* du 19 mai 1901) ; la Russie, à ouvrir un bureau de poste au consulat général de Jérusalem, malgré la protestation du gouvernement turc (*Journal de Genève* du 22 septembre 1901).

britannique a pensé que le chemin de fer fonctionnant sur le territoire ennemi et
appartenant à une Compagnie neutre peut être confisqué sans indemnité *par analogie*
de ce que décide le droit maritime pour le navire neutre se trouvant dans ce qu'on appelle un cas de contrebande par analogie. Elle a considéré que le fait pour ce chemin
de fer d'avoir servi aux opérations de guerre du Transvaal contre l'Angleterre constitue un manquement aux devoirs de la neutralité le rendant, dès lors, susceptible de
confiscation. — M. K. relève cette argumentation hardie et montre qu'elle viole ce
principe élémentaire de la guerre continentale : l'inviolabilité de la propriété privée
même ennemie. Le simple bon sens indique assez qu'il serait pour le moins bizarre
de traiter le chemin de fer sur territoire ennemi plus sévèrement lorsqu'il appartient
à une Compagnie neutre que lorsqu'il est la propriété d'une Compagnie ennemie. Et
M. K. ajoute avec raison que si l'opinion de la Commission britannique venait à triompher, il y aurait là un précédent fâcheux dont l'Angleterre serait la première à souffrir
dans des guerres ultérieures. En effet, les chemins de fer dans l'Amérique du Sud se
trouvent en grande partie entre les mains de Compagnies anglaises. Leurs intérêts se
trouveraient gravement menacés dans le cas d'une occupation ennemie suivie d'une
annexion de territoire. On peut en dire autant, pour certains cas, des intérêts si nombreux des Compagnies anglaises de câbles sous-marins. Mais il est probable que
l'Angleterre n'hésiterait pas alors à condamner une solution qu'elle se dispose à appliquer aujourd'hui à son profit. Aussi est-il plus prudent de ne pas laisser passer le
rapport de la Commission britannique sans protester et de provoquer l'intervention du
gouvernement allemand, dont des ressortissants se trouvent intéressés dans la Compagnie néeerlandaise du chemin de fer Sud africain, afin que cette affaire soit soumise
au plus tôt au jugement de la Cour arbitrale de la Haye.   N. P.

Congrès des sciences politiques de 1900. — **Les États-Unis d'Europe**, par
MM. ANATOLE LEROY-BEAULIEU, ANDRÉ FLEURY, RENÉ DOLLOT, PAUL LEFÉBURE, GASTON
ISAMBERT, HENRY DE MONTARDY, 1 vol. in-8,Paris,1901,Société française d'imprimerie et
de librairie, édit. — Le Congrès des sciences politiques organisé en 1900 par la Société
des anciens élèves et élèves de l'École des sciences politiques avait inscrit à son ordre
du jour la question des États-Unis d'Europe, non pour formuler un vœu platonique
en vue d'une organisation idéale de l'Europe mais afin d'étudier les réalités ou les
rêves qui peuvent s'abriter ou se cacher derrière cette formule à la fois saisissante et
séduisante : les États-Unis d'Europe. L'enquête a été faite avec une entière indépendance d'esprit par cinq rapporteurs particuliers, chargés d'examiner en quelque sorte
les divers éléments de la question. Rien ne prouve mieux cette indépendance que la
contrariété des solutions du problème final que l'on devine parfois à la façon dont sont
envisagés les différents facteurs. Y a-t-il des intérêts spéciaux à l'Europe ? Incontestablement. M. Fleury le prouve dans un très large tableau où il nous montre l'Europe
maintes fois consciente de ses intérêts communs et les États européens sachant s'associer pour la sauvegarde de ces intérêts.Mais comment, par quels procédés,ces intérêts
spéciaux ont-ils jusqu'ici été protégés ? Pour répondre, M. Dollot passe successivement
en revue les intérêts politiques, les intérêts économiques, les intérêts sanitaires et
montre la variété des moyens employés. Y a-t-il lieu de modifier la situation actuelle,
se demande M. Lefébure, et dans un sombre tableau de l'Europe présente et future, il
ne voit aucun présage de meilleure entente entre États égoïstes à moins qu'un jour la
menace de graves périls communs ne commande une coalition européenne à la veille
d'une conflagration universelle. M. Isambert donne une note tout autre ; au pessimisme
de M. Lefébure, il oppose un optimisme hardi en construisant un projet d'organisation politique d'une Confédération européenne. M.de Montardy, examinant si l'on peut
trouver un mode particulier de trancher les conflits internationaux, est amené à passer
en revue les solutions pacifiques déjà expérimentées et les conclusions de la Conférence
de la Haye concernant les bons offices ou la médiation, les Commissions internationales d'enquête, l'arbitrage. Rendant hommage à la sage prudence des diplomates
assemblés en 1899 à la Haye, il estime avec eux qu'il serait vain de croire à la vertu
d'un texte et d'organiser sur le papier un système d'arbitrage obligatoire destiné à
abolir la guerre.

Le rapport général de M. Anatole Leroy-Beaulieu constate l'influence croissante de l'idée de solidarité dans la société moderne et en induit que pour résoudre le problème des rapports entre nations comme pour résoudre le problème social des rapports entre les individus, il s'agit de « concilier des justes droits de la personnalité humaine ou de l'individualité nationale avec les intérêts généraux de la société ou de l'humanité ». Puis il examine sous quelle forme, dans quelle mesure et à quelles conditions pourrait être réalisée une association d'États européens, pour conclure que « si l'on ne peut rêver d'États-Unis d'Europe, à la façon des États-Unis d'Amérique ; si toute fédération européenne semble encore aujourd'hui le songe reculé d'un avenir incertain, on ne saurait affirmer que ce soit une chimère indigne de l'attention des politiques ». M. Leroy-Beaulieu pense que si l'Europe venait un jour à se fédérer, l'Empire turc devrait être associé ou subordonné à l'union ; l'Empire russe pourrait peut-être y trouver place ; l'Empire britannique qui forme « un monde à part de l'Europe » n'y saurait entrer.

Les vues intéressantes qui abondent dans le rapport général et dans les rapports particuliers ont donné lieu, dans la séance du 5 juin 1900, à une discussion dont le résumé est inséré entre le texte du rapport général et celui des rapports particuliers (p. 27 et suiv.). C. D.

Théorie et pratique de la conquête dans l'ancien droit (Étude de droit international ancien), par Irénée Lameire, professeur agrégé de droit public à la Faculté de droit de l'Université de Lyon. Introduction. 1 broch. in-8°, Paris, 1902, A. Rousseau, édit. — De toutes les branches du droit public, celle du droit international ancien est la moins explorée. C'est que, pour faire de ce droit une étude un peu sérieuse, il faut non seulement consulter les archives réunies à Paris dans des dépôts facilement accessibles et bien organisés, comme ceux des Archives nationales ou du ministère des affaires étrangères, mais encore interroger les archives des moindres communes où il n'est pas toujours aisé de pénétrer et qui souvent sont dans le chaos. Une tâche aussi ingrate n'a pas cependant effrayé M. L. Le savant professeur de l'Université de Lyon s'est proposé en effet d'écrire sur la théorie de la conquête dans l'ancien droit un travail approfondi. C'est l'Introduction de ce travail qu'il publie aujourd'hui. Et celle-ci, qui a nécessité des recherches dans plus de quarante dépôts d'archives, tant en France qu'à l'étranger, surtout en Belgique, donne un heureux aperçu de ce que sera l'ouvrage entier.

Le sujet, tout à fait neuf, est extrêmement important. La conquête matérielle, indépendante de tout traité, a été exercée fréquemment au XVIe, au XVIIe et au XVIIIe siècle, alors que les années de guerre étaient presque aussi nombreuses que les années de paix. Ce sont donc les divers conflits qui ensanglantèrent le monde pendant ces trois siècles que M. L. a dû étudier pour se faire une idée nette de ce qu'était la conquête sous l'ancien droit, pour retracer l'histoire de la souveraineté sur les villes et les provinces, fixer leur situation juridique et établir le ressort de leurs Cours souveraines, la mouvance de leurs fiefs, la nationalité de leurs habitants. Mais, dans son Introduction, il lui fallait nécessairement se borner à des généralités. Il ne pouvait que préciser les dates des conflits dont il aurait à s'occuper et relever quelques-uns de leurs principaux effets. Les minutiers des notaires ont été pour M. L. une source des plus précieuses de renseignements. Ils lui ont appris que les déplacements de souveraineté, causés par la conquête, se sont le plus souvent manifestés dans l'ancien droit par le changement immédiat dans les formules et le timbre des actes : les troupes de Savoie ou les Impériaux occupaient-ils une ville française, les mots *notaire royal* disparaissaient généralement pour faire place au simple mot *notaire* ; les Français occupaient-ils une ville de Savoie, les mots *notaire royal* remplaçaient les mots *notaire ducal* ou *notaire ducal royal*. Les capitulations des villes lui ont été aussi d'un grand profit : celles de Furnes et d'Ypres en 1658, qu'il a retrouvées, contiennent, à côté de clauses exclusivement militaires, des clauses politiques d'une immense portée. Il a enfin tiré des faits non moins intéressants des registres des échevins et des Parlements et de ceux des Chambres des comptes. Le 9 mars 1678, aussitôt

que Louis XIV se fut emparé de Gand, tous les officiers de la ville prêtèrent serment
entre les mains du Roi et la Chambre des comptes de Lille devint compétente vis-à-vis
des comptes communaux. En 1744, lorsque la ville d'Ypres, qui avait été française
jusqu'en 1713, retomba au pouvoir de la France, les autres châtellenies de la Flandre,
restées françaises en 1713, envoyèrent à l'intendant Moreau de Séchelles un Mémoire
où elles soutinrent que la souveraineté sur Ypres n'était pas déplacée par la capitulation de cette ville et ne pourrait l'être qu'à la suite d'un traité de cession : cette pièce
curieuse, que M. L. a découverte dans les registres de la châtellenie d'Ypres, est certainement le premier monument judiciaire établissant que le déplacement de souveraineté ne peut résulter que d'un traité. Par ces quelques exemples, il est aisé de voir
le grand intérêt de l'œuvre entreprise par le savant professeur. Aussi souhaitons-nous
vivement qu'il la mène promptement à bonne fin : le livre de M. L., une fois terminé,
sera de la plus haute importance pour l'étude du droit international.   P. F.

La Révolution française et le droit de la guerre continentale, par JULES
BASDEVANT, docteur en droit, 1 vol. in-8, Paris, 1901, Larose, édit. — C'est une idée
qui se passe aujourd'hui de développement, tant elle est devenue évidente, que la notion suprême de droit et de justice reçoit application même en temps de guerre, c'est-à-
dire dans les circonstances qui paraissent le moins propres à son éclosion et à sa
garantie. Par suite l'intérêt est très grand d'étudier les lois de la guerre au point de
vue des principes directeurs que le passé a admis et que la civilisation moderne a
abandonnés ou respectés : parmi ces principes, en effet, les uns apparaissent comme
un sédiment à peu près perpétuel ; les autres furent également impératifs, mais, nés
avec une époque, ils disparurent avec une autre. Cette étude historique fournit souvent l'occasion de combler des lacunes et de réparer des injustices. — Ainsi, depuis
certains cours (Cours de M. Pillet au Collège libre des sciences sociales, année 1898-
1899, sur la *Philosophie du droit de la guerre*), l'on sait combien est défectueuse l'habitude de ne pas faire remonter la science du droit des gens au delà de Grotius dont
l'œuvre, plus remarquable comme travail de coordination que d'initiative et de création, mérite le reproche d'avoir fait de trop rares mentions des écrivains de la Renaissance et du Moyen-âge ; et l'on se doute comment une série ininterrompue de théologiens et de jurisconsultes, appliquant leurs études aux faits sociaux provoqués par la
guerre, eurent un corps de doctrines embrassant à peu près toutes les questions comprises dans le droit de la guerre, à l'exception des questions maritimes et de neutralité
résolues par la jurisprudence des Cours d'amirauté. — De même, l'on avait pu, avec
l'excellente *Introduction à un cours de droit international public* de M. Leseur, apprécier
l'influence de la Révolution française sur le droit des gens, et, avec les travaux remarquables de M. Albert Sorel sur *L'Europe et la Révolution française*, prendre parti sur
les deux affirmations, l'une, inexacte dans sa trop grande généralité, d'Heffter accusant
la Révolution d'avoir fait disparaître le vieux droit public et l'équilibre européen au
profit de l'Empire et du droit de conquête ; l'autre, plus juste, de Geffcken (elle avait été
peut-être influencée par des travaux antérieurs de M. Sorel), faisant remarquer que les
hommes de la Révolution s'approprièrent la politique étrangère de l'ancien régime. — A
son tour la monographie de M. Basdevant a eu pour premier dessein de montrer comment les idées particulières à la Révolution, inspirées des principes dégagés par les philosophes du XVIIIᵉ siècle, devaient tendre à augmenter les obligations des belligérants
par la règle du respect de la souveraineté nationale de l'adversaire, et à diminuer leurs
droits par la notion des égards dus à la personne humaine, qu'il s'agit des belligérants
ou des sujets paisibles de l'ennemi. Mais elle a eu aussi pour deuxième objet, de
montrer, conformément à la vérité historique, qu'à l'époque de la Révolution, par une
méconnaissance nécessaire des idées nouvelles de Rousseau et de Montesquieu, il fallut, pour des guerres particulièrement difficiles à soutenir et surexcitant au plus haut
degré les passions des peuples, revenir aux pratiques rigoureuses, condamnées à vrai
dire par la doctrine moderne, mais acceptées par le XVIIIᵉ siècle, notamment sur la foi
de Vattel et l'autorité de cette notion que celui qui combat pour une cause juste peut
user de moyens particulièrement rigoureux. Ce double but est bien réalisé par la mono-

graphie de M. B., sobre comme toute œuvre de choix, composée avec beaucoup d'art, de documents puisés aux sources officielles, aux livres d'histoire et aux mémoires de l'époque. Quant à la méthode, il y a lieu de remarquer que M. B. n'a point groupé ses développements autour des idées de revendication, de limitation, de responsabilité, d'humanité, d'honneur et de restitution, qui peuvent apparaître comme les idées génératrices des lois de la guerre, se retrouvant au fond de tous les problèmes de ce droit ; il s'est plutôt conformé à l'usage traditionnel d'étudier les règles de la guerre en suivant d'assez près les circonstances dans lesquelles se peuvent trouver des armées belligérantes. Ainsi, il a, dans une première partie, fait la distinction, très importante à l'époque révolutionnaire, des guerres proprement dites et des interventions armée s ; il a consacré une deuxième partie aux « règles du droit de la guerre fondées sur le respect de la personne humaine (déclaration de guerre ; combattants ; moyens de nuire à l'ennemi ; rapports entre belligérants ; prisonniers de guerre ; personnes paisibles ; propriété ennemie) ; il a, sous la rubrique « Règles du droit de la guerre fondées sur le respect des Etats », examiné enfin, dans une troisième partie, les problèmes concernant les révoltes chez l'ennemi et la guerre de propagande, l'occupation, l'annexion et la neutralité. Dans son ensemble, l'œuvre a de l'unité ; elle présente le plus grand intérêt ; elle témoigne d'un esprit bien trempé pour les études juridiques et en pleine possession des méthodes de la science historique. J. D.

II. — PUBLICATIONS PÉRIODIQUES.

FRANCE. = Annales des sciences politiques (anciennement Annales de l'École libre des sciences politiques). — 1901. N° 6. Courant. En Chine : les effets de la crise ; intentions de réforme. — Payen. Les réalités politiques autour du golfe Persique.

Archives diplomatiques. — 1899. *Septembre.* Espagne et France. Accord relatif à l'interprétation des traités de délimitation. — Conférence internationale de la Paix.— Chine. Négociations pour la délimitation des territoires cédés à bail par la Chine à la France à Kouang-Tcheou — Égypte. Circulaire relative au renouvellement des tribunaux mixtes.

Bulletin du Comité de l'Afrique française. — 1901. *Octobre.* Terrier. La France et l'Angleterre au lac Tchad. La charte coloniale de la Belgique. — Algérie. — Tunisie. — Côte d'Ivoire. — Congo français. — Maroc. — Libéria. — État indépendant du Congo. — Transvaal. — Possessions britanniques, allemandes, ottomanes et italiennes. = *Novembre.* Les chemins de fer dans les colonies anglaises de l'Afrique occidentale. — Le protocole franco-italien par la délimitation de l'Éthiopie. — La formation de l'Afrique occidentale française. — Une violation de la frontière entre le Cameroun et le Congo. — Côte d'Ivoire. — Congo français. — Maroc. — Transvaal. — Possessions britanniques, allemandes et italiennes.

Correspondant. — 1901. 10 *septembre.* de Boislecomte. Un diplomate sous la monarchie de juillet, d'après des documents inédits.

Économiste français. — 1901. 7 *septembre.* La pénétration au Soudan français par le Sud. = 21. Le commerce extérieur de la France pendant les huit premiers mois de 1901.— Le changement de présidence aux États-Unis.— Lettre d'Angleterre. = 28. Le commerce extérieur de la France et de l'Angleterre pendant les huit premiers mois de 1901. = 19 *octobre.* L'Angleterre dans l'Afrique du Sud après deux ans de guerre. = 26. Lettre d'Australie. = 2 *novembre.* Le commerce extérieur de la France et de l'Angleterre pendant les neuf premiers mois de 1901. = 16. Le commerce extérieur de la France pendant les dix premiers mois de 1901.

Journal des savants. — 1901. *Septembre* et *octobre.* Wallon. L'isthme et le canal de Suez.

Journal du droit international privé.— 1901. N°s VII à X.— La question des postes étrangères en Turquie. — Yamada. Le droit international privé au Japon. — Aubry. De la notion de territorialité en droit international privé. — Darras. De la connaissance de l'application et de la preuve de la loi étrangère. — Fiore. Du conflit entre les dispositions législatives de droit international privé. — Le Poittevin. Du fonctionnement du casier judiciaire dans les rapports internationaux. — Lehr. Les doubles impositions en droit international. — Chavegrin. Notes et renseignements relatifs à la propriété littéraire et artistique.— Delpech. Les Commissions étrangères aux Expositions universelles. — De l'admission des bâtiments de guerre étrangers dans les eaux et ports neutres. — Jurisprudence (France : Transports internationaux [Trib. Seine, 14 nov. 1900]. — Angleterre: Abordage [20 fév. 1899]. — États-Unis d'Amérique : Annexion et démembrement de territoire [Cour des îles d'Havaï] ; Guerre [Cour d'appel, 3 avr. 1900]. — Italie : Abordage [Trieste, 24 juin 1900]). — Documents (Colombie et Costa-Rica : Sentence d'arbitrage de M. Joubet. — France : Décret du 26 juin 1901 abrogeant l'art.109 (prises de guerre) du décret du 28 mai 1895 portant règlement sur le service des armées en campagne. — France et Etat indépendant du Congo : Traité d'extradition du 18 nov. 1899).— Faits et informations (Finlande : Effet en Finlande des traités signés par la Russie. — Italie et Pérou : Arbitrage international. — Roumanie et Russie : Pêcheries du Danube. — Turquie : Postes étrangères).

Nouvelle Revue. — 1901. 15 *octobre*. Tardieu. Affaires d'Orient.

Nouvelle Revue historique de droit français et étranger. — 1901. *Septembre-Octobre*. Sayous. Le fonctionnement du capital de la Compagnie néerlandaise des Indes orientales aux XVIIe et XVIIIe siècles.

Nouvelle Revue internationale. — 1901. 31 *août*. Pouror. Gibraltar.

Questions diplomatiques et coloniales (anciennement **Revue diplomatique et coloniale**). — 1901. 1er *août*. Testis. La Macédoine et ses habitants. = 15. F. W. L'Allemagne et la politique coloniale française. = 1er *septembre*, Lorin. Une entente franco-espagnole. — Pasquier. Le tarif douanier allemand. = 15. de Caix. La France et la crise colombienne. = 1er *octobre*. T. X. L'administration anglaise en Chypre. = 1er *novembre*. Terrier. La politique anglaise en Afrique occidentale. — Franklin. La question de Libéria.

Quinzaine. — 1901. 16 septembre. Pisani. Les missions protestantes au XIXe siècle.

Recueil de l'Académie des sciences morales et politiques. — 1901. *Août*. de Grandmaison. Les sièges de Saragosse (1808-1809). = *Septembre-octobre*. de Franqueville. Compte rendu de la première assemblée générale de l'Association internationale des académies. — Picot. L'Association internationale des académies. = *Novembre*. Himly et Leroy-Beaulieu. Observations sur la Hongrie moderne.

Revue bleue. — 1901. 3 et 24 *août*. Depasse. La politique nationale. = 31. Un diplomate. Nicolas II. — Rouire. La situation des indigènes algériens. — Depasse. La première revanche. = 14 *septembre*. Depasse. L'effroi de la paix. = 21. Moireau. Mac Kinley. — Routier. Voyage de l'Impératrice Frédéric à Paris en 1891. = 28. Depasse. Le Tsar et l'arbitrage. — G. M. A. En Chine, après la signature du protocole du 7 septembre.

Revue britannique. — 1901. *Septembre*. Faure. Philippe II et les Açores. — Correspondances. — Chroniques. = *Octobre*. G. T. Le siècle des explorations.

Revue catholique des institutions et du droit. — 1901. *Octobre*. Olivi. De la mission de grandes puissances.

Revue de géographie. — 1901. *Septembre*. X. L'isthme et le canal de Suez. — Maistre. L'Australie (origine et constitution de la commonwealth). = *Octobre*. Leblond. La politique anglaise et l'Afrique. — Campana. L'Angleterre et les rajahs de l'Inde. — Chaillet. Le Congo français et les Sociétés congolaises. — Maistre. L'Australie (origine et constitution de la commonwealth).

Revue de Paris. — 1901. 15 *octobre*. d'Anthouard. Conjectures sur l'avenir en Chine. = 1er *novembre*. de Rousiers. La marine marchande aux Etats-Unis. — Gaulis. Le Sultan comme financier.

Revue des Deux-Mondes. — 1901. 15 *septembre* et 15 *octobre*. Rouire. Les colons de l'Algérie.= 1er *novembre*. Den Beer Portugael. Les proclamations anglaises et l'annexion des Républiques Sud africaines. = 15. Esray. Une réconciliation. L'Espagne et l'Amérique latine.

Revue des questions historiques. — 1901. *Octobre*. ROUSSEAU. L'ambassade du Comte de Castellane à Constantinople (1741-1747). — LE BÈGUE DE GERMINY. La bataille de Dresde, d'après des documents inédits.

Revue d'Europe. — 1901. *Septembre*. DE STIEGLITZ. La Grande-Bretagne et sa politique Sud africaine — KIRNLIN. En Bosnie-Herzégovine.

Revue d'histoire diplomatique. — 1901. N° 4. RIGAULT. Le voyage d'un ambassadeur de France en Turquie au XVI° siècle.— VON DEN KEMP. La Hollande et l'Europe au commencement du XIX° siècle. — KRAUSS. L'évolution du pangermanisme au XIX° siècle et la diplomatie. — COQUELLE. Les projets de descente en Angleterre.

Revue d'histoire moderne et contemporaine. — 1901. *Juillet-Août*. MOREUX. La situation de la France dans le Levant à la fin du XVIII° siècle, d'après des documents inédits.

Revue du droit public et de la science politique. — 1901. *Mars-Avril*. DE LAPRADELLE. La question Sud africaine. = *Juillet-Août*. ARMINJON. La protection en Turquie et en Égypte.

Revue du monde catholique. — 1901. 1er et 15 *septembre*. X. Chinois et chinoiseries. = 1er *octobre*. X. Chinois et chinoiseries. — SAVAÈTE. La quinzaine du Tsar.

Revue française de l'étranger et des colonies. — 1901. *Septembre*. Les massacres de missionnaires en Mandchourie. — La guerre au Transwaal.

Revue générale du droit de la législation et de la jurisprudence. — 1901. *Juillet-Août* et *Septembre-Octobre*. VALÉRY. Influence de la guerre sur les assurances sur la vie dans les rapports internationaux.

Revue historique. — 1901. *Septembre-Octobre*. DAVILLÉ. Les relations de Henri IV avec la Lorraine de 1608 à 1610. = *Novembre-Décembre*. BLOCHET. Deux lettres inédites de Charles IX et de François, Duc d'Anjou au Sultan de Turquie.

Revue maritime et coloniale. — 1901. *Août*. LACOUR-GAYET. La campagne de la Manche en 1779. — FROMAGEOT. La jurisprudence de la Cour suprême des États-Unis en matière de prises pendant la guerre hispano-américaine. — Utilisation des navires de commerce en temps de guerre.

Revue politique et parlementaire. — 1901. T. XXX. N° 88. *Octobre*. EBRAY. L'alliance franco-russe. — EBRAY. La politique extérieure du mois. = T. XXX. N° 89. *Novembre*. EBRAY. La politique extérieure du mois.

Revue socialiste. — 1901. *Octobre*. CAGNIARD. La Chine et la civilisation européenne.

Science sociale. — 1901. *Septembre*. D'ARAMBUJA. A propos de l'alliance russe. Les sympathies entre nations.

ALLEMAGNE. ═ **Archiv für œffentliches Recht.** — 1901. T. XVI, N° 4. LEO CHALLANDES. Le lien juridique international.

Deutsche Revue. — 1901. *Septembre*. UN DIPLOMATE ITALIEN. L'Italie et la Triple alliance. — DIELS. L'Association internationale des académies à Paris.

Deutsche Rundschau. — 1901. *Septembre*. HAEBKEL. La Malaisie.

Gesellschaft — 1901. *Août*. LOTZ. Les traités de commerce de Caprivi.═ *Septembre*. POLYTROPOS. Chine.

Zeit. — 1901. 7 *septembre*. BRARD. Le coût de la guerre d'Afrique.

Zeitschrift für internationales Privat-und Strafrecht. — 1901. N°s 3 et 4. PERITSCH. Sur le changement de nationalité en cas d'annexion.

BELGIQUE.═ **Revue de droit international et de législation comparée.** — 1901. N° 5. DE LOUTER. La guerre Sud africaine. — SAKUYÉ TAKAHASHI. Hostilités entre la France et la Chine en 1884-85 et étude des lois de neutralité au Japon pendant ces hostilités. — DE PAEPE. De la compétence à l'égard des étrangers dans les affaires maritimes et de la loi applicable à l'abordage.— NYS. L'État et la notion de l'État.

Revue générale. 1901. *Octobre*. BAPST. Les origines de la guerre d'Orient.

ESPAGNE. = **Estudios militares.** — 1901. 20 *juillet*. S. M. Ma campagne à Cuba.
Revista contemporanea. — 1901. 15 *août*. Figueroa. L'art de la guerre.

ÉTATS-UNIS DE L'AMÉRIQUE DU NORD.= **Annals of the American Academy.**
— 1901. *Juillet*. Problèmes de races américaines.
Forum. — 1901. *Septembre*. Taylor. Situation commerciale de l'Empire britannique. — Den Beer Portugael. L'Angleterre, le Portugal et les Républiques Sud africaines. — Limedorfer. La situation de la Finlande. = *Octobre*. Robinson. Le Sud
africain de demain. — Kinley. Le sentiment européen vis-à-vis des États-Unis.
Nation. — 1901. 22 *août*. Chamberlain et Krüger. = 5 *septembre*. L'Impérialisme
britannique. = 12. Les causes de l'Impérialisme en Angleterre.
North American Review. — 1901. *Septembre*. Ho Yaw. L'exclusion chinoise,
bénéfice ou inconvénient. — Cox. Les dettes des nations : la Grande-Bretagne.= *Octobre*. Johnston. Les anarchistes et le Président. — Dawkins. Les dettes des nations :
l'Égypte. = *Novembre*. Taylor. La conquête du territoire et la Constitution. — De
Cesare. Le prochain Conclave. — Pinkerton. Surveillance des anarchistes. — Gohier.
L'intervention américaine en Turquie. — Roche. La dette nationale de la France. —
Phelan. Pourquoi il faut exclure les Chinois.

GRANDE-BRETAGNE. = **Asiatic Quarterly Review.** — 1901. *Octobre*. La famine
dans l'Inde (1899-1900).
Contemporary Review. — 1901. *Octobre*. Murray Macdonald. Le problème impé-
rialiste. — Hobhouse. Camps de concentration.
Empire Review. — 1901. *Octobre*. Un diplomate. L'Angleterre et ses voisins en
Afrique.
Fortnightly Review. — 1901. *Octobre*. De Coubertin. Le problème de l'Europe
centrale. — Boulger. Les intérêts indiens en Chine.
Law Quarterly Review. — 1901. *Octobre*. Butterworth. La constitution austra-
lienne. — Westlake. La nature et l'étendue du titre de conquête.
Monthly Review. — 1901. *Octobre*. Colquhoun. La Mandchourie en transforma-
tion.
Nineteenth Century. — 1901. *Octobre*. Lairdclowes. Le Président Roosevelt. —
Birchenough. En vue de la pacification du Sud africain.
Westminster Review. — 1901. *Octobre*. White. La paix universelle. — Fraser.
L'influence de l'Arabie dans le Nord de l'Afrique, le golfe Persique et l'Inde.

ITALIE. = **Civilta cattolica.** — 1901. *Septembre*. La révolution et la Papauté,
trente ans après la brèche.
Economista. — 1901. 1er *septembre*. Lignes téléphoniques internationales. = 22.
Le commerce italien pendant 10 ans de 1891 à 1900. = 29. Venise, l'Inde et l'Extrême
Orient.
Nuova Antologia. — 1901. 1er *novembre*. Artom. Le Comte de Cavour et la
question napolitaine.
Rassegna nazionale. — 1901. 1er *septembre*. di Revel. Charles Albert, Prince de
Savoie-Carignon. — Emiliani. Strasbourg et l'Alsace. = 16. di Revel. Charles-Albert,
Prince de Savoie-Carignon.
Rivista politica e litteraria. — 1901. 15 *octobre*. Vigna del Ferro. L'Italie et la
question chinoise.

SUISSE. = **Bibliothèque universelle et Revue suisse.** — 1901. *Novembre*.
Martel. Une Méditerranée asiatique : le golfe Persique.
Bulletin international des Sociétés de la Croix-Rouge.— 1901.*Octobre*.N° 128.
Abus de la Croix-Rouge. — La Croix-Rouge dans les guerres maritimes. — L'expédi-
tion suisse au Transvaal.

Art. 5. — L'arbitre aura le droit d'exiger des parties les éclaircissements qu'il jugera nécessaires et réglera les cas non prévus par la procédure d'arbitrage et les incidents qui surviendraient.

Art. 6. — Les frais du procès arbitral déterminés par l'arbitre seront partagés également entre les parties contractantes.

Art. 7. — Les communications entre les parties contractantes auront lieu par l'intermédiaire du département des affaires étrangères du Royaume de Belgique.

Art. 8. — L'arbitre décidera dans le délai maximum de six mois à compter de la remise des premiers Mémoires ou, le cas échéant, des réponses ou des contre-réponses.

Art. 9. — Le Mémoire et, le cas échéant, la réponse et la contre-réponse de chaque partie, ainsi que les pièces y annexées, imprimés et en français seront remis à l'arbitre et seront par lui communiqués sans délai à l'autre partie.

Art. 10. — Cette convention, après l'accomplissement des formalités légales, sera ratifiée par les deux gouvernements, et les ratifications seront échangées à Paris aussitôt que faire se pourra.

En foi de quoi, les plénipotentiaires soussignés ont dressé la présente convention, qu'ils ont revêtue de leurs cachets.

Fait à Paris, en double exemplaire, le 8 avril 1901.

(*L. S.*) Delcassé.

(*L. S.*) Edmund Monson.

France. — Loi du 17 mai 1900, complétant les dispositions de la loi du 8 juin 1893 relativement a certains actes de l'état civil et aux testaments faits aux armées (*Journ. off.* du 22 mai 1900).

France. — Loi du 29 novembre 1901 modifiant les articles 170 et 171 du code civil, en conférant aux agents diplomatiques et aux consuls le droit de procéder, a l'étranger, a la célébration du mariage entre un Français et une étrangère.

Article unique. — Les articles 170 et 171 du code civil sont modifiés, comme suit :

« Article 170. — Le mariage contracté en pays étranger entre Français, et entre Français et étrangers, sera valable, s'il a été célébré dans les formes usitées dans le pays, pourvu qu'il ait été précédé des publications prescrites par l'article 63, au titre des actes de l'état civil, et que le Français n'ait point contrevenu aux dispositions contenues au chapitre précédent.—Il en sera de même du mariage contracté en pays étranger entre un Français et une étrangère, s'il a été célébré par les agents diplomatiques ou par les consuls de France, conformément aux lois françaises.— Toutefois les agents diplomatiques ou les consuls ne pourront procéder à la célébration du mariage entre un Français et une étrangère que dans les pays qui seront désignés par décrets du Président de la République.

« Art. 171. — Dans les trois mois après le retour du Français sur le territoire de la République, l'acte de célébration du mariage contracté en pays étranger, dans les conditions prévues par le paragraphe 1ᵉʳ de l'article précédent, sera transcrit sur les registres publics des mariages du lieu de son domicile ».

France. — Décret du 29 décembre 1901 autorisant les agents diplomatiques et consuls de France a procéder au mariage des Français avec des étrangères en pays de juridiction.

Le Président de la République française, sur la proposition du ministre des affaires étrangères et du garde des sceaux, ministre de la justice ; vu la loi du 29 novembre 1901, qui a modifié l'article 170 du code civil et autorisé les agents diplomatiques et

les consuls à procéder à la célébration du mariage d'un Français avec une étrangère
dans les pays qui seront désignés par décrets du Président de la République ; vu les
ordonnances des 23 et 26 octobre 1833 et le décret du 19 janvier 1881 sur les pouvoirs
des consuls, vice-consuls et agents consulaires relativement aux actes de l'état civil
des Français en pays étranger ; décrète :

Article 1er. — Les agents diplomatiques, consuls généraux, consuls et vice-consuls de
France en Turquie, en Perse, en Egypte, au Maroc, à Mascate, au Siam, en Chine et
en Corée sont autorisés à procéder au mariage d'un Français avec une étrangère, toutes les fois qu'ils en seront requis. — La même faculté est accordée aux agents consulaires qui ont reçu les pouvoirs d'officiers de l'état civil dans les conditions prévues
par l'article 7 de l'ordonnance du 26 octobre 1833.

Art. 2. — Le ministre des affaires étrangères et le garde des sceaux, ministre de la
justice. sont chargés de l'exécution du présent décret.

France. — Décrets du 12 novembre 1901 fixant le régime douanier applicable, a
l'entrée en France et en Nouvelle-Calédonie, a certains produits originaires des
Nouvelles-Hébrides.

I. — Rapport au Président de la République française.

Paris, le 12 novembre 1901.

Monsieur le Président,

L'article 2 de la loi du 30 juillet 1900 prévoit que des décrets rendus dans la forme des
règlements d'administration publique pourront fixer le régime applicable, à l'entrée
en France et dans les colonies françaises, aux produits récoltés ou fabriqués par des
entreprises françaises établies dans les îles et terres de l'océan Pacifique n'appartenant
à aucune puissance civilisée. — Conformément à cette disposition, nous avons l'honneur de soumettre à votre haute sanction un projet de. décret destiné à accorder divers avantages douaniers aux exportations de nos nationaux fixés aux Nouvelles-Hébrides. — A l'entrée dans la métropole, les produits originaires des exploitations françaises de ces îles bénéficieraient d'un traitement analogue à celui des colonies exclues
par la loi du 11 janvier 1892 du régime du tableau E, et auxquelles des décrets spéciaux
ont accordé des exemptions ou détaxes limitativement déterminées. Mais, en raison de
la situation spéciale de l'archipel où aucune surveillance douanière ne peut être exercée, il a paru nécessaire d'entourer de garanties particulièrement étroites la concession de ce régime de faveur ; aussi le présent texte prévoit non seulement, comme il
est d'usage pour les colonies dont il vient d'être parlé, la fixation par décrets annuels
des quantités à admettre en exemption ou détaxe, mais il stipule que, dans la limite
des crédits globaux ainsi accordés, le Commissaire général de la République dans
l'océan Pacifique déterminera les produits et les quantités de ces produits que chaque
producteur pourra importer au régime de faveur. Les marchandises devront d'ailleurs
être accompagnées de certificats d'origine établis par les autorités compétentes.— L'article 5 de la loi du 11 janvier 1892 accordant la franchise de tous droits de douane aux
produits d'une colonie importés dans une autre colonie, il eût pu paraître légitime de
faire bénéficier de cette disposition, par voie d'assimilation, les importations de nos
colons néo hébridais dans les possessions françaises. Diverses raisons nous ont conduits à penser qu'il n'y avait pas lieu de procéder ainsi. Tout d'abord, les Nouvelles-Hébrides ne sont en relations commerciales qu'avec une seule de nos colonies, la
Nouvelle-Calédonie, et il n'y avait à se préoccuper que de celle-ci. En second lieu, les
productions de l'archipel étant les mêmes que celles de la Nouvelle-Calédonie, il convenait de maintenir en faveur des planteurs de notre colonie une certaine protection,
de manière à leur épargner une concurrence qui aurait pu devenir dangereuse pour
leurs intérêts sans qu'ils eussent à bénéficier d'avantages corrélatifs. Il a donc paru
préférable de décider que le régime applicable aux importations néo-hébridaises serait

le même en Nouvelle-Calédonie qu'en France. — La réglementation du principe étant ainsi fixée, il restait à déterminer la liste des produits à admettre à un traitement favorisé et le taux de droits à leur appliquer. Des renseignements ont été, à cet effet, demandés au Commissaire général de la République dans l'océan Pacifique ; le Conseil général de la Nouvelle-Calédonie et la Chambre de commerce de Nouméa ont été invités à faire connaître leur avis sur la question. Cette enquête a conduit à restreindre la liste des produits détaxés à quatre articles : maïs, café, cacao et vanille, les seuls qui, en l'état actuel des exploitations, puissent donner lieu à un mouvement de quelque importance. — Les cafés, cacaos et vanilles sont appelés à bénéficier du privilège accordé aux denrées similaires de nos colonies (détaxe de 78 fr. pour les cafés et de moitié des droits du tarif minimum métropolitain pour les cacaos et vanilles). Les maïs, qui ne seront en fait acheminés que sur le marché de la Nouvelle-Calédonie, seraient admis au droit de 2 francs par 100 kilogr. au lieu de 3 francs, taux du tarif général. Cette détaxe a paru de nature à favoriser le mouvement commercial entre les Nouvelles-Hébrides et la Nouvelle-Calédonie, tout en laissant substituer une protection suffisante pour les produits de notre colonie. — Le présent texte, communiqué à M. le ministre du commerce, n'a pas soulevé d'objections de sa part, en ce qui concerne les dispositions relatives à la métropole ; il a également reçu l'adhésion du Conseil d'État. — Nous avons l'honneur, en conséquence, de vous prier de vouloir bien le rendre exécutoire en le revêtant de votre signature. — Afin d'en compléter les dispositions, nous y joignons un projet de décret destiné à fixer, pour la campagne 1901-1902, les quantités qui, aux termes de l'article 2 de l'acte de principe, pourront être reçues en exemption ou détaxe.

Veuillez agréer, monsieur le Président, l'hommage de notre profond respect.

Le ministre des finances,
J. CAILLAUX.

Le ministre des colonies,
ALBERT DECRAIS.

II. — DÉCRET.

Le Président de la République française ; sur le rapport du ministre des colonies et du ministre des finances ; vu la loi du 30 juillet 1900, et notamment l'article 2 de ladite loi ainsi conçu : « Le Président de la République française est également autorisé à établir, par décrets rendus dans la forme des règlements d'administration publique, le régime douanier auquel sont assujettis, en France et dans les colonies françaises, les produits originaires des îles et terres ci-dessus désignées, récoltés ou fabriqués par les établissements commerciaux ou agricoles possédés ou exploités par des Français ou par des sociétés civiles ou commerciales françaises » ; vu les lois du 11 janvier 1892, articles 3 et 5, du 24 février 1900, article 2, et du 17 juillet 1900, article 2, relatives au tarif des douanes ; vu l'avis du ministre du commerce, de l'industrie, des postes et des télégraphes ; le Conseil d'Etat entendu ; décrète :

Article 1er. — Les produits dont la nomenclature suit, originaires des Nouvelles-Hébrides, récoltés ou fabriqués par les établissements commerciaux ou agricoles possédés ou exploités par des Français ou par des sociétés civiles ou commerciales françaises, sont soumis à l'entrée en France et en Nouvelle-Calédonie aux droits ci-après : — Maïs en grains, 2 francs les 100 kilogr. ; — Café, droits du tarif minimum métropolitain diminués de 78 francs ; — Cacao, moitié des droits du tarif minimum métropolitain.

Art. 2. — Des décrets, rendus sur la proposition du ministre des colonies et du ministre des finances, détermineront, chaque année, d'après les statistiques officielles fournies par le Commissaire général de la République dans l'océan Pacifique, les quantités de produits qui pourront être importés au régime de faveur prévu par l'article 1er.

Art. 3. — Dans la limite des crédits globaux fixés annuellement comme il est dit à l'article précédent, le Commissaire général de la République dans l'océan Pacifique déterminera les produits et les quantités de ces produits que chaque producteur ou établissement producteur pourra importer au régime de faveur prévu par l'article 1er. — Ces crédits individuels et nominatifs seront supprimés en cas de fraude.

Art. **4.** — Les marchandises devront être accompagnées d'un certificat d'origine délivré par le délégué du Commissaire général dans les Nouvelles-Hébrides, au nom du producteur ou de l'établissement producteur. Elles devront être importées en droiture, mais avec faculté de transbordement à Nouméa, quand il s'agira d'expéditions à destination de France. Dans ce cas, la douane de ce port devra s'assurer de la régularité de l'opération et en donner attestation sur le certificat d'origine.

Art. **5.** — Le ministre des colonies et le ministre des finances sont chargés, chacun en ce qui le concerne, de l'exécution du présent décret.

Fait à Paris, le 12 novembre 1901.

ÉMILE LOUBET.

Par le Président de la République :
Le ministre des colonies,
ALBERT DECRAIS.

Le ministre des finances,
J. CAILLAUX.

III. — DÉCRET.

Le Président de la République française ; sur le rapport du ministre des colonies et du ministre des finances ; vu l'article 2 de la loi du 30 juillet 1900 ; vu le décret du 12 novembre 1901 fixant le régime douanier applicable, à l'entrée en France et en Nouvelle-Calédonie, à certains produits originaires des Nouvelles-Hébrides ; décrète :

Article 1er. — Sont fixées comme suit les quantités de produits originaires des exploitations françaises des Nouvelles-Hébrides, qui pourront être admises en France et en Nouvelle-Calédonie, du 1er juillet 1901 au 30 juin 1902, dans les conditions établies par le décret susvisé du 12 novembre 1901 : — Maïs, 2.500.000 kilogr. — Café, 350.000 kilogr. — Cacao, 5.000 kilogr. — Vanille, 5.000 kilogr.

Art. **2.** — Le ministre des colonies et le ministre des finances sont chargés, chacun en ce qui le concerne, de l'exécution du présent décret.

ÉMILE LOUBET.

Par le Président de la République :
Le ministre des colonies,
ALBERT DECRAIS.

Le ministre des finances,
J. CAILLAUX.

Espagne et France. — CONVENTION SIGNÉE LE 27 MARS 1901 POUR RÉGLER L'EXERCICE DE LA JURIDICTION DANS L'ILE DES FAISANS.

Le Président de la République française et Sa Majesté le Roi d'Espagne et, en son nom, Sa Majesté la Reine régente du Royaume, désirant procéder à la réglementation de la juridiction dans l'Ile des Faisans, connue aussi sous le nom d'Ile de la Conférence, qui appartient par indivis à la France et à l'Espagne, et mettre ainsi fin à l'état d'incertitude où on se trouve touchant les droits de police et de justice de chacun des deux pays dans cette île, ont résolu de conclure, à cet effet, une convention, et ont nommé pour leurs plénipotentiaires, savoir : Le Président de la République française, M. Ernest Ludger Nabonne, ministre plénipotentiaire, Président de la Délégation française à la Commission des Pyrénées, chevalier de la Légion d'honneur, etc., etc. ; et Sa Majesté le Roi d'Espagne et, en son nom, Sa Majesté la Reine régente du Royaume, Don Juan Bustamante y Campuzano, Marquis de Herrera, ministre résident, Président de la Délégation espagnole à la Commission des Pyrénées, chef de la section politique au ministère d'Etat, commandeur avec plaque des ordres royaux de Charles III et d'Isabelle la Catholique, officier de la Légion d'honneur, etc., etc. : Lesquels, après avoir échangé leurs pleins pouvoirs, trouvés en bonne et due forme, sont convenus des articles suivants :

Article 1er. — Le droit de police dans l'Ile des Faisans sera exercé par la France et par l'Espagne tour à tour, pendant six mois, dans l'ordre que déterminera le sort.

Art. 2. — Les Français et les Espagnols, pour les infractions commises par eux dans l'île des Faisans, sont justiciables de leurs tribunaux respectifs.

Art. 3. — Les délinquants d'une autre nationalité sont justiciables des tribunaux du pays qui avait le droit de police dans l'île des Faisans, lors de l'infraction. Toutefois, s'ils sont impliqués dans une affaire conjointement avec des Français ou des Espagnols, ils seront justiciables des mêmes tribunaux que ceux-ci.

Art. 4. — Les autorités de chacun des deux pays se remettront respectivement, sans formalité, avec les procès-verbaux qui auraient été dressés, les délinquants qui seraient en leur pouvoir et qui seraient, par application des articles 2 et 3, justiciables des tribunaux de l'autre pays.

Art. 5. — Chacun des gouvernements intéressés prendra, en ce qui le concerne, les mesures nécessaires en vue de déterminer les autorités judiciaires respectivement compétentes pour la poursuite et le jugement des infractions qui sont l'objet de la présente convention.

Art. 6. — La présente convention sera ratifiée et les ratifications en seront échangées à Bayonne, le 31 décembre prochain, ou plus tôt, si faire se peut.

En foi de quoi, les plénipotentiaires respectifs ont signé la présente convention faite en double à Bayonne, le 27 mars 1901, et y ont apposé leur sceau.

(*L. S.*) *Signé*: L. NABONNE.

(*L. S.*) MARQUIS DE HERRERA.

France et Italie. — ACCORDS RELATIFS A LA DÉLIMITATION DES POSSESSIONS FRANÇAISES ET ITALIENNES DANS LA RÉGION DE LA MER ROUGE ET DU GOLFE D'ADEN.

I. — PROTOCOLE DU 24 JANVIER 1900.

Les gouvernements de France et d'Italie ayant convenu de procéder à la délimitation mutuelle de leurs possessions dans la région côtière de la mer Rouge et du golfe d'Aden, les soussignés, dûment autorisés à cet effet, ont stipulé ce qui suit :

Article 1er. — Les possessions italiennes et les possessions françaises sur la côte de la mer Rouge sont séparées par une ligne ayant son point de départ à l'extrémité du Ras Doumeïrah, suivant la ligne de partage des eaux du promontoire de ce nom, et se prolongeant ensuite dans la direction du Sud-Ouest, pour atteindre, après un parcours d'environ soixante kilomètres depuis le Ras Doumeïrah, un point à fixer d'après les données suivantes : — Après avoir pris comme point de repère, sur une ligne suivant, à environ soixante kilomètres d'écart, la direction générale de la côte de la mer Rouge, le point équidistant du littoral italien d'Assab et du littoral français de Tadjourah, on fixera, comme point extrême de la ligue de démarcation dont il est question ci-dessus, un point à Nord-Ouest du point de repère, à une distance de 15 à 20 kilomètres. Le point extrême et la direction de la ligne de démarcation devront, en tout état, laisser du côté italien les routes caravanières se dirigeant de la côte d'Assab vers l'Aoussa.

Art. 2. — Des Commissaires spéciaux, délégués à cet effet par les deux gouvernements, procéderont sur les lieux, d'après les données énoncées à l'article précédent, à une démarcation effective. En prenant pour point de départ de la frontière le Ras Doumeïrah, et en déterminant le tracé de cette frontière, ils feront en sorte que le point extrême de la ligne puisse être facilement identifié par le choix d'un mamelon, d'un rocher ou d'un autre accident de terrain.

Art. 3. — Les deux gouvernements se réservent de régler plus tard la situation de l'île Doumeïrah et des îlots sans nom adjacents à cette île. En attendant, ils s'engagent à ne les pas occuper, et à s'opposer, le cas échéant, à toute tentative, de la part d'une tierce puissance, de s'y arroger des droits quelconques.

Fait à Rome, ce 24 janvier 1900.

L'ambassadeur de France,
Signé: CAMILLE BARRÈRE.

Le ministre des affaires étrangères de S. M. le Roi d'Italie,
Signé: VISCONTI VENOSTA.

14 DOCUMENTS

II. — Protocole complémentaire du 10 juillet 1901.

La Commission spéciale, visée par l'article 2 du protocole signé à Rome, le 24 janvier 1900, entre la France et l'Italie, au sujet de la frontière délimitant leurs possessions respectives dans la région côtière de la mer Rouge et du golfe d'Aden, ayant achevé, sur les lieux, le travail dont elle avait été chargée, et ledit protocole devant maintenant être complété d'après les résultats de ce travail, les soussignés, dûment autorisés à cet effet, ont stipulé ce qui suit :

La ligne de frontière, stipulée par l'article 1er du protocole du 24 janvier 1900, a son point de départ à la pointe extrême du Ras Doumeïrah ; elle s'identifie ensuite avec la ligne de partage des eaux du promontoire de ce nom ; après quoi, à savoir après le parcours d'un kilomètre et demi, elle se dirige en ligne droite au point, sur le Weima, marqué Bisidiro dans la carte ci-annexée. — A partir de Bisidiro, la ligne se confond avec le thalweg du Weima, en le remontant jusqu'à la localité que la carte ci-annexée dénomme Daddato, cette localité marquant ainsi le point extrême de la délimitation franco-italienne, établie par le susdit protocole du 24 janvier 1900.

En foi de quoi, le présent protocole a été dressé et signé en double exemplaire.

Fait à Rome, le 10 juillet 1901.

L'ambassadeur de France,
Signé : Camille Barrère.

Le ministre des affaires étrangères de S. M. le Roi d'Italie,
Signé : Prinetti.

TABLES DU TOME HUITIÈME

(ANNÉE 1901)

I. — TABLE DES ARTICLES

ARTICLES DE FOND.

CHRONIQUES.

II. — TABLE DE LA BIBLIOGRAPHIE

Livres.

Asser (T. M. C.). — La convention de la Haye du 14 novembre 1896 relative à la procédure civile. 219.

Bajer (F.). — Le système scandinave de neutralité pendant la guerre de Crimée et son origine historique (*N. P.*). 500.

Balch (T.). — Tribunaux internationaux d'arbitrage. 379.

Basdevant (J.). — La Révolution française et le droit de la guerre continentale (*J. D.*). 800.

Bernard (M.). — Des conflits de souverainetés en matière pénale. 672.

Bonfils (H.). — Manuel de droit international public, 8ᵉ édition revue et mise au courant par Paul Fauchille (*M. Moncharville*). 379.

Dauzat (A.). — Du rôle des Chambres en matière de traités internationaux. 82.

Despagnet (F.). — La question finlandaise au point de vue juridique. 86.

Donnadieu (L.). — La théorie de l'Équilibre. Étude d'histoire diplomatique et de droit international (*N. P.*). 84.

Gomboa (J.). — Leges constitutionales de Mexico durante el siglo XIX (Les lois constitutionnelles du Mexique pendant le XIXᵉ siècle). 676.

Goyau (G.). — Lendemains d'unité : Rome, Royaume de Naples (*Joseph Delpech*). 82.

Honoré (M.). — Le Transsaharien et la pénétration française en Afrique. 675.

Hrabar (V. E.). — Le droit romain dans l'histoire des doctrines du droit international. Éléments de droit international dans les œuvres des légistes du XIIᵉ au XIVᵉ siècle (en russe) (*J. P.*). 86.

Isambert (G.). — L'indépendance grecque et l'Europe (*N. P.*). 377.

PUBLICATIONS PÉRIODIQUES.

III. — TABLE DES DOCUMENTS (1).

(1) Dans cette table sont indiqués tous les documents publiés dans la partie documentaire du volume et ceux cités en texte ou par extraits analytiques suffisamment étendus dans le corps même de la *Revue*. — Les renvois à la partie documentaire sont désignés par la lettre *d* à la suite de l'indication de la page.

1901. — *Juin.* —   apport de Miss Emille Hobhouse sur la situation des Boërs dans les camps de concentration. 664 note 1 (extrait).

— *Juin 26.* — Décret français sur les prises en temps de guerre. 4 *d* (texte).

— *Juillet.* — Rapport de lord Kitchener, commandant les forces britanniques dans l'Afrique australe, sur la situation des Boërs. 660 (extrait).

— *Juillet 10.* — Protocole entre la France et l'Italie relatif à la délimitation des possessions françaises et italiennes dans la région de la mer Rouge et du golfe d'Aden. 14 *d* (texte).

— *Septembre.* — Avis du bureau de poste austro-hongrois de Salonique. 795 (texte).

— *Novembre 12.* — Décrets français fixant le régime douanier applicable en France et en Nouvelle-Calédonie à certains produits originaires des Nouvelles-Hébrides.10 *d* (texte).

— *Novembre 29.* — Loi française modifiant les articles 170 et 171 du code civil et conférant aux agents diplomatiques et aux consuls le droit de procédure, à l'étranger, à la célébration du mariage entre un Français et une étrangère. 9 *d* (texte).

— *Décembre 29.* — Décret français autorisant les agents diplomatiques et consuls de France à procéder au mariage des Français avec des étrangères en pays de juridiction. 9 *d* (texte).

IV. — TABLE GÉNÉRALE ANALYTIQUE

A

Abordage. — V. Aérostat.

Abus. — V. Convention de Genève.

Aden. — V. Frontières.

Aérostat. — Condition juridique (Condition dans l'atmosphère qui domine le sol des États : protection des États riverains en temps de guerre. 430 s. ; protection des États riverains au point de vue de l'espionnage en temps de paix et en temps de guerre. 433 s. ; protection des États riverains au point de vue de la sécurité publique. 441 s. ; protection des États riverains en matière douanière. 442 ; protection des États riverains en matière sanitaire. 444. — Condition dans l'atmosphère qui domine la mer territoriale des États et la pleine mer en temps de paix et en temps de guerre. 457 s. — Condition dans les zones de protection aériennes des États et en dehors des zones de protection. 445 s. — Condition des aérostats qui abordent le territoire d'un État en temps de paix et en temps de guerre. 448 note. — Infractions et actes commis dans les aérostats, abordages. 455 s. — Nationalité des enfants nés dans les airs. 454. — Passage innocent. 451. — Règles relatives au cérémonial aérien. 453. — Règles relatives à la chasse par le moyen des ballons. 456). — État civil et nationalité. 471 s. — Mise en œuvre des principes auxquels les aérostats sont soumis. 464 s. — Règles particulières aux aérostats captifs sur le territoire continental des États et au-dessus des mers, en temps de paix et en temps de guerre. 477 s. — Règles particulières aux aérostats libres non montés: ballons sonde; et ballons en temps de guerre. 482 s. — Sanction des principes auxquels les aérostats sont soumis. 468 s. — V. Fauchille.

Aérostat captif. — V. Aérostat.

Aérostat libre. — V. Aérostat.

Aérostat libre monté. — V. Aérostat.

Aérostat libre non monté. — V. Aérostat.

Afrikanders. — Attitude vis-à-vis de la Grande-Bretagne lors de la guerre avec les Républiques Sud africaines. 201 s. — V. Guerre.

Afrique. — V. Honoré. Rouard de Card.

Afrique du Sud. — V. État libre d'O-range. République Sud africaine.

Afrique occidentale. — V. Frontières.

Agent diplomatique. — Compétence à l'étranger comme officier de l'état civil (Mariage entre nationaux et entre nationaux et étrangers : principes, législation et jurisprudence. 762 s.; loi française du 29 novembre 1901. 767 s. et 9 *d* ; décret français du 29 décembre 1901. 9 *d*). — Immunité diplomatique : situation sur le territoire d'États tiers. 495 s. — V. Attaché militaire. Reinach.

Air. — Est-il susceptible de propriété ? 414 s., 426. — Est-il susceptible de sou-veraineté par la puissance de la vue ou par la puissance du canon ? 417 s., 426. — Est-il susceptible d'un droit de souve-

E

Éclairage. — V. Convention de Genève.

Édouard VII. — Roi d'Angleterre ; son discours du Trône en ce qui concerne la guerre Sud africaine. 645.

Égypte. — V. Arminjon. Jonquière (de la). Nationalité.

Enfant. — V. Aérostat. Lois de la guerre.

Enrôlement. — V. Lois de la guerre.

Équilibre. — V. Donnadieu.

Espagne. — V. Frontières. Jugement. Juridiction. Lola. Paquete Habana. Neutres. Pêche. Périodiques.

Espionnage. — V. Aérostat.

État. — V. Aérostat. Air. Intervention. Sociétés de la Croix-Rouge.

État civil. — V. Aérostat.

État libre d'Orange. — Guerre avec la Grande-Bretagne (Hostilités dans les rapports des belligérants. 159 s. — Hostilités dans les rapports avec les neutres. 179 s. — Influence de la Conférence de la Paix. 15 s.). — V. Afrikanders. Annexion. Balles dum-dum. Beaufort (de). Blessés. Chamberlain. Chemin de fer. Conférence. Debellatio. Delcassé. Guerre. Kitchener. Levée en masse. Lois de la guerre. Malades. Neutres. Occupation. Paix. Portugal. Pott. Prettyman. Prisonniers de guerre. Rebellion. Reconcentrados. Roberts. Salisbury. Steijn. Tronpes.

États Unis. — Attitude dans le conflit entre Grande-Bretagne et Vénézuela au sujet du contesté des Guyanes. 74 s. — V. Cour suprême des États-Unis. Cuba. Intervention. Jugement. Lola. National. Neutres. Paix. Paquete Habana. Pêche. Périodiques. Randolph.

États-Unis d'Europe. — V. Dollot. Fleury. Isambert. Lefébure. Leroy-Beaulieu. Montardy (de).

Étrangers. — Haine des Chinois contre les étrangers. 41 s. — V. Agent diplomatique. Boxers. Commissaire. Consul. Expositions universelles. Lois de la guerre. National. Poste. Reinach.

Europe. — Attitude vis-à-vis de la Chine. 42 s. — V. Gederland. Isambert. Krüger. Question chinoise. Mission. Portugal.

Évolution. — Doctrine de l'évolution appliquée au droit international. 44 s.

Expositions universelles. — Commissaires étrangers : situation juridique, 152 s. — V. Delpech.

Extradition — Application (Mineur : affaire Sipido entre Belgique et France. 58 s.). — Projet de loi français de 1900. 65 note 3. — Traité (Bolivie et Italie. 1 d). — V. Sembat, Sipido.

F

Faisans. — V. Ile des Faisans.

Fauchille. — Le domaine aérien et le régime juridique des aérostats. 414 s. — V. Bonfils-Fauchille. Convention de Genève. Guerre maritime. Prisonniers de guerre.

Femme. — V. Brassard. Lois de la guerre. Nationalité.

Finlande. — V. Despagnet. Question finlandaise. Lapradelle (de). Michoud.

Fleury. — Congrès des sciences politiques de 1900. Les États-Unis d'Europe (Bibliogr.). 798.

France. — V. Agent diplomatique. Arbitrage international. Armée. Berthelot. Conseil fédéral. Consul. Extradition. Frontières. Honoré. Juridiction. Neutres. Nouvelles-Hébrides. Paix. Périodiques. Prises. Reinach. Rouard de Card. Sembat. Sipido.

Frontières. — Délimitation (Bolivie et Chili : différend, précédents et état actuel. 486 s. — Brésil et France : affaire du contesté relatif à la délimitation des Guyanes ; arbitrage du Conseil fédéral suisse du 1er décembre 1900. 48 s.). — Espagne et France : convention du 27 juin 1900 touchant les possessions françaises et espagnoles de l'Afrique occidentale, sur la côte du golfe de Guinée. 369 s. — France et Italie : région cotière de la mer Rouge et du golfe d'Aden ; accords des 24 janvier 1900 et 10 juillet 1901. 774 s. et 13-14 d. — France et Portugal : Cazamance et Rivières du Sud, Dahomey, Congo. 506 s. ; conventions du 12 mai 1886 et du 23 janvier 1901. 6 d et 8 d. — Grande-Bretagne et Vénézuéla : affaire du contesté relatif à la délimitation des Guyanes ; historique et sentence arbitrale du 30 octobre 1899, 71 s.).

Funck-Brentano. — V. Guerre maritime.

G

Gederland. — Navire de guerre néerlandais mis par le gouvernement des Pays-Bas à la disposition du Président Krüger pour son voyage en Europe. 620 s.

Gobat. — Homme politique suisse ; son opinion sur la levée en masse. 6.

Gomboa. — Leges constitutionales de Mexico durante el siglo XIX (Les lois constitutionnelles du Mexique pendant le XIXe siècle) (Bibliogr.). 676.

Gouvernement. — V. Sociétés de la Croix-Rouge.

Goyau. — Lendemains d'unité : Rome, Royaume de Naples (Bibliogr.). 82.

Grande-Bretagne. — Guerre avec la

ERRATA

Page 35, ligne 34, *au lieu de* Birmane, *lire* Birmanie.

Page 35, ligne 35, *au lieu de* la ligne blanche, *mettre* trois astérisques : .*..

Page 80, ligne 18, *au lieu de* 1894, *lire* 1874.

Page 370, ligne 7, *au lieu de* les mêmes territoires, *lire* les mêmes points.

Page 370, ligne 18, *au lieu de* s'aboucha, *lire* s'abouchait.

Page 370, ligne 20, *au lieu de* actes d'occupation effectifs, *lire* actes d'occupation effective.

Page 372, ligne 15, *au lieu de* traité du 1er mars 1878, *lire* traité du 1er mars 1778.

Page 376, ligne 25, *au lieu de* la responsabilité, *lire* la responsabilité des négociateurs.

Page 454, note 1, ligne 2, *au lieu de* op. cit., *lire* Manuel de droit maritime international.

Imp. J. Thevenot, Saint-Dizier (Haute-Marne`.